리더십 사례와 리더십 기준

리더십 사례	비전 기준 1	학생학습/전문적 성장 기준 2	학교 내의 환경 기준 3	지역사회 협동 기준 4	윤리 기준 5	일반적인 맥락 기준 6
점심시간에 스트리킹하는 학생		×	×	×	×	×
협동학습		×	×			×
West 고등학교의 문제들	×	×	×	×		×
동기적 및 리더십 도전		×	×			
East 고등학교의 양면 가치		×	×	×	×	×
Albany 중학교의 불신		×	×	×	×	×
WHS의 갈등	×	×	×	×	×	×
통과 의례			×	×		×
학교 변화시키기	×	×	×			×
교사위원회	×		×	×		×
특별 대우?	×	×	×		×	×
투서		×		×	×	×
Facebook 딜레마	×	×	×	×	×	×
성급한 결정?		×	×	×	×	×
창조론자의 냉대?	×	×				×
지나친 호감 아니면 단순한 짝사랑?		×	×		×	×
변화를 위한 지도, 지도를 위한 변화	×	×	×	×	×	×
학부모의 요구		×	×	×	×	×
Urban 고등학교의 딜레마	×	×	×	×	×	×

제9판

교육행정
이론, 연구, 실제

EDUCATIONAL ADMINISTRATION
Theory, Research, and Practice, Ninth Edition

Wayne K. Hoy, Cecil G. Miskel 지음
오영재, 신현석, 양성관, 박종필, 가신현 옮김

아카데미프레스

McGraw-Hill Education
Korea

Educational Administration: Theory, Research, and Practice, 9th Edition.

Korean Language Edition Copyright © 2013 by McGraw-Hill Education Korea, Inc.
All rights reserved. No part of this publication may be reproduced or distributed in any form or by any means, or stored in a database or retrieval system, without prior written permission of the publisher.

1 2 3 4 5 6 7 8 9 10 Academy Press 20 13

Original: Educational Administration: Theory, Research, and Practice, 9th Edition. © 2013
        By Wayne Hoy, Cecil Miskel
        ISBN 978-0-07-802452-8

This book is exclusively distributed by Academy Press.

When ordering this title, please use ISBN 978-89-97544-25-7

Printed in Korea

역자 서문

교육행정의 과학적 탐구가 본격화된 1950년대 이래, 여전히 합의되지 않고 있는 쟁점들 가운데 가장 핵심이 되는 질문은 "교육행정이 하나의 학문으로 인정될 수 있느냐?" 하는 것이다. 특정 학문 분야의 독자적인 지식 기반과 방법론의 구축을 포함한 학문 성립 요건들을 엄격히 적용하여 학문적 정체성을 판단하려는 원칙론자들 입장에서 보면, '교육행정'은 결코 '교육행정학'이 될 수 없다. 반면에, 현실론자들은 학문간 협동적 접근(interdisciplinary approach)이 점차 보편화되어 가고 교육행정 연구의 실제 중심적 경향 때문에 하나의 응용학문으로서 교육행정학의 성립이 가능하다고 본다. 교육행정이 전자의 엄밀한 '學'적 기준에는 못 미치지만, 그렇다고 후자의 경향이 과학적 탐구의 접근과 방법을 방기하고 있는 것은 아니다. 실제로, 많은 교육행정학 연구자들은 응용학문으로서 교육행정학이 존재한다는 믿음하에 학문 영역을 획정하고 왕성하게 탐구활동을 전개하고 있으며 현실 개선에 이바지하기 위한 노력을 부단히 경주하고 있다.

교육행정학의 학문적 성립 가능성에 대한 논구와 함께, "교육행정이 교육 중심적이어야 하느냐, 아니면 행정 중심적이어야 하느냐?"의 규범적 판단 또한 교육행정학의 학문적 성격에 중요한 영향을 미친다. 일찍이, 교육행정의 이론화 운동(theory movement)을 통해 교육행정 현상은 범용적인 행동과학의 방법적 적용에 의해서 행정 중심적 경향이 굳어왔다. 이러한 경향에 의하면, '교육행정은 교육에 관한 행정이므로 교육행정은 교육에 관한 행정적 현상을 과학적(사실적)으로 탐구하는 학문'이다. 한편, 교육행정은 교육의 목적을 달성하기 위한 수단적 봉사활동이기 때문에 교육행정은 교육활동의 규범적 틀로부터 벗어날 수 없으며, 필연적으로 교육 중심적일 수밖에 없다는 주장도 가능하다. 이러한 관점에서 보면, '교육행정은 교육을 위한 행정이며, 교육행정학은 교육을 위한 행정적 현상을 체계적(규범적)으로 탐구하는 학문'이다.

우리나라에서 교육학의 학문적 정체성을 탐구하기 위한 노력이 학회 차원과 개별 연구자 차원에서 시작된 지도 어느덧 30여 년이 흘렀다. 그 흐름 속에서 '과연 교육행정학은 어디에 있는가? 를 새삼스럽게 지금 묻고 싶은 것은 우리의 학술활동 속에 잠재되어 있는 무사안일을 일깨우기 위함이다. 교육행정을 '교육 실제를 대상으로 연구하는 실천적 분야' 또는 '관리나 일반 행정 분야에서 개발된 이론을 그대로 적용하는 응용 분야', 또는 '교육(행정)기관 및 국가 교육정책의 현실적인 문제를 개선하기 위한 방안을 제시하는 분야' 로 보는 신화적인 믿음 속에서, 교육행정의 실제→연구→이론이라는 순환적인 흐름에 정체와 '막힘' 현상이 나타나고 있다. 즉, 실제를 연구하지만 연구 결과가 이론으로 진화하지 못한 채 연구와 이론 사이의 경화에 의하여 '연구와 실제의 겉돌기' 가 계속되고 있는 것이다. 이에 따라, 실제와 연구는 '우리 토양' 에서 이루어지지만 이론은 외국의 것이 연구의 '이론적 배경' 에서 단지 포장을 위한 용도로 취급되고 있다.

실제를 연구한 결과는 반복적으로 확인되고 외연이 확장되는 과정에서 이론으로 발전한다. 그리고 검증된 이론이 다시 실제에 적용됨으로써 이론, 연구, 실제의 순환적 흐름은 계속되고 학문의 토대는 공고해진다. 이러한 순환과정이 계속되는 학문적 풍토에서만이 학문의 정체성과 내용중심성에 관한 특정 학문분야의 메타적 접근 논의가 풍부해질 수 있다. 반대로, 이론, 연구, 실제 간의 과정적 순환이 보장되지 못하면 그 학문분야의 '연구동향' 은 파악할 수 있어도 '학문적 이론 수립의 좌표 설정' 에 대한 논의는 가능하지 않다. 따라서 이런 상태에서는 교육행정학의 학문적 정체성 탐구 혹은 한국적 교육행정학의 독자성 탐색에 대한 논의는 외교적 수사나 미사여구로 끝날 가능성이 높다.

이 점에서, 우리는 교육행정 연구자로서 자책과 함께 당연히 존재해야 할 이론, 연구, 실제의 유기적 연계와 순환의 진공으로부터 공허감을 느끼게 된다. 이러한 공허감을 반전시킬 만한 근거의 실마리를 우리는 Hoy와 Miskel의 『Educational Administration』으로부터 찾고자 한다. 이 책은 미국은 물론이고 전 세계 국가에서 교육행정 분야의 정통 교과서로서 널리 인정되고 있는 이 시대 최고의 교육행정 입문서이다. 1978년 초판이 발간된 이래 4~5년마다 개정판을 내면서 변화하는 환경에 따라 교육행정의 관점과 시각을 달리해 온 이 책은 교육행정 이론, 연구, 실제의 순환적 흐름 속에서 교육행정학의 학풍을 한 단계 끌어올린 역작으로 평가된다. 특히, 우리가 번역한 제9판에서는 전 판에 이어 학교를 일종의 사회체제로 보는 관점을 더욱 도드라지게 하는 동시에 체제의 중심에 교수-학습이 위치하도록 함으로써 교육행정학을 하나의 독자적인 학문영역으로서의 가능성뿐만 아니라 교육행정의 '교육중심성' 을 합리적으로 부각시키고 있다. 이런 점에서, 이 책은 우리 상황에 교육행정학의 학문적 이론 수립의 좌표를 설정하는 데 관심이 있는 연구자들이나 체계적인 연구를 통해 이론의 실제적 적합성을 높이는 데 필요한 교육행정의 지식 기반에 호기심이 있는 교원, 학생, 행정실무자들에게 모두 유익하리라고 생각한다.

이 책을 번역하면서 우리는 내용에 대한 이해의 차원을 넘어 우리나라 교육행정학 학풍을 뒤돌아볼 수 있는 반성의 계기를 얻음과 동시에 한국적 교육행정학의 좌표를 설정하는 데 아직은 구체화되지 않은 희망을 갖게 되었다. 분명, 이 책은 우리가 그러한 희망을 우리의 가슴 속에 계속 담고 있는 한 귀중한 타산지석으로 기능하게 될 것이다. 이 책의 번역은 번역된 내용의 의도가 충분히 담겨있을지 항상 두려움과 불안 속에서 시종 진행되었다. 그렇지만 몇 번의 수업을 통한 원전 읽기와 번역된 내용의 반복적인 윤독을 통하여 이제 적당히 부끄러운 선에서 타협한 결과로서 이 번역서를 내놓는다. 아직도 번역상의 오류와 여타의 문제가 있지만, 이것은 순전히 저자의 의도를 충실히 읽어내지 못한 역자들의 한계에서 비롯된 것이다. 이 책을 익히 알고 있고 또 앞으로 읽게 될 독자들의 많은 질책에 대해 우리 번역자들은 두 귀를 열어놓고 경청할 것이며, 그 질책은 앞으로도 계속 우리의 작업에 귀중하게 피드백될 것이다. 끝으로, 이 책을 번역하는 데 물심양면으로 지원해 준 아카데미프레스의 홍진기 사장과 책이 어엿한 모양새를 갖추는 데 심혈을 기울인 편집실 선생님들께도 감사하다는 말을 전하고 싶다.

2013년 2월
역자 일동

Wayne K. Hoy는 1959년 Lock Haven 주립대학교에서 B.S. 학위를 받고, Pennsylvania 주의 Wyncote에 위치한 Cheltenham 고등학교에서 수학을 가르쳤다. 1965년, 그는 Pennsylvania 주립대학교에서 Ed.D 학위를 취득하였다. 수년 동안 Oklahoma 주립대학교에서 강의한 후, 1968년 그는 Rutgers 대학교로 옮겼다. 이곳에서 그는 우수 교수, 학과장 및 교무 부처장을 역임하였다. 1994년, 그는 Ohio 주립대학교의 교육행정 Novice G. Fawcett 석좌교수로 선발되었다. 교수로서 그의 일차적 관심 분야는 행정 이론과 연구, 조직사회학, 행정 사회심리학 등이다.

1973년, 그는 Rutgers 대학교에서 우수 교수에게 수여되는 Lindback Foundation Award를 받았다. 1987년, Rutgers 대학교의 Graduate School of Education에서 Alumni Award for Professional Research를, 1991년에는 Pennsylvania 주립대학교에서 Excellence in Education Award를 받았다. 1992년에는 Eastern Educational Research Association으로부터 Meritorious Research Award를 받았고, 1996년에는 Pennsylvania 주립대학교의 Alumni Fellow가 되었다. 그는 National Conference of Professors of Educational Administration(NCPEA)의 재무 이사 및 University Council for Educational Administration(UCEA)의 회장을 역임하였다. 2003년 11월, 그는 교육행정 분야에서 Roald Campbell Lifetime Achievement Award를 수상하였다. 2009년, 그는 American Educational Research Association의 회원으로 선정되었다.

Hoy 교수는 D. J. Willower와 T. L. Eidell과 함께 *The School and Pupil Control Ideology*(1967), Patrick Forsyth와 *Effective Supervision: Theory into Practice*(1986), C. J. Tarter 및 R. Kottkamp와 *Open School—Healthy Schools: Measuring Organizational Climate*(1991), C. J. Tarter와 *Administrators Solving the Problems of Practice*(1995, 2004) 및 *The Road to Open and Healthy Schools*(1997), D. Sabo와 *Quali-*

ty Middle Schools(1998), 그리고 자신의 부인인 Anita Woolfolk Hoy와 *Instructional Leadership: A Research-Based Guide to Learning in Schools*, 제3판(2009)을 공동 저술하였다. 2010년에는 *Quantitative Research in Education: A Primer*를 저술하였다. 또한 그는 *Educational Administration Quarterly, Journal of Educational Administration, Leadership and Policy in Schools* 및 *Review of Educational Research* 등을 포함한 여러 학회지의 편집 위원을 역임하였다.

저자 서문

『교육행정―이론, 연구, 실제』는 교육 행정의 연구와 실제에 관한 세 가지 가정에 근거하고 있다.

1. 교육 조직에 관한 실제적인 지식 체계는 존재하지만 교수와 행정가들은 이를 등한시해 왔다.
2. 학교에 대한 개방적 사회체제 모델은 교육행정가들에게 이론과 연구들을 조직하고 관련시켜 주는 아주 중요하고 유용한 개념적 틀을 제공한다.
3. 적절한 이론과 연구에 의해 설명될 때, 행정 실제는 보다 체계적이고, 반성적이며 효과적이게 된다.

따라서 9판을 포함한 이전의 모든 책들은 관련된 지식을 요약하고 분석하며, 실제 문제를 해결하는 데 있어 그 유용성을 입증해 왔다. 필자들은 이론과 연구를 실제에 적용하는 데 도움을 준 여러 학자들과 동료들에게 상당한 빚을 지고 있다. 이 책은 이들의 생각과 제안으로부터 많은 도움을 받았다.

9판의 새로운 점

- **새로운 지식.** 200개 이상의 새로운 연구들이 추가되었고, 이전의 것들은 삭제되었다. 필자들은 현직 및 예비 행정가들에게 가장 최신의 연구 및 이론을 제시하지만, 동시에 Weber, Blau, Gouldner, Etzioni, Skinner, Vygotsky, Piaget, Mintzberg, Dewey, March와 Simon 등과 같은 대가들의 고전적 분석들도 포함시키려고 특별히 노력하였다.
- **교수-학습 관련 내용 확대.** 2장은 교수-학습에 관한 최신 이론과 연구들을 다루

고 있는데, 학교 교육의 핵심적인 기능인 교수-학습을 다루는 책들은 거의 없다. 새로운 분석 및 개선을 통해 이 장에서만 거의 50여 편의 새로운 연구들이 추가되었다.

- **조직 풍토에 관한 새로운 장 추가**. 조직 문화와 풍토를 두 개의 장으로 분리하였다. 5장은 학교 문화에 관한 최신 이론과 연구들에 초점을 두며, 6장에서는 조직 풍토에 관한 논의와 분석을 확대하였다.
- **학교의 외부 환경에 관한 장을 대폭 수정**. 이 장은 상당한 개정이 이루어졌다. 책무성에 관한 새로운 부분이 추가되었고, 자원 의존 및 제도 모형 등 환경에 관한 두 가지 개념적 접근에 초점을 두었다. 이 장은 최신 연구를 추가하고 분석에 적용하여 간소화되고 단순화되었다.
- **학교 효과성에 관한 장을 대폭 수정**. 학업 성취에 관한 세 가지 새로운 모델 및 학교 효과성에 관한 두 가지 새로운 일반적인 관점을 제시하고, 효과성에 대한 재개념화와 분석이 이루어졌다.
- **새로운 내용—실행 지침**. 각 장은 새로운 내용, 즉 각 장에 제시된 이론과 연구들을 행정가들을 위해 명령형으로 제시하는 실행 지침으로 끝맺는다. 150여 개 이상의 실행 지침이 제시되었다.
- **새로운 사례**. 현재의 쟁점과 문제들에 초점을 두는 이론과 연구의 적용을 위해 일곱 개의 새롭고 수정된 사례가 리더십 사례에 추가되었다.
- **개선되고 확대된 내용**. 그 외 모든 내용들이 최신 내용으로 개정되었다: 관점을 확대하기 위한 추천 도서 목록, 질문을 통한 적용에 초점을 두는 이론의 적용(TIP), 각 장의 핵심 내용을 정리한 핵심 가정 및 원리. 이들 모두는 학습한 내용을 확인하고 적용하는 것을 도와준다.

특징

- **미리 보기**. 각 장의 첫 부분에는 해당 장에서 다루어질 핵심 내용을 간략하게 요약해 놓은 미리 보기가 제시되어 있다. 의도적으로 간략하게 기술한 미리 보기는 각 장의 안내도 역할을 하기 때문에 충분하게 살펴보길 바란다.
- **이론의 적용(TIP)**. 이 책을 보다 실용적이고 사용자 친화적으로 만들기 위한 연습 활동이 추가되었다. 각 장의 여러 곳에 TIP, 실제 쟁점 및 적용을 위한 연습 문제들이 제시되어 있으며, 이들은 이론의 이해 정도를 확인하고 현재의 문제

들에 적용하도록 요구한다.

- **리더십 사례**. 각 장에는 학생들이 해당 장에서 다루어진 아이디어와 개념들을 적용하고 리더십을 발휘하도록 하기 위한 실제 사례들이 제시되어 있다.
- **핵심 가정 및 원리**. 각 장의 끝부분에는 연구와 이론으로부터 도출된 일반화된 사항들이 요약되어 있다.
- **실행 지침**. 또한 각 장의 끝부분에는 행정 실제를 안내하는 일련의 지침들이 제시되어 있다.
- **핵심 개념**. 각 장의 핵심 개념은 진한 글자로 표시되어 있다. 학생들은 이러한 개념을 이해하고 정의할 수 있도록 충분한 시간을 가지고 확인해 본다.
- **추천 도서**. 각 장에는 추가적인 내용 이해를 위한 참고 문헌들이 제시되어 있다.
- **교육 리더십을 위한 추가 사례 모음**. 이 책의 끝부분에 여섯 편의 사례가 제시되어 있다. 이들 사례는 자신들의 지식을 실제 문제에 적용하는 등 다양한 상황에서 추가적인 실습 기회를 학생들에게 제공한다.
- **핵심 행정 기준(ISLLC와 ELCC 기준)**. 이 책에 제시되어 있는 모든 리더십 사례는 관련된 기준에 따라 분류된 사례 표(Case Matrix)에 요약되어 있다.

접근

우리는 이 책을 저술하면서 가장 유용한 이론과 연구를 선택하고 그렇지 않은 것들은 버리는 실용적인 접근방법을 취하였다. 우리의 사회체제 모델의 중심에는 구조, 동기, 문화와 정치 등 네 가지 중요한 요인들이 있으며, 이들은 각 장에서 논의되고 있다. 이들 요소들은 학교의 교수-학습과 상호작용하며 교수-학습을 위한 맥락을 제공한다. 환경에 관한 장에서는 학교를 위한 일련의 기회와 제약 요인들을 제시하며, 학교의 산출은 효과성에 관한 장에서 고찰한다. 핵심적인 행정 과정은 효과적인 행정의 핵심적인 부분이 되는 의사결정, 권한부여, 의사소통과 지도성에 관한 장에서 살펴본다. 필자들은 교수, 학습 및 리더십을 분석하면서 새로운 이론들과 최신 연구 결과들을 포함시켰다. 교육 행정가들의 기본 목적은 현실의 문제를 해결하는 것이기 때문에, 각 장의 결론 부분에 실제 리더십 사례들을 제시한다. 필자들은 이 책의 내용을 충분히 활용하기 위해서는 먼저 개념을 이해하고(구성주의적 관점), 이들을 기억하며(인지적 관점), 그리고 이를 실천하고 적용해야 한다(행동적 관점)고 생각한다. 세 가지 학습에 관한 관점은 두 번째 장에서 다룬다.

감사의 글

Sam Houston State University의 Beverly Irby, Ball State University의 Marilynn Quick, Tarleton State University의 Russ Higham, Southern Oklahoma State University의 Stewart Mayers, Georgia Southern University의 James Green 등 개정에 도움을 주기 위해 9판에 대한 피드백을 제공해준 분들께 감사드린다. University of Oklahoma의 Curt Adams, Ohio State University의 Anika Anthony, Ohio State University 의 Ann Allen, College of William and Mary의 Michael DiPaola, University of Oklahoma의 Patrick Forsyth, Texas A & M University의 Roger Goddard, Monash University의 Peter Gronn, University of Hawaii의 Ronald Heck, Chungnam National University의 Sam Hwan Joo, University of Toronto의 Kenneth Leithwood, University of Alabama의 Roxanne Mitchell, University of California-Santa Cruz의 Rodney Ogawa, San Diego State University의 Lynne Perez, University of Michigan의 Brian Rowan, University of Wisconsin-Milwaukee의 Gail Schneider, Oversea Chinese Institute of Technology의 James Sinden, University of Texas at San Antonio의 Page Smith, Ohio State University의 Scott Sweetland, College of William and Mary의 Megan Tschannen-Moran, University of Alabama의 C. J. Tarter, San Diego State University 의 Cynthia Uline, 그리고 Ohio State University의 Anita Woolfolk Hoy에게도 감사드린다. 또한 Lauren Bailes, Amy Schrepfer-Tarter, Lisa Reigal과 Hsin-Chieh Wu 등 Ohio State University의 대학원생들에게도 깊은 감사를 보낸다.

Cecil은 개인 생활에 전념하면서 Arizona에서 은퇴 생활을 즐기고 있다. 지난 수십 년 동안 이루어진 우리들 각각의 기여도를 구분하기가 어렵기 때문에 표지에 그의 이름을 남겨두었다. 그리고 나는 설명 및 자신들의 경험을 통해 이론 형성에 도움을 준 여러 학자들에게도 감사드린다. 특히 이번 개정판을 내는 데 크게 기여한 Curt Adams, Michael DiPaola, C. John Tarter와 Anita Woolfolk Hoy에게 감사드린다. Curt 와 Michael은 학교의 외부 환경과 책무성 부분에 크게 도움을 주었고, Michael은 리더십 부분에 관한 흥미로운 아이디어 및 제안을 제공해 주었다. C. John Tarter는 거의 모든 장에 걸쳐 도움 및 편집을 위한 조언을 해주었다. 사실, 학교 효과성에 관한 장은 우리 두 사람이 공동으로 저술하였다. 그는 이 장의 공동 저자이다. 끝으로, Anita

Woolfolk Hoy와 내가 핵심 기술: 학습 및 교수 부분을 공동 저술하였지만, 이 장의 개정은 전적으로 그녀가 담당하였다. 나는 내 경력 전반에 걸쳐 운 좋게도 이렇게 훌륭한 학자 및 동료들과 함께 할 수 있었다. 이들의 빚은 평생 갚을 수 없을 것이다.

Wayne K. Hoy

차례

제1장 **사회체제로서의 학교**

이론 ·· 2
이론과 과학 / 3   이론의 요소 / 3
이론과 실재 / 5   이론과 연구 / 6
이론과 실제 / 8

체제 관점 ···································· 10
합리체제: 기계모형 / 11
자연체제 모델: 폐쇄에서 개방으로 / 16

개방체제: 통합 ······························ 21

개방체제의 주요 특징 ······················ 24

사회체제 모델: 기본 가정 ·················· 26

학교 사회체제의 주요 요소 ················ 28
구조 / 29   개인 / 30
문화 / 32   정치 / 33
핵심기술: 교수와 학습 / 33   환경 / 34
결과 / 35   내부 피드백 고리 / 36
외부 피드백 고리 / 37

학습조직으로서의 학교 ····················· 38

리더십 사례: 점심시간에 스트리킹하는 학생 ·· 39

실행 지침 ··································· 41

핵심 가정 및 원리 ·························· 42

추천 도서 ··································· 43

제2장　핵심기술: 학습과 교수

학습: 개념 정의 · 46

학습을 보는 행동적 관점 · 47
결과 / 48　　　　　　　　　　선행조건 / 51

행동주의적 접근의 교수활동 응용 · 52
바람직한 행동 게임 / 53
기능적 행동 사정에 근거한 긍정적 행동 지원 / 54
학습목표 / 56　　　　　　　　지시적 수업 / 58

학습을 보는 인지적 관점 · 61
지식과 학습 / 61　　　　　　　감각기억 / 64
작동기억의 최근 모델 / 66　　　장기기억 / 71

인지적 접근의 응용 · 78
밑줄 긋기와 돋보이게 하기 / 79　공책 필기 / 80
시각적 도구 / 81　　　　　　　기억술 / 81

학습에 대한 구성주의적 접근 · 83
구성주의 유형 / 84　　　　　　지식은 어떻게 구성되는가? / 87
지식은 상황적인가 보편적인가? / 88

구성주의적 접근의 수업 적용 · 89
문제중심 학습 / 91　　　　　　인지적 도제제 / 93
협동학습 / 94

리더십 사례: 협동학습: 건전한 실행인가 아니면 사회적 실험인가? · · · 98

실행 지침 · 100

핵심 가정 및 원리 · 101

추천 도서 · 102

제3장　학교의 구조

Weber의 관료제 모델 · 106
분업과 전문화 / 106　　　　　　비정성 / 107
권위의 위계 / 107　　　　　　　규칙과 규정 / 107
경력 지향성 / 108　　　　　　　효율성 / 108
이상적 형태 / 108

Weber의 관료제 모델에 대한 비판 · 109
관료제 모델의 순기능과 역기능 / 109
규칙의 순기능과 역기능 / 111
비공식 조직을 충분히 고려하지 않음 / 114

　　관료제 모델의 이중적 구조 / 120

　　관료제에 대한 여권 주창자들의 비판 / 121

　학교 내의 공식 구조 ·· 122

　　관료 구조에 대한 Hall의 연구 / 123

　　조직 구조에 관한 Hoy와 Sweetland의 연구 / 128

　　Mintzberg의 구조 이론 / 134

　이완 결합 관점 ··· 142

　전문가와 관료제 간의 갈등 ·· 144

　　학교 내의 전문적 및 관료적 성향 / 146

　리더십 사례: West 고등학교의 문제들 ··· 147

　실행 지침 ··· 151

　핵심 가정 및 원리 ··· 151

　추천 도서 ··· 152

제4장　학교 구성원

　욕구 ··· 156

　　욕구의 위계: 기본적 욕구 / 157　　　　욕구와 종업원들의 만족 / 161

　　성취욕구: 획득된 욕구 / 163　　　　　자율욕구 / 165

　신념 ··· 167

　　인과관계에 대한 신념: 귀인이론 / 167　능력에 대한 신념 / 171

　　공정성에 대한 신념: 공평성이론과 조직의 정의 / 173

　　결과에 대한 신념: 기대이론 / 176　　능력에 대한 신념: 자아효능감이론 / 180

　목표 ··· 186

　　목표설정이론 / 187

　내재적 동기와 외재적 동기 ·· 192

　리더십 사례: 동기적 및 리더십 도전 ·· 194

　실행 지침 ··· 197

　핵심 가정 및 원리 ··· 198

　추천 도서 ··· 198

제5장　학교의 조직문화

　조직문화 ·· 202

　　조직문화의 정의 / 203　　　　　　　　조직문화의 수준 / 204

문화의 기능 / 209 　　　　　　　학교문화 / 209
학업적 낙관주의 문화 / 221

학교문화의 변화 ··· 228
규범변화 전략 / 228

리더십 사례: East 고등학교의 양면 가치 ····················· 231

실행 지침 ··· 232

핵심 가정 및 원리 ··· 232

추천 도서 ··· 233

제6장　학교의 조직풍토

조직풍토 ·· 236
조직풍토의 정의 / 236 　　　　　조직개방성의 풍토 / 237
OCDQ: 연구 결과 / 240 　　　　　조직건강의 풍토 / 241
OHI: 연구 결과 / 245 　　　　　　종합: 조직풍토지표 / 246
OCI: 연구 결과 / 248 　　　　　　시민의식 풍토 / 249
OCB: 연구 결과 / 250

학교풍토의 변화 ··· 251
임상적 전략 / 251 　　　　　　　성장 중심 전략 / 253

리더십 사례: Albany 중학교의 불신 ···························· 254

실행 지침 ··· 255

핵심 가정 및 원리 ··· 256

추천 도서 ··· 256

제7장　학교의 권력과 정치

권위의 근원: 합법적 권력 ··· 261
학교의 권위와 행정적 행동 / 263

권력의 근원 ··· 266

권력의 행정적 사용 ··· 269

권력에 대한 Mintzberg의 시각 ······································ 272

권력 시각의 비교와 종합 ··· 275

권력, 합리성, 합리화 ··· 276

조직권력과 정치 ··· 279

권력게임 · 280

정치적 전술 / 282

설득하기와 영향력 행사하기: 기본 원칙들 / 285

정치게임 / 287 　　　　　　　　　 갈등관리 / 294

리더십 사례: Washington 고등학교의 갈등 · · · · · · · · · · · · · · · · · · · 297

실행 지침 · 299

핵심 가정 및 원리 · 299

추천 도서 · 300

제8장　　학교의 외부 환경과 책무성

자원의존 관점 · 303

자원의 입수 가능성 / 304 　　　　　 의존 / 305

자원 환경 관리하기 / 306

제도 관점 · 314

외부 환경에 적응하기 / 319

책무성과 교육 개혁 · 322

책무성 / 323 　　　　　　　　 책무성 정책에 대한 효과적인 적응 / 327

리더십 사례: 통과 의례 · 329

실행 지침 · 331

핵심 가정 및 원리 · 331

추천 도서 · 332

제9장　　학교의 효과성

학교 효과성 – 도전적인 행정 실제 · 337

개략적인 개혁의 역사 · 338

사회체제와 학교 효과성 · 341

투입 기준 / 341 　　　　　　　　 성취 결과 / 342

투입-산출 연구 / 343 　　　　　　 변환의 기준 / 345

학교 효과성 모델: 학업 성취도 향상 / 346

학교 효과성 모델: 학업 성취도 그 이상 / 356

리더십 사례: 학교 변화시키기 · 362

실행 지침 · 363

핵심 가정 및 원리 ·· 363

추천 도서 ··· 364

제10장 학교에서의 의사결정

고전적 모델: 최적화 전략 ··· 368

행정적 모델: 만족화 전략 ··· 369
의사결정 과정: 활동 주기 / 369

점진 모델: 계속적 제한 비교의 전략 ······································· 379

혼합 모델: 적응적 전략 ·· 381

상황적합적 접근: 전략과 상황 연결하기 ····································· 384

신속하고 현명한 의사결정 원칙 ··· 386

Janis-Mann의 갈등이론: 의사결정 내의 스트레스와 비합리성 ······················· 391

리더십 사례: 교사위원회 ··· 394

실행 지침 ··· 398

핵심 가정 및 원리 ·· 398

추천 도서 ··· 399

제11장 참여적 의사결정: 교사에게 권한 부여하기

의사결정 주기: 확장과 몇 가지 제안 ·· 402
지각력 / 403   단순화의 힘 / 403
과단성의 힘 / 404   마감기한의 힘 / 405
주인의식의 힘 / 405   감정의 자기조절 능력 / 406
의사결정을 위한 일반 명제 / 407

Vroom의 참여적 의사결정 모델 ··· 408
의사결정의 질과 수용성 제고 / 408   의사결정의 제약 요인들 / 410
의사결정 유형 / 410   의사결정 나무 / 412
몇 가지 주의 사항 / 417

Hoy-Tarter 모델: 참여적 의사결정 간략화 모델 ································· 417
Hoy-Tarter의 참여적 의사결정 모델 / 419
교사들의 의사결정 능력 개발 / 427
집단적 의사결정의 주의점: 집단적 사고 / 428

리더십 사례: 특별 대우? ··· 431

실행 지침 ·· 431

핵심 가정 및 원리 ··· 432

추천 도서 ·· 433

제12장　학교에서의 의사소통

의사소통의 정의 및 일반 모델 ····································· 437
의사소통 일반 모델의 구성요소, 변형 및 정교화 / 440
의사소통 능력 향상 / 445　　　대중 강연: 기본 원칙 / 448

의사소통에 대한 조직적 관점 ······································ 457
조직의 의사소통 / 458
학교조직에서 이루어지는 의사소통의 목적 / 458
의사소통 네트워크 / 459
학교 내에서의 공식적 의사소통 네트워크 / 462
학교 내에서의 비공식적 의사소통 네트워크 / 465
보완적인 네트워크: 공식적 및 비공식적 의사소통 / 467

리더십 사례: 투서 ·· 471

실행 지침 ·· 475

핵심 가정 및 원리 ··· 475

추천 도서 ·· 476

제13장　학교 리더십

리더십의 정의 ··· 478

행정 업무의 본질 ·· 479
리더십에 대한 특성 접근 / 480　　상황과 리더십 / 486
행동과 리더십 / 487　　　　　　리더십 효과 / 490
상황적응적 리더십 모델 / 491　　Fiedler의 상황적응적 리더십 모델 / 495

변혁적 리더십 ··· 502
세 유형의 리더십 / 502
변혁적 리더십에 관한 이론과 연구 / 506

진화 리더십 이론(ELT) ·· 511
정의 / 512　　　　　　　　　　가정 / 512
가설 / 513　　　　　　　　　　분석 / 514
진화 리더십 이론에 제시하는 권고 / 515

리더십 사례: Facebook 딜레마 ································· 517

실행 지침 ·· 520

핵심 가정 및 원리 ··· 521

추천 도서 ··· 522

제14장	종합 검토: 사회체제로서의 학교에 대한 재검토

종합모델 ··· 523

학교 구조 / 524   학교 구성원 / 525
학교의 문화와 풍토 / 526   학교의 권력과 정치 / 527
학교의 교수와 학습 / 528   학교의 외부 환경과 책무성 / 529
학교 효과성 / 531   학교의 의사결정 / 531
학교의 의사소통 / 533   학교의 리더십 / 533
행정적 행위 / 534

조직 딜레마 ··· 535

조정과 의사소통 / 535   관료적 규율과 전문적 지식 / 537
행정적 계획과 개인의 창의 / 537 행동과 인식으로서의 학습 / 538
리더십의 딜레마 / 539

결론 ·· 540

실행 지침: 복습 ·· 541

부록. 교육 리더십을 위한 사례 모음집 ···························· 543

참고문헌 ·· 557

찾아보기 ·· 613

제1장

사회체제로서의 학교

연구의 대부분은 실재를 알고자 하는 의도에서 시작된다. 그러나 그 실재를 개선하고자 하는 마음이 전혀 없는 것은 아니다. 만약 연구가 단지 사색적인 것에만 관심을 갖는다면 그 연구는 전혀 가치가 없을 수도 있다. 이론적인 문제와 실용적인 문제를 조심스럽게 구분하는 것은 실용적인 문제를 무시하는 것이 아니라 오히려 그 문제를 해결할 수 있는 좋은 지점에 도달하기 위함이다.

Emile Durkheim
The Division of Labor in Society

좋은 이론보다 실용적인 것은 없다.

Kurt Lewin
Field Theory in Social Science

미리 보기

1. 조직생활에서 나타나는 규칙의 유형을 체계적으로 기술하고 설명하는 개념, 정의, 일반화가 서로 결합된 것이 조직론이다.
2. 이론은 현상을 설명하고, 연구에 방향을 제시하고, 새로운 지식을 창출하며, 실천을 유도하는 기능을 지닌다.
3. 이론은 다음 세 가지 방식으로 실천에 영향을 미친다. 이론은 준거의 틀을 형성하며, 분석을 위한 일반모델을 제시하고, 의사결정을 위한 성찰을 유도한다.
4. 조직론의 발전은 합리체제, 자연체제, 개방체

제의 관점에서 조명될 수 있다.
5. 합리체제의 관점에서 보는 조직은 조직목적을 달성하기 위한 공식적 도구이기에 조직구조가 가장 중요한 특징으로 간주된다.
6. 자연체제의 관점에서 보는 조직은 전형적으로 생존을 위한 사회집단이기에 그 집단을 구성하는 사람이 가장 중요한 요소이다.
7. 개방체제의 관점은 합리체제 시각과 자연체제 시각을 결합하고 있기에 보다 포괄적인 시각이라 할 수 있다.
8. 학교는 개방적 사회체제로서 다음의 다섯 가

지 중요한 요소-구조, 개인, 문화, 정치, 교육-를 지니고 있다. 교수-학습을 위한 맥락 속에서 이 다섯 요소의 상호작용의 결과로 학교조직 행동이 나타난다.

9. 학교 사회체제에서 핵심기술은 교수-학습 과정이다. 이 과정은 행동주의, 인지주의, 구성주의 시각에서 분석될 수 있다.

10. 환경은 조직생활에서 중요한데 그 이유는 환경이 체제를 위해 자원을 제공할 뿐만 아니라 제약과 기회를 더해 주기 때문이다.

11. 일치가정(congruence postulate)이란 다른 요소가 같을 때, 체제 요소들 간의 일치 정도가 클수록 그 체제는 더 효과적이라는 명제이다.

12. 학교에 대한 개방체제 모형은 조직분석과 행정적 문제해결을 위한 개념적 기초를 제공한다.

교육행정을 체제 관점에서 연구하기 시작한 것은 미국에서 근대학교의 출범과 함께 한다고 볼 수 있다. 그 이전 시기, 즉 교실이 하나밖에 없던 시기의 미국의 학교에서는 행정 전문가가 필요하지도 않았다. 행정에 대한 연구나 조직 및 행정이론의 발전은 비교적 최근에 벌어진 현상이다. 교육행정에 대한 개념 탐색에 앞서 조직 이론의 성격과 의미에 대한 기본적인 이해가 필요하다. 따라서 이론과 과학을 정의하고, 이론과 연구 그리고 실제의 상호연관성을 논의하는 것으로 이 책을 시작한다.

이론

이론에 대한 회의적인 시각들은 대부분 교육행정을 학문(science)으로 볼 수 없다는 가정에 근거하고 있다. 이와 같은 회의적인 시각은 사회과학 전반에 만연해 있다고도 볼 수 있다. 반면, 자연과학에서 이론은 정교하게 구성되어 있을 뿐만 아니라 실제에 잘 적용할 수 있는 대표적인 현상을 기술한다는 이유로 사람들의 신뢰를 받아왔다.

일반인들은 과학자는 사실을 다루고 철학자는 이론에 집중한다고 생각한다. 그래서 교육행정가를 포함한 대부분의 사람들은 이론과 사실은 서로 반의어로서, 이론은 사유나 꿈과 같은 것이고 사실은 실재하며 의미도 자명하다고 생각한다. 그러나 교육행정학에서 다루는 이론도 물리학, 화학, 생물학, 심리학의 이론과 같이 현상을 설명하면서 연구를 계속해서 진행시키는 역할을 담당하고 있다.

이론과 과학

과학의 목적은 우리가 살고 있는 세계를 이해하는 것이다. 과학자들은 이를 위해 자신이 본 것을 기술하고 규칙을 발견하며 이론을 형성한다(Babbie, 1990). 조직학은 조직 내 개인행동이나 집단행동의 규칙을 기술하며 설명한다. 조직 연구자들은 조직 생활의 구조와 역동성을 설명할 수 있는 중요한 원리를 찾고자 노력한다(Miner, 2002). Abbott(2004)은 "엄격함(rigor)과 상상력 간의 대화"라는 표현으로 과학의 본질을 설명하고 있다. 엄밀한 실험을 통해 창의적인 생각 및 설명이 만들어진다. 따라서 과학은 엄밀하고 체계적일 뿐 아니라 독창적이고 창조적인 측면 등 두 가지 측면을 가지고 있다.

일부 학자들은 우리가 살고 있는 세계를 설명하는 일련의 안정적이고 상호관련된 원리를 과학이라고 생각한다. 필자들은 실험과 관찰을 통해 일련의 상호관련된 (또한 이를 통해 더 심도 있는 실험과 관찰을 이끌어 내는) 명제를 개발하는 역동적인 과정, 즉 과학의 기본적인 목적은 일반화된 설명, 즉 *이론*을 탐색하는 것이라고 생각한다 (Conant, 1951). 일이 어떻게 진행되어 가는지를 사려 깊게 분석하다 보면 새로운 이론을 찾을 수 있지만 그 이론이 최종적인 것은 아니다. 왜냐하면 언젠가는 더 나은 이론이 그 자리를 대체할 것이기 때문이다. 과학은 자신의 이론을 스스로 비판하면서 교정할 수 있는 중요한 강점을 지니고 있다고 보아야 한다(Willower, 1994, 1996). 과학과 이론은 개방적이며 공론의 장에서 연구결과를 공유하고 객관적인 평가기준을 지향하고 있다(Zucker, 1987).

이론에 대한 정의는 다양하다. Donald J. Willower(1975)는 이론을 현상을 설명하는 일련의 상호관련된 일반화라고 간략히 정의하고 있다. 본서에서는 Fred N. Kerlinger(1986)가 제시한 교육행정에 대한 보다 폭넓은 이론에 대한 정의를 따르고자 한다. **이론**은 교육 관련 조직에서 발생하는 행동 규칙들을 체계적으로 기술·설명하는 상호관련된 개념, 가정, 일반화이다. 또한 좋은 이론은 증명 가능하며, 일관되고, 경제적이며, 일반적이며, 유용하다(Higgins, 2004).

이론의 요소

이론은 어떤 현상을 설명하고 이해를 도와주는 특수 언어이다(Tosi, 2009). 다른 언어와 마찬가지로, 이론은 단어(개념)와 문법(이론적 일반화)을 가지고 있다. 이론의 단어는 개념으로, 이는 이론의 기본적인 구성 단위 또는 요소이다. **개념(concept)**은 특정한 정의를 나타내는 추상적인 용어이다. 개념 속에는 특별한 함축적 의미가 담겨 있기에 사람들이 이 개념을 사용하여 일반화하는 데 도움을 준다. 예를 들어, 권위의 위계, 비인정성, 공식화, 합리성 및 전문화는 조직의 구조와 기능을 설명하는 개념들이다(3장 참조).

그러나 단어 그 자체만으로는 무엇인가를 설명하는 데 충분하지 않다. 관찰한 것 또는 어떤 형태에 이름을 부여하는 것이 그것을 설명하는 것은 아니다. 우리는 단어가 무엇을 의미하는지뿐만 아니라 이들은 왜, 어떻게 서로 연결되어 있는지를 알 필요가 있다. 즉, 우리는 개념을 일반적인 설명을 제공하는 이론적 관계와 연결시킬 필요가 있다. 이러한 **이론적 일반화**(theoretical generalization)는 이론의 문법이다. 이는 두 개 또는 그 이상의 개념들 간의 관계를 나타내는 진술이다. 예를 들어, 다음과 같은 두 가지 이론적 일반화를 살펴보자.

1. 분업은 전문화를 가져온다.
2. 전문화는 전문성을 증진시킨다.

이들 진술은 두 가지 개념들 간의 관계를 설명하고 있다. 이들 이론적 일반화에 동의하는가? 이는 3장에서 다루어진다.

이론은 현상에 대한 일반적인 설명이자, 어떤 행동이나 사건 및 활동 등이 발생한 이유에 대해 일목요연하게 설명한 것이다(Higgins, 2004; McKinley, 2010; Sutton과 Staw, 1995). 본서에서 소개되고 있는 각종 개념과 일반화 및 이론들은 중간 범위 수준, 즉 그와 관련된 모든 현상을 설명하기에는 어느 정도 제약점을 갖고 있지만, 최대한 학교조직에서 발견할 수 있는 일관된 현상을 종합하여 설명하고 있다.

이론은 원래 보편적이면서도 추상적이다. 본서에서 이론은 엄밀한 의미의 참과 거짓을 규명하기보다는 사건을 정확히 예측하고 조직 행동을 이해하거나 영향을 주는 데 얼마나 유용한가에 초점을 두고 있다. 가장 위대한 이론가 가운데 한 사람인 Albert Einstein과 Leopold Infeld(1938)는 이론화의 본질을 다음과 같이 표현하였다.

우리가 실재(reality)를 이해하려고 노력하는 것은 어떻게 보면 속을 알 수 없는 시계의 작동원리를 이해하고자 애쓰는 것과 같다. 시계의 겉모습을 보고, 시침이나 분침이 움직이는 것을 추적하며 시계소리를 들을 수 있지만 시계를 열 수가 없는 사람의 모습이 곧 우리의 모습이다. 영리한 사람이라면 자신이 관찰한 것을 기반으로 시계의 작동원리를 하나 만들어 낼 수는 있겠지만 그 작동원리만이 자신이 관찰한 것을 설명할 수 있는 유일한 원리라고 확신하기는 어렵다. 결국 자신이 알아낸 원리와 시계의 실재 작동원리를 비교할 수 없을 뿐만 아니라 그런 비교가 주는 의미의 가능성도 상상할 수 없을 것이다(p. 31).

이론과 실재

실재는 존재하지만 그에 대한 인간의 지식은 언제나 불확실하며 파악하기 힘든 채로 남아있다. 사람마다 자신만의 이론을 갖고 특별하게 사건을 해석하기 때문에 같은 경험을 했을지라도 상이한 결론을 도출하는 것은 그리 놀랄 만한 일이 아니다(Carey와 Smith, 1993). 지식은 이론으로 구성되어 있다. 그러나 이론은 형식보다 현상을 이해하는 데 얼마나 유용한가가 더욱 중요하다. 따라서 연구와 이론은 유용성에 의해 판단된다(Griffiths, 1998).

조직분석에 이론을 적용하는 일은 성찰의 과정이라 할 수 있다. 교육행정학에 입문한 학생은 "이런 모형과 이론이 정말 존재할까?"라고 질문할 수도 있다. 필자들은 Minzberg(1989)와 같은 입장이다. 본서에서 조직을 기술하기 위해 사용된 모형이나 이론, 구성요소들은 실재라기보다는 사건들에 대한 단순한 말과 그림일 뿐이다. 사실 본서에서 다룬 개념적 분석틀은 다양한 현상 가운데 특징적인 것만 단순화시켜 놓은 것이기에 현실 조직은 이보다 더 복잡한 양상을 띠고 있다. 따라서 이론은 실재를 왜곡한다고 볼 수도 있다. 처음 가보는 곳에 지도가 없으면 제대로 여행할 수 없는 것처럼 이론적인 지침이 없이 실재의 일부분을 이해하기란 쉽지 않다.

결국 실재와 이론 가운데 어느 하나를 선택하는 문제라기보다는 다양한 이론 가운데 특정 이론을 선택할 수밖에 없는데 Minzberg(1989)는 이런 딜레마를 잘 표현하고 있다.

그 누구도 실재의 모든 것을 알 수는 없다. 대신 실재의 단면들을 보여주는 이론을 통해 조금씩 알아갈 뿐이다. 경우에 따라 분명한 이론을 형성하여 실재를 설명하는 개념과 개념 간의 관계를 이해할 수 있는데 이와 같은 이론은 체계적인 연구조사 방법이나 경험을 통한 사고체계를 기초로 형성된 것이다. 사실 어떤 현상은 이론의 도움 없이 도저히 파악할 수 없는 것도 있는데, 예를 들면 핵분열과 관련된 암묵적 이론도 사고체계를 바탕으로 한 연구의 도움을 받아 발전한 것이다(p. 259).

우리 모두는 이론을 바탕으로 행동한다. 암시적인 이론도 있고 명백한 이론도 있는데 이 가운데 개인의 암시적 이론은 내재화된 형식을 갖고 있다고 볼 수 있다. John Maynard Keynes의 말을 빌자면 자신은 어떤 이론의 영향도 받지 않고 실용성만을 중시한다고 믿는 행정가도 자세히 보면 이미 폐기된 어떤 이론을 굳게 신봉하고 있다. 훌륭한 이론과 모형은 존재하며, 본서에서는 그와 같은 이론과 모형을 바탕으로 교육행정에 관한 지식을 창출하고자 한다. 우리가 실재 그 자체를 획득할 수는 없지만 본서의 이론과 모형을 적용해 보고 조정하며 정교화하는 과정을 통해 실재를 이해하는 초석은 놓게 될 것이다(Selznick, 1992; Hoy, 1996).

이론과 연구

이론과 연구는 서로 분리할 수 없기 때문에 이론에 대한 오해나 모호한 점은 연구의 의미나 목적을 이해하는 데도 영향을 준다. Kerlinger(1986: 10)는 "과학적 연구는 자연현상 가운데 추정되는 관계성을 기술한 가설 명제에 대한 비판적 탐구로서 이는 체계를 갖추고 있으면서 통제가능하고 실증적인 특성이 있다"고 정의하였다. 이 정의에 따르면 연구는 증명된 가설로 이루어진다. 가설은 실재에 대한 관찰을 통제 가능하면서도 체계적인 검증을 통해 진위가 결정된다. 그리고 그 검증결과는 다른 연구자가 재검토할 수 있도록 공개된다. 이론을 검증하기 위해, 개념은 조작 및 측정될 수 있는 변인으로 표현된다. 사실, 이론 검증은 개념을 신뢰롭고 타당한 변인으로의 변화를 필요로 한다(Hoy, 2010).

자명한 사실로 결론짓는 우연한 관찰은 과학적 연구라 할 수 없다. 정교하지 못한 실증주의는 현실을 왜곡할 가능성도 있고 지식을 체계적으로 발전시킬 수도 없다. 가설 개발이라는 특별한 목적을 위해 정교하게 계획된 조사연구나 문화기술지 연구가 이론 및 가설개발을 위해 유용한 경우도 있지만 궁극적으로는 어느 학문분야에서나 지식은 이론에서 도출된 가설을 검증하는 방식의 연구를 통해 확장된다. 요컨대, 연구에서는 사실보다 사실로부터 얻은 일반적인 유형이나 설명이 더 중요하다고 볼 수 있다.

가설

가설은 최소한 두 개념이나 변인 간의 관계를 추측한 진술이다. 이런 관점을 보여주는 가설의 예를 세 가지 들면 다음과 같다.

- 학교의 구조가 권한부여형일수록 집단효능감은 커진다.
- 집단효능감을 통해 권한부여형 학교구조는 학생들의 학업성취도 증진에 간접적인 영향을 미친다.
- 사회경제적 지위 및 이전의 학업성취도는 학생의 학업성취도에 직접적인 영향

을 미칠 뿐만 아니라 학업에 대한 낙관적인 태도를 통해 학업성취도에 간접적인 영향을 미친다.

가설은 다음과 같은 몇 가지 특징이 있다. 첫째, 가설은 적어도 두 개 이상의 변인 간의 관계를 규정하고 있다. 둘째, 가설은 그 관계를 분명하고 간결하게 기술하고 있다. 셋째, 가설의 변인들은 경험적으로 검증이 가능하다. 첫 번째 가설은 권한부여형 구조와 집단효능감 간의 관계를 나타내고 있는데, 이들 개념은 변인으로서 측정이 가능하다. 이와 같은 가설은 이론과 연구의 간격을 채워주며 관찰된 실재에 대한 이론을 검증하는 수단을 제공한다. 사실 위의 세 가지 가설은 3장과 5장에 제시된 개념적 관점 및 이론에서 도출된 것들이다. 끝으로, 이들 세 가지 가설들은 간단한 일차 가설에서 변인의 수 및 이들 간의 상호관계가 더욱 복잡한 이차 및 삼차 가설까지 그 복잡도상에 차이가 있다.

가설은 연구자의 편견이 들어갈 수밖에 없다. 연구자는 자신이 수집한 자료를 통해 이론에서 도출한 특정 가설을 증명하고자 노력한다. 가설검증은 어느 학문분야에서나 지식개발의 본질이 된다. 실증연구에서 가설이 지지되었다는 것은 어떤 현상을 설명하는 데 연구자가 지닌 이론이 유용하다는 것을 보여준다. 지식이 부분적으로 이론으로 지지되지 않거나 어느 가정에 기반을 두지 않는다고 해서 실망할 필요는 없다. 조직연구자들의 목적은 수집된 자료의 분석결과를 바탕으로 가정과 이론을 검증하고 더욱 정교한 설명으로 이론을 재형성하는 데 있다.

모든 학문분야의 지식의 기본적 형식은 유사하다. 지식은 개념, 일반화, 이론으로 구성되며 일반화는 개념에 따라 결정되고, 이론은 일반화에 따라 결정된다(Willower, 1963). [그림 1.1]은 지식 개발에 필요한 이론의 구성요소를 보여주고 있다. 개념은 결국 일반화에 연결되어 있고, 일반화는 현상에 대한 일반적 설명(이론)을 마련해 주는 논리적으로 일관된 명제를 형성한다. 가설은 이론의 유용성을 검증하기 위해 이론으로부터 도출된다. 가설에 포함된 개념들은 변인으로 측정이 되며, 그후 가설은 경험적으로 검증된다. 연구결과는 이론의 기본적 일반화를 수용하거나 거부하거나 재구성하거나 정교하면서도 명확하게 만드는 자료가 된다. 일반화가 실증적인 검증을 통해 계속해서 지지되는 경우에는 어느 현상을 설명하는 원리로 발전하게 된다. 조직이론을 예로 들면, 원리들은 조직구조와 역동성 그리고 조직구성원의 역할을 설명할 목적으로 개발되었다. 이론은 과학적 연구의 시작이면서 끝이기도 하다. 한편에서 이론은 관찰 가능한 행동을 기술하고 예측하는 가설의 기본 토대가 되며 다른 한편으로는 모든 과학적 노력의 궁극적 목적이라 할 수 있는 설명력이 풍부한 이론체계를 발전시

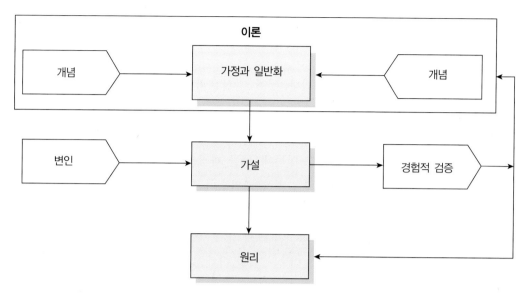

그림 1.1   **이론의 체계**
출처: © Hoy, 2007.

커 신뢰할 만한 보편적 설명을 제공한다. 좋은 이론은 일상적인 문제에서 복잡한 문제에 이르기까지 그 해결을 위한 지침을 제공한다.

이론과 실제

이론은 실제와 적어도 다음 세 가지 면에서 연관되어 있다. 첫째, 이론은 실무자의 인식론적인 준거틀(frame of reference)을 형성하도록 도와준다. 둘째, 이론화의 과정은 곧 실제 사건을 분석하는 일반적인 양식을 제공한다. 셋째, 이론은 의사결정을 도와준다.

이론은 실무자가 당면문제를 철저하게 분석할 수 있는 분석기법과 인식론적인 준거틀을 제공한다(Dewey, 1933). 이러한 분석기법과 인식론적인 판단근거를 갖춘 행정가는 실제 문제를 해결할 수 있는 다양한 방안을 개발할 수 있게 된다. 하지만 어떤 사회과학 이론도 즉각적인 해결책이나 문제해결을 위한 명확한 방안들을 제시할 수는 없다. William James(1983)에 따르면, 이론은 실제 문제를 해결하기 위해 직접적으로 적용되기보다는 자신만의 독창성과 창의성을 발휘하여 문제해결을 위한 적용점을 찾고자 노력하는 중간단계를 거쳐야만 한다. 반성적 사고를 대체할 수 있는 것은 없다.

행정가들은 행정실무에서 가장 중요한 자질은 개념을 사용하는 능력이라고 주장한다. 그러나 사회학이나 심리학 이론의 개념들을 사용하여 특정 문제를 규정하였다고 해서 자동적으로 그 문제에 대한 해결책을 제시한 것으로 생각하는 것은 오류이다. 예를 들어 역할갈등, 목표전치, 인지처리과정의 하나로 문제를 규정하였다고 해서 그 자체로 문제가 해결된 것은 아니다. 하지만 개념을 사용하여 문제를 규명함으로써 현안이 조정되어 합리적인 실행계획을 설정할 수 있을 것이다.

이론과 실제의 관계는 문제의 중요한 측면을 규정하기 위해 이론가가 개념을 사용하는 것 이상의 관계이다. 이론가와 실무자는 과학적 접근을 통해 사물에 대한 인식방법 내지는 분석방법을 얻을 수 있다. 과학적 접근은 이성적 탐구활동을 중심으로 이루어진다. 그러나 과학적 접근의 초점은 이론적 분석과 개발에 있을 수도 있고, 연구조사나 조직의 의사결정 또는 개인수준의 문제해결에 있을 수도 있다. John Dewey(1933)는 『How We Think』에서 과학적 접근의 과정을 잘 서술하고 있다. 과학적 접근은 문제를 인식하고, 개념화하며, 문제해결이 담긴 가설의 형태로 일반화하며, 가설의 결과와 시사점을 추론하고, 가설을 검증하는 과정이라고 하였다.

이런 과학적 접근법을 사용하는 이론가와 연구자, 실무자 사이에 약간의 차이는 존재하지만 그 차이는 접근법의 차이라기보다는 추상의 수준과 엄밀함의 정도가 다른 데서 기인한 것이다. 이론가는 가설을 검증하는 연구자보다 더 추상적이고 일반화된 내용을 다루며, 실무자는 이론가보다도 덜 추상적인 일, 가령 조직의 구체적인 문제나 사건 등에 관심을 둔다. 그러나 이론화는 행정 실무자들에게 직접적인 시사점을 제공한다(Johnson, 2010).

이론가와 연구자는 실무자보다는 과학적 접근법을 엄밀하게 이용하는데 그럴만한 충분한 이유가 있다. 이론가는 보통 "다른 상황이 같다면"이라는 가정을 전제로 하며, 연구자도 연구변인을 제외한 모든 변인을 통제하고자 한다. 반면, 실무자들은 상황이 같을 수도 없으며 모든 변인을 통제할 수 없는 조건에서 활동하고 있기에 자신의 지위, 책임, 권위, 문제의 즉시성과 같은 제약조건들에 의해 영향을 받을 수밖에 없다. 그렇다고 실무자들이 과학적 접근의 중요한 요소인 반성적 사고를 하지 않는 것은 아니지만 보다 융통성을 갖고 과학적 접근법을 활용하게 된다. 예를 들면, 교육행정가들은 이론가나 연구자보다 일반화 가능성에 별로 신경을 쓰지 않기 때문에 자신의 해결책이 다른 지역의 교육행정가들에게도 얼마나 유용할지는 관심이 없다. 그러나 기본적으로 이론가와 연구자 그리고 사려 깊은 실무자들이 취하는 접근법은 체계적이면서도 반성적인 사고를 필요로 한다는 점에서 동일하다고 볼 수 있다.

이론과 실제의 관계에 대해 마지막으로 한 가지 더 언급할 것은 행정에서 다루는 의사결정은 이론의 도움을 통해 이루어진다는 점이다. 행정은 다양한 행정상의 문제와 조직관련 문제에 적용할 지식에 관한 과학이자 예술이라고 정의할 수 있다. Arthur

Blumberg(1948, 1989)는 행정을 기교(craft)라 부르고 있다. 이러한 정의는 행정가가 의사결정시에 필요한 지식을 획득할 수 있다는 뜻이다. 그러나 이론이 없으면 사실상 지식의 근거는 없는 것과 같다. 왜냐하면 정보를 제공하는 의미 있는 연구는 이론을 전제로 하기 때문이다. 비록 교육행정이론과 연구는 아직 초보적 수준이라 할 수 있지만 반성적 사고를 강조하는 행정가는 모호한 신념에 의한 편견이나 충동보다는 불완전한 이론의 영향을 더 받는 경향을 보인다. 잘못된 신념과 편견은 사라지지 않지만 합리적 사고방식을 증진시키는 정신적 습관을 통해 점검될 수 있다(Gilovich, 1991). 이론이 사고를 대신할 수 없지만 의사결정과 문제해결을 도와줄 수 있다.

행정이론은 실무에 영향을 준다. 20세기의 조직사상과 이론의 발전은 다양한 방식으로 기술될 수 있다. 본서에서는 조직사상의 역사적 흐름을 체제 시각에서 살펴보고자 한다.

체제 관점

체제(system) 개념은 사회과학은 물론 자연과학에서도 오랫동안 사용되어 왔다. Alfred N. Whitehead(1925)와 George C. Homans(1950)는 환경 속에 조직화된 하나의 총체, 다른 말로 체제라고 하는 이념이 존재하며, 이 이념이 과학 형성에 근본적이면서도 본질적인 역할을 한다는 데 주목하였다.

개방체제와 폐쇄체제를 구별하면서 조직행동 분석에 중요한 발전을 가져왔다. 처음에는 학교체제를 외부세계와 격리된 폐쇄적 시각에서 분석하였다(Getzels와 Guba, 1957). 따라서 외부환경의 다양한 제약조건들에 대한 관심은 기울이지 않고 오직 조직의 내부 작동원리들에 대한 설명이 초기 체제분석의 주를 이루었다. 그러나 현대의 조직이론가들은 조직은 외부환경과 분리하여 이해될 수 없다는 전제를 갖고 있다. Marshall Meyer(1978: 18)는 "개방체제 대 폐쇄체제의 논쟁은 개방 쪽으로 논란의 종지부를 찍었다"고 하였다.

최근의 조직사상이 현대 사회과학에 토대를 두고 있지만, 세 가지 주요 체제이론이 부각되어 계속해서 지지를 받고 있다. W. Richard Scott(1987, 1992, 1998)은 이 세 가지 관점을 합리체제, 자연체제, 개방체제로 보고 있다. 조직을 바라보는 이 세 가지 관점은 비교적 뚜렷이 구분되지만 경우에 따라서 중복되기도 하고 상호보완적인 측면도 있으며 상충하는 경우도 있다. 그리고 세 가지 체제이론은 초기 조직이론에 근거를 두고 있다. 다음 절에서는 Scott(1998, 2007)의 저술을 중심으로 세 체제이론의 근간이 되는 조직이론을 살펴보고자 한다.

합리체제: 기계모형

합리체제 관점(rational system perspective)에 의하면, 조직이란 특정한 조직목적을 달성하기 위한 공식적 기관이다. 합리성은 설정된 조직목적을 최대한 효율적으로 성취하기 위해 일련의 행동을 계획하여 집행하는 정도를 의미한다(Scott, 1992). 합리적 접근은 고전적 조직이론인 과학적 관리론에 기반을 두고 있으며, 초기의 합리체제는 폐쇄적으로 간주되었으나, 현재의 모든 합리 모델들은 환경에 영향을 받는 개방체제로 간주되고 있다.

출현 배경 – 과학적 관리론: 합리적 · 폐쇄적 기계 모델

과학적 관리론(scientific management) 운동의 아버지인 Frederick Taylor는 기업조직에서 사람들을 효과적으로 활용할 수 있는 방법을 모색하였다. Taylor는 근로자, 사무원, 기계 기사, 감독자, 기획책임자를 거쳐 최고 엔지니어가 되었는데 이와 같은 경험을 통해 그는 사람들을 효율적인 기계처럼 운용할 수 있다는 확신을 갖게 되었다. 과학적 관리론의 핵심은 곧 기계의 작동원리를 모방하는 것이다.

Taylor와 그 동료들은 근로자를 경제적 고려에 따라 동기화되며 생리적 한계를 지니고 있으며 항상 지시가 필요한 존재로 이해하였다. 1911년 Taylor(1947)는 자신의 주장들을 과학적 관리론으로 체계화하였다. 그 주장을 몇 개 살펴보면 Taylor의 관리론의 일면을 엿볼 수 있다. Talyor와 그 동료들은 인사관리자로서 신체적 요인이 생산에 미치는 영향에 관심을 기울였다. 그래서 근로자의 신체적 한계를 탐색하고 부과된 과업을 가장 빨리 수행할 수 있는 방법을 다룬 **시간과 동작 연구**(time and motion studies)에 집중하였다(Barnes, 1949: 556-67). 그들은 과업을 체계적으로 연구하고 그 과업을 수행하는 데 소요되는 시간을 연구함으로써, 그 과업을 완성하는 데 가장 효율적인 방법을 결정할 수 있다고 믿었다. Talyor의 연구가 주로 생리적인 측면에 초점을 두고 심리적 변인과 사회적 변인을 간과하였지만, 많은 작업들이 효율적으로 이루어질 수 있는 방법들을 제시하였다. 그리고 Taylor는 미숙련공의 생산성을 충분히 높임으로써 미숙련공이 숙련공에 버금가는 임금을 받을 수 있도록 도와주었다(Drucker, 1968).

Taylor의 인사관리가 근로자 개개인에 초점을 두고 있었다면, 경영 관리자들은 그 관심이 간부급 인사들의 관리에 있었다. Taylor와 비슷하게 Henry Fayol도 과학적 접근법을 행정에 활용하였다. 프랑스 광산 기술자였고 후에 행정을 가르치기도 한 성공한 행정가 Fayol에 따르면, 행정적 행동은 계획, 조직, 명령, 조정, 통제의 다섯 기능으로 구성되어 있다는 것이다(Urwick, 1937: 119). Luther Gulick(1937)은 후일에 "최고 경영자는 무슨 일을 하는가?"라는 질문에 Fayol의 다섯 기능을 더욱 확대하여 "POSDCoRB"라는 일곱 기능을 제시하였는데 이 단어는 계획(P), 조직(O), 인사(S), 지시(D), 조정(Co), 보고(R), 예산편성(B)의 머리글자를 종합한 것이었다.

경영 관리자에게 **분업(division of labor)**은 조직의 첫 번째 기본원리였다. 과업은 그 구성요소들로 세분화될수록 더 전문화되고 근로자는 그 과업을 효과적으로 수행할 수 있게 된다. 분업을 보완하는 차원에서 개개의 과업(task)이 직무(job)로 통합되고, 직무는 다시 부서(department)로 통합되었다. 분업의 기준이 요구와 맞지 않는 경우도 있지만, 분업과 부서화는 관리에 필요한 측면이다. 더구나 과업을 더 잘게 쪼갬으로써 과업수행을 더욱 수월하게 하였는데 이것이 작업의 **표준화(standardization)**이다.

직접 감독할 수 있는 근로자의 수를 의미하는 **통솔의 범위(span of control)**가 두 번째 기본원리였다. 위에서 아래로 세분되어 가면서 각각의 작업반에 대한 감독도 필요하고 작업반 간의 조정도 필요하였는데 이를 효과적으로 수행하기 위한 통제범위는 대략 5명에서 10명 선이었다. 이와 같은 대략적인 수치는 행정조직을 설계하는 데 아직도 통용되고 있다. 상부에서 하부로 권력과 권위가 일사분란하게 작동하기 위해서는 한 명의 경영자가 피라미드형 구조 속에서 지휘권을 행사하는 것이 효과적인데 이것이 바로 두 번째 원리에서 나온 것이다.

경영 관리자가 다루어야 할 세 번째 원칙은 **동질성의 원리(principle of homo-geneity)**에 따라 직책이 형성된다는 점이다. Gulick(1937)에 따르면 한 부서는 주요 목적과 과정, 고객 및 장소라는 네 가지 기준의 결합에 따라 형성된 직책의 모임이라 할 수 있다.

- 주요 *목적*은 공동의 목적을 공유하고 있는 사람들을 결합시킨다.
- 주요 *과정*은 비슷한 기능 혹은 기술을 갖고 있는 사람들을 결합시킨다.
- *고객* 혹은 물질은 비슷한 고객이나 물질을 취급하는 사람들을 결합시킨다.
- *장소* 혹은 지리적 영역을 근거로 한 조직은 기능과 상관없이 함께 일하는 사람들을 결합시킨다.

이런 네 기준으로 부서를 조직하는 것은 분명 문제의 소지가 있다. 예를 들면, 학교보건활동을 교육부에 두어야 하는가 아니면 보건부에 두어야 하는가? 둘 중에 하나를 선택하는 것은 곧 학교보건활동의 성격을 규정하는 것이 될 것이다. 이 네 기준 가운데 어느 하나를 중심으로 부서를 동질화시키는 것이 부서 동질화의 유일한 방법은 아니다. James D. Thompson(1967: 57)의 주장에 따르면 "문제는 하나로 결합하는 데 어떤 기준을 사용하느냐가 아니라, 몇 가지 기준을 어떤 우선순위에 따라 사용하느냐?'에 있다.

인사 관리자와 과학적 관리자 모두 공식조직이나 관료조직을 강조하였다. 이들은 분업, 권력배분, 직위의 세분화에 관심을 둔 반면, 개인 특유의 개성과 작업 중인 근로자들의 사회적 역동성에는 관심이 없었다. "기계모형"으로 명명할 수 있는 이 관점은 조직도 교량이나 엔진을 만들 때처럼 설계도에 따라 형성할 수 있다고 보았다 (Worthy, 1950).

교육행정의 발전은 일반행정의 발전과 그 궤도를 같이 한다고 Roald Campbell과 그 동료들(1987)이 주장하였다. 비록 Taylor의 과학적 관리자들에 비해서 그 열의는 조금 떨어지지만 Franklin Bobbit(1913)과 같은 초기 교육행정학자들도 조직행동을 직무분석의 관점에서 파악하였다. 이들은 행정가의 직무를 분석하여 과업의 요소를 구체적으로 열거하고 각 과업을 보다 효과적으로 수행할 수 있는 방법을 결정하고 효율성을 극대화시키는 조직을 제안하였다. 1910년부터 1930년 사이의 기간을 중심으로 학교와 "효율성의 예찬"을 분석한 Raymond E. Callahan(1962)의 연구에서 학교에 대한 과학적 관리론의 영향을 분명히 알 수 있다.

그러나 Taylor의 과학적 관리론을 지나가는 유행으로 파악하는 것은 옳지 않다고 본다. 사실 Kanigel(1997)의 주장에 의하면 테일러주의(Taylorism)는 미국식 생활 그 자체가 되었고 현대 조직의 한 부분이 되었다는 것이다. 시간, 질서, 생산성, 효율성에 대한 Taylor의 집념은 현대의 생산성과 효율성을 극대화하는 전자수첩, 스마트폰 (예를 들어, iPhone), 음성사서함, 문자, 아이패드 등에 그대로 이어져 오고 있다. 오늘날 테일러주의는 학문적으로 그 생명이 다한 것처럼 보이지만 미국사회에서 계속해서 영향을 주고 있다는 것을 부인할 사람은 거의 없을 것이다. 싫건 좋건 간에 테일러주의는 여전히 살아 움직이고 있다.

현재의 관점: 합리적 · 개방적 구조 모델

합리체제 관점을 가지고 있는 사람들은 조직내의 행동을 유목적적, 규율적, 합리적인 관점에서 조망한다. 합리체제 이론가들은 "효율성," "최적화," "합리성," "설계" 등과 같은 개념에 관심이 많다. 그리고 조직 상황에서 개인의 의사결정이 갖는 한계를 중시하기도 한다. 그래서 기회, 제약조건, 공식권위, 규칙과 규정, 복종, 조정의 개념들이 대표적인 합리성의 요소라 할 수 있다. 현대의 합리체제 이론가들은 목적의 구체성과 공식성을 강조하는데 그 이유는 목적의 구체성과 공식성이 조직의 합리성과 효율성에 중요한 기여를 하기 때문이다(Scott, 1998; 2007). 또한 이들은 조직을 개방적이고 합리적으로 보았다.

목적(goal)은 조직구성원이 추구하는 미래의 결과로서 조직행동을 유도한다. 구체적인 목적은 의사결정과 공식적 구조에 영향을 주며 과업을 구체화시키기도 하며 자원배분을 도와주고 계획결정을 좌우한다. 목적이 모호하면 합리성에 지장을 초래하게 된다. 그 이유는 목적이 분명하지 않으면 대안들을 순서에 맞게 정리할 수도 없으며 합리적 의사결정도 불가능하게 만들기 때문이다. 따라서 교육계에서 흔히 볼 수 있는 것처럼 조직의 목적이 모호할 경우에는 구체적인 목표를 설정하여 실제 행동 지침으로 삼을 수도 있다. 교육학자들이 진보주의 교육과 전통적인 교육의 장점에 대해 끝없는 논쟁을 벌일 수 있지만, 학교현장에서는 졸업요건, 학생들의 규율과 관련된 방침, 학교규정과 같은 문제에 대해서는 상당한 정도의 합의가 이루어져 있다.

공식화(formalization)는 규정이나 직무를 성문화해 놓은 정도라 할 수 있는데 이에 따라 조직이 합리적으로 운용된다. 공식화는 작업수행을 표준화시키고 규정화시킨다. 규칙은 행동을 정확하고 명백하게 다스리기 위해 만들어진다. 직무는 수용할 수 있는 행동의 관점에서 신중하게 정의되며, 역할관계는 조직구성원의 개인적 특성과 상관없이 규정된다. 그리고 때로는 작업 흐름 그 자체가 구체화된다. 공식화는 행동을 표준화하여 규정함으로써 행동을 예측할 수 있게 만드는 조직의 수단이 된다. Simon(1947: 100)이 진술한 바와 같이 "조직이나 기관 내에서 조직구성원들은 특정한 조건에 처한 다른 구성원들의 행동을 안정적으로 기대할 수 있다. 이와 같은 안정적인 기대는 곧 사회집단의 행위에 대한 결과를 합리적으로 고려하는 데 중요한 전제조건이 된다."

조직이 합리적으로 기능할 수 있도록 도와주는 기제 가운데 하나가 공식화인데 이 또한 다양한 방식으로 나타날 수 있다(Scott, 1992). 공식화를 통해 조직의 관계 구조가 드러나며, 조직 관리자는 그와 같은 공식적 구조를 조정하여 성과를 향상시키기도 한다. 목표관리(Management By Objectives), 기획예산제도(Planning, Programming, and Budgeting System), 성과평가검토기법(Performance Evaluation and Review Techniques) 등은 모두 합리적 의사결정을 촉진하기 위해 조직 관리자가 사용하는 방법이다. 공식 구조는 또한 감정적 유대나 기분보다는 사실에 기초한 규율과 의사결정을 증진시킨다. 사실 공식화를 통해 조직 구성원 서로가 상대방에 대해 가진 긍정적인 느낌이나 부정적인 느낌을 어느 정도 줄이기도 한다. Merton(1957: 100)이 관찰한 바로는 "사내 직원들이 서로에 대해 좋지 않은 사적인 감정이 있다 하더라도 공식성을 통해 그들 간의 상호작용을 촉진시킬 수 있다"는 것이다. 그리고 공식화는 조직이 특정 개인에게 의존하는 것을 방지해 주기도 한다. 제대로 교육받은 개인이 큰 혼란 없이 교체될 수 있도록 구성원의 교체도 관례화되어 있다. 공식화는 지도자에 대한 요구나 조직변화에 대한 요구를 조정하기도 한다. Seldon Wolin(1960: 383)이 지적하였듯이 "조직은 절차를 단순화하고 관례화함으로써 뛰어난 재능을 지닌 인물을 별 소용이 없게 만들기도 하는데, 이는 조직이 보통 사람들을 기준으로 운영되기 때문이다."

조직의 목표를 달성하고자 헌신하는 사람들에게 합리성과 공식화는 가장 중요한 특징이라 할 수 있다. 직무가 효율적으로 이루어지기 위해 조직구조는 어떻게 형성되어야 할 것인가? 합리체제 이론가들은 분업, 전문화, 표준화, 공식화, 권위의 위계, 통솔범위의 축소, 예외법칙 등과 같은 지침들을 중시한다. 분업은 작업을 기본적 구성요소로 세분화하는 것을 일컫는데 이는 곧 전문화를 낳게 된다. 전문화는 곧 전문적 기술이 증가하는 것을 말하며 표준화와 함께 하여 정례화된 작업을 수행하는 데 능률과 효과를 증진시킨다. 더구나 공식화는 일련의 규칙과 규정의 형태로 표준운영절차를 증진시킨다. 그러나 규정에 없는 예외적인 상황이 발생하는 경우에는 상급자가 처리해야 한다는 **예외원리**(exception principle)도 있다. 마지막으로 권위의 위계는 통일된 명령과 하향식 구조를 통해 조직행동을 조정하거나 통제하여 행정지시에 잘 따를 수 있도록 한다. 지금까지 설명한 원리를 적용하게 된다면 효과적이면서도 효율적으로 작동할 수 있다는 조직에 대한 믿음체계는 공식조직만큼이나 중요하다고 볼 수 있다. 그러나 조금 더 추가를 한다면, 공식조직의 설계는 일부분 외부의 요인들에 영향을 받는다. 환경은 다양한 형태로 조직의 구조 및 기능에 제약을 가한다(8장 참조). 즉 조직은 개방체제이다.

합리체제 관점의 가장 큰 단점은 아마 조직에 대한 개념이 너무 경직되어 있다는 점이다. James G. March와 Herbert Simon(1958)은 조직의 구조와 기능은 조직 외부의 사건에 의해 심대한 영향을 받기도 하며 조직 내부에서 조정이 제대로 되지 않은 사건에 의해서도 큰 영향을 받고 있는데 문제는 이런 사건들을 미리 통제할 수도 없다는 데 주목하였다. 또한 최근의 이론가들은 전체보다는 부분을 필요 이상으로 강조하는 데 비판적인 견해를 표명하였다. Senge와 그 동료들(Kofman과 Senge, 1993; Senge, 1990)은 조직의 부분들에만 관심을 제한한다든지 조직 전체를 극대화하기 위해 조직의 부분들을 최적화하는 것이 필요하다는 생각은 근시안적이라고 주장하였는데 그 이유는 부분을 강조하는 것은 환경뿐만 아니라 전체의 탁월성을 소홀히 하고, 인위적인 구별을 강요하며 조직의 체제적 기능을 부정하기 때문이다.

TIP: 이론의 적용

당신의 학교에서 교사에게 공식권위를 행사할 수 있는 사람을 열거하시오. 그 사람들의 역할과 직위는 무엇인가? 그들은 얼마나 강한 공식권위를 지니고 있으며 그 권위를 어떻게 행사하는가? 구체적인 예를 들어 설명하시오. 학교에서 분업과 전문화에 해당하는 면을 기술하시오. 학교 조직 가운데 통솔범위가 어느 정도인지 밝히시오. 교육과정은 어느 정도 유연한가? 교사는 의사결정에서 어느 정도의 독립성을 갖고 있는가? 당신이 근무하고 있는 학교는 공식조직의 측면에서 어떤 특징들이 있는지 설명하시오.

자연체제 모델: 폐쇄에서 개방으로

자연체제 관점은 조직을 분석함에 있어서 합리체제 관점과 다른 시각을 제공한다. 자연체제 관점은 조직을 기계보다는 유기체로 본다. 이 관점은 1930년대 인간관계론에 그 뿌리를 두고 있다. 인간관계론은 과학적 관리론자들에 대한 반작용으로 출발하여 합리체제 모델이 부적절하다는 인식을 갖고 있었다. 과학적 관리론자들과 같이, 초기의 경우 폐쇄체제 관점에서 조직을 바라보았으나, 합리체제 모델과 마찬가지로 폐쇄체제관점에서 개방 체제 관점으로 이동하게 된다.

출현 배경 – 인간관계론: 자연적 · 폐쇄적 유기적 모델

Mary Parker Follett은 인간관계론 운동의 선구자였다. 그녀는 행정에서 인간적인 측면을 다룬 뛰어난 논문들을 연이어 발표하면서 모든 조직의 근본 문제는 역동적이고 조화로운 인간관계를 발전시키고 유지시키는 데 있다고 주장하였다. 이에 덧붙여 갈등은 "반드시 양립불가능한 것의 소모적인 낭비라기보다는 다양한 사회적 가치가 사람들의 관심으로 나타나는 정상적인 과정"이라고 주장하였다(1924: 300). Follett의 연구에도 불구하고, 인간관계적 접근의 발전은 보통 Chicago에 있는 Western Electronic Company의 Hawthorne 공장에서 수행된 연구에서 시작되었다고 알려져 있다. 이 연구들은 비공식 집단에 관한 연구물의 기초가 되었으며 비공식 집단 연구는 다시 학교조직을 분석하는 기초가 되었다.

세 개의 실험으로 시작된 **Hawthorne 연구**(Roethlisberger와 Dickson, 1939 참조)는 생산현장에서 조명의 질과 양이 효율성과 어떤 관계가 있는지를 분석하였다. 첫 번째 조명실험은 세 개 부서에서 실시되었다. 각 부서마다 조명의 강도를 일정한 간격으로 증가시켜 생산성과 관계를 분석한 결과, 조명강도를 높인다고 해서 반드시 생산성이 높아지지도 않았고 조명강도를 낮춘다고 해서 생산성이 꼭 떨어지지도 않았다.

두 번째 실험은 조명강도를 변화시킨 실험집단과 조명강도에 변화를 주지 않은 통제집단의 생산성을 비교하는 것이었는데 두 집단 모두 생산성이 비슷하게 증가한 것으로 나타났다.

마지막 세 번째 실험은 실험집단은 조명강도를 줄이고 통제집단은 조명강도를 일정하게 하여 생산성을 비교하는 것이었는데 두 집단의 생산성이 증가한 것으로 나타났다. 더구나 실험집단의 경우 조명이 너무 어두워 작업에 지장이 있다는 불만이 나올 때까지 생산성이 증가하는 경향을 보였다.

이와 같은 실험결과는 연구자가 처음 예상한 것만큼 그렇게 단순하지도 선명하지도 않았다. 조명실험의 결론은 다음과 같이 두 가지 방향으로 내릴 수 있을 것 같다. 즉 근로자의 생산성은 기본적으로 조명과 상관이 없다는 결론을 내릴 수도 있고, 아니면 많은 변인을 통제하지 못한 결과로 볼 수도 있다. 이 연구결과가 출발점이 되어 더 많은 후속연구가 이루어졌다.

하버드대학의 산업심리학자인 Elton Mayo와 사회심리학자인 Fritz Roethlisberger는 생산성과 물리적 작업환경 간의 관계를 지속적으로 연구하면서, 생리적 요소와 심리적 요소가 생산성에 관련이 있을 것이라는 가정을 갖게 되었다. 이 두 연구자들은 1927년에서 1932년에 걸쳐 사회과학분야의 고전이 된 일련의 실험, 즉 Hawthorne 연구를 수행하였다. 한 가지 분명한 일반화는 근로자의 행동이 회사에서 정한 공식적 직무규정과 일치하지 않았다는 점이다. 대신 비공식 조직이 근로자의 행동에 영향을 주는 것으로 나타났다. **비공식 조직(informal organization)**은 조직 내에서 나타나는 비공식적 사회구조로서 비공식적 규범, 가치, 정서, 의사소통 패턴은 물론이고 비공식적 지도자도 가지고 있다.

연구에 따르면 근로자들이 일을 하기 위해 한 곳에 모이는 순간부터 비공식적인 상호작용 유형이 시작된다는 것이다. 그들 간에 우정이 싹트고, 뚜렷이 구분되는 집단들이 형성된다. 이런 비공식 집단에 속한 사람들은 근로현장에서나 현장 밖에서 함께 어울리는데 예를 들면, 어느 집단에 속한 사람들은 다른 집단에 속한 사람들과는 달리 근무가 끝난 다음에 게임을 같이 하면서 시간을 보내는 것을 볼 수 있다. 비공식 집단의 구성원 간 상호작용 패턴이 다르다는 점보다 더 중요한 것은 구성원의 행동을 통제하기도 하고 통합해 주는 비공식적 규범이 존재한다는 점이다. 너무 많은 일을 한 사람은 속도를 어긴 자로 간주되었고, 너무 일을 적게 하여 (모두가) 똑같이 심각한 상황이 되면 그는 잔꾀를 부린 것에 대한 비공식적인 제재를 받았다. 밀고를 하지 않는 규범도 나타났다. 누구도 동료들을 험담해서도 안 된다는 규범, 참견하거나 주제넘게 행동해서는 안 된다는 규범도 있었다. 누구나 튀지 않는 "보통사람"이 되어 직장 상사들의 관심을 받는 일이 없도록 주의하라는 식의 규범도 존재하였다.

작업집단은 따돌림, 야유, 욕설 등으로 일탈하는 동료들을 압박하여 비공식적 규범을 존중하도록 강요하였다. 순종을 요구하는 한 가지 기제는 팔 윗부분을 재빠르고 세차게 때리는 것이다. 이러한 구타행위는 육체적으로 상처가 나는 것도 아니고 그럴 의도도 없는 것으로 단지 집단적 불쾌감을 상징적으로 표현한 것으로 볼 수 있다.

비공식 집단 내 많은 행위들은 공식적인 역할 규정에는 반대되는 것이었다. 근로자들은 직무를 규정에서 정한 대로 수행하지 않고 때때로 다른 사람의 일을 하기도 하고, 공식적으로 경쟁하거나 아니면 서로 돕기도 한다. 작업집단은 또한 생산성을 일부러 제한하기도 하는데, 가령 관리자가 기대하는 것보다 낮고 허용될 수 있는 최소한의 수준보다는 높은 정도의 일일 생산성을 작업집단의 규범으로 정하는 것이다. 그래서 일은 대부분 오전에 끝내는 경우도 있고, 작업속도가 빠른 근로자들은 일찌감치 작업 속도를 줄이거나 또는 다음의 필요에 대비하여 성취한 작업 결과를 줄여서 보고하는 경우도 있었다. 더 많은 생산을 할 수 있음에도 불구하고, 비공식적 생산 수준은 일관되게 유지되었다. 이 집단은 성과급제(a piece rate)를 채택하고 있었는데, 이는 성과가 많을수록 임금이 많다는 것을 의미했다. 따라서 근로자들의 행동은 경제적 인센티브가 아니라 작업집단의 비공식적 규범에 따라 이루어지고 있었다. Hawthorne 공장의 실험연구는 인간공학자와 과학적 관리론자의 기본 가정에 최초로 의문을 제기한 연구였다. 그 이후 여러 연구자들이 비공식 조직의 중요성을 인정하고 더욱 강조하게 되었다.

이러한 연구결과들은 1930년대에 이루어진 것이기는 하나, 오늘날에도 그 중요성은 여전하다. 그러나 인간관계적 접근에 대한 비판이 없는 것은 아니다. Amitai Etzioni(1964)에 따르면, 인간관계적 접근은 작업의 실재를 얼버무림으로써 조직생활의 복잡성을 지나치게 단순화하고 있다. 조직은 물론 공유하는 것들도 있지만 서로 상충적인 가치와 관심도 가지고 있다. 조직은 인간 만족의 근원이기도 하지만 소외의 근원이 되기도 한다. 근로자의 불만은 상황에 대한 이해 부족을 나타내는 표시이면서도 상충하는 이해관계의 숨겨진 모습이 드러나는 징후가 되기도 한다. 단순히 말해 조직은 하나의 커다란 "행복한 가족(happy family)"이 아닌 때도 종종 있다. 최근 인간관계론을 비판하는 학자들(Clark et al., 1994; Scott, 1998)은 근로자들에 대한 관심은 진정한 것이 아니었고, 오히려 관리자들은 하급자들을 다루기 위한 도구 혹은 전략으로서 인간관계론을 활용했다고 주장한다. 그럼에도 불구하고, 한 가지 결론만은 분명하다. 즉 인간관계론은 조직 구조에만 집중했던 과학적 관리론자의 관심을 완화시켜 근로자의 동기유발과 만족 그리고 집단사기를 강조하도록 만들었다. 그러나 과학적 관리론과 인간관계론은 외부 환경을 간과하였다. 즉 조직을 폐쇄체제로 간주하였다.

Hawthorne 연구들이 학교에 준 영향은 민주적인 행정에 관한 저술과 권고에서 분명히 찾아볼 수 있다. 당시 불명확한 슬로건 중 하나가 민주적 행정, 민주적 장학, 민주적 의사결정 그리고 민주적 교수 등에서 볼 수 있는 것처럼 "민주적"이라는 단어였다. Roald Campbell(1971)도 지적하고 있지만, 인간관계와 민주적 행정을 강조한다는 의미는 근무조건과 조직구성원들의 행동에 대한 일종의 당위적인 규정 같은 것이었다. "행정의 원리들"이 많이 있었지만, 이 원리들은 성공한 행정가들을 관찰한 결과에서 나온 것이거나 대학 교수들이 내세우는 민주주의적 이념에 불과한 것이었다. 1940년대와 1950년대 초, 교육행정에 대한 민주적 접근은 수사적 표현으로는 오랫동안 지속되었지만 그에 대한 연구나 실질적인 적용은 그렇게 오래 지속되지 않았다 (Campbell, 1971).

현재의 관점 – 인간자원론: 자연적 · 개방적 모델

합리체제론자들은 조직을 특정 목적을 성취하기 위하여 의도적으로 설계한 구조적 배열로 보지만, 자연체제론자들은 조직을 특정 상황에 적응하고, 또 살아남으려고 노력하는 사회적 집단으로 본다. 자연체제 이론가들은 조직의 특정으로 목적 특수성과 공식화를 대체로 인정하고 있지만, 다른 속성도 또한 매우 중요하다고 주장한다. 실제로 공식적 목적과 구조는 조직에서 실제로 발생하고 있는 사건들과는 별 관계가 없다고 주장하는 학자도 있다(Scott, 1998; Etzioni, 1975; Perrow, 1978).

자연체제 관점은 사회집단들 간에 존재하는 유사성에 초점을 둔다. 따라서 조직은 모든 사회집단들처럼 일차적으로는 특정 기관이 설정한 목적에 따라 운영된다기보다는 기본적인 생존목적에 따라 움직인다. Gouldner(1959: 405)는 자연체제 접근의 본질을 다음과 같이 파악하고 있다. 즉 "이 모형에 의하면, 조직은 살아남고 평형을 유지하려고 분투한다. 그리고 이러한 노력은 분명히 추구하는 목적이 성공적으로 도달된 후까지도 지속될 수 있다. 생존을 향한 이러한 긴장은 때때로 조직목적을 소홀히 하거나 혹은 왜곡시킬 수도 있다." 따라서 생존은 최우선적인 목적이다. 공식조직은 특정 결과를 성취하기 위한 수단이라기보다는 개인들이 인간적인 욕구들을 충족시키려는 매체로 파악된다. 사람은 조직에게 있어서 귀중한 인적 자원이다.

자연체제 이론가들은 일반적으로 조직의 특성 가운데 조직의 목적을 그리 중요하지 않은 것으로 간주하는 것처럼 그 목적을 달성하기 위해 설계된 공식적 구조도 중요시하지 않는다. 이들은 물론 공식적 구조의 존재는 인정하지만 조직행동은 기본적으로 공식적 체제를 변모시키는 비공식적 구조에 의해서 규제된다고 주장한다. 그러므로 자연체제 시각은 공식 조직보다는 비공식 조직을, 구조보다는 사람을, 조직의 요구보다는 개인의 욕구를 더 강조한다. 조직 속의 개인은 단순히 노동력만 제공하는 요소가 아니라 이성적이면서도 감성적인 존재이기에 이들의 욕구, 믿음, 동기 등은 조직발전에 중요한 요소가 된다. 조직 구성원들은 다른 이들과 상호작용하며 비공식 규범, 지위구조, 권력관계, 의사소통망, 작업배치 등을 만들어 낸다(Scott, 1992).

요컨대, 목적과 구조에 따라 조직을 구분하지 못한다. 사실 조직의 공식적 특성보다는 체제의 생존욕망, 개인의 특성, 비공식적 관계 등과 같은 보다 일반적인 속성이 조직을 규정한다는 것이다. 합리체제 시각이 개인보다 구조의 중요성을 강조하고 있다면, 자연체제 접근은 구조보다 개인을 강조한다. Warren G. Bennis(1959)의 말을 빌리면, 합리체제의 초점이 "사람 없는 구조"에 있다면, 반면에 자연체제 모형에서는 "조직 없는 사람"을 강조한다.

지금까지 필자들은 조직사상의 발달을 초기 과학적 관리론과 인간관계론 그리고 이들을 현대 체제이론적 시각에서 재규명한 합리체제이론과 자연체제이론을 살펴보았다([그림 1.2] 참조). 초기 체제이론이 폐쇄적 체제이론이었다면 그 이후에는 개방

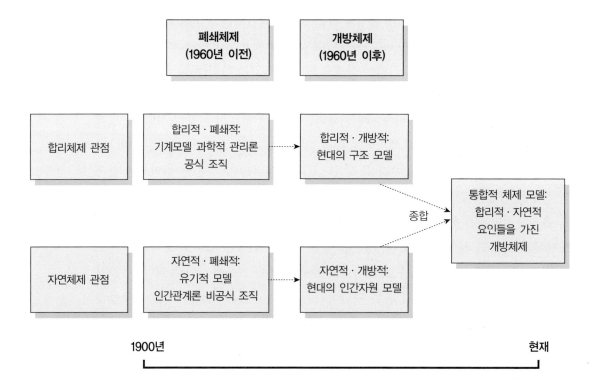

그림 1.2 조직이론 및 사상의 성장과 발달

적 체제이론이 주를 이루었다. 사실상 모든 사람들은 조직을 개방체제로 보고 있다. 기본적으로 조직을 합리체제라고 보는 사람들도 있으며, 자연체제라고 보는 사람들도 있다. 그러나 이들 간의 통합 및 종합은 가능하다. 따라서 본서에서, 우리는 공식적이며 합리적인 요인뿐만 아니라 비공식적이며 자연적인 요인들을 가진 개방체제로 학교를 바라본다([그림 1.2] 참조). 다음 절에서는 조직과 학교에 대한 통합적인 개방체제 접근에 대해 논의한다.

TIP: 이론의 적용

자신이 속한 조직에서 비공식적 권한을 지니고 있지만 공식적 위계에는 나타나지 않는 사람들의 이름을 적도록 한다. 그런 사람들은 왜 비공식적인 권한을 소유하고 있는가? 그리고 그 권한의 원천은 어디에 있는가? 자신이 근무하는 학교에서 찾아볼 수 있는 비공식적 규범을 적어본다. 공식적 지도자와 비공식 지도자는 어떻게 지내고 있는가? 그들이 서로 협력하는 예를 제시해 보라. 당신의 학교에는 어떤 종류의 파벌이 형성되어 있는가? 그런 파벌은 서로 경쟁하는 집단이 있는가? 비공식적 집단들은 서로 잘 지내고 있는가? 공식적 권위를 지닌 사람과 비공식적 권위를 지닌 사람 간에 갈등은 없는가? 그 갈등은 무엇에 관한 것인가? 몇 가지 사례를 들어보라.

개방체제: 통합

개방체제 관점(open-system perspective)은 조직행동이 외부의 요인들과 격리되어 일어날 수 있다고 하는 비현실적 가정에 대한 반대로 나타났다. 환경에서 오는 각종 경쟁, 자원, 정치적 압력 등은 조직의 내부 활동에 영향을 미친다. 개방체제 모형에서는 조직이 환경에 영향을 받을 뿐만 아니라 환경에 의존하는 것으로 본다. 일반적 수준에서 조직은 개방체제로 쉽게 묘사될 수 있다. 조직은 환경으로부터 투입이 이루어지고 그 투입된 요소가 변형되어 어떤 결과물을 내놓는다([그림 1.3] 참조). 예컨대, 학교는 환경으로부터 교직원, 학생, 재정과 같은 자원을 받아들여, 이러한 투입들을 교육적 변환과정(transformational process)을 거쳐 교육받은 학생과 졸업생을 배출하는 사회체제이다.

합리체제 접근, 특히 과학적 관리론자는 개인적 욕구와 사회적 관계의 영향을 무시하였고, 자연체제 접근, 특히 인간관계론자들은 공식적 구조를 도외시하였기에 이

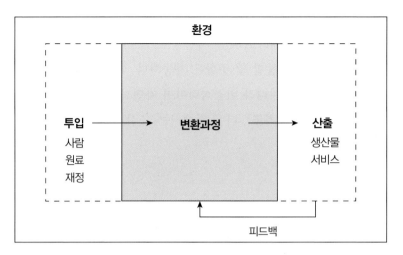

그림 1.3 **피드백 고리가 있는 개방체제**

두 체제의 시각은 제한적이고 불완전하다고 볼 수 있다. 구조와 사람은 물론이고 공식성과 비공식성은 둘 다 분명히 조직을 이해하는 데에 중요하기 때문에 개방체제 시각은 더 유익한 관점을 제공해 준다.

Chester I. Barnard(1938)는 조직생활을 분석하면서 처음으로 이 두 가지 관점을 모두 고려한 사람 중의 하나였다. Barnard가 New Jersey의 Bell 전화회사 사장으로 있을 때 집필한 『Functions of Executive』라는 책은 공식 조직의 협동행위에 관한 종합적 이론을 제공해 주고 있다. Barnard는 공식 조직과 비공식 조직을 처음 정의하였고, 이 두 조직 간의 불가피한 상호작용을 설득력 있게 보여주었다. Barnard(1940)는 자신의 연구가 조직의 구조적 측면과 역동적 측면을 종합하였다고 평가하였다. 그가 중요하게 생각한 구조적 개념들은 개인, 협동체제, 공식적 조직, 복잡한 공식적 조직, 비공식적 조직이었다. 그리고 그가 중시한 역동적 개념들은 자유의지, 협동, 의사소통, 권위, 결정과정, 역동적 평형이었다.

Herbert Simon(1957a)은 『Administrative Behavior』에서 Barnard의 연구를 확대하여 조직평형의 개념을 작업동기의 공식적 이론을 위한 핵심으로 사용하였다. Simon은 조직을 근로와 유인이 교환되는 체제로 파악하였다. 고용된 근로자들은 자기들이 기여하는 근로보다 더 큰 유인가가 조직에 있다고 인식하는 한 조직에 머문다.

조직은 합리적 결정을 위한 기준, 정보 및 가치를 제공해 주긴 하지만, 정보의 수집과 처리, 대안의 탐색, 결과의 예측 등의 능력에서 제한되어 있다. 따라서 조직에서 발생하는 문제는 최적이 아닌 만족스런 수준에서 해결된다. Simon의 관점에서 보면, 그 어떤 문제에 있어서도 최선의 해결이란 있을 수 없고, 단지 어떤 해결이 다른 해결보다 더 만족스러운 것만이 있을 뿐이다(10장 참조).

또 다른 중요한 조직 이론은 Max Weber의 저술(1947)에서 나타났다(3장 참조). Weber 관점의 많은 부분이 과학적 관리자들의 주장과 일치하지만, 관료제와 권위에 대한 Weber의 논의는 조직을 환경과 상호작용하면서도 환경에 의존하는 사회체제로 보는 출발점을 오늘날의 이론가들에게 제공해 주었다. 그러나 조직에 대한 환경의 중요성을 강조하고 조직을 개방체제, 즉 환경에 의존하면서 영향을 받는 사회체제로 간주한 것은 Talcott Parsons(1960)에 이르러서였다.

개방체제 모형은 합리체제 관점과 자연체제 관점을 종합하고 있다. 조직은 복잡하면서도 역동적이다. 조직은 설정된 목적을 성취하기 위한 공식적 구조를 가지고 있지만, 조직의 기대와 상충되는 개인의 특이한 욕구, 흥미, 신념을 가진 사람들로 구성되어 있다. 따라서 조직은 계획된 모습과 계획되지 않은 모습, 합리적 특징과 비합리적 특징, 공식적 구조와 비공식적 구조를 가지고 있다. 어떤 조직에서는 관계에서 합리성이 중요하지만, 다른 조직에서는 자연적, 사회적 관계가 중시된다. 그러나 모든 조직에는 합리적 요소들과 자연적 요소들이 한 체제 안에 공존하면서도 환경에 대해서는 개방되어 있다.

현대 조직은 각기 다른 종류의 환경에 적응하는 개방적 자연체제이거나 아니면 개방적 합리체제라고 주장하는 학자들이 있다(Lawrence와 Lorsch, 1967). 본서에서는 학교조직을 환경이 변함에 따라 합리적 제약조건과 자연적 제약조건도 변화하는 상황에 직면해 있는 개방체제라고 본다. 이 때 합리적 제약조건과 자연적 제약조건을 무시하게 된다면 이는 근시안적 시각에서 학교를 바라보는 것이 된다. 따라서 교육행정과 관련된 기본 개념을 분석하는 기준으로 개방체제이론을 삼고자 한다. 본서에서 많은 이론들을 다루기는 하지만, 조직행동에 영향을 주는 다양한 상호작용을 기술체제, 구조체제, 문화체제, 개인체제, 정치체제라는 5가지 하위체제로 분석하는 개방체제적 접근법을 주요 분석틀로 소개하고자 한다. 1장 끝부분에는 합리체제, 자연체제, 개방체제 접근법과 관련된 주요 개념, 가정, 원칙을 표로 정리하였다(〈표 1.2〉 참조).

TIP: 이론의 적용

당신의 학교에서는 공식조직이 더 중요한가 아니면 비공식조직이 더 중요한가? 공식조직과 비공식조직은 각각 어떤 영역을 통제하고 있는가? 당신은 지금 학교 내 권력관계에서 어느 위치에 속해 있는가? 만약 당신이 교장이라면, 교내의 공식적 관계나 비공식적 관계 개선을 위해 어떤 일을 할 작정인가? 그 이유는 무엇인가? 당신의 학교에서 침묵하고 있는 구성원은 누구인가? 왜 침묵하고 있다고 생각하는가? 지금 근무 중인 학교에서 교장의 지도성 행동을 분석하시오. 교장은 일을 진행함에 있어 공식 조직과 비공식 조직에 어느 정도 의존하는가? 이 둘 사이의 균형은 무엇인가? 어느 쪽을 더 중시하고 있는가? 당신은 그 균형이 유익하다고 생각하는가? 아니면 다른 개선점이 필요하다고 생각하는가? 개선할 필요가 있다면 어떤 식으로 이루어져야 한다고 생각하는가?

개방체제의 주요 특징

필자들이 제시하는 개방체제 관점은 구조와 과정과 관련되어 있다. 이는 안정성과 융통성, 견고한 구조적 관계와 느슨한 구조적 관계를 가지고 있는 역동적 체제라 할 수 있다. 다양한 역할과 관계로 이루어진 조직은 정적이라고 볼 수 없다. 생존을 위해 조직은 적응해야 하고, 적응을 위해 조직은 변화해야 한다. 조직과 환경 간의 상호의존성은 매우 중요하다. 환경을 간과하였던 초기의 합리체제 관점 또는 환경에 적대적이었던 대부분의 자연체제 관점과는 달리 "개방체제 모델은 조직 내외부의 요소들을 결합하는 상호적 연계성을 강조한다. 실제로, 환경은 질서 그 자체의 근원으로 본다." (Scott, 1987b: 91).

대부분의 사회체제가 가지고 있는 중요한 특성과 과정에 대한 합의가 존재하는데, 9가지 중요개념에 대한 제시, 정의 및 논의로 이들을 살펴본다. 개방체제는 여러 요소들이 서로 상호작용하여 외부로부터 투입물을 획득하고, 투입된 것을 변환시키며, 환경에 산출물을 내놓는다. 사람, 원료, 정보, 금전 등은 조직의 전형적 투입물이다. 이러한 투입물은 *변환과정*에서 *산출물*이라는 가치를 지닌 것으로 전환되어 환경으로 나오게 된다. 산출물은 대체로 생산물과 서비스이지만 때로는 구성원의 만족이나 변환과정에서 생겨나는 다른 부산물을 산출물로 보기도 한다. 교실, 책, 컴퓨터, 교수자료, 교사, 학생은 학교에서 중요한 투입요소라 할 수 있다. 이상적으로 학생들은 학교교육 체제를 거쳐 교육받은 졸업생으로 전환되어 환경이라 할 수 있는 사회에 공헌한다. 개방체제의 이러한 세 가지 요소들은 [그림 1.3]에 나타나 있다.

체제가 가지는 피드백 능력은 "투입-변환-산출"의 반복적, 순환적 패턴을 촉진한다. 피드백은 체제 자신을 교정할 수 있는 체제에 관한 정보이다. PTA나 여러 자문위원회와 같은 공식적 의사소통 구조와 정치적 성격을 지닌 비공식적인 활동을 통해 학교 내외에서 피드백을 제공한다. 그러나 기계적으로 단순히 운영되는 체제와 달리, 사회체제는 변화를 위하여 피드백을 항상 사용하는 것은 아니다. 가령 교육감이 자신의 학교구에 소재한 고등학생들의 SAT점수가 낮아지거나 졸업생들이 구직에서나 대학진학에 어려움을 겪는다는 정보를 얻는다면, 교육감은 이런 정보를 이용하여 학교구 차원에서 어떤 문제가 있는지 파악하여 이를 개선하기 위한 활동을 벌일 것이다. 그러나 모든 교육감이 그와 같은 조치를 취하는 것은 아니다. 이는 피드백이 자기교정을 할 수 있는 기회를 제공하지만 그런 일이 실제로 항상 일어나는 것은 아니라는 것이다.

체제는 *경계(boundary)*를 가지고 있다. 말하자면, 체제는 경계를 통해 환경과 구별된다. 개방체제에서는 폐쇄체제처럼 경계가 분명하지는 않지만 그렇다고 없는 것은 아니다. 학부모는 학교라는 체제의 일부분인가? 이에 대한 대답을 분명히 하기는 어려운 것 같다. 왜냐하면 어떤 학교에서는 학부모를 학교의 일부로 생각하지만, 그렇지 않은 학교도 있기 때문이다. 학부모가 학교체제 안에 있는 것으로 생각되는 것과는 관계없이 학교는 부모-교사회의, 지역사회 봉사활동, 성인교육 프로그램 등과 같이 체제와 환경 간의 경계를 연결하는 활동에 상당한 노력을 기울인다.

*환경(environment)*은 체제를 구성하는 내적 요소들에 영향을 주거나 사회체제 그 자체에 의해 변화되는 체제 밖의 어떤 것이다(외부 환경에 대한 상세한 설명은 8장 참조). 학교체제를 예로 들면, 학교구의 정책, 학교구에 근무하는 교육행정가, 다른 학교, 지역사회 등이 환경이 될 수 있다. 조직환경은 일반적으로 조직 밖에 있는 상황을 의미하지만 조직을 환경과 명확하게 구분한다는 것은 학교와 같은 개방체제의 경우 사실상 불가능한 일이다. 그런데도 일부 학교행정가들은 학교를 완전히 개방하지 않는 경우도 있다. 예를 들어 학교에 관계자만 출입을 허용하고 외부 사람들의 출입은 금하고 있다. 그래서 학교를 방문하는 사람들은 교장실 앞에 마련된 방문자 기록 카드에 꼭 이름을 적도록 되어 있다.

체제를 구성하는 요소 간에 평형을 유지하기 위하여 일단의 조절장치가 작동하는 과정을 *항상성(homeostasis)*이라고 한다. 항상성을 생물학적으로 비유하면 다음과 같이 설명할 수 있다. 유기체가 따뜻한 환경에서 찬 환경으로 이동할 때, 항상성 기제는 체온을 유지하려고 반응하기 시작한다. 이와 비슷하게 학교에서는 중요한 요소와 활동은 보호되고, 그렇게 함으로써 전반적인 안정이 유지된다. 생존하는 체제는 안정, 즉 평형을 향하여 움직이는 경향이 있다. 그러나 이러한 안정이 정적인 것은 아니다. 환경을 통해 에너지는 계속하여 체제에 유입되기도 하고 반출되기도 한다. 체제를 위협하거나 파괴하려는 힘은 체제를 유지하고자 하는 힘의 대응을 통해 체제가 유지되는 경향이 있지만, 그러면서도 역동적으로 성장한다고 볼 수 있다. 체제에 불균형을 가져오는 사건들은 새로운 단계의 균형상태로 나아가기 위해 계획된 조치를 통해 수정된다. 행정가들이 잘 아는 바와 같이, 파괴적인 스트레스는 균형을 깨고 일시적으로 불균형 상태를 일으킨다. 지역사회에서 성교육과 같은 특정 교육과정을 없애자고 요구할 수도 있다. 이러한 요청으로 불균형이 발생하지만 체제는 곧 스스로를 변화시키거나 체제 파괴적인 힘을 중화시킴으로써 평형을 회복하려고 한다.

체제가 소멸되어 가는 경향성을 *엔트로피(entropy)*라고 한다. 개방체제는 환경에서 에너지를 유입하여 엔트로피를 극복할 수 있다. 예컨대, 조직은 변화해 가는 환경의 요구에 적응함으로써 환경에 대해 호의적인 입장을 유지하려고 노력한다. 새로운 프로그램을 실시하라는 주 교육부의 압력은 체제를 지원하기 위해 설사 더 많은 세금과 자원이 필요하다 하더라도 이러한 요구를 수용하게 된다.

*이인동과성(equifinality)*의 원리는 서로 다른 지점에서 시작하여 서로 다른 통로를 거치더라도 체제는 동일한 결과에 도달할 수 있다는 것을 시사해 준다. 따라서 조직을 구성함에 있어 유일한 최선의 방식이란 있을 수 없고, 마찬가지로 동일한 결과에 도달하는 데도 한 가지 방법만 있는 것은 아니다. 예컨대, 학교가 학생들의 비판적 사고방식을 증진시키는 데는 여러 가지 방법들(발견학습, 개별과제, 상호작용 기술 등)을 선택하여 사용할 수 있다.

사회체제 모델: 기본 가정

사회체제에 대한 개념은 보편적이어서 신중하면서도 의도적으로 계획된 사회조직에도 적용할 수 있고 임의로 생겨난 사회조직에도 적용 가능하다. 학교는 사회적 상호작용 체제이다. 학교는 유기적 관계 속에서 상호작용하는 사람들로 조직된 체제(Waller, 1932)이다. 학교를 **사회체제(social system)**로 보는 이유는 다음과 같다. 학교의 각 부처가 서로 의존하며 운영되고 인적 구성원이 분명하며, 주변 환경과는 구별된다는 점이다. 그 밖에 구성원 간의 사회적 관계가 복잡하게 이루어져 있으면서도 독특한 문화를 지닌 점도 학교를 사회체제로 보는 이유가 된다. 다른 모든 공식조직처럼 학교를 사회체제로 분석하는 데에도 조직생활의 계획된 측면과 계획되지 않은 측면, 말하자면 공식적 측면과 비공식적 측면 모두에 관심을 둘 필요가 있다.

지금까지는 체제이론의 토대가 되는 몇 가지 가정을 함축적으로 제시하였는데 이제부터는 사회체제로서의 학교의 사례를 중심으로 그런 가정들을 보다 명시적으로 제시하고자 한다. 필자들은 많은 문헌을 통하여 이러한 가정들을 시사받았으나, 그 주된 출처는 Jacob W. Getzels와 Egon G. Guba(1957)의 연구, Jacob W. Getzels,

James Lipham 그리고 Ronald F. Campbell(1968)의 연구, Charles E. Bidwell(1965)의 연구, W. Richard Scott(1998, 2003)의 연구라 할 수 있다.

- 사회체제는 *개방체제*이다. 학교는 지역사회가 중시하는 가치나 자원에 영향을 받으며 정치와 역사적 전통에도 영향을 받는다.
- 사회체제는 *상호의존적인* 부분, 특성, 활동으로 구성된다. 이런 부분과 특성 및 활동은 전체 체제에 영향을 주기도 하고 받기도 한다. 학교장이 새로운 교과목을 개설하라는 부모들의 요구를 받게 되면, 이는 교장에게 직접적인 영향을 줄 뿐만 아니라 교사와 학생들에게도 영향을 준다.
- 사회체제는 *사람*들로 구성된다. 교사들은 자기들의 욕구, 신념과 목표(동기)뿐만 아니라 역할을 토대로 행동한다.
- 사회체제는 *목적지향적*이다. 학생의 학습과 통제는 학교가 가지고 있는 많은 목적들 중 단지 두 가지 목적에 불과하며, 학교체제의 핵심 목적은 학생들이 성인 역할을 하도록 준비시키는 일이다.
- 사회체제는 *구조적*이다. 학교체제는 분업(수학교사, 과학교사), 전문화(교사, 상담교사, 행정가) 그리고 위계(교육감, 교장, 교감, 교사)를 가지고 있다.
- 사회체제는 *규범적*이다. 학교는 공식적 규칙과 규정뿐만 아니라 적절한 행동을 규정하는 규점을 가지고 있다.
- 사회체제는 *제재를 수반한다*. 학교는 퇴학, 정학, 계약종결, 종신계약 및 승진과 같은 공식적 기제뿐만 아니라 빈정거림, 따돌림, 조소 등과 같은 비공식적 제재도 가지고 있다.
- 사회체제는 *정치적*이다. 학교는 행정가와 교사의 행동에 영향을 미치는 권력관계를 가지고 있다.
- 사회체제는 *독특한 문화*를 가진다. 학교는 행동에 영향을 미치는 일련의 공유가치를 가지고 있다.
- 사회체제는 *개념적이고 상대적*이다. 한편으로는 학급을 하나의 사회체제로 볼 수도 있고, 또 다른 한편으로는 학교나 교육청을 하나의 사회체제로 볼 수도 있다.
- 모든 공식조직은 사회체제이다. 그러나 모든 사회체제가 공식 조직인 것은 아니다.

이러한 가정들은 학교가 조직행동에 영향을 주는 수많은 중요한 요소들 혹은 하위 체제들로 구성되어 있다는 것을 말해 주고 있다.

학교 사회체제의 주요 요소

모든 사회체제는 안정을 유지하기 위한 활동과 기능을 가지고 있다. 예컨대, 우리가 지금 살고 있는 이 사회 자체를 사회체제로 보면, 교육기관, 사법기관, 행정기관에서 사람들을 교육시키고 보호하며 통치하는 일상적이면서도 필수적인 기능을 담당하고 있다. 사회체제의 성격과 관계없이, 행동패턴은 정규적이고 관례적으로 되어 간다.

어떤 목적을 성취하는 데 집단적 노력이 필요할 때, 개인들은 활동을 조정하고 이 목표에 동참하도록 다른 사람들을 유인하기 위해 특별히 설계된 조직을 만든다. 특정 목적을 성취하기 위해 설립된 조직이 **공식 조직(formal organization)**이다. 여기서 우리들의 관심은 공식 조직으로서의 학교 사회체제에 있다.

다음의 [그림 1.4]는 사회체제의 주요 요소들 혹은 하위 체제들을 보여주고 있다. 공식 조직에서 행동은 구조적, 개인적 요소들의 영향을 받을 뿐만 아니라 문화적, 정치적 요소들 그리고 교수-학습체제의 핵심기술(technical core)의 영향도 받는다. 구조는 조직의 목적 달성을 위해서 설계되고 조직된 공식적, 관료적 기대라 할 수 있다. 개인은 욕구, 목적, 신념, 근로역할에 대한 인지적 이해의 관점에서 파악된다. 개인은 조직의 목적성취를 위한 에너지와 능력을 제공한다. 문화는 조직 참여자들이 일에 대해 공유하고 있는 지향점이라 할 수 있다. 따라서 문화는 조직에게 특별한 정체감을 제공한다. 정치는 통제체제에 저항하여 생겨난 비공식적 권력관계로 볼 수 있다. 나

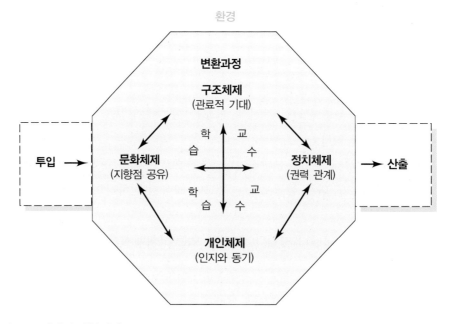

그림 1.4 **체제의 내부 요소**

아가, *핵심기술과 환경*에서 오는 중요한 세력들이 체제 내 모든 요소들의 상호작용을 억제한다. 체제는 개방되어 있다. 마지막으로, 사회체제로서의 공식 조직은 생존과 번영을 위해 적응, 목적성취, 통합, 잠재성의 문제를 해결해야만 한다.[1]

필자들이 제안하고 있는 공식 조직의 모형은 이러한 요소들을 모두 고려하고 있다. 먼저, 체제의 내부요소들을 검토한 후, 학교와 학교의 성과에 영향을 주는 환경과 핵심기술(교수-학습 과정)을 논의할 것이다.

구조

관료적 기대는 조직이 정한 공식적 요구이자 의무이며 조직구조를 형성하는 주요 요인이다. 조직 내 특정 지위나 부서에 일련의 관료적 기대가 결합되어 **관료적 역할** (bureaucratic role)이 설정된다. 학교에서 교장, 교사, 학생의 지위는 중요하며 이 지위들은 일련의 기대로 규정된다. 관료적 기대는 특정 역할 혹은 지위에 알맞은 행동을 상세히 열거해 준다. 예컨대, 교사는 학생들의 학습경험을 위해 계획을 세우고, 효과적인 교수법을 통해 학생들을 수업에 적극적으로 참여시킬 의무를 지닌다. 관료적 역할과 기대는 공식적 행동의 청사진으로 부서에서 조직과 관련하여 당연히 해야 할 일이라 할 수 있다.

공식적 기대 가운데 강제적 성격을 띠는 것도 있고 융통성 있게 인식되는 것도 있다. 상당수의 역할은 명확하게 규정되어 있지 않다. 즉, 대부분의 직위와 관련된 기대는 광범위하게 나타난다. 그래서 교사들의 성격이 서로 달라도 심각한 긴장이나 갈등 상황 없이 동일한 역할을 수행할 수 있는 것이다(Parsons와 Shils, 1951). 역할은 체제 내의 다른 역할과의 비교를 통해 그 의미가 구별된다는 면에서 보완적이라 할 수 있다. 예컨대, 교사와 학생 간의 관계를 규정하지 않고서는 학생의 역할이나 교사의 역할을 규정한다는 것은 불가능한 일은 아니지만 매우 어려운 과제가 될 것이다. 마찬가지로, 교장의 역할 역시 교장과 교사 간의 관계나 교장과 학생 간의 관계하에서 규정될 수 있다.

공식 조직은 다양하면서도 그 의미가 모호하거나 심지어 모순적인 관료적 기대 가운데 조직의 목적에 부합하는 몇 가지 대표적인 관료적 기대를 선택한다. 이렇게 선택된 기대는 조직의 공식적 규칙과 규정이라는 형태로 공식화되고 성문화되어 조직 구성원들에게 채택된다. 이런 대표적인 관료적 기대는 출근시간, 업무, 직무규정 등으로 나타난다. 피고용인의 행동은 전문적 지식을 기초로 한다는 전문성도 조직의 규칙과 규정에 포함되어 있다. 그래서 교사들은 학교규칙과 교수활동에서 요구되는 전문지식을 근거로 적절하게 행동할 것으로 기대된다.

학교와 같은 공식 조직은 관료적 기대와 역할, 부서와 직위위계, 규칙과 규정, 전문화 등으로 구성된 구조를 가지고 있다. 관료적 기대는 조직의 역할을 규정하고, 역할은 직위와 부서로 결합되어 있다. 그리고 지위와 부서는 이들이 가지고 있는 권력과 지위에 따라서 공식적인 권위위계로 정리된다. 규칙과 규정은 의사결정의 지침을 마련해 주고 조직의 합리성을 증진시켜 주며, 개인이 업무에 따라 전문화됨에 따라 일은 분업화된다. 학교에서의 행동은 학교의 조직 구조에 의해 결정되지만, 일부 구조는 학교의 기능을 촉진하기도 방해하기도 한다.

개인

어떤 사회적 단위가 공식적으로 설립되었다고 해서 그 구성원들의 모든 행위와 상호작용이 공식 조직의 청사진이라 할 수 있는 구조적 요구와 항상 일치하는 것은 아니다. 조직 구성원들은 공식적 지위와 자세한 관료적 기대와는 무관하게 각자의 개인적 욕구나 신념을 소유하고 있으며 맡은 일에 대한 이해도 서로 다르다고 할 수 있다.

조직행동을 관료적 기대만으로 분석한다거나 개인적 욕구만으로 이해하는 것은 적절하지 않다. 개인의 조직행동을 결정하는 데에 영향을 주는 요소 가운데 개인적 측면에 해당하는 것은 무엇인가? 필자들은 개인 차원의 몇 가지 중요한 인지적 측면으로 욕구, 목적, 신념, 인지 등을 설정한다. 작업동기는 공식 조직의 피고용인들에게는 단일의 가장 적절한 욕구이다. 4장에서 자세히 다루게 될 작업욕구를 여기서는 작업행동을 동기화시켜 주는 기본적 힘이라고 정의하겠다.

인지(cognition)는 지각, 지식, 기대된 행동의 관점에서 직무를 이해하기 위해 개인이 사용하는 정신적 표상이다. 노동자들은 자신의 일이 아무리 복잡해도 나름대로 의미 있고 일관된 상을 창출하려고 노력한다. 그들은 자신의 행동을 점검함으로써 자신의 직무에 대하여 학습한다. 노동자들의 욕구나 개인적 신념, 목적, 경험 등은 조직을 이해하거나 자신의 직무를 이해하는 토대가 된다. 노동자들의 동기와 인지는 자기통제와 능력에 대한 신념, 개인의 목적, 성공과 실패에 대한 개인적 기대, 작업동기 등과 같은 요소들의 영향을 받는다. 요컨대, 개인 체제 측면에서 개인적 욕구, 신념, 목적, 근로에 대한 인지적 성향 등이 두드러진다.

필자들이 여기서 구조적(S) 요소와 개인적(I) 요소의 영향을 별도로 검토하고 있지만, 행동은 관료적 역할 기대와 조직 구성원의 적절한 작업 성향과의 상호작용 기능(f)이다[B=f (S×I)]. 예컨대, 교원평가는 교장의 욕구는 물론 학교구 정책의 영향을 받는다. 규칙과 규정에 따라 교장은 평가도구를 이용하여 주기적으로 교사들을 평가하도록 되어 있다. 교장은 이러한 정책의 결과에 따라 행동한다. 교장의 개인적 인지와 동기적 욕구에 따라 교원평가회의에서 다른 행동을 보일 수 있다. 교사들과 원만한 인간관계를 형성하려는 욕구를 가진 교장은 교원평가회의를 평가의 기회보다는 사교의 기회로 삼을 수도 있다. 그러나 교사와 인간관계 형성에 별 관심이 없는 교장의 경우는 규정에 따라 평가를 분석적으로 시행하는 행동을 보일 것이다. 두 교장 모두 구조적 요소와 개인적 요소의 영향을 받았지만 첫 번째 교장은 개인적 욕구에 더 많은 영향을 받은 반면, 두 번째 교장은 관료적 역할 기대가 더 큰 영향을 준 것으로 볼 수 있다.

행동에 부분적인 영향을 주는 관료적 기대와 개인의 근로 욕구의 비율은 조직의 유형, 일의 종류, 해당 개인에 따라 다양하게 나타난다. 다음의 [그림 1.5]는 관료적 기대와 개인적 욕구의 상이한 비율을 잘 보여주고 있다. 수직으로 표시한 A선은 행동에 관료적 구조가 영향을 강하게 미치는 것을 나타내고 B선(오른쪽)은 행동이 기본적으로 개인 욕구에 의해 통제되는 상황을 나타내고 있다.

군 조직은 일반적으로 강력한 관료적 통제가 이루어지는 A선으로 표시할 수 있는 반면, 연구·개발 조직은 B선에 가깝다고 할 수 있다. 학교는 이 양 극단의 사이에 있는 것으로 보는 것이 옳을 것이다. 자율적이고 개방적인 학교나 Montessori 학교는 B선에 가까울 것이며, 종교계 학교는 전형적으로 A선에 더 가까울 것으로 판단된다. 이렇게 볼 때, 학교행정가와 학생은 어디에 해당될까? 그것은 개인에 따라 다를 것이다. 어떤 사람은 B선(자유정신)을 향하는 경향이 있을 것이며, 또 다른 어떤 사람은 A선(관료)으로 향해 있을 것이다. 교원평가회의에 있는 앞의 두 교장을 예로 들어 볼

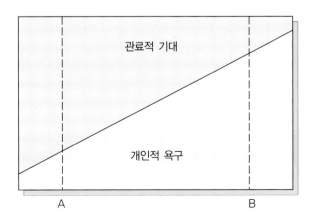

그림 1.5 **행동에 영향을 미치는 관료적 요소와 개인적 요소의 상호작용**

때, 인간관계 형성 욕구가 높은 첫 번째 교장은 B선에 가까이 있을 것이고, 두 번째 교장은 A선에 더 근접해 있을 것이다.

문화

사람들이 근무처에 모이게 되면 관료적 역할 요구와 개인의 작업 욕구 사이에 역동적 관계가 발생한다. 조직은 나름대로의 독특한 문화를 발전시킨다. 조직 구성원들이 상호작용할 때, 공유가치, 규범, 신념, 사고방식 등이 생겨난다. 이러한 공유된 지향성들이 문화를 형성한다. **조직문화**는 조직과 조직을 구별해 주며 구성원들에게 조직 정체감을 갖게 해준다(Hellriegel, Slocum과 Woodman, 1992; Daft, 1994). 학교의 경우 교사들이 공유하고 있는 신념과 비공식적 규범은 교사들의 행동에 중요한 영향을 미친다. 문화는 구성원들에게 자신을 초월하는 신념과 가치에 헌신하도록 한다. 개인들은 자신보다 더 큰 집단에 소속된다. 문화가 강할 때, 구성원들의 집단에 대한 동일시와 집단의 영향력도 또한 강하다.

문화는 문서화되어 있지 않은 조직의 정의적 부분을 나타낸다(Daft, 1994). 동료 특히 친구 간에 감정을 교류하는 것은 쉬운 일이다. 지향성을 공유하는 것은 응집력, 개인적 성실성, 자존심, 소속감을 유지하는 데에 도움을 준다. 조직 내 많은 상호작용은 비공식적으로 이루어지기 때문에 개인적이고 또 권위의 지배를 받지 않는다. 개인의 인성을 파괴하지는 않더라도 억누르려는 관료조직의 시도에 대항하여 개인의 인성을 유지하는 기회를 조직 내 상호작용을 통해 얻을 수 있다(Barnard, 1938). 구성원들은 집단으로부터 중요한 보상을 받으며 집단규범은 구성원들의 행동을 유도하는 데에 중요하다. 예컨대, 교사들이 학생들의 생활지도를 담당할 때 공식적 규칙이 아니라 비공식적 절차에 비중을 두는 경우도 있다. 실제로 "효과적인" 교사를 판단하는 기준으로 학생을 지도할 때 보호감독적인 비공식 규범을 삼는 경우가 있는데 이는 학생에 대한 통제가 교육의 핵심이라는 가치가 내포되어 있다고 볼 수 있다.

공식적 조직 행동은 구조적 요소와 개인적 요소의 영향을 받을 뿐만 아니라 근로집단에서 형성되는 가치와 공유되는 지향성의 영향을 받는다. 조직문화는 집단규범, 가치, 신념과 더불어 조직행동에 영향을 주는 또 다른 강력한 힘이다.

정치

구조가 학교 사회체제의 공식적 차원을 나타낸다면 학교 사회체제의 인간적 차원은
개인으로 나타난다. 문화는 공유된 신념체제를 만들어 내기 위하여 공식적인 것과 개
인적인 것이 혼합된 것으로 볼 수 있다. 그러나 정치적 차원은 다른 합법적 통제체제
에 저항하기 위하여 흔히 나타나는 비공식적 권력 관계를 낳는다. 구조, 문화 그리고
개인체제의 범위 안에서 작업하는 구성원들은 대체로 조직이 원하는 바를 이루기 위
해 노력한다. 구조가 공식적 권위를 마련해 준다면, 문화는 비공식적 권위를 산출한
다. 그리고 개인은 조직에 전문지식의 권위를 가져다준다. 그러나 정치는 전형적으로
비공식적이며, 종종 은밀하며, 비합법적이다. 정치는 보통 조직의 이익 대신 개인이
나 조직 내 특정 집단의 이익을 위한 계획된 행동이기 때문에 비합법적이다. 그 결과
대부분의 정치는 분열적이고 대립적이며 개인과 집단 그리고 일반적으로 조직과 충
돌한다(Mintzberg, 1983a; Pfeffer, 1992).

그러나 정치는 조직생활의 불가피한 부분이다. 조직에는 언제나 자신의 개인적 목
적을 위하여 권력을 잡으려는 사람들이 있다. 극단적으로 말하면 조직은 "자신의 집
단 이익이나 자신들이 해석한 조직의 이익을 위해 서로 경쟁하는 권력집단의 모임"이
라고 볼 수 있다(Strauss, 1964: 164). 권력관계는 정치적 전술과 게임, 협상, 갈등해결
등 여러 가지 방식으로 전개된다. 구성원들은 항상 정치적 권력게임에 개입하게 된
다. Allison(1971: 168)은 "권력은 협상에 유리한 점, 협상하는 기술, 협상에 유리한 점
을 이용하고자 하는 의지 등이 혼합되어 파악하기 어려운 개념"이라고 요약하기도 하
였다. 정치가 비공식적이고 분열적이며 전형적으로 비합법적이라 하더라도, 조직행
동에 영향을 주는 중요한 힘이라는 데는 의심할 여지가 없다.

조직 생활을 이해하기 위해서는 합법적 및 비합법적 권력 형태는 말할 것도 없고
공식적 및 비공식적 권력 형태도 살펴보아야 한다. 그러므로 구조, 개인, 문화, 정치
는 사회체제의 결정적인 요소들이다. 그리고 이 네 가지 요소는 조직행동을 파악하는
독자적인 분석틀이 될 수도 있다. 그러나 행동은 이러한 네 가지 요소들의 *상호작용*
의 함수라는 것도 잊지 말아야 할 것이다.

핵심기술: 교수와 학습

모든 조직에는 중요한 목적이 있고 그 목적을 달성하기 위한 핵심기술이 있다. 학교
조직의 핵심기술은 교수-학습 과정이라 할 수 있다. 이 교수-학습 과정 이외의 활동들

은 교수-학습 과정을 지원하기 위한 부차적 활동이며 학교에서는 주로 행정과 관련된 활동들이다. 학생들의 지식이나 행동에 일관된 변화가 있는 경우에 학습이 일어난다고 본다. 물론 이런 학습과정은 복잡한 인지적 과정이기에 이를 명확하게 설명하는 이론은 없다. 그래서 학습과 관련된 다양한 이론은 그 학습과정에 의존하고 있는 교수이론에 여러 형태로 적용된다. 행정은 진공상태에서 발생하는 것이 아니다. 다시 말해 학교교육과 관련된 의사결정은 행동주의, 인지주의, 구성주의 등의 관점으로 이해되는 학습이론에 따라 이루어진다고 볼 수 있다(2장 참조).

환경

일반적으로 환경이란 조직 밖에 있는 모든 것을 말한다. 그러나 물질계와 달리 사회체제는 개방되어 있어서 그 경계가 훨씬 더 모호하다. 그래서 환경은 사회체제에 더 많은 영향을 준다. 학교의 조직적 기능에 환경은 중요한 역할을 한다. 환경은 체제의 에너지 공급원이며 자원, 가치, 기술, 수요, 역사를 제공해 주는데, 이런 것들은 모두 조직 활동을 촉진하거나 저해하는 조건이 된다.

환경 가운데 학교 구성원의 행동을 제약하는 가장 큰 특징은 무엇인가? 이러한 질문에 쉽고도 단순한 해답은 있을 수 없다. 일반적인 요인과 학교와 관련된 특정적인 환경 요인들이 학교의 구조와 활동에 영향을 미친다. 보다 넓은 사회적, 법적, 경제적, 정치적, 인구학적, 기술적 경향이 학교에 대하여 강력한 잠재적 영향력을 가지고 있으나, 그 영향력은 분명하지 않다. 이와는 대조적으로 부모, 납세자, 노동조합, 규제기관, 대학(교), 주 의회, 인증기관, 교육 관련 각종 협의회 등과 같은 이해 관계자들은 학교에 보다 즉각적이고 직접적인 영향을 준다. 그러나 그 영향력의 결과는 마찬가지로 확실하지 않다.

환경의 불확실성 정도, 구조 또는 조직화 정도, 자원 희소성 정도가 학교의 반응을 결정한다. 학교 의사 결정자들은 정보를 바탕으로 환경을 모니터하며, 이들의 환경인식은 대체로 조직의 미래방향을 결정한다. 학교는 다른 모든 조직처럼 불확실성을 제거하려고 하며, 환경을 통제하려고 시도한다. 따라서 행정가들은 자주 외부의 영향을 극소화시키는 전략을 사용한다. 더구나 환경에 속해 있는 집단이나 조직들이 고도로 조직화되어 있다면 학교는 그들의 강력한 요구와 제약에 직면하게 되고 그 결과 거기에 따를 수밖에 없을 것이다. 마지막으로 학교들은 여러 가지 자원으로 구성되어 있는 환경 속에서 서로 경쟁한다. 어떤 특별한 종류의 자원이 부족한 경우 학교 내부 구조와 행위들은 그 부족자원을 얻기 위한 노력을 기울이게 된다.

요컨대, 학교는 외부 세력의 영향을 받는 개방체제이다. 환경이 중요하다는 것은 기본적으로 인정되고 있지만 복잡성으로 인해 환경을 분석하기는 쉽지가 않다. 그렇지만 학교가 적응해야 할 외부 환경으로부터의 요구사항이나 제약조건 및 다양한 기회 등의 개별적 영향력이나 복합적 영향력 등을 분석할 필요가 있다. 8장에서 보다 자세하게 환경을 분석하기로 한다.

결과

이제 학교도 개인적, 구조적, 문화적, 정치적 요소가 결합된 것으로 생각될 수 있다. 그러나 학교 구성원의 행동에 대한 영향력을 분석할 때 전술한 네 요소의 영향력과 환경의 영향력을 단순히 합하는 것보다 이들 간의 상호작용을 고려해야 한다. 따라서 조직행동은 각 요소들 간의 역동적 관계의 결과로 볼 수 있다. 보다 구체적으로 말하면, 행동은 환경적 제약조건 속에서 구조, 개인, 문화, 정치의 상호작용에 따라 이루어진다. 학교 구성원의 행동을 이해하고 예측하기 위해서는 이 네 가지 요소들을 각각 두 개씩 짝을 이루어 상호작용할 수 있는 여섯 가지 경우를 검토해 보는 것이 유용할 것이다. 필자들은 여기서 다음과 같은 **일치가정**(congruence postulate), 즉 "다른 것들이 똑같다면, 체제를 구성하고 있는 요소들 간의 일치 정도가 크면 클수록, 그 체제는 더 효과적이다"라는 가정을 설정한다.[2] 예컨대, 비공식적 규범과 공식적 기대가 일치하면 할수록, 그 조직은 공식적 목적을 더 잘 성취할 수 있을 것이다. 마찬가지로, 개인의 동기와 관료적 기대가 잘 맞으면 맞을수록, 그 수행은 더 효과적일 것이다. 다음의 〈표 1.1〉에는 짝지어진 주요 요소들의 일치에 대하여 제기되는 주요 질문의 예가 개관되어 있다.

표 1.1 짝지어진 주요 요소들 간의 일치 관계

일치 관계	주요 질문
개인 ↔ 구조	개인의 근로욕구는 관료적 기대를 어느 정도 높이는가?
개인 ↔ 문화	공유된 조직문화 지향성은 개인의 근로욕구와 어느 정도 일치하는가?
개인 ↔ 정치	권력관계는 개인의 근로욕구와 어느 정도 충돌하는가?
구조 ↔ 문화	관료적 기대는 공유된 문화체제 지향성을 어느 정도 강화시키는가?
구조 ↔ 정치	권력관계는 관료적 기대를 어느 정도 훼손시키는가?
정치 ↔ 문화	권력관계는 공유된 문화지향성과 어느 정도 충돌하고 또 훼손시키는가?

　　수행결과는 목적성취를 보여주는 지표이다. 수행결과에는 성취, 직무만족, 결석 그리고 전반적인 수행의 질 등과 같은 지표들이 있다. 그 어느 경우이건 간에, 행동의 주요 측면은 체제의 산출물이다. 이 모형이 가정하고 있는 것은 행동결과의 효과적 성취는 체제요소들 간의 일치 정도에 달려있다는 점이다. 그러므로 조직 효과성은 실제 결과와 기대한 결과가 일치하는 정도이다. 체제 요소와 요소 간의 상호작용, 환경으로부터의 요구와 제약조건 그리고 행위와 관련된 각종 산출물들이 [그림 1.6]에 잘 나타나 있다.

내부 피드백 고리

[그림 1.6]이 보여주는 사회체제 모델은 내부와 외부 피드백 기제를 가지고 있다. 예컨대, 공식적 학교구조와 비공식 집단은 개인행동에 영향을 주려고 한다(Abbott, 1965b). 피드백은 관료적 구조와 비공식 조직이 개인들의 행동을 어떻게 보고 있는지를 알려준다. 관료제가 공식적 기제를 가지고 있고 작업집단이 비공식적 기제를 가지고 있지만, 이 양자는 내부 피드백 고리를 가지고 있다.

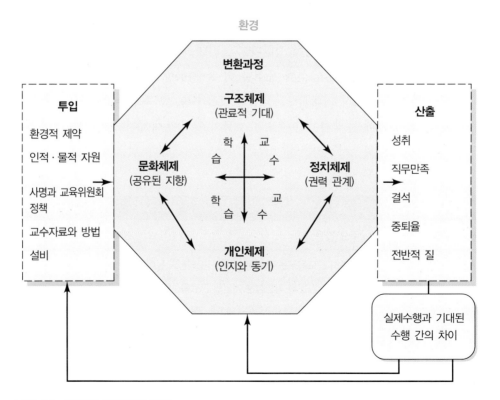

그림 1.6　학교의 사회체제 모델

공식적 학교조직은 지위를 공식적으로 규정해 주고, 위계상의 등급을 마련해 주며, 그 지위에 수반되는 일련의 기대행동을 알려준다. 실제로, 관료적 구조는 적절한 행동을 확보하기 위해 설정한 인센티브 패턴을 가지고 있다. 만일 학교 관료제가 개인의 수행을 승인한다면, 긍정적 보상이 그 사람의 행동을 강화해줄 것이다. 만일 그 사람의 행동이 기대에 미치지 못한 것으로 평가된다면, 긍정적 보상은 줄어드는 대신 부정적 처벌이 증가될 것이다.

비공식 집단도 비슷하게 행동에 영향을 준다. Hawthorne 연구에서 밝힌 바와 같이 집단규범은 행동을 규제한다. 학교의 모든 비공식적 동료 집단 내외에는 규범이 존재한다. 예컨대, 교사들은 동료 교사들에게 학생을 적절히 통제해줄 것을 기대한다. 만일 어떤 교사가 교실 기강을 바로잡지 못하면, 다른 교사들로부터 제재를 받게 된다. 가령 교사휴게실에서 여러 교사들이 학생지도를 제대로 하지 못한 교사를 빈정대거나 따돌리는 방식으로 영향을 줄 수도 있다.

외부 피드백 고리

학교 행동은 외부 피드백 고리를 통해서도 모니터된다. 환경적 제약조건이라 할 수 있는 지역사회의 문화는 조직의 관료적 기대, 집단규범, 조직목적 등에 직접적인 영향을 주게 되어 개인적 수준의 욕구에도 간접 영향을 미치는 결과를 초래한다. 학교가 스스로 환경의 영향에서 벗어나려고 하지만, 여전히 지역사회나 주정부 그리고 전국 단위의 각종 이익단체들의 영향력 범위 내에 있다고 볼 수 있다. 예컨대, 학교 교육과정에 AIDS 교육을 도입하는 문제는 항상 주민의 관심사이기에 AIDS 교육 프로그램의 목적과 결과에 대해 주민들로 구성된 각종 단체들은 다양한 요구를 학교체제에 투입한다.

학교의 사회적 행동은 네 가지 내부 요소, 즉 구조, 개인, 문화, 정치의 직접적 영향을 받는다. 더구나 [그림 1.6]이 설명하고 있듯이, 내부와 외부 피드백은 조직에 적합한 행동을 강화시켜 준다. 기대한 결과와 실제 결과 간에 차이가 있을 때에는 피드백 고리가 체제 내외의 개인과 집단에게 알려준다.

사회체제 모델은 피드백 기제와 조직 활동을 구성하는 네 요소를 통해 학교를 보는 역동적 관점을 제공해 준다. 좋고 나쁜 사건들에 중립적 사건들까지 끊임없이 일어나는 학교체제에서 학생, 교사, 행정가가 서로의 행동에 영향을 주면서 역동적으로 생활하고 있다. 체제 분석은 체제 요소와 요소 간의 활동을 통합한 체제 전체가 어떻게 결과를 산출하는가에 초점을 두고 있다. 역동적 결과는 완전히 정확하게 예측할 수 없다. 왜냐하면, 관료제로서의 조직과 그 조직의 하위집단 그리고 개인들이 각자

조직의 목적을 조정하기도 하고 자신의 가치를 표현하며, 리더십, 의사결정, 의사소통을 통해 권력을 발휘함으로써 무한한 변화가 발생하기 때문이다.

학습조직으로서의 학교

조직생활은 뒤얽혀 있는 사회적 관계 네트워크의 한 부분이기 때문에 매우 복잡하다는 것을 지금 분명히 해두어야 하겠다. 그 어떤 사건이건 간에 그것의 완전한 의미는 체제의 부분에 대한 개별적 분석보다는 체제 전체를 고려해야만 이해될 수 있을 것이다. 이러한 접근이 "체제 사고(systems thinking)"(Senge, 1990)라는 것이고, 이것은 학교를 사회체제로 보는 관점과 잘 어울린다.

　학교는 교수와 학습을 위한 봉사조직이다. 학교의 궁극적 목적은 학생의 학습에 있다. 실제로, 학교의 존재는 이러한 행위에 근거하고 있다. 학교는 다른 어떤 조직보다도 더 **학습조직(learning organization)**이어야 한다. 학교는 참여자들이 창조하고 성취하는 능력을 지속적으로 넓히고, 새로운 사고패턴이 권장되며, 집단적 포부가 길러지고, 참여자들이 함께 학습하는 방법을 배우며, 혁신과 문제해결의 능력이 확대되는 장소여야 한다(Senge, 1990; Watkins와 Marsick, 1993). 학습조직은 참여자가 공통목적의 가치를 정기적으로 평가하고, 필요시에 그 목적을 수정하며, 목적을 성취하기 위하여 더 효과적이고 효율적인 방법을 끊임없이 개발하는 데에 집단적으로 헌신하는 조직이다(Leithwood와 Louis, 1998).

　Senge가 학습조직의 기술과 실제를 처음으로 분석한 이래(1990), 그 개념이 광범위한 평판을 얻긴 했지만, 학습조직에 관한 문헌은 오랫동안 이론적 분석에 관한 것이 주류를 이루었고, 연구에 의한 증거는 부족하였다. Weick와 Westley(1996)는 "실제를 검토한 연구보다 학습조직이론에 대한 문헌분석이 더 많은 것 같다"(p. 40)고 말하고 있다. 그러나 학교가 학습조직이라는 이론적 근거를 제시하는 실증적 연구들이 나타나기 시작하고 있다(Ben-Peretz와 Schonmann, 1998; Leithwood, Jantzi와 Steinbach, 1998; Louis와 Kruse, 1998).

　학교가 효과적인 학습조직이 되려면 학교는 교수와 학습을 지속적으로 지원하고 (2장) 조직적 적응을 증진시키는 구조(3장)를 창출하는 방법을 찾아가야만 하며, 개방적이고 협조적이며, 자기 주체적인 조직 문화와 풍토를 발전시켜야 하고(5장과 6장), 신념이 확고하고, 효과적이고, 변화에 개방적인 개인들을 끌어들여야 하고(4장), 정당한 교수-학습활동을 바꾸어 놓으려는 사악하고 정당하지 못한 정치를 막아야 한다

(7장). 변혁적 리더십(13장), 개방적이고 지속적인 의사소통(12장), 의사결정(8장)과 공유적 의사결정(11장) 등은 학교의 조직적 학습을 높여야만 하고 또 높일 수 있는 기제들이다. 도전은 오늘의 당면 문제들(8장)뿐만 아니라 새롭게 부각되고 있는 학교 효과성의 문제들에 효과적으로 대응하는 능력을 갖춘 학교를 만드는 일이다(9장).

리더십 사례

점심시간에 스트리킹하는 학생

겨울이 끝나가고 따뜻한 공기를 통해 봄이 왔음을 느낄 즈음, Smithson Regional High School(SRHS)의 안뜰에는 꽃들이 만발하였다. 이 곳은 식당 바로 옆으로 학생들이 자주 모이는 장소이다. 쉬는 시간, 학생들은 이곳에서 사탕이나 음료수를 들고 서로 대화를 나누고, 공부를 하거나 쉬기도 한다. 모든 학생들이 동시에 이 곳에 모이는 것은 아니지만, 보통 150여 명의 학생들이 휴식을 취하고 있다. 엄밀하게 말하면 이 곳에는 교사들이 상주하며 학생들을 감독하는 것은 아니지만, 교사 또는 행정가들도 커피를 마시기도 하고, 경비원들이 있는 식당도 인접해 있다.

겨울의 적막함은 운동화만 신고 몸에 오일만을 바른 채 안뜰을 전속력으로 뛰어다니는 Holden Calloway로 인해 깨어졌다. 온 몸이 미끄러운 가운데 이러저리 도망다니는 Holden을 잡으려고 하는 경비원과 행정가들을 보고 학생들은 소리지르며 웃었다. 처음에는 학생에게 상황이 유리하였으나, 화가 난 경비원은 Taser(역주: 전기충격을 가하는 총. 맞으면 전기충격으로 한때 마비됨)를 이용하여 상황을 종료시켰다. 경비원인 Sam Bascomb은 몸이 미끄러운 학생을 잡을 수가 없었으며, 학생에게 멈추라고 명령한 후 Taser를 꺼내 학생의 등을 겨냥해 총을 발사하였다. 그리고 Holden이 일어나려고 하자 총을 다시 발사하여 그를 움직이지 못하게 한 상태에서 수갑을 채웠다. 잠시 후 담요를 가지고 행정가가 나타났고, 학생에게 담요를 씌우고 그를 안뜰 밖으로 끌어냈다.

Holden은 바로 교장실로 갔고, 교장은 경비원에게 수갑을 풀라고 말하였다. 교장과 경비원 앞에서 Holden은 떨면서 울고 있었고 눈에 보이게 고통을 느끼고 있었다. 상황에 대한 설명을 듣고 난 후, 교장은 Holden의 옷을 가져와서 입히고, Holden이 진정되면 바로 교무실로 데리고 가라고 말하였다. Holden이 교무실로 내려간 후, 교장은 교감과 경비원으로부터 상황을 자세하게 보고받았다.

경비원인 Bascomb은 경찰에 신고해야 한다고 말하였다. "왜 신고해야죠?" 교장은 말하였다. "Holden은 성실한 학생입니다. 그는 항상 우등생이었고, 말썽을 부린 적이 없었어요. Holden의 이야기를 한 번 들어봅시다. Holden이 그런 짓을 했다는 게 상상이 안 되요." 그러나 경비원은 "이번 일은 큰 혼란을 불러일으키는 아주 외설적인 행동이며, 체포를 거부하였고, 또한 풍기를 문란하게 하는 행동입니다. 그리고 사실 이미 경찰을 불렀어요."라고 이야기하였다. 그 무렵, 경찰 순찰차가 교정으로 들어오고 있었다.

"Sam. 당신이 경찰을 불렀으니까, 밖에 나가서 지금 현재로서는 경찰이 필요하지 않다고 말을 하는 편이 더 좋을 것 같아요."

그러나 Sam은 "그 학생은 규칙을 어겼습니다. 체포해야만 합니다."라고 응답하였다.

교장은 "이 일은 학교 내에서 일어난 일로 내가 책임자입니다. 나는 모든 학생들의 안녕에 대한 책임을 지고 있어요. 사실을 좀 더 확인한 후에 어떻게 할지 결정을 내릴 겁니다. 경찰에 신고한 것은 너무 조급한 행동이었던 것 같아요. 필요하면 다시 연락할 것이라고 말해요. 지금 당장 경찰은 필요하지 않습니다."라고 말하였다.

Sam은 난처해하며 "내가 경찰에 전화해서 풍기 문란 행위 및 체포 거부에 대해 신고했어요. 경찰들이 조사해야만 합니다."라고 말했다.

"지금은 아니에요. 경찰에 맡길 수 없어요. 이번 일은 학교 내에서 일어난 일입니다. 나는 우리 학생들 중 한 학생의 건강을 생각하고 있어요. 지금 다른 무엇보다 그 학생의 안녕을 생각하고 있어요. 경찰에게 가서 당신이 해야 하는 일을 하세요. 그리고 내 허락 없이는 아무 일도 하지 마세요."

Sam이 교장실을 나가자, 떨고 있는 Holden을 데리고 교감이 들어왔다. Taser 총의 충격기는 아직 등에 꽂혀있었고, 그는 여전히 총으로 인한 고통을 느끼고 있었다. Holden은 자신의 행동은 봄날의 나른함 때문이며, 잘못된 행동이었고, 몇몇 학생들과 내기를 했었다고 말하였다. 그는 문제를 일으킨 것에 대해 교장에게 사과하였고, 어떠한 벌이든 달게 받겠다고 말하였

다. "아주 멍청한 짓을 했어요."라고 Holden은 말하였다.

"그래. 그러나 보건실에 가서 등에 꽂혀있는 충격기부터 떼어내야겠다"라고 교장은 말하였다.

Holden이 교장실을 나와 보건실로 갈 때, 교장도 모르게, Bascomb와 두 명의 경찰관은 Holden을 경찰차에 태웠다. 교장이 이 일을 알았을 때, 경찰차는 충격기를 떼어내기 위해 병원으로 향하고 있었고, 경찰서에도 통보를 해둔 상태였다.

즉시 교장은 행정직원들을 불러 모았다. 상황은 더 심각해지고 걷잡을 수 없이 커졌다. 두 명의 교감, 카운슬러, 원로교사에게 "이제 어떻게 해야 할까요?"라고 교장은 질문을 하였다. 현재 분명한 사실은 다음과 같다.

1. Holden은 점심시간에, 식당의 안뜰에서 스트리킹을 했다.
2. 학교의 경비원인 Bascomb은 Holden이 멈추기를 거부하자 무력으로 제압하였다. Holden은 두 번이나 Taser 총을 등에 맞았고, 교장실로 왔었다.
3. Bascomb은 학교 당국과의 사전 논의 없이 자발적으로 경찰에 연락을 취하였다.
4. Bascomb은 학교 당국에서의 조사가 끝날 때까지 기다리라고 교장이 말했음에도 불구하고 계속 경찰의 도움을 받고자 하였다.
5. Holden Calloway는 이전에 문제를 한 번도 일으키지 않은 우등생이다.
6. 경찰은 혼란 야기, 체포 거부, 풍기 문란 및 외설적인 행동을 이유로 Holden Cal-

loway를 조사하고 있다.

행정팀이 해야 할 일은 공정하면서도 학생에게 도움이 되는, 현재의 상황을 해결할 수 있는 계획을 수립하는 것이다.

1. 경비원은 과잉대응을 하였는가?
2. 학교 직원이 Taser 총을 소지하도록 하는 학교의 정책이 바람직한가?
3. 교장은 경비원을 통솔할 권한을 가지고 있는가?
4. 학생을 구속할 수 있는 한계는 어디까지인가?
5. 학교와 경찰 간의 관계는 어떠해야 하는가?
6. 학교는 범죄행위로부터 학생들을 보호할 수 있고 또 보호해야 하는가?
7. 보다 구체적인 학교 정책이 필요한 시기인가? 그렇다면 어떤 정책이 마련되어야 하는가?

실행 지침

1. 자신의 행동을 설명하고 검증해 본다. 반성적이면서 증거에 근거한다.
2. 학교 내에서 일어나는 합리적 및 비합리적 행동에 대비한다. 학교에서 이들 모두를 자주 찾아볼 수 있다.
3. 공식적 문제를 해결하기 위해 비공식적 관계를 활용한다. 비공식 조직은 좋은 해결책의 근원이 된다.
4. 학교가 직면한 문제를 다양한 관점에서 생각한다. 문제를 어떻게 생각하는가 하는 것이 그 해결책의 핵심적인 부분이 된다.
5. 문제 해결과정에 비공식 조직의 리더를 참여시킨다. 공식 및 비공식 조직 간의 협동은 성공의 핵심적인 부분이다.
6. 학교와 학생들을 대표할 때 정치적으로 기민해야 한다. 정치는 학교 생활의 한 부분이다.
7. 안정성과 자발성을 이끌어 내야 한다. 이들은 좋은 학교를 만들기 위한 핵심적인 부분이다.
8. 지역사회에 적절하게 대응한다. 학교는 개방체제이다.
9. 문제 해결을 위한 근거로서 전문성을 신장한다. 지식은 의사결정의 기본이 되어야 한다.
10. 올바른 교수-학습을 촉진하기 위해 행정을 사용한다. 교수-학습은 학교의 존재 이유이다.

표 1.2 핵심 가정 및 원리

역사적 근원 ➡ 현대 체제이론

과학적 관리론 ➡ 합리적 체제이론

(초점: 조직의 목표) (초점: 공식조직, 합리성, 효율성)
(시대: 1900~1930) (시대: 현대)

주창자	주요 개념	주요 가정과 원리
Taylor	• 목표	1. 조직은 목적달성을 위해 존재한다.
Fayol	• 분업	2. 전문화는 분업에서 나온다.
Gulick	• 전문화	3. 전문화는 전문적 기술자/지식을 강조한다.
Urwick	• 표준화	4. 과업표준화는 효율성을 가져온다.
Weber	• 공식화	5. 활동의 공식화는 효율성을 증진시킨다.
	• 권위의 위계	6. 위계는 규정에 따른 순종을 강조한다.
	• 좁은 통솔범위	7. 통솔범위가 좁으면 감독하기 수월하다.
	• 통제	8. 행정가의 통제는 효율성의 필수적 요소이다.
	• 합리성	9. 합리적 의사결정은 효율성을 증진시킨다.
	• 공식조직	10. 효율성을 극대화하기 위한 공식조직을 만들 수 있다.

인간관계론 ➡ 자연적 체제이론

(초점: 개인적 욕구) (초점: 비공식조직, 조직문화, 자연적 집단형성)
(시대: 1930~1960) (시대: 현대)

주창자	주요 개념	주요 가정과 원리
Follet	• 생존	1. 조직은 생존과 적응을 위한 사회적 집단이다.
Mayo	• 욕구	2. 개인적 욕구가 조직적 수행의 주요 동기가 된다.
Rothlisberger	• 개인	3. 효과성을 달성하는 데 구조보다 개인이 더 중요하다.
McGregor	• 사회적 구조	4. 개인은 자신의 관심을 기초로 비공식적 조직을 형성한다.
	• 비공식적 규범	5. 비공식적 규범과 절차가 공식적 규범과 절차보다 더 중시되는 경우도 종종 있다.
	• 권한부여	6. 의사결정을 공유하면 효과성이 증진된다.
	• 넓은 통솔범위	7. 넓은 통솔범위가 교사의 자율성과 효과성을 증진한다.
	• 문화	8. 조직문화가 구조의 효과를 중재한다.
	• 팀	9. 팀워크가 조직성공의 열쇠이다.
	• 비공식조직	10. 비공식구조가 공식구조보다 더 중요하다.

사회과학이론 ➡ 개방적 체제이론

(초점: 통합) (초점: 상호의존, 통합, 상황적합)
(시대: 1960~현재) (시대: 현대)

주창자	주요 개념	주요 가정과 원리
Weber	• 조직통합과 조직환경	1. 모든 조직은 개방체제로 환경과 상호작용한다.
Barnard	• 통합	2. 조직내 행동은 조직구조와 개인적 욕구의 상호작용 함수이다.
Simon	조직목적과 개인의 욕구	3. 모든 조직은 합리적 특성과 자연적 특성이 있다.
Parsons	합리적 성격과 자연적 성격	4. 조직의 성공을 위해서 긴장결합과 이완결합이 모두 필요하다.
Weick	긴장과 이완결합	5. 조직생활에 정치적 속성이 내재한다.
Katz와 Kahn	계획적 활동과 비계획적 활동	6. 조직은 공식조직과 비공식조직이라는 두 개의 얼굴이 있다.
	공식적 시각과 비공식적 시각	7. 조직구성, 의사결정, 동기화, 지도력, 의사소통에 유일의 최선책이 있는 것이 아니라 다양한 상황에 적절하게 대응하면 효과적일 수 있다.
	• 상황적합이론	

추천 도서

Adler, P. S. (Ed.). *The Oxford Handbook of Sociology and Organizational Studies*. Oxford: Oxford University Press, 2009.

Etzioni, A. *Modern Organizations*. Englewood Cliffs, NJ: Prentice Hall, 1964.

Fiedler, K. "Tools, Toys, Truisms, and Theories: Some Thoughts on the Creative Cycle of Theory Formation." *Personality and Social Psychology Review 2 (2004)*, pp. 123-131.

Kanigel, R. *The One Best Way*. New York: Viking, 1997.

Katz, D., and Kahn, R. L. *The Social Psychology of Organizations* (2nd ed.). New York: Wiley, 1966.

Miner, J. B. *Organizational Behavior: Foundations, Theories, and Analyses*. New York: Oxford University Press, 2002.

Morgan, G. *Images of Organizations*. (New Ed.). Thousand Oaks, CA: Sage, 2006.

Scott, W. R., and Davis, G. F. *Organizations and Organizing: Rational, Natural, and Open System Perspectives*. Upper Saddle River, NJ: Prentice Hall, 2007.

Senge, P. M. *The Fifth Discipline: The Art and Practice of the Learning Organization*. New York: Doubleday, 1990.

Stinchcombe, A. L. *The Logic of Social Science Research*. Chicago: University of Chicago Press, 2005.

후주

1. 필자들이 제시한 모형은 기본적으로 Getzels와 Guba(1957); Abbott(1965b); Leavitt, Dill 그리고 Eyring(1973); Scott(1987, 1987b, 2003); Mintzberg(1983a); Nadler와 Tushman(1983, 1989); Lipham(1988)의 연구를 종합하고 확대한 것이다.

2. 체계화된 많은 이론들은 이와 같은 가정을 제안해 왔다. 예컨대, Getzels와 Guba(1957); Etzioni(1975); Nadler와 Tushman(1989)을 참조하시오.

제2장

핵심기술: 학습과 교수 [1]

지식은 실재의 복사판이 아니다. 어떤 대상을 알고, 어떤 사건을 안다는 것은 단순히
그것을 보고 마음속으로 복사하거나 그 대상이나 사건의 이미지를 만들어 내는 것이
아니다. 어떤 대상을 안다는 것은 그 대상에 영향을 준다는 것을 의미한다. 대상을
안다는 것은 대상을 조정하고 변형하는 것을 의미하며 그 변형의 과정을 이해하고
그 과정의 결과에 따라 대상이 형성되는 방식을 이해한다는 것이다.

Jean Piaget
Development and Learning

미리 보기

1. 학교의 핵심기술은 교수와 학습이다.
2. 경험이 어떤 사람의 지식이나 행동에 안정적
   변화를 가져다줄 때 학습은 발생한다.
3. 학습을 보는 시각에는 일반적으로 세 가지 시
   각, 즉 행동적, 인지적, 구성주의적 시각이 있
   다. 이 시각들은 우리가 학습과 교수를 이해
   하는 데 도움을 준다.
4. 부적 강화와 벌을 혼동하고 있는 학생들이 많
   다. 즉 강화는 행동을 강하게 하지만, 벌은 행
   동을 억압하거나 약하게 한다.
5. 학습목표, Good Behavior Game, 지시적 교
   수(검토, 발표, 실습지도, 이해의 점검, 개별
   실습) 등은 행동적 학습 접근의 예들이다.
6. 학습에 대한 인지적 설명은 주의력 집중에 초
   점을 두고, 새로운 정보를 의미 있게 하고, 기
   억을 지원하는 선행지식의 중요성을 강조한다.

7. 정보처리는 정보가 어떻게 수용되고, 처리되
   며, 장기기억에 저장(에피소드, 산출물, 이미
   지, 스키마의 형태로)되고 또 인출되는지를 서
   술하는 인지적 기억이론이다.
8. 밑줄 긋기, 돋보이게 하기, 도표 만들기와 같
   은 학습전략과 전술은 인지적 접근을 응용한
   것이다.
9. 구성주의자들은 학습을 개인적·사회적 지식
   의 구성으로 설명한다. 지식은 정확성보다 유
   용성으로 판단된다.
10. 구성주의에는 세 가지 종류, 즉 심리적, 사회
    적, 급진적 구성주의가 있다.
11. 상황적 학습은 학습이나 전이가 어려운 상황
    에서 학습이 구체화된다는 아이디어를 강조
    한다.
12. 구성주의의 응용은 복잡한 실생활과제, 사회

적 상호작용, 책임의 공유, 학생중심 교수, 내
용의 복합적 표상 등을 특징으로 한다.

13. 구성주의적 접근을 응용하고 있는 세 가지 유
망한 학습에는 탐구 혹은 문제 중심 학습, 인
지적 도제, 협동학습 등이 있다.

Talcott Parsons(1960)는 조직 구조 수준을 기술적 수준, 관리적 수준 그리고 제도
적 수준으로 구별하여 제안한 최초의 사람이었다. 기술적 수준 혹은 **핵심기술
(technical core)**은 조직의 실제 "산출물"이 생산되는 조직활동 시스템으로, 학교에서
는 교실에서 이루어지는 교수와 학습이 그 좋은 예가 될 것이다. 다음의 상위 수준인
관리적 수준은 조직 내부의 업무들을 관리하고, 조직과 환경 사이를 조절하는 책임을
가지고 있다. 마지막으로, 최상위 수준인 제도적 수준은 조직을 환경에 연계시키는
일, 특별히 보다 큰 사회적 맥락 속에서 조직의 합법성을 제공해 주는 기능을 한다.
학교의 경우, 대체로 교육위원회가 제도적 수준의 최고 공식적 기제인바, 그 기능은
지역사회에 대하여 학교의 활동을 합법화하는 일이다. Parsons(1960)의 주장에 의하
면, 이 세 가지 수준들이 만나는 지점에서 계선조직상의 권위관계가 질적으로 달라지
는 틈새가 존재한다고 보았다. 본서에서는 일차적 초점을 관리적 수준에 두고 있다.
그러나 다른 수준들도 학교와 고객으로서의 학생 사이 그리고 학교와 시민 사이에 주
요한 접점을 제공해 주고 있기 때문에 중요하다.

제도적 수준이 조직에 대한 환경의 제약조건에 관심을 두는 것과 마찬가지로(8장
참조), 기술적 수준은 행정적 의사결정에서 교수와 학습의 중요성을 강조한다. 학교
의 경우, 기술적 기능은 교수와 학습의 과정이고, 이것은 모든 교육조직의 심장이요,
정신이다. 우리가 학교의 핵심기술, 말하자면 교수-학습 과정을 검토하지 않는다면,
사회적 체제로서 학교를 충분히 분석하지 않은 것이 될 것이다. 왜냐하면, 교수-학습
의 과정은 학교에서 반드시 처리해야 하는 행정적 결정들의 모습을 형성하기 때문이
다(Rowan, 1998; Rowan, Raudenbush와 Cheong, 1993).

학습: 개념 정의

학습이란 말을 들을 때, 많은 사람들은 학교의 시험공부나 자동차 운전 연습 또는 새
로운 노래 연습 혹은 새로운 컴퓨터 프로그램의 학습 등을 머리에 떠올리게 된다. 우
리들은 수많은 사회적 상황에 적합한 주제나 기술, 행동 등을 학습한다. 학습은 분명

학교에만 제한되어 있는 것은 아니지만 결국에는 모든 것이 학교에 관한 것이다. 학습이란 무엇인가? 넓은 의미에서, **학습(learning)**은 *경험을 통해 어떤 사람의 지식이나 행동에 안정적인 변화를 가져다줄 때* 일어난다. 이 변화는 의도적일 수도 있고 그렇지 않을 수도 있지만, 학습으로 간주하기 위해서는 그 변화가 개인이 환경과 상호작용할 때의 경험으로 인해 일어나야만 한다. 단순히 키가 자란다거나 대머리가 되는 것과 같은 성숙에 기인한 변화는 학습이 아니다. 비슷하게 질병, 피로 혹은 일시적인 육체적 결손에서 기인한 잠정적인 변화도 학습의 일부는 아니다. 그러나 사람들은 이러한 문제들에 어떻게 대응하는가를 배운다(Hill, 2002; Mayer, 2011).

학습의 개념은 개인의 지식이나 행동에 변화가 있다는 것을 말해준다. 학습에 대해 전문가들은 대부분 이러한 일반 명제에 동의하고 있지만, 일부 전문가들은 행동을 강조하기도 하고, 또 다른 전문가들은 지식을 강조하는 경향도 있다. 학습은 복잡한 인지과정이고, 학습을 설명하는 데에는 한 가지 최선의 방법만 있는 것은 아니라는 것이 필자들의 입장이다. 실제로 학습과 관련하여 설명되어야 할 부분이 무엇인가에 따라 학습과 관련된 이론이 다양하게 존재한다. 필자들은 여기서 그 초점을 달리하고 있는 세 가지 일반적 학습이론들을 강조하고자 한다.

- *행동적 학습이론들*은 관찰할 수 있는 행동, 기능, 습관의 변화를 강조한다.
- *인지적 학습이론들*은 사고, 기억, 창의 그리고 문제해결과 같은 내적 정신활동을 강조한다.
- *구성주의적 학습이론들*은 개인들이 어떻게 사건들과 행위들에 의미를 부여하는가에 관심을 갖는다. 따라서 학습은 지식의 구성으로 파악된다.

이러한 이론적 시각들은 학습에 여러 가지 다른 시사점들을 제시해 주고 있다. 따라서 학습에 대한 논의는 또한 교수에 관한 분석과도 연관되어 있다.

학습을 보는 행동적 관점

학습에 대한 현대의 행동적 접근은 행동변화에서 선행조건과 결과의 중요성을 강조하고 있는 Skinner와 그 추종자들의 연구에서 부각되었다. 이 시각은 분명 행동에 그 초점을 두고 있다. 학습은 정신적 혹은 내적 사고과정과는 사실상 관계가 없이 경험에 의해 일어나는 행동 변화로 정의된다. 행동은 단순히 어떤 사람이 주어진 상황에서 행하는 것이다. 두 개의 환경적 영향, 즉 그 행동에 앞서 있는 선행조건과 그 행동

후에 일어나는 결과 사이에 존재하는 행동을 생각해 보자(Skinner, 1950). 이 관계는 단순히 선행조건(Antecedent)-행동(Behavior)-결과(Consequence)의 관계 혹은 A-B-C로 보여진다. 행동이 일어날 때, 소정의 결과는 다음에 일어날 ABC 관계에서 다시 선행조건으로 변형된다. 따라서 행동은 선행조건과 결과의 변화에 따라 다른 양상으로 나타난다. 초기 행동적 연구는 산출(outcome) 혹은 결과에 초점을 맞추었다.

결과

학습을 행동적 관점에서 볼 때, 행동의 결과는 대체로 그 행동이 반복될 것인지 아닌지를 결정한다. 특히, 결과의 종류와 시기는 행동을 반복하는 개인의 성향을 강화시키거나 약화시킨다. 결과에는 두 가지 종류, 즉 행동을 강화시켜 주는 결과와 행동을 벌하고 약화시키는 결과가 있다.

강화

강화(reinforcement)의 일반적 의미는 보상이다. 그러나 학습이론에서 보상은 특별한 의미를 내포하고 있다. 강화인(reinforcer)은 후속하여 일어나는 행동을 강하게 해주는 결과이다. 따라서 정의상, 강화는 소정 행동의 빈도와 지속을 증대시켜 준다. 다음의 도형은 이 과정을 보여 주고 있다.

$$\text{행동} \xrightarrow{\quad\text{결과}\quad} \text{강화} \xrightarrow{\quad\text{효과}\quad} \text{강화된 행동}$$

연구결과에 따르면 음식은 배고픈 동물에게 강력한 강화인인 것만은 거의 확실하다. 그러나 음식이 사람에게도 똑같이 작용하는가? 예상할 수 있는 것처럼 사정은 사람에게 있어 훨씬 더 복잡하다. 어떤 사건이 왜 어떤 개인에게는 강화인으로서 작용하는지 우리들은 그 이유를 알지 못한다. 실제로 강화가 왜 사람에게 작용하는지를 설명하는 대립적인 이론들이 많이 있다. 예컨대, 일부 심리학자들은 강화인들이 욕구를 만족시켜 준다고 믿고 있다. 또 다른 심리학자들은 강화인들이 긴장을 줄여주거나 혹은 뇌의 일부를 자극한다고 주장한다(Rachlin, 1991). 결과가 강화되는 정도는 사건에 대한 그 사람의 지각과 그 개인에게 주는 의미에 달려있을 것이다. 예를 들어, 교실에서 저지른 잘못된 행동으로 항상 교장실로 불려 가는 학생들은 그러한 행동에 대하여 강화될 수도 있다. 학생들을 강화시켜 주는 이러한 결과(교장실로 불려가는 것)에는, 설사 그것이 교사들에게는 바람직하지 않을지라도, 아마도 무엇인가가 있을 것이다. 그 행동은 필요한 주의집중을 가져다줄 수도 있고 학생들 사이에 지위를 만들 수도 있을 것이다. 행동주의자들은 잘못된 행동의 반복은 그 학생에게 어떤 방식으로 강화되고 있다고 주장할 것이다(Landrum과 Kauffman, 2006).

　강화에 대해 좀 더 자세히 검토해 보자. 강화는 두 가지 유형, 즉 정적 강화와 부적 강화가 있다. **정적 강화(positive reinforcement)**는 행동이 새로운 자극이나 동기적 힘을 산출할 때 발생한다. 예를 들어, 멋진 옷을 입은 학생은 칭찬과 찬사를 받을 수도 있다. 마찬가지로 교실에서 "실수하여 넘어지는 것"은 웃음을 자아낼 수도 있다. 이러한 "우스꽝스러운 역할(clumsy role)"이 반복적으로 일어나 학급학생들의 웃음거리가 된다면, 교사는 이 행동을 단순히 주의(attention)를 끌기 위한 방법이라고 설명하기가 쉽다. 이러한 설명은 행동적 접근의 설명이다. 교사들은 정적 강화의 원리를 적용하여, 주의는 학생에게 있어서 정적 강화인이라고 가정함으로써 행동을 설명한다. 그 행동은 교사의 시각에서 보면 긍정적이지 않지만, 학생에게는 강화되고 있다는 것을 주의해볼 필요가 있다. 부적절한 행동의 정적 강화는 모든 교사들에게 발생할 수 있는 문제가 된다. 왜냐하면, 교사들은 아무런 의도도 없이 학생들의 잘못된 행동을 흔히 강화시키기 때문이다. 요컨대, 결과가 자극을 부가해 줌으로써 행동을 강화시킬 때, 정적 강화가 발생한다.

　이와는 반대로, **부적 강화(negative reinforcement)**는 자극을 제거하거나 줄임으로써 행동을 강화시켜 주는 결과를 얻는 경우 발생한다. 어떤 특정 행위가 부정적 혹은 혐오스런 상황을 중단시키거나 혹은 회피하게 해줄 때, 그 행동은 반복될 수도 있다. 왜냐하면, 개인은 부정적이거나 혹은 유쾌하지 않은 어떤 것을 회피하는 방법을 학습해 왔기 때문이다. 예를 들어, 자동차 제조업자들은 경고음이 부착된 좌석벨트를 자동차에 설치해 왔다. 그래서 자동차 시동을 걸면 시끄러운 소음이 일어나고 좌석벨트를 착용하면 곧 그 소음이 정지된다. 그리하여 좌석벨트를 착용하는 행위는 신경을 건드리는 소음을 제거(부정적인 자극을 제거한다)할 수 있기 때문에, "벨트를 매는(행동이 강화된다)" 행위를 반복하게 된다. 달리 말해서, 부정적 혹은 혐오스런 자극을 제거함으로써 행동은 강화되거나 보강된다. 어떤 교사에 대해 계속 불평하면서 교사를 교체해줄 것을 고집하는 부모를 생각해 보자. 학부모들의 끊임없는 불평을 없애기 위해 교장은 그 학생의 교사를 교체하게 된다. 학부모들과의 불편한 상황을 제거해온 교장은 만일 부정적 결과가 더 이상 없다면 학부모들의 불평을 가라앉히려는 행동을 반복할 것이다. 부정적 자극을 없애는 것(이 경우 성가신 학부모)은 교장의 행동을 강화해 주었다. 부적 강화에서 "부적"이라는 말은 강화되는 행동이 나쁘다는 것을 반드시 의미하는 것은 아니다. 그보다는 오히려 "부적"이라는 말은 행동을 강화해 주는 상황에서 무엇인가가 제거되는 그 어떤 것을 의미한다. 구성원들과 연관된 것으로 서의 정적 강화와 부적 강화를 생각해 보자. 정적 강화는 행동을 강화해 주는 행동에 계속하여 뒤따라 그 무엇인가를 첨가하는 반면, 부적 강화는 그 행동을 보강해 주는 행동 이후에 계속하여 그 무엇인가를 제거해 준다.

Skinner는 강화인이 행동을 증가시키는 이유에 대해서 깊은 고려를 하지 않았다. 그는 의미나 습관, 욕구, 긴장과 같은 "상상에 기반을 둔 구성개념"을 논하는 것은 의미 없는 일이라고 믿었다. 그는 단지 특정 결과 이후에 반응이 증가하는 경향을 기술 하였다(Hill, 2002; Skinner, 1953, 1989).

벌

사람들은 부적 강화와 **벌**(punishment)을 혼동한다. 이 두 개념을 구별할 줄 아는 사람은 보통 사람보다 이 분야에 능통한 사람이라 할 수 있다. 강화는 그것이 부적이든 정적이든 간에 언제나 행동을 강하게 한다. 벌은 행동을 약화시키거나 억제한다. 다시 말해서 벌 다음에 오는 행동은 비슷한 상황에서 거의 되풀이되지는 않을 것이다. 그러나 행동을 감소시키는 효과가 결과를 벌로 규정한다는 것을 기억하라. 사람마다 벌을 다르게 지각한다. 학교에서 정학처분을 받는 것을 벌로 인식하는 학생도 있고 그렇지 않은 학생도 존재한다. 벌의 과정은 다음과 같이 간단히 언급될 수 있다.

	결과		효과
행동 ——————→	벌	——————→	약화되거나 줄어든 행동

강화에도 두 종류의 강화가 있는 것처럼 벌도 두 가지 종류로 구분하는데 행동주의 이론에서는 이를 유형 I (Type I)과 유형 II (Type II)로 부른다. 유형 I이라고 하면 그 의미를 파악하기 어렵기에 이를 **직접적인 벌**(direct punishment)로 명명한다. 그 이유는 이 벌은 행동 뒤에 나타나는 자극이 행동을 억압하거나 약화시키기 때문이다. 말하자면 무엇인가가 부가되어 행동을 억압한다. 교사가 벌로 학생을 방과 후 학교에 남아있도록 시키거나 과제를 더 주거나 점수를 깎는 방식은 직접적인 벌에 해당한다. 유형 II의 벌은 **제거성 벌**(removal punishment)이다. 왜냐하면 벌을 주기 위해 자극이 제거되기 때문이다. 예를 들어, 학부모들이나 교사들이 학생들에게서 어떤 특권을 제거할 때, 이들은 학생들에게 제거성 벌을 주고 있는 것이다. 즉 학부모들과 교사들은 학생들이 갖고 싶은 그 무엇인가를 없애는 것이다. 따라서 직접적 벌은 행동을 완만하게 하거나 중지시키기 위해 무엇인가를 첨가하는 것이고, 제거성 벌은 행동을 줄이거나 약화시키기 위해서 무엇인가를 제거하거나 지우는 것이다. 다음의 [그림 2.1]

	행동 지지	행동 억압
자극 제시	**정적 강화** • 높은 성적 • 우등생 • 운동경기장	**직접적 벌** • 방과후 학교에 남기 • 낮은 성적 • 숙제 추가
자극 제거	**부적 강화** • 시험 면제 • 과제 면제 • 청소 면제	**제거성 벌** • 일주일간 운전금지 • 일주일간 미식축구 금지 • 일주일간 데이트 금지

강화와 벌은 종종 혼동하기 쉽다.

명심할 점:
강화는 항상 행동을 권장하거나 강도를 높인다.
벌은 행동을 억압하거나 약화시킨다.

그림 2.1 **강화와 벌의 유형**

은 강화와 벌을 요약·정리해 놓은 것이다.

선행조건

선행조건들(antecedents)은 행동에 앞서 발생하는 사건들이다. 이것들은 정적 결과들을 초래할 행동들과 부적 결과들을 초래할 행동들에 대하여 정보를 제공해 준다(A→B→C). 통찰력이 있는 사람은 상황식별을 잘하는데 이는 선행조건을 잘 이해한다는 말과 같다. 새로운 교육과정 자료를 구입하기 위해 많은 자원을 교장이 요청하는 경우 어느 시기에 하는 것이 효과적인가? 학교예산안 통과가 실패한 뒤에 하는 것이 효과적인가 아니면 지역신문에 그 학교에 관한 긍정적 기사가 나온 뒤에 하는 것이 효과적인가? 교장은 복도에 서서 "뛰는 학생들"을 보거나 "남자 화장실에서 몰래 흡연하는 경우"를 보고 선행조건의 단서(antecedents cue)로 간주하고 이런 행동에 따른 결과를 예측할 수 있다. 사람들은 자신들의 행동에 영향을 주는 과정과 방법에 대하여 충분히 생각하지 않고 이러한 선행조건의 단서에 반응하기도 한다. 그러나 단서 형태의 선행조건들은 의도적으로 사용될 수 있다.

단서(cueing)는 어떤 특별한 행동이 있기 바로 전에 선행자극을 마련해 준다. 단서는 어떤 특정 시간에 일어나야만 하는 행동을 준비하는 데 특히 유용하지만 쉽게 망각된다. 단서는 어떤 특별한 상황에 어떤 행동이 강화될 것이고 혹은 처벌될 것인지에 대해 정보를 제공해 준다. 고가도로 아래나 고속도로 옆에 서 있는 경찰차는 속도라는 결과에 대해서 즉시적 단서를 제공해 준다.

교장과 교사들은 보통 학생이 잘못을 저지른 후에야 그 잘못을 지적한다. 예를 들어, 이들은 "네가 이런 일을 했다니 나는 믿을 수가 없다"고 큰 소리로 말한다. 물론 문제는 잘못된 행동은 이미 일어났다는 데에 있다. 그 학생은 다시는 그런 행동을 하지 않겠다는 약속을 하든지 아니면 더 열심히 하겠다고 하든지 "나를 그냥 내버려 두세요"라며 신경질적인 반응을 보이는 등의 몇 가지 선택밖에 없다. 이러한 반응 가운데 특별히 유용한 것은 없다. 그러나 가치판단이 담겨있지 않은 단서를 제공하는 것은 학생들이 부정적 대면을 피하게 하는 데에 도움을 줄 수 있다. 예를 들어, 교장이나 교사가 체육행사에 참여하는 것만으로도 학생들이 경기 규칙을 잘 지킬 것이다. 더구나 이런 단서가 있은 후에 학생들이 적절히 행동하면 교사들은 벌에 의지하지 않고서도 학생의 행동을 강화시킬 수 있다.

암시(prompting)는 첫 번째 단서에 이어 추가적 단서를 마련해 주는 것을 말한다. 사람들은 때때로 단서에 적절히 반응하는 데에는 추가적 도움이 필요하다. Alberto와 Troutman(2009)은 단서와 암시를 사용하는 두 가지 원리를 제안하고 있다.

- 단서가 되기를 바라는 환경자극은 암시가 있은 뒤 바로 제시되어야 학생들이 암시에만 의존하지 않고 단서에 반응하는 것을 학습할 것이다.
- 가능한 한 빨리 암시를 없애도록 하라. 학생들이 암시에 의존하게 하지 말라.

친구의 학습을 도울 수 있도록 짝을 이루어 공부할 때 학생들에게 해야 할 일을 목록에 적어 주는 것이 암시의 예가 될 수 있다. 이 절차에 따라 공부하는 학생들에게는 구두나 문서로 된 암시가 필요 없게 된다. 학생들은 짝지어 공부하는 단서에 적절히 반응하는 방법을 학습한다. 학생들은 동료지도에서 공부하는 방법을 학습한다. 교사들은 그 과정을 계속하여 모니터해야 하고, 잘한 일은 칭찬해 주어야 하며, 틀린 것은 고쳐 주어야 한다. 교사의 역할은 이제 공부 잘하는 학생이 그렇지 않은 학생을 지도하는 방법을 도와주는 일이 된다.

행동주의적 접근의 교수활동 응용

경험 많은 유능한 교사들은 행동주의 이론을 잘 활용한다. 이들은 강화와 벌의 기본 원리들을 수업과 학급관리에 신중히 응용하고 있다. 행동주의 이론이 교수와 학습에

기여하고 있는 실례들을 제시하기 전에 몇 가지 지침이 되는 원리들을 요약하고자
한다.

- 분명하고 체계적으로 칭찬을 하라. 그러나 그럴만한 가치가 있을 때만 칭찬하라.
- 참된 성취를 인정하라.
- 개인의 능력과 한계를 바탕으로 칭찬의 기준을 설정하라.
- 신뢰 구축을 위해 학생 성공의 원인을 노력과 능력으로 돌려라.
- 학생들이 중히 여기는 방식으로 긍정적 행동을 인정하라.
- 학생들이 새로운 자료나 혹은 기능과 씨름할 때는 많은 강화를 주어라.
- 목적을 분명하고 구체적으로 설정하라. 그러면 당신은 무엇을 강화해야 할지
  알게 된다.
- 새로운 행동 설정을 돕기 위해 단서를 사용하라.
- 다양한 강화인들을 사용하라. 그리고 학생들이 선택하게 하라.
- 벌보다는 부적 강화를 사용하기 위한 상황을 구성하도록 노력하라.
- 벌은 잘못된 행동에만 부과하라(Woolfolk, 2013).

바람직한 행동 게임(Good Behavior Game), 기능적 행동 평가, 학습목표, 지시적
교수는 행동주의 이론을 교실 수업에 적용한 구체적 예들이다. 이런 방법들은 새로운
행동이나 혹은 명백한 정보를 학습할 때와 그 학습이 연속적이거나 사실적일 때 특히
유용하다.

바람직한 행동 게임

바람직한 행동 게임에서, 각 학생들의 점수를 학급 또는 모둠의 점수와 합산하는 방
법 등을 통해 학급의 모든 학생들은 협동적 행동에 근거하여 보상을 받을 수 있다. 교
사와 학생은 학급을 보다 나은 학습 공간으로 만들기 위해 무엇을 해야 하는지, 그리
고 학습을 저해하는 행동들은 어떤 것들인지 논의한다. 이러한 논의를 토대로, 학급
규칙이 만들어지고, 학급은 두 개 이상의 모둠으로 나누어진다. 어떤 학생이 규칙을
위반할 때, 해당 학생이 속한 모둠에 벌점이 부과된다. 정해진 기간 동안 벌점이 가장
작은 모둠에게 특별한 보상 또는 특권(예를 들어, 긴 휴식 시간, 점심 먼저 먹기 등)이
주어진다. 모든 모둠이 일정 수준 이하의 벌점을 받으면, 모든 학생들이 보상을 받는
다. 상대방의 잘못을 탓하면서 시간을 허비하지 않도록 하기 위한 규칙들도 필요하
다. 이 게임은 학업성취도의 큰 향상을 가져오지는 않지만, 학생들의 행동에 긍정적

인 영향을 미친다(Embry, 2002; Tingstrom, Sterling-Turner와 Wilczynski, 2006).

증명된 바람직한 행동 게임에 학업성취도를 증진시키기 위한 조치들을 추가하면 어떻게 될까? Catherine Bradshaw 등은 이 질문에 대한 답을 제시하고 있다(Bradshaw, Zmuda, Kellam과 Ialongo, 2009). 이들은 678명의 학생들을 초등학교 1학년 때부터 고등학교 때까지 추적 조사하였다. 1학년 때, 학생들은 통제 집단이나 특정 프로그램을 운영하는 두 집단 중의 한 집단에 참여하였다: (1) 바람직한 행동 게임과 학업성취도 향상을 결합시킨 학급 중심 활동(큰소리로 읽기, 글짓기, 비판적 사고 기술, 소집단 활동 등) 또는 (2) 읽기 및 수학 활동에 학부모들의 참여를 확대하는 가정 중심 활동. 이러한 활동은 자녀 교육을 위한 보다 나은 전략을 개발할 수 있도록 학부모들을 도와주었다. 1학년 때, 바람직한 행동 게임과 학업성취도 향상이 결합된 학급 중심 활동에 참여한 학생들은 고등학교 3학년 때 학업성취도 평가에게 더 높은 점수를 받았고, 특수 교육이 필요하다는 진단이 더 적었고, 고등학교 졸업률이 더 높았으며, 대학 진학률도 더 높았다. 학부모 참여 프로그램은 읽기 시험 점수에 소규모의 유의미한 영향을 미쳤다. 따라서 초기에 긍정적인 행동 및 학습 기능을 익히도록 학생들을 도와주는 것이 미래에 큰 영향을 미칠 수 있다.

기능적 행동 사정에 근거한 긍정적 행동 지원

행동 학습에 근거한 새로운 접근법은 일반 및 특수 학급에서 교사들이 성공적으로 행동 문제에 대처할 수 있도록 도와주는 것이다. 첫 번째 단계는 "학생들이 문제 행동에서 벗어나게 하려면 무엇을 해야 할까?―이러한 문제 행동은 어떤 기능을 할까?"라고 질문을 하는 것이다. 행동의 내용이 아니라 행동의 이유에 초점을 맞춘다(Lane, Falk와 Wehby, 2006; Stage 외, 2008). 문제 행동의 이유는 일반적으로 다음의 네 가지 범주로 분류된다(Barnhill, 2005; Maag와 Kemp, 2003).

1. 교사, 학부모 또는 동료들로부터 주의 및 관심을 받기 위해
2. 유쾌하지 않은 상황에서 벗어나기 위해
3. 원하는 물건이나 활동을 얻기 위해
4. 팔을 흔들거나 날갯짓하는 일부 자폐아들과 같이 감각 중추의 요구를 충족하기 위해

행동의 이유를 알게 되면, 교사는 긍정적 행동을 지원할 수 있는 방법들을 만들어 낼 수 있다. 예를 들어, 필자들은 일부 교과, 특히 수학 교과에 문제를 가지고 있는 학

생을 걱정하는 어느 중학교 교장과 함께 일을 한 적이 있다. 그 학생은 적어도 일주일에 두 번 이상 수학 시간을 엉망으로 만들었고, 항상 그 끝은 교장실이었다. 교장실에 도착하면, 그 학생은 교장의 전적인 관심을 받았다. 혼을 내고 난 뒤, 교장은 그 학생을 좋아했고 아버지가 몇 해 전에 돌아가셔서 남성 역할 모델이 없었기 때문에 그 학생과 교장은 스포츠에 대해 이야기를 나눴다. 교실에서의 문제행동이 갖는 기능은 쉽게 관찰할 수 있다. 즉, 교실에서의 문제행동은 (1) 수학 시간으로부터의 탈출(부적 강화)과 (2) 교장과의 일대일 대화 시간(약간의 질책 후에 이루어지는 긍정적 강화)에서 비롯되었다. 교장 및 교사와 함께, 우리는 교실에서 문제행동을 했을 때가 아니라 수학 문제들을 다 해결했을 때 교장과 함께 시간을 보낼 수 있게 하고, 개별 지도 시간을 더 부여함으로써 수학 시간에 그 학생이 긍정적인 행동을 할 수 있도록 지원하는 방안을 만들어 냈다. 새로운 긍정적 행동들은 이전의 문제행동들이 수행하였던 기능의 상당부분을 수행하였다.

기능적 행동 사정하기

문제행동을 이해하는 과정은 **기능적 행동 사정**(Functional Behavioral Assessment: FBA)이라 불리며, 이는 행동의 이유 또는 기능을 진단하기 위해 과거의 경험, 행동 및 결과에 관한 정보를 얻는 데 사용하는 일련의 방법 또는 절차를 의미한다(Barnhill, 2005: 132). 이러한 사정에서 얻은 정보를 통해, 학교는 앞에 제시된 수학 학생의 경우에서 필자들이 했던 것과 같은 문제 해결 방안들을 마련할 수 있다.

행동의 기능을 진단하는 데는 여러 가지 상이한 절차들이 도움을 줄 수 있다. 자신의 행동에 대해 해당 학생과 면담을 할 수도 있다. 한 연구에서는 학생들에게 자신들이 무슨 행동을 했는지, 그 행동을 하기 전에 어떤 일들이 있었는지, 그리고 그런 행동을 한 후 어떤 결과가 나타났는지 기술하도록 요청하였다. 항상 학생들이 왜 그런 행동을 하는지 확실히 알고 있지는 않았지만, 꾸짖는 것이 아니라 자신들의 상황을 이해하려고 하는 어른과의 대화를 통해 어느 정도 도움을 얻는 것 같았다(Murdock, O'Neill과 Cunningham, 2005). 교사들 또한 학생들을 관찰하고 다음과 같은 질문에 대한 답을 찾을 수 있다: 언제, 어디서 문제행동이 일어나는가? 어떤 사람 및 행동들과 연관되는가? 직전에 무슨 일이 있었는가?—다른 사람들이 무슨 말 또는 어떤 행동을 했고, 해당 학생은 어떤 행동 또는 말을 했는가? 그 행동 후에는 무슨 일들이 일어났는가?—교사, 다른 학생 및 해당 학생은 어떤 행동 또는 말을 했는가? 해당 학생이 얻은 것 또는 피한 행동은 무엇인가?—학생이 그런 행동을 하고 난 후 어떤 변화가 일어났는가? 이러한 질문을 토대로 하여, 자신이 처한 학교 상황에 맞는 기능적 행동 사정을 위한 체계적인 관찰 및 계획지를 만들 수 있을 것이다. 행동이 가지고 있는 기능을 이해하게 되면, 긍정적 대안 마련을 위한 계획을 세울 수 있을 것이다.

긍정적 행동 지원

장애인 차별 금지법(IDEA, 1997)은 특수교육의 대상이나 장애를 가진 학생들을 위한 **긍정적 행동 지원(Positive Behavioral Support: PBS)**을 요구한다. 긍정적 행동 지원은 문제행동을 학생들에게 동일한 목적으로 작용하는 새로운 행동으로 대체하기 위해 마련된 조정안들이다. 기능적 행동 사정에 토대를 둔 긍정적 행동 지원은 장애를 가진 학생들이 통합 학급에서 성공할 수 있도록 도와준다. 예를 들어, 다섯 살짜리 정신 지체아의 문제행동은 일반 교사와 특수 교사가 함께 수행한 기능적 사정에 근거한 PBS 조정안을 통해 아주 짧은 시간에 수정이 되었다. 과제를 끝내도록 하게 만드는 조정안에는 적당한 난이도 수준, 과제 수행을 위한 도움 제공, 도움을 얻는 방법 지도, 과제 활동 중 쉬는 시간을 얻는 방법 등이 있었다(Soodak과 McCarthy, 2006; Umbreit, 1995). 그러나 이러한 접근법은 특수아들에게만 적용할 수 있는 것은 아니다. 연구에 따르면, 모든 학생들에게 이러한 접근법을 사용할 때 교장실에 학생들을 보내는 빈도가 줄어들었다(Lewis, Sugai과 Colvin, 1998). 5%의 학생들이 절반 이상의 문제를 불러일으키기 때문에, 기능적 사정에 근거한 조정안들은 이러한 문제행동을 80%까지 줄일 수 있다(Crone & Horner, 2003).

학습목표

목표 진술에는 여러 가지 접근이 있다. 그러나 이 접근들은 모두 학생에게서 어떤 변화가 일어나야만 하는가, 즉 교수의 목적이 무엇인가를 결정하는 것이 첫 단계라고 가정한다. **수업목표(instructional objective)**는 학생들을 위한 교육목적을 교사가 분명하면서도 명백하게 기술한 것이다.

행동목표를 서술하는 데에 가장 영향력 있는 시스템을 개발한 사람은 아마도 Robert Mager일 것이다. 행동목표는 학생들이 학업성취를 이루기 위해 어떤 활동을 해야 하는가를 보여줌과 동시에 교사가 학생들의 성공적인 학업을 확인하는 방법을 포함하고 있다(Mager, 1975; 1997). Mager에 의하면 바람직한 목표는 세 부분을 가지고 있다.

1. 목표는 의도적인 학생 행동을 서술하고 있다. 학생은 무엇을 행해야만 하는가?

2. 목표는 행동이 일어날 조건들을 나열하고 있다. 이 행동은 어떻게 파악되고 검증될 것인가?

3. 목표는 수용할 만한 행동 수행의 준거를 제시하고 있다. 학생은 얼마나 잘 해냈는가?

Mager에 따르면 학생들은 그렇게 잘 진술된 목표가 제시되기만 한다면 종종 스스로를 가르친다.

목표는 유용한가? 다음과 같은 조건하에서만 유용하다. 첫째, 목표는 강의, 필름, 연구프로젝트와 같이 느슨히 구조화된 활동들로 이루어진 학습을 향상시키는 데에는 더 성공적이다. 그러나 프로그램화된 수업과 같은 구조화된 자료를 가진 학습의 경우, 목표는 그리 유용하지 못한 것 같다. 둘째, 학습 자료와 활동에서 나온 정보가 중요하지 않다면, 수업목표는 학생들의 관심에 초점을 두어 성취를 향상시킨다(Duchastel, 1979).

수업목표에 관한 가장 최근의 연구에서는 광범위한 목표와 특수한 목표를 결합시키는 경향이 있음을 밝히고 있다. 이전에 특수한 목표를 중시하던 James Popham (2005)은 다음과 같은 제언을 하였다.

당신의 교실수업을 위해 대여섯 개 정도의 광범위하면서 측정가능한 수업목표를 설정하여 이를 달성하도록 노력하라. 너무 많고 세세한 수업목표는 실제로 별 가치가 없어서 실제 교실수업 상황에서 그와 같은 세세한 수업목표는 자주 쓸모없게 된다. 반면 수업목표의 수가 적으면 관리도 쉽고 목표의 범위도 적당히 넓고 그러면서도 측정가능하다면 수업에도 유용할 것이다. 그리고 교사의 교수활동에 대해 무엇을 측정해야 하는지에 대한 답도 제시할 것이다(pp. 104-105).

오늘날 대부분의 학교구에서는 학습목표를 진술하고 있는 학습지도안을 작성하라고 교사들에게 요구하고 있다. 목표와 단계가 분명하게 계획된 좋은 학습목표는 유익하고 또 학습을 향상시킬 수 있다. 목표는 학급 학생들에게만 사용되는 것이 아니라, 학교 행정가들도 그 성공의 정도는 다양하지만 목표를 사용해 왔다. 목표관리(MBO)와 목적설정(Locke와 Latham, 1990; 2002)은 조직수행을 향상시키기 위해 행동주의 이론을 사용하려는 시도들이다. 필자들은 이 시도들을 4장에서 논의하겠다.

성취하려는 목표와 수단이 분명할 때, 학생들은 어떻게 학습해 나가는가? 지시적 수업 접근은 행동주의 원리들을 일관되게 따르고 있다.

지시적 수업

대부분의 사람들에게 "교수(teaching)"는 강사가 내용을 설명하고 학생들에게 질문을 하는 강의를 의미한다. 1970년대와 80년대, 이러한 공통적이고 전통적인 교수 형태에 대한 연구가 광범위하게 이루어졌다. 이러한 연구들의 결과를 통해 학생들의 학습 증진을 가져오는 **지시적 수업(direct instruction)** 또는 명확한 교수라는 교수 모델이 만들어졌다(Rosenshine과 Stevens, 1986).

여기서 서술하고 있는 지시적 교수의 절차는 일반적 탐구의 맥락에서 발전되어 온 것이기 때문에 일단의 특정 여건에 적합한 학습모형이다. 연구자들은 기대수준보다 더 많이 학습한 학생들을 지도하고 있는 교사들을 기대수준 또는 평균수준 정도로 학습한 학생들을 지도하고 있는 교사들과 비교함으로써 지시적 교수모형을 정교하게 창안하였다.

연구자들은 미국의 학교교실에서 실제로 볼 수 있는 수업 실제에 초점을 맞추었다. 학교 전체나 학급 전체의 표준화된 학력시험 성적이 향상된 정도를 효과성으로 정의하였다. 따라서 그 결과는 대규모 집단을 대상으로 한 것이지, 집단 내 학생들 개개인을 대상으로 한 것은 아니다. 예를 들어, 한 집단의 평균 성적이 향상되었어도 그 집단 내 일부 학생의 학업성적은 떨어졌을 수도 있다(Brophy와 Good, 1986; Good, 1996; Shuell, 1996)

아래에서 서술하고 있는 지시적 교수모형은 과학적 사실, 수학 계산, 어휘, 읽기, 문법 규칙 등과 같이 체계적인 지식이나 기본적인 기술에 해당하는 **기초 기능(basic skill)**에 가장 알맞은 모형이다(Rosenshine과 Stevens, 1986). 이러한 기능들은 단계적으로 가르쳐질 수 있고 또 표준화 검사로 평가될 수 있는 과제들과 관계되어 있다. 한 가지 주의할 점은 지시적 교수법이 창의성을 강조하는 작문이나 복잡한 문제해결, 정서적 성숙을 위한 학생을 돕는 데 반드시 적절한 것은 아니라는 점이다.

심리학자들은 학생의 학습을 향상시키는 데에 도움이 되는 행동주의 이론과 일치하는 지시적 교수 접근법을 확인해 왔다. Barak Rosenshine은 이러한 접근을 지시적 교수(direct instruction, 1979) 혹은 명확한 교수(explicit teaching, 1988)라고 호칭한 반면, Tom Good(1983)은 이 용어를 능동적 교수로 사용하고 있다. Weinert와 Helmke(1995)는 지시적 교수를 다음과 같이 서술하고 있다.

(a) 교사들의 학급관리가 특히 효과적이고, 학생들이 수업을 방해하는 행동 비율이 매우 낮다. (b) 교사는 학문중심적 성격이 강하고 학생들의 학습활동을 주도하고 권장하기 위하여 허용된 수업시간을 철저하게 사용한다. (c) 교사는 적절한 과제를 세

심히 선택하고, 교과 정보와 해결전략들을 분명하게 제시하며, 학생 개개인의 학습진도와 학습곤란을 지속적으로 진단하고, 보충수업을 통해 효과적인 지원을 제공함으로써 가능한 한 많은 학생들이 학습진도를 향상시킬 수 있도록 강구한다(p. 138).

여기에다 Xin Ma(2012)는 활발한 보조, 따뜻하고 수용적인 학급 풍토를 추가하고 있다. 교사들은 이러한 권고들을 어떻게 행동으로 실천하는가?

Rosenshine의 여섯 가지 교수 기능

Rosenshine과 그의 동료(Rosenshine, 1988; Rosenshine과 Stevens, 1986)는 효과적인 수업에 관한 연구들을 토대로 여섯 가지 교수 기능을 강조하고 있다. 이 학자들은 기초 기능을 가르치기 위한 틀을 제시하고 있다.

1. *전날의 학업을 검토하고 복습하라.* 필요하다면 반복하여 가르쳐라.
2. *새로운 자료를 제시하라.* 많은 예와 비예(nonexample)를 들어가면서 소규모 단계별로 가르쳐라.
3. *지침이 포함된 연습을 제공하라.* 학생들에게 질문하고 연습 문제들을 제시하고 잘못된 생각들을 잘 들어라. 필요하다면 반복하여 가르쳐라. 학생들이 질문의 80% 정도를 올바르게 대답할 때까지 지침이 포함된 연습을 계속하라.
4. *학생의 대답을 토대로 피드백과 교정을 해주어라.* 필요하면, 반복하여 가르쳐라.
5. *혼자서 연습하게 하라.* 학생들이 자습, 협동집단, 혹은 숙제를 할 때 새로이 학습한 것을 혼자 힘으로 응용하게 하라. 혼자서 연습을 하는 동안의 성공률은 약 95%여야 한다. 이 말은 학생들이 발표와 지침이 포함된 연습에 의해 학업이 잘 준비되어야 하고, 그 과제가 너무 어렵지 않아야 한다는 것을 의미한다. 중요한 것은 학생들이 기능들을 충분히 학습하여 자연스럽게 될 때까지, 즉 학생들이 자신감을 가질 때까지 연습을 해야 한다는 것이다.
6. *주별 그리고 월별로 재검토하라.* 학습을 강화하고 일부 재검토 항목들을 숙제에 포함시켜라. 시험을 자주 보고 시험에서 틀린 내용을 다시 가르쳐라.

위의 여섯 가지 기능은 맹목적으로 따라야 할 단계라기보다는 효과적인 수업을 위한 요소라 할 수 있다. 예를 들어, 피드백, 복습, 재교수 등의 활동들은 필요하면 언제든지 이루어져야 하며 학생들의 능력에 맞추어 이루어져야 한다. 지시적 교수와 관련된 다양한 모형이 있지만 위의 여섯 가지 요소가 주를 이룬다고 볼 수 있다. Hunter의 완전학습법(1982)과 Good, Grouw, Ebmeier의 Missouri 수학(1983)은 지시적 교수를 적용한 사례에 속한다.

지시적 수업에 대한 비판

지시적 수업에 대한 비판적인 견해를 가진 학자들은 이 방법은 하위 수준의 목표에만 적용할 수 있고, 전통적 교수방법에 근거를 두고 있으며, 혁신적 모형들을 소홀히 하고 있으며, 학생들의 독립적 사고와 행동을 저해한다고 주장하고 있다. 일부 학자들은 한 걸음 더 나아가 지시적 수업은 잘못된 학습이론에 근거를 두고 있다고 주장하기도 한다. 지시적 수업법에 의하면 교사들은 교수내용을 작은 부분들로 쪼개고, 나누어진 부분들을 하나하나 분명하게 제시하고, 잘한 점은 강화하고 실수는 교정하여 학생들이 정확하게 이해할 수 있도록 돕는다는 것이다. 비판적 시각을 지닌 학자들은 지시적 수업이 학생을 능동적인 지식 구성자로 보기보다는 지식으로 채워지기를 기다리는 "텅 빈 용기(empty vessel)"로 평가한다고 지적하였다(Anderson, 1989a; Berg와 Clough, 1991).

그러나 지시적 수업은 학생들이 수동적이 아니라 능동적으로 학습하도록 도울 수 있다는 증거들이 충분히 있다. 특히 나이가 어리고 경험이 부족한 학습자들에게 있어서 교사의 지시와 지도가 없는 학생의 학습은 학생들이 체계적이지 못한 지식을 갖게 할 수가 있다. 지도 없이 학생들이 구성하는 지식은 때때로 불완전하고 또 잘못 인도될 수 있다(Kirschner, Sweller와 Clark, 2006; Weinert와 Helmke, 1995). 수학과목에서 복잡한 문제를 풀 때 필요한 심도 깊은 이해나 무용에서 유연한 동작 등은 전문가의 피드백이 포함된 혹독한 연습과 전문 무용수의 동작이 필요하다고 볼 수 있다(Anderson, Reder와 Simon, 1995). 교사의 지도와 함께 독자적인 연습 그리고 건설적인 피드백이 지시적 수업 모형에서 중요한 요소이다. 특정한 기능과 행동을 학습할 필요가 있을 때에는 행동주의 학습이론과 일치하는 교수법이 시사하는 바가 크다고 할 수 있다.

TIP: 이론의 적용

당신이 근무하는 학교에서 변화해야 할 상황은 무엇인지 기술하시오. 그 상황개선을 위해 학생, 학부모, 교사와 같은 학교 구성원들의 행동이 어떻게 변화해야 하는가를 고려해 보시오. 현재 그들의 행동의 강화인을 열거해 보시오. 학교 구성원들의 행동에서 그들이 성취하고자 하는 바람직한 결과는 무엇이며 회피하고자 하는 원치 않는 결과는 무엇인가? 당신은 정적 강화와 부적 강화를 확인할 수 있는가?

학습을 보는 인지적 관점

인지적 관점의 뿌리는 지식의 본질, 이성의 가치, 마음의 내용 등을 논의한 고대 그리스 철학자들에게까지 거슬러 올라간다(Hernshaw, 1987). 그러나 인지과학(cognitive science)은 1900년대 초반과 중반 행동주의가 활발하였을 때에는 잠잠하였다. 제2차 세계대전이 끝나갈 무렵, 컴퓨터 혁명과 언어 이해의 돌파구가 전개되면서 인지과학에 대한 연구가 활발해지기 시작했다. 사람들은 강화와 벌에 단순히 반응하는 것 이상의 어떤 것을 행한다는 증거가 축적되었다. 예를 들어, 개인은 자신의 반응을 계획하고, 그것을 기억하는 데 도움이 되도록 시스템을 사용하며, 가지고 있는 자료를 의미 있고 독특한 방법으로 조직한다(Miller, Galanter와 Pribram, 1960; Shuell, 1986). 학습은 능동적인 정신 과정이라는 것이 점차로 인식되면서 교육심리학자들은 사람들이 어떻게 생각하고, 개념들을 학습하며, 문제들을 해결하는가에 호기심을 갖게 되었다(예컨대, Ausubel, 1963; Bruner, Goodnow와 Austin, 1956).

개념 학습과 문제해결에 대한 관심은 곧바로 지식이 어떻게 표현되고 회상되는가 하는 난제에 길을 열어 주었다. 기억과 망각은 1970년대와 1980년대 인지심리학의 주요 연구과제였다.

지식과 학습

현재의 인지적 접근이 시사해 주는 바에 따르면 학습과정에서 개인이 학습상황에 가져오는 것이 가장 중요한 요소라 할 수 있다. 우리가 이미 알고 있는 것은 많은 부분에서 우리는 무엇에 관심을 갖고, 지각하고, 기억하며, 망각할 것인지를 결정한다(Ashcraft, 2006; Bransford, Brown과 Cocking, 2002; Greeno, Collins와 Resnick, 1996). 지식은 수단인 동시에 결과이며, 사전 학습의 산물 그 이상이다. 지식은 또한 새로운 학습을 안내한다. 예를 들어, 축구와 관련 없는 용어 학습상에는 큰 차이가 없다고 하더라도, 축구에 대한 지식이 거의 없는 4학년 학생과 비교해볼 때, 축구 전문가인 4학년 학생은 새로운 축구 용어를 더 잘 학습하고 기억한다. 축구 전문가인 학생은 기억하기 쉽게 축구 용어들을 조직화하고 집단화한다(Schneider와 Bjorklund, 1992). 이해와 기억을 위해서는 좋은 학습 전략보다는 지식의 기반이 더 중요할 수 있다. 그러나 광범위한 지식과 결합된 좋은 전략은 더 좋은 결과를 가져올 수 있다.

인지적 관점에서 볼 때 지식은 일반 지식 영역과 특정 영역 지식이 있다.

- **일반 지식(general knowledge)**은 다양한 상황들에 적용된다. 예컨대, 컴퓨터를 읽거나 사용하는 방법에 대한 일반 지식은 많은 상황들에서 유용하다.
- **특정 영역 지식(domain-specific knowledge)**은 특별한 과제나 교과에 관련되어 있는 지식이다. 예를 들어, 야구는 9회까지 있다는 것을 아는 것은 야구 영역에 특정한 지식이다.

지식을 범주화하는 또 다른 방식은 선언적, 절차적 혹은 조건적 지식으로 나누는 방식이다(Paris와 Cunningham, 1996; Paris, Lipson과 Wixson, 1983).

- **선언적 지식(declarative knowledge)**은 "강의, 책, 집필, 언어교환, 점자(Braille), 수화법, 수학 표기법 등을 통해 보통 말로 선언될 수 있는 지식이다"(Farnaham-Diggory, 1994: 468).
- **절차적 지식(procedural knowledge)**은 분수를 나누거나 혹은 에어컨을 수리하는 것과 같이 "방법을 아는 것"이다. 과제를 수행하는 것이 절차적 지식을 나타낸다.
- **자기규제적 지식(self-regulatory knowledge)**은 선언적 지식과 절차적 지식을 응용하는 "시기와 이유를 아는 것"이다.

선언적 지식은 어떤 것이 사례(case)인 "것을 아는 것"이다. 선언적 지식의 범위는 광범위하다. 우리는 매우 구체적인 사실들(평균 뇌는 일천억 개 이상의 뉴런(neuron)을 가지고 있다), 일반화(활엽수가 아닌 침엽수들도 있다), 개인적인 선호(나는 콩을 싫어한다), 개인적 사건들(첫 데이트에 일어난 일), 규칙들(분수의 합산은 분모를 같게 한 후에 분자들을 더하고 공통분모는 그대로 둔다)을 알 수 있다. 선언적 지식의 소단위가 대단위로 편성되기도 한다. 예를 들어, 의사결정 원리는 전체 사회적 영향력 체제로 조직될 수 있다.

분수 덧셈의 규칙을 반복하는 것은 선언적 지식을 보여주고 있다. 즉 학생은 규칙을 말할 수 있다. 그러나 절차적 지식을 보여주기 위해서는 설명할 수 있어야 한다. 분수를 합산할 때, 학생은 절차를 정확하게 수행해야만 한다. 학생들이나 교사들은 방정식을 풀거나 불어로 된 문장을 정확하게 번역할 때 절차적 지식으로 설명해야 한다.

자기규제적 지식은 자신의 학습을 관리하는 방법을 학습하는 것이다. 즉 어떻게, 언제 선언적 및 절차적 지식을 사용할 것인가를 아는 것이다(Schraw, 2006). 또한 자기규제적 지식은 *조건적 지식*이라고 불려왔다(Paris와 Cunningham, 1996). 언제 모

	일반 지식	특정 영역 지식
표 2.1 여섯 가지 지식의 종류와 예		
선언적	은행이 문 여는 시간 고속도로 안전 규칙	셰익스피어 "햄릿"의 시구 교육 리더십의 정의
절차적	컴퓨터 사용법 자동차 운전법	이차방정식의 해법 C++ 프로그램 방법
조건적	이 접근을 포기하고 다른 접근을 시도할 시기 대충 읽을 시기와 자세히 읽을 시기	부피에 대한 공식을 사용할 시기 테니스에서 네트로 접근할 시기

든 단어들을 다 읽고 언제 건너뛰어야 하는지를 알기 위해 자기규제가 사용된다. 대부분의 학생들에게 이러한 지식은 어려움을 준다. 학생들은 사실을 알고 있고 이를 처리하는 절차도 알고 있지만, 자신들이 알고 있는 것을 적절한 시기에 어떻게 적용해야 하는지에 대해 명확하게 알고 있지 않다. 자기규제적 지식은 교과 영역(기하학에서 도형의 둘레가 아니라 면적을 계산하는 공식은 언제 사용하는가) 또는 일반 영역(핵심 사항을 요약하고 도형을 이용하여 정보를 조직하는 방법) 등 구체적일 수도 있다. 사실, 위의 세 가지 지식은 〈표 2.1〉에서 살펴볼 수 있듯이 일반적일 수도 있고 특정 영역에 한정될 수도 있다. 지식을 이용하기 위해서는 지식을 기억해야만 한다. 그러나 사람들은 어떻게 기억하는가? 우리들은 기억에 대하여 무엇을 알고 있는가?

정보처리모델

기억에 대한 초기의 **정보처리모델**(information-processing model)은 컴퓨터를 모델로 하였다. 컴퓨터와 유사하게, 정신(mind)은 정보를 받아들이고, 정보를 토대로 활동을 수행하고, 정보를 저장하고, 필요한 경우 정보를 끌어내고, 정보에 대한 반응을 만들어 낸다. 컴퓨터 모델은 도움은 되지만, 동시에 불충분하다. 예를 들어, 정보처리모형에서, 정보는 체제 내에서 컴퓨터가 그러한 것처럼 감각기억에서 *단기기억* 및 *장기기억*으로 거의 대부분 일방적으로 움직인다. 그러나 정보는 여러 방향으로, 전진 및 후진하는 등 이들 과정 간에는 더 많은 상호작용이 이루어지고 있다는 것을 알고 있다. 더 나아가 인지 과정은 여러 작은 컴퓨터들이 병렬로 움직이는 것과 같이 동시에 이루어진다.

보다 최근에 제시된 *인지과학 정보처리모델*(cognitive science information processing model)은 이전 모델의 특징들을 일부 가지고 있지만, [그림 2.2]에 제시되어 있는 것과 같이, 작동기억(working memory)의 역할 및 체제 내 요인들 간의 상호작용을 강조한다(Ashcraft와 Radvansky, 2010; Bruning, Schraw와 Norby, 2011; Sternberg와 Sternberg, 2012). 정보는 감각기억에 부호화되는데, 지각 및 주의집중(attention)은 이후에 사용할 작동기억에 무엇을 저장할 것인지 결정한다. 작동기억 내에서, 실행과정은 정보의 흐름을 관리하고, 정보를 장기기억의 지식들과 결합시킨다. 완전하게 처리되고 결합된 정보는 장기기억의 일부분이 되며, 다시 활성화되면 작동기억의 한 부분이 된다(장기기억의 활성화된 부분일 수도 있다). 이들 세 요소는 서로 상호작용을 하며 지각을 좌우하고, 정보를 기술·조직·해석하며, 명제·개념·이미지·스키마·전략을 적용하고 조정하며, 지식을 구성하고, 문제를 해결한다. 주의집중은 이들 세 가지 기억 과정에서 한 역할을 수행하며, 이들 간의 상호작용에도 기여한다. 이를 좀 더 자세하게 살펴보자.

감각기억

감각기억은 우리가 인지할 수 있도록 들어오는 자극을 정보로 전환하는 초기 과정이다. 감각기억은 *감각완충기(sensory buffer), 영상기억(iconic memory)* 및 *음향기억*

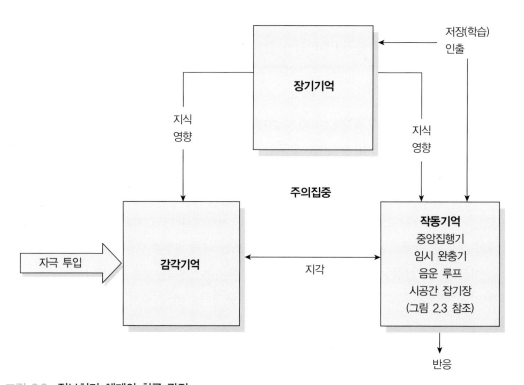

그림 2.2 **정보처리 체제의 최근 관점**

(echoic memory)이라고도 불린다. 감각들을 통해서 받아들인 기초적 정보에 부여하는 의미를 우리는 **지각**(perception)이라고 한다. 의미는 객관적 실재(reality)와 현존하는 지식을 통해 구성된다. 예를 들어, "I" 기호를 생각해 보자. 이것이 무슨 글자냐고 묻는다면, 당신은 아마 영어 알파벳의 "I"라고 말할 것이다. 만약 무슨 숫자냐고 질문을 받는다면, 당신은 아마 "하나"라고 대답할 것이다. 실제로 그 기호는 똑같지만 이 기호에 대한 지각, 즉 그 의미는 상황과 숫자 혹은 글자로 인식하려는 당신의 기대에 따라 달라진다. 숫자나 글자에 대한 지식이 없는 어린아이에게 이 기호는 아무런 의미가 없을 것이다. 맥락도 중요하다. **A 13 C**에서 13은 문자지만, **12 13 14**에서, 13은 숫자이다(Bruning 외, 2011). 명확한 특징들을 파악하고 그 유형을 신속히 인지하기 위해서 우리들은 상황에 대한 현존 지식을 사용하여 의미를 만든다.

색깔, 운동, 소리, 냄새, 온도 등의 모든 변화를 동시에 지각해야 한다면 우리의 생활은 불가능할지도 모른다. 따라서 사람들은 어떤 자극에는 주의를 기울이나 다른 어떤 자극은 무시해 버린다. 사람들은 있을 수 있는 모든 일들 가운데 처리해야 할 것을 선택한다. 그러나 주의집중이 제한적으로 이루어지기에 사람들은 한 번에 한 과제에만 주의를 기울일 수 있다(Sternberg와 Sternberg, 2012). 예를 들어, 당신이 자동차 운전을 처음 배웠을 때 그 자동차가 수동변속의 자동차였다면 당신은 라디오 듣는 일과 자동차 운전하는 일을 동시에 할 수 없었던 때가 있었을 것이다. 얼마간의 연습을 한 후에는 라디오 방송을 즐기면서 아무런 어려움 없이 운전할 수 있었을 것이다. 그러나 교통이 혼잡할 때에 당신은 라디오를 끌지도 모른다. 처음에 주의와 집중이 요구되는 많은 과정들은 연습을 통해 그 과정을 자동적으로 수행할 수 있다. 그러나 자동성(automaticity)은 정도의 문제이다. 다시 말해서, 우리들은 완전히 자동적일 수는 없고 오히려 우리가 얼마나 많은 연습을 했느냐에 따라 그 수행이 어느 정도 자동적이게 된다(Anderson, 1995). 완전한 주의가 꼭 필요할 때, 우리는 다른 자극들을 차단해야 한다. 아무리 유능한 운전자라 할지라도 눈앞이 보이지 않는 눈보라속에서는 매우 주의집중을 하며, 운전하는 동안 문자를 보내거나 전화통화를 하지는 않을 것이다.

주의집중은 학습의 첫 단계이다. 학생들은 인지하지 못하거나 지각하지 못하는 것을 처리할 수 없다(Lachter, Forster와 Ruthruff, 2004). 교실에 있는 많은 요소들은 학생의 주의에 영향을 준다. 수업의 초기에는 극적인 표현이나 행위가 주의를 끌 수 있다. 교사는 1갤런(약 4.5리터)의 공기가 들어있는 공기통에서 공기가 다 빠져 나올 때까지 펌프질함으로써 기압에 관한 과학 수업을 시작할 수 있다. 밝은 색깔, 어려운 질문, 학생 호명, 과제와 교수방법의 변경, 목소리의 변경, 도전적인 딜레마의 제시 등 모든 것들은 학생들의 주의를 끄는 데 도움을 줄 수 있다. 그러나 학생들의 주의를 끄는 것만으로 일이 다된 것은 아니다. 학생들이 주의를 계속 유지하게 하고 과제에 초점을 두게 하는 것 또한 중요한 일이다.

작동기억의 최근 모델

자극이 일단 이미지나 소리로 등록되고 변형된 후, 감각기억에 있는 정보는 계속 처리된다. 작동기억(working memory)은 이 새로운 정보가 잠시 보존되어 장기기억에서 오는 지식과 결합되는 장소라 할 수 있다. 작동기억은 때때로 단기기억이라고도 하나, 정보모형들이 그 강조점을 저장에서 처리로 옮겼을 때, "작동기억"이라는 용어가 "단기기억"을 대신하게 되었다. 작동기억은 어떤 점에서는 컴퓨터의 스크린과 같아서 작동기억의 내용은 활성화된 정보이며 그 순간에 당신이 생각하는 것, 즉 당신의 의식이다.

Alan Baddeley 등은 현재 인간의 인지를 이해하는 데 가장 핵심이 되는 작동기억 모델을 제시하였다. 이 모델에 따르면, 작동기억은 주의집중과 다른 의식 자원(mental resource)을 통제하는 중앙집행기(central executive), 언어적 · 음향관련 정보가 저장된 음운루프(phonological loop), 시각적 · 공간적 정보를 다루는 시공간 잡기장(visuospatial sketchpad)과 언어적 · 시각적 · 공간적 정보를 토대로 중앙집행기, 음운루프 및 시공간 잡기장으로부터의 정보가 결합되어 대표상(representation)을 만드는 임시 완충기(episodic buffer) 등 적어도 네 가지 요인으로 구성되어 있다. 음운루프와 시공간 잡기장은 소리와 영상을 위한 단기기억 저장소로 앞에서 제시한 정보처리모델의 단기기억과 비슷하다. 음운루프, 시공간 잡기장과 임시 완충기는 정보를 저장하고 결합하는 등 중앙집행기를 위한 하위 수준의 작업을 수행한다. 또한 Baddeley는 또 다른 하위 수준의 작업자/상이한 정보를 위한 저장 체제가 있을 수 있지만, 음운루프, 시공간 잡기장과 임시 저장소는 우리가 알고 있는 것들이라고 설명한다(Baddeley, 2007; Baddeley, Hitch와 Allen, 2009; Jarrold, Tam, Baddeley와 Harvey, 2011). 작동기억 체제는 [그림 2.3]에 제시되어 있다. 중앙집행기는 주의집중, 추리 및 이해와 같은 인지 활동을 위한 의식 자원의 저장소이다. 음운루프는 언어적 · 음향적 정보를 저장하며, 시공간 잡기장은 시각적 · 공간적 정보를 저장한다. 임시 완충기는 음운루프, 시공간 잡기장 및 장기기억으로부터의 정보를 통합한다. 이 체제는 정보가 너무 많거나 너무 어려운 경우 한계 및 설명력이 떨어질 수도 있다. 이를 좀 더 자세하게 살펴보자.

중앙집행기

Ashcraft와 Radvansky(2010: 161)가 제시한 다음 문제를 풀면서 어떻게 문제를 해결해 나가는지에 초점을 두자.

$$\frac{(4+3)\times 2}{5+(12/6)}$$

문제를 풀 때, 작동기억의 중앙집행기는 당신이 필요한 것(4+3은 몇이지?, 7×2는?)에 주의를 집중시키며, 연산 순서(규칙)를 상기시키고 나눗셈 방법을 기억하게 만든다. [그림 2.3]에 제시되어 있는 것과 같이, **중앙집행기**는 주의집중을 감독하고, 계획을 수립하며, 어떤 정보를 인출하고, 자원을 어떻게 배분할지를 결정한다.

음운루프

음운루프는 단기기억에 단어와 소리를 보관하고 되풀이하기 위한 언어 및 음향 체제이다. 이는 언어적 정보를 저장하고 활성화시킨다. 즉, 정보를 인출하고 주의를 집중

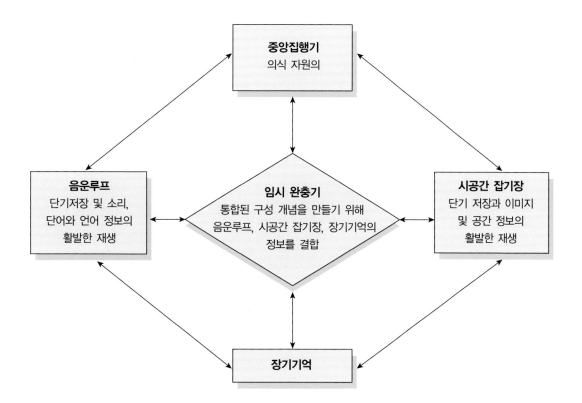

그림 2.3 **작동기억의 세 영역**

시킨다. 분모인 5+(12/6)을 계산하는 동안 분자를 계산한 결과인 "14"(4+3=7, 7×2=14)를 놓아두는 곳이 음운루프의 단기저장소이다.

초기 연구에 따르면 단기기억 용량은 겨우 5~9(7의 ±2) 비트밖에 안 된다(Miller, 1956). 그러나 이러한 한계는 의미 덩이 짓기(chinking. 역주: 기억 대상이 되는 자극이나 정보를 서로 의미 있게 연결시키거나 묶는 인지 과정)나 집단화와 같은 전략을 통해 극복할 수 있다. 그러나 오늘날에도 5~9비트밖에 안 된다는 것은 여전히 사실로 받아들여지고 있다. 인터넷에서 발견한 새로운 전화번호를 기억하는 것은 일반적으로 가능하다. 그러나 연이어서 전화를 두 곳에 해야 한다면 어떨까? 대부분의 사람들은 새로운 전화번호 두 개(14자리)를 동시에 저장할 수 없다. Baddeley(2001, 2007)는 되풀이한다면(자신에게 말하기) 음운루프에 1.5초에서 2초 동안 보관할 수 있다고 주장한다. 일곱 자리의 전화번호가 그 한계이다. "disentangle estivate gossamer anti-intellectual preventative foreclosure documentation" 일곱 단어를 기억하려면 어떻게 해야 할까?(Gary, 2011). 발음하기 어렵다는 것 외에도, 이 단어들은 되풀이하는 데 2초 이상이 소요되고, 일곱 자리 수 또는 짧은 일곱 단어 이상은 작동기억에 보관하기 어렵다는 문제점을 가지고 있다. 더 나가서, 친숙한 단어가 아니면 되풀이하기는 더욱 힘들어진다.

작동기억은 새로운 정보를 짧은 기간 동안 일시적으로 보관하고 처리한다는 것을 기억하자. 일상생활에서 우리는 5~9자리 또는 1.5초 이상 정보를 보관할 수 있다. 일곱 자리의 전화번호를 누르면서, 전화를 어떻게 사용하는지, 누구에게 그리고 왜 전화를 거는지 등과 같은 다른 일들도 해야 한다. 그러나 새로운 지식이 아니기 때문에 이들에는 주의를 집중할 필요가 없다. 전화번호를 누르는 것과 같은 일부 과정은 자동화된 과업이다. 그러나 작동기억의 한계 때문에, 외국에서 익숙하지 않은 전화기를 사용한다면, 동시에 중앙집행기가 전화기를 사용하는 전략을 탐색해야 하기 때문에 전화번호를 기억하는 데 어려움을 겪을 수도 있다. 새로운 정보가 아주 적은 분량이라 하더라도 새로운 정보가 복잡하거나, 익숙하지 않거나, 상황을 이해하기 위해 여러 가지 요소들을 결합해야 할 때 기억하기 어려울 수도 있다(Swller, van Merrienboer와 Pass, 1998).

시공간 잡기장

다음 문제를 풀어보자. 소문자 p를 시계 방향으로 180도 회전시키자. d가 될까 b가 될까?

대부분의 사람들은 "p"의 시각적 이미지를 만들고 이를 회전시킴으로써 이 문제에 대한 답을 제시한다. **시공간 잡기장**은 이러한 이미지를 조작하는 공간이다(물론 중앙집행기에서 180도 및 시계방향의 의미를 인출해낸 후에 이러한 과정이 이루어진다). 시공간 잡기장에서의 작업은 실제로 그림이나 물체를 보는 것과 여러 면에서 비슷하다. 만약 "p" 문제를 풀어야 하고 또한 이미지에 주의집중을 해야 한다면, 두 개의 다른 물체 간을 왔다 갔다 하며 쳐다보듯이 느려질 것이다. 그러나 만약 숫자를 반복하면서 "p" 문제를 푼다면, 속도가 많이 느려지지는 않을 것이다. 음운루프와 시공간 잡기장은 동시에 사용할 수 있지만, 이들은 빨리 채워지고, 쉽게 한쪽으로 치우치는 경향이 있다. 사실, 언어적 및 시각적 과업은 뇌의 상이한 부분에서 이루어지며, 이들의 용량상에 개인차가 존재한다(Ashcraft와 Radvansky, 2010; Gray, 2011).

임시 완충기

임시 완충기는 작동기억의 작업공간이다. 중앙집행기의 감독하에 완전한 성격을 재현하기 위해 영화에서 배우의 외모, 목소리, 단어 및 행동을 저장하는 것과 같이 복잡한 기억들을 재현하기 위해 음운루프, 시공간 잡기장과 장기기억으로부터의 정보가 통합되는 과정이다.

한 가지 사실은 분명하다. 즉, 작동기억 내의 정보는 5~20초 정도의 짧은 시간동안만 지속된다. 20초의 한계를 가지고 있는 기억체제가 도움이 되지 못한다고 생각할 수도 있다. 다시 한 번 생각해 보자. 단기기억이 없다면 이 줄의 마지막 단어 몇 개를 읽기 전에 앞 문장의 첫 부분을 벌써 잊어버렸을 것이다. 문장을 이해하는 것은 어려울 것이다.

인지부하

작동기억에 더 많은 부담을 주는 활동이나 과제들도 있다. *인지부하(cognitive load)*는 특정 과제를 수행하는 데 요구되는 의식 자원(일반적으로 작동기억)의 양을 의미한다. 주어진 상황에서의 인지부하의 정도는 과제에 대한 사전 지식 정도뿐만 아니라 가능한 지원 등 여러 가지 상황에 달려있다. 인지부하에는 세 가지 종류가 있다. 하나는 피할 수 없고, 하나는 방해가 되며, 그리고 하나는 도움이 된다.

*내재적 인지부하(intrinsic cognitive load)*는 피할 수 없다. 즉, 사물을 이해하는 데 필요한 인지 과정의 양이다. 그 양은 얼마나 많은 요인들을 고려해야 하는지, 상호작용의 복잡성은 어떠한지, 문제와 관련된 영역에 대한 전문성 수준 등과 같은 많은 요

인들에 영향을 받는다(Antonenko, Paas, Grabner와 van Gog, 2010). 비록 작동기억은 5~9바이트의 새로운 정보를 보관할 수 있지만, 한 번에 2~4개만 처리할 수 있으며, 따라서 예를 들어 DNA의 구조와 기능 이해와 같은 복잡한 체제 내에서 여러 요인들이 어떻게 상호작용을 하는가를 이해하기 위해서는 그와 관련된 사전 지식(단어, 개념, 절차 등)이 없다면 어려움을 겪게 될 것이다(van Mrrienboer와 Sweller, 2005). 내재적 인지부하는 과제에 내재하고 있는 것이다. 비록 이를 제거할 수는 없지만, 좋은 수업은 부하를 관리하거나 극복하는 데 도움을 줄 수 있다.

외재적 인지부하(extraneous cognitive load)는 공책 필기 등 학습 과제와 관련이 없는 문제들을 해결할 때 사용하는 인지 능력이다. 좋은 수업은 지원 제공, 주요 아이디어에 대한 강조 및 조직, 비계(scaffolding)를 제공함으로써 외재적 부하를 줄여줄 수 있다.

유용한 인지부하는 우수한 학습의 질과 직접적으로 관련되어 있기 때문에 적절한 인지부하라고 불린다. 적절한 인지부하(germane cognitive load)는 관련된 정보를 처리하는 과정에서 나타난다. 즉, 내용을 이미 알고 있는 것들과 통합하고 조직하며, 그 과정에서 새로운 미래를 이끌어 낸다. 수업은 이러한 과정에 도움을 줄 수 있다. 예를 들어, 주의 깊게 공책 필기를 하고, 내용을 서로 서로 또는 다른 사람들에게 설명하며, 자신이 이해한 것을 그림으로 나타내라고 요구한다(Berthold와 Renkl, 2009; Mayer, 2011; van Gog 외, 2010). 일부 학자들에 따르면 내재적 부하와 적절한 부하 간에는 실질적인 차이가 없다. 학생들은 학습을 위해서 이들 모두와 관계해야 한다 (Kalyuga, 2011).

작동기억의 정보 보유

작동기억은 손상되기 쉽다. 작동기억은 활성화되어 있어야만 하며 그렇지 않으면 정보는 유실될 것이다(Anderson, 2010). 작동기억에서 정보를 20초 이상 활동하게 하기 위해서 대부분의 사람들은 특별한 기억 전략을 사용할 필요가 있는데 시연이 그 중 하나이다.

시연(rehearsal)에는 보존시연(maintenance rehearsal)과 정교적 시연(elaborative rehearsal) 두 가지 유형이 있다(Ashcraft와 Radvansky, 2010; Craik와 Lockhart, 1972). 보존시연은 마음속에서 정보를 반복한다. 정보를 반복하는 한, 그 정보는 작동기억에 보존될 수 있다. 이러한 시연은 나중에 사용하려 하는데 잊어버리는 전화번호처럼 무엇인가를 보존하는 데 유용하다. 정교적 시연은 기억하려는 정보를 우리가 이미 알고 있는 장기기억에서 나온 정보와 결합시키는 것이다. 예를 들어, 당신이 근무하고 있는 학교의 교감선생님과 이름이 똑같은 한 학부모를 만나는 경우 기억에 남겨 두려고 이 이름을 반복할 필요가 없고 올바른 연상(association)만 형성하면 된다. 정교적 시연은 작동기억을 증진시킬 뿐만 아니라 정보를 단기기억에서 장기기억으로 이동시키는 데에도 도움이 된다.

청크(Chunking) 전략은 작동기억의 제한된 용량을 극복하기 위해 사용할 수 있다. 작동기억에는 정보 비트의 수(각 정보 비트의 크기가 아니라)에 한계가 있다. 개개 정보 비트들을 의미 있는 단위들로 묶을 수 있다면 더 많은 정보를 보존할 수 있을 것이다. 이 때 묶여진 것을 청크라 한다. 예를 들어, 당신이 1, 5, 1, 8, 2, 0의 여섯 자리 수를 기억해야 한다면, 그 여섯 자리 수를 각각 두 자리씩 세 개의 청크(15, 18, 20)로 모아 묶거나 혹은 두 개의 청크(151, 820)로 모아서 묶으면 더 용이하게 기억할 수 있을 것이다. 이렇게 바꿀 수 있다면, 한 시점에서 보존할 정보는 여섯 개가 아니라 단지 두세 개의 청크가 된다.

장기기억

작동기억은 방금 돌린 전화번호처럼 일시적으로 활성화되어 있는 정보를 간직한다. 장기기억은 이미 알고 있는 전화번호와 같이 학습한 정보들을 간직한다.

최근 들어, 일부 심리학자들은 작동기억과 장기기억과 같이 기억 저장소가 두 개로 나누어져 있지 않다고 주장한다. 작동기억은 장기기억의 한 부분이라는 것이다. 즉, 작동기억은 현재 활성화된 정보에 작용을 하며, 저장보다는 처리에 가깝다는 것이다. 작동기억과 장기기억의 차이점은 특정 기억이 어떻게 활성화 또는 비활성화되는가 하는 것이다. 이 모델은 기억을 이전의 정보와 새로운 정보를 통합하는 장기기억의 활성화된 부분인 작동기억에 자리잡은 아주 단기저장 체제라고 간주한다(Sternberg와 Sternberg, 2012).

장기기억의 용량과 지속

정보는 작동기억에 매우 빠르게 입력된다. 그러나 입력된 정보를 장기기억에 저장(기억하는 것)하는 데에는 얼마간의 노력이 필요하다. 작동기억의 용량은 한정되어 있지만 장기기억의 용량은 사실상 무제한이다. 사람들 대부분은 장기기억의 용량에 결코 다가가지 못하지만, 정보가 일단 장기기억에 안전하게 저장되기만 하면 그 정보는 무기한 장기기억에 남아있게 된다. 이론적으로 우리들은 우리가 원하는 만큼의 정보를 원하는 기간 동안 기억할 수 있어야 함에도 불구하고, 회상해 내는 것 즉, 우리가 원하는 때에 올바른 정보를 찾아내는 것은 힘든 일이다. 우리는 장기기억에 저장되어 있는 광대한 양의 정보를 탐색해야 하기 때문에 정보에 접근하는 데에는 시간과 노력이 필요하다. 그리고 보다 소량의 정보가 사용되면 될수록 그 정보를 찾아내기란 더더욱 어렵다.

장기기억의 내용

대부분의 인지이론가들은 장기기억을 일상기억(episode memory), 절차기억(procedural memory), 의미기억(semantic memory)으로 구분한다. 특별한 장소와 시간에 연관된 정보에 관한 기억처럼 일상생활에서 일어난 사건들에 대한 개인적 기억들은 일상기억이라고 한다. *일상기억*은 일들을 질서정연하게 보존한다. 일상기억은 농담, 가십 혹은 영화의 줄거리는 물론 상세한 대화들을 저장하는 장소이다. *절차기억*은 일들을 처리하는 방법에 관한 기억이다. 학교예산을 짜는 방법, 골프공 치는 방법, 교육위원회 회의진행 방법 등과 같이 절차를 학습하는 데에는 일정한 시간이 걸린다. 그러나 일단 학습된 후에는 이 지식은 장시간 동안 기억된다. 절차기억들은 A가 발생하면 B를 한다와 같은 조건적 진술로 표현된다. 예를 들어, "만일 내가 개혁에 대한 저항을 줄이길 바란다면, 의사결정에 구성원을 참여시켜라" 또는 "학생성취를 향상시키기 위해서는 학업에 초점을 두어라"와 같은 것이다. 사람들은 자기들의 모든 조건적 규칙들을 반드시 진술할 수는 없다. 그러나 그럼에도 불구하고, 사람들은 조건적 규칙에 따라 행동한다. 절차를 연습하면 할수록, 행동은 더더욱 자동적으로 수행된다(Ashcraft, 2006). 의미기억은 의미에 대한 기억이다. *의미기억*은 일반적 개념, 원리 그리고 개념과 원리의 결합관계에 대한 기억이다. 의미기억이 저장되는 두 가지 중요한 방법은 이미지와 스키마이다. 이를 하나씩 검토해 보도록 하자.

*이미지*는 시각적 지각, 즉 정보의 구조나 외양에 근거한 표상이다(Anderson, 2010). 이미지를 형성할 때 사람들은 정보의 물리적 특징들과 공간적 구조를 기억하거나 혹은 재현하려고 노력한다. 예를 들어, 시내의 어떤 교차로에 위치한 McDonald 햄버거 가게 옆에 어떤 가게가 있는지 질문을 받았을 때, 대부분의 사람들은 의식의 눈을 통해 교차로를 보고 McDonald 햄버거 가게 옆을 본다. 그러나 심리학자들은 이미지가 어떻게 기억에 저장되는가에 대해서는 의견 일치를 보지 못하고 있다. 이미지는 그림으로 저장된다고 주장하는 학자들도 있고, 장기기억에 명제(proposition)로 저장을 하고 필요한 경우 작동기억에서 그림으로 전환된다고 주장한다. 이러한 논쟁은 지금까지 계속되고 있다(Sternberg와 Sternberg, 2012). 이미지는 근처 학교에 가는 방법이나 사무실의 책상이 어떻게 생겼는지에 대한 생각과 같이 실제적인 결정을

내리는 데 유용하다. 이미지는 또한 추상적인 추리를 하는 데도 도움이 될 수 있다. Feynman과 Einstein과 같은 물리학자들은 복잡한 새로운 문제들을 논리적으로 생각하는 창의적 이미지들에 대해 보고하고 있다(Gagné, Yekovich와 Yekovich, 1993; Feynman, 1985).

스키마타(schemata)라고도 부르는 스키마는 많은 양의 정보를 조직하는 추상적 지식구조이다. 스키마는 한 사건, 한 개념 혹은 한 기능을 이해하기 위한 패턴 혹은 가이드이다. 강화에 대하여 필자가 단순화시킨 스키마는 [그림 2.4]에 요약되어 있다. 이 그림은 강화에 대한 지식을 공간적으로 표상해 놓은 것이다. 이 그림은 우리들에게 범주의 전형적 특징들이 무엇인지 그리고 기대하는 것이 무엇인지를 말해주고 있다. 스키마는 어떤 대상 혹은 상황에서 "표준"적 관계를 구체화시키는 패턴이다. 그 패턴은 우리가 그 스키마를 특정 상황에 적용시킬 때 구체적 정보로 가득 채워져 있는 "자취(slots)"를 가지고 있다. 스키마들은 개별적이다. 예를 들어, 누가 어떤 결정을 언제, 어디서, 어떻게 하느냐 하는 참여적 의사결정에 대해서 교장이나 교사는 매우 다른 스키마를 가질 수 있다. 필자들은 11장에서 이상적인 참여적 의사결정 스키마를 제안하고 있다([그림 11.4] 참조). 이 스키마는 교사들을 언제 참여시켜야 할지, 각 상황에서 교사들을 어떻게 참여시켜야 할지, 그 과정의 구조 그리고 상황에 따른 교장의 다양한 역할 등을 구체적으로 제시하였다.

장기기억의 정보저장과 인출

사람들은 정보를 어떻게 영구히 "저장"해 두는가? 다시 말해서 의미기억, 일상기억, 절차기억을 어떻게 만들어 내는가? 학습하고 기억하기 위해서 우리가 가지고 있는 사

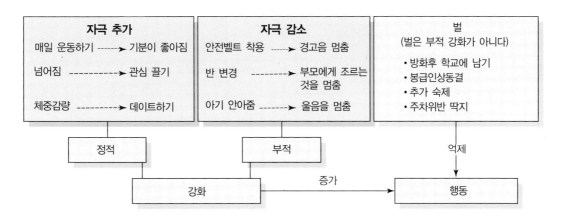

그림 2.4 **강화를 위한 단순 스키마**

실상의 무한한 용량을 어떻게 하면 최대한 효과적으로 사용할 수 있겠는가? 정보에 대한 최초의 학습은 그 정보를 회상하는 데에 영향을 주는 것 같다. 이해하기 위해 새로운 내용을 장기기억에 저장해 정보와 통합한다면, 우리는 더 잘 기억할 수 있을 것이다. 정교화(elaboration), 조직화(organization), 상황맥락(context)은 이러한 통합에 도움이 된다.

정교화는 기존의 지식에 새로운 정보를 연계시킴으로써 의미를 추가하는 것을 말한다. 달리 말하자면, 우리는 스키마들을 응용하고 현존하는 지식을 이용하여 다시 정리할 때 새로운 의미를 구성한다. 정교화는 흔히 자동으로 일어난다. 예를 들어, 예전에는 몰랐던 어느 교사의 과거 경험을 알게 되면 이 정보는 그 교사에 대한 현재의 정보와 결합되어 그에 대한 지식을 활성화시켜 그 교사를 더 잘 이해할 수 있게 된다.

정교화된 정보가 처음 학습된 때에는 회상해 내기가 훨씬 용이하다. 왜냐하면, 장기기억에 영원히 저장되어 있을 가능성을 높이도록 자료를 작동기억에서 충분히 오랫동안 활성화시켜 주는 것은 시연의 형태이기 때문이다. 더구나, 정교화는 현재 가지고 있는 지식에 특별한 연계를 구축해 준다. 한 청크의 정보가 다른 정보의 청크들과 연결될수록 본래의 청크에 도달할 경로가 더 많게 된다. 간단히 말해서 우리는 우리가 찾고 있는 정보를 인지하거나 "포착하기(pick up)" 위한 몇 개 "핸들(handle)" 혹은 인출 신호를 가지고 있다(Bruning 외, 2011). 학생들이 새로운 생각을 정교화하면 할수록, 그들은 이 생각을 더욱 "자기 자신의 것으로 만들고" 이해는 더욱 깊어지며, 그 지식에 대한 기억은 더욱 좋아진다. 우리는 다음과 같은 요구를 통해 학생들이 정보를 정교화하는 데 도움을 준다.

- 정보를 자기 자신의 말로 표현한다.
- 그 예를 제시한다.
- 친구에게 설명을 한다.
- 관계를 파악한다.
- 도표로 나타낸다.
- 그 정보를 새로운 문제에 적용한다.

물론 만약에 학생들이 부정확한 연계를 하고 잘못된 설명을 전개하여 새로운 정보를 정교히 하려 한다면, 불행하게도 이러한 잘못된 생각들(misconceptions)이 저장될 것이고 또한 기억될 것이다.

조직화 또한 학습을 증진시킨다. 잘 조직된 자료는 조직되지 않은 단편적 자료들보다 학습하기가 더욱 쉽고 기억하기도 더욱 용이하다. 특히 그 정보가 복잡할 때 더욱 그러하다. 개념들을 하나의 구조 속에 짜 넣는 것은 일반적 정의들과 구체적 예들을 학습하고 기억하는 데 도움이 된다. 구조는 필요한 때 정보로 되돌아가는 안내자로서 기능한다. 예컨대, 권력의 기본 차원들을 알고 있다는 것(7장)은 각 권력의 구체적 예들은 물론이고 주요 권력관계 측면을 기억하는 데 도움이 된다.

　　*상황맥락*은 학습에 영향을 주는 또 다른 처리과정의 요소이다. 물리적 상황맥락과 정의적 상황맥락의 측면들, 즉 장소, 특정 요일, 누가 우리와 함께 있는가에 대한 우리의 감정 등은 다른 정보와 함께 학습된다. 나중에, 정보를 기억하려고 한다면, 현재의 맥락이 처음의 것과 유사할 때 더욱 쉽게 기억할 수 있다(Ashraft와 Radvansky, 2010). 예를 들어, 고전적인 연구에서, 바다 속에서 일련의 단어를 학습하고 학습한 것을 바다 속에서 평가를 받는 스쿠버다이버는 바다 속에서 학습한 것을 육지에서 평가받는 스쿠버다이버보다 더 많은 단어를 기억한다(Godden과 Baddeley, 1975).

　　Craik와 Lockhart(1972)는 정보가 기억되는 시간은 그 정보가 어떻게 분석되고 다른 정보와 어떻게 통합되는가에 의해 결정된다고 말하고 있다. 정보가 완전하게 처리되면 될수록, 그 정보를 기억할 기회는 더 많아진다. 예를 들어, 만일 당신이 색깔을 기준으로 개의 그림들을 분류해 보라는 요청을 받는다면, 후에 많은 그림들을 기억하지 못할 수도 있다. 그러나 당신이 개들을 쿡쿡 찌를 때 그 개들이 당신을 어떻게 따라올 것 같은가를 결정하라고 요청받는다면, 당신은 더 많은 개의 그림들을 기억할 것이다. 왜냐하면, 당신은 그림들의 세세한 부분까지 관심을 기울일 것이고 개의 특징들을 위험 등과 연관시켜 기억할 것이기 때문이다.

장기기억으로부터의 정보인출

장기기억으로부터 정보가 필요할 때 우리는 그 정보를 탐색한다. 이 탐색은 때로는 낯익은 얼굴을 보고 이름을 찾을 때처럼 의식적이기도 하고, 어떤 때는 전화번호를 돌릴 때처럼 자동적이다. 필요할 때 사용할 수 있도록 준비되어 있는 도구와 물건들로 가득 차 있는 커다란 창고를 장기기억이라고 하자. 이 창고(장기기억)는 대단히 크고 또 여러 물건들로 가득 차 있기 때문에 당신이 필요한 것을 찾는다는 것은 쉬운 일이 아니다. 작업대(작동기억)는 작지만 모든 것은 즉시 사용할 수 있도록 준비되어 있다. 그 작업대는 어수선할 수도 있고 물건들(청크로 되어 있는 정보)을 잃어버리는 수도 있고 작업대에서 떨어지거나 다른 물건(다른 정보)과 섞여서 보이지 않을 수도 있다(Gagné, 1985).

　　장기기억의 네트워크 규모는 엄청나지만, 그 일부분은 즉각 활성화된다. 사실, 앞에서 본 것과 같이, 소규모로 활성화된 부분을 작동기억이라고 부르는 심리학자들도 있다. 활성화의 확대를 통해 이 네트워크에서 정보가 인출된다. 특정 명제 또는 이미지가 활성화되면, 즉 그것을 생각하면, 그와 밀접하게 관련된 다른 지식들 또한 나타날 수 있으며, 네트워크 전체에 걸쳐 활성화가 이루어질 수도 있다(Anderson, 2010). 예를 들어, 만약 당신이 "나는 오늘 Susan에게 화장술 시험을 보게 할 필요가 있다"고 생각한다면 "그 시험에서 몇 개의 문제를 바꿀 필요가 있다" "나는 지금 늦었다" 그래서 "나는 학교로 출발하기 전에 자동차 시동을 걸어둘 필요가 있다"와 같은 연관된 아이디어들이 마음에 떠오른다. 활성화가 "화장술(makeup)"에서 "자동차 시동(warming the car)"까지 확산되면 처음 생각은 공간이 제한되어 있기 때문에 작동기억에서 사라지게 된다.

비록 당신이 그 어떤 정보를 생각하지 않더라도 그 정보는 장기기억에 아직도 존재하고 있다. 그러나 확산되고 있는 활성화가 필요한 정보를 "찾지" 못한다면, 그 때 우리는 아직도 논리, 단서 그리고 다른 지식을 사용함으로써 잊어버린 부분들을 채워넣기 위해 필요한 정보를 재구성할 수 있다. 그러나 불행하게도 재구성된 회상기억은 때때로 부정확하다. 예컨대, 1932년, F. C. Bartlett는 이야기 기억에 관한 일련의 유명한 연구들을 수행하였다. 이 연구자는 영국의 Cambridge 대학교 학생들에게 복잡하고 어색한 미국 본토의 이야기를 읽어주었다. 시간적 간격에 차이를 두고 이 연구자는 학생들에게 이 이야기를 회상해 보라고 요구하였다. 학생들이 회상한 이야기들은 일반적으로 보다 짧았고, 그들 문화의 개념들과 언어로 재구성된 것이었다. 예를 들어, 많은 학생들은 물개사냥 이야기를 "낚시 여행"으로 기억하였는데, 이것은 학생들의 경험 및 스키마들과 밀접하게 관련되어 있는 것이었다.

망각과 장기기억

거의 100년 전, 언어 정보에 대한 기억 연구의 선구자였던 Herman Ebbinghaus (1885/1964)는 "모든 종류의 생각들은 가만히 놓아두면 점차 잊혀진다. 이러한 사실은 일반적으로 알려져 있다."라고 주장하였다(p. 62). 시간이 지나고 간섭이 일어남에 따라 정보는 장기기억에서 사라지는 것처럼 보인다. 예를 들어, 스페인어-영어 단어 능력은 스페인어 수업이 끝나고 약 3년 동안 줄어들고, 그후 약 25년간은 그 상태를 유지하다가 다시 그 다음 25년 동안 줄어든다. 이러한 감소는 근육과 마찬가지로 신경망도 사용하지 않으면 약해진다는 것으로 설명할 수 있다. 25년 후, 우리 뇌 속의 어딘가에 기억은 여전히 남아있지만, 재활성화되기에는 너무 약하기 때문에 사라지게 된다. 또한, 나이를 먹음에 따라 자연스럽게 나타나는 생리적인 노쇠화는 인생 후반부의 기억력 감소도 설명해 준다. 신경세포의 일부는 죽기도 한다(Anderson,

2010). 끝으로, 새로운 기억이 이전의 기억들을 방해하기도 하며, 오래된 기억이 새로운 대상에 대한 기억을 방해하기도 한다. 그러나 장기기억은 놀랄 만하다. 작동기억 속의 정보는 잊어버릴 수도 있지만, 장기기억에 저장된 정보는 적절한 단서가 제시되면 활용이 가능하다(Erdelyi, 2010). 학생들의 학습 참여, 정보처리 과정, 높은 수준의 초기 학습을 촉진하는 수업 전략은 기억력을 더 오래 지속되게 할 수 있다. 이러한 전략의 예로는 계속적인 복습 및 시험이 있다.

왜 어떤 사람들은 다른 사람들보다 더 많이 학습하고 기억하는가? 정보처리의 관점을 지닌 사람들은 정보처리 방법에서 부분적 해답을 찾고 있다. 우리는 이미 보존시연, 정교적 시연, 조직화, 정교화 등에 대해 논의하였다. 이러한 과정들은 때때로 **초인지적 기능(metacognitive skill)**이라고도 한다. 왜냐하면 이 과정들은 인지를 조절하기 위해 의도적으로 사용될 수 있기 때문이다.

초인지와 조절

Emily Fox와 Michelle Riconscente는 "인식아(knower)로서 자신에 대한 지식 또는 인식"으로 초인지를 간략하게 정의하고 있다(2008: 373). 초인지는 사고에 관한 사고로 (비록 초인지라고 부르지는 않았지만) William James가 100여 년 전에 비슷한 표현을 사용하였다. 초인지는 자신의 사고에 관한 고차원의 지식이며, 예를 들어 문제를 해결하고자 하는 것과 같이 자신의 인지 과정을 관리하기 위해 이러한 지식을 사용하는 능력이다(Bruning 외, 2011). 사람들마다 학습 속도와 그 정도상에 차이가 나타나는 이유는 사람들마다 초인지적 지식과 기술이 상이하기 때문이다.

계획, 검토, 평가는 세 가지 주요한 인지적 기능이다(Brown, 1987; Nelson, 1996). 계획은 과제에 얼마나 많은 시간을 부여해야 하는지, 어떤 전략들을 사용해야 하는지, 어떻게 시작해야 하는지, 무엇을 수집해야 하는지, 어떤 지시를 따라야 하는지, 대강 넘어가야 할 것이 무엇인지, 무엇에 초점을 두어야 하는지 등을 결정하는 것이다. 검토는 내가 지금 어떻게 하고 있는가에 대한 인식이다. 이것은 의미가 있는 것인가? 나는 너무 빨리 가려는 것은 아닌가? 나는 아직도 그것을 가지고 있는가? 평가는 사고와 학습의 성과에 대해 판단을 내리는 것이다. 나는 전략을 바꿔야 하는가? 도움을 얻어야 하는가? 지금 포기해야 하는가? 이 보고서(제안서, 예산, 모형, 처리방안, 행동계획, 감독보고서 등)를 끝내야 하는가? 아니면 더 계속할 필요가 있는가? 계획, 검토, 평가 과정이 모두 의식적인 것은 아니다. 특히 성인과 전문가들에게 있어서는 더욱 그러하다. 이것들은 자동적으로 이루어진다. 실제로, 전문가들은 자동적으로 이루어지는 처리과정을 설명하는 데 어려움을 겪기도 한다(Schraw와 Moshman, 1995).

다행히도 초인지적 기능들은 가르칠 수 있기에 이 기능들은 교수의 중요한 근거가 되고 있다.

인지적 접근의 응용

경험이 많은 유능한 교사들이 행동주의이론을 잘 이용하는 것처럼 이들은 또한 건전한 인지적 접근을 수업에 활용하기도 한다. 인지이론이 교수와 학습에 기여하고 있는 예들을 설명하기에 앞서, 필자들은 먼저 몇 가지 지침이 되는 원리들을 간결하게 제시하고자 한다.

- 지각과 주의는 융통성이 있지만 제한적이라는 것을 기억하라.
- 학생들이 당신을 주목하도록 하라.
- 이전의 지식에 따라 지각과 주의를 안내하라.
- 학생들이 가장 중요한 정보에 집중하도록 도와주어라.
- 학생들이 새로운 정보와 이미 알고 있는 것 사이에 연계를 짓도록 도와주어라.
- 자원과 자료의 제한은 학습을 방해한다는 것을 인식하라.
- 학생들이 정보를 의미 있는 청크로 조직하도록 도와주어라.
- 이야기와 시각적 이미지를 함께 사용할 기회를 학생들에게 마련해 주어라.
- 정보를 반복 복습하도록 하라.
- 정보를 조직적이면서도 명확한 유형으로 제시하라.
- 암기가 아니라 의미에 초점을 두라.
- 학생들이 새로운 정보를 이해하기 위해 필요한 선언적 지식을 갖도록 하라.
- 학생들이 자기규제를 할 수 있도록 도와주어라. 즉 자원을 관리하고 자신의 인지 기능을 알고 의식적으로 그 기능을 사용하며 자신의 이해를 확인하는 것을 도와주어라(Bruning, Schraw와 Ronning, 1999; Woolfolk, 2013).

인지이론들을 학습에 응용한 것 가운데 가장 중요한 것은 학습 전략과 전술을 사용함으로써 학생들에게 학습 방법과 기억 방법을 가르치는 것이다. 학습 전략은 어떤 것을 하는 방법을 아는 특별한 형태의 절차적 지식이다. 수많은 전략들이 존재하고 있으며, 개념 요약하기, 도식화하기, 요약하기 또는 정리하기 등과 같이 일반적이면서 학교에서 가르치는 것들도 있다. 행정의 기능(POSDCoRB)을 기억하기 위해 연상 기호를 사용하는 것과 같이 어떤 주제에 특정화된 전략들도 있다. 예를 들어, 학교 풍토 네 가지 유형의 명칭을 기억하기 위해 어떤 개인이 만들어 내는 독창적인 전략들도 있다. 학습 전략은 인지적(핵심 아이디어를 요약하고 정리하기), 초인지적(이해정도 확인하기—내가 이해했나?) 또는 행동적(시간 관련 공부를 위해 탁상 시계를 이용)일 수도 있다(Cantrell 외, 2010). 이러한 전략은 단순히 학습 과제를 완성하는 방법에 관한 것으로 일상적인 방법으로 과제를 완성하지 못했을 때 의도적으로 적용한다(Harris, Alexander와 Graham, 2008). 시간이 지나면서 이러한 전략을 활용하는 전문가가 됨에 따라 자동적으로 이러한 전략들을 적용하게 될 것이다. 즉, 전략들은 작업을 다 할 때까지 해당 종류의 과업을 완성하는 일상적인 방법이 될 것이다.

대부분의 교사들은 학생들이 "학습 방법을 배우기를" 희망한다. 예를 들어, 고등학교 성적과 대학 재학 여부 등과 같이 사용하는 학습 전략과 학업 성적 간에는 긍정적인 관계가 존재한다(Robbins, Le와 Lauver, 2005). 비록 스스로 생산적인 전략을 학습하는 학생들도 있지만, 모든 학생들은 직접적인 교수, 모델링과 효과적인 학습 전략을 익히는 것을 통해 도움을 받을 수 있다. 새로 익힌 개념, 원리와 전략은 다양한 상황 및 많은 유형의 문제에 적용되어야 한다(Chen과 Mo, 2004). 나중에 해당 기술이 필요할 때 존재하는 상황과 비슷한 실재적인 상황에서 기술을 연습할 때 긍정적 전이는 더 잘 이루어진다. 예를 들어, 학생들은 다른 나라의 친구들과 이메일을 통해 편지 글 쓰기를 학습할 수 있고, 가족사를 연구하면서 역사 연구 방법을 익힐 수도 있다. 그러나 학교 내에서든 밖에서든, 앞으로 경험하게 될 문제들의 대부분은 사용 설명서가 함께 딸려오지 않기 때문에 복잡하고, 부적절하게 정의되며, 구조화되지 않은 문제들도 포함해야 한다.

밑줄 긋기와 돋보이게 하기

대부분의 다른 사람들처럼, 당신도 책을 읽을 때 중요하다고 생각하는 구절들에 밑줄을 긋거나 혹은 돋보이게 하는 표시를 할 것이다. 바로 이 순간에 단어들을 노란색이나 혹은 핑크색으로 칠할 것인가? 요약할 것인가? 아니면 노트할 것인가? 밑줄 긋기와 돋보이게 하기는 아마도 대학원생들이 가장 흔히 사용하는 두 가지 전략일 것이다. 그러나 밑줄을 긋거나 돋보이게 하는 최선의 방법을 아는 학생들은 별로 없다. 그리하여 많은 학생들이 비효과적인 전략을 사용하고 있다는 것은 놀랄 일이 아니다. 당신은 실제로 한 페이지 전체를 돋보이게 해놓은 것을 얼마나 많이 보아 왔는가?

대부분의 학생들은 너무 많이 밑줄을 긋거나 돋보이게 한다. 적게 하는 것이 더 좋을 수도 있기에 어느 내용을 선택하는가가 관건이 된다. 학생들이 긋는 밑줄을 제한한 것(예를 들어 한 문단에 한 문장만 밑줄을 그을 수 있도록 제한)이 학습을 향상시켰다는 연구결과도 있다(Snowman, 1984). 강조하는 표시를 선택적으로 하는 것 이외에도, 밑줄 긋기를 하거나 필기를 하면서 얻은 정보를 능동적으로 자신의 말로 변형시킨다면 이 전술도 도움이 된다. 책에 있는 단어들에 의존하지 말라. 읽고 있는 것과 알고 있는 다른 것들 간의 연관성을 생각해 보라. 그 관계성을 다이어그램이나 그림으로 그려보아라. 다이어그램은 당신이 학습하려고 하는 것을 종합해 주는 것은 물론이고 빠져버린 공백을 발견하는 데에도 도움을 준다. 마지막으로, 자료가 어떻게 조직되어 있는가를 찾아보고 밑줄 긋기를 안내해줄 유형을 사용하도록 하라(Irwin, 1991; Kiewra, 1998).

공책 필기

강의시간에 교수의 강의내용을 따라가려고 열심히 노력하고 필기하면서도, 필기하는 것이 중요한지 어떤지 의문을 가질 수도 있다. 그 답은 필기하는 것은 중요하다는 것이다. 왜냐하면, 공책 필기는 적어도 두 가지 중요한 기능을 하기 때문이다. 첫째, 공책 필기는 주의를 집중시키고, 정보를 기호화하는 데 도움을 주어 정보를 장기기억에 넣을 가능성을 높여준다. 주요 생각들을 자신의 말로 해석하고, 연관 짓고, 정교히 하고, 조직하게 되면 그 생각을 심도 있게 처리하는 데 도움이 된다. 설사 학생들이 시험 보기 전에 공책 필기한 것을 복습하지 않더라도 공책 필기 자체가 학습을 돕는다. 다른 많은 일들처럼 공책 필기도 연습이 필요하다. 예컨대, 공책 필기 때문에 학생들의 수업 청취에 방해가 되거나 발표의 의미를 파악하는 데 방해가 되어서는 안 된다(Van Meter, Yokoi와 Pressley, 1994). 둘째, 공책 필기는 "영원한" 기록이 되어 학생들로 하여금 재검토할 수 있는 기회를 제공해 준다. 공부하는 데 공책을 사용하는 학생들은 시험을 더 잘 보는 경향이 있으며, 특히 학생들이 주요 생각, 개념, 관계성을 파악하는 공책 필기를 했을 때 더욱 그러하다(Kiewra, 1985, 1989).

학생들은 중요한 아이디어들을 강조하기 위해 공책 필기를 사용했을 때 가장 잘 이해하였다는 연구결과도 있다. 강의가 진행되어 가면서 능숙한 학생들은 적절한 시기에 공책 정리를 한다. 뿐만 아니라, 재치 있는 학생들은 시험 혹은 과제를 완료한 후 전략을 변경하고, 어려운 내용을 표시하기 위해 자기만의 기호를 사용하고, 급우를 비롯한 다른 사람들의 도움으로 모르는 부분을 채우고 필요할 때에만 정보를 축어적으로 기록한다. 일반적으로 말해서 성공적인 학생들은 전략적으로 필기를 하고 또

공책 필기를 사용한다(Peverly, Brobst, Graham과 Shaw, 2003).

시각적 도구

밑줄 긋기와 공책 필기를 효과적으로 사용하기 위해서는 학습내용의 구조와 조직을 먼저 이해해야 한다. 이런 점에서 시각적 지도 그리기 전략(visual mapping strategy)은 유용하다(Van Meter, 2001). 개념지도, 다이어그램 혹은 차트와 같이 도표식 분류철을 만드는 것은 교과서를 단순히 개관하는 것보다 더 효과적이다(Robinson과 Kiewra, 1995). 예컨대, Armbruster와 Anderson(1981)은 교재에 제시된 개념 간의 관계를 도표로 그리는 특별한 기술들을 학생들에게 가르친 후, 학생들의 학습이 향상되었다는 것을 발견하였다. 인과적 관계에 유의하여 관계를 형상화하고(mapping) 그에 따라 비교하거나 대조하며, 예를 제시하는 활동은 회상을 증진시킨다. 예를 들면, 학생들이 자신의 "형상화(map)"를 서로 비교하고 그 차이를 논할 때 학습에 도움이 된다. 아주 흥미로운 것은 Institute for Human Machine Cognition(IHMC)에서 개발된 **Cmap**이다. 선임 연구원인 Joseph Novak은 1970년대, Cornell 대학에서 개념지도를 만들었다. 현재 Novak과 IHMC는 전 세계 모든 사람이 무료로 다운로드해서 사용할 수 있는 개념지도 도구들을 개발하였다(http://cmap.ihmc.us/). Ohio 주립대학의 학생들도 이들 도구를 사용하고 있다. 즉, 개념지도를 사용하여 학위 논문을 계획하고 박사학위 자격 시험을 위해 공부한 내용들을 조직화하기도 한다. 컴퓨터 Cmap은 인터넷에 연결할 수 있으며, 여러 교실 및 학교에서 전 세계의 학생들은 이를 함께할 수 있다.

아이디어들과 개념들이 어떻게 겹쳐지는가를 보여주는 벤다이어그램(Venn diagram)과 아이디어들이 상호 간에 어떻게 파생되었는가를 보여주는 계통 다이어그램(tree diagram)은 의사결정 전략 등을 수립하는 데 특히 유용하다(10장 참조).

기억술

기억술(mnemonics)은 기억 증진을 위한 체계적 절차이다. 많은 기억 전략들은 사상(imagery)을 사용한다(Levin, 1985; McCormick과 Levin, 1987). 예를 들면, 식품 목록을 기억하기 위해서 집 안의 특별히 기억할 만한 장소가 있는 각 식품 − 부엌 식탁 위에 놓인 바나나, 냉장고 위에 있는 우유 한 통, 스토브 위에 있는 칠면조 등 − 을 마음 속에 그려볼 수도 있다. 우리의 기억을 돕는 데 이런 장소를 연상하는 것은 유용하다. 그리하여 우리는 기억할 목록이 있을 때는 언제나 동일한 장소를 사용하지만, 새로운 목록의 물건들로 바꾼다.

두문자어(acronym)도 개인들이 정보를 장시간 기억하는 데 도움을 준다. 두문자어는 약어의 형태, 즉 미국교육행정가협회(The American Association of School Administrators)를 AASA로 쓰는 것처럼 각 단어나 혹은 절의 첫 글자를 따서 만들어진 단어이다. POSDCoRB — 계획(Planning), 조직(Organizing), 직원배치(Staffing), 지시(Directing), 조정(Coordinating), 보고(Reporting), 예산편성(Budgeting) — 는 행정의 일곱 가지 기능을 생각나게 해주는 두문자어이다. 다른 방법은 한 리스트에 있는 각 단어나 항목의 첫 글자를 따서 절이나 문장을 만드는 것이다. 예를 들어, "How do I cause regularity?"와 같은 문장은 관료제의 기본적 특징인 권위(Hierarchy—How), 분업(Division of labor—do), 비정지향성(Impersonality—I), 경력지향(Career orientation—cause) 그리고 규칙과 규정(Rules and Regulations—regularity)을 기억하는 좋은 방법이다. 또 다른 접근은 어떤 단어들을 철자에 맞게 쓰는 데 도움이 되도록 "i before e except after c"와 같이 하는 것처럼 모든 항목들을 리듬에 맞추어 듣기 좋게 기억되도록 결합시키는 것이다.

교수(teaching)에 가장 널리 응용되어온 기억술 체계는 주요단어법(keyword method)이다. Joel Levin과 그 동료들은 주요단어법 기억술을 가르치기 위해 3R 기억술을 이용하였다(Jones, Levin, Levin과 Beitzel, 2000).

- 친숙하면서도 구체적인 단어(주요단어)를 암기해야 할 표현과 코드를 맞추어라(Recode).
- 문장의 형태로 나타난 암기해야 할 표현의 개념과 주요단어의 의미를 관련시켜라(Relate).
- 바라는 의미를 도출하라(Retrieve).

노파, 나이 든 여인을 뜻하는 영어 단어의 carlin을 예로 들면, 이 단어를 암기하기 위해 자동차(car)라는 보다 친숙한 단어를 노파(carlin)와 코드를 맞춘다. 그리고 "노파가 자동차를 운전하고 있다(The old woman was driving a car)"라는 문장을 만든다. 만약 노파(carlin)의 뜻을 물어보면 당신은 자동차(car)라는 주요단어를 떠올리게 되고 노파가 자동차를 운전하고 있다는 문장을 생각해 내어 그 단어의 뜻을 알게 될 것이다(Jones, Levin, Levin과 Beitzel, 2000).

인지적 관점에 근거하고 있는 교수전략들, 특히 정보처리전략은 주의, 조직, 시연, 그리고 학습 정교화의 중요성을 강조하고 있으며 학생들이 자신의 초인지 학습 전략들을 개발하고 향상시킴으로써 자신의 학습을 더욱 통제하는 방법을 제공해 주고 있다.

요약하면 학습에 대한 정보처리 접근법은 인간의 마음을 상징처리 체제로 간주한다. 이 체제에서는 감각을 통한 투입이 명제나 이미지, 스키마와 같은 상징적 구조로 전환되고, 이는 다시 시연이나 정교화 과정을 통해 지식으로 전환되어 기억에 저장되기도 하고 기억에서 인출되기도 한다. 투입의 원천인 외부세계가 감각을 통해 인지되고 그 인지된 것이 작동기억 속에 들어오게 되면, 개인의 "머리 내부"에서는 중요한 어떤 작용이 일어나는데(Schunk, 2000; Vera와 Simon, 1993), 구성주의적 접근은 바로 이 부분을 문제로 삼게 된다.

TIP: 이론의 적용

당신 학교의 교육과정은 학생들이 학습전략과 교육과정 내용을 개발하는 데 어떤 도움을 주고 있는가? 예를 들어, 학생들의 학업성적 향상을 위해 어떤 계획전략, 기억전략, 감시전략 등을 사용하는가? 이런 전략들을 교육과정의 일환으로 어떻게 가르칠 수 있는가?

학습에 대한 구성주의적 접근

구성주의(constructivism)라는 용어는 간단하게 예를 들어 보면, Piaget, Vygotsky와 형태 심리학자들뿐만 아니라 John Dewey의 철학, Jean Lave의 인류학적 연구 등에 기반한 관점들을 기술하기 위해 철학자, 교육과정 전문가, 심리학자 및 교육자들이 사용하는 일반적인 용어이다. 학습에 관한 구성주의적 이론은 존재하지 않으나, 대부분의 구성주의자들은 다음과 같은 핵심적인 사고들에는 동의하고 있다.

1. 학습자들은 적극적으로 자신들의 지식을 구성한다.
2. 이러한 지식 구성과정에 사회적 상호작용이 중요한 역할을 한다(Bruning, Schraw와 Norby, 2011).

과학 및 수학교육, 교육심리 및 인류학, 그리고 컴퓨터 기반 교육 분야에서의 구성주의적 접근법들은 이들 두 가지 관점을 신봉하고 있다. 그러나 많은 심리학자 및 교육자들이 구성주의라는 용어를 사용하고 있지만, 서로 상이한 것을 의미하는 경우도 종종 있다(Martin, 2006; McCaslin과 Hickey, 2001; Phillips, 1997).

구성주의 유형

인지과학의 모든 이론들은 구성주의 일면을 포함하고 있다고 볼 수 있는데 그 이유는 이 이론들이 개인은 특정 상황에서 자신의 경험을 해석할 때 자신만의 인지적 구조를 형성한다는 가정을 갖고 있기 때문이다(Palincsar, 1998). 구성주의 관점을 심리적 구성주의와 사회적 구성주의로 나누어 설명할 수도 있다(Palincsar, 1998; Phillips, 1997).

심리적/개인적 구성주의

심리적 구성주의 이론가들은 개인의 지식, 신념, 자아개념, 정체감 등에 관심을 갖기에 개인적 구성주의 이론가라고도 불린다. 이들은 모두 사람들의 내면적 심리상태에 초점을 두고 개인이 어떤 방식으로 인지적, 감성적 구조와 전략을 형성하는가를 연구한다(Phillips, 1997; Windschitl, 2002). 예를 들어, Piaget는 모든 인류가 경험하는 일련의 인지적 단계에 관한 이론을 제시하였다. 각 단계의 사고력은 이전 단계보다 체계적이고 적응력과 추상성이 높은 특징을 지니고 있다. Piaget는 사고의 기본적 구성 단위라 할 수 있는 스키마를 개인이 어떻게 개발하는지를 연구하였다. 스키마는 행동이나 생각이 조직적으로 체계화된 것으로서 세계에 있는 대상이나 사건을 정신으로 표상하거나 "생각할 수 있도록" 도와주는 역할을 한다. 스키마에는 빨대로 빠는 스키마나 장미를 인식하는 스키마처럼 작고 특수한 것에서부터 음주 스키마나 식물분류 스키마처럼 규모도 크고 보다 일반적인 것에 이르기까지 다양하다.

스키마에 두 과정이 적용된다. 동화(assimilation)는 새로운 대상을 이해하기 위해 기존의 스키마를 적용하려고 노력하는 것을 말한다. 즉 새로운 내용을 기존에 알고 있던 내용에 맞추는 것이다. 가끔씩 이런 과정을 통해 새로운 내용을 기존의 것으로 변형해야만 할 때도 있다. 예를 들어, 스컹크를 처음 본 어린이들은 그것을 고양이라고 부른다. 그들은 처음 본 동물을 자신이 알고 있는 동물에 맞추려고 시도하는 것이다. 조절(accommodation)은 새로운 상황에 직면한 사람들이 자신의 사고방식을 변경해야 하는 것을 말한다. 이는 새로운 상황을 우리 사고에 맞추는 것이 아니라 우리의 사고체계를 새로운 사물에 맞추는 것이다. 어린이들이 스컹크를 인식하는 스키마를 동물 확인을 위한 다른 체제에 추가하는 경우 그들은 조절을 하고 있는 것이다. 사람들은 복잡해지는 환경에 적응하기 위해 기존의 스키마를 작동시키는 동화활동과 새로운 내용을 담을 수 있는 스키마를 추가하는 조절활동을 벌이게 된다.

Piaget와 같은 심리적 구성주의자들은 "올바른" 표상에 그렇게 큰 신경을 기울이지 않고 개인에 의해 구성된 의미에 더 중점을 둔다. Piaget는 보존이나 가역성에 관한 지식처럼 환경을 통해 직접 학습할 수 없는 보편적 지식을 구성하는 일이나 논리와 같은 영역에 관심이 있었다(Miller, 2002). 그와 같은 지식은 외부에 존재하는 실재를 그려보는 방식으로는 획득할 수 없고 오직 성찰이나 우리 자신의 인지적 조정이나 생각을 통해서만 얻을 수 있다. Piaget는 사회적 환경을 발달에서 중요한 요소로 보았지만 사회적 상호작용이 사고과정을 변화시키는 주요 기제라고 생각하지는 않았다(Moshman, 1997).

Piaget는 자신의 이론을 특별히 교육적 시사점으로 제시하지는 않고 대신 아동의 사고과정을 이해하는 데 관심을 둘 뿐이었다. 그는 자신의 이론을 교육철학적 견지에서 밝힌 부분도 있었다. 그는 교육의 목적은 아동이 사고하는 방법을 도와주어야 하지만 교육이 학생의 정신을 "제공하지 않는 형태로 형성되어야" 한다고 믿었다(Piaget, 1969: 70). Piaget가 자신의 이론을 바탕으로 교육프로그램을 고안하지는 않았지만 그 이후 다른 학자들이 그 역할을 대신하게 되었다. 가령, 미국아동교육협회(National Association for the Education of Young Children)는 Piaget의 연구결과를 적용한 교육적으로 적합한 발달단계별 지침을 갖고 있다(Bredekamp와 Copple, 1997).

몇몇 교육심리학자와 발달심리학자들은 Piaget와 같은 구성주의를 "제1세대 구성주의" 또는 개인의 의미형성을 강조하였다 하여 **단독(solo) 구성주의**라고 부른다(DeCorte, Greer와 Verschaffel, 1996; Paris, Byrnes와 Paris, 2001). **"제2세대 구성주의"**는 사고와 학습을 사회적 상황과 문화적 맥락에서 고려한 이론으로서 Vygotsky의 이론이 여기 속한다고 볼 수 있다.

Vygotsky의 사회적 구성주의

러시아 심리학자인 Lev Semenovich Vygotsky가 80여 년 전 결핵으로 사망했을 당시 나이가 38세에 불과하였지만 그는 100여 편이 넘는 책과 논문을 저술하였다. Vygotsky는 지식은 사회적 구성물이라고 보았기에 사회 구성원들이 함께 기여하고 구성해야 한다고 믿었다. 그래서 문화적 맥락이 서로 다르면 발달도 다르게 진행된다는 것이다. 사회적 상호작용과 문화적 도구 및 활동은 개인적 발달과 학습을 형성한다.

Vygotsky는 인쇄기, 척도, 주판, 요즘은 PDA나 컴퓨터, 인터넷과 같은 실제 도구를 포함한 *문화적 도구(cultural tools)*와 상징적 도구(수, 수학적 체계, 수화, 지도, 예술작품, 기호와 신호, 언어 등)는 인지발달에 중요한 역할을 담당한다고 생각하였다. 예를 들면 양을 나타내기 위해 로마 수만 가르치면, 특정 방식의 수학적 사고는 어렵거나 불가능해진다. 그러나 숫자체계가 0, 소수, 음수와 양수, 무한대를 가지고 있다면, 그 이상도 가능하다. 숫자체계는 문화적 도구로서 사고과정이나 학습, 인지적 발달을 지원한다. 이 상징체계는 공식적, 비공식적 상호작용과 교수를 통해 성인에서 아동에게 전수된다.

Vygotsky에 의하면 이성적 판단이나 문제해결과 같은 모든 고차원적 정신 과정은 언어, 신호와 상징과 같은 심리적 도구에 의해 중재된다. 성인은 아동들에게 심리적 도구를 매일 매일의 활동을 통해 가르치고 아동은 그 도구를 내재화한다. 심리적 도구는 학생들이 자신만의 발달단계에 따라 진보하는 것을 도와준다(Karpov와 Haywood, 1998). 과정은 다음과 같다. 아동이 성인이나 보다 능력 있는 친구들과 활동을 함께 하는 경우, 그들은 개념을 표상하거나 생각하는 방식과 아이디어들을 서로 교환한다. 개념을 표상하는 방식에 관한 예로는 그림 그리기에서 공간과 장소를 표현하는 방식을 들 수 있다. 아동들은 이처럼 함께 협력해서 만든 아이디어를 내면화한다. 그래서 아동의 지식, 아이디어, 태도와 가치는 아동의 문화나 자신보다 능력 있는 사람들에 의해 제공된 행동방식과 사고방식을 자신의 것으로 만듦으로써 발달하게 된다(Kozulin과 Presseisen, 1995).

급진적 구성주의

급진적 구성주의(radical constructivism)는 최근 미국 교육에 대한 비판과 함께 포스트모더니즘 사상의 부흥과 더불어 인기를 끌고 있다. 실제로, 급진적 구성주의는 포스트모더니즘의 한 종류로 불리고 있다(Moshman, 1997). 급진적 구성주의자는 경험이 사고에 영향을 주고 사고가 지식에 영향을 준다는 사실에도 불구하고, 지식은 외부세계를 비추어 주는 거울이 아니라고 주장한다. 모든 지식은 사회적으로 구성된 것이며, 중요한 점은 다른 사람보다 더 많은 권력을 소유한 자가 그와 같은 지식을 규정한다는 점이다. 이런 접근은 다양한 견해를 이해하기 위해 협력을 권장하는 반면 기존의 전통적인 지식을 거부하는 입장이라 할 수 있다(Gergen, 1997). 어느 가치가 다른 가치보다 더 좋거나 나쁘다고 해석하거나 평가를 내릴 만한 근거가 없다는 입장이기도 하다(Garrison, 1995; Woods와 Murphy, 2002).

급진적 구성주의의 난점은 극단적 상대주의를 밀고 나가게 될 경우 사회적으로 구성된 모든 지식과 가치는 서로 다를 바가 없다는 데 있다. 이런 사고방식은 교사를 난처하게 만든다. 첫째, 교사는 고집불통과 같은 가치보다는 정직과 정의와 같은 특정

가치를 강조해야 할 교사로서의 책임이 있기 때문이다. 가치는 서로 다르다. 교사들은 학생들에게 열심히 공부하라고 요청한다. David Moshman(1997)은 만약 어떤 지식이나 가치를 이해하는 것도 똑같이 바람직한 것이기에 학습이 진전될 수 없다고 한다면 "우리는 학생들에게 자신이 믿는 바를 계속해서 고수하라고 말할지도 모른다"(p. 230)고 지적하였다. 또한 셈이나 일대일 대응과 같은 지식은 구성되는 것이라기보다는 보편적인 성격을 지닌다. 일대일 대응을 아는 것도 사람이 되는 일부이다(Geary, 1995; Schunk, 2000). 필자들은 급진적 구성주의에 비판적인 학자들의 견해에 동의한다(Chandler, 1997; Moshman, 1997; Phillips, 1997).

세 가지 구성주의는 아래와 같은 몇 가지 일반적인 질문에 서로 다른 대답을 할 것으로 보인다. 이런 문제들이 완전히 해결되지는 않을 것이며, 대신 서로 다른 관점의 구성주의의 특징이 더 부각될 것으로 보인다.

지식은 어떻게 구성되는가?

"지식은 어떻게 구성되는가"라는 질문은 서로 다른 시각을 가진 구성주의자들에게 긴장감을 불러일으킨다. Moshman(1982)의 설명은 다음과 같다.

1. *외부세계의 실재와 진리가 지식 구성을 지시한다.* 개인은 외부세계의 실재를 정신적으로 정확하게 표상함으로써 이를 재구성한다. 그리고 그 실재를 있는 그대로 성찰하게 된다. 정보처리가 이런 지식의 관점에 부합된다(Cobb과 Bowers, 1999).

2. *Piaget가 말한 조직, 동화, 조절과 같은 내부적 과정이 지식 구성을 지시한다.* 신지식은 구지식이 추상화된 것이다. 지식은 실재를 반영한 것이 아니라 인지적 활동을 통해 성장하고 발달한 추상화라고 할 수 있다. 지식에 참과 거짓이 있는 것이 아니라, 발달에 따른 내적 일관성과 조직화가 어느 정도 되어 있는가가 중요하다.

3. *외부요인과 내부요인 모두 지식 구성을 지시한다.* 지식은 내적(인지적) 및 외적(환경적·사회적) 요인들의 *상호작용을 통해* 획득할 수 있다. 언어와 같은 문화적 도구의 사용을 통해 인지발달을 설명한 Vygotsky의 이론이 이런 관점과 일치한다(Bruning, Schraw와 Ronning, 1999). 〈표 2.2〉에는 지식의 형성과 관련된 세 가지 구성주의 관점이 요약되어 있다.

표 2.2 지식의 구성 방법		
무엇이 지식형성을 지시하는가?	학습과 지식에 관한 가정	대표적 이론
외부세계	지식은 외부세계의 표상을 구성함으로써 획득된다. 지시적 수업, 피드백, 설명이 학습에 영향을 준다. 지식을 외부세계의 "사물들 이 존재하는 방식"을 얼마나 정확하게 반영하는가가 관건이다.	정보처리
내적 과정	지식은 사전지식이 변형, 조직화 및 재조직화됨으로써 구성된다. 지식은 단순히 외부세계의 반영이 아니다. 탐색과 발견이 교수보 다 더 중요하다.	Piaget
외적 요소와 내적 요소	지식은 사회적 상호작용과 경험을 기초로 구성된다. 지식은 외부 세계를 반영하지만 문화, 언어, 신념, 타인과 교류, 지시적 수업, 모형링을 통해 걸러진다. 지침이 포함된 발견, 교수모형, 코칭, 개 인의 사전지식, 신념, 사고가 학습에 영향을 준다.	Vygotsky

지식은 상황적인가 보편적인가?

다양한 구성주의자들의 관점을 관통하는 두 번째 질문은 지식이 내재적인지 보편적인지 이양 가능한지 아니면 지식이 구성되는 시공에 제한적인지와 관련된 것이다. 지식의 사회적 구성이나 상황적 학습을 강조하는 심리학자들은 학습이 본질적으로 사회적이고 특정한 문화적 환경을 내포하고 있다는 Vygotsky의 이론을 확신한다(Cobb과 Bowers, 1999). Columbus의 이전 시대에는 지구가 평평하다는 사실이 진리로 받아들여졌던 것처럼 특정 시대와 장소에서 진리로 간주되는 것이 다른 시간과 공간에서는 거짓이 될 수도 있다. 새로운 지식으로서 중요한 것은 그 새로운 내용이 당시에 수용되고 있는 내용과 얼마나 일치하는 부분이 있는가이다. 시간이 지남에 따라 진리로 받아들여지는 사례 가운데 의문시되는 것도 있고 아예 그 진위가 바뀌는 경우도 있다. 그러나 커다란 변화가 일어나지 않는 이상 현재 진리로 인정되는 지식은 나름의 가치를 지니고 있다고 볼 수 있다.

  상황적 학습(situated learning)은 실제 세상은 학교에서 배우는 것과 다르다는 점을 강조한다. 전문가의 지도와 함께 본을 받는 견습생은 업무를 효과적이면서도 독자적으로 수행할 수 있을 때까지 더 많은 일을 부과받는 도제(apprentice) 제도와 유사하다. 상황적 학습을 강조하는 사람들은 학습이 공장에서, 가정에서, 고등학교 복도에서, 폭력집단에서, 사무실에서, 운동장에서도 일어날 수 있다고 본다.

  상황적 학습은 종종 "문화적응(enculturation)" 혹은 특정 공동체의 규범이나 행동, 기능과 신념, 언어와 태도에 적응하는 것으로 서술된다. 특정 공동체는 수학자 모임, 조직폭력배, 작가, 중학교 3학년 학생, 축구선수와 같은 특정 집단이 자신만의 독특한 사고방식과 행동방식을 갖고 있는 공동체이다. 그래서 지식도 개인보다는 이 공동체를 통해 장기간에 구성된 것으로 본다. 공동체가 만든 도구는 물론 구성원들의 상호작용 방식이나 일을 처리하는 방식 등과 같은 각종 활동을 통해 그 공동체의 지식이 형성된다고 볼 수 있다. 이제 학습은 이런 활동에 더 많이 참여하여 도구를 사용하고 그 공동체의 구성원으로 자리 잡는 과정 속에서 이루어진다(Derry, 1992; Garrison, 1995; Greeno, Collins와 Resnick, 1996; Rogoff, 1998).

가장 기초적인 수준에서 상황적 학습은 학습된 내용의 대부분이 학습 당시의 상황과 결합되어 있다는 생각을 지닌 학자들이 있다(Anderson, Reder와 Simson, 1995: 5). 예를 들어 학교에서 배운 계산법은 학교에서는 더 유용하지만, 연말정산시에 자신의 지출을 계산하는 데는 도움을 주지 못할 수도 있다는 것이 이들의 주장이다. 그 이유는 학생들이 학교라는 상황적 맥락 속에서 계산 기능을 익혔기에 그 상황에 더 잘 적용된다는 것이다(Lave, 1988; Lave와 Wenger, 1991). 그러나 어떤 지식과 기능은 처음 학습될 때의 상황을 초월하여 다양한 상황에 적용 가능한 것도 있다. 예를 들어, 연말정산을 위한 양식 작성법이 고등학교 교과과정에 포함되지 않았더라도 사람들은 자신의 독해력과 계산능력을 이용하여 세금 정산을 할 수 있다는 것이다(Anderson, Reder와 Simson, 1995). 그래서 학교상황에서 이루어진 학습이라고 상황이 다른 데서 유효하지 않다고 볼 수 없다(Berieter, 1997).

구성주의자들은 교수에 초점을 두고 많은 연구를 실시하였다. National Council of Teachers of Mathematics' Curriculum과 Evaluation Standard for Schools Mathematics 그리고 American Association for the Advancement of Science's Benchmarks for Science Literacy 등에서 제시하는 교수활동의 기준들은 모두 구성주의적 가정과 방법에 근거를 두고 있다. 학교를 개혁하고 재구조화하려는 많은 시도를 살펴보면 주로 교수와 학습에 관한 구성주의적 접근법을 학교 전체의 교육과정이나 조직변화에 적용하고 있는 것을 볼 수 있다.

구성주의적 접근의 수업 적용

유능한 교사는 행동주의 이론과 인지이론은 물론 구성주의 이론도 잘 활용한다. 교수와 학습에 대하여 구성주의적 접근이 기여하고 있는 예들을 제시하기에 앞서, Mark Windschitl(2002)이 제시한 지식 구성을 촉진하는 활동들을 요약하면 다음과 같다.

- 교사는 핵심 주제와 관련된 학생들의 생각 및 경험을 이끌어 내고, 현재의 지식을 정교화하고 재구성할 수 있도록 도와주는 학습 상황을 조성한다.
- 학생들에게 복잡하고, 유의미하며, 문제에 근거한 활동에 참여할 수 있는 기회를 자주 제공한다.
- 교사들은 학생들에게 다양한 정보 자료뿐만 아니라 학습에 필요한 도구(기술적 및 개념적)들을 제공한다.
- 학생들은 협력하여 활동하며, 서로 서로 과제 관련 대화에 참여할 수 있도록 지원이 제공된다.
- 교사들은 자신의 사고 과정을 학습자들에게 명확하게 제시하고 대화, 글쓰기, 그리기 또는 다른 표현활동을 통해 학생들도 그렇게 하도록 격려한다.
- 사전에 정해진 "정답"을 찾는 데 집중하는 것이 아니라 다양한 실제 상황에 지식을 적용하고, 생각을 설명하며, 문장을 해석하고, 현상을 예측하며, 증거를 토대로 토론을 하도록 학생들을 유도한다.
- 교사들은 위에 제시한 상황과 연계하여 학생들의 반성적 및 자율적인 사고를 촉진한다.
- 교사들은 학생들의 생각이 어떻게 변화하였는지를 이해하기 위해, 그리고 과정뿐만 아니라 사고의 결과에 대한 피드백을 제공하기 위해 다양한 평가 전략을 사용한다.

이와 함께, 구성주의적 접근은 학생들의 능력 개발을 위해 *비계(scaffolding)*를 사용한다. 비계의 역동적인 상호작용뿐만 아니라 교사와 학생들이 가지고 있는 지식을 강조하는 정의는 다음과 같다. "비계는 교사와 학생들이 교사의 문화적 지식과 학생의 일상 경험 및 지식 간의 유의미한 관계를 만들어 내는 강력한 교수-학습 개념이다 (McCaslin과 Hickey, 2001: 137). Vygotsky의 인지발달이론은 깊이 있는 이해를 위해서 학생들은 자신들의 근접발달영역 내에 있는 문제들과 씨름을 하지만, 효과적으로 학습하기 위해서는 비계가 필요하다는 것을 시사한다.

비계에 대한 상이한 관점이 존재하고 있지만, 대부분의 교육심리학자들은 세 가지 특성을 인정하고 있다(van de Pol, Volman과 Beishuizen, 2010).

1. *상황에 맞는 지원*: 교사는 계속적으로 학생의 반응에 조정하고 맞춘다.
2. *줄이기(fading)*: 교사는 학생들의 이해 및 기술이 증가함에 따라 점점 지원을 줄여 나간다.
3. *책임 전가하기(transferring responsibility)*: 학생들은 자신들의 학습에 대한 책

임을 점점 더 지게 된다.

구성주의자들은 학생들에게 기초적 기능 훈련이나 단순하고 인위적인 문제를 부여하는 대신 학생들이 교실 밖의 세계에서 볼 수 있는 복잡한 상황과 "뒤얽힌" 문제들을 제시해야 한다고 주장한다. 이런 문제들은 **실제 과업들**(authentic tasks)과 활동 속에 내재되어야 한다. 이는 학생들이 자신이 배워야 할 내용을 실제 세상 문제에 적용할 수 있는 상황과 직면해야 함을 의미한다(Brown, 1990; Needels와 Knapp, 1994).

위에서 언급한 원리에 맞는 세 가지 주요 구성주의적 접근법은 문제중심 학습, 인지적 도제제 및 협동학습이다.

문제중심 학습

문제중심 학습의 기본적인 목적은 다음과 같다.

- 활동력 없는 지식이 아니라 유용하고 융통성 있는 지식을 학습하도록 학생들 지원하기: 활동력 없는 지식은 기억하지만 좀처럼 사용되지 않는 정보를 말한다.
- 문제 해결을 위한 내적 동기 및 능력 향상하기
- 협동, 증거에 근거한 의사결정 및 자기주도적 평생 학습 증진하기(Cognition and technology Group at Vanderbilt[CTGV], 1996; Whitehead, 1929).

문제중심 학습에서, 학생들은 해결방안을 찾기 위해 함께 협동하는 과정에서 탐구하는 실제 문제들에 접하게 된다. 학생들은 문제 해결을 위한 가설을 설정하기 위해 사용하는 사전 계획에 따라 사실에 근거해 문제를 확인하고 분석한다. 가설을 개발하면, 학생들은 자신들의 해결책을 평가하기 위해 알아야 하는 정보들 중 부족한 정보를 확인한다. 즉, 학생들의 연구가 시작된다. 그 후, 학생들은 자신들의 새로운 지식을 적용하고, 자신들의 문제 해결 방안을 평가하고, 필요한 경우 연구를 반복한다. 끝으로, 학생들은 자신들이 획득한 지식 및 기술을 다시 한 번 돌아본다.

이러한 전체 과정에 걸쳐, 학생들은 적절한 안내를 받는다. 학생들의 생각과 문제 해결은 교사, 컴퓨터 프로그램, 모델, 코칭, 전문가의 힌트, 안내, 조직적 지원 또는 모둠 내의 다른 학생들에 의해 지원을 받는다. 따라서 작동기억에 과부하가 걸리지 않는다. 예를 들어, 학생들은 문제 해결 과정에서, 과학적 주장에서 "요구"와 "이유"

를 구분하는 데 도움이 되는 차트의 빈칸을 채운다(Derry, Hmelo-Silver, Nagarajan, Chernobilsky와 Beitzel, 2006; Hmelo-Silver, Ravit과 Chinn, 2007).

진정한 문제중심 학습에서, 문제는 실재적인 것이고 학생들의 행동이 중요하다. 예를 들어, 2010년 멕시코만에서 있었던 기름 유출 사고(역주: 2010년 4월 20일, 미국 루이지애나 주 멕시코만에서 영국 최대 기업이자 세계 2위 석유회사인 BP의 딥워터 허라이즌 석유시추시설이 폭발하여 10만 배럴 이상의 기름이 유출되어 멕시코만 일대, 루이지애나, 알라바마, 미시시피, 플로리다 주 등에 막대한 환경오염과 물적 피해를 낸 사고) 때에, 상당수의 교사들은 이 위기를 학습을 위한 출발점으로 사용하였다. 학생들은 이 시추시설의 규모, 위치, 피해정도, 원인과 시도된 해결 방안들을 다른 경우와 비교 연구하였다. 어떤 해결 방안이 있을까? 조류는 어떤 역할을 하는가? 가장 위험한 지역, 기업 및 야생 동물은? 얼마나 오랫동안 기름이 바다에 남아 있을까? 어떤 일이 생길까? 단기 및 장기적으로 재정 및 환경에 어떤 영향을 줄까? 긍정적인 역할을 하기 위해서 학생들을 무엇을 할 수 있을까? 교사들은 이 사건을 관한 글들을 블로그에 올렸고 다른 교사들을 위해 자료를 수집하였다(http://www.edutopia.org/blog/oil-spill-project-based-learning-resources 참고).

문제중심 학습 관련 연구

문제중심 학습(PBL)에 관한 연구들은 대부분 의과대학에서 이루어졌고, 일관된 결론을 내리지는 못하고 있다. 한 연구에 따르면, 문제중심 수업을 통한 학생들의 학습은 문제 형성 및 추론과 같은 임상 기술에서 더 좋은 성과를 낳았다. 그러나 학생들은 과학은 준비를 제대로 하지 못했다고 느꼈고, 사실 기본적인 과학 지식을 거의 습득하지 못했다(Albanese와 Mitchell, 1993). 의과대학의 문제중심 학습 교육과정을 분석한 후, 문제중심 접근은 학생들의 지식을 더 높은 수준으로 향상시키는 것에는 효과적이지 않다는 결론을 내렸다(Colliver, 2000).

그러나 또 다른 연구에서, 문제중심 접근을 통해 공부한 의과대학의 학생들은 의학 문제에 대한 보다 정확하고 일관된 해결책을 제시하였다(Hmelo, 1998). 또한 네덜란드에서 이루어진 문제중심 의학 프로그램에 관한 광범위한 연구에서, Schmidt와 그의 동료들(2009)은 전통적인 프로그램하에서 공부를 한 학생들과 비교해볼 때, 문제중심 프로그램을 이수한 졸업생들은 더 우수한 대인관계 기술, 더 높은 수준의 실용적 기술을 가지며, 더 빨리 졸업하고, 의학 지식 및 질병 진단에 있어서 적지만 긍정적인 차이를 가지고 있는 것으로 나타났다. 문제중심 방법을 통해 개념을 학습한 MBA 학생들은 전통적인 강의 및 토론 학습을 한 학생들보다 개념 설명을 더 잘 하는 것으로 나타났다(Capon과 Kuhn, 2004). 자기통제력이 우수한 학생들은 문제중심 방법이 특히 더 도움이 될 수도 있지만(Evensen, Salisbury-Glennon과 Glenn, 2001), 문제중심 방법을 오랫동안 사용하는 것은 모든 학생들에게 자기주도적 학습 기술을 개발하는 데 도움을 줄 수 있다.

Cindy Hmelo-Silver(2004; Hmelo-Silver 외, 2007)는 문제중심 학습이 유동적인 지식의 구성에 도움이 되고 문제해결력 및 자기주도적 학습 기술을 개발하는 데 도움이 된다는 실질적인 증거를 발견하였다. 그러나 문제중심 학습에 참여하는 것이 내적 동기화를 시킨다거나 학생들에게 협동을 가르친다는 증거는 거의 없었다. 고등학교의 경제학 및 수학수업에 관한 최근의 연구는 문제중심 접근법은 학생들이 보다 복잡한 개념을 학습하고 다단계 단어 문제를 해결하는 데 도움이 된다는 것을 발견하였다.

초등학교와 중등학교에서의 최상의 방법은 내용중심 탐구와 문제중심 방법 간의 균형을 유지하는 것이다(Arends, 2000). 예를 들어, Eva Toth, David Klahr, Zhe Chen(2000)은 과학수업에서 올바른 실험설계를 위해 변인을 통제하는 전략을 4학년생에게 가르칠 때, 내용중심 수업과 문제중심 수업을 조화롭게 사용한 경우의 효과성을 다음 세 단계를 거쳐 검증하였다. 첫째, 소규모 집단의 학생들은 공이 더 멀리 굴러갈 수 있게 만드는 변인은 무엇이 있는지를 확인하기 위해 탐색적 실험을 실시하였다. 둘째, 교사는 토론을 이끌고 통제변인전략을 설명하며, 실험설계에 도움이 되는 생각을 예로 제시하였다. 셋째, 학생들은 공이 더 멀리 굴러가는 데 영향을 주는 변인의 효과를 측정할 수 있는 실험을 실시하였다. 탐구와 토론, 설명, 모형 제시 등을 결합한 수업이 학생들이 개념을 이해하는 데 도움이 되었다.

인지적 도제제

도제제(apprenticeship)는 효과적인 교육형태이다. 초보자는 마스터(master)나 다른 견습생과 함께 일하면서 기능과 무역, 기예 등을 익혀왔다. 도제제가 왜 효과적인가? 도제는 광범위한 지식을 소유한 전문가가 안내하고, 설계하고, 시범을 보이고, 교정해 주고, 동기화시켜 주는 개인적 유대를 마련해 주기 때문에 풍부한 정보를 얻는다. 학습자에게 요구되는 수행은 사실적이고, 중요하며 그리고 학습자가 능력을 갖추어 가면서 더 복잡해진다(Collins, Brown과 Holum, 1991).

Collins와 그의 동료들(1989)의 주장에 따르면, 학교에서 학습한 지식과 기능은 흔히 학교 밖 세계에는 부적합하다. 이 문제를 처리하기 위해서 학교는 때때로 도제제의 특징 가운데 몇 가지를 채택하고 있다. 그러나 학교 도제제는 조각 혹은 벽돌 쌓기를 학습하기보다는 독해, 수학적 문제해결, 인턴제를 통한 전문적 기능의 적용 등과 같은 인지적 목적에 그 초점을 맞추고 있다. 대부분의 인지적 도제 모형은 다음과 같은 여섯 가지 특징을 가지고 있다.

- 학생들은 전문가(보통 교사)가 과업을 설계하는 것을 관찰한다.
- 학생들은 힌트, 피드백, 모형, 기억해 두어야 할 점 등을 코치나 개인지도를 통해 지원받는다.
- 개관, 필기, 정의, 형식, 절차와 같은 개념적 비계설정(conceptual scaffolding)이 제공되지만 학생들의 능력이 향상되고 능숙해지면 개념적 비계설정을 점차 감소시킨다.
- 학생들은 자기들이 이해한 것을 자신의 말로 옮기면서 지식을 계속해서 명확히 표현한다.
- 학생들은 자기들의 진행과정을 반성하고 자신들의 문제해결을 전문가의 수행이나 자신의 과거 수행과 비교한다.
- 학생들은 자기들이 학습하는 것을 응용하기 위하여 새로운 방법들, 즉 마스터와 함께 실행해 보지 않은 방법들을 탐구한다.

협동학습

협동학습의 창시자인 David와 Roger Johnson(2009: 373)은 "한 학급에서 여러 주 동안 공동의 학습 목표를 성취하고 공동으로 과제 및 숙제를 완결하기 위해 학생들이 함께 노력하는 것"으로 협동학습을 정의한다. 협동학습은 미국 교육에서 오랜 역사를 가지고 있으며, 시대에 따라 관심의 대상이 되기도 하였다. 오늘날, 새롭게 등장한 구성주의는 정교화, 해석, 설명과 논쟁에 근거한 학습 상황(즉, 협동학습)을 강조하고 있다(Webb과 Palincsar, 1996: 844). David와 Roger Johnson은 다음과 같이 주장한다.

> 인기가 없고 경시되었던 협동학습은 전 세계에 걸쳐 지배적인 수업 방법들 중의 하나로 꾸준하게 성장하였다. 협동학습은 유치원에서 대학원, 그리고 성인 훈련 프로그램에 이르기까지 모든 교과 영역에 걸쳐 대다수 국가의 학교 및 대학에서 사용되고 있다(p. 365).

Johnson과 Johnson(2009)은 협동학습을 정의하는 다섯 가지 요인들을 제시하고 있다.

- 상호작용 증진
- 긍정적 상호의존성
- 개인적 책무성
- 협동적 기술
- 모둠 과정

상호작용 증진은 모둠 구성원들이 서로 서로의 노력을 격려하고 촉진한다는 것을 의미한다. 모둠 구성원들은 교실에서 떨어져 있는 것이 아니라 가까이에서 면대면으로 상호작용을 한다. 모둠 구성원들은 긍정적인 상호의존성을 경험하는데 이는 서로 도와주고 설명과 안내를 교환한다. 비록 학생들이 함께 공부하면서 서로에게 도움을 줄지라도 궁극적으로는 학생들 개개인이 얼마나 학습하였는지를 보여주어야 하는데 이것이 바로 개인적 책무성에 해당한다. 학습에 대한 개인적 책무성을 확인하는 방법은 시험성적을 통해서이다. 효과적인 모둠활동이 이루어지기 위해서 서로 협력하는 기술이 필요하다. 협동적 기술에는 건설적인 피드백을 제공하는 법, 합의에 도달하는 법, 모든 학생들을 참여시키는 법 등이 있으며 학생들이 과제를 부여받기 전에 배우고 연습해야 한다. 마지막으로 모둠의 구성원들은 자신의 모둠활동이 효과적이면서도 역동적으로 운영되고 있는지를 확인하기 위해 모둠활동 과정을 모니터한다. 그들은 시간을 두고 "우리의 모둠이 잘 운영되고 있는가? 모든 학생들이 함께 공부하고 있는가?"에 대해 자문해 보아야 한다. 다음에서는 널리 알려진 협동학습의 몇 가지 기법을 살펴보겠다.

Jigsaw 학습

협동학습의 한 형태인 Jigsaw는 상호의존성을 더욱 강조한다. 모둠 구성원 각자는 전체 집단에서 학습할 자료의 부분을 부여받고 그 부분에 대해서는 "전문가"가 된다. 학생들은 서로 가르친다. 그리하여 학생들은 서로가 의존하며, 모둠 구성원 모두의 기여는 중요하다. 보다 최근에 개정된 'Jigsaw 2'는 똑같은 자료를 가지고 있는 학생들이 부여받은 부분을 이해하고 있는지를 확인하고 정보를 자기들 집단에게 어떻게 가르칠 것인가에 대한 계획을 자문하는 전문가 회의를 추가하고 있다. 전문가 회의를 마친 후, 학생들은 회의에서 배운 것을 가지고 자기 집단으로 돌아간다. 마지막으로, 학생들은 모든 자료에 대해 개별시험을 치르고, 자신들의 학습팀의 성적을 위한 점수를 받는다. 팀은 보상 혹은 단순히 인정을 받으려고 활동한다(Slavin, 1995).

각본협동

Donald Dansereau와 그의 동료들은 각본협동(scripted cooperation)이라고 하여 두 명의 학생이 짝을 이루어 진행하는 학습방법을 개발하였다. 학생들은 교과서의 한 부분을 선택하여 독서한다든가, 수학문제를 푼다든가 혹은 원고를 편집하는 과제를 협동하여 수행한다. 예컨대, 독서에서 두 파트너가 한 절을 읽는다. 그런 다음, 한 학생이 읽은 것을 구두로 요약하고, 다른 학생은 빠진 것 혹은 잘못된 것을 지적하면서 요약한 것에 의견을 제시한다. 다음으로, 파트너들은 협동하여 정보를 재정리하여 개선한다. 즉 연상, 이미지, 기억술을 만들어 내고, 종전의 활동, 예시, 유추 등과 결부시킨다. 파트너들은 다음 절에서는 독서와 논평의 역할을 바꾸고, 부여받은 과제를 끝마칠 때까지 계속적으로 역할을 바꾼다(Dansereau, 1985; O' Donnell과 O' Kelly, 1994).

협동학습에는 다른 형태들도 많이 있다. Kagan(1994)과 Slavin(1995)은 협동학습에 대하여 광범위하게 저술하고 다양한 형식을 개발하여 발전시켜 왔다. 형식에 관계없이 모둠 학습에서 중요한 점은 학생들 간에 이루어지는 담론(discourse)의 질적 수준이다. 설명, 증거, 이유, 대안을 분석하고 토론하는 해석적 대화는 단순기술적인 대화보다 더 유용하다. 교사는 협동학습에서 중요한 역할을 수행한다. 교사는 중요한 안내자이다. 효과적인 교사는 토론에서 학생의 사고를 자극하는 아이디어들과 대안들을 제시하는 교사이다(Palincsar, 1998).

협동학습과 통합 학급

특수 아동을 협동 활동에 참여시킬 때는 계획과 준비 과정에 보다 많은 신경을 써야 한다. 예를 들어, 각본화된 질문 또는 동료 학습과 같은 협동적 구조에서, 교사는 단순히 정답을 알려주고 제시하는 것이 아니라 설명하고 가르치는 것을 보고 듣길 원한다. 그러나 학습 장애를 가진 대부분의 학생들은 새로운 개념을 학습하는 데 어려움을 가지고 있으며, 따라서 설명을 해주는 학생과 특수 아동은 둘 다 짜증을 느끼게 되고, 학습 장애를 가진 학생은 사회적 거부(따돌림)의 대상이 될 수도 있다. 학습 장애를 가진 학생들은 사회적 관계상에도 문제를 가지고 있는 경우가 많기 때문에, 따돌림의 가능성이 큰 이러한 상황에 학생들을 집어넣는 것은 좋은 생각이 아니다. 따라서 새로운 또는 이해하기 어려운 개념을 학습할 때, 협동 학습은 학습 장애를 가진 학생들을 위한 최상의 선택이 아닐 수 있다(Kirk 외, 2006). 사실, 여러 연구들은 일반적으로 협동학습은 학습 장애를 가진 학생들에게 항상 효과적인 것은 아니라는 결과를 제시하고 있다(Smith, 2006).

두 번째 고려사항은 이질 능력 집단은 우수한 학생들에게는 도움이 되지 않을 수도 있다는 것이다. 진도가 너무 느리고 과제가 너무 쉽고 반복적이다. 또한 우수한 학생들은 교사의 역할을 하거나 다른 학생들을 위해 활동을 일찍 끝내야 한다. 이질 능력 집단을 이용하고 우수한 학생들을 포함시키는 교사들은 상이한 학습 수준을 고려하면서, 학급의 나머지 학생들뿐만 아니라 우수한 학생들이 참여할 수 있도록 하는 복잡한 과제를 사용해야 한다(Smith, 2006).

그러나 영어 학습자들에게 협동학습은 최상의 선택이 될 수도 있다. 상당수의 학급에서는 여러 가지 언어를 사용하는 학생들이 있다. 교사는 매년 모든 학생들이 모든 언어를 숙달하도록 기대할 수는 없다. 학생들이 학습 과제를 함께 하기 때문에 협동적 모둠은 도움이 될 수 있다. 2개의 언어를 구사할 수 있는 학생은 모둠 내의 다른 학생들에게 번역 및 설명을 해줄 수 있다. 소집단에서 말하는 것은 언어를 배우는 학생들에게 불안감을 덜 주기 때문에, 영어 학습자들은 자신들의 모둠에서 언어 사용 연습을 더 많이 할 수 있다(Smith, 2006). Jigsaw 협동적 구조는 모둠이 필요로 하는 정보를 학생들이 가지고 있기 때문에, 즉 이야기하고, 설명하고 상호작용해야 한다는 것을 알고 있기 때문에 영어 학습자들에게 특히 더 도움이 된다. 사실, Jigsaw 학습은 이질 능력 집단에서 높은 상호의존성을 이끌어낼 필요성에 대한 반응으로 개발되었다.

다음의 〈표 2.3〉은 이 장에서 논의한 학습에 관한 다양한 관점들을 요약, 정리해 놓은 것이다.

TIP: 이론의 적용

당신이 가르치고 있는 과목에서 중요한 개념 한 가지(예: 생태적 지위, 관점, 이야기 톤, 상호 결정주의, 전자/후자, 분배적 재산, 민주주의 등)를 생각하시오. 이 개념을 가르치기 위해 Piaget의 개인적 구성주의에 입각한 교안을 짜고, Vygotsky의 사회적 구성주의에 입각한 또 다른 교안을 짜시오. 두 교안에서 나타난 두 관점 간의 주요 차이점은 무엇인가?

표 2.3 학습에 관한 네 관점

	행동적 Skinner	인지적 Anderson	합리적 구성주의 Piaget	사회적 구성주의 Vygotsky
지식	확고한 지식체계의 획득	확고한 지식체계의 획득	변화하는 지식체계, 사회 속에서 개별적으로 구성, 그러나 어떤 이해는 분명히 다른 것보다 우위에 있음	사회적으로 구성된 지식. 지식은 문화, 언어, 신념, 기타 다른 것들과의 상호작용에 의해 영향을 받고 또 여과된 외부 세계를 반영
학습	사실, 기능, 개념의 습득 설명, 표명, 지도된 연습을 통해 발생	사실, 기능, 개념, 전략의 습득 전략의 효과적 응용을 통해 발생	능동적 구성과 이전 시기의 재구성 이미 알고 있는 것과 연계시키는 복합적 기회를 통해 발생	사회적으로 구성된 지식과 가치의 협동적 구성 사회적으로 구성된 기회를 통해 발생
교수	전달-말하기	전달보다 정확하고 완전한 정보를 향한 지도	보다 완전한 이해를 향한 학생 자극과 지도	교사와 학생이 지식을 공동으로 구성
교사의 역할	감독자-틀린 해답의 교정	인도자-효과적 전략의 수립. 잘못된 이해의 교정	인도자와 촉진자-학생들의 아이디어와 사고의 청취와 인도	인도자, 촉진자, 파트너-사회적으로 구성된 지식의 청취, 지식의 공동 구성 조성
급우의 역할	본질적인 것이 아니다	본질적인 것은 아니지만, 정보처리 과정을 촉진할 수 있다	본질적은 것은 아니지만, 질문을 자극할 수 있고, 제기할 수 있다	지식구성 과정의 일부이다
학생의 역할	정보수신자 연습에 적극 참여	정보처리자, 전략 사용자	지식의 능동적 구성자 능동적 사색자와 해석자	능동적 지식 공동구성자 능동적 사회 참여자
교수접근의 예	학습목표 지시적 수업	시각적 도구-그래프, 차트, 기억전략	개념적 변화 교수 순수발견학습	인지적 도제제 상호교환적 교수

리더십 사례

협동학습: 건전한 실행인가 아니면 사회적 실험인가?

올해는 당신이 Jackson 중학교 교장으로 부임한 지 2년째 되는 해이다. 첫 해는 주로 적응하는 시기였다. 왜냐하면, 당신은 교사에서 바로 교장이 되었고, 노력의 대부분을 원만한 학교운영에 치중하였기 때문이다. 그러나 올해는 다르다. 당신은 올해 성적이 낮은 학생들의 학습성취를 향상시키려는 계획을 세워 추진하고 있다. 당신은 6학년 교사 3명의 자발적인 협조를 얻어 신중하게 협동학습을 전개하였다. 이 교사들은 지난 여름, 대학에서 협동학습에 관해 두 강좌를 수강하였고, 이미 2개월째 협동학습을 잘해 오고 있다. 당신은 Anita Rodriquez 교육감의 전화를 방금 받고 상당히 당황해 하고 있다. Rodriquez 박사는 항상 협조적이었고, 당신에게 교장직에 진출해 보라고 권장해준 것도 사실은 그녀였다. 그러나 전화상의 대화는 걱정스러운 것이었다. 교육감의 말에 의하면, 자기와 일부 교육위원들은 학부모들로부터 "협동학습 실험(학부모들의 말을 그대로 하면)에 대해 전화를 받았다고 한다. 교육감은 여전히 협조적이긴 하지만, 새로운 협동학습 실험을 반대하는 사람이 있다는 사실과 다소간의 문제에 대비해 두어야 한다는 말과 함께 전화를 끊었다.

실제로 당신은 협동학습 프로그램에 대해 학부모들로부터 불평을 들은 바 있다. 예컨대, 한 학부모는 협동학습이 "한때 지나가는 교육적 유행"이고, 자기는 자녀들이 기본적인 내용을 학습하기를 바란다는 불만을 말하였다. 그 학부모는 자신이 어렸을 때 종교계 사립학교에서 무의미한 활동이 전혀 없는 교육을 받은 것을 자랑스럽게 생각하였다. 그 학부모는 "학습은 재미로 하는 놀이가 아니라 진지하면서도 어려운 일"이라고 말하였다.

당신은 그 학부모에게 자녀가 즐거움과 함께 제대로 배우게 될 것이라는 것을 확신시키려 노력하였다. 그러나 그 학부모는 여전히 협동학습의 장점에 확신을 갖지 못하는 것 같았다. 또 다른 학부모는 학교가 자기 자녀를 데리고 "실험을 하고 있다"고 놀라워하였다는 것도 또한 사실이다. 이 경우, 협동학습 프로그램의 일부 사실들과 목표들을 검토해본 후에, 학교나 자녀에 대한 그 학부모의 감정이 훨씬 좋아졌기 때문에 문제들을 진정시키는 데 당신은 성공했다고 스스로 생각하였다. 그러나 당신이

접촉한 인사들을 생각해볼 때, 당신이 처음 생각했던 것보다 더 많은 저항이 있다는 것을 실감하였다. 확실히 교육감과 교육위원회의 불평이 점점 높아지고 있었다. 당신은 이 프로그램에 전념하여 자발적으로 참여한 교사들을 지원하고 혁신을 계속 추진하려고 한다. 당신은 부모들의 반응을 교사들에게 직접 말하기로 하였다. 지역사회의 저항을 평가하고 또 이 프로그램의 진행과정을 점검할 목적으로 방과 후 세 교사들과 가진 회합의 결과는 다소 놀라웠다. 교사들은 당신이 알고 있는 것보다 더 많은 부정적 불만을 들어 왔지만, 그들은 이 프로그램을 헌신적으로 추진해 오고 있었다. 교사들은 어려운 고비를 넘겼다고 믿고 있었다. 왜냐하면, 대부분의 학생들은 팀워크를 참으로 즐기고 있으며, 학생의 학습활동, 특히 학습부진아의 학습활동은 확실히 개선되고 있었기 때문이다. 이 프로그램에 대해 학부모들이 비판하는 것은 무엇인가?

- 이 프로그램은 내 자녀의 학습을 지연시키고 있다. 내 자녀는 영리하기에 도움이 필요하지 않다.
- 나는 내 자녀를 실험 대상으로 하는 것이 싫다.
- 협동이 아니라 경쟁이 이 나라를 위대하게 만든다. 사업세계는 약육강식의 법칙에 따른다.
- 내 자녀는 집단 내 다른 아이들의 영향으로 성적이 떨어질 것이다.
- 아이들은 열심히 공부하지 않는다. 아이들은 놀고 싶어하고 이것은 시간낭비이다.

- 내 자녀는 모든 일을 집단을 위해 활동하고 있는데, 이것은 공평하지 않다.
- 내 자녀는 여유시간을 모두 급우들과 함께 집단 과제를 수행하는 데 소비하고 있다.
- 내 아들은 혼자서도 잘한다. 내 자녀는 모둠활동을 좋아하지 않는다.
- 모둠에 있는 아이들은 내 아들을 괴롭힌다. 같은 모둠의 아이들은 내 자녀를 끼워주지 않는다. 내 자녀는 학교를 싫어한다.

참으로 많은 부모들은 협동학습에 대하여 잘못 알고 있기에 새로운 프로그램의 기본 원리들뿐만 아니라 교실에서 일어나고 있는 다른 학습전략들에 대해서도 교육받을 필요가 있다. 이 목적을 이루기 위해 당신은 협동학습에 참여하는 교사들의 도움을 받아 다음 PTA에서 짧은 연설을 하기로 하고 준비하고 있다. 이 연설에서 당신은 새로운 협동학습 프로그램을 검토할 것이고 이 프로그램에 대해 제기된 비판들을 하나하나 다룰 것이며, 학교의 교수 학습 프로그램을 보강하기 위하여 행동적, 인지적, 그리고 구성주의적 시각에서 학습원리들과 교수원리들을 활용할 것이다. 목표는 학부모의 불만을 완화시키려는 데 있다.

당신은 학교의 교장이고 그 연설을 준비할 책임은 당신에게 있다. 이 연설을 준비해 보시오.

실행 지침

1. 긍정적인 행동을 인지하고 보상한다. 강화는 행동을 더 자주 일어나게 한다.
2. 모든 처벌에는 행동 교정을 위한 보상이 수반되어야 한다. 긍정적인 보상을 강조한다.
3. 부정적 행동의 기능을 이해한다. 그 대신 긍정적 행동을 통해 자신들의 목적을 달성하도록 학생들을 돕는다.
4. 수업과 학습 목표를 일치시킨다. 직접적 수업은 학생들의 지식이 부족할 때 도움이 된다.
5. 중요한 사항에 집중하도록 학생들을 돕는다. 중요한 것이 무엇인지 모를 때 학습은 어렵게 된다.
6. 작동기억을 지나치게 사용하는 것을 피한다. 외부로부터의 인지적 부담은 학생을 저해한다.
7. 연결 관계 확대를 통해 장기기억에 지식을 저장한다. 적절하게 처리되고 정교화

된 지식은 더 쉽게 기억된다.

8. 기억 및 학습 전략을 직접적으로 지도한다. 적절한 지도가 이루어지지 않는다면, 이러한 전략을 숙달하지 못하는 학생들도 있을 것이다.

9. 학생들이 적극적으로 의미를 구성하는 상황을 제공한다. 발명을 통해 이해를 할 수 있다.

10. 학생들을 학습의 중심에 위치시킨다. 자신들의 지식과 관심을 형성하게 한다.

11. 학습 상황에서는 사실적인 문제들을 제시한다. 유용한 지식은 실생활의 문제를 해결하는 데서 나타난다.

12. 학생과 교사들 사이에 협동적 기술을 형성한다. 협동은 존중과 비판적 사고를 이끌어 낸다.

핵심 가정 및 원리

1. 만약 행동의 빈도와 강도가 유지되거나 증가된다면 그때에는 그 행동을 강화시키는 무엇이 존재한다.

2. 어떤 조치로 인해 불리한 상황을 피할 수 있게 되면, 당신은 그 상황이 다시 발생할 경우 그 조치를 반복할 가능성이 높다.

3. 현재까지의 이론으로는 교수목표가 지나치게 특수하거나 너무 일반적인 것보다는 몇 가지 중요하면서도 광범위하고 그러면서도 측정가능한 수업목표가 바람직하다는 견해가 우세하다.

4. 지시적 수업은 학습할 내용이 분명하고 사실에 근거하며 위계적일 때 효과적이다.

5. 선언적 지식(내용을 아는 것)과 절차적 지식(방법을 아는 것)은 조건적 지식(지식을 언제 그리고 왜 적용해야 하는지를 아는 것)을 겸비하고 있을 때 가장 효과적으로 사용될 수 있다.

6. 작동기억이 과중하면 정보유실이 발생한다.

7. 정보는 체계적이면서도 정교화가 잘 되어 있고(당신이 알고 있는 다른 것과 연관됨) 의미 있는 맥락에서 학습될 때 기억하기 쉽다.

8. 학습전략은 명확하게 배울 필요가 있고 다양한 상황에서 광범위한 연습도 필요하다.

9. "구성주의"라는 단어는 지식 구성에 사회적, 문화적, 개인적 요인 가운데 어느 것을 강조하는가에 따라 다양한 의미를 가진다.

10. 탐구학습은 Piaget의 인지발달이론에 근거하고 있는데 이 방법은 개인적 수준에서의 지식의 발견이나 발명을 중요시한다. 그러나 준비가 되어 있지 않은 학생들에게는 효과적이지 않다.

11. 문제중심 학습은 Vygotsky의 관심사인 문화적 맥락에서의 실질적인 활동을 강조한다. 이 방법은 기본적 내용을 학습하는 것보다 과정을 이해하는 데 더 효과적이다.

추천 도서

Alberto, P. A., and Troutman, A. C. *Applied Behavior Analysis for Teachers* (8th ed.). Boston: Pearson, 2009.

Bruning, R. H., Schraw, G. J., and Norby, M. M. *Cognitive Psychology and Instruction* (5th ed.). Boston: Pearson, 2011.

Kirschner, P. A., Sweller, J., and Clark, R. E. "Why Minimal Guidance during Instruction Does Not Work: An Analysis of the Failure of Constructivist, Discovery, Problem-Based, Experiential, and Inquiry-Based Teaching." *Educational Psychologist* 41 (2006), pp. 75-86.

Landrum, T. J., and Kauffman, J. M. "Behavioral Approaches to Classroom Management." In C. M. Evertson and C. S. Weinstein (Eds.), *Handbook of Classroom Management: Research, Practice and Contemporary Issues.* Mahwah, NJ: Erlbaum, 2006.

Locke, E. A., and Latham, G. P. "Building a Practically Useful Theory of Goal Setting and Task Motivation: A 35-Year Odyssey." *American Psychologist* 57 (2002), pp. 705-17.

Mayer, R. E. *Applying the Science of Learning.* Boston: Pearson, 2011.

Popham, W. J. *Classroom Assessment: What Teachers Need to Know* (6th ed.). Boston, MA: Allyn & Bacon, 2011.

Stage, S. A., et al. "A Validity Study of Functionally-Based Behavioral Consultation with Students with Emotional/Behavioral Disabilities." *School Psychology Quarterly* 23(2008), pp. 327-353.

Windschitl, M. "Framing Constructivism in Practice as the Negotiation of Dilemmas: An Analysis of the Conceptual, Pedagogical, Cultural, and Political Challenges Facing Teachers." *Review of Educational Research* 72 (2002), pp. 131-75.

Woolfolk, A. *Educational Psychology* (12th ed.). Boston, MA: Allyn & Bacon, 2013.

후주

1. 이 장은 Wayne K. Hoy와 Anita Woolfolk Hoy가 공동 집필하였다.

제3장

학교의 구조

인간의 모든 조직화된 활동들은, 예를 들어 그릇을 만드는 것에서부터 달에 인간을 보내는 것까지, 기본적이고 서로 상반되는 두 가지 조건에 기반을 두고 있다: 수행해야 할 다양한 과업을 나누는 노동의 분업화 및 목적 달성을 위해 이렇게 나누어진 과업들에 대한 조정. 조직 구조는 '과업에 따라 인력을 분배하고 이들의 다양한 활동을 조정하는 모든 방법'이라고 간단하게 정의할 수 있다.

Henry Mintzberg
The Structuring of Organizations

미리 보기

1. Weber의 관료제가 가지고 있는 조직의 다섯 가지 핵심적인 특징은 분업과 전문화, 비정성, 권위의 위계, 규칙과 규정 및 경력 지향성이다.

2. Weber의 모형은 관료제가 가지고 있는 역기능, 비공식 조직을 고려하지 않았고, 내적인 모순점들을 가지고 있으며, 성차별적이라는 비판을 받고 있다.

3. 규칙은 조직의 참여자들에 대한 긍정적, 부정적 결과를 모두 가지고 있다; 행정가들은 이 두 측면을 모두 고려해야 한다.

4. 권한 부여 및 강제적 관료제는 서로 상반되는 구조이며, 전자가 생산적인 반면 후자는 그렇지 못하다.

5. 관료제와 조직의 전문적 범주를 연결하여 네 가지 형태의 학교 조직 구조를 이끌어낼 수 있다; Weber주의, 권위형, 전문형 및 혼돈형.

6. 조직을 구성하는 최적의 방법은 없다. 효과적인 조직 구조를 구성할 때는 조직의 목적, 환경, 기술, 구성원 및 전략과 구조가 일치되어야 한다.

7. 효과적인 조직 구조를 설계할 때 질서 및 자유라는 조직이 처한 기본적인 딜레마에 의해 제기되는 상호 반대되는 요인들 간에 균형을 유지해야 한다.

8. 조직은 상호 조정, 직접적인 감독, 작업의 표준화, 결과 및 기술의 표준화 등을 통해 작업을 감독하고 통제한다.

9. 조직 구조를 구성하는 기본적인 요인들은 전략적 고위층, 중간 관리층, 운영핵심, 지원 직

원 및 기술 구조층이다.

10. 학교의 구조는 매우 다양하다. 단순 구조, 기계 구조인 곳도 있으며 전문적 구조인 곳도 있다; 대부분은 이들이 혼합된 형태나 구조가 적절하지 않은 곳도 있다-정치화된 조직.

11. 구조 요인들은 강력한 혹은 이완된 형태로 결합되어 있다; 이들은 각각 장·단점을 가지고 학교 내에 존재한다.

12. 조직에서 전문적인 작업을 수행할 때 관료제 및 전문성에 근거한 사회적 통제체제에 의해 갈등이 일어난다.

13. 조직은 이완된 구조, 이중 권위 체제 또는 사회화 과정에 참여하는 형태를 통해 이러한 갈등을 조절한다.

사회체제로서 학교가 가지고 있는 구조적 요인들은 학교의 공식 구조에서 발견할 수 있다. Max Weber(1947)의 고전적인 관료제는 현재 이루어지고 있는 대부분의 조직 구조에 대한 논의의 이론적 토대가 되고 있기 때문에 학교의 조직 구조를 논의하는 이상적인 출발점이라고 할 수 있다(예를 들어, Hall, 1991, 2002; Perrow, 1986; Bolman과 Deal, 2008; Scott, 2003; Tolbert와 Hall, 2008; Hoy와 Steetland, 2000, 2001).

Weber의 관료제 모델

학교를 포함한 거의 모든 조직은 Weber가 제시하고 있는 특징들, 즉 분업과 전문화, 비정성, 권위의 위계, 규칙과 규정 및 경력 지향성 등을 가지고 있다.

분업과 전문화

Weber에 의하면, **분업**(division of labor)과 **전문화**(specialization)는 "관료적으로 운영되는 구조의 목표 달성을 위해 요구되는 일상적인 활동들이 공식적인 의무로서 고정된 형태로 배분되는 것"을 의미한다(Gerth와 Mills, 1946: 196). 대부분의 조직에서 이러한 업무는 개인 혼자 처리하기에는 너무 복잡하기 때문에, 직위 간의 분업은 효율성을 향상시킨다. 예를 들어, 학교에서의 분업은 기본적으로 수업 목적을 위한 것이다. 이렇게 분업화된 상태에서 수준(초등과 중등) 및 교과(수학, 과학과 읽기, 이중 언어 및 특수 교육 같은 특수 분야 등)에 따라 좀 더 구체적인 전문화가 이루어진다.

분업은 전문화를 가져오고, 전문화를 통해 작업자들은 상당한 지식을 가지고 자신들이 맡은 의무를 수행하는 전문가가 될 수 있기 때문에 효율성이 증가된다. 이러한 분업을 통해 조직은 기술적 자질을 토대로 하여 직원들을 고용할 수 있다. 따라서 분업과 전문화를 통해 학교 교직원들은 더 많은 전문적 지식을 가지게 된다.

비정성

Weber(1947: 331)는 관료 조직의 작업 분위기가 "증오나 격정이 없는, 따라서 애정이나 열정이 없는 공식적인 비정성의 정신에 의해 지배"되는 **비정성**(impersonal orientation)이라고 주장하였다. 관료제하에서 작업자는 감정이 아닌 사실에 근거하여 결정을 내리도록 기대된다. 행정가 및 교사들의 측면에서 비정성은 공평한 대우 및 합리성을 강화시켜 준다.

권위의 위계

관료제하에서 각 직책들은 수직적으로 배열된다. 즉, "하위직들은 상위직의 통제와 감독하에 있으며"(Weber, 1947: 330), 이를 통해 **권위의 위계**(hierarchy of authority)가 나타난다. 이러한 관료제의 특징은 제일 위의 교육감에서 시작하여 부교육감, 국장, 교장, 교사 및 학생으로 연결되는 조직 구조도(organizational chart)에서 명확하게 살펴볼 수 있다.

위계는 현대 조직의 가장 보편적인 특징이다. 조직의 다양한 업무 및 기능들을 원활하게 수행하기 위해서는 하위자들이 상급자들의 지시에 따라야 하며, 따라서 대규모 조직들은 거의 예외 없이, 이러한 명령-수행 체제를 확실히 하기 위해 상·하위직의 관계 체계를 명확하게 하고 있다.

규칙과 규정

Weber(1947: 330)에 따르면, 모든 관료 조직은 "의도적으로 만들어진 일관된 형태의 추상적인 규칙 체제"인 각종 **규칙과 규정**(rule and regulation)을 가지고 있다. 뿐만 아니라, 법의 집행이라는 측면에서 규칙을 특정 상황에 적용할 때는 일관성이 유지되어야 한다는 관점을 내포하고 있다. 이러한 규칙들은 각 직위에 부여된 권한과 의무에 관한 사항들을 포함하고 있으며, 각 활동을 조정하는 데 도움을 준다. 또한 이는 인사이동 및 변화가 있을 때 조직 운영의 계속성을 유지시켜 준다. 따라서 규칙과 규정은 작업자들의 업무 수행 행동에 관한 안정성과 동질성을 확보해 준다.

경력 지향성

관료 조직에서는 전문적인 자격 및 기준(technical qualifications)을 토대로 하여 직원을 채용하기 때문에, 피고용인들은 자신들의 업무를 경력(career)으로 생각한다. Weber(1947: 334)에 따르면, **경력 지향적(career orientation)**인 조직에서는 "연공서열, 성취 또는 이들 양자에 의해 승진이 이루어진다. 승진은 상위자들의 판단에 따른다." 조직에 대한 충성도를 높이기 위해서는 특정한 기술을 가진 직원들이 임의적으로 해고되거나 고의적으로 승진에서 누락되지 않도록 해야 한다. 상위자들이 감정에 치우친 결정을 내리지 않는다는 의미에서 피고용인들은 보호된다. 또한 관료제는 이러한 행동들을 통해 피고용인들에 대한 보호를 제도화하고 있다.

효율성

Weber(1947: 337)에 따르면, 관료제는 합리적인 의사결정 및 행정의 효율성을 극대화시킨다. "기술적 관점에서 볼 때, 순수한 관료적 행정 조직 형태가 최고의 효율성을 이끌어낼 수 있다는 것을 경험적으로 알 수 있다." 분업과 전문화를 통해 전문가가 배출되며, 비정성을 가진 전문가는 사실에 근거하여 기술적으로 정확하고 합리적인 결정을 내린다. 합리적인 의사결정이 이루어지면, 권위의 위계를 통해 지시에 대한 복종 그리고 규칙과 규정과 함께 조직 운영상의 안정성, 일관성 및 조정 체계가 확보된다. 끝으로, 경력 지향성은 피고용인들을 조직에 충성하도록 만드는 유인책이 되며, 보다 많은 노력을 이끌어 낸다. 조직에 헌신하는 전문가들에 의해 합리적인 의사결정이 이루어지고, 이러한 결정은 규정된 방법대로 실행되고 이에 대한 조정이 이루어지기 때문에 이러한 특성들은 행정의 효율성을 최대화하는 데 영향을 준다.

이상적 형태

비록 관료제에 대한 Weber의 개념이 현실적으로 존재할 수도 있고 그렇지 않을 수도 있는 **이상적 형태(ideal type)**이지만, 이는 실제 조직들이 가지고 있는 기본적인 성향을 강조 또는 역설하고 있다.

- 분업(전문화)
- 비정성
- 권위의 위계(집권화)
- 규정과 규칙(공식화)
- 경력 지향성

이상형으로서 Weber의 관료제는 조직을 분석하는 데 매우 유용하다고 할 수 있다. Alvin Gouldner(1950)가 제시한 바와 같이, 이상적 형태(ideal type)는 어떤 공식 조직이 얼마나 관료화되어 있는가를 살펴보기 위한 기준으로 활용되기도 한다. 다른 조직들보다 좀 더 관료적으로 구조화된 조직들이 있다. 어떤 측면에서는 아주 관료화되어 있으나 다른 측면에서는 그렇지 않은 조직도 있을 수 있다. 개념적 도식으로서, Weber의 모형은 여러 가지 형태의 공식적인 관료 조직 구성에 대한 중요한 질문을 제기한다. 예를 들어, 관료제의 여러 가지 특징들이 어떤 상황과 연결될 때 최대의 효율성을 이끌어낼 수 있을까? 같은 맥락에서 효율성을 저해하는 상황은 어떤 경우일까?

Weber의 관료제 모델에 대한 비판

Weber의 관료제 모델은 여러 가지 측면에서 비판을 받고 있다. 우선, Weber는 관료제의 역기능에 관심을 두지 않았다는 비판을 받고 있다. 둘째, 관료제 모델은 비공식 조직을 고려하지 않는다는 비판을 받고 있다. 셋째, Weber는 관료제 모델 내의 각 요인들 간에 발생할 수 있는 내적인 모순점들에 대해서는 언급하고 있지 않다. 끝으로, 여권 운동가들은 Weber의 모형이 성적인 편견을 가지고 있다고 비판하고 있다. 이제 이러한 비판들을 자세히 살펴본다.

관료제 모델의 순기능과 역기능

Weber의 관료제 모델은 그 원리를 적용할 때 효율성 및 목표 달성도를 높일 수 있다는 측면에서 순기능을 가지고 있다. 그러나 Weber가 거의 관심을 두지 않았던 역기능 또는 부정적인 결과를 가져올 가능성도 있다. 아래에서는 이러한 순기능과 역기능의 측면에서 앞에서 제시한 관료제의 특성과 원리를 살펴보겠다.

비록 분업과 전문화가 전문적인 기술을 신장시킬 수 있지만 동시에 지루함을 가져올 수 있다. 이러한 지루함이 생산성을 낮추거나, 1장에서 논의한 Hawthorne 연구와 같이 작업자들이 보다 재미있게 작업을 하기 위해 여러 가지 방안을 모색하는 등의 결과를 보여주는 연구들이 상당히 많이 있다. 실제로, 극도의 분업화로 인해 부정적인 결과를 경험했던 상당수의 관료 조직들은 이러한 지루함을 줄이기 위해 종업원들의 권한 및 책임을 확대하고 있다.

비정성은 의사결정시 합리성을 높여주지만, 사람들이 "비인간들"로 상호작용하는 다소 삭막한 분위기를 만들어 내며, 따라서 사기를 떨어뜨릴 수 있다. 사기가 낮을 경우 조직 효과성에도 부정적인 영향을 준다.

권위의 위계를 통해 쉽게 조정이 이루어지나, 흔히 의사소통에 지장을 초래한다. 위계가 가지고 있는 두 가지 중요한 역기능은 의사소통의 왜곡과 단절이다. 하위자들은 자신들의 상급자들에게 나쁜 인상을 줄 수 있는 것들에 관한 의사소통을 회피하는 경향이 있기 때문에 위계의 각 수준은 의사소통을 단절할 수 있는 가능성을 가지고 있다. 실제로 하위자들은 자신들에게 유리한 것 또는 상급자들이 원할 것 같은 사항들만을 전달하는 경향이 있다(Blau와 Scott, 2003).

한편, 규칙과 규정은 계속성, 조정, 안정 및 통일성을 제공해 준다. 그러나 다른 한편으로는 조직의 경직성과 목표전치를 낳기도 한다. 피고용인들은 지나치게 규칙에 집착한 나머지 규칙이 목적 그 자체가 아니라 목적 달성을 위한 수단이라는 사실을 잊어버리곤 한다. 위계, 특히 규정에 따른 복종은 조직을 경직되게 하며 변화에 적절하게 대처하지 못하게 한다. 이러한 형식주의는 명령 복종이 목표 달성에 방해가 될 때까지 악화될 수도 있다. 이런 경우, 가장 큰 비판을 받고 있는 관료제의 특징인 관료적 형식주의(bureaucratic red tape)가 나타난다(Merton, 1957).

경력 지향성은 피고용인들의 충성심을 이끌어 내고 이들이 최선을 다하도록 동기화할 수 있는 한 조직 발전에 도움이 된다. 그러나 서열과 업적에 따라 승진이 이루어지지만, 이들 두 가지 사항이 항상 병행하는 것은 아니다. 예를 들어, 높은 실적을 올린 사람이 빨리 승진하는 것이 창의적이지 못하지만 충성심을 가지고 열심히 일하는, 경력이 높은 사람들에게는 불만이 되기도 한다.

Weber의 이상적 형태(ideal type)에서는 관료제의 각 특징들이 초래할 수 있는 이러한 역기능들에 대해서는 언급되어 있지 않다. 예를 들어, Merton(1957: 199)은 신뢰성과 효율성을 유지하기 위한 구조적 장치들─규칙, 복종, 등급화된 경력, 비정적인 의사 결정 등─이 지나치게 규칙 이행에 집착하는 형태를 통해 소심함, 보수주의 및 기술 지상주의를 초래할 수도 있다고 주장한 최초의 사람들 중의 한 명이다. 〈표 3.1〉

관료제의 특징	역기능	순기능
분업	지루함	전문성
비정성	사기 저하	합리성
권위의 위계	의사소통 단절	복종 및 조정
규칙과 규정	경직성과 목표전치	계속성 및 통일성
경력 지향성	업적과 연공서열 간의 갈등	유인책

표 3.1 Weber의 관료제 모델의 순기능과 역기능

에 Weber의 모형이 가지고 있는 순기능과 역기능들이 요약되어 있다. 이제 '어떤 상황에서 이러한 특징들이 순기능을 발휘하고 어떤 경우 역기능을 낳을까? 라는 질문이 제기된다. 이 질문에 대한 답이 어떠하든, Weber의 모형은 분석의 틀로서뿐 아니라 과학적 연구를 위한 지침으로서 크게 도움이 된다.

규칙의 순기능과 역기능

Weber의 모형이 가지고 있는 분석적 및 연구를 위한 유용성을 설명하기 위해, 여기서는 조직의 규칙에 대해 Gouldner(1954)가 제시한 사항들에 초점을 둔다. 거의 예외 없이, 대규모의 공식 조직들은 조직 행동의 지침이 되는 규칙과 규정 체제를 가지고 있다. 예를 들어, 대부분의 학교구들은 잘 정비된 정책 편람을 가지고 있다. 중요한 기능을 수행하기 때문에, 규칙은 매우 보편적인 현상이 되고 있다.

조직의 규칙은 설명적 기능을 가지고 있다. 즉, 규칙은 간결하고 명확한 용어를 통해 하위자들의 구체적인 의무를 기술한다. 규칙은 일상적인 명령을 반복하는 것을 필요 없게 해준다. 또한 규칙은 경솔하게 이루어질 수 있는 구두를 통한 명령보다 더 명확하고 신중하게 결정된 생각들이기 때문에 역할 수행의 지침이 되는 의사소통 체제가 된다.

규칙의 두 번째 기능은 차단(screen), 즉 행정가와 하위자들 간의 완충 역할이다. 규칙은 모든 사람에게 동일하게 적용될 수 있기 때문에 평등주의의 의미를 지니고 있다. 상위자와 하위자를 포함한 모든 사람들에게 동일하게 규칙이 적용되고 반드시 이를 지켜야 한다는 이유로 행정가들은 하위자들의 요구를 거절할 수 있다. 따라서 하위자들의 분노는 비정한 규칙 및 규정으로 돌려진다. Gouldner(1954)에 따르면, 지도자들은 자신들의 우위를 억지로 정당화하려고 하지 않고도 규칙을 통해 자신들의 권위를 인정받는다. 또한 역으로, 하위자들은 모든 인간이 평등하다는 생각을 가지면서 규칙을 통한 지시를 받아들인다.

또한 조직의 규칙은 처벌을 합법화시켜 주기도 한다. 어떤 행동을 할 때 어떤 형태의 제재가 가해질 것이라는 것을 미리 분명하게 하위자들에게 제시했을 때, 처벌은 합법화된다. Gouldner(1954)가 지적한 바와 같이, 특정 행동이 금지되어 있다는 것을 알고 있으면서도 그러한 행동을 했을 때 처벌을 할 수 있다는 것이 우리 문화에 뿌리 깊이 박혀 있는 정서이다. 과거로 소급하여 판단하는 것은 받아들여지지 않는다. 사실, 규칙은 처벌을 합법화시켜 줄 뿐만 아니라 비정적이게 해준다.

규칙은 또한 교섭 또는 "여유(leeway)"를 주는 기능을 한다. 공식적인 규칙을 교섭의 도구로 활용하여, 상위자는 하위자들에게 비공식적인 협조를 얻을 수 있다. 특정 규칙과 규정을 집행하지 않음으로써, 하위자들과 우호 관계를 형성할 수 있고, 이를 통해 상위자들은 자신의 권위를 확대시킬 수 있다. 포기할 수도 있고, 사용할 수도 있는 무언가를 만들어 주기 때문에 규칙은 큰 도움이 된다.

지금까지 논의된 규칙의 순기능에 대응되는 역기능들도 존재한다. 규칙은 수용 가능한 최저 수준의 행동을 설명해 주기 때문에 하위자들의 무관심을 강화하고 지속되게 한다. 자신들에게 요구되는 최소한의 상황을 알고 있기 때문에 계속 무관심한 태도를 보이는 피고용인들도 있다. 이러한 무관심이 하위자들의 적개심과 결합될 때, 규칙의 자의(字意)를 따르는 것이 규칙의 명시된 목표를 위반할 때 발생하는 '조직적인 태업'의 상황이 나타난다(Gouldner, 1954).

비록 규칙이 하위자들로부터 상위자를 보호하는 기능을 하지만, 이러한 보호가 역기능을 가져오기도 한다. **목표전치(goal displacement)**, 즉 수단이 목적화되는 것이다. 규칙을 통해 중요한 의사 결정을 하기 때문에, 행정가들은 규칙의 중요성에만 초점을 두어 다른 중요한 목표들을 고려하지 못할 수도 있다.

규칙이 가지고 있는 보호와 처벌의 기능에서 제기되는 또 다른 역기능은 규칙을 통한 자기 합리화(legalism)이다. 규칙과 처벌이 적용될 때, 하위자들은 자기 합리화를 하기 위해 이들을 받아들이기도 한다. 실제로, 이들은 스스로 '민완 변호사(philadelphia lawyers)'가 되어 자신의 전문 분야와 관련된 안건에서 손쉽게 승리를 거두거나 승리할 가능성이 높다. 극단의 경우, 아무런 행동을 취하지 않은 이유를 규칙에 명시되어 있지 않기 때문으로 돌리는 등 규칙을 이용하여 자기 합리화를 시키기도 한다. 왜 어떤 일을 하지 않았냐고 다른 사람이 물어 보았을 때, "내가 그 일을 해야 한다고 규칙에 나와 있지 않아요"라고 대답한다. 이러한 극단의 자기 합리화는 학교 내에서 건전하지 못한 풍토를 만들어 낸다.

규칙의 "여유" 기능, 즉 비공식적인 협동의 대가로 규칙을 집행하지 않음으로써 규칙 적용이 지나치게 관대해질 위험성을 가지고 있다. 이러한 관대한 태도의 고전적인 예는 규칙이 거의 집행되고 있지 않은 공장을 대상으로 한 Gouldner의 연구에 잘 나타나 있다. 이 공장에서는 비록 상위자와 하위자 간의 관계는 우호적이었지만, 생산성이 크게 떨어졌다. 규칙의 순기능과 역기능은 〈표 3.2〉에 제시되어 있다.

교육 행정가들은 관료적 규칙이 가지고 있는 부정적인 결과들을 어떻게 피하고 미리 대처할 것인가에 대해 배워야 한다. 또한 이들은 다음과 같은 질문도 생각해 보아야 한다: 어떻게 하면 규칙이 가지고 있는 순기능적 결과들을 최대화하면서 역기능적 결과들을 최소화할 수 있을까? Gouldner(1954)의 연구는 이러한 질문에 대해 어느 정도 지침을 제시해 준다. 그는 처벌 중심적인 형태의 규칙이 부정적인 결과를 초래할 가능성이 가장 크다고 주장한다. 작업자 또는 행정가들 중 어느 한 집단이 다른 집단의 복종을 이끌어 내기 위해 처벌 중심적인 형태의 규칙을 발의하며, 규칙을 어겼을 경우에는 다른 집단에 의해 규칙을 어긴 해당 집단은 처벌을 받게 되고 갈등과 긴장 상태가 나타난다.

한편, **대의적 규칙**(representative rules)은 근로자와 행정가들에 의해 발의되고 지지되는 규칙이다. 비록 이러한 규칙도 행정가들에 의해 집행되고 하위자들이 준수해야 하는 것들이지만, 규칙을 어긴다는 것이 정보가 부족하다는 식으로 해석되기 때문에 필요한 사항들을 가르치려는 노력이 이루어진다. 대표성을 띠는 규칙은 공동으로 발의가 되었고, 일반적으로 관련 집단들에 의해 지지를 받으며, 하위자들에게 권한을 부여해 주기 때문에 역기능적 결과를 초래할 가능성이 가장 낮다고 할 수 있다. 따라서 **처벌 중심적인 규칙**(punishment-centered rules)에 반대되는 대표성을 띤 규칙들은 여러 가지 의도하지 못했던 역기능적 결과들을 낳기보다는 원하는 순기능적 결과를 이끌어낼 가능성이 보다 높다고 할 수 있다.

표 3.2 규칙의 이중성

순기능	역기능
설명 ←——————————→	무관심 강화
보호 ←——————————→	목표전치
처벌 합법화 ←——————————→	자기 합리화
여유 ←——————————→	방종

TIP: 이론의 적용

현재 학교에서 유용하게 사용하고 있는 규칙을 세 가지 생각한다. 이들은 왜 도움이 되고 있는가? 그 다음, 문제를 불러일으키는 규칙을 세 가지 생각한다. 이들은 왜 문제를 불러일으킬까? 당신이 교장이라면 학교 규칙을 설정할 때 어떤 기준을 사용할 것인가?

요약하면, 규칙은 효과적인 학교 행정을 위해 필요하지만, 절대불변의 것은 아니다. 〈표 3.3〉에 제시된 관료적 규칙을 활용하여 발전시켜 안내 기준으로 사용하길 바란다.

비공식 조직을 충분히 고려하지 않음

Weber의 관료제 모델은 비공식 구조를 고려하지 않았다는 비판을 받고 있다. **비공식 조직(Informal organization)**은 모든 공식 조직에서 자연적으로 형성되는 대인관계 체제이다. 비공식 조직은 조직 구조도(organizational chart)나 공식적인 청사진에 나타나 있지 않은 체제이다. 이는 작업장에서 이루어지는 상호작용 속에서 나타나는 참여자들의 요구에 의해 형성되는 자연적인 질서 체제 또는 구조이다. 비공식 조직도 구조적, 규범적, 행동적 범주들을 포함하고 있다. 즉, 이는 비공식 구조, 비공식 규범과 비공식적인 지도성 형태를 가지고 있다(Scott, 1992). 학교 내의 교사, 행정가와 학생

표 3.3 규칙 개발 및 활용을 위한 열 가지 지침

1. 대부분의 규칙에는 예외가 있다: 이들을 확인한다.
2. 규칙이 제대로 작용하지 않을 때가 있다: 규칙 적용을 정지시킨다.
3. 부주의함을 가져오는 규칙들도 있다: 이러한 규칙을 피한다.
4. 계속 주의를 기울여야 하는 규칙들도 있다: 이러한 규칙을 개발한다.
5. 상당수의 규칙들이 불필요하게 된다: 이들을 폐지한다.
6. 일부 규칙은 긍정적인 결과를 가능하게 한다: 이러한 규칙을 만든다.
7. 일부 규칙은 의존성을 증진시킨다: 이들을 인식한다.
8. 일부 규칙은 즐거운 분위기를 만들어 낸다: 이러한 규칙을 만든다.
9. 규칙은 선례를 만들어 낸다: 만약 선례가 좋지 않다면, 규칙을 변화시킨다.
10. 규칙은 기준으로서는 좋지만 행동을 지시해서는 안 된다.

절대적인 규칙: 이러한 예외 사항을 제외하고는, 절대적인 규칙이란 없다.

출처: Hoy, 2010, www.waynehoy.com.

들은 지위, 권한 관계, 의사소통, 업무 배열 및 구조 등의 측면에서 자신들 고유의 비공식 체제를 만들어 낸다.

비공식 조직의 발전

사람들이 조직 내에서 상호작용을 함에 따라, 행동에 상당한 영향을 미치는 일련의 비공식적인 관계들이 나타난다. 공식적인 것뿐 아니라 비공식적인 역할, 규범, 가치 및 지도자들 모두가 개인의 행동에 영향을 미친다. 비공식적 관계는 의사소통, 협동 및 경쟁과 같은 사회적 상호작용의 형태로 이루어진다. 공식 조직 내에 함께 소속되어 있다면, 그 속에서 자연적으로 비공식적인 상호작용이 이루어진다. 사람들은 서로에게 개인적 사항이나 사회적 쟁점들에 대해 이야기한다. 따라서 좋아하는 사람도 있고 싫어하는 사람들도 생기게 된다. 일반적으로 사람들은 자신들이 좋아하는 사람들과는 계속 상호작용을 하려 하고, 싫어하는 사람들과는 상호작용을 피하려고 한다. 이러한 비공식적인 사회적 상호작용은 집단 구성원들 간의 사회적 상호작용상에 차이를 낳게 되며, 집단 내에서 이루어지는 비공식적인 지위 구조를 결정한다.

따라서 집단 내에서 한 구성원의 지위는 다른 구성원들과의 상호작용의 빈도, 특성 및 지속 정도 그리고 다른 구성원들에게 존경을 받는 정도에 따라 달라진다. 결과적으로, 집단의 일부 구성원들은 인기가 높지만, 일부는 그렇지 않다. 또한 일부는 존경을 받지만, 그렇지 않은 사람들도 있다. 지도자가 되는 사람도 있고, 일부는 추종자가 된다. 그리고 소외되는 사람들도 있지만, 대부분의 사람들은 한 집단의 구성원이된다.

비공식적인 상호작용은 하위 집단을 만들어 낸다. 즉, 조직 내부에 소규모의 집단들이 생겨나고, 이들 중 일부는 다른 집단에 비해 보다 높은 지위, 권력 및 중요성을 지니게 된다. 소집단의 구성원이 됨으로써 이들 집단이 가지고 있는 영향력을 통해 전체 조직 내에서 특정한 지위를 차지하게 된다. 요약하면, 개인과 집단들 간의 상이한 상호작용 형태 및 이러한 형태에 의해 특징지어지는 지위 구조가 비공식 조직의 사회적 구조를 결정한다.

사회적 구조와 더불어, 행동의 기준이 되는 규범적인 성향도 나타난다. 개인들이 사회적 상호작용을 함에 따라, 대부분의 사람들이 공감하는 바람직하고 수용 가능한 행동에 대한 개념이 나타난다. 이상적인 상황을 정의하기 위해 공통의 가치(value)가 나타나며, 여러 다양한 상황에서 개인들의 행위를 규정하는 사회적 규범(norm)이 나타난다. 규범은 두 가지 중요한 특징을 가지고 있다: 적절한 행동이 어떤 것이고, 이러한 목표를 집행하는 체제에 대한 일반적인 합의. 때로는 규범과 가치 간의 차이를 명확하게 구분할 수는 없지만, 일반적으로 가치는 인간 행동의 목표로 정의되며, 사회적 규범은 이러한 목표를 달성하기 위한 합법적이고 명확한 수단이 된다(Blau와 Scott, 2003). 끝으로, 집단의 통합을 이끌어 내는 공유된 일반적인 가치 및 규범과 더불어, 집단 내에서 개인이 차지하는 지위 및 역할에 따라 일련의 기대가 다양하게 나타난다. "업무 책임자"의 역할과 "분위기를 화기애애하게 만드는" 역할은 동일하지 않다. 또한 지도자의 역할은 추종자들의 역할과 상당한 차이가 있다. 간단히 말해서, 비공식 조직의 주요 구성요인은 집단의 사회 구조와 규범적 성향이다.

학교 상황에서의 가설적인 예

교육감이 새로운 학교장을 임명하고, 이 학교장이 전체 교직원들을 임명하고, 직원들은 서로에 대해 잘 알고 있지 못하는 신설 학교의 상황을 생각해 보자. 학년 초, 이 학교는 학교 및 직무에 관련된 공식적인 요구 조건들에 의해 함께 모아놓은 개인들의 집합에 지나지 않는다. 그러나 곧 교사 집단은 이 집단을 구성하고 있는 개인들의 합 이상으로 변한다. 교사들의 행위는 학교가 설정한 공식적인 기대에 의해 결정될 뿐 아니라 참여자들이 상호작용을 함에 따라 자연적으로 발생한 비공식 조직에 의해서도 영향을 받게 된다.

　학기가 시작됨에 따라, 교직원들은 함께 업무를 수행하고, 각종 회의에 참여하고, 식사를 함께 하며, 교무실이나 휴게실에서 친교활동을 하며, 학교 교육 활동 계획을 세우기 시작한다. 교사들의 관계는 교무실(휴게실), 교사 식당, 도서관과 학급 배치 등과 같은 학교의 물리적 특징, 학년 및 교과 조직, 팀티칭과 과외활동에 대한 책임과 같은 업무와 관련된 기술적 측면 그리고 교육감과 학교장의 지도성 유형과 같은 사회적 요인들에 의해 어느 정도 결정된다. 학교 내에서 교사들 간에 이루어지는 초기의 상호관계는 공식적 활동 및 상호작용의 측면에서 살펴볼 수 있다. 교사들은 자신의 직업을 계속 유지하려는 요구를 가지고 있으며, 공식 체제는 학교의 목적을 달성하기 위해 설립된다. 이러한 공식 조직은 학교의 목적을 달성하기 위해 개발되고 실행되는 권위의 위계, 분업, 공식 규칙과 규정, 비정성, 공식적 의사소통 체제 등으로 이루어진다.

　초기의 공식적 상호관계가 설정된 후 일련의 결과들이 나타난다. 처음 장소로 교사들을 함께 모이게 한 업무와 관련된 분위기와는 차이가 있는 새로운 분위기가 나타난다. 이러한 새로운 분위기는 학교 내에서 다른 교사나 집단들을 좋아하거나 싫어하는 것과 같은 분위기이다. 다른 사람들이 좋아하거나 존경을 받는 교사들도 있다. 동료 교사들은 이들을 따르고, 이들에게서 조언을 구하려고 할 것이다. 이러한 분위기와 행동들은 개인과 집단의 비공식적인 순위를 매기는 데 기초가 된다. 더욱이, 공식 조직에 대한 직접적인 반발로 인해 새로운 비공식 활동들이 나타나기도 한다. 예를 들어, 공식 구조를 통해 정책 결정에 영향을 미치지 못한다면 교사들은 비공식 활동, 의사소통 및 여러 가지 조치를 취할 것이다. 학교 내에서 새로운 형태의 상호작용은 예를 들어, 여러 소규모 집단들의 연합, 비공식적인 의사소통 체계, 비공식 리더십이 중심이 되는 규율체제 그리고 집단들 간의 지위 구조 등을 통해 더욱 정교하게 된다.

비공식 사회 구조의 발달과 함께, 규범적 성향, 즉 교사들 사이에 공유되는 비공식적인 가치와 신념 체계도 나타난다. 교사들 사이에 이상적이고 적절한 행동에 대한 기준도 설정될 것이다. 예를 들어, 교사들은 학생들이 열심히 공부하고, 기초 학습 능력을 갖추고 있으며, 학문 지향적이고, 긍정적인 학생-교사 관계로 특징지어지는 학교를 이상적인 것으로 생각할 수 있다. 이러한 목적을 위해 교사들의 행위의 기준이 되는 규범이 나타난다. 예를 들면, 수업 시간에 심부름 등으로 인해 교실 밖으로 학생을 내보내는 것을 최소화하고, 실질적이고 의미 있는 과제를 제시하고, 질서정연하고 성실하게 학급을 운영하며, 필요한 경우 즉시 학생들에게 보충 지도를 해주는 것 등이다. 만약 교사들이 이러한 규범을 지키지 않는다면 동료 교사들로부터 존경을 잃게 되고, 사회적 제재가 가해질 것이다. 또한 이러한 교사들은 동료 교사들로부터 비판을 받고 따돌림을 당할 수도 있다. 교사들은 특정한 비공식적인 역할을 맡을 수도 있다. 예를 들어, 조직의 공식 구조도에 나와 있지는 않지만 교사 집단의 대표격을 맡은 교사는 학교장과의 연결 고리 역할을 할 수도 있다; 교무 회의를 할 때 학교 정책에 대해 강력하게 비판을 제기하는 교사도 있다; 그리고 특히 긴장 상태에 있을 때, 유머를 통해 분위기를 이완시키는 교사들도 있다.

따라서 비공식 조직은 공식 조직 내에서 나타나며, 공식 조직과 상호작용을 한다. 조직의 규범, 소규모 집단으로의 분화 그리고 개인 및 하위 집단의 지위 등은 직접적으로는 공식 구조에, 간접적으로는 학교의 환경에 의해 좌우된다. 그러므로 필자들은 학교의 공식 구조를 먼저 다루면서, 비공식 조직은 공식 조직 내에서 계속 나타나며 계속해서 공식 조직에 영향을 끼친다고 주장한다. 공식 조직과 비공식 조직은 병행한다. 하지만 조직은 하나밖에 없다. 공식 조직과 비공식 조직을 구분하는 것은 학교 내에서 이루어지는 조직 생활의 역동적인 특징 그리고 계속되는 정교화, 차별화 및 피드백 과정 등에 대한 주의를 환기시켜 주기 때문에 상당히 도움이 된다. 비공식 조직의 역동적인 성격뿐 아니라 공식 조직과의 상호작용은 [그림 3.1]에 요약되어 있다.

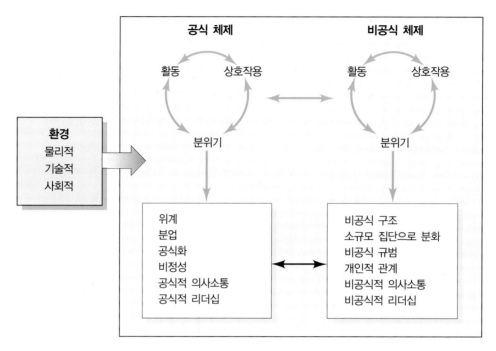

그림 3.1 공식 조직과 비공식 조직의 구성요소

비공식 조직은 공식 조직에 긍정적인 영향을 줄 수도 있고 부정적인 영향을 줄 수도 있다. 예를 들어, Hawthorne 연구(1장 참조)는 비공식 조직이 생산량을 제한한다는 것을 보여준다. 그러나 비공식 조직이 관료 조직의 효율적인 운영뿐 아니라 변화 과정에 긍정적인 역할을 하고 있다는 증거들도 있다. 조직에 대한 고전적인 이론적 분석을 시도했던 Chester Barnard(1938)는 비공식 조직은 적어도 세 가지 중요한 기능을 한다고 주장하였다.

- 의사소통을 촉진하는 효과적인 수단: 소식을 잘 전달한다.
- 조직의 응집력을 키우는 수단: 비슷한 생각을 가진 개인들은 응집력 있는 집단을 만든다.
- 개인들이 가지고 있는 인간적인 측면들을 보호하는 장치: 비공식 네트워크는 참여자들이 자신들을 진실하게 표현할 수 있게 한다.

학교와 같은 조직의 공식적인 의사소통 체제는 일반적으로 충분하지 않으며 따라서 비공식 의사소통 체제에 의해 보충될 수밖에 없다. 사실, 소위 말하는 비밀 경로(grapevine)인 비공식적인 의사소통 체제는 공식적인 의사소통 체제가 얼마나 정교한가에 관계없이 모든 조직 내에 존재하며(Iannaconne, 1962; Hoy와 Forsyth, 1986;

Robbins, 1998), 효과적인 조직에서는 긍정적으로 활용된다(Peters와 Waterman, 1991). 비공식 구조는 공식적으로 규정된 규정과 절차들이 가지고 있는 문제점들을 보완해 주는 통로 역할을 한다. 공식적인 틀 내에서는 효율적인 의사소통이나 해결이 불가능한 문제들이 많이 발생한다. 따라서 비공식 구조의 중요성이 더욱 커진다. 공식적 의사소통은 '일련의 명령의 위계'를 거쳐 이루어지는데, 이는 일반적으로 여러 과정을 거쳐야 한다. 비공식적인 경로를 통해 공식적인 의사소통 통로가 가지고 있는 문제점들을 보완하는 것이 중요한 문제들을 해결하기 위해 아주 필요한 것처럼 보일 때도 있다(Page, 1946; Peters와 Waterman, 1982). 식견과 융통성을 갖춘 행정가들은 이러한 비공식 경로를 활용하며, 그로 인해 규정대로만 조직을 운영하는 행정가들이 경험하게 되는 관료적 좌절감을 피할 수 있다. 의사소통 수단으로서 비공식 경로는 효율적인 장치가 된다. 말하자면, 비공식 조직은 조직의 중요한 목표를 실행하기 위한 중요한 장치이다.

또한 비공식 조직은 응집력을 높일 수 있다. 사회적 관계 형태는 보통 친목, 협동과 집단의 유지를 강조한다. 비공식 조직은 자연적으로 나타나며, 구성원들이 함께 공유하고 있는 이해관계와 우정에 바탕을 두고 있다. 비공식 조직은 교실이 가까이 있거나, 어떤 사람과 친하게 지내거나, 점심 식사를 같이 하거나, 출퇴근을 같이 하거나, 그 외의 우연한 활동 등과 같은 사소한 일들을 통해 형성된다. 이러한 상황과 이에 수반되는 사회적 관계는 어떤 집단에 소속되어 있다는 느낌을 주는 친근하고 따뜻한 분위기를 만들어 냄으로써 교사들을 결속시키는 사회적 접착제 역할을 한다. 즉, 비공식 집단의 부산물로 구성원들 간의 응집력과 결속이 이루어진다(Boyan, 1951; Robbins, 1998).

비공식 조직은 개인적인 성향, 자존심 그리고 독립심을 유지시켜 주는 기능을 한다(Barnard, 1938). 공식 조직과는 달리, 위계, 비정성과 공식적 권위가 비공식 조직을 지배하지는 못한다. 반대로, 비공식 조직은 구성원들이 가지고 있는 개인적 요구의 부산물이다. 이는 개인을 비인간화시키려고 하는 조직의 요구에 대해 교사들이 자신들의 개인적 성격을 유지할 수 있게 하는 수단이 된다(Hoy와 Forsyth, 1986).

비공식 조직은 존재한다. 이는 제거하거나 억압해야 할 적이 아니다. 오히려, 이는 효율성을 증진하는 데 도움이 된다. 비공식 조직의 합리적이지 못한 측면 때문에 이를 무시하고 순전히 기계적인 합리성과 공식적인 기준에 따라 학교와 같은 공식 조직을 운영한다는 것은 합리적이지 못하다(Blau, 1956). 공식 조직이 효율성, 예측가능성, 통제, 구체성, 질서, 위계 관계와 합리성을 강조하는 반면, 비공식 조직은 적응성, 혁신, 자발성, 협동적 관계와 감정을 강조한다(Katzenbach와 Khan, 2010). 이론적인 측면에서, 학교를 구성하고 있는 공식적인 요인과 비공식적인 요인들을 모두 활용할 때 행정 실무를 향상시킬 수 있다는 것이 필자들의 입장이다. 즉, 효과적이기 위해서는 이 둘을 혼합해야 한다.

요약하면, 비공식 조직은 공식 조직에 여러 가지 장점을 제공한다. 따라서 행정가들은 다음과 같은 행동을 명심해야 한다.

- 공식 조직과 비공식 조직을 결합한다.
- 공식 조직을 설계할 때 효과적인 비공식 조직의 관행을 사용한다.
- 공식적 권위를 확대하기 위해 비공식 조직을 활용한다.
- 빠르고 효율적인 의사소통을 위해 비공식적 의사소통 망을 활용한다.
- 응집성과 팀워크를 증진시키기 위해 비공식 조직을 활용한다.

TIP: 이론의 적용

현재 학교에서 비공식 지도자는 누구인가? 이들은 왜 지도자인가? 이들은 학교장과 어떻게 지내고 있는가? 현재 학교의 비공식 정보망을 설명해 보라. 각 파벌들은 어떻게 지내고 있는가? 현재 학교의 비공식 조직을 어떻게 설명하겠는가? 당신은 어느 비공식 조직에 어울리는가?

관료제 모델의 이중적 구조

Weber의 모형에 대해 자주 제기되는 또 다른 비판은 일부 관료제 원리들 간의 내적 모순점이다. Weber에 따르면, 자신이 제시한 이상적 형태가 갖는 모든 특징은 논리적으로 일관되고 조직의 효율성을 최대화하기 위해 상호작용을 한다. 그러나 이론적·경험적 연구들은 실제는 그렇지 않으며, 조직이 운영되는 실제 상황에서는 여러 가지 조정이 이루어지고 있다는 것을 밝히고 있다.

Talcott Parsons(1947)와 Gouldner(1954)는 관료제의 기본 원리가 기술적 능력과 지식에 근거한 권위인지 아니면 합법적 권력과 규율에 바탕을 둔 권위인지에 대해 의문을 제기한다. Weber(1947: 339)는 "관료 행정은 기본적으로 지식에 근거한 통제를 의미한다"라고 주장한다. 다른 한편, Weber는 "모든 개인적인 비판들이 예외 없이 중지되고, 명령 실행을 위해 행위자들을 적절하게 배치하는 등 규율은 일관되게 합리화되고 일정한 방식에 따라 훈련되며 하달받은 명령을 수행하게 하는 복종을 이끌어 낸다"고 주장한다(Gerth와 Mills, 1946: 196). 따라서 Weber는 규율뿐 아니라 전문적인 기술의 중요성도 주장하고 있다. 관료적 행정은 전문 기술에 바탕을 둔 것일까 아니면 지시에 대한 훈련된 복종에 근거한 것일까? 만약 기술적 능력과 전문 기술에 근거한 권위와 위계상의 지위에 바탕을 둔 권위 간에 갈등이 존재한다고 가정한다면, 이러한 갈등과 모순의 원인은 Weber 모형의 핵심적인 부분인 이들 두 가지 권위에 기반을 두고 있다. 사실, Gouldner(1954)와 Constas(1958)는 Weber가 은연중에 하나가 아닌 두 가지 형태의 관료제를 기술하고 있다고 주장하고 있으며, 이는 여러 가지 경험적 연구들에 의해 증명되기도 하였다(Stinchcombe, 1959; Udy, 1959).

이와 비슷하게, Weber 모형의 이중적 성격을 분석한 Blau와 Scott(1962)은 Weber가 관료적 원리와 전문적 원리를 차별화하는 데 실패하였다는 결론을 내렸다. 비슷한 맥락에서, 이들은 관료적 규율과 전문적 기술은 불확실한 상황에 대처하기 위한 대안적인 방법이라고 주장하였다. 규율이 불확실성의 여지를 줄여주는 반면, 전문 기술은 불확실성을 처리할 수 있는 지식을 제공해 준다. 문제의 핵심은 일반적으로 전문가들이 관료 조직의 피고용인으로 있다는 것에서 기인하는 것 같다. 따라서 일반적으로 이러한 대안적인 합리적 양상은 혼합된 형태로 나타나며, 이로 인해 긴장과 갈등이 나타나기도 한다. 가장 전형적인 예는 학교장이다. 교장의 권위는 관료적 지위에서 나오는가 아니면 전문적인 기술에 바탕을 두고 있는가? 이러한 두 부분이 혼합되어 있다는 것은 분명하며, 이로 인해 어느 정도 문제점들을 낳고 있다.

관료제에 대한 여권 주창자들의 비판

여권 주창자들은 현대 조직에서 능력을 갖춘 여성들이 그에 합당한 처우와 보상을 받고 있지 못하고 있다는 일반적인 비판을 넘어서 관료 조직의 근본적인 측면들에 대해 비판을 제기하고 있다(Scott, 1992, 1998). 예를 들어, Joanne Martin(1990b; Martin과 Knopoff, 1999)은 비록 Weber가 전문 기술에 바탕을 두었기 때문에 성에 대해서 중립적이며 보편적이라고 관료제의 핵심적인 특징을 분석하고 있지만, 여성들은 차별을 받고 있다고 주장한다. 직무 유지를 위한 자격 요건으로 상당한 훈련과 전적으로 (full-time) 업무에 전념할 것을 강조하기 때문에 일반적으로 여성들은 가정을 돌볼 책임과 업무 간의 갈등에 직면하게 되며, 따라서 여성들에게는 지장을 준다는 것이다. 여성들은 훈련 프로그램에 참여할 수 있는 기회를 동일하게 갖지 못하며, 직장은 공적이고 남성적인 것으로, 가정은 개인적이자 여성적인 것으로 간주하는 등 관료제에 대한 논의는 흔히 직장과 가정의 책임 간의 상호의존성을 간과하고 있다(Bose, Feldberg와 Sokoloff, 1987; Martin, 1990a). 따라서 관료제는 임용 및 승진 기준뿐 아니라 이러한 기준을 선택했다는 것 자체에서 성차별적인 성향을 보이고 있다(Scott, 1992).

또한 여권 주창자들은 관료 구조는 남성 지배 체제를 영속화한다고 주장한다. 예를 들어, Ferguson(1984)은 권위, 규칙, 규정과 합리성을 강조하는 관료제는 가부장적 지배를 재창출하고 있다고 주장한다. 관료제 구조는 남성 중심의 가치와 장점에 우선권을 두고 있다. Scott(1992: 325)은 "불평등, 위계, 비정성 등 조직 구조의 원리는 개인적인 유대 관계 및 평등주의와 같은 여성들의 가치 특성을 반영한 다른 조직화 방법들을 가치절하하고 있다"고 설명하고 있다. 같은 맥락에서, Ferguson(1984)은 관료적 통제는 참여자들을 여성화시킴으로써, 즉 참여자들을 단정적이지 않고 (nonassertive) 의존적으로 만듦으로써 사회 생활을 침해하고 있다고 주장한다. 사실, 여성들은 여성적 특성이 하위적이고 남성적 특성을 지배적인 것으로 간주하는 구조에 의해 지원적인 역할을 할 수밖에 없다는 것이다. 독립심, 합리성과 경쟁 등과 같은 남성적 특성이 관료제의 지배적인 수단적 특징이 되고 있는 반면, 의존성, 감정 및 협동과 같은 보다 여성적인 특성은 종속적인 특징으로 간주된다. 경쟁 및 독립심과 같은 성취의 표시는 여성들이 가지고 있는 애정을 표현하는 행위들과는 상당한 차이를 보인다(Gilligan, 1982; Ferguson, 1984). 사실, 여성적인 측면은 여성을 압박하는 관료제에 의해 평가절하되고 억압된다. 관료제는 봉사하는(caring) 기관이 아니라 가부장제를 재생산하고 지배 형태를 강화하는 것이다(Clark 외, 1994).

학교 내의 공식 구조

학교는 관료 조직이 가지고 있는 여러 가지 특징들을 가지고 있는 공식 조직이다. 예를 들어, 이 장의 앞에 제시된 Weber의 모형이 가지고 있는 특징들을 활용하여, Max Abbott(1965a: 45)은 "오늘날 우리가 알고 있는 바와 같이 학교 조직은 아주 발전된 형태의 관료 조직이라고 할 수 있다. 따라서 군대, 기업체 및 정부 기관 등과 동일한 특징들을 많이 가지고 있으며, 이러한 조직들이 사용하는 전략들도 많이 활용한다"고 결론을 내렸다. 관료제 모델은 대부분의 학교 행정가들이 채택하고 있는 모형이며, 이러한 이유에서 학교 내의 행위를 분석하는 데 이 모형이 사용된다(Abbott, 1965a; Miles, 1965; Firestone과 Herriott, 1981; Abbott과 Caracheo, 1988; Corwin과 Borman, 1988).

모든 하위자들은 자신들의 상급자들보다 전문적 기술이 낮다는 것이 관료제의 기본적인 가정이다. 이러한 가정은 학교에 적용되지 않으며, 다른 전문 조직에도 적용되지 않는다. 이와 반대로, 전문가들은 조직의 상부에 위치한 행정가들보다 능력이 우수하고 더 높은 전문적 기술을 가지고 있는 경우가 많다. 따라서 학교 내에서 교사와 행정가들 간에 긴장 및 갈등이 일어나는 것이 놀랄 만한 것은 아니다.

　학교가 관료적이냐 비관료적이냐를 따지기보다 Weber 모형의 중요한 구성 요인들을 기준으로 하여 관료화의 정도를 살펴보는 것이 보다 유익한 접근 방법이다. 이러한 접근 방식은 조직 구조 형태상의 차이를 제공해 준다. 구조를 체계적으로 연구한 이론가와 연구자들 중에는 Richard H. Hall(1962, 1987, 1991), Wayne K. Hoy와 Scott R. Sweetland(2000, 2001), Henry Mintzberg(1979, 1989) 등이 있다.

관료 구조에 대한 Hall의 연구

관료화의 정도를 측정하고자 하는 초기에 이루어진 체계적인 연구들 중의 하나는 관료 구조의 여섯 가지 중요한 특징을 측정하기 위해 조직 조사표를 개발한 Hall(1962)의 연구이다: (1) 권위의 위계, (2) 전문화, (3) (조직 내에서 각종 역할을 맡고 있는) 직원들을 위한 규칙, (4) 과정 상세화, (5) 비정성, (6) 기술적 능력. D. A. MacKay(1964)는 학교의 관료화에 대한 연구에서 이러한 조직 조사표를 수정하여 사용하였다. 그는 여섯 가지 범주를 조정한 질문지인 학교 조직 조사표(School Organization Inventory: SOI)를 이용하여 학교 내의 관료적 형태를 측정하였다.

　학교가 가지고 있는 이러한 관료적 특성들의 상호 관련성에 대한 경험적 연구들도 이루어졌다(Kolesar, 1967; Isherwood와 Hoy, 1973; Abbott과 Caracheo, 1988). 이러한 연구들은 완전히 통합된 하나의 관료제 형태가 아닌 어느 정도 독특한 형태를 가진 두 가지 형태의 합리적 조직이 존재한다는 것을 밝히고 있다. 권위의 위계, 직원들을 위한 규칙, 과정 상세화와 비정성이 비슷한 형태를 보였으며, 전문화와 기술적 능력도 유사한 형태를 보였다. 그러나 이들 두 집단은 독립적이거나 부적인 상관관계를 가지고 있는 것으로 밝혀졌다.

조직 유형

다른 조직들과 마찬가지로 학교에서도 Weber가 제시하는 이상적 유형의 구성 요인들이 반드시 내적으로 서로 연결된 형태를 띠는 것은 아니다. 반대로 상이한 형태의 합리적 조직들이 나타난다. 이러한 결과는 〈표 3.4〉에 요약되어 있다.

표 3.4 학교 상황에 나타나는 두 가지 유형의 합리적 조직	
조직 특성	**조직 형태**
권위의 위계	관료적
직원들을 위한 규칙	
과정 상세화	
비정성	
기술적 능력	전문적
전문화	

〈표 3.4〉에서, 필자들은 첫 번째 유형의 특징들을 "관료적"으로, 두 번째 유형은 "전문적"으로 분류하였다. 이러한 구분은 전문 기술과 능력에 바탕을 둔 권위와 위계 내의 직위에 바탕을 둔 권위 간에 갈등이 일어날 수 있다는 것과, 전문화(profession-alization)와 관료화는 양립할 수 없는 것일 수도 있다는 사실을 다시 한 번 상기시킨다. 관료적 형태와 전문적 형태를 단일 관료제 모델로 통합하려는 것은 학교들 간의 중요한 차이를 덮어두려는 것과 같다. 사실, 합리적 조직과 행정을 두 유형으로 분류함으로써 이러한 두 유형을 종합하여 살펴볼 수 있게 된다. 예를 들어, [그림 3.2]에 제시되어 있는 것처럼, 각 유형을 두 부분으로 나누면 네 가지 형태의 조직 유형이 나타난다.

Weber형 학교 구조는 전문화와 관료화가 상호 보완적인 관계에 있는 구조이다. 양 차원이 모두 높다. 이 유형은 Weber가 기술한 이상적 유형(ideal type)과 비슷하다. 따라서 필자들은 이 모형을 **Weber형 구조(Weberian structure)**라고 명명한다.

권위주의형 구조(authoritarian structure)는 관료적 권위를 강조한다. 권위는 직책

		전문적 유형	
		높음	낮음
관료적 유형	높음	Weber형	권위주의형
	낮음	전문형	혼돈형

그림 3.2 학교 조직 구조 분류

과 위계에 토대를 두고 있다. 규칙, 규제 및 명령에 대한 복종이 조직 운영의 기본 원리가 된다. 권력은 집중되어 있고 상명하달식으로 운영된다. 규칙과 절차가 객관적으로 적용된다. 감독자가 항상 최종 결정을 한다. 또한, 일반적으로 조직과 상급자들에게 충성을 해온 사람들이 행정직으로 승진을 한다. 여러 면에서 이러한 권위형 구조는 Gouldner(1954)가 제시한 처벌 중심적 관료제와 유사점을 가지고 있다.

전문형 구조(professional structure)는 실질적인 의사 결정권이 전문직원들에게 위임되는 구조이다. 직원들은 조직의 중요한 의사결정을 할 수 있는 전문 기술과 능력을 가진 전문가로 간주된다. 규칙과 절차는 동일하게 적용되는 엄격한 형태가 아니라 어떤 기준으로서의 역할을 한다. 교사들은 조직의 의사결정 과정에 상당한 영향력을 행사한다. 요약하면, 지식과 전문 기술을 가진 사람들에 의해 의사결정이 이루어진다. 필자들은 이러한 유형을 전문적 학교 구조라고 명명한다.

끝으로, **혼돈형 구조(chaotic structure)**는 전문화와 관료화가 모두 낮으며, 따라서 혼란과 갈등이 일상적인 조직 운영의 특징이 된다. 모순, 반목 및 비효과성이 조직 전반에 퍼져있다. 일반적으로 다른 구조 유형으로 이동하도록 압력이 가해진다.

이러한 분류 방법은 서로 차이를 보이는, 교사와 학생들에게 상이한 결과를 가져다줄 수 있는 네 가지 학교 구조를 제시하고 있다. 예를 들어, Henry Kolesar(1967)는 전문적 학교 구조보다는 권위주의적 학교 구조에서 학생들의 무기력감이 더 높다는 것을 발견하였다. Geoffrey Isherwood와 Wayne K. Hoy(1973)는 두 가지 유형의 학교에서 교사들 간에는 별 차이가 없다는 결과를 제시하였다. 전반적으로, 교사들 사이의 무기력감은 전문적 구조보다는 권위주의적 구조에서 훨씬 높았다. 그러나 조직 및 사회 지향적인 교사들은(조직 및 가정과 친구들이 가지고 있는 가치와 목적에 자신을 동일시하는) 권위주의적 구조에서 전문성 지향적인 교사들보다 무기력감을 적게 느끼는 것으로 나타났다. 개인의 작업 성향이 조직 구조와 소외 간의 관계를 조정하는 것이 확실하다. 조직 지향적인 성향을 가진 교사들은 권위주의적 구조와 절차 등에 의해 소외되지 않을 수도 있으며, 상당히 만족을 느낄 수도 있다. 관료화 정도가 약한 조직보다 관료화 정도가 강한 조직에 있는 교사들이 보다 많은 권력 의식을 가지고 있다는 Gerald H. Moeller와 W. W. Charters(1966)의 연구 결과는 이러한 생각을 지지해 준다.

학교 조직 구조는 학생들의 학업 성취에도 영향을 줄 수 있다. 매우 관료화된 구조가 학생들의 학업 성취 및 변화에 부정적인 영향을 줄 수 있음을 밝히는 연구(Mackay, 1964; B. Anderson, 1971; MacKinnon과 Brown, 1994)들도 있다. 끝으로, 전문화(전문적 형태)와 집권화(관료적 형태)는 어느 정도 부적인 상관관계를 가지고 있다는 증거들이 계속 나타나고 있다(Hage, 1980; Corwin과 Herriott, 1988; Hall, 1991).[1]

학교 구조의 변화

학교의 구조를 네 가지 구조 유형으로 분류하는 것은 여러모로 도움이 된다. 이러한 분류 방법들은 학교 발전을 위한 이론적인 토대를 마련해줄 수 있다. 혼돈형 구조는 비효과적이며 신속한 조치를 취하도록 기대된다. 교육위원회는 현재의 무질서한 형태에 질서를 가져오도록 조직 안팎으로부터 상당한 압력을 받게 될 것이다. 이에 대한 일반적인 방법은 "새로운 리더십"을 구하는 것이다. 즉, 혼돈형 구조는 권위주의형 구조로 옮겨갈 것이다.

권위주의적 구조는 기계적(mechanistic)이다. 권력과 권위는 거의 전적으로 엄격하게 연결되어 있는 조직 구조에 근거하고 있다. 행정가들에 의해 일방적인 의사 결정이 이루어지며, 교사들은 반론 없이 이러한 행정가들의 지시를 따르도록 기대된다. 일반적으로 각종 관계는 공식적, 비정적, 수직적이다. 관료적 권위에 바탕을 둔 일련의 명확한, 공식적인 목표들이 조직 행위의 기준이 된다. 일정, 규칙 및 절차 등의 행정 업무를 통해 수업이 조정된다. 혼돈형 구조에서 나타나는 것보다 더 낮은 수준의 갈등이 기대되나, Weber형 및 전문형 구조보다는 높게 나타난다. 환경이 지원적이고, 안정적이며 단순하다면, 학교 효과성은 중간 정도일 것으로 예상된다.

학교 구조의 발전상 그 다음 단계는 Weber형 구조이다. 이 유형에서는 집권화와 전문화의 요인들이 균형을 유지하고 있다. 위계, 규칙, 절차 및 비정성과 같은 관료적 속성들이 교사들의 기술적 능력 및 전문성을 보완해 준다. 공동의 이익과 공유된 목적을 위해 행정가들과 교사들은 의사 결정에 동참한다. 교사들과 행정가 간의 갈등은 적으며, 조직의 각 부분들은 다소 타이트하게(tight) 연결되어 있다. 요약하면, 공식적 및 비공식적 특징들이 통합되어 있는 것이다. 학교 효과성은 높을 것으로 예상되며, 단순하고 안정적인 환경하에서 가장 효과적으로 기능한다.

대부분의 사람들은 무질서보다는 질서를 선호한다. 따라서 혼돈형 구조에서 권위주의형 구조로의 이동은 상대적으로 간단하게 이루어진다. 그러나 권위주의형 학교 구조에서 Weber형 또는 전문형 구조로의 이동은 훨씬 더 어렵다. 필자들의 경험과 연구(Isherwood와 Hoy, 1973; Firestone과 Herriott, 1982; Hoy, Blazovsky와 Newland, 1983; Abbott과 Carecheo, 1988; Hoy와 Sweetland, 2000, 2001)들로 살펴볼 때, 대부분의 학교들은 기본적으로 권위주의형에 머물러 있다. 이들 학교는 쉽게 Weber형 또는 전문형 구조로 전환하지 못하는 상명하달식 구조를 띠고 있다. 이와 함께 외부 환경 요인도 학교 구조에 영향을 미치고 있다. 1990년대에는 교육 개혁의 일환으로 교사들에 대한 권한 부여(Goldring과 Chen, 1992), 학교자율경영제(Malen, Ogawa와 Kranz, 1990, Malen과 Ogawa, 1992), 분권화(Brown, 1990; Hill과 Bonan, 1991; Bimber, 1993)와 일반적인 학교 재구조화(David, Purkey와 White, 1989; Clune과 White, 1990) 등의 형태로 학교를 보다 전문적인 구조로 변화시키고자 하는 요구들이 제기되었으나, 「No Child Left Behind」와 「Race to the Top」 법안의 제정 이후에는 집권화를 강조하는 세력들의 영향력 증대로 인해 제 목소리를 내지 못하고 있다.

교직이 보다 전문직화되어 감에 따라, Weber형에서 전문형 구조로 변화가 이루어 질 수도 있다. 전문형 구조는 이완되고, 유동적이며 비공식적이다. 전문가인 교사들 이 의사 결정을 통제한다. 사실, 대부분의 권력은 교사 집단에 의해 행사된다. 행정가 의 핵심 역할이 교사들에게 봉사하고 교수-학습 과정을 촉진하는 데 있다는 의미에 서, 행정가들은 교사에게 종속되어 있다. 여러 가지 학교 활동들을 통합하는 책임은 교사들에게 있다. 전문형 구조는 고도로 전문화된 직원, 다양한 목표, 교사들의 자율 성과 수직적이 아닌 수평적 관계를 특징으로 하는 복잡한 조직이다. 결과적으로, 이 러한 조직의 효과성은 교사들의 전문 기술, 헌신 및 봉사에 달려 있다. 조직 내의 전 문가들을 신뢰하는 전문형 조직은 안정적이고 복잡한 환경에서 높은 효과성을 가져 올 수 있다.

필자들은 학교가 혼돈형 구조에서 권위주의형, Weber형, 전문형 구조로 단계적으 로 변화하는 학교 발전 모형을 제시하였다([그림 3.3] 참조). 그러나 이러한 변화가 자 연적으로 일어나는 것은 아니다. 사실, 필자들은 가까운 장래에 학교가 전문형 구조 아니 심지어는 Weber형 구조에 이르는 것도 어려울 것이라고 생각한다. 어쩌면 환경 이 불안정함에 따라 학교 구조가 혼돈형으로 역행할 수도 있다. 여기서 제시된 네 가

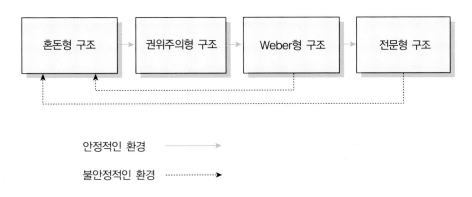

그림 3.3 **예상되는 학교 구조의 변화 단계**

지 구조 유형이 이상적 유형(ideal type)임을 유념해야 한다. 대부분의 학교들은 이러한 네 가지 기본적인 유형을 바탕으로 하여 조금씩 차이를 보인다. 그럼에도 불구하고, 이러한 기준들은 학교 구조를 분석하고 변화시키며, 교사들에게 권한을 부여하려고 하는 행정가들과 학교 조직 연구자들에게 상당한 도움이 될 것이다. 이제 공식화와 집권화가 권한부여형 학교 구조(enabling school structure)를 이끌어 내기 위해 어떻게 결합될 수 있는지를 제시한다.

조직 구조에 관한 Hoy와 Sweetland의 연구

관료제가 피고용인들의 만족을 높여주고(Michaels 외, 1988), 조직의 혁신을 가져오며(Damanpour, 1991; Craig, 1995), 역할 갈등을 줄여주고(Senatra, 1980), 소외감을 줄여줄 수 있다(Jackson과 Schuler, 1985)는 연구 결과들도 있기 때문에 관료제가 개인 참여자들에게 소외를 가져다줄 수 있다는 주장은 전체의 어느 한 부분만을 설명하고 있다고 할 수 있다. 사실, 조직 관련 연구들은 관료제의 인간 관련 결과들에 대한 두 가지 상반되는 관점을 제시하고 있다. 부정적인 측면에서, 관료제는 피고용인들을 소외시키고, 불만을 가져오며, 창의성을 말살하고 동기를 잃게 하지만, 긍정적인 관점에서 볼 때, 관료제는 필요한 방향을 제시하고, 책임 사항을 명확하게 하며, 역할에 따른 긴장을 완화시키고, 스스로 효과적이라고 느끼고 그렇게 행동할 수 있도록 도움을 제공한다(Adler와 Borys, 1996). 이러한 두 가지 관점을 어떻게 조화롭게 조정할 수 있을까?

Paul Adler와 Bryan Borys(1996)는 공식화(formalization)를 조직 기술(organizational technology)로 해석하고 공식화(권한부여형과 강제형)를 두 가지 유형으로 구분함으로써 가능한 해결책을 제시하고 있다. Weber주의의 입장에서, 공식화는 문서화된 규칙, 규정, 절차 및 지시 사항의 정도를 의미한다. 권한부여형 및 강제형 공식화의 개념은 Gouldner(1954)가 제시한 대표성을 띠는 규칙과 처벌 중심적 규칙의 개념과 비슷하다. Hoy와 Sweetland(2000, 2001)는 학교 구조를 고찰하기 위해 Adler와 Borys(1996)가 제시한 권한부여형 및 방해형 공식화를 제시하고 있다.

먼저 두 가지 종류의 공식화에 대한 정의에서부터 시작하자. *권한부여형 공식화(enabling formalization)*는 피할 수 없는 문제들을 효과적으로 처리할 수 있도록 피고용인들을 도와주는 일련의 절차이다. 작업을 완벽하게 할 수 있도록 규칙과 규정을 만들 필요는 없다; 사실, 그렇게 할 수도 없다. 필요한 것은 일어난 문제를 효과적으로 처리할 수 있도록 하는 일련의 융통성 있는 지침이다. 예를 들어, 자료가 모아질 때까지 행동하지 않는다는 규칙은 문제해결을 위한 자극제가 되고, 억제하기보다는 권한을 부여하는 형태이다. 다른 한편, 교사에게 말대꾸한 것에 대해 방과 후 남게 하는 것은 처벌이지만 동시에 학생들의 발전을 가져올 수 있다. *강제형 공식화(coercive formalization)*는 하기 싫어하는 하위자들을 처벌하고 강제로 응하게 하려고 하는 일련의 절차이다. 규칙과 절차는 조직에 대한 헌신을 보완하는 것이 아니라 이를 대체하게 된다. 강제적 절차는 헌신적인 피고용인들에게 축적된 조직의 학습 및 최상의 지침을 접할 수 있게 하는 것이 아니라 강제로 복종을 이끌어 내고, 완강하게 반대하는 노력들을 제거하기 위해 고안된 것이다.

다음으로 조직의 집권화 또는 권위의 위계를 살펴본다. 공식화와 마찬가지로, 두 가지 유형의 권위 구조가 존재한다. *권한부여형 집권화(enabling centralization)*는 종업원들의 업무 수행에 간섭을 하는 것이 아니라 이들이 문제를 해결할 수 있도록 도와준다. 이는 엄격하고, 전제적이거나 통제적이지 않고 융통성 있고, 협동적이며 협력적이다. 행정가들은 교사들을 도와주고 교수-학습을 촉진하는 구조를 설계하기 위해 이러한 권한을 사용한다. 권한부여형 위계는 교사들이 자신감을 느끼고 자신들의 전문적 역할 속에서 권한을 행사할 수 있게 한다. *방해형 집권화(hindering centralization)*는 구성원들의 문제해결 및 업무수행을 도와주는 것이 아니라 끼어들거나 방해하는 행정 및 위계를 말한다. 이러한 구조에서, 위계는 혁신을 저해하며 행정가들은 교사들을 통제하고 질서를 유지하기 위해 자신들의 권력을 행사한다.

권한부여형 학교 구조

공식화(일련의 규정, 규칙과 절차)와 집권화(권위의 위계)가 밀접하게 관련되어 있다는 것은 놀랄 만한 일은 아니다. 즉, 규칙과 절차가 권한부여형일 때 위계도 그러하며, 그 반대의 경우도 성립된다. 따라서 학교 구조는 권한부여형에서 방해형의 연속선상의 개념을 통해 설명할 수 있다.

권한부여형 학교 구조(enabling school structure)는 방해가 아닌 도와주는 위계이며, 실패에 대한 처벌에 초점을 두는 것이 아니라 문제해결을 안내하는 일련의 규칙 및 규정에 초점을 둔다. 권한부여형 학교 구조에서, 학교장과 교사들은 각자의 역할을 보유하면서도 인지된 권위 내에서 협동적으로 업무를 수행한다. 이와 비슷하게, 규칙과 규정은 문제를 일으키는 제약요인이 아니라 문제해결을 위한 융통성을 가지고 있는 기준으로 인식된다. 이러한 구조에서, 위계와 규칙은 학교장의 권한을 증대시키는 수단이 아니라 교사들을 지원하는 기제이다.

이와 반대로, **방해형 학교 구조(hindering school structure)**는 일련의 강제적인 규칙 및 규정으로 활동을 방해하는 위계이다. 위계의 기본적인 목적은 교사들의 훈련된 복종이다. 따라서 교사의 행동은 엄밀하게 관리되고 엄격하게 통제된다. 위계와 규칙은 통제와 순응을 얻기 위해 사용된다. 이러한 구조는 참여를 꺼리고, 무능력하며 책임감이 없는 교사들에게 행정가들이 지시한 사항을 따르도록 하기 위해 사용된다. 학교장의 권한은 증대되지만, 교사의 활동은 감소한다.

두 가지 유형의 공식화는 아주 현저한 차이를 가지고 있다. 문제를 문제가 아닌 학습 기회라고 생각하며, 협동, 직원들 간의 차이, 개방성, 신뢰 및 예상하지 못했던 일들을 기뻐하고, 실수를 손쉽게 수정하는 등 권한부여형 절차들은 양방향 의사소통을 요구하고 있다. 방해형 구조는 일반적으로 상명하달식의 일방향 의사소통(상·하 관계)으로 특징지어진다. 이 때 강요된 합의, 불신, 통제 및 처벌이 제약 요인으로 간주된다. 권한부여형 전략을 개발하는 과정은 참여 및 문제해결의 과정이다. 즉, 교사와 학교장은 서로 만족하는 방식으로 문제해결방법을 만들기 위해 함께 노력한다. 신뢰가 핵심적인 부분이며, 또한 개선을 그 목적으로 한다. 방해형 구조는 행정적 의사결정을 통제하거나 집행하는 것과 관련된 상이한 전략이다. 학교장은 지시를 따르지 않는 교사들을 관찰하고, 통제하고 처벌한다. 학교장은 교사들을 믿지 않는다. 그리고 결과적으로 이러한 과정에는 의심, 통제 및 처벌이 녹아들게 된다.

권한부여형 학교에서의 행정은 복종을 이끌어 내기 위해 교사들의 행동을 감독하는 것이 아니라 교사들의 성공을 도와주는 방법을 찾는 데 초점을 둔다. 권한부여형 구조에서 교장의 행동에 관한 구체적인 예를 들어보자.

주 전체의 평균 이상으로 학생들의 학업 성취도를 향상시키기 위해 엄청난 압력이 가해지고 있는 한 학교에서, 우리들은 교사들에게 개방적인 정책을 펼치는 학교장을 발견하였다. 그녀는 교사들을 배려하였고 교사들의 전문적 판단을 존중하였다. 그녀는 교사들에게 점수를 올리는 방법을 구체적으로 제시하지 않았고, 대신 이 문제를 해결하기 위해 교사들과 공동으로 노력하였다. 그녀는 교사들과 함께 열심히, 오랜 시간을 일하면서 문제를 해결하고 교사들에 대한 헌신을 드러내고 있다. 이러한 지원적인 행동을 나타내는 구체적인 예는 매주 토요일 9시에서 12시까지는 교장실에 출근한다는 것이다. 교사들은 토요일날 출근할 필요는 없지만, 학교장은 항상 토요일에 학교에 출근하고 전화 또는 직접 만나서 언제든지 이야기를 나눌 수 있다는 것을 교사들은 알고 있다. 행정실 직원, 학생, 상담 교사 또는 다른 어떤 행정가들도 아닌 학교장이 매주 토요일 학교에 있는 것이다. 모범을 보이는 이러한 행동은 분명한 효과를 보고 있다. 그녀는 교사들에 대한 자신의 기대 이상으로 자기 자신의 행동에 대한

기준을 설정하고 있으며, 교사들도 그녀를 존경하였다(Hoy와 Sweetland, 2001).[2]

깨어있는 학교

개인이 의식이 있거나 무지할 수 있는 것과 같이, 학교도 그럴 수 있다. 예를 들면, 아무런 생각 없이 규칙에 집착하는 것은 집단적 무지의 예들 중의 하나이다. 학교 행정가들의 목표 중의 하나는 자신들의 학교를 깨어있게 만드는 것이다(Hoy, 2003). 신뢰도가 높은 조직들을 연구할 때 Weick와 Sutcliffe(2001)가 처음으로 조직에 깨어있다는 개념을 도입하였다. 이들은 조직에서 깨어있음을 증진시키는 다섯 가지 과정을 발견하였다: 실패에 몰두함, 해석을 단순하게 하려는 것을 싫어함, 기본적인 운영에 민감함, 회복력과 전문성 존중.

일견 실패에 초점을 두는 것은 뭔가 잘못된 것처럼 보이지만, 그렇지 않다. 이러한 관점은 계속적으로 문제를 탐지하고 문제가 더 커지기 전에 제거하도록 한다. 성공은 만족을 낳고, 때로는 교만과 취약성을 드러내 보이기 때문에 깨어 있는 조직과 행정가는 성공에 몰두하는 것을 피한다.

깨어있는 학교와 행정가들은 또한 *단순화를 수용하기 싫어한다*. 이들의 목적은 단순화를 최소화하고 더 많은 것을 보는 것이다. 학교는 복잡하고 예측이 불가능하다는 것을 알기 때문에, 깨어있는 학교 행정가들은 가능한 한 많이 보고 다양성과 복잡성을 훼손하지 않으면서 상이한 해석을 조화시키려는 입장을 취한다.

깨어있는 학교는 예상하지 못하는 것들에 대해 계속 관심을 보낸다. 조직이 놀라는 상황이 기대된다. 이는 피할 수 없는 상황이다. 예상하지 못할 일들을 생각하면서, 지도자는 큰 그림을 보려고 노력한다. 학교 지도자들은 가까이서 학급 내에서 이루어지는 교수-학습의 핵심적인 운영에 민감할 필요가 있다. 운영의 민감성과 대인관계의 민감성은 밀접히 연결되어 있다. 자유롭게 이야기하길 거부하는 교사들은 학교의 효과성을 저해하는 불완전한 체제를 만들어 낸다. 교수-학습에 민감하면 실시간 정보를 개선할 수 있으며, 이는 효과적인 운영을 가능하게 한다.

깨어있는 학교는 *회복력에 초점을 둔다*. 완전한 조직이나 체제는 있을 수 없다. 따라서 깨어있는 학교의 지도자들은 실수를 탐지하고 실수로부터 회복할 수 있어야 한다. 아무리 예측을 한다 해도 실수나 뜻밖의 일을 예방할 수는 없다. 학교는 예상을 통해 기대하지 못한 일들에 대처할 수 있어야 할 뿐만 아니라 회복할 수도 있어야 한다(Wildavsky, 1991). 즉, 학교와 학교의 지도자들은 충분히 강하고 융통성 있게 대처하는 법을 배워야 한다. 이들은 실수를 탐지하고, 억제하고, 회복할 필요가 있다.

끝으로, 깨어있는 학교는 엄격한 행정 구조를 채택하지 않는다. 대신 이들은 전문성과 문제를 연결시키고, 지위나 경험이 아닌 *전문성*을 존중하여 유동적인 의사결정 체제를 만들어 낸다. 방해형, 엄격한 구조는 전문성이 존중되는 권한부여형 구조로 대체된다. 권위는 전문성에 근거하며 상황에 따라 달라진다. 직급에 관계없이 전문성이 지배한다.

깨어있다는 것은 역설적인 상황이다. 즉, 문제를 기회로 보고 성공을 문제로 간주한다. 또한 낙관적이면서도 회의적이다. 깨어 있는 행정을 위한 몇 가지 지침을 제시한다.

- 성공에 조심해야 한다. 성공은 그 스스로 파괴의 씨앗이다.
- 단순화에 조심해야 한다. 다양성과 복잡성을 해칠 수도 있다.
- 운영 핵심에 주의를 기울여야 한다. 교수-학습은 학교의 기본이다.
- 회복력에 초점을 두어야 한다. 실수와 실패는 피할 수 없지만 영원한 것은 아니다.
- 전문성을 존중한다. 전문성은 성공을 위해 가장 중요하다.

권한부여형/깨어있는 학교 구조

권한부여형 구조와 깨어있는 구조는 상호 보완적이다. 즉, 동일한 것은 아니지만 여러 가지 공통점을 가지고 있다. **깨어있는 조직**은 권한부여형 구조가 부족할 수 있는 실패, 회복력과 예상하지 못한 것들에 대한 민감함을 강조한다. 그러나 깨어있는 구조와 권한부여형 구조는 공존한다(Gage, 2004; Watts, 2009).

[그림 3.4]는 학교에서 예상되는 출현 빈도와 함께 구성 요소들을 종합적으로 제시하고 있다. 깨어있고 권한부여형인 조직은 학습 조직이며, 조직이 나갈 지향점이 되어야 한다. 전제적 조직은 깨어있지 않은 방해형 조직이다. 이는 구성원들의 불복종 행동을 처벌하는 잘못되고 엄격한 구조이다. 방해형 구조가 무지함(mindlessness)을 이끌어 내는 것과 같이 권한부여형 구조는 깨어있음을 촉진하기 때문에 학습 조직과 권위주의적 조직이 함께 나타날 수도 있다. 때로는 권한부여형 구조가 잘못된 전략 및 목적을 추구하는 가운데 무지하게 될 수도 있다. 끝으로 비록 이론상으로는 가능하지만, 조직이 의식적이면서 동시에 방해형 구조를 띠는 경우는 상당히 드문 것 같다.

		권한부여형 구조	
		권한부여형	방해형
깨어있는 조직	깨어있음	학습조직 **(가능)**	깨어있지만 방해형 조직 **(거의 불가능)**
	깨어있지 않음	깨어있지 않은 조직 **(상당히 불가능)**	전제적 조직 **(가능)**

그림 3.4 **학교 조직의 분류**

학교에 관한 연구들(Hoy와 Sweetland, 2000, 2001; Hoy, 2003; Sinden, Hoy와 Sweetland, 2004a; Sinden, Hoy와 Sweetland, 2004b; Hoy, Gage와 Tarter, 2006)은 학교 구조는 학교에 따라 상당한 차이를 가지고 있다는 것을 보여주고 있으며, 당연한 이야기지만, 권한부여형 및 깨어있는 구조는 일반적으로 행정 및 학교 운영의 효과를 향상시킨다. 또한 학교의 깨어있음의 정도는 학업 성취도뿐만 아니라 조직 풍토의 개방성 및 건강과도 정적인 관계를 가지고 있다. 이러한 연구들을 종합해 보면, 권한부여형 학교 구조에서는 동료들 간에 신뢰가(교직원은 학교장을 신뢰한다) 충만하며, 교직원은 학교에 헌신한다. 학교장과 교사들은 서로에게 개방적이고 진실하다. 다른 한편, 방해형 구조는 무기력감을 갖고 있는 교사, 역할 갈등 및 규칙과 위계에 의존하는 형태로 특징지어진다. 방해형 구조 내에서 교사들은 규칙을 지키고 학교장에게 무조건 복종함으로써 갈등을 피하고 안전을 추구한다. 또한 교사들은 강제적인 규칙이 부과되면 상급자를 만족시키고 갈등과 처벌을 피하기 위해 진실을 왜곡하는 행동을 통해 자신들을 방어한다.

요약하면, 교사들이 경험하는 권한부여형 및 방해형 구조는 여러 가지 상이한 특성을 가지고 있으며, 상이한 개발 과정을 거쳐 이루어지고 교수-학습 상황에서도 상이한 결과를 가져오게 된다(〈표 3.5〉 참조). 따라서 구조에 대한 이러한 개념 정의를 통해 관료제가 참여자들에게 미치는 영향에 관한 서로 상반되는 연구 결과들의 원인에 대한 설명도 가능하다. 즉, 관료제의 부정적인 영향을 설명하는 것은 구조의 양(*amount*)이 아니라 종류(*kind*; 방해형 구조)이다. 권한부여형 절차들은 긍정적인 결과를 가져오지만, 방해형 절차들은 부정적인 결과를 가져온다. 다르게 표현하면, 권한부여형 관료제는 순기능적 작용을 하며, 강제적 관료제는 역기능을 초래한다.[3]

표 3.5 두 가지 유형의 학교 구조: 권한부여형과 방해형

	권한부여형	방해형
공식화	융통성 있는 규칙과 절차 문제를 학습 기회로 봄 가치 차이 인정 주도적 참여 신뢰 조장	엄격한 규칙과 절차 문제를 방해 요인으로 봄 합의 요구 실수 처벌 의혹 조장
집권화	문제해결 촉진 협동 촉진 개방성 촉진 교사 보호 혁신 촉진 협동 추구	복종 강요 통제 수용 불신 확대 교사 처벌 변화 방해 전제적인 규칙
과정	참여적 의사결정 문제해결	일방적인 의사결정 강제
맥락	교사 신뢰 신뢰성과 진실성 응집성 권한 보유	교사 불신 진실 왜곡과 기만 갈등 교사의 무기력감

TIP: 이론의 적용

권한부여, 즉 교사들의 교수-학습을 증진시키기 위해 지원하는 행동이라고 생각하는 교장의 행동을 한두 가지 예로 들어본다. 그리고 교사들을 방해하거나 처벌하는 규칙들도 찾아본다. 학교장은 권한부여형 행동과 방해형 행동 간의 균형을 어떻게 유지하고 있는가? 학교장은 어느 정도 의식을 가지고 있는가? 학교장은 예상하지 못했던 일들에 얼마나 성공적으로 대처하고 있는가? 실패와 실망으로부터 어떻게 회복하고 있는가? 몇 가지 예를 들어보자.

Mintzberg의 구조 이론

Henry Mintzberg(1979, 1980, 1981, 1983a, 1983b, 1989)는 조직 구조를 분석하는 보다 종합적인 개념적 틀을 제시하고 있다. 그는 간단하게 조직이 과업에 따라 작업자들을 나누고 이들 간의 조정을 이끌어 내는 방식으로 구조를 설명하고 있다. 조직이 업무를 감독하고 통제하기 위해 사용하는 기본적인 수단에는 상호 조절, 직접적인 감독, 작업 과정의 표준화, 결과의 표준화 및 작업자가 가진 기술의 표준화 등 다섯 가

지 기본적 **조정 기제**(coordinating mechanism)가 있다. 이러한 조정 기제를 통해 조직 전체의 통합이 이루어진다.

조정 기제

상호 조절(mutual adjustment)은 간단한 비공식적 의사소통 과정을 통해 이루어지는 조정이다. 작업자들은 비공식적 토론과 조절을 통해 자신들의 노력을 조정한다. 상호 조절은 직접적이고 기본적이다. 단순한 조직뿐만 아니라 가장 복잡한 조직에서도 필요하다.

직접적인 감독(direct supervision)은 개인적인 명령을 통해 이루어지는 조정이다. 한 사람이 다른 사람들의 작업을 감독하고 통제하는 책임을 갖는다. 조직의 규모가 커짐에 따라, 상호 조절의 효과가 감소하게 될 가능성은 커지고 직접적인 감독의 필요성이 증가하게 될 것이다. 그러나 작업 활동이 복잡해짐에 따라, 상호 조절이나 직접적인 감독으로는 충분하지 못하게 된다. 따라서 과업은 표준화되고, 주의 깊게 계획된 작업 프로그램을 통해 각 부분들에 대한 조정이 이루어진다. 작업 과정, 결과 또는 기술 등 세 가지 기본적인 방법으로 조직의 표준화를 이룰 수 있다.

작업의 표준화(standardization of work)는 작업 내용을 명확하게 하거나 프로그램화함으로써 이루어진다. 수업 계획을 세우기 위한 문서화된 지시사항들이 그 대표적인 예가 된다. 계획을 세우는 과정은 각 단계의 지시사항을 통해 자세하게 기술된다.

결과의 표준화(standardization of output)는 작업의 결과를 명확하게 함으로써 이루어진다. 기본적인 제품 또는 업무 수행의 범주들이 열거된다. 예를 들어, 보통 택시 기사들에게 목적지만을 이야기하지 목적지에 도달하기 위한 구체적인 경로를 제시하지는 않는다. 이와 비슷하게, 학생들은 주어진 교과 영역의 기본적인 사항들을 이해하고 있어야 한다는 이야기를 교사들은 자주 듣는다. 이러한 기본적인 수준에 오르기 위한 수단은 교사들에게 맡겨진다. 작업의 결과가 자세하게 기술되고, 피고용인들은 이러한 기준을 달성하리라 기대된다.

기술의 표준화(standardization of skills)는 작업을 간접적으로 통제하는 조정 기제이다. 이 때 훈련의 종류를 명확하게 하기 위해서는 작업과 관련된 표준 기술 및 지식을 명확하게 해야 한다. 훈련을 통해 작업자들은 수행해야 할 작업 유형뿐 아니라 조정의 토대를 알게 된다. 마취과 의사와 외과 의사가 수술실에서 함께 수술을 할 때, 이들 사이에는 보통 많은 대화가 오고 가지 않는데 그 이유는 각 분야에 대한 훈련 과정을 통해 이들은 서로가 무엇을 원하는가 하는 것을 알고 있기 때문이라고 Mintzberg는 주장한다.

TIP: 이론의 적용

당신의 학교를 생각해 본다. 상호 조절, 직접적인 감독, 작업과정의 표준화, 결과의 표준화 및 기술의 표준화에 해당되는 조정 기제의 구체적인 예를 들어 본다. 이들 조정 기제 중 가장 많이 사용되고 있는 것은 어떤 것인가? 사용되고 있지 않은 것은? 조정 기제를 전반적으로 평가해 본다. 할 수 있다면 변화시키고 싶은 것은 어떤 것인가? 그 이유는?

핵심적인 부분

비록 어떤 규모의 조직이든 간에 대부분의 조직은 다섯 가지의 모든 조정 수단을 활용하지만, 일반적으로 조직들은 한 가지 수단에만 초점을 두며, 이는 조직의 기본 구조에 커다란 영향을 미친다. Mintzberg 또한 조직의 다섯 가지 핵심적인 부분을 제시하였다([그림 3.5 참조]). 이들은 조직 구조상 중요한 부분들이며, 각자 수행해야 할 중요한 기능들을 가지고 있다.

운영 핵심(operating core)은 기본적인 업무, 즉 제품 및 서비스 생산과 직접 관련된 활동을 수행하는 사람들로 구성된다. 운영 핵심은 조직의 심장부로서 조직의 궁극적인 결과물들을 생산한다. 학교의 경우, 교사들이 운영 핵심이 되며, 교수 학습 활동이 그 궁극적인 결과이다.

조직의 행정 담당 부분은 세 부분으로 나누어진다. 첫째는 조직의 효과적인 임무 수행에 대한 책임을 지는 최고 행정가(교육감 및 그 비서진들)들로 이루어진 **전략적**

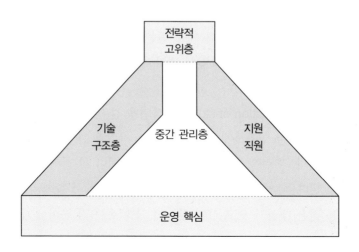

그림 3.5 조직의 다섯 가지 기본 부분들

고위층(strategic apex)이다. 공식적 권위 구조를 통해 운영 핵심과 전략적 정상을 연결하는 행정가들이 **중간 관리층(middle line)**이다. 학교 체제의 경우, 중간 관리자는 학교장이다. 일반적으로, 직접적인 감독을 통해 통제 및 조정이 이루어지는 조직들에는 중간층이 폭넓게 형성되어 있다. **기술 구조층(technostructure)**은 기획(planning)에 대한 책임을 맡고 있는 행정요소이다. 이는 다른 사람들의 업무를 표준화하고 자신들의 분석 기술을 통해 조직이 환경에 적응할 수 있도록 도와주는 분석가들로 구성되어 있다. 이들은 조직 구조 및 활동을 설계하고 각종 계획을 기안하며, 직원들을 훈련시키는 역할을 수행하지만, 이들이 조직을 직접 관리하는 것은 아니다. 학교의 경우, 교사들의 수업 설계 및 계획을 도와주고 이들의 전문적인 성장과 발전을 위한 현직 연구 기회를 제공해 주는 것을 주임무로 하는 교육과정 조정자 및 장학 담당자들이 기술 구조층에 해당된다.

끝으로, 다섯 번째 요소인 **지원 직원(support staff)**은 작업 계통 외부에서 조직을 지원하기 위해 존재하는 특수 부서들로 구성된다. 예를 들어, 학교에서는 건물 및 시설 담당 부서, 보수 및 유지 담당 부서, 식당 및 급여 담당 부서들을 찾아볼 수 있다. 이들은 운영 핵심은 아니지만, 간접적으로 학교를 지원하기 위해 존재하고 있다.

이러한 조직의 핵심적인 다섯 가지 부분들과 다섯 가지 조정 기제들은 다섯 가지 조직 형태의 근거가 된다.

- *단순 구조(simple structure)*: 전략적 고위층이 핵심 부분이며 직접적인 감독이 핵심적인 조정장치이다.
- *기계적 관료제(machine bureaucracy)*: 기술 구조층이 핵심적인 부분이며, 작업 과정의 표준화가 핵심적인 조정장치이다.
- *전문적 관료제(professional bureaucracy)*: 운영 핵심이 핵심 부분이며, 기술의 표준화가 핵심적인 조정장치이다.
- *부서화 형태(divisionalized form)*: 중간 관리층이 핵심 부분이며, 결과의 표준화가 핵심적인 조정장치이다.
- *에드호크러시(adhocracy)*: 지원 직원이 핵심적인 부분이며, 상호 조정이 핵심적인 조정장치이다.[4]

여기서는 학교에서 가장 흔히 볼 수 있는 형태에 논의의 초점을 둔다.

Mintzberg 관점의 학교 적용

Mintzberg가 기술하고 있는 조직 유형들은 추상적이지만, 복잡한 구조를 단순화함으로써 학교의 분석에 상당한 도움을 주고 있다. 학교는 이러한 유형의 저변에 깔려 있는 기본적인 세력(힘)들을 경험하고 있다. 즉, 집권화하려는 최고 경영진, 공식화하려는 기술 구조층, 전문화하려는 교사들 등이다.[5] 이들 중 어느 한 세력이 지배적인 영향력을 행사하게 된다면, 그 학교는 Mintzberg가 제시한 이상적인 유형들 중 어느 한 형태에 가깝게 조직될 것이다. 즉, 공식화는 기계적 관료제를, 집권화는 단순 구조를 그리고 전문화는 전문적 관료제를 이끌어 낸다. 그러나 「No Child Left Behind」와 「Race to the Top」법안의 제정으로 인해, 학교를 집권화, 공식화 및 표준화하려고 하는 전국적인 차원에서의 시도가 이루어지고 있다. 한 세력이 항상 지배적인 위치에 있는 것은 아니며, 그 기본적 과정들은 균형 있게 공존해야 할 것이다. 이제 대부분의 학교에서 찾아볼 수 있는 구조적 특징들을 살펴보겠다.

단순 구조(simple structure). 중간 관리층이 없는 가운데 소규모의 전략적 고위층들에 의해 직접적인 감독 및 아주 집권화된 형태로 운영되는 조직이 **단순 구조(simple structure)**이다. 이러한 조직은 기술 구조층 및 지원 직원들이 거의 없고, 분업 및 전문화가 되어 있지 않으며, 행정적 위계화 정도도 낮기 때문에 정교화되어 있지 못하다.

중요한 의사결정권이 최고 행정가들에게 집중되어 있는 경향을 보이며, 이에 따라 전략적 고위층들이 조직의 핵심적인 부분이 된다. 어떤 사건이 일어나자마자 해결되기 때문에 단순 구조에서 표준화는 필요하지가 않다. 참여자들 간에 이완된, 비공식적 작업 관계가 존재한다. 따라서 의사소통은 비공식적으로 이루어지나, 그 대부분은 최고 행정가와 조직원들 간에 이루어진다. 그 이름이 말하는 것처럼 구조는 단순하다.

일반적으로 신설 조직은 단순한 형태에서 시작하여 조직의 성장에 따라 행정 구조를 정교화해 나간다. 그러나 대부분의 소규모 조직들은 단순 구조 형태를 띤다. 비공식 의사소통이 효과적으로 이루어지고, 조정은 한 사람의 전략적 고위층에 의해 이루어진다. 단순 구조에도 여러 가지 변형된 형태들이 있다. 예를 들어, 전제적 조직은 최고 행정가가 권력 및 절대적 명령권을 가지는 단순 구조이다. 카리스마적 조직은 하위자들이 지도자에게 절대 권력을 부여하는 형태이다. 단순 구조의 가장 큰 장점은 융통성이다. 즉, 한 사람에 의해 모든 것이 이루어진다.

단순 구조는 상당수의 학교, 특히 소규모 초등학교 학교가 이러한 구조를 가지고 있기 때문에 상당한 관심을 받고 있다. 강압적, 전제적, 때로는 카리스마적인 학교장에 의해 학교가 운영된다. 카리스마적인 교장이 이끄는, 친밀한 관계를 유지하는 소규모의 학교에서 근무하려고 하는 교사들도 있으나, 일반적으로 교사들은 단순 구조를 매우 제한적이고 전제적이라고 생각한다. 이러한 구조는 최고 행정가의 전문 지식 및 기술, 상상력 및 열정에 크게 의존한다. 행정가의 움직임에 따라 조직이 움직이는 것이다. 최고 행정가가 중요한 모든 의사 결정을 내리는 매우 집권화된 구조이며, 공식적 권위는 위에서 아래로, 즉 한쪽 방향으로만 전달된다. 단순 구조를 가진 학교들은 조직의 성장으로 인해 직접적인 감독이 부적절하게 됨에 따라 그리고 행정의 연속성(행정가의 교체시)이라는 측면에서 어려운 문제에 직면하게 된다. 단순 구조는 조직 성장 및 발전 과정에서 나타나는 비교적 지속적인 형태라고 할 수 있다. Mintzberg(1979, 1989)는 표준화에 의존하는 조직 구조를 관료적 구조로 정의하고 있다. Mintzberg가 제시한 학교 유형 가운데 단순 구조는 유일한 비관료적 구조이며 유기적(organic) 성격을 가지고 있다.

기계적 관료제(machine bureaucracy). 여러 부속들로 이루어져 규칙적으로 움직이는 기계와 같이 표준화되고 조정되는 조직을 **기계적 관료제(machine bureaucracy)**라고 한다. 이러한 구조에서의 작업 과정은 상쾌적이고 표준화되어 있다. 사실, 작업의 표준화가 핵심적인 조정 기제이며, 표준화 작업을 하는 분석가들이 포함되어 있기 때문에 기술 구조층이 구조상의 핵심적인 부분이 된다. 이러한 조직에서는 공식화에 의해 고도의 집권화가 유지된다. 즉, 규칙과 규정이 조직 전반에 적용되며, 모든 수준에서 공식적 의사소통이 지배적인 의사소통 방식이 되며, 의사결정은 위계적인 권위 계통에 따라 이루어진다.

　이러한 조직은 표준화된 책임, 기술적 자격, 공식적 의사소통 체계, 규정과 규칙 및 권위의 위계 등이 강조되는 Weber형 관료제 구조이다. 이는 정확성, 속도, 명확성, 계속성, 통일성, 예속성 및 효율성에 적합한 조직 구조이다. 기계적 관료제는 위에서 아래로 제시되는 '통제'에 사로잡혀 있다. Mintzberg(1979: 321)가 언급했던 바와 같이, "기계적 관료제의 문제점은 대화를 통해 갈등을 해결하는 개방적인 환경을 만들어 내지 못한다는 것이 아니라 폐쇄적이고 강압적인 통제가 이루어지는 분위기를 강요한다는 것이다."

　전략적 고위층(strategic apex)의 행정가들에게 상당한 권한이 부여되어 있다. 사실, 최고 행정가와 권력을 공유하는 유일한 사람들은 기술 구조층의 분석가들인데, 이는 이들의 역할이 조직의 작업 과정을 표준화하는 것이기 때문이다. 기계적 관료제는 작업이 상쾌화되어 있을 때, 즉 단순하고 반복적인 작업을 정확하고 일관되게 수행해야 하는 상황에서 가장 효과적이다.

　　기계적 관료제로 운영되는 학교 또는 학교구들이 많이 있다. 이들은 정교한 기술 구조층(technostructure)이 작업 과정을 표준화시키려고 하는 대규모 학교구나 주 전체가 기술 구조의 형태로 운영되는 곳에서 흔히 찾아볼 수 있다. 광범위한 규칙, 절차 및 직무 명세화(job descriptions)를 통해 행위는 공식화된다. 뿐만 아니라, 권력은 최고 행정가들에게 집중되는 경향을 보이며, 권위는 하향적으로 내려간다. 비록 대부분의 학교가 이러한 특징들을 가지고 있지만, 일반적으로 학교는 정교한 행정 구조, 대규모의 중간 계층과 정교한 기술 구조를 갖추고 있지 않기 때문에 순수한 의미에서 기계적 관료제는 아니다. 실제로, Mintzberg가 명명한 바와 같이, 대부분의 공립학교 구조는 단순 구조와 기계적 관료제 사이에 걸쳐 있는 "단순 관료제(simple bureau-cracy)"의 형태를 띠고 있다.

전문적 관료제(professional bureaucracy). 관료적 구조는 "행동이 사전에 결정되거나 예측할 수 있는 정도, 즉 표준화의 정도"라는 측면에서 정의할 수 있다(Mintzberg, 1979: 86). 따라서 조직은 집권화되지 않고도 관료화될 수 있다. **전문적 관료제(professional bureaucracy)**는 분권화와 표준화를 동시에 허용하는 구조이다. 이러한 조직은 기술의 표준화를 주된 조정 기제로 사용한다. 운영 핵심이 조직의 핵심적인 부분이 되며, 전문화가 핵심적인 과정이 된다. 효과적인 운영을 위해 이러한 조직 구조는 실무를 맡은 전문가들의 기술과 지식에 의존한다.

　　전문적 관료제는 전문가들이 훈련 과정에서 획득한 기술의 표준화에 의존함으로써 간접적인 조정이 이루어진다. 따라서 기계적 또는 단순 관료제와 비교해볼 때, 이러한 조직이 보다 이완된 형태의 관계를 형성하고 있다는 것이 놀랄 만한 것은 아니다. 그러나 생산적인 학교가 되기 위해서는 전문가들 간의 팀워크나 협동이 필요하다(Tschannen-Moran 외, 2000; Marks와 Printy, 2003). 학교가 가지고 있는 이완적 구조는 조직의 전문적 원칙을 뒷받침해 주고 있다. 그러나 결과물의 획일성에 대한 요구, 정해진 순서대로 상급 학년과 상급 학교로 학생들을 진급시키거나 진학시켜야 할 필요성 및 장기간에 걸친 학교 교육 등은 활동의 표준화를 요구하며, 따라서 학교 조직에 관료적 원리를 적용할 필요가 있다(Mintzberg, 1979).

　　전문적 관료제의 행정 구조는 상대적으로 덜 위계화되어 있어서 통제와 조정을 위한 복잡하고 정교한 조직 위계나 작업 기준을 설정하는 기술 구조가 필요하지 않다. 전문가들 스스로 자신들을 통제하고, 이러한 의미에서 스스로가 작업 기준을 개발한다. 전문적 관료제의 기준은 대부분 그 조직의 외부, 즉 전문가들이 속한 자치 단체에서 기인한다. 이러한 단체는 대학에서 배우거나 조직의 모든 전문가들이 사용하는 일 반적인 기준을 설정한다. 앞에서 언급한 바와 같이, 조직의 권위는 두 가지 근원에서 나온다. 기계 및 단순 관료제는 직위나 부서의 권위에 의존하며, 전문적 관료제에서 는 지식과 전문 기술을 토대로 권위가 구축된다.

전문적 관료제는 분권화되어 있다. 즉, 권력의 상당 부분이 운영 핵심의 전문가들 에게 위임된다. 작업이 아주 복잡하기 때문에 관리자나 분석가들에 의한 직접적인 감 독이나 표준화는 불가능하다. 따라서 전문가들이 무엇을 어떻게 할 것인가에 대해 상 당한 권한을 행사한다. 전문가들은 고객들과 긴밀한 관계를 형성한 가운데 업무를 수 행하나 동료들과는 이완적인 관계를 유지한다. 조직의 전략이라기보다는 전문가의 개인적인 전략으로 보는 것이 타당하다. 전문적 관료제의 특징(능력을 갖춘 운영 핵 심, 표준화된 작업 기술, 전문적인 규범과 자율성, 전문 단체, 구조적 이완, 위계화 정 도가 심하지 않은 행정 구조)을 가지고 있는 학교들도 있다. 이러한 학교는 자신들의 업무를 통제하고 자신들에게 영향을 미치는 의사 결정에 집단적인 영향력을 행사하 는 유능하고 잘 훈련된 교사들로 구성되어 있다.

일부 초등학교들은 단순 구조를 가지고 있다는 점을 앞에서 언급하였다. 이러한 학교들은 집권화되어 있으나 비공식 구조도 존재하고 있다. 최고 행정가는 규칙과 규 정에 구애받지 않는 비공식적인 분위기에서 강력한(흔히 전제적인) 영향력을 행사한 다. 기계적 관료제를 가지고 있는 학교들도 있다. 이러한 학교들은 보통 정교한 기술 구조층이 작업을 표준화하려고 하는 대규모 학교구나 주 전체에 걸쳐 정교한 기술 구 조층을 가진 여러 주에서 찾아볼 수 있다. 광범위한 일련의 규칙, 절차 및 직무 상세 화를 통해 행동이 공식화된다. 더욱이, 권력은 구조의 최상층부에 집중되는 경향이 있으며, 권위는 하향적으로 이동한다. 또한 전문적 관료제를 가지고 있는 학교들도 있다. 이러한 학교들은 자신들의 업무를 통제하고, 팀워크와 협력, 동료들과 수업 리 더십을 공유하는 매우 능력 있고 잘 훈련된 교사들로 구성되어 있다(Tschannen-Moran 외, 2000; Marks와 Printy, 2003). 이는 분권화되어 있고 민주적인 구조이다. 비 록 이러한 세 가지 유형들 중 한 가지 형태에 딱 들어맞는 학교들도 있지만, 대부분의 학교에서는 여기에서 설명한 세 가지 "이상적 유형"이 혼재되어 나타난다.

여러 가지 상황적 요인들이 학교의 조직 형태에 영향을 미친다. 예를 들어, 학교의 역사와 규모가 해당 학교의 구조에 영향을 미칠 수 있다. 학교의 역사가 오래되고 규 모가 커짐에 따라, 비공식적인 관계와 직접적인 감독은 공식화와 관료적 통제로 대체 될 것이다. 기술적 체제가 복잡한 것으로 정의된다면(즉, 교수 활동이 개별화되고 다 양하며 계속 변화하는 전략을 필요로 하는 복잡한 과정으로 간주된다), 고도로 전문화된 인력이 필요하며 의사결정의 분권화가 요구된다. 또 다른 한편, 기술적 체제가 상쾌적인 것으로 정의된다면(즉, 교수 활동이 설정된 기준과 단순히 최소한의 기술을 제시하는 상쾌적인 과정으로 간주된다), 그 기술적 체제는 관료적 절차를 통해 규제될 수도 있다. 더욱이, 조직이 외부 통제를 받으면 받을수록, 더욱더 집권화되고 관료화되는 경향이 있다. 다시 「No Child Left Behind」와 「Race to the Top」 법안의 영향력을 생각해 보자. 외부에서 조직을 통제하는 가장 효과적인 두 가지 수단은 최고 의사결정자에게 책임을 지게 하고 보통 규칙 및 규제 등을 통해 구체적인 기준을 부과하는 것이라고 Mintzberg는 주장하고 있다.

학교구들이 책무성, 최소한의 기본 능력, 졸업 시험 및 학업 성취도 향상과 관련된 수많은 주 교육부의 요구 사항들에 직면함에 따라, 학교는 보다 더 공식화되고, 집권화되며, 전문화 정도가 낮아지는 동시에 학교를 규제하고 통제하는 잘 발달된 주 차원의 기술 구조층이 나타나고 있다. 다른 한편, 교육 개혁론자들은 관료적 통제가 가지고 있는 부정적인 영향을 개탄하며, 학교가 보다 능력 있고 전문 기술을 갖춘 교사들을 유인할 수 있도록 학교 구조를 재구조화할 것을 요구하고 있다(Darling-Hammond, 1985; Darling-Hammond와 Wise, 1985; McNeil, 1986, 1988a, 1988b; Elmore, 1988; Wise, 1988; Prestine, 1991; Ouchi, 2003). 즉, 이들은 공식화를 벗어나 분권화와 전문화의 확대를 주장하는 것이다.

이완 결합 관점

50여 년 전, Charles Bidwell(1965)은 학교 조직의 구조적 이완성을 분석하였다. 그는 학생들의 다양한 능력에서 기인하는 문제에 대처하기 위해, 교사들은 전문적 판단을 내릴 수 있는 자유가 필요하다고 주장하였다. 학교에서 전문적 자율성은 부인할 수 없는 현상인 것 같다. 교사들은 자신들의 교실에서 혼자 일을 하며, 동료나 행정가들에 의해 비교적 잘 관찰되지 않으며, 자신이 맡고 있는 학생들에 대해서는 상당한 자율권을 행사할 수 있다. 이러한 결과 학교 내에 구조적 이완성이 나타난다. 이와 비슷하게, 구조적 이완성은 학교 체제 내의 학교들 간에도 존재한다. 일선 학교의 행정가와 교사들은 교육과정, 교수 방법 및 교사 선발 등에 대해 상당한 자율권을 행사한다. 예를 들어, 비록 학교구에서 교사들을 채용하지만, 학교장의 동의 없이는 특정 학교에 교사들을 배치할 수 없다.

학교의 구조적 이완성은 학교 조직의 전문적 토대를 뒷받침하고 있다. 그러나 결과에 있어서 획일성 요구, 순서에 따라 학년 진급 및 상급 학교로의 진학 그리고 장기간에 걸친 학교 교육 등으로 인해 이를 처리하는 상괘화된 활동들이 필요하며, 이러한 현상들은 학교 조직의 관료적 토대가 되고 있다. 따라서 Bidwell(1965)은 관료제와 구조적 이완성이 특수하게 결합된 형태로 학교를 묘사하고 있다. 이완 결합 체제론을 주장하는 이론가(Weick, 1976; Aldrich, 1979)들과 제도(institutional) 이론가(Meyer, 1978; Meyer와 Rowan, 1977, 1978; Rowan, 1982)들은 행동과 결과의 단절에 초점을 두고 있다. 아마도 Weick(1976)의 이완 결합에 대한 개념 분석이 가장 정확한 것 같다. Weick에 따르면, **이완 결합(loose coupling)**을 통해 "연관된 사건들이 서로 영향을 주고 있으나, 각 사건들은 고유의 정체성을 가지고 있으며, 물리적으로 또는 논리적으로 별개의 것이라는 증거들도 있다."(1976: 5). 이완 결합은 상호 의존도가 최소화되어 있는 요인들 간의 약한 또는 매우 간헐적인 결합 관계를 의미한다. 따라서 이 말은 상황의 다양성을 생각하게 해준다.

학교 내에 이완 결합 체제의 존재, 범위 및 유형을 뒷받침하는 경험적 증거들은 혼재되어 있다. 사실, 관료제와 이완 결합 체제 간의 대략적인 차이는 잘못 이해될 수 있고(Boyd와 Crowson, 2002; Corwin과 Borman, 1988; Meyer, 2002a; Orton과 Weick, 1990; Rowan, 2002) 역효과를 낳을 수도 있다. 대부분의 초등학교는 중등학교에 비해 타이트한 구조를 가지고 있지만, 이는 정도의 차이에 불과하다. 중등학교도 상괘적 활동 및 기능들로 관료적으로 조직되어 있다. 사실, 공립 중등학교와 사회복지 기관을 종합적으로 분석한 Hoy와 그 동료들(Hoy, Blazovsky와 Newland, 1983)은 사회 복지 기관과 비교해볼 때 학교가 더 공식화되고 집권화되어 있다는 것을 발견하였다. 집권화와 공식화가 가장 낮은 고등학교만큼 위계적 통제 및 규칙이 적용되는 사회 복지 기관은 없었다.

이완 결합 체제에 대한 문헌들을 종합적으로 고찰한 뒤, R. M. Ingersoll(1993: 108)은 "이완 결합 관점은 학교 조직에 대한 불완전하고 잘못된 관점을 제시하고 있다"고 결론을 내리고 있다. Weber의 관료제 이론의 측면에서는 조직이 계속적으로 구조적 이완성을 보이고 있다는 것에 계속 놀라고 있으며, 반대로 Weick의 관점에서는 조직이 계속적으로 타이트한 관계를 보이고 있다는 것에 계속 놀라고 있다(Orton과 Weick, 1990). 물론, 여기에서 핵심은 학교는 타이트한 면과 이완적인 구조를 가지고 있는 복잡한 조직이라는 것이다.

연구 분석 결과 필자들은 적어도 두 가지 이상의 기본적인 조직 영역이 존재한다는 결론을 내리고 있다. 그 하나는 학교와 지역사회를 중재하는 제도적 및 관리적 기능으로 구성되어 있고, 법규와 조직의 내부 사항 등을 처리하고, 필요한 자원을 획득하고 분배하며, 학생과 교사들 간의 사이를 중재해 주는 관료적 영역이며, 다른 하나는 실제 교수-학습 과정에 관련된 전문적 영역이다.[6] 일반적으로 관료적 영역은 타이트하게 연계되어 있고 응집력 있는 구조를 가지고 있다. 그러나 너무 지나친 나머지 조직의 적응을 저해하고 교사들 간의 소외를 낳기도 한다. 전문적 영역은 보다 더 이완적으로 구조화되어 있다. 교사들은 교수-학습 과정에 대한 전문적인 판단을 내릴 수 있는 광범위한 결정권을 가지고 있으며, 때로는 독립성이 지나친 나머지 갈등, 혼돈과 조정의 문제(생산성 저하 및 효율성 저해)가 제기되기도 한다.[7] 학교는 학교를 둘러싼 외부 환경에 큰 영향을 받는다: 이들은 개방 체제이다. 사회의 여러 요인들이 변화함에 따라, 조직 구조를 타이트하게 하거나 이완된 형태로 만드는 압력도 변한다. 예를 들어, 책무성을 강조하는 「No Child Left Behind」와 「Race to the Top」 법안은 학교 내에서 타이트한 결합을 이끌어 내고 있다. 따라서 행정가들은 조직에 대해 충분히 이해하고, 타이트한 구조 및 이완 결합 구조가 가지고 있는 부정적인 결과들을 인식하고 고려해야 할 필요가 있다. 일반적으로, 공립학교는 관료적 요인과 전문적 요인이 특수하게 결합되어 있으며, 이에 대해 보다 자세히 살펴보고자 한다.

TIP: 이론의 적용

창의성을 증진하고, 전문적 판단을 촉진하며, 의식과 전문성을 강조하는 학교 구조를 설명해 본다. 조직의 위계는 어떤 모양이고 어떤 기능을 하는가? 규칙은 어느 선까지 다루어지고 어떤 특성을 가지고 있는가? 교사와 행정가의 역할은 어떤 차이를 가지고 있고 어떻게 통합되는가? 인성과 지식은 어떤 역할을 하고 얼마나 중요한가? 이들은 서로를 어떻게 보완하고 있는가?

전문가와 관료제 간의 갈등

공식 조직에서는 전문가 및 준전문가들이 업무를 수행하기 때문에 이들이 갖고 있는 전문가로서의 가치와 관료적 기대 간의 기본적인 갈등에 초점이 주어진다. 비록 전문적 원리와 관료적 원리 간에 유사점이 많이 있지만, 차이점이 존재하기 때문에 갈등이 일어날 가능성은 여전히 남아 있다(Blau와 Scott, 2003). 주요 차이점과 유사점은 〈표 3.6〉에 요약되어 있다.

표 3.6 전문가와 관료들의 기본적인 특징: 유사점과 차이점

전문가	관료
전문적인 기술	전문적인 기술
객관적인 시각	객관적인 시각
비정적 및 비편파적인 접근	비정적 및 비편파적인 접근
고객에 대한 봉사	고객에 대한 봉사
갈등의 주요 원인	
동료 지향적인 준거 집단	위계 지향적
의사 결정시 자율권 행사	훈련된 복종
자신들이 통제 기준을 부과함	조직에 종속됨

관료와 전문가들은 모두 전공 분야에 관한 전문 기술을 가지고 있으며, 객관적인 관점을 유지하고, 비정적이고 비편파적으로 행동하리라 기대된다. 그러나 관료들이 조직의 이익을 위해 행동을 하는 반면에, 전문가들은 고객들의 이익을 위해 행동을 하리라 기대된다. 고객과 조직의 이익 간에서 명확하게 드러나는 이러한 갈등은 대다수의 공식 조직에서는 커다란 문제가 되고 있으나, 학교, 사회사업기관 및 병원 등과 같은 봉사 조직의 경우, 그렇게 심각한 문제가 되지는 않는 것 같다. 영리를 추구하는 다른 기업과는 달리, 봉사 조직의 최대 수혜자는 바로 그 고객이다. 따라서 봉사 조직의 경우, 관료와 전문가들은 '고객에 대한 봉사'라는 동일한 목적을 가지고 있다.

전문가와 관료제 간의 갈등(professional-bureaucratic conflict)의 근본적인 원인은 관료제와 전문가들이 사용하는 사회 통제 체제에서 기인한다. 전문가들은 업무에 관한 결정을 통제하려고 한다. 이들은 자신들의 활동의 기준이 되는 윤리 지침을 내면화하도록 배워왔고, 그 동료들도 이러한 행동 지침을 뒷받침해 준다. 전문가들은 기본적으로 자신들의 업무에 대한 책임을 지고, 때로는 그 동료들에 의해 비난이나 견책을 받기도 한다. 다른 한편, 관료 조직에서 통제는 동료 집단의 영향력하에 있지 않다. 권위의 체계에 따라 복종이 이루어진다. Blau와 Scott(2003: 63)은 "전문가들의 경우와 같이 자신들이 설정한 기준 및 동료 집단의 감독을 받는 것이 아니라 상위자로부터의 지시나 명령에 의해 업무 관련 행동들이 통제된다"고 주장한다.

그러나 다양한 전문가 집단 간에 그리고 이들의 전문적 분야에 따라 상당한 차이가 있다. 예를 들어, 초·중등학교 교사들이 상대적으로 제한된 재량권을 가지고 있는 반면, 일반적으로 의사와 과학자들은 상당한 권한을 가지고 있다(Scott, 1981). 전문적인 행위의 궁극적인 바탕이 되는 것은 전문적인 지식이다. 그러나 관료적인 행위를 궁극적으로 정당화하는 것은 조직의 규칙과 규정에 대한 일치 여부 및 상급자의 인가이다. 조직과 전문가 간의 갈등(즉, "전문적 지식 및 자율성"과 "관료적 질서와 통제")의 주된 원인은 이러한 현상에서 기인한다.

학교 내의 전문적 및 관료적 성향

교직이 완전한 의미에서 전문직인가 아닌가에 대해서는 여전히 논쟁의 여지가 있다. 그러나 교직을 일련의 연속선상에서 노동직과 사무직 종사자들보다 전문직 가까이에 위치하거나 또는 의사 또는 법률가들보다 더 전문직화되어 있다고 주장하는 사람들은 거의 없다. 그럼에도 불구하고, 교수-학습과 관련된 문제를 해결하기 위한 지식과 기술의 확대, 학생의 성공과 복지에 대한 책임 증가, 전문적 공동체 강조, 학술 활동 참여 강화, 자격 기준의 강화뿐만 아니라 자율성 요구 증가 등은 교직을 전문직으로 볼 수 있는 기초가 되고 있다(Ingersoll, 2001; McMahon과 Hoy, 2009).

학교 조직의 관료화와 교사들의 전문성이 계속 증가하고 있다는 점을 고려해볼 때, 이러한 갈등은 계속될 것 같다. 수업에 관한 사항 중 갈등을 불러일으키는 직접적인 쟁점들은 교과서 선택, 교수 절차 및 방법, 교육과정 개발 및 개혁 등에 교사가 어느 정도 영향력을 행사하는가에 관한 것들이다. 그러나 그 저변에 깔린 쟁점들은 수업이나 학교 조직에만 국한된 것은 아니다. 이는 전문적 기술 및 자율성과 관료적 절차 및 통제 간의 갈등이다.

학교 조직의 기본적인 관료 구조가 전제적인 경향을 보일 때, 교사들의 권위는 주요한 긴장 요인이 될 것이다. 학교의 조직 구조가 보다 전문화될수록, 갈등과 긴장을 완화시킬 수 있는 가능성은 더욱 커질 것이다. 사실, 교사들의 이중적 성향은 예외적인 것이 아닌 일반적인 경우이다. 전문적 조직 구조에서, 교사들은 조직과 그 직업에 아주 헌신하게 될 것이다. 만약 학교가 교사들의 전문적 자율성을 신장시킨다면 교사들의 관료적 성향과 전문적 태도 간에 갈등이 일어나지 않을 것이라는 주장을 지지하는 연구들도 있다(Marjoribanks, 1977; DiPaola와 Hoy, 1994).

교사의 성향에 관련된 몇 가지 연구들이 있다. Edward Kuhlman과 Wayne K. Hoy(1974)는 신규 교사들의 관료적 사회화에 대한 연구를 수행하였다. 이들은 학교 조직에 의한 초기 사회화로 인해 신규 교사들의 전문적 및 관료적 성향이 어느 정도 변화하는가 하는 것에 관심을 가졌다. 이들은 사회화를 통해 신규 교사들이 이중적 역할 성향을 갖게 될 것이라고 가정하였다. 그러나 발령 첫 해, 신규 교사들은 전문적 성향을 더 가지거나 관료적 성향을 더 가지지는 않았다. 반대로, 중등학교 교사들은 발령 첫 해, 전문적 성향은 낮아지고 보다 높은 관료적 성향을 가지는 것으로 나타났다. 비록 집단 전체로 볼 때는 중등학교 교사들보다 더 관료적 성향을 가지고 있었지만, 초등학교 신규 교사들의 성향은 상대적으로 변화가 없었다. 교직 경험 초기에 이중적 성향이 발전하고, 전문성 및 조직의 효과성이 증진될 것이라는 가정은 입증되지 못하였다. 또한 여러 조직에서 관료적 문화와 전문적 문화가 상호 관련되어 있다는 Harold Wilensky(1964)의 주장은 중등학교를 대상으로 한 연구에서 입증되지 못하였다.

대부분의 중등학교에서 이루어지는 관료적 사회화의 영향력은 강력해 보인다. 대부분의 학교는 발령과 거의 동시에 신규 교사들에게 안정을 유지하고, 복종을 이끌어내며, 조직에 대한 충성심을 강화하기 위한 역할 형성에 영향력을 행사하기 시작한다. 사실, 사회화 과정은 교생 경험에서부터 시작된다. 수업 경험으로 인해 교생들은 보다 더 관료적 성향을 가지게 된다(Hoy와 Rees, 1977). 전문직화되어 가고 있는 다른 직종, 특히 사회봉사 조직 등에 관한 연구에서도 이와 비슷한 사회화의 영향 및 결과들을 찾아볼 수 있다(Enoch, 1989).

요약하면, 여러 연구들은 전문가 및 준전문가들로 구성된 봉사 조직으로 학교를 묘사하고 있다. 학교 조직은 기본적으로 권위주의적 특징을 가진 관료적 구조를 가지고 있다. 전체적으로 볼 때, 교사들은 보다 호전적이며 점점 전문가가 되어 가고 있다. 그러나 특히 중등학교의 경우, 신규 교사들을 사회화하는 데 관료적 구조가 보다 효과적인 것 같다. 즉, 학교의 환경은 여러 가지 대립되는 요인들로 구성되어 있다. 필자들은 행정가와 교사들이 힘을 합쳐 학교 조직이 보다 전문화되고 전제적으로 되지 않도록 노력하기를 바란다. 이러한 조직에서는 이중적 성향이 보다 보편화될 것이며, 교사들은 학교와 그 업무에 보다 더 헌신하게 될 것이다.[8]

리더십 사례

West 고등학교의 문제들

당신은 West 고등학교의 새로운 교장으로 임명되었다. 이 학교는 1150명의 학생, 85명의 교사, 교감, 4명의 행정 업무 담당자 및 2명의 상담 교사들로 구성되어 있다. West 고등학교는 동부 해안에 위치한 중간 규모 학교구에 있는 2개의 고등학교 중의 하나이다. 학생 1인당 경비는 주 전체의 48% 정도에 해당하기 때문에 교육에 대한 지원이라는 측면에서는 중간 정도라고 할 수 있다. 당신은 고등학교 교사였고, 북쪽으로 75마일 떨어진 학교구에서 교감으로 근무해 왔다. 채용 공고가 났을 때, 당신은 지원했고, 채용되었으며, 교장으로서의 새로운 직무를 열심히 수행하려는 마음을 가지고 있다. 승진을 한 것이고 이에 따라 월급도 상당히 인상된다. 더욱이, 이 학교는 현재 당신이 박사 과정에 재학하고 있는 주립 대학 캠퍼스 근처에 위치해 있었다.

당신의 선임자는 30년 동안 근무한 후 퇴직한 아주 유명한 교장이었다. 대부분의 고참 교사들은 그의 겸손한 행동을 좋아했었다. 사실, 그의 리더십 유형은 방종에 가까운 것이었다. 그는 지역사회에 아무런 문제를 일으키지 않는 한 교사들이 원하는 모든 것을 할 수 있게 하였다. 때로 학교 일과 시간에 교사들이 왜 은행에 있고, 커피숍에 있는지 화난 목소리로 전화를 하는 주민들도 있었다. 교사들은 그를 친근하게 "Old Bob"이라고 불렀는데, 이 때 그는 "학교 일 때문이었어요"라고 교사들을 두둔하였다. Old Bob은 아주 오래 이 지역에서 근무했기 때문에, 대부분의 학부모들은 그가 처음 교장으로 부임했을 때 이 학교의 학생들이었고, 그 때 그의 별명은 "Mellow Bob"이었다. 비록 그가 이 학교에 아주 오래 근무했지만, 그를 지도자로 생각하는 사람은 거의 없었다. 그렇지만 대다수는 만족해하였다. 변화에 대한 이야기가 나오면 '왜 괜히 배를 흔들어'라는 반응이 일반적이었다. Old Bob은 고등학교 교장으로서 자신의 역할을 행복하게 수행하였다. 그는 필요할 경우 자신을 위해 참견을 하는 교감 Pete Marshall과 충성스러운 교사들과 같이 있었다.

그러나 많은 것들이 변하였다. 주 차원에서 실시된 시험을 통해 수업 프로그램이 적절하지 못하다는 것이 밝혀졌다. 학교 내외에서 학생들은 여러 가지 문제들을 일으키고 있었다. 사실, 거의 학생들을 통제할 수 없었다. 싸움, 결석, 퇴학 등이 증가하였다. 학부모들은 학교구에 있는 또 다른 고등학교인 East 고등학교로의 전학을 주장하기 시작하였다. East 고등학교의 학생들은 성적이 더 좋았으며, 학교가 훨씬 더 깨끗하고 잘 정돈된 환경 속에 있었다. East 고등학교의 행정가들은 때로는 교사와 학생들을 지시적이고 아주 무정하게 다루었다. 그러나 대부분의 학부모들은 West 고등학교의 느긋한 접근법보다는 East 고등학교에서와 같이 엄격한 훈육을 선호하였다. 그러나 신뢰 관계에 위기가 없는 한 Old Bob은 행복하게 생각하였고, 이는 다른 교사들도 마찬가지였다.

2년 전, 학교구는 Rebecca Goldberg를 새로운 교육감으로 임명하였으며, 이 때부터 변화의 바람이 불기 시작하였다. Rebecca와 Old Bob은 즉각 적대적인 관계가 되었다. Rebecca는 보다 나은 학교, 주 차원에서 이루어지는 평가에서 높은 점수를 받는 것, 학부모의 참여 확대, 새로운 교육과정 및 퇴학률을 낮추는 등 학교구에 대한 새로운 비전을 가지고 있었다. Old Bob은 더 이상 간섭을 참을 수 없게 되었다. 62세라는 이른 나이에, 그는 퇴직하기 위해 친구들에게 안녕을 고했다. 그는 새로운 교육감에게 고개를 숙이길 거부했던 것이다. Old Bob의 교사들은 충성스러웠으며, 그가 퇴직하려고 결정했을 때 놀라면서도 어느 정도 걱정을 하였다. 결국, 그는 교사들과 아주 친하게 지냈다. 전문가들인 교사들의 활동을 저해한다고 생각했기 때문에 그는 관료적 규칙과 규정을 거부하였다. 그는 교사들의 충성에 대해 무간섭으로 대응하였다. 그는 자신의 지위를 내세운 적이 한 번도 없었다. 그러나 그가 친절했기 때문에 그를 화나게 한 사람은 한 명도 없었다. 도움이 필요할 때, 그들은 그에게 의존하였다. 그는 이전의 교육감과 아주 친밀한 관계를 맺고 있었다. 그들은 거의 20여 년 간 친구로 지내왔으며, Old Bob이 지나치게 관대하고 친절한 행동을 하기 시작했던 것도 그 때부터였다. 신규 교사가 '종신 고용권(tenure)'을 받지 못한 적은 한 번도 없었다. 사실, West 고등학교에 교사로 채용된 것은 Old Bob을 잘 알고 있는 사람을 알고 있었기 때문이었다. Old Bob이 교사들을 채용했고, 2년 전까지 이러한 채용은 항상 교육감과 교육위원회에 의해 승인되었다. 새로 선출된 교육감은 다른 생각을 가지고 있었다. 교육위원회는 학교구를 개선하고 변화시키려는 목적으로 Rebecca Goldberg를 고용했던 것이다. Old Bob이 외부의 압력에 의해 물러났다고 이야기하는 사람들도 있었다. 그러나 어떤 요인들이 작용을 했건, Old Bob은 자신이 선발했던 교사들을 남겨두고 현직에서 물러났다.

Old Bob과 함께 10년을 같이 근무했던 교감, Pete Marshall은 후임 교장으로 Old Bob이 개인적으로 내정해 두었던 사람이었다. 따라서 후임 교장을 학교구 외부에서 선발하고자 한 교육위원회의 결정은 그에게는 커다란 충격이었다. 교육위원회는 높은 학업 성취 기준 등 학교에 대한 당신의 비전 때문에 당신을 선발했던 것이다. 교육위원회는 당신이 가지고 있는 진보적인 생각과 노력을 좋아했으며, 교육감과

교육위원회에서는 당신에게 변화에 대한 모든 사항을 위임하였다. 당신은 개학하기 한 달 전에 West 고등학교에 부임하였으며, 이제 거의 두 달이 다 되어 가고 있다. 당신은 모든 것들을 쉽게 변화시킬 수 있다고 생각했지만, 현실은 처음 생각했던 것만큼 쉬운 것은 아니었다. 당신은 충성스러운 직원들을 인계받았다. 그러나 유감스럽게도 그들은 당신이 아닌 Old Bob과 교감에게 충성스러운 직원이었다. 직원들은 당신이 하는 일들은 무엇이든 반대하는 것 같다. 이 학교에는 사실상 아무런 운영 절차가 없다. 교사들은 자신들이 하고 싶은 대로 하고, 이로 인해 학교는 거의 무질서 상태에 있다. 어떤 교사에게 특정 사항에 대해 질문을 했을 때, 반응은 항상 동일하였다—"그게 우리가 항상 하던 방법이에요" 변화가 여러 가지 상황을 개선할 수 있다고 이야기하면, "그것은 Old Bob이 하던 방식이 아니에요"라는 공통된 반응을 보였다.

교감인 Pete는 냉담한 반응을 보였으며 그렇게 큰 도움이 되지 않고 있다. 사실, 당신은 그가 당신이 잘되는 것을 막기 위해 노력하고 있다는 느낌을 가지고 있다. 바로 지난 주, 그의 방을 지나갈 때, 학부모와 전화 통화를 하며 당신을 비난하는 이야기를 우연히 듣게 되었다. 그가 교장이 되지 못했기 때문에 크게 낙담했다는 것을 알기 때문에 당신은 Pete를 도와주고 그와 잘 지내려고 노력하고 있다. Pete Marshall을 East 고등학교로 전출시켜 주도록 교육감에게 요청했어야 했던 것 같다. 교감의 문제 외에도 당신은 교사와 학생들과 관련된 상당한 문제들을 가지고 있다. 이 학교는 인간 관계가 굳게 형성된 곳이고, 불행하게도 당신

은 외부인이었다. 교육감과 교육위원회는 변화된 결과를 기대하고 있지만, 당신이 시도하는 모든 것들이 잘 되지 않고 있다. 앞으로 있을 현직 연수를 위해 당신이 계획한 전문성 신장을 위한 모임에 대해 교사들은 상당히 불만을 가지고 있다. 교사들은 변화를 위한 모든 시도에 반대하고 있다. 당신은 교감의 도움을 받을 수도 없다. 그를 믿지 않기 때문이다. 행정을 맡은 사무직원들조차 믿을 수 없다(Old Bob의 직원들이었다). 이들은 항상 Old Bob을 그리워했다. 사실이 그렇지 않다는 것을 알고 있기 때문에 당신은 Old Bob이 얼마나 훌륭한 교장이었는가 하는 이야기에 신물이 나고 있다. 전임자에 대한 이야기는 당신의 지도력에 대한 반항이라고 느끼고 있다. 당신은 지금 실망하고 있고 어떤 과감한 변화를 시도할 필요를 느끼고 있다. 새학기가 시작된 지 겨우 한 달이 지났지만, 지금 당신은 무엇인가를 해야만 한다. 당신이 책임을 맡고 있기 때문이다. 지금 현재 당신은 교육위원회의 교육감의 지지를 받고 있다. 어떤 조치를 취해야 하지만, 도움과 계획이 필요하다. 오늘은 West 고등학교에서 변화를 시도하는 첫 날이며, 교육감과 만나도록 전화로 약속을 해놓고 있다. 행동 계획을 세울 충분한 시간이 없다고 생각하고 있으며 이러한 상황을 교육감이 충분히 공감하고 있을 것이라고 당신은 생각하고 있다.

- Pete Marshall의 전출을 요청해야 할까?
- 어떻게 하면 행정 직원들의 지지를 얻을 수 있을까?
- 변화를 위해 교장으로서의 권위를 어떻게 행사해야 할까?
- 일방적인, 즉 상명하달식의 변화가 필요한 시기인가?
- 규칙, 규정 및 절차 체계를 제정할 시기인가? 그렇다면 어떻게 할 것인가?
- 극적인 재구조화를 실시할 시기인가?
- 이러한 경우 민주주의는 실현가능성이 없는 이상인가?

교육감에게 변화 계획을 제안하기 전에 생각해 보아야 할 질문들 중의 몇 가지들이다. 당신이 교장이다. 당신의 상급자들은 당신을 지지하고 있지만 부하직원들은 그렇지 않다. 당신의 상급자들은 개선을 기대하고 있고 이 학교는 변화가 필요하다. 그리고 당신도 계획이 필요하다.

실행 지침

1. 전문성을 가지고 있는 사람들이 중요한 의사결정을 하도록 한다. 지식이 지배한다.

2. 가능한 경우 전문적 판단으로 규칙을 대체한다. 판단이 규칙에 앞선다.

3. 권한부여형 구조를 만든다. 권한부여형 구조는 긍정적인 학교 문화를 촉진한다.

4. 방해형 구조를 피한다. 방해형 구조는 전문적 판단과 교사들의 창의성을 저해한다.

5. 규칙이 가지고 있는 부정적인 결과를 예측한다. 대비하고 융통성을 가져야 한다.

6. 매년 규칙을 재검토하고 폐지한다. 규칙이 적으면 적을수록 더 좋다.

7. 학교의 비공식 지도자를 파악한다. 비공식 지도자는 공식 조직을 보완해 주는 중요한 요인이다.

8. 개인적 역량과 공식적 요구 간의 균형을 유지한다. 이들은 성공을 위해 핵심적인 것들이다.

9. 작업장을 재미있고 도전적인 곳으로 만든다. 창의성을 신장하는 구조를 만든다.

10. 깨어 있어야 한다. 생각을 하고 행동으로 옮기는 습관을 갖는 등 태도, 조직과 행동을 의식 있게 한다.

11. 효과를 거두는 구조를 만든다. 효과를 보지 못하는 구조는 변경한다.

12. 관료적 통제에서 전문적 통제로 전환한다. 궁극적으로 교사들의 판단이 행정적 통제를 대체해야 한다.

13. 공식 조직과 비공식 조직 간에 조화를 추구한다. 이들은 효과적인 조직을 위해 필수불가결한 것들이다.

핵심 가정 및 원리

1. 사실상 학교를 포함한 모든 조직은 위계적인 구조를 가지고 있다.

2. 분업은 전문화를 촉진하며, 이는 전문성을 가져온다.

3. 비공식 조직은 공식 조직의 또 다른 측면이다. 모든 공식 조직에는 자연 발생적인 비공식 구조가 존재한다.

4. 조직 구조는 긍정적 및 부정적인 결과를 가지고 있다. 행정가들의 임무는 부정적인 결과를 피하고 긍정적인 결과를 이끌어 내는 것이다.

5. 구조의 양(고층적 또는 평면적, 집권화 또는 분권화)만큼이나 조직 구조의 종류(권한부여형 또는 방해형, 타이트 또는 이완 결합)도 중요하다.

6. 최상의 단일 구조는 없다. 구조의 적절성은 구성원, 과제, 목적, 기술 및 상황에 달려 있다.

7. 조직은 통제 및 조정의 문제뿐만 아니라 창의성과 변화의 문제에 직면해 있다.

8. 타이트한 결합은 조직의 효율성과 책무성을 향상시킨다. 그러나 이완 결합은 창의성과 전문성을 향상시킨다.

9. 모든 조직은 질서와 자유라는 딜레마 상황에 직면해 있다. 최종적인 해결책은 없으며 이들 간에 적절한 균형을 유지하고자 하는 계속적인 노력이 필요하다.

10. 구조적 접근은 적절한 구조적 배열은 문제를 최소화한다는 자신감 및 합리성에 근거하고 있다.

추천 도서

Bolman, L. G., and Deal, T. E. *Reframing Organizations: Artistry, Choice, and Leadership* (3rd ed.). San Francisco, CA: Jossey-Bass, 2008.

Ferguson, K. E. *The Feminist Case against Bureaucracy*. Philadelphia, PA: Temple University Press, 1984.

Hoy, W. K. "An Analysis of Enabling and Mindful School Structures: Some Theoretical, Research, and Practical Considerations." *Journal of Education Administration* 41 (2003), pp. 87-108.

March, J. G., and Simon, H. *Organizations* (2 nd ed.). Cambridge, MA: Blackwell, 1993.

Miner, J. B. *Organizational Behavior 2: Essential Theories of Process and Structure.* Armonk, NY: Sharpe, 2005.

Mintzberg, H. *The Structuring of Organizations*. Englewood Cliffs, NJ: Prentice Hall, 1979.

Weick, K. E., and Sutcliffe, K. M. *Managing the Unexpected*. San Francisco, CA: Jossey-Bass, 2001.

Wilson, J. Q. *Bureaucracy: What Government Agencies Do and Why They Do It.* New York: Basic Books, 1989.

후주

1. D. S. Pugh와 그의 동료들(1968, 1969, 1976)이 영국 Birmingham에 있는 Aston 대학에서 수행한 Aston 연구들은 작업 조직의 구조를 평가하는 데 있어 설문을 사용하지 않고 인터뷰 목록을 사용한 일련의 종합적인 연구이다. 이 기법은 Alberta 대학의 캐나다 연구자들(Newberry, 1971; Kelsey, 1973; Holdaway 외, 1975; Sackney, 1976)과 Rutgers 대학의 미국 연구자들(Sousa와 Hoy, 1981; Guidette, 1982; Haymond, 1982)도 교육 조직 연구에 사용해 왔다. 연구전략과는 관계없이 학교의 관료적 구조에 관한 연구결과도 매우 일치하고 있다.

2. 또 다른 형태의 권한부여형 규칙과 구조는 Hoy(2003)를 참조하기 바란다.

3. 주의: 권한부여형 학교 구조는 일부 학부모들이 자녀들에게 잘못된 행동을 하도록 허락하듯이 잘못된 목적을 허용할 수도 있다. 권한부여형 구조는 합당한 목적, 기술 및 전문성을 대체할 수도 없고 만병통치약도 아니다. Hoy(2003)를 참조하기 바란다.

4. Mintzberg(1989)는 처음의 다섯 가지 형태 이외에 최근 두 가지 형태, 즉 선교적 조직(missionary organization)과 정치적 조직(political organization)을 추가하였다. 이념이나 정치는 때때로 너무나 보급되면서 표준적 형태를 무효(무색)화시켜 스스로의 형태를 만든다. 조직의 이념(문화)이 몹시 강력하여 조직의 전체 구조가 이 이념을 중심으로 형성될 때, Mintzberg는 이러한 형태를 선교적 조직이라고 명명하였다. 또한, 정치가 매우 강력하여 조직을 지배하는 경우, 이 형태를 정치적 조직으로 명명하였다. 그러나 일반적으로, 정치(6장)와 이데올로기(5장)는 표준적 형태의 구성요소들이며, 이들은 종래의 다섯 가지 형태를 제시하고 있다.

5. Mintzberg(1979)는 또한 분열시키려는 중간 관리층의 관리자들의 노력과 협동하려는 지원 부서층의 노력을 확인하고 있다. 이것들은 학교에서는 별로 나타나고 있지 않으나, 사업부 형태의 구조와 애드호크러시에서 주로 나타나고 있다.

6. Parsons(1967)는 학교의 제도적, 관리적 및 기술적 기능을 자세히 설명하고 있다.

7. 교장과 교사의 분리된 통제 영역에 관하여 심도 있는 논의를 위해서는 Lortie(1969)를 참조하기 바란다.

8. Carlson(1962)은 행정가의 행동에 영향을 주는 교육감의 지방-세계지향성(local-cosmopolitan)에 대하여 흥미 있는 연구 결과를 제시하고 있다. Hoy와 Aho(1973), Ganz와 Hoy(1997)도 각각 중등학교장과 초등학교장을 대상으로 비슷한 연구를 수행하였다. 지방-세계지향성에 관한 고전적 연구를 보려면 Gouldner(1958)를 참조하기 바란다.

제4장

학교 구성원

매개기제 가운데서 개인적인 효능감에 대한 믿음보다 더 지배적이고 파급적인 것은 없다. 사람들은 자신들의 행동으로 바람직한 효과를 가져올 수 있다고 믿지 않는 한, 행동할 동기를 전혀 갖지 않는다.

Albert Bandura

Self-Efficacy: The Exercise of Control

당신이 배우려고 원하는 것을 배우기는 어려운 일이 아니다.

익명의 어느 도시 학생

Washington, DC

미리 보기

1. 학교 구성원들은 그들의 욕구, 목적, 신념에 의해서 동기화된다.
2. Maslow의 욕구위계이론은 생리적 욕구, 안전욕구, 소속욕구, 존경의 욕구 및 자아 실현의 욕구와 같은 다섯 가지 기본적 욕구 범주들이 그 욕구들의 우세 정도에 따라 위계적으로 배열된다고 주장한다.
3. Herzberg의 위생-동기이론에 의하면 만족과 불만족을 이끌어 내는 상호 간에 분명하게 구별되는 두 가지의 욕구 체계가 있다.
4. 많은 사람들에게 있어 성취욕구와 자율욕구는 강력한 동기화의 힘이다.
5. 귀인이론은 성과의 원인들이 내재적인 것이

고, 변화 가능하며, 통제될 수 있다고 인식될 때 동기화가 강해진다고 설명한다.

6. 공평성이론은 개인들이 공정하게 대우받고 있다고 믿을 때, 즉 자신들이 적절한 보상을 받고 있으며, 보상의 배분이 공정할 뿐 아니라, 자신들이 존중되고 있다고 믿을 때 열심히 일한다고 주장한다.
7. 기대이론에 의하면 가외 노력이 그들의 과업수행을 개선하고, 우수한 과업성취가 관심의 대상이 될 뿐 아니라 보상을 받으며, 그 보상을 가치 있다고 생각할 때 개인들은 열심히 일한다.
8. 자아효능감은 개인들이 설정하는 목표, 노력

의 정도, 어려움에 직면했을 때의 지구력, 실패에 대한 회복력을 결정함으로써 동기화에 기여한다.

9. 목표설정이론에 따르면 개인들에 의해서 구체적이고 현실적이며 도전적인 목표가 수용

될 때, 특히 진행과정에 대한 피드백이 주어질 때, 동기가 강해진다.

10. 내재적 동기화와 외재적 동기화는 개인을 동기화하는 두 가지의 서로 다른 전략이다.

학교 행정가들이 학교 조직을 분석할 때, 그들은 때때로 개인들을 경시하며 조직 구조에 초점을 맞추곤 한다. 그러나 조직은 조직목적의 달성뿐 아니라 개인의 욕구 충족을 위해 존재하기 때문에, 학교 사회체제의 구조적 혹은 개인적 요소 중 어느 하나라도 소홀히 한다면 이는 근시안적이고 불완전한 접근방법이 될 것이다. 제1장에서 살펴본 바와 같이, 학생, 교사, 학교 행정가들은 개인적인 욕구를 가지고 학교에 들어오며 자신들의 역할에 대한 개인적 성향과 인지적 이해를 발전시켜 나간다. 개인들의 어떤 측면들이 학교에서의 일과 행위를 결정하는 데 가장 영향을 주는가? 개인들의 어떤 특성들이 학교에서의 행동을 동기화하는가? 인간은 아주 복잡한 존재이고 인간행동에 대한 통찰은 다양한 관점과 학문에 그 뿌리를 두고 있기 때문에, 이러한 질문들에 대한 대답은 여러 가지 방법으로 유형화할 수 있다. 우리는 학교 구성원인 학생과 교사, 행정가들에 대한 통찰을 얻는 하나의 강력한 방법은 그들의 욕구, 목표, 신념 및 동기를 탐구하는 것이라고 믿는다.

욕구

사람들은 학교에서 역할과 지위를 점유하고 있지만, 이들은 자신만의 독특한 욕구마저 없는 단순한 행위자들이 아니다. 사실, 인간의 욕구와 동기는 개인의 조직행동을 결정하는 핵심적인 요소들이다. 조직에서 일하는 개인들은 항상 자신들의 직무를 수행하는 과정에서 자신의 욕구 충족에 관심을 갖는다. 예컨대, 학부모들은 자녀들의 욕구에 관심을 가지며, 정치가들은 유권자들의 욕구에 예민하고, 교사들은 자신들이 가르치는 학생들의 욕구를 충족시켜 주기 위해 노력한다. 또한 대부분의 학교장들은 교사들의 욕구에 민감하다. 이렇게 볼 때, 개인들의 욕구가 조직에서 중요하다는 것은 의심할 여지가 없다. 사람들은 자신들의 행동을 구체화하는 서로 다른 욕구를 가지고 있으며, 대부분의 사람들은 조직에서 주어진 자신들의 역할을 가능한 한 개인화

(personalize)하려고 노력한다. 즉, 조직에서 개인에게 기대된 역할과 개인의 욕구와 일치된 행위를 하려 하는 것이다. 같은 역할을 점유하고 있는 사람들이 서로 다르게 행동하는 이유는 각각의 개인들이 자신만의 고유한 스타일을 가지고 있기 때문이다. 교사들은 상이한 스타일을 가지고 있으며, 이 점에 있어서 학생이나 행정가도 마찬가지이다.

Edwin A. Locke(1991)는 사람들의 일상적 대화에서 욕구라는 용어가 막연하게 사용되고 있지만, 생물학적인 맥락에서는 욕구가 유기체의 생존과 안녕을 위해 필수적인 요건이라고 주장한다. 좀 더 공식적인 의미에서, 욕구(needs)는 개인이 내적 균형을 획득하기 위하여 어떤 행위 과정을 추구하도록 하게 하는 내적 불균형의 상태(Steers와 Porter, 1991)를 의미한다. 욕구라는 개념은 살아있는 유기체가 행동하는 이유를 가장 기본적인 수준에서 설명해 주고, 특정 행동이 건강한지 아닌지를 판단하는 표준이라고 할 수 있다.

욕구의 위계: 기본적 욕구

인본주의 심리학자인 Abraham Maslow(1970)는 매력적인 인간욕구이론을 개발한 바 있으며, 그의 욕구위계모형은 인간 동기화에 관하여 가장 영향력이 있는 관점의 하나가 되었다. 욕구위계모형은 원래 체계적인 연구가 아니라 임상심리학자였던 Maslow의 경험에 의하여 나온 것이다(Campbell과 Pritchard, 1976; Steer와 Porter, 1983). 그의 이론은 인간의 기본적인 태생적 욕구는 위계적인 질서로 배열된다는, 소위 **욕구의 위계**를 주장한다(Kanfer, 1990).

[그림 4.1]에 제시된 바와 같이, 위계적인 수준으로 배열된 다섯 가지 기본적인 욕구범주가 Maslow(1970) 모델의 토대가 된다.

- 위계의 첫 번째 수준인 *생리적 욕구*는 배고픔이나 갈증 같은 기본적인 생물학적 기능으로 구성된다.
- 두 번째 수준의 *안전욕구*는 평화롭고 원만하게 운영되는 안정된 사회에 대한 바람으로부터 나온다.
- 세 번째 욕구인 *소속, 사랑, 사회적 욕구*는 현대사회에 있어 극히 중요한 욕구이다. Maslow는 사회적 부적응은 이러한 욕구의 좌절로부터 나온다고 주장한다. 그는 청소년들의 반항은 집단에 소속되고자 하는 강한 욕구에 의해서 동기화된다고 믿었다.

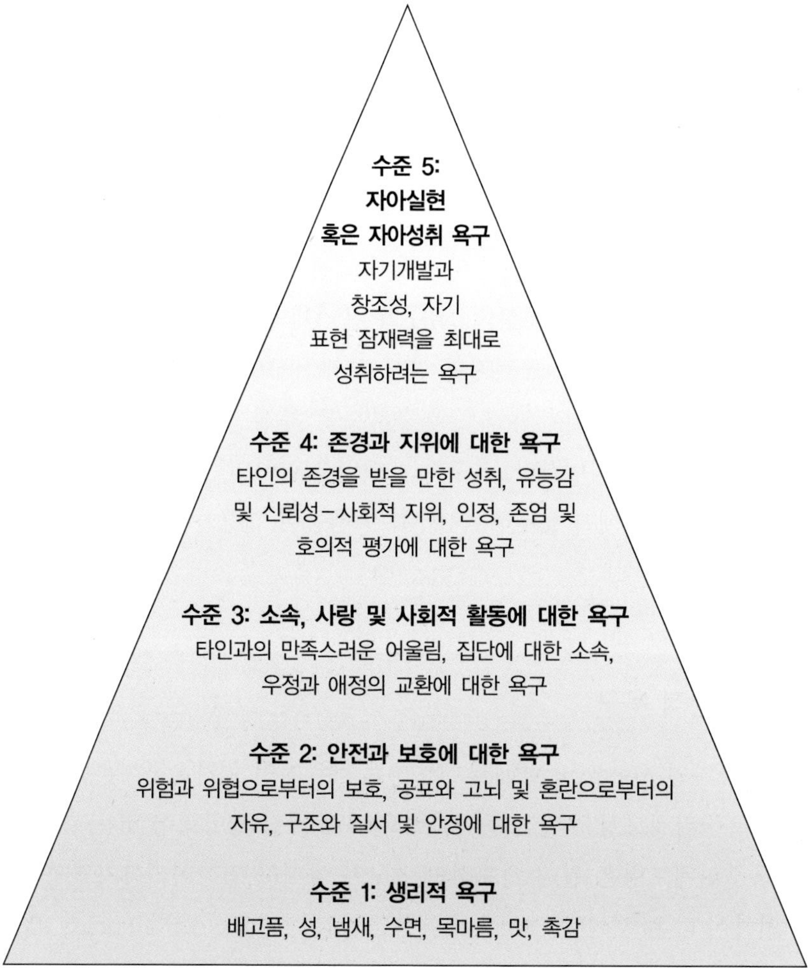

그림 4.1 Maslow의 욕구위계이론

- 네 번째 수준인 *존경의 욕구*는 타인들에게 존경받고자 하는 바람을 반영하며, 이 욕구는 성취, 유능, 지위 및 인정 등에 의해서 충족된다.
- 마지막으로, Maslow는 사람들은 자기들에게 가장 적합한 일을 하지 않으면, 즉 *자아실현*의 욕구가 충족되지 않으면 불만과 불안이 나타난다고 주장하였다. 이 때 자아실현이란 개인이 되고자 원하는 것을 이루고, 인생의 목적을 충실히 달성하며, 개인이 가지고 있는 인성의 잠재력을 실현하고자 하는 욕구(Campbell과 Pritchard, 1976)라고 단순하지만 명쾌하게 정의할 수 있다. Maslow는 이 자아실현의 욕구를 최종 상태가 아니라 하나의 과정으로 파악하고 있다. 개인들은 더욱더 독특한 사람이 되어 가는 지속적인 과정에 있다(Cherrington, 1991).

Maslow의 욕구들은 서로 관련되어 있고 또한 개인의 생존을 위한 긴박함이나 우세 정도에 따라 위계적으로 배열되어 있다. 어떤 욕구가 강하면 강할수록 그 욕구는 인간의 의식 속에서 다른 욕구를 제어하고 충족될 것을 요구한다. 이러한 관찰은 Maslow 이론의 핵심적인 주장, 즉 상급 수준의 욕구는 하급 수준의 욕구가 충족되었을 때 활성화된다는 주장에 이르게 한다. Maslow에 의하면, 사람들은 빵이 없을 때는 빵만으로 살아가지만 빵이 많이 있을 때는 더 높은 욕구가 나타나 사람을 지배하고, 그 욕구가 충족될 때 다시 새로운 욕구에 의해서 대체된다고 하였다. 즉, 만족이 증가하면 중요도가 감소하고, 더 높은 수준의 욕구가 증가되는 이러한 과정은 욕구위계의 가장 높은 수준에 이를 때까지 반복되기 때문에, 개인의 행동은 특정 시점에서 가장 중요한 욕구를 만족시키기 위한 시도에 의해서 동기화된다(Lawler, 1973).

하급 수준의 욕구는 결코 완전히 충족되지 않기 때문에 상급 수준의 욕구가 계속 나타나는 것을 제한한다. 더구나 개인이 일정 기간 동안 일정 수준의 욕구를 충족시킬 수 없다면, 그 욕구는 다시 강한 동기 요인이 된다. 완전하게 충족된 욕구는 효과적인 동기 요인이 아니다. 따라서 결핍의 개념과 마찬가지로 만족(gratification)의 개념도 중요하다. Maslow에 따르면, 만족은 사람들이 하나의 욕구에 지배되는 것으로부터 해방시켜 주며, 이러한 현상은 보다 높은 수준의 욕구를 출현하게 한다. 반대로, 만약 낮은 수준의 욕구가 만족되지 않는다면 그 욕구는 다시 나타나 행동을 지배하게 된다.

한 욕구는 다음 수준의 욕구가 나타나기 전에 완전히 만족되어야만 한다는 것이 Maslow 이론에 대하여 우리가 가지고 있는 오해이다. Maslow는 정상적인 개인들은 모든 기본적인 욕구들에 대해서 단지 부분적으로만 만족한다고 주장한다. 사실 사람들이 욕구의 위계로 올라갈수록 만족의 비율은 감소한다고 보는 것이 욕구구조에 대한 보다 현실적인 설명이다. Maslow에 따르면, 대다수의 사람들에게 있어 처음 세 수준의 욕구는 그것이 일정한 수준에서 충족되면 더 이상 동기화 효과를 갖지 못하지만, 존경과 자아실현의 욕구와 같은 상위 수준의 욕구는 좀처럼 완전하게 충족되지 않기 때문에 지속적인 동기 요인이 된다. 다시 말하면, 대부분의 행동은 둘 이상의 욕구위계 수준에서 나오는 욕구들에 의해서 동기화되며, 새로운 욕구 상태는 융통성 없는 이것 아니면 저것 방식의 틀에 박힌 방식으로 나타나지 않는다(Pinder, 1984).

한편 Maslow의 이론을 교육조직에 적용하여 볼 때, 몇 가지 의견을 말할 수 있을 것이다. 첫 번째, 교육자들의 생리적인 욕구는 어느 정도 충족되어 있다 할지라도, 일부 학생들은 심지어 가장 기본적인 욕구마저 결핍되어 있어, 그로 인하여 강한 동기화 문제가 나타난다. 더구나, 안전욕구는 학교 직원들과 학생들에게 있어 공히 동기 부여 욕구가 될 수 있다. 예컨대, 학교 안팎에서 폭력은 점점 더 학생들 사이에 만연되어 가고 있다. 위협을 받으면 공부하거나 가르치는 일에 집중하기는 어려운 일이다. 계속고용에 대한 불확실성과 심지어 인종차별을 야기하는 행정행위는 학교 관리인에서부터 교육감에 이르는 모든 사람들에게 영향을 줄 수 있다. 나아가, Maslow는 많은 사람들이 친숙하지 않은 것보다는 친숙한 것에서, 잘 알려지지 않은 것보다는 알고 있는 것에서 안정과 안전을 추구하려고 하는 측면이 있다고 이론화하고 있다. 학교에서 안전욕구가 높은 사람들은 변화에 저항할 수도 있고 이러한 욕구를 충족시킬 수 있는 직무의 안전성과 재해보상프로그램 및 퇴직프로그램을 바랄 수도 있다.

소속에 대한 욕구는 개인으로 하여금 직장 동료나 친구, 상급자와 부하들과의 관계를 추구하도록 한다. 교육자들의 경우, 우정의 교류, 비공식집단과 전문가집단 그리고 학교사회집단에 참여함으로써 이러한 욕구를 충족한다. 네 번째 위계 수준인 존경과 지위에 대한 욕구는 교육자들로 하여금 타인으로부터 혹은 타인을 위한 통제, 자율성, 존경 및 전문적 능력을 추구하도록 하는 욕구이다. 마지막으로 자아실현의 욕구는 교육자들로 하여금 자신들이 될 수 있는 최선의 사람이 되도록 동기화한다. 많은 사람들이 아직 하급 수준의 욕구에 관심을 가지고 있기 때문에 자아실현의 욕구는 다른 욕구에 비해 상대적으로 자주 출현하지 않는다. 그럼에도 불구하고, Maslow(1965)는 학교와 같은 조직에서는 자아를 실현하려는 학생, 교사 및 행정가가 가장 바람직하기 때문에 가능한 한 높은 수준의 욕구가 충족되도록 해야 한다고 주장하고 있다. Maslow의 욕구위계이론은 다음 세 가지 기본적인 주장에 기초하고 있다 (Cherrington, 1991).

- 첫째, 개인의 욕구들은 보편적인 것이며 위계적으로 배열되어 있다.
- 둘째, 충족되지 않은 욕구는 개인들로 하여금 오로지 그 충족되지 않은 욕구에 집중하게 한다.
- 셋째, 상급 수준의 욕구가 감지되고 추구되기 위해서는 낮은 수준의 욕구들이 대체로 충족되어야 한다.

Maslow 이론이 이렇게 널리 알려진 이유 중의 하나는 이 이론이 갖는 직관적인 호소력 때문이지만, 욕구위계이론을 검증한 연구들은 혼합적인 결과들을 내놓고 있다(Baron, 1998). 즉, 인간의 욕구가 서로 명백하게 구분되는 다섯 가지의 범주로 분류된다거나 혹은 이들 범주들이 어떤 특별한 위계로 구조화되어 있다는 것을 보여주는 분명한 증거는 없다. 사실, 여러 연구결과들은 욕구가 우세의 정도에 따라 위계화되어 있다는 욕구위계이론의 기본가정(假定)을 지지하지 않고 있으며, Miner(1980), Steer와 Porter(1983), Landy와 Becker(1987), Cherrington(1991) 등과 같은 연구들은 이 이론의 지지도가 그다지 높지 않다는 것을 밝히고 있다. 또한 1980년대 이후 발표된 연구들 중 Rauschenberger, Schmitt와 Hunter(1980)의 연구는 욕구위계이론에 강력한 이의를 제기하고 있으며, Betz(1984), Lefkowitz, Somers와 Weinberg(1984)는 단지 부분적으로만 이 이론을 지지하고 있을 뿐이다.

요약하면, 인간의 욕구에 대한 이와 같은 설득력 있는 분석은 인간행동을 연구하고 설명하는 데 있어 하나의 흥미로운 것이기는 하지만 아직 검증되지 않은 시각으로 보아야 한다는 것이다. 이것은 이론이 잘못되었다는 것을 의미하는 것이 아니라, 단지 오늘에 이르기까지 지지되어 오지 않았다는 것을 의미할 뿐이다(Miner, 2002).

욕구와 종업원들의 만족

Frederick Herzberg와 그의 동료들(Herzberg, Mausner와 Snyderman, 1959)은 기술자와 회계사를 대상으로 한 연구로부터 얻은 연구결과를 토대로 동기화와 직무만족이론을 개발하였다.

그 연구의 결과들은 Herzberg와 그의 동료들로 하여금 긍정적인 직무태도(동기요인)를 가져오는 요인들은 그 요인들이 개인들의 자아실현욕구, Herzberg의 용어로 표현한다면, 개인의 심리적 성장을 만족시키는 잠재력 때문에 동기요인이 된다는 결론에 도달하게 하였다. 반대로, 위생요인들은 생리적, 안전 및 사회적 욕구와 관련되어 있다. Herzberg(1982)가 직무가 인간의 기본적 욕구에 영향을 미치는 방법에 초점을 맞추고 있는 반면, Maslow는 심리학적 인간의 보편적 욕구에 초점을 맞추고 있다.

동기-위생이론, 두 요인이론 혹은 단순하게 Herzberg 이론이라고 지칭되어 왔던 이 이론은 행정가들과 정책입안자들에게 널리 받아들여져 왔다. Herzberg와 그의 동료들은 긍정적인 사건들은 성취, 성취에 대한 인정, 도전적인 작업 그 자체, 책임감, 승진 등과 같은 것들과 관련되어 있으며, 부정적인 사건들은 상급자나 동료들과의 인간관계, 기술적인 감독, 회사의 정책과 행정, 작업조건, 급여, 사생활 같은 것과 관련되어 있다는 사실을 발견했다. 따라서 이들은 직무를 수행하는 데 있어 어떤 요인들은 개인의 직무만족을 증가시켜 주지만, 이 요인이 없다고 하여 반드시 직무불만족을 가져오지 않는다는 결론을 내리고 있다. 동기-위생이론은 다음과 같은 몇 가지 기본적인 가정을 토대로 하고 있다.

- 직무만족과 불만족을 설명하는 두 가지의 상호 구분되는 요인들이 있다.
- 동기요인은 만족을 만들어 내는 경향이 있고, 위생요인은 불만족을 낳는 경향

이 있다.

- 직무만족과 불만족은 반대적인 개념이 아니라 상호 구분되는 독립된 차원이다.

따라서 동기-위생이론은 **동기요인**들(성취, 인정, 일 그 자체, 책임, 승진)이 충족되면 만족을 증가시키게 되지만, 동기요인이 충족되지 않았을 때에는 단지 최소한의 불만족만이 나타난다고 가정한다. 한편, **위생요인**들(대인관계, 감독, 정책 및 행정, 작업환경, 급여, 사생활 등으로 불리는 요인들)이 충족되지 않을 경우에는 부정적인 태도가 나타나 직무불만족을 낳게 된다. 즉, 위생요인의 충족은 최소한의 직무만족만을 가져올 뿐이라는 것이다. 예컨대, 만약 당신의 권한이 학교의 복사기로 시험문제만을 복사하는 데 제한된다면 이것이 불만족을 가져오겠지만, 복사기를 개방한다고 해서 높은 직무만족을 가져다줄 것 같지는 않다. 직무만족은 자율성, 책임성, 직무의 도전감 등과 같은 요인으로부터 생겨난다. 간단히 말하면, 동기요인은 직무만족을 가져오고, 위생요인은 직무불만족을 가져오는 경향이 있다. 만족도를 증가시키는 데 상대적으로 덜 중요하거나 불만족을 가져오는 요인들을 왜 위생요인이라고 명명하였는가? 이는 의학적인 은유로서, 비록 위생이 심각한 전염병을 예방하는 데는 아주 중요하지만, 위생 하나만으로는 치료가 되지 않는 것과 마찬가지로 위생요인들만으로는 높은 수준의 만족을 가져올 수 없다.

Miner(2002, 2004)에 따르면, 다섯 가지의 동기요인들은 개념적으로나 경험적으로 상호 관련되어 있다. 직무에 이 요인들이 내재되어 있는 경우, 개인적 성장과 자아실현과 같은 개인의 기본적 욕구가 충족되며, 긍정적인 감정이 생기고 작업성과가 향상될 것이다. 위생요인들은, 적절히 제공되기만 하면, 불만족을 제거하고 어느 수준까지 작업성과를 높일 수는 있다. 그러나 위생요소들은 잠재되어 있는 만큼의 긍정적인 감정이나 높은 수준의 과업 수행을 가져오지는 않는다.

Herzberg의 이론이 논쟁의 대상이 되고 있지만, 직무동기와 직무설계 분야에 중요한 영향을 미쳐왔다. 그러나 Steers와 Porter(1991)는 Herzberg의 많은 공로는 인정받을 만하다고 주장한다. 그 이유는 Herzberg가 작업조직에서 동기가 수행하는 역할에 대한 이해의 필요성을 환기시켜 줌으로써 1950년대 후반의 공백을 잘 메꾸어 주었기 때문이다. 그의 접근방법은 체계적이며 그의 언어는 이해하기 쉽다. 그는 경험적 자료에 기초하여 이해하기 쉬운 이론을 발전시켰으며, 나아가 행정가들에게 구체적인 행동을 권고하고 있다. Pinder(1984)는 직무설계와 관련한 Herzberg의 생각이 상당한 타당성과 실제적 유용성을 가지고 있다는 것을 드러내는 실제적 증거가 있다고 주장함으로써 이 이론모형을 더욱 강력하게 옹호하고 있다.

요약하면, 직무에서 불만족을 가져올 것 같은 요소들을 제거하고, 가르치는 일을 본질적으로 도전적이고 흥미롭게 설계하고 풍요롭게 만들려고 한다면, 행정가들은 이들 두 가지 차원의 요소들을 인식해야 할 것이다. 위생요인과 동기요인들은 모두 중요하지만, 중요한 이유가 서로 다르다(〈표 4.1〉 참조). 이론이 함축하고 있는 것처럼 두 요인군은 서로 분리되어 있지 않다. 예컨대, 보수는 불만족 요인이 아니며, 어떤 사람들에게는 동기요인으로 작용한다(Miner, 2002). 그러나 불만족을 가져오는 것들이 때때로 만족을 촉진하는 것들과 다르다는 것을 기억할 필요가 있다.

표 4.1 Herzberg의 동기-위생이론	
위생요인	**동기요인**
• 대인관계(상사와의)	• 성취
• 대인관계(동료와의)	• 인정
• 감독(기술적)	• 일 그 자체
• 정책과 행정	• 책임
• 근무조건	• 승진
• 사생활	
• 직업 안정과 보수	
↓	↓
불만족	만족

성취욕구: 획득된 욕구

David C. McClelland(1961, 1965, 1985)의 성취동기이론은 보통 욕구성취 혹은 n-성취이론이라고 불려왔다.[1] 어려운 과업을 달성하거나, 난관과 장애를 극복하거나 혹은 뛰어나려 하는 것은 모두 성취를 향한 욕구이다. 어떤 분야에서 다른 보상이 아니라 오로지 성취 그 자체를 위해 수월성을 추구하는 사람은 높은 성취욕구를 가지고 있다고 생각할 수 있다. Maslow의 고정된 위계적이고 태생적인 욕구와는 다르게, McClelland의 개념 틀에 의하면 동기는 학습되는 것이고, 행동에 영향을 주는 잠재적 위계로 배열되어 있으며, 사람에 따라 다르다. 사람이 성장해감에 따라 긍정적인 감정과 부정적인 감정을 주변에서 발생하는 어떤 것들과 연합시키는 것을 배운다. 따라서 수월성의 기준과 경쟁할 기회가 긍정적인 성과와 연합될 때 성취 가치는 학습된다(Pinder, 1981). 어떤 개인에게 있어, 성취는 동기위계의 정상으로 나아가게 하고 즐거움의 기대를 활성화시키기 위해서는 최소한의 성취자극만이 필요할 뿐이다. 따라서 성취를 추구할 가능성은 증가하게 된다. 그러한 상황에서 약한 동기는 성취로 바뀔 것이고, 행동에 영향을 주는 명확한 이차적 역할을 수행할 것이다(Miner, 1980).

McClelland(1961, 1985)는 성취동기가 높은 사람은 다음 세 가지의 중요한 특성을 가지고 있다고 가정하였다.

- 첫째, 성취동기가 높은 사람은 어떤 과업을 수행하거나 문제를 해결하는 데 있어서 *개인적으로 책임을 지려는 강한 바람*을 가지고 있다. 결과적으로, 이러한 사람들은 타인과 함께 일하기보다는 혼자 일하는 경향이 있다. 직무가 타인을 필요로 한다면, 이 사람은 우정보다는 능력을 토대로 동료를 선택하는 경향이 있다. 높은 성취동기를 가지고 있는 사람들은 개인적인 책임이 부여되고 그 결과로서 평가받는 상황을 더 선호한다(Miner, 1980).
- 둘째, 높은 성취욕구를 가진 사람은 *적절히 어려운 목표와 중간 정도의 위험수준을 설정하는 경향*이 있다. 과업이 너무 어려운 경우에는 성공의 기회와 만족의 확률이 낮은 반면, 쉬운 과업은 누구나 할 수 있는 것이기 때문에 전혀 만족감을 느낄 수 없다. 성취 수준이 높은 사람들은 위험을 계산하고, 지나치지 않은 그러나 다소 도전감을 줄 것으로 예견되는 상황을 선택하는 경향이 있다(Miner, 1980, 2002).
- 셋째, 높은 성취욕구를 가진 사람은 *과업 수행에 대한 강력한 피드백을 원한다.* 이들은 자신들이 수행한 과업의 성공여부에 관계없이, 그들이 얼마나 일을 잘했는지를 알고 싶어 하며 또한 결과에 대한 정보를 받고 싶어 한다(Cherrington, 1991). 성공과 실패를 구분할 수 없을 경우에는 성취만족을 가질 기회가 거의 없다.

성취욕구가 높은 개인들은 과업 성취에 몰두하는 특성을 가지고 있다(Cherrington 1991). 결과적으로 성취에 대한 욕구는 일념으로 몰두하는 학생, 교사 및 행정가들이 자주 성공하기 때문에 학교에서 중요한 동기가 된다. McClelland는 자신의 연구결과를 통하여 성취동기는 어린 시절부터 학습되며 주로 부모의 양육방법과 기타 다른 요인들의 영향을 받는다는 결론을 내리고 있다. 자신의 행위가 자신의 성공에 영향을 준다는 것을 아는 아이와 훌륭한 과업 수행을 인식하는 방법을 배운 아이들은 성공하려는 욕망을 가지고 성장할 가능성이 높다(Schunk, 2000).

다른 이론가들은 성취동기를 성공과 실패에 대한 최근의 경험, 과업의 난이도, 즉시적으로 주어지는 보상과 같은 상황적 요인들에 의해서 형성되는 일단의 의식적인 신념과 가치로 본다. 따라서 어떤 교사는 학생들이 잘 따라오기 때문에 대수학 수업에 대하여 높은 동기를 가질 수 있지만, 학생들이 수업에 흥미가 없고 어려워하기 때문에 기하학 수업에 대해서는 낮은 동기를 가질 수 있다(Stipek, 1993).

교사와 학생들이 가지고 있는 성취동기를 이용하는 것도 중요하지만, 성취동기가 없는 교사와 학생들의 성취동기를 개발하는 것은 전혀 다른 또 하나의 도전적 과업이다. 동기를 변화시키는 한 가지 일반적인 전략은 교육과 훈련이다(Katzell과 Thompson, 1990). 성취동기를 함양하기 위한 시도들은 다음과 같은 특징을 가지고 있어야 한다.

- 개인이 성공할 수 있는 상황
- 합리적이고 성취 가능한 목표 설정의 강조
- 과업 수행에 대한 개인적인 책임감 수용
- 과업 수행에 대한 분명한 피드백 제공

성취동기는 미래의 성공에 대한 우호적인 결과가 예견되는 훈련을 통하여 학교와 기타 조직에서 강화될 수 있다. 성취욕구는 성취 그 자체에 만족하는 것이 아니라, 목표를 달성했을 때 커지는 것 같다(Wood와 Wood, 1999). 그러나 한 가지 경고를 덧붙인다면, McClelland의 대부분의 연구결과들은 소년 혹은 성인남자와 관련되어 있기 때문에 그의 이론은 현재 남성에게 한정되어 있다는 점이다. 사실 그러한 연구결과를 여성들에게 일반화하려는 노력은 그다지 성공적이지 못해 왔다(Pinder, 1984).

자율욕구

자율 혹은 자기결정욕구는 자신이 무엇을 어떻게 할 것인지에 대하여 선택권을 가지려는 욕구이다. 다른 말로 표현하면, 외부의 압력을 받거나 보상에 의해서 우리의 행위가 결정되기보다는 독립적으로 행동하려는 욕망이다(Deci와 Ryan, 1985; Deci, Vallerand, Pelletier와 Ryan, 1991; Ryan과 Deci, 2000; Deci와 Ryan, 2006). 사람들은 자신의 행동에 대해서 책임을 지려고 한다. 실제로, Porter(1961)는 일찍이 독립적인 사고와 행위에 대한 욕구, 즉 자율욕구는 인간의 기본적인 욕구라고 주장한 바 있다. 사람들은 타인에 의하여 강요되는 규칙, 규정, 타인이 요구하는 최종기한 등과 같은 외부세력의 압력이 자신들의 자율욕구를 방해하기 때문에 그에 대하여 저항하거나 투쟁한다. 도움을 받게 되면 도움을 준 사람에게 통제를 받기 때문에 도움마저 거절하기도 한다(deCharms, 1976, 1983; Pink, 2009).

Richard deCharms(1976, 1983)는 자기 스스로 결정을 하는 사람과 타인의 결정에 따르는 사람 간의 차이를 구별하기 위하여 전자를 창조인(origins), 후자를 의존인(pawns)으로 비유하였다. 창조적인 사람은 자기 자신을 행동하려는 의도의 원천 혹은 기원이라고 인식한다. 의존인은 자신을 타인에 의해서 통제되는 게임 속에 있는 것으로 보거나, 자신의 행동을 결정하는 데 있어 자신은 무력하다고 생각한다. 사람들이 의존인이 될 때, 놀이가 일이 되고, 여가는 의무가 되며, 내재적 동기는 외재적 동기로 변한다(Lepper와 Greene, 1978). 예컨대, 잘 계획된 학교자율경영 프로그램을 강조하는 교육감의 요구로 교사들을 의사결정에 참여시키려는 학교장은 자신의 동기가 무산되는 경험을 했을 수도 있다. 자신을 통제하려는 위계적인 시도는 창조인이 되려는 기회를 훼손한다. 자기결정 의식이 상실되었기 때문에 상부로부터 지시되어 내려오는 학교자율경영제에 대해서 별 호감을 갖지 못하게 된다. 실제로 학교장에 의한 하향식 시도에 대하여 교사들도 유사한 느낌을 갖게 될 것이다(Woolfolk, 2004, 2010).

DeCharms에 의하면, 학생들은 자신들의 내재적 동기에 의해서 거의 통제되지 않을 뿐 아니라 자신의 행위를 통제하는 데 있어 너무 무력하다. 학생들은 창조인이기보다는 의존인인 경우가 많다. 교사와 행정가도 의존인에 가까운 자신들을 보면서 학생들과 유사한, 어쩌면 더욱 강한 어려움을 겪을지도 모를 일이다. 교사들은 수동적으로 되어가고, 자신의 일에 대해서 책임을 지려고 하지 않는다. 개인적 자율성은 현실적인 목표 설정, 목표에 대한 개인적인 계획, 개인의 행동에 대한 책임감, 자존감의 개발 등을 강조하는 활동과 프로그램에 의해서 개발될 수 있다(Woolfolk, 2004, 2010). 또한 일부 연구들에 의하면, 사람들은 자신을 의존인으로보다는 창조인으로 느낄수록 보다 더 높은 자존감을 갖고, 자신을 더욱 유능하다고 느끼며, 성취도도 높다(deCharms, 1976; Ryan과 Grolnick, 1986). 자율과 자기결정에 대한 욕구는 다음과 같은 행동을 통해 향상될 수 있다.

- 사람들로 하여금 스스로 선택할 것을 격려한다.
- 스스로 행동계획을 세우게 한다.
- 자신의 선택결과에 대해 책임을 지게 한다.

사람들이 성장·개발·성숙되어 감에 따라 자율욕구는 더욱 중요해질 것으로 보인다.

*성취욕구, 자율욕구, 사회적 관계에 대한 욕구, 자존욕구 및 자아실현의 욕구*는 교사와 행정가들을 동기화하고 그들의 조직 내 역할에 대한 지적 이해와 인식에 영향을 주는 중요한 욕구들이다. 신념은 동기를 설명하는 또 다른 중요한 요인이다.

TIP: 이론의 적용

우리는 종업원들이 안전, 존경, 자아실현, 자율, 만족 및 불만족에 대하여 가지고 있는 욕구에 대하여 이야기했다. 당신의 학교에서 이들 욕구 중 어떤 것이 가장 중요한지 몇 가지 예를 들어보시오. 또한 그렇게 생각하는 이유를 설명하고, 학교장이 교사들이 가지고 있는 그 욕구들을 충족시켜 더욱 생산적이 될 수 있도록 할 수 있는 방법들에 대하여 토론해 보시오.

신념

개인들은 그들의 신념에 따라 행동한다. **신념**(belief)은 세계에 대한 일반적인 이해 혹은 일반화를 말하며, 개인들이 진실이라고 믿고 있는 것이다. 신념은 전형적으로 지능 혹은 원인과 같은 것들의 존재에 대한 확신이다. 신념은 흔히 현재의 상태와 대비되는 이상적인 이미지와 결합되곤 한다. 신념은 학교의 규칙과 규정의 공정성과 같은 당위적인 것에 대한 평가와 자주 결부되기도 하며, 신념은 기억된 과거의 일화나 사건들(예를 들면 학교 규칙과 규정의 불공정성이 학교의 불행한 일화로 연결되는 것)과 종종 연계되기도 한다(Nespor, 1987).

신념은 개인을 행동하도록 동기화하는 데 있어 중추적 역할을 한다. 인과관계, 공정성, 지능, 행위의 결과들, 자신의 운명을 통제할 수 있는 능력 등과 같은 것에 대한 개인의 신념은 개인의 행위에 영향을 미치는 몇 가지 중추적 신념들이다. 필자들은 다음에서 신념에 근거한 동기를 설명하고자 한다.

인과관계에 대한 신념: 귀인이론

사람들은 자신과 타인에게 발생하는 일들을 보며 왜 그러한 일들이 발생하는지를 묻게 되고, 그 원인을 추론하고 귀인시킨다. 예컨대, 학생이 '나는 왜 기말시험에서 실패했을까? 노력이 부족해서인가 아니면 내가 문제를 이해하지 못할 정도로 영리하지 못해서인가' 하는 질문을 한다고 하자. 이러한 질문과 관찰에 기초하여, Bernard Weiner(1972, 1985, 1986, 1992, 1994a, 1994b)는 동기모형을 만들어 내기 위하여 귀인개념을 사용하였다. 본질적으로, **귀인이론**(attribution theory)은 과거의 행위 특히, 성취 노력과 기대에 관련하여 개인들이 과거의 행위에 적용하는 인과적 설명을 다룬다. 귀인이론가들에 따르면, 개인들은 사건이 일어난 이유, 특히 결과가 중요하거나

기대하지 않은 것이었을 경우 왜 그런 일들이 일어났는지를 자연스럽게 이해하려 한
다고 가정한다(Stipek, 1993). 사람들은 성공과 실패를 능력, 행운, 노력, 분위기, 흥
미, 불공정한 절차들과 같은 요인들의 탓으로 돌리곤 한다. 사람들은 인과적 귀인을
생각할 때, 본질적으로 무엇이 발생했고 왜 그것이 발생했는지에 관한 신념을 만들거
나 찾게 된다. 일단 그에 관한 설명이 만들어지면, 개인들은 자신과 환경을 더 잘 관
리하기 위하여 자주 그것을 활용할 수 있다.

인과관계의 차원

Weiner(1985, 1986, 1992, 1994b, 2000)는 개인들이 자신들의 성공과 실패의 원인을
귀착시키는 원인의 대부분이 통제의 소재, 안정성, 책임성 등과 같은 세 가지 **인과관
계 차원**으로 특성화할 수 있다고 하였다.

- *통제의 소재*(내적 대 외적)는 원인의 소재를 규정한다. 능력과 노력은 통제의
  소재 차원에서 볼 때 가장 일반적인 내적 요인들이며, 과업의 어려움이나 행운
  은 성과를 결정하는 일반적인 외적 요인들이다.
- *안정성*(안정 대 불안정)은 원인이 시간의 흐름에 따라 변화하는지 혹은 일정한
  지를 가리키는 차원이다. 능력은 과업에 대한 개인의 적성이 비교적 고정되어
  있다고 보기 때문에 안정적이다. 반대로, 노력은 사람들이 상황에 따라 자신의
  노력을 변화시킬 수 있기 때문에 불안정적이다.
- *책임성*(통제가능 대 통제 불가능)은 개인의 책임, 즉 개인이 원인을 통제할 수
  있는가의 여부를 말한다. 일반적으로 노력은 개인들이 스스로 얼마나 노력할
  것인지에 대하여 책임질 수 있기 때문에 통제 가능하지만, 능력과 행운은 보통
  개인의 통제 밖에 있는 것으로 믿고 있다(Weiner, 1986, 2000; Kanfer, 1990;
  Graham, 1991).

이 세 가지 차원은 각각 성공과 실패에 대한 정서적인 반응을 유발하는 경향이 있
기 때문에 동기에 대하여 중요한 함의를 가지고 있다. 예를 들면, 내적-외적 통제의
소재는 자기존중감과 긴밀히 관련되어 있는 것으로 보인다(Weiner, 2010). 만약 성공
과 실패가 내적 요인으로 귀인된다면, 이때 성공은 전형적으로 자기존중감을 증가시
키는 반면, 실패는 자기존중감을 감소시킨다. 안정 차원은 미래의 기대와 관련되는
정서와 연관되어 있다. 예컨대, 실패를 일으키는 불변적인 원인들(예를 들어, 차별하
는 선생님)은 무력감, 무관심, 단념을 가져온다. 책임성의 차원은 죄의식, 수치심, 연
민, 분노 등을 포함한 일련의 사회적 정서와 연관되어 있다. 개인적 실패의 원인이 노

력 부족이나 행동에 대한 무책임성과 같이 통제권 내에 있는 요인이라면 우리는 죄의식을 느낄 것이며, 성공한다면 긍지를 느낄 것이다. 개인적 실패가 능력이나 과업의 어려움과 같이 통제할 수 없는 요인 때문이라면 수치심이나 분노를 느낄 가능성이 많은 반면, 성공한다면 더욱 운이 좋고 감사하는 생각이 들 것이다. 마찬가지로 스스로 운명을 통제하고 있다는 느낌은 더욱더 어려운 과업을 선택하고, 더욱 열심히 일하며, 더욱 지속적으로 일하는 것과 관련되어 있다(Schunk, 2000; Weiner, 1994a, 2000, 2010).

위의 세 가지 귀인 차원에 대한 정서적인 반응을 덧붙임으로써, 결과들이 개인의 책임과 선택 내에 속하는 내적이고 불안정한 원인을 가지고 있는 것으로 인식될 수도 있다(Kanfer, 1990). 예를 들면, 어떤 신임 교사들이 자신들의 실패를 준비가 부족한 학급프로젝트에 학생들을 참여시킨 데 있었다고 인식한다면, 낮은 자기존중감으로 괴로워하고 나아가 빈약한 과업 수행에 대하여 죄의식을 느낄 것이다. 그러나 내적이고, 불안정하며, 통제 가능한 것으로 원인을 인식하는 것은, 말하자면 그 원인을 바꿀 수 있는 힘이 자신에게 있다고 인식하는 것은 신임 교사들로 하여금 미래의 성공에 대해서 낙관적인 생각을 하게 할 것이다. 그러나 학급프로젝트에 학생들을 계속 참여시키는 데 실패한 경험이 많은 교사들은 그 실패의 원인을 능력의 부족, 즉 내적, 안정적, 통제 불가능한 원인으로 돌릴 수도 있다. 이들 교사들은 반복되는 실패, 무력감, 낮은 자기존중감 그리고 수치심을 느낄 것이다. 이들 교사는 학급 수행에 대하여 낮은 동기를 가지고 있다. [그림 4.2]는 실패에 대한 두 가지 귀인 경로를 제시하고 있다. (1) 실패가 노력 부족으로 귀인되면, 이는 통제 가능한 것으로 간주되고, 개인은 책임감 및 죄의식을 느끼며 성취도를 증진하기 위한 행동을 하게 될 것이다. 그러나 (2) 실패가 능력 부족으로 귀인되면, 이는 통제할 수 없는 것으로 간주되고, 개인은 실패에 대한 책임감을 느끼지는 않지만 당황하게 되고 과제를 피하게 될 것이다.

일부 사람들은 귀인이론을 상식에 불과한 이론이라고 비판한다(Graham, 1991). 예를 들면, 우리는 장애인을 보면 연민을 느끼지만 일하지 않으려는 사람에게는 분노를 느끼고, 우리가 높은 능력을 가지고 있을 경우에는 계속하여 성공하리라고 기대한다. 어떤 사람들은 이러한 인과적 귀인이 과학적 지식이 아니라 사회적 세계에 대한 공유된 사고방식의 일부라고 반박하기도 한다. 그러나 귀인이론가들은 이론의 중요한 목표는 우리가 알고 있는 것을 상식이 되도록 체계화하여 그것을 폭넓은 사회현상을 설명하는 개념 틀 속에 정치(定置)하는 것이라고 주장한다. 여러 연구들(Miner, 1980, 2002; Weiner, 1986, 1994a, 1994b, 2000; Kanfer, 1990)은 귀인기제와 미래 과업 수행에 대한 기대의 효과에 대해서 일관되게 지지하는 결과를 보여주고 있다.

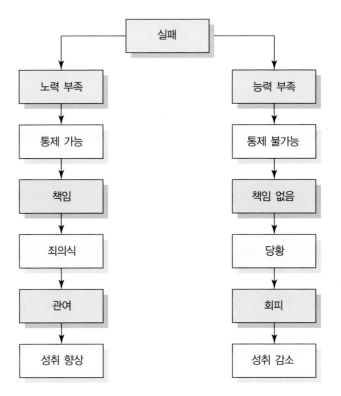

그림 4.2 **실패를 설명하는 Weiner의 귀인이론**

　　귀인이론을 구성하고 있는 중심적인 요소들은 다음과 같은 일련의 질문으로 요약
될 수 있다.

- *인과적 질문:* 결과의 원인은 무엇인가? 노력? 능력? 행운? 난이도? 도움? 편견?
- *통제의 소재에 관한 질문:* 원인이 내적인 것인가 외적인 것인가? 예를 들어, 원
  인이 개인의 내적(능력, 노력)인 것인가 아니면 외적(행운과 과제의 난이도)인
  것인가?
- *안정성에 관한 질문:* 원인들은 안정적인 것인가 변화하는 것인가? 난이도처럼
  고정된 것인가 아니면 노력과 같이 변화 가능한 것인가?
- *통제 가능성에 관한 질문:* 내가 원인들을 통제할 수 있는가? 내가 내 노력 정도
  를 통제할 수 있는가? 내 능력은? 과제의 난이도는? 도움은? 평가는? 편견은?

　　학생, 교사, 행정가들이 어떤 결과의 원인을 알고, 그 원인들이 내적인 것이고(통
제의 소재), 변화시킬 수 있는 것이며(변화 가능), 자신의 통제 내에 있는 것일 때(통
제 가능) 아주 높게 동기화될 것이다. 귀인이론을 적용할 때, 낮은 과업 성취도에 대

	내적		외적	
	안정	변화	안정	변화
통제 가능	노력	준비	관찰자 편견	팀으로부터의 도움
통제 불가능	능력	분위기	과제 난이도	운

범주 분류	성과가 낮은 이유
내적-안정적-통제 불가능 내적-안정적-통제 가능 내적-변화-통제 불가능 내적-변화-통제 가능 외적-안정적-통제 불가능 외적-안정적-통제 가능 외적-변화-통제 불가능 외적-변화-통제 가능	낮은 능력 노력 부족 관찰시기의 안 좋은 분위기 과제에 대한 준비 부족 과제가 너무 어려움 관찰자의 편견 운이 나쁨 팀원의 도움 부족

그림 4.3 **낮은 성취에 대한 원인과 귀인**

한 여러 가지 설명이 가능하다. [그림 4.3]에 제시되어 있는 것과 같이, 통제의 소재, 안정성 및 통제 가능성을 조합하여 여덟 가지 낮은 과업 성취에 대한 귀인을 제시할 수 있다.

능력에 대한 신념

동기와 행동에 영향을 미치는 가장 강력한 귀인요인들 가운데 하나는 능력에 대한 신념이다. 만약 우리가 이러한 신념을 검토한다면, 어떤 사람은 왜 부적절하고 동기를 유발하지 못하는 목표를 세우고, 어떤 교사들은 왜 포기하며, 학생들은 왜 때때로 자멸적인 전략을 채택하는지를 이해할 수 있다.

성인들은 능력을 보는 두 가지 관점, 즉 안정적 관점과 점증적 관점을 가지고 있다 (Dweck, 1999, 2006; Elliot와 Dweck, 2005). **안정적 능력관**(stable view of ability, 때때로 실재적 관점이라고 명명됨)은 능력이란 안정적이며 통제할 수 없는 특성, 즉 변화될 수 없는 개인의 특성이라고 생각한다(Dweck과 Bempechat, 1983). 따라서 어떤 사람들은 다른 사람에 비하여 더 많은 능력을 가지고 있고, 능력 수준은 고정된 것이라고 가정한다. 이와는 달리, **점증적 능력관**(incremental view of ability, 때로는 성장 관점이라고 명명됨)은 능력이란 불안정하고 통제할 수 있는, 즉 확장되는 지식과 기술의 저장소라고 가정한다. 따라서 점증적인 관점을 가진 사람들은 열심히 일하고 인내하며 공부함으로써 실재적인 지식이 증가될 수 있고 능력 또한 향상될 수 있다고 믿는다.

어린이들은 거의 절대적으로 점증적인 능력관을 가지고 있다(Nicholls와 Miller, 1984). 예컨대, 초등학교 저학년 때 대부분의 학생들은 노력과 지능은 동일한 것으로 믿는다. 영리한 사람들은 열심히 노력하며, 열심히 노력하는 것이 사람을 더욱 영리하게 만든다고 생각한다. 따라서 만약 당신이 잘 하지 못한다면, 충분히 노력하지 않았기 때문에 영리하지 못한 것이 되며, 열심히 노력한다면 당신은 틀림없이 영리한 사람이 된다(Stipek, 1993, 2002). 그러나 12살 정도가 되면 학생들은 노력과 능력을 구분하기 시작한다. 어떤 사람들은 열심히 노력하지 않아도 성취하며, 학생들은 이들이 영리한 사람이라는 것을 깨닫기 시작한다. 바로 이 시점에서, 능력에 대한 신념이 동기에 영향을 미치기 시작하는 것이다(Anderman과 Maehr, 1994).

안정적인 지능관을 가지고 있는 사람들은 수행 목표를 설정하는 경향이 있다. 이들은 자신이 뛰어나 보이고 자존심을 보호하는 상황을 찾는다. 또한 이들은 열심히 일을 하거나 실패하는 상황이 자신들의 능력이 낮다는 것을 드러내는 것일 수 있기 때문에, 많이 노력하지 않아도 잘 할 수 있거나 실패의 위험이 없이 잘 할 수 있는 일들을 계속하려고 한다. 더구나 열심히 노력하거나 실패한다는 것은 자신의 능력과 확신감에 치명타가 된다. 그러한 사람들은 실패하기보다는 차라리 노력하지 않으려고 한다. 실제로, 노력하지 않는 사람을 누구도 우둔한 사람이라고 단정하여 비난할 수는 없다. 당신이 실패하였다면, 그 이유는 당신이 새로운 상황을 대비하지 않았거나 열심히 노력하지 않은 것, 두 가지일 뿐이다. 따라서 노력하지 않거나 준비하지 않은 것은 실패 혹은 우둔하게 보이는 것으로부터 자신을 보호하는 전략이 된다. 우리는 C학점이나 낙제를 간신히 면하는 정도의 성적에도 만족해하는 학생을 본 일이 있다. 때때로 단순히 통과하는 점수가 자신을 나쁘게 보이지 않게 하는 보호전략이 되기도 한다. A학점을 목표로 노력하였다가 C학점을 받은 학생은 자신이 부적격하다는 느낌을 받을 위험이 있다. 따라서 간신히 통과하는 학점을 받는 것이 안전한 상황에서, 열심히 노력하고도 모욕감을 받을지도 모르는 위험을 감수하려고 할 까닭이 없다. 그러한 전략은 사람들의 자존심을 보호해 주지만 학습을 증진시키지는 않는다.

이와는 반대로 점증적인 지능관을 가진 사람들에게 있어, 진보는 자신들의 능력이 증진되는 것을 의미하기 때문에, 그들은 학습목표를 설정하고 그들이 배우고 진보할 수 있는 상황을 찾는다. 성인과 어린이를 불문하고 이러한 능력관을 가진 사람들에게 있어, 실패는 절망적인 것이 아니라 진보하기 위해서 더 많은 일을 해야 한다는 사실을 의미할 뿐이다. 능력은 실패에 의해서 위협받지 않는다. 오히려 실패는 더욱 열심히 노력하기 위한 도전으로 받아들여진다(Woolfolk, 2004, 2010). 점증적인 능력관을 가진 사람들은 도전적이지만 그러나 현실적인 목표를 설정하는 경향이 있고, 앞에서 살펴본 바와 같이, 그러한 목표는 효과적인 동기요인이 된다.

요약하면, 능력에 대한 신념은 학생, 교사 그리고 행정가들의 동기와 성취에 중요한 영향을 미친다. 자신의 능력을 개선할 수 있다고 믿는 사람들은 적절하게 어렵지만 도전적인 학습목표를 설정하고 주어진 과업을 달성하는 데 많은 관심을 갖는 경향이 있다. 이와는 반대로, 안정적이고 고정적인 능력관을 가진 사람들은 다른 사람의 시선을 의식하고 자신의 이미지를 위협하는 상황을 피하고 싶어 하기 때문에 매우 쉽거나 아주 어려운 성취목표를 설정하는 경향이 있다. 실제로, 이들은 노력을 많이 하는 것과 능력이 낮은 것을 같은 것으로 간주하는 경향이 있다.

조직도 종종 이러한 사고의 희생양이 된다. 가장 똑똑하고 최고의 사람을 채용하면 이들은 스타가 될 것이고 조직에 엄청난 성공을 가져다줄 것이라는 "재능 의식(talent mindset)"은 상당수의 미국 조직에 만연되어 있다. 불행하게도 똑똑한 것만으로는 충분하지 않다. 사실 자신의 능력만으로 유명해지는 환경에 있게 되면, 인간은 자신이 타고났다고 생각을 하기 시작하고, 일이 잘 풀리지 않거나 자신의 이미지에 위협을 느끼게 되면, 부정적인 결과로 어려움을 겪게 된다(Gladwell, 2002). 이러한 상황에서 이들은 자신들의 잘못을 인정하거나 받아들이기보다는 거짓말을 하게 된다. 재능에 대한 신화는 사람들이 조직을 똑똑하게 만들 수 있다는 것을 가정하지만, 사실 그 반대의 경우가 옳다고 Gladwell(2002: 32)은 주장한다. 열심히 노력하는 것이 자신들의 지식을 향상시킬 뿐만 아니라 조직의 성취를 높이는 길이라고 믿는 양심적인 행정가를 대체할 수 있는 것은 아무 것도 없다. 능력만으로는 충분하지 않다.

공정성에 대한 신념: 공평성이론과 조직의 정의

사회의 대다수 사람들과 마찬가지로, 학생, 교사 및 행정가들은 기본적인 공정성의 문제에 관심을 가지고 있다. 우리는 맡은 최소한의 직무를 겨우 수행하는 교사들을 알고 있다. 그들은 종종 늦게 출근하고, 시험문제 출제를 거의 하지 않으며, 자발적으로 하는 일도 없고, 퇴근시간이 되자마자 즉시 퇴근하며, 할 수 있는 모임을 회피할 뿐 아니라 자신의 일을 다른 사람에게 떠넘긴다. 학교에서 긴 시간 일하고, 방과 후에도 학생들을 도우며, 매 시간 수업준비를 철저히 하고, 특별 과외활동을 돕고 있는 젊은 신임 교사가 자신보다 절반밖에 일하지 않고도 두 배의 봉급을 받고 있는 동료 교사를 보았을 때 느낄 억울함을 상상해 보라.

공평성이론

직장의 이러한 기본적인 불공정성을 일부 이론가들(Greenberg, 1993a; Tyler, 1994; Folger, 2005)은 불공평성이라고 부른다. 이 개념은 우리에게 **공평성이론(equity theory)**이라고 불리는 동기에 관한 또 다른 시각을 제공하고 있다. 공평성이론은 인지된 공평성, 즉 조직 내 개인들이 공평하게 취급받고 있는지 아닌지에 대한 신념에 초점을 맞추고 있다. 자원 배분에 사용된 절차에 대한 인지된 공정성을 *절차적 정의*라고 부르며(Greenberg, 1997, 2000; Greenberg와 Colquitt, 2005), 이 절차적 정의가 공평성이론의 핵심이다.

사람들은 자신들이 불공평하게 취급받고 있는지를 어떻게 결정하는가? 이에 대해, 공평성이론은 이러한 결정의 핵심 기제는 사회적 비교, 즉 자신과 자신의 어려운 상태를 타인의 그것과 비교하는 데 있다고 말한다. 좀 더 기술적인 용어로 표현하면, 사람들은 자신의 투입(조직에 기여하는 모든 것-기여)에 대한 산출(조직으로부터 받는 모든 것-보상)을 타인의 투입/산출 비율과 비교함으로써 결정한다(Kulik과 Ambrose, 1992). 특히, 우리는 여러 측면에서 우리와 비슷한 사람을 선택한다. 위의 예를 다시 인용하면, 젊은 교사는 자신을 원로교사와 비교한다. 이 경우 두 가지 점을 지적하는 것은 의미가 있다. 젊은 교사와 원로교사는 동일한 역할을 수행하지만, 원로교사는 더 많은 연봉을 받는다. 이 불공평성은 경력과 연령이 비슷한 교사와 비교할 경우에 훨씬 크게 보일 수도 있다. 원로교사와 비교하는 경우에, 원로교사는 더 많은 경력을 가지고 있기 때문에 그 차이를 어느 정도 합리화시킬 수는 있다.

공평성이론은 만약 투입/산출 비율이 자신이 비교하는 사람과 대체로 동일하다면, 사람들은 자신에 대한 처우가 공평하다고 보지만, 만약 그 비율이 비슷하거나 같지 않다면, 사람들은 자신이 공평하게 대우받지 못하고 있다고 믿기 때문에 불공평의식이 생기게 된다고 설명한다. 불공평성은 사람들을 분노하게 하고, 그것을 제거하게 만든다. 불공평감이 초래하는 잠재적인 결과 가운데 하나는 동기를 감소시키는 일이다. Baron(1998)에 따르면, 불공평감은 작업동기를 저해하며, 사람들은 다음 세 가지 방법으로 그 불공평감을 줄이려 한다.

● 산출을 증가시키고자 한다 - 승급이나 다른 보상과 같은 이득의 증대를 추구한다.

- 직장을 떠나려고 한다 − 직장을 그만두고 다른 직업을 찾는다.
- 투입을 줄인다 − 과업 수행에 대한 노력을 줄인다.

공로에 비해 충분히 보상받지 못한다고 생각하는 사람들은 흔히 후자의 방법을 선택하는 경향이 있다. 그들은 종종 공정하게 대우받는다고 생각하는 사람들보다 노력하지 않는다(Harder, 1992). 수행 감소가 동기 저하를 보여주는 유일한 증거는 아니다. 예컨대, 어떤 사람들은 절도 등 잉여이익을 가져다주는 비밀스러운 행동을 함으로써 사태의 균형을 맞추려고 한다(Greenberg와 Scott, 1995; Greenberg, 1993b).

공평성이론에 관한 세 가지 사항이 더 지적되어야 한다. 첫째, *공평성에 대한 개인의 판단은 주관적이고, 보는 사람에 따라 다르며, 개인이 비교하여 공평성을 판단한다는 점이다.* 둘째, *사람들은 마땅히 받을 만큼에 비해 더 받는 것보다는 더 적게 받는 것에 훨씬 더 민감하다는 것이다*(Greenberg, 1993a). 마땅히 받을 만큼의 정도에 비해 덜 받는 것보다 더 받는 것을 합리화하는 것이 더 용이하기는 하지만, 계속해서 자신이 받아야 하는 것보다 더 받는 것도 또한 동기를 감소시킬 수 있다. 셋째, *공평성과 정의(justice)는 많은 개인에게 있어 중요한 동기적 힘이 된다.* 공평성이론은 [그림 4.4]에 요약되어 있다.

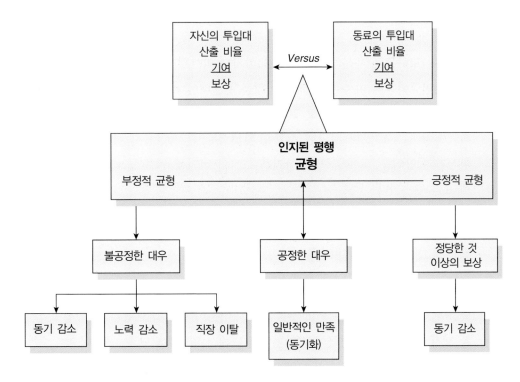

그림 4.4 **공평성이론**

요약하면, 학생, 교사 및 행정가들은 자신들이 불공평하게 대우받는다고 생각할 때 그들의 성취동기는 급격하게 감소하고, 거짓말을 하거나 또 다른 형태의 수상한 행동을 함으로써 '점수를 균등하게 하려는' 계획을 세울 수도 있다. 따라서 이러한 점들이 학교와 다른 작업조직에서 공평성이 표준 운영절차가 되어야 하는 중요한 실제적, 윤리적 이유가 된다(Baron, 1998). 실제로 Greenberg(2000)에 따르면, 공평한 절차와 실천은 조직 과업에 대한 수용 정도를 높인다.

조직의 정의

조직의 정의(justice)는 공평성이론과 절차적 정의에 관한 연구들에서 출현하였다 (Miner, 2004; Greenberg와 Colquitt, 2005). 조직의 정의는 조직 내의 공정성에 대한 조직 구성원들의 지각으로 *배분적 정의*(자원 배분의 공정성)와 *절차적 정의*(자분 배분 절차상의 공정성)가 있다. 학교장은 어떻게 하면 공정하고 정의롭게 인식되는 학교 분위기를 만들 수 있을까? 이 질문에 대한 답을 제시하기 위해, 여러 문헌들을 토대로 열 가지 원리를 제시하였다(Levanthal, Karuza와 Fry, 1980; Greenberg와 Lind, 2000; Hoy와 Tarter, 2004b).

요약하면, 학교 내에서 조직의 정의는 공평하고, 민감하며, 존중하고, 일관되며, 개인 이익을 멀리하고, 정직하며 윤리적인 행정 행위에 근거한다. 또한 의견 제시, 평등주의 및 대의제는 교사들에게 권한을 부여하는 여러 가지 시도들의 핵심적인 부분이 된다. 교사들은 자신들에게 영향을 미치는 의사결정에 참여하길 원하지만(의견 제시), 자신들의 이익이 아닌 학교의 이익을 우선해야 하며(평등주의), 의사결정 과정에서 자신들의 관점이 대변되고 있다는 느낌을 가져야 한다(대표성). 끝으로 학교장은 피드백과 새롭고 보다 정확한 정보를 통해 잘못된 결정을 수정하고 번복할 수 있는 자신감과 양식을 가져야 한다. 이러한 조직의 정의를 위한 열 가지 원리는 [그림 4.5] 에 요약되어 있다.

결과에 대한 신념: 기대이론

무엇이 사람들로 하여금 일을 하도록 동기를 유발하는지에 대해서 가장 신뢰롭고 타당한 설명을 해주는 이론 중의 하나가 기대이론이다. 기대모형은 오랜 심리학적 역사를 가지고 있지만, 이 접근이 작업현장을 위해서 일반화되고 또 구체적으로 수정된 것은 1960년대 말 Victor Vroom(1964)과 다른 학자들(예컨대, Graen, 1963; Galbraith와 Cummings, 1967; Porter와 Lawler, 1968)에 의해서이다. 사실, Vroom(1964)은 자신의

조직 정의의 원리	
공정성 원리	보상은 기여도에 따라 이루어져야 한다.
지각의 원리	정의는 공평함에 대한 개인의 지각에 달려있다.
의견제시의 원리	의사결정의 참여는 공평함을 향상시킨다.
대인간 정의의 원리	존중되고 존경받는 대우는 공평함을 촉진한다.
일관성 원리	일관된 공정한 행동은 정의감을 촉진한다.
평등주의 원리	개인의 이익보다는 전체의 이익이 우선되어야 한다.
수정의 원리	잘못된 의사결정은 신속하게 수정되어야 한다.
정확성의 원리	의사결정은 정확한 정보에 근거해야 한다.
대표성의 원리	의사결정은 관련된 사람들을 대표해야 한다.
윤리의 원리	도덕적·윤리적 기준을 따라야 한다.

그림 4.5 **조직 정의의 원리**
출처: Hoy와 Tarter, 2004b.

기대이론을 형성함으로써 이에 관한 연구를 촉발시킨 장본인이다. 그의 모형은 가장 높은 수준의 이익을 창출하는 직업, 과업 그리고 노력 수준 간의 선택유형들을 예측하기 위하여 개발된 것이다(Kanfer, 1990). 1960년대 말부터 1980년대 초반 사이의 문헌에서 기대이론이 논의되고 있었다는 사실은, 조직의 동기화에 관한 연구에서 기대이론이 구심점이 되고 있었다는 사실을 분명하게 보여주는 것이다. 기대이론에 관한 출판물이 줄어들고는 있지만, 이 이론은 아직도 계속 활용되고 있다(Miller와 Grush, 1988; Vroom, 2005). 기대이론은 조직 구성원들에 대한 복잡한 관점을 제시해 주고 있다. 그러나 기대이론의 기본적인 가정, 개념, 일반화는 쉽게 확인되고 설명된다.

　　기대이론(expectancy theory)은 두 가지의 기본적인 전제에 기초하고 있다. 첫째, 사람들은 생각하고 추리하며 미래의 사건을 예측하는 능력을 사용하여 조직 내에서 자신의 행동을 결정한다는 것이다. 동기는 의식적이고 인지적인 과정이다. 사람들은 자신들의 행동이 가져올 결과 혹은 개인적인 보상에 대한 기대된 가치를 주관적으로 평가한 후에 어떻게 행동할 것인지를 선택한다. 둘째, 개인들의 가치와 태도는 역할기대와 학교문화와 같은 환경적 요소들과 상호작용하여 행동에 영향을 준다. 이 두 번째 가정은 오로지 기대이론에서만 볼 수 있는 것은 아니다. 사실, 이 가정은 사회체제이론으로부터 나온 일반화로서 제1장에서 이미 제시된 것이다.

　　기대이론은 기대, 도구성 및 유인가와 같은 세 가지 개념과 함께 이러한 가정에 기초하여 만들어진 것이다.

기대(expectancy)는 개인이 열심히 일하면 과업 수행이 개선될 것이라고 믿는 정도이다. 기대는 '내가 열심히 일하면 성공할 것인가?' 라는 질문으로 나타낼 수 있다. 예컨대, 만일 교사들이 더 많이 노력함으로써 학생들의 성취를 개선할 확률이 높다고 생각한다면, 그 교사들은 높은 기대 수준을 가지고 있는 것이다. 만약 학생들이 과학 프로젝트를 설계하여 시행할 수 있다고 믿고 있다면 그 학생들은 높은 기대 수준을 가지고 있는 것이다.

도구성(instrumentality)은 좋은 과업 수행은 주목을 받거나 보상받을 것이라고 인지된 확률이다. 도구성은 개인들이 수행과 보상 간에 강력한 관련이 있다고 인지할 때 높다. 도구성에 관한 질문은 '내가 만약 성공한다면 나는 무엇을 보상으로 받을 것인가?' 라는 표현으로 나타낼 수 있다. 만일 교사들이 자기 학급 학생들의 높은 성취가 자신의 교수능력을 공식적으로 인정받는 결과를 가져올 것이라고 생각한다면, 그 도구성은 높다. 이와 유사하게, 만약 학생들이 과학프로젝트를 성공적으로 설계하고 시행하는 것이 과학에 대한 자신들의 지식을 증가시킬 것이라고 생각한다면, 그 도구성은 높다.

유인가(valence)는 보상의 매력 혹은 인지된 가치이다. 유인가의 개념은 가치의 개념과 유사하다. 즉, 사람들이 자신들의 복지를 위해 유익하고 자신들의 권리에 중요하다고 생각하거나 믿는 것을 말한다. 유인가는 특정 보상에 대한 개인 욕망의 강도이다. 유인가에 관한 질문은 '나는 내 노력의 결과로 받게 될 보상에 대해서 어떻게 느끼고 있는가?' 라는 표현으로 나타낼 수 있다. 예컨대, 유능함, 자율, 인정, 성취, 창의성과 같은 느낌은 교육자들에게 있어 가치 있는 작업결과이며 높은 수준의 만족감을 준다.

일반적으로 말해서, 어떤 방식으로 행동하려는 동기는 개인이 다음과 같은 사실을 믿을 때 가장 크다.

- 자신이 희망했던 수준까지 수행할 능력을 가지고 있다(높은 기대).
- 행동은 기대한 결과와 보상을 줄 것이다(높은 도구성).
- 이 결과들에 긍정적인 개인적 가치를 가지고 있다(높은 유인가).

어떤 행동을 할 것인지에 관한 선택을 해야 할 때, 개인들은 다음 세 가지 질문과정을 거친다.

- 기대 질문: 내가 열심히 노력하면 이 일을 해낼 수 있는가?
- 도구성 질문: 내가 원하던 수준까지 일을 한다면, 어떤 결과가 있을 것인가?

● 유인가 질문: 나는 이 결과를 얼마나 좋아하는가?

이 때 개인들은 원하던 결과를 가져오는 데 있어 가장 좋은 기회가 될 것으로 보이는 방식으로 행동하기로 결정한다(Nadler와 Lawler, 1977). 환언하면, 개인들은 대안을 생각해 보고, 비용과 이익을 저울질한 다음 최대의 유용성을 가진 행동경로를 선택한다(Landy와 Becker, 1987).

기대이론은 [그림 4.6]에 요약되어 있다. 동기의 강도는 기대와 도구성 그리고 유인가가 상호작용한 것의 함수이다. 이들 요인들 간의 상호작용 과정에서 어느 한 가지 요소라도 0(zero)의 상태에 가깝다면, 동기가 강하지 않을 것이라는 것을 시사한다. 예를 들어, 내가 만일 열심히 일을 해도 나의 수행이 개선될 가능성이 없다고 믿게 되면, 이 때 나의 동기는 내가 원하던 결과와 보상의 양에 관계없이 낮을 것이다. 이와 마찬가지로, 내가 만약 열심히 노력하여 목표를 성취할 수 있다고 믿는다 할지라도, 수행에 대한 보상이 없거나 주어지는 보상이 별 의미가 없는 것이라면, 동기의 강도는 계속 낮을 것이다. 좀 더 구체적인 사례를 들어보자. 교사들을 새로운 교과과정에 헌신하도록 동기화시키기 위해서는, 먼저 조금만 노력하면 새로운 프로그램이

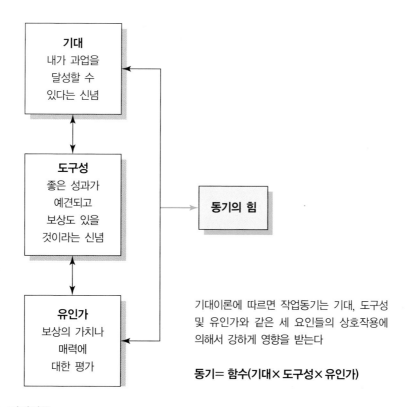

기대이론에 따르면 작업동기는 기대, 도구성 및 유인가와 같은 세 요인들의 상호작용에 의해서 강하게 영향을 받는다

동기= 함수(기대× 도구성× 유인가)

그림 4.6 **기대이론**

시행될 수 있다는 것을 확신시켜 주어야 한다. 나아가 교사들로 하여금 새로운 프로그램의 결과가 주목받고 있고 인정받을 것이라는 점을 믿도록 해야 하며, 마지막으로 교사들이 가르치는 학생들이 표준화 검사에서 더 좋은 성적을 올릴 것이라는 것과 같은, 그 보상이 가치 있는 것임을 믿게 해야 한다.

몇몇 저자들(Heneman과 Schwab 1972; Mitchell, 1974; Campebell과 Pritchard, 1976)은 기대동기이론에 관한 연구문헌을 체계적으로 검토한 바 있는데, 이들의 결론은 모두 유사하다. 즉, 기대모형에서 동기의 힘은 학교를 포함한 다양한 조직에서 직무만족, 노력, 성취와 긍정적으로 관련되어 있다는 것이다(Graham, 1980; Kottkamp와 Mulhern, 1987; Mowday, 1978; Miskel, DeFrain과 Wilcox, 1980; Miskel, McDonald와 Bloom, 1983). 또한 보다 최근에 이루어진 연구들도 이 이론의 유효함을 확인하고 있다(Tubbs, Boehne과 Dahl, 1993; Van Erde와 Thierry, 1996).

요약하면, 기대이론은 기업조직뿐 아니라 교육조직을 대상으로 수없이 많이 검증되었으며, 그 연구결과들은 일반적으로 이 이론을 지지하고 있다. Pinder(1984, 1998)의 결론에 따르면, 기대이론은 작업행동의 원인을 설명해 주는 타당한 모형이라는 낙관적 근거들을 가지고 있다. 다음과 같은 결론은 문헌을 통해 확인된 내용들이다.

- 기대이론은 직무만족을 탁월하게 예측해 주는 이론이다.
- 기대이론은 과업 수행을 예측해 주지만, 만족을 더 잘 예측해 준다.
- 기대이론은 사람들이 열심히 일하면 바람직한 결과를 얻을 수 있다고 생각할 때, 열심히 일한다는 것을 보여주고 있다.

능력에 대한 신념: 자아효능감이론

자기인식과 자기조절에 관한 모든 측면들 중에서, 개인적 효능감은 일상생활 가운데서 아마 가장 영향력 있는 것일 것이다. **자아효능감(self-efficacy)**이란 *어떤 수준의 과업성취를 달성하는 데 요구되는 행위과정을 조직하고 실천하기 위한 자신의 능력에 대한 개인적 판단이다*(Bandura, 1986, 1991, 1997, 2005). 바꾸어 말하면, 자아효능감이란 하나의 과업을 수행하기 위한 자신의 인식된 능력에 대한 개인의 종합적인 판단이다. 예컨대, 12학년 학생에게 미적분학을 성공적으로 가르칠 수 있다는 수학교사의 믿음은 효능감과 관련된 판단이다. 이와 유사하게, 자아효능감이 높은 학교장은 학생의 성취에 긍정적인 영향을 미칠 수 있고 또 교과학습의 강조를 증대시킬 수도 있다고 믿을 수도 있다. 과거에 초점을 두고 있는 귀인이론과는 반대로, 자아효능에 대한 인식은 일정한 과업 수행 수준에 도달할 수 있게 될 것이라는 미래의 기대를 나타낸다.

자아효능감에 대한 믿음은 개인들이 스스로 자신들을 위한 목표를 설정하고, 그 목표를 달성하기 위하여 얼마나 많은 노력을 해야 하는지, 난관에 봉착했을 때 어느 정도 인내해야 하는지 그리고 실패에 대한 회복력을 결정함으로써 동기부여에 기여한다(Wood와 Bandura, 1989; Bandura, 1993, 2000). 자신의 능력에 대한 믿음이 강할수록 사람들의 노력은 더욱 강해지고 지속성이 있게 된다. 사람들은 자신의 능력을 넘어서는 과업이나 상황을 피하고 싶어 하며, 자신들이 처리할 수 있다고 판단되는 활동을 한다. 높은 자아효능감의 결과인 과업에 대한 적극성과 지속성, 과업과 상황의 선택, 문제해결 전략에 대한 집중, 두려움과 고뇌의 감소, 긍정적인 정서적 경험 등은 성취수준에 영향을 미친다(Stipek, 1993). 따라서 같은 기술을 가지고 있지만 개인적 효능감 수준이 다른 사람들은, 변화하는 상황에서 기술을 사용하고, 결합시키고, 배열하는 방식 때문에 서로 다른 수준의 과업을 수행할 수도 있다(Gist와 Mitchell, 1992).

자아효능감의 발전

자아효능감은 과업 수행에 대한 피드백, 과거의 경험, 사회적 영향력을 포함한 다양한 근원으로부터 발전한다. 그러나 자아효능감은 숙련경험, 모델링, 언어적 설득, 생리적 자극 등과 같은 네 가지 기본적인 경험원(經驗源)으로부터 발전하는 것으로 가정되어 왔다.

숙련경험(mastery experience)이란 자아효능감의 가장 중요한 근원이다(Bandura, 1997). 과업을 수행하는 과정에서 얻게 되는 성공과 실패의 경험은 자아효능감에 강력한 영향을 미친다. 반복되는 성공은 효능감을 증대시키고, 계속되는 실패는 자신에 대한 의구심을 낳고 자아효능감을 감소시킨다. 특히 과업의 초기단계에서 실패하여 노력 부족이나 외부의 영향에 반응하지 못한 경우에는 더욱 그러하다. 효능감은 점진적인 성취를 통해 기술, 대처능력, 과업 수행에 필요한 경험을 쌓아감으로써 촉진된다.

모델링과 대행적 경험(modelling and vicarious experience)은 두 가지 과정을 통하여 자아효능감에 대한 자기인지에 영향을 미친다. 첫째, 그것은 지식을 제공함으로써 영향을 미친다. 과업을 완성하는 어떤 전문가를 지켜보는 것은 상이한 상황에서 유사한 과업을 처리하는 효과적인 전략을 갖게 한다. 둘째, 사람들은 사회적 비교를 통해 자신의 능력을 부분적으로 판단한다. 자신과 비슷한 사람이 어떤 과업을 성공적으로 수행하는 것을 보는 것 그 자체가 자아효능감에 대한 신념을 증가시킬 수 있다. 특정 행동를 하는 사람을 관찰함으로써, 개인은 다른 사람이 할 수 있다면 최소한 자신도 스스로의 과업 수행을 개선할 수 있다고 확신하게 된다. 모델링 경험은 사람들이 어떤 과업에 대한 제한적 경험을 갖고 있는 상황에서 가장 큰 영향력을 발휘한다(Bandura, 1997).

언어적 설득(verbal persuasion)은 달성하고자 하는 것을 성취할 수 있는 능력이 있다는 것을 믿게 하려고 할 때 널리 사용된다. 사회적 설득만으로는 자아효능감을 지속적으로 증진시키는 데 한계가 있지만, 만약 칭찬이 현실적인 범주 내에서 이루어진다면 성공적인 과업 수행에 기여할 수 있다. 자아효능감이 언어적 설득을 통해 높아지고 사람들이 성공하기 위하여 열심히 노력하는 정도에 따라서, 언어적 설득은 기술과 자아효능감의 개발을 증진시킬 수 있다(Bandura, 1986; Gist, 1987; Wood와 Bandura, 1989).

사람들은 자신들의 생리적 상태와 정서적 상태로부터 나온 정보에 부분적으로 의존하여 자신의 능력을 판단한다. 사람들은 흥분, 열정, 열광과 같은 긍정적인 자극(Schunk, Pintrich와 Meese, 2008)과 공포, 피로, 스트레스 및 불안과 같은 부정적인 요소들에 근거하여 과업 수행을 예측하고 판단한다. 일반적인 신체적 조건, 인성 요소(유형 A), 기분 등은 모두 자극을 유발시킬 수 있다(Gist, 1987). 따라서 개인들의 자아효능감에 대한 믿음을 바꾸는 또 다른 방법은 스트레스를 줄이고 신체적 건강을 증진시키는 것이다(Wood와 Bandura, 1989).

일반 조직 및 경영에 관한 문헌에서, 자아효능감에 대한 실증적인 연구들은 일관된 연구결과들을 보여주고 있다. 자아효능감은 생산성, 어려운 과업에 대한 대처능력, 진로 선택, 학습과 성취, 새로운 기술에 대한 적응능력 등과 같은 작업 수행 능력과 관계되어 있다(Gist와 Mitchell, 1992). 교육조직에서도 비슷한 연구결과가 분명하게 나타난다. 학교조직에서 수행된 자아효능감 연구는 두 영역들 혹은 접근방법들 가운데 한 가지에 초점을 맞추고 있다. 첫 번째 연구 집단은 학생과 교사의 자아효능감이 다양한 동기 및 성취 예언지표에 미치는 효과를 검증하는 것들이다. 일반적으로 여러 연구들은 자아효능감이 학생 성취(Armor 외, 1976), 학점(Pintrich와 Garcia, 1991), 학생들의 동기(Midgley, Feldlaufer와 Eccles, 1989), 교사들의 혁신 수용(Berman 외, 1977; Smylie, 1988), 교육감의 교사 능력평정(Trentham, Silvern과 Brogdon, 1985), 교사들의 학급관리 전략(Ashton과 Webb, 1986), 일반적인 행동 예측(Anderman과 Anderman, 2009) 등과 긍정적인 관계가 있다는 것을 보여주고 있다. 더구나 실험연구들도 자아효능감을 변화시키는 것이 인지전략을 더 잘 사용하고 수학, 읽기, 쓰기에서 더 높은 학습성취를 가져올 수 있다는 사실을 일관되게 밝히고 있다(Schunk, 1991).

요약하면, 자아효능감은 수많은 행동과 과업 수행 결과에 영향을 미치는 중요한 동기요인이며, 다양한 경험을 통해 학습되는 역동적인 현상일 뿐 아니라, 새로운 정보와 경험이 축적되면서 시간이 감에 따라 변화될 수 있다. 다음 네 가지 결론은 타당한 것으로 인정되고 있다.

- 자신의 능력에 대해서 보다 강한 믿음을 가지고 있는 사람들은 더욱 성공적이고 지속적으로 노력한다.
- 사람들은 자신의 능력을 넘어서는 과업과 상황을 회피하려는 경향이 있다.
- 사람들은 자신이 다룰 수 있다고 판단되는 활동을 하려고 한다.
- 사람들은 숙련경험, 모델링, 설득 및 생리적 자극을 통해 자아효능감을 발전시킨다.

교사들의 자아효능감

지난 20년 동안 교사효능감이론은 J. B. Rotter(1966)의 통제의 소재 이론과 Albert Bandura(1977, 1986, 1997)의 사회적 인지이론을 통하여 발전되어 왔다. 그러나 교사효능감의 의미는 학자들과 연구자들 사이에 상당한 논쟁과 혼란을 불러일으켜 왔다(Ashton 외, 1982; Gibson과 Dembo, 1984; Guskey, 1987; Guskey와 Passaro, 1994; McIntyre, 2011; Pajares, 1996, 1997; Tschannen-Moran, Woolfolk Hoy와 Hoy, 1998; Woolfolk Hoy, Hoy와 Davis, 2009).

Rotter(1966)의 이론적 시각을 사용하여, Rand Corporation에서 읽기 수업의 효과성을 연구한 연구자들은 교사효능감을 교사들이 자신들의 행동 강화(强化)를 통제할 수 있다고 믿는 정도로 보았다. 학생들의 성취와 동기에 영향을 미칠 수 있다고 믿는 교사들은(내적 통제소재의 축) 외부의 힘을 극복할 수 없다고 생각하는 교사들보다 더욱 효과적이었다. 둘째, 이 이론과 연구에 관한 최근의 유용한 개념적 주류는 Bandura(1977)의 연구로부터 전개되었다. Bandura는 교사효능감을 자아효능감의 한 유형, 즉 사람들이 자신의 과업 수행 능력에 대한 믿음을 형성해 가는 인지과정의 결과로 정의하였다. 자아효능감에 대한 이러한 신념은 사람들의 노력의 양, 난관을 무릅쓴 지속성, 실패를 처리하는 탄력성, 급박한 상황에 대처하면서 경험하는 스트레스에 영향을 미친다(Bandura, 1997). 두 가지 이론적 시각에서 나온 별개의, 그러나 상호 얽혀있는 두 가지 교사효능감 개념은 교사효능감의 본질에 관한 어느 정도의 혼란을 야기하였다. 그러나 인지된 자아효능감은 통제의 소재보다 더욱 강력한 행동 예측 인자이다(Bandura, 1997; Tschannen-Moran, Woolfolk Hoy와 Hoy, 1998).

인지된 수업 효능감 모델

교사효능에 관한 실제적인 연구결과와 궤를 같이 하면서도 그 개념적 혼란에 대응하기 위해서, Morgan Tschannen-Moran, Anita Woolfolk Hoy 그리고 Wayne K. Hoy(1998)는 통합적인 교사효능감 모델을 개발하였다. 이 때 **교사효능감(teacher efficacy)**은 *특정한 상황적 맥락 속에서 구체적 교수 과업을 성공적으로 달성하는 데 요구되는 행위과정을 조직하고 실행하는 자신의 능력에 대한 신념을 의미한다.* 사회적 인지이론(Bandura, 1986, 1997)과 일치되게, 효능감 신념에 중요한 영향을 미치는 것은 귀인론적 분석과 숙련경험, 대리경험(모델링), 언어적 설득 및 생리적 자극 등과 같은 효능감에 대한 네 가지 정보원에 대한 귀인론적 분석과 해석이다. 이들 네 가지 정보원은 모두 정보의 인지적 처리와 해석에 있어 중요하다.

교사효능감은 상황 특정적이다. 즉, 모든 교사들이 모든 수업상황에서 똑같은 효능감을 느끼지 않는다는 것이다. 교사들은 학생들에게 특정 상황에서 특정 과목을 가르칠 때 효능감을 느끼지만 다른 상황에서는 효능감을 별로 느끼지 못할 수도 있다. 심지어, 학급에 따라 교사들이 느끼는 효능감의 수준이 다를 수도 있다(Ross, Cousins와 Gadalla, 1996; Raudenbush, Rowen과 Cheong, 1992). 따라서 교사효능감을 판단하는 데 있어, 주어진 과업과 관련된 자신의 강점과 약점에 대한 평가뿐 아니라 가르치는 교과와 상황도 고려해야 한다.

가르치는 과업과 상황적 맥락을 분석하는 데 있어, 가르치는 활동을 어렵게 만들거나 제약으로 작용하는 요소들의 상대적인 중요성은 학습을 촉진시키는 자원의 평가에 불리하게 작용한다. 교수능력에 대한 자기인식을 평가하는 데 있어, 교사들은 기술, 지식, 전략, 인성적 특성과 같은 개인적 능력을 특정 교수 상황에서의 개인적인 약점이나 장애와 비교하여 판단한다. 이들 두 구성요소들의 상호작용을 통해 주어진 교수 과업에 대한 자아효능감을 판단한다. 이는 [그림 4.7]에 요약되어 있다.

교사효능감을 강력하게 만드는 것들 중의 하나가 그 순환적인 특성이다. [그림 4.7]에 제시되어 있는 것과 같이, 과업 수행은 새로운 숙련경험을 만들고, 그 경험은 다시 미래의 효능감에 대한 신념을 형성할 새로운 정보를 제공한다(피드백). 효능감이 클수록 노력과 지속성도 커지며, 그것은 다시 더 나은 성취로 이어지고, 결국 더 큰 효능감으로 이어진다는 것이다. 그 반대의 설명 또한 진실이다. 즉, 효능감이 낮을수록 노력을 적게 하고 쉽게 포기하며, 그것은 다시 빈약한 교수 성과로 이어지게 되고, 결국 효

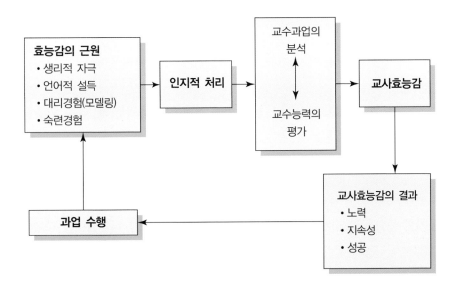

그림 4.7 교사효능감 모델
출처: Tschannen, Woolfolk Hoy와 Hoy, 1998.

능감이 낮아지는 결과를 초래한다. 따라서 과업 수행자의 효능감에 영향을 받는 노력과 지속성 수준에 의해 성취된 교수활동은 미래 효능감에 대한 신념의 근원이 된다. 시간이 지날수록 이러한 과정은 비교적 영속적인 효능감 신념으로 정착된다.

교사효능감 모델은 이론적이고도 실제적인 시사점을 주고 있다. 교수능력에 대한 자기인식(내적 자원과 제한점에 대한 평가 포함)과 특정 교수 상황 속에서 요구되는 과업 요건에 대한 신념(교사 외부에 있는 자원과 제한점 포함)은 교사효능감과 효능감 신념으로부터 나오는 결과, 양자 모두에 기여한다. 교수 과업과 개인적 교수 능력의 평가에 대한 신념은, 일단 안정되면, 상당한 증거가 교사들을 재평가하도록 만들지 않는 한 변하지 않고 그대로 남아 있을 것이다(Bandura, 1997). 따라서 교직에 입문하는 초기에 교사들이 강력한 효능감 신념을 발전시키도록 도와주는 것이 지속적인 도움을 주는 것이 될 것이다.

지난 20년 여 년 동안, 연구자들은 교사효능감과 학생의 성취를 촉진하는 교사행동 사이에는 강력한 관계가 있다는 것을 일관되게 입증해 왔다(Allinder, 1994; Ashton과 Webb, 1986; Gibson과 Dembo, 1984; Hoy와 Woolfolk, 1990, 1993; Hoy와 Woolfolk, 1993; Tschannen-Moran, Woolfolk Hoy와 Hoy, 1998; Woolfolk와 Hoy, 1990; Woolfolk, Rosoff와 Hoy, 1990). 성공적인 수업과 노력 그리고 그 지속성은 한 교사가 특정 상황 속에서 성공적인 학습을 이끌 수업조직 및 실행능력을 가지고 있다고 스스로 믿는 정도에 달려있다. 따라서 효능감과 관련하여 교사들이 갖는 주요 질문은 다음과 같다.

- *교수과업에 관한 질문*: 주어진 교수 과업이 얼마나 어려우며, 내가 그것을 해낼 수 있는가?
- *교수능력에 관련된 질문*: 주어진 과업과 상황을 감안해볼 때, 나는 필요한 기술과 지식을 가지고 있는가?

이 두 가지 질문에 대하여 긍정적인 대답을 할 수 있다면 이는 강력한 교사효능감을 가지고 있는 것이다. 요약하면, 인과관계, 능력, 공정성, 결과 및 자아효능감에 대한 신념은 동기의 중요한 요인이다. 그러나 행동에 영향을 미치는 또 다른 요인은 목표이다.

TIP: 이론의 적용

교사의 강한 자아효능감은 학생들로 하여금 더욱 효과적인 학습자가 되도록 돕는다. Bandura에 따르면, 자아효능감의 주요 근원은 숙련경험, 모델링, 언어적 설득, 생리적 및 정서적 상태 등이다. 당신이 어떤 학교의 교장이고, 당신이 유능한 젊은 교사를 고용하였다고 가정하라. 그 교사의 문제점은 아이들을 공부하도록 하게 하는 자신의 능력에 대하여 불안해하고 확신을 갖지 못하고 있다는 것이다. 이 초임 교사의 자아효능감을 증진시킬 계획을 개발해 보라. 당신의 계획 속에는 당신이 어떻게 그리고 왜 이 초임 교사와 함께 성공적으로 일하게 될 것이라고 기대하는지를 꼭 설명하라.

목표

목표는 한 개인이 도달하고자 추구하는 미래의 상태를 말한다. 당신이 어떤 중요한 시험을 준비하고 있다고 상상해 보라. 당신은 많은 분량의 책을 읽고, 노트한 것을 완벽하게 외우고 또한 많은 문제를 풀고, 몇 가지 연습문제를 끝마칠 때까지 계속 공부해야 한다고 스스로에게 말하겠는가? 만약 당신이 성실한 학생이라면, 중요한 사건에 대비하기 위해 이와 유사한 일련의 목표를 세우게 될 것이다. 목표는 '현 위치'와 '있기를 바라는 위치' 간의 괴리를 제거하는 데 도움을 주기 때문에, 대부분의 사람들은 스스로 구체적인 목표를 세운다. 목표 설정은 나 자신을 위해 작용한다. 필자가 이 책을 쓰는 데 성공한 이유 중의 하나가 나 자신이 현실적인 저술 목표를 설정했기 때문이다. 예를 들면, 나는 하루에 최소한 한 페이지는 쓰려고 했으며, 내가 그것을 지켰기 때문에 여러분은 지금 그 결과물을 읽고 있는 것이다.

목표는 개인이 성취하고 싶어 하는 목표나 성과를 말하며, 개인으로 하여금 수용 가능한 성취 수준과 행위의 방향을 정해준다. 개인의 동기와 관련하여 볼 때, 목표는 비록 상황적인 정보에 의해 구축되는 것이기는 하지만, 항상 개인의 내부에 존재한다 (Ford, 1992). 예를 들면, 교사들은 일반적으로 학교에 의해 개발되거나 다른 교사들과 공유하는 목표를 수용할 것이다. Locke와 Latham(1990)은 목표의 두 차원으로 내용과 강도를 제시하고 있다.

목표의 내용(goal content)은 추구되는 대상이나 결과이며 구체적인 것에서부터 추상적인 것에 이르기까지 다양하다. 구체적인 혹은 특수한 목표내용의 예로는 2개월 이내에 10파운드를 뺀다든지, 다음 시험에 A학점을 받는다든지 하는 것들이 될 수 있다. 추상적인 예로는 "최선을 다하자" 등과 같은 것이 있다. 목표의 내용은 그 구체성, 시간을 보는 시각(단기 혹은 장기), 어려운 정도(어렵거나 쉬움), 수(많고 적음)에서 개인에 따라 다르다.

목표의 강도(goal intensity)는 개인이 목표를 중요하게 생각하는 정도, 목표에 도달하려는 결심의 정도, 좌절과 난관에 부딪혔을 때에도 목표를 유지하는 정도와 같은 목표에 대한 헌신으로 설명할 수 있다. 헌신을 증진하는 요소들은 사람들로 하여금 목표 달성이 가능한지 또는 그것이 중요하거나 적절하다고 확신시켜 주는 일들이다 (Latham과 Locke, 1991). 중요한 목표는 수용될 가능성이 높고 적극적인 참여를 유발하며 지속적인 행동을 촉진하기 때문에 헌신은 목표 추구에 영향을 주거나 목표 달성을 조정하기도 한다(Miner, 1980, 2002). 따라서 목표에 대한 헌신이 없다면 사람들은 일하지 않을 것이라는 것은 사실상 자명한 일이다(Locke, Latham과 Erez, 1988; Latham, Winters와 Locke, 1994).

목표설정이론

동기의 중요한 측면으로 목표가 논의되기 시작한 것은 19세기 초로 거슬러 올라가지만, 일반적으로 Edwin A. Locke와 그의 동료인 Gary P. Latham이 현대적인 목표설정이론을 개발한 것으로 받아들여지고 있다(Locke, 1968; Locke와 Latham, 1984, 1990, 2005, 2009). 실제로, 목표설정이론은 하나의 이론으로 출발한 것이 아니라, 목표 설정의 중요성을 탐색하는 흥미로운 연구들 가운데 하나였다(Baron, 1998). 그 연구결과는 단순하고, 명료하며, 아주 인상적인 것이었다. 그럼 지금부터 이론적인 설명이 필요했던 그 우연한 연구를 자세히 살펴보기로 하자.

Latham과 Baldes(1975)는 통나무를 가까운 제재소로 운반하는 목재소 작업반을 연구하였다. 연구가 시작되기 전에, 작업반원들은 많은 트럭에 트럭의 적재용량의 약 60% 정도만을 적재하고 있었는데, 그것은 대형트럭의 단위연료당 주행거리로 볼 때 낭비였다. 이러한 상황을 개선하기 위하여, Latham과 Baldes는 작업자들로 하여금 당면 문제를 토론하게 하였다. 토론 결과, 그들은 제재소로 통나무를 운반할 때 모든 트럭에 적재용량의 94%를 적재하기로 하는 구체적인 목표를 설정하였다. 어떤 일이 일어났을까? 업무수행 수준은 극적으로 향상되었고 이러한 상황은 지속되었다. 실제로, 7년 후에 이루어진 후속연구에서도 작업반원들은 목표가 수용되었을 뿐 아니라 그것이 지금까지도 정규적인 작업의 일부분이 되고 있었기 때문에 여전히 적재용량에 가까운 목재를 트럭에 싣고 있었다(Baron, 1998).

왜 목표는 종종 과업 수행을 향상시키는가? Locke와 Latham(1990)은 성공적인 목표는 다음 네 가지 조건을 충족해야 한다고 제안하였다.

- 첫째, 목표는 *구체적*이어야 한다.
- 둘째, 목표는 *도전적인 것*이어야 한다.
- 셋째, 목표는 *달성 가능한 것*이어야 한다.
- 마지막으로, 개인들이 목표에 *헌신해야* 한다.

연구결과들(Mento, Locke와 Klein, 1992; Wright 외, 1994; Latham, 2000; Locke와 Latham, 2002)에 의하면, 이러한 네 가지 조건들이 충족될 때 목표 설정은 개인들의 동기와 과업 수행 수준을 향상시키는 효과적인 방법이 된다.

목표 설정이 효과적인 이유는 무엇인가? 이 이론은 목표를 달성하려는 의도가 행동을 일으키는 일차적인 동기적 힘이라고 가정한다. 목표는 개인들의 정신적 및 신체적 행동을 지배한다. Locke와 Latham(1990)은 행동에 대한 목표의 긍정적인 효과를 설명하기 위하여 네 가지 목표기제를 사용하였다. 첫째, 목표는 즉시적인 과업에 대한 *주의력을 증가시켜* 준다. 즉, 목표는 개인들을 집중하게 함으로써 선택에 영향을 미친다. 둘째, 목표는 활동에 투입하는 노력을 *증진시킨다*. 즉, 목표는 사람들로 하여금 다른 것들을 무시하면서 목표에 관련된 행위를 하도록 돕는다. 셋째, 목표가 일단 명료하게 확립되면 목표를 포기하려는 유혹을 줄여주기 때문에 *지속성을 증가시킨다*. 사람이 일단 목표를 결정하고 나면, 이들 세 가지 기제들은 비교적 자동적으로 작용한다. 마지막으로, 목표 설정은 *구체적인 과업 수행 전략*, 즉 과업 수행 방법을 개발하도록 고무시켜 줌으로써 동기와 과업 수행수준을 증가시킨다. 과업 전략은 개인이 목표를 달성하기 위하여 개발하는 의식적이고 정교한 계획이다. 따라서 주의력,

노력, 지속성 등이 목표 설정의 자동적 결과라면, 과업 전략을 개발하는 일은 의식적이고 사려 깊은 창의적인 결과라고 할 수 있다.

피드백 또한 목표 설정을 효과적인 동기적인 힘이 되게 하는 데 있어 중요하다. 개인이 동기화되기 위해서는 "현재의 위치"와 "희망했던 상태" 간의 괴리를 정확하게 인식할 필요가 있다. 피드백은 개인으로 하여금 그들의 발전 정도를 평가할 수 있도록 도와준다. 목표에 미달한 상태라면, 사람들은 더 많은 노력을 경주하거나 심지어는 다른 전략을 찾는다. 피드백이 성취를 강조하고 있다면, 개인들은 자신감, 분석적 사고, 향상을 향한 수행 등과 같은 경향성을 보일 것이다(Bandura, 1993).

이러한 Locke의 아이디어는 잘 통제된 일련의 실험연구들에 의해 지지되었다. 이들 연구의 대부분은 비교적 단순한 과업을 단기간에 수행하는 대학생들을 대상으로 한 것이었다. 이 이론은 원래 한정되고 인위적인 상황에서 나온 증거에 의존하고 있었기 때문에, 이 이론을 지지하는 사람들은 다음과 같은 질문에 대답하려고 하였다. 즉, 구체적이고 어려운 목표를 설정하는 것이 실험적인 효과도 없고 또 목표 수용도 쉽지 않은 자연적인 조직상황에 있는 피고용인들의 과업 수행을 증진시킬 수 있는가? 현장연구들로부터 나온 증거들은 목표설정이론이 학교와 같은 조직 구성원들의 행동을 개선하는 데 유효하다는 사실을 보여주고 있다(Latham과 Yukl, 1975; Locke와 Latham, 1990; Pinder, 1998).

특히, 목표이론으로부터 나온 다음 세 가지의 일반화 내용은 후속연구들로부터 실질적인 지지를 받고 있다(Locke와 Latham, 1990).

첫째, *어려운 목표라 할지라도 그것이 수용되기만 하면, 쉬운 목표보다 더 높은 수준의 과업 수행을 가져온다.* 즉, 어려운 목표는 그것이 일단 수용되기만 하면, 쉬운 목표보다 더 많은 노력과 지속성으로 이어진다는 것이다. 이와 유사하게, 쉬운 목표보다는 어려운 목표일 때 높은 수행 수준에 따른 자기만족도도 높다.

둘째, *구체적인 목표는 '최선을 다하라' 와 같은 막연한 목표나 전혀 목표가 없는 것보다 더 높은 수준의 과업 수행을 가져온다.* 일반적인 목표는 본질적으로 모호하며, 사람들로 하여금 그들의 과업 수행을 평가함에 있어 자신들에게 유리한 쪽으로 해석하게 한다. 그들은 '최선을 다하라' 는 그 기준을 충족시켰다고 생각한다. 그러나 목표설정이론의 관점에서 볼 때, 구체적이지만 어려운 목표는 사람들에게 무엇이 효과적인 업무 수행인지를 분명하게 해주기 때문에, 사람들은 광범위한 수행 수준이 우수한 수행을 나타내 주는 것으로 더 이상 해석할 수 없게 한다(Latham과 Locke, 1991). 초등학교 학생들을 가르치는 보조교사들을 대상으로 한 최근의 연구(Audia 외, 1996)는 질적 목표보다 양적 목표의 중요성을 강조하고 있다. 질적 목표(예: 결함이 없이 물건을 만드는 것)보다 양적 목표(예: 구체적인 시간 내에 다섯 개의 산물을 만드는 것)가 참여자들로 하여금 생산을 증가시킨 과업 전략을 사용하게 하는 경향이 있다. 우리는 여기서 다시 한 번 구체적인 목표가 일반적인 목표보다 더욱 효과적임을 보게 된다.

세 번째 쟁점이 되고 있는 일반화는 목표의 근원, 헌신 및 과업 수행과 관련되어 있다. 목표는 세 가지 방식으로 설정될 수 있다. 하나는 개인이 자신의 목표를 스스로 선택하는 경우이고, 다른 하나는 목표를 공동으로 설정하는 것이며, 마지막으로는 다른 사람이 목표를 지정해 주는 방법이다. 서로 상반되는 연구결과로 인하여, Locke와 Latham(1990)은 목표 설정에의 참여가 헌신과 과업 수행에 미치는 영향을 검증하기 위한 일련의 정교한 연구프로젝트를 설계하는 데 도움을 주었다. 이 연구의 결과에 따르면, 높은 목표에 대한 헌신과 그에 따른 높은 과업 수행 성과를 가져오는 데 있어, 지정해준 목표의 동기효과는 공동으로 설정된 목표만큼이나 강한 효과를 갖는다. 효과적인 동기화에 핵심적인 것은 각 개인들의 배경에 관계없이 목표가 수용되느냐의 여부에 달려있는 것 같다. 사람들은 일반적으로 목표들이 현실적이고, 적당하게 어려우며, 의미 있을 때 그 목표를 더욱 수용하는 것 같다(Erez와 Zidon, 1984).

요약하면, 목표설정이론은 구체적이고 도전적이지만 달성 가능한 목표가 목표 성취를 위한 구체적인 과업 전략의 개발뿐 아니라 집중력, 노력 및 지속성을 증가시키기 때문에 동기를 증가시킬 수 있고 실제로 증가시켜 주고 있다는 것을 시사하고 있다. 목표 달성의 진행과정에 대한 피드백은 주의력, 노력, 지속성을 강화시키고, 나아가 더욱 효과적인 목표 달성 전략을 재정립하고 변경시킬 수 있는 정보를 제공한다([그림 4.8] 참조). 목표설정이론의 효과성에 대한 증거는 아주 많다(Locke와 Latham, 1990; Baron, 1998; Pinter, 1998; Latham, 2000; Locke와 Latham, 2002, 2005, 2009; Fried와 Slowik, 2004; Ordonez, Schweitzer, Galinsky와 Bazerman, 2009). [그림 4.9] 는 이 장에서 논의된 동기 이론들을 간략하게 요약한 것이다.

TIP: 이론의 적용

당신은 20명의 교사들이 재직하는 한 작은 학교의 신임 학교장으로 취임하였다. 이것이 학교장으로서 당신의 첫 번째 직장이고 당신은 성공하고 싶어 한다. 당신은 어떤 목표를 설정하려고 하는가? 두 가지의 단기 목표(취임 후 한 달 이내에 달성할)와 두 가지의 장기 목표(부임 첫 해에 달성할)를 써 보시오. 또한 당신이 왜 그러한 목표를 선택하여 헌신하려고 하는지 적어보시오. 구체적이고, 현실적이며, 도전적이지만, 달성 가능한 목표를 설정하시오. 당신은 당신의 진보를 평가하기 위하여 어떻게 피드백을 받을 것인가?

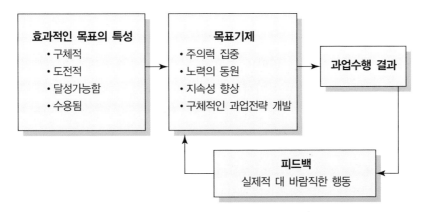

그림 4.8 **목표설정이론**

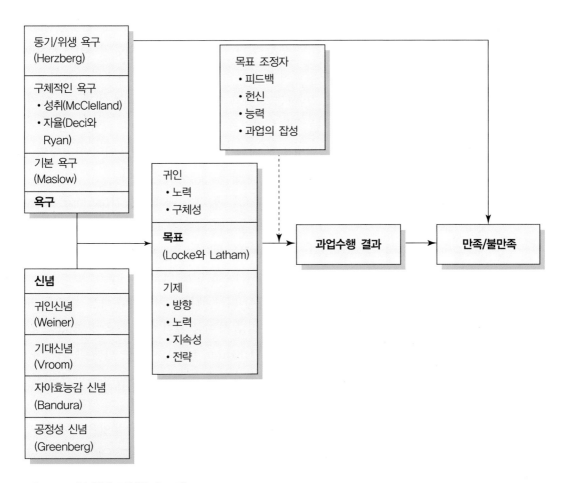

그림 4.9 **간소화된 작업동기 모델**

내재적 동기와 외재적 동기

우리는 요구, 신념 및 목표가 얼마나 중요한 동기적 측면들인지를 살펴보았다. 동기는 일반적으로 행동을 자극하고 지시하며 유지하는 내적 상태로 정의된다. 동기를 연구해온 심리학자들은 선택, 주도, 강도, 지속성 및 반응과 같은 다섯 가지 기본적인 측면에 초점을 맞추어 왔다(Graham과 Weiner, 1996). 필자들은 여기서 동기이론을 두 가지 중요한 구분, 즉 내재적인 것과 외재적인 것으로 구별하여 검토하려고 한다. 우리들은 동기부여된다는 것, 즉 열정적인 자세로 과업에 임하는 것이 어떤 느낌인지에 대해서 잘 알고 있으며, 또한 재미없는 과업을 열심히 해야 하는 기분이 어떤 것이지도 알고 있다. 무엇이 우리의 행동을 활성화시키고 지시하는가? 동기는 개인적이고 내적인 것이며, 욕구, 흥미, 호기심 및 즐거움에 의존하는 것이라고 설명하는 경우가 있는가 하면, 다른 한편으로는 장려금, 보상, 압력 등과 같은 외적이고 환경적인 요소들과 연관되어 있다고 주장하는 경우도 있다. 우리는 지금 **작업동기**(work motivation), 즉 "개인의 내·외적인 곳에서 발생하여 작업에 관련된 행동을 주도하고, 그 형태, 방향, 강렬성, 지속성을 결정하는 일련의 활성화된 힘"에 대해서 관심을 가지고 있다(Pinder, 1984: 8). 행정가들에게 주어지는 도전은 적극적으로 교수-학습 활동에 종사하면서, 새로운 생각과 접근방법에 대해 개방적이고, 학생들에게 헌신하며, 전 교직경력을 통해 변화하는 그런 동기화된 교사를 개발하는 일이다.

흥미나 호기심과 같은 요소들로부터 나오는 동기를 **내재적 동기**(intrinsic motivation)라고 부른다(Woolfolk, 2013). 내재적 동기란 마치 우리가 개인적인 흥미를 쫓아 능력을 발휘하듯이, 도전을 추구하고 수용하는 자연스러운 경향성을 말한다(Deci와 Ryan, 1985; Reeve, 1996; Deci, Koestner와 Ryan, 1999; Deci와 Ryan, 1985; Reeve, Deci와 Ryan, 2004). 활동 그 자체가 보상이 되기 때문에 처벌이나 다른 보상이 필요 없다. 간단하게 말하면, 내재적 동기란 우리로 하여금 굳이 어떤 일을 하지 않아도 될 때 그 일을 하도록 자극하는 것을 의미한다(Raffini, 1996). 이와는 반대로, **외재적 동기**(extrinsic motivation)는 보상과 처벌에 근거한다. 우리는 좋은 학점을 받기 위해서, 공적을 높이기 위하여, 승진하기 위하여 혹은 불만을 피하기 위하여 행동한다. 우리는 활동 그 자체에 흥미가 있는 것이 아니라, 그 활동이 우리에게 무엇을 가져다줄 것인지에 흥미가 있다. 외재적 동기는 동기와 행동이 보상과 처벌의 관점에서 설명되기 때문에 동기에 관한 하나의 행동적 관점이다. 외재적 동기는 우리를 인센티브의 유무에 따라 행동하도록 자극한다.

내재적 동기와 외재적 동기의 중요한 차이점은 개인들이 행동하는 이유에 있다.

행동의 통제소재가 내부에(내재적) 있는가 혹은 외부에(외재적) 있는가? 만약 어떤 사람이 자신의 선호도에 따라 행동을 자유롭게 선택한다면 그 원인은 내부에 있는 것이며, 그 동기는 내재적인 것이다. 많은 행동이 이 두 가지 유형의 동기에서 출발하기 때문에 내재적 동기와 외재적 동기를 이분법적으로 나누는 것은 약간은 너무 단순한 것이 사실이다. 예컨대, 좋은 학점을 받기 위하여 공부하는 것과 같은 외재적 동기에서 시작된 행동이 공부에 대한 호기심과 같은 내적 동기로 변화될 수도 있기 때문이다. 더구나 일부 개인들은 어떤 활동이 교육감의 자격을 얻는 것과 같은 가치 있는 목표를 성취하는 데 중요하다는 것을 알고 있기 때문에 부분적으로는 그 활동이 내키지 않지만 열심히 노력하기로 선택할 수도 있다. 후자의 경우에 해당하는 개인들은 외적 원인을 내면화한 것이며, 동기는 내적 동기와 외적 동기의 사이에 있다. 즉, 외적 원인에 반응하기로 자유롭게 선택하여 그 선택으로부터 최상의 이익을 보려고 노력한다(Vansteenkiste, Lens와 Deci, 2006). 내재적 동기와 외재적 동기를 구별하는 것은 유용하지만, 어떤 경우에는 이 둘을 통합하는 것이 필요하다. 행정가들과 교사들은 내적 동기를 장려하고 교육할 필요가 있지만, 눈 앞의 과제는 외적 동기를 통해 지원해야 한다(Anderson과 Anderson, 2009; Pink, 2009; Woolfolk, 2013). 이를 위해, 이들은 동기에 영향을 미치는 요인들을 알고 있어야 한다. 〈표 4.2〉에 욕구, 신념과 목표가 행동을 어떻게 동기화하는지 요약되어 있다.

표 4.2 욕구, 목표, 신념의 동기화 방법 요약

욕구이론
다음과 같을 때, 사람들은 열심히 일한다.
- 생리적, 안정 및 소속욕구와 같은 하급 차원의 욕구가 충족된다.
- 존경과 자아실현욕구와 같은 상급 차원의 욕구는 도전감을 준다.

동기-위생이론
다음과 같이 주장한다.
- 충족되지 않은 하급 수준의 욕구는 직무에 대한 불만족을 갖게 한다.
- 충족된 상급 수준의 욕구는 직무만족을 준다.

목표설정이론
다음과 같을 때, 사람들은 열심히 일한다.
- 사람들은 현실적이고, 구체적이며, 도전적인 목표를 가지고 있다.
- 사람들은 목표에 전념한다.
- 사람들은 목표를 향해 전진하는 과정에 대한 피드백을 받고 있다.

표 4.2 욕구, 목표, 신념의 동기화 방법 요약 (계속)

귀인이론

사람들은 성공의 원인이 다음과 같은 것에 있다고 믿을 때, 열심히 일한다.

- 내적 능력과 노력에 기인한다.
- 고정되어 있지 않음 - 예컨대, 노력은 상황에 따라 바뀔 수 있다.
- 통제 가능함 - 원인은 적절한 전략을 사용하여 열심히 일함으로써 통제될 수 있다.

공평성이론

사람들은 자신들이 공정하게 대우받고 있다고 생각할 때, 열심히 일한다.

- 바람직하다고 생각되는 보상을 받고 있다.
- 보상이 공정하게 배분되고 있다.
- 존경과 예의로 대우받아 왔다.

기대이론

사람들은 다음과 같을 때, 열심히 일한다.

- 여분의 노력으로 과업 수행을 개선할 수 있다고 믿는다.
- 훌륭한 과업 수행은 주목을 받고, 보상을 받는다.
- 주어지는 보상은 가치 있다.

자아효능감이론

사람들은 다음과 같을 때, 열심히 일한다.

- 성공할 수 있는 능력을 가지고 있다고 믿는다.
- 과업이 과히 어렵지 않다고 믿는다.
- 비슷한 과업을 성공적으로 완성한 경험이 있다.
- 훌륭한 성공모형을 가지고 있다.

리더십 사례

동기적 및 리더십 도전

당신은 지금 King 초등학교의 신임 교장으로서 직무를 시작하였다. 인근 초등학교에서 처음 3년 동안은 교사로서, 2년은 교감으로 근무한 뒤에, 당신은 교장이 될 기회를 갖게 되었다. King 초등학교(K-5)는 21명의 교사들이 근무하는 비교적 작은 학교이다. 학생들의 약 40%는 흑인, 30%는 히스패닉, 20%는 백인, 나머지는 아시아계로 다양한 배경을 가진 학생들로 구성되어 있는 도심에 위치한 학교이다. 주 차원의 학력평가에서 얻은 학교의 점수는 평균을 약간 밑도는 48%수준이다.

처음 두 달은 모두에게, 그리고 특히 당신에게는 더 빠르게 지나갔다. 당신은 학생과 교사들을 파악하고 학교가 원만하게 운영되고 있다는 것을 확인하는 데 많은 시간을 보냈다. 지금까지 이루어진 일에 대해서는 만족감을 느끼고 있다. 학생규율, 불평하는 학부모, 교사 간의 긴장, PAT 운영, 관료적 지시 등과 같은 일상적인 문제들은 항상 있지만, 당신은 잘해왔고, 다른 사람들도 학교가 잘 운영되고 있다는 데 동의한다.

그러나 학생들의 읽기, 쓰기, 셈하기와 같은 기초 기능영역을 향상시키기 위해 교실에서 이루어지는 활동에 대해서는 썩 좋은 느낌을 가지고 있지 않다. 크게 문제가 되는 것은 없다. 머릿속에 계속 남아 있는 것은 당신이 임용되던 날 밤의 일인데, 교육감은 King 초등학교 학생들의 성취도를 향상시키기 위해 당신의 능력을 믿는다고 이야기하였다. 교육감은 학업 성취도 평가 점수가 향상되어야 한다는 것을 분명히 하였고, 당신을 이를 수용하였다. 사실, 당신이 한 말이 계속 머릿속에 남아 있다. 교육감과 악수를 하면서 당신은 "할 수 있어요."라고 이야기하였다. 한 달 후, 교육감이 당신에게 "차이를 낼 것"을 격려하는 개인적 메모와 학교 교사들의 전문성 성장을 위한 재정적인 지원을 제의하였을 때 상당히 놀랐다. 당신은 계속하여 "할 수 있어. 차이를 내자"고 계속 생각하고 있다.

이제 도전과 당신이 한 말인 "할 수 있어. 차이를 만들자."가 현실적으로 느껴지고 있다. 이제 조직을 유지하는 일에서 더 나아가 교사들과 학생들에게 긍정적인 영향을 미칠 행동을 시작할 때가 되었다. 당신은 학교에 세 집단의 교사들이 있다고 생각한다. 한 집단은 2년차 또는 3년차인 7명의 교사들과 당신이 관여해서 임용한 도와준 세 명의 신임교사로 구성되어 있다. 이들 10명의 교사들은 열심히 하고, 열성적이며, 협동적이다. 다른 일곱 명의 교사들은 좋은 교사들이기는 하지만, 새로운 프로그램에 대해서 무관심하며 단지 주어진 일만 열심히 하는 교사들이다. 마지막으로, 대부분의 학교와 마찬가지로 3명의 "보수적인(Old Guard)"

교사들이 있다. 이들 세 명의 교사경력을 합하면 81년이며, 그 대부분의 경력은 백인들이 지배적이었던 the Second Street 초등학교로 불리던 시절까지 거슬러 올라가는 현재의 학교에서 근무한 것이다. 이 보수적인 교사들은 어려운 집단이다. 무슨 일이 생기면 그들은 "아무 효과가 없어. 우리가 예전에 다 해보았거든", "좋은 생각이 아냐"라고 말하곤 한다. 이 무관심 집단은 늘 냉소적인 몸짓을 하며 자신들의 일을 효과적으로 하지만, 신규집단은 새로운 방법에 개방적이며 이를 실행하려고 한다.

지난 교직원회의 때에, 당신은 각 학년별로 읽기 성취 향상 목표를 설정할 것을 제안했지만, 곧 반대에 부딪쳤다. "우리가 8년 전에 시도해 보았지만 아무 효과가 없었지요"라는 것이 이 보수적 교사집단의 리더로부터 나온 첫 반응이었다. 다음 30분 동안 계속된 것은 학생들의 낮은 능력과 무관심, 학생과 학부모의 동기 부족, 충분하지 않은 시간, 충분하지 않은 교과 외 자료, 충분하지 않은 교수지원 등등에 대한 일반적인 불평이었다. 보수적인 교사들은 아무 것도 하지 말자는 분위기로 이끌어 갔고, 무관심한 교사들은 아무런 말도 하지 않았으며, 새로운 교사들은 압도된 분위기에서 아무 것도 하지 못하는 것처럼 보였다. 이러한 상황은 당신이 생각한 그런 상황이 아니지만, 당신은 냉담, 무관심, 그리고 변화에 반대하는 분위기를 볼 수 있었다. 열 명의 신규집단은 변화할 능력과 의지를 가지고 있었지만, 당신은 그 교사들이 경력교사들에 의해서 낙관적이라기보다는 비관적인 분위기로 영향을 받지 않을까 걱정하고 있다.

당신에게는 교사들이 최선을 다하도록 동

기화시킬 계획이 필요하다. 읽기와 셈하기 등의 수업프로그램은 적절해 보였다. 각 교사들은 한 명 이상의 시간제 교수보조원을 두고 있었으며, 학급규모도 합리적이었다.

수업기자재도 충분했으며, 교사들은 필요한 것들을 모두 가지고 있었다. 더구나 교과과정과 기자재는 훌륭했다. 당신이 판단하기에 부족한 것이 있다면, 그것은 몇몇 교사들의 강한 동기였다. 당신은 신임 교사들을 보호하고 격려하며, 무관심한 교사들을 신규 교사들과 함께 일하며 새로운 목표에 대해 헌신하도록 자극하고, 보수적인 교사들을 격려하기로 결정하였다. 하지만 학생들의 성취도를 향상시키기 위해 이들과 일대일로 일을 하기도 하였다.

당신은 교사들이 전문성 성장에 종사하도록 격려하는 데 필요한 자원, 즉 연수 날짜와 재원을 가지고 있다. 당신은 계획이 필요하다.

각각의 교사집단들(신임교사, 무관심한 교사, 보수적인 교사집단)에게 서로 다른 동기전략을 사용해야 하는가? 당신은 King 초등학교의 교사들을 동기화시키기 위한 대안들을 고려하기 시작한다.

- 신임교사와 무관심한 교사들에게 고도의 집단효능감을 증진시키기 위한 전략을 개발한다. 어떤 숙련경험이 필요하고 그것을 교사들에게 어떻게 적용할 것인가? 당신 학교의 교사들은 어떤 종류의 모형과 다른 대행경험을 겪어야 하며, 그것을 어디에서 얻어올 것인가? 교사들이 학생들의 성취를 개선할 수 있도록 격려하기 위해서는 어떤 종류의 활동들이 유용한가? 당신이 필요로 하는 집단효능감을 개발하기 위하여 학교에는 어

떤 정서적 상태가 필요하며, 그것을 어떻게 얻어낼 것인가?

- 당신 학교의 교사들이 학생들을 위한 현실적인 성취목표를 설정하도록 하는 전략을 개발한다. 목표는 구체적이고 도전적이며 달성 가능한 것이라는 것을 확신시켜야 한다. 또한 교사들이 목적에 헌신하게 하는 방법을 찾아야 한다.

- 선발된 교사들에게 높은 수준의 교사효능감을 개발하도록 하는 전략을 설계한다. 당신은 어떻게 하면 교사들이 학생들의 읽기 성적을 성공적으로 향상시킬 수 있는 행위과정을 조직하고 실행할 수 있는 능력을 가지고 있다는 신념을 가지게 할 것인가? 당신은 어떻게 하여 교사들이 과업을 달성할 수 있도록 만들 것인가? 교사들이 필요로 하는 것은 어떤 종류의 지식과 기술인가?

- 보수적인 교사들을 동기화시키는 전략을 개발한다. 어떤 종류의 동기가 효과적일 것인가, 내재적인 동기인가 외재적인 동기인가? 각 영역에서 당신이 갖는 대안은 무엇인가? 당신은 이들 교사들에게 얼마나 많은 시간을 투자해야 하는가? 당신은 이들 교사들을 아예 잊어버릴 것인가? 아니면 당신의 모든 힘을 집중적으로 쏟을 것인가? 그렇다면 그 교사들이 가르치고 있는 학생들은 어떻게 할 것인가?

당신을 신임 교장이라고 가정하고 학생들의 읽기 성적 향상을 위해 교사들을 동기화시킬 전략을 계획하고 실행한다. 세 집단의 교사들을 대상으로 하는 계획을 수립해야 한다. 내

년까지에 걸친 계획을 세부적으로 작성한다. 행동 계획의 기준이 될 수는 있지만, 현재의 교장이 생각하고 있는 전략에 한정할 필요는 없다. 어떤 동기 이론을 사용할 것이고, 어떻게 이를 사용할 것인가? 어떤 경우 성공했다고 할 수 있을까? 성공을 평가하기 위해 학생들의 성취도 점수를 언제 사용할 것인가? 학급별로 성취도를 평가할 것인가?

실행 지침

1. 교사들의 성공을 축하한다. 긍정적인 강화는 강한 동기인이다.

2. 명확하고, 구체적이며 성취 가능한 목표를 제시한다. 이는 지속적인 노력을 위한 목표점을 제공한다.

3. 점증적인 지능관을 강조한다. 이는 성취도를 향상시킨다.

4. 학교 자원 배분 및 의사결정시 공정하게 한다. 구성원들은 공정하게 다루어지길 기대한다.

5. 성공하기 위해 필요한 기술과 자원을 교사들에게 제공한다. 적절한 도구가 갖춰질 때 교사들은 더 현명하게 일을 한다.

6. 교사와 학생들의 효능감을 높인다. 이는 학업 성취도를 향상시킨다.

7. 교사들에게 건설적인 피드백을 제공한다. 언어적 설득은 인내심을 높인다.

8. 교사들이 성공 경험을 할 수 있는 상황을 만든다. 숙련 경험은 교사의 자아효능감의 가장 중요한 근원이다.

9. 교사들에게 성공적인 실행을 위한 모델을 제공한다. 이러한 모델은 자아효능감의 중요한 결정 요인이다.

10. 성취도에 대한 책임을 지도록 교사들을 격려한다. 책임은 헌신과 인내 및 성공을 이끌어 낸다.

핵심 가정 및 원리

1. 개인들은 상위 수준의 욕구가 과업에 의해 자극받는 동시에 안전과 같은 하위 수준의 욕구가 충족될 때 열심히 일한다.

2. 만약 개인들이 과업을 수행하는 데 필요한 지식과 기술을 가지고 있다면, 구체적이고 도전적이며 달성 가능한 목표가 성공을 낳는다.

3. 수용되기만 한다면, 쉬운 목표보다 어려운 목표가 더 높은 수준의 과업 수행을 낳는다.

4. 개인들은 성공의 원인이 자신들의 통제하에 있다고 믿을 때 열심히 일한다.

5. 절차적 정의는 조직성과에 대한 수용성을 향상시킨다.

6. 개인들은 가외 노력이 그들이 바라는 성과에 의해 보상받을 것이라고 믿을 때 더욱 동기화된다.

7. 자아효능감 신념은 어떤 목표를 가지고, 얼마나 노력할 것이며 또한 그 노력을 어느 정도 지속할 것인지를 결정한다. 즉, 과업 수행에 대한 강력한 능력감은 성공을 촉진한다.

8. 실패를 회피하려는 동기는 일반적으로 성공에 비생산적인 반면, 성취하려는 동기는 성공을 향한 강력한 추진력이다.

9. 불안은 단순한 과업에 대한 수행은 개선하지만, 복잡한 과업에 대한 수행을 방해한다.

10. 사람들은 개인적인 의미를 가지는 문제, 즉 흥미 있고 도전적이며, 즐길 수 있는 문제해결을 위해 열심히 일할 것이다.

추천 도서

Bandura, A. *Self-Efficacy: The Exercise of Control.* New York: Freeman, 1997.

Greenberg, J., and Colquitt, J. A. *Handbook of Organizational Justice.* Mahwah, NJ: Erlbaum, 2005.

Hoy, W. K., and Tarter, C. J. "Organizational Justice in Schools: No Justice without Trust." *International Journal of Educational Management* 18 (2004), pp. 250-59.

Locke, E. A., and Latham, G. P. "Building a Practically Oriented Theory of Goal Setting and Task Motivation: A 35-Year Odyssey." *American Psychologist* 57 (2002), pp. 705-17.

Miner, J. B. *Organizational Behavior 1: Essential Theories of Motivation and Leadership.* Armonk, NY: Sharpe, 2005.

Pink, D. H. *Drive: The Surprising Truth About What Motivates Us.* New York: Penguin Group, 2009.

Schunk, D. *Learning Theories: An Educational Perspective.* Upper Saddle River, NJ: Pearson, 2004.

Weiner, B. (2000). "Interpersonal and Intrapersonal Theories of Motivation from an Attributional Perspective." *Educational Psychology Review* 12 (2000), pp. 1-14.

후주

1. Campbell, Dunnette, Lawler와 Weick(1970)에 따르면, McClelland는 H. A. Murray에 의해 개발된 긴 목록으로부터 동기의 하위요소들을 찾아 상세히 설명하려고 하였다. 그 결과 성취욕구, 권력에 대한 욕구, 관계에 대한 욕구 등과 같은 세 가지 동기가 가장 많은 주목을 받았다. 이 세 가지 욕구 중 성취동기가 가장 많은 주목을 받고 그것은 기대성취동기이론으로 발전되었다. 본 장의 목표를 위하여, 우리는 이론의 가치 영역으로 논의를 제한한다.

제5장

학교의 조직문화

집단을 구성하고 있는 각 구성원들의 인성을 이해하는 것만으로는 한 집단의 행동을 예측할 수 없다. 다양한 사회적 과정이 개입하며, 집단은 하나의 "무드", "분위기"를 형성해 나간다. 조직적 맥락 속에서, 우리는 하나의 "스타일", "문화", "특성"에 대하여 논의하고자 한다.

Henry Mintzberg
Power In and Around Organizations

미리 보기

1. 조직문화는 학교의 특성을 탐구하는 현대적 시각이다.
2. 조직문화는 규범, 공유된 가치 및 기본 가정 속에서 나타나는데, 그 발생의 추상성은 각기 다르다.
3. 강력한 조직문화는 조직효과성을 증진시키기도 하고 방해하기도 한다. 상이한 조직문화의 효과성은 환경의 제약조건에 의해 결정된다.
4. 학교문화는 그 학교의 상징, 인공물, 의례의식, 행사, 성상, 영웅, 신화, 종교의식, 전설 등을 분석함으로써 해석될 수 있다.
5. 조직에서 발생하는 사건들 가운데 가장 중요한 것은 사건 그 자체가 아니라 그 사건이 함축하고 있는 의미이다.
6. 조직문화는 조직을 결합시키는 사회적 접착제를 제공함으로써 사회 체제의 안정성을 향상시킨다.
7. 학교문화는 통제, 효능감, 신뢰 및 학업적 낙관주의 등 여러 관점에서 인식할 수 있다.
8. 효능감과 신뢰 및 낙관주의 문화는 학생 성취를 촉진하는 반면, 인본주의적 학생통제 문화는 학생들의 사회 정서적 발전 및 긍정적 자아 개념을 지원한다.
9. 학교문화의 변화는 쉽지는 않지만, 학교문화를 증진하는 일반적인 방법은 규범 변화 전략이다.

조 직행동은 조직의 공식적 기대와 개인의 욕구 및 동기가 단순히 상호작용하여 형성되는 것이 아니며, 이들 요소들 간의 역동적인 관계 속에서 발생한다. 조직에 참여하는 구성원들은 다양하고 독특한 가치, 욕구, 목적 그리고 신념을 가지고 조직에 참여한다. 이들 개인적 특성들은 조직생활의 합리적 측면들을 조율한다. 나아가 단순한 개인들의 집합체를 하나의 독특한 조직 "인성"으로 전환시키는 집단적 일체감이 나타난다.

조직에서 형성되는 이러한 독특한 느낌은 "조직성격", "환경", "분위기", "이념", "풍토", "문화", "비공식 조직" 등과 같은 다양한 형용어구로 분석·연구되어 왔다. 조직의 내적 환경을 분석함에 있어, 필자들은 이 장에 제시하는 조직문화와 다음 장에 제시하는 조직풍토라는 두 개의 서로 관련된 개념에 초점을 둘 것이다. 이들 각각의 개념들은 조직의 자연적, 자발적, 인간적 측면을 시사해 주고, 조직 전체는 그 부분들의 합보다 더 크다는 것을 암시해 주고 있으며, 조직행동을 이끌어 가는 공유된 의미와 성문화되지 않은 규칙을 밝히려 하고 있다.[1]

조직문화

작업집단의 문화에 대한 관심은 새로운 것이 아니다. 우리가 보아온 바와 같이, 1930년대와 1940년대에 Elton Mayo(1945)와 Chester Barnard(1938)는 비공식 조직의 본질과 기능을 기술하는 과정에서 작업집단의 규범, 감정, 가치 그리고 자발적인 상호작용의 중요성을 강조한 바 있다. 또한 Philip Selznick(1957)은 조직을 단순한 합리적 조직으로 보기보다는 제도로 파악함으로써 조직생활에 대한 분석을 확장하였다. Selznick(1957: 14)에 따르면, 제도에는 당대에 필요한 기술적 요구를 초월하는 가치가 부여되어 있다. 이 가치의 주입이 조직에 독특한 정체성을 부여하고, 조직적 특징을 규정한다. Selznick(1957)은 그와 같은 내용을 다음과 같이 설명하고 있다.

개인들이 기술자로서보다는 한 인간으로서 조직이나 일하는 방식에 애착심을 갖게 될 때는 언제나 조직을 자신들을 위한 것으로 평가하는 결과를 초래한다. 헌신적인 사람의 관점에서 보면, 조직은 소모적인 도구에서 개인의 만족을 위한 가치 있는 근원으로 바뀌게 된다. 제도화가 잘 이루어진 조직에서는, 독특한 태도, 습관 및 헌신들이 조직생활의 모든 측면들에 영향을 주고 공식적 조정과 명령의 범위를 넘어 사회적 통합을 가져오는 방향으로 일체화된다(p. 14).

조직을 문화로 분석하는 것에 기초를 제공한 것은 조직을 독특한 능력과 성격을 가지고 있는 제도로 공식화한 Selznick의 모형이다(Peters와 Waterman, 1982).

조직문화는 한 조직에 대한 느낌, 기분, 분위기, 성격 혹은 이미지를 파악하려는 시도이다. 조직문화는 비공식 조직, 규범, 가치, 이념 그리고 자발적 체제 등과 같은 종전부터 있어 왔던 많은 개념들을 포함한다. 조직문화라는 용어가 유행한 것은 부분적으로는 1980년대에 성공적인 기업들에 관한 수많은 저서들 때문이다(Peters와 Waterman, 1982; Deal과 Kenney, 1982; Ouchi, 1981). 이들 모든 분석들의 기본적 테마는 효과적인 조직은 강력하고 독특한 기업문화를 가지고 있으며, 조직문화를 형성하는 것이 경영 리더십의 기본 기능이라는 것이었다.

조직문화의 정의

문화는 개념적으로 매우 복잡하고 혼란스러운 용어이다. 인류학에서도 문화에 대한 완전한 정의는 존재하지 않는다. 그 대신, 우리는 수많은, 다양한 정의를 발견한다. 따라서 조직문화에 대한 많은 정의가 있다는 것이 결코 놀라운 일이 아니다. 아래 정의를 생각해 보라.

- William Ouchi(1981: 41)는 조직문화를 "조직의 내재적인 가치와 신념을 그 구성원들에게 전달하는 상징, 의식 및 신화"라고 정의하였다.
- Henry Mintzberg(1989: 98)는 문화를 조직이념 혹은 "한 조직을 다른 조직과 구별하여 주고, 조직구조의 골격에다 어떤 생명을 불어넣는 조직의 전통과 신념"이라고 설명하였다.
- Edgar Schein(1992, 1999)은 문화는 조직이 계속 성공적이게 될 때 공유되고 당연시되는 "보다 깊은 수준의 기본가정, 가치, 신념"을 위해 보존되어야 할 것이라고 주장하고 있다.

조직문화에 대한 일반적 정의는 *전형적으로 조직을 하나로 묶어주고 조직에 독특한 정체성을 제공해 주는 하나의 공유된 지향성 체제*이다. 그러나 무엇(규범, 가치, 철학, 전망, 신념, 기대, 태도, 신화 혹은 의식)이 공유되는가에 대해서는 상당한 이견이 있다. 또 다른 문제는 조직 구성원들이 공유한 지향성의 강도를 결정하는 것이다. 조직은 하나의 기본적인 문화를 가지는가 아니면 다수의 다양한 문화를 가지는가? 더구나, 조직문화의 의식적이고 명백한 정도 혹은 무의식적이고 은밀한 정도에 대해서도 많은 이견이 있다.

조직문화의 수준

조직문화에 관한 개념정의에서 파생하는 문제를 해결하는 한 가지 방법은 상이한 수준에서 문화를 파악하는 것이다. [그림 5.1]에서 예시한 바와 같이, 문화는 규범, 공유된 가치 및 기본 가정 속에서 나타나 있고, 이것들은 각기 그 깊이와 추상성의 수준을 달리하고 있다.

공유된 규범으로서의 문화

문화를 보는 아주 구체적인(어떤 사람은 표면적이라고 말한다) 시각은 행동규범을 문화의 기본요소로 파악할 때 나타난다([그림 5.1] 참조). **규범**(norms)은 일반적으로 경험의 표면 아래에서 일어나는 성문화되지 않은 비공식적인 기대이다. 규범은 행동에 직접적인 영향을 미친다. 또한 규범은 가치나 암묵적 가정보다 훨씬 더 가시적이다. 따라서 규범은 사람들이 조직생활의 문화적 측면을 이해하도록 돕기 위한 하나의 선명한 수단이 된다. 만약 우리가 조직행동의 변화에 관심이 있다면, 그 문화의 규범을

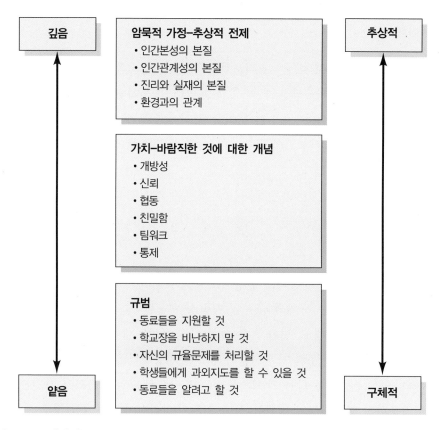

그림 5.1 **문화의 수준**

알고 이해하는 것이 중요하다.

규범은 조직이 상징하고 있는 것에 대한 가시적이고 설득력 있는 표본들을 제공하는 이야기나 의식을 통해 참여자들에게 전달된다. 때로는 조직의 기본적 규범을 강화하기 위해 사람들에 관한 이야기들이 만들어진다. 학부모들이나 상급자들의 강한 압력에도 불구하고 교사들의 지지를 받는 학교장은 학교문화에 있어 응집력과 충성심의 상징이 되며, 그 이야기는 신임 교사들에게 계속하여 반복적으로 전해진다. 교사들은 "학교에서 있었던 일을 이야기하지 말라", "당신의 동료들을 지원하라", "당신의 학교장을 지원하라" 등과 같은 규범을 빨리 배운다. 규범은 사람들의 옷 입는 방법과 이야기하는 방법을 결정할 뿐 아니라 구성원들이 권위와 갈등 및 압력에 반응하는 방법을 결정한다. 또한 규범은 사람들로 하여금 자신의 이익과 조직의 이익 사이에서 균형을 잡게 하는 방법도 결정한다. 다음과 같은 것들이 규범 사례에 속한다: 배를 흔들지 마라; 학생들이나 학부모들 앞에서 동료 교사들을 비난하지 마라; 모든 교사들은 넥타이를 매라; 훈육문제는 스스로 처리하라; 종이 울리기 전에 학생들을 교실 밖으로 내보내지 마라; 게시판을 자주 바꾸어라. 1장에서 언급한 바와 같이, 규범은 제재에 의해서 강화된다. 즉, 사람들이 조직 규범에 일치하는 행동을 하면 보상을 받고 격려되지만, 집단의 문화적 규범을 깨뜨리는 경우에는 조직과 충돌하여 배척받고 처벌된다. 간단히 말하면, 작업집단의 규범은 조직문화의 중요한 한 단면을 규정한다.

공유된 신념과 가치로서의 문화

추상성의 중간 수준에서, 문화는 공유된 신념과 가치로서 정의된다. **가치**(values)는 무엇이 바람직한 것인지에 대한 개념이다. 가치는 문화의 내재적 가정을 반영하며, 분석의 다음 수준에 놓여있다. 가치는 자주 구성원들이 조직에서 성공하기 위하여 해야 할 것으로 정의된다. 만약 우리가 사람들에게 왜 그와 같은 방법으로 행동하는지를 설명해 달라고 요구한다면, 우리는 조직의 중심적 가치를 발견하기 시작할 수도 있다. 공유된 가치는 조직의 기본 특성을 규정하며 조직에 정체감을 부여한다. 만약 구성원들이 조직이 지지하는 것을 알고 있다면, 그리고 어떤 표준을 지지해야 할 것인지를 알고 있다면, 조직 구성원들은 더욱더 그러한 표준을 지지하는 의사결정을 할 것이다. 구성원들은 자신을 더욱더 조직의 일부로 느끼게 되고 그들에게 있어 조직생활은 중요한 의미를 가지게 될 것이다.

일본 기업의 성공을 연구한 William Ouchi(1981)의 저서는 기업문화에 대한 최초의 현대적 분석이었다. 그 책에서 Ouchi는 일본과 미국에서 효과적인 기업의 성공은 내적으로 일관되고, 친밀함, 신뢰, 협동, 팀워크 및 평등주의와 같은 공유된 가치를 특징으로 하고 있는 독특한 기업문화를 가지고 있다고 주장하고 있다. Ouchi는 조직의 성공을 기술의 문제라기보다는 사람 관리의 문제로 보았다. 이러한 가치를 가진 미국조직을 Z이론 문화라고 명명했다.

Z이론 조직은 다음 〈표 5.1〉과 같은 독특한 문화를 촉진하는 여러 가지 속성을 가지고 있다. 장기 고용의 기회는 종업원들에게 안정감과 조직에 대한 헌신감을 형성하여 조직에 몰입하게 한다. 승진 속도를 더디게 하는 방법은 종업원들로 하여금 다양한 역할과 기능을 수행하게 함으로써 경험과 직무경로를 확대할 수 있는 더 많은 기회를 만들어 낸다. 이것은 기업 고유의 기술을 효과적이게 만들어 주고 경력개발을 향상시켜 준다. 참여적이고 합의적인 의사결정은 협동과 팀워크 그리고 공개적으로 의사소통되고 강화되는 가치를 필요로 한다. 집단 의사결정에 대한 개인적 책임은 신뢰와 상호 지원의 분위기를 만들어 내는 것이다. 마지막으로, 전인(total person)에 대한 관심은 작업관계의 자연스러운 부분이며, 그것은 비공식적이게 하는 경향이 있으며, 구성원들의 작업역할뿐만 아니라 전인을 강조한다. 이러한 전체적 시각은 공식적인 위계관계에 의지하기보다는 공동의 목표를 위해 협동적으로 일하는 평등한 사람들의 사회, 즉 강력한 평등주의적 분위기를 촉진한다. 따라서 Z이론 조직은 친밀감, 신뢰, 협동 및 평등주의의 기본 가치를 촉진하는 방향으로 구조화되고 운영된다. 이러한 문화의 **중핵가치**(core values)는 대부분의 조직 구성원들에 의하여 수용되고 공유되는 지배적인 가치이며, 이들 가치들은 실제적으로 조직생활의 모든 측면에 영향을 미친다.

성공적인 기업을 연구한 몇몇 다른 연구들(Deal과 Kennedy, 1982; Peters와 Waterman, 1982)도 조직효과성을 촉진하는 데에는 강력한 조직문화가 중요하다는 점을 강조하고 있다. Deal과 Kennedy(1982)는 성공적인 조직은 다음과 같은 몇 가지 공통된 문화적 특성을 공유하고 있다고 주장하고 있다.

표 5.1 Z이론 조직과 문화

조직 특성	중핵가치
1. 장기적 고용	조직적 헌신
2. 점진적인 승진비율	경력성향
3. 참여적 의사결정	협동과 팀워크
4. 집단 의사결정에 대한 개인적 책무성	신뢰와 집단충성심
5. 전체적 성향	평등주의

- 폭넓게 공유되고 있는 조직철학
- 공식적 규칙과 정책보다 개인들에 대한 관심을 더 중시
- 공동의 정체성을 확립하는 의식과 의례
- 비공식적 규칙과 예외적인 것에 대한 충분한 이해
- 종업원들이 수행하는 것이 다른 사람들에게 중요하다는 신념

따라서 정보와 아이디어의 공유가 장려된다.

강력한 문화(strong culture) 속에서, 신념과 가치는 강하게 유지되고, 폭넓게 공유되며, 조직행동을 유도해 간다. 일단의 특정 가치들이 조직 수월성을 규정한다는 결론으로 비약하고 싶은 유혹을 느낄 수도 있겠지만, 그러한 시도는 정당화될 수 없을 것이다. 어제 수월성을 촉진했던 것이 반드시 오늘이나 내일의 수월성을 촉진하지는 않는다(Aupperle, Acar와 Booth, 1986; Hitt와 Ireland, 1987). 사실, 강력한 문화는 조직이 새로운 제약조건에 적응할 수 없을 정도로 깊이 내면화되어 있을 수도 있기 때문에, 급격하게 변화하는 시대에는 부담이 될 수도 있다. Hanson(2003)도 문화와 효과성 간의 관계는 여러 가지 면에서 구조와 효과성 간의 관계와 같다고 주장하고 있다. 문화와 구조는 경직성, 갈등, 숨겨진 의제를 통하여 체제를 침체시키거나 붕괴시킴으로써 조직 성과를 저해할 수도 있다.

암묵적 가정으로서의 문화

가장 깊은 수준에서, 문화는 암묵적 가정의 집단적 표현이다. 조직 구성원들이 자신들을 둘러싸고 있는 세계와 그 속에서의 자신들의 위치에 대한 관점을 공유하고 있을 때 문화가 존재한다. 즉, 조직이 외적 적응과 내적 통합의 문제에 대처하는 것을 학습해 나감으로써 기본 가정의 패턴이 생겨나고, 발견되고, 발전되어 왔다. 이 패턴은 타당하게 생각되도록 잘 작용하며, 새로운 구성원들에게 그들의 문제에 관련하여 인식하고, 생각하며, 느끼는 옳은 방법으로 가르쳐진다. 이 가정들은 반복적으로 작동해 왔기 때문에, 지극히 기본적인 것이 되어 당연한 것으로 수용되고, 대항할 수도 없고 이의를 제기할 수도 없는 것이 되어 버리는 경향이 있으며, 따라서 변화에 대하여 강하게 저항한다. 이러한 시각에서 볼 때, 조직문화를 이해하는 데 있어 핵심적인 것은 구성원들이 공유하고 있는 암묵적 가정을 판독하고, 그러한 가정들이 어떻게 문화적 패턴 혹은 패러다임으로 결합되는지를 발견하는 데 있다.

암묵적 가정(tacit assumptions)은 인간관계의 본질, 인간의 본성, 진리, 실재 및 환경에 관한 추상적 전제이다(Dyer, 1985). 예컨대, 인간의 본성은 기본적으로 선한가?

악한가? 혹은 중립적인가? 궁극적으로 진리는 어떻게 결정되는가? 그것은 드러나는 것인가? 아니면 발견되는 것인가? 집단 구성원들 간의 관계는 어떻게 가정되어 있는 가? 위계적인가? 협동적인가? 혹은 개인주의적인가? 조직이 기본 가정들을 일관성 있 게 발전시키고 그 패턴을 명확히 표현할 때, 조직은 강력한 문화를 가지게 된다.

강하지만 서로 대비되는 두 학교문화를 비교해 보자. 첫 번째 학교는 Schein (1985)이 제안한 바와 같이 다음과 같은 가정에 기초한 강하면서도 독특한 문화를 가 지고 있다.

- 진리는 궁극적으로 교사 자신들로부터 나온다.
- 교사들은 책임감 있고, 동기부여되어 있으며, 스스로를 통제할 수 있고, 학생들 에게 최선의 이익이 되도록 의사결정을 한다.
- 진리는 종종 갈등을 일으키는 토론과 개방적 포럼을 통한 아이디어 검증을 거 쳐 결정된다.
- 교사들은 한 가족이다. 교사들은 서로 수용하고 존중하며 배려한다.

이와 같은 중핵적 가정들은 개인주의, 자율, 개방성, 전문주의, 지식의 권위와 같 은 공유된 가치를 만들어 낸다.

반대로 두 번째 학교는 다음과 같은 가정을 토대로 운영된다.

- 진리는 궁극적으로 경륜 있는 교사와 행정가들로부터 나온다.
- 대부분의 교사들은 학교에 헌신적이고 충성한다(그들은 훌륭한 "사병들"이다).
- 학교에서의 관계는 기본적으로 위계적이다.
- 교사들은 교실에서의 자율을 상호 간에 존중하고 명예롭게 생각한다.
- 교사들은 서로를 걱정해 주는 한 가족이다.

이 학교의 중핵적 가정은 자율과 영역에 대한 존중 그리고 갈등 회피와 같은 가치 를 만들어 낸다.

사람들이 가치를 부여하고 행동하는 이면에 내재한 기본 가정의 패턴을 발견하는 단순한 방법은 없다. Schein(1992, 1999)은 조직문화를 해독하기 위한 일련의 정교한 절차를 개발하였다. 그것은 인류학적 기법과 임상적 기법을 결합하고 있고, 그 조직 에서 생활하고 있고 그 조직문화를 구현하고 있는 정보제공자와 연구자 간의 공동 탐 구와 관련되어 있는 방법이다. 공동 탐구의 노력에는 일반적으로 조직의 역사, 중요 사건들, 조직 구조, 신화, 전설, 이야기 및 의식을 연구하기 위한 광범위한 자료수집 활동이 있다. Schein(1992, 1999, 2004)은 암묵적 가정을 발견하기 위한 고안물로서의 질문지는 그것이 잘해야 집단 구성원들이 옹호하는 가치의 단지 일부만을 드러내기 때문에 사용하기를 꺼려하였다. 그러나 일부 연구자들(O'eilly, Chatman과 Caldwell, 1991; Chatman과 Jehn, 1994, Cameron과 Quinn, 1999; Maslowski, 2006)은 양적 도구를 사용하여 문화의 공유 가치를 평가하려고 시도해 왔다.

문화의 기능

한 가지의 최상의 문화가 있을 수는 없다 하더라도, 강력한 문화는 응집력, 충성심 및 헌신감을 향상시켜 주고 구성원들이 조직을 떠나려는 성향을 감소시킨다(Mowday, Porter와 Steers, 1982). 게다가 Robbins(1991)는 조직문화가 수행하는 여러 중요한 기능을 다음과 같이 요약하고 있다.

- 문화는 경계를 짓는 기능을 한다. 즉, 문화는 조직을 구별해 준다.
- 문화는 조직에 정체감을 제공한다.
- 문화는 집단에 대한 헌신을 촉진시킨다.
- 문화는 사회체제의 안정성을 증진시킨다.
- 문화는 조직들을 하나로 묶어주는 사회적 접착제이다. 즉, 문화는 적절한 행동 표준을 제공한다.

문화는 조직 구성원들의 태도와 행동을 가이드해 주고 형성해 준다. 그러나 강력한 문화는 순기능적일 수도 있고 역기능적일 수도 있다는 것, 말하자면 문화는 효과성을 촉진할 수도 있고 저해할 수도 있다는 것을 기억하는 것이 중요하다.

학교문화

요즈음 조직문화가 교육을 분석하는 데 있어 유행하는 개념이 되었다 할지라도, 학교문화에 관한 많은 최근의 논의들은 실증적이기보다는 분석적이고 철학적이며 수사적이다(Cusick, 1987; Marion, 2002 참조). 예컨대, 효과적인 학교문화를 이상적으로 서술하기 위해 효과적인 학교 연구들(Brookover 외, 1978; Rutter 외, 1979; Clark, Lotto와 Astuto, 1984)과 기업문화에 관한 연구 결과(Ouchi, 1981; Deal과 Kennedy, 1982; Peters와 Waterman, 1982)를 사용하는 것은 그다지 어렵지 않다. 그 예로, Terrence Deal(1985)은 효과적인 학교는 다음과 같은 특징의 강력한 문화를 가지고 있다고 주장하고 있다.

1. 일을 수행하는 방법에 대한 공유된 가치와 합의
2. 중핵가치를 구현하는 영웅으로서의 학교장
3. 폭넓게 공유된 신념을 구현하는 독특한 의식
4. 상황적인 영웅으로서의 교사
5. 문화변용과 문화쇄신에 관한 의식
6. 중핵가치를 고양하고 변형시키기 위한 의미 있는 의식
7. 혁신과 전통, 자율과 통제 간의 균형
8. 문화적 의식에의 폭넓은 참여

학교를 효과적인 기관으로 변화시키는 중핵가치는 무엇인가? 학교는 학생들을 위한 것이다; 교수활동을 실험하라; 교수-학습은 협동적인 과정이다; 학생들 가까이에 머물러라; 학문적 수월성을 추구하라; 높지만 현실적인 과업 수행을 요구하라; 행동과 의사소통에서 개방적이 되라; 동료들을 신뢰하라; 전문가가 되라. 이와 같은 신념들은 중핵가치인가 아니면 공허한 구호인가? 만약 이러한 신념들이 공유되고 널리 형성된다면, 구호처럼 보이는 이러한 주제들이 강력한 학교문화를 규정할 수 있을 것이다. 그러나 불행하게도, 효과적인 학교의 제도적 문화를 직접 분석한 체계적인 연구가 거의 없는 실정이다.

학교문화에 관한 인류학적, 사회학적 연구가 필요하다. 학교문화의 기본 가정과 공통된 가치들을 그려내기 위해서는 질적 연구를 통한 심층적 기술이 필요하다. 교육연구가들은 반드시 학교를 하나의 전체로 생각하고 그 실제, 신념 및 다른 문화적 요소들이 사회생활에 어떤 의미를 주고 사회구조와 어떻게 연관되어 있는지를 분석해야 한다. 문화를 이해하기 위해서, 사람들은 그들이 사는 세계에 의미를 부여하기 위해 사용하는 복잡한 상징군(群)을 경험해 보아야 한다.

William Firestone과 Bruce Wilson(1985)은 학교의 조직문화를 연구하는 데 있어 유용한 틀을 제공하고 있다. 그들에 따르면, 학교문화의 분석은 그 내용, 문화의 표현 및 기본적인 의사소통 유형을 연구함으로써 이루어질 수 있다.

문화가 표현되는 상징들은 종종 중요한 문화적 주제를 찾는 데 도움을 준다. 이야기(story), 성상(icon) 및 의식(ritual)과 같은 세 가지 상징체제들이 학교문화의 내용을 전달한다.

- **이야기**는 실제 사건에 근거하고 있는 설화이지만, 그 이야기들은 흔히 진실과 허구로 결합되어 있다.
- **신화**는 사실에 의해서 논증될 수 없지만, 의심할 바 없는 신념을 전달하는 이야

기이다.

● **전설**은 허구적인 설명으로 회자되고 다듬어진 이야기이다.

예컨대, 학부모와 상급기관으로부터 오는 위압적인 압력에도 불구하고 교사들의 입장에 서 있는 학교장은 학교문화에서 응집성과 충성심의 상징이 된다. 이 학교장에 대한 이야기는 여러 차례에 걸쳐 신임 교사들에게 반복하여 전해지고, 아름답게 꾸며져 특별한 의미를 갖게 된다. 이야기들은 흔히 조직의 화신인 영웅들에 대한 것이며, 조직의 중핵가치를 파악하는 통찰력을 제공해 준다. 성상(icons)과 의식(rituals)도 중요하다.

● **성상**은 문화를 전달하기 위하여 사용되는 물리적 가공물(로고, 표어, 트로피 등)이다.
● **의식**은 조직에서 무엇이 중요한지를 알려주는 일상적인 행사이다.

Janice Beyer와 Harrison Trice(1987)는 조직문화를 개발하고 유지하기 위하여 사용되는 일상적 행사의식의 사례로서 통과의례, 강등, 고양, 통합 등의 의식을 확인하고 있다. 〈표 5.2〉에는 학교에서 볼 수 있는 이들 네 가지 의식에 관한 몇 가지 사례와 그 결과가 제시되어 있다. 한 학교의 문화는 가공물, 집회와 회합에 관련된 의례와 의식들, 교직원회의, 운동회, 지역사회 활동, 식당, 성적표, 상장과 트로피, 수업계획, 학교의 일반적 장식들로 구성될 수 있다.

비공식적인 의사소통체계를 분석하는 것 역시 학교를 문화적으로 분석하는 데 있어 중요하다. 의사소통체계는 그 자체가 문화적 네트워크이기 때문이다(Bantz, 1993;

표 5.2 학교 의식, 행사 및 결과의 사례

유형	사례	가능한 결과
통과의례	교생실습 신입자에게 힘든 학습 점심시간의 임무 은퇴	새로운 역할로의 이행 촉진 사회화
강등의례	부정적 평가 공공연한 비난	권력 축소 적절한 행위의 재확인
고양의례	집회에서의 공인: 올해의 교사, 토론팀 챔피언 축구경기 우승	권력 증진 적절한 행위 보상
통합의례	공휴일 파티 커피그룹 교사휴게실	집단을 결속시키는 공통 경험의 권장

Mohan, 1993). Deal과 Kennedy(1982)가 관찰한 바와 같이, 이야기꾼, 스파이, 성직자, 음모를 꾸미는 사람, 소문을 퍼뜨리는 사람은 학교 내에서 조직의 기본 가치를 전달하는 숨겨진 권력의 위계를 형성한다. **신화제조자(mythmakers)**도 조직신화를 만드는 비공식 의사소통에 매우 효과적인 이야기꾼이다. 문화를 충분히 이해하는 데에는 신화를 발견하는 것도 중요하지만 신화가 만들어지는 과정을 확인하는 것 또한 중요하다.

조직문화 연구는 흔히 은유를 사용하여 문화의 본질을 파악하려고 한다. 예를 들어, 학교문화는 다음과 같은 은유를 사용하여 서술될 수도 있다.

- *아카데미(academy)*: 학교는 학습이 주가 되는 장소로 간주되고, 학교장은 탁월한 교사이자 학습자이다.
- *감옥(prison)*: 학교는 학생들을 통제하고 훈련하기 위한 보호기관이며, 학교장은 감시자이다.
- *사교클럽(club)*: 학교는 모든 사람들이 즐거운 시간을 보내는 사교클럽이며, 학교장은 사회적 관리자이다.
- *공동체(community)*: 학교는 사람들이 서로 배우고 지원하는 양육환경이며, 학교장은 공동체의 지도자이다.
- *공장(factory)*: 학교는 매우 잘 조율된 학생-기계를 만들어 내는 생산라인이며, 학교장은 십장이다.

학교문화에 관한 연구

학교문화에 관한 좋은 연구가 드물다는 것이 최근에 학교문화에 관한 문헌들을 검토한 Firestone과 Louis(1999)의 결론이다. 기업문화를 분석한 연구들이 많이 있어 왔고 또한 그 연구 결과를 공립학교에 적용하려는 연구들도 있어 왔지만, 학교에서 이 연구 결과를 직접 검증한 연구는 찾기 어렵다. 학교문화 연구에서 진지하게 검토되어야 할 몇 가지 중요한 이론적, 실제적 문제들이 있다. 우리는 학교문화의 분석에 있어 Firestone과 Wilson(1985) 그리고 Deal(1985)이 개발한 개념적 틀이 유용하다는 것을 제안해 왔다. 그러나 Bates(1987)는 그러한 형식화는 조직문화를 관리문화와 동의어로 취급하고 있을 뿐 아니라, 문화의 본질을 포착하기에는 너무 협소한 틀이라고 주장한다. 이러한 주장은 대부분의 학교들이 하나의 문화를 가지고 있는지 혹은 다양한 하위문화를 가지고 있는지에 관한 보다 일반적인 문제에 봉착하게 한다. 모든 학교들이 고유하고 통합된 문화를 가지고 있다고 기대하는 것은 희망사항일 것이다. 그러나 쟁점은 궁극적으로 경험적인 것이냐에 있다.

문화가 의도적으로 관리될 수 있는지 혹은 그렇게 되어야 하는지에 관한 문제는 앞으로 뜨거운 논쟁의 대상이 될 것이다. 학교문화에 관한 많은 초기의 연구들은 학교의 변화와 개선을 지향하고 있으며, 문화를 이해하는 것은 학교를 더욱 효과적으로 만드는 필요조건이라고 생각하고 있다(Deal, 1985; Metz, 1986; Rossman, Corbett와 Firestone, 1988; Deal과 Peterson, 1990). 문화변화의 성공과 그것이 조직효과성에 미치는 영향은 탐구할 가치가 있는 논제이다. 조직문화의 수준과 수가 문화변화의 과정에 영향을 준다고 주장하는 사람도 있다. 예컨대, 규범의 변화가 공유된 가치 혹은 암묵적 가정의 변화보다는 더 쉬울 수도 있다. 또 다른 사람들은 조직문화를 변화시키는 것이 어려우며 윤리적 딜레마를 내포하고 있다고 주장하기도 한다. 예를 들면, Schein(1985)은 조직문화의 많은 부분이 그 구성원들이 고뇌에 대처하기 위하여 학습해온 방법을 드러내는 것이라고 강력하게 주장한다. 따라서 문화를 변화시키려는 시도는 구성원들의 사회적 대응기제를 포기하라고 요구하는 것과 같을 수 있다. Schein에게 있어, 문화변화의 문제는 윤리적인 문제가 된다. 이와 유사한 맥락에서, Bates(1987)는 강력한 조직문화 지지자들은 결국 관리자들을 위한 문화 분석을 옹호하고 있는 것이라고 주장한다. 그러나 관리자들에게 있어 좋은 것이 반드시 근로자들에게 좋은 것은 아니라는 점(Hoy, 1990)에 유의할 필요가 있다.

문화의 관점에서, 학교를 분석할 때는 학교에서 이루어지는 사회적 상호작용의 상징적 특성에 주의를 기울일 필요가 있다(Bolman과 Deal, 1997, 2003, 2008; Cunningham과 Gresso, 1993). 자주 말해지거나 행해지는 것이 상징적 의미만큼 중요하지 않을 수도 있다. 실제로, Lee Bolman과 Terrence Deal(2003)은 문화적 시각을 조직분석의 "상징적 틀(symbolic frame)"이라고 하였다. 이들은 상징적 틀은 조직과 행동의 특성에 관한 다음과 같은 비전통적인 가정에 근거하고 있다고 주장한다.

- 조직에서 발생하는 사건들에서 가장 중요한 것은 발생한 사건 그 자체가 아니라 그 *사건들이 의미하고 있는 것*이다. 의미는 종종 사실보다 중요하다.
- 그러나 사건들은 사람들에 따라 다른 의미를 주기 때문에, 사건과 의미는 종종 분명하지 않다. 개인들은 자신들의 경험을 해석하기 위하여 상이한 스키마를 사용한다. 의미는 파악하기 어렵고 때때로 공유되지도 않는다.
- 사건들은 전형적으로 모호하고 불분명하기 때문에, 무엇이 일어났는지, 그것이 왜 일어났는지, 다음에는 무엇이 일어날 것인지를 알기 어렵고 설명하기도 어렵다.

- 사건의 모호함과 불확실성이 클수록, 조직분석에 있어 합리적 접근방법을 사용하기가 더욱 어려워진다. 합리성은 분명히 그 한계를 가지고 있다.
- 따라서 많은 조직 사건에 있어, 그 중요성은 그 사건이 무엇을 만들어 냈느냐 하는 것보다 그 사건들이 무엇을 나타내고 있느냐에 따라 결정된다. 세속적인 신화, 의식과 의례, 무용담은 사람들이 추구하는 의미를 제공해 준다.

조직문화에 관한 문헌들로부터 얻을 수 있는 하나의 결론은 분명하다. 그것은 학교조직에서 발생하는 많은 것들이 학교문화의 맥락에서 해석되어야 한다는 점이다. 종종 말해지거나 행해지는 것들이 상징적 의미만큼 중요하지 않다. Maslowski(2006)는 현재 학교문화에 관한 비판적인 분석을 실시하였다.

필자들은 세 종류의 학교문화를 탐구하는 것으로 문화에 관한 분석을 끝내려고 한다. 각각의 문화는 학교에서 교사들이 공유하는 신념을 기술한다. 효능감과 신뢰의 강력한 문화를 가진 학교는 높은 수준의 학생 수행을 가져오는 반면 보호 감독적인 문화를 가진 학교는 학생들의 사회 정서적인 발달을 방해한다.

TIP: 이론의 적용

자신이 근무하고 있는 학교의 문화를 한두 쪽으로 기술한다. 대표적인 상징, 가공물, 통과의례를 분석한다. 학교문화를 대표하는 성상은 무엇인가? 영웅은 누구이고 어떤 전설이 전해 내려오는가? 학교의 기본적인 분위기를 나타내는 신화와 의식은 무엇인가?

효능감의 문화

교사들과 행정가들의 공유된 신념은 학교의 사회적 환경에 영향을 미친다. **집단적 교사효능감**이란 전체로서의 교사들의 노력이 학생들에게 긍정적인 영향을 줄 것이라고, 한 학교 교사들이 공유하고 있는 인식을 말한다. Bandura(1993, 1997)에 따르면, 조직적인 시각에서 보면 집단적 교사효능감은 학교가 학생의 성취에 미치는 상이한 효과를 설명하는 데 도움이 되기 때문에 중요한 학교의 자산이 된다. 집단적인 수준에서 볼 때, 효능감의 문화는 학교에 분명한 정체성을 주고 또한 사용하면 할수록 고갈되는 것이 아니라 오히려 강화되는 일련의 신념 혹은 사회적 인식이다.

집단적 효능감의 근원. 개인과 마찬가지로 조직도 학습한다(Cohen과 Sproull, 1996).

실제로, 조직은 개인의 학습과 유사한 과정을 거친다(Cook과 Yanon, 1996). 학교들은 각각의 교육목적을 추구하여 유목적적으로 움직인다. 예컨대, 다른 학교는 학부모들의 참여비율과 그 질을 높이기 위하여 운영되는가 하면, 어떤 학교는 학생들의 성적을 높이기 위하여 운영된다. 조직의 기능은 개인들의 지식, 대리학습, 자기반성, 자기조정에 따라 달라진다. 예를 들면, 이웃 학교구에서 효과를 본 교과과정 개혁을 시도함으로써 점차 떨어지고 있는 학생의 학업성적에 대응하고 있는 학교는 그 구성원들의 대리학습을 통해 알려진 자기조정 과정에 들어간 것이라고 할 수 있다. 조직은 개인을 통해서 활동한다는 것을 인정하지 않을 수 없다 할지라도, 이러한 사례들은 조직 수준의 대리학습과 자기조정이 중요하다는 것을 보여주고 있다. 앞에서 본 바와 같이, 자아효능감 정보의 네 가지 기본적인 근원들은 숙련경험, 대리경험, 사회적 설득 및 정서적 자극이다. 이러한 근원들이 개인에게 중요한 것과 마찬가지로, 집단적 교사효능감의 개발에도 기본적으로 중요하다.

숙련경험은 조직에 있어서도 중요하다. 교사들은 한 집단으로서 성공과 실패를 경험한다. 성공은 교사들의 집단적 효능감에 강한 신념을 형성해 주며, 실패는 그것을 훼손시킨다. 그러나 성공이 빈번하고 너무 쉽다면, 실패는 좌절을 낳을 수도 있다. 탄력적인 집단효능감은 끈질긴 지속적 노력을 통하여 난관을 극복하는 경험을 필요로 한다. 사실, 조직은 경험을 통해 학습하며 조직의 목적 달성에 성공할 수 있을 것이다 (Huber, 1996; Levitt와 March, 1996).

직접적인 경험만이 집단적 교사효능감의 유일한 정보원은 아니다. 교사들은 다른 학교의 성공담뿐 아니라 동료들의 성취에 관한 이야기를 듣는다. 이와 유사하게, 효과적인 학교에 관한 연구들은 모범적인 학교의 특징들을 서술하고 있다. *대리경험과 모델링*이 교사 개개인들의 효능감의 효과적인 근원이 되는 것과 마찬가지로, 이것들은 또한 집단적인 교사효능감을 촉진하기도 한다. 조직은 다른 조직을 관찰함으로써 학습한다(Huber, 1996).

언어적 설득은 교사들 자신이 추구하는 것을 성취할 수 있는 능력을 가지고 있다는 교사들의 확신을 강화시켜 주는 또 다른 수단이다. 교사들은 대화, 워크숍, 전문성 신장활동 및 성취에 대한 피드백 등에 의해서 변화될 수 있다. 실제로, 교사집단의 응집력이 크면 클수록 전체로서의 이 교사집단은 건전한 토론에 의해서 설득될 수 있다. 그러나 언어적 설득 하나만으로 강력한 변화 에이전트가 되지 못하고, 성공의 모형과 긍정적이고 직접적인 경험이 동반될 때 언어적 설득은 집단적인 효능감에 영향을 미칠 수 있을 것이다. 설득은 문제해결을 이끌어 가는 가외의 노력과 지속성을 촉진할 수 있다.

조직들은 *정서적인 상태를 가지고 있다.* 개인들이 스트레스에 대응하는 것처럼, 조직도 마찬가지이다. 효과적인 조직은 압력과 위기를 극복하고 계속 효과적으로 기능한다. 사실, 효과적인 조직은 파괴적인 세력에 어떻게 대응하고 대처할 것인지를 배운다. 효과적이지 못한 조직은 그러한 문제에 봉착하는 경우, 역기능적으로 반응하고, 이것은 자주 실패의 기본 성향을 강화시켜 준다. 이러한 조직은 자극을 잘못 해석하여 때로는 지나치게 반응하기도 하고 또 어떤 때에는 너무 경솔하게 반응하거나 아니면 아예 전혀 반응하지 않기도 한다. 한 조직의 정서적인 상태는 조직들이 도전들을 해석하는 방법과 관련이 있다.

집단적 효능감의 형성. 비록 이들 네 가지 정보원들이 집단적 교사효능감을 만들어 내는 데 있어 모두 중추적인 역할을 하지만, 중요한 것은 정보의 처리와 해석이다. 앞서 서술한 교사효능감 모형과 마찬가지로, 집단적 교수효능감의 개발에 중요한 두 요소는 교수과업의 분석과 교수능력에 대한 평가이다.

교사들은 수업을 할 때 무엇이 필요한지를 평가한다. 우리는 이러한 과정을 교수과업 분석이라고 부른다. 그러한 분석은 개인과 학교 두 가지 수준에서 이루어진다. 학교 수준에서, 분석은 학교가 성공적이려면 무엇을 할 것인가 하는 해당 학교의 교수활동에 대한 도전들을 추론하게 한다. 고려해야 할 것들에는 학교와 학생들의 가정에 있는 부정적인 상황에 대처하는 학교의 능력에 대한 일반적 낙관론뿐 아니라 학생들의 능력과 동기, 이용 가능한 수업자료, 지역사회의 제약, 학교의 물리적 시설의 질 등이 있다. 교사들은 학교를 성공적으로 만드는 데 필요한 수단, 극복해야 할 장애와 한계, 이용 가능한 자원들을 분석한다. 교사들은 자신들의 교수능력 평가와 관련하여 교수과업을 분석한다. 실제로, 교사들은 자기들 학교의 교수과업 분석을 고려하여 동료교사의 교수능력을 분명하게 판단한다. 학교 수준에서, 교수능력에 대한 분석은 교사들의 교수기술, 방법, 훈련과 전문적 지식 등에 관해서 추론하게 한다. 교수능력에 대한 판단은 그 학교 모든 학생들의 능력에 대한 교사들의 신념을 포함할 수도 있다. 과업과 능력 분석은 동시에 일어나기 때문에, 집단적 교사효능감의 이들 두 영역을 구분하기는 어려운 일이다. 집단적인 교사효능감이 나타날 때 이 두 영역은 서로 상호작용한다.

요약하면, 집단적 교사효능감에 미치는 주된 영향력은 숙련경험, 대리경험, 사회적 설득 및 정서적 상태 등 네 가지 정보원에 대한 분석과 해석에 기인하는 것으로 생각된다. 이러한 과정에서, 조직은 교수과업과 교수능력이라는 두 가지 관련된 영역에 관심을 집중한다. 이 두 영역은 조직이 학생들을 성공적으로 가르치는 데 필요한 능

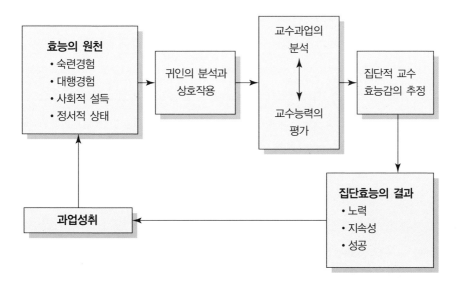

그림 5.2 **집단적 효능감 모형**

력을 가지고 있느냐는 관점에서 평가된다. 또한 이 평가들의 상호작용은 한 학교 교사들의 집단적 교사효능감을 형성하게 한다. 높은 집단적 교사효능감은 더 나은 성취를 이루어낼 도전적인 목표의 수용, 강력한 조직 차원의 노력 및 지속성을 가져올 것이다. 물론, 그 반대의 상황도 있다. 낮은 집단효능감은 적은 노력, 포기하는 성향, 낮은 수준의 성취를 가져올 것이다. 집단적인 교사효능감의 과정과 구성요소들은 [그림 5.2]에 묘사된 교사효능감의 경우와 유사하다. [그림 5.2]에서 보는 바와 같이, 과업 수행 능력은 조직에 피드백되고, 그것은 다시 학교 교사의 집단적 효능감을 형성하는 새로운 정보가 된다. 그러나 교수과업과 교수능력에 대한 신념은 어떤 극적인 사건이 일어나지 않는 한 변하지 않을 것 같다. 학교의 집단적 효능감이 일단 확립되면, 그것을 변화시키기 위해서는 상당한 노력이 요구되는 비교적 안정적인 특성을 가지고 있기 때문이다. Goddard와 그의 동료들(Goddard, Hoy와 Woolfolk Hoy, 2000; Goddard, 2002a)이 학교의 집단적 효능감을 측정하기 위해 몇 가지 타당하고 신뢰할 만한 측정도구를 개발하였기 때문에 그것을 묘사하기는 비교적 쉽다. 집단적 효능감 척도(Collective Efficacy Scale: CE 척도)에 관한 정보, 그 속성, 채점 방법 등은 www.waynekhoy.com에서 찾아볼 수 있다.

집단적 효능감: 연구결과

학생 성취에 있어서의 집단적 효능감의 중요성과 이 모형을 지지하는 연구는 제한되어 있지만 계속해서 이루어지고 있다. 집단적인 교사효능감과 학생 성취에 관한 효시적인 연구에서, Bandura(1993)는 두 가지의 중요한 연구 결과를 밝혀냈다. 그것은 첫째, 학교단위 수준의 학생 성취는 집단적 효능감과 의미 있게 긍정적으로 관계되어 있으며, 둘째, 집단적 효능감은 학생들의 사회경제적인 지위보다 학생 성취에 더 큰 영향을 미친다는 것이다. 이러한 연구결과들은 후속연구들에 의해 지지되어 왔다. Roger Goddard와 그의 동료들(Goddard, Hoy와 Woolfolk Hoy, 2000, 2004) 역시 이 모형을 강하게 지지하는 연구 결과를 발표하여, 높은 학생 성취를 촉진하는 데 있어 집단적 교사효능감의 중요성을 다시 한 번 확인시켜 주고 있다. 후속연구에서, 집단적 효능감이 학생 성취 향상에 긍정적인 영향을 미친다는 연구 결과는, 심지어 사회경제적 지위가 통제된 경우에도, 초등학교와 고등학교에서 모두 지지되었다(Goddard, Hoy와 Woolfolk Hoy, 2000; Goddard, Sweetland와 Hoy, 2000a, 2000b; Goddard, 2001; Goddard, 2002b; Hoy, Sweetland와 Smith, 2002; Hoy, Smith와 Sweetland, 2002a; Goddard, Hoy와 LoGerfo, 2003; Goddard, LoGerfo와 Hoy, 2004). 요약하면, 강력한 효능감의 학교문화는 부분적으로 그것이 도전적인 목표의 수용, 강력한 조직적 노력, 더 나은 과업 수행에로의 지속성 등을 이끌어 내기 때문에 높은 학생 성취를 촉진하는 것 같다. Bandura(1997)는 학교가 교사들에게 공공적인 책무성, 학생 성취에 대한 공유된 책임, 작업환경에 대한 최소한의 통제력과 같은 것들을 포함하는 많은 도전을 주기 때문에 높은 수준의 집단적 교사효능감을 개발하는 일은 어렵기는 하지만 가능한 일이라고 하였다.

신뢰의 문화

학교문화에 대한 또 다른 관점은 교사들이 집합적으로 공유하고 있는 신념인 교사신뢰로 서술될 수 있다. 신뢰는 어느 면에서 공기와 같다. 필요한 것이지만 없을 때까지는 아무도 그것에 대하여 생각하지 않는다. 학교에서의 신뢰는 협동을 촉진하기 때문에 중요하다(Tschannen-Moran, 2001). 신뢰는 개방성을 증진시키고(Hoffman, Sabo, Bliss와 Hoy, 1994), 집단 응집성을 촉진하며(Zand, 1997), 학생의 성취도를 향상시킨다(Goddard, Tschannen-Moran과 Hoy, 2001; Hoy, 2002; Bryk와 Schneider, 2002; Tschannen-Moran, 2004; Cybulski, Hoy와 Sweetland, 2005). 누구나 신뢰하고 신뢰받기를 원한다. 그러나 신뢰는 여러 가지를 의미한다.

신뢰관계는 상호의존성 위에서 형성된다. 즉, 한 사람의 이익은 다른 사람에게 의존하지 않고는 성취될 수 없다(Rousseau, Sitkin, Burt와 Camerer, 1998). 놀랄 것 없이, 높은 수준의 상호의존성 때문에 학교의 여러 사회적 관계 속에 신뢰의 필요성이 존재한다. 예컨대, 교사들은 학교장에게 의존하지만 학교장 역시 교사들에게 의존한다. 교사와 학생 그리고 교사와 학부모에게도 이와 똑같은 말을 할 수 있다. 그러나 하나의 관계 속에서의 상호의존성은 전형적으로 신뢰의 공통적인 특징이라 할 수 있는 취약성을 만들어 낸다(Baier, 1986; Bigley와 Pearce, 1998; Coleman, 1990; Mayer, Davis와 Schoorman, 1995; Mishra, 1996). 개인들은 직관적으로 신뢰한다는 것이 무엇인지를 안다. 그것은 다른 사람이 당신에게 해로운 방법으로 행동하지 않을 것이라는 믿음을 당신이 가짐으로써 당신을 다른 사람에게 취약하게 만든다는 것을 의미한다. 그러나 신뢰는 여러 얼굴을 가지고 있어 복잡하다.

취약성 외에, 신뢰에는 다섯 가지의 공통된 측면이 있으며, 그것은 인자함, 믿음직함, 유능함, 정직, 개방성 등이다(Hoy와 Tschannen-Moran, 1999, 2003; Tschannen-Moran과 Hoy, 2000; Tschannen-Moran, 2004). 학교에서의 교사신뢰에 관한 연구(Hoy와 Tschannen-Moran, 2003)는 이러한 신뢰의 측면들이 다르고 신뢰에 관한 논리적인 생각을 형성한다는 것을 밝히고 있다. 다른 말로 표현하자면, 교사들이 학교장을 크게 신뢰하고 있을 때, 교사들 역시 학교장이 교사들과의 상호작용에 있어 인자하고, 믿음직하며, 유능하고, 정직하며 또한 개방적이라고 믿는다. 따라서 **교사신뢰(faculty trust)**란 *다른 사람이 인자하고, 믿음직하며, 유능하고, 정직하며, 개방적이라는 확신에 근거하여 다른 사람에게 기꺼이 취약해지려는 교사들의 의지이다.*

신뢰는 관계성 속에서 구현되고 다른 사람과의 관계에 의해서 구체화된다. 교사신뢰의 네 가지 관계항은 학교에서의 조직적 신뢰문화를 서술하는 데 있어 특히 흥미롭다. 교사가 학생, 학교장, 학부모 그리고 서로를 신뢰하는 정도는 일반적 학교신뢰를 기술하는 기초이다. 그러나 실제적으로 교사들은 학생을 신뢰하는 것과 학부모를 신뢰하는 것을 구별하지 않는다. 학생을 신뢰한다는 것은 학부모를 신뢰하는 것과 같고 그 역의 경우도 마찬가지이다(Hoy와 Tschannen-Moran, 2003). 따라서 신뢰의 문화는 교사가 학생과 학부모, 학교장 그리고 동료교사들을 신뢰하는 정도를 조사해 봄으로써 기술될 수 있다.

이러한 신뢰의 세 가지 관계항은 서로 적절하고 긍정적으로 연관되어 있어, 한 관계항의 신뢰가 다른 관계항의 신뢰로 넘치기도 한다. 그러나 교사들이 학교장과 동료교사들을 크게 신뢰하지만 학생과 학부모를 신뢰하지 않거나 혹은 동료교사를 신뢰하지만 학교장을 신뢰하지 않는 것도 가능하다. 그럼에도 불구하고, 학교장, 동료교사, 학생과 학부모에 대한 교사신뢰 분석표를 가지고 학교에 대한 좋은 집합적 신뢰도를 얻는 것이 가능하다.

학교 **신뢰문화**의 원형은 세 가지 관계항에서의 교사신뢰가 높은 문화이다. 첫째, 교사들은 학교장을 신뢰한다. 교사들은 학교장이 일관되게 교사들의 이익을 위해 일하며, 개방적이고, 정직하며, 유능하다고 믿는다. 나아가 교사들은 그들의 동료교사들을 유능하고, 개방적이며, 정직하고, 상호 관계에 있어 진실하다고 믿는다. 교사들은 서로 의지하도록 배워왔고, 어려운 상황에서도 동료교사들이 자신들의 신뢰를 저버리지 않을 것이라고 믿는다. 마지막으로, 전체 교사들이 학생과 학부모를 신뢰한다. 교사들은 학생들이 유능한 학습자라고 믿는다. 교사들은 학부모와 학생들이 자신들에게 말해주는 것을 믿는다. 교사들은 자신들이 일관되게 학부모와 학생들에게 의지할 수 있다고 믿는다. 그리고 교사들은 학부모와 학생들이 정직하고, 개방적이며, 진실하다고 믿는다. 요약하면, 학교에서의 강한 조직적 신뢰의 문화는 교사들이 학교장을 신뢰하고, 교사들이 서로 신뢰하며, 교사들이 학생과 학부모를 신뢰하는, 모든 집단이 협동적으로 함께 일하는 문화이다.

학교에서의 교사신뢰는 교사들에 일괄적인 T-척도를 시행함으로써 결정할 수 있다. 초·중·고등학교에 사용될 수 있는 26개 문항으로 된 이 척도는 신뢰의 세 관계항과 구성, 즉 학교장, 동료교사, 학생과 학부모에 대한 교사신뢰를 측정한다. 이 척도의 세 하위검사는 각각 위에서 논의한 신뢰의 모든 측면에 비추어 교사신뢰를 측정한다. 더구나 각 측정도구는 높은 신뢰도와 높은 구성 및 예측 타당도를 보여준다(Hoy와 Tschannen-Moran, 2003). 전체 T-척도는 www.waynekhoy.com에서 구할 수 있으며, Hoy와 Tschannen-Moran(2003)은 이 척도의 개발과 검증에 관한 기술적 해설집을 출판한 바 있다.

교사신뢰: 연구 증거

신뢰는 학교를 포함한 많은 조직 내 관계성의 중요한 측면으로 여겨져 왔다. 40여 년 전, Rensis Likert(1967)는 신뢰가 조직생활의 상호작용-영향과정에서 핵심 요소라는 것을 발견하였다. 최근에 Thomas Sergiovanni(1992)는 신뢰가 학교장의 도덕적 지도성에 필요불가결한 것이라고 주장하였으며, Wayne Hoy와 그의 동료들(Hoy, Tarter와 Kottkamp, 1991; Hoy와 Sabo, 1998; Hoy, Smith와 Sweetland, 2002b; Tarter와 Hoy, 2004)은 초·중등 학교장의 리더십 노력에 있어 신뢰의 중요성을 지지하는 연구 결과를 발표하였다. 그와 유사하게 다른 현대의 조직 학자들(Bennis, 1989; Ouchi, 1981; Zand, 1997)도 신뢰는 다양한 조직 맥락에서의 성공적인 리더십을 위한 기본적인 특징이라고 결론지었다. 참여자들이 그들의 지도자를 신뢰하는 정도가 참여자들이 지도자로 하여금 자신들의 지식과 헌신에 접근하게 하는 정도를 결정한다(Zand, 1997; Shockley-Zalabak, Morreale과 Hackman, 2010). 지도자에게 주어진 도전은 명료하다. 그것은 하급자들의 충성심과 신뢰를 얻는 것이다. 만약 학교에서의 관계성이 개방적이고 건강하려면, 우리가 보아온 것처럼, 교사들은 지도자뿐만 아니라 그들의 동료와 학생, 학부모를 신뢰해야 할 것 같다.

그러나 여러 증거들(Hoy, Smith와 Sweetland, 2002a; Geist와 Hoy, 2003, 2004)에 따르면, 학교장에 대한 교사들의 신뢰를 증진하는 요소들은 동료교사들을 신뢰하게 되는 요소들과 다르며, 학부모와 학생을 신뢰하게 되는 요소들과도 다르다. 학교장에 대한 교사들의 신뢰는 학교장의 배려적이고, 지원적이며, 동료적인 행동에 의해서 구축된다. 동료교사에 대한 신뢰는 학교장에 의해서 만들어지는 것이 아니라 동료들에게 전문적이고 지원적으로 행동하며 서로간에 연대감과 친근감을 개발하는 교사들에 의해서 만들어진다. 학부모와 학생에 대한 교사신뢰는 학교의 학문지향성의 기능이다. 교사들이 학문적 수월성과 성취를 추구할 때, 이에 상응하여 학생과 학부모에 대한 교사의 신뢰를 강조하는 경향이 나타나는 것 같다. 따라서 학부모와 학생에 대한 교사신뢰는 학교에서의 학문강조를 위한 필요조건이며, 역으로 학교에서의 학문강조는 학부모와 학생에 대한 교사신뢰를 증진시킨다.

가장 중요한 연구결과의 하나는 학생과 학부모에 대한 교사신뢰와 학생 성취 간의 강한 관련성이다. 여러 연구들은, 심지어 학교의 사회경제적 지위가 통제된 후에도, 신뢰와 학생 성취 간에 의미 있는 관계가 있음을 보여주고 있다(Bryk와 Schneider, 2002; Forsyth, Adams와 Hoy, 2011; Goddard, Tschannen-Moran과 Hoy, 2001; Hoy, 2002). 예를 들어, Anthony Byrk와 Barbara Schneider(2002)는 Chicago 공립 학교를 대상으로 했던 자신들의 연구에서 신뢰에 대해 연구하지 않았지만, 이들은 수학과 읽기 성적 향상에 신뢰가 중요한 역할을 한다는 것을 발견하였다. 사실, 이들은 "1991년, 강한 긍정적인 신뢰를 보이는 학교는 신뢰가 낮은 학교들에 비해 수학과 읽기 성적이 향상한 학교로 범주화될 가능성이 3배 이상이었다."라고 보고하였다. 이러한 결과는 교사의 배경, 학생의 인구통계학적 특성 및 다른 학교 관련 요인들을 통제한 후에도 일관되게 나타났다. 교사, 학부모 및 학생 간의 신뢰관계가 학생 성취와 개선을 촉진한다는 증거들이 점점 쌓여가고 있다. 이러한 증거들은 교사, 학부모, 학생 간의 신뢰관계를 변화시키는 것이, 비록 쉬운 일은 아니지만, 학부모의 사회경제적 지위를 변화시키는 것보다 훨씬 더 가능한 것이기 때문에 중요한 발견들이다.

학업적 낙관주의 문화

교장과 교사들의 집단적 낙관주의의 관점에서도 학교의 문화를 개념화할 수 있다. 이러한 낙관주의는 학교의 효능감, 교사신뢰와 학업 강조의 기능이다. 이들 세 가지 집단적 특성은 성격 및 기능상에서도 유사할 뿐만 아니라 학생의 성취도에 미치는 효과 및 긍정적 영향 면에서도 유사하다. 사실, 이들 세 가지 특성들은 통일된 형태로 함께 작용하여 학업적 낙관주의라 불리는 긍정적인 학교 환경을 만들어 낸다(Hoy, Tarter 와 Woolfolk, 2006a, 2006b; McGuigan과 Hoy, 2006; Smith와 Hoy, 2006). 상당수의 개념들은 낙관주의를 인지적 특성으로 간주한다(Peterson, 2000; Snyder 외, 2002). 그러나 현재의 학업적 낙관주의에 대한 개념은 인지적, 정의적 및 행동적 요소로 구성되어 있다. 집단적 효능감은 집단의 믿음으로 이는 *인지적인* 측면이다. 학부모와 교사들의 교사신뢰는 학교에 대한 정의적 반응이며 학업을 강조하는 것은 효능감과 신뢰를 행동적으로 표현한 것이다.

학업적 낙관주의(academic optimism)는 학교의 장점과 역량에 대한 일련의 집단적 신념으로 학습을 강조하며 효능감과 신뢰와 결합된 낙관주의가 흘러넘치는 인간 조직의 모습을 나타낸다. 이러한 신념이 스며든 학교문화는 할 수 있다는 생각을 가지고 있다. 효능감은 교사들에게 학생들의 학습에 긍정적인 차이를 가져올 수 있다는 믿음을 제공한다. *교사들은 자신들을 믿는다.* 학생 및 학부모에 대한 교사들의 신뢰는 교사, 학부모와 학생은 학습 증진을 위해 협력한다는 믿음을 반영하고 있다. 즉, *교사들은 학생들을 신뢰한다.* 학습 강조는 이러한 믿음을 통해 촉진되는 일상적인 행동이다. 즉 *교사들은 학생의 학업에서의 성공을 강조한다.* 따라서 높은 학업적 낙관주의를 가지고 있는 학교는 차이를 만들 수 있고, 학생들은 학습할 수 있으며, 학업 성취를 달성할 수 있다고 믿는 교사들로 구성된 문화로 정의된다(Hoy, Tarter와 Woolfolk Hoy, 2006b). 이런 세 가지 집단적 낙관주의는 서로 서로 상호작용을 한다([그림 5.3] 참조). 예를 들어, 학부모와 학생을 신뢰하는 교사들은 집단적 효능감을 조장하지만, 집단적 효능감은 신뢰를 강화한다. 비슷하게, 교사가 학부모를 신뢰할 때, 교사들은 학부모들이 걸림돌이 될 것이라는 두려움 없이 높은 학업 성취 기준을 강조할 수 있고, 높은 학업 성취 기준을 강조하는 것은 학부모와 학생에 대한 교사들의 신뢰를 강화한다고 믿는다. 끝으로, 전체 교사들이 학생들의 성취도에 긍정적인 영향을 주는 데 필요한 행동을 조직하고 실행할 수 있다고 믿을 때, 교사들은 학업 성취를 강조할 것이고, 학습을 강조하는 것은 집단적 효능감을 강화하게 될 것이다. 즉, 학업적 낙관주의의 모든 측면은 서로 서로 교환적 관계를 가지고 있으며, 상호작용을 하여 학교에 학업적 낙관주의의 문화를 만들어 낸다.

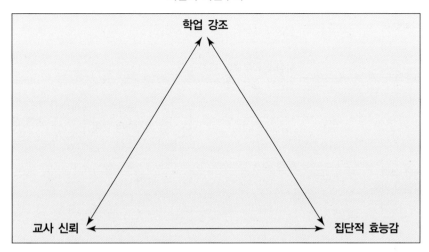

그림 5.3 **학업적 낙관주의를 구성하는 세 범주의 상호관계**

성취도를 증진하는 학교의 조건

도시 학교들에서 신뢰에 관한 Bryk와 Schneider(2002)의 연구는 대인간 신뢰와 성취도를 연결시키고 있지만, 이들은 신뢰는 성취도에 간접적인 영향만을 준다는 결론을 내렸다. 이들은 신뢰는 학교 내에 일련의 조건을 만들어 내는데, 이러한 조건들은 직접적으로 학생들의 학업 성취도를 향상시킨다고 주장하였다. 특히, 이들은 다음과 같은 조건들은 학생들의 높은 학업 성취도를 가져온다고 주장하였다.

1. "할 수 있다"는 교사의 태도와 내면화된 책임감
2. 학부모에게 다가가고 협동하기
3. 전문적 공동체−협동 작업과 높은 성취도 기대 및 기준
4. 학교 공동체에 헌신

학습을 증진하는 Bryk와 Schneider의 학교 조건에서 놀랄 만한 것은 이들 조건이 학업적 낙관주의 요소들과 아주 비슷하다는 것이다(Forsyth, Adams와 Hoy, 2011; Hoy, 근간). 사실, Bryk와 Schneider가 제시한 대부분의 조직 조건들은 학업적 낙관주의를 구성하는 기본요소들과 직접적으로 관련되어 있다. *"할 수 있다"는 태도*는 집단적 효능감으로 나타난다. *"학부모에게 다가가고 협동하기"*는 학부모와 학생들에 대한 집단적 신뢰와 관련되어 있다. 협동 작업과 높은 성취도 기대 및 기준에서의 *전문적 공동체*는 학업을 강조하는 풍토에 반영되어 있다. 즉, 학업적 낙관주의 문화는

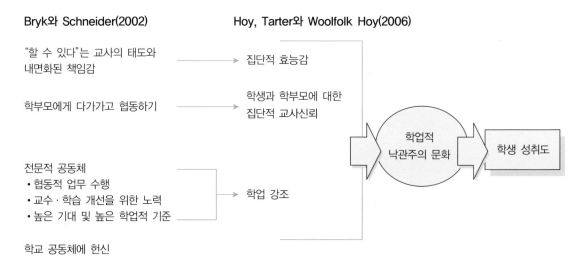

그림 5.4 학생의 성취도를 향상시키는 학교의 조건

Byrk와 Schneider가 제시한 학생들의 성취도를 향상시키는 조직의 조건을 포함하고 있다. 이러한 관계는 [그림 5.4]에 제시되어 있다.

학업적 낙관주의 문화의 유용성

학업적 낙관주의 문화의 유용성을 강조하는 요인들이 있다. "낙관주의"라는 말은 학습의 가능성을 의미한다. 즉 비관적인 학교문화를 바꿀 수 있다. 교사들은 낙관주의를 배울 수 있다. 학업적 낙관주의라는 명칭은 그 구성요소들이 낙관적 관점을 나타내고 순응적이라는 믿음에서 기인한다. 행정가와 교사들은 낙관적이어야 할 이유가 있다. 즉 차이를 만들기 위해 권한을 부여받았다. 교사들뿐만 아니라 학생들도 사회경제적 요인들에 영향을 받을 수밖에 없으며, 이는 좌절과 냉소를 낳는다. 연구 결과들은 고무적이다. 학업적 낙관주의는 사회경제적 요인, 이전의 성공 및 그 외 인구통계학적 변인들을 통제한 후에도 학생들의 성취도에 강한 긍정적인 영향을 미친다(DiPaola와 Wagner, 근간; Hoy, Tarter와 Woolfolk Hoy, 2006a, 2006b; Kirby와 DiPaola, 2009; McGuigan과 Hoy, 2006; Smith와 Hoy, 2006; Wagner와 DiPaola, 2009).

학업적 낙관주의 문화는 집단적 신뢰, 집단적 효능감과 학업 강조의 개인적 요인들이 제시하지 못하는 어떤 것들을 제시하는가 하는 질문을 제기할 수도 있다. 먼저, 앞에서 설명한 것과 같이, 학업적 낙관주의는 학생들의 학습을 증진하기 위해 수많은 연구들에서 발견된 학교의 상황에 관한 개념을 제시한다. 연구들(Bryk와 Schneider, 2002; Forsyth, Adams와 Hoy, 2011; Hoy, 근간)은 학교의 상황이 학생들의 성취도를 어떻게 증진하는가에 관한 역동적인 이론들을 제시하고 있으며, 이는 학교를 개선하기 위한 중요한 시사점을 제공한다. 분명히 앞에 제시된 모델([그림 5.2])과 설명은 시작일 뿐 끝은 아니지만, 이 이론은 앞으로의 연구 및 실제에 방향을 제시하고 있다.

학업적 낙관주의는 학교와 학생들의 개선을 위한 실질적인 안내도를 가지고 있다. 학업적 낙관주의 문화는 집단적 효능감 증진, 집단적 신뢰 창출 및 학업 강조 강화 등 학업 성취도 향상을 위한 적어도 세 가지 개별적인, 그러나 상호 관련되어 있는 길을 제시한다. 예를 들어, 집단적 효능감을 증진하기 위한 방법은 교사와 학생들이 (1) 학업 성취도를 경험하고, (2) 불필요한 스트레스가 없는 환경에서 성공 모델을 관찰하고, (3) 자신 및 자신의 역량을 믿도록 다른 사람들에게 설득을 받는 상황을 만드는 것이다(Bandura, 1997; Goddard, LoGerfo와 Hoy, 2004). 나아가 학생 및 학부모들에 대한 교사들의 신뢰는 학부모와 교사들 간의 공식적 및 비공식적인 유용한 상호작용 및 협동 프로젝트를 통해 형성될 수 있다(Hoy, Tarter와 Woolfolk Hoy, 2006b; Forsyth, Adams와 Hoy, 2011).

학교장은 학교의 지적 지도자가 되어야 하고 학업적 성공이 기본 목적이 되는 풍토를 만들어야 한다. 학교는 교사와 학생들의 지적 및 학업적 성공을 축하해야 한다. 그러나 단서가 따른다. 학업적 낙관주의의 요인들 중의 하나를 증진시키기 위한 개입은 나머지 두 가지의 지지를 받아야만 한다. 예를 들어, 보다 경쟁적인 등급 매기기 또는 더 높은 기준 등과 같은 학업 강조를 강화하는 전략은 교사, 학생 및 학부모들 간의 신뢰를 손상시킬 수 있다. 다른 것을 희생하면서 한 요인을 강화하려는 것은 피해야 한다. 이는 역효과를 가져온다. 가능한 변화를 측정하기 위해서는 집단적 신뢰, 집단적 효능감과 학업 강조 등 세 가지 기준을 사용한다. 개입에 관계없이, 이들 기준들 중의 하나라도 방치되어서는 안 된다.

이론적 수준에서, 낙관주의 문화는 개선을 위한 강력한 요인이다. Seligman(1998, 2011)은 성취 및 성공이 재능과 동기의 기능이라는 전통적인 관점에 처음으로 문제를 제기하였다. 그는 성공을 위한 세 번째 기본 요인, 즉 낙관주의의 증거를 제시하고 있다. 그는 성공을 위해 재능 또는 동기만큼 낙관주의도 중요하다고 주장하고 있다. 즉, 학습된 낙관주의는 개인이 학습된 비관주의의 벽을 넘어서게 한다. 비관주의는 성공을 방해하는 가장 중요한 요인이다. 필자들이 다른 곳에서 제시한 것과 같이(Hoy, Tarter와 Woolfolk Hoy, 2006b), 개인 및 조직 수준의 비관주의는 절망 및 무익함을 이끌어 낸다. 학교에서의 비관주의는 학생들은 배울 수 없고 이를 위해 교사들은 아무 것도 할 수 없다는 체념을 가져온다. 불행하게도 이는 압도적이며 자기 반복적이다. 또한 비관주의는 용기 있고 열정적인 혁신과 이의 지속을 저지하는 두려움을 낳으며, 실수를 피하는 데 초점을 두게 만든다(Hoy, 근간). 이와 정반대로, 학업적 낙관주의는 교사는 능력이 있으며, 학생들은 의지가 있고, 부모들은 지원적이며, 과제는 성취할 수 있다고 간주한다(Hoy, Tarter와 Woolfolk Hoy, 2006a: 40).

요약하면, 학업적 낙관주의는 교사는 능력이 있으며, 학생들은 의지가 있고, 부모들은 지원적이며, 학업적 성공을 이끌어낼 수 있다고 믿는 집단적 신념 및 규범의 문화를 만들어 낸다. 학업적 낙관주의의 척도는 www.waynekhoy.com을 참고하기 바란다. 또한 최근에는 교사 및 학생 개인별 학업적 낙관주의를 측정하기 위한 도구들이 개발되었으며(Beard, Hoy와 Woolfolk Hoy, 2010; Fahy, Wu와 Hoy, 2010; Forsyth, Adams와 Hoy, 2011; Woolfolk Hoy, Hoy와 Kurtz, 2008), www.waynekhoy.com에 게시되어 있다.

통제의 문화

학교문화를 개념화하는 또 하나의 방법은 교사들과 학교장이 학생통제에 관하여 공유하고 있는 지배적인 신념을 사용하는 것이다. 학교를 사회체제로 보고 체계적인 연구를 최초로 수행한 사람 중의 하나인 Willard Waller(1932)는 학교문화의 구조적, 규범적 측면과 관련하여 학생통제의 중요성에 관심을 기울였다. 실제로, 사회체제로서 학교에 초점을 맞추어 왔던 대부분의 연구들은 반항적인 학생 하위문화, 출석 갈등, 학생문제 등을 서술해 왔다(Gorden, 1957; Coleman, 1961; Willower와 Jones, 1967).

학생통제는 학교생활의 중심적인 측면이다. 이러한 특징으로 인해, 이 개념은 학교유형을 구별하는 데 사용될 수 있다. Pennsylvania 주립대학의 Donald J. Willower, Terry I. Eidell과 Hoy(1967)가 처음 시도한 학생통제에 대한 개념화와 연구가 이러한 학문적 시각의 기초를 제공해 주었다.[2] 이 연구자들은 학생통제를 보호감독적인 학생통제에서부터 인본주의 학생통제에 이르는 하나의 연속선상에 있는 것으로 가정하였다. 두 양 극단의 원형에 대한 설명은 다음과 같이 간략하게 요약할 수 있다.

보호감독적 문화(custodial culture)의 모델은 질서 유지를 최우선으로 하는 엄격하고 고도로 통제된 환경을 제공하는 전통적인 학교이다. 학생들은 용모, 행동 및 학부모들의 사회경제적 지위 등에 있어 정형화되어 있다. 보호감독적인 지향성을 가진 교사들은 학교를 학생-교사 간에 엄격한 지위 위계로 되어 있는 하나의 독재적 조직으로 생각한다. 권력과 의사소통은 일방적이고 하향적이며, 학생들은 교사들의 결정을 무조건 받아들여야 한다. 교사들은 학생들의 행동을 이해하려고 하지 않지만, 그 대신 나쁜 행실을 하나의 개인적인 무례한 언동으로 간주한다. 교사들은 학생들을 처벌이라는 제재를 통해 통제되어야 할 무책임하고 훈육되지 않은 사람들로 인식한다.

비인격성, 냉소, 감시적인 불신이 보호감독적인 학교의 분위기를 지배한다.

인본주의적 문화(humanistic culture)의 모델은 학교를 학생들이 협동적인 상호작용과 경험을 통해 학습하는 하나의 교육공동체로 생각한다. 학습과 행동은 심리학적, 사회학적 관점에서 고찰되며, 엄격한 교사통제 대신에 자율이 권장된다. 인본주의적 지향은 학교를 교사와 학생 간의 쌍방형 의사소통과 자기결정이 권고되는 민주적 분위기를 만든다. Erich Fromm(1948)이 제안한 "인본주의적 지향"이라는 용어는 사회 심리학적 의미에서 사용되며, 개인의 중요성과 학생들의 욕구를 충족시키는 분위기 조성을 강조한다.

학생통제 지향은 학생통제 지향 설문지(PCI)를 사용하여 교사들의 개인적 성향을 합산함으로써 측정할 수 있다(Willower, Eidell과 Hoy, 1967; Hoy, 2001). PCI 설문지와 점수화 방법은 www.waynekhoy.com을 참고하기 바란다.

학생통제: 연구 결과

Appleberry와 Hoy(1969) 그리고 Hoy와 Clover(1986)는 학교의 인본주의적 학생통제 지향성과 학교 조직풍토의 개방성은 강하게 상호관련되어 있음을 발견하였다. Hoy와 Appleberry(1970)는 풍토변인을 사용하여 가장 인본주의적 학교와 가장 보호감독적인 학교를 비교하였다. 그 결과, 보호감독적인 학생통제 지향을 가진 학교들은 인본주의적 학생통제 지향을 가진 학교들보다 교사들의 이직률이 더 높고, 사기가 낮으며, 학교장에 의해서 더욱 근접 감독당하고 있는 것으로 밝혀졌다. 학교의 학생통제 지향은 학교생활의 많은 중요한 측면들과 관련되어 있다.

연구결과들로부터 나온 다음과 같은 특징을 가진 학교의 모습을 생각해 보기 바란다. 보호감독적인 학교의 학생들은 인본주의 학교의 학생들보다 더욱 소외되어 있다(Hoy, 1972). 반면에, 인본주의적 학교들은 학생들이 성숙한 자아상을 개발하도록 하는 건강한 사회적 풍토를 제공한다(Diebert와 Hoy, 1977). 나아가, 학생들이 인식하는 인본주의적 학교풍토는 학생들의 동기, 문제해결, 학습하려는 진지한 태도와 정적으로 관련되어 있을 뿐 아니라(Lunenburg, 1983), 학교생활의 질에 대한 긍정적인 인식과 관련되어 있다(Lunenburg와 Schmidt, 1989). 학교의 풍토가 보호감독적일수록 학생들의 파괴적 행동과 폭력사고가 더 많으며, 정학도 더 많고(Finkelstein, 1998), 학교구조도 더욱 방해적인 것이 되는 경향이 있다(Hoy, 2001).

이러한 증거들은 공립학교들이 보호감독적인 지향을 낮추고 인본주의적인 지향을 높일 필요가 있다는 것을 시사하고 있는데, 그 까닭은 이러한 학교가 학생들을 덜 소외시키고, 학생들을 더욱 만족시키며, 학생들을 더욱 생산적이게 하기 때문이다. 인본주의적 방향으로의 변화는 성취되기보다 설명하는 것이 더 쉽고, 그러한 변화는 불가피하게 천천히 이루어지는 것일 뿐 아니라 자주 성공하지 못한다. 그럼에도 불구하고, 변화의 노력은 지속되어야 한다.

TIP: 이론의 적용

학업적 낙관주의 척도나 Omnibus Trust 척도 중 하나를 선택한다(www.waynekhoy.com). 학교에서 임의로 선택한 10명의 교사에게 설문지를 제시한다. 그 후 홈페이지에 제시된 기준을 따라 점수화한다. 그리고 결과를 해석한다. 당신 학교의 문화는 어떠한가? 만약 당신이 교장이라면, 학교 문화에 만족하는가? 학교의 조직문화를 증진시키기 위해 어떤 계획을 수립할 수 있을까?

학교문화의 변화

우리는 학교를 변화시키는 복잡한 문제에 대하여, 해답은 말할 것도 없고, 그에 관한 정보도 거의 가지고 있지 못하다. 그러나 두 가지는 분명하다. 학교의 문화 혹은 풍토를 바꾸는 쉽고 빠른 방법은 없다. 단기적인 유행을 쫓는 것보다는 장기적인 체계적 노력이 변화를 가능하게 할 것이다. Ralph Kilmann(1984)은 조직의 규범적인 문화를 변화시키기 위한 절차를 성공적으로 시행한 바 있다.

규범변화 전략

조직 구성원들은 대부분 자신들의 작업집단에 적용되고 있는 규범들을 나열할 수 있고, 생산성이나 사기를 높이는 데 더욱 효과적일 수 있는 새로운 규범들을 제안할 수도 있다(Kilmann, Saxton과 Serpa, 1985). 실제적 규범을 드러나게 하는 데는 여러 방법들이 사용될 수 있지만, 조직 참여자들은 일반적으로 자신들이 제공하는 정보가 자신들이나 조직에 해롭게 사용되지 않을 것이라는 것을 확신하지 않는 한 규범을 구체화하기를 주저한다. 따라서 조직의 특징적인 규범을 발견하는 데 있어 응답자의 익명성과 비밀보장이 아주 중요하다.

　　Kilmann과 그의 동료들(1985)은 작업장에서의 소집단을 사용하여 규범을 성공적으로 도출하였다. Kilmann이 시사하는 바에 따르면, 약간의 자극과 몇 가지의 실례만 제시하여도, 집단 구성원들은 재빠르게 많은 규범을 열거하기 시작하였다. 실제로,

이전에는 공식적으로 언급되거나 좀처럼 토의되지 않은 것들을 분명하게 말하는 것을 즐겁게 생각하였다.

널리 보급되어 있는 규범은 조직 주변의 "사물들이 존재하는 방식"을 나타낸다. 실제로, 규범진술은 자주 "여기에서는(around here)"으로 시작한다. 예컨대, "이곳에서는 당신이 다시 반복하지 않는 한 실수를 인정하는 것이 옳다"와 같은 것이다. 한 조직의 핵심규범은 일반적으로 통제, 지원, 혁신, 사회적 관계, 보상, 갈등 및 수월성의 표준 등과 같은 중요한 영역과 관련되어 있다. 학교의 규범을 발견하기 위하여, 교사들로 하여금 "여기에서는"의 관점에서 그들이 보는 학교를 기입하도록 요청할 수도 있다.

1. 전형적인 교직원회의 말미에, 모든 사람들은 _____ .
2. 여기에서는, 보상의 실질적 근거가 _____ 이다.
3. 여기에서는, 학생의 통제가 _____ 하다.
4. 여기에서는, 의사결정이 _____ 통하여 이루어진다.
5. 여기에서는, 위험감수가 _____ 하다.
6. 여기에서는, 의견차이가 _____ 의해 조정된다.
7. 여기에서는, 성취표준은 _____ 이다.
8. 여기에서, 우리는 _____ 에 의하여 문제를 처리한다.

Kilmann(1984)은 하나의 **규범변화 전략(norm-changing strategy)**으로서 다음과 같은 다섯 단계의 절차를 추천하고 있다.

- *표층규범(surface norms)*. 교사들은 보통 작업 상황에서 자신들의 태도와 행동의 지침이 되는 규범을 확인한다.
- *새로운 방향의 명료화(articulate new directions)*. 교사들은 학교가 어디로 가고 있는지에 관하여 토론하며, 진보에 필요한 새로운 방향을 찾는다.
- *새로운 규범의 확립(establish new norms)*. 교사들은 개선과 조직성공으로 이끈다고 믿는 일련의 새로운 규범을 찾아낸다.
- *문화격차의 확인(identify culture gap)*. 실제적인 규범(1단계)과 바람직한 규범(3단계) 간의 불일치를 밝혀낸다. 이 불일치가 문화적 격차이다. 불일치가 클수록 현존하는 규범이 역기능적으로 기능할 가능성이 크다.
- *문화격차 좁히기(close the culture gaps)*. 새로운 규범을 열거하는 행위는 많은 새로운 규범과 바람직한 규범을 실제로 채택하게 하는 많은 집단 구성원들 사

이에서 흔히 나타난다(Kilmann, 1984). 그러나 하나의 집단으로서 교사들은 바람직한 규범이 옛 규범을 대체하고, 그 변화가 조정되고 강화될 것이라는 점에 대해 동의해야만 한다. 새로운 규범을 강화시키고 옛 규범으로의 퇴행을 방지하기 위하여 후속적인 교사모임이 사용될 수 있을 것이다.

John Miner(1988)는 이러한 과정이 한 조직문화의 부정적인 측면을 발견하고 변화시키는 데 있어 특히 유용하다고 지적하고 있다. 예컨대, 1단계에서 부각된 부정적인 규범은 3단계에서 확인된 다음과 같은 보다 바람직한 규범으로 대체될 수 있다.

- *~에서*: 배를 흔들지 마라; 자원해서 보충수업을 하지 마라; 정보를 공유하지 마라; 당신이 듣고 싶지 않은 것을 동료나 상급자에게 말하지 마라.
- *~로*: 새로운 생각을 실험하라; 필요할 때 다른 사람에게 도움을 주어라; 동료들과 개방적으로 대화하라; 지속적으로 문제를 발견하라.

Miner(1988)는 문화변화에 대한 이러한 집단적 접근방법은 새로운 변화를 가져오는 것보다 문화의 역기능적 측면을 발견하는 데 더욱 유용할지 모른다고 주장하였다. Schein(1985)은 이러한 과정은 기껏해야 단지 문화의 피상적인 측면들을 다루고 있을 뿐이라고 비판하였다. 그럼에도 불구하고, 문화변화에 관한 Kilmann의 다섯 단계 과정은 교사집단들로 하여금 작업장의 본질에 관한 구체적인 정보를 얻게 하고, 나아가 변화를 위한 계획을 수립하는 데 있어 하나의 유용한 수단이 될 것으로 보인다. Deal과 Peterson(2009)은 학교장들에게 유용한 학교문화 형성에 관한 또 다른 흥미로운 관점을 제시하고 있다.

리더십 사례

East 고등학교의 양면 가치

당신은 현재 중서부 대도시에 위치한 East 고등학교에서 3년째 교장으로 근무하고 있다. 당신은 교사들이 무관심하다는 것을 느끼고 있다. 교사들은 지역사회가 원하는 것만큼 빠르게 학생들의 성취도가 향상되지 않자 때때로 좌절을 느끼고 있는 것 같다. 대부분의 교사들은 열심히 일하고 이지만, 뭔가 부족하다는 느낌을 가지고 있다. 교사들은 흥분도 낙관적인 생각도 가지고 있지 않다.

지난 번 교무회의 때, 당신은 Omnibus T 척도, 축약판 집단적 효능감 척도, OHI의 학업 강조 척도를 사용하여 설문 조사를 실시하였다. 전체 설문 조사를 실시하는 데 15분이 걸렸으며, 대부분의 교사들은 협조적이었다. 모든 응답은 무기명으로 하였다. 사실, 설문 조사를 할 동안 당신은 교무실을 떠나 있었고, 고참 교사들 중의 한 명에게 설문 조사가 끝난 후 수합해서 전해달라고 하였다. 행정직원을 시켜 채점을 하고 요약을 하게 하였다. 당신이 예상했던 것과 그 결과는 일치하였고, East 고등학교의 문화를 적절하게 제시하고 있었다.

문화에 대한 조사 결과

학교장에 대한 교사들의 신뢰	510(평균 이상)
동료들에 대한 교사들의 신뢰	530(평균 이상)
학생과 학부모에 대한 교사들의 신뢰	450(평균 이하)
학습 강조	490(평균)
집단적 효능감	440(평균 이하)
학업적 낙관주의	460(평균 이하)

위의 사항들은 당신 학교에 관해 무슨 말을 하고 있는가? 교사들은 조사 결과에 대해 많이 궁금해하고 있다. 사실 그 결과에 대해 질문을 해온 교사들도 많이 있다. 교사들은 언제 결과를 알려줄지 알길 원하고 있다.

- 이 결과를 교사들에게 알려줄 것인가? 만약 그렇다면, 어떻게 알려줄 것인가?
- 위의 결과를 당신은 어떻게 해석하는가?
- 문화를 개선하기 위해 무엇을 할 수 있을까?
- 다음 교무회의 때 발표할 설문 결과를 5분 정도로 발표할 수 있도록 요약한다.
- 학업적 낙관주의 문화가 약한 것이 가져올 결과는?
- 개선안이 필요하다. 학업적 낙관주의 문화를 어떻게 향상시킬 수 있을까?

실행 지침

1. 학업적 낙관주의 문화를 이끌어 낸다. 무력감은 구성원들을 고착시키지만, 낙관주의는 권한을 부여한다.

2. 긍정적인 규범을 강화하는 의식을 형성한다. 긍정적이고 응집력 있는 문화는 효과성을 증진시킨다.

3. 교사와 학부모가 협력하고 서로를 신뢰할 수 있는 기회를 만든다. 학부모들에 대한 교사의 신뢰는 학업 성취도를 향상시킨다.

4, 학교 전체에 걸쳐 개인적 욕구가 중요하다는 느낌을 갖도록 한다. 인본주의적 관점은 학생들의 강한 자아 개념을 가져오고 소외감을 줄인다.

5. 실수도 학습 기회로 삼는다. 모든 상황에서 학습에 대한 긍정적인 생각을 갖는다. 위기도 학습 기회가 된다.

6. 개방적이고 진실한 문화를 만든다. 투명함과 진실은 신뢰를 증진시킨다.

7. 학업적 성공을 축하한다. 현실적인 학업 목표는 미래의 성공을 촉진한다.

8. 학생, 교사, 행정가 및 학부모들 간의 조화를 유도한다. 이러한 협동은 모든 학생들의 학업적 성공을 위해 필수불가결하다.

9. 학교의 기본적인 비공식 규범을 확인한다. 규범은 쉽게 변화시킬 수 있는 것은 무엇인지, 변화시킬 수 없는 것은 무엇인지를 알려주는 좋은 척도가 된다.

10. 학교의 문화를 평가하고 증진시킨다. 다양한 틀을 사용하여 학교문화를 평가한다.

핵심 가정 및 원리

1. 학교는 그 구성원들에게 조직적 사명과 정체감을 주는 핵심 가치와 신념인 고유한 문화를 가지고 있다.

2. 강력한 문화는 효과성을 촉진하기도 하고 방해할 수도 있기 때문에 좋을 수도 있고 나쁠 수도 있다.

3. 문화는 조직의 상징적 본질에 관심을 갖는다. 자주 말해지거나 행해지는 것은 그것이 상징하고 있는 것만큼 중요하지 않다.

4. 효능감, 신뢰와 학업적 낙관주의 문화는 학생들의 학업 성취를 증진시킨다.

5. 학생통제의 보호감독적인 문화는 학생들의 사회정서적인 발달을 방해한다.

6. 조직에서 일어나는 사건들에 관해 가장 중요한 것은 사건 그 자체가 아니라 그 사

건이 무엇을 의미하고 상징하는가 하는 것이다.

7. 학교 문화는 여러 가지 방법으로 해석할 수 있으나, 의식, 의례, 상징, 신화, 영웅
과 전설은 문화를 이해하는 구체적인 안내자 역할을 한다.

8. 조직문화는 조직을 묶어주는 사회적 접착체이다.

9. 학교문화와 풍토의 변화는 일반적으로 어렵고, 지속적이며, 장기적인 과정이다.

추천 도서

Cameron, K. S., and Quinn, R. E. *Diagnosing and Changing Organizational Culture.* San Francisco, CA: Jossey-Bass, 2006.

Deal, T. L., and Peterson, K. D. *Shaping School Culture: Pitfalls, Paradoxes, and Promises* (2nd ed.). San Francisco, CA: Jossey-Bass, 2009.

Forsyth, P. A., Adams, C. M., and Hoy, W. K. *Collective Thrust: Why Schools Can't Improve Without It.* New York: Teachers College Press, 2011.

Goddard, R. G., Hoy, W. K., and Woolfolk Hoy, A. "Collective Effi cacy: Theoretical Development, Empirical Evidence, and Future Directions." *Educational Researcher* 33 (2004), pp. 3-13.

Martin, J. *Organizational Culture: Mapping the Terrain.* Thousand Oaks, CA: Sage, 2002.

Peters, K. D., and Waterman, R. H. *In Search of Excellence.* New York: Harper & Row, 1982.

Schein, E. *Organizational Culture and Leadership.* San Francisco, CA: Jossey-Bass, 2004.

Tschannen-Moran, M. *Trust Matters: Leadership for Successful Schools.* San Francisco, CA: Jossey-Bass, 2004.

후주

1. 비공식적 조직은 사회적 구조와 작업집단 문화의 관점에서 조직의 특징을 서술하
는 또 다른 개념이다. 독자들은 3장의 비공식적 조직에 대한 논의를 검토하는 것
이 도움이 될 것이다.

2. 이 방대한 연구의 대부분은 The Pennsylvania 주립대학교, Pattee 도서관, 대학
장서, PA 16802에 있는 학생통제 연구물 보관소에서 찾을 수 있다.

제6장

학교의 조직풍토

여러 학교를 다녀본 사람들은 이들 학교가 서로 서로 얼마나 다른가 하는 것을 금방
알아차리게 된다. 어떤 학교에서는 교사와 교장이 열의를 가지고 있고, 또 어떤
학교는 학교에 대한 불만을 덮으려고 하는 것이 명백하게 눈에 띈다. 학교장이
권위를 빙자하여 자신의 무능함을 숨기려고 하고, 또 다른 학교는 기쁘지도
자포자기하지도 않지만 무의미한 의례적인 행동만을 하고 있다. 이들 각자는
"성격"을 가지고 있는 것처럼 보인다.

Andrew Halpin

Theory and Research in Administration

미리 보기

1. 조직풍토는 학교의 성격을 살펴보는 또 다른 현대의 관점이다.

2. 조직풍토는 조직행동에 대하여 교사들이 집단으로 인식한 비교적 지속적인 학교의 특성이다.

3. 조직문화와 풍토는 어느 정도는 경쟁적이고 어느 정도는 상호 보완적이다. 조직문화는 공유된 신념을 말하지만, 풍토는 조직 내의 지배적인 행동 양식을 나타낸다.

4. 학교의 풍토는 다양한 관점에서 고찰될 수 있다. 네 가지 유용한 시각은 행위의 개방성, 대인관계의 건강성, 건강과 개방성에 관한 간소화된 관점, 그리고 교사의 시민 행동이다.

5. 풍토를 파악하는 이러한 시각들은 적절한 측정도구(OCDQ, OHI, OCI와 OCB)를 사용하여 신뢰할 수 있는 결과를 측정할 수 있다.

6. 표준화된 기준을 통해 교사와 학교장은 자기 학교의 풍토와 다른 학교의 풍토를 비교할 수 있다.

7. 학교의 개방성, 건강과 시민행동은 조직의 상이한 속성이지만, 서로 서로 정적인 상관관계를 가지고 있다.

8. 학교의 개방성, 건강과 시민 행동은 교사들의 사기, 집단적 신뢰 및 학교의 질과 효과성 등과 같은 조직의 중요한 결과와 관련되어 있다.

9. 학교의 풍토를 빠르고 단순한 방법으로 변화시킬 수 있는 방법은 없다. 단기적 처방보다

는 장기적인 계획이 긍정적인 변화를 가져올 가능성이 더 크다.

10. 학교 변화를 위한 두 가지 현대적인 전략은 임상적 관점과 성장 중심 접근방법이다.

"**조**직문화"라는 용어가 현재 널리 사용되고 있지만, 조직풍토 개념을 사용하여 수행된 연구가 훨씬 더 많으며, 학교의 일반적 느낌이나 분위기를 파악하려는 대부분의 조직이론가들은 최근까지 이 개념을 사용하고 있다. 문화와는 달리, 조직풍토는 처음부터 측정도구의 개발과정과 결부되어 있다(Pace와 Stern, 1958; Halpin과 Croft, 1963; Denison, 1996; Hoy, 1997). 문화가 인류학과 사회학에서 기원한 것에 반해 풍토는 사회심리학과 산업심리학에 그 역사적 뿌리를 두고 있다.

조직풍토

앞 장에서 학교의 내부 작업장의 성격을 고찰하기 위해 조직문화라는 개념을 사용하였다. 조직문화는 가정, 규범과 가치 등 *공유된 신념*의 측면에서 정의하였다. 이제 작업장을 독특하게 만드는 *지배적인 행동 형태*로 관심을 돌린다. 조직문화와 조직풍토는 교사, 행정가, 학부모와 학생이 서로 상호작용을 할 때 자연스럽게 나타나는 학교의 집단적 특성을 기술하는 현대적 관점이다. 조직풍토는 신념보다는 공유된 행동에 초점을 둔다. 분명히 신념과 행동 간에는 차이가 있지만, 이들 두 가지 관점은 대부분의 경우 서로 서로를 보완하고 있다.

조직풍토의 정의

풍토는 처음에 조직생활의 영속적인 특성을 표현하기 위한 일반적인 개념으로 생각되었다. Renato Taguiri(1968: 23)는 "개인의 특징들이 특별히 모아진 형상이 한 사람의 인성을 구성하듯이, 생태, 환경, 사회체제 및 문화의 지속적인 특징들이 특별히 형상화되어 풍토를 구성할 것"이라고 지적하고 있다.

B. H. Gilmer(1966: 57)는 조직풍토를 "한 조직을 다른 조직과 구별하여 주고 구성원들의 행동에 영향을 미치는 특성들"로 정의하였다. George Litwin과 Robert Stringer(1968: 1)는 풍토의 정의에 인식(認識)의 개념을 도입하여, 조직풍토를 "환경 속에서 생활하면서 일하는 사람들의 집단적 인식에 기초하고 또한 그 구성원들의 행

동에 영향을 미치는 일련의 측정 가능한 작업환경의 속성들" 이라고 개념화하였다. 시
간이 지나면서, 조직풍토의 기본적인 속성에 관해서는 어느 정도 합의가 이루어져 왔
다. Marshall Poole(1985)은 그 합의된 내용을 다음과 같이 요약하고 있다.

- 조직풍토는 큰 구성 단위에 관심을 갖는다. 즉, 조직풍토는 전체 조직이나 주요
  하위 단위의 특성을 나타낸다.
- 조직풍토는 조직의 한 단위를 평가하거나 혹은 정서적 반응을 나타내기보다는
  그것을 설명한다.
- 조직풍토는 조직과 그 구성원들에게 중요한 일상적 조직 실제에서 생겨난다.
- 조직풍토는 구성원들의 행동과 태도에 영향을 미친다.

　학교풍토는 학교의 일반적 작업환경에 대한 교사들의 인식을 나타내는 광의의 개
념이다. 공식조직, 비공식조직, 참여자들의 인성 및 조직 리더십이 학교풍토에 영향
을 미친다. 단순하게 말해서, **조직풍토(organizational climate)**란 한 학교를 다른 학교
로부터 구분해 주고, 각 학교 구성원들의 행동에 영향을 미치는 일련의 내적 특징들
이라고 할 수 있다. 좀 더 구체적으로 설명하면, **학교풍토(school climate)**는 참여자들
이 경험하고, 그들의 행동에 영향을 주며, 학교 내 행동에 대한 교사들의 집단적 인식
에 근거하고 있는 비교적 지속적인 학교환경의 특징이다. 일련의 내적 특성으로 조직
풍토를 정의하는 것은 어떤 면에서 인성에 대한 초창기 설명과 유사하다. 말하자면,
인성이 개인에 대한 것이라면, 풍토는 조직에 관한 것이다.

　학교의 분위기는 조직행동에 큰 영향을 줄 수 있고 또한 행정가들은 학교의 "인
성" 개발에 중요하고 긍정적인 영향을 줄 수 있기 때문에, 학교풍토를 서술하고 분석
하는 것은 중요한 일이다. 풍토는 다양한 관점에서 볼 수 있겠지만(Anderson, 1982;
Miskel과 Ogawa, 1988 참고), 이 장에서는 개방성, 건강과 시민성 등 조직풍토에 대
한 다양한 관점에 주목한다. 이들 관점은 학생과 행정실무자들에게 학교의 작업환경
을 분석, 이해, 도식화, 변화시키기 위한 가치 있는 개념적 자산과 측정도구를 제공해
줄 것이다.

조직개방성의 풍토

학교조직 풍토에 관하여 아마 가장 잘 알려진 개념화와 측정은 초등학교에 대한
Andrew W. Halpin과 Don B. Croft(1962)의 선구적 연구일 것이다. 이 연구자들은 학
교마다 그 느낌이 아주 다르지만, 사기의 개념은 이러한 느낌을 적절하게 설명하지

못하기 때문에 학교의 조직풍토를 도식화하기 시작했다. 일련의 요인분석을 통하여, 이 연구자들은 교사와 교사, 교사와 학교장 간 상호작용의 중요한 측면을 측정하기 위하여 서술적인 조직풍토기술질문지(Organizational Climate Description Questionnaire: OCDQ)를 개발하였다. 이 연구자들은 학교에서 어떤 행동들이 얼마나 자주 발생하는지를 나타내게 함으로써 동료교사와 학교장의 행동을 기술하기 위해 교사들에게 "학교장은 교사들을 도와주기 위하여 굉장히 노력한다", "일상의 틀에 박힌 일들이 가르치는 일을 방해한다"와 같은 질문을 했다. 〈표 6.1〉에는 현대판 OCDQ의 예가 제시되어 있다.

초등학교용, 중학교용, 고등학교용 등 세 가지 현대판 OCDQ가 있다. 예컨대, OCDQ-RE는 여섯 개의 차원을 가지고 초등학교의 풍토를 정의한다. 세 개 차원은 학교장과 교사 간 상호작용의 개방성을, 나머지 세 개 차원은 동료교사 간의 개방성을 서술한다. 〈표 6.2〉는 OCDQ-RE가 측정하는 여섯 개의 차원을 정의하고 있다. 모든 풍토척도(초·중·고등학교)는 교사와 학교행정가의 *행동의 개방성*을 도식화하는 신뢰롭고 타당한 수단을 제공한다(Hoy, Tarter와 Kottkamp, 1991; Hoy와 Tarter, 1997a; Hoy와 Tarter, 1997b).[1] OCDQ 척도, 점수화 방법, 해석 등에 관한 내용은 www.waynekhoy.com에서 찾아볼 수 있다.

개방풍토의 두드러진 특징은 교직원 사이 그리고 교직원과 학교장 사이에 존재하는 협동과 존경이다. 학교장은 교사들의 제안을 경청할 뿐 아니라 그 제안에 대하여

표 6.1 OCDQ-RE의 표본 문항

지시: 다음은 당신의 학교에 관한 설명이다. 어떤 것이 당신의 학교를 잘 설명하고 있는지 그에 해당하는 적절한 응답에 동그라미를 쳐보시오.

RO=매우 드물게 발생난다, SO=가끔 발생한다, O=자주 발생한다, VFO=매우 자주 발생한다.

1. 교사들은 열의와 정력 그리고 즐거움을 가지고 일한다.	RO	SO	O	VFO
2. 교사들의 가까운 친구들은 같은 학교 동료교사들이다.	RO	SO	O	VFO
3. 교사회의는 쓸모없다.	RO	SO	O	VFO
4. 학교장은 교사들을 도와주기 위하여 굉장히 노력한다.	RO	SO	O	VFO
5. 학교장은 냉혹하게 다스린다.	RO	SO	O	VFO
6. 교사들은 일과 끝나는 즉시 퇴근한다.	RO	SO	O	VFO
7. 교사들은 동료교사들을 자신의 집으로 초대한다.	RO	SO	O	VFO
8. 학교장은 건설적인 비판을 한다.	RO	SO	O	VFO

완전한 도구와 점수화하는 자세한 방법은 Hoy와 Tarter(1997b) 혹은 www.coe.ohio-state.edu/whoy 참고

표 6.2 OCDQ-RE의 차원들

지원적인 학교장 행동 — 교사들에 대한 기본적 관심을 반영한다. 학교장은 교사들의 제안을 경청하고 개방적이다. 칭찬은 진솔하고 자주 주어지며, 비판은 건설적이다.

지시적인 학교장 행동 — 엄격하고 밀착된 감독을 요구한다. 학교장은 교사들에 대해서뿐만 아니라 아주 작은 학교활동에 이르기까지 밀착되고 지속적인 통제를 한다.

제한적인 학교장 행동 — 교사들의 일을 수월하게 해주기보다는 오히려 방해한다. 학교장은 교사들에게 잡무, 회의, 판에 박힌 업무, 바쁜 일로 업무 부담을 준다.

동료적인 교사행동 — 교사들 간의 개방적이고 전문적인 상호작용을 지원한다. 교사들은 열성적이고, 수용적이며, 동료교사들의 전문적 능력을 존중한다.

친밀한 교사행동 — 교사들 간에 있는 강하고 결속력 있는 사회적 지원의 연계망을 반영한다. 교사들은 서로 잘 알고 서로 친밀한 친구이며, 정기적으로 교제한다.

일탈적 교사행동 — 전문적 활동의 의미와 집중이 부족함을 말한다. 교사들은 단순히 시간을 때운다. 교사들은 그들의 동료교사에 대하여 부정적이고 비판적인 행동을 한다.

개방적이고, 진실한 칭찬을 자주 하며, 교직원들의 전문적 능력을 존중한다(높은 지원성). 학교장은 또한 교사들의 업무 수행을 일일이 감독하지 않고 자유를 주며(낮은 지시성), 관료적인 일에 시시콜콜 간섭하지 않는 촉진적인 리더십을 발휘한다(낮은 제한성). 이와 유사하게, 교사들의 행동은 개방적이고 전문적인 상호작용을 지원하고(높은 전문적 동료성), 교사들은 서로를 잘 알며 개인적으로 가까운 친구들이다(높은 친밀성). 또한 교사들은 일을 위해 협동하며 헌신적이다(낮은 일탈성). 요약하면, 학교장과 교직원들의 행동이 모두 개방적이고 신뢰롭다.

폐쇄풍토는 사실상 개방풍토와 반대되는 풍토이다. 학교장과 교사들은 단순히 몸을 움직이고 있는 것처럼 보인다. 학교장은 틀에 박힌 사소한 일과 불필요한 잡무를 강조하고(높은 제한성), 교사들은 최소한의 반응만을 보이며 거의 헌신하지 않는다(높은 일탈성). 비효과적인 학교장의 리더십은 통제적이고 엄격하게 보일 뿐만 아니라(높은 지시성), 인정이 없고 상대방에 대한 관심이 없으며 반응적이지도 못하다(낮은 지원성). 이들 잘못된 전술들은 좌절과 무관심뿐만 아니라 상호간의 전반적인 의구심과 친구 혹은 전문가로서의 존경심의 부족 등과 같은 것들을 초래한다. 폐쇄적 풍토는 비지원적이고 융통성이 없으며 방해하고 통제적인 학교장과 불화를 겪고, 편협하며, 무관심하고, 헌신적이지 못한 교사들로 구성되어 있다. [그림 6.1]은 개방적 조직풍토와 폐쇄적 조직풍토를 가지고 있는 학교들의 서로 대조되는 풍토 특성을 보여준다. 학교풍토의 개방성을 측정하기 위해 적절한 OCDQ 설문지를 사용한다.

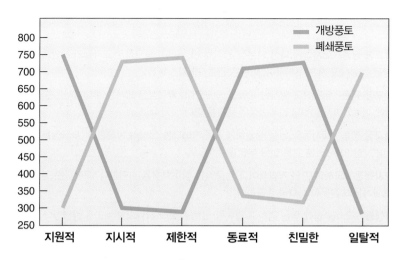

그림 6.1 개방적, 폐쇄적 초등학교의 풍토 프로파일

OCDQ: 연구 결과

초 · 중 · 고등학교용 OCDQ 판은 비교적 최근에 개발된 도구들이다. 그럼에도 불구하고, 일관성 있는 연구물들이 나타나기 시작하고 있다. 예컨대, OCDQ 원판의 개방성 지표는 새롭게 개정된 개방성 척도와 높은 상관을 보이고 있다. 뿐만 아니라 풍토의 개방성은 개방적이고 신뢰로운 교사와 학교장의 행동과 긍정적으로 상관되어 있다(Hoy, Hoffman, Sabo와 Bliss, 1994; Hoy와 Sweetland, 2002). 따라서 초기의 연구결과들은 대부분 반복되고, 새로운 측정도구에 의해서 더욱 정교하게 연구될 것으로 예상된다.

초기 OCDQ 연구들은 학교풍토의 개방성이 학교의 정서적 분위기와 관련되어 있다는 것을 예측 가능한 방법으로 보여주었다. 학생들이 학교와 그 구성원들에 대해서 가지는 소외감은 폐쇄풍토의 학교에서보다 개방풍토의 학교에서 더욱 낮았다(Hartley와 Hoy, 1972). 학교장의 특성과 학교풍토와의 관계성을 밝힌 연구들에 의하면, 폐쇄풍토의 학교와 비교하여 개방적인 학교가 더욱 자신감이 있고, 쾌활하며, 사교적이고, 재능 있는 강력한 학교장을 가지고 있었다(Anderson, 1964). 나아가, 개방적 학교의 학교장 밑에서 근무하는 교사들이 자신들의 일과 학교의 효과성에 대하여 더 신뢰하고 있었으며(Andrew, 1965), 그러한 학교장은 더 충성스럽고 만족하는 교사들과 함께 일하는 것으로 나타났다(Kanner, 1974).

새로운 측정도구를 사용한 보다 최근의 연구들(Tarter와 Hoy, 1988; Reiss, 1994; Reiss와 Hoy, 1998)에서도 개방적 풍토가 폐쇄적 풍토보다 더욱 높은 수준의 충성심,

신뢰성, 교직원과 학교장 그리고 동료교사들 간의 신뢰성을 특징으로 하고 있다는 것을 보여주고 있다. 개방적 학교에 재직하고 있는 학교장들은 폐쇄적 학교에 재직하고 있는 학교장들보다 학교에 대한 조직 헌신, 즉 학교에 대한 참여와 일체감을 더 많이 생기게 하였다(Tarter, Hoy와 Kottkamp, 1990). 또한 풍토의 개방성은 학교효과성에 대한 평가(Hot, Tarter와 Kottkamp, 1991)뿐 아니라 의사결정에 있어서의 교사들의 참여와도 긍정적인 관계가 있었으며(Barnes, 1994), 중학교의 경우 전반적인 효과성과 질뿐 아니라 수학, 읽기, 쓰기에 있어서의 학생 성취와도 긍정적인 관계를 보여주었다(Hoy와 Sabo, 1998).

결론적으로, 세 가지 초ㆍ중ㆍ고등학교용 OCDQ 개정판은 교사와 교사 그리고 교사와 학교장 간의 관계성의 관점에서 학교의 풍토를 도식화하는 데 유용한 도구이다. 각 개정판의 하위 척도들은 학교풍토의 중요한 측면들을 측정하는 타당하고 신뢰로운 도구들이며, 동시에 연구, 평가, 현직연수교육, 자체 분석 등에 사용될 수 있는 풍토 프로파일이다. 이에 더하여, 개방성 지표는 개방-폐쇄의 연속선을 따라 학교를 분석할 수 있는 수단이 된다. Halpin과 Croft는 학교풍토의 개방성은 교육행정 영역에서 불확실하게 사용되어 온 기존의 많은 지표들보다 더 우수한 학교효과성 준거가 된다고 주장하였다. 개방성은 효과적인 학교변화를 촉진하는 중요한 조건이다. 이와 유사하게, 수업효과성을 개선하기를 원하는 학교장들이 먼저 개방적이고 신뢰적인 풍토를 개발한다면 더욱 성공할 가능성이 높을 것이다(Hoy와 Forsyth, 1987). 학교효과성 구성요인에 대한 논쟁이 많음에도 불구하고(9장 참조), OCDQ 측정도구가 기술적 목적뿐 아니라 진단적 목적을 위해서도 유용한 도구라는 점에 대해서는 의심할 여지가 별로 없을 것이다.

조직건강의 풍토

학교풍토를 보는 또 하나의 틀은 **조직건강(organizational health)**이다(Hoy와 Feldman, 1987; Hoy, Tarter와 Kottkamp, 1991; Hoy와 Sabo, 1998). 한 조직의 긍정적인 건강에 대한 생각은 새로운 것이 아니며, 이 개념은 조직의 역동성을 방해하는 조건들뿐 아니라 조직의 성장과 발전을 촉진하는 조건들에 대해서도 관심을 갖게 해준다(Miles, 1969). 건강한 조직풍토를 가지고 있는 학교란 조직목적을 달성하기 위한 자원과 노력을 결집하면서 환경에 성공적으로 대처하는 학교이다. 중등학교의 조직건강은 학교에서의 일곱 가지 상호작용 유형에 의해 정의된다(Hoy와 Feldman, 1987, 1999). 이들 핵심 구성요인들은 사회체제의 기본적 욕구를 충족하는 것이며 학교에서의 책임과 통제의 세 수준을 나타낸다.

*제도적 수준(institutional level)*은 조직과 환경을 연결한다. 학교가 지역사회로부터 정당성과 지원을 받는 것은 중요한 일이다. 행정가와 교사들은 학교 밖의 개인이나 집단의 부당한 압력과 간섭을 받지 않고 그들 각각의 기능을 원만한 방법으로 수행하기 위한 지원이 필요하다. 이 수준은 학교의 통합성에 비추어 탐구된다. 즉, 학교의 통합성이란 그 교육프로그램의 건전성을 유지하는 방법으로 환경에 적응하고 대처하는 학교의 능력이다. 통합성을 가진 학교는 불합리한 지역사회와 학부모의 요구로부터 보호된다.

*관리적 수준(managerial level)*은 조직의 내부 노력들을 중재하고 통제한다. 행정과정은 교수활동과 질적으로 다른 관리적 기능이다. 학교장은 학교에서 최고위 행정관리이다. 학교장은 교사들의 충성심과 신뢰를 개발하고, 교사들을 동기화하며, 일을 조정하는 방법을 찾아내야 한다. 학교장의 영향력, 배려, 구조주도, 자원 지원 등과 같은 관리적 수준의 네 가지 핵심 측면이 결정되어야 한다. 영향력이란 상급자의 결정에 영향을 미치는 학교장의 능력이다. 배려란 개방적이고 우호적이며 지원적인 학교장의 행동이며, 구조주도란 작업 기대, 과업 수행의 표준 및 절차를 분명하게 정의하는 학교장의 행동이다. 마지막으로, 자원 지원은 학교장이 교사들에게 필요한 재료와 준비물들을 제공하는 정도이다.

학교에서, *기술적 기능*은 교수-학습 과정이며, 교사들에게 직접적인 책임이 있다. 교육받은 학생들은 학교의 생산품이다. 전체적인 기술적 하위체제는 효과적인 학습과 교수에 연관된 문제들을 다룬다. 사기와 학문 강조는 기술적 수준의 두 가지 핵심 요소들이다. 사기는 교직원들 사이에 충만한 신뢰, 열정, 자신감 및 성취감이며, 학문 강조는 학생 성취를 향한 학교의 압력이다. 조직건강의 이러한 일곱 가지 차원들은 책임의 수준별로 〈표 6.3〉에 요약되어 있다.

특히, **건강한 조직**이란 기술적, 관리적, 제도적 수준이 조화를 이루고 있는 조직이다. 이러한 조직은 조직의 사명을 향해 에너지를 결집함으로써 파괴적인 외부세력에 성공적으로 대처하고 조직의 욕구를 충족한다.

건강한 학교는 지역사회와 학부모들의 불합리한 압력으로부터 보호되고 있는 학교이다. 교육위원회는 학교정책에 영향을 미치려는 이익집단들의 모든 편협한 시도들에 대해 성공적으로 대처한다. 건강한 학교의 학교장은 과업 지향적이면서 동시에 관계 지향적인, 그러한 역동적인 리더십을 발휘한다. 학교장의 행동은 교사들에 대해 지원적이면서도 동시에 방향을 제시하고 높은 수행 수준을 유지한다. 나아가, 학교장은 독자적으로 사고하고 행동하는 능력을 가지고 있을 뿐 아니라 상급자에게 영향력

을 행사하기도 한다. 건강한 학교에 재직하고 있는 교사들은 교수-학습 활동에 헌신
적이다. 교사들은 학생들을 위해 높지만 달성 가능한 목표를 설정하고, 높은 성취기
준을 유지하며, 학습 분위기는 질서 있고 진지하다. 더구나, 학생들은 열심히 공부하

표 6.3 조직건강의 차원과 예시 문항

제도적 수준

제도적 통합—지역사회와 학부모들의 편협하고 기득권적인 요구에 취약하지 않으며, 파괴적인 외부세력에
대하여 성공적으로 대처하는 학교를 설명한다.

예시 문항　　　• 교사들은 지역사회와 학부모들의 불합리한 요구로부터 보호된다.
　　　　　　　• 학교가 외부의 압력에 취약하다. *

관리적 수준

학교장의 영향력—상급자들의 행동에 영향을 미칠 수 있는 학교장의 능력을 말한다. 영향력 있는 학교장은
교사들의 이익을 위하여 교육장과 성공적으로 일한다.

예시 문항　　　• 학교장은 자신이 요구하는 것을 상급자로부터 얻어낸다.
　　　　　　　• 학교장은 상급자의 방해를 받는다. *

배려—친근하고, 지원적, 개방적, 동료적인 학교장의 행동을 설명한다.

예시 문항　　　• 학교장은 교직원들의 개인적 복지를 추구한다.
　　　　　　　• 학교장은 친절하고 가까이 하기 쉽다.

구조주도—과업과 성취 지향적인 학교장의 행동을 설명한다. 학교장은 교직원들에 대한 자신의 태도와 기
대를 명확하게 보이며, 분명한 성취표준을 유지한다.

예시 문항　　　• 학교장은 교직원들로 하여금 그들에게 기대되는 것이 무엇인지를 알게 한다.
　　　　　　　• 학교장은 분명한 성취표준을 유지한다.

자원지원—교실 물품과 수업자료가 적절히 제공되고, 교과 외 자료들이 쉽게 입수되는 것을 말한다.

예시 문항　　　• 요구하면 교과 외 재료들을 구할 수 있다.
　　　　　　　• 교사들에게 수업을 위한 적절한 자료들이 공급된다.

기술적 수준

사기—교사들 간에 보이는 신뢰감, 자신감, 열성, 친절함을 말한다. 교사들은 서로에게 좋은 감정을 가질 뿐
아니라 직무로부터 성취감을 느낀다.

예시 문항　　　• 학교에 근무하는 교사끼리 서로 좋아한다.
　　　　　　　　• 교사들의 사기가 높다.

학문강조—성취를 향한 학교의 압력을 말한다. 학생들에게는 높지만 성취 가능한 목표가 제공되고, 학습
환경은 질서 있고 진지하며, 교사들은 학생들의 성취능력을 신뢰한다. 또한 학생들은 열심히 공부하고 공
부를 잘하는 학생들을 존중한다.

예시 문항　　　• 학교는 학문 성취 표준을 높게 설정한다.
　　　　　　　• 학생들은 좋은 성적을 받는 학생들을 존중한다.

---

* 역산 문항

고, 높이 동기 부여되어 있으며, 학문적으로 성공하는 학생들을 존중해 준다. 교실용품과 수업자료들은 이용하기가 쉽고 편리하다. 마지막으로, 건강한 학교 교사들은 서로 좋아하고 신뢰하며, 직무에 열성적이고, 자신들의 학교에 대해서 자긍심을 가지고 있다.

건강하지 못한 학교는 파괴적인 외부 세력에 취약하다. 교사들과 행정가들은 학부모와 지역사회의 이익집단들로부터 불합리한 요구들을 강하게 받는다. 이러한 학교는 대중의 변덕스러운 기분에 시달린다. 학교장은 교사들에게 방향을 제시해 주지 못하고, 배려와 지원도 제한적이며, 상급자들에게는 아무런 영향력을 발휘하지 못함으로써 지도성도 전혀 발휘하지 못한다. 교사들의 사기는 낮고, 교사들은 서로 간에 혹은 일에 대해서 좋은 느낌을 갖고 있지 않다. 교사들은 냉담하고, 의심이 많으며, 방어적으로 행동한다. 마지막으로, 학문적 수월성에 대한 압력은 제한적이고, 모든 사람들이 단순히 시간을 허비하고 있는 모습이다.

학교의 조직건강은 조직건강목록(Organizational Health Inventory: OHI)을 사용하여 측정할 수 있다. 예컨대, 중등학교용 조직건강목록은 조직건강의 기본적 차원들을 측정하기 위한 일곱 가지 하위 척도로 구성된 44개 문항의 기술적 질문지이다. OCDQ와 마찬가지로 OHI는 학교 교사들을 대상으로 실시된다. 현재 학교 급별로 타당하고 신뢰로운 현대판 조직건강목록을 구할 수 있다. 세 학교에 대한 건강 프로파일이 [그림 6.2]에 제시되어 있다. A학교는 상대적으로 건강한 풍토를 가진 학교이며, 건강의 모든 차원들이 실제적으로 평균 이상이다. 반대로 C학교는 건강의 모든 측면

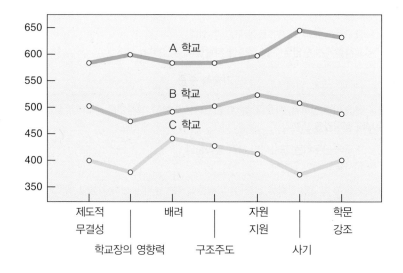

그림 6.2 세 학교의 건강 프로파일

에서 평균 이하인 학교이며, B학교는 모든 차원에서 평균 수준인 전형적인 학교이다. 전체 조직건강목록 도구, 점수화 및 해석방법은 온라인상에서 구할 수 있다.

OHI: 연구 결과

OHI는 초·중·고등학교용 버전이 있는, 학교풍토를 측정하기 위한 유용한 도구이다. 이 도구는 학교 조직건강의 핵심 차원들을 측정하고 있다. 나아가, 개념적 토대는 효과적인 학교의 많은 특성들과 일치한다. 게다가, Taiwan에 있는 고등학교를 대상으로 한 연구는 OHI가 문화적 차이에 관계없이 그 요인구조에 있어 안정성을 갖고 있다는 것을 보여주고 있다(Liao, 1994).

OHI를 사용한 연구 결과들 또한 고무적이다. 예상할 수 있는 바와 같이, 조직 역동성이 높을수록 학교장과 동료교사 및 조직 그 자체에 대한 교직원들의 신뢰 수준도 높다(Tarter와 Hoy, 1988; Hoy, Tarter와 Wiskowskie, 1992; Smith, Hoy와 Sweetland, 2001). 또한 학교의 개방성과 건강성에는 상관이 있다는 것 역시 놀라운 일이 아니다. 건강한 학교는 추진성과 기풍이 높고, 일탈성이 낮았다(Hoy와 Tarter, 1990). 간단하게 요약하면, 개방적인 학교는 건강하고, 건강한 학교는 개방적인 경향이 있다. 건강성은 또한 교사들의 학교에 대한 조직 헌신과 상관이 있고, 건강한 학교는 더욱 헌신적인 교사들을 가지고 있다(Tarter, Hoy와 Bliss, 1989; Tarter, Hoy와 Kottkamp, 1990).

또한 연구 결과들은 조직건강이 학생들의 성취와도 정적인 관계가 있다는 것을 보여주고 있다. 즉, 학교의 풍토가 건강할수록 고등학생들의 수학과 읽기 성취검사점수가 높았으며(Hoy와 Tarter, 1990), 중학교의 풍토가 건강할수록 표준화된 수학, 읽기, 쓰기 검사에서의 학업 성취 수준이 높았다(Hoy와 Hannum, 1997; Hoy, Hannum과 Tschannen-Moran, 1998; Hoy와 Sabo, 1998; Goddard, Sweetland와 Hoy, 2000a, 2000b). 초등학교 교사들을 대상으로 한 연구에서도 마찬가지로 건강한 학교풍토는 교사효능감, 즉 학생들의 학습에 긍정적인 영향을 미칠 수 있다는 신념의 발전에 공헌하는 것으로 밝혀졌다(Hoy와 Woolfolk, 1993). 필자들의 연구도 학교건강이 일련의 다른 중요한 학교변인들과 관련되어 있다는 것을 계속 밝혀주고 있다. 예컨대, 학교건강은 인본주의적 학생통제, 교사들의 의사결정에의 참여, 강력한 학교문화 및 다양한 학교효과성 측정 지표들과 긍정적으로 관계되어 있다. 마지막으로, 건강한 학교는 학생 소외를 줄이고, 중도탈락을 감소시키며, 학생들의 높은 헌신감과 의미 있게 관련되어 있을 것으로 본다.

결론적으로, 적절한 OHI도구를 사용하면 한 학교의 건강을 신뢰롭게 결정할 수 있다. 나아가, 학교생활의 건전한 대인관계적인 역동성은 그 자체가 하나의 중요한 목적일 뿐 아니라, 학교효과성, 학업 성취, 조직 헌신감, 인본주의적인 교사태도, 동료와 학교장에 대한 교직원들의 신뢰 등을 예측해볼 수 있는 요소이다. 건강한 학교는 서로를 신뢰하고, 학교장을 믿으며, 높은 학문표준을 달성할 뿐 아니라 개방적이고 성취수준이 높은 학생들을 갖는 그런 헌신적인 교사들로 구성될 것이다. 그러한 학교에서는 수업개선과 교사와 행정가들의 지속적인 전문적 성장이 달성 가능한 목표가 된다.

종합: 조직풍토지표

OCDQ는 학교 내 관계의 개방성에 초점을 두지만, OHI는 건강한 대인간 상호작용이라는 측면에서 풍토를 고찰한다. 더 나아가 OCDQ는 교사들 간, 그리고 교사와 교장 간의 관계에 한정되어 있다. 조직건강은 교사와 교사 간, 그리고 교장과 교사 간의 상호작용뿐만 아니라 학교와 지역사회 간, 그리고 학생과 교사 간의 관계를 기술하는 보다 폭넓은 관점을 제시한다. Ohio 주립대학에서, 필자들은 학교풍토를 쉽게 확인할 수 있는 **조직풍토지표**(Organizational Climate Index: OCI)를 개발하였으며, 이는 제도적, 관리적, 교사와 학생 등 네 가지 중요한 범주들의 관계를 측정하고 분석한다. OCI의 범주는 네 가지에 불과하지만, 이들은 학교의 중요한 네 가지 측면들을 나타내고 있다.

OCI의 개념적 틀은 학교의 가장 중요한 특성 네 가지를 나타내기 위해 네 가지 각각의 수준에서 중요한 한 가지 특징을 제시하고 있다. 학교풍토에 대한 필자들의 연구에서, 필자들은 때로는 학업 강조라고 불리는 학업 압력은 학업 성취도 향상을 위해 특히 더 중요하다는 것을 발견하였다(Alig-Mielcarek과 Hoy, 2005; Hoy와 Hannum, 1997; Hoy와 Sabo, 1998). 교사 수준에서, 전문성(특히 전문가 학습 공동체에서)은 학생들의 성취도 향상에 중요한 역할을 한다(Bryk와 Schneider, 2002). 학교장의 리더십 또한 사회적 관계 향상뿐만 아니라 교사들이 교수-학습 과정을 개선하는데 도움을 주고 동기화시키는 데 중요한 역할을 한다(Alig-Mielcarek과 Hoy, 2005; Hoy, Tarter와 Kottkamp, 1991; Hoy와 Sabo, 1998). 끝으로, 학교는 제도적 무결성(integrity)이 필요하다. 즉, 학교는 지역사회로부터 지지를 받고 합법성을 갖춰야 한다. 행정가와 교사들은 학교 외부의 개인이나 집단으로부터의 부당한 압력과 간섭 없이 조화로운 형태로 각각의 기능을 수행하기 위한 지원이 필요하다(Hoy, Tarter와

Kottkamp). 즉, 연구에 따르면 질 높은 학교의 모습은 다음과 같다.

1. 교사와 교장은 외부로부터의 부당한 간섭 없이 서로 서로 협동적으로 업무를 수행할 수 있게 지원을 받는다.
2. 교장은 개방적, 동료적 리더십 유형을 통해 교사들에 대한 사회적 지원뿐만 아니라 업무 성취에까지 관심을 나타낸다.
3. 교사들은 서로 서로를 전문가로 보고 존중한다.
4. 학생, 교사와 교장은 학업 성취도와 성공을 가장 핵심적인 것으로 생각한다.

따라서 OCI는 제도적 취약성(Institutional Vulnerability), 전문적 교사 행위(Professional Teacher Behavior), 동료적 리더십(Collegial Leadership)과 성취 압력(Achievement Press)의 측면에서 학교풍토를 측정한다. 이 척도는 학교풍토에서 이들

표 6.4 OCI의 범주와 예시 문항

제도적 수준

제도적 취약성―학교가 목소리를 내는 소수의 학부모 및 시민 단체로부터 영향을 받는 정도. 취약성이 높다는 것은 교사와 교장은 보호를 받지 못하며 수세에 몰린다는 것을 의미한다.

예시 문항:
- 목소리를 내는 소수의 학부모들이 학교의 정책을 변경할 수 있다.
- 학교는 외부의 압력에 취약하다.

교장 수준

동료적 리더십―교장은 교사들을 전문성을 가진 동료로 대하며, 개방적이고, 평등주의적이며, 친근하다. 그러나 동시에 교사들에 대한 성취 기준 및 기대를 명확하게 설정하고 있다.

예시 문항:
- 교장은 모든 교사들을 동등하게 대한다.
- 교장은 교사들에게 기대하는 것을 알려준다.

교사 수준

전문적 교사 행위―동료교사들의 능력을 존중하고, 학생들에게 헌신하며, 자율적으로 판단하고, 상호 협동 및 지원하는 행동을 말한다.

예시 문항:
- 교사들은 동료교사들의 전문적 능력을 존중한다.
- 교사들은 전문성을 토대로 결정을 내린다.

학생 수준

학업 압력―높지만 달성 가능한 학업 기준 및 목표를 설정하는 학교. 학생들은 학업적 성공을 위해 노력하며, 서로 서로, 그리고 교사들로부터 존중을 받는다. 학부모, 교사와 교장은 높은 기준과 학교의 개선을 위해 학생들에게 압력을 가한다.

예시 문항:
- 학교는 높은 학업 성취도 기준을 설정한다.
- 학업 성취도에 대한 인정 및 보상이 주어진다.

각각의 측면을 측정하는 30개의 문항으로 구성되어 있다. 〈표 6.4〉는 학교 풍토의 각 범주를 요약하고 있으며, 각 범주를 측정하는 예시 문항들도 제시하고 있다. 전체 척도와 해석 기준은 www.waynekhoy.com에 제시되어 있다.

OCI: 연구 결과

OCI는 학교풍토의 중요한 측면을 측정하기 위한 또 다른 도구이다. 이는 학교의 개방성과 건강에 대한 개략적인 관점을 제시한다. 대부분의 경우 OCI는 고등학교의 풍토를 측정하기 위해 사용되었다(Hoy, Smith와 Sweetland, 2002). 이 설문지는 상대적으로 새로운 것이지만, 초기의 연구 결과는 상당히 고무적이다. 풍토의 이들 네 가지 측면들은 신뢰의 문화를 촉진하고(Hoy, Smith와 Sweetland, 2002), 이는 사회경제적 지위에 관계없이 학생들의 성취도 수준을 높이는 결과를 가져왔다(Forsyth, Adams와 Hoy, 2011; Hoy, 근간). 또한 OCI로 측정된 학교의 개방성과 건강은 교사들의 변화 성향(Kearner와 Smith, 2010; Maika, 2007), 지역사회와의 강력한 관계(Smith와 Miaka, 2008), 학교 의식(Ferguson, 2006)과 긍정적으로 연결되며, 학교 폭력과는 부적 상관관계(Gonzales, 2006)를 가지고 있다.

Arlington 고등학교의 OCI: 개방성과 건강

Arlinton 고등학교의 풍토 개요는 다음과 같다.

OCI 점수

제도적 취약성	430(평균 이하)
동료적 리더십	620(높음)
전문적 교사	660(높음)
학업 압력	670(높음)

위의 개요를 살펴보고 이 학교의 풍토를 설명할 수 있는지 확인해 본다. 이 학교는 교사들이 근무하고 싶어하는 생산성이 높은 학교라는 것은 의심할 여지가 없다. 왜 그런가?

구체적으로, 이 학교의 풍토는 취약성의 점수가 낮기 때문에(430점) 제도적 무결성이 높다. 즉, 교사는 학부모와 지역사회의 부당한 요구로부터 보호받고 있다. 리더십은 개방적이고 동료적이다(620점). 교장은 개방적이고 친절하며 교사들을 공정하고 동료로서 대하고, 동시에 높은 성취 기준을 부과하고 있다. 교사들은 교장의 지시를 따르는 것으로 교장의 리더십에 대응하고 있다. 즉, 전문적 행위의 점수가 매우 높다(660점). 교사들은 동료들의 능력과 수업 역량을 존중하고, 전문적 판단력을 행사하며 협동적으로 일하며 학생들에게 헌신하고 있다. 끝으로, 성취도 및 학업적 성공을 위한 압력이 강하다(670점). 일반적으로 학생들은 교사들에 의해 아주 동기화된다. 또한 교사, 학부모와 교장은 학업적 성공을 강조하고 칭찬해 준다. 즉, Arlington 고등학교의 풍토는 개방적이고, 건강하며, 학업 목표 달성에 초점을 두고 있다. 이 학교와 당신의 학교를 비교하면 어떠한가? OCI 척도를 사용하여 확인해 본다(www.waynekhoy.com).

시민의식 풍토

학교의 풍토를 보는 또 다른 관점은 구성원들의 시민의식 행동의 측면에서이다. 조직시민의식은 다른 사람들의 업무 성취를 도와주는 등 공식적인 역할 책임을 넘어서는 행위를 말한다. 공식적으로 주어진 업무 외에 더 노력하려는 구성원들의 의지는 효과적인 조직을 위한 핵심적인 사항으로 인식되어 왔다(Bateman과 Organ, 1983; Organ, 1988; Organ과 Ryan, 1995). 그러나 최근 들어 이 개념은 DiPaola와 그 동료들에 의해 학교에 도입되었다(DiPaola와 Tschannen-Moran, 2001; DiPaola와 Hoy, 2005a, 2005b; DiPaola, Tarter와 Hoy, 2005). 시민의식 행동은 이타심, 양심, 스포츠맨 정신, 공손함과 시민 덕목(civic virtues) 등 다섯 가지 특성을 가지고 있으며, 이들은 매우 밀접하게 관련되어 있다.

시민의식 풍토의 모습은 자신의 시간을 내어 교사들이 서로 서로 및 새로운 동료를 도와주는 학교이다. 교사들은 양심적이며 규정된 의무보다 더 많은 일들을 한다. 또한 이들은 교수-학습을 개선하기 위해 생산적인 노력을 기울이며 불평이나 불만을 제기하지 않는다. 이런 학교에서, 교사들은 사전에 변화를 알리고 이를 상기시키며 전문가로서 서로 서로를 존중하는 등 서로를 공손하게 대한다. 사실상 모든 교사들은 위원회에서 활동하고 자발적으로 학교의 여러 행사에 참여하는 등 학교에게 가장 도움이 되게 하는 것이 자신들의 의무라고 생각한다.

학교의 시민의식 행위는 조직 시민의식 행위(Organizational Citizenship Behavior: OCB) 척도를 통해 측정한다. OCB는 12 문항의 리커트식 척도로, 신뢰롭고 타당한 도구이다(DiPaola, Tarter와 Hoy, 2005). OCB 척도가 측정하는 시민의식의 영역과 문항의 예가 〈표 6.5〉에 제시되어 있다. 모든 교사들의 점수를 합산하여 학교의 시민의식 정도를 결정한다. OCB는 www.waynekhoy.com에서 이용할 수 있다.

표 6.5 조직 시민의식의 영역 및 예시 문항

이타심−새로운 동료들을 도와주고 기꺼이 다른 사람들을 도와주는 데 시간을 할애한다.
예시 문항:　　　교사들은 새로운 교사를 자발적으로 도와준다.

양심−시간을 효율적으로 활용하고 최소한의 기준보다 더 많은 업무를 수행한다.
예시 문항:　　　교사들은 정시에 학교에 출근하고 회의에 참석한다.

스포츠맨 정신−건설적인 노력에 시간을 할애하고 불평을 피한다.
예시 문항:　　　교사들은 시간을 보내기 위한 활동에 엄청난 시간을 할애한다(역산 문항).

공손함−사전에 변화를 알리고 이를 상기시킨다.
예시 문항:　　　교사들은 동료교사들에게 일정의 변화를 사전에 알려준다.

시민 덕목−위원회에서 활동하고 자발적으로 학교의 여러 행사에 참여한다.
예시 문항:　　　교사들은 자발적으로 새로운 위원회에 참여한다.

OCB: 연구 결과

OCB는 학교풍토의 또 다른 중요한 측면을 측정할 수 있는 유용한 도구이다. 비록 학교에서는 최근에 들어와서야 사용되고 있지만, 연구 결과는 상당히 고무적이다. 이 척도는 초등학교, 중학교 및 고등학교에 적합하다. 즉, 모든 학교 수준에서 타당하고 신뢰할 만하다(DiPaola, Tarter와 Hoy, 2005). 조직 시민의식은 동료적 학교장 행동, 교사 전문가주의, 학업 압력 및 학교 의식과 같은 조직 특성과 일관되고 긍정적인 상관관계를 보인다(DiPaola와 Hoy, 2005a, 2005b). 또한 시민의식이 높은 학교는 사회경제적 지위를 통제한 상황에서도 더 효과적이며(DiPaola, Tarter와 Hoy, 2005), 학생들의 성취도도 더 높다(DiPaola와 Hoy, 2005b). 좋은 학교 시민은 학교가 보다 효율적이고 효과적으로 운영되도록 만들기 위한 방법들을 찾기 때문에 효과적인 학교는 효율적이고, 융통성 있으며, 적응력이 우수하고 혁신적이다(Mott, 1972; Uline, Miller와 Tschannen-Moran, 1998). 조직 시민의식은 개방적이고 건강한 학교를 긍정적으로 보완해줄 수 있다(DiPaola와 Tschannen-Moran, 2001). 풍토에 대한 이들 각각의 개념적 접근들은 학교풍토에 대한 약간 상이한 관점을 제시하고 있지만, 이들 모두는 우수한 학교풍토의 중요한 측면들을 제시하고 있다.

TIP: 이론의 적용

개방성(OCDQ), 건강(OHI), OCI 또는 시민의식(OCB)의 틀을 고르시오. 이러한 이론적 시각에 관하여 당신이 좋아하는 것은 무엇입니까? 당신은 왜 그것이 유용하다고 생각합니까? 이러한 틀이 당신의 학교풍토를 연구하는 데 있어 갖는 장점과 단점은 무엇입니까? 당신의 학교에서 동의하는 5~6명의 교사들에게 적절한 도구를 사용해 보시오. 그 다음, 도구를 계산해 보고 그래프나 도표로 학교의 건강 프로파일을 만들어본 다음 그림이 의미하는 것을 말로 설명해 보시오. 당신의 학교를 평균적인 학교와 비교하고 대비시켜 보시오. 당신이 생각하기에 그 결과가 당신의 학교를 어떻게 묘사합니까? 당신의 학교장이 동의할 것 같습니까? 마지막으로, 당신의 학교풍토의 강점과 약점을 토론해 보시오. 그런 다음 학교풍토의 변화에 관한 다음 장을 읽고, 당신이 학교장으로 임명되었다고 가정하고 당신 학교의 풍토를 개선하기 위한 계획을 세워 보시오.

학교풍토의 변화

우리는 학교를 변화시키는 복잡한 문제에 대하여, 해답은 말할 것도 없고, 그에 관한 정보도 거의 가지고 있지 못하다. 그러나 두 가지는 분명하다. 하나는 학교의 문화 혹은 풍토를 바꾸는 쉽고 빠른 방법은 없다는 것이며, 다른 하나는 단기적인 유행을 좇는 것보다는 장기적인 체계적 노력이 변화를 가능하게 할 것이라는 점이다.

변화를 위한 두 가지 전략을 제시한다. Alan Brown(1965)은 성장 중심 전략뿐 아니라 임상적 전략을 개발하였으며, Ralph Kilmann(1984)은 조직의 규범적인 문화를 변화시키기 위한 절차를 성공적으로 시행한 바 있다. 두 가지 전략은 선택적 대안이 아니라, 서로 보완적이기 때문에 동시에 사용될 수 있다. 성장 중심 전략은 학교 내 개인적 발전의 본질에 관심을 갖는다. 즉, 학교의 풍토를 변화시키기 위한 모든 시도의 지표가 되는 일련의 가정들을 제시한다. 이에 반해 임상적 전략은 변화를 위한 구체적인 행동 지향적 접근을 취한다. 이들 각각의 전략은 행정실무자들에게 잠재적 가이드라인을 제공하고 있다. 그 주요 내용을 간략히 살펴보면 다음과 같다.

임상적 전략

집단 간 그리고 대인 간 상호작용을 조종함으로써 변화를 촉진할 수 있다. 변화를 위한 **임상적 전략**은 다음과 같은 단계를 따라 진행될 수 있다.

1. *조직에 대한 지식 얻기(gaining knowledge of the organization)*: 이 접근은 학교조직의 역동성에 관한 지식으로부터 시작된다. 이러한 지식은 사려 깊은 관찰, 분석 및 연구를 통하여 얻을 수 있다. 직관력이 뛰어난 학교장은 경험을 통해서도 이러한 지식을 얻을 수 있지만, 보다 체계적인 분석을 통해 더 많고 가치 있는 지식을 얻을 수 있다. 먼저, 학교장은 교직원들의 기본적인 규범이나 가치를 포함한 조직생활의 특징적인 측면을 이해해야 한다. OCDQ, OHI 그리고 PCI와 같은 측정도구가 제공하는 개념적 시각들이 이러한 종류의 학교조직에 관한 학습에 도움이 될 수 있다.

2. *진단(diagnosis)*: 두 번째 단계는 진단적인 것이다. 이 단계에서는 다양한 시각에서 오는 개념적 자산들은 가능한 문제영역을 진단하기 위한 표시(label)을 제공할 수 있다. 낮은 기풍, 높은 일탈성, 보호감독주의, 왜곡된 의사소통, 일방적인 의사결정, 빈약한 동기 및 학업에 대한 낮은 기대 등은 그러한 개념적 표시(label)의 사례들이다. 이러한 개념들이 실무자들의 마음에서 명료하게 정의되는 정도와 더 넓은 시각 속에서 상호 조화를 이루는 정도가 진단의 효과를 좌우할 것으로 보인다.

3. *예측(prognosis)*: 세 번째 단계에서, 임상가는 상황의 심각성을 판단하고, 상황을 개선하기 하기 위한 일련의 실천 우선순위를 설정한다.

4. *처방(prescription)*: 적절한 행위과정은 종종 드러나지 않는 법이다. 학교 분위기가 학생통제 이념의 관점에서 너무 보호감독적이었다고 생각해 보자. 상황을 어떻게 교정할 수 있을 것인가? 우리는 여러 보호감독적인 교사들을 젊은 인본주의적인 교사들로 대체할 수 있을지도 모른다. 그러나 여러 연구에 의하면, 초임 교사들의 학생통제이념은 기존 교사들의 하위문화에 의해서 사회화되어 감에 따라 점점 보호감독적이 되어 가는 것으로 밝혀지고 있으며(Hoy, 1967, 1968, 1969; Hoy와 Woolfolk, 1989), 이 경우 강력한 통제가 좋은 수업과 동일시되는 경향이 있다. 학생통제에 관한 교사들의 기본적인 규범을 변화시키지 않고 보호감독적인 성향을 가진 여러 교사들을 단순히 바꾸는 것만으로는 거의 혹은 전혀 영향을 미치지 못할 것이다. 기본적인 교사규범을 변화시키는 일은 보다 정교한 전략이 요청된다. 그러한 전략에 있어 첫 번째 단계는 PCI에 대한 교사와 행정가의 무지를 없애는 것이다. 즉, 학생통제이념과 관련하여 교육자들이 공유하고 있는 오해를 없애는 것이다. 일반적으로, 교사들은 학생통제이념에 있어 그들 자신보다 학교장이 훨씬 더 보호감독적이라고 생각하며, 반대로 학교장들은 교사들이 더 보호감독적이라고 믿고 있다(Packard와 Willower,

1972). 인본주의적 시각으로 더욱 바꾸려면, 이와 같은 공통의 오해들이 제거될 필요가 있다. 달리 말하면, 처방을 내리는 것이 처음에는 아주 쉬워 보일 수도 있지만, 기존의 경험들을 통해 우리는 다양한 학교문제에 대한 해결책들이 일반적으로 지나치게 단순화되어 있고 매우 적절하지 못하다는 것을 보여주고 있다. 만약 행정가들이 학교풍토와 문화를 성공적으로 변화시키고자 한다면, 교직원들과 행정가가 기본적으로 공유하고 있는 가정뿐 아니라 교사 하위문화의 규범과 가치들 또한 변화시켜야만 한다.

5. 평가(evaluation): 임상적 전략에 있어 마지막 단계는 처방이 시행되고 있고 성공적인 정도를 평가하는 것이다. 사회체제에 있어, 흔히 계획된 변화는 느리게 나타나기 때문에 지속적인 모니터링과 평가가 요청되는 것이다.

성장 중심 전략

성장 중심 전략은 단순히 학교 교직원의 개발에 관한 일반적 가정들을 수용하고, 이 가정들을 행정적 의사결정을 위한 기초로서 사용하는 것과 관련이 있다. 그 가정들은 다음과 같다.

1. *변화는 건강한 학교조직의 특성이다.* 학교장은 조직풍토를 부단한 유동상태에 있 는 것으로 파악해야 한다.
2. *변화는 방향을 가진다.* 변화는 긍정적인 것일 수도 있고 부정적인 것일 수도 있다. 또한 진보적인 것일 수도 있고 퇴보적인 것일 수도 있다.
3. *변화는 진보적인 것이어야 한다.* 변화는 조직목적을 위한 동력을 제공해야 한다. 물론, 모든 변화가 진보를 나타내는 것은 아니다. 그러나 학교장의 자세는 진보지향적인 것이어야 한다.
4. *교사들은 변화의 개발과 시행을 위한 높은 잠재력을 가지고 있다.* 학교장은 교사들에게 학교운영에 있어서의 더 많은 자유와 책임을 줄 준비가 되어 있어야 한다.

일단 시행되기만 하면, 이들 기본적인 가정들은 성장정책을 가능하게 할 것이며, 전문성 개발을 위한 기회를 증대시킬 것이다. 이러한 시각에 따라, 행정가들은 전문적 성장의 통로에 있는 장애물들을 제거하지만, 사람들을 인위적으로 조정하지는 않을 것이다. 마지막으로, 이 접근은 교사와 행정가 간의 상호신뢰와 존경의 풍토를 촉진하는 데 도움이 될 것이다.

임상적 접근방법과 성장 중심 접근방법이 서로 초점을 달리하고는 있지만(임상적 접근은 조직변화에, 성장 중심 접근은 개인의 전문적 개발에 초점을 둔다), 이 가정들이 서로 갈등을 일으키는 것은 아니다. 통찰력이 있는 행정가라면, 학교의 풍토를 변화시키기 위하여 이 두 가지 전략 모두 활용할 것이다.

리더십 사례

Albany 중학교의 불신

당신은 일 여 년 동안 Albany 중학교의 학교장으로 지내고 있었다. Albany 중학교는 중서부에 있는 인구 3만 정도의 중산층 지역사회인 West Jersey에 있는 세 개 중학교 중의 하나였다. 당신의 중학교(5~8)에는 22명의 교사들이 재직하고 있고 700여 명의 학생들이 재학하고 있었다. 당신은 Albany 중학교가 좋은 교직원을 가진 좋은 학교이지만, 분명히 개선의 여지가 있는 학교라고 믿고 있었다. 당신은 Albany 중학교에 부임한 이래 교사들을 파악하기 위하여 무척 노력하였다. Albany 중학교 교장직은 당신이 Albany와 비슷한 서쪽으로 약 75마일 쯤 떨어진 Greensburg에 있는 한 중학교 교사로서 10년 동안 봉직한 이후에 얻은 행정가로서의 첫 임지였다. 당신은 당신의 새로운 역할에 대해 편안한 느낌을 가지고 있었고, 나아가 당신이 Albany 중학교의 새로운 지도자로서 받아들여질 것으로 믿고 있었다.

솔직한 평가를 원하기 때문에, 당신은 다음 교직원회의 시간에 교직원들을 대상으로 조직건강목록(OHI)을 실시하기로 계획을 세운다. 익명으로 된 질문지를 완성하는 데 10분도 채 걸리지 않았고, 당신은 그것을 바로 채점할 수 있다. 당신도 질문지를 작성하고 학교문화에 대한 교사들의 인식과 당신의 인식을 비교한다.

범주	교사들의 인식	당신의 인식
제도적 통합	480(평균)	600(높음)
동료적 지도성	509(평균)	700(매우 높음)
학교장의 영향력	450(평균 이하)	600(높음)
자원 지원	500(평균)	720(매우 높음)
교사 제휴	590(높음)	660(매우 높음)
학업 강조	600(높음)	700(매우 높음)
전반적 학교건강	522(평균)	664(매우 높음)

당신이 옳았다. 교사들은 OHI조사에 대해 기꺼이 응했고, 단지 10분밖에 걸리지 않았으며, 투덜대는 사람도 전혀 없었다. 그러나 당신은 조사결과에 놀라움을 금치 못했다. 놀랐다는 것은 잘못된 것일 수도 있다. 오히려 당황했다는 것이 더 적절할 것 같다. 분명히, 당신이 본 학교풍토는 교사들의 시각보다 훨씬 더 낙관이다. 조사 자료는 다음과 같은 현실조사

의 필요성을 제공한다.

- 여기서 당신은 문제가 있는가? 있다면 그것은 무엇인가?
- 당신은 자료를 교사들과 어떻게 공유해야 하는가? 혹은 당신이 그래야 하는가?
- 제도적 통합과 전문동료적 지도성에 대하여 당신과 교사들 사이에 왜 주요한 인식의 차이가 발생하고 있는가?
- 다음 단계로 당신은 무엇을 해야 하는가?
- 당신은 성장 중심 전략을 사용해야 하는가? 아니면 임상적 전략을 사용해야 하는가?
- 당신에게는 계획이 필요하다. 어떤 계획인가?

실행 지침

1. 조직의 조직풍토를 규칙적으로 확인한다. 데이터가 좌우한다.
2. 행동에 신뢰를 형성하고 진실성을 높인다. 신뢰는 성공적인 팀워크의 중심이 된다.
3. 학교풍토에 관한 다양한 관점 및 도구들을 사용한다. 다양한 관점은 분석을 더 풍부하게 한다.
4. 개방적이고 건강하며 시민의식 풍토를 형성한다. 이들은 학생들의 학업 성취 및 사회정의적 발전을 향상시킨다.
5. 학업 강조에 초점을 둔다. 그러나 건강한 대인관계를 희생해서는 안 된다. 학교의 사회적 욕구와 과업 욕구는 함께 해야 한다.
6. 체제적인 전문성 신장 프로그램의 한 부분으로 풍토와 문화 척도들을 사용한다.
7. 의사결정을 할 때 교사들이 데이터와 증거들을 사용하게 한다. 의견과 경험만으로는 충분하지 않다.
8. 당신과 당신의 학교를 평가하기 위해 학교풍토척도의 데이터를 사용한다. 비판적인 분석과 반성은 성취 결과를 향상시킨다.
9. 데이터 평가에 근거해 전문적 목표를 설정한다. 그 후 진행과정을 확인한다.
10. 부정적인 데이터를 긍정적으로 사용한다. 단점들을 학습 기회로 삼는다.
11. 학교 개선안을 개발하는 과정에 교사들을 참여시킨다. 궁극적으로 교사들이 수업을 향상시킬 수 있기 때문에 교사들은 최고의 동반자가 되어야 한다.

핵심 가정 및 원리

1. 학교는 서로 서로를 상이하게 보이게 만드는 행동 패턴을 가지고 있다. 즉, 개인이 상이한 성격을 가지고 있듯이 조직은 독특한 풍토를 가지고 있다.

2. 학교풍토는 공식적 및 비공식적인 활동 모두를 포함한 일상적인 조직 실제에서 나타난다.

3. 학교의 조직풍토는 조직참여자들의 지배적인 행동에 대한 일단의 구성원들의 인식이다.

4. 학교풍토는 학생, 교사와 학교장의 태도와 행동에 영향을 미친다.

5. 학교풍토는 개방성, 건강, 시민의식 행동 등 다양한 관점에서 인식할 수 있다.

6. 학교풍토의 개방성은 대인관계의 진실성을 나타낸다.

7. 학교풍토의 건강은 대인관계의 건전성과 안녕을 나타낸다.

8. 조직풍토의 개방성은 교사들의 충성심, 신뢰, 헌신 등과 긍정적으로 관련되어 있다.

9. 시민의식 풍토는 학교의 성취 결과를 향상시키는 이타심과 교사의 행동을 도와주는 것과 관련된 지배적인 형태이다.

10. 조직풍토의 건강은 학교효과성뿐만 아니라 구성원 간 상호작용의 개방성과 긍정적으로 관련되어 있다.

11. 학업 강조는 사회경제적 여건에 관계 없이 학생들의 성취도를 향상시킨다.

12. 시민의식 풍토는 학교효과성과 학생 성취에 긍정적인 영향을 미친다.

13. 학교풍토의 변화는 일반적으로 어렵고, 지속적이며, 장기적인 과정이다. 단기적인 처방은 없다.

추천 도서

Cameron, K. S., and Quinn, R. E. *Diagnosing and Changing Organizational Culture.* San Francisco, CA: Jossey-Bass, 2006.

Freiberg, H. J. *School Climate: Measuring, Improving and Sustaining Healthy Learning Environments.* Abingdon, Oxon: Routledge Falmer, 2005.

Hoy, W. K., Tarter, C. J., and Kottkamp, R. B. *Open Schools/Healthy Schools: Measuring Organizational Climate.* Newbury Park, CA: Sage, 1991.

Hoy, W. K., and Sabo, D. *Quality Middle Schools.* Thousand Oaks, CA: Corwin, 1998.

James, L. R., Choi, C. C., Ko, C. E., McNeil, P. K., Minton, M.K., Wright, M. A., and Kim, K. "Organizational and Psychological Climate: A Review of Theory and Research." *European Journal of Work and Organizational Psychology* 17 (2008), pp. 5-32.

Tagiuri, R. "The concept of organizational climate." In R. Tagiuri and G. W. Litwin (Eds.), *Organizational Climate: Explorations of a Concept.* Boston: Harvard Business School, 1968.

Van Houtte, M., and Van Maele, D. "The Black Box Revelation: In Search of Conceptual Clarity." *Oxford Review of Education* 23 (2011), pp. 505-524.

후주

1. 개방성 지표를 계산하는 자세한 논의는 Hoy, Tarter와 Kottkamp(1991)에서 볼 수 있다. 필자들은 이 책에서 초등학교용 OCDQ 버전만을 설명하였지만, 다른 버전에 대한 충분한 설명은 다른 곳에서 구할 수 있다. 중등학교용 버전은 Kottkamp, Mulhern과 Hoy(1987), Hoy, Tarter와 Kottkamp(1991), Hoy와 Tarter(1997b)를 참고하시오. 그리고 중학교용 버전은 Hoy, Hoffman, Sabo와 Bliss(1994), Hoy와 Tarter(1997a), Hoy와 Sabo(1998)를 보기 바란다.

제7장

학교의 권력과 정치

정치적 실재주의자들은 세상을 있는 그대로 본다. 세상은 기본적으로 목전의 자기이익에 의해서 움직이는 정치권력의 장이고, 도덕은 임기응변적인 행동과 자기이익을 위한 수사적인 명분이다. 그것은 우리가 흔히 알고 있는 천사(angel)들의 세계가 아니라 사람들이 말로는 도덕적 원리를 이야기하지만 행동은 권력의 원리에 따라 움직이는 음모(angle)의 세계이다.

Saul Alinsky

Rules for Radicals

나의 의도는 탐구자들에게 실제적인 용도를 입증할 그 무엇인가를 말하려고 하는 것이기 때문에, 나는 그 일들이 상상되는 것보다는 실재적인 진리 속에 있는 그대로를 나타내는 것이 적절하다고 생각해 왔다.

Niccolo Machiavelli

The Prince

미리 보기

1. 권력은 복종을 확보하는 합법적, 비합법적 방법을 모두 포함하는 광범위한 구성개념이다.
2. 권력은 합법적인 것과 비합법적인 것으로 분류될 수 있을 뿐 아니라 공식적 권력과 비공식적 권력으로 구분될 수도 있다. 따라서 조직권력에는 네 가지의 기본적인 종류가 존재하는바, 합법적 권력에는 공식적 권위와 비공식적 권위가 있고, 비합법적 권력에는 강제적인 것과 정치적인 것이 있다.
3. 합법적 권력은 헌신과 복종을 더욱 증진시키는 반면, 비합법적 권력은 갈등과 소외를 가져온다.
4. 조직은 권력과 정치가 중심이 되는 정치적 장이다.
5. 개인과 집단의 연합들은 조직 내 권력의 배분을 결정하기 위하여 협상한다.

6. 외부 연합은 지배되고 분열되며, 수동적이고, 내부 연합에 영향을 미친다.

7. 내부 연합은 인격화되고, 관료적이고, 이념적이며, 전문적이고 정치화될 수 있으며, 권력의 배분에 영향을 줄 수 있다.

8. 권력은 종종 조직의 실재를 발견하기보다는 규정짓는 그 자체에 관심을 갖는다.

9. 권력과 정치는 조직생활의 실재이며, 종종 합리성을 훼손한다.

10. 정치의 수단이 비합법적이라 할지라도, 그 목적은 그럴 필요가 없다. 즉, 정치는 잔인하고 파괴적일 수도 있고, 사려 깊고 건설적일 수

도 있다.

11. 환심 사기, 연대, 정보관리, 인상관리, 연합 구축, 희생양 등은 조직 구성원들이 이익을 얻기 위해 공통적으로 사용하는 정치적 전술이다.

12. 권위에 저항하고, 권위에 대한 저항에 반격하며, 권력 기반을 구축하고, 경쟁자를 패배시키기 위하여 혹은 조직을 변화시키기 위하여 정치적 게임이 일어난다.

13. 갈등은 경쟁, 협동, 적응, 타협 혹은 회피를 통해 상황에 따라 성공적으로 관리될 수 있다.

모든 사회조직은 그 참여자들을 통제한다. 그러나 통제의 문제는 특히 공식조직에서 중요하고, 조직통제의 본질은 권력이다. **권력(power)**에 대한 고전적인 정의는 타인으로 하여금 자신이 원하는 것을 하도록 하게 하는 능력 혹은 Weber(1947: 152)처럼, "사회적 관계에 있는 한 행위자가 타인의 저항에도 불구하고 자신의 의지를 관철할 수 있는 지위에 있게 될 확률"이라고 정의할 수 있다. 권력은 일반적이고 보편적인 용어이다. 권력은 분명히 억압적인 통제뿐 아니라 비위협적인 설득과 제안에 기초한 통제도 포함하는 개념이다. 권위는 권력보다 좁은 개념이다. Weber(1947: 324)는 권위를 "소정의 근원으로부터 나온 어떤 특정의 명령(혹은 모든 명령)에 특정 집단의 사람들이 복종할 가능성"으로 정의하고 있다. Weber는 권위가 타인들에 대한 모든 형태의 영향력을 포함하는 것은 아니라고 지적하고 있다. 그는 권위를 어느 정도의 자발적인 복종이 합법적 명령과 연합되어 있는 것으로 파악하고 있다.

조직은 목적을 설정하고, 구조를 설계하며, 종업원들을 고용하고 관리하며, 종업원들의 행동이 조직의 목적이나 목표와 일치하는지를 확인하고 평가하는 합법적 권위에 의하여 만들어지고 통제된다. 이들 공식적 권위는 부서와 직위에 부여되어 있는 합법적 권력을 통제하지만, 그것은 조직 내 다른 여러 권력 형태들 중의 하나일 뿐이다(Bolman과 Deal, 2008). 필자들은 먼저 합법적인 권력의 형태를 살펴보고, 이어서 비합법적인 권력을 검토하고자 한다.

권위의 근원: 합법적 권력

권위관계는 학교생활에 있어 없어서는 안 될 부분이다. 많은 학생-교사, 교사-행정가, 상급자-하급자 관계의 토대는 권위이다. 불행하게도, 많은 사람들은 권위를 권위주의와 동의어로 본다. 그러나 그렇지 않기 때문에, 권위를 이론적으로 명확하게 개념화할 필요가 있다.

일부 일반적 믿음과는 달리, 학교에서 행사되는 권위는 대체로 강제성을 수반하지 않고 있다. Herbert A. Simon(1957a: 126-27)의 주장에 따르면, **권위**(authority)는 "하급자가 여러 대안들 중 하나를 선택할 때 자신의 비판적 능력을 유예하고, 선택 근거로 받은 명령이나 신호를 공식적 기준으로 사용한다"는 점에서 다른 종류의 영향력 혹은 권력과 구별된다. 따라서 학교에서는 두 가지 권위기준, 즉 (1) 합법적 명령에 자발적으로 복종하고 (2) 의사결정에서 자신의 기준을 유보하고 조직 명령을 수용하는 것이 상급자와 하급자 관계에서 중요하다.

Peter Blau와 W. Richard Scott(1962, 2003)은 권위를 다른 유형의 사회적 통제와 구별하기 위해서는 제3의 준거가 첨가되어야 한다고 주장한다. 그들은 사회적 통제의 사용을 합법적인 것으로 규정하는 것은 가치지향성이고, 이 지향성은 오직 집단적 상황 속에서만 나타난다고 주장하였다. 권위는 집단이 공유하고 있는 가치에 의해서 합법화된다(Suchman, 1995). Blau와 Scott은 권위관계의 기본적인 특성을 하급자가 의사결정에서 자신의 준거를 유보하고 상급자의 지시에 복종하려는 자발성에서 찾고 있다. 이러한 자발성은 주로 사회적 집합체(교사와 학생들)의 규범에 의해서 발휘되는 사회적 압력의 결과로 생기는 것이지 기본적으로 상급자(행정가)가 행사하는 권력으로부터 나오는 것이 아니다. 이와 같은 사회적 제약은 강제적인 권력이 아니라 다른 형태의 사회적 영향력이다. 따라서 학교에서의 권위관계는 다음과 같은 세 가지 중요한 특징, 즉 (1) 하급자들의 복종하려는 자발성 (2) 지시에 우선하는 의사결정에 대한 하급자들의 준거 유예 (3) 집단의 규범에 의해 정당화된 권력관계를 가지고 있다.

한 학교의 공통된 신념(규범)체계가 권력의 사용을 "옳고 정당한 것"으로서 합법화할 때 권위는 존재한다. Weber(1947)는 전형적으로 요구되는 합법성의 종류에 따라서 권위를 카리스마적, 전통적 및 법적 권위로 구별하고 있다.

카리스마적 권위(charismatic authority)는 개인적 신뢰나 모범적인 자질 때문에 지도자가 된 비범한 개인에 대한 헌신에 의존하는 권위이다. 카리스마적인 권위는 비합리적, 정의적, 감정적이 되는 경향이 있으며, 주로 지도자의 개인적 자질과 특성에 의존한다. 카리스마적인 지도자의 권위는 기본적으로 지도자가 가지고 있는 위압적인 개인적 매력의 결과로 생긴다. 그리고 전형적으로 공동의 가치지향성이 집단 내에서 나타나 그 지도자에 대한 강렬한 규범적 헌신과 동일시가 이루어진다. 따라서 학생들은 교사가 가지고 있는 개인적 신비감 때문에 교실에서 교사가 내리는 지시에 복종할 수도 있다.

전통적 권위(traditional authority)는 과거에 권위를 행사한 사람들의 직위를 신성한 것으로 믿는 데서 비롯되는 권위이다. 복종은 전통적으로 용인된 권위의 직위 때문에 가능하며, 그 직위를 점유한 사람은 관습에 의해서 확립된 권위를 물려받는다. 예컨대, 학교에서 학생들은 그들의 부모들과 조부모들이 그래왔기 때문에 교사와 교사라는 직위의 권위를 수용할 수도 있다.

법적 권위(legal authority)는 공식적으로 정당한 절차에 의하여 변경될 수 있는 제정된 법에 근거를 두고 있는 권위이다. 개인이나 직위 그 자체 때문에 복종하는 것이 아니라, 누구에게 어느 정도 복종해야 하는지를 상술하고 있는 법에 복종한다. 따라서 법적 권위는 법으로 직위에 부여된 권위의 범위 내에서만 행사된다. 학교에서 복종은 조직운영을 관리하는 비정적인 원칙들 때문에 일어난다.

학자들과 조직이론가들은 이러한 기본적인 권위의 개념을 확대하였다. Robert Peabody(1962)는 공식적 권위의 근거(합법성과 지위)와 기능적 권위의 근거(능력과 인간관계 기술)를 구별하고 있고, Blau와 Scott(1962, 2003; Scott, 2003)는 권력에 대한 합법성의 근원에 따라 권위관계를 공식적인 것과 비공식적인 것으로 구분하여 설명하고 있다.

공식적 권위(formal authority)는 조직에 부여된 권위이며, 법적으로 직위, 규칙 및 규정에 설정되어 있다. 종업원들은 조직에 합류하면서 일정한 한계 내에서 상급자의 지시를 수용하기로 동의했기 때문에 권위관계를 수용한다. 이에 조직은 명령할 권리를 가지게 되고 종업원들은 복종할 의무를 가지게 된다(March와 Simon, 1958). 따라서 공식적 권위의 기초는 조직과 구성원들 간에 법적으로 설정된 동의에 있다.

기능적 권위(functional authority)는 사람의 권위와 능력의 권위를 포함한 다양한 근원을 가지고 있다. Weber는 능력의 권위를 관료제의 법적-합리적 패턴의 한 부분으로 취급하고 있지만, 능력이 항상 직위에 한정되어 있는 아니다. 기술적인 능력은 어떤 사람이 차지하고 있는 특정의 직위에 관계없이 공식적 조직의 합법적 통제와 지시의 근원이 될 수 있다. 바로 이러한 사실이 전문가들에게 딜레마와 갈등을 제기한다.

비공식적 권위(informal authority)는 개인적 특성과 개인적 행동으로부터 나오는 또 다른 합법적인 통제의 근원이다. 공식적 직위와 관계없이, 어떤 조직 구성원들은 충성의 규범을 발전시키고 동료 구성원들로부터 지지를 받는다. 이러한 비공식적인 규범이 그들의 권력을 강화시켜 주고, 합법화시켜 주며, 비공식적인 권위를 갖게 해 준다.

학교의 권위와 행정적 행동

권위는 행정가, 교사 및 학생들을 합법적으로 통제하는 근거를 제공하기 때문에 학교생활의 기본적인 특징이 된다. 통제의 근원이 공식적인 업무를 수행하는 특정 개인이 아니라 직위 또는 직책에 부여된 공식적 권위에 있다(Merton, 1957). 행정가, 교사 및 학생들이 학교조직에 참여할 때, 그들은 공식적인 권위관계를 수용한다. 그들은 관리자가 학교를 위하여 내리는 지시를 일정 한계 내에서 따르기로 동의한 것이다. 간단히 말하면, 학교구성원들은 명령에 복종하기로 약속하는 계약적 동의관계를 전제로 하여 학교에 참여하는 것이다(Commons, 1924).

공식적 제재에 의하여 고착되고 유지되는 공식적 권위는 그 범위가 다소 제한되어 있다. Chester Barnard(1938)가 관료적 "무관심 영역"이라고 언급한 현상, 즉 행정가나 교사를 포함하는 하급자들이 의심의 여지 없이 명령을 수용하는 것은 어떤 최소한의 성취 수준을 이끌어 내는 데는 만족스러울지 모르지만, 효율적인 운영에 이르게 하지는 못할 것이다. 공식적 권위는 지시와 규율에 대한 최소한의 복종을 촉진하지만, 구성원들을 노력하게 하고, 책임지게 하며, 주도적으로 되도록 고무시키지는 못한다(Blau와 Scott, 1962, 2003; Kotter, 1985). 따라서 모든 행정가들이 직면하는 기본적인 도전, 특히 학교장과 같은 일선 감독자들에게 특별히 중요한 도전은 공식적인 직위가 주는 좁은 범위의 권위를 넘어서 전문 교직원들에게 영향력을 확대하는 방법을 찾아내는 일이다.

Hoy와 Williams(1971) 그리고 Hoy와 Rees(1974)는 이러한 생각을 정교히 하고 실증적으로 검증하였다. 그들은 많은 학교 행정가들이 단지 직위가 주는 권력과 권위만을 가지고 있다고 추론하였다. 어떤 의미에서 학교 행정가들은 메마른 관료이지 지도자가 아니다. Barnard(1938)는 리더십의 권위가 직위 권위와 결합할 때만이 상급자는 관료적인 무관심 영역 밖의 지시에 효과적으로 복종하도록 하급자들을 유도할 수 있다고 주장하였다. 실제로, 공식적 권위와 비공식적 권위, 이 양자를 모두 소유하는 것이 공식적 지도자를 비공식적 지도자와 구분하게 해준다. [그림 7.1]은 이러한 관계를 설명해 주고 있다.

		공식적 권위	
		예	아니오
비공식적 권위	예	공식적 지도자	비공식적 지도자
	아니오	관리자	추종자

그림 7.1 **권위 직위의 유형**

학교 행정가는 어떤 방법으로 자신들의 권위 근거를 확장하고 지도적 직위를 향상시킬 수 있는가? 비공식조직은 자주 다루어지지 않는 권위의 중요한 근원이다. 법적 계약과 직위가 공식적 권위를 합법화하는 곳에서는, 작업집단에서 생겨나는 공통된 가치와 정서가 비공식적 권위를 정당화한다. 특히, 비공식적 권위는 상급자가 집단 구성원들로부터 얻는 충성심에서 생긴다(Blau와 Scott, 1962, 2003). 상급자에 대하여 하급자가 보이는 충성은 분명히 매우 중요하다. 하급자들의 충성심을 얻어내는 행정가들은 자신들의 권위 근거를 확대하는 뚜렷한 장점을 가지고 있다.

비록 권위주의적인 학교장의 행동과 학교장에 대한 교사들의 충성심이 양립하기 어렵다고 할지라도, 하급자들에 대한 공식적 권위의 범위를 확대할 목적으로 일부 행정가들이 사용하는 하나의 전략은 지배이다(Blau와 Scott, 1962, 2003). 예컨대, 권위주의적인 행정가는 공식적 제재를 사용하거나 그것을 사용하겠다고 위협함으로써 통제력을 증가시키려고 한다. 그러나 그러한 방법을 계속하여 사용하게 되면, 행정가들의 권위는 아마 약화될 것이다. 특히 하급자들이 평등주의적인 문화에서 생활하는 전문가들인 경우, 계속해서 상급자에게 의존하는 것을 불쾌하게 생각한다. 지배와 밀착 감독의 전략을 사용하는 권위주의적인 행정가들은 전문가들로부터 충성심과 지지를 쉽게 끌어내지 못할 것이다. Blau(1955)는 이러한 현상을 *관료적 권위의 딜레마(dilemma of bureaucratic authority)*라고 하였다. 이 딜레마는 제재의 권력에 의존하지만, 너무 자주 제재에 의존하게 되면 그 효과가 약화된다.

실제로, 비권위적이고 지원적인 상급자들은 하급자에게 서비스와 지원을 제공하는 리더십, 말하자면 대조적 전략을 사용할 것 같다. 공식적인 권위를 사용하여 호의, 서비스 및 지지를 실행하는 것은 사회적 의무를 이끌어 내고, 하급자들 사이에 선의(善意)를 구축할 수 있으며, 결과적으로 하급자들의 충성심을 증진시켜 비공식적 권위를 증진시킬 것임에 틀림없다.

학교 감독의 본질은 여러 가지 이유로 해서 교사들이 자신의 수업을 개선하도록 지시하는 것이 아니라 도와주는 데 있다. 교사들은 폐쇄된 공간에서 일하기 때문에 쉽게 관찰할 수 없다. 더구나 교사들은 전문적 자율성을 강력하게 요구하기 때문에 밀착 감독은 자율성에 대한 침해로 보여질 수 있다. 마지막으로, 교사들은 전문적 능력에 근거한 권위를 아주 중시한다(Peabody, 1962). 따라서 연구 결과들이 권위주의적인 학교장은 교사들의 신뢰와 충성심을 이끌어 내는 데 성공하지 못하는 반면, 지원적인 학교장은 그러한 면에 있어 아주 성공적이라는 사실을 지속적으로 보여주고 있다는 것은 결코 놀라운 일이 아니다(Hoy와 Rees, 1974; Isaacson, 1983; Mullins, 1983; Hoffman 외, 1994; Reiss, 1994; Reiss와 Hoy, 1998). 밀착 감독을 통해 교사들을 권위적으로 통제하면 비공식적 권위를 얻지 못하지만, 지원적이고 도움을 주는 감독은 그것을 가능하게 한다.

감정분리와 위계독립은 학교장-교사 간의 관계에서 볼 수 있는 또 다른 두 가지 중요한 특징이다. 감정분리는 어려운 상황에서도 조용하고 냉정하며 침착할 수 있는 행정가의 능력이다. 위계독립은 행정가가 교사들과 상호작용할 때 상급자들로부터 독립된 자율성을 보이는 정도이다. 학교장은 한편으로는 상급 기관의 행정과 다른 한편으로는 전문적 교사집단의 중간에 위치하고 있다. 학교장의 효과성은 이들 양자로부터 받는 지지에 달려있으나, 양 집단으로부터 받는 갈등적인 압력의 표적이 될 수도 있다. 결과적으로 교사들로부터는 감정적으로 분리하고, 상급자들로부터의 위계적 독립성은 학교장이 교사들의 사회적 지지를 확보하는 데 있어 중요하다. 실제로 연구들은 학교장에 대한 교사들의 충성심을 이끌어 내는 데 있어 이 두 가지가 모두 중요하지만, 특히 감정분리가 중요하다는 것을 밝히고 있다(Hoy와 Williams, 1971; Hoy와 Rees, 1974; Isaacson, 1983; Mullins, 1983).

이와 유사하게, 위계적 영향력은 비공식적인 교사집단에게서 지도적 권위를 얻어 낼 수 있는 행정가들의 또 다른 속성이다. 교사들을 위하여 상급자에게 영향력을 행사할 능력과 의지를 가진 행정가들은 교사들의 존경을 받고 높게 평가되며, 교사들의 신뢰와 지지, 충성심을 얻게 된다(Isaacson, 1983; Mullins, 1983).

마지막으로, 교사들과의 관계에서 학교장이 보여주는 신뢰성은 행정적 과정에서 매우 중요한 요인이며, 그것은 학교장들로 하여금 교사들의 충성심과 비공식적 권위를 얻게 해준다. 그러나 지도자의 신뢰성은 포착하기 어려운 개념이다. 사람들은 성실한, 신뢰할 만한, 진실한 행동에 관해 그럴듯하게 말하지만 명료하게 정의한다는 것은 또 다른 문제이다. Henderson과 Hoy(1983) 그리고 Hoy와 Henderson(1983)의 연구에 따르면, 학교장의 신뢰성이란 교사들이 학교장을 자신들의 행동에 대해 책임을 지고, 조작하여 속이지 않으며, 주어진 역할에서 자신을 드러내 보이는 것으로 서술하는 정도라고 정의되고 있다. 이와 반대로 신뢰롭지 못한 학교장이란 책임을 전가하거나, 교사들을 속이며, 성공하지 못한 원인을 다른 사람이나 상황에 돌리고, 그것을 비난하며, 공식적인 직위 뒤에 숨는 사람을 말한다. 예상할 수 있는 바와 같이, 지도자의 신뢰성은 학교장이 내리는 명령에 대한 신뢰 및 교사의 충성심과 강력하게 관계되어 있다(Hoffman, 1993).

요약하면, 이러한 연구들이 시사해 주는 것은 분명하다. 만약 교육행정가들이 충성심을 이끌어 내려고 한다면, 자신들의 영향력을 확대해야 하고, 성공적이기 위해서는 다음과 같이 행동해야 한다.

- 교사들을 배려하고 지원한다. 교사들이 성공하도록 돕는다.
- 진실해야 한다. 솔직하고 비판을 함께 나누며, 다른 사람을 속이는 것을 피한다.
- 관료제에 사로잡혀서는 안 된다. 엄격한 규칙을 적절한 판단으로 대체한다.
- 자율성을 보여준다. 스스로를 이끌어 가야 한다.
- 영향력을 보여준다. 상급자와 있을 때 교사들을 지지한다.
- 특히 어려운 상황에서 침착하고 냉정을 유지한다. 폭발해서는 안 된다.
- 전제적 행동을 피한다. 이는 반드시 실패한다.

권력의 근원

권위가 합법성을 함축하고 있기는 하지만, 모든 권력이 합법적인 것은 아니다. 개인, 집단 혹은 조직은 권력을 사용할 수 있다. 예컨대, 하나의 부서나 집단은 인사나 예산 결정과 같은 과정에서 다른 개인이나 집단의 행동에 영향을 줄 능력을 가지고 있다는 의미에서 권력을 가질 수 있다. 마찬가지로, 한 개인이 다른 사람들을 지시나 제안에 복종하도록 할 수 있다는 의미에서 권력을 가질 수 있다. 지도자는 권력을 가지고 있다. 즉, 지도자는 다른 사람을 자신의 지시에 복종하도록 할 수 있다. 우리가 보아온 바와 같이, 지도자이건 아니건 간에, 대부분의 행정가들은 조직의 대표자로서 권력을 가지고 있다. 그러나 행정가들은 조직은 물론 개인적 근원으로부터도 권력을 도출해 낼 수 있다. 권력을 가지고 있는 사람들은 다른 사람들의 행동에 영향을 준다. 권력의 근원을 분석하기 위한 첫 번째 시도 중의 하나는 John R. P. French와 Bertram H. Raven(1968)의 선구적인 연구이다. 이들은 대인간 관계에 존재하는 권력을 근거로 하여 보상적 권력, 강제적 권력, 합법적 권력, 준거적 권력 및 전문적 권력과 같은 다섯 가지 유형의 권력을 확인하였다.

보상적 권력(reward power)은 바람직한 행동을 보상해 줌으로써 하급자들에게 영향을 미치는 행정가의 능력이다. 이러한 권력의 강도는 보상에 대한 매력과 보상을 통제할 수 있는 확실성의 정도에 달려있다. 예를 들면, 수업의 배분과 수업혁신에 대한 개발지원금을 통제할 수 있거나, 일상적인 업무로부터 교사들을 풀어줄 수 있는 학교장은 교사들에 대해 보상적 권력을 가진다. 교사들은 복종의 대가로 보상을 기대하기 때문에 학교장의 요구에 복종할 수 있다. 그러나 보상이 복종에 연계되어 있어야 하고, 영향력을 행사하려는 시도가 적절하고 윤리적이어야 한다는 사실이 중요하다. Philip Cusick(1981)은 학사일정, 특별업무 배당 및 배분되지 않은 자원을 관리함으로써 보상적 권력을 사용하려고 시도한 한 학교장을 설명하고 있다. 그 학교장은 많은 교사들이 원하는 것들을 통제하고 있었다. 학교장은 부장교사에게 자유시간, 좋아하는 학급, 두 배의 점심시간, 우등생 반 배정, 새로운 활동에 대한 지원 등과 같은 보상을 줄 수 있었다.

강제적 권력(coercive power)은 바람직하지 못한 행동을 처벌함으로써 하급자에게 영향력을 행사할 수 있는 행정가의 능력이다. 강제적 권력의 강도는 벌의 엄격함과 벌의 회피 가능성에 달려있다. 벌은 공식적 징계, 바람직하지 않은 작업 할당, 밀착 감독, 규칙과 규정의 엄격한 적용, 봉급 인상 거부, 계약 만료 등 여러 가지 형태를 취할 수 있다. 벌에 따른 부정적인 효과가 없는 것은 아니다. 계속하여 조퇴하는 교사를 공식적으로 징계하게 되면, 그것은 오히려 잦은 결근, 계약서에 구체적으로 명시되지 않은 학생지원업무 거부, 필수적인 직무를 제외한 모든 일들을 회피하려는 일반적인 경향을 초래할지도 모른다. 흥미로운 것은, 똑같은 관계성이 상황에 따라 어느 경우에는 보상적 권력으로 또 어느 경우에는 강제적 권력으로 간주되기도 한다는 점이다. 예컨대, 한 교사가 처벌이 두려워 학교장에게 복종한다면 그것은 강제적 권력이 되지만, 교사가 미래의 보상을 기대하기 때문에 복종한다면 그것은 보상적 권력이 된다.

합법적 권력(legitimate power)은 단순히 공식적 직위 때문에 하급자의 행동에 영향력을 행사할 수 있는 행정가의 능력이다. 하급자들은 행정가가 지시를 할 권리를 가지고 있으며, 자신들은 복종할 의무가 있다는 것을 알고 있다. 모든 행정가는 특정 책임범위 내에서 의사결정을 할 수 있는 권한을 부여받는다. 이 책임범위가 행정가가 합법적 권력을 가지게 되는 활동을 규정한다. 지시가 행정가의 책임범위에서 벗어날수록, 그의 합법적 권력은 약화된다. 행정가의 지시가 의심 없이 수용될 때, 그 지시는 하급자의 "무관심 영역"에 속하게 되는 것이다. 그러한 명령은 종업원들이 조직과 계약할 때 이미 알고 있었고 또한 합법적 의무로서 간주되는 영역 내에 있다. 교사들이 주어진 기간 내에 성적을 산출하여 제출할 것으로 기대되는 것은 이러한 경우에 해당되는 하나의 사례이다. 그러나 무관심 영역 밖에 존재하는 합법적 권력은 급속하게 약화된다. 따라서 학교장이 교사들로 하여금 빨리 성적을 산출하여 사무실에 제출하도록 요구하는 것과 성적을 수정하도록 요구하는 것은 별개의 것이다. 첫 번째 요구의 합법성은 명확하지만, 두 번째 요구의 경우는 꼭 그렇지 않다. 따라서 두 번째 요구에 대해서 교사들이 복종할지는 의문이다.

준거적 권력(referent power)은 하급자들이 행정가를 좋아하고 또한 동일시하려는 성향에 근거하여 하급자들의 행동에 영향을 미칠 수 있는 행정가의 능력이다. 준거적 권력을 가진 사람은 존경받으며, 닮아야 할 모형으로서 섬김을 받는다. 준거적 권력의 근원은 남다른 인품과 개인적 인간관계 기술에 있다. 예를 들면, 어떤 젊은 교사는 학교장을 동일시하여 경륜이 많고 좋아하는 학교장의 리더십 스타일을 닮으려 할지도 모른다. 개인뿐 아니라 집단도 준거적 권력을 가질 수 있다. 긍정적인 준거집단의 구성원들은 준거적 권력의 근원을 제공할 수 있다. 준거적 권력은 단순히 한 조직의 공식적 권력 점유자들에게만 있는 것은 아니다. 학교장뿐만 아니라 교사들도 준거적 권력을 가질 수 있다. 실제로, 동료교사들 사이에서 존경심, 신뢰 및 충성심을 얻어내는 매우 매력적인 개인은 그러한 권력을 개발할 수 있을 것이다.

전문적 권력(expert power)은 전문화된 지식과 기술에 근거하여 하급자들의 행동에 영향을 미치는 행정가의 능력이다. 하급자들은 행정가가 가지고 있는 정보와 전문적 지식이 상당히 많고 도움이 되며, 자신들이 가지고 있지 않은 것이라고 믿기 때문에 영향을 받는다. 준거적 권력과 마찬가지로, 전문적 권력도 개인적 특성에서 나오는 것이지 공식적인 직위권력의 점유 여부에 의존하는 것은 아니다. 따라서 전문적 권력은 준거적 권력에 비해 그 영역이 훨씬 좁다. 지식의 유용성이 전문적 권력의 한계를 규정한다. 신임 행정가들이 전문가로 인식되고 또한 교사들이 그것을 인정하기까지는 시간이 걸리기 때문에 전문적 권력을 획득하는 데는 시차가 있을 수 있다. 따라서 신임 학교장들은, 교사들이 새로운 실무와 절차를 시행하려는 시도를 기꺼이 받아들이기 전에, 행정기능을 능숙하게 수행하는 방법을 알고 있다는 것을 보여주어야 한다.

위의 다섯 가지 권력의 유형은 조직적인 것에 근원을 둔 것과 개인적인 것에서 연유하는 것으로 크게 범주화할 수 있다. 보상적, 강제적, 합법적 권력은 조직적 직위에 의해서 부여되는 것이기 때문에, 직위가 높을수록 이러한 권력을 가질 개연성은 높아진다. 반대로, 준거적 권력과 전문적 권력은 인성, 지도성 스타일, 지식, 대인관계 기술 등과 같은 행정가의 개인적 성향에 훨씬 더 많이 의존한다. 간단히 말하면, 어떤 권력의 근원은 조직적 통제에 기인하지만, 어떤 권력은 개인적 특성에 더욱 의존한다는 것이다.

권력의 행정적 사용

모든 행정가가 사용하는 시간의 대부분은 "권력 지향적"인 행동, 말하자면 "다른 사람들이 어떤 한 사람의 요청에 어느 정도 기꺼이 복종하려는 관계성을 발전시키거나 사용하는 것을 일차적으로 하고 있는 행동"을 지향하고 있다(Kotter, 1978: 27). 행정가들은 지금까지 논의되어 왔던 권력 유형들이 다양하게 뒤섞여 배합되어 있는 권력을 소유하고 있다. 더구나 행정가들의 한 가지 권력 유형은 다른 종류의 권력의 효과성을 방해하거나 혹은 촉진하기도 한다(Pfeffer, 1992).

보상적 권력은 긍정적인 감정을 주고 준거적 권력의 개발을 촉진할 것으로 보이지만, 강제적 권력은 그 반대의 효과를 가져올 수 있다(Huber, 1981). 더구나, 하급자들은 전문성을 보여주는 행정가들이 더 많은 합법적 권력을 가지고 있는 것으로 볼 수도 있다. 실제로, 전문적 권력은 가장 안정적인 권력 형태일지도 모른다. Greene과 Podsakoff의 연구(1981)는 조직의 보상구조의 변화가 강제적 권력의 사용에 대한 인식을 높여주고, 행정가의 보상적, 합법적, 준거적 권력의 인식에는 변화가 없었음을 밝히고 있다.

Gary Yukl(2002)은 몇 가지 가이드라인을 제공하여 다섯 가지 종류의 권력을 구축하고 사용하는 행정가들을 돕고 있다. 행정가들은 이러한 권력을 사용하는 것이 어떤 결과를 가져올 것인지에 대해서 숙고해 보는 것이 중요하다. 〈표 7.1〉은 헌신, 단순 복종 및 저항이라는 용어를 사용하여 각 권력 유형이 어떤 결과를 가져다줄 것인지를 요약하여 제시하고 있다.

예를 들면, 준거적 권력을 사용하면 헌신감을 촉진시킬 가능성이 가장 높고, 다음으로는 단순한 복종을 가져올 가능성이 높으며, 저항과 소외를 일으킬 가능성은 가장 낮을 것으로 보인다. 준거적 권력과 전문적 권력은 헌신감을, 합법적 권력은 단순한 복종을, 보상적 권력과 강제적 권력은 저항과 소외를 가져올 가능성이 높다. Amitai Etzioni(1975)도 조직에서의 권력을 사용한 결과를 분석한 연구에서 비슷한 결론을 내린 바 있다.

준거적 권력은 비교적 장기간에 걸쳐 형성된 행정가에 대한 개인적 충성심에 의존

표 7.1 권력에 대한 하급자의 반응

권력의 유형	권력에 대한 하급자들의 반응		
	헌신	단순한 복종	저항
준거적	×××	× ×	×
전문적	×××	× ×	×
합법적	× ×	×××	×
보상적	× ×	×××	×
강제적	×	× ×	×××

××× 매우 그럴 것 같다, × × 그럴 것 같지 않다, × 거의 그럴 것 같지 않다.

한다. 상급자에 대한 충성심은 사회적 교환과정을 통해 발전되는 것이고, 행정가가 하급자들에게 관심, 신뢰, 애정을 표시할 때 증진된다. 그러한 수용과 신뢰는 상급자에 대한 선의와 일체감을 증진시키고 강력한 충성심과 헌신감을 만들어 낸다. 준거적 권력은 행정가가 자기 자신을 가장 동일시하려는 하급자를 선발하고, 개인적 매력을 빈번히 사용하며, 적절한 역할행동을 모범으로 보일 때 가장 효과적이다.

전문성 그 자체가 하급자의 헌신감을 보장하는 충분조건은 아니다. 전문적 권력을 성공적으로 사용하기 위해서는 하급자들이 행정가의 지식을 인정하고 그 전문성이 유용한 것이라는 것을 인식해야 한다. 따라서 행정가들은 하급자들의 자존심을 위협하지 않고, 그들의 관심 사항을 인식하며, 단호하게 행동하고, 계속하여 정보를 제공하며, 신뢰성을 유지함으로써 자신들의 지식을 확실하게 보여주어야 한다. 즉, 행정가들은 전문가로서의 이미지를 조성하고 그 유용성을 드러내기 위해서 자신의 지식을 사용해야 한다.

권위는 합법적 권력을 통해 행사된다. 합법적 요구는 명령, 지휘, 지시 및 훈시와 같은 형태로 나타날 수 있다. 행정가의 요구의 결과는 그 요구의 본질과 방법에 따라 헌신적인 복종, 단순한 복종, 저항 혹은 소외가 될 수도 있다. 행정가가 겸손하고 명료하게 요구를 하고, 그 요구를 하게 된 이유를 설명하며, 하급자들의 관심사항에 민감하고, 일상적으로 합법적인 권위를 사용한다면, 저항과 소외를 초래할 가능성은 많지 않을 것이다(Yukl, 2002; 1994).

보상적 권력은 조직의 규칙이나 특정 지도자의 요구에 대한 복종을 이끌어 내기 위해 사용되는 일반적 행정 전술이다. 그 보상이 명시적인 것일 수도 있고 묵시적인 것일 수도 있지만, 그 보상들이 행정적인 지시에 대한 복종을 조건으로 한다는 점이 중요하다. 요구가 실행 가능하고, 보상이 매력적이며, 행정가가 그 보상을 줄 수 있고, 그 요구가 적절하고 윤리적이며, 요구에 대한 복종이 검증될 수 있을 때, 복종할 가능성이 가장 높다. 보상을 사용할 때는 약간의 위험이 따른다. 하급자들은 보상적 권력을 조작적인 것으로 인식할 수도 있어서, 하급자의 저항과 적대감을 일으키는 것이 보통이다. 더구나 보상적 권력을 자주 사용하면 행정적인 관계가 순수한 경제적인 관계로 규정될 수가 있기 때문에, 하급자들의 반응은 가시적인 이익에 기초하여 계산된다. 보상이 탁월한 직무수행에 대한 행정가의 개인적 평가를 표현하기 위해 주어질 때, 그 보상은 준거적 권력을 증가시키는 근원이 될 수도 있다. 보상의 수혜자들은 수용 가능한 반복적인 방법으로 인센티브를 제공하는 사람을 점점 더 좋아하게 된다 (French와 Raven, 1968).

강제적 권력은 준거적 권력의 사용을 훼손하고 하급자들 간에 적대감, 소외, 공격성을 촉발하기 때문에 효과적인 행정가들은 그러한 권력을 사용하지 않으려고 노력한다. 결근, 태업, 절도, 준법투쟁, 파업 등은 과도한 강제성에 대항하여 일반적으로 나타나는 반응들이다. 강제적 권력은 그 문제가 규율에 관한 것이거나 절도, 태업, 규칙 위반, 싸움, 합법적 지시에 대한 직접적인 불복종 등과 같은 조직에 해로운 행위를 막으려 할 때 가장 적절하다(Yukl, 2002). 강제적 권력이 효과적인 것이 되려면, 규칙과 그것을 어겼을 때 주어지는 벌을 하급자들에게 알려 주어야 한다. 강제는 항상 소외를 가져올 가능성이 있다. 따라서 규칙은 즉각적이고 일관되며 공정하게 적용되어야 한다. 행정가는 신뢰성과 냉정함을 유지하며, 적대감을 드러내지 말고, 적절한 벌을 사용해야 한다. 행정가들에게는 다음의 세 가지 지침이 도움이 될 것이다.

- 강제적 권력을 사용하는 것을 피하라. 강제는 소외를 낳는다.
- 개인적 권력을 발전시키기 위하여 조직의 권력을 사용하라.
- 개인적 권력을 사용하여 헌신감을 일으키고 만들어 내라.

권력은 하급자들을 구속하는 힘으로 생각되지 않아야 한다. **권한부여**(empowerment)는 행정가들이 권력을 분담하고, 다른 사람으로 하여금 자신들과 직무에 영향을 주는 결정을 하는 데 있어 건설적인 방법으로 권력을 사용하도록 도와주는 과정이다(Schermerhorn, Hunt와 Osborn, 1994; Hardy와 Leiba-O'Sullivan, 1998; Leach, Wall과 Jackson, 2003). 그 어느 때보다도, 행정가들과 개혁가들은 교사들의 권한을 강화하려고 노력하고 있다(Conley와 Bacharach, 1990; Gaziel, 2002; Pugh와 Zhau, 2003; Rice와 Schneider, 1994; Marks와 Louis, 1997, 1999; Rinehart, Short와 John-son, 1997; Rinehart, Short, Short와 Eckley, 1998). 권한부여는 참여적 의사결정(Hoy 와 Tarter, 2004a), 권위의 위임, 팀워크(Dee, Henkin과 Duemer, 2003; Lally와 Scaife,

1995), 학교자율경영제 등으로 해석된다. 권력을 행정가의 영역으로 보기보다는 조직에서 모든 사람이 공유하는 그 어떤 것으로 보는 경향이 점차 증대되고 있다(Lugg와 Boyd, 1993). 교사에게 권한이 부여되면, 학교장이 교사들을 매정하게 다루거나 좌지우지할 가능성(강제적 권력 사용)은 적어지는 대신, 자신의 지식과 전문적 능력을 사용(전문적 권력)하여 교사들의 팀을 이끄는 촉진자로 봉사할 가능성은 높아질 것으로 보인다. 학교장은 교사들을 지도하기 위해 점차로 직위(합법적 권력)에 의존하지 않게 될 것이다. 실제로, 교사들의 권한이 강화될 때, 전문적 지식은 교사와 행정가 사이의 권력관계에서 가장 중요한 요소가 될 것이다. 마지막으로, 교사들에게 교육과정에 대한 권한을 부여하는 것이 학생들의 학업 수행 향상과 관계되어 있다는 증거들이 나타나고 있다(Sweetland와 Hoy, 2000a, 2001).

권력에 대한 Mintzberg의 시각

Henry Mintzberg(1983a)는 조직 내 · 외의 권력을 분석하는 또 다른 방법을 제안한 바 있다. 그의 관점에서 보면, 조직에서의 권력은 *자원, 기능적 기술* 및 *지식체계*를 통제하는 데서 나온다. 그러나 그 어느 경우에 있어서도, 자원, 기술 혹은 지식이 조직의 권력 근원이 되기 위해서는 그것들이 조직의 기능에 중요한 것이어야 한다. 즉, 공급이 부족하고 쉽게 대체될 수 없는 것이어야 한다. 바꾸어 말하면, 조직이 오직 소수의 사람만이 제공할 수 있는 어떤 것을 필요로 해야 한다는 것이다. 예를 들면, 교사들의 종신 재직권을 결정하는 데 있어 일차적인 책임을 가지고 있는 학교장은 자원 권력을 가지고 있다. 격분한 학부모, 학생 및 교사들을 효과적으로 다루는 인간관계 기술을 가지고 있는 교감은 학교의 새 교육과정 요소를 혼자만 이해하고 있는 교사와 마찬가지로 권력을 가진다.

　권력의 네 번째 일반적 근원은 일부 개인들에게 독점적 선택권을 부여하는 법적 특권에 있다. 교육위원회는 행정가와 교사들을 임용하고 해고할 권리를 가지고 있으며, 주의 법으로부터 그러한 권리를 부여받고 있다. 학교 행정가들은 주의 법에 의해 종신 재직권이 없는 교사들의 능력을 평가할 것을 요구받고 있을 뿐 아니라, 교사와 교직단체에 권력을 부여하는 다른 법적 특권에 의해서 조율되고 있다.

　마지막으로, 권력은 흔히 권력 소유자들에게 근접해 있는 사람들에게도 생긴다. 많은 학교장의 비서들은 권력을 행사하는 학교장에게 접근해 있고 또한 영향력을 미칠 수 있기 때문에 권력을 가지게 된다. 이와 유사하게, 교육위원회 의장이나 교육감 그리고 학교장의 친구들은 가끔 학교의 조직적 의사결정 과정을 변화시키곤 한다.

　Mintzberg는 조직생활을 통제하는 기본적 근원으로 네 가지 내부 체제, 즉 권위체제, 이념체제(풍토와 문화), 전문기술체제 및 정치체제를 제안하고 있다.

　권위체제(system of authority)는 조직이 공식 목표를 달성할 수 있도록 하는 합법적인 경로를 거쳐 가는 공식적인 권력의 흐름이다. 여기에는 개인적 통제와 관료적 통제 두 가지 하위 통제체제가 있다. 개인적 통제(personal control)는 명령을 내리고, 의사결정의 전제를 설정하고, 의사결정을 검토하며, 자원을 배분함으로써 행사된다. 이들 네 가지 개인적 통제수단은 교사들의 의사결정과 행위를 이끄는 데 필요한 상당한 권력을 행정가들에게 제공한다. 한편, 관료적 통제(bureaucratic control)는 근무시간, 식당관리 임무, 성적과 숙제관리 등과 같이 전체적인 활동영역에 걸쳐 교사들의 일반적인 행동을 지도하기 위해 설정된 비개인적인 표준을 부과한다.

　이념체제(system of ideology)는 학교 및 학교와 다른 집단과의 관계성에 대하여 교사들 간에 이루어진 비공식적인 합의이다. 풍토와 문화라는 말로 표현되는 작업집단의 특성은 우리가 이념체제의 본질을 파악하기 위해 필자들이 이 책(5장과 6장 참조)에서 사용하는 용어들이다. 풍토의 개방성과 학교문화의 기본적 가치들은 권력과 통제의 강력한 근원들이다.

　전문기술체제(system of expertise)는 조직이 직면하는 중요한 상황을 해결하기 위해 전문가들 사이에 이루어지는 상호작용이다. 교수와 학습이라는 복잡한 과업에 직면하여, 학교는 기본적인 목표를 달성하기 위하여 전문가들(예: 교사, 상담가, 심리학자 및 행정가 등)을 고용한다. 전문적 의사결정을 하는 데 필요한 자율성은 관료적 구조 속에서 일하는 전문가들에게는 불가피한 결과로 볼 수도 있는 공식적인 권위체제와 때때로 갈등을 일으키곤 한다(3장 참조). 교사들의 전문성이 증대되어 감에 따라 자율성과 권력에 대한 요구가 더 커지고, 그러한 권력에 대한 허용은 공식적 권위체제를 희생할 수도 있다.

　정치체제(system of politics)는 위에서 언급한 세 가지 권력체제와는 달리 합법성이 결여되어 있는 조직정치의 네트워크이다. 정치체제는 다른 체제에서 발견되는 합의와 질서가 결여되어 있다. 일체감이나 공동선을 위한 협력도 없다. 정치는 권력 소유자들이 벌이는 일련의 정치게임으로 설명될 수 있다. 게임은 합법적 체제와 공존할 수도 있고, 다른 체제에 대하여 적대적이 될 수도 있으며, 합법적 통제체제를 대체할 수도 있다.

　학교 행정가들은 이와 같은 영향력 체제들을 인식하고 그 체제에 어떻게 접근하며, 또 이용할 것인지를 알아야 한다. 직위에는 권력이 부여되어 있지만, 개인적, 관료적 통제만으로는 교사들로 하여금 학교와 학생들을 위한 창조적인 봉사를 하게 하거나 추가적인 노력을 하도록 동기화하는 데에는 일반적으로 충분하지 않기 때문에 학교 행정가들에게 있어서 권위체제는 분명 그 출발점이 된다. 지나치게 권위체제에만 의존하면 저항, 소외와 적대감을 일으킬 위험이 있다. 공식적 권위에 지나치게 의존하는 것은 교육 행정가들에게 주된 위험 요인 중의 하나이다.

조직이념(문화)은 구성원들에게 사명감을 심어줄 수 있다. 학교장은 이념을 개발하는 핵심적 위치에 있는 행위자들이다. 그 목적은 교사와 학생들 사이에 그들의 학교에는 무엇인가 특별한 것, 즉 분명한 정체성이 있다는 신념을 갖게 해주는데 있다. 우리는 이미 학교장이 비공식조직에 접근하여 충성심과 신뢰를 개발하고 자신들의 권위영역을 확대하는 몇 가지 방법에 대하여 논의한 바 있다. 그러나 비공식 권위는 끝이 아니라 또 다른 시작이다. 궁극적으로 학교장은 교사들이 학교장에 대한 개인적인 충성심을 넘어서 교사들이 학교와 일체감을 갖고 자긍심을 갖는 등 학교에 대한 헌신을 이끌어 내야 한다. 강력한 이념의 결과는 권력의 재분배, 즉 권력이 교육자들 사이에서 더욱 공정하게 배분되게 하는 데 있다.

권위와 이념체제가 협력과 복종을 촉진시킨다 하더라도, 그것만으로는 결코 충분하지 않다. 왜냐하면, 과업이 복잡할 때, 전문가들은 권위나 이념이 아니라 전문적 판단 및 지식을 토대로 하여 의사결정을 할 수 있는 자율성을 요구하기 때문이다. 성공을 거두기 위해, 행정가들은 전문가들과 권력을 공유할 필요가 있다(11장 참조). 교수 활동이 하나의 직업으로서 점차 전문화되어 감에 따라 교사들에 대한 권한부여는 단지 하나의 구호에 그치지 않고 현실이 될 것이며, 더 많은 학교들이 전문 관료제적인 조직구조를 갖게 될 것이다(3장 참조).

Mintzberg의 권력체제에 대한 우리의 논의는 학교 행정가들에게 권력을 공유할 준비를 해야 한다는 것을 분명히 말해주고 있다. 권력을 축적하는 행정가는 교사와 학생의 불만족, 소외, 적대감의 희생이 될 것 같다. 더구나, 행정가들이 사용하는 통제체제의 부적합성은 보다 비밀스러운 성격을 갖는 비공식적 권력, 즉 정치권력이 학교에서 활동하도록 할 것이다. 우리는 이 부분을 효과적인 행정가들을 위한 네 가지 명령적인 의무형식으로 요약하여 제시하고자 한다.

- 권위체제를 확대하시오; 공식적 권위만으로는 리더십을 충분히 발휘할 수 없다.
- 이념체제를 개발하시오; 조직문화는 권위의 또 다른 근원이다.
- 전문지식체제를 개발하시오; 교사들과 권력을 분담하시오.
- 정치체제를 식별하고 이해하며 그것을 제한하시오.

권력 시각의 비교와 종합

필자들은 다수의 개념적 관점을 망라하여 권력과 권위를 분석하였다(〈표 7.2〉 참조). 이러한 시각들은 권력의 합법성 여부와 공식성 정도에 따라 비교될 수 있다. 개념적 정의상 세 가지 권위는 단지 합법적 권력만을 고려하고 있다. 이와는 반대로, 권력에 대한 시각들은 공식적 권력과 비공식적 권력뿐 아니라 합법적 권력과 비합법적 권력을 모두 다루고 있지만, 어떤 틀도 권력의 네 가지 조합을 고려할 수 있을 정도로 포괄적이지 못하기 때문에, 필자들은 하나의 종합적인 방법을 제안하려고 한다. French와 Raven(1968)의 권력 유형학은 대인 간 권력에 대한 고전적인 분석을 제공하는 반면, Mintzberg(1983a)는 조직권력에 분석의 초점을 맞추고 조직 내·외의 권력 현상을 탐구하기 위하여 네 가지 영향력 체제를 개발하였다. 그러나 Mintzberg만이 비합법적이고 비공식적인 권력, 즉 내부 정치체제를 고려하고 있다. 공식적 권위와 비공식적 권위(합법적 권력) 그리고 강제적 권력과 정치적 권력(비합법적)을 포함하는 권력관계를 분석하는 종합적 견해를 제안한다([그림 7.2] 참조).

권력 분석에서, 구조적 시각은 권위, 즉 부서 혹은 직위의 합법적, 공식적 권력에 관심을 갖는다(3장 참조). 문화적 시각은 조직문화의 합법적, 비공식적 권력을 강조한다(5장 참조). 개인적 시각은 권력을 형성하는 전문적 기술과 지식의 합법적, 비공식적인 역할을 강조한다(4장 참조). 그러나 정치적 시각은 조직에 내재해 있는 비합법적, 비공식적 권력에 관심을 갖는다.

표 7.2 권력과 권위의 근원 비교

	Peabody (1962)	Blau와 Scott(1962)	Weber (1947)	French와 Raven(1968)	Mintzberg (1983a)
합법적 공식적 권력	공식적 권위	공식적 권위	관료적 권위	보상적 권력과 합법적 권력	권위체제
합법적 비공식적 권력	기능적 권위	비공식적 권위	카리스마적 권위와 전통적 권위	준거적 권력과 전문적 권력	이념체제와 전문기술체제
비합법적 공식적 권력				강제적 권력*	
비합법적 비공식적 권력					정치체제*

* 권력은 합법적일 수 있으나, 일반적으로는 그렇지 않다.

		권력의 근원	
		공식적	비공식적
권력의 합법성	합법적	공식적 권위	비공식적 권위
	비합법적	억압적 권력	정치적 권력

* 권력은 합법적일 수 있으나, 일반적으로 그렇지 않다.

그림 7.2 **권력관계의 종합**

권력, 합리성, 합리화

권력은 합리성과 합리화 간의 차이를 불분명하게 만드는 경우가 종종 있다.

- *합리성*은 결정을 하는 데 증거와 이성(理性)을 적용한다.
- *합리화*는 결정이 내려진 다음 그 결정을 합리적이게 보이도록 하기 위한 시도이다.

합리성으로 가장한 합리화는 권력을 행사하는 데 있어 중요한 전략이 될 수 있다. Kant(1794)는 다양한 상황에서 여러 번 증명되어 왔던 명제 중의 하나, 즉 권력은 이성을 자유롭게 사용하지 못하게 만든다고 주장한 최초의 사람이다. 많은 사람들은 상층부(관리자, 학장, 학교장 등)의 관점이 "진실"인 것처럼 어떻게 해석되고 또 재해석되어 왔는지를 경험해 왔다. 권력은 실재를 규정하는 방법을 가지고 있다. 실제로 권력을 가진 사람들은 자신의 목적을 위해 종종 진실을 왜곡한다(Sweetland와 Hoy, 2000b). 정치와 권력에 관한 심층적인 사례연구를 토대로 하여, Bent Flyvbjerg(1998)는 우리들의 분석에 시사하는 바가 큰 비판적 권력이론을 발전시키고 있다.

상급자들은 무엇을 지식으로 간주해야 하는지를 구체적으로 설명하기 때문에 권력은 실재를 규정한다. 권력을 가진 사람들은 증거를 해석하고 때때로 재해석한다. Nietzsche(1968: 342)는 그러한 현상을 다음과 같이 말하고 있다. "해석 그 자체는 무엇인가를 마스터하고 정복하는 수단이며, 마스터가 된다는 것은 새로운 해석을 가하는 것이다." 학교장이나 교육감이 설명하면, 교사들은 경청하고 수용할 것으로 기대된다. 합리성은 권력에 의해 영속화되기 때문에 권력은 합리성의 한 부분이다. 단순하게 말하면, 합리화와 권력 사용은 종종 합리적 주장보다 더욱 강력한 전술이다. 참여자들의 강력한 지지를 필요로 할 때, 빈번히 나타나는 것이 합리성이 아니라 합리화라는 것은 놀라운 일이 아니다.

그러나 실제의 세계에서, 합리화가 합리성 속에 은폐되어 있기 때문에 합리성과 합리화를 구별하기는 어렵다. 합리성이 더욱 합법적이고 수용적이라 할지라도, 후면에 있고, 공공의 감시로부터 감추어져 있는 권력과 합리화가 지배한다. 많은 개인들과 조직들이 자신들의 합리화를 믿기 때문에 합리화된 전면이 반드시 부정직한 것만은 아니다. 자기현혹은 권력에 대한 의지의 부분이 될 수 있다(Nietzsche, 1968). 놀랄 것 없이, 많은 행정가들은 자신들의 합리화에 대한 진정한 신봉자들이다. 그들은 자신들 스스로가 합리화의 합리성과 장점을 모두 가지고 있다고 생각한다.

Machiavelli는 "목적을 달성하기 위하여 문제를 강요할 수 있는 사람과 설득을 해야 하는 사람을 구별해야 한다. 두 번째의 경우에 해당되는 사람은 항상 실패하게 되어 있다"고 주장한 바 있다(1984: 51-52). 이러한 주장은 설득력 있는 말이다. 그러나 권력은 지도자로 하여금 실재를 규정하고 구성하게 하는 힘을 부여한다. 지도자는 자신이 선호하는 실재를 성공적으로 구성하기 위하여 자신의 권력을 사용할 수 있기 때문에 권력이 클수록 실재를 발견할 필요성은 줄어들게 된다. 지도자가 합리적인 논쟁과 증거 제시를 꺼려하는 것은 그가 행사하려는 권력의 지표일 수도 있다.

정치와 행정에서는 적대감이 요구하는 고통과 여분의 노력 때문에 적대적인 대결보다는 안정적 권력관계가 더 일반적이다. 사실, 적대적 대결은 대부분 적극적으로 회피되며, 설사 그것이 일어난다 해도 안정적인 권력관계로 빠르게 전환된다(Flyvbjerg, 1998). 갈등과 적개심은 흔하지 않은 현상이고 소문과 풍자를 통해 조직적 동요를 야기하기 때문에 주의를 기울일 필요가 있다. 대부분의 행정가들은 적개심이나 불안정보다는 조화와 안정을 선호하며, 갈등을 회피하여 상대적으로 조화로운 평형상태를 꾸준히 유지하고자 한다.

현대 조직에서 권력 사용은 강력하며 또한 적극적이다. 권력과 정치는 불가피하다. 사실, 공개적이고 적대적인 충돌은 거의 이루어지지 않는다. 지식과 합리성은 중요하게 여겨지지 않으며, 권력이 지식을 이긴다. "진리는 전쟁으로 인한 첫 번째 사상자"라는 속담이 조직에서도 확인되고 있다. 예컨대, Flyvbjerg(1998)는 "드러난 권력을 합법화하는 데 합리화를 사용할 수 있다고 할지라도, 드러난 권력을 사용하는 것이 객관성, 사실, 지식, 혹은 합리성보다 더욱 효과적인 경향이 있다"는 것을 발견했다(p. 232).

합리적인 고려가 역할을 하지만, 그것은 어디까지나 안정적인 권력관계의 맥락 속에서 그러하다. 안정성이 합리성을 보장하지 않는다 할지라도, 행정가들이 대립적 주장에 적대적인 경우보다는 합리적 주장에 더욱 개방되어 있을 것 같기 때문에, 합리성은 안정적 권력관계에서 더욱 공통적인 것이 된다. 학교 행정가들은 교사들 및 노동조합과의 관계가 적대적이 아닐 때 더욱 이성에 귀를 기울일 것 같다. 즉, 합리성의 권력은 대립이 없을 때 가장 효과적이고 또한 가장 자주 나타난다.

요약하면, 많은 조직행동은 비합리적이고 권력은 종종 합리성을 훼손한다는 사실을 우리는 잘 알고 있다. "아는 것이 힘이다"라고 말한 Bacon(1597)의 유명한 격언이 진실이라 하더라도, "권력이 지식이다"라는 말 역시 진실이다. 권력과 합리성에 관한 Flyvbjerg의 시각은 다음과 같은 많은 흥미로운 질문을 제기해 주고 있다.

- 합리성에 기초하여 세워진 조직이 실패할 만큼 합리성은 그렇게 약한 권력 형태인가?
- 합리성의 강조는 학교에서 작용하는 정치와 권력에 대해 우리를 무지하게 만드는가?
- 민주주의를 강조하는 것은 권력자들의 교묘한 조정에 대하여 학교 구성원들을 더욱 취약하게 만드는가?
- 민주주의와 합리성은 학교의 문제들을 해결하는 데 있어 충분하지 않은 방법인가?

"해야 할 것을 실제로 하지 않고 있는 사람은 자멸의 방법을 배우고 있는 것이다"라는 말로 권력의 위험과 실재에 관하여 말하고 있는 Machiavelli(1984: 91)의 경고를 다시 생각해 보자. 우리는 조직이 우리가 믿는 당위적인 방향으로 나아갈 기회를 갖도록 하기 위하여 조직생활을 있는 그대로 보고 이해할 필요가 있다. 그렇게 하는 데 있어 권력과 정치는 중요한 요소들이다.

 TIP: 이론의 적용

당신의 학교에서 권력을 가진 사람을 설명해 보시오. 그들의 권력의 근원은 무엇인가? 누가 비공식적인 권력을 가진 사람들인가? 그들은 왜 그러한 권력을 가지고 있는가? 권력자들은 서로 어떻게 관계하고 있는가? 당신의 학교에는 얼마나 많은 충돌과 적대감이 존재하는가? 당신의 학교에서 합리성과 합리화가 우세한 정도를 평가해 보시오. 어떤 것이 지배적이고 그 이유는 무엇인가? 교사들은 권력의 분포에 대하여 냉소적인가 낙천적인가? 설명해 보시오.

조직권력과 정치[1]

정치(politics)는 "공식적 권위, 수용된 이념 혹은 공인된 전문적 지식 그 어느 것에 의해서도 제재받지 않는 비공식적이고, 표면상으로는 국지적이며, 전형적으로 분열적인, 무엇보다 기술적인 의미에서 비합법적인 개인 혹은 집단의 행동이다"(Mintzberg, 1983a: 172). 이러한 정치는 개인적인 의제가 조직의 의제를 대체하기 때문에 일반적으로는 불법적이다(Tarter와 Hoy, 2004). 강력한 권력을 가진 개인들이 있다고 할지라도, 조직의 정치적 장은 권력의 배분을 결정하기 위하여 상호간에 협상하는 개인들과 집단들의 연합으로 구성된다(Cyert와 March, 1963). 조직의 목적에 봉사하는 과정에서 개인의 욕구들을 통합하려는 모든 노력에도 불구하고, 개인들은 여전히 충족되어야 할 자신만의 욕구를 가지고 있다. 따라서 불가피하게, 개인들은 그들의 지엽적인 욕구를 충족시키기 위한 시도에 사로잡히게 되며, 그 과정에서, 유사한 포부를 가진 다른 사람들과 연합을 형성하게 된다.

이들 주요 이익집단들은 변화하고 또한 다양하다. 예를 들면, 그들은 내·외부의 이해집단뿐 아니라 부서, 직업, 성(gender) 그리고 인종집단을 대표한다. 즉, 이들은 조직 구성원들이 공동의 목적을 달성하기 위해 모인 **내부 연합**(internal coalitions)과 조직에 영향을 미치기 위해 결합된 외부 영향력 집단인 **외부 연합**(external coalitions)이다. 이러한 연합들 사이에는 가치, 신념, 지식, 인식에 있어 지속적인 차이가 있다. 이들 차이는 안정적이고, 점진적으로 변화하며, 많은 긴장과 갈등의 근원이 된다. 예를 들어, 가장 중요한 조직 의사결정은 대부분 희소자원의 배분에 관련되어 있다. 따라서 각 연합체들이 선호하는 것을 어떻게 분명하게 표현하고 또 희소자원을 획득하기 위하여 권력을 어떻게 동원하는가 하는 것은 중요한 문제가 된다(Bolman과 Deal, 2008).

학교에 중요한 영향력을 행사하는 외부 연합에는 교원단체, 노동조합, 사친회, 납세 집단, 주 정부의 교육부서, 대학협의체, 전문가조직, 대중매체 및 기타 조직된 특수이익 집단들이 있다. 이들 외부 영향력 집단들은 대부분이 학교교육에 자신들의 이해를 반영하기 위해 권력을 행사하려고 시도한다. 물론, 그들의 문제는 학교의 공식적인 의사결정 구조 밖에서 기능하면서 어떻게 자신들이 바라는 성과를 달성할 것인지를 해결하는 데 있다.

Mintzberg(1983a)는 조직화된 집단의 영향은 상당히 다양하게 나타난다고 주장하며, 세 가지의 기본적인 외부 연합을 제시하고 있다. 때때로 어느 하나의 외부 연합이 활동적이며 강력한 영향을 미친다. 이는 지배적 외부 연합이다. 이러한 경우에 외부 연합은 매우 강력하여 내부 연합뿐 아니라 교육위원회와 교육감까지도 지배하게 된다. 사실, 교육위원회와 교육감은 외부 연합을 위한 단순한 도구에 지나지 않게 된다. 예를 들어, "기초 교육 강화"와 같은 지역사회의 정책문제가 매우 널리 알려져, 조직화된 외부 연합에 의한 협력적인 노력이 교육과정 변화뿐 아니라 학교의 기본 정책과 활동을 지배하게 된다. 외부 연합들이 서로 서로 첨예하게 경쟁을 하는 경우도 있다. 이는 **분열적 외부 연합**(divided external coalitions)이다. 이들 경쟁하는 집단 간에는 대체적인 영향력의 균형상태가 형성된다. 예를 들면, 학교사회에서 한쪽은 보수적이고 다른 한쪽은 진보적인 두 개의 연합 사이에 균형이 있을 수 있다. 이들 연합들이 경쟁을 함에 따라 교육과정과 수업프로그램은 통제를 위한 전투장이 되곤 한다. 끝으로 **수동적 외부 연합**(passive external coalition)은 영향력을 행사하는 외부 집단의 수가 많아져 권력이 분산되고 제한될 때 나타난다. 대부분의 행정가들은 상대적으로 안정적이고, 조용하며, 분산되어 있고 수동적인 외부 환경을 선호한다.

조직이 외부 연합에 의해 영향을 받을 수 있듯이, 내부 연합에 의해서도 영향을 받는다. 외부 연합은 내부 연합의 형태에 영향을 미친다. 지배적인 외부 연합은 내부 연합을 약화시키는 경향이 있으며, 분열적 외부 연합은 내부 연합을 정치화시킨다. 그리고 수동적 외부 연합은 내부 연합이 번성할 기회를 제공한다. 그러나 외부 연합의 종류에 관계없이, 내부 연합의 노력에 의해 조직은 운영된다.

TIP: 이론의 적용

당신이 근무하는 학교의 권력 연합을 설명하시오. 어떤 교사 집단이 권력을 가지고 있는가? 이 집단이 권력을 갖는 이유는? 이들의 권력은 조직, 노조, 비공식 조직, 문화 또는 전문성에서 기인하는가? 지배적인 것은 무엇이고 왜 그런가? 어떤 외부 연합이 내부 연합에 영향을 미치는가? 내부 연합의 지도자는 누구인가? 내부 연합이 조직 생활을 더 좋게 만드는가 아니면 나쁘게 만드는가? 설명해 보시오.

권력게임

권력은 중요하다. 권력은 조직과 그 구성원들의 활동에 영향을 미치는 중요한 측면이다. Hirschman(1970)은 그의 고전적 저서인 『Exit, Voice, and Loyalty』에서 모든 체제에 참여한 사람들은 다음 세 가지 기본적인 선택의 여지를 가지고 있다고 주장하고 있다.

- 떠난다; 다른 곳을 찾는다 - exit.
- 머물면서 활동한다; 체제를 변화시키려고 노력한다 - voice.
- 머물면서 기대된 대로 공헌한다; 충실한 구성원이 된다 - loyalty.

조직을 떠나는 사람들은 조직의 실력자가 되는 것을 포기하는 것이다. 충성하는 사람들은 적극적인 실력자로서 참여하지 않기로 선택한 사람들이다. 그러나 머물면서 크게 발언하는 사람들은 권력게임을 하는 플레이어가 된다. 권력에 접근하는 그 자체만으로는 충분하지 않다. 권력게임을 하는 사람은 또한 성공하기 위하여 반드시 정력을 소비하겠다는 게임에 대한 의지와 필요한 경우 전략·전술적으로 행동하기 위한 기술을 가지고 있어야 한다. 권력은 이익을 협상하고 따라서 협상이익을 기꺼이 기술적으로 활용하는 것이 교묘히 뒤섞여 있는 혼합물이다(Allison, 1971).

정치는 조직생활의 실재이다. Mintzberg(1983a, 1983b)의 주장에 따르면, 내부 정치는 일반적으로 조직을 희생하여 개인이나 집단에게 이익이 되도록 구안되기 때문에 은밀하고 비합법적으로 진행된다. 따라서 가장 일반적인 정치의 결과는 분열과 갈등이다. 갈등이 반드시 나쁜 것은 아니다. 실제로, 갈등은 합법적 통제체제 내에 있는 문제들에 대하여 주의를 환기시켜 주곤 한다. 그러나 정치는 일반적으로 공식적 권위, 이념 혹은 공인된 전문적 지식에 의하여 제재되지 않는다는 것을 기억할 필요가 있다. 실제로, 정치는 다른 영향력 체제의 약점이나 결점 혹은 통제하에 있는 다른 사람들에게 저항하거나 부당하게 이용하기 위해 생겨난다. 합법성이 결여되어 있음에도 불구하고, 정치는 모든 형태의 권력과 마찬가지로 중요한 조직문제를 해결할 수도 있다(Mintzberg, 1983a).

- 정치는 조직의 최강자가 지도자의 직위에 오르게 한다.
- 정치는 어떤 문제의 모든 측면들이 토론될 수 있게 만든다. 권위체제, 이념체제 심지어 전문적 체제마저도 어느 한 측면만을 촉진시키는 경향이 있다.
- 정치는 공식 조직에 의하여 봉쇄된 변화를 촉진시키는 데 필요하다.
- 정치는 의사결정의 집행을 용이하게 한다. 행정가들은 자신들의 의사결정이 시행되게 하기 위해 정치게임을 한다.

권력을 획득한 사람이 그 권력을 합리적이고 정의롭게 사용할 것이라는 보장은 없지만, 권력과 정치가 항상 해롭고 파괴적인 것만은 아니다. 정치도 고귀한 목적을 달성하기 위한 하나의 수단이 될 수 있다(Bolman과 Deal, 2003).

George Strauss(1964)에 의하면, 공식적 체제가 고도로 조직화된 구조에서, 정치 체제는 자기 자신의 이익을 위해서 혹은 적어도 조직 이익을 자신들의 왜곡된 이미지로 표현하면서 조직정책에 영향력을 행사하고자 하는 권력집단들의 집합체이다. 성공적인 정치는 조직 구성원들이 직위를 위해 홍정하고, 협상하며, 교묘히 움직이도록 도모하는 것이 필요하다. 필자들이 이미 언급한 바와 같이, 그러한 정치는 다른 형태의 권력들과 공존하거나, 합법적 권력에 반대하는 위치에 서거나 혹은 취약한 합법적 통제체제를 대체하게 할 수도 있다. 이러한 관점을 유념하면서, 우리는 정치적 전술, 정치게임, 갈등 관리라는 세 가지의 중요한 주제로 넘어가기로 한다.

정치적 전술

조직 구성원들은 누구나 조직 정치에 종사할 수 있다. 실제로, 모든 사람들은 조직 내의 직위나 수준에 관계없이 누구나 정치게임의 선수들이다. 여기에서는 모든 수준의 조직 구성원들이 공통적으로 사용하는 일련의 정치적 전술을 언급하고자 한다(Vecchio, 1988).

환심 사기(ingratiating)는 호의와 친절을 베풀거나 혜택을 줌으로써 다른 사람의 선의(善意)를 얻고자 할 때 사용되는 전술이다. 이 전술은 사회학자들이 미국사회의 지배적 규범인 "호혜주의 규범"이라고 부르는 것에 그 근거를 두고 있다. 동료나 상급자에게 도움을 주면, 사람들은 그 호의적인 행동에 보답해야 한다는 의무감을 느끼게 된다. 교사들은 흔히 의무적인 수준을 넘어선 방법으로 도와줌으로써 동료교사나 학교장의 선의와 의무감을 얻으려고 시도한다. New York시 교사들의 이동에 관한 연구에서, Daniel Griffiths와 그의 동료들(1965)은 행정가가 되려는 교사들이 이 전술을 어떻게 사용하는지를 묘사하고 있다. 많은 교사들은 대부분의 교사들이 싫어하는 일, 예컨대 구내식당 담당교사, 연례적인 야외 운동 관리자, 교육실습 진행 책임자, 학교 육상 팀 코치 등을 자원하였다. 이 모든 일들이 무보수였지만, 그들은 교사들의 선의와 학교 행정가들의 환심을 얻었고, 종종 교감이나 부장 같은 중요한 직위를 얻곤 하였다.

네트워킹(networking)은 영향력 있는 사람들과 관계를 형성하는 과정이다. 이러한 사람들은 중요한 직위에 있는 사람일 수도 있고 그렇지 않은 사람일 수도 있지만, 그들은 유용한 정보에 빈번히 접근하는 사람들이다. 교사노동조합의 대표나 학교장과 긴밀하고 우호적인 접촉을 하는 교사들은 중요한 정보에 접할 수 있다. 마찬가지로, 교육위원회 의장의 부인과 접촉하거나 교육감과 간접적인 연계가 있거나 혹은 노동조합의 위원장을 아는 교사들은 가치 있는 내부 정보를 얻을 수 있다.

정보관리(information management)는 다른 사람을 통제하거나 자신의 직위를 구축하려는 사람들에 의하여 사용되는 전술이다. 중요한 정보를 갖는 것, 그 자체가 유용한 것이기는 하지만, 정보를 유포하는 기술도 공식, 비공식 조직에서 직위를 높여 줄 수 있다. 영향력이 충분히 있을 때 정보를 유출하는 것이 자기의 이익을 증대시키고, 다른 사람들의 공명심을 좌절시킬 수 있다. 정보관리에 있어 핵심적인 것은 중요한 정보를 획득하는 것이며, 그 다음으로는 지금 일어나고 있는 상황과 관련하여 당신이 "정말로 알고 있다"는 평판을 구축하고 또한 당신에 대한 다른 사람들의 의존도를 증가시키는 방법으로 그 정보를 노련하게 사용하는 것이다. 중요한 정보를 모을 수 있는 네트워크를 가지고 있는 교사들은 일반적으로 학교 정치생활의 주역들이며, 정보를 사려 깊게 공급하고 관리하는 교사들은 일반적으로 학교의 정치게임에서 주요 인물로서의 자신의 역할을 강화한다.

인상관리(impression management)는 대부분의 사람들이 때때로 우호적인 이미지를 만들어 내기 위하여 사용하는 단순한 전술이다. 이 전술에는 적절한 몸단장과 행동, 자신의 업적 강조하기, 기회 있을 때마다 자신의 명성 강조하기, 필수적인 것은 아니지만 중요하다는 인상 창출하기 등과 같은 것들이 포함한다. 이 전술의 핵심은 다른 사람들이 당신을 유식하고, 똑똑하며, 사려 깊고, 감수성이 있으며, 또한 사회적으로 숙련된 사람으로 보게 하는 이미지를 구축하는 것이다.

연합구축(coalition building)은 공동의 목적을 달성하기 위하여 개인들이 결합하는 과정이다. 교사들은 제안된 정책과 변화에 반대하거나 저항하기 위하여 혹은 촉진하기 위하여 종종 힘을 결집한다. 교육과정 정책의 변화는 흔히 교사연합의 지지 여부에 따라 그 성공 여부가 결정된다. 개인들은 집단에 비하여 그 영향력이 효과적이지 못하다. 권력이 비교적 적은 집단들도 연합하여 행동하면 더욱 강력한 권력을 갖게 된다. 내부 연합을 효과적으로 조직하는 교사들이 학교 내 정치적 권력 행사자들이다.

희생양 삼기(scapegoating)는 일이 좋지 않게 되어 가거나 잘못되어 갈 때 다른 사람을 비난하거나 공격하는 것을 말한다. 학교장은 주정부가 실시한 능력검사 점수가 높지 않을 때 교사들을 비난하려고 하며, 교사들 역시 행정가, 교육위원회, 학부모 혹은 다른 교사와 같은 비난할 대상을 찾으려고 한다. 누군가가 약점을 가지고 있다고 비난하는 것은 모든 조직에서 공통된 것이며, 학교도 예외가 아니다. 정치적으로 교활한 사람은 희생양을 통해 다른 사람의 주의를 왜곡하고 곤경에서 벗어날 기회를 포착하곤 한다.

불가피성 증대시키기(increasing indispensability)는 개인들이나 집단들이 자신들을 조직에 꼭 필요하게 만드는 전술이다. 노련한 행정가들은 종종 자신들을 조직 운영에 중요하고 필수적이도록 만드는 전문적 기술이나 부서를 만든다. 예컨대, 행정가들은 컴퓨터나 재정과 같은 전문적 지식을 요구하는 주요 영역에 전문화되어 있다. 따라서, 그들의 목적은 조직을 자신들의 지식과 기술에 의존하도록 만드는 것이다. 나아가, 그들은 자신들이 수행하고 있는 것을 설명해 주거나 다른 사람들이 할 수 있도록 준비시키지 않는다. 이러한 개인들은 점점 더 문제를 해결하도록 요청받게 되며, 그들의 성공적인 문제 해결은 그들의 직위와 가치를 더욱 증대시킨다.

　　아부하기(flattering)는 권력을 확보하고 영향력을 행사하는 또 다른 효과적인 방법이다(Cialdini, 2005; Pfeffer, 2010). 아부는 몇 가지 이유에서 효과를 가져온다. 첫째, 사람들은 자신들 및 자신들이 하는 행동에 대해 좋게 느끼는 것을 좋아한다. 그리고 아부는 이러한 욕구를 충족시켜 준다. 이는 개인들에게 성취감을 제공한다. 둘째, 아부는 호혜주의의 규칙에 근거하기 때문에 효과를 볼 수 있다. 어떤 사람이 자신에 대해 좋은 이야기를 하면, 당신도 그 보답으로 긍정적인 것을 돌려줘야 한다는 의무감을 느끼게 된다. 만약 당신이 다른 사람을 칭찬하면, 그 사람도 보답의 욕구를 느끼게 되고, 긍정적으로 대할 가능성이 크다. 끝으로, 아부는 사실상 거의 모든 사람들이 가지고 있는 자기 향상의 동기와 관련되어 있기 때문에 효과적이다. 아부에 관한 연구에서 Pfeffer(2010)는 아부를 없애는 것이 어렵다는 결론을 내렸다. 사실, 아부를 많이 하는 것이 비효과적이라는 증거는 없었다. 아부는 효과를 본다. 사람들은 지나치게 과장을 하고 있다는 생각을 갖더라도 아부에 대해 좋은 느낌을 받는다.

　　상급자의 관심받기(getting attention of superiors: GASing)는 영향력을 확보하는 또 다른 성공적인 방법으로, 조직의 신규 직원들에게 특히 적합한 방법이다. 승진을 위한 많은 경쟁이 이루어지고 있는데, 상급자들에게 얼굴을 알리는 것이 중요하다. Griffiths와 그의 동료들(1965)은 학교에서 승진을 위한 전략으로 GASing의 중요성을 처음으로 제시하였다. 현재도 대부분의 조직에서 눈에 두드러지고 주목을 받는 것은 중요하게 인식되고 있다(Pfeffer, 2010). 눈에 두드러지는 전략에는 다른 사람들이 싫어하는 일에 자원하기, 해찰스럽거나 크게 말하기, 중요하지 않은 규칙 위반하기와 요구되는 것보다 더 큰 결과 이끌어 내기 등이 있다. 예를 들어, Harvard 대학의 학부생 시절, Kissinger는 383쪽짜리 논문을 작성했었다. 이 논문의 양과 질은 모든 사람들의 관심사가 되었고, 그의 행동은 "Kissinger 규칙"으로 불리는 비공식 규칙을 만들어 내었다. 현재 모든 학부생의 논문은 150쪽을 넘기지 못하게 되어 있다(Isaacson, 2005). 물론, 주목을 받은 다음에는 그에 상응하는 생산성을 보여야 한다. 일반적인 전략은 〈표 7.3〉에 제시되어 있다.

표 7.3 정치적 전술 요약

정치적 전술	목적
환심 사기	호의를 베풀어 줌으로써 환심 얻기
네트워킹	영향력 있는 사람들을 사귐으로써 영향력 얻기
정보관리	자신의 이익에 유리하도록 정보 조작하기
인상관리	외관상 긍정적인 이미지 만들기
연합구축	목적을 달성하기 위해 다른 사람과 단결하기
희생양 삼기	나쁜 결과에 대한 비난을 다른 사람에게 전가하기
불가피성 증대시키기	자신을 조직에 꼭 필요한 사람으로 만들기
아부하기	다른 사람을 기분 좋게 하여 영향력을 확보하기
상급자의 관심받기	눈에 두드러지고 승진하기

중립적이고 합법적인 전술들도 있다. 교활하고 불법적인 전술들도 있다. 전술이 부정하고 거짓되며 잘못된 정보에 근거한 경우 도덕적 측면에서 정당화하기는 상당히 어렵다. Robert Vecchio(1988)는 자기 방어적 측면에서 희생양 삼기, 잘못된 소문을 퍼뜨리면서 갈등을 조장하기, 중요한 회의에 경쟁자를 배제하기와 거짓 약속하기 등과 같은 악의적인 정치적 전술을 잘 알고 있어야 한다고 주장한다. 비록 정치적 전술은 조직 생활의 한 측면이지만, 모든 전술이 합법적인 것으로 간주되는 것은 아니다(Cox, 1982). 또한 아래와 같이 값비싼 정치적 결과를 가져오는 실수들도 있다.

- 명령 체계 위반하기
- 공개석상에서 이성 상실하기
- 상급자에게 지나치게 자주 'no'라고 말하기
- 소중하게 여기는 신념 위반하기(Vecchio, 1988)

설득하기와 영향력 행사하기: 기본 원칙들

설득하기와 영향력 행사하기는 동의를 구하고, 타협을 하며 양보를 이끌어 내기 위해 필수불가결한 것은 아니지만 상당히 중요하다. Robert Cialdini(2001)는 "설득력 이용하기"라는 흥미로운 논문에서 사회학 연구들에서 도출한 여섯 가지 설득의 원리를 강조하였다. Hoy와 Smith(2007)는 교육 조직 및 행정가들에 맞게 이 원리를 다듬고, 추가하고, 응용하여 제시하였다. 이들 중 보다 도움이 될 것 같은 원리를 몇 가지 제시하면 다음과 같다.

흡인력(attractiveness): *사람들은 자신들이 생각하기에 유사한 생각을 가지고 있는 사람들을 좋아하고, 관심을 가지며, 이들을 따른다.* 교육 행정가들에게 주는 시사점은 분명하다. 공동의 관심사를 발견하고 선의 및 신뢰를 형성함으로써 학생, 교사 및 다른 사람들과 유대 관계를 형성한다. 칭찬, 존경, 위임, 영예 등은 이러한 관계를 위해 핵심적인 것들이다. 친절하게 행동하고, 동료와 하위자들을 존중하고, 모든 사람들을 존엄하게 대하며, 성공을 축하하고 창의적이고 예외적인 성취를 지원해 준다. 이러한 행동은 사람들을 끌어들이게 되고 이는 영향력을 증진시키는 결과를 가져온다.

호혜주의(reciprocity): *사람들은 선한 행동에는 보답해야 한다는 의무감을 느낀다.* 사람들은 자신을 도와주는 사람들을 돕는다. 학교 지도자들은 신뢰(Hoy와 Tschannen-Moran, 1999), 공손함(Selznick, 1992), 또는 자아효능감(Bandura, 1997)이든 자신들이 원하는 행동에 대한 모범을 보임으로써 학생, 교사와 학부모들이 그러한 행동을 하도록 동기화시킬 수 있다.

공적인 헌신(public commitment): *사람들은 공적인 헌신에 근거해 행동하도록 동기화된다.* 공적인 헌신을 표명한 대부분의 사람들은 자신의 약속을 지키려고 한다. 사실, 헌신하겠다고 밝히거나 문서로 작성한 경우, 이는 더욱 활성화되고 뒤집기는 더욱 어렵다(Cioffi와 Garner, 1996). 헌신은 주의를 집중시키고, 노력을 이끌어 내며, 지속성을 증대시킨다. 헌신이 자발적이고, 공개적이며, 명백하며 문서로 작성되는 경우 행정가는 교사들의 동기화를 더욱 강화시킬 수 있다.

동료관계(colleagueship): *사람들은 존경하는 동료의 지도를 잘 따르고 이들의 말에 집중한다.* 대부분의 사람들은 다양한 사항들에 대해 느끼고 행동하고 생각하는 것에 관한 단서에 의지한다. 자신이 존경하는 사람들과 관점이 일치할 때 옳은 것으로 간주된다. Cialdini(2001)는 다른 사람의 지도를 따르는 이러한 경향을 "사회적 증명"의 원리라고 명명한다. 이것이 시사하는 것은 분명하다. 학교 행정가는 존경받는 교사를 확인하고, 이들의 조언을 구하며, 이들의 지원을 이끌어 내야 한다. 즉, 비공식 동료 네트워크와 접촉하고 행동을 이끌어 내기 위해 수평적 권력을 활용한다.

낙관주의(optimism): *낙관주의는 성공의 가능성을 향상시킨다.* 낙관주의는 삶에 대한 긍정적인 관점으로 이러한 관점을 가진 사람들은 사건과 경험의 건설적인 측면에 초점을 둔다. Seligman(1998)은 낙관주의는 성공하는 데 있어서 재능이나 동기화만큼 중요하다는 증거를 제시하였다. 낙관주의는 개인을 능력 있고, 의지를 가지고 있으며 유능한 사람으로 본다. 낙관적인 행정가는 문제에서 기회를 찾고 장애가 아닌 가능성에 초점을 둔다. 문제는 가능성으로 가득 채워져 있다. 가능성을 찾아라.

공정함(fairness): *사람들은 자신들은 공정하게 다루어질 자격을 가지고 있다고 믿는다.* 영향력은 공정함과 연결되어 있다. 교사들은 자원의 분배뿐만 아니라 분배 절차에 있어서도 공정하게 대접받길 기대한다(4장 참조). 부정 또는 불공평에 대한 인지는 영향력과 권력 행사를 방해한다. 불공평한 행동은 영향력을 상쇄한다. 행정가는 공정함의 황금률에 따라 조직을 이끌어 나가야 한다. 자기가 대접받고 싶은 것처럼 다른 사람을 대한다. 공점함에 투자하고 영향력을 확보한다.

전문성(expertise): *사람들은 전문성을 가진 사람들을 따른다.* 전문성을 가지고 있다면 더 쉽게 다른 사람을 설득하거나 영향력을 행사할 수 있다. 단순히 교장이라는 것으로 어느 정도의 영향력을 행사할 수는 있지만, 권력을 증대할 수 있는 방법은 입증된 전문성이다. 공식 및 비공식 회의는 자신의 지식과 문제 해결 능력을 증명할 수 있는 좋은 기회이다. 전문성을 확실히 가지고 있다고 가정해서는 안 된다. 이를 나타내 보여야 한다.

요약하면, 학교 행정가들은 친구를 확보하고 영향력을 행사하는 데 이러한 일곱 가지 원리를 능숙하게 적용함으로써 자신들의 권력과 설득력을 증진시킬 수 있다. 이들 원리는 〈표 7.4〉에 요약되어 있다.

정치게임[1]

조직정치를 보다 충실하게 기술하는 한 가지 방법은 조직 참여자들이 전개하는 일련의 정치게임으로 파악하는 것이다. 정치게임은 규칙에 의해서 행해지는 뒤엉키고 미묘한 전술들과 함께 사용되는 복잡한 게임이다. 어떤 규칙은 명시적이지만, 어떤 규칙은 묵시적이다. 어떤 규칙은 아주 명료하지만, 어떤 규칙은 혼란스럽다. 또 어떤 규칙은 안정적이지만, 다른 규칙은 계속하여 변화한다. 그러나 규칙의 집합이 사실상 게임을 규정한다. 우선, 규칙은 직위, 사람들이 그 직위에 접근하는 방법, 각 직위의 권력 그리고 행동의 경로를 설정한다. 둘째, 규칙은 수용할 수 있는 의사결정과 행동의 범위를 제한한다. 셋째, 규칙은 한편으로는 흥행, 협상, 설득, 속임수, 엄포, 위협과 같은 움직임을 제재하면서 다른 한편으로는 다른 움직임을 비합법적, 비도덕적, 부적절한 것으로 만든다(Allison, 1971).

표 7.4 성공적인 영향력 행사를 위한 일곱 가지 원리

원리	학교 상황에 적용
흡인력 사람들은 비슷한 생각을 가진 사람들을 따르고 매력을 느낀다.	친절, 칭찬 그리고 축하 등의 행동을 통해 다른 사람들과 유대관계를 형성한다.
호혜주의 사람들은 선한 행동에는 보답해야 한다는 의무감을 느낀다.	다른 사람의 문제 해결을 도와준다면 조만간 그들의 도움을 받을 수 있을 것이다.
공적인 헌신 사람들은 공적인 헌신에 근거해 행동하도록 동기화된다.	교사들의 헌신을 공개적이고, 자발적이며, 명백하며, 문서로 작성한다.
동료관계 사람들은 존경하는 동료의 지도를 잘 따르고 이들의 말에 집중한다.	교사들에게 영향력을 행사하기 위해 수평적 권력을 사용한다. 변화에 대한 저항을 줄이기 위해 존경받는 교사들의 지도자의 지원을 확보한다.
낙관주의 낙관주의는 성공의 가능성을 향상시킨다.	문제에서 기회를 찾는다. 부정적인 것과 문제가 아닌 긍정적인 것과 가능성에 초점을 둔다.
공정함 사람들은 자신들은 공정하게 다루어질 자격을 가지고 있다고 믿는다.	공점함에 투자하고 영향력을 확보한다. 자기가 대접받고 싶은 것처럼 다른 사람을 대한다.
전문성 사람들은 전문성을 가진 사람들을 따른다.	전문성을 확실히 가지고 있다고 가정하지 말고 이를 증명해야 한다.

Mintzberg(1983a)는 권위에 저항하기 위한 게임, 그 저항에 대항하기 위한 게임, 권력 기반을 구축하기 위한 게임, 반대자를 패배시키기 위한 게임, 조직을 변화시키기 위한 게임 등 조직 구성원들이 벌이는 다섯 가지 일반적 정치게임의 종류를 제시하고 있다.

모반게임(insurgency games)은 일반적으로 공식적 권위에 저항하기 위하여 전개되는 게임이다. 이 게임은 저항에서부터 사보타주와 반란에 이르는 것들을 포함한다. 하나의 명령이 내려질 때, 그 명령을 집행하는 과정에서는 일반적으로 어느 정도의 재량권이 있기 마련이다. 그 명령이 자구(字句)대로 수행될 것이라는 보장이 없기 때문에, 명령을 수행하는 개인들은 자신들의 목적을 위해서 행동을 조정할 수 있다. 지지된 결정에 대해서 사람들은 자구가 아니라, 그 결정 속에 담긴 정신을 능가해 갈 수 있다. Graham Allison(1971: 173)에 의하면, 지지되지 않은 의사결정에 대해서 사람들은 "지연작전을 쓰고, 의미보다는 자구대로만 시행하려고 하며, 심지어 그 결정에 불복할 수 있다."

조직구조의 밑바닥에 있는 하급 참여자들은 조직권력을 거의 가지고 있지 않다. 따라서 그들은 때때로 공식구조를 조작하거나, 태업을 하거나, 방해함으로써 통제하려고 한다(Mechanic, 1962). 전문인으로서 교사들은 공식적 행정행위에 대하여 저항할 수 있고 또한 실제로 저항한다. 학생들을 돕기 위하여 매일 방과 후 15분씩 학교에 남도록 교사들에게 요구하는 규칙은 모든 교사들이 정확하게 15분 동안만 남아있음으로써, 즉 규칙의 정신보다는 자구에 철저함으로써 쉽게 취약해질 수 있다. 만약 학교의 풍토(6장 참조)가 건강하지 못하다면, 모반은 특정 문제 그 자체라기보다는 학교풍토에 관련된 문제들의 징후일 가능성이 높다. 그러나 행정가들은 흔히 권위에 대한 저항에 대항하여 싸우기 위해 더 많은 권위를 사용한다. 예컨대, 규칙이 무시되거나 침해될 때, 한 가지 전형적인 행정적 대응방식은 더 많은 규칙을 만들고 그 규칙에 복종하지 않은 사람들을 밀착 감독하고 처벌을 강화하는 것이다. 이와 같은 해결방식은 문제의 원인을 다루는 것이 아니라 단지 문제의 징후만을 다루기 때문에 실패하기 마련이다. 따라서 만약 모반활동에 성공적으로 대처하려 한다면, 행정가들은 그들이 가지고 있는 직위권력뿐 아니라 모반의 주모자를 설득·회유하고 또한 협상하기 위하여 상당히 많은 정치적 기술을 활용해야만 할 것이다(Mintzberg, 1983a: 193). 행정가들은 협상을 끝내고 비공식적 거래를 한다.

권력구축게임(power-building games)은 권력기반을 구축하려는 참여자들이 사용하는 게임이다. 이 과정에 상급자, 동료 혹은 하급자들이 사용될 수 있다. *후원게임*(sponsorship game)은 하급자들이 상급자들에게 밀착하여 절대적인 충성을 공언하는 단순한 권력구축게임이다. 예컨대, 장차 학교장이 되고 싶은 젊은 교사는 영향력 있는 교감이나 학교장의 후원을 얻으려고 노력한다. Rosabeth M. Kanter(1977)에 의하면, 후원자들은 그들의 부하들을 위하여 세 가지 중요한 서비스를 제공한다. 우선, 후원자들은 부하들 편에 서서 싸우고 회의에서 그들을 지지한다. 다음으로, 후원자들은 부하들에게 정보를 제공하고 공식적인 통로를 뛰어넘어 가게 한다. 마지막으로, 후원자들은 부하들에게 일종의 반사적 권력인 어떤 신호를 제공한다. 물론, 후원자게임에는 대가가 따른다. 후원자가 실각할 때 부하들 역시 위험에 처하게 되며, 젊은 교사가 후원자를 반대하거나 적절한 존경심을 보여주지 않을 때는 큰 위험이 따른다. 후원은 취약한 권력수단이지만, 모든 조직수준에서 많은 사람들에게서 자주 활용되는 권력게임이다. 학교장, 교감, 교사, 비서들 모두가 한 사람의 후원자를 발견하여 권력의 공유를 위해 기꺼이 봉사할 의지가 있다면 후원게임을 할 수 있다.

권력기반게임은 동료들 사이에서 이루어지며, 그것은 하나의 동맹구축게임(alliance-

*building game)*이 된다. Mintzberg(1983a)는 다음과 같이 이 과정을 묘사하고 있다: 한 사람의 개인이 관심을 발전시키고 지지자를 찾거나, 어떤 문제에 관심을 가지고 있는 개인들의 집단이 자신들의 직위를 효과적으로 대표해 주고 구심점이 될 수 있는 비공식 지도자를 찾는다. 이렇게 하여 한 이해집단의 중심부분이 형성된다. 일부 이해집단들은 문제가 해결되면 해체되지만, 어떤 이해집단은 그 구성원들이 여러 가지의 공통된 문제를 가지고 있기 때문에 지속되어 하나의 파당이 된다. 이해집단과 파당은 자신들에게 유리하도록 문제를 해결할 수 있는 권력이 결여되어 있는 경우가 대부분이다. 결과적으로, 그들은 자신들의 권력기반을 확대하기 위하여 다른 이해집단이나 파당의 도움을 구하게 되며, 이렇게 하여 동맹이 형성된다. 집단들은 이 동맹에 합류하도록 유혹·협박·회유를 받기도 한다. Kanter(1977: 185)는 "동료동맹은 직접적인 호의의 교환을 통하여 활동한다. 낮은 수준에서는 정보가 거래되고, 높은 수준에서는 우수한 직원과 직무기회를 둘러싸고 협상과 거래가 일어난다"고 하였다. 동맹은 참여자들이 더 이상의 참여할 의지가 없거나, 경쟁하는 동맹과 충돌 혹은 지배할 때까지 계속하여 성장한다. 시간이 지나면서 이기거나 패배하여, 구성원들이 서서히 이동하지만, 동맹의 구성원들은 기본적으로 안정적으로 남아있게 된다.

　*제국구축게임(empire-building game)*은 주로 중간 관리자층에 있는 개인이 부하들이나 집단을 모음으로써 자신의 권력기반을 확대하려는 시도이다. 제국구축은 영토에 대한 싸움이다. 대부분의 학교체제에서, 제국구축게임은 하나의 예산편성게임으로 나타난다. 학교장은 전체 예산 중 균형 잡히지 않은 지분을 원한다. 그러나 희소자원을 놓고 경쟁하는 학교장들 사이에는 경쟁과 반목이 있게 된다. 그들은 경쟁자가 가진 것보다 더 많은 교사, 더 많은 직원, 더 많은 컴퓨터, 더 많은 공간 등 모든 것에서 더 많은 것을 원한다. 게임의 목적은 단순하다. 즉, 자신의 학교를 위해 가능한 한 가장 많은 몫을 받는 것이다. 전략은 매우 분명하다. 요구한 액수가 삭감될 것이기 때문에 필요한 것보다 항상 더 많은 것을 요구하고, 더 많은 예산의 요구를 합리화시키는 주장을 하며 그렇지 않은 주장은 숨기고, 약간의 낭비가 있더라도 당 회계연도 예산을 모두 집행한다. 실제로, 일부 행정가들은 자신들에게 배정된 예산이 적절하지 않았다는 것을 보여주기 위해 "약간의 적자"를 내기도 하지만 그것은 회계감사를 초래할지도 모르는 위험한 전략이기도 하다.

　전문지식은 권력을 구축하는 또 다른 기반이다. *전문지식게임(expertise game)*은 조직이 필요로 하는 전문적 기술을 실제로 개발하는 전문가들에 의하여 이루어진다. 전문가들은 자신들의 지식을 최대한 이용함으로써 권력게임을 공격적으로 수행한다. 그들은 자신들이 가진 재능의 독특함과 중요성뿐 아니라 조직이 그것을 대체할 수 없다는 것을 강조한다. 동시에, 합리화하려는 어떤 시도도 무력화시킴으로써 자신들의 재능과 기술의 특수성을 유지하려고 한다. 때때로 한 부장교사가 그 학교구 내에서 아주 우수한 교사라는 평판을 얻게 되는데, 그러한 교사는 전문적 기술뿐 아니라 동맹과 후원게임을 통해서 권력기반을 구축할 수 있는 이점을 가진다. 더구나, 행정적 리더십 기술을 제대로 보여주지 못하는 학교장은 후원은 물론 동맹과 제국구축에 착수하는 토대로서 전문지식을 사용할 수 있다. 사실, 강한 권력기반을 구축하는 데 성공한 학교장은 강력한 교육감 후보가 되기도 한다.

마지막 권력구축게임은 군림(lording)이다. 군림이란 합법적 권력을 가진 사람이 부하들 위에서 주인행세를 하며 비합법적인 방법으로 부하들을 이용하는 것을 말한다. 제한된 권력을 가진 개인들은 군림게임을 하고 싶은 유혹을 느끼게 된다. Kanter(1977: 189)는 "어떤 사람의 권력행사가 방해받거나 저지당할 때 혹은 사람들이 더 큰 권력의 연기장에서 무력해질 때, 그들은 그들의 권력 욕구를 작은 권위를 가진 사람들에게 집중하는 경향이 있다"고 주장하였다. 강력한 관료적 통제나 권위주의적인 학교장에 의해서 좌절하고 있는 교사들은, 주변의 학생들을 쥐고 흔들어 자신의 권력을 유연하게 행사할 수 있다는 것을 보여주면서, 학생들을 통제할 수도 있다. 같은 방법으로, 교육감의 강압을 받고 있는 학교장은 교사들 위에 군림하고 싶어할지도 모른다. 그러한 행동은 다른 사람에게 군림하는 권력감을 줄지는 모르겠지만, 실질적인 권력기반을 구축하는 방법은 되지 못한다.

경쟁게임(rival game)은 경쟁자를 패배시키려는 게임이다. *계선과 참모게임(line and staff game)*은 공식적 권위를 가진 중간 관리자와 전문성을 가진 참모 사이에서 발생하는 고전적인 대결이다. 학교에서의 예를 들면, 학교장과 학교구의 교육과정 조정자 간의 갈등을 들 수 있다. 교육과정 조정자는 교육감에게 직접 보고하고 학교장 역시 마찬가지이기 때문에 어떤 의미에서 그들은 동료관계이며, 게임의 목표는 학교에서의 행동을 통제하는 것이다. 교육과정 조정자는 전문가이지만, 학교장은 공식적 권위를 가진 사람이다. 게임은 비공식적 전문권위와 계선조직의 공식적 권위와의 게임이 된다. 싸움은 변화의 문제를 둘러싸고 시작된다. 참모는 변화와 개선에 관심을 가지지만, 교육과정 조정자는 교육과정에서의 변화를 원한다. 그러나 변화는 자주 갈등과 혼란을 낳기 마련이다. 학교장은 계선 행정가로서 조직을 원만하게 운영할 책임이 있기 때문에, 학교 운영의 상대적인 안정성에 관심을 갖게 된다. 전선이 형성된다. 교육감이 관여할 것이다. 그러나 게임에 참여하는 각자는 자신들의 입장을 설명하면서 정치적 동맹을 동원하기 때문에 손쉽게 해결되지 않는다.

*경쟁캠프게임(rival-camps game)*은 서로 대립하는 오직 두 개의 주요 동맹만이 있

을 때 발생한다. 이 게임은 일반적으로 막무가내로 행동하고, 오직 승자와 패자만이 있는 위험한 게임이다. 또한 이 게임은 두 개인 간, 두 부서 간, 안정 세력과 변화 세력 간에서 발생할 수 있다. 예컨대, 제안된 변화는 조직을 두 개의 파당, 즉 구파와 신파로 갈라놓을 수 있다. 보통 한 집단이 승리하고 조직이 승자의 방향으로 움직일 때 싸움은 끝난다. 그러나 때때로 어떤 집단도 결정적으로 승리하지 못할 수도 있다. 학교는 기초지식을 가르치는 전통적인 교육목적과 사회적, 정서적 발달과 같은 진보적인 교육목적이 균형을 이루도록 하지 않으면 안 된다. 따라서 그 균형상태가 어느 한 쪽으로 기울게 되면, 싸움은 계속된다.

변화게임(change game)은 조직이나 그 실제를 변화시키기 위하여 고안된 것이다. *전략적 후보게임(strategic-candidate game)*은 조직 구성원이면 누구나 할 수 있다. 하나의 제안이나 계획을 촉진하기 위하여 합법적 권위체제를 사용함으로써 전략적 변화를 도모하는 개인이나 집단, 즉 전략적 후보가 있으면 된다. 중요한 변화를 주도하는 데 성공한 사람들은 큰 조직권력을 획득한다. 많은 전략적 의사결정은 근본적으로 비구조화된 방법으로 이루어지기 때문에, 상이한 동맹과 파당들이 자신들의 주장, 말하자면 자신들의 변화 후보자를 옹호할 때 그들은 정치적 술책을 구한다(Mintzberg, Raisinghani와 Theoret, 1976). 이 전략적 후보게임은 다른 게임의 대부분의 요소들을 결합하여 가지고 있다. Mintzberg(1983a)는 그 과정을 다음과 같이 기술하고 있다.

> 전략적 후보는 흔히 제국을 건설하기 위하여 옹립되며, 동맹을 필요로 한다. 게임이 진행되는 동안 계선과 참모 혹은 다투는 진영 간에 경쟁이 빈번히 발생하며, 전문지식이 이용되고, 권위를 가진 사람은 가지지 못한 사람들에게 군림한다. 때때로 모반이 부산물로써 발생한다. 자본적 예산은 흔히 전략적 후보가 옹립되는 수단이 된다. 후원이 종종 이 게임에서의 성공을 좌우하는 핵심요인이 되기도 한다(p. 206).

*내부고발게임(whistle-blowing game)*은 모든 조직에서 점차 일반화되어 가고 있는 게임이다. 이 게임은 한 개인이 믿기에 중요한 규범이나 법규를 깨뜨리고 있는 특정행위에 대하여 내부정보를 사용하도록 설계되어 있다. 이 게임의 행위자들은 반칙행위를 외부 권위자에게 알리기 위하여 정보를 누설한다. 밀고자는 합법적인 통제라인을 회피하고 있고 또한 보복을 받기 쉽기 때문에, 그 접촉사실을 비밀에 부치려고 한다. 관련된 이야기가 신문에 익명으로 보도되는 경우가 그러한 사례이다. 내부고발은 종종 조직의 변화를 가져오는 하나의 극적인 사건이 되지만, 그러나 위험부담이 아주 큰 게임이다. 내부 고발자는 일반적으로 칭찬받지 못한다.

모든 게임 중에서 아마 가장 격렬한 게임은 *반당분자게임(Young Turks game)*일 것이다. 이 게임은 결사적이다. 이 게임의 목적은 단순한 변화나 권위에 대항하기 위한 변화가 아니라 "합법적 권력을 의심하게 하는 근본적인 변화를 가져오는 데" 있다 (Mintzberg, 1983a: 210). 반당분자는 조직의 사명 혹은 리더십을 전복시키거나, 조직운영의 중핵적인 전문지식과 이념을 대체함으로써 조직의 기본이념을 타도하려고 한다. 이것은 굉장한 반란이고 그 결과 또한 심각하다. 학교에서 이 게임이 진행될 수 있는 영역은 교육과정 개혁이다. 구성원들 간에 동맹이 형성되고, 교사, 직원, 행정가들은 경쟁하는 두 진영의 한 편에 서서 변화를 지지하거나 혹은 반대하는 강렬한 권력투쟁이 벌어진다. 만약 현존하는 합법적 권력이 반당분자에게 굴복하게 되면, 보수파들은 결코 예전과 같은 권위를 누리지 못한다. 실제로, 반당분자들이 리더십을 장악하게 되면, 그들은 영원히 약화되어, 조직을 떠나거나, 때때로 내분이 일어나기도 한다. 이것은 전부 아니면 전무, 즉 모든 것을 얻는 승자와 모든 것을 잃는 패자만이 있는 게임이다.

정치게임 간의 관계를 밝힌 연구는 사실상 없지만, 학교가 아닌 일반조직에서 일반적으로 활용되는 특정 정치게임을 조사한 연구들은 많이 있다(Kanter, 1977; Zald 와 Berger, 1978). 학교에서도 많은 정치게임이 발생하고 있다는 점에 대해서는 의심의 여지가 없지만, 일반적으로 정치체제는 합법적 권위수단과 공존한다. Mintzberg (1983a: 217)의 말을 빌리면, "정치체제는 여러 가지의 온건한 정치게임으로 구성되어 있으며, 그중 어떤 것들은 보다 더 합법적인 영향력 체제를 이용하고 그 과정에서 합법적인 체제를 강화하며, 또 어떤 것들은 합법적인 체제를 약화시키기도 하지만, 그것은 단지 정치가 이차적인 세력으로 남게 되는 경우에 한해서이다." Mintzberg의 게임 체제는 권위에 대한 도전, 권력기반 구축, 경쟁대상 패배시키기, 변화 이끌어 내기 등과 관련되어 있다. 이들은 〈표 7.5〉에 요약되어 있다.

표 7.5 교사와 행정가가 행하는 정치게임의 요약

권위에 대한 도전	권력기반 구축
모반	후원
모반진압	동맹구축
	제국구축
	예산편성
	군림

경쟁대상 패배시키기	변화를 이끌어 내기 위한 게임
계선 대 참모	전략적 후보
경쟁캠프	내부고발
	반당분자

TIP: 이론의 적용

당신의 조직에서 이루어지고 있는 정치적 전술과 게임을 묘사하고 설명해 보시오. 당신의 학교에서 당신이 이익을 얻거나 당신을 보호하기 위하여 성공적으로 사용하고 있는 정치적 전술은 무엇인가? 당신 학교에서 당신이 목격한 주요 정치게임은 무엇인가? 당신은 구경꾼인가 경기자인가? 당신 학교의 변화를 위하여 당신이 수행할 수도 있는 게임이나 전술은 무엇인가? 당신의 학교맥락에서, 정치가 좋거나 나쁜 정도를 토론하고 그 이유를 설명해 보시오. 당신의 학교장은 당신 학교의 정치를 어떻게 보는가? 학교장은 정치의 희생자인가 아니면 노련한 경기자인가? 설명해 보시오.

갈등관리

권력과 조직정치는 불가피하게 갈등을 일으키기 때문에, 필자들은 갈등과 그 관리에 관한 간단한 논의를 함으로써 권력에 대한 분석을 마무리하고자 한다. 갈등은 나쁜 것도 아니며 파괴적인 것도 아니다. 갈등은 긍정적인 변화의 근원이 될 수 있다. 몇몇 학자들은 갈등은 진정한 참여, 권한부여 및 민주주의를 위해 필요하다고까지 주장한다(Tjosvold, 1997). 나아가, 갈등은 권력에 균형을 주고, 의사소통을 개선하며, 차이를 관리하기 위한 기초를 개발하는 데 사용될 수도 있다(Putman, 1997). 하나의 유용한 구분은 갈등의 유형을 인지적 갈등과 정서적 갈등으로 구분하는 것이다(DeDreu, 1997; DiPaola와 Hoy, 2001; Uline, Tschannen-Moran과 Perez, 2003). 인지적 갈등은 당면한 과업, 정책, 자원에 관련된 문제를 중심으로 형성되는 반면, 정서적 갈등은 사회정서적 문제, 가치 및 집단의 정체성에 집중된다. 연구(DeDreu, 1997)에 따르면, 인지적 문제는 정서적 문제보다 문제해결 행동을 더욱 촉진하는 반면 경쟁 행동을 덜 촉진한다. 더구나, 경쟁 행동은 종종 정서적인 문제를 내포하고 문제해결을 어렵게 한다. 명백하게, 정서적 갈등은 잠재적인 부정적 결과가 따르며 인지적 갈등보다 관리하기가 어렵다. 정서적 갈등관리에 있어 핵심이 되는 것은 파괴적인 다양성을 회피하고 무력화시키면서 건설적인 갈등을 촉진하는 것이다. 즉, 갈등해결은 통제되어야 할 필요악으로보다는 긍정적 변화를 위한 창조적인 힘으로 사용될 수 있다. 필자들은 생산적인 방법으로 갈등을 관리하기 위한 유용한 모형을 소개하고자 한다.

Kenneth Thomas(1976)는 다섯 가지 **갈등관리 유형**을 탐구하는 데 유용한 유형학을 제시하고 있다. 그는 갈등을 일으킬 수 있는 두 가지 기본적인 행동차원은 자신의 관심을 만족시키려는 시도(행정가의 경우, 조직 요구)와 다른 사람의 관심을 만족시

그림 7.3 **갈등관리 유형**

키려는 시도(구성원들의 개인적 욕구)라고 하였다. 조직 요구를 만족시키려는 시도는
주장적인 행동과 비주장적인 행동의 연속선상에 있는 것으로 파악할 수 있고, 개인의
욕구를 만족시키려는 시도는 협조와 비협조로 개념화할 수 있다. [그림 7.3]은 이들 개
념이 만들어 내는 다섯 가지 갈등관리 유형을 보여주고 있다.

*회피형(avoiding style)*은 비협조적이고 비주장적인 행동 유형이다. 이 유형에 속
하는 행정가는 스스로 치유되기를 바라면서 갈등을 무시한다. 문제들은 단순히 보류
된다. 문제를 해결하려고 할 때에는 대결을 가라앉히기 위해서 갈등 당사자들이 모두
다치지 않는 절차가 사용되고, 대립을 피하기 위한 방편으로 비밀주의가 사용된다.
또한 행정가는 갈등을 해결하기 위하여 종종 관료적 규칙에 의존하기도 한다.

*타협형(compromising style)*은 조직의 욕구와 개인의 욕구 간에 균형을 지키려는
유형이다. 이 유형의 초점은 중용, 타협을 위한 거래 혹은 양자를 만족시키거나 양자
가 수용할 수 있는 해결방안을 모색하는 협상에 있다.

*경쟁형(competitive style)*은 승패의 상황을 만드는 유형이다. 행정가는 갈등을 해
결하기 위한 시도에서 주장적이고 비협조적인 행동을 한다. 타인의 희생을 통해 목적
을 달성하려고 하기 때문에 불가피하게 경쟁자를 만들어 낸다. 이기기 위하여 권력이
사용된다.

*수용형(accommodating style)*은 비주장적이고 협조적인 행동 유형이다. 행정가는
하급자들의 요구에 굴복하기 때문에, 이는 유순하며 다른 사람이 시키는 대로 하는
유형이다.

*협동형(collaborating style)*은 주장적이고 협조적이다. 이것은 문제해결적 접근이

다. 문제와 갈등은 도전으로 간주된다. 견해가 다른 사람끼리 대립하고 여러 아이디어와 정보가 공유된다. 모든 사람들이 이길 수 있는 통합적인 해결책을 찾기 위한 협동적 노력이 있게 된다.

Thomas(1977)는 이들 다섯 가지 유형은 각각 상황에 따라 효과가 다를 수 있다고 주장하였다. 실제로, 그는 일단의 최고경영자들로부터 수집한 자료를 토대로 하여, 다섯 가지 갈등관리 유형에 알맞은 상황들을 다음과 같이 제시하고 있다.

경쟁(competing)

- 빠르고 결단력 있는 행동이 필수적일 때(예: 긴급 상황)
- 핵심 쟁점이 인기 없는 행동을 요구할 때(예: 경비 삭감)
- 쟁점이 조직의 복지를 위하여 중요할 때
- 다른 사람을 불공정하게 이용하는 개인들을 상대할 때

협동(collaborating)

- 양자의 관심사항이 중요하여 오직 통합적인 해결책만이 수용될 수 있을 때, 타협이 만족스럽지 않을 때
- 목적이 학습에 있을 때
- 개인들로부터 나온 통찰을 상이한 시각과 통합하고자 할 때
- 합의와 헌신이 중요할 때
- 관계를 방해해온 나쁜 감정을 깨뜨리고자 할 때

타협(compromising)

- 목표가 중요하지만, 잠재적인 분열을 가져올 만큼 가치를 가진 것은 아닐 때
- 양자가 호각상태에 있을 때
- 복잡한 문제에 대해 잠정적인 해결을 모색할 때
- 시간을 다투는 행동을 신속히 해야 할 때
- 협동과 경쟁이 실패할 때

회피(avoiding)

- 문제가 사소할 때
- 문제해결에 따른 이익보다 비용이 더 많이 들 때
- 상황을 진정시키고자 할 때
- 더 많은 정보를 얻는 것이 불가피할 때
- 다른 사람이 더 효과적으로 문제를 해결할 수 있을 때

● 문제가 하나의 원인이기보다는 징후에 불과할 때

수용(accommodating)

● 자신이 실수를 했다는 것을 알았을 때
● 쟁점이 다른 사람에게 더 중요할 때
● 더 중요한 일을 위해 선의를 구축하고자 할 때
● 패배가 불가피하여 손실을 최소화하고자 할 때
● 조화와 안정이 특히 중요할 때
● 하급자들로 하여금 그들의 실수로부터 배울 기회를 주고자 할 때

조직에서 발생하는 다른 사건들과 마찬가지로, 갈등을 관리하는 단 하나의 최선의 방법은 없다. 오히려, 성공적인 갈등관리는, 리더십에 관한 논의에서 다시 언급하게 될 주제인, 상황에 유형을 사려 깊게 조화시키는 것일 것이다(13장 참조).

리더십 사례

Washington 고등학교의 갈등 *

Washington 고등학교는 수년 동안 평화로운 전통적인 학교였다. 이 고등학교는 목가적이고 도시 외곽의 중서부 지역사회에 소재하고 있었다. 시민들은 그들의 학교를 자랑스러워하였으며, 학생들의 학업성적도 우수하였다. 법원이 명령한 강제 버스통학정책으로 아프리카계 미국 학생들이 이 학교에 실질적으로 유입되기 전이었다. 마을 시민들은 이 조용한 농경 지역사회에서 모든 것들이 안정되고 목가적인 때를 기억하지만, 그것은 이미 15년 전 일이었다. 지

─────────
* 이 사건은 실제 사례연구에 근거한 것이다(Larson, 1997). 이 경우 학교장으로서 당신이 무엇을 해야 할 것인지를 분석한 후, 이 사례 및 그 결과에 대한 Larson 교수의 사회정치적 분석을 읽어볼 것을 권유한다.

금 이 지역사회는 대도시의 산업 스프롤현상에 둘러싸여 있으며, 강제 버스통학정책은 학생들 대부분이 백인인 학교에서 학생들의 약 25%가 아프리카계 미국 학생들인 학교로 변화하였다. 그 변화는 인종 간의 긴장을 일으켰다.

인종 간 긴장은 미국이 걸프전에 군대를 파견하는 시기를 전후하여 Washington 고등학교(WHS)에서 극에 달하였다. 장면은 WHS의 연례 재능발표회였다. "걸프전으로 가는 소년들"을 위한 애국심과 고뇌의 감정이 높아진 가운데, 일곱 명의 아프리카계 미국 학생들이 미국의 국기를 복사한 커다란 종이 국기를 가지고 재능 발표를 시작하였다. 그들은 국기를 밟고 지나가고, 조각으로 찢으며, 그 조각들을 뭉쳐 구겨, 청중들을 향해 던졌다. 그 때 소년들은 아프리카 의회 기를 펴들고 랩을 하면서 무대를 지나갔다. 청중들은 과격해졌다. 몇몇 소년

들은 항의의 표시로 자리를 떠났고, 다른 소년들은 말다툼을 하고 소리를 지르기 시작했다. 어떤 소년들은 야유하고 다른 아이들은 흥거워했다. 그것은 아수라장이었다.

청중들이 점점 소리를 크게 지르자 래퍼들의 목소리도 커졌다. 빠르게 통제할 수 없는 상황으로 되어갔다. 책임을 맡고 있는 교감은 소요가 일어난다고 생각했다. 돌발적인 사건의 반전에 교감은 충격을 받아, 무대로 뛰어올라가 재능발표회가 끝났다고 선언했다. 이러한 행동은 적대감과 소란을 야기했다. 결국, 명령은 번복되고, 책임을 맡은 행정가는 "정말 위험한 일은 일어나지 않았다"는 이유로 남은 재능발표회를 속개하기로 결정했다.

WHS 학교장에게 있어, 아프리카계 미국 학생들이 보여준 재능발표회는 학교의 규칙을 어긴 일군의 학생에 관한 문제였고, 그 학생들의 잘못된 행동은 인가받지 않은 행동은 허용되지 않는다는 것을 명확히 하고 있는 학교 정책에 의해 처벌받아야 하는 것이었다. 실제로, 학생들의 발표를 승인하기 전에 모든 학생들에게 재능발표회 규칙 복사본을 나누어 주었다. 아프리카계 미국 학생들은 항의하기 위해 의도적으로 규칙을 어겼다는 사실이 분명했다.

학교장과 세 명의 교감들이 이 고등학교의 백인 학생과 흑인 학생 사이에 어느 정도의 인종적 긴장이 있다는 것을 인지하고 있었다고 하더라도, 그들이 보기에 이번 사건은 명백히 학교정책을 어긴 비행학생의 경우였고 처벌받아야 한다는 것이었다. 학교정책은 학교가 지원하는 행사에서 승인받지 않은 발표를 하는 경우 "자동적으로 3일 정학"에 처하는 것으로 명백하게 규정하고 있다. 이에 따라, 행정 팀(학교장과 세 교감)은 만장일치로 일곱 명 학생 전원을 3일 정학에 처하고 시행하는 것으로 의견의 일치를 보았다.

그러나 그 사건은 끝나지 않았다. 학생들은 항의하고 인종적 긴장이 급격히 높아졌다. 정학이 인종적 긴장을 악화시켰다. 흑인 학생과 백인 학생들은 집단으로 나누어져 서로를 괴롭혔다. 백인 학생들은 미국 국기를, 흑인 학생들은 아프리카 의회 기를 몸에 걸치기 시작하였다. 학생들은 점차 서로 인종적 비판을 하였다. 야구팀 주장인 백인 학생이 "흑인 애들을 아프리카로 되돌려 보내자"며 모금을 시작하였다. 일군의 학생들이 복도를 걸어 내려오면 반대편 인종 학생들에게 지나갈 틈을 주지 않았다.

학교장과 그의 팀은 그들이 언제 폭발할지도 모르는 화약통에 앉아 있다는 것을 알고 있었지만, 그들은 재능발표회에서의 학생 항의사태에 대하여 올바른 결정을 하였다는 것을 확고하게 믿고 있었다. 학생들이 학교정책을 어겼고, 그에 상응하여 징계를 받았다는 것은 분명하다. 그러나 반향이 사라진 것은 아니었다. 이 학교 교사들은 대체로 행정 행위를 지지하고 있었지만, 점차 많은 교사들이 지난 며칠 전 사건에 대해 오해를 하고 있었다. 문제는 정치적인 것이 되었다. 교사와 학생들은 갈렸다. 이제, 아프리카계 미국인 사회의 지도자가 재능발표회 사건을 토론하기를 원했다. 지역 아프리카계 미국인 운동가의 정신적 지도자가 흑인 학생들의 불평을 시정하기 위해 학교장과의 만남을 요구하였다.

● 무엇이 당면한 문제인가? 장기적인 문제인가?

- 인종적 문제인가? 정치적 문제인가? 사회적 문제인가?
- 학교장은 이 상황을 어떻게 다루어야 하는가?
- 학교장은 아프리카계 미국인 지도자를 만나야 하는가? 만약 그렇다면, 의제는 무엇인가?
- 다음 몇 주 동안의 행동 계획을 세워 보시오. 그리고 내년 계획도 세워 보시오.

실행 지침

1. 어려운 상황에서 안정을 유지한다. 공개적으로 화를 내서는 안 된다.
2. 진실성과 자율성을 나타낸다. 개방성과 독립성은 영향력을 증대시킨다.
3. 비공식적 관계 형성을 통해 권력을 확대한다. 비공식 조직은 중요한 권력의 근원이다.
4. 강제적 권력은 최후의 수단으로 사용한다. 강제적 권력은 소외를 낳는다.
5. 조직의 정치 현실에 대해 정치적인 지식을 가지고 있어야 한다. 정치는 조직 생활의 한 일상이다.
6. 조직은 항상 공정한 것은 아니라는 것을 이해해야 한다. 때때로 조직은 불공평하다.
7. 공식 조직에 기대기 전에 비공식 조직을 샅샅이 다룬다. 비공식적인 것이 공식적인 것보다 더 강력할 때가 있다.
8. 갈등을 회피, 경쟁, 협동, 타협, 수용한다. 상황에 부합하는 전략을 토대로 결정을 한다.
9. 합리화가 아닌 합리성을 사용하여 의사결정을 한다. 합리화는 종종 합리성으로 가장한다.
10. 권력을 확보하는 방법을 알고 있어야 한다. 좋은 생각을 가지고 대중 앞에 나간다.

핵심 가정 및 원리

1. 권위는 공식 조직(공식 권위), 비공식 조직(비공식 권위), 전문성(기능적 권위) 및 탁월한 개인적 속성(카리스마적 권위)로부터 나오는 합법적 권력이다.
2. 강제적 권력은 하급자들을 소외시키고 저항과 적대감을 낳는 경향이 있다.

3. 준거적 권력과 전문적 권력은 일반적으로 하급자들의 헌신을 가져온다.

4. 조직정치는 의사결정이 조직적 욕구보다는 개인적 욕구에 근거하여 이루어지기 때문에 일반적으로 역기능적이다.

5. 권력은 불가피하게 합리성과 합리화의 경계를 흐리게 하며, 합리성이 희생된다.

6. 조직정치는 외부연합과 내부연합 모두에 의해 영향을 받는다.

7. 조직권력과 정치는 불가피한 것이다. 조직 구성원들은 세 가지 기본적인 선택권을 가지고 있다. 그들은 머물며 게임을 할 수 있고(목소리 내기), 머물며 기대받는 대로 헌신할 수도 있으며(충성) 혹은 떠날 수도 있다(떠남).

8. 조직정치게임에서 성공하려면 협상하고, 직위를 향해 움직이며, 수많은 게임과 전략 및 전술을 수행해야 한다.

9. 조직 갈등은 건설적인 것이 될 수도 있고 파괴적인 것이 될 수도 있다.

10. 갈등을 관리하는 한 가지 최선의 방법은 없다. 성공은 상황과 올바른 해결 접근을 조화시키는 데 달려 있다.

추천 도서

Bacharach, S. B., and Lawler, E. J. *Organizational Politics*. Stamford, CT: JAI Press, 2000.

Cialdini, R. E. *Influence: Science and Practice* (4th ed.). Boston, MA: Allyn & Bacon, 2001.

DeLuca, J. R. *Political Savvy*. Berwyn, PA: EBG Publications, 1999.

Greene, R. *The 48 Laws of Power*. New York: Penguin, 2000.

Machiavelli, N. *The Prince*. Harmondsworth, UK: Penguin, 1984.

Morgan, G. *Images of Organizations*. Thousand Oaks, CA: Sage, 2006.

Pfeffer, J. *Power: Why Some People Have It and Others Don't*. New York: Harper-Collins, 2010.

Sweetland, S. R., and Hoy, W. K. "Varnishing the Truth: Principals and Teachers Spinning Reality." *Journal of Educational Administration* 39(2001), pp. 282-93.

후주

1. 이 장은 권력 분석에 관한 Mintzberg(1983a)의 연구에 토대를 두고 있다.

제8장

학교의 외부 환경과 책무성

어떤 부서를 추가할 것인가와 같은 조직의 확대에 대한 선택은 임의로 이루어지는 것이 아니라 제도적 환경의 여러 상황에 의해 어느 정도 결정된다.

Brian Rowan
"Organizational Structure and the Institutional Environment:
The Case of Public Schools"

미리 보기

1. 학교는 개방체제이며 생존하기 위해 환경 요인들과의 상호작용에 의존한다.
2. 환경으로부터의 다양한 영향력은 사회의 여러 부분에서 나타나며, 이들은 학교 내에서 일어나는 일들에 영향을 미친다. 연방 정부는 환경적 요인으로 그 중요도가 점점 커지고 있다.
3. 환경에 대한 두 가지 일반적인 관점은 자원의존 관점과 제도적 관점이다.
4. 자원의존 관점은 환경을 학교의 기술적 과정을 지원하기 위해 부족한 자원(예를 들어, 재정, 인사, 정보 및 지식 그리고 생산품과 서비스 등)을 획득하는 장소로 본다.
5. 자원의존 관점과 달리, 제도이론에서는 조직이 처한 법적, 사회적, 전문적 및 정치적 상황에 의해 부과되는 일련의 강력한 규칙과 요구사항들에 학교가 적응하도록 조장하는 것이

환경이라고 가정한다.
6. 제도이론은 학교의 구조와 과정은 사회에 제도화되어 있는 규범, 가치 및 이데올로기를 반영하고 있다고 주장한다. 학교의 제도적 환경은 학교의 실제보다는 형태를 더 강조한다.
7. 학교 조직은 학교 운영에 대한 외부 환경의 영향을 최소화하기 위해 내부 및 외부 전략을 사용한다.
8. 학교는 기술적 성취 및 제도적 순응에 대한 더 강력한 요구에 직면하고 있다.
9. 연방 정부의 주도(No Child Left Behind와 Race to the Top)로 시작된 기준 및 책무성 운동은 학교 개혁을 이끌어가는 강력한 외부 요인들이다.
10. 고부담 평가를 활용하는 책무성은 역기능을 초래할 수도 있다.

개방체제 관점(1장 참조)은 조직의 취약성(vulnerability)과 환경과의 상호의존성을 강조한다. 조직의 산출은 긍정적으로(예를 들어, 생산물) 그리고 부정적으로(예를 들어, 오염물질) 외부 환경에 영향을 미친다. 외부 환경도 역시 영향을 미친다. 외부 환경은 조직의 투입, 내부 구조와 과정 및 산출에 영향을 미친다. 따라서 학교 조직 내에서 이루어지는 행위를 설명하기 위해서는 조직의 내·외부를 관찰하지 않을 수 없다. 사실, 사회적, 문화적, 경제적, 인구학적, 정치적 및 기술적 경향 모두가 학교와 학교구의 운영에 영향을 미친다.

학교조직은 보다 큰 모집단 또는 환경의 한 부분으로 개념화되기 때문에, 보다 큰 모집단(환경)에서 일어나는 모든 것들이 학교에 영향을 미칠 수 있고 또 그 반대의 주장도 가능하다. 예를 들어, 컴퓨터 및 정보 관련 기술의 비약적인 발전은 행정 및 수업 과정에서 이러한 기술을 구입하고 활용하기 위한 방법을 찾아내고자 하는 학교구에 여러 가지 변화 및 활동을 이끌어 냈다. 몇 해 전 Columbine 고등학교에서 일어난 것과 같은 일부 학교에서 발생한 폭력사건은 언론과 정치 지도자들의 관심의 대상이 되었고, 폭력사건과는 거리가 먼 학교들도 다양한 대처 방안을 계획하고, 경비원들을 고용하며, 무기 탐지기를 설치해야만 했다. 이러한 분명한 예들과 외부 환경의 중요성을 강조하는 관점에도 불구하고, 교육자들은 학교와 외부 환경의 연결 정도 및 영향을 받는 정도를 과소평가하고 있다(Scott과 Meyer, 1991). 이와 반대로 W. Richard Scott(2003)은 모든 조직은 개방체제이며, 생존을 위한 필요조건으로 환경 속의 다른 조직과의 상호작용에 의존한다는 점을 강조하고 있다.

사회의 각계 각층은 다양한 영향력을 행사하고 있고, 학교에서 일어나는 것들에 영향을 주고 있다. 기술 및 정보 발달, 정치 구조 및 법률적 규범의 유형, 사회적 상황 및 문화적 가치, 경제적 및 시장 요인, 인구와 인구학적 특성들이 학교의 구조와 그 과정에 영향을 미친다. 개별 학부모, 납세자 단체, 기업인 단체, 의회 및 교육 평가 기관 등이 학교의 정책에 영향을 주는 등, 지역에 따라 다양한 이해 관계 집단들이 교육 활동에 중요한 역할을 하고 있다. 이러한 모든 환경의 영향에도 불구하고, 「No Child Left Behind」와 「Race to the Top」과 같은 정부의 행동은 새로운 교육과정, 평가 정책과 일부의 경우 외부 튜터 및 학교 선택과 같은 대안의 실행을 요구하고 있다. 사실, 현재 미국 학교에 영향을 미치는 외부 요인들 중에서 정부가 가장 강력한 영향을 행사하고 있다.

책무성에 대한 요구 증가 및 재정 자원의 감소에 따라 외부 환경의 효과적인 관리는 높은 또는 낮은 성취도를 보이는 학교구와 학교 간의 차이를 의미할 수 있다. 행정가들은 외부의 상황을 이해하고 적응하는 데 도움을 줄 수 있는 개념적 도구가 필요하다. 이 장은 자원의존 및 제도적 관점을 통해 이러한 수단을 제공한다. 이들 관점은 외부 환경과 학교의 내부 운영 간의 상호작용을 바라보는 유용한 틀을 제공한다.

자원의존 관점

자원의존 관점(resource-dependence perspective)은 환경을 조직 운영을 위해 필요한 부족한 자원을 획득하는 장소로 간주한다. 일반적으로 네 가지 종류의 환경적 자원(environmental resources)을 찾아볼 수 있다(Aldrich, 1972; Benson, 1975).

- 재정(예를 들어, 세금, 보조금, 주와 연방의 지원)
- 인사(예를 들어, 학생, 교사, 행정가와 교육위원)
- 정보와 지식(예를 들어, 각종 연구 및 평가 프로그램 등의 결과)
- 산출물과 서비스(예를 들어, 수업 자료와 시험 채점 서비스)

W. Norton Grubb(2009)은 위에 제시된 것과 비슷한 단일 요인을 투자하는 것은 단순한 투입이라고 주장한다. 새로운 교사 평가 도구, 학급 규모를 줄이기 위한 교사 증원과 학생 지원 경비 등과 같은 단순한 자원은 필요하지만 의미 있는 학교 개선을 위해서는 충분하지 않다. 예를 들어, 학급 규모 감소는 수업 실제의 변화가 없는 한 학생의 학습에 별다른 변화를 가져오지 못할 것이다. 교사들이 소진되었거나 수업 환경이 표준화되어 있다면 국가 위원회의 자격증에 대한 보너스만으로는 교사들의 효과성에 변화를 가져올 수 없을 것이다.

Grubb은 *단순한 자원*(교사 수 등), *복합적 자원*(학생-교사 비율), *복잡한 자원*(수업 접근법)과 *추상적 자원*(학교 문화와 응집성)을 구분하고 있다. 환경으로부터의 단순한 투입은 학교 효과성을 위해 충분하지 않기 때문에 이러한 관점은 자원의존 모형을 이해하는 데 도움이 된다. 자원에 대한 개념의 확대 중요성은 복잡하고 추상적인 자원이 단순한 투입보다 학생들의 성취도를 더 잘 예측할 수 있다는 것을 증명한 Grubb의 연구(2006)에 잘 나타나 있다. Grubb의 연구 결과는 집단 효능감, 학업적 낙관주의, 신뢰와 이웃과의 연계 등과 같은 무형의 요인(추상적 자원)들이 학교 개선을 위한 강력한 기제가 된다는 다른 연구 결과들과 그 맥을 같이한다(Bryk 외, 2010; Forsyth, Adams와 Hoy, 2011). 즉, 추상적 자원이 풍부한 환경은 학생들의 사회적 및 심리적 욕구를 지원하며(Coleman, 1987; Ryan과 Deci, 2000), 혁신적이고 구성주의적인 수업을 강화하며(Windschitl, 2002), 교사의 전문적 욕구를 충족시킨다(Ingersoll, 2004; Leithwood, 2007). 이들 모두는 학교의 성취도 수준을 높이는 데 도움이 된다.

자원의 입수 가능성

환경적 자원은 보통 **부족(scarcity)**과 **풍족(munificence)**, 즉 조직의 지속적인 안정과 성장을 지원하는 자원을 제공할 수 있는 정도 또는 능력을 나타내는 연속선상의 개념으로 정의된다. 환경 속에 상대적으로 자원이 풍족할 때, 조직에 대한 충분한 자원 투입이 가능하게 된다. 또한 자원이 풍족할 때, 상대적으로 조직의 생존이 용이하며, 폭넓은 목표 추구가 가능하게 된다(Castrogiovanni, 1991). 대부분의 부유한 학교구는 교육에 대한 공유된 가정과 기대가 복잡하고 추상적인 자원의 형성을 촉진하는 외부 환경으로부터 혜택을 받는다(Bryk와 Schneider, 2002; Grubb, 2006). 예를 들어 부유한 지역사회의 인적 및 사회적 자원은 학생들을 발달을 지원하고 교육을 중요하게 여기도록 사회화하는 경험에 노출시킴으로써 학교와 교실이 제공할 수 있는 것 이상의 학습 기회를 제공한다(Louis 외, 2010).

자원이 한정되어 있거나 부족한 경우, 자원을 획득하기 위한 하위 집단들 간의 경쟁은 각 집단들이 조직 전체의 이익보다는 한정된 자신들의 몫에 보다 신경을 쓰는 Zero-sum 게임의 형태를 띠게 된다. 예를 들어, 가난한 지역에 위치한 학교구는 기본적인 교육과정에 거의 모든 예산을 배정하고, 여러 가지 특별활동들은 나머지 얼마 되지 않는 예산을 확보하기 위해 경쟁을 하게 된다. 이러한 경우, 사회적 및 정서적 욕구를 충족하기 위한 자원은 전통적인 예산 자원 외부에서 찾아야 한다.

비록 분명하게 입증된 것은 아니지만, 생산 능력이 줄어드는 외부 환경도 복잡하고 추상적인 자원 형성에 영향을 미친다(Benveniste, Carnoy와 Rothstein, 2003; Rothstein, 2004). Louis와 그녀의 동료들(2010)은 학교에 빈곤 학생 및 소수계 학생들의 비율이 높을수록, 집단적 책임, 부모에 대한 개방 정도와 행정적 지원이 감소한다는 것을 발견하였다. Chicago 지역의 도시 빈민에 관한 Wilson(1987)의 연구는 지역사회의 부족한 인적 및 사회적 자원(예를 들어, 긍정적인 역할 모델, 멘토링 관계, 과외 활동 경험, 부모의 지원 등)이 교육 기회의 효과를 어떻게 줄이는지 설명하고 있다. 자원이 부족한 환경 속에 존재하는 학교는 경쟁하는 정책 목표(Honig와 Hatch, 2004), 감소하는 수업 자원(Corcoran과 Goertz, 1995; Newman, King과 Rigdon, 1997), 지역사회의 제한된 사회적 자본(Bryk 외, 2010; Coleman, 1987) 등에 영향을 받는다. 가난한 학교구와 학교에 재학하고 있는 학생들은 분명하게 불리한 위치에 있다.

의존

의존(dependence)은 환경 속에서 자원이 필요한 정도와 그 활용 가능성의(예를 들어, 부족/풍족) 정도로 정의된다. 교육계에서, 의존은 외부 조직에 의해 통제되는 자원의 필요 정도와 직접적으로 관련되어 있으며, 다른 조직으로부터의 자원 활용 가능성과는 부적으로 관련되어 있다. 즉, 학교가 외부의 다른 조직에 의해 통제되는 어떤 특정 자원이 없는 상태에서는 그 목적을 달성할 수 없고, 이러한 자원을 다른 곳에서 구할 수 없다면, 학교는 자원을 제공하는 조직에 의존하게 된다. 의존에 대한 이러한 설명은 Grubb이 제시한 단순한 자원의 개념과 일치한다. 학교구와 학교는 수업 자료, 학생 평가와 재정적 지원 등을 교과서 회사, 시험 문제 출판사, 주 정부와 같은 조직에 의존한다.

의존은 단순한 투입에 한정되는 것은 아니다. 학교는 단순한 투입을 복잡하고 추상적인 자원으로 전환하기 위해 외부 환경에 의존한다. 예를 들어, 학교를 중요하게 생각하고 학습 과정에 참여하도록 학생들을 사회화시키는 지역사회와 가정은 학교가 성과를 낳기 위해 필수적인 내적 상태인 자기 규제 및 자기 결정적 학습을 촉진하는 사회적 통제력을 사용할 수 있게 한다(Ryan과 Deci, 2000). 또한 학교의 성취 결과는 인적 및 사회적 자본을 향상시킬 수 있는 교사가 되는 통로와 리더십 재능을 개발하는 교육대학과 다른 양성 프로그램(예를 들어, Teach for America)에 의존한다.

의존은 격리된 상태에 있는 개별 조직들의 속성이 아니라 학교와 환경 내의 존재들 간의 관계에 관한 속성이라는 것에 주목하기 바란다(Aldrich와 Mindlin, 1978; Sutcliffe, 1994). 자원의존 정도가 클수록, 조직들은 서로 서로 의사소통할 필요성이 더 커진다(Van de Ven과 Ferry, 1980). 의존성의 증가는 자연적으로 공급자의 권력 증가를 가져온다. 이러한 권력을 통해 공급자는 학교가 원하는 자원을 얻을 수 있는지, 그 자원을 원하는 방법대로 학교가 사용할 수 있는지, 공급되는 자원의 성격을 통제한다.

학교 예산과 정부 기관들의 교육 개혁에 대한 통제는 이러한 의존 개념을 잘 설명해 준다. 지방세와 연방 정부의 보조금 등의 재정 자원이 줄어듦에 따라, 학교구에서는 주 의회를 통한 추가적인 자원 확보의 필요성이 증가하고 있다. 예산의 상당 부분을 주 정부로부터 공급받기 때문에, 주 정부에 대한 학교구의 의존도는 엄청나게 증가하고 있다. 동일한 맥락에서, 학교구에 대한 주 정부의 권력이 확대되고 있고 주 의회와 교육부는 교육과정 기준과 평가 프로그램 등의 교육개혁안들을 학교구에 지시할 수 있다.

모든 조직은 외부 환경에 의존하기 때문에, 조직 행동에 대한 외부 통제가 가능하고 어느 정도 제약을 받는 것은 피할 수 없는 현상이다. 환경에 적응하지 못한다면 조직은 번성할 수도, 생존할 수도 없다. 즉, 조직의 생존은 외부 환경으로부터 핵심적인 자원을 확보하는 능력에 의해 결정된다(Casciaro와 Piskorski, 2005). 따라서 자원의존모형에서는 조직은 환경에 적응하며, 이를 통해 생존 가능성을 높일 수 있다는 점이 강조된다(Scott, 2003). 그러나 요구들이 서로 상충되는 경우도 있으며, 따라서 환경의 요구에 대한 단순한 반응으로는 번성할 수 없다. 학교의 의사결정자들이 직면한 문제는 학교가 다양한 외부 환경에 적응할 수 있고 해야만 하는 정도 및 이러한 반응이 자신들의 조직에 어떤 의미를 줄 것인가를 결정하는 것이다.

요약하면, 자원의존 관점에 따르면, 학교는 외부 환경을 외부 환경에서 가치 있게 여겨지는 재화와 용역을 대가로 하여 운영을 위한 다양한 자원을 제공하는 곳으로 본다. 자원은 단순한, 복합적, 복잡한 및 추상적인 형태를 띠며, 복잡하고 추상적인 자원은 개발하고 유지하기는 가장 어렵지만 학교의 성취 결과에 가장 큰 영향을 미친다. 환경에 대한 학교의 의존도가 높을수록, 내부 통제는 줄어들고 외부의 간섭이 부과된다.

TIP: 이론의 적용

자원의존 관점을 학교에 적용하기

현재 당신이 거주하고 있는 학교구 또는 학구를 생각한다.

- 당신의 학교에서 활용 가능한 다음과 같은 자원의 예를 제시한다: 단순한, 복합적, 복잡한 그리고 추상적인 자원.
- 자원 확보를 위한 경쟁이 체육 프로그램에는 어떤 영향을 미치는가? 학업 및 체육 프로그램 모두를 지원할 정도로 재원이 충분한가? 주 정부로부터의 예산 지원 감소는 이들 프로그램에 어떤 영향을 미치는가? 이러한 제약 요인에 효과적으로 적응하기 위해서 행정가는 무엇을 할 수 있는가?
- 학업 성취도를 가장 많이 향상시킬 것 같은 학교 내의 추상적인 자원은 무엇인가? 이는 어떻게 영향을 미치는가?
- 외부 환경으로부터 얻을 수 있는 가장 중요한 추상적 자원은 무엇인가?

자원 환경 관리하기

환경적 요인들은 교육자들의 자율성을 위협하거나 제약하며, 학교 조직의 내부 구조 및 운영상에 변화를 가져온다. 따라서 교육 행정가는 학교의 내부 운영에 대한 외부의 영향을 최소화하려고 노력하고, 외부 환경을 관리하는 데 핵심적인 역할을 맡는다(Pfeffer, 1976). 다양한 전술들을 활용하면서, 교육자들은 자원에 대한 통제력을 확보하고, 의존적인 위치로 전락하는 것을 피하며, 다른 사람들이 자신들에게 의존하도록 만들고, 불확실성을 완화시키려고 노력한다. 환경의 불확실성 및 의존성을 줄이려고 하는 시도는 내적 또는 조직 간 대처 전략으로 유목화할 수 있다. 이러한 일련의 전략은 확실성을 높이고 추가적인 자원 확보를 통해 환경의 영향으로부터 핵심적인 과정을 보호하는 방향으로 설계된다. 그러나 이러한 일련의 전략들을 계획할 때, 두 가지 사항을 유념해야 한다. 학교의 외부 환경은 매우 역동적이다. 그리고 적절한 계획 및 전략 실행을 통해 어느 정도의 통제력을 확보했다 하더라도 쉽게, 곧바로 통제력을 상실할 수도 있다(Gross와 Etzioni, 1985).

내부 대응 전략

환경은 조직에 기술적 및 자원 관련 제약 요인을 부과한다. 이러한 제약 요인에 맞서기 위해, 일반적으로 조직은 완충과 내부 운영 조정 등의 전략을 사용한다.

완충(buffering). Monty L. Lynn(2005: 38)은 **완충**을 환경적 불확실성 또는 희소성의 영향으로부터 조직의 과정, 기능, 실재 또는 개인들을 조정 그리고/또는 격리하는 것으로 정의하고 있다. 이는 **핵심 기술**(예를 들어, 학교의 경우 수업)이 외부의 불확실성과 의존성에 의해 방해받지 않을 때 효율성을 최대화시킬 수 있다는 가정에 근거한 격리 전략이다. 즉, 완충을 통해 조직과 그 환경 사이에 보호층이 형성된다(Miner, Ambrugey와 Stearns, 1990; Pennings, 1992).

내부 활동을 격리하거나 둘러싸는, 그리고 환경의 방해를 흡수하기 위한 구조와 과정을 활용하여, 교육자들은 외부의 요구로부터 학교를 보호하고 있다(Honig와 Hatch, 2004). 예를 들어, 학교는 불확실성과 의존성에 대처하기 위해 특정한 부서, 역할 및 과정을 만든다. 외부 환경으로부터 교사들을 보호하기 위해 구매, 기획, 인적 자원, 교육과정 및 시설 관련 부서들이 만들어졌다. 이러한 부서들은 환경과 학교 간에 각종 자료, 서비스, 정보, 예산과 그 외 자원들을 전달한다. 이와 함께 교장은 교사들에 관한 학부모들의 불만을 다루는 핵심적인 완충 역할을 한다(Fauske와 Johnson, 2002). 또한 교장과 그 외 행정가들은 지역사회의 각종 단체 및 사회 봉사 기관의 대표 등과 같은 외부 인사들이 학교에 오면 교사들이 아닌 자신들을 먼저 만나도록 하는 공식 규칙과 절차를 만든다(DiPaola와 Tschannen-Moran, 2005). 완충 작용의 목적은 가능한 한 핵심 기술을 외부와 단절시킴으로써 효율성을 증진시키는 것이다 (Daft, 1989).

기획과 예측(planning and forecasting)은 환경의 변화를 예측하고 개인과 내부 구조 및 과정에 미칠 수 있는 부정적인 영향을 완화하기 위한 행동을 취함으로써 조직을 보호한다. 불확실하고 의존적인 상황에서, 학교구는 별도의 기획 부서를 만들거나 기획 업무를 특정 행정가에게 부과한다. 교육 기획자들은 중요한 환경적 요인들을 확인하고 다른 조직들의 예측되는 행동과 반작용 등을 분석한다. 기획은 광범위하게 이루어져야 하며 다양한 대응책을 계획해야 한다. 예를 들어, 인구 변화가 미치는 영향을 분석하기 위해 일정한 주기로 예상 등록 학생수를 산정하는 학교들도 있다. 학교를 폐교해야 할까 아니면 새로 신설해야 할까? 상황이 변화함에 따라 계획도 업데이트해야 한다. 교육자들이 정확하게 환경의 변화를 예측하는 한, 예상하지 못한 변화로 인해 야기되는 불확실성, 의존성과 방해를 줄일 수 있는 기회를 갖게 된다.

경계 확대(boundary spanning)를 통해 조직 내에서는 조직 간의 경계와 관련된 업무를 수행할 새로운 역할이 만들어지며, 또한 이를 통해 외부 환경의 여러 요인과 학교가 연결된다. 경계 확대 역할은 두 가지 유형, 즉 외부 환경의 변화에 대한 정보 탐지 및 조직을 대표하는 기능으로 나타난다(Aldrich와 Herker, 1977).

탐지 측면에서, 경계 역할(boundary role)은 환경과 조직 간의 정보 이동에 초점을 둔다. 경계 인사(boundary personnel)는 장기간 지속될 경향 및 급작스러운 변화를 만들어낼 수 있는 환경 내의 여러 가지 요인들을 조사하고 감시하며, 이러한 정보를 의사결정가에게 전달한다(Daft, 1989). 기술의 발전, 교육과정의 혁신, 규정 및 재정 지원 양상 등을 확인함으로써, 경계 인사는 학교가 이에 대한 계획을 세우고 프로그램을 조정할 수 있도록 자료를 제공한다. 예를 들어, 환경의 변화에 따른 충격파가 안정에 민감한 교수-학습 영역에 도달할 때, 이를 다루기 쉬운 변화 및 혁신으로 보급할 수 있다(Lynn, 2005). 교육감, 교장과 교육과정 조정자와 같은 학교내 인사들은 경계 확대 활동을 통해 핵심 기술을 보호한다. 예를 들어, 학교구의 교육과정 조정자는 주 정부의 평가에 맞춰 교육과정을 조정할 책임을 진다. 이 부서의 책임자는 주기적으로 주 교육부의 관료 및 인근 대학의 교육과정 전공자들을 만난다. 즉, 이들은 방해를 예측하기 위해 다른 조직(이 경우에는 주 교육부 또는 인근 대학)들과의 가교 역할을 한다.

대표 기능의 경우, 경계 확대 인사는 학교에서 환경으로 정보를 내보낸다. 조직에 대한 다른 사람들의 인식에 영향을 주고, 불확실성을 줄이며, 이를 통해 운영 핵심을 보호하고자 하는 것이다. 학교는 공공 정보 담당자를 두고 있다. 또한 학교구의 부서들도 이러한 역할을 수행할 수 있다. 예를 들어, 주로 납세자인 학부모들의 관심 대상이 되는 지역사회 및 성인 교육 관련 프로그램은 학생들에게 가능한 수업의 질을 보여주는 좋은 예가 된다. 기업체 및 법률 담당 부서에서는 학교가 필요로 하는 것을 의원들에게 알리거나 정치 문제에 대한 판단이 이루어진다. 교육위원회 및 학교운영위원회는 학교의 성공을 두드러지게 나타냄으로써 환경을 관리하고자 한다. 중요한 방식으로 대중들과의 연결을 위해 여성, 소수계 인종 및 학생들이 여러 학교 운영위원회의 위원으로 임명되고 있다(Aldrich와 Herker, 1977). 대중들이 학교에 대한 긍정적인 이미지를 가지고 있을 때, 불확실성과 의존을 줄일 수 있다. 경계 확대자들은 조직 간의 관계 형성에 핵심적인 역할을 하며(Friedman과 Podolny, 1977), 조직 내의 의사결정가들에게 커다란 영향을 미칠 수 있다(At-Twaijri와 Montanari, 1987).

내부 운영 조정(adjusting internal operation). 자원의존 관점은 조직 설계에 대한 구조적 상황론적 접근을 제시하고 있다(Aldrich와 Mindlin, 1978; Pennings, 1992). 조직의 조직 설계 방식은 어느 정도 환경에 달려 있다. 즉, 학교를 조직화하는 최상의 방법은 없다. 가장 효과적인 학교 구조는 그 환경의 장점을 잘 이용하는 구조이다.

환경에 따라 효과적인 조직 구조의 형태가 다르다는 것을 최초로 지적한 사람은 Tom Burns와 G. M. Stalker(1961)이다. 이들은 역동적인 환경에 있는 조직의 구조와 안정된 환경에 존재하는 구조 사이에 차이가 있다는 것을 발견하였다. 외부 환경이 안정될 경우, 조직의 내부는 "기계적"이거나 매우 관료화된 형태를 띤다. 즉, 공식 규칙과 규정, 표준화된 운영 절차와 집권화된 의사결정 등을 특징으로 한다. 또한 개인 간의 상호작용도 공식적, 비정적이고, 엄정하며 명확하다. 프로그램화된 행위에 의존하기 때문에, 기계적 조직은 일상적인 과업을 효과적이고 효율적으로 수행하나, 일상적이지 않은 사건에 대한 대처는 상대적으로 느리게 이루어진다.

매우 불안정한 환경의 경우, 조직 내부는 "유기적" 또는 비공식적인 형태를 띤다. 즉, 규칙이 적으며, 운영 절차에 대한 비공식적 합의 및 분권화된 의사결정을 특징으로 한다. 또한 개인 간의 관계는 비공식적, 개인적, 유동적이며 다소 불명확한 형태를 띤다. Burns와 Stalker는 유기적 모형이 기계적 모형보다 우월하다는 결론을 내리지는 않았지만, 안정적인 환경에서는 기계적 모형 그리고 불안정한 환경에서는 유기적인 형태를 띠는 등 환경의 요구에 순응하는 형태가 가장 효과적인 구조라고 결론을 내리고 있다. Danny Miller(1992)는 상황 적합론 또는 환경 적응 모형을 지지하는 결과를 제시하였다.

각종 연구 결과들은 환경 적합 모델을 제시하고 있다(Mintzberg, 1983a). 만약 환

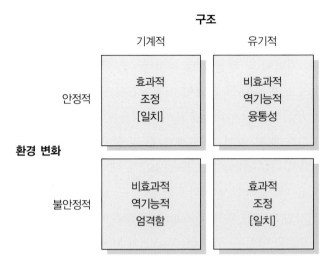

그림 8.1 환경 적합 모델: 환경 변화에 대한 상황적응적 조직구조 조정 모델

경이 안정적이면 기계적 구조가 효과적이지만, 환경이 불안정한 경우, 유기적 구조가 더 적합하다. 그러나 환경이 안정적이고 조직 구조가 유기적이라면, 역기능적인 융통성이 나타난다. 반대로, 환경이 불안정하고 구조가 기계적이면, 역기능적인 엄격함(ridigity)이 나타난다. 환경과의 적합도가 일치하기 위해서는 환경이 변화함에 따라 구조도 변화해야 한다. 환경 적합 모델은 [그림 8.1]에 요약되어 있다.

자원의존 이론은 조직의 의사결정과 행위를 촉진하거나 억제하기도 하는 환경 요인들의 중요성을 강조하지만, 이와 동시에 미지의 상황에서 조직을 운영할 때 행정가들의 전략적 선택 가능성의 여지도 남겨두고 있다. 즉, 비록 환경의 영향력도 중요하지만, 환경적 제약으로 인해 실행 가능한 조직 구조가 한 가지 형태로 제한되는 것은 아니라고 자원의존 모형은 가정하고 있다. 반대로, 다양한 내부 구조 및 행위들은 조직의 생존과 일치한다(Aldrich와 Pfeffer, 1976).

조직 간 대응 전략

지금까지 우리는 학교 조직이 내부적으로 외부 환경에 적응하는 방법을 설명하였다. 행정가들은 단순히 환경을 있는 그대로 받아들여서는 안 된다. 때로는 유리한 방향으로 환경을 이끌어야 한다. James G. March(1981)는 심지어 "조직이 자신들의 환경을 만들어낼 수 있다"고 주장한다. 외부 환경을 관리하기 위해 두 가지 형태의 전략이 사용된다(우호적인 관계 형성 및 환경 요인들에 영향력 행사). 환경을 통제하려고 시도할 때 기억해야 할 것은 환경 역시 어느 정도의 조직적인 성격을 가지고 있고 저항을 한다는 것이다(Katz와 Kahn, 1978).

우호적인 관계 형성(establishing favorable linkage). 환경에 대한 추가적인 통제력을 확보하기 위한 전략으로, 학교와 같은 비영리 조직은 적극적으로 제휴 및 동반자 관계를 확대하고, 다른 조직과의 협력을 확대하고 있다. 이러한 협력 관계의 확대는 상이한 조직들이 협동적 노력을 통해 문제에 대처하고 최종 생산물과 서비스를 공유하는 형태로 나타나고 있다(Guo와 Acar, 2005).

중요한 자원의 안정적인 조달을 통해 불확실성을 줄이고 조직의 영향력 및 생산성을 높이며 또한 환경의 불확실성과 자원 부족으로 인한 부정적인 효과로부터 조직을 보호해 주기 때문에 조직 간의 관계 형성은 아주 중요하다(Stearns, Hoffman과 Heide, 1987). 또한, 다른 조직과의 강력한 유대 관계 형성을 통해 의사소통 확대, 정보 공유 및 융통성 있는 전략을 학습하게 되며, 이를 통해 환경 적응 및 변화가 촉진된다(Goes와 Park, 1997; Kraatz, 1998). 조직 간의 연계는 정보의 흐름을 조직화하고 불확실성을 줄이려는 복잡한 상호 연결 체제를 통해 이루어진다. 중요한 사회적 과정은 사회적 교환의 형태를 띠는 것으로 생각된다. 정보, 인사, 재정, 시설 및 기타 필요한 항목들을 교환함으로써 조직 간의 연계가 이루어진다. 즉, 환경을 통제하기 위한 노력으로 자원이 교환된다. 예를 들어, 협동적 조정을 통해 정보의 불확실성을 줄이고, 학교가 필요한 자원의 확보를 도울 수 있다(Guo와 Acar, 2005).

경쟁과 의존성을 줄이기 위해 일반 기업체에서 사용하는 가장 일반적인 방법은 합병이다. 원료의 확보가 불확실한 경우, 원료 공급자를 확보함으로써 외부 요인들에 대한 의존성을 줄일 수 있다. 비록 교육 조직은 합병에 의존할 수는 없지만, 다른 조직들과 공동으로 모험적인 시도를 하기도 한다. 학교구는 대규모의 변화 및 연구와 관련된 위험 및 비용을 공유하기 위해 사기업, 대학과 연방 및 주정부와 동반자 관계, 제휴 또는 연합을 형성한다. 기업과 학교 조직 간의 모험적인 연결 관계의 대표적인 예로는 New American Schools 운동, 다양한 직업 교육 프로그램 운영, Charter School 개설 및 운영 등과 같은 전반적인 학교 개혁 실행이다. 모험적인 시도가 어느 정도 이루어지고 있는가를 통해 환경에 대한 조직의 영향력을 예측할 수 있다(Boje와 Whetten, 1981). Charter School과 같이 시장 모형을 강조하는 최근의 교육 개혁의 흐름을 볼 때, 각 학교구는 외부 집단에 의한 Charter School의 설립을 줄이기 위해 학부모 집단과 연계하여 자체적으로 Charter School을 설립하기도 한다.

우호적인 관계를 형성하는 또 다른 방법에는 *외부 인사 영입(cooptation)*이 있다. 외부 인사 영입은 학교의 외부에서 지도자를 학교의 의사결정 구조로 영입해 오는 것을 의미한다. 예를 들어, 영향력 있는 사람을 교육위원회나 학교운영위원회의 위원으로 임명한다. 이는 외부 인사와 학교가 처한 문제점 및 요구를 공유하는 것이다(Casciaro와 Piskorski, 2005). 직접적으로 외부 인사를 영입하지 못할 경우, 조직은 간접적인 수단을 사용한다. 즉, 영입하려고 했던 사람들에게 영향력을 행사할 수 있는 사람들과 우호적인 관계를 형성한다(Pfeffer, 1997). 그러나 학교운영위원회를 통해 조직의 영향력을 높이려는 시도는 그 결과가 명확하지 않다. 이를 지지하는 연구들도 있으며(예를 들어, Pfeffer, 1972), 그렇지 않은 연구들도 있다(Boje와 Whetten, 1981).

정책 결정 환경에서 환경 요인에 영향력 행사(shaping elements in the policy-making environment). Kingdon(1995)은 정책 결정 환경은 정부 내부와 외부 등 두 층으로 구성되어 있다고 주장한다. 정부 내부는 선출직 공무원과 이들이 임명한 직원들, 일반 공무원, 그리고 의회 의원과 직원 등 세 집단이 정책 과정을 통제한다. 정부 외부에서는 이익 집단, 개인의 집합체(학회, 연구자들과 자문가 등), 대중매체와 선거 관련 참여자 등 네 가지 유형의 집단이 영향력을 행사한다. 단일 정책 행위자가 정책 과정을 지배하지는 않지만, 행정 및 입법 분야의 선출직 공무원들과 이들이 임명한 직원들은 일반적으로 영향력이 가장 크다. 이러한 결론은 Mengli Song과 Cecil Miskel(Miskel과 Song, 2004; Song과 Miskel, 2005)의 연구 결과에서 입증되었다. 이들은 내부의 소규모 집단이 Reading First 법안 제정을 통해 전국 차원의 읽기 정책에 중요한 변화를 이끌어 내었다고 결론을 내리고 있다. 이와 비슷하게, 정부 공무원들(내부 인사)은 외부 인사들보다 주 정부의 읽기 정책 형성에 더 핵심적이고 중요한 역할을 수행하였다.

정부 대표자들의 권한을 상쇄하고 외부 환경을 구체화하는 자신들의 노력을 증대시키기 위해, 교육자들과 외부 인사들은 자신이 속한 단체의 정치적 사명을 확대함으로써 자원을 확보한다. 확보된 자원과 함께, 교육 조직 또는 이익 집단은 의원들에게 로비하기, 규정의 신설 또는 수정을 위한 영향력 행사하기, 교육 프로그램 실행, 대중 홍보 캠페인 운영 등과 같은 활동 수행을 위해 사람들을 고용할 수 있다. 대표적인 교육 관련 이익 집단에는 Parent-Teacher Association, National Education Association, American Federation of Teachers, American Association of School Administration, Council for American Private Education, Council of Exceptional Children과 Council of Chief State School Officers 등이 있다. Miskel 등(2003)은 8개 주에서 주 차원의 읽기 정책에 영향력을 행사하려고 했던 이익 집단을 272개 확인하였다. 교육 정책에 영향력을 행사하려고 시도하는 조직의 수와 형태 증가는 민간 재단, 교원 노조, 공립학교와 고등 교육 협회, 기업체, 시민 단체, 싱크 탱크(think tank) 또는 정책 연구 기관과 대중매체 등을 포함한 다양한 이익 집단으로 확대되고 있다.

이익 집단은 자신들의 이해관계와 관련된 쟁점의 옹호를 통해, 그리고 자신들에게 불리한 대안을 저지하는 활동을 통해 정책 형성에 영향력을 행사하려고 한다. 예를 들어, 공립학교는 사립학교에 대한 주 정부 및 연방 정부의 지원을 저지하기 위한 광범위한 노력을 기울이고 있다. 자신들의 이해관계를 반영시키기 위해 상대적으로 광범위하면서도 공통적인 일련의 전술을 통해, 학교 공무원들과 이들이 고용한 로비스트들은 지방, 주 및 연방 정책 결정가들에게 자신들의 입장을 포명하고 있다(Kollman, 1998). 〈표 8.1〉에 나타나 있는 것과 같이, Baumgartner와 Leech(1998)는 12가지 유형의 영향력 행사 전술을 제시하고 있다. 공공 정책에 영향력을 행사하려는 의도와 함께 이러한 전술을 사용하는 것이 로비이다. 이메일, 인터넷 검색 엔진과 웹사이트, 그리고 컴퓨터화된 팩스 기기 등과 같은 정보 기술은 이러한 영향력을 행사하고자 하는 노력의 집요함과 침투성을 향상시킨다. 주 및 연방 정부 수준에서 교육 관련 이익 집단들은 이러한 전략을 다양하게 활용하고 있다. 연방 정부 수준에서, Sims, McDaniel과 Miskel(2000)은 교육 관련 이익 집단은 로비를 할 때 연구 결과 제시, 정부 공무원 접촉 및 청문회에서의 증언 등을 가장 빈번히 사용한다는 것을 발견하였다. 주 정부 수준에서 로비 형태를 연구한 Tamara V. Young과 Miskel(2004)도 비슷한 결과를 제시하고 있다. 주 및 연방 정부 수준에서 사용되는 빈도가 낮은 활동은 소송과 선출 과정에서 정치적 협력자를 지지하는 것이다.

정부의 내부이건 외부이건, 이해관계를 가지고 있는 개인과 집단은 정책 환경에서 독자적으로 존재하지는 않는다. 이들은 자신들의 생각을 지지하고 수단을 마련하기 위해 적극적으로 제휴를 추진한다. 예를 들어, Baumgartner와 Walker(1989)는 교육 정책과 교육 관련 이익 집단과 관계된 정부 기관은 정책 결정 과정에서 서로 서로에

표 8.1 이익 집단의 영향력 행사 전술

• 의회 또는 기관 청문회에서 증언하기	• 연구 결과 제시하기
• 의원과 다른 공무원을 직접 접촉하기	• 감독, 임명에 영향력 행사하기와 공무원들의 부탁 들어주기
• 의원과 정부 공무원들을 비공식적으로 접촉하기	• 법안 및 규칙의 초안 작성 및 위원회를 위해 일하기
• 유권자에서 영향력 행사하기	• 대중매체 활용하기
• 소송	• 정치적 협력자 선출 및 지지하기
• 저항 및 시위	• 제휴하기

게 조언 및 자문을 구한다는 것을 발견하였다. 사실, Heclo(1978)는 더 이상 소수 참여자 또는 "철의 삼각지대(iron triangle, 역주: 정책 과정에서 이익집단·관료조직·의회 위원회가 상호간의 이해관계를 보호하기 위해 밀접한 동맹 관계를 형성하고 있는 현상)"가 정책 결정을 통제하지는 못한다고 주장하고 있다. 이와 반대로, 정부 관료조직과 이익 집단 체제의 성장과 함께, 정책 결정은 상대적으로 개방된 쟁점 또는 정책 네트워크 내에서 이루어지며, 의사결정을 유발하고 이끌어 가는 다양한 영향력 관계를 쉽게 관찰할 수 있다.

이러한 현실은 학교 조직은 외부 환경에 수동적으로 반응하는 단순한 조직이 아니라는 것을 시사한다. 완충 전략은 학교의 내부 운영에 관한 환경의 영향력을 줄일 수 있다. 개인들, 이익 집단과 협력자들과의 연계를 통한 정치적 행위는 학교의 정책 환경에 영향을 미친다. 요약하면, 내부 및 외부 전략을 사용하여, 교육 행정가들은 외부의 요구를 줄이거나 변화시키며, 불확실성을 줄이며, 자원 확보를 향상시킨다.

TIP: 이론의 적용

환경 관리하기

당신이 거주하거나 근무하고 있는 학교구 또는 학교에서 최근 있었던 논쟁 또는 변화된 프로그램에 대해 생각해 본다. 핵심 주제는 무엇이었나? 환경으로부터 정보와 자원을 확보하기 위해 교육자들은 어떤 전략을 사용하였는가? 이들은 환경 요인들에 영향을 주려는 노력을 하였는가? 환경 내의 개인, 집단과 조직들은 논쟁 또는 혁신에 영향력을 행사하기 위해 어떠한 전술을 사용하였는가? 이러한 전략은 효과적이었는가?

제도 관점

비록 조직의 과업환경을 구성하고 있는 중요한 요인들은 물질적 또는 자원과 관련되어 있지만, 제도적 환경의 핵심적인 요인들은 상징적이고 문화적인 성격을 띠고 있다 (Scott, 1998). 또한 **제도 관점(institutional perspective)**은 조직과 그 환경을 이해하기 위한 주된 접근법으로 여겨지고 있다(Mizruchi와 Fein, 1999). Brian Rowan(1993)은 제도 관점이 오늘날 가장 중요한 조직 이론들 중의 하나라고 기술하고 있다. 제도 이론의 근원은 Philip Selznick(1949, 1957)의 연구에서 찾을 수 있다. 그의 생각은 Meyer와 Rowan(1977)에 의해 정교화되어 새로운 제도 이론이 등장하게 되었다.

1970년대 후반 이후, 제도 이론은 여러 학자들의 관심의 대상이 되어 왔으며, 학교에 대한 아주 가치 있는 개념적 및 실용적인 통찰력을 제시해 주고 있다.

Rowan과 Miskel(1999)에 따르면, 제도 이론의 목적은 어떻게 사회적으로 조직된 환경이 나타나고, 이들은 사회적 행동에 어떤 영향을 주는가를 설명하는 것이다. 모든 종류의 사회적 행위자(개인, 행정가, 교사, 이익 집단 및 학교)들은 행동과 행위를 제약하고 이에 영향을 미치는 규칙, 규제, 규범 등을 만들어 내는 사회적으로 조직화된 환경 속에 존재하는 것으로 보여진다. 사실상 거의 모든 수준의 사회 체제(예를 들어, 사회 및 개별 조직, 소집단 등)에서 제도적 요인들을 찾아볼 수 있다. 또한 이들은 규제적, 규범적 및 인지적 토대를 가지고 있으며(Scott, 1995, 2001), 안정적이고 반복적으로 이루어지는 활동 및 기능을 가지고 있다.

제도가 공식 조직이 될 수도 있지만, 반드시 그럴 필요는 없다. 사회 기관의 강제적인 권력에 의해 집행되는 공식적, 명문화된 행동 규칙(즉, 법규, 헌법, 표준 운영 절차 등)에 바탕을 둔 제도도 있다. 사회화 과정을 통해 내면화된 가치 및 규범과 같이 공식성이 낮은 상태의 제도들도 있다. 상대적으로 간접적이며 당연시되고, 상황을 규칙과 같이 이해하는 인지적 구조로 유지되는 제도들도 있다. 제도로 생각되는 일반적인 것들에는 결혼, 가정, 선거, 악수, 공식 조직, 학교, 학교 출석, 수업, 교직, 임기, 학교장, 노동조합과 학교 교육 등이 있다(Rowan과 Miskel, 1999). 제도가 가지고 있는 다양성을 반영하여, Peter Abell(1995)은 일부 행위자들에게 의미를 부여하고 행위를 결정하는 일련의 합의된 규칙 체계로 **제도(institution)**를 정의하고 있다. 보다 분명하게, Scott(2001: 48)은 "제도는 관련된 활동 및 자원들과 함께 사회생활에 안정성과 의미를 제공하는 문화-인지적, 규범적 및 규제적 요인들로 구성되어 있다"고 주장한다.

더 나가서 Jepperson(1991)은 모든 제도는 권한부여와 통제를 동시에 하고 있다고 주장한다. 이들은 제약된 환경 속에서 행동을 취하는 수단이 된다. 모든 제도는 정체성과 이러한 정체성을 위한 행동 체제를 확립하는 프로그램과 규칙 체제이다. 예를 들어, 제도로 여겨지는 학교는 사회적 상황에서 그 설립과 고용을 위한 규칙과 수업이 동반된 포괄적인 사회적 기술 체제이다. 따라서, 제도는 일반적인 행위 또는 표준화된 활동으로 구체화된다. 제도로서의 학교는 사회적 환경 내의 고정물로 간주되고, 이러한 환경에서 기능을 수행하는 것으로 설명된다는 측면에서 당연한 것으로 받아들여진다.

따라서 **제도적 환경(institutional environment)**은 지원과 합법성을 인정받기 위해 개별 조직들이 따라야만 하는 규칙 및 필요조건들로 특징지어진다. 현대 조직에서,

환경적 요구(예를 들어, 규칙, 규범, 가치 및 이념)들은 합리적인 형태를 띠고 있으며, 합리성의 주된 근원은 정부와 전문가들이다. 주 또는 연방 수준의 교육 관련 행정 및 입법 기관들은 권한의 집중화 및 지방의 참여자들에게 제한된 자율권을 부여하는 관료적 장치를 만들어 내려고 한다. 전문가들은 지방 교육자들의 손에 최대한의 결정권을 부여하는 분권화된 구조를 선호한다. 그러나 그 근원이 어떠하든, 조직은 자신들을 둘러싼 제도적 규칙, 신념 및 이념을 따를 때 보상을 받게 된다(Meyer와 Rowan, 1977; DiMaggio와 Powell, 1991; Scott, 1995; Scott과 Meyer, 1991).

사실, 제도와 그 환경에 대한 논의가 이루어질 때 합리성에 관한 신화가 자주 사용된다. 신화는 일반적으로 객관적으로 검증할 수 없는, 폭넓게 받아들여지고 있는 믿음이다. 다른 사람들이 그렇게 믿기 때문에 신화는 사실적인 것이 된다. 이러한 신화는 주어진 목적을 달성하는 데 필요한 절차를 구체화하는 관료적 또는 전문적 규칙의 형태를 취할 때 합리화된다(Scott, 1992). **합리화된 신화**(rationalized myth)는 사실로 생각되는 믿음을 토대로 하여 어떤 결과를 달성하기 위한 절차들을 구체화한 규칙들이다. 학생들을 특수반에 배정하기 위해 심리 검사 및 분류 체계를 사용하는 것이 합리화된 신화의 예가 된다. 이러한 진단적 접근들은 지적 및 정서적 과정을 측정하는 절차를 제시하기 때문에 합리적인 것이 된다. 그러나 이들은 전문가 협회, 인가된 단체 및 재정 후원 기관들의 추천 및 인정에 크게 의존하기 때문에 신화가 된다(D'Aunno, Sutton과 Price, 1991).

순응 및 제도적 환경

제도 이론은 조직은 외부 환경에 의해 크게 영향을 받는 개방체제라는 것을 강조한다. 또한, 보다 효과적인 성취를 위한 합리적인 압력이 아니라 전통적인 생각에 순응하게 하는 사회적 압력이 가장 결정적인 요인들이다(Scott, 1992). 따라서 제도 이론은 조직 구조와 과정은 사회에 제도화되어 있는 규범, 가치 및 이념을 반영하고 있다는 것을 기본 전제로 하고 있다. 이에 따라, 조직은 합법성(즉, 조직에 대한 문화적 지원을 확보하기 위해)을 얻기 위해 제도화된 규칙과 절차를 따라야 한다. 즉, 기술적 생산성에 미치는 영향과는 별도로, 제도적 순응은 조직의 성공 및 장기간의 생존을 가능하게 한다. 제도적 환경에 부합하는 공식 구조를 설계함으로써, 조직은 적절하고 타당한 방법으로 가치롭게 생각되는 목표를 위해 행동하고 있음을 보여준다(Meyer와 Rowan, 1977; Rowan, 1993). 기술이 명확하지 않고 경쟁적인 상황에 처해 있지 않음으로 인해 학교는 제도적 요인들을 채택하고 제도적 환경에 순응할 가능성이 크기 때문에 이러한 주장은 교육자들에게 특히 더 두드러진다(DiMaggio,

1988).

이와 비슷하게, Paul J. DiMaggio와 Walter W. Powell(1983, 1991)은 제도적 환경에서의 조직 변화는 조직을 더 효율적으로 만드는 것이 아니라 조직을 더 비슷하게 만든다고 주장하고 있다. 동일한 제도적 환경 속에 있는 조직은 동질화되는 경향이 있다. 예를 들어, 특정 국가의 학교들은 서로 비슷한 점을 많이 가지고 있다. 교실, 학생 집단 및 비슷한 교수-학습 과정 사용 등 학교의 건물 및 교육 방법상에 유사점을 많이 가지고 있다. DiMaggio와 Powell은 제도적 순응을 조장하는 세 가지 기제를 제시하고 있다.

강제적 순응(coercive conformity)은 정치적 영향력과 합법성의 문제에서 기인한다. 조직이 정부 기관에서 공표한 규칙 및 규정을 준수하여 서로 비슷한 구조 또는 과정을 만들어낼 때 강제적 순응이 나타난다(Rowan과 Miskel, 1999). 학교 변화를 위한 일반적 강제적 압력에는 정부의 지시 및 유도가 포함된다. 예를 들어, 연방 및 주 차원의 규칙들을 바탕으로 하여, 학교는 특별한 도움을 필요로 하는 학생들을 위한 특수 교육 교사를 고용하고, 기준 또는 체제에 부합되는 교육과정 관련 교재 개발 및 정부의 기준에 부합하는 성취도 검사를 실시한다. 또한 교육위원회 위원 중의 한 명이 발음 중심의 어학 교수법이 읽기를 지도하는 유일한 방법이라고 믿고 있는 경우와 같이 강제적 요인들은 눈에 보이지도 않고, 비공식적이며, 포착하기도 힘들다(Hanson, 2001). 강제적 정책 도구와 관련된 주된 문제는 효율성 및 효과성 측면에서 예상되는 이익을 산출하지 못하는 상태에서 시행된다는 것이다.

모방적 순응(imitative conformity)은 불확실성을 줄이기 위해 다른 곳에서 기준이 되는 반응을 채택하는 것에서 기인한다. 이러한 과정은 Meyer와 Rowans(1977)가 제시한 합리화된 신화의 개념과 유사하며, 여기서 한 조직이 성공적인 또는 널리 알려진 특정 조직을 모방하게 된다. 즉, 학교와 같이 기술과 목표가 명확하지 않은 조직은 합법적이고 성공적이라 인식되는 다른 조직을 모형으로 하여 조직 구조를 설계한다. Mark Hanson(2001)은 교육 자문가, 전문 협의회 및 여러 직위를 옮겨 다니는 행정가들이 모방을 부추기고 지원한다고 주장한다. 모방적 순응에 관한 최근의 예로는 총체적 질 관리, 블록 타임제(block scheduling), 발음 중심 교수법(phonics instruction), 효과적 학교 운동(effective school movement)와 체제적 개혁 등이 있다.

Rodney T. Ogawa(1992)는 다음과 같이 모방 과정을 제시하고 있다: 효율성을 향상시키기 위해 한 학교가 새로운 구조를 받아들인다. 만약 이 새로운 구조가 업무 수행을 개선하리라 인식된다면, 다른 조직도 이를 모방할 것이다. 시간이 지남에 따라 여러 학교에서 이러한 새로운 구조를 채택하게 된다. 그러나 이는 효율성을 증가시키려는 기술적인 목적을 바탕으로 한 것이 아니라 성공적인 조직을 모방함으로써 지역 주민들로부터 합법성을 획득하려는 제도적 목적에 바탕을 두고 있다. 일부 도시 학교 구들의 (낮은 학업 성취도와 부족한 예산 등과 같은 다양한 문제들을 처리하기 위해 고안된) 학교자율경영제 채택이 그 구체적인 예가 된다. 이러한 "혁신적인" 학교구들 이 경험한 성공담이 널리 확대됨에 따라, 초기에 이를 채택했던 학교구들이 직면했었 던 문제점들을 가지고 있지 않은 다른 학교구들도 무비판적으로 이러한 변화를 실행 하였다. 이와 비슷하게 Betty Malen(1993)도 학교자율경영제는 변화를 중시하고 학교 구가 진보적인 집단으로서의 명성을 유지하도록 도와준다는 생각과 연결되어 있다고 결론을 내리고 있다.

규범적 순응(normative conformity)은 전문적 기준을 따르도록 사회화되고 교육받 아 온 인사들이 전문가로서의 규범을 조직 전반에 퍼뜨릴 때 나타난다(Rowan과 Miskel, 1999). 전문가주의의 두 가지 측면이 학교 조직에서 순응을 이끌어 내는 데 특히 중요하다. 첫째는 공식 교육과 인지적 지식에 근거한다. 전문가들은 적절한 행 동에 대한 규범적 규칙과 표준화된 업무 수행 방법을 학습한다. 둘째는 새로운 모형 의 신속한 보급을 가능하게 하고 조직들을 연결시키는 전문적 연결망 및 단체들의 성 장과 발달에서 기인한다. 예를 들어, 교사 및 행정가들의 연합체 또는 노동조합은 전 문가들 간의 정보 교환을 촉진하고 교육 전반에 걸쳐 실시될 수 있는 정책 및 실제를 제공한다.

California 학교구에 세 개의 직업이 생기게 된 과정을 추적한 Rowan(1982)의 연 구는 규범적 순응이 어떻게 새로운 프로그램을 이끌어낼 수 있는지를 설명하고 있다. 그는 주 정부 기관, 의회 및 전문 단체들의 이념 및 규칙에 의해 보건, 심리 및 교육과 정 활동 및 직업이 어떻게 만들어졌고 제도화되었는지 그리고 지역 학교구의 구조에 어떻게 통합되었는지 제시하였다. 예를 들어, 1909년, 의회는 학교 직원들에게 어린 이들에 대한 신체검사를 할 수 있도록 하는 법안을 제정하였다. 이러한 검사의 목적 은 각종 전염병의 확산을 막고자 하는 것이었다. 법안이 제정된 후, 제도화 활동이 이 루어졌다. 그 결과, 1935년에 제정된 교육법(school code)에는 매년 신체검사를 실시 하도록 하는 규정이 삽입되었다.

이러한 순응 요인들을 통해, 학교는 비슷한 구조 및 서비스를 제공하며, 서로서로 닮아 가기 시작한다. 학교는 매우 유사한 것처럼 보여진다(Ogawa, 1992). 사실, 순응 을 위한 여러 가지 압력들로 인해 미국의 공교육체제는 놀라울 정도로 동질적으로 구 성되어 있다. Meyer, Scott과 Deal(1992)은 학교들은 학교로서 자신들의 합법적인 지 위를 유지하기 위해 상당한 노력을 한다는 것을 발견하였다. 학교는 전문적으로 규정되거나 법적으로 지정된 일련의 규칙에 순응함으로써 인정을 받고자 한다. 학교는 자격증을 가진 교사들을 채용하여 신중하게 해당 학생들에게 배정한다. 학생들은 전국에 걸쳐 표준화된 의미를 갖는 학년에 의해 구분된다. 끝으로, 교사와 학생들은 과학, 영어, 수학 등 표준화된 범주로 조직된 교육과정을 따르고 있다. 즉, 개별 학교는 '학교는 이러해야 한다' 라는 사회의 정의에 따른 제도적 규칙에 의해 제약을 받고 여기에 순응한다. 학교는 사회의 목표, 가치, 문화를 반영하리라 기대된다(Bacharach와 Mundell, 1993).

외부 환경에 적응하기

상당수의 학교 체제는 다음 교육 개혁의 흐름이 지나갈 때까지 시류에 몸을 맡기거나 매번 제시되는 개혁에 동참한다. 효과적인 학교는 외부 상황에 상이하게 대응한다. 이들은 변화를 예측하고 학교의 성취 결과를 향상시키기 위해 외부의 요구와 자원을 전략적으로 활용하면서 불확실성에 적응한다. 효율적이고 효과적인 학교를 만들기 위해, 행정가들은 핵심 기술 내에 일관성과 예측 가능성을 이끌어 내야 하는 도전에 직면하는 동시에 외부의 불확실성에 적응해야만 한다(Lynn, 2005). 교육 개혁에 대한 외부의 요구 증가는 학교의 외부 환경을 관리하는 데 행정가들이 핵심적인 역할을 해야 한다는 것을 요구하고 있다(Pfeffer, 1976). 행정가들의 행위는 외부의 상황이 내부의 운영에 제약을 가하거나 향상시키는 정도에 영향을 미친다(Honig와 Hatch, 2004). 완충과 경계 확대 활동은 학교가 외부 환경에 대처하기 위해 의존하는 전략이다.

완충 전략

완충 장치는 내부 활동을 둘러싸거나 격리하고, 외부의 충격을 흡수하는 구조 및 과정이라고 앞에서 제시하였다. 조직과 환경 간에 보호층을 만드는 것이 완충이다. 완충 기제를 통해 해결해야 할 중요한 문제는 기술적 효율성과 제도적 규칙 간의 갈등이다. 제도적 관점에서, 환경으로부터 학교 조직을 보호하는 두 가지 방법은 이미지를 관리하거나 분리시키는 것이다.

분리(decoupling). 효율성을 제고하기 위한 조직 설계는 조직 구조와 기술적 활동을 면밀하게 조정하려고 시도한다고 Meyer와 Rowan(1977)은 주장하고 있다. 제도적 조직에서 이러한 조정은 비효율적이고 일관적이지 못하다는 것을 증명하는 것과 같다. 따라서 제도적 환경에서 운영되는 조직은 자신들의 기술적 구조 및 활동에서 제도적 구조를 분리하려고 노력한다. **분리**는 의도적으로 작업 과정에 대해 적절한 통제를 가하지 않는 것이다(Ingersoll, 1993). 분리는 조직을 두 부분으로 나누어 놓는다. 한 부분은 제도적 환경과 연결되며 다른 한 부분은 기술적 활동과 관련된다(Meyer, Scott과 Deal, 1992).

분리된 학교 조직은 일련의 특징을 가지고 있다. 예를 들어, 행정가의 권한 밖의 행동들이 이루어지며, 전문가주의가 강조된다. 목적은 불분명하며, 기술적 목표는 범주적 목표로 대체된다. 즉, 학교는 학문적 학습(academic learning)이 아닌 학생들을 교육시키는 곳이다(Meyer와 Rowan, 1977). 조직은 여러 가지 이유에서 분리된다. 분리는 조직에 대한 일반 대중의 신뢰를 해칠 가능성이 있는 모순, 불합리성 및 낮은 과업 성취를 완화시키거나 감추어 준다. 또한, 분리된 조직은 제도화된 전통에 순응하면서도 어느 정도 자율적으로 행동할 수 있는 구조적 요인들을 구체화하고 드러내 보일 수 있다. 모순되거나 갈등적인 환경일 때, 분리는 특히 유용한 전략이다(Scott, 1992).

이미지 관리(managing the image). 이 전략은 인정을 받을 수 있도록 구조와 행위를 나타내기 위한 **인상 관리**(impression management)를 의미한다(Elsbach와 Sutton, 1992). 인상 관리는 상징적 범주와 성문화된 규칙, 공개 행사의 성공을 광범위하게 활용하며 실패를 합리화한다. 조직에 의해 처리되는 사물 또는 사람들을 선택하고, 확인하고, 분류하며, 색인하기 위해 상징적 범주들이 만들어진다. 상징적 행동과 함께, 학교 행정가들은 외부의 요구에 따르고 있다는 인상을 주지만 규정된 관행과 활동을 철저하게 고수하지는 않는다. 예를 들어, Meyer와 Rowan(1977)은 제도적 규범 속에서 학교의 특정 계획을 정당화하기 위해 비용 분석을 하는 것이 만약 그 계획이 실패했을 때 이를 정당화하는 근거를 제공할 수 있다고 주장한다. 자신의 계획이 성공을 거두지 못했을 경우, 행정가는 신중을 기해 그 절차가 계획되었고, 자신의 결정이 합리적으로 이루어졌다는 것을 다른 사람들에게 증명할 수 있다. 예를 들어, 어떤 특정 프로그램을 개발하고 있다고 가정해 보자. 만약 이 계획이 실패할 경우, 행정가는 문제의 어려움에도 불구하고 신중하고 열정을 다 바쳐 업무를 수행했다고 증명할 수 있다. 따라서 제도화된 실무 및 인상 관리는 행정가들의 행위를 정당화하는 데 도움을 주며, 긍정적인 인상을 주게 된다. 환경의 제약 요인들이 학교의 성취 결과에 영향을 미치는 것을 제한하기 위해 어느 정도의 완충 장치가 필요한 것처럼 보인다(Meier와 O' Toole, 2008)

경계 확대 전략

이 장의 앞부분에서 경계 확대는 학교 조직과 외부 환경의 여러 요인들과 연결시키며, 조직 간의 경계를 위한 내부 역할을 만들어 내는 활동으로 정의되었다. Meyer와 Rowan(1977), DiMaggio와 Powell(1991) 및 Scott(1992)은 제도적 환경에 대한 순응을 핵심적인 경계 확대 전략으로 제시하고 있다. 제도화된 규칙, 신념 및 이념을 조직 구조에 편입함으로써, 조직은 보다 동질화되고 정당성을 얻게 된다. Scott은 제도적 환경을 관리하는 데 사용할 수 있는 세 가지 전략을 제시하고 있다.

범주적 순응(categorical conformity). Scott(1992)에 따르면, **범주적 순응**은 규칙이 조직의 구조화 방법을 제공하는 과정으로 의식적 범주라고 불린다(Meyer와 Rowan, 1978). 이러한 차이는 광범위하게 공유된 인지 체제를 나타낸다. 예를 들면, 교사들을 분류하는(예를 들어, 초등과 중등) 정교한 규칙이 있고, 각 범주는 자체적인 자격 기준과 자격증을 가지고 있다. 이와 비슷하게, 학생들은 학년, 능력 및 과정 이수 정도에 따라 범주화된다. 표준화된 범주와 의식적 분류 절차에는 교육자와 학생들뿐 아니라 교육과정과 학교(예를 들어, 대안 학교 또는 전통적인 학교)들도 포함된다. 이러한 공유된 인지적 신념 체제를 반영한, 즉 범주적 순응을 보이는 학교들은 자신들의 정당성을 높이고 자원 확보 능력을 증가시킬 수 있다.

구조적 순응(structural conformity). 때때로 제도적 환경은 수용 및 지원을 위한 조건으로 학교들에 구체적인 구조적 사항들을 부과할 때도 있다(Scott, 1992). 외부의 요구는 학교에서 새로운 프로그램을 실행하는 원인이 되기도 한다. 지난 30여 년간, 법률, 행정 조례 및 학부모들의 의견에 부합하기 위해 교육 조직에 상당수의 특수 교육 프로그램들이 설치되었다. 다양한 노력을 통해, 학교는 제도적 환경에서 부과된 특수 교육의 범주에 순응하기 위해 구조를 발전시켜 왔다. 행정가들은 수업의 효율성이 아니라 제도적 순응에 대한 요구 충족과 성공이 병행한다는 것을 알고 있다(Rowan, 1981). 불확실성에 직면했을 때, 학교는 성공적인 구조 형태를 차용하거나 모방한다. 따라서 선택 또는 강제에 의해, 학교는 환경에 적응하는 수단으로써 **구조적 순응**을 사용한다(Scott, 1992).

절차적 순응(procedural conformity). 기술적 활동에 대한 조정 및 통제의 부족에도 불구하고, 학교는 무정부 상태가 아니라고 Meyer와 Rowan(1977)은 주장한다. 일상적인 활동들은 질서정연한 형태로 이루어진다. 사실, 제도적 환경을 통해 특정한 방법으로 활동을 수행하도록, 즉 **절차적 순응**을 하도록 학교는 압력을 받고 있다. 학교 조직은 어떤 유형의 절차를 수행할 때 따라야 할 단계들을 자세하게 제시하는 합리적인 신화에 반응할 수 있다. 예를 들어, 학교들은 적정한 자격을 갖춘 교사 임용, 학생들의 학급 배정, 시간표 작성 등과 같은 과정을 엄격하게 통제한다(Meyer와 Rowan, 1978). 쟁점이 되는 활동을 수행할 때 사회적으로 수용 가능한 절차를 활용함으로써, 학교는 합리적이고 합법적이라는 인상을 유지할 수 있다(Scott, 1992).

TIP: 이론의 적용

환경에 대처하기

당신이 거주하거나 근무하고 있는 학교구 또는 학교에서 최근 있었던 논쟁 또는 변화된 프로그램에 대해 생각해 본다. 핵심 주제는 무엇이었나? 환경으로부터 요구를 충족시키기 위해 교육자들은 적응과 분리와 같은 제도적 전략을 사용하였는가? 이러한 전략은 효과적이었는가?

책무성과 교육 개혁

1980년대 이루어진 각종 개혁 방안들은 성취 결과에 커다란 영향을 미치지 못했다는 것을 인정하면서, Smith와 O' Day(1991)는 분절화되고, 복잡하며, 다양한 층으로 구성된 정책체제가 성공적인 학교로의 발전 및 유지를 방해하고 있다고 비판하고 있다. 제약 요인을 완화하고 학교 효과성을 증진시키기 위해, 이들은 교육 개혁을 위한 일관된 체제적 접근을 주장하였다. 큰 파급 효과를 가져온 논문인 "Systemic School Reform"에서, 이들은 일련의 중요한 환경, 투입, 변환 및 성취 결과 변인들을 활용한 학교 책무성 및 개선체제 확립을 위한 논거를 제시하였다. 이 모형의 중요한 구성 요인에는 목표를 지원하는 통일된 비전과 양질의 평가 도구와 관련된 기준 및 교육과정 체제로 구성된 수업 안내 계획 등이 포함된다. 주 정부의 강력한 리더십과 지방 자치 단체의 융통성을 위한 확고한 지배 구조는 기준 및 책무성 체제와 교육과정과 수업 자료, 전문성 신장과 교사 양성 교육 간의 일치도를 향상시킨다. Charter School과 Voucher도 책무성을 강화할 수 있다. 본질적으로, 책무성을 강조하는 관점은 다음과 같은 세 가지 원리에 근거하고 있다.

- 학교는 성취도 기준 신장을 위한 책임을 져야 한다.
- 교육 개선을 위한 역량을 이끌어낼 수 있도록 하기 위한 도움이 학교에 제공되

어야 한다.

- 학교는 성취 결과(특히, 학생들의 성취도)의 양과 질을 향상시켜야 한다.

책무성

교육에서의 **책무성(accountability)**은 철저하고 효율적인 학생 교육에 대한 학교의 책임을 인정하는 것이다. 전통적으로 미국의 경우 책무성은 지역 교육위원회를 통한 지역사회 및 학부모의 통제에 뿌리를 두고 있다(Carnoy와 Loeb, 2002). 그러나 사실상 50개의 모든 주가 학교 및 학교구를 위한 기준지향적 책무성 체제를 실시하고 있는 등 책무성의 중심은 지방 교육위원회에서 주 및 연방 정부 기관으로 이동하고 있다.

1990년대 주로 주 수준에서 제기된 책무성 체제는 학교에서 수집하고 보고한 성취 결과에 초점을 둔다(Fuhrman, 1999). 책무성 체제는 일반적으로 다음과 같은 세 가지 구성요소를 가지고 있다.

- *교과 지식과 학습해야 할 기술을 확인하기 위한 기준.* 목표를 진술한 특정한 형태로서 **기준(standard)**은 기대되는 것을 자세하게 나타낸다. 결과 기준은 학생들이 반드시 알아야 하는 것과 할 수 있는 것을 규정하고 학생들의 성취도를 측정하는 데 사용될 수 있다. 즉, 기준은 학교가 가르쳐야 하는 지식, 기술과 학습 등을 기술하고 학생들이 도달해야 하는 능력 수준을 정의한다. 옹호론자들은 기준은 공통의 목표 체계를 제시하고 학생, 교사와 교장에게 학습 내용 선정, 교수-학습 전략 개발과 목표 달성도의 측정 등을 위한 일관되고 분명한 기준을 제공한다고 주장한다. 그러나 기준 설정에는 여러 가지 어려움이 따른다(Hanushek과 Raymond, 2002). Terry Moe(2003)는 기준을 설정하는 것은 수학과 과학 같이 상대적으로 객관적인 과목이라 하더라도 전혀 객관적이지 않다고 주장한다.

- *기준에 근거한 평가.* 기준에 도달했는지를 결정하기 위해, 그리고 학교 개선안을 평가하기 위해 책무성 체제에서 평가를 사용하는 것은 상당한 논쟁의 대상이 되고 있다. 평가 프로그램의 절차와 적절성에 관한 갈등이 나타난다. 이해관계자들이 다음과 같은 질문에 응답하기 시작할 때 강력한 논쟁이 나타난다.

  - 누가 시험을 치러야 하는가?
  - 어떤 내용을 평가해야 하는가?

- 어떤 유형의 평가 도구를 사용해야 하는가?
- 얼마나 자주 시험을 치러야 하는가?
- 평가는 타당한가?
- 기준에 도달했다는 것을 나타내는 수준이나 점수는?

평가에 어느 정도 중요성을 부여할 것인가에 관한 논쟁도 이루어진다. Paul E. Barton(2001)은 기준지향적 개혁은 단순히 평가 운동에 머물 위험성을 가지고 있다고 주장한다. 이와 비슷하게, Elmore(2002b)는 "불법적인 강요"라고 부르며 지나치게 평가를 강조하고 있다고 No Chil Left Behind 법안을 거칠게 비판하고 있다.

- *목표 달성도의 수준 차이에 따른 결과.* 이는 성공적인 학교, 교육자 및 교사에 대한 보상은 좋은 성취 결과를 강화하고 동기화를 향상시킬 것이라는 가정에 근거하고 있다. 반대로 기대를 충족하지 못하는 학교 등에 대한 처벌은 이들의 행동을 변화시키고 따라서 낮은 성취도를 향상시킬 수 있을 것이다. 그러나 주 정부는 학생들의 유급, 졸업장 비수여 또는 교사와 교장의 이동 등과 같은 처벌은 시행하기가 힘들다는 것을 발견한다(Finn, 2003b). 책무성 체제는 일반적으로 학생들을 동기화시키기 위해 고안된 것이 아니기 때문에 학생의 성취도와 보상 및 처벌을 연결시키는 것은 공정성의 문제를 야기하고 있다(Fuhrman, 1999; Goertz와 Duffy, 2001). 학업 성취는 교사와 학생의 공동의 노력으로 나타나기 때문에, 교사의 성공은 학교에서 학생의 노력과 시험에 달려있다.

비록 위와 같이 세 가지 요소의 책무성 체제를 설명하는 것이 상대적으로 쉬울 수는 있지만, 기준지향적 접근이 교실 내의 수업과 학생들의 학습에 실질적인 영향을 미치기 위해서는 여러 가지 복잡하고 논쟁적인 일들을 완결해야 한다. 예를 들어, 주 정부 기관, 지역 교육청과 학교는 새로운 수업 체제, 교육과정과 평가 방법을 만들어 내야 하고, 교육자들은 수업을 보다 힘들고 일관되게 만들어야 하다고 주장한다 (Cohen, 1996; Coggshall, 2004).

연방 정부의 개혁안

2000년대의 시작과 함께 공교육에 대한 연방 정부의 개입이 이루어졌다. 역사적으로 볼 때, 지역 교육위원회를 통해 각 주가 공립 학교에 대한 책임을 지고 통제를 하였다. 2001년 No Child Left Behind(NCLB) 법으로의 초ㆍ중등교육법의 재인가를 통해 사상 처음으로 전국의 공립 학교들을 대상으로 하는 연방 정부 차원의 책무성 프로그램이 도입되었다. 연방 정부의 교육 프로그램에 대한 역사적 분석을 근거로 하여, Lorraine M. McDonnell(2005)은 NCLB는 이전의 정책에 뿌리를 둔 혁신적인 조치라고 결론을 내렸다.

NCLB 법. NCLB는 모든 학생들은 읽기와 수학에 능숙하다는 것을 보장하기 위해 설계된 평가를 통해 전국의 공립 학교들에 대한 기대와 요구를 증가시켰다. 주 정부는 학습의 기준을 설정하고, 이 기준의 충족 여부를 알아보기 위해 학생들의 발달 상황을 평가해야 한다. 장애 아동, 경제적 여건이 좋지 않은 학생들, 영어 사용 능력이 부족한 학생들과 다른 인종 및 민족 출신의 학생들이 관심의 대상이 되었다. NCLB 법은 3학년에서 8학년까지 매년 평가를 실시하고, 읽기와 수학에 대한 주 전체에 걸친 평가를 통해 연간 적정 진척도(Adequate Yearly Progress: AYP)에 도달하도록 학교, 학교구 및 주 정부에 요구하고 있다. 읽기와 수학의 매년 통과 비율은 증가하여 2013~2014학년도에는 각 하위 집단의 학생들이 100% 통과하는 것을 목적으로 하고 있다. 학교와 학교구가 당해 연도의 기준에 도달하지 못할 경우, 이들 학교를 지원하기 위해 교정적 행동 계획이 수립되고 실행된다(No Child Left Behind, 2002). AYP에 도달하지 못한 학교에 대한 제재에는 외부의 개인 사업자를 통한 서비스 제공, 학부모와 학생들에게 학교 선택권 부여, 학교장과 교사의 교체, 그리고 궁극적으로는 학교 폐쇄 등의 조치들이 포함된다. 전국에 걸친 이러한 학업적 요구 증가에 따라, 학교들은 학생들의 성취도 향상을 위해 수업 전략과 환경적 여건을 적절하게 조합하기 위해 노력하고 있다.

증거에 근거한 운영(Evidence-Based Practice: EBP)을 요구하는 연방 정부의 정책은 학교구가 교육의 개선을 위해 연구에 근거한 증거를 사용하도록 요구한다. 미국 교육 정책에 있어서 엄밀한 연구, 평가와 측정을 통해 수집된 증거 또는 연구 결과를 처음으로 사용하려고 했던 시도는 1990년대 연방 정부 차원의 읽기 수업 정책에 관한 논쟁 때 이루어졌다(Manna와 Petrilli, 2009). 2001년에 제정된 NCLB 법(H.R. RES. 1, 2002)은 과학적 방법에 근거한 연구의 사용을 강조하였고 교육 정책과 실제에서 연구에 근거한 증거를 사용하도록 학교구에 요구하였다(Datnow, Park과 Wohlstetter, 2007). 과학적 방법에 근거한 증거는 교육 활동 및 프로그램과 관련된 신뢰롭고 타당한 지식을 확보하기 위해 엄밀하고, 체계적이며 객관적인 절차를 적용한 연구를 통해 얻는다(H.R. RES. 1, 2002).

이러한 미 연방 교육부의 모델은 의사결정을 할 때 과학적 방법에 근거한 증거의 합리적 사용을 주장한다. 교육 실무자들은 정책 또는 실제와 관련된 의사결정을 위해 증거들을 직접적으로 사용하지만, 이들 증거는 행정가의 전문적 지혜를 통해 조정되고 해석될 것이라 가정한다(Marsh, Paine과 Hamilton, 2006; REL-Southeast, 2007). 이 모델은 현실 세상에서의 의사결정은 상황적 제약 요인을 고려하고 적절성을 위한 기준을 충족시켜야 한다는 측면에서 만족형 의사결정 모델과 일치하는 것처럼 보인다(Hoy와 Tarter, 2008). 그러나 이 모델은 대부분의 학교구들이 처한 의사결정의 현실과는 부합하지 않는다. 집행에 관한 일련의 연구들은 연구에서 발견된 증거들은 실제에서는 거의 사용되지 않는다는 사실을 지지하고 있다. 그 대신, 학교구 행정가들의 개인적 및 집단적 지식을 강화하고, 사전에 결정된 정책 또는 실제에 관한 의사결정을 전략적으로 지지하는 증거로 사용되는 것 같다(Kennedy, 1982). 연방 정부의 현행 정책은 이러한 현실을 인정하지 않고 있다. 더 나아가, 연구에 근거한 증거는 중립적이고 그 의미와 시사하는 점이 분명하다고 가정한다. 교육청이 처한 복잡한 상황에서, 주어진 일련의 증거에 대한 의미와 시사점은 다양하게 해석될 수 있다(Coburn 외, 2009). 의사결정에서의 증거 사용 및 해석은 교육청 내의 개인들 또는 집단이 새로운 지식을 기존의 이해 또는 인지적 틀과 연결시키는 사회적 과정이 되기도 한다(Honig와 Coburn, 2008).

Race to the Top. 2009년, Obama 대통령은 경제를 활성화하고, 일자리 창출을 지원하며, 교육과 같은 핵심 영역에 대한 투자를 확대하는 역사적인 법안인 American Recovery and Reinvestment Act(ARRA)에 서명을 하였다. 이 법은 향상된 학생 성적, 학교와 학교 체제 역량의 장기적인 강화와 생산성 및 효과성 향상을 가져올 수 있는 혁신적인 전략에 대한 투자를 지원함으로써 교육 개혁을 위한 토대를 마련하였다. 이 법은 교육 혁신과 개혁을 위한 여건을 조성하고, 학업 성취도상의 실질적인 향상, 교육 격차 완화, 고등학교 졸업률 향상 및 대학 및 직업에서의 성공을 위한 준비 등 학생들의 결과상에 상당한 향상을 달성하고, 네 가지 핵심적인 교육 개혁 영역에 걸친 대규모의 계획을 실행하는 주를 격려하고 보상하기 위한 목적으로 마련된 경쟁적 교부금 프로그램인 Race to the Top 기금으로 43억 5천만 달러를 제공하였다. Race to the Top은 주 정부 수준의 정책 결정자와 K-12 교육자들 사이에 상당한 논쟁을 유발했을 뿐 아니라 책무성 운동에도 상당한 영향을 주었다. 예를 들어, Race to the Top은 네 가지 핵심적인 교육 개혁의 영역의 실행을 요구한다.

- 대학과 직장에서 성공하고 세계 경제 시장에서 경쟁할 수 있도록 학생들을 준비시키기 위한 기준과 평가 채택, 즉 국가 수준의 공통적인 *핵심 내용 기준과 평가 만들기*

- 교사와 교장에게 수업 향상에 대한 정보를 제공할 수 있는, 즉 전국적으로 개별 학생의 발달 과정을 추적할 수 있는 능력을 부여하는 학생들의 성장과 성공을 측정하는 데이터 체제 구축
- 학생의 성취도와 교사 평가를 직접적으로 연결하여, 특히 가장 필요한 곳에 효과적인 교사와 교장의 채용, 능력 개발, 보상과 계속 고용
- 성취도가 가장 낮은 학교의 변화, 즉 이들 학교에 유능한 교사와 교장 제공

Race to the Top 법과 이에 근거한 재정적 유인책은 주 정부가 이들 네 가지 교육 개혁을 수용하도록 만드는 강력한 자극제가 되었다. 그 결과 사실상 모든 주가 연방 정부의 보조금을 받기 위해 경쟁을 하고 이러한 과정에서 핵심 내용 기준(Core Content Standards)과 개혁의 다른 부분들을 수용하도록 요구받았다. 공통 핵심 주 기준(Common Core State Standards)은 증거에 근거하고, 대학 및 직업관련 기대에 부합하고, 정밀한 내용과 기술을 가지고, 우수한 외국 사례와의 비교를 통해 가장 높은 주의 기준을 토대로 만들어졌다. 이 기준은 전국의 교사와 학부모들로부터의 자문을 통해 만들어졌고, 따라서 현실적이고 실제적이다. 최소 공통 분모를 구하는 것이 아니라, 이들 기준은 어디에 사는지에 관계없이 모든 학생들은 고등학교를 졸업하여 대학 진학 또는 직업을 갖기 위해 알아야 하는 것을 학습할 수 있도록 설계되었다. 만약 네 가지 교육 개혁이 현실화되면, 이러한 행동의 논리적 귀결은 국가 수준의 표준화 검사, 교사에 대한 성과 평가와 국가 교육과정의 등장이다. 그러나 이러한 결과가 실현될 것인가 하는 것은 예측하기 어려운 경제적 및 정치적 사건들에 달려있다. 시간이 이를 말해줄 것이다.

책무성 정책에 대한 효과적인 적응

주 및 연방 정부 기관으로부터 제시된 책무성 결과는 시험 점수가 주된 지표로 사용되는 학생들의 성취도 향상을 대상으로 한다. 시간에 따른 시험 성적 또는 학생의 성장과 성취도의 향상과 같은 결과는 책무성 체제의 목적이지만, 이러한 목적을 달성하기 위한 수단은 그 기준처럼 명확하지는 않다. 일선 학교는 시험 성적은 반드시 향상되어야 한다는 것을 알고 있고, 학교는 큰 부담을 갖게 된다. 따라서 학교는 시험에 대비한 수업과 다른 의심스러운 방안을 통해 점수를 올리는 방법을 선택할 수도 있다. 확실한 연구에 근거한 다양한 수업 혁신을 통해 장기간의 과정을 선택하는 학교들도 있을 수 있다. 전자의 방법은 그 결과를 즉시 확인할 수 있기 때문에 솔깃해진

다. 반대로 후자의 방법은 더 비용이 많이 들고 연구와 실제 간의 연결이 복잡하기 때문에 여러 가지 문제점을 가지고 있다. 단순한 해결책 또는 즉효약은 없다. 학교에 따라 상이한 쟁점에 직면하게 되고 이는 상이한 실제를 요구한다. 모든 상황에 적합한 방법은 없다(Glass, 2008).

고부담 평가와 시험에 대비한 수업이 근시안적인 방법일까? 이들 방법은 학생, 교사, 행정가와 학교구의 부정 행위의 가능성을 증가시킨다. 이러한 현상은 **Campbell의 법칙**(사회적 의사결정 과정에서 양적인 사회 지표를 많이 사용할수록, 확인하고자 하는 사회적 과정을 더 많이 왜곡하고 훼손하게 될 것이다)의 한 예이다(Campbell, 1976; Nichols와 Berliner, 2007). 또한 표준화된 검사는 가장 좋은 융자 이율 선택, 비교 쇼핑의 전략 사용하기 또는 계약서에 숨겨져 있는 불리한 조건 이해하기 등과 같은 실생활의 문제점들을 반영하기에는 어려움이 있다. 시험에서 중요한 단어를 인지할 수 있다고 해서 읽기와 쓰기에서 이를 적절하게 사용하거나 창의적인 방식으로 활용할 수 있게 되는 것은 아니다. 시험에 대비한 수업과 고부담 평가는 단기적인 관점에서 생각하고 장기적인 결과를 경시하도록 행정가들을 압박한다. 더 큰 문제는 "결산심리(bottom-line mentality)"의 희생양으로 전락할 수 있다는 것이다. 은행과 마찬가지로 학교는 단기적인 운영 성과에서 흑자를 기록하지만 장기적인 효과에는 부정적인 결과를 가져오는 행동을 피해야 한다.

책무성 실제가 효과적이기 위해서는, 실질적으로 학교의 개선을 가져오는 체제적인 변화를 지지하며 단기적인 성공을 피해야 한다. 예를 들어, 초등학교에서의 평가는 시험을 통과하지 못할 것으로 예상되는 학생들은 고등학교를 졸업하지 못할 것이라고 학교와 학생들이 생각하기 때문에 이들을 배제할 수 있다(McNeil과 Valenzuela, 2001). 겉으로는 좋아 보이지만 실패하는 것이 그 대표적인 예이다. 성적이 낮은 학생들을 배제하면 시험 점수가 올라가지만, 학교는 이들 학생들을 버리는 것이다. 학교는 자신들이 처한 상황에 부합하는 증거 중심적인 실제(evidence-based practice)를 확인하는 더 복잡한 문제를 다루어야 한다. 책무성 체제 내에서 이루어지는 성취도 평가는 목표 달성을 위한 수단이 목적만큼 중요시되는 과정이 되어야 한다. 즉, 목적을 어떻게 달성하는가 하는 것은 목적 그 자체만큼이나 중요하다.

리더십 사례

통과 의례

주에서 가장 우수한 학교 중의 하나인 Middle-town 고등학교(MHS)의 학생들은 National Merit의 장학생 선정 비율, Ivy League 대학 합격률과 대학 진학률 등에서 상위권을 유지하고 있다. 대부분의 사람들은 MHS가 주에서 가장 우수한 고등학교라고 생각하고 있다. 학생들은 성실하고 탐구적인 자세를 보이지만, 청소년들이 마구 신이 나서 하는 행동들을 해왔고, 이는 십여 년 동안 발각되지 않았다. 불행하게도 매년 이루어졌던 신고식이 세상에 공개되었다. 사실, 전국 수준의 언론 매체에 보도되었다. 지난 10년 동안 매년, 고참 여학생들은 입학식날 신입생들 중에서 'slut list'를 만들었다. 비밀 이메일에는 자세한 설명과 함께 12명 정도의 이름을 기록하고, 비밀을 유지하되 다른 사람에게 메일을 전하라는 이야기와 함께 일부 고참 여학생들의 집단에게 보내졌다.

교장은 이 명단과 그 동안 MHS에서 이루어진 신고식에 대해 알고 있었지만, 이러한 관행은 학교 문화의 핵심적인 부분으로 인식되어 왔다. 이러한 통과 의례를 심각하게 생각하는 사람은 아무도 없었다. 최근까지 학부모들은 이를 웃어넘겼고, 학생들도 상대적으로 영향을 받지 않은 것처럼 보였다. 언론 매체와의 인터뷰에서, 교장은 "명단을 만드는 학생들 중에는 당황하고 섬뜩해하는 학생들도 많이 있지만, 상당수의 여학생들은 이 명단을 만들길 원하고 만약 이를 하지 않는다면 실망할 것이기 때문에 우리 학교의 입장에서는 재미있는 딜레마

상황입니다"라고 말했다. 그러나 계속 압박하자, 교장은 잔인하고 공격적인 관행이라고 인정을 하였다. 사실, 사상 처음으로 올해는 소수의 학부모들이 학교 직원들에게 이에 대한 불만을 제기하기도 하였다.

인근의 학교들에서는 신고식 행위는 3~5일간의 정학을 받게 되지만, MHS에서 이러한 행위는 항상 묵인되어 왔지만, 동시에 학생회측에 신고식을 하지 말라고 약하게 이야기하고 신고식은 동료 학생들에 대한 존경 및 시민의식의 부족을 나타내는 것이라고 교사들에게 지도하라는 요구들이 있었다. 신고식이 약화되고 있었기 때문에, 올해까지 이러한 눈에 띄지 않는 반대 의견 제시는 효과적인 것처럼 보였다.

그러나 올해 신고식은 정도를 넘어섰다. 운동 선수가 포함된 고참 학생들의 파티에서 명단이 작성되었고, 9학년 신입생들 중 예쁘고 인기 있는 학생들이 특히 그 대상이 되었다. 교장과 교사들은 수십 명의 신입생들과 적어도 그 정도의 고참 학생들과 이야기를 나눴지만 아무도 누가 그랬는지 이름을 밝히지는 않았다. 교장은 낙담하여 "학생들이 우리에게 와서 무슨 일이 있었는지 이야기를 하지 않는다면 우리는 할 수 있는 게 거의 없어요."라고 주장했다. 또한 그녀는 학생 1,112명과 86명의 교직원들 중 아무도 신고식을 목격했다고 보고한 사람이 없다고 말했다. 면담한 여학생들 중에서 신고식을 받았다고 말한 학생들이 없었다. 문제를 인식하지 못하는 학생들도 많았고, 문제가 있다고 인정한 학생들도 크게 문제될 것은 없고 그냥 재미로 한다고 말했다.

그러나 올해는 상황이 달라졌다. 신입생들 중 일부는 겁을 먹고 불공평한 대우와 괴롭힘을 당했다고 부모에게 불평하였기 때문이다. 학부모들 중 일부는 자신의 딸이 특정한 날에는 학교에 가는 것을 싫어한다고 이야기하였다. 계속 당황해하며 학교와 행정가들에게 화를 내는 학부모들도 있었다. 어느 학부모는 "학교는 모든 신입생들, 특히 더 상처받기 쉬운 애들을 보호할 의무가 있다. 학생들을 탓하며 책임을 벗어나려고 해서는 안 된다."고 주장하였다. 익명을 요구한 한 학부모는 "우리 딸은 이 학교에서는 안전감을 느끼지 못할 겁니다."라고 말했다.

그러나 지역사회에서는 Citizens for the Restoration of Decency(CRD)가 영향력을 행사하기 시작하였다. CRD는 학교는 시민의식과 도덕성의 보루여야 한다고 생각하는 교회와 시민 운동 지도자들로 구성되어 있었다. 이들은 MHS에서의 집단 괴롭힘과 신고식에 관한 소문을 듣고 아주 놀랐다. 이들은 학교의 사회적 환경 개선을 교육위원회와 교육감에게 요구하였다. CRD는 National Honor Society 학생에 대한 표창, 대학에 진학하는 학생들에 대한 장학금 지급 등을 통해 MHS와 협력 관계를 유지해 왔고, 최근에는 교육세 인상 법안을 통과시키는 데 큰 역할을 하였다. CRD는 MHS에서 일어났다고 소문으로 들리는 사건들이 지역사회의 기본적인 규범 및 가치에서 심각하게 벗어난 것으로 생각하였다. 결과적으로, 지역사회의 기본 가치를 회복하기 위해 Middletown Taxpayers Association, Business Roundtable과 Rotary Club 등과 같은 인근의 다른 기관들을 동원하였다.

대부분의 학생들, 특히 고학년 학생들은 이 문제가 심각하게 다른 사람의 존엄권을 훼손한 것은 아니라고 생각하였다. "우리는 우리 학교를 좋아하고, 신고식은 학교 생활의 재미있는 한 부분에 불과합니다. 이겨내야죠. 그냥 악의 없는 장난에 불과한 거에요."라는 것이 학생들의 일반적인 반응이었다. BMW 신차를 몰고 학교를 떠나면서, 어느 고학년 학생은 "올해의 신고식은 예년에 비해 더 나쁜 것은 아니었어요. 일부 학부모들이 문제에요."라고 말하였다.

교육감과 교육위원회는 개별적인 학부모들뿐만 아니라 CRD 및 관련 단체들로부터 압력을 느끼기 시작하였다. 최근의 신문 사설은 MHS의 시민의식 풍토에 대한 의문을 제기하기도 하였다. 교육감은 이 문제 및 그 결과에 대한 완벽한 조사를 약속하였다. 교육감은 "이 야비한 행동에 관련된 학생들은 처벌을 받을 것이다."라고 말하였다. 좀 더 비공식적인 통로를 통해 교육감은 교장에게 불쾌감을 표명하였고, 이 문제를 즉각 해결하도록 요구하였다.

- 무엇이 문제인가? 단기적 및 장기적인 문제점은?
- 학교는 CRD를 어떻게 다루어야 할까? CRD는 영향력 있는 집단인가?
- 지역사회와의 갈등은 어느 정도인가?
- 자원의존 모형에서 봤을 때 문제점은 무엇인가? 제도 모형에서는?
- 사용할 수 있는 완충 및 가교 전략이 있는가?
- 지역사회의 여러 집단들이 이 문제에 관여해야 하는가? 만약 그렇다면, 어떻게 관여해야 하는가?
- 학교의 책임은 어느 정도인가?

- 이러한 관행을 폐지하기 위한 적당한 계획은?
- 먼저 교육감의 입장에서 이 문제를 분석 해 본다.
- 그리고 교장의 입장에서 이 문제를 분석한다.

실행 지침

1. 조직 구조는 융통성을 유지한다. 환경적 제약 요인에 즉각 대응하기 위해 필수불가결하다.
2. 지역의 각종 집단 및 기관들과 적절한 관계를 형성한다. 학부모 집단과 지역 조직들은 학교에 인접한 중요한 부분이다.
3. 환경을 활용한다. 환경은 제약 요인과 기회를 동시에 제공한다.
4. 내부 및 외부 대응 전략을 개발한다. 외부 환경에 적극적으로 대처하는 두 가지 일반적인 전략은 완충과 가교 형성이다.
5. 학교도 제도라는 것을 인지한다. 학교는 사회의 규범, 가치와 이념을 반영한다.
6. 교사들을 위한 공정한 책무성 체제를 개발한다. 책무성은 조직의 실재이다.
7. 평가는 기준에 부합하도록 준비한다. 명확하고 합리적인 기준은 갈등을 줄이고 성공을 증진시킨다.
8. 건설적인 변화에 개방적이어야 한다. 변화와 개혁은 현대 학교 교육의 필수적인 부분이다.
9. 고부담 평가의 부정적인 결과를 인지한다. 표준화 검사의 점수에 초점을 두면 부정행위가 나타나고 성적이 낮은 학생들의 성공 가능성을 제한할 수도 있다.
10. 인근 단체와의 제휴 또는 학교 문화와 같은 추상적 자원을 확보한다. 추상적인 자원은 단순한 자원보다 학교 개선에 더 큰 영향을 준다.

핵심 가정 및 원리

1. 개방체제로서, 학교는 환경 속에 존재하고, 환경은 학교의 실제에 상당한 영향을 미친다.

2. 학교는 운영에 필요한 자원을 만들어낼 수 없기 때문에, 필요한 자원을 획득하기 위해 환경과 상호작용을 해야 한다.

3. 행정가들은 학교의 내부 구조 및 과정뿐만 아니라 외부 환경도 관리해야 한다.

4. 제도적 환경에서, 학교 조직은 조직 산출의 질보다는 전문적 기준 및 법적 요건의 충족 정도에 따라 보상을 받는다.

5. 학교는 환경과의 상호작용을 촉진하면서도 교수-학습에 대한 부정적인 영향을 제한해야 하는 당혹스러운 패러독스에 직면해 있다.

6. 학교에 대한 환경의 영향력을 설명하는 데 있어 자원의존 모형은 제도 모형보다 더 우세한 모형이다.

7. 인근 단체와의 제휴와 학업적 낙관주의 문화와 같은 추상적 자원은 학교 개선을 위한 강력한 동인이 된다.

8. 학교에 영향을 미치는 환경 요인으로서 연방 정부의 중요성은 점점 더 커지고 있다.

9. No Child Left Behind와 Race to the Top에 기인한 책무성 절차는 현대 미국 학교가 직면한 중요한 측면이다.

10. Campbell의 법칙은 고부담 평가에 지나치게 의존하는 것에 경고를 하고 있다. 중요한 사회적 의사결정을 위해 양적 척도에 의존할수록, 의사결정의 대상은 변조될 가능성이 더 커진다.

추천 도서

Baumgartner, F. R., and Leech, B. L. *Basic Interests : The Importance of Groups in Politics and in Political Science.* Princeton, NJ: Princeton University Press, 1998.

Chubb, J. E., and Moe, T. M. *Politics, Markets, and America's Schools.* Washington, DC: Brookings Institution, 1990.

Glass, G. V. *Fertilizers, Pills, and Magnetic Strips: The Fate of Public Education in America.* Charlotte, NC: Information Age, 2008.

Lubienski, C. "Innovation in Education Markets: Theory and Evidence on the Impact of Competition and Choice in Charter Schools." *American Educational Research Association* 40 (2) (2003), pp. 395-443.

Lynn, M. L. "Organizational Buffering: Managing Boundaries and Cores." *Organization Studies* 26 (1) (2005), pp. 37-61.

Nichols, S. L., and Berliner, D. C. *Collateral Damage: How High-Stakes Testing Corrupts America's Schools.* Cambridge, MA: Harvard Education Press, 2007.

Ogawa, R. T. "The Institutional Sources of Educational Reform: The Case of School-Based Management." *American Educational Research Journal,* 31 (3) (1994), pp. 519-48.

Powell, W. W., and DiMaggio, P. J. (Eds.). *The New Institutionalism in Organizational Analysis.* Chicago: University of Chicago Press, 1991.

Scott, W. R. *Institutions and Organizations* (3rd ed.). Upper Saddle River, NJ: Prentice Hall, 2008.

제9장

학교의 효과성

정의상, 효과적인 학교는 학교내의 모든 학생들에게 적용할 수 있는 안정적이고 일관된 결과를 산출해야 한다. … 학교 책무성의 이면에는 학교 직원들은 학생의 학습 증진에 대한 책임을 져야 한다는 믿음이 깔려있다.

Ronald H. Heck

Examining School Achievement over Time

시험을 통해 측정할 수 있는 기술과 지식은 인적 자본의 가장 피상적인 요소에 불과하다. 미국의 교육 개혁은 인적 자본의 근원적인 요소가 아닌 학생들의 기술을 개선하려고 하기 때문에 일반적으로 실패해 왔다.

David Brooks

Columnist, Psst! 'Human Capital'

미리 보기

1. 개방적 사회체제 모델은 학교의 효과성, 책무성 및 개선을 위한 준거의 틀을 제공해 준다.
2. 학교 효과성을 최대화하기 위해, 교수-학습의 내부 체제, 학교 구조, 학교문화와 풍토, 권력과 정치, 그리고 동기는 원하는 성취 결과를 생산하기 위해 조화를 이루어 운영되어야 한다.
3. 지난 30여 년 동안 높은 수준의 학교 효과성 (특히, 학생들의 성취도의 측면에서)을 요구하는 경향이 더욱 강해졌고, 「No Child Left Behind」와 「Race to the Top」과 같은 법안은 학교 개선 및 책무성을 강조하고 있다.
4. 학생 참여, 학습 전략, 긍정적인 학교 풍토, 지원적인 사회적 및 부모의 영향뿐만 아니라 높은 학업 성취를 위한 동료 학생들의 지원은 학업 성취도 향상을 위해 중요하다.
5. 학업적 낙관주의 문화는 달성 가능한 구체적이고 도전적인 목표를 설정하고 수용하도록 교사와 학생들을 이끌며, 이는 학생들의 동기를 향상시키고 학업 성취도를 증진시킨다.
6. 교사는 학생들의 학습에서 가장 직접적이고 강력한 요인이다.

7. 효과적인 학교 지도자들은 학습에 도움이 되는 학교 문화 및 학급 풍토를 형성하기 위해 교사들과 협력한다. 실수는 학습하고 재차 학습하기 위한 기회로 생각되어야 하며, 실패에 대한 두려움이 없어야 한다.

8. 일반적으로 효과적인 조직은 덜 효과적인 조직에 비해 질 높은 산출물을 생산하고 환경적 및 내부 문제에 보다 효과적으로 적응한다.

9. 학교 효과성은 단순한 해결책을 제공해 주는 것이 아닌 복잡한 개념이기 때문에 학교의 성취 결과를 평가하기 위해서는 학교 효과성에 대한 다양한 척도들을 사용해야 한다. 가장 핵심적인 것은 인지적 및 정의적 수준에서 학생들의 성취 결과를 측정하는 것이다.

10. 또한 교장은 일반적인 측면에서, 그리고 특히 학업 성취도의 측면에서 학교를 개선하기 위한 중요한 요인이지만, 이들의 영향력은 대부분은 간접적이며 학교의 상황 및 교사들을 통해 전달된다. 따라서 교장은 수업 역량을 강화하고 학업적 성공을 이끌어 내는 학교 문화를 개발하기 위해 교사들과 함께 일함으로써 학교 효과성을 증진시킨다.

1장에서, 필자들은 투입, 전환 및 산출 요소들을 활용하여 학교 조직에 관한 개방적 사회체제 모델을 제시하였다. [그림 1.6]에 제시된 이러한 모형은 이 장에서 광범위하게 활용되며, [그림 9.1]에 반복하여 제시한다. 2장에서 7장까지, 필자들은 교수-학습, 학교 구조, 개인, 문화와 풍토, 권력과 정치 등 다섯 가지 학교의 내부 전환

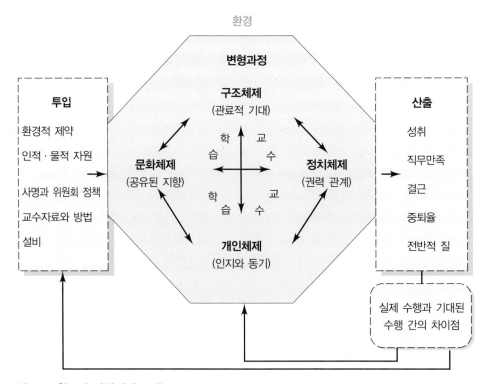

그림 9.1 **학교의 사회체제 모델**

요인들을 자세하게 분석하였다. 또한, 학교의 산출은 학생, 교사 및 행정가들의 성취 결과로 구성되며, 양 및 질적 기준을 통해 평가할 수 있다. 8장에서, 필자들은 학교 외부 환경의 중요한 구성 요인들은 과업 성취를 더욱 강조하고 있다는 것을 제시하였다. 개방체제이론의 관점에서 일반화했을 때, 학교의 산출은 환경적 요인들에 의해 형성되고 제약을 받는 가운데 이들 다섯 가지 내부 전환 요소들 간의 상호작용 기능으로 기술할 수 있다. 이러한 일반화를 통해 모든 것들이 동일하다는 가정하에, 변환 요인들 간의 일치도가 높을수록 체제의 효과성도 높아질 것이라는 일치 가정(congruence hypothesis)을 이끌어낼 수 있다. 분명히, 조직 효과성은 개방체제이론의 핵심적이자 총괄적인 개념이며 학교 지도자들에게는 이를 검증할 어려움을 계속 부과하고 있다.

학교 효과성 – 도전적인 행정 실제

학교 행정가들은 조직 효과성에 관한 사항들은 행정 실제에 근본적인 도전감을 주는 것이라는 것을 오래전부터 인식해 오고 있다. 예를 들어, 비슷한 학생들로 구성되어 있다 하더라도 학교에 따라 결과가 상이하다는 것을 교육자들과 일반인들은 인정하고 있다. 예를 들어, 실제 정보 또는 소문을 토대로 하여, 학부모들은 Lynn Cheney 초등학교가 기본 학습 능력, 기준 및 학업 성취에 대한 높은 기대를 강조하고 있는 반면, John Dewey 초등학교는 높은 동기화와 실천적인 교수방법을 활용하고 있다는 것을 알고 있기 때문에, 해당 지역에 거주하기로 결정한다. 상이한 인식 및 선택과 함께, 유권자들은 교육자들에게 자신들이 거주하고 있는 지역 학교들의 효과성에 관한 의문을 제기한다. 행정가들은 자신들의 학교는 효과적이며, 자신들 개인적으로도 효과적으로 활동하고 있다는 것을 보여주는 다양한 정보를 제공함으로써 이러한 도전에 대응하고 있다. 학교 관계자들은 자신들의 성취 및 혁신적인 활동들을 나타낸다고 생각하는 결과들을 일반 대중에게 제시한다. 질과 생산성을 보여주기 위해, 이들은 학예회, 음악회, 과학 전시회 및 체육 행사 등에 학부모들을 초대한다.

두 번째 중요한 도전은 조직 효과성의 구성 요소에 관한 정의가 항구적인 것이 아니라는 것이다. 유권자들의 선호도가 변함에 따라, 새로운 방식으로 조직 효과성의 정의가 변화한다. 예를 들어, 1970년대에는 사회적 및 정서적 성장 그리고 평등이 강조되었지만, 1980년대 초에 발표된 개혁보고서와 함께, 일반 대중은 효율성, 학업 성취도 및 직업 기술을 강조하기 시작하였다(Cuban, 1990; Wimpelberg, Teddlie와

Stringfield, 1989). 1990년대와 21세기에 들어서, 학업 성취도의 강조와 함께 책무성 강화를 위한 방안들이 강조되었다. 따라서 선호도, 실제 및 이론이 변함에 따라, 오늘 효과적인 것으로 판단되는 성과도 내일에는 비효과적인 것으로 생각될 수도 있다 (Cameron, 1984, 2005). 학교 행정가들에게 있어, 효과적인 학교를 만들고자 하는 목적은 효과적인 것(be effective)이 아니라 계속적으로 효과적인 것이 되는 것(become effective)이다(Zammuto, 1982).

세 번째 도전은 종종 상이하고 서로 모순되는 효과성 준거를 제시하고 있는 학부모, 행정가, 학생, 교사, 교육위원회 위원들, 사업가, 정책 결정자, 언론 매체 및 납세자 등과 같은 다양한 이해관계자들에서 나타난다. 예를 들어, 행정가들과 교육위원회 위원들은 예산 배분 및 교사 평가를 강조한다. 이와 반대로, 교사들은 효과성은 수업 방법, 긍정적인 학급 풍토와 학생들과의 관계 및 학생들 간의 관계에서 기인한다고 주장하며, 교수-학습을 강조한다. 납세자와 교육위원회 위원들은 학업 성취도 및 학생 1인당 비용 등과 같은 결과 및 효율성 척도를 선호한다. "효과성을 나타내는 최상의 또는 충분한 지표에 관한 합의를 이끌어 내는 것은 불가능하다."고 비관적인 주장을 제시한 Cameron(2005: 312)이 옳은 것 같다.

요약하면, 학교 행정가들은 세 가지 기본적인 도전에 직면해 있다.

- 효과성에 대한 실재적인 정의를 어떻게 내릴 것인가?
- 변화하는 효과성의 정의에 어떻게 대처할 것인가?
- 효과성에 대한 다양한 정의를 가지고 있는 다양한 이해관계자들에게 어떻게 대응할 것인가?

개략적인 개혁의 역사

학교 행정가들이 당황스럽게도, 「A Nation at Risk」(National Commission on Excellence in Education, 1983) 보고서는 미국 학교들의 학업 성취도는 국제적으로 경쟁력이 떨어진다는 것을 발견하였다. Jacob E. Adams와 Michael W. Kirst(1999)는 National Commission on Excellence in Education은 학교 및 일반 대중을 위해 수월성의 정의를 확대했다고 주장한다. 국가의 위기를 완화시키기 위해 학교는 모든 학습자들에 대한 높은 기대 및 목적을 설정하고, 학생들이 이를 달성할 수 있도록 도와줄 필요가 있으며, 일반 대중은 학교의 변화를 위해 적절한 지원 및 안정성을 제공할 필요가 있다. 즉, National Commission on Excellence in Education은 보다 높은 수준의 효과성 수준(특히, 학생들의 학업 성취도의 측면에서) 그리고 "이러한 개혁을 달성하기 위해 필요한 리더십을 제공할 책임을 교육자 및 선출직 공무원들에게" 지게 함으로써 보다 강력한 책무성을 요구하였다(p. 32).

「A Nation at Risk」는 주 수준의 개혁 활동의 급격한 증가를 가져온 출발점이 되었다. 예를 들어, National Commission on Excellence in Education의 제안을 따르고자 하는 시도에서, 상당수의 주는 고등학교 졸업 요건 수정, 수업 일수 증가, 새로운 교사 자격 기준 설정, 졸업 자격시험 실시 그리고 학생들의 상이한 성취도 수준을 인정하기 위한 다양한 상장을 제정하였다. 1980년대의 이러한 활동들은 교육 개혁의 "첫 번째 흐름"으로 알려지게 되었다. 1980년대 후반에는 개혁 운동의 내용이 바뀌고(Vinovskis, 1999), 개혁 활동의 두 번째 흐름이 시작되었다. 1989년, National Governors' Association과 그 당시 대통령이었던 George H. Bush는 Charlottesville Education Summit에서 회동을 하였다. 이들이 추진한 개혁은 안전하고 질서정연한 학교에서 모범적인 수업을 통해 학생들의 성취도를 향상시키는 것을 목적으로 하는 국가 수준의 교육 목표를 설정하는 데 초점을 두었다.

비록 No Child Left Behind(NCLB) 법은 2007년 재승인을 받아야 했지만, Barack Obama 대통령의 당선으로 학교 개혁안에 변화가 이루어졌다. 2010년 3월, Obama 행정부는 NCLB 법을 재승인하기 위한 비전을 제시하면서 Race to the Top이라고 불리는 「A Blue Print for reform: The Reauthorization of the Elementary and Secondary Education Act」(http://www2.ed.gov/policy/elsec/leg/blueprint/publication-toc.html 참고)를 발표하였다. 주된 변화는 소위 말하는 처벌 중심적 체제에서 우수한 수업 및 학생들의 성적에 보상을 주는 체제로의 전환이다. 이 안은 다섯 가지 우선 사항을 기술하고 있다(USDE, 2010).

1. *대학 및 직업에 준비된 학생*: 소득, 인종, 민족, 언어 배경 또는 장애 정도에 관계없이 모든 학생은 대학 또는 직업에 대한 준비가 된 상태에서 고등학교를 졸업해야 한다. 이러한 목적을 달성하기 위해, 이 안은 학교를 개선하기 위한 *평가 및 전환을 위한 교부금*을 추천한다. 만약 주 정부가 독자적인 평가 및 책무성 프로그램을 채택하고 대학 또는 직장에 대한 준비가 된 고등학교 졸업생을 준비하는 데 진전이 있는 경우 교육부 장관은 모든 학생들이 시험을 통과하도록 요구하는 것을 유보할 수 있다(Dillon, 2011).

2. *모든 학교에 훌륭한 교사 및 지도자 배치*: 연구 결과는 분명하다. 우수한 교사

는 학생들의 성취도에 상당한 차이를 만들어 낸다. 사실, 매년 우수한 교사를 확보한다면 학생들의 성취도 격차를 유의미하게 줄일 수 있다(USDE, 2010: 13). 모든 학교에 우수한 교사와 지도자를 배치하기 위해, 이 안은 경쟁을 통해 지급하는 Teacher and Leader Improvement Fund와 새로운 교사 양성 방법을 제안한다.

3. *평등 및 모든 학생들에 대한 기회 제공*: 모든 학생들이 대학 및 직장에 대한 준비가 되도록 지원하고, 발전과 성공에 대한 보상을 제공하고, 성적이 가장 낮은 학교에 대한 엄정한 개입 등이 책무성 체제에 포함되어야 한다.

4. *기준을 높이고 우수한 결과를 보상*: Race to the Top은 주 및 지역의 지도자들을 개혁을 위해 협력하고, 어려운 선택을 하고, 학생들의 성과를 개선하기 위한 종합적인 계획을 개발하도록 격려함으로써 우수한 결과에 대한 인센티브를 제공하는 일련의 경쟁적 교부금 정책이다.

5. *혁신과 계속적인 개선을 촉진*: Race to the Top 교부금과 함께, Investing in Innovation Fund는 지역 및 비영리 조직의 지도자들에게 성공이 입증된 프로그램을 개발하고 확대하며, 동시에 다음 세대가 혁신적인 해결책을 발견할 수 있도록 하기 위한 지원을 제공한다.

1980년대의 교육 개혁 노력들은 일반 대중의 관심을 교과 학습에 초점을 두게 만들었지만, 새롭게 제시된 정책들은 단편적이고, 일관성이 부족하며, 수업 내용 및 방법의 변화를 위한 노력은 거의 없었으며, 교사들을 수용하지 못했고, 학습 및 성취도와 직접적으로 관련되어 있는 요인들을 경시했다는 엄청난 비판을 받았다(Fuhrman, Elmore와 Massell, 1993; Smith와 O'Day, 1991; Vinovskis, 1999). 이러한 비판에 대한 반응으로, 1990년대에는 교육 개혁의 세 번째 흐름이라 불리는 방안이 확고하게 자리 잡게 되었다. "체제적 개혁"으로 알려진 새로운 접근법은 여러 학교 관련 요인들의 전반적인 변화와 일련의 명확한 기준을 토대로 한 정책 통합 및 일관성 확보 등 두 가지 대표적인 주제로 이전의 교육 개혁 활동들을 통합하고자 시도하였다(Fuhrman, Elmore와 Massell, 1993). 세 번째 교육 개혁 흐름하에서, 학교의 성취에 대한 관심이 크게 증가하였고, 이러한 관심은 오늘날에도 계속되고 있다. "책무성", "학업 성취도", "성취 기준", "평가", "교사의 질"과 "학생 중도탈락률" 등과 같은 용어는 교육자, 정책 결정가, 기업체 지도자 및 일반 대중들에게 보편화되었다. 또한 학교를 체제적 및 전체적인 측면에서 접근하는 개혁이 학교 개혁과 관련된 용어를 지배하게 되었다. Race to the Top은 NCLB를 확대하고 수월성과 계속적인 개선에 초점을 두는 교육 개혁의 네 번째 흐름이라고 할 수 있다. 이러한 아이디어들은 사회체제 모델과 호환되며, 본 장에서는 조직 및 학교 효과성 관련 주요 개념 및 연구들을 제시하기 위해 이 모형을 사용한다.

TIP: 이론의 적용

앞에 제시된 내용들을 참고하여, 현재 당신이 근무하고 있거나 거주하고 있는 학교구를 생각해 보자. 당신이 근무하는 학교 체제에서는 효과성을 어떻게 측정하고 있는가? 학교 효과성의 개념은 얼마나 역동적인가? 즉, 지난 10여 년 동안 학교 효과성의 정의가 어느 정도 달라졌는가? 학교가 제대로 운영되고 있다고 일반 대중에게 어떻게 확신시키고 있는가? 다른 사람들의 기대에 부응하고 있는가? 그 증거는 무엇인가?

사회체제와 학교 효과성

학교가 효과적인가 아니면 비효과적인가라고 질문하는 것은 크게 도움이 되지 않는다. 효과성은 한 가지를 의미하는 것이 아니기 때문이다. 예를 들어, 투입(학교는 추상적·재정적 자원 확보에 있어서 얼마나 효과적인가?), 변환(학교의 내부 운영은 얼마나 효과적인가?)과 산출(학습 및 사회적 목표 달성에 있어서 얼마나 효과적인가?) 등 개방체제 모형의 각 단계에서 효과성 지표를 이끌어낼 수 있다. 사실상, 모든 투입, 변환 또는 산출 변인들은 조직 효과성의 지표로 사용되고 있다. 결과적으로, 사회체제 모델은 학교 효과성에 대한 이해를 증진시켜 주고, 학교 효과성을 증진시키기 위해 필요한 행동들을 평가하는 이론적인 지침이 될 수 있다. 개방체제 모형의 각 단계들을 효과성 지표의 범주로 고려함으로써 이러한 관점을 설명한다.

투입 기준

투입([그림 9.1] 참조)에는 조직 효과성에 영향을 주는 환경적 요인들이 포함된다. 투입은 재정적인 것 수도 있고 추상적인 것일 수도 있다. 재정 자원은 과세 대상 재산, 현금 또는 현금으로 구매 가능한 물건 등을 의미한다(Cohen, Raudenbush와 Ball, 2003). 교사 및 행정가의 공식적 자격 요건, 책, 도서관, 수업 기술, 학교 시설 등이 그 대표적인 예이다. 추상적인 투입에는 주 및 지역의 정책 및 기준, 정치 구조, 조직 구성, 학부모의 지원 및 학생들의 능력 등이 포함된다. 투입 기준은 수행된 작업의 양이나 질을 나타내지는 않지만, 체제의 변환 과정 및 성취 결과를 제한하거나 한계를 결정한다. 즉, 투입 기준은 학교의 초기 역량 및 효과적인 성취를 이끌어낼 가능성에 상당한 영향을 미친다. 최근까지, 학교 인증제는 투입 지표들에 의존해 왔다. 즉, 좋은 학교는 대학원 이상의 학위를 가진 중견 교사들의 비율, 여러 명의 업무 보조 직원, 낮은 학생 대 교사 비율, 장서량이 많은 큰 도서관과 각종 시설이 완비된 현대화된 아름다운 학교 건물을 가지고 있었다. 요약하면, 학교는 이러한 지표들에 근거하여 효과적임이 판정된다.

성취 결과

조직 효과성은 목표 달성도의 측면에서 정의되었다. 4장에 제시된 개인의 목표 정의와 비슷하게, **조직의 목표**도 조직이 달성하고자 노력하는 바람직한 상태라고 정의할 수 있다. 목표는 방향감과 동기를 부여하며, 참여자들의 불확실성을 줄여주고 조직 평가를 위한 기준을 제공한다. Scott(2003)의 주장처럼, "목표는 조직 활동의 평가뿐만 아니라 동기화 및 방향 제시를 위해 사용된다."(p. 353). 목표와 목표 달성도는 조직 효과성의 기준을 정의하는 데 핵심적인 부분이다.

현재의 교육 정책 환경에서, 목표는 학교가 생산하는 성취 결과의 양 및 질을 판단하는 기준에 반영되어 있다. 성취 결과는 학생, 교육자와 다른 구성원들을 위한 학교의 서비스 및 생산물의 양과 각 산출물의 질로 구성된다. 사회체제 관점에서 볼 때, 중요한 산출물에는 학생들의 입장에서는 학업 성취도, 창의성, 자신감, 포부, 기대, 출석, 졸업 및 중도 탈락률, 교사의 입장에서는 직무 만족, 결근율과 이직률, 행정가의 입장에서는 직무 만족, 예산의 적절성과 학교에 대한 헌신, 사회의 입장에서는 학교 효과성의 인지 등이 포함된다. 목표 또는 성취 결과의 관점에서, 학교의 활동 결과가 학교의 목표를 충족시키거나 이를 초과할 경우 효과적이다.

그러나 목표 또는 결과 모형에서 자주 간과되는 요인은 학교와 같은 복잡한 조직은 다양한, 상호 갈등관계에 있는 목표들을 가지고 있다는 점이다(Hall, 2002). 표면적으로 볼 때도 학교 내에서 안전하고 질서 있는 환경을 유지하도록 교육자들에게 기대하는 목표는 신뢰, 집단에 대한 충성 및 학생들 간의 배려 등과 같은 가치를 개발하고자 하는 목표와 일치하지 않는다. 이와 비슷하게, 현재 그 중요성이 더욱더 강조되고 있는 표준화 및 고부담 성취도 검사(역주: high-stake test, 고부담 검사는 검사의 결과가 개인뿐만 아니라 사회적으로도 영향이 큰 검사로 각종 자격시험이나 수학 능력 검사 등이 대표적인 예이다)는 교육자들의 직무만족 유지와 충돌을 일으키고 있다. 공리주의적, 인본주의적 및 조직 효과성의 근거는 조직 효과성의 구성 요인으로 직무만족의 중요성을 지지하고 있다(Spector, 1997). 적어도 부분적으로나마, 직무만족은 적절한 대우를 받고 있다는 것을 나타내는 지표이며, 학교 조직이 적절하게 기능하고 있는가 하는 것을 반영하고 있다.

학교는 학생의 학업 성취도 향상에만 기여하는 것은 아니며, 이러한 협소한 관점에만 초점을 둔다면 학교가 가져오는 여러 가지 긍정적인 성취 활동을 설명하지 못하게 된다. 그럼에도 불구하고, 상당수의 학부모와 시민들, 정책 결정가와 학자들은 학교의 이상적인 성취 결과를 점점 더 협소하게 정의하고 있다. 이들은 학교 효과성을 표준화 검사로 측정되는 학업 성취도 수준과 동일한 것으로 보고 있다. 이들은 시험 점수가 어떤 본질적인 가치를 가지고 있는 것으로 생각한다. 성적이 좋은 학교는 효과적인 것으로 생각된다. 또한 **가치 부가적인(value-added)** 결과로서 성취도의 향상도 학교 효과성의 정의에 부가되고 있다(Heck, 2000). 가치 부가적인 추론을 통해, Peter Mortimore(1998)는 효과적인 학교는 초기 특성에서 기대되는 것보다 더 높은 성취도 점수를 얻는 학교라고 주장한다. 결과적으로 현재 제기되고 있는 학교 효과성의 정의에는 학업 성취도의 수준 및 향상이 포함된다. 즉, 효과적인 학교로 평가되기 위해서, 학교는 학업 성취도가 높아야 하고, 모든 학생들의 학력이 신장되었다는 것을 제시해야 한다. 정책 결정가들은 가치 부가적인 기준을 정책안에 반영하고 있다. 예를 들어, 최근 제정된 No Child Left Behind 법안(P.L. 107-110)을 통해 재정 지원을 받는 학교는 학생들이 "매년 적절한 성장(AYP)"을 보이고 있다는 것을 제시해야 한다. 즉, 1년 동안 학업 성취도상에 구체적인 향상을 이끌어 내야 한다. 또한 정책 결정가들은 투입-산출 접근에 입각해서 학교의 성취 결과를 예상하고 비교하고 있다.

투입-산출 연구

투입-산출 연구 또는 생산-기능 연구는 교육 자원 또는 투입이 어떻게 교육 산출로 바뀌는가를 고찰한다(Rice, 2002). 생산-기능 연구는 학교의 성취 결과는 학생 1인당 지출, 교사 특성, 교사 대 학생 비율과 학생 및 가정의 특성 등과 같은 투입 요인과 직접적으로 연결되어 있다고 가정한다. 이 때 산출은 성취도 평가의 점수가 된다(Monk와 Plecki, 1999). 즉, 생산-기능 연구의 목적은 그러한 결과가 어떻게 나타났는지를 설명하는 것이 아니라 시험 점수와 같은 결과를 예측하는 것이다. 결과적으로, 생산-기능 연구는 체제의 내부 변환 과정을 무시하고 산출을 예측할 때 투입 요인만을 사용한다.

생산-기능 연구는 James S. Coleman과 그의 동료들(1966)이 이러한 접근방법을 사용하여 「Equality of Educational Opportunity」라는 아주 영향력 있는 연구를 수행한 1960년대 중반에 널리 보급되었다. Coleman 보고서라고 널리 알려진 이 보고서는 현재까지 미국의 공교육 분야에서 이루어진 연구들 중 그 규모가 가장 큰 연구이다. 가장 놀라웠던 발견은 가정 관련 배경들이 통제되었을 때, 학교 투입 또는 역량 지표들은 시험 성적과 별다른 관계가 없었다는 것이다. 도서관, 교사들의 교육 정도 및 경험, 학생 1인당 지출 수준, 실험실, 체육관, 기타 전통적인 자원들은 학생들의 성취도 차이와 거의 상관이 없는 것으로 나타났다(Cohen, Raudenbush와 Ball, 2003). 이와 반대로, 학생이 학교에 들어오기 전의 가정적 배경이 학교의 특징들보다 더 중요한 것으로 나타났다. Brian Rowan, Richard Correnti와 Robert J. Miller(2002)가 수행한 최근의 연구에 따르면, 이러한 결론은 어느 정도 조정할 필요가 있다. 이들은 학생이 유치원에 입학할 때, 성취도 수준은 가족의 수, 가정의 구조 및 사회-경제적 지위와 같은 가정환경의 요인들과 어느 정도의 상관관계가 있다는 것을 발견하였다. 이러한 가정적 요인들은 취학 전 학습 기회상의 차이를 가져온다. 그러나 초등학교에 입학을 하면, 가정 배경의 영향은 명백하게 완화되고 성취도 향상은 전반적으로 학교 및 학급에서의 수업 관련 차이가 가져오는 영향에 의해 설명된다. 즉, 가정 배경의 차이는 계속적인 학력 신장보다는 초등학교 초기의 성취도와 강력한 상관관계를 가지고 있다. 그럼에도 불구하고 가정에서의 학습은 상당히 중요하다.

Coleman 보고서 이래로, 수많은 생산-기능 연구들이 수행되었다. 이러한 접근의 주창자 중의 한 명인 Eric A. Hanushek(1981, 1989, 1997)은 교육계에서 이루어진 생산-기능 연구들은 놀라울 정도로 일관된 결과(학교의 지출 경비와 학생들의 학업 성취도는 별다른 관계가 없다)를 제시하고 있다고 결론을 내리고 있다. 또한 학교 관련 자원의 차이 정도와 학생의 성취도 간에는 강력한 또는 일관된 관계가 존재하지 않기 때문에 학교는 비효율적인 조직이다. 최근 들어, Hanushek(2003)은 "학급당 학생수가 줄어들고, 교사들의 자격 요건이 향상되고, 교육 예산이 증가하였다. 불행하게도, 이렇게 학교에 투자하는 자원의 증가가 학생들의 산출상에 유의미한 변화를 가져왔다는 것을 보여주는 증거가 없다."(p. F67)고 주장하고 있다. 요약하면, Hanushek은 생산-기능 연구는 학교에 대한 추가적인 재정 지원이 학생들의 학습을 향상시킬 것이라는 생각을 지지하는 증거들을 발견하지 못했다고 주장하고 있다.

David H. Monk와 Margaret L. Plecki(1999) 등과 같은 학자들은 결과를 예측하고, 기술하고 설명하는 이론적 토대가 부족하다고 주장하며 생산-기능 연구를 비판하고 있다. Alan B. Krueger(2003), Larry V. Hedges, Richard Laine과 Rob Greenwald(1994)는 생산-기능 접근의 방법, 연구 결과 및 의미에 대해 강력하게 논박하고 있다. Hanushek의 자료들을 재분석한 후, Hedges와 그 동료들(1994)은 학생의 성취 결과에 관한 학교 투입의 영향은 Hanushek의 주장보다 상당히 일관되고 긍정적이라는 것을 발견하였다. 후속 연구를 통해 Greenwald, Hedges와 Laine(1996)은 지출액(학생 1인당 비용, 교사의 보수), 교사의 배경 특성 또는 질 지표(능력, 교육 정도, 경험) 그리고 규모(학급, 학교, 학교구) 등 세 가지 투입 요인이 학생 성취도에 미치는 영향을 평가하였다. 이들은 전체적으로 볼 때 학교 투입 요인들은 학생들의 학업 성취도와 체계적으로 관련되어 있으며, 그 관계의 정도는 상당히 중요하다고 할 만큼 의미가 있다는 결론을 내렸다. 특히, 높은 성취도는 학생 1인당 비용, 낮은 학급당 및 학교당 학생수 그리고 교사의 질과 관련되어 있었다. J. D. Finn과 Charles M. Achilles(1990)는 학급 규모에 관한 결론을 지지하는 증거를 제시하였다. Tennessee 주의 Project STAR(Student/Teacher Achievement Ratio 연구)에서 이들은 학생, 특히 소수계 및 도심 빈민 지역의 어린이들은 유치원에서 초등학교 3학년까지 일반적인 학급과 비교해볼 때 학급당 학생수가 적을 때 더 높은 성취를 보였다는 결과를 제시하였다. Tennessee 주의 자료를 분석한 연구에서, Nye와 그의 동료들(2000)은 학급 규모가 미치는 영향은 교육 정책에서 중요할 정도로 일관되고 상당히 크다는 것을 발견하였다. Hanushek(2003)은 이러한 정책적 시사점에 대한 반대 의견을 제시하고 있다. 즉, 실질적인 성취도 향상은 미미하며, 여러 가지 결함을 가진 실험 연구 하나를 근거로 매년 엄청난 예산이 투자되는 정책의 변화를 이끌어 내는 것은 적절하지 않다고 주장하였다.

Hanushek(2003)과 같은 생산-기능 연구의 주창자들조차도 학교 및 교사들 간의 차이가 학업 성취도상에 중요하고 상이한 변화를 가져온다는 것을 인정하고 있다. 학교는 학생들에게 동일한 영향을 미치는 것은 아니다. 학교는 성취 결과에 영향을 주기 위한 노력의 효과성 면에서 차이를 가지고 있다. Steven T. Bossert(1988)는 투입-산출 연구는 학생들이 활용 가능한 학교의 자원을 어떻게 사용하는지 또는 학교가 수업 서비스를 학생들에게 어떻게 제공하는지를 고려하지 않는다고 주장한다. Bossert와 비슷한 관점에서, 가정, 학교와 체제 내부의 요인들이 학교의 성취 결과에 어떤 영향을 주는지 설명하기 위해 고안된 새로운 연구 경향이 나타났다.

변환의 기준

변환의 기준에는 투입을 결과로 전환하는 내부 과정 및 구조의 양, 질 및 일관성이 있다([그림 9.1] 참조). 변환 기준의 예에는 교육과정의 구조와 내용, 대인관계 풍토의 건강성, 학생과 교사들의 동기 수준, 교사와 행정가의 리더십, 수업의 질과 양 그리고 신뢰, 집단적 효능감과 학업적 낙관주의 등이 있다.

학교 효과성을 최대화하기 위해, 교수-학습, 학교 구조, 학교 문화와 풍토, 권력과 정치, 동기와 같은 내부 요인들은 원하는 성취 결과를 생산하기 위해 서로 조화를 이루어야 한다. 내부 요인들 간의 일치는 환경으로부터 필요한 자원을 확보하고(Yuchtman과 Seashore, 1967), 변환 요인의 역량을 강화하며, 궁극적으로 생존을 위한 체제의 능력을 향상시킨다. 학교 내에서의 이러한 일치 가정을 경험적으로 연구한 John Tarter와 Wayne Hoy(2004)는 이들 간의 관련성을 지지하는 결과를 발견하였다. 학생들의 성취도뿐만 아니라 전반적인 학교 효과성은 사회체제의 요인(구조, 개인, 문화와 정치)들과 긍정적으로 관련되어 있었고, 이들 사회체제 요인들은 서로 서로 조화를 이루고 있었다. 갈등은 높은 수준의 성취를 이끌어 내는 체제의 역량을 저해하기 때문에 교육 행정가들은 조화를 유지하는 것에 중점을 두고 있었다.

학교 효과성 모델: 학업 성취도 향상

체제 관점을 사용하여, 현대의 연구들은 투입을 고려할 뿐만 아니라 학교와 학급의 변환적 과정과 교육 결과를 연결시키고 있다. 투입 외에도, 교수학습과 그 외 교실 내의 실재(수업 방법, 학급 조직, 학습 기회, 학습 시간 등)뿐만 아니라 학교의 특성(학교 문화, 동기, 학교 구조와 정치)은 직무만족, 졸업률과 학생 성취도와 같은 결과에 영향을 미친다.

이러한 일반적인 접근은 때때로 과정-생산(process-product) 연구 또는 학교 효과(school effects) 연구라고 불리기도 하지만, 가장 일반적으로는 **효과적인 학교 연구(effective-school research)**라고 불린다. 대부분의 이에 관한 연구들은 한 시점에서의 학생 성취도에 초점을 두는 횡단적 절차를 사용한다. 향상 노력과 학생들의 성장을 측정하기 위해 횡단적 방법을 사용하는 것은 시간의 변화에 따라 학교 내에서 이루어지는 변화를 충분히 파악하지 못할 수 있다고 Heck(2005)은 경고하며 특정 교사와 함께 일 년에 걸쳐 학교 내에서 이루어지는 학생들의 경험에 초점을 두는 종단적 연구 사용을 추천하고 있다.

효과적인 학교 연구를 설명하기 위해, 학업 성취도를 설명하는 최근의 모델들을 살펴본다. 효과성을 평가하기 위해 학교가 사용하는 여러 가지 바람직한 결과들이 있지만, 대부분의 사람들은 학업 성취도가 학교 효과성의 가장 중요한 측면이라는 것에 동의한다. 학교의 성취에 대한 보다 주관적이고 다른 나라와의 비교 설명이 성공을 나타내는 유용한 척도가 된다고 주장하는 사람들도 있다. 효과성에 대한 구체적이고, 객관적인 측정뿐만 아니라 일반적이고 주관적 측정도 도움이 된다는 것이 필자들의 입장이다. 먼저, Lee와 Shute(2010), Bryk와 그 동료들(2010), 그리고 Hoy와 그 동료들(2006a, b)의 연구 등 세 가지 예를 살펴본다. 이들의 연구는 학생 성과 및 성취도의 측면에서 학교 효과성을 설명하기 위해 종합적인 모델을 개발하였다. 그 후, 학교 성과의 양과 질뿐만 아니라 학교의 성과를 증진하기 위해 환경과 혁신에 적응하는 학교의 역량을 다루는 국가 간의 비교를 통한 종합적인 학교 효과성 모델을 살펴본다. 끝으로, 효과적인 조직을 인지하는 데 있어서 가치의 역할을 고찰한다.

Lee와 Shute의 학업 성취도 모델

Jihyun Lee와 Valerie Shute(2010)는 K-12 학교에서 학업 성취도를 설명하기 위한 모델을 개발하기 위한 목적으로 성취도에 관한 연구들을 광범위하게 분석하였다. 이들은 읽기와 수학 성과를 설명하는 네 가지 요인(학생들의 참여, 학생의 학습 전략, 학교 풍토와 사회적 및 학부모의 영향)들을 확인하였고, 이들 네 가지 요인들은 학생들의 학업 성취도를 설명하기 위한 일반적인 분석틀로 통합되었다. 이 연구에서 특히 흥미로운 것은 개별 학습자의 태도와 행동을 강조하고 있다는 것이다. 성공적인 학습자는 자신들의 진행 과정을 확인하고 관리하면서 학업에 참여하기 위해 다양한 전략들을 사용한다. 이러한 요인들은 학업 강조, 집단적 효능감과 교장의 적극적인 관여와 같은 학교 관련 요인들과 별개로 운영되는 것은 아니다. 또한 학업 목표에 대한 학부모들의 지원과 학업 성취를 가치 있게 생각하는 동료 학생들의 영향도 성공을 위해 중요한 요인들이다.

이제 이들이 제시한 모델의 구성 요인들을 자세하게 살펴보고자 한다(〈표 9.1〉 참고). 학생 참여와 학생의 학습 전략 등 두 가지 개인적 또는 학생 요인들이 성취에 있어 핵심적인 역할을 한다. **학생 참여**(student engagement)는 출석, 규칙 준수, 학교 활동 참여뿐만 아니라 학습할 수 있다는 의지와 믿음과 같은 인지적 동기적 참여 등과 행동으로 특징지어진다. 학습에 대한 긍정적인 정의적 태도인 정서적 참여도 학생 참여에 포함된다. 일련의 학습 전략은 학생들의 참여를 보완한다. 행동적 학습 전략은 시간 관리, 시험, 도움 얻기, 숙제 관리와 공책 필기 등에 초점을 둔다. **인지적 전략**(cognitive strategies)은 요약, 추론, 적용과 추리 등과 같은 정보를 처리하는 지식과 기술이다. 끝으로 **초인지 전략**(metacognitive strategies)은 자신의 학습을 확인하고 관리하는 자기 규제 과정이다. 학생 참여와 학생 학습 전략 등 이들 두 가지 학생 관련 요인들은 상호 관련되어 있다. 즉, 학생 참여는 학습 전략에 영향을 주고, 학습 전

표 9.1 학업 성취도에 영향을 미치는 학생, 학교와 환경적 요인

학생(개인적) 요인

학생 참여	예
• 행동적 참여	출석, 규칙과 절차 준수
• 인지적 참여	인지적 투자 - 학습이 가능하다는 의지와 믿음
• 정서적 참여	흥미와 긍정적인 정의적 상태
학생 학습 전략	
• 행동적 전략	시간관리, 시험, 도움 받기, 과제, 공책 필기 전략
• 인지적 전략	정보 처리 전략: 요약, 추론, 적용과 추리
• 초인지적 전략	자기 규제 - 자기 스스로 자신의 학습 확인과 관리하기

사회-맥락적(환경적) 요인

학교 풍토	예
• 학업 강조	높은 학업적 기대
• 교사 상호작용	집단적 효능감, 교사 권한부여, 사기
• 학교장의 리더십	협력 관계, 배려, 구조 주도
사회적 · 학부모의 영향력	
• 학부모의 관여	학교 활동에 대한 학부모의 참여와 지원, 교육과 자녀의 열망에 대한 긍정적인 태도
• 동료의 영향력	높은 학업 성취도를 강조하는 동료들의 지원

출처: Lee와 Shute, 2010.

략은 학생 참여를 강화한다.

학교 풍토와 사회적 및 부모의 영향 등 두 가지 사회 맥락적 또는 환경적 요인들도 학업 성취도에 영향을 미친다. 학교 풍토는 학업 강조, 교사 상호작용과 학교장의 리더십으로 정의된다. 학업 강조는 학교가 학생들에 대한 높은 기대를 가지는 정도와 학교 공동체가 이러한 기대를 지원하는 정도를 말한다. 교사 상호작용은 교사들의 집단 효능감, 권한부여에 대한 교사들의 인식과 교사들의 소속감과 같은 폭넓은 개념이다. 학교장의 리더십은 교사들로부터의 신뢰를 유지하면서 학교의 교육과정과 사명을 형성하고 명료화하는 과정에 학교장이 행사하는 영향력이다. 여기서 리더십은 학생들이 성취도를 향상시키기 위해 협력 관계, 배려와 구조 주도 등에 의해 특징지어지는 행동들이 결합된 것이다.

사회적 및 부모의 영향은 학교에 작용하는 환경적 요인들을 말한다. 학부모의 관여는 PTO/PTA 및 그 외 학교 공동체의 노력에 자발적으로 참여하는 등 학교 활동에 대한 참여와 지원이다. 또한 자녀의 교육에 대한 부모의 긍정적 기대와 열망은 학업 성취도에 영향을 미친다. "내 친구들은 학교에서 열심히 공부하는 학생들을 놀려"라

는 말에 동료의 영향력이 나타나 있다(Lee와 Shute, 2010: 198). 학생들이 위와 같은
진술에 동의한다면, 학생에 대한 동료의 영향력은 학업 성취도를 낮추게 될 것이다.
Lee와 Shute는 동료의 강화는 학생 성취도에 영향을 미치는 중요한 요인들 중의 하나
라고 주장한다. 학생들이 학업적인 측면에서 생산적인 다른 학생들을 존중할 때, 동
료 압력 요인은 학업 성취도에 긍정적인 영향을 미치게 된다. 학교 풍토와 사회적 및
학부모 영향 등 두 가지 사회 맥락적 요인은 서로 서로 관련되어 있다. 학교 풍토는
학부모의 관여와 동료 영향력을 향상시키며, 이는 효율적이고, 협동적이며, 높은 학
업 관련 기대를 가지고 있는 긍정적 학교 풍토를 강화한다.

　　학생 참여와 학습 전략 등 개인적 요인들은 사회적 및 맥락적 요인들에 영향을 주
기도 하고 영향을 받기도 한다. 학생들이 행동적으로, 인지적으로, 그리고 정의적으
로 참여하면 할수록, 더 성공할 수 있고 성취도에 기여하는 학습 전략을 개발할 가능
성이 더 클 것이다. 학생들에 대한 높은 기대를 강화하는 학교 풍토는 집단 효능감을
신장시키고, 교사의 권한부여는 높은 학생 성취도를 이끌어 낸다. 학부모들이 학교
행사에 적극 참여하고 지원할 때, 그리고 동료들이 학업 성취도를 가치 있게 생각할
때, 학생의 성공 수준이 향상된다. 즉, Lee-Shute 모델은 다음과 같이 요약할 수 있다.
학습에 기여하고 학부모와 동료에 의해 강화되는 학교 풍토 내에서 작용하는 학생 참
여와 학습 전략은 높은 학업 성취도를 낳는다.

Bryk와 동료들: 학업 성취도를 위한 핵심적인 지원 모델

Chicago 대학의 Anthony Bryk와 그의 동료들(Bryk 외, 2010)은 Chicago 공립 학교들
을 대상으로 하는 종단적인 연구(1990~1996)를 수행하였고, 이는 학업 성취도에 대한
또 다른 모델의 토대를 제공한다. 이들 연구자들은 학업 성취도를 촉진하는 동인 및
환경적 조건과 함께 성취도를 위한 핵심적인 지원이라고 명명한 일련의 개념들을 확
인하였다(〈표 9.2〉 참조).

　　학교 리더십은 수업 리더십과 공유적 리더십 등 두 가지 중요한 측면에서 정의된다.
수업 리더십은 학생들의 발달 과정을 확인하고, 건설적인 피드백을 제공하며, 높은 학
업 성취 기준을 유지하고 교사들을 적극적으로 관찰하는 것이다. 공유적 리더십은 교재
선정, 수업에 영향 행사, 자원 배분과 지역에서 만든 학교 개선안을 지지하는 것 등과
같은 학교의 의사결정에 교사와 학부모를 참여시킴으로써 수업관련 비판을 보완하는
것이다. 이러한 리더십은 전문적 역량, 학교 학습 풍토, 학부모-학교-지역사회 연계와
수업 조언 등 학교 내의 네 가지 핵심적인 지원을 이끌어 내기 위한 동인을 제공한다.

　　전문적 역량(professional capacity)은 교사들 간의 형성 평가를 가능하게 하고 성공

표 9.2 학업 성취도를 위한 핵심적 지원 모델의 개념

수업 리더십(instructional leadership)은 학생의 발달 과정 추적 및 확인, 높은 학업 성취 기준 유지, 실제로 참가하여 이루어지는 수업 관찰, 교사들에 대한 건설적인 피드백, 지역에서 작성한 학교 개선안의 개발 및 실행 과정을 확인하는 것이다.

공유적 리더십(shared leadership)은 학교운영위원회를 통해 교사와 학부모들이 교재 선정, 수업에 영향을 주고 학교의 자원 배분 등과 같은 중요한 학교 의사결정 과정에 참여하는 정도를 말한다.

전문적 역량(professional capacity)은 교사의 질을 측정, 교사들의 참여, 교사들의 창의성, 교사들 간의 형성 평가와 반성적 대화, 교사들의 학교에 대한 헌신과 학교의 성취 결과에 대한 집단적 책임 등을 포함한 일련의 행동이다.

학생 중심적 학습 풍토(student-centered learning climate)는 교사들은 높은 기대를 가지고 있고, 학생들의 발전에 개인적인 관심을 가지며, 학생들은 학교에서 열심히 공부하고 성공하는 다른 학생들을 존중하는 가운데 교실은 안전하고 질서 정연한 장소라는 학생들의 지각이다.

학부모-지역사회-학교 연계(parent-community-school ties)는 교사들이 지역사회를 이해하고, 학교 활동에 대해 학부모들과 밀접한 관계를 유지하며, 교사들이 지역사회의 자원을 활용하는 정도를 말한다.

수업 조언(instructional guidance)은 학생들이 기본 기능을 숙달하고 적용하는 데 초점을 두는 교육과정 형성 및 조정의 정도를 말한다.

관계적 신뢰(relational trust)는 사회적 존중, 개인적 호감, 역할 자신감과 개인의 성실성에 근거한 학생, 교사와 학부모들 간의 보편적인 신뢰감이다.

사회적 자본(social capital)은 목적적인 행동을 위한 지원과 자원을 제공하는 복잡한 사회적 관계 망이다.

사회적 자본의 결합(bonding social capital)는 육아 및 보호를 제공하고 지역의 문제를 해결하기 위해 동원하는 정치적, 종교적 및 다른 조직과의 연계 정도 및 그 강도를 말한다.

사회적 자본의 연결(bridging social capital)은 지역사회의 문제를 해결하기 위해 동원하는 지역사회 거주자들과 외부 개인 및 조직들 간의 상호작용의 정도를 말한다.

출처: Bryk, Sebring, Allensworth, Luppescu와 Easton, 2010.

을 위한 집단적 책임감을 형성하는 교사들의 질, 참여, 창의성과 헌신을 말한다. 전문적 역량은 긍정적인 학교 학습 풍토에 직접적인 영향을 주고 또 영향을 받는다. **학교 학습 풍토**(school-learning climate)는 학생 중심적이다. 학생들은 교실이 안전하고 혼란이 없는 곳이며, 교사들은 학생들의 학습에 개인적인 관심을 가지고 있으며, 동료들은 학업적 성공에 대해 적대적이지 않다는 것을 느낀다. 학교 학습 풍토는 또한 강력한 **학부모-학교-지역사회의 연계**(parent-school-community ties)에 긍정적인 영향을 미치며, 이는 학생 중심적 학습 풍토를 강화한다. 즉, 자신들의 학생에 대한 개인적 관심이 증가함에 따라 교사들은 학부모, 지역사회와 지역사회의 자원을 더 잘 이해하게 된다.

　　수업 조언(instructional guidance)은 기본 기능의 숙달과 적용을 촉진하는 교육과정 형성 및 조정의 정도를 말한다. 전문적 역량, 학교 학습 풍토, 학부모-학교-지역사회의 연계뿐만 아니라 이러한 조언은 교실 사회 체제의 운영에 긍정적인 영향을 준다. Bryk와 그의 동료들은 이들 네 가지 중요한 지원들의 상호작용을 케이크의 구성

요소에 비유하였다. 이들 중 하나라도 빠지게 되면, "케이크가 아니다."(p. 203).

교실 사회 체제는 독자적으로 운영되지 않는다. 다른 모든 사회 체제와 마찬가지로, 더 넓은 환경으로부터 영향을 받는다. 이 모델의 역동적인 운영을 위해서는 관계적 신뢰와 사회 자본의 결합 및 연결 등 두 가지 요인이 중요하다. **관계적 신뢰(rela-tional trust)**는 사회적 존중, 개인적 호감, 역할 자신감과 개인의 성실성에 근거한 학생, 교사와 학부모들 간의 일반적인 신뢰감과 의존감을 말한다. 또한 이러한 신뢰는 효과적인 조직 운영에 핵심적인 역할을 한다.

사회적 자본은 목적적인 행동을 위한 지원과 자원을 제공하는 복잡한 사회적 관계망이다. Bryk와 그의 동료들의 연구에서는 결합과 연결 등 두 가지 형태의 사회적 자본이 두드러진다. **사회적 자본의 결합(bonding social capital)**은 지역사회를 묶어주고 공동의 목적 달성을 도와주는 조직의 응집력과 강도이다. **사회적 자본의 연결(bridging social capital)**은 지역사회와 개인 및 지역사회 외부의 조직 간의 상호작용의 정도를 말한다. 일반적으로, 사회적 자본의 결합은 사회적 자본의 연결을 이끌어 내며, 이들은 학교와 지역사회의 이익을 위하여 일하기 위해 지역 기관들에 필요하다(Bryk 외, 2010). 이러한 핵심적인 지원과 그에 수반된 동인들(수업 및 공유적 리더십), 그리고 조건(관계적 신뢰와 사회적 자본의 결합과 연결)이 학생들의 성취 결과를 향상시키는 역동적인 과정은 [그림 9.2]에 제시되어 있다. 이 모델에서 한 가지 부족한 것은

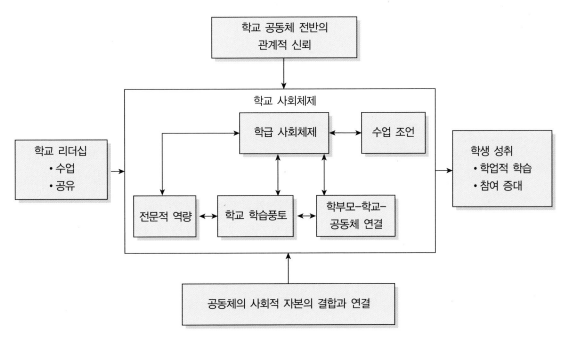

그림 9.2 **학생 성취도를 위한 핵심적 지원 모델**
출처: Bryk 외, 2010.

학교 사회 체제가 핵심적인 학교 지지자들로부터 어떻게 영향을 받는가 하는 것이다. 사실, 내부의 역동성은 블랙박스로 남아 있다.

Hoy와 Woolfolk Hoy: 학생 성취도를 위한 조직 모델

5장에서, 학업적 낙관주의를 학업적 성공을 성취하기 위한 역량이 스며들어 있는 학교의 강점과 역량에 관한 일련의 공유된 신념과 행동으로 정의하였다. 학업적 낙관주의는 높은 학업 성취도와 일관된 관계를 가지고 있는 집단적 효능감, 학생과 학부모에 대한 교사들의 신뢰, 그리고 학업 강조 등 세 가지 개념의 상호작용을 의미한다는 것을 상기하자(그림 5.3) 참조). 이러한 특징을 가지고 있는 학교 문화는 할 수 있다(a sense of the possible)는 생각을 가지고 있다. 집단적 효능감은 교사들이 자신들과 차이를 만들어 내는 자신들의 능력을 믿고 있다는 것을 나타낸다. 학생과 학부모에 대한 교사들의 신뢰는 교사, 학부모와 학생들은 학생들의 학습을 향상시키기 위해 협력할 수 있다는 믿음을 반영하고 있다. 학업 강조는 집단적 효능감과 교사 신뢰에 의해 촉진되는 행동으로 지적 활동 추구 및 학업적 성공을 강조한다. 요약하면, 높은 학업적 낙관주의 상태에 있는 학교는 교사들은 차이를 만들어낼 수 있고, 모든 학생은 학습할 수 있으며, 학업 성취도를 달성할 수 있다고 믿는 교사들로 구성된 문화를 나타낸다(Hoy, Tarter와 Woolfolk Hoy, 2006b). 비록 학업적 낙관주의는 사회경제적 지위에 관계없이 학업 성취도와 일관된 관계를 보이고 있지만(Forsyth, Adams와 Hoy, 2011; DiPaola와 Wagner, 근간; Hoy, Tarter와 Woolfolk Hoy, 2006a; Kirby와 DiPaola, 2009; McGuigan과 Hoy, 2006; Smith와 Hoy, 2007), 학업적 낙관주의가 학생들의 성취도를 어떻게 설명하는가 하는 것은 관심을 크게 받지 못해왔다. 이제 연구와 이론들을 종합할 뿐만 아니라 학교 성취도의 역동성에 대한 설명을 발전시킨 학생 성취도에 대한 조직 모델을 제시한다.

먼저, 서로 별개지만 유사한 결론을 이끌어 내는 등 비슷한 경향을 보이는 두 가지 연구의 결과를 살펴본다. Chicago 공립 학교들을 대상으로 한 Anthony Bryk와 Barbara Schneider(2002)의 종단적 연구는 학교 효과성을 연구하기 위해 설계되었으나, 이들은 연구가 진행되는 동안 우연하게 학교에서 신뢰가 강력한 영향을 미친다는 것을 발견하였다. 이들은 "1994년의 연구에서 강한 긍정적인 신뢰 수준을 보인 학교들은 낮은 학교들에 비해 읽기와 수학 과목에서 성적이 향상된 학교로 분류될 가능성이 세 배 이상 높았다."는 것을 발견하였다(p. 111). 그러나 신뢰는 성취도를 더 직접적으로 설명하는 "할 수 있다"는 교사들의 긍정적인 태도, 학부모들에게 손을 내밀고 협력하기, 전문적 공동체와 학교 공동체에 대한 헌신 등 네 가지 조직 상황을 촉진함으로써 학교 효과성을 간접적으로 증진시킨다고 이들은 주장하였다.

　학습을 증진시키는 이러한 학교 상황에 관한 놀랄 만한 사실은 Hoy와 그의 동료들이 제시한 학업적 낙관주의의 개념과 현저하게 유사하다는 것이다. Bryk와 Schneider가 제시한 조직 상황은 학업적 낙관주의를 구성하는 핵심 요인들과 관련되어 있다. "할 수 있다는 태도"는 집단적 효능감으로 정의된다. 학부모들에게 손을 내밀고 협력하는 것은 학부모와 학생에 대한 집단적 신뢰로 표현된다. 끝으로, 협동적 작업, 교수-학습 과정 개선을 위한 헌신, 높은 기대와 학업 기준 등의 측면에서 전문적 공동체는 학업 강조를 정확히 담아내고 있다. 이러한 관계는 [그림 5.4]에 잘 나타나 있다. 즉, 학업적 낙관주의 문화는 모든 학생들을 대상으로 하는 학생 성취도를 이끌어 내는 조직의 핵심적인 요인들로 구성된다.

　이러한 학교 특성의 배열이 어떻게 높은 학생 성취도를 가져올까? Hoy와 Woolfolk Hoy(Hoy, 근간; Hoy와 Woolfolk Hoy, 2011)는 이를 설명하는 이론적 기준을 제시하고 있다. 첫째, 학업적 낙관주의 문화는 교사와 학생이 달성 가능한 구체적이고 도전적인 목적을 설정하고 수용하도록 이끌며, 이는 학생들의 동기를 향상시킨다. 둘째, 학업적 낙관주의와 관계적 신뢰는 학생과 교사들이 학습에 대한 책임감을 수용하고, 열심히 노력하도록 동기화되어 있고, 어려운 과제를 포기하지 않고, 문제와 실패를 경험하고 곧 회복하는 학습 환경을 조성한다. 셋째, 학업적 낙관주의는 학생의 학습에 관한 학생, 교사와 학부모들 간의 협력을 조장하며, 이는 학생들을 동기화시킨다. 더 나아가, 학부모와 교사 간의 관계적 신뢰는 학업적 낙관주의뿐만 아니라 더 많은 협력을 이끌어 낸다. 도전적인 목적과 학생, 교사와 학부모들 간의 협동은 강력한 동기를 이끌어 내고, 이는 높은 수준의 성취도를 낳으며, 결국 관계적 신뢰와 학업적 낙관주의를 강화한다. 학생 성취도를 이끌어 내는 이러한 상호작용 관계는 [그림 9.3]에 요약 제시되어 있다.

학업 성취도에 대한 Hattie의 분석

학업 성취도에 관한 가장 종합적인 분석으로, John Hattie(2009)는 15년간에 걸쳐 학생 성취도에 대한 800개의 메타 분석을 실시하고 요약하였다. 당연하게도 그는 교사의 질과 이들의 교육 방법이 학업 성취도에 영향을 미치는 가장 중요한 요인이라는 것을 발견하였다. 결국, 교사는 교실 내의 교수-학습과 가장 직접적으로 관련되어 있다. 분석을 통한 그의 결론은 다음과 같은 여섯 가지 지침에 요약되어 있다.

　1. 교사가 중요하다. 교사는 학생들이 학습하도록 돕는 가장 강력한 요인이다.

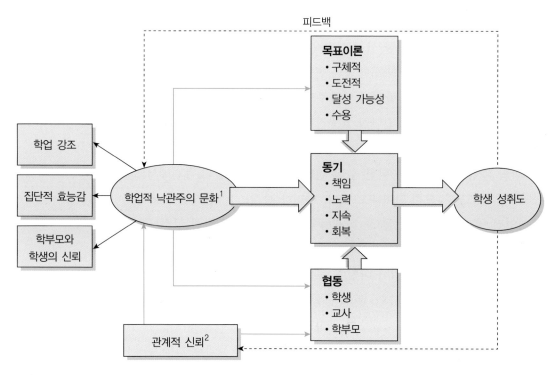

그림 9.3 역동적인 학생 성취도 모형

출처: ⓒ Hoy, 2010.
[1] Hoy, Tarter와 Woolfolk Hoy, 2006.
[2] Bryk와 Schneider, 2002.

2. 효과적인 교사들은 직접적이고, 배려하며, 열정적으로 교수-학습 과정에 참여한다.

3. 효과적인 교사는 각 학생들이 무엇을 생각하는지, 무엇이 의미를 구성하도록 돕고 학생들의 경험과 관련되어 있는지 인식하고 있다. 이는 교과에 대한 능숙하고 깊이 있는 이해를 필요로 하며, 이러한 이해를 통해 교사들은 학생들과 수업을 진행하면서 유용한 피드백을 제공할 수 있다.

4. 효과적인 교사는 자신들이 가르치고 싶은 것은 무엇인지, 이를 어떻게 성공적으로 가르칠 것인지, 언제 학생들이 이해를 하고, 이해가 부족할 때는 무엇을 해야 하는지 알고 있다.

5. 효과적인 교사들은 아이디어를 전달하기 위해 다양한 접근 방법을 사용하며, 이를 통해 학습자들은 지식을 구성하고 재구성할 수 있다. 중요한 것은 학습자들이 지식을 구성하는 것이다.

6. 효과적인 학교 지도자는 학습에 도움이 되는 학교 문화 및 교실 풍토를 형성하

기 위해 교사들과 협력한다. 실수는 실패에 대한 두려움 없이 학습하고, 재학습하며 탐색하는 학생들을 위한 기회로 간주되어야 한다.

이들 여섯 가지 지침은 교사들이 자신들의 성공과 실패에 대한 피드백을 이용하여 자신들의 수업에 대한 계획을 세우고, 평가하며, 논의할 수 있는 안전한 환경을 제공한다. 여기서 핵심은 단순히 비판적 반성을 한다는 것이 아니라 자신들의 수업과 학생들의 학습에 관한 증거를 토대로 비판적 분석을 한다는 것이다. *효과적인 수업의 궁극적인 목적은 교사들이 학생들의 눈을 통해 학습을 바라보고 학생들은 교사들의 관점에서 자신들을 바라보게 하는 것이다.*

비록 Hattie의 연구는 교사들에게 초점을 맞추고 있지만, 학교에서의 학업 성취도 증진에 관한 다른 연구들과 일맥상통하고 있다. 성취도를 향상시키는 학교 상황의 핵심 요인들 중에는 집단적 신뢰, 집단적 효능감, 학업 강조와 학업적 낙관주의 등이 있다는 것을 보아왔다. 학업적 낙관주의는 학생과 교사가 새로운 학습 상황에서 확신할 수 없는 과제를 수행할 때 경험하는 취약성을 줄일 수 있다. 이러한 낙관주의는 작업장을 개방적으로 만들어서 실수를 숨기거나 두려워하지 않게 만든다. 학생과 교사들은 학습에 대한 책임감을 수용하며, 학업적 낙관주의는 노력, 회복력과 지속성을 읽어낸다(Hoy, Tarter와 Woolfolk Hoy, 2006b). 〈표 9.3〉에는 학업 성취도를 보장하는 주요한 조직 특성들이 요약되어 있다.

표 9.3 학업 성취도를 향상시키는 학교 특성

학교 특성	관련 연구
조직 신뢰	Bryk와 Schneider, 2002; Forsyth 외, 2010; Goddard 외, 2001; Tschannen-Moran, 2004
집단적 효능감	Goddard 외, 2000; Goddard 외, 2001; Goddard 외, 2003; Hoy 외, 2002
학업적 낙관주의	DiPaola와 Wagner, 근간; Jackson과 DiPaola, 2011; Hoy 외, 2006; Smith와 Hoy, 2007; Wagner와 DiPaola, 2009
조직 시민의식	DiPaola와 Hoy, 2005; Tarter와 Cooper, 2011
수업 역량	Bryk 외, 2010; Heck, 2010; Printy, 2010
수업 지도성	Alig-Mielcarek과 Hoy, 2005; Hattie, 2009; Heck, 2010; Heck과 Hallinger, 2010; Printy, 2011
전문적 학습 공동체	Bryk와 Schneider, 2002; Bryk 외, 2010; Louis와 Marks, 1998
학업 강조	Alig-Mielcarek와 Hoy, 2005; Hoy 외, 1991; Hoy와 Sabo, 1998; Lee와 Bryk, 1989
학부모의 참여	Bryk와 Schneider, 2002; Bryk 외, 2010; lee와 Shute, 2010

학교 효과성 모델: 학업 성취도 그 이상

「No Child Left Behind」와 「Race to the Top」과 같은 연방 정부의 법안과 책무성에 대한 요구는 특히 학교 효과성을 측정하기 위해 객관적인, 표준화 검사를 사용한 학교의 결과에 초점을 맞추고 있다. 학교 효과성은 간단한 해결책을 제시할 수 없는 복잡한 개념이라는 것은 의심할 여지가 없다. 따라서 학교의 성취 결과를 평가하기 위해서는 다양한 학교 효과성 척도들을 사용해야 하며, 그 중 핵심적인 것이 인지적 및 정의적 영역에서 학생들의 성취 결과를 측정하는 것이다. 학교 효과성을 어떻게 측정할 것인가에 관한 결정은 주 및 연방 정부의 정책에 의해 결정됨에도 불구하고, 주관적 평가와 가치도 학교 효과성에 관한 판단에 영향을 미친다. 따라서 학교 효과성을 정의하고 측정하는 좀 더 폭넓은 관점을 두 가지 제시한다. 먼저 효과성을 측정하는 다원적인 범주를 가지고 있는 일반적인 관점을 고찰한다. 이는 강력한 연구를 토대로 하는 보다 주관적인 접근인 Mott(1972)의 조직 효과성에 대한 일반 모델이다. 그 후 Quinn과 Quinn(2009)의 효과성의 경쟁 가치 체계를 살펴본다.

Mott의 조직 효과성 일반 모델

Paul Mott(1972)의 조직 효과성을 측정하는 다원적인 접근법을 개발하였다. 그는 효과적인 조직은 "다른, 비슷한 조직에 비해 더 많고 질 높은 결과를 생산하고 환경과 내부 문제에 보다 효과적으로 적응한다"고 주장하였다(p. 17). 그는 다음과 같은 사항들을 포함하는 일련의 조직 효과성 준거를 제시하였다.

- 결과의 양과 질
- 생산 효율
- 조직의 적응성과 융통성

Mott는 이러한 조직의 특성은 목표를 달성하고, 작업자들의 욕구를 충족시키며, 환경에 적응하기 위한 행동을 취하기 위해 권력의 핵심을 이동할 수 있는 조직의 능력을 나타낸다고 주장하였다. 병원과 National Aeronautics and Space Administration(Mott, 1972)을 대상으로 한 그의 연구는 자신이 제시한 효과성 측정 도구인 Index of Perceived Organizational Effectiveness의 타당도와 신뢰도를 지지하는 강력한 경험적 증거를 제시하였다.

Miskel과 그의 동료들(Miskel, Fevurly와 Stewart, 1979; Miskel, McDonald와 Bloom, 1983)은 Mott의 척도를 최초로 적용하여 학교 효과성을 연구하는 데 성공적으로 활용하였다. Hoy와 Ferguson(1985)은 이 지표는 응집성, 교사들의 헌신과 학생

표 9.4 Perceived School Effectiveness Index

SE-Index

지시사항: 교사는 수업 계획, 새로운 교육과정, 학생 학습 등과 같은 다양한 결과물을 생산할 뿐 아니라 수업, 조언, 상담과 학부모와의 협의 등 다양한 서비스를 제공한다. 각 문항에 응답할 때 이러한 결과물과 서비스를 생각하며, 당신이 동의하는 정도를 표시한다.

	매우 동의	동의	다소 동의	다소 비동의	비동의	매우 비동의
1. 학교에서 생산되는 생산물과 서비스의 질은 아주 높다	1	2	3	4	5	6
2. 우리 학교의 생산물과 서비스의 양은 많은 편이다.	1	2	3	4	5	6
3. 우리 학교의 교사들은 비상 상황과 혼란에 적절하게 대처하며 업무를 수행하고 있다.	1	2	3	4	5	6
4. 우리 학교에 있는 대부분의 사람들은 변화를 수용하고 적응한다.	1	2	3	4	5	6
5. 우리 학교에서 변화가 이루어질 때, 교사들은 이를 즉각 수용하고 적응한다.	1	2	3	4	5	6
6. 우리 학교의 교사들은 자신들에게 영향을 미칠 수 있는 혁신에 대해 충분히 알고 있다.	1	2	3	4	5	6
7. 우리 학교의 교사들은 문제를 예상하고 이를 예방하려고 노력한다.	1	2	3	4	5	6
8. 우리 학교의 교사들은 활용 가능한 자원들을 효율적으로 활용한다.	1	2	3	4	5	6

출처: ⓒ Hoy, 2009.

들의 성취도를 포함한 학교 효과성의 다른 척도들과 밀접한 연관성을 가지고 있으며, 따라서 이 척도를 학교에 적용하는 것이 타당하다는 것을 입증하였다. 또한 Hoy와 그의 동료들(Hoy와 Sabo, 1998; Hoy, Tarter와 Wiskoskie, 1992)은 중학교와 초등학교를 대상으로 교사 신뢰와 학교 효과성 간의 관계를 검증하면서 이 지표의 타당성을 입증하였다. Index of Perceived School Effectiveness의 최신 판은 SE-Index라고 불리며, 〈표 9.4〉에 제시되어 있다.

학교 효과성에 대한 즉각적인 정보를 얻고 싶은 행정가들은 효과성 인지 정도를 측정하기 위해 교사들에게 이 지표를 사용할 것을 추천한다. 일반적으로 그 결과는 안정적이고 신뢰할 수 있다. 또한 학부모들의 인지 정도를 알아보기 위해 학부모를 일부 표집하여 Se-Index를 사용할 수도 있다. 학교 효과성에 대한 교사, 학부모 및 학교장의 인지 정도를 비교하는 것은 유용하고 흥미로운 활동이다.

Quinn과 Quinn의 경쟁 가치 체계

조직 효과성을 연구해온 학자들을 포함한 대부분의 사람들은 자신들이 선호하지 않는 효과성의 측면에는 부정적인 가치를, 자신들이 좋아하는 특성에는 긍정적인 가치를 부여한다. 예를 들어, 경쟁적 가치를 선호하는 사람들은 협동적 가치를 '약하고 실없는' 것으로 부르는 반면, 협동적 가치를 선호하는 사람들은 경쟁적 가치를 '공격적 또는 냉정한' 것으로 생각한다.

Quinn과 Quinn(2009)은 안정적 또는 유동적 구조, 그리고 내부 또는 외부 문제에 초점을 두는 경험에 근거하여 조직 효과성에 대한 대안적 관점을 분류함으로써 이러한 차이를 자세하게 설명하고 있다. 3장에서 제시한 것과 같이, 구조는 타이트하게 결합되고, 관료적이며, 예측 가능하고 안정적이거나 이완 결합되고, 비공식적이며, 유기적 및 유동적일 수도 있다. 내부 문제는 공식적 및 비공식적 절차를 통해 조직의 원만하고 효율적인 운영과 관련되어 있다. 외부 문제는 혁신과 목표 달성에 초점을 두며 외부 환경과 조직 간의 상호작용과 주로 관련되어 있다. 다음의 네 가지 관점이 학교에서 나타난다.

1. *경쟁적 관점(Competitive View*: 안정적 구조와 외부 초점)은 학생들의 시험 점수와 가중치가 부여된 점수 등과 같은 척도를 활용하여 다른 비슷한 학교들과 비교해볼 때 학교가 얼마나 효과적인가 하는 측면에서 효과성을 정의한다.

2. *협동적 관점(Collaborative View*: 유동적 구조와 내부 초점)은 교사들의 사기, 학생들의 사회적 및 정의적 발달, 응집성과 학교 풍토의 개방성 및 건강 등과 같은 지표를 활용하여 학교의 협동적 및 발전적 측면에서 효과성을 정의한다.

3. *통제적 관점(Control View*: 안정적 구조와 내부 초점)은 효율성, 타이트한 결합과 학교와 지역사회의 관계 관리 등과 같은 기준에 초점을 두면서 학교가 얼마나 안정적이고 신뢰로운가 하는 측면에서 효과성을 정의한다.

4. *창의적 관점(Creative View*: 유동적 구조와 외부 초점)은 성공적인 개혁, 창의성과 독창성 등과 같은 특성의 측정을 통해 학교가 얼마나 적응력이 높고 혁신적인가 하는 측면에서 효과성을 정의한다.

이러한 네 가지 관점은 [그림 9.4]에 요약되어 있다. 자신들이 근무하는 학교의 효과성에 대한 전반적인 평가를 위해서 행정가들은 이들 네 가지 관점에서 자신들의 학교를 보아야 한다. 또한 Quinn과 Quinn(2009)은 이들 각각의 관점은 개인적 및 조직적인 측면에서 긍정적인 결과를 가져온다고 주장한다. 협동적 관점은 *타인에 초점을 두는 접근을 강조하는 관점*이다. 타인들은 정당한 욕구 및 바람을 가지고 있는 것으로 간주된다. 창의적 관점은 *환경에 대한 개방성* 및 진행과정 확인을 통한 피드백 제공을 강조한다. 통제적 관점은 예측 가능성을 증대시키기 위해 차이점을 찾고 이에 반응하기 위해 *내부 지향성*을 보인다. 끝으로, 경쟁적 관점은 뛰어난 결과를 성취하기 위해 목적 중심적이다. 당신의 학교에서 효과성을 바라보는 지배적인 관점은 어느

		초점	
		내부 문제	외부 문제
구조	**유동적**	**협동적 관점** [내부 및 유동적] 가치: 　인간관계 　발달적 　협동 원하는 결과: 　사기 　개방성과 건강 　응집성	**창의적 관점** [외부 및 유동적] 가치: 　적응성 　창의성 　유동성 원하는 결과: 　성장 　혁신 　준비
	안정적	**통제적 관점** [내부 및 안정적] 가치: 　예측 가능성 　통제 　안정 원하는 결과: 　환경 관리 　내적 효율성 　타이트한 결합	**경쟁적 관점** [외부 및 안정적] 가치: 　기획과 실행 　경쟁 　안정 원하는 결과: 　효율성 　생산성 　목표 달성

그림 9.4 **조직 효과성에 대한 대안적 관점**

것인가? 즉, 초점과 구조의 범주를 활용하여, 당신의 학교에서 우세한 조직 효과성에 대한 관점은 무엇인가?

행정가와 교사 효과

교장이 학교 효과성에 핵심적인 역할을 한다는 이야기는 자주 들어왔다. 그러나 학교 행정가와 학생 성취도 간의 관계는 일부 효과적인 학교 프로그램 주창자들이 주장하는 것처럼 분명하지는 않다. 예를 들어, Good과 Brophy(1986)는 효과적인 학교에 대한 거의 대부분의 연구들은 학교장의 리더십이 중요하다는 것은 지지하지만, 학업 성취도 향상을 가져오는 리더십을 특징짓는 행위와 실제에 관한 합의는 거의 존재하지 않는다고 결론을 내리고 있다. 좀 더 강한 어조로, Bossert(1988)는 효과적인 학교 연구들은 강력한 학교장의 리더십은 효과적인 학교구조를 위해 필요하다고 주장함으로써 관료제적인 이상을 부활시키려고 시도하고 있다고 주장한다. 그러나 연구들은 성공을 이끌어 내기 위해 어떤 과정이 구조화되고 어떤 구조가 필요한지에 대해서는 언급하지 않고 있다. Bossert는 목표와 생산 강조, 권력과 강력한 의사결정, 효과적인 경영과 강한 인간 관계 기술 등 효과적인 학교를 운영하고 있는 교장들과 관련된 네 가지 특성을 확인하였다.

다른 학자들도 Bossert에 동의하며 그의 결론을 더 구체화하고 있다. Philip Hallinger와 Heck(1996, 1998, 2010; Heck, 2000, 2005, 2010)은 학교장의 리더십은 학생의 성취도에 주목할 만한 영향을 주지만, 그 영향은 간접적이며, 학교장이 학생들의 학습과 직접적으로 관련되어 있는 학교 내부 구조, 과정과 비전을 조작할 때 나타난다는 것을 발견하였다(Leithwood와 Jantzi, 1999; Witziers, Bosker와 Kruger, 2003). 관련 문헌에 대한 폭넓은 검토 및 분석을 통해, Kenneth Leithwood, Karen Seashore Louis, Stephen Anderson과 Kyla Wahlstrom(2004)은 학교에서 학생들의 학습에 기여하는 것들 중 리더십은 교실 수업 다음으로 중요하다는 결론을 내리고 있다. Bossert, Heck과 Hallinger의 이전 연구와 비슷하게, 이들은 학생들의 학습을 향상시키는 데 차이를 가져오는(또한 간접적으로) 교육 리더십을 세 가지 형태로 제시하고 있다.

- 분명하고, 공유되며 이해 가능한 행동 및 목적을 제시함으로써 방향 형성하기. 목표 형성을 촉진하는 리더십 행동에는 비전 분명하게 표현하기, 높은 성취 기대 만들어 내기, 학교의 성과 확인하기 및 성과에 대한 피드백 제공하기 등이 포함된다.
- 필요한 지원 및 훈련 제공을 통한 구성원 능력 개발. 변화를 이끌어 내는 것을 지원하기 위한 리더십 행동에는 지적 자극 제공하기, 개별화된 지원 제공하기 및 최상의 실행 및 신념을 위한 모델 제공하기 등이 있다.
- 광범위한 조건 및 인센티브를 통한 교수-학습 지원이 가능하도록 하는 학교 조직 재설계. 조직 변화를 증진하는 리더십 행동에는 조직 문화 강화 및 협동적 과정 형성 등이 있다.

또한 최근의 연구도 학생들의 성취도에 대한 학교장의 영향이 간접적이라는 것을 지지하고 있다(Heck, 2010; Leithwood, Patten과 Jantzi, 2010; Robinson, Lloyd와 Rowe, 2008). 예를 들어, Viviane Robinson과 그녀의 동료들(2008)은 2단계의 메타분석적 연구를 통해 교사 학습 및 발달에 대한 학교장의 관여는 긍정적인 학생 성취도와 강한 상관관계를 가지고 있다는 것을 발견하였다. 이들은 학교장이 교수-학습의 핵심적인 과정에 가까이 있을수록 학생들의 성취도에 긍정적인 영향을 미칠 가능성이 더 크다는 결론을 내렸다. 즉, 학생들의 학습을 향상시키는 교사들의 행동에 긍정적인 영향을 미치고자 한다면, 학교장의 리더십은 교실 내에서의 교수-학습 향상과 직접적으로 관련될 필요가 있다.

그러나 앞서 말한 결론은 주의 깊게 해석되고 적용되어야 한다. Leithwood와 Ben Levin(2005)이 언급한 것처럼, 리더십은 학생들의 학습에 상당한, 독립적인 영향을 미치지는 않으며, 발견된 작은, 유의미한 영향은 교육 관련 연구자들과 프로그램 평가자들에게 끊임없는 도전으로 남아 있다. 게다가 학교장의 영향이 학교 내 다른 요인들에 의해 조정된다는 것이 학교 효과성에 대한 이들의 공헌도의 중요성을 감소시키는 것은 아니다.

학교장과는 대조적으로, 교사들은 다양한 교실 내 행동 및 활동 등을 통해 학생들의 학습에 직접적으로 영향을 미친다. William L. Sanders(1998)는 "학생의 학업적 성장에 영향을 미치는 가장 중요한 요인은 교사 효과성상의 차이이다."(p. 27)라고 주장한다. Jennifer King Rice(2003)는 Sanders의 주장에 동의한다. 자신의 문헌 분석에 근거하여, Rice는 "교사의 질이 중요하다. 사실, 학생의 성취도에 영향을 미치는 학교 관련 요인들 중 가장 중요하다."(p. v)라고 주장하고 있다. 예를 들어, Heck(2000)과 Hattie(2009)는 이를 경험적으로 뒷받침하고 있다. Heck은 학생들의 성취도가 기대 이상인 학교들은 학업을 강조하는 학급 환경을 조성하고 학생의 학습에 대해 강한 기대를 가지고 있는 것으로 높이 평가되는 교사들로 구성되어 있다는 것을 발견하였다. Steven G. Rivkin, Hanushek과 John F. Kain(2005)은 교사들이 읽기와 수학 성취 등에 강력한 영향을 미친다는 것을 발견하였다. 이러한 주장 및 발견들은 학생들의 성취도상에 실질적인 향상을 이끌어 내고자 하는 학교구, 주 또는 국가를 위한 가장 직접적인 방법은 교사 집단을 개선할 수 있는 정책과 실천을 채택하는 것이라는 사실을 시사한다(Hanushek, 2005a).

앞에 제시된 조직 효과성에 대한 다양한 개념적 및 연구 접근들에 대한 분석을 통해, 교육학자, 실무자 및 정책 결정자들이 학교 효과성을 향상시키기 위한 방법들을 설계하는 데 사용할 수 있는 일련의 지식을 가지게 된 것은 분명하다. 필자들은 학교 개선을 위한 가장 확실한 방법은 교실 간의 차이를 완화시키는 수업적 개입과 긍정적인 수업 상황을 이끌어 내는 것이라는 Rowan, Correnti와 Miller(2002)의 주장에 동의한다. 요약하면, 학교장은 학교 개선, 그리고 특히 학업 성취도 증진을 위해 중요하다. 그러나 대부분의 경우 이들의 영향력은 간접적이며 학교 상황 및 교사들을 통해 중재된다. 학업 성취도를 향상시키기 위해, 학교장은 수업 역량을 형성하고(예를 들어, 교사-학생 간 긍정적인 사회적 관계 형성과 함께 교육과정 설계, 수업 전달 및 평가) 학업적 성공을 이끌어 내는 학교 문화(예를 들어, 신뢰, 효능감과 학업 강조에 기반을 둔 학업적 낙관주의 문화)를 개발하기 위해 교사들과 함께 노력해야 한다.

TIP: 이론의 적용

당신은 얼마 전 교장으로 임명되었다. 부임한 학교의 효과성을 어떻게 결정할 것인가? 어떤 기준을 사용할 것인가? 투입, 변환과 성과 등 적어도 세 가지 기준을 고려한다. 이들 중 어느 기준을 강조하고, 왜 강조하는가? 효과성의 기준을 결정한 후, 학교 효과성을 논의하고, 학교 효과성 수준을 측정하기 위해 당신이 선택한 기준, 그리고 각 기준을 어떻게 측정할 것인가 하는 사항에 대한 간단한 프레젠테이션 자료를 준비한다. 교육감이 참석한 가운데 교무회의 시간에 발표를 할 것이다.

리더십 사례

학교 변화시키기

당신은 최근, 가을에 개교 예정인 New Central 고등학교(NCHS)의 교장으로 임명되었다. 이 새로운 학교는 북동부의 대규모 도시 지역의 도심에 위치해 있다. 새로 지어진 이 학교의 건물들은 건축 설계와 관련된 상을 받았으며, 최신식 수업 기구 및 보안체제를 갖추고 있다. 이 학교는 이번 학기로 폐교되는 인근의 두 학교(East와 West 고등학교)에 재학 중인 2,500명의 학생들을 수용할 예정이다. 이 학생들은 주로 저소득층의 소수인종 출신이다. 이 두 학교는 등록 학생수 감소, 높은 중퇴율 및 주 차원에서 실시되는 시험에서 낮은 성적을 받고 있다. NCHS에는 150명의 교사가 임용될 예정이다. 당신은 행정 직원을 선택할 수 있으며, 교사 선발에도 영향력을 행사할 수 있다. 그러나 교원 노조와의 계약상 상당수의 교사들은 경력 순서에 의해 NCHS에 배정될 예정이다. 낮은 성적과 높은 중퇴율로 인해 East와 West 고등학교는 주 전체에서 가장 성과가 낮은 범주에 속해 있다. 예술성을 지닌 새로운 건물에 대한 막대한 투자와 함께, 학부모와 다른 이해 관계자들은 NCHS가 이전의 성취도 문제를 해결하리라 기대하고 있다. 따라서 당신은 폐교하는 학교들과 비교하여 향상되고 좀 더 효과적인 학교로 만들어 내야 한다는 압력을 받고 있다. NCHS를 바꿔놓자.

- 새로운 학교의 효과성을 결정하기 위해 어떤 기준을 사용할 것인가? 효과성 측정 기준을 어떻게 선택할 것인가?
- 효과성 결과의 중요성을 결정하기 위해 누가 참여할 것인가?
- 성취 결과에 가장 큰 영향을 줄 것으로 예상되는 상황 요인은? 당신이 영향을 미칠 수 있는 요인은?
- 결과 및 상황 요인들에 대한 분석을 고려해볼 때, 가장 우선순위를 두어야 하는 전환 또는 변환 요인은? 이러한 과정의 효과성을 증진시키기 위해 어떤 행동을 취해야 할 것인가?

> ● 학업 성취도를 향상시키기 위한 모델을 하나 선택하고 이의 성공 적인 실행과 확인을 위한 계획을 수립한다.

실행 지침

1. 외부를 바라본다. 외부 환경은 귀중한 자원이다.
2. 내부를 바라본다. 내부의 역동성이 체제를 이끌어 간다.
3. 학생들에게 초점을 맞춘다. 학습이 목적이며 참여하는 학생들이 그 수단이다.
4. 교사들에게 초점을 맞춘다. 교사들은 학생들의 학습에 가장 직접적이고 강력한 도움을 준다.
5. 수업에 초점을 맞춘다. 수업의 질이 학생의 학습에 가장 중요한 요인이다.
6. 학업적 낙관주의 문화를 구축한다. 효능감, 신뢰와 학업 강조는 동기를 뒷받침한다.
7. 전문적 역량을 개발한다. 이는 긍정적 학교 학습 풍토를 이끌어 낸다.
8. 학부모들에게 다가간다. 교사-학부모의 협조는 학습을 위한 강력한 촉매제가 된다.
9. 학교의 효과성을 관찰한다. 인지적 및 정의적 성공과 관련된 다양한 지표를 사용한다.
10. 교수-학습을 지원하기 위해 구조, 문화, 정책과 동기를 사용한다. 이들은 효과성의 구성 요소이다.

핵심 가정 및 원리

1. 학교 효과성에 대한 사회체제 관점은 환경으로부터의 자원 확보(투입), 학교 내부 구성 요인들 간의 조화로운 운영(변환/전환) 그리고 목표 성취(산출 성과) 등 세 가지 중요한 범주를 가지고 있다.
2. 내부 요인들 간의 조화는 환경으로부터 필요한 자원을 확보하고, 변환 체제의 역량 형성 그리고 효과적인 목표 달성과 관련된 조직의 능력을 향상시킨다.

3. 학교 효과성은 복합적인 범주, 이해관계자와 환경적 제약 요인들로 구성된 역동적인 개념이다.

4. 가정에서의 학생들의 학습은 상당히 중요하다. 사회-경제적 배경상의 차이는 학생들의 성취도와 아주 밀접히 관련되어 있으나, 매년 이루어지는 성취도 향상과는 제한된 관계를 보이고 있다.

5. 사회-경제적 지위는 학교 지도자들이 통제할 수 있는 요인이 아니며, 학교 지도자들은 학교 내의 변화 과정에 직접적인 영향을 미친다.

6. 학교장은 학교 개선 그리고 특히 학업 성취도 향상을 위한 중요한 요인이다. 그러나 대부분의 경우 이러한 영향력은 간접적이며 학교 상황과 교사들을 통해 중재된다.

7. 학습에 기여하고 학부모와 동료들에 의해 강화되는 긍정적 학교 풍토 속에서 작용하는 학습 전략 및 학생 참여는 높은 학업 성취도를 이끌어 낸다.

8. 학교 리더십, 관계적 신뢰와 사회적 자본의 결합 및 연결 등 세 가지 요인은 학교 사회 체제의 역동적인 운영에 핵심적이다.

9. 학업적 낙관주의와 관계적 신뢰는 학생과 교사가 학습에 대한 책임감을 수용하고, 열심히 노력하도록 동기화시키며, 어려운 과제를 포기하지 않고 지속하며, 문제와 실패에 직면하여서도 회복력을 갖는 학습 환경을 조성한다.

10. 효과적인 수업의 궁극적인 목적은 교사들이 학생들의 눈을 통해 수업을 바라보고, 학생들은 교사들의 관점에서 자신들을 관찰하게 하는 것이다.

11. 효과적인 학교는 목적을 달성하고, 작업자들의 욕구를 충족시키고, 응집력 있는 집단을 형성하며, 환경에 적응하기 위한 행동을 위해 권력의 핵심을 이동한다.

12. 구조의 안정성-유동성에 관한 구조와 내부-외부 초점은 조직 효과성을 바라보는 개인의 관점을 결정한다.

추천 도서

Bryk, A. S., Sebring, P. B., Allensworh, E., Luppescu, S., and Easton, J. Q. *Organizing Schools for Improvement: Lessons from Chicago*. Chicago: University of Chicago Press, 2010.

Cameron, K. "Organizational Effectiveness: Its Demise and Re-emergence through Positive Organizational Scholarship." In K. G. Smith and M. A. Hitt (Eds.), *Great Minds in Management: The Process of Theory Development* (pp. 394-

429). New York: Oxford University Press, 2005.

Hattie, J. *Visible Learning: A Synthesis of Meta-Analyses Relating to Achievement.* New York: Routledge, 2009.

Lee, J., and Shute, V. "Personal and Social-Contextual Factors in K-12 Performance: An Integrative Perspective on Student Learning." *Educational Psychologist 45* (2010), pp. 185-202.

Mortimore, P. *The Road to Improvement: Refl ections on School Effectiveness.* Lisse: Swets and Zeitlinger, 1998.

Quinn, R. W., and Quinn, R. E. *Lift: Becoming a Positive Force in Any Situation.* San Francisco, CA: Berrett-Koehler, 2009.

Scheerens, J., and Bosker, R. *The Foundations of Educational Effectiveness.* Oxford: Permagon, 1997.

Smith, M. S., and O' Day, J. A. "Systemic School Reform." In S. H. Fuhrman and B. Malen (Eds.), *The Politics of Curriculum and Testing* (pp. 233-67). London: Falmer, 1991.

Teddlie, C., and Reynolds, D. (Eds.). *The International Handbook on School Effectiveness Research.* New York: Falmer, 2000.

후주

1. C. John Tarter는 이 장의 공동 저자이다.

제10장

학교에서의 의사결정

"의사결정"은 행정 조직의 모든 부분에서 이루어진다. … 효과적인 행위를 보장하기 위한 원리들이 포함되어야 하는 것처럼, 일반 행정이론에는 정확한 의사결정이 이루어질 수 있도록 하는 조직 원리가 포함되어야 한다.

Herbert A. Simon
Administrative Behavior

미리 보기

1. 행정적 의사결정은 여러 가지 조직의 문제를 해결할 뿐 아니라 이 과정에서 다른 문제들도 야기하는 역동적인 과정이다.

2. 의사결정은 조직 내의 모든 기능 및 과업에 관한 합리적인 행정에서 발견되는 일반적인 행동 유형이다.

3. 가치는 의사결정의 핵심적인 부분이다.

4. 고전적인 의사결정 모델은 목표 달성의 최대화를 위해 최적화 전략을 사용한다. 그러나 이는 실재 현실을 나타내기보다는 이상적인 것이다.

5. 만족화는 현실적인 문제를 해결하기 위해 행정가들이 사용하는 실용적인 의사결정 전략이다.

6. 대부분의 행정가들은 점진적 의사결정 모델을 사용한다.

7. 적응적 의사결정 전략은 만족화의 합리성 및 포괄성과 점진 모델의 융통성 및 유용성을 결합한 모형이다.

8. 그러나 다른 복잡한 과정들과 같이, 최상의 의사결정 방법은 없다. 최선의 방법은 현재의 상황에 가장 잘 어울리는 방법이다. 따라서 상황적합론적 접근법이 추천된다.

9. 조직의 모든 의사결정이 합리적으로 이루어지는 것은 아니다. 쓰레기 통 모형은 비합리적인 의사결정을 설명해 주고 있다.

10. 일반적으로 의사결정의 비합리적인 측면은 스트레스에 의해 나타난다. Janis-Mann의 갈등 모형은 불완전한 의사결정이 초래할 수 있는 뜻하지 않은 문제들을 설명하고 있다.

의 사결정은 행정가들의 중요한 책임 사항들 중의 하나이지만, 좋은 의도를 가진 결정만이 행동으로 전환된다. 모든 공식 조직과 마찬가지로, 기본적으로 학교도 의사결정 구조이기 때문에 의사결정은 교육 행정가들에게 필수적인 것이다. 여기서는 고전적인 의사결정 모델에 대한 고찰을 시작으로 의사결정에 대해 살펴보고자한다.

고전적 모델: 최적화 전략

고전적 의사결정이론은 의사결정이 전적으로 합리적이어야 한다고 가정한다. 이는 목표와 목적 달성도를 **최적화**(optimizing)하기 위해 가능한 최선의 대안을 추구하는 최적화 전략을 사용한다. 고전적 의사결정모형에 따르면, 의사결정은 다음과 같은 일련의 단계를 통해 이루어진다.

1. 문제 확인
2. 목표 및 목적 설정
3. 가능한 모든 대안 수립
4. 각 대안의 결과 확인
5. 목표와 목적을 기준으로 하여 모든 대안에 대한 평가
6. 목표와 목적을 최대화하는 최상의 대안 선택
7. 끝으로, 결정된 사항의 실행 및 평가

고전적인 모형(classical model)은 대다수의 의사결정가들이 어떤 기능을 하는가(기술적 모형)를 기술하는 것이 아니라 이상적(규범적 모형)인 모형이다. 사실, 대부분의 학자들은 고전적인 모형을 비현실적인 아이디어로 간주한다. 의사결정가들은 사실상 모든 관련된 정보를 얻을 수 없다. 또한, 가능한 모든 대안을 수립하고 그 결과를 확인하는 것은 불가능하다. 불행하게도, 이 모형은 의사결정가들이 가지고 있지 않은 정보-과정 능력, 합리성 및 지식을 가정하고 있다. 따라서 이 모형은 실무 행정가들에게는 거의 도움이 되지 못한다.

행정적 모델: 만족화 전략

고전적 모델이 가지고 있는 몇 가지 제한점들을 고려할 때, 의사결정과 관련된 보다 현실적인 개념적 접근 방법이 나타났다는 것은 놀랄 만한 일이 아니다. 여러 가지 복잡한 문제와 인간의 한정된 능력으로 인해 간단한 문제를 제외하고는 최적화 전략을 사용한다는 것은 사실상 거의 불가능하다. Herbert Simon(1957a)은 행정가들이 의사결정을 하는 방법을 보다 자세하게 기술해 주는 의사결정의 **행정적 모델**(administrative model)을 최초로 제시하였다.[1] 그 기본적인 접근 방법은 **만족화**(satisficing), 즉, 최상의 방법이 아닌 만족할 만한 해결책을 찾는 것이다. 만족화 전략을 보다 자세하게 살펴보기 전에, 이 모형의 바탕이 되는 기본 가정들을 살펴본다.

의사결정 과정: 활동 주기

의사결정 주기는 필연적으로 문제의 정의에서부터 시작하며 행동의 실행 및 평가로 결실을 보게 된다. 비록 이 과정은 일련의 단계로 인식할 수 있지만, 실재에 있어서 이 과정은 역동적이며 활동 주기로 가장 잘 표현할 수 있다([그림 10.1] 참조). 또한 학교에서는 여러 개의 많은 의사결정 활동 주기가 동시에 나타난다. 기본적인 목적과 목표(전략적 기획)에 관한 정교한 주기가 교육위원회 수준에서 진행될 수 있다. 동시

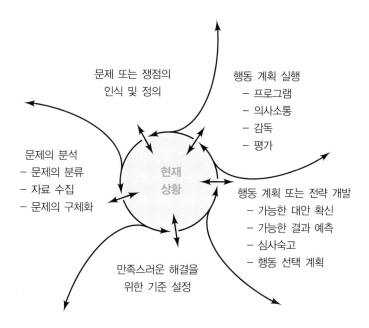

그림 10.1 **의사결정 활동 주기**

에 교육과정과 수업, 학생 학적 관련 서비스, 재정 및 업무 관리와 시설 계획 등에 관한 소규모의, 관련된 순차적인 주기가 학교 및 학교구 수준에서 진행될 수도 있다. 활동 주기를 자세하게 설명하기 전에 행정적 의사결정에 관한 몇 가지 가정을 먼저 살펴본다.

첫째, 몇 가지 문제를 해결하면 또 다른 문제들이 나타나는 활동적인 과정이다. 최종적인 해결책은 없으며, 그 순간 만족스러운 해답만이 존재한다.

둘째, 행정가들은 **제한된 합리성(bounded rationality)**의 세계 내에서 일한다. 즉, 이들은 자신들의 의사결정의 범위를 제한하며, 이를 통해 합리성을 확보한다 (Gigerenzer, 2004; Simon, 1955, 1956, 1957a). 이들은 세상에 대한 자신들의 지각은 아주 단순화된 것이며, 가장 적절하고 중요하다고 생각하는 요인들에만 초점을 맞춘다(Simon, 1991).

셋째, 가치는 의사결정의 핵심적인 부분이다. 의사결정은 가치 중립적일 수 없다. 예를 들어, 행정가들은 자신들이 중요한 결과를 달성할 것이라고 믿는 행동을 할 때, 경쟁하는 대안들 중에서 가치 판단을 한다.[2] 가치 판단은 사실에 대한 판단과 항상 관련되어 있다.

넷째, 의사결정은 모든 조직 및 모든 주요 과업과 기능을 합리적으로 집행하는 곳에서 발견할 수 있는 일반적인 행동 유형이다. 의사결정의 구조와 과정은 조직의 유형(기업체, 군대, 교육 또는 산업체)에 관계없이, 과업(정책 형성, 자원 배분, 교육과정 개발 또는 재정 관련 의사결정)에 관계없이 동일하다(Litchfield, 1956). 학교는 중요한 측면에서 산업체 및 기업 조직과 차이를 가지고 있지만, 의사결정 과정은 그렇지 않다.

이제 활동 주기의 각 단계를 보다 자세하게 살펴본다.[3]

1단계. 문제 또는 쟁점의 인식 및 정의

의사결정 과정의 첫 번째 단계는 체제 내의 어려움이나 불협화음을 인식하는 것이다. 효과적인 행정가는 규정된 기준에 도달하지 못한 조직 행위와 태도에 민감하다. "우리는 문제가 없습니다. 우리가 해답을 가지고 있습니다"라는 주장은 어려운 상황에 곧 직면하게 될 무감각한 행정가들의 징후가 된다. 단기적으로 볼 때 이러한 행정가들이 조직 내의 평형을 유지할 수 있을지 몰라도, 장기적인 측면에서 볼 때 조직이 혼란스럽게 될 가능성이 상당히 크다.

문제 인식과 정의는 의사결정에 상당히 중요한 역할을 하지만, 그에 상응하는 관심을 받지 못하고 있다. 문제가 개념화되는 방법은 후속적인 분석 및 문제해결에 아주 중요하다. 문제에 대한 인식 과정에서, 행정가들의 섬세하고 예리한 현상 인식이 필요할 뿐 아니라 공식 및 비공식 조직에 대한 개념적 토대 및 철저한 이해가 필요하다. 일반적으로 행정가들은 너무 빨리 그리고 편협하게 문제를 정의하며, 이로 인해 대안이 한정되는 결과를 가져온다. 이들은 문제 그 자체가 아닌 문제의 증상만을 다루는 것이다. 예를 들어, 학교장은 교육과정에 관련된 학습 자료를 선택할 때 교사들에게 더 많은 자율권을 달라고 하는 교사 집단의 요구를 행정적 권위를 침해하려는 시도로 볼 수 있다. 문제가 이렇게 인식된다면 편협하고 제한된 대안들이 수립될 것이다. 그러나 교사들의 이러한 요구는 장기적인 교육과정의 개선이라는 측면에서 긍정적이고 창의적인 가능성을 이끌어낼 수 있다. 동시에, 이 예는 안정성과 자신감의 중요성을 강조하고 있다. 안정적이고 자신감이 있는 행정가들은 교사들의 이러한 요구를 자신의 권위에 대한 위협으로 생각하지 않을 것이다.

첫 번째 단계에서는 균형 있는 관점을 가지고 문제를 바라보는 것이 중요하다. 문제가 복잡하다면, 그 정의도 복잡하고 다원적인 특성을 가지고 있을 것이다. 문제를 하위 부분들로 나눌 필요도 있으며, 이 때 각 하위 부분들도 의사결정 과정을 통해 해결된다. 또한, 여러 가지 해결책을 필요로 하는 문제들도 있다. 예를 들어, 통학구 조정과 관련된 문제의 경우, 대부분의 학부모들이 자신들의 자녀를 Y학교보다는 X학교에 보내고자 할 경우, 지리적 위치만을 기준으로 학생들을 배치할 것이라는 정책을 통해 단기적으로는 이 문제를 해결할 수 있다. 그러나 해당 학교의 수업 프로그램을 개선하고 교육 기회를 균등하게 하는 것이 장기적인 해결책이 될 것이다.[4] 문제를 정의할 때는 다음과 같은 두 가지 기준을 따른다.

- 우선, 당면한 문제를 정의한다.
- 그 다음, 장기적인 문제를 정의한다.

2단계. 현재 상황에서의 문제 분석

이 단계는 첫 번째 단계와 직접적으로 관련되어 있다. 사실, 정의와 분석을 함께 사용하는 학자들도 있다. 그러나 분석은 문제의 분류를 필요로 한다. 이 문제는 독특한 것인가? 아니면 이미 해결방법이 개발된 문제가 새롭게 나타난 것인가?

Peter, F. Drucker(1966)는 일반적 의사결정 또는 특이한 의사결정 등 두 가지 기본적인 의사결정을 제시하고 있다. **일반적 의사결정**(generic decisions)은 정해진 원리, 정책 또는 규칙을 통해 이루어진다. 사실, 계속 반복적으로 일어나는 문제들은 정해진 규칙 등 일상적인 방법을 통해 해결된다. 학교장들이 직면하는 상당수의 중개적 또는 상고적 의사결정은 일반적 의사결정이다. 즉, 조직들은 문제해결을 위한 방법 및 절차들을 가지고 있다. 그러나 이들이 중요하지 않다는 것을 의미하는 것은 아니다. 이는 자주 일어나고 조직이 이에 대한 대비를 하기 원하는 일반적인 조직 문제들에 속한다는 것을 의미한다. 학교장이 교육위원회에서 결의된 정책을 집행하고, 교사들의 출근과 관련된 사항들을 확인하고, 학생과 교사들 간의 갈등을 조정하고, 징계 절차 등을 판단할 때 이러한 의사결정이 필요하다. 이러한 모든 일반적인 의사결정은 중개적 또는 상고적 의사결정(조직 위계상 학교장의 위 또는 아래 부분에서 일어나는)일 수 있다. 이 모든 경우, 학교장은 적절한 규칙, 원리 또는 정책을 적용하여 이러한 상황을 적절하게 처리할 수 있어야 한다.

그러나 **특수한 의사결정**(unique decisions)은 문제해결을 위해서 설정된 절차 이상의 것이 요구되는 창의적인 의사결정이다. 사실, 이러한 결정은 조직 구조상의 변화를 요구하기도 한다. 여기서 의사결정가들은 일반적인 원리 또는 규칙으로는 적절하게 해결할 수 없는 예외적인 문제들을 처리한다. 창의적인 결정은 조직의 기본 방향 또는 그 취지를 바꾸어 놓기도 한다. 창의적인 해결책을 위해 의사결정가들은 해당 문제와 관련된 모든 생각들을 살펴보아야 한다.

특수한 의사결정은 학교장과 교사들이 현재 설정된 기준이 없는 상태에서 교육과정과 관련된 문제점을 해결하려고 할 때 이루어진다. 교육감이 혁신적인 해결책을 요구할 수도 있다. 완전히 특수한 사항은 거의 없다. 그럼에도 불구하고 의사결정을 할 때, 일상적인 문제인지 아니면 특수한 문제인지 구분하는 것이 중요하다. 행정가들은 다음과 같은 흔히 범할 수 있는 실수를 조심해야 한다.

- 일상적인 상황을 특수한 것으로 취급하는 것
- 새로 나타난 문제를 기존의 문제와 동일한 것으로 생각하고 기존의 해결 과정을 적용하는 것

문제가 일반적 또는 특수한 것으로 분류되었다면, 행정가는 또 다른 질문들에 대한 답을 생각해 보아야 한다. 그 문제가 얼마나 중요한가? 문제를 더 구체화할 수 있는가? 문제를 구체화하기 위해서는 어떤 정보가 필요하다. 특정 문제에 대한 초기의 정의는 보통 포괄적이고 일반적으로 이루어진다. 문제의 중요성을 분류하고 결정한 후, 의사결정가는 해당 문제 및 이와 관련된 사항들을 보다 정확하게 정의하기 시작한다. 이러한 활동은 여러 정보를 필요로 한다. 수집되어야 하는 정보의 양은 문제의 중요도, 시간적 요인, 자료 수집을 위한 기존의 절차 및 구조 등 다양한 요인들에 달려있다. 문제의 중요도가 커질수록, 의사결정가들은 더 많은 정보를 수집한다. 물론,

거의 항상 시간적 요인들이 제약 요인이 된다. 끝으로, 자료 수집을 위한 기존의 절차가 적절한 정보 수집에 방해가 되거나 촉진제 역할을 할 수도 있다.

요약하면, 의사결정가는 적절한 사실을 필요로 한다. 무엇과 관련되어 있는가? 그 것과 어떤 관계를 가지고 있는가? 언제 어느 정도 관련되어 있는가? 이러한 질문에 대한 대답은 해당 문제와 관련된 사항들을 자세하게 살펴볼 수 있는 정보를 제공한다. 이러한 정보는 실재 연구 및 컴퓨터 등을 활용한 공식적, 정교화된 방법뿐 아니라 전화 및 대화와 같은 개인적인 접촉 등의 비공식적 방법을 통해서도 수집할 수 있다.

3단계. 만족스러운 해결을 위한 기준 설정

문제가 분석되고 구체화된 다음, 의사결정가는 어떤 해결책을 수용할 것인가에 대해 결정을 해야 한다. 달성되어야 할 최소한의 목표는? 반드시 포함되어야 하는 사항은? 성취가 불가능한 결과를 기대하는 '완벽한 해결책' 도 많이 있다. '어느 정도가 적당한가?' 이 질문에 대한 해답은 의사결정가가 자신의 기대 수준을 설정하는 데 도움이 된다. 즉, 만족스러운 의사결정을 위한 기준은 무엇인가? 이 때, 의사결정가들은 최소한의 만족에서 최대의 만족에 이르는 연속선을 따라 가능한 결과들의 순위를 정하기도 한다; 협상, 적응 및 양보 등을 거치기 때문에, 완전히 만족하는 결과는 거의 없다. 또한 장·단기적인 관점에서 어떤 것이 만족스러운가에 대해 생각해 보는 것도 도움이 된다.

의사결정가들이 '올바른' 결정을 하고 있다는 것을 알 수 있도록 적절한 기준이 사전에 구체화될 필요가 있다. 일반적으로 의사결정을 판단하기 위해 사용되는 기준들은 조직의 사명과 일치해야 한다. 학자들은 이러한 기준을 **한계 조건**(boundary conditions)이라고 부른다. 이는 의사결정을 만족스러운 것으로 판단하기 위해서 의사결정가들이 반드시 충족시켜야 하는 한계를 의미한다.

4단계. 행동 계획 또는 전략 개발

이 단계가 핵심적인 부분이다. 문제를 인식하고, 자료를 수집하고, 문제 및 그 한계 조건을 구체화한 후, 의사결정가들은 체계적이고 세밀한 행동 계획을 세워야 한다. 이 과정은 최소한 다음과 같은 단계들로 이루어진다.

- 대안 구체화
- 각 대안의 결과 예상
- 심사숙고

● 행동 계획 선택

각 단계들을 분석하기 전에, 몇 가지 제한점을 언급할 필요가 있다. 행정가들은 단순화된 현실을 토대로 하여 행동 계획을 세운다; 이들은 자신들이 가장 적절하고 중요하다고 생각하는 요인들을 선택한다; 그리고 현재의 문제와 간접적으로나마 관련되어 있을 수도 있는 사실을 고려하지 않은 채 일반적인 결론을 내리거나 실천에 옮길 수도 있다. 행정적 의사결정의 예술성을 언급하면서, Barnard(1938)는 다음과 같이 경고하고 있다.

● 관련이 없는 사항들은 결정하지 않는다.
● 성급하게 결정해서는 안 된다.
● 효과를 얻을 수 없는 결정은 하지 않는다.
● 다른 사람들이 결정해야 하는 사항들에 대해서는 결정을 하지 않는다.

특정한 조직 문제를 해결하기 위한 대안 탐색을 **문제 탐색**(problemistic search)이라고 한다. 이는 임의적인 호기심 및 문제를 이해하기 위한 탐색과는 차이가 있다 (Cyert와 March, 1963; Bass, 1985b). 문제 탐색은 보통 단순화된 인과관계의 개념을 반영한 것으로, 다음과 같은 두 가지 규칙에 바탕을 두고 있다.

● 문제의 징후와 관련된 부분을 탐색한다.
● 현재의 대안들과 관련된 영역을 탐색한다.

이러한 규칙으로 합리적인 대안을 만들어 내지 못한다면, 그 탐색 범위를 넓힌다. 문제 탐색은 행정가들이 사용하는 지배적인 방법이다. 따라서, 대부분의 의사결정은 반응적인(reactive) 성격을 가지고 있다.

그러나 의사결정이 반드시 반응적 성격을 띨 필요는 없다. James D. Thompson(1967)은 문제에 대한 반응으로 나타나는 것이 아닌 환경을 탐색하기 위한 행동-관찰적 절차를 개발할 수 있다고 주장하였다. 그는 이러한 과정을 **기회적 감독**(opportunistic surveillance)이라고 명명하고 있다. 이는 개인적 차원의 호기심에 상응하는 조직 차원의 특징이다. 문제 탐색만을 허용하는 구조보다 기회적 감독을 조장하는 구조가 좀 더 바람직하다.

대안 구체화(specifying alternatives). 행동의 의도를 공식화하는 이전 단계는 모든 가능한 대안을 열거하는 것이다. 그러나 앞에서 언급한 바와 같이, 우리는 모든 대안을 생각해낼 수 있는 정보 처리 능력을 가지고 있지 않기 때문에, 실제로는 단지 소수의 선택 사항들만이 구체화된다. 거의 예외 없이, 선택의 수가 증가함에 따라 이미 구체화된 조건을 충족시키는 만족스러운 대안을 발견할 가능성도 더욱 커진다. 한 가지 예외적인 경우는 의사결정 상황에서 상당한 경험을 가지고 있는 전문가이다(Klein, 1997; Salas와 Klein, 2001; Klein, 2003; Gladwell, 2005). 예를 들어, 경험이 많은 비행기 조종사(Klein, 1997)들과 마찬가지로, 체스 선수(Klein 외, 1995)들은 자신들이 생각한 첫 번째 선택에 따라 질 높은 의사결정을 한다. 따라서 의사결정 상황에서 전문가들은 의사결정의 질을 저해하지 않으면서도 대안 탐색을 한정시킨다.

창의적인 의사결정가들은 독특하고, 실행 가능한 대안을 만들어낼 수 있다. 불행하게도, 상당수의 행정가들은 일련의 전반적인 선택사항을 개발하기 위해 충분한 시간을 투자하지 않는다. 이들은 단순한 이분법적인 측면에서 해결책을 모색한다ㅡ이것 아니면 저것. 신속하게 이루어지는 의사결정에 대해 지나칠 정도로 좋은 인상을 가져서는 안 된다. 이러한 결정은 흔히 적당히 얼버무리는 태도가 나타나는 징후가 되기도 한다. 교육 조직은 약삭빠른 기술이 아니라 건전한 의사결정을 필요로 한다.

일련의 전반적인 대안을 개발하기 위해서는 시간이 필요하나, 시간은 한정되어 있다. 아무런 조치를 취하지 않는 것이 첫 번째 대안이라고 가정해 보자. 때때로 이러한 대안을 통해 문제가 해결되기도 한다. 저절로 문제가 해결되는 것이다. 하지만 불행하게도 문제가 저절로 해결되는 경우는 거의 없다. 그러나 아무 것도 결정하지 않는 결정도 심도 있게 고려되어야 한다. "아무 것도 하지 않는 것"이 문제를 해결하지는 못한다 하더라도, 이를 통해 좀 더 생각하고 정보를 수집할 수 있는 시간을 갖게 된다. 즉, 이는 단기적인 전략이 된다. 사실, 문제를 해결해 주지는 않지만 좀 더 생각할 시간을 갖게 해주는 다른 임시적인 대안을 고려해 보는 것도 도움이 된다. 좀 더 개선되고 보다 완전하게 생각을 해본다면, 이러한 임시적인 대안들이 보다 정교한 계획의 토대가 될 수도 있다. 성공을 거둔다면, 이러한 사전 또는 임시적인 대안들은 문제를 악화시키지 않으면서 좀 더 생각할 수 있는 시간을 갖게 해준다. 생각할 시간을 갖게 해주는 대안들은 핑계나 시간 벌기로 보일 가능성을 항상 가지고 있다. 따라서 시간을 갖게 해주는 이러한 방안들을 자주 사용해서는 안 된다.

일상적인 의사결정은 신속하고 효과적으로 이루어질 수 있다. 특수한 의사결정에서는 보다 신중하고 창의적인 의사결정이 요구된다. 창의적으로 생각하기 위해서는 사고 과정에 대한 외부의 간섭을 줄이고, 상대적이며 독단적이지 않은 특징을 가지며, 비합리적인 일시적인 생각도 겉으로 표현하고 고려할 수 있어야 하며, 브레인스토밍을 사용할 수 있어야 한다. 물론, 조직의 풍토와 문화(5장과 6장 참조)가 창의적인 사고를 촉진하거나 저해할 수도 있다.

요약하면, 효과적인 해결책을 개발하기 위해서는 다음과 같은 사항들이 요구된다.

- 흑백 논리의 최소화
- 다양하고 창의적인 사고방법 활용
- 가능한 한 많은 수의 합리적인 대안을 개발할 수 있도록 시간 갖기

시간은 한정된 요인이며, 의사결정이 만족화 모델을 광범위하게 적용할 정도로 중요하지 않을 수도 있다. 이러한 상황에서, **단순화된 만족화**(truncated satisficing)가 더 적절할 수 있다. 행동전략을 개발하기 전에 단지 선택된 소수의 대안들만을 고려한다.

결과의 예측(predicting consequence). 각 대안들이 가져올 수 있는 가능한 결과가 제시되어야 한다. 분석상의 편의를 위해, 이 책에서는 대안 형성과 결과 예측을 별개의 과정으로 제시하고 있지만, 이들은 보통 동시에 일어난다. 대안 형성 및 가능한 결과를 예측할 때는 집단을 활용하는 것(가능한 한 예측을 정확하게 하기 위해 여러 사람들의 경험과 의견을 얻는다)이 상당히 도움이 된다. 대개, 제안된 대안에 대한 결과를 예측하는 것은 많은 위험성을 가지고 있다. 예를 들어, 재정적인 측면과 관련된 일부 사항들에 대해서는 정확한 결과 예측이 가능하다. 그러나 개인이나 집단의 반응을 예상하고자 할 때, 그 결과는 더욱 불확실하게 된다.

결과 예측시 효과적인 경영정보체제의 필요성이 강조되며, 정보 수집, 분류, 저장 및 인출할 수 있는 능력을 가진 학교 조직은 의사결정 과정상 상당한 장점을 가지고 있다고 할 수 있다. 또한, 해당 분야를 잘 파악하고 있는 사람들에게 자문을 구하는 것도 예측력을 높일 수 있는 방법이다. 각각의 대안들에 대해, 확실한 결과가 아닌 일어날 수 있는 가능한 결과만을 예측할 수 있다.

행동 과정 계획 및 선택(deliberating and selecting the course of action). 행동 전략을 개발하기 위한 마지막 단계는 대안과 결과에 대한 면밀한 분석이다. 때로는 모든 대안과 가능한 결과를 열거해 보는 것도 도움이 된다. 적절한 대안을 선택하기 전에, 의사결정가는 각 대안의 예상 결과를 면밀하게 비교 검토해야 한다. 그 후, "최상의" 대안이나 순차적으로 연결된 일련의 대안들을 선택하며, 이들은 행동 전략 및 계획을 제공한다. 문제가 복잡하면 할수록 행동 과정이 복잡해질 가능성도 커진다.

전략 수립 과정을 설명하기 위해, 그 절차를 단순화해 보자. 장기를 잘 두는 사람들이 여러 수를 내다보고 게임을 진행하듯이, 전략을 세울 때 미리 여러 가지 대처 방안을 수립할 수 있다. 대안 A가 긍정적이고 수용 가능한 해결책을 이끌어낼 수 있다;

그러나 만약 그렇지 못하다면, 의사결정가는 대안 B를 그리고 필요하다면 대안 C를 선택한다. 물론, 예상하지 못한 결과가 나타난다면 가능한 대안들을 다시 한 번 생각해 보아야 한다. 때때로, 의사결정가들은 수용 가능한 대안을 발견하지 못할 수도 있다. 이 때는 희망 수준을 낮추는 것이 필요할 수도 있다. 즉, 만족스러운 해결책에 대한 기준을 재조정하는 것이다(3단계로 되돌아간다). 이를 통해 새로운 목표, 새로운 대안, 새로운 자료 및 새롭고 보다 실행가능한 대안들이 형성된다.

만족스러운 대안을 찾는 과정에서, 의사결정가들은 의사결정의 방향을 제시해 주고 신속하고 효율적인 방법으로 의사결정을 할 수 있도록 해주는 발견적 방법(heuristics)이라 불리는 단순화된 의사결정 규칙을 활용하여 의사결정 활동을 처리하고자 한다.[5] 예를 들어, 블랙잭 게임을 할 때 언제 멈춰야 하는지 또는 장기를 어떻게 두어야 하는지 등에 관한 규칙이 발견적 방법이다. 도움이 되는 발견적 방법도 있지만, 그렇지 않은 것들도 많이 있다(Gigerenzer, 2000; Gigerenzer, Todd와 ABC Research Group, 1999). 아래에 제시된 네 가지 발견적 방법을 살펴보자.

- **인지 발견적 방법(recognition heuristic)**은 친근한 것에 높은 가중치(예를 들어, 더 강하고, 더 빠르고, 더 큰)를 두는 경향을 말한다. 이는 오해하게 만들 수도 있지만, 항상 그런 것은 아니다. 예를 들어, 두 가지 대상 중 한 가지를 알고 있고, 다른 하나는 잘 알고 있지 못하다면, 알고 있는 것이 상당히 강력하게 작용한다(Gigerenzer, Todd와 ABC Research Gorup, 1999).

- **유용성 발견적 방법(availability heuristic)**은 의사결정가들이 자신들이 이미 알고 있는 정보를 바탕으로 하여 판단을 하는 것을 말한다(Abelson과 Levi, 1985). 비록 이러한 전략이 신속하고 효율적이라 하더라도, 이는 알고 있는 것과 처음 떠오르는 생각 등에 의해 제한을 받는다. 또한, 이러한 방법을 통해 오류가 발생할 수 있으며(Tversky와 Kahneman, 1974), 사건의 빈도를 과대 평가할 수도 있다. 의사결정가들이 알고 있는 것이 부정확할 수도 있으며, 때로는 잘못된 결정을 이끌어 내기도 한다.

- **표본 발견적 방법(representative heuristic)**은 전형적인 고정관념으로 타인들을 바라보는 경향이다. 예를 들어, 회계사는 똑똑하고, 부드러운 태도를 보이며, 정확한 사람으로 생각된다(Tversky와 Kahneman, 1974; Greenberg와 Baron, 1997). 표본 발견적 방법은 사람들뿐 아니라 사물과 여러 대상에도 적용된다. 비록 이러한 신속한 판단이 불완전하고 오류를 만들어낼 가능성이 크지만, 의사결정 과정에서 자주 찾아볼 수 있다(Tversky와 Kahneman, 1974, 1981).

● **고정과 조정의 발견적 방법**(anchoring-and-adjustment heuristic)은 기존의 정보가 의사결정을 위한 준거로 인정되지만 새로운 정보가 나타남에 따라 조정이 이루어지는 것을 말한다(Baron, 1998).

의사결정에 대한 발견적 방법의 영향은 상당하며, 흔히 무의식적으로 나타나기도 한다. 사실, 의사결정이 숫자와 관련이 없는 경우에도 사람들의 판단에 임의적인 숫자들이 영향을 미친다는 연구 결과들이 있다(Wilson 외, 1996). 일부 발견적 방법들에는 잠재적으로 오류를 일으킬 근원이 충분히 있다는 나쁜 소식도 있다. 그러나 이러한 오류는 경험과 전문성을 통해 줄일 수 있다는 좋은 소식도 있다(Frederick과 Libby, 1986; Northcraft와 Neale, 1987; Smith와 Kida, 1991). [그림 10.2]에는 발견적

고정의 덫 벗어나는 방법	처음의 정보에 지나치게 가중치를 두는 것 •개방적인 의식을 갖는다; 다양한 대안을 찾는다; 정보를 의심한다.
편안함의 덫 벗어나는 방법	현상 유지를 지지하는 대안에 대한 편견 •항상 변화를 고려하고 변화에 수반된 비용을 과장하지 않는다.
지나친 자신감의 덫 벗어나는 방법	평가 및 예측에 대한 우리의 능력을 지나치게 자신하는 경향 •항상 극단의 경우를 생각하고 전문가와 함께 확인한다. •일치하지 않는 증거를 찾는다; 의심을 갖는다.
인지의 덫 벗어나는 방법	친숙한 것을 더 가치 있게 생각하는 경향 •친숙하지 않은 것을 찾는다; 창의성 및 새로운 것에 초점을 둔다.
표본의 덫 벗어나는 방법	전형적인 고정관점으로 다른 사람을 바라보는 경향 •고정관념의 반대 사례를 찾는다; 깨어 있는다.
함몰비용의 덫 벗어나는 방법	처음의 의사결정에 문제가 있음에도 불구하고 과거의 의사결정을 정당화하는 의사결정을 하는 경향 •좋은 선택도 나쁜 결과를 가져올 수 있음을 상기한다. •구멍에 빠져있음을 발견하면, 더 이상 구멍을 파지 않는다.(Warren Buffet)
표현의 덫 벗어나는 방법	문제를 표현하는 방법은 대안과 결과에 영향을 미친다. •중립적이고 추가적인 단어를 사용하여 문제를 제기한다; 외부자 관점을 갖는다. •적어도 한 번 더 문제를 표현하도록 한다.
신중함의 덫 벗어나는 방법	부담이 큰 의사결정을 할 때 지나치게 조심하는 경향 •새로운 정보를 토대로 행동을 조정한다.
기억의 덫 벗어나는 방법	과거 사건의 경험을 토대로 예측하는 경향으로 최근 및 극적인 사건이 지나치게 큰 영향을 줄 수 있다. •기존의 자료를 찾는다; 통계를 활용한다; 증거를 찾는다. •감명(impression)이 영향을 미치지 않도록 한다.

그림 10.2 **의사결정의 감춰진 덫과 벗어나는 방법**

출처: Hammond, Keeney와 Raiffa(1998, 2006).

의사결정의 숨겨진 문제점과 각종 연구와 문헌들에서 도출된 이를 피할 수 있는 전략들이 제시되어 있다(Bazerman과 Chugh, 2006; Charan, R, 2006; Hammond, Keeney와 Raiffa, 2006; Pfeffer와 Sutton, 2006).

5단계. 행동 계획의 실행

의사결정이 이루어졌고 행동 계획이 결정되었다면, 이를 실행해야 한다. 이는 의사결정 과정의 최종 단계이다. 행동 계획의 실행은 프로그래밍, 의사소통, 감독 및 평가 등 적어도 네 단계를 통해 이루어진다. 의사결정은 합리적이고, 구체적이며 현실적인 행동 계획으로 전환되어야 한다. 관련된 사람들은 자신들의 역할과 책임을 충분히 인식할 필요가 있으며, 계획이 진행됨에 따라 조정과 감독이 이루어져야 한다. 끝으로, 실행된 계획의 성공은 이 장의 앞에서 제시한 만족스러운 해결책을 위한 기준으로 평가된다.

의사결정은 확실성이 아닌 개연성을 저울질해 보는 상황에서 이루어진다. 가장 세심하게 계획되고 실행되는 의사결정도 실패하거나 쓸모없는 것이 될 수도 있다. 조직의 결정은 변화의 상황(사실, 가치관 및 상황이 변화한다)에서 이루어진다. 따라서 사려 깊게 결정되고, 프로그램화되며, 의사소통 및 감독이 이루어지는 명확한 의사결정은 그 자체의 재평가 및 확인을 필요로 하는 변화를 이끌어 낸다(Litchfield, 1956). 따라서 계획의 성공에 대한 평가는 의사결정 활동 주기의 끝이자 새로운 시작이 된다. 분명한 것은 궁극적인 해결책은 없다는 것이다. 단지 만족스러운 의사결정과 한순간만의 해결책이 존재할 뿐이다.

점진 모델: 계속적 제한 비교의 전략

앞에서 자세히 논의한 만족화 전략을 통해 상당수의 교육 행정 관련 문제들을 처리할 수도 있지만, 점진적 전략이 필요한 상황들도 있다. 적절한 대안을 생각해 내기가 어렵거나 예측을 할 수 없을 정도로 각 대안의 결과가 복잡하게 얽혀 있다면, 만족화 모형은 큰 도움이 되지 못한다(Grandori, 1984). 예를 들어, 학교 행정가들은 어떤 새로운 활동에 자원을 더 많이 배정해야 하는가? 기존의 상황과 거의 차이를 보이지 않는 대안들을 고려함으로써 이 질문에 대한 대답을 할 수 있을 것이다. 이 전략은 조금씩 나타나는 변화는 전혀 기대하지 못했던 부정적인 결과를 초래하지 않을 것이라는 기본 가정에 바탕을 두고 있다.

Charles Lindblom(1959, 1965, 1968, 1980; Braybrook과 Lindblom, 1963; Lindblom과 Cohen, 1979)이 최초로 점진적 전략을 소개하고 이를 공식화하였다. 그는 이러한 의사결정 방법을 계획 없이 **그럭저럭 해나가기(muddling through)**로 표현하고 있으며, 사항이 복잡하고, 불확실하며, 갈등을 불러일으킬 때 이 방법이 가장 알맞은 의사결정 방법이라고 주장한다. 이 과정은 '계속적 제한 비교(successive limited comparison)' 방법이라고 할 수 있다. 의사결정은 대안과 그 결과에 대한 객관적이고 자세한 분석을 필요로 하지 않으며, 최적의 또는 만족스러운 결과에 대한 기준이 사전에 결정되지도 않는다. 그 대신 의사결정가들 간에 행동 과정에 대한 어느 정도의 합의가 이루어질 때까지 대안들의 결과를 계속 비교해 나가는 과정을 통해 기존의 상황과 유사한 소수의 제한된 대안들이 고려의 대상이 된다.

이러한 점진적 방법은 몇 가지 중요한 특징을 가지고 있다. 첫째는 목표 형성과 대안 도출이 별개로 이루어지는 활동이 아니라는 점이다. 목적과 목표가 설정된 후 결정안에 대한 분석이 이루어지는 것이 아니다. 대안들과 그 행동 결과를 분석하는 가운데 적절한 행동 과정이 나타난다. 문제가 복잡할수록, 의사결정이 이루어지는 동안에 목표상에 변화가 일어날 가능성이 더욱 커진다. 따라서 사전에 결정된 목적이 아니라 대안적인 행동 과정 속에서 나타나는 미묘한 가치관의 차이가 의사결정의 기초가 된다.

또한 **점진적 모형(incremental model)**에서는 대안의 수가 상당히 줄어든다. 이 방법은 기존의 상황과 유사한 대안들만을 검토하여, 현재의 상태와 예상되는 결과 간의 차이만을 분석하며, 의사결정가의 관심 영역 이외의 사항들은 무시된다. 이러한 방법으로 인해, 의사결정의 복잡성이 상당히 줄어들며, 처리가 쉬워진다. 큰 차이를 보이지 않는 대안들에 초점을 두기 때문에 나타나는 이러한 분석의 단순화가 분석의 신뢰성을 떨어뜨리는 것은 아니라고 Lindblom(1959)은 주장한다. 기존의 상황과 큰 차이를 보이지 않는 대안들에 초점을 두는 이러한 단순화는 이용 가능한 모든 정보를 활용할 수 있도록 해준다는 것이다. 자신들의 경험을 토대로 하여 일련의 적정한 대안들에만 초점을 두는 행정가들은 보다 정확하고 자신감 있게 결과들을 예측할 수 있다. 또한, 대안들 간의 차이점만을 강조함으로써, 시간과 노력을 상당부분 줄일 수 있다. 이렇게 관심의 폭을 제한함으로써 구체적인 행동 과정상의 모든 가능한 대안들을 예상하고 분석할 때 나타나는 여러 가지 문제점들을 피할 수 있다.

끝으로, 계속적인 비교가 이론을 대체할 수도 있다. 고전적 및 행정 모형에서, 이론은 구체적인 문제에 관련된 적절한 지식을 제공해 주는 것으로 간주된다. 그러나 문제가 복잡해짐에 따라, 이론은 의사결정의 기준으로서의 역할을 상실하게 된다. 따라서, 계속적인 제한된 비교 과정을 통해, 복잡한 상황에서 보다 추상적이고 이론적인 분석을 강조하기보다 구체적이고 실질적인 대안들을 비교한다면 의사결정가들은 더 큰 진전을 이룰 수 있다.

요약하면, 점진적 접근법은 다음과 같은 특징들을 가지고 있다.

- 목표 설정과 대안 도출이 동시에 이루어지기 때문에 수단-목적 분석은 부적절하다.
- 목표에 관련 없이 의사결정가들이 합의한 것이 좋은 해결책이다.
- 현재의 상황과 비슷한 대안들만을 고려함으로써 대안 및 이와 관련된 결과들이 상당히 줄어든다.
- 분석은 기존의 상황과 제안된 대안들 간의 차이에 한정된다.
- 점진적 방법은 구체적이고 실질적인 대안들을 계속적으로 비교함으로써 이론이 없어도 문제들을 해결할 수 있다.

TIP: 이론의 적용

최근 있었던 행정적 문제를 설명한다. 이들 문제에 대해 어떻게 대응하였는가? 사용된 의사결정 전략은? 만족화 모형 아니면 점진적 모형을 선택하였는가? 의사결정 과정은 얼마나 자주 이루어졌는가? 행정적 행위의 결과는? 행위의 성공 여부를 평가해 보시오.

혼합 모델: 적응적 전략

비록 폭넓게 사용되고 있지만, 계획 없이 그럭저럭 해나가기는 그 나름대로 보수적이고 목표가 없다는 문제점들을 가지고 있다(Hoy와 Tarter, 2003). 그러나 대부분의 행정가들은 제한된 정보와 시간 속에서 의사결정을 하고 있다. Amitai Etzioni(1967, 1986, 1989)는 복잡하고 불확실한 상황에 대한 현실적인 의사결정 모델을 제시하고 있다. 그의 적응적 모형 또는 **혼합 모델**(mixed-scanning model)은 앞에서 기술한 행정적 모델과 점진적 모형을 종합한 것이다(Thomas, 1984; Wiseman, 1979a, 1979b).

혼합 모델은 다음과 같은 두 가지 질문과 관련이 있다.

- 조직의 사명과 정책은 어떠한가?

● 어떤 의사결정을 통해 조직은 이러한 사명과 정책을 추구하는가?

혼합 모델은 모든 정보를 살펴보거나 또는 아무런 정보 없이 맹목적으로 의사결정 과정을 진행하는 것이 아니라 만족스러운 의사결정을 위해 부분적인 정보를 활용하는 방법이다.[6] 이러한 **적응적 전략(adaptive strategy)**은 "피상적인 자료 분석과 깊이 있는 자료 분석을 결합한 것, 즉 여러 가지 사실들과 선택안(choice)에 대해 광범위하게 고찰한 후 일련의 사실과 선택안에 초점을 두어 자세하게 분석하는 것"이다 (Etzioni, 1989: 124). 상위 수준의 기본적인 의사결정(사명이나 정책 결정)은 결국 상위 수준의 것을 만들어 내는 하위 수준의 점진적인 결정과 결합된다(Etzioni, 1986; Goldberg, 1975; Haynes, 1974). 혼합 모델은 행정적 모델의 합리성 및 포괄적인 측면과 점진적 모형의 융통성 및 활용성을 결합한 모형이다.

앞에서 언급한 바와 같이, 대안을 인식하거나 결과를 예상하기가 어려울 때도 있다. 이러한 경우, 행정가들은 계획 없이 그럭저럭 문제를 해결해 나간다(muddle through). 이러한 점진적 의사결정은 현재의 상황과 비슷한 방향으로 한 걸음 나아가는 임시적이거나 보충적인 특성을 갖는다. 그러나 이러한 의사결정도 문제점들을 가지고 있다. 너무 보수적이며, 때로는 아무런 방향 없이 이루어진다는 것이다. 즉, 만약 일반적인 또는 기본적인 정책을 토대로 하여 의사결정가들이 이렇게 점진적으로 이루어진 결정안들을 평가해 보지 않는다면, 방향감을 상실한 채 의사결정이 이루어지게 될 것이다. 그러나 이러한 일반적인 기준은 점진적으로 형성되는 것이 아니다. 사실, 이는 점진주의자들이 피하고자 하는 광범위한 의사결정안들이 가지고 있는 모든 장식적인 요인들을 가지고 있다(Etzioni, 1989).

혼합 모델은 의학에 그 기원을 두고 있다. 이는 의사들이 효과적으로 결정을 할 때 사용하는 방법이다. 점진주의자들과는 달리, 의사들은 자신이 달성하고자 하는 목표와 신체의 어느 부위에 초점을 둘 것인가 하는 것을 알고 있다. 또한 최적화를 추구하는 의사결정가와는 달리, 의사들은 환자 개인의 모든 역사와 과학적 자료를 수집할 때까지 치료를 하지 않거나 또는 초기의 진단을 토대로 하여 자신들의 모든 자원을 끌어들이지도 않는다. 의사들은 환자의 증상을 살피고 분석하며, 이에 따라 임시적인 치료를 가하며, 이것이 실패할 경우 다른 방법을 시도한다(Etzioni, 1989).

혼합 모델의 원리는 직선적이다. 사실, Etzioni(1989)는 혼합 전략을 위한 일곱 가지 기본 규칙을 제시하였으며, Wayne Hoy와 John Tarter(2003)는 이를 요약하여 다음과 같이 제시하고 있다.

1. *집중적 시행 착오(use focused trial and error).* 먼저, 합리적인 대안을 탐색한

다. 그 후, 대안을 선택하고, 실행하고, 평가한다. 그리고 끝으로, 결과를 조정하고 수정한다. 집중적 시행착오는 중요한 정보가 결여되어 있음에도 불구하고, 행정가는 행동을 취해야 한다는 것을 가정한다. 따라서 부분적인 정보를 바탕으로 하여 의사결정이 이루어지며, 그 후 새로운 정보를 고려하여 자세하게 감독되고 수정이 이루어진다.

2. *잠정적이어야 한다.* 신중하게 진행한다. 필요할 경우 행동 과정을 수정하도록 준비해야 한다. 행정가들은 결정된 사항들은 언제든지 수정이 이루어질 수 있는, 실험적인 것으로 보아야 한다.

3. *불확실하다면, 지연시킨다.* 기다리는 것이 항상 부정적인 것만은 아니다. 상황이 불확실하다면, 행동을 취하기 전에 더 많은 정보를 수집하고 분석할 수 있도록 가능한 한 지연시킨다. 복잡성과 불확실성이 지연의 근거가 된다.

4. *시차를 두고 의사결정을 한다.* 다음 단계를 시작하기 전에 해당 단계의 결과를 평가하며, 각 단계의 의사결정에 전념한다.

5. *불확실하다면, 의사결정을 분할한다.* 시차를 두고 이루어진 결정은 부분별로 평가가 가능하다. 어떤 특정 안을 실행하는 데 모든 자원을 투자해서는 안 되며, 결과가 만족스러울 때까지 자원을 부분적으로 사용한다.

6. *분산 투자하여 위험성을 줄인다.* 만약 각 대안들의 결과가 만족스럽다면, 몇 가지 경쟁 상태에 있는 대안들을 실행한다. 그리고 결과를 토대로 하여 조정한다.

7. *의사결정을 번복할 준비가 되어 있어야 한다.* 의사결정이 임시적이고 실험적인 상태를 유지하도록 한다. 단지 일부분의 정보만이 활용 가능한 경우, 번복할 수 있는 의사결정을 통해 특정 행동 과정에 지나치게 몰두하는 것을 피할 수 있다.

교육 행정가들은 이러한 모든 적응적 기술들을 능숙하게 사용할 수 있어야 한다. 이러한 기술들은 모두 부분적인 지식을 가지고 문제를 진행해 나가기 위한 융통성, 신중함 및 능력을 보여준다. 시간이 한정되어 있거나 중요한 의사결정이 아니라면, **단순화된 적응적 만족화(truncated adaptive satisficing)**가 적절하며, 이런 경우 사실과 선택의 범위와 수가 제한되고 깊이 있는 또는 예리한 분석이 이루어지지 않는다.

요약하면, 혼합 모델은 다음과 같은 독특한 특징들을 가지고 있다.

- 광범위한, 조직의 정책은 잠정적이고 점진적인 정책에 방향을 제시해 준다.
- 좋은 결정은 조직의 정책 및 사명과 일치하는 만족스러운 결과를 가져다준다.
- 대안 탐색은 문제와 가까운 것들에 한정된다.
- 중요한 정보는 유실될 수 있으나 어떤 행동이든 행동이 취해져야 한다는 가정

표 10.1 고전적, 행정적, 점진적 및 혼합 의사결정 모델 비교			
고전적 모델	행정적 모델	점진적 모형	혼합 모델
목표가 대안의 산출 전에 설정된다.	목표는 보통 대안 산출 전에 설정된다.	목표 설정과 대안 산출이 혼재되어 있다.	광범위한 정책 지침이 대안 산출 전에 설정된다.
의사결정은 수단-목표의 분석이다. 먼저 목적이 정해지고, 그 다음 목표 달성을 위한 수단이 추구된다.	의사결정은 전형적으로 수단-목표의 분석이다. 그러나 분석 결과에 따라 목표가 변하기도 한다.	수단과 목표는 분리할 수 없기 때문에 수단-목표를 분석하는 것은 부적절하다.	의사결정은 광범위한 목표와 잠정적 수단에 초점을 두고 있다.
좋은 결정은 목표 달성을 위한 최상의 수단을 제시해 주는 것이다.	좋은 결정은 목표 달성을 위한 만족할 만한 수단을 제시해 주는 것이다. 이것은 설정된 한계조건 내에 있다.	현재의 과정이 잘못된 것으로 밝혀졌을 때, 그 대안이 올바른 방향에 있다는 것에 의사결정가들이 동의할 수 있는가 하는 것이 좋은 결정의 기준이다.	조직의 정책에 부합하는 만족스러운 의사결정을 이끌어낼 수 있는가 하는 것이 좋은 결정의 기준이 된다.
(최적화)	(만족화)	(계속적 비교)	(적응적 만족)
포괄적 분석을 한다. 모든 대안과 결과를 고려한다.	합리적인 대안이 확인될 때까지 "문제 탐색"을 한다.	탐색과 분석을 극도로 제한한다. 현상태와 유사한 대안에 초점을 둔다. 많은 대안과 중요한 결과가 무시된다.	탐색과 분석을 문제와 직접 관련된 대안으로 제한한다. 그러나 광범위한 정책의 관점에서 잠정적 대안을 평가한다. 점진주의보다 더 포괄적이다.
이론에 크게 의존한다.	이론과 경험에 의존한다.	계속적 비교가 이론의 필요성을 줄이거나 불필요하게 한다.	이론, 경험 및 계속적 비교가 함께 사용된다.

을 토대로 분석이 진행된다.

- 이론, 경험 및 계속적인 비교가 함께 사용된다.

의사결정의 네 가지 모형, 즉 고전적, 행정적, 점진적 및 혼합 모델의 주요한 차이점들은 〈표 10.1〉에 제시되어 있다.

상황적합적 접근: 전략과 상황 연결하기

지금까지 네 가지 의사결정 모델들을 다루었다. 최상의 의사결정 방법은 어떤 것일까? 조직 구성, 수업, 연구 또는 그 외 수많은 과제를 수행하는 데 단일한 최상의 방법이 없듯이 *의사결정을 하기 위한 최상의 방법은 없다.* 대다수의 복잡한 과업들이 그

러하듯이, 가장 적절한 방법은 처한 상황에 가장 적합한 방법, 즉 **상황적합적인 접근**
법이다.

의사결정 전략은 계속 증가하고 있는 불확실성 및 갈등과 복잡성에 대처할 수 있
는 능력에 따라 배열할 수 있다(Grandori, 1984). 의사결정이 단순하고, 완전한 정보
를 가지고, 선호 관계가 확실할 경우(갈등이 없을 때), 최적화 전략이 가장 적절하다.
그러나 앞에서 언급한 바와 같이, 조직 관련 문제들 중 간단하고 확실하며, 선호 관계
에 있어 갈등이 존재하지 않는 것은 거의 없다. 따라서 최적화 전략은 현실성이 떨어
진다.

행정적인 의사결정을 할 때 항상 그러하듯이 불확실성과 갈등이 나타날 때는 만족
화 전략이 적절하다. 행정적 모델은 융통성을 가지고 있으며 발견적인 방법(heuristic)
을 사용한다. 의사결정은 대안의 결과들 간의 비교 및 의사결정자들의 요구 수준을
토대로 하여 이루어진다. 만족할 만한 행동 과정이 발견될 때까지 대안에 대한 부분
적인 탐색만 이루어진다. 만족할 만한 해결책을 발견하지 못한다면, 요구 수준을 낮
춘다. 물론 보다 적은 대안만을 고려하도록 강요하기 때문에 시간 부족은 의사결정
과정의 일부분을 생략하게 만들 수도 있다.

대안을 인식하기가 어렵거나 결과가 너무 복잡하여 예측하기가 어렵다면, 만족화
전략도 한계에 부딪치게 된다. 약간의 변화가 조직의 결과에 부정적인 결과를 가져오
지는 않을 것이라는 가정을 통해 불확실성과 갈등에 대처할 수 있기 때문에, 이러한
상황에서는 점진적 전략이 적절하다(Grandori, 1984). 따라서 조직이 혼동 상태에 있
거나 방향감을 상실했을 때, 계획 없이 그럭저럭 해나가기(muddling through)도 적
합한 단기적인 전략이 될 수 있다.

그러나 일부 조직학자(Starkie, 1984; Etzioni, 1989)들은 결정이 복잡하고 결과를
예측할 수 없을 때라도 점진적 방법은 너무 보수적이고 자멸적(self-defeating)이라고
주장한다. 어떤 기준 없이 이루어지는 소규모의 점진적 의사결정은 조직의 표류, 즉
방향 없는 행동을 가져온다. 그 대신, 아주 복잡한 결정을 처리하는 데는 혼합 혹은
적응적 의사결정이 좋을 것이다. 혼합 모델은 만족화 모형과 점진적 모형의 장점들만
을 모아 놓은 것이다. 이 때 만족화 전략은 광범위한 전략에 의해 인도되는 점진적 결
정과 결합된다. 완전한 탐지는 일련의 만족스러운 대안들에 대한 부분적인 탐지로 대
체되며, 세심한 주의 및 명확한 방향 감각을 요구하는 점진적 과정에서는 잠정적이고
번복 가능한 결정들이 강조된다. 시간 부족은 행동을 취하기 전에 고려해야 할 가능
성의 수를 제한할 수도 있다. 요약하면, 적절한 의사결정 전략은 정보, 상황의 복잡
성, 시간 및 의사결정의 중요성에 따라 달라진다.

필자들은 아래와 같은 세 가지 질문에 근거하여 적절한 의사결정 모델을 선택하는 단순화된 접근법을 제안한다.

- *정보*: 만족스러운 결과가 어떤 것인지를 나타내는 충분한 정보가 존재하고 있는가?
- *시간*: 전반적인 탐색을 할 수 있는 시간이 있는가?
- *중요성*: 의사결정은 어느 정도 중요한가?

만약 만족스러운 결과에 대한 정보가 충분하다면, 만족화 모형을 선택한다. 그러나 시간 및 의사결정의 중요성에 따라, 만족화 전략은 단순화되거나 조정될 수도 있다. 예를 들어, 종합적인 탐색을 할 수 있는 시간이 충분하지만, 의사결정이 중요하지 않다면, 단순화된 만족화가 적절한 전략이 된다.

그러나 만약 정보가 불충분하다면, 적응적 만족화가 선호되는 전략이다. 그러나 역시 시간과 의사결정의 중요성에 따라, 적응적 만족화도 계획 없이 그럭저럭 해나가는 전략으로 단순화되거나 대체될 수도 있다. 예를 들어, 정보와 시간이 충분하지 않고 의사결정도 중요하지 않다면, 그럭저럭 해나가는 것이 적절한 의사결정 전략일 것이다.

세 가지 질문은 각각 적절한 의사결정 전략과 함께 여덟 가지 가능한 경로를 통해 의사결정자들을 안내한다. 만족화, 적응적 만족화, 각각의 단순화된 형태뿐만 아니라 그럭저럭 해나가기는 상황에 따라 적절하며, 그 상황은 정보, 시간과 중요도에 이해 결정된다. [그림 10.3]은 상황적합적 의사결정 모델을 요약하고 있다.

신속하고 현명한 의사결정 원칙

앞에서 제시한 것처럼, 의사결정가들에게 가장 심각한 제약요인들 중의 하나가 시간이다. 시간은 의사결정가가 생산하고 평가할 수 있는 대안의 수를 억제하는 희소한 자원이다. 따라서 의사결정을 위한 시간이 적을 때, 신속한 만족화 전략이 가치 있는 도구라는 것은 당연한 것이다. 행정가들은 어떻게 신속하게 의사결정을 하고 성공을 자신할 수 있을까? Hoy와 Tarter(2010)는 문헌 고찰을 통해 신속하고 현명한 의사결정을 위한 아홉 가지 기본 규칙을 제시하고 있다. Max Planck Institute의 Gerd Gigerenzer와 그의 동료들의 연구(1999, 2000, 2002, 2004, 2007)가 특히 도움이 된다.

그림 10.3 **상황적합적 모델: 전략과 상황 연결하기**
출처: ⓒ Hoy, 2005.

I. **만족화 규칙(Satisficing Rule)**: *학교 행정에서 최적화란 불가능하다. 만족하는 것을 배워야 한다.* 만족화는 만족스러운 결정을 하는 것이다. 이미 Simon의 만족화 과정에 대해 앞에서 자세히 논의하였다. 이미 언급한 것처럼 만족화 모델은 학교 행정가들에게 매우 유용하다. 대안을 만들거나 선택하기 전에 만족스러운 의사결정에 대한 기준을 설정한다. 신속하고 현명한 의사결정가는 필연적으로 몇 가지 만족화 모델들 중의 하나를 사용한다. Max Planck Institute의 Gerd Gigerenzer와 그의 동료들의 연구(1999, 2000, 2002, 2004, 2007)가 특히 도움이 된다.

II. **표현 규칙(Framing Rule)**: *긍정적인 결과를 위해 긍정적인 용어로 문제를 표현한다.* 긍정적인 형태로 문제를 구성하거나 정의하는 것은 초기의 대안이 방어적인 대응이 아닌 건설적인 행동이 될 수 있게 한다. 즉, 부정적인 표현은 긍정적인 사고를 제한하는 반면, 긍정적인 표현은 낙관주의, 효능감과 성공을 증대시킨다(Bandura, 1997; Tversky와 Kahneman, 1981). 예를 들어, 심각한 상황에서의 수술을 생각해 보자. 만약 수술을 선택할 때 사망 확률 25%가 아닌 생존 확률 75%로 표현된다면, 대부분의 사람들은 논리적으로는 각 선택안이 동일하다는 사실에도 불구하고 수술을 하는 대안을 선택할 것이다. 표현은 차이를 만들어 내고, 긍정적 표현은 성공의 가능성을 높인다.

III. 디폴트 규칙(Default Rule): *첫 번째 대안으로 "아무 것도 하지 않는 것"을 고려한다.* 신속한 의사결정에서 디폴트 규칙은 아무 것도 하지 않는 것이다. 최악의 경우 이러한 디폴트는 거부되고 의사결정가는 행동을 취해야만 한다. 최상의 경우 더 이상 행동을 취하지 않아도 그 문제가 사라지게 될 것이다. 시간이 문제를 해결해줄 수도 있지만 시간을 믿고 있을 수만은 없다.

Gigerenzer(2007)는 디폴트 규칙에 대한 조금 다른 생각을 가지고 있다. 일부 의사결정은 대응 체제상에 디폴트를 가지고 있다. 이런 경우 아무 것도 하지 않는 것은 대안이 아닌 의사결정이다. Gigerenzer(2007)는 장기 기부자의 예를 들면서 자신의 디폴트 규칙을 설명한다. 비록 대부분의 미국 시민들은 장기 기증에 동의한다고는 말하지만, 장기 기증자로 등록한 사람은 거의 없다. 사실, 프랑스 국민의 99.9%에 비교해 볼 때 미국인의 경우 겨우 28%만이 장기 기증이 가능하다(Gigerenzer, 2007). 왜 그럴까? 미국의 디폴트 체제는 시민들이 기증할 것인지를 선택하게 하고 있지만, 프랑스는 그렇지 않다. 프랑스는 그 반대이다. 국민들은 기증하지 않을 것을 선택해야 한다. 이를 선택하지 않으면 장기 기증 의사가 있는 것으로 간주된다. 이 예에서, 아무 것도 하지 않는 것의 디폴트는 사실 의사결정이다. 디폴트 규칙의 표현(참여하기로 동의하거나 동의하지 않는 것)은 선택의 결과상에 큰 차이를 가져올 수 있다.

IV. 단순화 규칙(Simplicity Rule): *단순함은 복잡함을 이긴다.* 단순하게 시작하라. 상당수의 학교 문제들은 복잡하며, 복잡한 해결책을 필요로 하는 것처럼 보인다. 행정가들은 해결책의 복잡성은 문제의 복잡성과 일치해야 한다고 생각하지만, 반드시 그럴 필요는 없다. 정보가 지나치게 많은 것은 정보가 지나치게 적은 것보다 더 위험하다. 사실, 의사결정가를 집어삼킬 정도의 과다한 정보로 인한 마비 상태에서 벗어날 수 있게 해주는 해독제 역할을 하기 때문에 망각은 도움이 된다(Pinker, 2002). 심리학자 William James는 "만약 우리가 모든 것을 기억한다면, 대부분의 경우에는 아무 것도 기억하지 못하는 것만큼 어려운 상황에 처하게 될 것이다."라고 주장하였다(1981: 680).

단순화 규칙을 지키는 학교 지도자들은 작은 아이디어에서 출발하여 필요한 경우 복잡한 대안으로 진행하는 점진적 의사결정(적응적 만족화)을 사용할 가능성이 크다. "더 단순한 것이 더 좋다." 단순한 해결책은 더 성공하고, 수용되고, 이해되며 더 적은 예상하지 못한 결과를 초래할 것 같다. 따라서 단순하게 시작하여 필요한 경우 복잡한 대안으로 점진적으로 나간다.

Ⅴ. **불확실성 규칙(Uncertainty Rule)**: *불확실한 환경은 종종 정보를 무시할 것을 요구한다.* 이와 관련하여 당신의 직관을 신뢰하라. 이 규칙은 단순화 규칙의 필연적 결과로 보일 수도 있다. 단순화는 불확실성에 적응한다. 예측이 불가능하고 불확실한 환경에서, 단순한 행동 규칙은 복잡한 규칙만큼 복잡한 현상을 예측하거나 복잡한 규칙보다 예측을 더 잘 할 수 있다(Gigerenzer, 2007). 경험 있는 의사결정가들은 과거의 핵심적인 요인들만을 알거나 인지하고 나머지는 무시한다. Simon(1987)은 행동유형을 관찰하는 경험에서 직관이 나타난다고 주장한다. 직관적 의사결정은 어떤 것을 무시하고, 어떤 것을 중요하게 생각해야 하는지를 알고 있는 것이다. 어떤 사람들은 능숙하게 정보를 무시하는 것을 직관이라고 부르고, 또 어떤 사람들을 이를 경험이라고 부른다. 정보가 지나치게 많은 것은 정보가 너무 적은 것만큼 문제가 된다. 정보가 불확실할 때는 당신의 직관을 신뢰하라.

Ⅵ. **최고의 것 선택하기 규칙(Take-the-best Rule)**: *첫 번째 만족스러운 대안을 선택하라.* 이 규칙은 만족화에 적용된다. 즉, 만족의 준거를 충족시키는 대안을 선택한다. 문제를 정의하고 표현하며, 정보를 수집한 후, 의사결정가는 만족스러운 대안을 탐색한다. 최고의 것 선택하기는 의사결정가가 만족스러운 대안을 발견하면 이러한 탐색을 멈추어야 한다고 주장한다. 예를 들어, 악명 높을 정도로 어렵다고 하는 Manhattan에서 셋방을 구하는 것이 문제라고 가정해 보자. 만족의 최소 기준(비용, 장소, 편의성, 규모와 생활 편의 시설 등)을 결정해야 한다. 사전에 설정한 만족의 기준을 충족시키는 첫 번째 셋방을 발견하면 탐색을 멈춘다. 맨 처음 찾은 것이 거의 대부분 최상의 선택이다(Gigerenzer, Todd와 ABC Research Group, 1999; Gigerenzer, 2000, 2007).

Ⅶ. **투명성 규칙(Transparency Rule)**: *사고와 행동을 할 때 의사결정의 투명성을 습관화한다.* 대인관계에 있어서의 투명성은 신뢰를 위한 촉매제라는 금언이 있다. 이와 반대로, 비밀은 불신을 낳는다. 진실성과 개방성은 신뢰를 촉진하고 신뢰는 의사결정을 수용하고 의사결정가와의 협력을 향상시키기 때문에 (Broom과 Jago, 1988) 의사결정가는 하위자들과의 상호작용에서 개방적이고

진실해야 한다(Henderson과 Hoy, 1983; Hoy와 Henderson, 1983). 예측이 불가능한 환경에서 협력을 하기 위해서는 신뢰가 필요하며, 신뢰는 공동체 본능의 생명소이다(Gigerenzer, 2007).

투명성은 단순히 어떤 자료와 실제를 가시적으로 나타내는 것의 문제는 아니다. 이는 의사결정을 위한 일반적인 접근법이다. 신비주의가 팔로우십을 구축한다고 믿는 사람들도 있다. 그러나 투명성이 성공적인 의사결정의 핵심적인 구성요소인 협력과 신뢰를 이끌어낼 가능성이 더 크다. 따지고 보면 결정된 사항들을 집행하기 때문에 부하직원들도 지도자만큼 성공과 관련되어 있다.

Ⅷ. 상황적응적 규칙(Contingency Rule): *당신의 성공과 실패를 반성해 본다. 가정적(conditionally)으로 생각하라.* 의사결정을 하는 최상의 방법은 없다. 효과적인 의사결정가는 반성적 사고를 활용하며 다양한 상황은 (상황적합적) 상이한 행동 양식을 요구한다는 것을 인지하고 있다. Christensen, Johnson과 Horn(2008)은 협동과 변화를 위한 효과적인 도구들은 조직의 상황과 부합해야 한다고 주장한다. 의사결정 및 집행은 가정적 사고를 필요로 한다. 최상의 해결책을 탐색하는 것이 아닌 만족스러운 해결책을 찾는 것이며, 이는 특정 상황에서 더 잘 이루어진다.

이러한 가정적 사고는 융통성, 상황에 대한 이해, 다양한 성공 방식이 있다는 인식, 상황에 적합한 대안을 만들어 내는 것을 요구한다. 조직은 역동적이기 때문에 과거에 효과를 거둔 방법이 미래에는 작용을 하지 않을 수도 있다. 예를 들어, 상황이 불확실하고 목표가 모호하다면, 적응적 만족화는 신속하고 현명한 전략이며, 이는 특정 상황에 특정 대안을 연결시킨다.

Ⅸ. 참여 규칙(Participation Rule). *관련된 지식, 개인적 이해관계와 진실성을 가지고 있다는 생각이 들면 이들을 의사결정에 참여시킨다.* 이 규칙은 교사들을 의사결정에 참여시켜야 하는가를 결정하는 신속한 방법이다. 이 규칙은 전문성, 관련성, 신뢰 등 세 가지 조건을 충족할 때 교사들을 의사결정에 전적으로 참여시켜야 한다는 것을 시사한다.

- 교사들은 기여할 수 있는 전문성을 가지고 있는가?
- 교사들은 결과에 대한 개인적 이해관계를 가지고 있는가?
- 교사들은 학교의 이익을 위해 자신들의 개인적 선호를 기꺼이 양보하려고 하는가?

질문을 하고, 깊이 생각하고, 행동한다. 이는 특정 사항에 관해 교사들에게 권한부여를 할 것인가를 결정하는 신속하고 손쉬운 방법이다. 이는 의사결정의 질과 수용성 모두를 향상시킬 수 있는 빠르고 현명한 절차이다. 종합적인 공유적 의사결정 모델은 다음 장에서 더 자세하게 다룬다.

대부분의 좋은 원리들과 마찬가지로, 이러한 규칙은 일반적인 지침이며 반성적 사고를 대체하는 것은 아니다. 더 정확하게 말하면, 이들 규칙은 일상적인 문제점들에 신속하며 현명한 반응을 위한 도구 상자를 제공한다.

Janis-Mann의 갈등이론: 의사결정 내의 스트레스와 비합리성

어떤 의사결정 전략이 채택되든지 간에 상황에서 기인하는 압력 및 의사결정 과정, 그 자체에서 스트레스가 나타난다. Irving Janis와 Leon Mann(1977)은 다음과 같은 두 가지 질문에 해답을 제시해 주는 통찰력 있는 갈등 모형을 제시하였다.

- 어떤 상황하에서, 이러한 긴장이 의사결정에 부정적인 영향을 미치는가?
- 어떤 상황하에서, 개인들은 금방 후회하게 될 선택을 피할 수 있는 건전한 의사결정 절차를 사용하는가?[7]

사람들은 중요한 결정을 할 때 여러 가지 상이한 방법으로 심리적인 스트레스에 대처한다. 이러한 스트레스의 주된 근원은 실패에 대한 두려움, 중요한 의사결정이 임박했을 때 미지의 결과에 대한 불안, 다른 사람들에게 웃음거리가 되지 않을까 하는 것에 대한 걱정, 의사결정이 실패할 경우 자신감의 상실 등이다(Janis, 1985). 중요한 의사결정은 상충되는(갈등 관계에 있는) 가치를 수반하게 되며, 이에 따라 의사결정가들은 자신들의 선택으로 인해 이상 또는 다른 가치 있는 목표들을 희생하게 되는 딜레마에 빠지게 된다. 따라서 의사결정가들의 근심, 수치심, 죄의식이 높아지고, 이로 인해 스트레스의 정도가 높아지게 된다(Janis, 1985).

충분하지 않은 분석, 무지, 편견, 충동, 시간 제약 및 조직의 정책 등의 결과로 의사결정에 오류가 발생한다는 것은 의심할 여지가 없다. 그러나 의사결정안이 충분히 생각하지 않은 상태에서 부적절하게 실행되는 또 다른 이유는 갈등의 동기적 결과, 특히 중요한 결정을 위해 아주 어려운 선택을 해야 하기 때문에 나타나는 스트레스를 극복하려는 것과 관련이 있다. 따라서 사람들은 다양한 방어기제를 사용한다. 위험에 관한 정보를 무시하고 시작한 것을 계속 진행하는 사람들도 있다(갈등 없는 집착:

unconflicted adherence). 가장 일반화되어 있는 행동 과정을 무비판적으로 수용하는 사람들도 있으며(갈등 없는 변화: unconflicted change), 시간을 끌며 행동을 취하지 않는 사람도 있다(방어적 회피: defensive avoidance). 극단의 경우, 일부 의사결정가는 지나칠 정도로 해결책을 발견하는 데 몰두하고, 대안들 사이를 빠르게 왔다 갔다 하며, 이러한 와중에 바로 도움이 될 것 같은 해결책에 성급하면서도 충동적으로 몰두하게 된다. 이러한 행동들은 역기능을 가져오며 불완전한 의사결정을 낳게 된다.

의사결정가들이 충분한 정도의 경계심을 가지고 조심할 때(즉, 관련된 정보를 신중하게 탐색하고, 편견 없는 태도로 정보를 이해하고, 선택을 하기 전에 대안들을 사려 깊게 평가한다) 좋은 의사결정이 이루어질 가능성이 크다. 조심스러운 의사결정가는 앞의 네 가지 유형이 가지고 있는 문제점들을 상당 부분 피할 수 있기 때문에 가장 효과적이다(Janis와 Mann, 1977). 그러나 조심하고 있을 때에도, 의사결정가들은 수없이 이루어지는 여러 가지 판단을 처리하기 위해 인지적인 지름길을 택함으로써 실수를 저지르기도 한다. 과학자 및 통계학자들을 포함한 모든 사람들은 쉽게 생각할 수 있는 사건들이 일어날 가능성을 과대 평가하고, 대표성에 관한 정보에 지나치게 비중을 두며, 적은 수의 표집에 지나치게 의존하며, 한쪽에 치우친 정보를 무시하지 못하는 것과 같은 인지적인 오류를 범한다(Tversky와 Kahneman, 1973; Nisbett과 Ross, 1980; Janis, 1985). 또한 심리적인 스트레스를 받고 있을 때, 의사결정가들이 이러한 오류를 범할 가능성이 더욱 커진다. 즉, 스트레스는 의사결정에 부정적인 영향을 미친다.

경계(vigilance)하게 만드는 또는 그렇게 하지 못하게 만드는 조건들은 무엇인가? 의사결정에 직면했을 때, 일반적으로 의사결정가들은 의식적으로든 또는 무의식적으로든 다음과 같은 네 가지 사항들을 고려해야 한다(Janis와 Mann, 1977).

질문 1. *"내가 바꾸지 않는다면, 이것이 가져올 위험성은 심각한가?"* 만약 대답이 '그렇지 않다'라면, 변화는 일어나지 않을 것이다. 그러나 대답이 '그렇다'라면, 두 번째 질문이 제기된다.

질문 2. *"내가 바꾼다면, 이것이 가져올 위험성은 심각한가?"* 변화에 따른 손실이 미미하다면, 그 위험은 심각하지 않은 것이며, 의사결정가는 처음의 합리적인 대안을 무비판적으로 수용하리라 예상된다. 만약 대답이 '그렇다'라면, 변화하든 그렇지 않든 심각한 위험성이 있기 때문에 스트레스가 나타난다.

질문 3. *"보다 나은 해결책을 찾고자 하는 바람이 현실적으로 가능한가?"* 만약 행정가가보다 나은 해결책을 발견할 현실적인 가능성이 없다고 생각한다면, 그 결과는 방어적 회피 상태가 된다. 갈등에서 벗어나고 스트레스를 줄이기 위해 개인들은 책임을 전가하거나 현재의 상황을 합리화시킴으로써 의사결정을 회피한다. 그러나 보다 나은 해결책에 대한 희망이 어느 정도 존재한다면, 다음 질문으로 넘어간다.

질문 4. *"심사숙고하고 탐색할 시간이 충분한가?"* 만약 시간이 충분하지 않다고 생각한다면, 과도한 경계(overvigilance)의 상태가 된다. 당황하게 되고, 개인들은 성급하게 이끌어낸, 바로 도움이 될 것 같은 해결책에 사로잡히게 된다. 어느 정도 시간적인 여유가 있다면, 의사결정가들은 신중한 탐색, 평가 및 상황적응적 계획 작성 등을 통해 의사결정의 효과성을 향상시킬 수 있는 조심하는 정보 처리 과정을 사용할 가능성이 크다. 이러한 과정은 [그림 10.4]에 제시되어 있다.

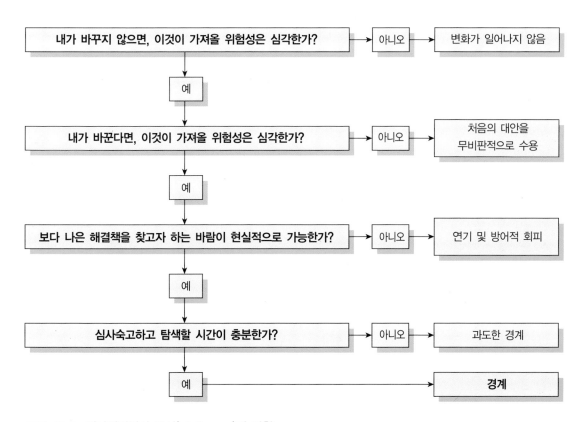

그림 10.4 **의사결정에서 조심(vigilance)의 방향**

행정가들은 의사결정을 할 때 항상 조심해야 한다. 그러나 노동, 시간 및 스트레스와 같은 요인들은 부정적인 영향을 미친다. 이들의 위험성과 언제 일어나는지를 알게 된다면 이들이 초래하는 문제를 피하는 데 도움이 될 것이다. 조심스러운 의사결정가는 위험 감수, 결단 그리고 심사숙고하며 상황에 맞는 계획을 세우기 위한 시간이 필요하다.

리더십 사례

교사위원회[8]

각 학교의 교사 대표에 의해 선출된 교사들로 교사위원회를 구성하려고 하는 교육감 Beverly Edison의 의도를 반대하는 사람은 거의 없었다. 최고위직의 교육자로서 Dr. Edison은 비난의 여지가 없는 성실함을 갖춘 여성이었다. 그녀는 자신을 "특수한 책임을 가진 동료"로 여겨달라고 교사들에게 이야기하였다. 그녀의 사무실은 어떤 형태든 문제를 가진 교사들에게 열려 있었다. 그녀는 제안된 정책 및 규칙을 교육위원회로 넘기기 전에 교사들의 자문을 구하였다. 교사들의 제안이 항상 채택되는 것은 아니었지만, 개별적으로든, 집단적으로든 교사들에게 교육감은 민주적 학교체제를 원하고 있다는 느낌을 줄 정도로 받아들여지고 있었다.

Metro시에서 교육감 생활을 한 지 6년이 지난 1992년, 교육감 Edison은 일반 교사들을 만나 의사소통을 할 수 있는 기회를 가지기 위해 교사위원회를 구성하고자 하는 계획을 발표하였다. 그녀는 자신에 대한 교사들의 반응, 정책 및 학교의 상황을 살펴보기 위해 교사들과의 직접적인 연결을 원했다. 8,000여 명의 교사들로 구성된 독점 협상 기관인 교사 노조(Ameri-can Federation of Teachers: AFT)는 충분히 고려하고 노조 운영위원회의 투표를 거친 후 제안된 위원회가 노조 및 기존의 다른 조직들이 수행하고 있는 기능을 단순히 되풀이하는 것에 불과하다는 의견을 교육감에게 제시하였다. Dr. Edison은 교사위원회에 교사들이 받는 각종 부가급부 또는 복리 후생과 관련된 사항들에 관해 투표를 하거나 조언을 하도록 하려는 것이 아니라고 응답하였다. 노조의 기능을 침해하고자 하는 의도는 없다고 노조에게 약속을 하였다. 그녀는 "내가 원하는 것은 정책을 해석하고 학교 내의 교육 관련 문제들에 대한 교사들의 조언을 듣기 위해 교사들과 만날 수 있는 기회를 갖는 것이다. 이 위원회는 교사의 후생 복지 및 부가급부 등과 관련된 사항들을 다루지 않을 것이다"라고 회신하였다. 노조의 반대에도 불구하고, Dr. Edison은 위원회 구성을 추진하였다.

전체 교사의 약 80% 정도가 노조원이기 때문에, 노조는 위원회 설치로 인한 위협에 대처하기 위해 용의주도한 전략을 채택하였다. 협의 내용을 통제하기 위해 노조원들이 위원회에 선출되도록 하였다. Dr. Edison이 제시한 절차를 지키며 노조원들과 조용히 일을 추진한 끝에, 1년 임기의 초대 위원회의 위원의 90%를 노조원이 차지하게 되었다.

곧바로 문제가 발생하였다. 교육감과의 월례 회의를 기록한 회의록에는 논의된 내용이 자세하게 기록되어 있었고, 노조는 교사의 후생 복지에 관한 질문이 제기되었고 회의에서 논의가 되었다는 사실에 대해 불안한 생각을 가졌다. 위원회가 벌써 노조의 권한을 침해하고 있는 것일까? 오랫동안 노조 지도자를 역임하고 있는 Vincent Riley는 이 일에 대해 상당히 격분하였다. 그는 Dr. Edison으로부터 배신감 및 권한이 침해받고 있는 느낌을 받았다. 노조 운영위원회와 협의를 거친 후, 그는 교육감 Edison에게 노조는 교사위원회가 부적절하고, 비생산적이며, 불법적인 것이라고 생각한다고 공식적으로 통보하였다. Riley는 위원회의 폐지를 원하였다. 그는 노조가 교사들을 위한 독점적인 협상 기관이며 교사의 후생 복지에 관한 질문을 논의하는 것은 계약 위반이라는 것을 교육감에게 상기시켰다.

Dr. Edison은 이러한 사건으로 인해 놀랐다. 그녀는 위원회의 회의는 비공식적인 것이며, 아무런 투표 또는 공식적인 행동을 취하지 않았다고 응답하였다. 위원회는 단순히 의사소통 및 조언을 위한 비공식 통로에 불과하였다. 대규모 학교구에서 교사들의 의중을 파악할 수 있도록 하는 것이었다. 그럼에도 불구하고 그녀는 노조의 의견을 받아들였다. 노조의 반대를 생각하여, 해산을 요구한다는 노조의 제안을 위원회에 상정하였다. 위원회는 무기명 투표를 통해 계속 존속할 것을 결정하였다. 노조 지도자들은 노조원들의 독립성 표현에 불의의 기습을 당하였다.

노조는 교사들의 겨우 80%만을 대표하였다. Metro시의 교사들은 보수가 많은 편이 아니었으며 주 및 지역의 교사협회는 비활동적이고 행정가들에 의해 통제되는 경향이 현저하게 나타났었다. Vincent Riley와 노조 교사들이 이전 교육감 및 교육위원회의 전횡을 깨기 위해 전쟁을 시작하기 전까지 교사들의 보수 및 업무 환경은 계속 나빠졌다. 노조는 교사들을 대변하는 독점적인 협상 기관의 권리를 처음 확보하자마자 "지난 10여 년 동안 이루어진 협상 중 교사들을 위한 최고의 협상"을 이끌어 냈다. 대부분의 교사들을 포함한 대다수의 지역사회 구성원들은 노조가 독재적인 행정으로부터 학교체제를 해방시켰다고 믿었다. 현재 의사결정은 정치적 영향력이 아니라 장점을 근거로 하여 이루어졌고, 노조는 책임감을 가진 변화 대행자로 간주되었다. 불행하게도 이전 행정 담당자들의 불성실함 및 억압은 치유할 수 없는 상처를 남겼다. 이러한 불신 및 속임의 역사가 교사위원회 설립을 위한 Dr. Edison의 제안에 대한 노조의 반응에 영향을 주었을 것이다. 6년간의 재임 기간 동안 Dr. Edison이 보여준 민주적 및 공정한 지도성 유형에도 불구하고, 노조는 행정가들은 완전하게 믿지 않았던 것이다.

Metro시는 노동 계층이 다수를 차지하고 있는 도시이다. 한 노조와의 갈등은 도시 내의 다른 모든 노조들과의 갈등으로 연결될 수 있었다. 교사 및 일반 직원들의 파업으로 인해 학교체제가 완전히 마비될 수도 있었다. 도시 전역의 노조원들은 학교 주변에서 시위를 벌이고 있다. 트럭 노조의 노조원들은 배달을 거부하고 있다.

그러나 상당수의 교사들은 전문가가 아닌 노조원으로 여겨지는 것을 좋아하지 않았으며, Dr. Edison은 단순한 호칭 이상의 것이 필요하다고 느꼈다. 그녀는 교사들을 대표하고 있다는 노조의 주장에 대해 Vincent Riley와 논쟁을 벌이곤 했다. 사실, 노조는 2,000명의 교사들을 대변하지 못하고 있다. 이들 교사들의 상당수는 National Education Association(NEA)에 가입된 주 교육협회와 강력한 유대관계를 가지고 있었다. Dr. Edison은 교사협의회를 통해 모든 교사들을 대표하는 사람들을 만날 수 있다고 주장하였다.

비록 Dr. Edison에 대해 호감을 가지고 있지만, 노조는 앞으로의 행정가들이 "예전의 방식"에 의지하고 노조를 파괴하기 위해 위원회를 사용하지 않을까 우려하였다. 노조가 대다수의 교사들을 대표하고 있기 때문에, 노조가 대표하지 못하는 소수 교사들에 대한 Dr. Edison의 관심에 동의하지 않았다. 사실, 노조는 이들을 "무임승차"하는 집단으로 보았다. Dr. Edison은 다수가 소수의 의견을 완전히 무시하지 않을까 염려하였다.

교육감은 여러 가지의 서로 상반되는 압력에 직면해 있다. 이는 계속적인 밀고 당기기의 상황이다. 노조를 배제하지 않는다면, Dr. Edison의 영향력을 줄이기 위해 압력이 가해지게 될 것이다. 대기업 및 사업체의 대표자들뿐만 아니라 납세자들은 노조 성향의 집단이 학교를 지배하는 것을 원하지 않는다. 그러나 지난 6년간의 호의적인 관계와 경험을 통해 노조 지도자들은 Dr. Edison이 노조를 파괴하여 이들 집단의 사람들을 만족시키려고 하지 않을 것이라는 것을 알고 있다. Dr. Edison은 이러한 압력에 굴하지 않은 진정한 전문가였다. 사실, 그녀는 Metro시의 교사 노조가 자신에 대한 조직들 중에서 가장 책임감 있고 전문적인 조직이라고 공개적으로 제시한 적도 있었다. 또한 그녀도 상당한 존경을 받았다. 그녀는 저소득층 출신의 학생들에게 각종 기회를 제공하는 지역사회 봉사협의회의 연합체인 Self-Help School Alliance를 재정 지원하는 노조의 활동을 긍정적으로 평가하였다. 의회를 상대로 도시 학교들에 대한 주 차원의 지원 증가를 위한 노조의 로비도 찬성하였다. 노조에 대한 강력한 지지에도 불구하고, 교사위원회를 폐지하라는 요구에는 응하고 싶지 않았다. 그녀는 자신은 단순히 노조원들만이 아니라 모든 교사들의 조언을 청취할 수 있는 권리를 가지고 있다고 생각하였다.

Vincent Riley와의 마지막 만남에서, Riley는 "최근의 회계 결산 결과, 전체 10,000명의 교사 중 7,953명이 노조에 가입되어 있다"고 이야기하였다.

Dr. Edison은 "노조가 모든 교사들을 대표하지 않고 있다. 나는 모든 교사들이 우리 프로그램 및 정책에 대해 어떻게 생각하는지 알고 싶다. 나는 노조의 관심사가 아니라 교육 문제에 관한 정보가 필요하다. 교사위원회에서 주로 다루어지는 것은 교육과정 및 수업 관련 문제들이다. 우리 학교구가 번창하고 더욱 발전하기 위해서는 모든 교사들의 전문적인 조언이 필요하다"고 응답하였다.

Riley는 잠시 머뭇거렸다. 잠시 후, 그는 "사무실에서 시간을 적게 보낼 수도 있을 것이다. 여성이 이렇게 거친 학교에 간다는 것이 어렵다는 것을 알고 있다. 그러나 나는 매일 학교에 출근하며, 전문가들은 노조 소속의 교사들이라고 이야기할 수 있다. 또한, 교사위원회의 존속을 모든 교사들의 투표에 맡긴다면, 의심할 여지 없이 다수의 교사들은 위원회의 폐지에 찬성할 것이다"라고 응답하였다.

Dr. Edison은 얼굴이 붉어지는 것을 느끼며, 성차별주의는 아니지만, 신경을 거스르는 그의 이야기에 대해 응수하였다. 끝으로, 그녀는 "위원회는 그런 방식으로 투표하지 않을 것이며, 위원회 위원들의 다수는 노조원들이다"라고 이야기하였다.

Vincent Riley가 이 면담의 결과를 노조 운영위원회에 보고하였을 때, Dr. Edison에게 공식적인 불만을 제기하기 전에 위원회에서 자신의 행동을 설명할 기회를 줘야 한다고 합의하였다. 노조 운영위원회는 고충위원회를 통해 교사위원회가 우호적인 노사 관계 형성을 위협하고 있다는 것을 Dr. Edison이 납득하길 희망하였다.

학교체제를 민주화하고자 하는 Dr. Edison의 바람을 통해 노조 운영위원회는 교육감의 호의적인 의도로 인정하였다. 그러나 이러한 호의적인 의도에도 불구하고, 노조는 이 사건을 염려하고 있다. 노조는 자신들을 교사들의 이익을 보호하고 학교의 본 모습을 지키는 존재로 인식하고 있다. 과감한 행동이 필요하였다.

Dr. Edison은 교사위원회의 위원으로 임명해 줄 것과 교사위원회의 존속을 논의하기 위해 Vincent Riley를 만날 것을 요구하는 Metro시 Federation of Teachers의 문구가 인쇄된 종이에 노조 운영위원회 의장인 Donald Strickland(노조 전임직으로 교사는 아니다)가 서명한 편지를 받았다.

- 자신이 Dr. Edison이라고 가정하자. 당신이라면 다음 단계로 어떤 행동을 취할 것인가?
- 장기 및 단기적인 문제점은 무엇인가?
- 이러한 문제를 초래할 만큼 위원회가 가치가 있는가? 위원회는 얼마나 중요한가?
- 만약 노조의 의견을 수용한다면, 어떤 결과가 나타날까?
- 노조의 의견을 수용하지 않으면, 어떤 결과가 나타날까?
- 적절한 의사결정 모델을 선택하고 행동 계획을 작성한다.

실행 지침

1. 만족화 모델을 사용한다. 최적화는 불가능하다.
2. 긍정적이고 생산적인 해결책을 가져오는 방식으로 문제를 표현한다. 표현은 해결책에 영향을 미친다.
3. 의사결정을 연속적인 과정으로 바라본다. 최종 해결책은 없다.
4. 문제는 단기 및 장기 목적의 측면에서 바라본다. 즉각적인 행동은 장기 목적과 일치해야 한다.
5. 발견적 의사결정을 신중하게 사용한다. 숨겨진 문제점을 방지한다.
6. 정보가 모호하거나 지나치게 많거나 시간이 절대적으로 중요하다면 적응적 만족화를 사용한다. 이러한 의사결정의 제약 요인에 의사결정을 맞춘다.
7. 의사결정을 할 때 목표, 사명 또는 정책을 이용한다. 적응적 만족화는 방향을 필요로 한다.
8. 적절한 의사결정 전략을 결정한다. 의사결정을 하기 전에 정보의 충분한 양, 가능한 시간과 의사결정의 중요성을 평가한다.
9. 압박을 받고 있는 문제를 해결하기 위해 가벼운 경계(vigilance) 전략을 사용한다. 지나친 경계는 혼란을 이끌어 낸다.
10. 최종 해결책은 없으며 현재를 기준으로 만족스러운 해결책만이 존재한다는 것을 기억한다.

핵심 가정 및 원리

1. 행정가들은 의사결정 과정을 최적화할 능력도 역량도 없기 때문에 만족화 모형을 사용한다.
2. 의사결정은 문제를 해결하기도 하고 문제를 만들기도 하는 계속적인 과정이다.
3. 가치는 의사결정의 필수적인 부분이다.
4. 의사결정은 조직 내에서 과업과 기능에 관한 합리적 행정에서 발견할 수 있는 일반적인 행동 형태이다.
5. 점진적 의사결정(그럭저럭 해나가기) 모형은 자주 사용되지만 의사결정의 체제를 제한한다.
6. 의사결정의 혼합 모델(적응적 만족화)은 점진 모델과 만족화 모형을 혼합한 것이다.

7. 최상의 의사결정 전략 또는 모형은 없다.

8. 적절한 의사결정 전략은 충분한 정보, 충분한 시간과 의사결정의 중요성에 따라 달라진다.

9. 의사결정의 질을 향상시키기 위해 신속하고 현명한 의사결정 원리를 활용한다.

10. 심리적 스트레스는 충분히 고려하지 못하고 실행되는 의사결정을 이끌어 낸다.

추천 도서

Buchanan, L., and O' Connell, A. "A Brief History of Decision Making," *Harvard Business Review 84* (2006), pp. 33-41.

Gilboa, I. (2011). *Making Better Decisions: Decision Practice and Theory*. Walden, MA: Wiley-Blackwell.

Gilboa, I. (2009). *Theory of Decision under Uncertainty*. New York: Cambridge University Press.

Gladwell, Malcolm. *Blink: The Power of Thinking without Thinking*. New York: Little, Brown and Company, 2005.

Herbert, W. *On Second Thought: Outsmarting Your Mind' s Hard-Wired Habits*. New York: Crown, 2010.

Hodgkinson, G. P., and Starbuck, W. H. *The Oxford Handbook of Organizational Decision Making*. Oxford, UK: Oxford University Press, 2008.

Kahneman, D. *Thinking, Fast and Slow*. New York: Farrar, Straus and Giroux, 2011.

Klein, G. *Streetlights and Shadows: Searching for the Keys to Adaptive Decision Making*. Cambridge, MA: MIT Press, 2009.

후주

1. 연구가 시사하는 바에 따르면, 많은 행정가들은 효과적인 의사결정에 대하여 학자들이 처방한 규범적 방법들을 소홀히 하고 있으며, 문제가 많은 의사결정 전술들을 고집하고 있다.

2. 교육 행정 실제에 있어서 가치 및 가치 부여에 대한 논의 및 적용을 위해서는 Willower와 Licata(1997)를 참고하기 바란다.

3. 조직 관련 문헌에서 이 주기는 자주 인용되고 있다. 예를 들어, Griffiths(1959)와 Daft(1989)를 참고하기 바란다.

4. 그러나 소수 인종 학생을 인종분리 학교로 통합시키는 것과 관련되어 있다면, 문제는 더욱 복잡해진다.

5. 발견적 방법에 대한 비판적이고 흥미로운 분석은 조망학파(prospect school)라고 하는 인지심리학자들에 의해 이루어지고 있다. 이들의 주된 논지는 개인들은 복잡한 문제를 해결하기 위해 발견적 고안물을 사용하여 자신들의 제한된 인지 능력을 극복해 나간다는 것이다. 발견적 방법이 도움이 되긴 하지만, 때때로 의사결정을 파괴시킬 수도 있는 체제적 편견을 가져온다. 예를 들어, Nisbett과 Ross(1980), Kahneman, Solvic과 Tversky(1982), Kahneman과 Tversky(1996) 그리고 Gigerenzer(2004)를 참고하기 바란다.

6. Etzioni(1967)에 따르면, 자신이 혼합 모델에 대해 논문을 쓴 이후 50여 편의 논문과 박사학위 논문이 출간되었다. 전체적인 내용은 Etzioni(1986)를 참고하기 바란다.

7. 이 부분은 Janis(1985)와 Janis와 Mann(1977)을 주로 참고하였다.

8. Wayne K. Hoy와 C. J. Tarter, Administrators Solving the Problems of Practice, ⓒ1995. Published by Allyn & Bacon, Bostin, MA. Copyright ⓒ1995 by Pearson Education. Reprinted by Permission of the publisher.

제11장

참여적 의사결정: 교사에게 권한 부여하기

21세기는 변화가 이미 예고되어 있다. 지도자가 거의 모든 명령을 내렸던 방식에서 벗어나 추종자들이 지금까지 그들이 했던 것 이상으로 더 자주 그리고 더 많은 목소리를 내게 될 것이다.

Barbara Kellerman

미리 보기

1. 교사들이 의사결정에 참여함으로써 때로는 의사결정의 질을 높일 수 있지만 그렇지 않은 경우도 있다. 따라서 문제는 교사들에게 권한을 부여할 것인지 부여하지 않을 것인지에 대한 결정이 아니라 언제, 어떠한 방식으로 교사들에게 권한을 부여해야 하는가이다.

2. 의사결정자들에게 길잡이가 될 만한 두 개의 참여적 의사결정 모델을 제안하였다.

3. 의사결정에 있어 그 결정의 질과 그 결정에 대한 수용은 똑같이 중요하다.

4. 집단적 의사결정을 위해서는 적어도 세 가지 주요한 제약사항, 즉 참여자들의 능력, 참여자들의 동기, 그리고 의사결정을 위한 시간이 충분한지를 고려해야 한다.

5. 여러 가지 의사결정 방식이 있을 수 있는데 이 장에서는 다섯 가지 방식으로 구분해 각각의 참여적 의사결정 모델을 제시하였다.

6. Vroom의 참여적 의사결정 모델은 다경로 의사결정 참여를 확정해 주는 열 가지 기준에 근거했다.

7. Hoy-Tarter의 참여적 의사결정 모델은 행위를 이끄는 세 가지 중요한 문제에 기초하고 있다.

8. 논의 주제와의 관련성, 전문성, 신뢰는 참여적 의사결정의 핵심 요소이다.

9. 집단적 의사결정의 위험성 가운데 하나는 집단적 사고(groupthink) 즉, 집단 행동의 정당성(correctness)과 비취약성(invulnerability)에 관련해 공유된 환상을 갖는 것이다.

10. 집단적 사고는 그 근원에 대해 이해하고 집단 의사결정을 적절하게 구조화함으로써 예방할 수 있다.

권한부어라는 슬로건들만으로는 충분하지 않다. 교사들에게 권한을 부여하는 것이 적절한 상황도 있지만 때로는 그것이 근시안적 생각이 될 수도 있다. 교사의 참여는 의사결정의 질을 제고하기도 하고, 효과적인 의사결정을 방해하기도 한다. 중요한 것은 "어떤 상황하에서 부하직원들을 의사결정에 참여시켜야 하는가"이다. 달리 표현하면, 언제, 어떻게 교사들에게 권한을 부여할 것인가이다.

의사결정 주기: 확장과 몇 가지 제안

이 장에서는 참여적 의사결정, 권한부여, 교사의 리더십 참여에 초점을 맞추고 있지만, 의사결정이 한 사람에 의해 이루어지든 집단 혹은 팀 단위로 이루어지든 똑같이 합리적인 의사결정과정이 될 수 있다는 사실을 기억해야 한다. 그러므로 의사결정 만족 모델을 구성하고 있는 일반적인 행동양식에 대해 간략히 살펴볼 것이며, 그 과정에 또 한 가지 단계, 즉 다른 사람을 참여시킬지 여부를 결정하는 것을 덧붙여 논의할 것이다.

- 문제 또는 쟁점 사안을 인식하고 정의한다.
- 특정 상황에서 어려움을 분석한다.
- 만족스러운 결과에 대한 기준을 설정한다.
- *의사결정을 내릴 때 다른 사람들이 참여하도록 할 것인가?*
- 행동 전략을 개발한다.
- 행동안을 실행한다.
- 결과를 평가한다.

합리적 의사결정가는 우선 쟁점이 되는 문제가 무엇인지 인식하고 확인하여 그 문제를 구체화함으로써 사안별로 주요한 단서들을 수집·분석한다. 다음으로, 합리적 의사결정가는 (만족의 척도라 할 수 있는) 산출결과에 비추어 어떠한 것이 만족스러운 것인지 결정한다. 신중한 지도자들은 결과 예측을 통한 일련의 포괄적인 대안을 마련하기에 앞서 그러한 결정을 내릴 때 다른 사람들을 참여시킬 것인지, 참여시킨다면 누구를 어떠한 방법으로 어느 정도나 참여시킬 것인지를 결정한다. 대안과 결과를 차례대로 분석함으로써 실행 가능한 계획을 수립할 수 있다. 또한 그 계획을 실행에 옮겨서 결과와 과정을 평가하게 된다.

이 장의 마지막부분에서는 일반적인 의사결정 과정뿐만 아니라 신속하면서도 깔

끔하게 의사결정을 내릴 수 있는 몇 가지 지침에 대해 살펴본다. 여기서 우리는 더 나은 의사결정을 내리도록 도와주는 선행연구를 통해 얻어진 여러 가지 제안을 분명하게 보여줌으로써 이러한 아이디어를 제시한다(Hoy와 Tarter, 2011).

지각력

지각력(power of perception)을 통해 문제가 어떠한 틀로 구조화되어 있는지 파악할 수 있으며, 문제의 틀을 파악하게 되면 궁극적인 해결책 마련과 더불어 여러 가지를 할 수 있게 된다. 가끔은 절대 해결할 수 없을 것 같은 문제도 단순히 문제의 틀을 재구조화함으로 해결할 수 있다. 예를 들어, 자신들이 세들어 살고 있는 빌딩의 승강기가 너무 느려서 화가 난 세입자들의 사례를 살펴보자(Woolfolk, 2010). 세입자들의 불평으로 인해 문제를 해결하기 위해 전문가들을 고용했다. 그런데 전문가들은 승강기는 평균 수준의 다른 승강기들과 비교해볼 때 결코 느린 편이 아니며, 현재 수준보다 더 빠르게 하려면 많은 비용이 든다고 하였다. 이에 관리인은 승강기가 오기를 초조하게 기다리고 있는 사람들을 지켜보며 승강기가 느리다고 느끼는 진짜 이유는 바로 따분함에 있다고 추측했다. 주민들이 승강기를 기다리는 동안 아무 것도 하지 않고 있었던 것이다.

느린 승강기 대신에 따분함으로 문제의 틀을 재설정하고 나니 이제 해결과제는 "기다리는 경험"을 향상시키는 것으로 바뀌었다. 각 층마다 승강기 옆에 거울을 하나씩 설치하는 단순한 조치를 했을 뿐인데 이것은 사람들에게 기다리는 동안 무언가 할 수 있는 일거리를 주었고, 사람들의 불평이 없어졌다. 문제의 틀을 재구조화함으로써 효율적이면서도 즉각적으로 문제를 해결한 것이다. 재구조화는 믿기 어려울 만큼 문제를 단순화시킨다. 따라서 어떻게 의식적으로 부정적인 압박을 긍정적 기회로 바꿀 것인가? 문제 속에서 조직발전을 이끌 수 있는 가능성을 발견하는 것 그게 바로 우리에 주어진 해결과제이다. 문제가 심각하면 심각할수록 그만큼 변화의 기회는 더 커지는 것이다.

단순화의 힘

단순화는 천재적이다. 그러나 우리의 해결과제는 지나치게 단순하지 않게 단순화하는 것이다. 사안이 너무 복잡하면 의사결정가들이 압도당할 수 있고, 그렇다고 지나치게 단순화하면 문제에 대한 깊은 이해를 약화시키게 된다. 이는 모든 사려 깊은 지도자들이 직면하고 있는 딜레마이다. 의사결정가들은 중요한 차이점을 구별하지 못할 정도로 단순화하는 것을 피해야 한다. 그러나 문제가 핵심에 맞게 축소되지 않으면 사물변별능력이 없어지고, 분석력이 무력화되며, 결국 아무런 대책을 마련하지 못할 수 있다.

예를 들어, 컴퓨터 소프트웨어 개발자들은 사용자 친화적인 프로그램 개발에 대해 이야기한다. 문제는 사용하기 쉬우면서도 여러 기능을 갖춘 강력한 프로그램을 개발하는 것이다. 실제로 대중적으로 사용하고 있는 컴퓨터 주변장치와 프로그램은 대개 사용하기 쉬우면서도 강력한 기능을 갖추고 있으며, 수려하면서도 복잡한 것을 단순화시키고 있다. 아이폰에서 구동되는 수많은 사용하기 쉬운 앱들을 보자. 단지 한두 번 손가락으로 터치하면 주변에서 가장 좋은 음식점을 찾을 수 있다. 더 이상 두꺼운 전화번호부를 뒤적이며 찾을 필요가 없어진 것이다. 사고 싶은 물건의 가격을 비교하고 싶을 때에도 한두 번 화면을 터치하기만 하면 가장 싼 곳을 알려준다. 낯선 도시에서도 역시 화면을 터치하는 것만으로도 길을 찾을 수 있다. 상대적으로 복잡한 일인데도 불구하고 단순하면서도 쉽게 집적되어 있다. 이처럼 애플이 무선통신 세계에 가져다준 이점은 바로 단순화라고 주장할 사람도 있을 듯하다. 그러나 우리가 알다시피 1세기도 훨씬 이전에 Henry David Thoreau는 "단순화하라! 단순화하라!"고 사람들에게 충고했다. 점점 복잡해지기 때문에 단순화가 필요하다. 이 사실을 의사결정가들은 놓쳐서는 안 된다. 단순화가 대세이다.

과단성의 힘

복잡한 데서 방향을 잃지 않고 순항하기 위해 단순화가 필요한 것처럼 과단성도 중요하다. 우유부단한 의사결정가라는 말은 서로 양립할 수 없는 표현이다. 조직이 삐걱거리는 단계로 가지 않기 위해서는 반드시 결단이 필요하다. 가장 어려운 결단 중의 하나는 바로 대안 탐색을 멈추는 것이다. 당신이 가능한 대안 마련을 위한 의견을 계속 청취하고 싶어하는 것은 당연하다. 특히나 그 결정이 중요하고, 복잡하며, 다른 사람들과 관련된 일이라면 더욱 그렇다. Ariely(2008)는 결정을 유보한 채 계속해서 다른 대안을 찾게 되면 원래 목적에 집중하지 못하게 된다고 주장한다. 오늘날 민주주의 사회에서는 개개인에게 무수한 선택의 기회가 주어진다. 그러나 비록 우리에게 선택의 기회가 많아졌다고는 하지만 실현가능성이 있는 것은 매우 희소한 가운데 무언가를 선택해야만 하는 딜레마에 놓여 있다. 갈래 길에서 어느 한 길을 선택하는 것은 다른 길을 포기하는 것을 의미한다. 우리는 누구나 자유와 자율을 동경하기 때문에

(Fromm, 1969와 Deci와 Ryan, 2000), 더 많은 선택의 기회를 포기하는 것은 부자연스러운 일이다.

집단과 지도자는 가치 없는 대안을 쫓고자 하는 비이성적인 충동으로부터 벗어나야 한다(Ariely, 2008: 148). 계속해서 다른 대안을 강구하면 항상 그에 대한 값을 지불하게 되어있다. 무언가를 찾는 데 시간을 보내게 되면 다른 무언가를 할 수 있는 시간을 잃게 되는 것이다(Shin과 Ariely, 2004). 가능한 대안이 무엇인지 탐색하는 일은 합리적 의사결정에 있어 필수적이라 할 수 있지만, 탐색을 중지하는 것도 대단히 중요하다. 집단과 지도자가 결정을 내리지 않는 것도 비용이 발생한다는 사실을 기억할 때 시의적절한 결정과 대안을 탐색하느라 시간을 허비하는 것 사이의 균형을 유지할 수 있다. 과단성은 만족을 기준으로 하는 의사결정에 있어 특히 중요하다. 이는 곧 첫 번째로 만족스러운 대안이 나왔을 때 이를 취하는 것, 즉 최고의 것을 택하는 원리이다(10장 참조).

마감기한의 힘

마감기한을 정해 놓으면 일을 종료해야 할 시점이 구체화되기 때문에 과단성에 도움이 된다. "시간 안에 끝내기"라는 훈계는 "최선을 다하라"라는 훈계만큼이나 동기를 부여하는 힘을 가진다. 평범한 격려만으로는 쉽지 않지만 구체적이고, 성취가능하며, 약간 도전적인 목표를 제시하게 되면 강한 동기를 이끌어낼 수 있다(Locke와 Latham, 1990). MIT에 다니는 대학생이 되었건(Ariely, 2008), 초등학교나 중고등학교에 다니는 학생이 되었건(Emmer와 Evertson, 1982, 2009; Emmer, Evertson와 Anderson, 1980), 선행연구에서 분명히 밝히고 있듯이 조직화하고 마감기한을 설정하게 되면 과단성이 증진된다. 따라서 집단적 의사결정은 구조화하고 현실성 있는 시간계획을 수립해서 의사결정을 내린 후에 행동에 옮길 구체적인 마감기한을 설정해야만 한다.

주인의식의 힘

주인의식은 가치를 창조한다. 우리가 무엇인가를 소유하게 되면, 그것이 자동차가 되었건, 아이디어가 되었건, 심지어 문제거리가 되었건 간에 그것의 가치와 중요성이 커진다(Kahneman, Knetsch와 Thaler, 1990, 1991). 누군가를 의사결정 과정에 참여시키고자 하는 지도자들이 이러한 명제를 적용하는 것은 간단한 일이다. 다만 해결해야 할 과제는 의사결정 참여자들로 하여금 그 문제에 투자하도록 유도하는 일이다.

다시 말해, 의사결정에 참여하는 모든 사람들에게 주어진 문제가 지도자나 조직의 문제가 아니가 바로 자신의 것으로 받아들이도록 하는 것이다.

주인의식을 통해 가치를 창조하기 위한 몇 가지 논지가 있다. 첫째, 지도자가 교사들에게 도움이 되는 아이디어를 내놓는 것이다. 교사들이 그 아이디어를 그들 자신의 것으로 여기면 그 아이디어의 가치가 더욱 높아질 것이다. 둘째, 지도자가 아이디어를 내놓는 것도 중요하지만, 동시에 교사들로 하여금 해결하고자 하는 문제조차도 자신의 것으로 받아들이게끔 능숙하게 이끌어야만 한다. 말하자면, 교사들을 효과적으로 의사결정에 참여시키기 원하는 지도자에게 있어 세 가지 중요한 목표가 있는데 (1) 교사들이 문제를 자신의 것으로 여기도록 하는 것, (2) 교사들이 공감할 수 있는 새로운 아이디어를 내놓는 것, (3) 교사들이 공유된 문제에 대한 참신한 접근법을 제안할 수 있는 환경을 조성하는 것이다. 이와 같이 주인의식을 부여함으로써 아이디어의 가치를 배가시키고, 그 아이디어가 채택될 가능성을 높이게 된다.

감정의 자기조절 능력

행정가들이 해야 할 가장 어려운 것 중의 하나는 비상사태나 재난 상황에서 평정심을 유지하는 일이다. 대부분의 지도자들이 위기상황에서 감정적으로 동요하게 되면 아무 것도 얻지 못한다는 데에 동의는 하고 있지만, 아는 것과 실제로 행하는 것은 별개의 문제이다. 어려운 일을 당했을 때 침착하고, 냉철하며, 이성적으로 행동함으로써 얻게 되는 장점에 대해 아는 것이 하나의 차원이라면, 그대로 행하는 것은 전혀 또 다른 차원의 것이다. 이 격언은 개인이나 집단에 동일하게 적용된다. 사실 집단은 다양한 개성의 집합체이기 때문에 괴롭고 힘든 상황에서 침착함을 유지하는 게 훨씬 더 어려울 수 있다.

사람들은 흥분하게 되면 갑자기 예측 불가능한 비이성적인 행동을 하게 된다. 어떻게 하면 극심한 스트레스 상황에서 다른 사람들과 우리 자신을 통제할 수 있을까? 그 해답은 극심한 압박상황에 놓인 동안에는 아무것도 하지 않는 것이다. 질문에 대한 대답이 아주 간단해 보이지만 어떤 때는 반드시 무언가를 선택해야 하는 경우도 있다. 감정적으로 격한 상황에서 의사결정을 그토록 어렵게 하는 요인들은 무엇이 있을까? Weick(1990)의 항공참사에 관한 연구를 통해 몇 가지 단서를 발견할 수 있다. 극심한 중압감을 느끼는 상황에서는 아드레날린 호르몬이 주체할 수 없이 분비되기 때문에 인지능력이 상실되고, 정확한 의사소통을 할 수도 없으며, 다급하게 결정을 내리려다 보니 사소한 실수들이 늘어나게 된다.

난관에 봉착했을 때 이렇듯 비이성적으로 행동하게 되는 자연적인 성향을 완전히 통제할 수 있는 최선의 방법은 없지만, 몇 가지 대비책이 있다. 감정적으로 동요하게 되는 상황에 처했을 때 아래에 제시된 행동지침을 숙고해 보기 바란다.

- 의사결정을 내리거나 일을 시행하기 전에 스스로를 억제해 냉각기를 가져라. 진행 과정을 지연하는 것이다.
- 감정적으로 동요되지 않은 믿을 만한 동료에게 위임하라.
- 이성을 되찾을 때까지 공식 답변서를 작성하는 것을 참아라. 초안을 작성하되 발송하지는 마라.
- 공식석상에서 화를 내거나 공포에 질린 모습을 보이지 마라.

의사결정가가 **유연한 상시경계(soft vigilance)**, 즉 상황의 전개과정을 주지하고 있어서 사건에 대해 서로 상반되게 이유를 설명할 수 있는 의식 상태에 있다면 더욱 효과적인 의사결정을 내릴 수 있다(Langer, 1989). 이 과정에서 판에 박히고 무의미한 일반화는 경계해야 한다. 깨어 있는(mindfulness) 상태에 있으면 문제와 반응 간의 감정적 거리를 늘려서, 그가 처해있는 스트레스 경험의 반대 상황에서의 감정상태가 어떠할지 이해할 수 있게 된다. 깨어 있음은 비이성적으로 행동하는 것을 제한할 수 있는 마음의 습관이다. 깨어 있음에 대해서는 본서의 3장을 참조하기 바란다.

의사결정을 위한 일반 명제

지금까지 참여적 의사결정과 관련해 논의한 내용은 다음과 같이 여섯 가지 일반 명제로 정리할 수 있다.

- *지각력*을 통해 문제가 어떠한 틀로 구조화되어 있는지 알 수 있다. 상황 맥락을 확장하고, 다양한 접근을 활용하며, 새로운 맥락에서 재구성하라.
- *단순화의 힘*을 활용하면 의사결정가는 복잡한 문제 해결을 위한 방향을 잡을 수 있다. 복합적인 사건의 핵심을 밝혀서 복잡한 것을 단순화하라.
- *과단성의 힘*은 실행에 옮길 수 있는 능력이다. 과감하게 실행하는 것과 실행에 옮길지 깊이 분석하는 것 사이에 균형을 취하라.
- *마감기한의 힘*을 활용해 사안의 마감 시점을 미리 설정해 놓으면 과단성이 증진된다. 교사들과 행정가들이 의사결정에 함께 참여하고 있을 때에는 그들에게 마감기한을 부과하라.

● *주인의식의 힘은 문제와 아이디어에 가치를 창조한다.* 집단 주인의식을 조성해서 그 집단이 문제와 아이디어를 그들 자신의 것으로 취하도록 유도하라.
● *감정의 자기조절 능력은 지도자들이 아주 격한 위기상황에 대처하는 데 도움이 된다. 유연한 상시경계는 비이성적 행동에 대비해 상황을 주지하는 하나의 습관이다.*

이 장의 첫머리에서 제기했던 질문으로 다시 돌아가 보자. "행정가는 어떠한 상황 하에서 교사들에게 의사결정에 참여할 수 있는 권한을 부여해야 하는가?" 이 물음을 두 가지 참여적 의사결정 모델을 바탕으로 풀어 보도록 하겠다. 하나는 의사결정 원리를 종합적으로 제시한 모형이며(Vroom과 Yetton, 1973), 다른 하나는 전문성, 관련성, 부하에 대한 신뢰 등 세 가지 준거를 바탕으로 한 단순한 모형이다. 두 가지 모델은 모두 교사들에게 권한을 부여하고, 결정에 대한 수용성을 높이고, 의사결정의 질을 높이기 위해 고안된 것이다(Bridges, 1967; Hoy와 Tarter, 1992, 1993a, 1993b).

Vroom의 참여적 의사결정 모델

Victor Vroom과 그의 동료들(Vroom과 Yetton, 1973; Vroom과 Jago, 1988)은 현존하는 경험적 연구결과들로부터 두 가지 법칙을 도출하여 참여적 의사결정 모델을 제시했다. 이는 조직에서의 참여 관리 영역에서 가장 널리 알려진 모델이며, Miner(1980, 1988, 2005)는 규범적 지도성 이론에 관한 연구결과 고찰을 통해 어떠한 지도성 이론도 타당성이나 유용성의 측면에서 Vroom 모형을 능가하지 못한다고 평가하기도 했다. 가장 최근에 제시된 모형에서, Vroom과 Jago(1988)는 다양한 상황에서 부하직원의 의사결정 참여에 영향을 미치고 있는 문제의 특성을 밝히고 있다. 이들 특성은 일련의 의사결정 법칙과 조작적 질문으로 규정되어 있다.

의사결정의 질과 수용성 제고

Vroom 모형은 의사결정 참여를 문제의 성격 및 상황에 맞추고 있다. 그들은 자신들의 연구에 기초해 의사결정의 질을 제고하기 위한 네 가지 법칙을 제시한다.

1. 질(quality)의 법칙. *다음의 경우에만 일방적 의사결정 방식을 취하라.*
   ● 질적 요구조건이 낮으며, 사안이 부하직원들에게 중요하지 않은 경우, 혹은

- 질적 요구조건이 낮고, 의사결정이 중요하며, 부하직원들이 수용할 준비가
  되어 있는 경우

2. 지도자의 정보 소유 법칙. *다음의 경우라면 일방적 의사결정을 내리지 마라.*
   - 의사결정의 질이 중요하며, 당신 혼자서 문제를 해결하기에는 충분한 정보
     와 전문성을 소유하고 있지 않은 경우

3. 신뢰의 법칙(목표 일치). *다음의 경우 일방적 의사결정을 내려라.*
   - 의사결정의 질이 중요하며, 부하직원들이 조직의 목표에 맞추어 의사결정을
     내릴 것이라고 신뢰할 수 없는 경우

4. 문제의 조직화 법칙(Problem Structure Rule). *다음의 경우 관련 정보를 수집할
   수 있도록 정통한 부하직원을 참여시켜라.*
   - 의사결정의 질이 중요하고, 문제가 비구조화되어 있으며, 당신은 충분한 지
     식이나 전문성이 부족한 경우

의사결정의 질을 향상시키는 것도 중요하지만, 마찬가지로 부하직원들이 결정을
받아들이고 수용하는 것도 중요하다. 의사결정 결과의 수용을 증진시킬 수 있는 네
가지 법칙을 보면 다음과 같다.

1. 수용의 법칙(acceptance rule). *다음의 경우에 부하직원들을 참여시켜라.*
   - 의사결정 결과를 효과적으로 이행하는 데 있어 부하직원들의 수용이 필수불
     가결하며, 부하직원들이 당신이 혼자 결정한 것을 받아들일지 여부를 확신
     할 수 없는 경우

2. 부하직원 간 갈등의 법칙(subordinate conflict rule). *다음의 경우에는 부하직원
   들을 참여시켜라.*
   - 부하직원 간에 갈등이 있고, 의사결정을 수용하는 것이 필수불가결하며, 부
     하직원들이 당신 혼자 결정한 것을 받아들이지 않을 것 같은 경우

3. 부하직원 헌신의 법칙(subordinate commitment rule). *다음의 경우에는 집단적
   의사결정을 내리도록 하라.*
   - 의사결정의 질이 그리 중요하지는 않지만, 그 결과에 대한 수용 여부는 중요
     하며 문제의 소지로 작용할 가능성이 있는 경우. 이때에는 집단적 의사결정
     방법이 위계적 의사결정에 비해 수용도와 헌신을 높일 수 있을 것으로 여겨
     진다.

4. 부하직원 정보의 법칙(subordinate information rule). *다음의 경우에는 부하직
   원들을 참여시키지 마라.*

● 부하직원들이 충분한 정보나 전문성을 갖고 있지 않은 사안에 대해 결정해야 하는 경우

의사결정의 제약 요인들

의사결정의 질을 향상시키고 수용도를 증진시키기 위한 법칙에 더해, 의사결정을 제약하는 두 가지 강력한 요소가 있다.

1. 시간의 제약(동기-시간). 시간은 항상 중대한 요소이다.
   ● 시간은 공짜가 아니다. 의사결정을 내리는 데 소요된 시간은 다른 활동에 전념할 수 있는 기회의 상실을 비용으로 지불한 것이다.
2. 개발의 제약(동기-개발). 부하직원들은 대체로 의사결정에 기여할 수 있는 지식과 기술을 가지고 있지 않다.
   ● 의사결정은 실전을 통해 터득한 후천적 기술이다. 교사들에게 권한을 부여한다는 것은 그들이 중요한 결정을 내릴 수 있는 기술과 기회를 제공한다는 것을 의미한다.

시간적 제약으로 인해 의사결정에 참여하는 수준이 구속될 수밖에 없지만, 시간이 허락한다면 지도자는 교사들이 의사결정에 효과적으로 참여할 수 있게 하는 지식과 기술을 개발할 수 있다.

의사결정 유형

Vroom과 Yetton(1973)은 "개인"과 "집단"의 문제를 구분한다. 개인적인 문제는 단지 한 사람에게 영향을 끼칠 가능성이 있는 것이다. 우리가 지금 논의하고 있는 집단의 문제는 다른 사람들에게 영향을 끼치는 쟁점이다. Vroom과 Yetton(1973)은 전제적 의사결정부터 집단적 의사결정에 이르는 일련의 의사결정 유형을 다음과 같이 다섯 가지로 제시하고 있다.

● *전제적(autocratic)*: 지도자가 현재의 정보를 바탕으로 문제를 일방적으로 해결한다.
● *정보에 근거한 전제적(informed-autocratic)*: 지도자가 부하직원들로부터 필요한 정보를 수집한 후 일방적으로 문제를 해결한다. 지도자가 정보수집 과정에

서 부하직원들에게 질문의 목적이 무엇인지 알려줄 수도 있고 알려주지 않을 수도 있다. 그러나 부하직원들은 문제가 무엇인지 규정하거나, 문제해결을 위한 가능한 대안을 형성하고 평가하는 역할을 담당하지는 못한다.

- *개인적 자문(individual-consultative)*. 지도자는 부하직원들과 함께 문제를 공유하고 아이디어가 있는지 개인적으로 부탁해서 부하직원들의 영향력을 받지 않고 결정한다.
- *집단적 자문(group-consultative)*. 지도자는 집단 성원들과 개인적으로 문제를 공유하고 그들에게 아이디어가 있는지 확인한 후 부하직원들의 의견을 반영하거나 반영하지 않은 결정을 내린다.
- *집단적 합의(group-agreement)*. 지도자는 부하직원들과 집단적으로 문제를 공유하고, 합의에 도달할 수 있는 대안이 무엇인지 함께 평가한다. 이러한 집단적 의사결정에서 지도자는 집단의 결정을 기꺼이 수용한다.

이러한 의사결정 유형을 학교상황의 실례를 통해 예증할 수 있도록 다음의 경우를 고려해 보기 바란다. 당신은 어느 고등학교의 교장이다. 당신은 에이즈(AIDS)를 방지하기 위한 새로운 수업 프로그램을 개발하여 교육과정에 추가하고 싶다. 사실은 교육감과 교육위원회에서 에이즈 방지 프로그램을 추가하도록 지시를 받았다.

당신이 실행에 옮기기 전에 관련정보를 더 얻을 필요가 있다고 느낄 경우, 아마도 당신은 지시를 내리기에 앞서 보건교사에게 문의해서 그런 계획을 실행할 때 예상되는 어려움이 무엇인지 알아낼 것이다. 이러한 경우는 정보에 근거한 **전제적 의사결정 유형**에 해당한다. 만약 당신이 좀 더 자문을 받고 싶다면, 두 가지 자문전략 중 한 가지를 채택할 것이다. **개인적 자문 유형**의 경우 실행계획을 결정하기 전에 핵심인물 한두 명을 선택해서 그들에게 어떤 아이디어가 있는지 개인적으로 부탁할 것이다. 또 다른 방안으로 이번에는 동일한 목적으로 집단단위의 양호교사를 부를 수도 있다. 이 경우에는 **집단적 자문 유형**에 해당한다. 마지막으로, 만약 당신이 교사들의 참여를 극대화하고 싶을 경우, 전체 교직원들에게 그 문제를 공유하고 교사들의 견해를 구해서 가능한 대안을 찾아 평가하도록 하고, 교직원들에 의한 민주적 의사결정을 내릴 수도 있다. 이 때 학교장은 사회자 역할을 담당하며, **집단적 합의**에 의한 의사결정을 수용하고, 지지하며, 시행하게 된다.

TIP: 이론의 적용

Vroom의 다섯 가지 의사결정 유형으로 당신 학교장의 의사결정 유형을 분석해 보라. 당신의 학교장은 다섯 가지 모든 유형을 활용하고 있는가? 당신 학교장의 주된 의사결정 유형은 무엇인가? 어떤 의사결정 유형을 가장 적게 활용하고 있는가? 당신의 학교장은 상황의 변화에 따라 얼마나 쉽게 의사결정 유형을 바꿀 수 있는가? 당신의 학교장은 상황과 의사결정 유형을 얼마나 잘 조화시키고 있는가? 당신 학교장의 의사결정 유형에서 기본적인 장점과 단점은 무엇인가?

의사결정 나무

의사결정의 효과성은 그것의 질(quality)과 수용(acceptance), 적시성(timeliness)에 달려있다(Vroom과 Jago, 1988). 효과적 의사결정의 핵심은 적절한 지도자의 의사결정 유형과 의사결정 법칙을 적시에 조화시키는 것이다. 여덟 가지 법칙과 두 가지 제약 요인은 모형에서 제시된 다섯 가지 의사결정 유형 가운데 한 가지가 요구되는 상황을 나타낸 것이다. 그러나 상황과 법칙과 제약 요인을 조화시킨다는 것은 그리 간단한 문제가 아니다. 여덟 가지 법칙과 두 가지 제약 요인을 한 번에 두 개씩만 취하면 1,000여 개의 상황과 여러 갈래의 경로가 도출될 수 있다. 따라서 이를 분석하는 일이 약간은 당황스럽기도 하고 위협적인 일이 될 수도 있다.

그렇지만, **의사결정 나무(decision tree)**를 사용하면 도움이 된다. 의사결정 나무는 일련의 의사결정 법칙을 따라 도출된 가능한 의사결정을 선으로 나타내어 도식화한 것인데, 여기에 제시된 것은 Vroom과 그의 동료들이 경험적으로 발견한 결과에 기초해 가능한 조합을 적용하여 해법으로 제시한 것이다.

의사결정 나무는 교사들이 의사결정에 참여하기 위한 경로를 간략화해서 보여주고, 학교장과 교사의 역할을 규정해 준다. [그림 11.1]에서는 교사의 기술과 지식 개발이 요구될 때 상황에 따라 적절한 의사결정 유형을 구상하기 위해 어떻게 여덟 가지 의사결정 법칙을 적용하는지 설명하였다.

그림에서 여덟 개의 법칙은 질문들로 시작된다. 첫째, 질에 관한 질문을 고려해 보자. 의사결정의 질이 높은 수준인지 혹은 낮은 수준인지 두 가지 흐름이 있다. 이들 각각의 줄기는 다음 질문, 즉 부하직원의 헌신이 얼마나 중요한지 여부에 대한 두 가지 줄기로 이어지고, 이는 또 다음 질문으로 이어지는 식이다. 의사결정 나무의 줄기를 따라 질문에 답하다 보면 적절한 의사결정 유형에 이르게 된다.

전제적 의사결정은 어느 때에 적절할까? [그림 11.1]에 의하면, 의사결정의 질적 필요요건이 낮으며, 그 문제가 교사들에게 그다지 중요하지 않을 때 전제적 의사결정 유형이 타당하다. 또한 의사결정의 질적 요구가 높지 않지만 그 문제가 교사들에게 중요하다면 오로지 교사들이 전제적 의사결정을 수용할 수 있을 때에 한해서 전제적 의사결정 유형이 타당하다. 의사결정 유형과 문제의 특성은 적절한 조화를 결정할 수 있도록 일련의 복잡한 방정식을 통해 합체된다는 사실을 기억하기 바란다(Vroom과 Yetton, 1973; Vroom과 Jago, 1988). [그림 11.1]과 [그림 11.2]의 의사결정 나무는 이들 방정식을 통해 얻어진 해법이다. [그림 11.1]은 교사발달의 상황에서 도출된 해법이고, [그림 11.2]는 시간적 제약의 상황에서 도출된 해법이다.

이들 의사결정 나무를 단계별로 차례차례 짚어보며 의사결정 모델과 경로에 익숙해지기 바란다. 예를 들어, 개인적 자문 유형은 언제 활용하는 것이 타당한지 간단히 기술해 보라. *개인적 자문 유형은 교사들과 문제를 공유하는 데 집단단위가 아니라 개별적으로 접촉해서 의견을 듣고 의사결정을 내리는 것인데, 그 결정은 교사들의 영향력을 반영한 것일 수도 있고 그렇지 않을 수도 있다. 모형에서 *개인적 자문*이라고 명시되어 있는 의사결정 유형에서부터 시작해 거꾸로 경로를 짚어보기 바란다. [그림 11.1]에 보면 개인적 자문 유형에 두 개의 경로가 있음을 알 수 있다.

첫째, 개인적 자문 유형으로부터 거꾸로 거슬러 올라가면 *갈등이 높고, 부하직원들이 목표를 공유하지 않으며, 수용 가능성이 높고, 충분한 정보를 갖고 있고, 부하직원들의 충성도가 높으며, 의사결정의 질적 요건이 높음*에 주목하라.

둘째, 또 다른 개인적 자문 유형 경로는 *갈등이 높고, 교사들이 목표를 공유하지 않으며, 수용 가능성이 높으며, 문제가 구조화되어 있고, 지도자가 가진 정보가 불충분하며, 부하직원들의 헌신도가 높으며, 의사결정의 질적 요건이 높을 때*라는 것을 알 수 있다.

[그림 11.1]을 보면 두 번째 개인적 자문 유형으로 이어지는 두 가지 또 다른 경로가 있다.

셋째, 뒤에서부터 거꾸로 살펴보면, *갈등이 높고, 부하직원들이 목표를 공유하지 않으며, 문제가 구조화되어 있고, 지도자가 가진 정보가 불충분하며, 부하직원들의 헌신도가 낮고, 의사결정의 질적인 요건이 높다*는 것을 알 수 있다.

넷째, 마지막 상황의 경로는 *갈등이 높고, 부하직원들이 목표를 공유하지 않으며, 지도자는 충분한 정보를 갖고 있지만 부하직원들의 헌신도가 낮고 의사결정의 질적*

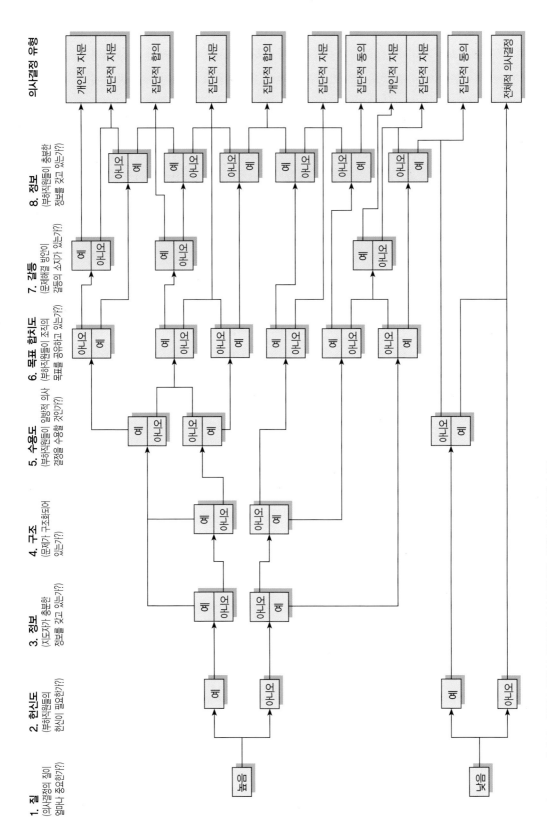

그림 11.1 시간적 제약하에서의 집단적 의사결정을 위한 의사결정 나무

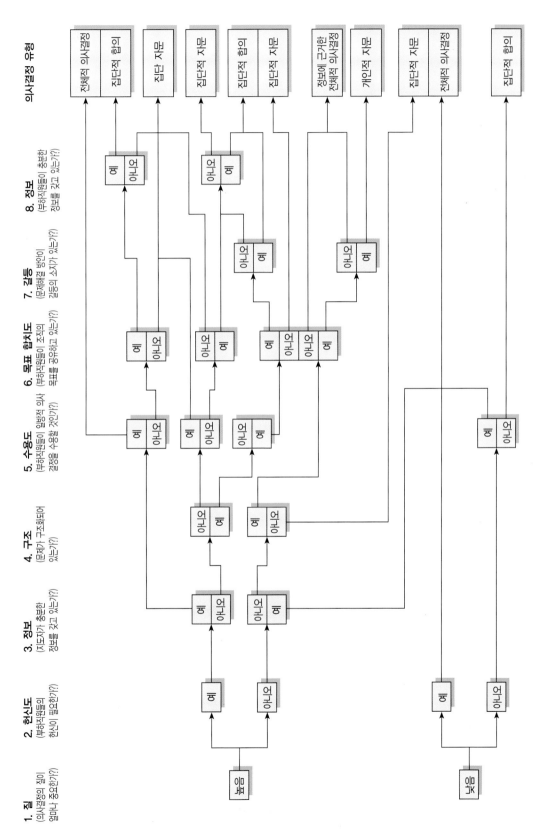

그림 11.2 교사의 발달을 도모하는 집단적 의사결정을 위한 의사결정 나무

요건이 높을 때이다.

정리하면, 높은 의사결정의 질이 요구되며, 부하직원들이 목표를 공유하지 않고, 갈등상황이 높을 때에는 *개인적 자문 유형*을 필요로 한다.

위 모형이 복잡하다는 것은 의문의 여지가 없지만 이는 의사결정 자체가 복잡한 데서 기인한다. 처음에는 그렇게 보이지 않을 수도 있지만, 이 모델은 의사결정 과정을 아주 단순화해서 보여주고 있다. 후속연구에서 제시하는 바를 보면, Vroom과 그의 동료들이 제시한 질문들은 리더십과 의사결정의 효과성에 영향을 미치는 매우 중요한 요인들임을 알 수 있다. [그림 11.1]에 제시된 모형에서는 다섯 가지 의사결정 유형에 대하여 30개 정도의 관련 경로가 그려져 있지만, 아래의 질문에 의거해 여덟 개 모든 준거를 적용하여 생성할 수 있는 무수히 많은 경로와 비교해 본다면 그 수는 아무것도 아니다.

1. 의사결정의 질이 얼마나 중요한가?
2. 의사결정에 대한 교사들의 헌신도가 얼마나 중요한가?
3. 당신은 질 높은 의사결정을 내리기 위한 충분한 정보를 갖고 있는가?
4. 문제가 제대로 구조화되어 있는가?
5. 전제적 의사결정 방식이 받아들여질 것인가?
6. 교사들이 조직의 목표를 공유하고 있는가?
7. 교사가 해결책을 놓고 이해관계로 갈등할 것 같은가?
8. 교사들이 질 높은 의사결정을 내릴 수 있는 충분한 정보를 가지고 있는가?

[그림 11.1]에 제시된 의사결정 나무는 단지 교사발달이라는 제약 상황하에서 도출된 것이라는 점을 상기하기 바란다. 주요한 제약 상황이 교사발달이 아니라 시간이라고 가정할 때, 이에 대한 적절한 의사결정 경로모형은 [그림 11.2]에 나타나 있다. 의사결정을 위한 질문은 동일하지만 그에 따른 경로가 다르다. [그림 11.1]과 [그림 11.2]를 비교해 보라. 시간이 제약 요인으로 작용할 때에는 전제적이고 일방적인 의사결정을 내리는 경우가 많다. 그러나 부하직원들의 발달이 제약 요인으로 작용할 때에는 집단적 합의에 의한 의사결정을 내리는 경우가 더 많다. 다시 말해, 시간 요인이 관여될 때에는 보다 일방적 접근이 요구되지만, 중요한 요인이 시간이 아니라 교사들이 의사결정에 기여할 수 있는 기술과 지식을 개발하는 것이라고 한다면 협력적 방식이 더 많이 요구된다. 필자들은 시간이 허락한다면 개발모형을 추천하는데 이유는 우리가 교사들이 그들의 리더십 행위를 발휘해서 책임감을 갖도록 하기 위함, 즉 교사들에게 권한을 부여하길 원하기 때문이다.

TIP: 이론의 적용

여러분 학교의 교직원들은 대부분 권한위임을 받을 준비가 되어 있는지 평가해 보라. 교직원들은 전제적 의사결정을 얼마나 자주 수용하는가? 대부분의 교직원들은 조직의 목표를 공유하고 있는가? 다시 말해, 그들은 기꺼이 개인의 목표보다 조직의 목표를 우선시하고자 하는가? 교사들 간의 갈등은 얼마나 있는가? 학교장과 교사 간의 갈등은 어떠한가? 교직원들의 전문성 수준은 어떠한가? 어떠한 결정에 교직원들이 참여하지 않아야 하는가? 행정가는 교직원들과 얼마나 개방적으로 정보를 교환하고 있는가? 학교장은 얼마나 개방적이고 지원적인가? 학교장은 반대의견을 얼마나 잘 받아들이는가? 간추려 보면 여러분의 학교에서 참여적 의사결정을 위한 가장 큰 장애물은 무엇인가?

몇 가지 주의 사항

Vroom 모형은 의사결정 과정에 부하직원들을 참여시키는 데 있어 지침을 제공하는 강력한 도구이다. 컴퓨터 없이도 그 모델을 사용할 수 있도록 각 질문에 대한 응답이 이원화되어 있다. 그러나 이렇게 단순하게 개발되었음에도 불구하고 의사결정 나무 없이 분석하는 것은 대단히 복잡한 일이며 대부분의 지도자들 역시 이러한 절차를 무시하고 있다. 이에 대한 이유는 이미 밝혀진 것처럼 이 모형이 비록 유용하긴 하나 일상적으로 사용할 수 있을 만큼의 다양한 상황을 담고 있지는 못하다는 것이다. 그렇지만, 이 모형은 지도자로 하여금 의사결정의 질과 결정에 대한 수용이라고 하는 중요한 필요조건을 생각해 보도록 하며, 어떤 결정을 내리기 전에 점검해야 할 중요한 질문들을 제시해 주고 있다. 지도자들은 컴퓨터나 색인 카드에 담겨있는 것이 아니라 그들이 손쉽게 바로 사용할 수 있는 유용한 모형을 필요로 한다. 이러한 결론을 마음에 새기고 이제 참여적 의사결정 간략화 모델을 살펴볼 텐데, 이 모형은 지도자들이 실전에서 문제와 씨름할 때 머릿속에 쉽게 기억할 수 있는 것이다.

Hoy-Tarter 모형: 참여적 의사결정 간략화 모델

교사들의 의사결정 참여 관련 연구들은 일반적으로 의사결정 과정에서 교사들에게 권한을 부여하는 것이 바람직하다는 사실을 입증해 주고 있다. 그러나 교사들의 의사결정 참여가 반드시 긍정적으로만 작용하지는 않으며, 교사의 참여가 효과적일지 여부는 논의되는 문제와 상황에 달려있음을 또한 보여준다. 기업체와 교육조직을 대상으로 한 의사결정 참여 관련 이론과 연구를 면밀히 검토해 보면 다음과 같은 결론을 얻을 수 있다.[1]

- 정책 형성 과정에 참여하는 기회는 교사들의 사기와 학교에 대한 열정에 중요한 요인이 된다.
- 의사결정 참여와 교직에 대한 교사들의 만족도는 긍정적으로 관련되어 있다.
- 교사들은 의사결정 과정에 자신들을 참여시키는 교장들을 선호한다.
- 의사결정이 실패하는 이유는 결정의 질이 낮거나 부하직원들에 의해 수용되지 않았기 때문이다.
- 교사들이 모든 의사결정에 참여하기 원하거나 기대하는 것은 아니다. 사실, 지나치게 많이 참여하게 하는 것은 거의 참여시키지 않는 것과 비슷한 결과를 가져올 수도 있다.
- 문제의 성격에 따라 의사결정시 교사와 행정가들의 역할과 기능은 다양해질 필요가 있다.

다시 한 번 강조하지만 적절한 질문은 단순히 "의사결정에 교사를 참여시켜야 하는가" 여부가 아니라, 아래와 같이 복잡한 질문들이다.

- 어떤 상황에서 교사들이 의사결정에 참여해야 하는가?
- 어느 정도까지 교사들이 참여해야 하는가?
- 어떠한 방식으로 교사들이 참여해야 하는가?
- 그 과정에서 행정가의 역할은 무엇인가?

비록 복잡하긴 하지만 Vroom도 위의 질문에 대한 답을 제시하고 있다. 이번에는 교육행정가들이 쉽게 습득하고 기억해서 실전에서 사용할 수 있는 의사결정 참여 간략화 모델을 살펴보고자 한다. Hoy-Tarter 모형(1992, 1993a, 1993b, 2003, 2004)은 행정가들이 머릿속에 기억해서 적절한 상황에 맞추어 쉽게 적용할 수 있는 사용자 친화적인 모형으로 발전시킨 것이다. 필자들이 그 모형을 시험해본 결과, 두 가지 서로 다른 모형을 적용해 도출한 해답은 90% 이상 일치한다는 사실을 발견했으며, 약간 일치하지 않는 부분도 핵심적인 것이라기보다는 단순한 유형과 관련된 것들이었다.

Hoy-Tarter의 참여적 의사결정 모델

부하직원들은 일부 사안에 대한 의사결정에 무관심하기 때문에 아무런 의문 없이 이러한 결정을 받아들인다. Barnard(1938: 167)가 설명한 바와 같이, 권위를 의심하지 않고 명령을 수용하는 **무관심 영역(zone of indifference)**이 존재한다. Simon은 좀 더 긍정적 관점에서 **수용 영역(zone of acceptance)**이라는 용어를 선호하나, 관련 문헌들에서 이들 용어는 동일한 의미로 사용되고 있다. 의사결정을 할 때 언제 부하직원들을 참여시키고 언제 참여시키지 않을지를 결정하는 데 있어 부하직원들의 수용 영역이 중요한 잣대가 된다.

수용 영역: 그 중요성과 결정

Edwin M. Bridges(1967)는 Barnard(1938), Simon(1957a)과 Chase(1951)의 연구를 토대로 참여적 의사결정에 관한 두 가지 명제를 발전시켰다.

1. 부하직원들이 자신들의 수용 영역 내에 있는 의사결정에 관여한다면, 참여는 덜 효과적일 것이다.
2. 부하직원들이 자신들의 수용 영역 밖에 있는 의사결정에 관여한다면, 참여는 보다 효과적일 것이다.

행정가들은 어떤 결정이 수용 영역 안에 있고, 어떤 결정이 밖에 있는지 결정하는 문제에 직면하게 된다. 이러한 질문에 대한 대답을 위해 Bridges는 아래와 같은 두 가지 검증 방법을 제시하고 있다.

- **관련성의 검증(test of relevance)**: 부하직원들이 결정된 결과에 대해 어떤 개인적인 이해관계를 가지고 있는가?
- **전문성의 검증(test of expertise)**: 부하직원들은 의사결정에 도움이 될 수 있는 전문성(전문적인 기술)을 가지고 있는가?

이러한 두 가지 질문에 대한 대답은 [그림 11.3]에 나타나 있는 것처럼 네 가지 상황을 만들어 낸다. 부하직원들이 전문성과 개인적인 이해관계를 가지고 있을 때, 의사결정은 명확하게 부하직원들의 수용 영역 밖에 있다. 그러나 만약 부하직원들이 전문성과 이해관계를 가지고 있지 않다면, 의사결정은 수용 영역 안에 있다. 그러나 각각 상이한 제약 요인을 가진 두 가지 주변적인 상황이 존재한다. 부하직원들이 전문성은 가지고 있으나 개인적인 이해관계가 없을 때 또는 개인적인 이해관계는 있으나

		부하직원들은 개인적인 이해관계를 가지고 있는가?	
		예	아니오
부하직원들은 전문성을 가지고 있는가?	예	수용 영역 외부 (아마 포함)	전문성 적음 (때때로 포함)
	아니오	관련성 적음 (때때로 포함)	수용 영역 내부 (확실히 배제)

그림 11.3 **수용 영역과 참여**

전문성이 없을 때, 이러한 경우 상황은 더욱 불확실하게 된다. Hoy와 Tarter(1993a)는 두 가지 추가적인 이론적 명제를 제시하고 있다.

3. 전문성이 거의 없는 상태에서 부하직원들이 의사결정에 참여한다면, 부하직원들의 참여는 효과가 거의 없을 것이다.

4. 관심이 거의 없는 상태에서 부하직원들이 의사결정에 참여한다면, 부하직원들의 참여는 효과가 거의 없을 것이다.

신뢰와 상황

이 모형을 실제 문제 상황에 성공적으로 적용하려고 한다면, 한 가지 사항을 더 고려하는 것이 도움이 된다. 때때로, 부하직원들에 대한 신뢰 정도가 참여 정도를 결정하는 데 영향을 주기도 한다.[2] 부하직원들이 가지고 있는 개인적인 목표가 조직의 목표와 갈등 관계에 있을 때, 이들에게 결정권을 위임하는 것은 좋은 방법이 아니다. 왜냐하면 학교 전체의 안녕을 훼손시키면서 개인적인 이익을 취하는 의사결정이 이루어질 위험성이 아주 크기 때문이다.[3] 따라서 부하직원의 신뢰가 중요하며, 이러한 신뢰 수준을 측정할 수 있는 검증 방법을 다음과 같이 제안한다.

- **신뢰도 검증(test of trust)**: 부하직원들은 조직의 사명에 헌신하는가? 조직의 이익이 최고로 실현될 수 있도록 의사결정을 할 것이라고 신뢰할 수 있는가?

이러한 세 가지 검증을 적용하게 되면 각각 참여를 위한 전략이 서로 다른 다섯 가지 실행 가능한 상황을 도출할 수 있다.

민주적 상황: 광범위한 참여. 의사결정 사항이 수용 영역 외부에 있으며 부하직원들이 조직의 이익을 극대화할 수 있는 결정을 내릴 것이라고 신뢰할 수 있는 경우에는 이들을 광범위하게 참여시켜야 한다. 가능하면 이들이 의사결정에 일찍 참여할수록 더 좋다. 심지어 학교장은 이들 집단이 문제를 재구성해서 가능한 대안을 개발하기 전에 관련 자료를 조사하고, 각 대안의 결과를 예측하고, 의사결정 전략을 만들어 내도록 허용할 수도 있다. 우리는 이것을 *민주적 상황*이라고 명명하는데 이는 다수결의 법칙에 따라 결정이 이루어지기 때문이다. 그렇지만 집단 전체의 합의가 필요한 예외적인 상황도 있다. 예컨대 그것이 법률로 강제되어 있거나, 그 결정을 성공적으로 실행에 옮기는 데 필요한 경우 등이 이에 해당한다.

갈등적 상황: 제한된 참여. 의사결정 사항이 수용 영역 외부에 있으며 부하직원들을 거의 신뢰할 수 없는 경우에는 *갈등적 상황(conflictual situation)*에 놓이게 되며 참여를 제한해야만 한다. 그렇게 하지 않으면 조직의 전반적인 안녕과 불일치하는 방향으로 나가게 된다. 이러한 상황에서는 신뢰를 구축하는 것이 필요하며, 신뢰관계가 구축되기 전까지는 참여를 제한해야 한다.

비협력적인 상황: 비참여. 의사결정 사항이 부하직원들과 관련되어 있지 않으며 이들이 이와 관련한 전문성도 갖추고 있지 않다면 그 결정은 확실히 부하직원들의 수용 영역 내부에 위치하게 되며 가급적 참여시키지 말아야 한다. 이러한 상황은 *비협력적 상황(noncollaborative situation)*에 해당한다. 사실, 이러한 경우 부하직원들은 관심도 없을뿐더러 그 결과와 어떠한 관련성도 없기 때문에 이들을 참여시키게 되면 오히려 분노를 살 수도 있다.

이해관계자적 상황: 제한된 참여. 부하직원들과 개인적 이해관계가 걸린 문제이지만 이들의 전문성이 부족한 경우에는 *이해관계자적 상황(stakeholder situation)*에 놓이게 되며, 부하직원들의 참여를 제한해야 하며 참여시키더라도 아주 가끔씩만 이루어져야 한다. 그렇지 않으면 회의장이 곤란한 처지에 놓이게 된다. 부하직원들이 기여할 수 있는 부분이 아무것도 없다면 결국 부하직원이 아닌 전문가에 의해 의사결정이 이루어질 것이며, 이로 인해서 분노와 적대감이 나타날 수 있다. 부하직원들은 사실상 이미 결정된 사안에 대하여 공연한 헛수고를 했다고 생각할 수 있다. Daniel L. Duke, Beverly K. Showers와 Michael Imber(1980)는 그들의 연구를 바탕으로 참여적 의사결정에 대해 교사들은 형식상의 절차 혹은 교사들도 영향력을 끼칠 수 있다는 환상을 심어주기 위한 시도로 인식하고 있다는 결론을 내리고 있다. 다른 한편으로, 제

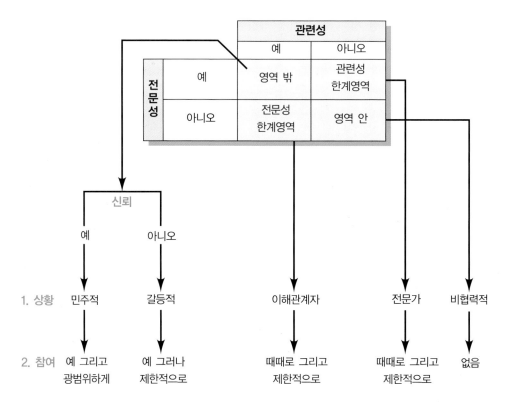

그림 11.4 **의사결정 상황과 하위자들의 참여**

한된 방식으로 가끔씩 교사들을 참여시키는 것이 도움이 될 수도 있다. 이러한 상황에서 참여시키고자 할 경우에는 아주 능숙하게 이루어져야 한다. 이 경우 주요 목적은 부하직원들과 개방된 의사소통을 하고, 그들을 교육하며, 의사결정에 대한 지지를 확보하는 데 두어야 한다.

전문가적 상황: 제한된 참여. 마지막으로, *전문가적 상황(expert situation)*, 즉 부하직원들이 결과에 아무런 이해관계가 없으나 의사결정에 도움이 되는 지식을 갖고 있는 경우이다. 이 경우에 부하직원들을 의사결정에 참여시켜야 할까? 아주 드물게 간간히 참여시켜야 한다! 이런 경우에 부하직원들을 무분별하게 의사결정에 참여시키면 관계가 소원해질 수 있다. 단지 전문성을 갖고 있는 개인이나 집단만 선택적으로 참여시켜라. 이러한 상황에서 행정가는 부하직원들을 참여시킴으로 보다 양질의 의사결정을 내릴 수 있는 기회가 많아지겠지만, 너무 자주 참여시키면 부하직원들이 부담을 느끼게 되며 "행정가가 보수를 받는 이유가 뭐냐"고 부정적인 생각을 갖게 된다. 이러한 상황에서는 부하직원들이 힘껏 노력을 해봤자 그 결과에 대하여 개인적 이해관계가 거의 없거나 전혀 없는 것이다.

　　지금까지 살펴 본 **다섯 가지 의사결정 상황**과 적절한 방안은 [그림 11.4]에 요약되어 있다.

의사결정 구조

일단 행정가가 부하직원들을 의사결정에 참여시키기로 결정했다면, 그 다음 질문은 그 과정을 어떻게 진행할 것인가이다. Hoy와 Tarter(2003)는 아래의 **다섯 가지 의사결정 구조**를 제시하고 있다.

1. *합의(group consensus)*: 행정가가 의사결정에 참여하며, 집단으로 의사결정을 한다. 집단의 모든 구성원들 간에 공평하게 의제를 만들어 내고 평가하지만 의사결정을 내리기 위해서는 전체 성원들의 합의가 필요하다.
2. *다수결(group majority)*: 행정가가 의사결정에 참여하며, 집단은 다수결의 원칙에 의해 의사결정을 한다.
3. *집단적 조언(group advisory)*: 행정가가 전체 집단의 의견을 경청하고 집단의 제안이 함축하고 있는 바를 논의해서 의사결정을 하며, 이때의 결정은 부하직원들이 원하는 바를 반영할 수도 있고 그렇지 않을 수도 있다.
4. *개인적 조언(individual advisory)*: 행정가는 사안에 대해 정통한 부하직원 개인과 상의해서 의사결정을 하며, 이때의 결정은 그들의 의견을 반영할 수도 있고 그렇지 않을 수도 있다.
5. *일방적 결정(unilateral decision)*: 행정가는 부하직원들과 상의하거나 의사결정에 참여시키지 않고 결정한다.

지도자의 역할

지금까지 참여적 의사결정에서 부하직원들에 초점을 두고 살펴보았다. 이제 행정가에게로 관심을 돌려서 **다섯 가지 지도자의 역할**, 즉 통합자, 정치가, 교육자, 의뢰인, 지시자의 역할을 밝히고자 한다. 통합자는 부하직원들이 합의된 의사결정을 도출할 수 있도록 화합을 이끈다. 이때의 주된 과업은 다양한 의견과 관점을 조정하는 것이다. 정치가는 소수의 의견을 보호하고, 집단적 의사결정을 통해 민주적 절차를 거쳐 참여자들을 이끌어 나감으로써 개방적인 의사소통을 촉진한다. 교육자는 결정될 사항들이 가지고 있는 기회와 제한점들을 집단 구성원들에게 설명하고 논의함으로써 변화에 대한 저항을 줄인다. 의뢰인은 전문지식을 갖춘 부하직원들에게 조언을 구한다. 관련 정보를 얻을 수 있도록 행정가가 유도해 나가면 의사결정의 질을 높일 수 있다. 지시자는 부하직원들이 전문성을 갖추고 있지 못하거나 개인적 이해관계가 없을 경우 일방적으로 의사결정을 한다. 이 때 그 주된 목표는 효율성이다. 이들 각 역할의 기능과 목표는 〈표 11.1〉에 요약되어 있다.

표 11.1 참여적 의사결정을 위한 행정가 역할		
역할	기능	목표
통합자	다양한 관점을 통합함	합의를 얻기 위해
정치가	개방적인 논의를 촉진함	심사숙고한 집단의 의견을 지원하기 위해
교육자	사항을 설명하고 논의함	결정안이 수용되도록 하기 위해
의뢰인	조언을 구함	의사결정의 질을 높이기 위해
지시자	일방적인 의사결정을 함	효율성을 달성하기 위해

TIP: 이론의 적용

Hoy와 Tarter가 제시한 지도자의 다섯 가지 역할을 사용하여 당신의 의사결정 유형을 분석한다. 지배적인 유형은 무엇인가? 가장 강력한 역할은? 가장 적게 사용하는 지도자 역할은 무엇인가? 왜 그런가? 상황의 변화에 따라 역할을 쉽게 변경할 수 있는가? 당신의 리더십이 가지고 있는 기본적인 강점과 약점은 무엇인가? 여러 가지 지도자 역할을 사용함에 있어 융통성과 일관성을 가질 수 있는가? 왜 그리고 어떻게 가능한가?

종합: 참여적 의사결정 모델

행정가들은 교사들을 의사결정에 참여시키라는 이야기를 너무 자주 듣는다. 이에 대한 적절한 입장은 다음의 질문, 즉 의사결정 과정에 다른 사람들을 언제, 어떻게 참여시킬 것인가를 곰곰이 생각해 보는 것이다. 필자들은 이 질문에 대한 답으로 한 가지 모형을 제시했다.

Barnard(1938)와 Simon(1947)의 연구에서 도출한 이 모형의 핵심적인 개념은 수용 영역이다. 어떤 의사결정은 부하직원들이 그냥 수용할 수 있으며, 이런 경우에는 부하직원들을 참여시킬 필요가 없다. 행정가들은 아래와 같은 두 가지 질문을 해봄으로써 이러한 상황들을 확인할 수 있다.

1. *관련성 질문(relevance question)*: 부하직원들은 결과와 관련해 개인적 이해관

계를 가지고 있는가?

2. *전문성 질문(expertise question)*: 부하직원들이 전문성을 갖고 있어서 문제해결에 기여할 수 있는가?

위의 두 가지 질문에 대한 답이 '예'라면, 즉 부하직원들이 결과와 관련해 개인적 이해관계를 가지고 있고 전문성을 갖추고 있다면, 이는 수용 영역 외부에 위치한다. 부하직원들은 참여하기를 원할 것이고, 이들의 참여를 통해 의사결정의 질을 높일 수 있을 것이다. 그러나 지도자는 다음의 질문을 통해 부하직원들의 조직에 대한 헌신도를 평가해야 한다.

3. *신뢰성 질문(trust question)*: 부하직원들이 조직의 이익을 우선하여 의사결정할 것이라고 신뢰할 수 있는가?

부하직원들을 신뢰할 수 있다면, 최상의 의사결정을 내리기 위해 이들의 참여를 확대해야 한다. 행정가는 처음부터 논의과정을 다시 시작함으로써 실천전략을 형성하기 전에 교사들이 문제를 재구조화할 수 있도록 고려해 보아야 한다. 이 과정에서 행정가는 통합자(합의가 필수적일 경우) 또는 정치가(다수결로도 충분할 경우)의 역할을 담당하게 된다. 부하직원들을 신뢰할 수 없다면(갈등적 상황), 이들의 참여를 제한해야 한다. 이러한 상황에서는 행정가들이 교육자로서의 역할을 담당해서 집단에 조언하고 저항하는 사람들이 누구인지 확인해야 한다.

그러나 부하직원들이 단지 개인적 이해관계를 가지고 있을 뿐 전문성을 갖추고 있지 않다면(이해관계자적 상황), 이들을 가끔씩만 참여시키고 제한해야 한다. 부하직원들이 결과에 대해 관심을 가지고 있으나, 이러한 결정을 할 수 있는 지식이 부족하다. 이러한 상황에서는 부하직원들을 의사결정에 참여시킴으로써 부하직원들의 저항을 줄이고 이들을 교육시킬 수 있다. 더 자주 참여시키게 되면, 교사들은 자신들이 원하는 것을 충족하지 못함으로 인해 조정당하고 있다고 여기게 되어 소외감을 느끼게 될 위험이 있다. 이 경우 모든 참여자들이 애초부터 지도자에게 조언을 하는 위치에 있다는 것을 명확히 인식할 필요가 있다. 행정가의 역할은 의사결정을 통해 교육하는 것이다.

부하직원들이 전문성을 갖추고 있지만 개인적 이해관계가 없을 경우(전문가적 상황)에도 부하직원들의 참여는 가끔씩 제한적으로 이루어져야 한다. 이 경우 행정가는 통상적으로 실행과정에 관여하고 있지 않은 중요한 부하직원들로부터 전문적 의견을 타진함으로써 의사결정을 증진시키고자 한다. 언뜻 보기에는 지도자가 의사결정을 할 때 항상 전문가에게 자문을 구해야 한다고 생각할 수 있지만, 함께 일하는 사람이 결과에 대해 자신과 이해관계가 없다면 그들의 열정은 곧 식어버릴 것이다. "이 일은 내 일이 아니야"라고 불평을 할 수도 있다.

비협력적인 상황에서는 교사들이 의사결정에 참여하고자 하는 관심도 없고 의사결정에 기여할 수 있는 전문성도 가지고 있지 않다. 그럼에도 학교행정가들이 지식이나 관심에 관계없이 교사들을 온갖 종류의 모든 의사결정 과정에 참여시켜야 한다는 강압적인 풍조도 있다. 이러한 행위는 역기능을 가져오게 되며 터무니없는 것이다. 아무런 관심도 없고 전혀 도움도 되지 않는 사람들을 무엇 때문에 의사결정에 참여시키겠는가? 이 모형에서는 부하직원들의 수용 영역 내에 있는 사항들에 대해서는 행정가가 일방적인 결정을 할 것을 제안한다. 전체 모형은 [그림 11.5]에 요약되어 있다.

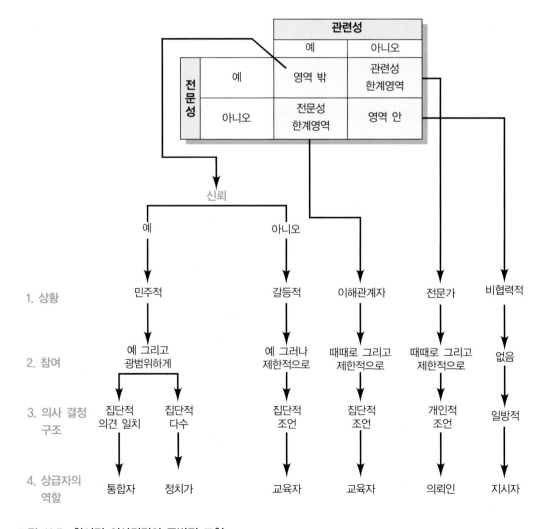

그림 11.5 **참여적 의사결정의 규범적 모형**

여기서 제시된 참여적 의사결정 모델은 모든 문제를 해결할 수 있는 만능 해결책이 아니다. 섬세하고 사려 깊은 관리자의 사고와 행동을 대체할 수 있는 것도 아니다. 이 모형은 단지 언제, 어떻게 교사와 학교장이 공동으로 의사결정에 참여해야 하는가를 결정할 수 있는 몇 가지 지침을 제공해줄 뿐이다. 의사결정의 효과성은 의사결정의 질과 결정된 안을 실행하는 부하직원들의 수용과 헌신에 달려있다.

교사들의 의사결정 능력 개발

모든 교사들이 의사결정에 참여하길 원하는 것은 아니다. 사실 어떤 교사들은 모든 중요한 결정에 대해서는 행정가들이 하는 것을 더 편하게 생각한다. 또한 어떤 교사들은 모든 의사결정에 일일이 관여하길 원한다. 대부분의 교사들은 이러한 양 극단의 중간쯤에 위치해 있다. 교사들이 어떤 기여를 할 수 있을 때에는 의사결정 과정에 참여하고 싶어 할 것이라는 건전한 시각을 갖는 것이 필요하다.

대부분의 교직원들이 여러 가지 재능을 갖고 있는데 어떻게 하면 이러한 재능을 발휘해서 사용할 수 있도록 해줄 수 있는지 방안을 강구해야 하는 것이 바로 행정가들에게 주어진 과제이다. 교사들에게 효과적으로 권한을 부여하기 위해서는 학교장이 교육하는 역할뿐만 아니라 공유하는 역할도 담당해야 한다. 첫째, 교사들이 학습을 통해 자신의 개인적 관심사보다도 학생들과 학교의 안녕을 더 우선시한다는 것을 보여주어야 한다. 학교장은 또한 직설적인 어법의 사용과 개방성, 일관성을 보이며, 게임을 하지 않음으로써 교사들에게 자신의 진정성을 행동으로 보여주어야 한다. 다음으로, 교사들이 지식을 갖고 있지 않기 때문에 효과적으로 참여할 수 없을 때에는 교사들이 참여하기 전에 학교장이 이들의 전문성을 함양시켜 줘야 한다. 그렇지만 교사들이 관심을 갖고 있지 않은 몇몇 사안에 대해서는 그들에게 부담을 주지 말고 그냥 자신이 결정하면 된다. 또한 학교장이 무언가 결정할 만한 권한을 갖고 있지 않을 때에는 자신이 갖고 있지 않은 것을 주는 척해서는 안 된다. 끝으로, 가끔 시간적 제약으로 인해 교사들을 참여시키는 것이 사실상 불가능한 경우에는 학교장이 결정해야 한다.

교사들이 참여적 의사결정 능력을 갖출 수 있도록 준비하기 위한 몇 가지 지침을 정리하면 다음과 같다.

- 학생들을 최우선으로 하여 학교의 목표에 초점을 맞출 수 있는 문화를 조성한다.
- 교사들에게 진정성을 갖고 대하고, 있는 그대로 말한다.

- 신뢰하는 문화를 조성한다. 학교장과 교사들은 서로 신뢰할 수 있어야 한다.
- 의사결정 영역에 관한 교사들의 지식과 전문성을 개발한다.
- 중요한 결정에 교사들을 참여시키되, 중요하지 않은 결정에 참여시켜서 짐을 지우지는 한다.
- 당신이 책임질 수 있는 의사결정에 대해서만 교사들을 참여시키고, 당신의 권한 밖의 사안에 대해서는 권한을 갖고 있는 것처럼 가장하지 않는다.
- 교사들이 준비되어 있을 때에만 참여적 의사결정에 참여시킨다. 교사들은 구습을 타파하고 새로운 방식의 의사결정을 배울 필요가 있다.
- 참여적 의사결정이 성공적이기 위해서는 궁극적으로 교사들이 *유용한 지식을 소유하고 있고, 참여 동기를 갖고 있으며, 학교의 이익을 위해 기꺼이 개인의 관심사를 억제할 수 있어야 한다.*

TIP: 이론의 적용

마지막 분석에서, 학교장은 의사결정 상황이 교사들과 관계있는 것인지, 교사들은 의사결정에 기여할 수 있는 전문성을 갖고 있는지, 그리고 교사들은 학교에 가장 좋은 의사결정을 내릴 수 있도록 그들 자신의 원하는 것을 포기할 수 있는지를 결정해야 한다. 어떤 학교장들은 이들 세 가지 사안을 정확하게 평가할 수 있는 대비책도 성향도 갖고 있지 않다. 이들 세 가지 준거를 활용할 수 있는 당신의 학교장의 능력과 인식력, 통찰력을 평가하라. 학교장은 교사들과 권력을 공유할 만큼 충분히 안정적인가? 당신의 학교장은 아는 것이 많지만 개방적인가? 당신의 학교장은 교직원들을 얼마나 신뢰하고 있는가? 당신의 학교장은 교사들에게 권한을 부여하기 위해 이 모형을 효과적으로 활용할 수 있다고 믿는가? 왜 그런가? 이 모형에 대한 당신의 개인적 평가는 무엇인가? 당신은 이 모형을 효과적으로 활용할 수 있는가? 왜 그런가?

집단적 의사결정의 주의점: 집단적 사고

집단적 의사결정이 효과적일 수도 있다는 것에는 의문의 여지가 없으나, 집단적 의사결정이 필요한 상황이라도 어느 정도 위험성이 존재하고 있다. 시간은 항상 의사결정 과정 참여의 잠재적인 제약 요인으로 작용하며, 일반적으로 집단적 결정은 개별적인 의사결정보다 많은 시간을 필요로 한다. 참여는 토론, 논쟁 및 갈등을 수반한다. 사실 의사결정 과정에 참여하는 행위자의 수가 증가함에 따라, 이들 간의 조정은 더욱 중요하고 어렵게 된다. 신속성과 효율성은 집단적 의사결정이 지니고 있는 근본적인 단점이 된다.

비록 참여적 의사결정이 집단 내에서 상당한 갈등을 불러일으킬 수도 있지만, 집단적 문제해결이 성공을 거둘 경우 집단, 특히 집단 내의 소규모 성원들 간에 강인한 응집력을 가져올 수 있다. 지나치게 강한 응집력은 갈등만큼이나 위험할 수도 있다. 갈등은 행동을 방해하고, 강한 응집력은 집단 내의 획일성을 강화한다. 획일성은 비판이 결여된 상태에서 모든 사람들이 동일한 생각을 갖도록 할 수 있다. Janis(1985)는 응집력이 아주 강한 집단들에서 이러한 일치-추구 경향(concurrence-seeking tendency)이 나타나고 있음을 강조하고 있다. 이러한 경향이 지배적일 때, 구성원들은 집단적 인지 자원을 활용하여 자신들이 속한 조직의 절대성에 관한 환상을 공유함으로써 여러 가지 현상을 합리화한다. 즉, 구성원들은 **집단적 사고 중후군(groupthink syndrome)**을 보인다.

Janis(1985)는 집단적 사고를 촉진하는 상황들을 종합적으로 분석하여 제시해 주고 있다. 집단적 사고가 나타날 수 있는 가장 유력한 상황들 중의 하나는 같은 조직 내에 있는 다른 사람들, 즉 정책결정을 하는 집단 내의 구성원이 아닌 사람들과의 관계가 단절되어 있는 것이다. 공정하지 못한 리더십도 의견일치를 추구하도록 조장하는데, 특히 지도자가 카리스마를 갖고 있어서 부하직원들이 지도자를 만족시키고자 할 경우에 더욱 그렇다. 지도자의 최초 선호도를 알고 있는 것만으로도 그들의 사고 흐름을 지배하게 된다. 또한 구성원들의 사회적 배경 및 이념의 동질성뿐만 아니라 체계적인 분석을 하는 데 필요한 규범이 결여되어 있는 상황도 구성원들이 동일한 생각을 갖도록 한다.

이와 유사하게, 상황적인 맥락에 의해서도 집단적 사고를 키울 수 있다. 지도자가 더 나은 해결책을 제시할 것이라는 희망이 거의 없는 상태에서 외부로부터의 위협에서 오는 극심한 스트레스는 집단을 무비판적인 의견일치로 몰고 간다. 더욱이, 최근의 실패에 따른 집단의 일시적으로 낮은 자존감, 극심한 난관, 도덕적 딜레마 상황도 집단적 사고를 조장한다. 앞서 제시한 이러한 모든 상황은 집단에 대한 과대평가, 폐쇄성, 만장일치에 대한 압박 등 종국에는 집단적 사고로 이어지는 집단적 사고로의 경향을 조장하게 된다. 이러한 행동은 의사결정에서 경계를 약화시키고 궁극적으로 실패할 가능성이 높은 불완전한 결정을 양산한다. 집단적 사고의 과정은 [그림 11.6]에 요약되어 있다.

쉽게 말하자면, 똑똑한 사람들이 똑같이 사고할 때 부실한 의사결정이 이루어질 가능성이 높다. 집단적 사고는 오랜 기간에 걸쳐 여전히 동시대의 당면한 문제가 되고 있다. Pigs만 침공 결정(역주: 1961년 미국이 지원한 쿠바의 반 카스트로군이 Pigs

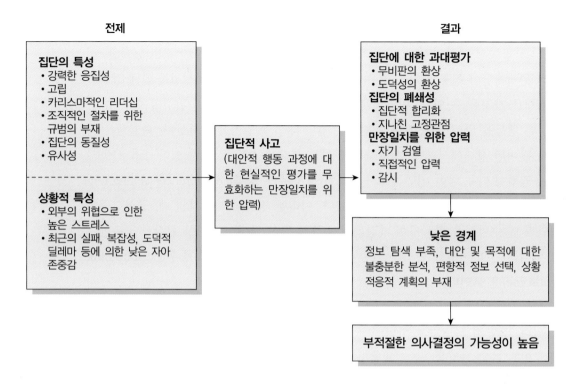

그림 11.6 Janis의 집단적 사고 모형

만에 상륙을 기도했다가 실패한 것), 베트남 전쟁의 확대 결정, NASA의 우주왕복선 챌린저호의 비극(역주: 1986년 1월 챌린저호가 발사도중 폭파하여, 일반 시민 1명을 포함하여 7명의 탑승자가 사망한 사건) 등을 생각해 보기 바란다. 현실적으로 실현할 수 있는 대안을 평가할 때 압력을 받고 있는 응집력이 강한 조직은 만장일치로 선택하기가 쉽다. 예를 들어, 어떤 특정한 교직원이 일어나서 의견을 말하고자 하면, 교직원들과 학교장은 불평을 이야기할 줄 알기 때문에 여기저기서 불평하는 소리가 나게된다. 이러한 직원들은 행정적 실수들을 사전에 확인하고 이를 미연에 방지하는 역할을 하기 때문에 학교에 귀중한 가치가 있는 사람들이다. 교직원들에게 불평불만을 제기하도록 교육한다는 것이 이상하게 느껴질지 모르지만, 이것이 집단적 사고를 위한 한 가지 해결책이다. 시간이 촉박하고 중요한 문제인 경우, 의사결정을 할 때 반대의 목소리에 힘을 실어주는 것이 쉬운 일은 아니지만 불완전한 의사결정을 피하기 위해서는 합의에 도달하기 위해 성급하게 결정을 내리는 것을 방지함으로써 집단적 사고를 경계하는 것이 필요하다.

리더십 사례

특별 대우?

당신은 고등학교 교장인데 당신의 학교는 방금 전 미식축구 결승전에서 우승했다. 농구 감독도 이번 시즌에 성공적일 것이라 다짐했지만 주에서 개최하는 또 다른 대회에서 어떤 결과를 가져올 수 있을런지 아무런 예측을 못하고 있다. 지역사회와 학생들은 우승으로 들떠있고, 교사들은 학교의 운동부가 이룩한 것을 당연히 자랑스러워하고 있다. 그러나 실수를 해서는 안 된다. 일반적으로 학생과 교사들은 운동경기뿐만 아니라 학문적 수행도 중요시한다. 졸업생들이 우수한 대학으로부터 입학허가서를 받는 수준은 보통 이상이었다. 정식 교육과정과 과외활동 간에 좋은 균형을 유지하고 있지만 명백하게 학교와 지역사회에서는 학문적 업적을 보다 중요하게 여기고 있다. 몇몇 과학교사들은 운동부 학생들이 수업이 끝나기 전에 일찍 나가는 것을 용인하는 데 이제 지쳤다고 불평하는 소리를 듣고 있다. 언뜻 보기에도 경기가 있는 날에는 코치들이 수업 끝나기 5분 전에 운동부 학생들을 보내달라고 주문해서 교직원 간에 갈등을 촉발시켜 왔다. 대부분의 교사들은 일찍 보내는 것이 문제가 되지 않지만 몇몇 과학교사들과 수학교사들은 그런 요구를 하지 말라고 말해서 교사들 간에 그리고 교사와 감독 간에 긴장과 갈등이 야기되고 있다. 두 명의 과학교사가 운동경기가 있는 날에 선수들을 일찍 보내도록 하는 방침을 중단해 달라고 요청해 왔다. 그들은 악역을 맡기로 자처한 것이다. 분명히 당신은 학생 운동선수들이 수업시간에 일찍 자리를 뜨는 것을 멈추게 하는 방침을 수립할 수 있는 권한을 갖고 있다. 그러나 당신은 중요한 의사결정에 교사들을 참여시켜서 이들이 잘 호응함으로써 명성을 얻어왔다. 하나 혹은 두 개 모두의 참여적 의사결정 모델을 활용하여 이 사례를 분석해서 실행을 위한 전략을 개발해 보라. 이 문제를 해결하는 데 참여적 의사결정 방법이 알맞은가 아니면 신속한 일방적 결정이 타당한가? 왜 그런가?

실행 지침

1. 교사들에게 권한을 부여한다. 적절한 때에 교사들을 핵심적인 의사결정에 참여시킨다.
2. 복잡함의 단순화: 복잡한 사안에서 핵심을 파악한다.
3. 결단력 있는 행동과 신중한 분석 사이에서 균형을 유지한다. 행동을 취하는 쪽으로 방향을 튼다.

4. 집단 구성원들이 의사결정에 관여할 수 있도록 조직화하고 마감기한을 설정한다. 마감기한은 진행과정을 촉진한다.

5. 교사들이 전문성을 갖추고 있고, 관심이 있으며, 신뢰할 수 있을 때에는 의사결정 참여를 극대화한다. 교사들의 권한을 강화하고 권한을 위임한다.

6. 그러나 당신이 권한을 넘어서는 영역에 대해서는 다른 사람들의 참여를 제한한다. 당신이 갖고 있지 않은 것을 줄 수는 없으니 참여적 의사결정으로 속이지 않는다.

7. 문제와 아이디어에 대한 집단적 주인의식을 조성한다. 주인의식은 가치와 동기를 높여준다.

8. 일방적 의사결정을 내릴 수 있도록 대비한다. 가끔은 일방적 의사결정이 필요하다.

9. 교사들의 전문성과 관심, 신뢰를 발달시킨다. 참여적 의사결정을 육성한다.

10. 의사결정 과정에서 상황에 따라 요구되는 학교장으로서의 역할을 지시자에서 의뢰인으로, 교육자로, 정치가로, 통합자로 다양화한다.

11. 상황에 따라 요구되는 집단적 의사결정 과정을 합의에서, 다수결로, 집단적 조언으로, 개인적 조언으로, 일방적 결정으로 다양화한다.

12. 집단적 사고를 피한다. 참여적 의사결정에서 다른 의견을 내는 사람을 지지한다.

13. 의사결정에 성공적으로 참여하기 위해서는 유용한 지식, 관심, 그리고 집단의 이익을 위해 개인의 사안을 기꺼이 부차적인 것으로 여기고자 하는 마음이 필요하다는 사실을 기억한다. 세 가지 모든 요소가 모두 구비되어 있는지 확인한다.

핵심 가정 및 원리

1. 부하직원들을 모든 의사결정에 참여시키는 것은 비효과적이며 근시안적이다.

2. 교사들의 의사결정 참여 효과성은 리더십 유형과 의사결정 상황이 알맞게 조화를 이루고 있는지 여부에 달려있다.

3. 참여적 의사결정의 효과는 수용과 의사결정의 질이 좌우한다.

4. 시간, 재능, 동기는 참여적 의사결정의 세 가지 제약사항이다.

5. 의사결정의 질에 대한 요구가 낮으며 그 문제가 부하직원들에게 중요하지 않다면 행정가에 의한 전제적 의사결정이 타당하다.

6. 의사결정에 대한 수용도가 효과적인 시행을 위해 매우 중요하며 전제적 의사결정 방식을 수용할지 불확실할 경우에는 부하직원들을 의사결정에 참여시킨다.

7. 효과적인 집단 의사결정의 경로는 다양하게 존재하지만, 다른 경로에 비해 더 우

수한 경로가 있다.

8. 교사들이 사안에 대한 전문성을 갖고 있지 않으며 그 결과에 대해서도 이해관계가 없다면 그들을 의사결정에 참여시키지 않는다.

9. 교사들이 의사결정 결과에 개인적 이해관계를 갖고 있고, 의사결정에 기여할 수 있는 전문적 지식을 소유하고 있으며, 학교의 이익을 극대화할 수 있는 결정을 내릴 수 있다면 의사결정 과정에서 이들의 참여를 극대화해야 한다.

10. 집단적 사고는 집단적 의사결정에 피해를 가져오는데, 이는 합의를 이끌도록 서두르는 것이 대안들에 대한 체계적인 분석을 차단하기 때문이다.

추천 도서

Aditya, R. M., House, R. J., and Kerr, S. "The Theory and Practice of Leadership: Into the New Millennium." In G. Cooper and E. A. Locke (Eds.), *Industrial and Organizational Psychology: Linking Theory to Practice*. Oxford, UK: Blackwell, 2000.

Blanchard, K. H., Carlos, J. P., and Randolph, W. A. *Empowerment Takes More Than a Minute*, 2nd edition. San Francisco, CA: Berrett-Koehler Publishers, 2001.

Heller, F. A., Pusic, E., Strauss, G., and Bernhard, W. *Organizational Participation: Myth and Reality*. Oxford, UK: Oxford University Press, 1998.

Hoy, W. K., and Tarter, C. J. (1993). "Crafting Strategies, Not Contriving Solutions: A Response to Downey and Knight's Observations on Shared Decision Making." *Canadian Administrator* 32(1993), pp. 1-6.

Hoy, W. K., and Tarter, C. J. "Power Principles for Educational Leaders: Research into Practice." *International Journal of Educational Administration* 26(2011), pp. 124-133.

Miner, J. B. *Organizational Behavior 1: Essential Theories of Motivation and Leadership*. Amonke, NY: M. E. Sharpe, 2005, especially chapter 12 .

Vroom, V. H., and Jago, A. G. *The New Leadership: Managing Participation in Organizations*. Englewood Cliffs, NJ: Prentice-Hall, 1988.

Vroom, V. H., and Yetton, P. W. *Leadership and Decision Making*. Pittsburgh, PA: University of Pittsburgh Press, 1973.

후주

1. 의사결정 참여가 바람직하다고 제시하는 연구는 Sharma(1955), Guest(1960), Vroom(1960, 1976), Belasco와 Allutto(1972), Allutto와 Belasco(1970), Conway(1976), Hoy, Newland와 Blazovsky(1977), Driscoll(1978), Mohrman, Cooke과 Mohrman(1978), Moon(1983)을 참고하라. 의사결정 참여에 대한 종합적이고도 비판적인 고찰은 Locke와 Schweiger(1979)를 참고하고, 교육분야에서의 의사결정 참여에 대한 고찰은 Conway(1984)를 참고한다. 그러나 부하직원들의 의사결정 참여 효과가 단순하거나 명백하게 나타나지 않음을 보여주는 연구도 있는데 예를 들면, Imber(1983), Conway(1984), Imber와 Duke(1984), Vroom과 Jago(1988), Conley, Bower와 Bacharach(1989), Bacharach, Bamberger, Conley와 Bauer(1980), Conley(1990) 등이다.

2. 이 모형의 초기 버전에서는 세 번째 검증 단계를 헌신이라고 지칭했었으나, 필자들은 "신뢰"라는 용어가 의미 전달을 하는 데 보다 적절한 표현이라고 생각한다.

3. 참여적 의사결정과 의사결정 위임의 차이점에 대해서는 Hoy와 Sousa(1984)를 참고하고, 학교에서의 참여적 의사결정에 대한 비판적 분석에 대해서는 Keith(1996)를 참고하기 바란다.

제12장

학교에서의 의사소통

인간은 의사소통을 통해 삶을 유지해 나가고 있으며, 우리가 인간의 특징이라고 생각하고 있는 상당수의 것들(인간의 언어, 추리, 도덕성 및 사회 조직 등)은 의사소통의 직접적인 부산물들이라고 할 수 있다.

Nicholas C. Burbules
Dialogue in Teaching

미리 보기

1. 의사소통은 사실상 학교에서 이루어지고 있는 모든 활동들에 널리 퍼져있다. 그러나 의사소통이 교육 행정가들이 직면한 문제들에 대한 모든 해답을 제시해 주는 것은 아니다.

2. 관계의 과정으로서 의사소통은 의미를 전달하고 상호간의 이해를 이끌어 내고 행동에 영향을 주기 위해 상징, 기호 및 상황적 신호 등을 사용하여 메시지를 주고받는 것이다.

3. 일방향 의사소통은 일방적인 것으로, 화자에 의해 시작되어 청자에서 끝난다.

4. 양방향 의사소통은 그 과정에 참여하는 모든 사람들이 의견을 주고받는 상호교환적, 상호작용적 과정이다. 상호작용적인 의사소통은 거래적인 성격을 가지고 있다. 즉, 시작 또는 종료할 필요가 없다.

5. 양방향 의사소통의 네 가지 유형은 대화, 질문, 토론 및 수업이다.

6. 개인의 전달, 듣기 및 피드백 기술의 개선을 통해 의사소통 능력을 향상시킬 수 있다.

7. 인간은 두 가지 주요한 상징체계(언어적 및 비언어적)를 통해 의사소통을 한다.

8. 각각의 새로운 의사소통 기법들은 메시지의 구성에 대해 특정한 요구사항들을 부과한다. 이러한 기법들은 메시지 전달의 빠르기와 편의성을 좌우하게 되며 수신자들이 의미를 재구성하는 방식에도 영향을 미친다.

9. 공식적인 통로는 조직이 인가를 하고 조직의 목표 달성을 위해 운영되는 의사소통 네트워크이다.

10. 개인들은 비공식적 의사소통 네트워크를 활용함으로써 공식적인 의사소통 통로를 회피하기도 한다.

의사소통은 복잡하고, 미묘하며 어디에서나 찾아볼 수 있다. 이는 학교에서 이루어지는 거의 모든 활동에 퍼져있다. 교사들은 구술이나 서면으로 된 그리고 DVD, 컴퓨터, 이메일 및 예술 형식 등의 매체를 통해 수업을 한다. 학생들도 이와 비슷한 매체들을 통해 자신들이 학습한 것을 드러낸다. 그리고 교육감과 학교장도 의사소통에 상당한 시간을 할애하고 있다. 예를 들어, Kyung Ae Chung과 Cecil Miskel (1989)은 학교 행정가의 주된 활동은 다른 사람들과 대화하는 것이라고 결론을 내렸다. 더 나아가 Peter C. Gronn(1983)은 행정가들은 학교 자원의 조직 및 배분에 대한 통제를 강화하거나 늦추기 위해 대화를 사용한다고 주장하였다. 사실, 학교에서의 의사소통은 조직 목표 달성과 긍정적인 관계 유지 등과 같은 다양한 목적을 가지고 있다(Te' eni, 2001). Charter School과의 경쟁 및 Voucher 프로그램의 증가, 학교의 근본적인 변화를 요구하는 정책 결정가들, 새로운 리더십 유형에 대한 요구가 증가함에 따라, 행정가의 대인간 의사소통 기술의 중요성이 증가하고 있다(Payne, 2005). 결과적으로, 학교에서의 중요성 및 의사소통에 기울이는 노력의 양이 증가한다는 것은 효과적인 의사소통은 핵심적인 과정일 뿐만 아니라 학교의 인적 및 기술적 자원의 상당 부분을 소비하는 매우 값비싼 활동이라는 것을 의미한다.

이러한 중요성은 의사소통이 학교의 수업, 대인관계, 조직과 행정 과정 및 구조의 기저를 이루거나 스며들어 있기 때문에 교육 행정가들은 의사소통을 이해하고 있어야 한다는 것을 시사한다. 그러나 어떤 정보를 공유해야 하고 그것이 다른 사람에게는 어떤 의미로 받아들여질지를 잠정적으로 추측해야 하기 때문에 다른 사람과의 의사소통은 위험을 수반한다. 위험성을 줄이기 위해, 의사소통은 다른 사람이 가지고 있는 상이한 관점에 주의를 기울이면서 듣고, 해석하고 상상하는 능력을 가진 예리한 상상력의 형태를 요구한다(Rothstein, 2006). 따라서 의사소통 기술은 효과적인 행정가들에게는 아주 중요한 도구가 된다. 그러나 의사소통이 행정가들이 직면한 문제들에 대해 모든 해답을 제공한다는 결론을 내리기 전에, 아래와 같은 네 가지 주의사항을 이해하고 있어야 한다.

- 의사결정, 동기화 및 리더십 행사 등 다른 행정 과정들과 의사소통을 분리하는 것은 아주 어렵다.
- 학교가 가지고 있는 모든 문제가 의사소통의 실패 때문은 아니다. 일반적으로 상호작용의 부족에서 기인하는 문제들은 학교의 다른 기본적인 구성요소가 가지고 있는 문제에서 나타날 수도 있다.
- 의사소통은 문제를 드러내고 숨길 뿐 아니라 문제를 없애주기도 한다(Katz와

Kahn, 1978). 교사들 간의 갈등을 표면화시켜 이러한 갈등에 대해 학교장이 눈치를 채게 할 수도 있게 하며 또한 무의미한 미사여구 등으로 문제를 대충 얼버무림으로써 현재의 문제를 가릴 수도 있다.

- 의사소통은 행동을 불러일으키는 과정이지만, 행정의 핵심적인 부분은 아니다. 즉, 의사소통이 잘못된 생각과 잘못 지도되는 교육 프로그램을 대체할 수 있는 것은 아니다.

비록 이러한 주의사항들은 어떤 제한점들을 제시하는 것이지만, 의사소통은 학교에서 여러 가지 보편화되어 있는 통합적인 기능을 수행한다. 예를 들어, 의사소통은 적절한 정서적 어조로 내용을 필요로 하는 모든 참여자들에게 정확한 정보를 제공해야 한다(Hall, 2002). 의사소통이 보편적인 문제이거나 또는 문제해결책이라는 주장은 교육 행정 문제의 분석 및 해결책들을 과소평가하고 있을 뿐 아니라 그 범위를 제한하고 있다. 이 장에서는 다양한 개념적 접근법들을 제시하면서 중요한 기능 및 유의사항들을 논의한다.

의사소통의 정의 및 일반 모델

의사소통은 사람들이 중요한 메시지를 교환하고 서로 자신들의 생각과 느낌에 관한 의미를 공유하는 과정이다(Porter와 Roberts, 1976; Manning, 1992). 즉, 의사소통(communication)은 두 명 이상의 사람들 간의 이해도를 높일 수 있도록 메시지, 아이디어 또는 태도를 공유하는 것이다(Lewis, 1975). 일대일 또는 기술적인 매체를 활용한 의사소통을 통해 개인들은 상호작용을 하며 다른 사람들에게 영향을 미친다(Craig, 1999). 이러한 그리고 특히 인간의 의사소통에 대한 모든 개념들은 적어도 두 명 이상으로 이루어진 사람들 간의 유의미한 상호작용이라는 명확하거나 확실한 생각들을 내포하고 있다. 예를 들어, 교육자들은 고립된 상태가 아닌 다른 교육자, 시민들 및 학생들과 의사소통을 한다. 또한 관련된 사람들 간에 정보에 대한 해석이 공유되지 않는다면 성공적인 상호교환 작용은 일어나지 않는다. 요약하면, **의사소통**은 의미를 표현하기 위해, 수신자들이 비슷하게 이해하도록 하기 위해, 그리고 행동에 영향을 주기 위해 상징, 사인과 맥락적 신호를 사용하여 발신자가 메시지를 전달하는 관계적 과정이다.

의사소통 과정을 기술하고 설명하는 개념적 모델은 일반적으로 비슷한 개념들을

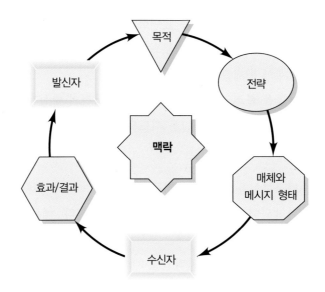

그림 12.1 **의사소통 과정의 일반 모델**

사용한다. 비록 표현은 다양하지만, 주로 Dov Te' eni(2001)와 Kathleen J. Krone, Fredric M. Jablin과 Linda L.Putnam(1987)이 요약한 개념과 아이디어를 토대로 [그림 12.1]에 제시된 일반 모형을 만들었다. 이 모델의 구성요소에 대한 정의 및 간략한 설명을 제시한다.

발신자(senders)는 원천, 발화자와 신호를 보내는 사람을 말한다. 보다 정확하게 말하면, 발신자는 다른 개인, 집단과 조직에 메시지를 전달하는 개인, 집단과 조직의 부서(예를 들어, 교육감실, 교원 노조, 학생 자치 위원회 등)이다. **메시지(messages)**는 발신자가 다른 사람에게 의사소통하거나 전달하고자 하는 아이디어와 정보를 나타내는 언어적 또는 비언어적 신호 또는 상징이다.

발신자들은 메시지를 상징적 형태로 전환하기 전에 자신들의 메시지의 **목적(goals)**과 **전략(strategies)**을 명시적으로/함축적으로 설정한다. 의사소통의 공통적인 목적은 특정한 방식으로 수신자들이 행동하도록 알려주고, 수신자들 간의 상호작용과 관계를 관리하고, 이들의 행동과 태도에 영향을 주는 것이다. 이러한 목적을 달성하기 위해, 발신자는 다양한 의사소통 전략을 사용한다. 이러한 전략에는 메시지에 맥락 및 특별함 제공, 적절한 정서적인 톤 설정, 이전에 수신자로부터 받은 피드백을 활용한 메시지 조정, 의사소통 과정 조정을 통한 메시지 통제, 수신자의 관점 설명, 수신자의 정보 과정 조정 및 조작 등이 있다(Te' eni, 2001).

메시지를 상징으로 전환하는 것에는 적절한 매체와 형태를 결정하는 것이 포함되어 있다. **매체(media)** 또는 경로는 메시지를 전달하는 수단(매개체)이다. 비언어적 신호와 몸짓, 면대면 대화의 음파, 전화·이메일·화상회의와 같은 전기적 신호, 문자와 메모 등이 포함된다. 특정 매체를 선택하는 기준은 쌍방향 참가, 수용력과 적응성으로 구성된다. 형태(form)는 메시지의 배열과 양식을 말한다. 메시지의 형태에는 크기, 얼마나 넓게 배포되는가, 아이디어가 얼마나 잘 조직되어 있는가, 그리고 공식화의 정도 등이 포함된다(Te'eni, 2001). 전달은 지정된 매체 또는 경로를 통해 메시지를 주고받는 것이다.

수신자(receiver)는 메시지의 최종 목적지로 메시지를 해석하는 사람을 나타낸다. 읽고, 듣고 처다보는 것으로 자신들이 받은 메시지의 의미를 해석하고 이해함으로써 개인은 의미를 구성한다. 한 가지 유의해야 할 중요한 사항은 단어와 비언어적 행동 및 상징은 내재적인 의미를 가지고 있지 않다는 것이다. 오히려 의미는 수신자가 단어와 비언어적 몸짓에 의미를 부여할 때 나타난다. 예를 들어, 고정관념, 과거 경험, 주의 집중과 선택적 지각 등은 수신자가 언어적 및 비언어적 메시지의 의미를 구성하는 데 영향을 미친다. 결과적으로, 발신자는 수신자들이 동일한 의미를 가지고 있는 단어와 상징들을 사용할 필요가 있다(Catt, Miller와 Hindi, 2005).

의사소통 효과(communication effects)는 메시지의 결과를 말한다. 새로운 지식, 상호 이해, 상이한 태도, 학교 문화의 변화, 직무 만족도의 개선, 발신자와 수신자 간의 새로운 또는 향상된 관계 등이 결과에 해당한다. 의사소통으로 인한 이해와 관계는 발신자에게 메시지의 효과에 관한 지식을 전달하는 **피드백(feedback)**으로 작용한다. 피드백을 통해 발신자는 수정 및 상호간의 이해를 향상시킬 수 있다.

맥락(context)은 다른 모든 구성요소들에게 영향을 미치기 때문에 이 모델에서 중심적 역할을 차지한다. 예를 들어, 학교 풍토의 개방성, 관료화 정도, 교사들과 학생들 간의 신뢰 수준 등은 의사소통 노력의 효율성과 효과성에 상당한 영향을 미친다. 만약 이들과 다른 맥락적 요인들이 긍정적이라면, 이들은 효과적인 의사소통을 촉진한다(예를 들어, 상호 이해 및 대인간 관계). 역으로, 부정적인 풍토, 높은 관료화, 낮은 신뢰와 그 외 부정적인 맥락적 요인들은 의사소통의 비용을 증대시키고, 의사소통을 왜곡, 지체 또는 차단하기도 한다.

[그림 12.1]에 제시된 의사소통 모델을 적용한 예를 제시하기 위해, 평가 프로그램을 상당히 확대하는 규정을 최근 제정한 주 교육부와 새로운 규칙을 따르기 위해 학교 내에 변화를 실행하리라 예상되는 초등학교 학교장을 가정해 보자. 이 규정은 4학년만 보던 시험을 2, 3, 4, 5학년까지 확대하고, 읽기와 수학 과목에서 과학과 사회 과목까지 포함시키고 있다. 학교장으로서, 당신(발신자)은 당신 학교의 교사(수신자)들

에게 이러한 최근의 변화 상황을 알리거나 의사소통해야 한다. 메시지를 개발하는 한 부분으로서, 당신은 당신이 원하고 달성해야 할 바람직한 효과나 목적을 고려할 필요가 있다. 당신의 목적은 이 규정에 대한 사실을 담은 정보를 제공하는 것에 한정될 수도 있지만, 당신은 보다 광범위한 목적을 가지고 싶다. 예를 들어, 당신은 새로운 평가 프로그램에 대한 교사들의 태도에 영향을 주고, 요구가 더 늘어난 명령에 대처하기 위한 공유적 계획 과정을 시작하고, 시험에 따른 새로운 교육과정을 개발하도록 교사들을 동기화시키길 원할 수 있다. 이러한 목저을 달성하기 위해서는 상당한 의사소통 전략을 형성해야 한다. 최소한도로, 당신은 새로운 규정에 대한 광범위한 맥락적 정보를 제공하고, 이 규정이 현재 학교에서 하고 있는 것과 어떤 관계를 가지고 있는지 그리고 어떤 변화가 요구되는지 설명하고, 해야 할 작업에 대한 긍정적인 정서적 톤을 설정하고, 책무성 체제에서 평가의 중요성을 강조함으로써 교사들의 관심을 이끌어낼 필요가 있다. 정보의 성격과 새로운 요구 사항에 대한 교사들의 부정적인 반응을 고려해볼 때, 당신은 정보 전달을 위한 매체는 수용력, 쌍방향 참가, 적응성이 커야 한다는 것을 인지하고 있다. 즉, 교사들에게 보내는 당신의 메시지는 크고 넓게 유통되고, 상당히 조직화되며, 공식적 및 비공식적 측면들을 포함해야 한다. 이러한 형태의 메시지를 전달하기 위해서는 한 가지 유형 이상의 매체가 필요하다. 학교장으로서, 당신은 교무회의 직전에 교사들에게 나눠줄 논리적으로 구성되고 자세한 메모, 두 명 이상이 참여하는 공식적 회의와 비공식적으로 개인 또는 소규모 집단과의 회의 동안 이루어지는 면대면 대화, 이메일 등과 같은 다양한 매체 유형을 사용할 수 있다. 교사들이 메시지를 해독할 때, 의사소통 효과 또는 결과로는 교사와 학교장 간의 새로운 이해 및 관계 등이 나타난다. 그리고 이들은 당신에게 피드백을 제공한다. 현재 당신과 교사들은 의사소통을 하고 있고, 규정에 대한 메시지가 왔다 갔다 하고, 동시에 왔다 갔다 하거나 한 사람이 말하고 다른 사람은 경청하며 비언어적 신호를 통해 피드백을 제공하는 등 그 과정은 상호작용적이고 교환적이다(Adler와 Rodman, 1991). 참여자들을 발신자와 수신자로 지정하는 것이 주관적일 수도 있지만 때로는 도움이 된다. 따라서 [그림 12.1]에 제시된 비교적 단순한 모델과 위의 예를 통해, 의사소통 과정은 매우 복잡하고 역동적이며, 반드시 시작 또는 끝이 있는 것은 아니라는 것을 알 수 있다.

의사소통 일반 모델의 구성요소, 변형 및 정교화

Michele Tolela Myers와 Gail E. Myers(1982)는 사람들이 의미를 형성하고 상징의 교

환을 통해 자신들의 주위에서 무슨 일이 일어날 것인가에 대해 예상을 하는 교환적 과정으로 의사소통을 정의하고 있다. 의미를 형성할 때, 사람들은 다른 사람들과 자신들의 기대를 공유하기 위해 공통의 **상징체계** 또는 언어를 만들어 내거나 자신들의 경험을 설명하기 위해 **상징**(예를 들어, 아이디어, 느낌, 의도 또는 다른 대상을 나타내는 단어 또는 대상)들을 사용한다. 사람들과의 상호작용과 어떻게 상징을 사용하는가에 관한 관찰을 통해 상징이나 언어를 배우게 되고 경험과 상징에 관한 학습을 연결시키게 된다. 이러한 상호작용과 관찰의 결과, 개인들은 주위의 사람들이 사용하는 것과 비슷한 의미를 형성하는 방법뿐 아니라 사람들이 무엇을 하고 무슨 생각을 하는가에 대한 기대 또는 예측을 하는 방법을 학습하게 된다. 매일 매일 학교 내의 개인들은 다양한 여러 가지 언어적 및 비언어적 형태(예를 들어, 강의, 충고, 설명, 방문, 논쟁, 협상, 토론, 복장, 시각적 표시)로 상징들을 교환한다. 의미를 공유하기 위한 이러한 상호교환은 일방향에서 양방향 의사소통의 연속선상에 개념화할 수 있다.

일방향 의사소통

[그림 12.2]에 제시된 바와 같이, **일방향 의사소통**(one-way communication)은 한 사람이 다른 사람에게 뭔가를 이야기할 때 이루어진다. 의사소통의 형태는 일방적이다. 즉, 화자에 의해 시작되어 청자에서 끝이 난다(Schmuck과 Runkel, 1985). 교실에서 이루어지는 교과 내용에 관한 강의 또는 교장실에서 이루어지는 올바른 행실에 대한 훈계 등이 학교에서 보편적으로 일어나는 일방향 의사소통이다. 학교나 다른 회의 등에서의 대중 연설 체계도 또 다른 예가 된다. [그림 12.2]에 나타나 있는 바와 같이, 일방향 의사소통은 다른 사람에게 정보를 주입하는 주사 바늘로 비유된다(Broms와 Gahmberg, 1983). 간호사와 마찬가지로, 화자는 청자에게 메시지를 주입하려고 시도한다(Clampitt, 2001).

일방향 의사소통의 장점은 다음과 같이 두 가지가 있다(Clampitt, 1991). 첫째, 일방향 의사소통은 메시지 발신자의 기술을 강조하고 행정가와 교사들에게 자신들의

그림 12.2 **일방향 의사소통 모델**

아이디어를 곰곰이 생각해 보도록 하며, 지시, 설명 및 기술을 구체화하고 있다. 둘째, 일방향 전략은 일반적으로 의사소통 행위와 행동 간의 강력한 연결 관계를 의미한다. 일방향 의사소통을 사용하는 교사와 행정가들은 할 일 없이 재잘거리고 다니거나, 개인적인 문제를 논의하거나, 불필요한 정보를 공유하는 것을 하지 못하게 한다. 즉, 이는 효율성과 목표 달성을 강조하고 있는 것이다.

학교 내에서 이해를 공유할 필요성 때문에 일방향 의사소통이 부적절한 경우도 많이 있다. 예를 들면, Philip G. Clampitt(1991)은 일방향 의사소통의 기본적인 문제점은 효과적인 표현이 효과적인 의사소통과 동일하다는 가정에 있다고 주장한다. 메시지 발신자가 효과적으로 아이디어를 표현했다고 하더라도, 그것이 의도한 대로 이해될 것이라고는 확신할 수 없다. Clampitt은 두 가지 잘못된 가정으로 인해 일방향 의사소통이 계속되고 있다고 주장한다. 첫째, 수신자는 수동적인 정보 처리자로 간주된다. 그러나 사람들은 수동적인 정보 처리 기계가 아니라, 적극적으로 메시지를 재구성하고 자신들 스스로의 의미를 만들어 낸다. 둘째, 단어들은 의미를 담고 있는 것으로 간주된다. 그러나 언어는 이러한 가정과는 정반대로 사용된다. 예를 들어, 의미는 그 단어가 어떻게 사용되는가, 어떤 맥락에서 사용되고 어떤 사람과 관계되는가에 달려있다. 단어는 의미를 이끌어 내지 못하는 것처럼 의미를 담고 있지도 않다. 따라서 학교 내에서 목표 달성, 변화 및 사회적 목적을 위해서는 추가적인 또는 다른 형태의 의사소통이 요구된다.

양방향 의사소통

양방향 의사소통(two-way communication)이란 상호 간의, 상호작용적인 과정을 의미한다. 모든 참여자들이 메시지를 발신하고 수신한다. 일방향 의사소통과는 달리, 양방향 의사소통은 계속적인 교환과 교류를 요구한다. [그림 12.3]에 제시된 바와 같이, 이는 각 참여자들이 메시지를 발신하며, 각 메시지는 다음 사람에게 영향을 미친다는 것을 의미한다. 이러한 상호작용적 교환은 수신된 정보 및 아이디어와 의도한 정보 및 아이디어 간에 차이가 나타날 가능성을 줄임으로써 의사소통 과정을 개선할 수 있다.

양방향 의사소통은 여러 가지 형태로 이루어진다. 예를 들어, Nicholas C. Burbules(1993)는 대화, 질의, 토론과 수업 등 네 가지 형태의 개인적 상호작용을 제시하고 있다. 약간의 조정이 이루어진다면, 이들 네 가지 유형은 학교 조직에서 이루어지는 양방향 의사소통 방법으로 생각할 수 있다. 의사소통은 다양한 관점에서 제공되는 정보들에 동일하게 접근할 수 있는 양방향을 띠어야 한다.

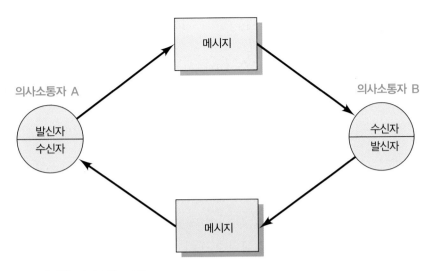

그림 12.3 양방향 의사소통 모델

대화(conversation)는 협동적이고 허용적인 분위기 및 상호 이해 지향적이라는 두 가지 특징을 가지고 있다. 개인들이 다른 사람들의 관점과 경험을 이해하는 데 관심이 있을 때 이러한 형태가 사용된다. Stephen Miller(2006)는 대화는 항상 목적적인 것은 아니라는 점을 추가하고 있다. 두 명의 학생이 자신들이 여름 방학을 어떻게 보냈고, 그 결과 무엇을 배웠는지 이야기를 나누는 것이 그 대표적인 예이다.

질의(inquiry)는 두 명 이상의 사람들이 질문에 대답하고, 의견이 일치하지 않는 부분을 해결하거나 모든 사람이 동의할 수 있도록 절충안을 만들어 내는 것과 같은 공동의 조사와 관련이 있다. 일반적으로 이러한 유형의 대화는 해당 문제에 대한 일련의 관점과 접근 방법을 이끌어 내는 구조 속에서 대안을 조사하고 가능한 해답을 모색한다. 새로운 과제 중심형 교육과정을 사용할 때, 왜 어떤 학생들은 높은 학업 성취를 보이고 어떤 학생들은 그렇지 않은지에 대해 살펴보는 과학 교사들이 그 예가 된다.

토론(debate)은 예리한 질문, 회의적인 태도를 보이며, 반드시 참여자들 간에 합의를 이끌어낼 필요는 없다. 참여자들이 자신들의 대안적인 아이디어와 입장을 확인하는 것이 토론의 장점이 될 수 있다. 그 목적은 대안적인 입장을 분명하게 하고 이를 강화하는 것이다. 사립학교에 대한 세금 지원의 상대적인 장점, Darwin의 진화론을 창조론으로 대체, 공립학교에서 기도를 허용하자고 주장하는 교육위원회의 보수적 및 진보적 위원들이 대표적인 예가 된다.

양방향 의사소통의로서의 **수업**(instruction)은 어떤 대답이나 이해를 위해 교사가 학생들을 이끌어 나가는 의도적인 과정을 의미한다. 일반적으로 검토 상태에서 명확한 결론에 도달하기 위해 중요한 질문 등을 사용한다. 이 형태의 양방향 의사소통의 대표적인 예는 소크라테스식 문답법이다. 대화로서의 대표적인 수업의 예는 상호작용적 수업(teaching)이다. 상호작용적 수업에서, 교사와 학생들은 참여자들이 돌아가며 교사의 역할을 맡을 정도로 상당한 정도의 상호활동적인 과정에 참여한다(Palincsar, 1996).

피드백

모든 형태의 의사소통 환경에서, 우리가 말하는 것이 애매모호하고 잘못 이해될 가능성은 항상 존재한다. 예를 들어, "몇 분 내에 그 곳으로 갈게."와 "나중에 전화해 줘. 그 때 이야기해 보자." 등은 시간에 관한 기준이 모호하다. "몇 분" 또는 "나중에"가 어느 정도의 시간인가 하는 것은 개인 및 문화에 따라서 상당히 다양하다. 그러나 피드백을 통해([그림 12.1] 참조), 명확하지 않은 이야기들조차 구체적인, 효과적인 의사소통의 한 부분이 될 수 있다(Alessandra와 Hunsaker, 1993).

피드백은 메시지를 수신한 사람으로부터의 반응이다. 이는 수신자에 대한 메시지의 영향 및 의미에 대한 지식을 제공하며, 문제가 있다면 이를 수정할 수 있는 기회를 제공한다. 따라서, 어느 정도의 시간 동안 의미 있는 대화가 계속 진행되고 있다면, 피드백이 중요하게 된다. 이러한 과정은 적어도 두 가지 장점이 있다. 첫째, 이는 의사소통의 성공에 관한 단서를 제공하며 메시지의 정확함과 명료함을 향상시킨다. 둘째, 결과에 대한 지식은 앞으로의 의사소통을 정정하거나 수정할 수 있는 토대가 된다(Ashford, 1986). 즉, 피드백은 의사소통의 정확성과 명확함을 향상시킨다.

작업 상황에서, 일반적으로 우리는 피드백을 업무 성과 또는 다른 사람들이 자신의 행동을 어떻게 인식하고 평가하는가에 관한 정보와 관련되어 있는 것으로 생각한다(Ashford, 1986; Cusella, 1987). 두 가지 유형의 피드백이 가능하다. 피드백이 개인 또는 학교가 취하는 방향을 강화 또는 강조하거나 부연해줄 때, 피드백은 긍정적이다. 잘못된 부분을 수정해줄 때는 부정적이다(Harris, 1993). 피드백은 언어적 또는 비언어적 그리고 의도적 또는 비의도적으로 전달될 수 있다. 예를 들어, 수업 시간에 졸았던 학생은 교사에게뿐만 아니라 시험을 볼 때 자시 자신에게도 피드백을 제공한다.

다양한 의사소통 전략을 활용하여, 학교 행정가들은 동료, 학생 및 다른 구성원들과의 상호 이해, 의미의 공유 및 새로운 학습을 이끌어 내야 한다. 여러 형태의 일방향 및 양방향 의사소통 방법을 효과적으로 사용할 수 있는 능력은 사람마다 차이가 있지만, 모든 사람들은 자신들의 의사소통 능력을 향상시킬 수 있다.

의사소통 능력 향상

의사소통 능력은 의사소통자가 활용할 수 있는 일련의 능력 또는 자원(resource)이다. 개인적 자원에는 의사소통 규칙과 규범 그리고 의사소통 역량 또는 기술 등이 포함된다(Jablin과 Sias, 2001). 보다 구체적으로 Holly J. Payne(2005)은 유능한 의사소통자가 되는 데 필수적인 일련의 중복된 기술을 제시하고 있다. 여기에는 듣기, 공감하기, 다른 사람에 대한 관심 보여주기, 주의 집중, 단어 사용과 표현, 유창성, 언어적 능력과 정확한 문법 등이 포함된다. 따라서 개인은 의사소통 이론과 연구를 통한 지식 획득과 자신들의 기술을 개발하고 향상시킴으로써 자신들의 의사소통 자원을 형성할 수 있다. 여기서는 발신, 듣기 및 피드백 기술에 초점을 둔다.

발신 기술(sending skill)은 자기 자신을 이해시키는 능력이다. 효과적인 의사소통을 위해서는 핵심적인 부분이기 때문에, 교육자들은 다음과 같은 다섯 가지 방법을 통해 발신 기술을 향상시킬 수 있다. 첫째, 교육자들은 간단한 단어로 표현이 가능하다면 교육계의 전문 용어나 복잡한 개념들은 피하고 적절하고 직접적인 언어를 사용한다. 그러나 신뢰도를 높이기 위해, 발신자가 교육 관련 사항에 대한 지식을 가지고 있음을 나타내는 언어를 사용해야 한다. 둘째, 수신자에게 명확하고 완전한 정보(이는 듣는 사람의 스키마를 형성하거나 재조직하기 위해 필요하다)를 제공해야 한다. 셋째, 교육자는 물리적 및 심리적 환경에서 기인하는 소음을 최소화해야 한다. 예를 들어, 학부모와의 면담시, 전화로 인한 회의 진행 중단을 최소화하고, 교사들 또는 학부모들이 가지고 있는 고정관념을 줄이기 위한 조치들을 취해야 한다. 넷째, 다양하고 적절한 매체들을 사용해야 한다. 상황 및 의사소통의 필요에 따라 적절한 매체를 활용하는 것이 행정가의 업무 중 핵심적인 부분이 된다(Alexander, Penley와 Jernigan, 1991). 다섯째, 교육자들은 복잡하거나 애매모호한 메시지를 전달할 때는 대면적 의사소통과 다양한 매체를 사용한다. 풍요성, 반복 및 피드백을 통해 메시지의 의미를 공유할 때 의도한 효과가 일어날 가능성을 높일 수 있다.

듣기 기술(listening skill)은 다른 사람을 이해하는 능력이다. 적절하게 의사소통하기 위한 핵심적인 요인으로서, 듣기는 다른 사람들이 단어, 행동 또는 사물 등을 사용하여 자신들에게 전달하고자 하는 것을 이해하려고 하는 행동의 한 형태이다(DeFleur, Kearney와 Plax, 1993). 적극적인 듣기를 할 때, 청자는 화자의 입장에서 자신이 들은 것(내용, 느낌 및 의미)에 대해 피드백을 제공한다(Elmes와 Costello, 1992). 상대적으로 정확한 양방향 의사 교환을 위해 듣기 기술이 요구된다. 다른 사람의 이야기를 듣는 것은 그 사람에 대한 존중, 관심 및 배려를 나타낸다. 적극적인 형태로 나타날 때, 듣기는 다른 사람에게 자신의 관점을 전개하고 표현하도록 유도할 수 있다(Burbules, 1993).

그러나 이렇게 중요한 듣기 기술의 개발은 일반적으로 관심을 받지 못하고 있다. 당신의 반응에 관심이 없거나, 더 나아가 전혀 듣고 있지 않다는 비언어적 신호를 보이는 사람에게서 질문을 받은 적이 있는가? 얼마나 자주 당신의 반응을 상대방이 듣지 않거나 상대방에게 잘못 이해되고 있는가? Allen Ivey와 Mary Ivey(1999)는 귀담아 듣기, 질문하기, 격려하기, 바꾸어 말하기, 감정 나타내기 및 요약하기 등 효과적인 듣기 기술이 가지고 있는 일련의 중요한 요인들을 설명하고 있다.

*귀담아 듣기(attending)*는 대화에 집중하는 과정이다. 적절한 시선 맞춤, 수용하고 있음을 보여주는 신체 동작 및 집중 등이 여기에 포함된다. 시선을 맞추고 이야기하는 사람을 쳐다보는 행동은 관심을 가지고 있고 집중하고 있다는 것을 나타낸다. 관심을 가지고 있다는 것을 보여주는 비언어적인 신호에는 고개 끄덕이기, 자연스러운 자세, 가벼운 미소 및 즐거워 보이는 얼굴 등이 있다. 끝으로, 효과적인 청자는 다른 생각을 하지 않고 집중해서 다른 사람의 이야기를 듣는다. 효과적인 듣기를 위해서는 집중해야 한다.

*질문하기(questioning)*는 메시지를 이해하기 위한 핵심적인 부분이다. 의사 전달자가 생각하는 것만큼 메시지가 명확하지 않을 수도 있다. 애매모호한 메시지들도 있다. 이러한 메시지들의 의미를 명확하게 하기 위해 질문이 필요하다. 사실에 관한 질문은 직접적이고, 명확하며 간단하고, '그렇다' 또는 '아니다'의 답을 이끌어 낸다. "왜 갈등이 일어났다고 생각하세요?"와 같이 보다 확산적이고 생각을 요구하는 질문들도 있다. 적절한 질문은 의미를 뚜렷하게 만들며, 주의 깊게 듣기의 한 부분이 된다.

또한 *격려하기(encouraging)*도 능숙한 듣기 기술의 한 부분이다. 의사소통을 촉진하는 최소한의 격려방법들이 많이 있다(Morse와 Ivey, 1996). 침묵은 강력한, 비언어적인 메시지이다. 아무 말도 하지 않은 상태에서 관심을 가지고 있는 행동은 더 많은 이야기를 듣기 원한다는 생각을 나타내는 것이다. 감정을 이입한 반응들도 의사소통을 촉진한다. 고개를 끄덕이거나 가벼운 미소를 보이는 비언어적 신호들과 연결될 때 "yes", "um-hum", "I see" 등과 같은 언어적 신호들도 의사소통을 격려하게 된다. "조금 더 이야기해 주세요.", "예를 들어 주세요."와 "조금 더 자세하게 이야기해 주세요." 등 의사소통을 촉진하는 짧은 문장으로 이루어진 격려 방법들도 있다.

*바꾸어 말하기(paraphrasing)*는 현재 이야기하는 내용에 집중을 하고 있고 이해하고 있다는 것을 보여주는 방법이다. 청자들이 효과적으로 반응하게 도와주며, 전달하

고자 하는 메시지의 핵심을 청자들이 잘 이해하고 있는가에 대한 피드백을 제공해 준다. 또한 바꾸어 말하기는 피드백을 제공하며 교정의 기능도 가지고 있다. 능숙한 청자는 정확한 메시지를 수신하기 위해 바꾸어 이야기하고, 정확한 메시지를 받았는지 확인한다.

*감정 나타내기(reflecting feeling)*는 화자를 포용하기 위한 긍정적인 방법이다. 청자는 의사전달자의 감정 및 정서에 주의를 기울여야 한다. 청자가 지나치게 관여하지 않은 상태에서 다른 사람의 정서적 상태에 보조를 맞출 수 있기 때문에 감정을 인정하는 것은 감정을 나타내는 과정의 적절한 출발점이 된다(Morse와 Ivey, 1996). 감정을 인정하는 것은 감정의 구분과 이를 청자에게 전달하는 데 초점을 두며, 감정을 누그러뜨리고 이를 어느 정도 조절할 수 있도록 한다. " ~때문에 그렇게 느끼는군요." 와 "실망한 것 같군요." 등과 같은 말은 감정을 나타내고 공감대를 형성한다. 또한 그 사람의 이름을 가끔씩 불러주는 것도 도움이 된다. 능숙한 청자는 감정에서 사실을 이끌어 내고, 감정을 인정하고 나타낸다.

*요약하기(summarizing)*는 장시간에 걸친 내용에 대한 것으로 대화가 거의 끝날 부분에 이루어진다는 것을 제외하고는 바꾸어 말하기와 거의 비슷하다. 그 목적은 사실과 감정을 일관되고, 정확하며 간단한 개요의 형태로 조직하는 것이다.

피드백 기술(feedback skill)은 이전 의사소통 및 행동의 결과 또는 영향에 관한 지식을 전달하는 발신 및 수신 기술이다. 언어적 피드백에는 질문하기, 행동 설명하기 및 화자의 이야기를 바꾸어 이야기하기 등이 있다. 피드백 제공은 언어적 및 비언어적(때때로 무심코 전달되기도 한다) 메시지로 이루어진다. 예를 들어, 가장 큰 목소리로 이야기할 때도 있다(예를 들어 접촉을 피하기 위해 멀리 걸어가면서). 피드백을 계획할 때, 제공되는 정보는 피드백을 받는 사람에게 도움이 되어야 하며, 일반적이거나 오래전의 것이 아닌 구체적이고 최근에 일어난 사항에 대한 것이어야 하며, 그것을 받는 사람이 변화시킬 수 있는 행동을 대상으로 해야 하고, 시기적절하게 제공되어야 한다. 즉시 주어지는 것이 더 효과적이다(Anderson, 1976; Harris, 1993).

이러한 기준에도 불구하고, 중립적 또는 긍정적인 피드백은 부정적인 평가보다 훨씬 더 쉽게 제공할 수 있다. 사람들은 부정적인 피드백을 주고받는 것을 좋아하지 않는다. 우리들 대부분은 우리의 본심과는 다른 메시지를 전달하는 데 상당히 익숙하다. 이런 행동을 재치, 인간관계 또는 생존이라는 측면에서 합리화하는 사람들도 있다. 결과적으로 도움이 되는 피드백을 주고받기 위해서는 개인적 기술과 준비가 필요하다(Rockey, 1984). 도움을 주고자 하는 것이 목적이라는 것을 밝히고, 평가적 정보가 아닌 설명적 정보를 사용하며, 적절한 면담 시기(Anderson, 1976), 빈번한 의사소통을 통해 집단 내에서 신뢰 관계를 형성한다면(Becerra와 Gupta, 2003) 긍정적 및 부정적 피드백의 수용도를 더욱 높일 수 있다.

이와 비슷하게, 피드백-추구(feedback-seeking) 행동은 의사소통과 행동의 정확성과 적절성을 결정하려고 의도적으로 노력하는 것과 관련되어 있다. 개인들은 적응 및 성공적인 작업자가 되는 데 도움이 되기 때문에 이러한 피드백-추구 기술을 개발해야 한다(Ashford, 1986). 피드백을 추구하는 전략으로 두 가지를 제시할 수 있다. 첫째는 자연적으로 일어나는 정보 관련 단서, 다른 사람들 및 이들의 반응을 관찰함으로써 환경을 살펴보는 것이다. 즉, 다른 사람들의 반응 및 그 결과를 살펴봄으로써 대리적인 피드백을 받는다. 두 번째 전략은 다른 사람들이 자신의 행동을 어떻게 인식하고 평가하는지 직접 질문하는 것이다. 사람들이 항상 피드백을 적극적으로 제공하는 것은 아니기 때문에 강력하게 피드백을 제공받으려고 해야 한다. 그러나 유의해야 할 점은 자신이 알지 못하거나 경험하지 못했던 정보를 접하게 될 가능성이 높기 때문에 이러한 피드백-추구 행동이 개인이 가지고 있는 자존심에 상처를 줄 수 있다는 것이다. 사실, 자신들의 성과가 빈약하다고 생각하는 사람들은 자신들이 받게 될 부정적인 정보의 양을 최소화하는 피드백-추구 전략을 사용하기도 한다(Larson, 1989). 대부분의 상황에서, 사람들은 질문을 통해 업무를 명확하게 이해하기보다는 위험을 무릅쓰고 부적절하게 업무를 수행하는 경향이 있다.

개인적인 관점에서 의사소통을 생각할 때([그림 12.1], [그림 12.2], [그림 12.3] 참조), 일방향 및 양방향 의사소통은 여러 가지 형태 및 다양한 기술, 통로와 매체를 사용할 수도 있다. 상호작용적 과정으로서, 효과적인 의사소통은 말하기뿐만 아니라 듣기도 포함한다. 효과적인 의사소통을 위해서는 외부의 방해 요인 제거, 언어적 및 비언어적 신호 주시, 조사 및 격려, 메시지가 가지고 있는 지적 및 정의적 영역의 구분, 화자의 의미와 감정에 관한 요약 및 추론이 필요하다(Woolfolk, 2000). 유능한 의사소통자인 행정가는 다양한 의사소통 전략을 가지고 있으며, 사람, 상황 및 내용의 변화에 따라 한 가지 방법에서 다른 방법으로 이동할 수 있는 융통성과 창의성을 가지고 있다(Burbules와 Bruce, 2000).

대중 강연: 기본 원칙

지도적 위치에 있는 사람들은 자신들의 이익 및 다른 사람들의 이익을 위해 자신들의 대화 유형을 사용할 수 있다. Susan Fiske(2010)와 Thomas Holtgraves(2010)는 연구 문헌들의 분석을 통해 연설자를 위한 실용적인 원리들을 발견하였다. 기본적인 규칙은 다음과 같다.

1. **자신 있게 말한다**: 주저하고 불확실하게 말하는 것을 피한다. 이는 의심을 전한다(Fiske, 2010).

2. **직접적으로 말한다**: 지체하지 말고 요점을 언급한다. 장황한 서설은 산만하게 하고 메시지를 약화시킨다(Blankenship과 Holtgraves, 2005)..

3. **빠르게 말한다**: 말을 빠르게 하는 것은 여러모로 도움이 된다. 빠르고 또렷한 표현은 신뢰성과 설득력을 높여준다(Smith와 Schaffer, 1995).

4. **자음을 발음한다**: 발음은 지위, 존중과 자신감을 전달하는 데 중요한 역할을 한다(Holtgraves, 2010). 예를 들어, 동명사의 끝에 이는 "ing"를 발음할 때 "g"의 발음을 생략하지 않는다.

5. **세련된 말투를 사용한다**: 세련된 단어는 지위를 전달하며(Bradic과 Wisegraver, 1984), 다양한 단어 선택은 확신과 능력을 보여준다(Howeler, 1972).

6. **표준 영어를 사용한다**: 속어나 거친 말투는 존경, 지위뿐만 아니라 메시지를 약화시킨다(Holtgraves, 2010; Ryan과 Sebastian, 1980; Fiske, Cuddy와 Glick, 2007).

7. **거리낌 없이 말한다**: 말하는 것은 지도적 위치에 있는 사람에게 기대되는 행동이다. 사실 지위에 따른 필수적인 조건이다(Jones와 Kelly, 2007). 너무 많이 말하는 것을 염려하지 마라. 당신이 말하기를 기대하고 있다.

8. **지배한다**: 공격적으로 말한다. 당신의 목적은 의사소통을 하는 것이다. 점잖음과 예의를 지나치게 의식해서는 안 된다(Holtgraves, 2010; Ng과 Bradac, 1993).

요약하면, 화자(speaker)는 자신 있게, 직접적으로, 빠르게, 또렷하게, 세련되게, 지배적이어야 하고 표준 영어를 사용해야 한다. 지위와 전문성을 나타내는 비언어적 신호와 함께, 이러한 화자의 특성은 능력과 영향력을 전달한다(Fiske, 2010).

TIP: 이론의 적용

한 명의 동료를 선정하여 아래와 같은 의사소통 활동을 수행한다. 두 사람 모두는 현재 행정가가 직면해 있는 교육과정 기준, 평가, 민영화, 교사들의 직무만족, 학생들의 행동, 수업 혁신 등과 같은 문제에 대해 2~3분간의 발표를 준비한다. 적어도 2가지 이상의 매체를 이용한 일방향 의사소통을 통해 한 사람이 먼저 발표를 한다. 다른 한 사람은 발표를 주의 깊게 경청한 뒤 발표가 끝나면, 발표된 내용을 요약한다.

> 먼저 청자 역할을 했던 사람은 이제 발신자가 되어 양방향 의사소통 방법을 통해 발표를 한다. 새로운 청자는 주의 깊게 들어야 할 뿐만 아니라 내용을 다른 말로 바꾸어 표현하고, 질문하고, 마지막으로 들은 내용을 요약한다.
>
> 발표 후, 두 사람은 발표된 내용, 효율성 및 효과성에 대한 느낌을 공유한다. 그리고 각자 상대방의 행동에 대한 피드백을 제공한다. 발표 능력 향상을 위한 긍정적 및 부정적 피드백을 제공한다.
>
> 당신에게는 어떤 의사소통 기술이 필요한가?

의사소통 매체: 상징을 교환하는 방법

의사소통을 위해, 인간은 두 가지 중요한 상징체제(언어적 및 비언어적)를 사용한다 (Dahnke와 Clatterbuck, 1990). 언어적 상징에는 다음과 같은 것들이 있다.

- 인간의 말 – 개인들 또는 집단 내에서 직접적인, 얼굴을 맞대고 하는 대화
- 전자 매체를 통한 인간의 말–전화, 라디오, 텔레비전과 화상회의
- 문서 매체 – 메모, 편지, 팩스, 소식지, 게시판과 신문
- 전차 매체를 통한 문서 매체 – 이메일, 전자 게시판, 블로그, 웹사이트와 데이터베이스(Yazici, 2002; Flanagin과 Waldeck, 2004)

비언어적인 상징에는 다음과 같은 것들이 있다.

- 신체 언어 또는 몸짓 – 얼굴 표정, 자세와 팔 동작
- 상징적 가치를 가진 사물 또는 인공물 – 사무실의 가구류, 복장과 장신구
- 공간 – 영역과 개인적 공간 또는 근접
- 접촉 – 껴안기, 어깨나 엉덩이 가볍게 두드리기
- 시간 – 신속함, 느림과 양
- 그 외 비언어적 상징물 – 억양, 강세, 음조, 목소리의 세기와 말하는 속도

따라서 메시지는 다양한 통로와 매체를 통해 전달된다.

언어적 매체(verbal media). Richard L. Daft와 Robert H. Lengel(1984, 1986)은 매체가 의사소통의 풍요성을 결정하며, 이 때 풍요성(richness)은 해당 매체가 정보를 전달하고 애매모호함을 해결할 수 있는 가능성을 의미한다고 가정하고 있다. 피드백의 속도, 의사소통 통로의 다양성, 출처(source)의 사유화(personalness) 및 언어의 풍요성 등 네 가지 기준을 통해 매체의 풍요성을 정의한다(Huber와 Daft, 1987). 풍요한 매체

는 모호함을 줄이는 데 가장 적합한 접촉 정도가 높으며 질적인 자료로 특징지어진다. 풍요성이 낮은 매체는 기술을 바탕으로 한, 대규모의 자료 교환을 할 때 적합하며, 대규모의 청중에게 간결하고 정확하게 양적인 자료를 전달하기에 가장 적합하다(Daft, Bettenhausen과 Tyler, 1993). 이러한 네 가지 기준을 사용하여, Daft와 그의 동료들은 [그림 12.4]에 제시되어 있는 것과 같이 평행한 연속선상에 의사소통 매체와 풍요성을 배치하고 있다.

대면적 매체는 전달력이 가장 높고 풍부한 정보를 전달할 가능성이 가장 높다(Barry와 Crant, 2000). 언어적 및 시각적 신호를 통해 즉각적인 피드백을 제공하기 때문에 가장 풍요한 형태의 매체이다. 비록 언어적 피드백이 빠르기는 하지만, 시각적 신호가 결여되어 있기 때문에 전화 매체는 대면적 매체보다 풍요롭지 못하다. 문서화된 의사소통은 피드백이 느리고 문서화된 정보만이 전달되기 때문에 풍요성에 있어 적절하거나 낮은 것으로 묘사된다. 전달된 문서는 성격상 개인적인 것이며, 익명이자 비개인적인 형태를 띠는 일반적인 비망록 및 게시물보다 다소 더 풍요하다. 숫자들은 자연적 언어가 가지고 있는 것과 같은 정보 전달 능력이 없기 때문에, 학업 성취 평가 성적 등과 같은 양적인 자료를 포함하고 있는 컴퓨터 출력물과 같이 숫자가 기록된 공식적인 문서는 풍요성이 가장 낮은 정보를 전달한다. 전자 우편은 전화와 서면화된 개인적 매체 사이에 위치시킬 수 있다(Steinfield와 Fulk, 1986).

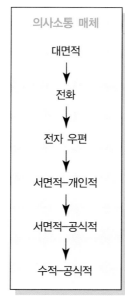

그림 10.4 **의사소통 매체와 풍요성의 연속**

의사소통의 내용이 모호하거나 불확실해질수록, 의사소통을 개선하기 위해 보다 풍부한 매체들이 선택될 것이라고 가정된다. 이러한 가정을 평가하기 위해 일련의 연구들이 수행되었으며, 일부는 이 가정을 지지하였고 또 일부는 별로 차이가 없다는 결과를 발견하였다(Schmitz와 Fulk, 1991). Daft와 그 동료들이 수행한 연구(Trevino, Lengel과 Daft, 1987; Russ, Daft와 Lengel, 1990)는 이러한 기본 가정을 지지하고 있다. 다른 연구들(Steinfield와 Fulk, 1986; Rice, 1992; Dennis, Kinney와 Hung, 1999)은 거의 관계가 없거나 혼합된 형태의 결과를 제시하고 있다. 전반적으로, 새로 등장한 매체(예를 들어, 이메일)보다는 전통적인(예를 들어, 대면적) 매체들에 적용하였을 때, 매체의 풍요성에 대한 가정을 지지하는 결과들이 더 많았다(Fulk와 Boyd, 1991).

풍요성에 관한 논의에서 예상할 수 있는 바와 같이, 서면화된 매체와 구두로 이루어지는 매체의 효과를 비교할 때, 의사소통자는 문제에 직면하게 된다(Porter와 Roberts, 1976). 정보가 문서화된 형태로 제시될 때 이해도가 높게 나타난다. 그러나 대면적인 상황에서의 상호작용을 할 때 의견 변화 또는 설득력이 보다 높게 나타난다. 따라서 이해인가 아니면 설득인가 하는 목적에 따라 적절한 매체의 선택이 이루어진다.

매체를 많이 사용하는 것은 정보의 풍요성과 메시지 전달의 효과성을 향상시킨다(Redding, 1972). 일반적으로 가장 효과적이며 정확한 의사소통을 위한 방법은 서면 및 구두적인 매체를 동시에 사용하는 것이다. 그 다음 효과적인 것은 구두적인 방법만을 사용하는 것이다. 서면 매체는 효과성이 가장 낮다(Level, 1972). 문서화된 매체와 구두적인 매체를 혼합하는 것이 가장 적절하다. 정보가 일반적이거나 미래의 행동을 필요로 하는 상황에서는 문서화된 의사소통만을 사용하는 것도 효과적일 수 있다. 또한 즉각적인 피드백을 요청하는 상황(예를 들어, 징계를 내리거나 논쟁을 해결할 때)에서는 구두적인 매체만을 사용하는 것도 효과적일 수 있다.

비언어적 매체(nonverbal media). 보통 매체를 많이 사용할 때 이해를 증진시킬 수 있지만, 구두적 및 서면적인 매체들은 다른 사람들과 상호작용을 할 때 행정가가 전달하려고 하는 정보의 단지 일부분만을 전달한다. 비언어적인 상징들은 충분히 이해되고 있지 않지만 적어도 언어적 신호들만큼 중요하다. **비언어적 의사소통(nonverbal communication)**은 단어를 사용하지 않는 상태에서 이루어지는 의사소통적인 가치를 가지고 있는 모든 형태를 의미한다. 전체 의사소통의 2/3 가량이 비언어적 의사소통이다(Beall, 2004). 눈썹 치켜올리기, 손을 꼭 잡고 악수하기와 성급하게 손가락으로 문을 두드리는 것 등은 비언어적인 매체를 통해 의미를 전달하는 잘 알려진 행동들이다. 침묵과 엄숙하게 움직이지 않고 있는 행동들조차 화, 성가심, 의기소침 또는 두려움을 나타내는 신호가 될 수 있다. 비록 비언어적 의사소통에 대한 이러한 정의가 모든 영역을 포함하고 있는 것처럼 보이지만, 언어적 형태와 비언어적인 형태로 구분하기 어려운 영역도 여전히 존재한다. 강세, 억양과 말하는 속도뿐 아니라 웃음, 한숨 및 기침 등과 같은 낱말이 아닌 소리들이 여기에 포함된다(Knapp, 1972; Wietz, 1974). 목소리는 성별, 나이, 출신지역과 사회계층에 관한 정보를 드러내기도 한다(Beall, 2004).

비언어적인 의사소통에 관한 연구들은 유사 언어(paralanguage), 신체 동작과 공간적 신호 등이 갖고 있는 의미를 고찰한다. 예를 들어, 미소, 신체 접촉, 긍정적으로 고개를 끄덕이는 행동, 즉각적인 행동 자세(예를 들어, 앞쪽으로 기울어 있는 것)와 눈동자의 움직임과 같은 다섯 가지 형태의 비언어적인 행동을 결합하였을 때 다른 사람과 라포(rapport)를 형성하려는 시도에 가장 긍정적인 영향을 줄 수 있다. 이러한 행동들은 온정, 열정 및 관심을 전달하는 데 핵심적인 것들이다(Heintzman, Leathers, Parrot과 Cairns, 1993).

비언어적인 느낌을 가장 명확하게 전달할 수 있는 것은 얼굴이다(McCaskey, 1979). 대부분의 느낌은 얼굴 표현을 통해 전달된다. 아무런 훈련이 없이도, 얼굴 표현을 관찰함으로써 흥분, 수치심과 두려움 등과 같은 인간의 다양한 감정들을 구분할 수 있다(Harris, 1993). 행복함, 슬픔, 분노, 공포, 놀람과 혐오 등 여섯 가지 표현은 모든 문화에 걸쳐 보편적으로 나타난다(Beall, 2004). 눈을 마주 보는 것은 가장 직접적이고 강력한 비언어적 의사소통 방법들 중의 하나이다. 미국의 주류 문화의 사회적 규칙상, 대부분의 상황에서 짧은 시간 동안 눈을 마주치는 행동은 적절한 것으로 인정되고 있다. 또한 직접적으로 눈을 마주치는 행동은 정직 및 신뢰를 나타내는 것으로 생각된다. 오랫동안 눈을 마주치는 것은 보통 위협이나 (다른 상황에서) 사랑을 담은 관심으로 여겨진다. 이야기를 하는 사람(speaker)들은 청중들 개개인을 직접 쳐다보며 눈을 마주치는 것이 발표의 효과를 높이는 방법이라는 것을 알고 있다.

작업 공간과 관련하여, Michael B. McCaskey(1979)는 사무실은 자신에게 속한 것과 다른 사람에게 속한 것을 구분하는 개인적인 공간이라고 언급하고 있다. 회의가 열리는 곳이 회의의 목적을 암시할 수도 있다. 반대 입장에서의 논의, 위계와 권위를 강조하거나 명령을 내리기 위해서라면 자신의 사무실에서 회의를 열도록 McCaskey는 감독자들에게 권고하고 있다. 사무실 배치 그 자체도 의도하고 있는 상호작용의 특징을 나타낼 수 있다. 예를 들어, 대부분의 행정가들은 두 가지 상이한 영역으로 자신들의 사무실을 배치한다. 첫 번째 영역에서, 행정가는 자리에 앉아서 책상 건너편에 있는 사람에게 이야기를 한다. 이러한 배치는 행정가의 권위와 지위를 강조하는 것이다. 두 번째 영역에는 둥근 탁자를 따라 의자들이 원형으로 배열되어 있다. 이러한 배치는 위계상의 차이를 중요하게 생각하지 않는다는 의도를 나타내기 때문에, 보다 자유로운 의사교환이 촉진된다. 따라서 비공식적인 의사소통을 위한 공간이 있고, 개인적인 기록 및 장식들을 전시해 두고, 의자와 책상들 사이의 거리가 상대적으로 가깝다는 것은 방문자들을 환영한다는 강력한 메시지를 전달하는 비언어적인 상징물들이다. James M. Lipham과 Donald C. Francke(1966)는 학교 상황에서 이러한 가정을 확인하였다.

언어적 및 비언어적 메시지의 일치(congruence of verbal and nonverbal messages). 효과적인 이해를 위해 언어적 및 비언어적 메시지는 일치해야 한다. 보통 새로 부임한 행정가가 교직원을 만날 때 이러한 일반화를 적용할 수 있다. 이 때 새로 부임한 행정가들은 일반적으로 "어떤 질문이나 문제가 있으시면, 주저하지 말고 내 사무실로 오세요. 같이 그 문제에 대해서 이야기를 나누어 봅시다. 내 방의 문은 항상 열려 있습니다"라고 이야기한다. 어떤 직원이 이 말을 액면 그대로 해석하고 교장을 찾아갔을 때, 비언어적인 메시지가 언어적 메시지의 의미를 결정하게 될 것이다. 교장이 교사를 문 앞으로 마중 나오고, 의자로 안내하며, 어떤 생산적인 논의가 이루어진다면, 언어적 메시지는 강화되고 그 의미가 이해될 것이다. 그러나 행정가가 책상 뒤의 의자에 앉아서 서류 작업을 하면서 직원을 책상 건너편에 앉도록 하거나 그냥 서 있게 한다면, 언어적 메시지는 부정된다. 언어적 메시지와 비언어적 메시지가 갈등을 일으킬 때, 의미상의 문제가 나타난다.

TIP: 이론의 적용

학교장이나 교과부장이 주재하는 회의를 관찰하자. 필기나 녹음을 통해 회의 시간 동안 리더가 무슨 말을 했는지 기록한다. 리더의 주된 메시지의 의미는 무엇이라고 생각하는가? 언어적 메시지와 비언어적 메시지는 서로 보완적인가? 리더를 만나서 의도했던 의미를 정확하게 해석했는지 확인한다. 그리고 적어도 두 명 이상의 참여자를 만나서 리더의 주된 메시지가 무엇이었는지 물어본다. 끝으로, 리더가 참여자들과 얼마나 분명하게 의사소통을 했는지 평가한다. 어떻게 하면 리더의 의사소통 시도를 개선할 수 있을까?

의사소통 과정의 출처: 발신자와 수신자

앞에서 언급한 것과 같이, 집단, 조직, 감독자, 동료와 과업 그 자체를 포함한 다양한 출처에서 메시지가 생산된다(Northcraft와 Earley, 1989; Bantz, 1993). 출처를 생각함에 있어, 신뢰성과 인지적 능력이 중요한 요인들이다.

신뢰성(credibility). 발신자의 신뢰성 또는 신용(Adler와 Rodman, 1991)은 메시지의 효과성에 영향을 미친다. 신뢰성에 영향을 미치는 두 가지 특성은 전문성과 신뢰가능성이다(Shelby, 1986; Becker와 Klimoski, 1989). 신뢰성은 수신자가 발신자의 말과 행동에서 느끼게 되는 신뢰와 자신감으로 이루어진다. 신뢰성의 정도는 의사소통자의 말과 행동에 대한 수신자의 반응에 영향을 미친다(Gibson, Ivancevich와 Donnelly, 1976). 메시지의 진실 여부와는 별도로, 발신자의 정체와 명성으로 인해 수신자가 정보를 왜곡하거나 메시지를 무시할 수도 있다. 예를 들면, 학교장을 무능력하고 신뢰할 수 없는 사람으로 생각하는 교사들은 그 사람과의 모든 의사소통을 왜곡할 것이다.

미리 이야기할 것을 준비함으로써 전문적인 능력을 보여줄 수 있다. 우선 의도한 의미를 의사소통할 수 있는 단어 또는 그림 등과 같은 일련의 상징물들을 통해 아이디어를 조직하는 것으로부터 시작한다. 이러한 상징물들은 전달 방법 또는 매체와의 적합성, 일관성, 합리성을 위해 조정된다. 예를 들어, 전자우편을 통한 메시지는 보통 징계 처분을 내리는 공문서와는 차이가 나는 단어들로 표현되며, 이들은 대면적인 대화와는 다른 형태를 띤다. 다시 말하면, 적절하게 연구되고, 조직되고, 문서로 작성되거나 제시되는 메시지는 발신자의 능력과 신뢰도에 대한 수신자들의 평가를 향상시킨다.

인지적 능력(cognitive capacities). 심리적 능력은 개인의 의사소통 능력을 제한한다. 정보처리 능력(예를 들어, 주제에 대한 지식 및 의사소통 기술)과 인성 및 동기 요인(예를 들어, 태도, 가치, 흥미와 기대)들은 메시지의 내용과 질을 제한하고 걸러내기도 한다(Berlo, 1970). 예를 들어, 교장들과 이야기를 나눌 때 수업 담당 부교육감은 행정가를 훈련시키는 데 적절하지 않다고 생각하는 정보들은 가려낸다. 또한 학교장들은 자신들의 업무 수행에 관련된 부정적인 인상을 줄 수 있는 정보는 부교육감에게 보고하지 않는다.

인지적 구조와 과정은 메시지를 이해하고 해독하는 수신자의 능력에도 영향을 준다. 청자가 효과적, 협조적이고 어느 정도 지식을 가지고 있다면, 발신자가 의도한 대로 메시지를 해석하려고 할 것이다. 그러나 발신자의 경우와 마찬가지로, 수신자들도 메시지 해독의 질을 제한하는 의사소통 능력, 주제에 대한 지식, 흥미, 가치, 동기적 특성들을 가지고 있다. 결과적으로, 수신자가 해석하는 의미는 발신자가 의도한 것과 동일하지 않다. 물론, 의미가 아주 유사할 수도 있지만, 결코 완전히 동일하지는 않다.

인지적 구조와 처리 과정에 의해 표현되는 경험을 토대로 하여, 수신자는 메시지에 어떻게 반응하고 행동할 것인가를 선택한다. 이러한 행위는 발신자에게 피드백의 역할을 한다([그림 12.1]과 [그림 12.3] 참조).

의사소통의 상황적 맥락

사람들 간의 의사소통은 맥락적, 문화적 또는 환경적 요인들에 달려있다. 이러한 과정은 소음(noise) 또는 장벽(barriers)이라고 불리는 상황적 요인들에 의해 흐려지게 된다. **소음**은 의사소통 과정을 방해하는 모든 형태의 소란을 의미한다. 소음이 강력해질 경우 메시지의 내용 그 자체보다 더욱 중요하게 될 수도 있다(Reilly와 DiAngelo, 1990).

학교에서, 사회적 및 개인적 요인들에 의해 야기되는 소음은 물리적인 방해보다 더 심각한 문제를 이끌어낼 수도 있다. 예를 들어, 폐쇄적인 조직 풍토, 처벌 중심적인 관료 구조, 문화적 및 성적 차별과 전제적인 지도자는 의사소통 과정을 왜곡시킨다. 이러한 경우, 어떤 집단의 구성원인가 하는 것이 중요하게 된다. 호전적인 교사는 전제적인 학교장의 이야기를 잘 듣지 않으며 그 반대도 가능하다. 또한 관료적인 교육자들은 학부모들의 요구에 주의를 기울이지 않는다.

나이, 성, 인종, 사회 계층 및 민족 간의 차이에 대한 편견은 의사소통 과정상에 장벽을 만들어 내게 되고 이는 메시지를 왜곡한다. 문화다원주의 사회에서, 인종, 직업 및 성과 같은 인구학적 특성들은 언어 발달과 의사소통 능력을 형성하는 공통적인 경험 및 배경 특성들을 대체하는 지표가 된다(Zenger와 Lawrence, 1989). 예를 들어, 특정 업무는 남성들에 의해서만 효과적으로 처리될 수 있다고 믿는 사람은 여성들도 그 일을 비슷하거나 더 잘 할 수 있다는 것을 나타내는 사실, 정보 및 메시지를 거부하는 경향이 있다. 모든 메시지는 이러한 장벽, 경향 또는 인지적 스키마를 통해 걸러진다(Reilly와 DiAngelo, 1990).

따라서 모든 형태의(물리적, 사회적 및 개인적) 상황적 소음은 학교 내에서의 의사소통을 저해하는 언어의 불일치를 가져올 수도 있다. 다양성이 증가하고 학교가 처한 상황이 변화함에 따라(예를 들어, 경제적인 여유, 인종, 행정직의 여성 및 남성 비율과 학습 부진아 등), 정확하고 명확하게 의사소통을 해야 할 필요성이 더욱 커질 것이다. [그림 12.1]에 제시된 바와 같이, 의사소통 과정을 통한 의미의 공유는 개인의 기술 및 동기화(MacGeorge 외, 2003), 메시지의 내용, 사용되는 방법 및 상황에 달려 있다. 간단하게 이야기하면, 그 관계는 다음의 공식에 잘 나타나 있다.

$$의미 = 정보 + 의사소통자 + 매체 + 맥락$$

다음의 질문들을 통해 이러한 접근 방법 및 공식의 핵심적 부분들을 이해할 수 있다.

- 누가 누구에게 이야기를 하고 이들은 어떤 역할을 맡고 있는가? 행정가들인가? 행정가와 교사인가? 교사들인가? 남성과 여성인가? 교사와 학생인가? 행정가와 학부모인가?
- 발신자와 수신자 모두 이해할 수 있는 언어 또는 일련의 상징들을 통해 정보를 전달할 수 있는가?
- 의사소통의 내용과 그 효과는? 긍정적인가 아니면 부정적인가? 적절한가 아니면 부적절한가?
- 어떤 방법 또는 매체가 사용되는가?
- 어떤 맥락 속에서 의사소통이 이루어지는가?
- 메시지를 차단하거나 왜곡할 수 있는 소음을 만들어 내는 요인들은 무엇인가?

종합적인 결론으로, 양방향 의사소통의 부족, 서로 모순되는 매체와 메시지 및 상황적인 소음의 존재로 인해 교육 조직 내에서 심각한 상호 이해의 문제가 나타난다.

의사소통에 대한 조직적 관점

조직은 정보처리체제이다(Hall, 2002). 정보는 조직 내에서 흘러 다니며, 사실상 모든 구조 및 과정에 영향을 미친다. 또한, 조직은 계속 증가하고 있는 막대한 정보를 처리하며, 이 때 선호하는 매체는 대면적인 논의와 집단적 참여이다(Daft, Bettenhausen 과 Tyler, 1993). 결과적으로, 정보의 확대 및 풍요한 매체로의 변화로 인해 학교 내의 의사소통을 이해하는 것이 과거에 생각했던 것보다 더욱 중요하게 되고 있다. 즉, 의사소통은 학교와 같은 조직을 개념화하고, 기술하고, 설명하는 또 다른 방법을 제공해 준다(Deetz, 2001).

조직의 의사소통

앞서 제시한 의미를 형성하고 개인 및 집단에 영향을 주게 되는 공식적 및 비공식적 네트워크를 통한 메시지의 발신이라는 일반적인 정의를 **조직의 의사소통(organiza-tional communication)**을 정의하는 데 적용할 수 있다(DeFleur, Kearney와 Plax, 1993). 즉, 조직의 의사소통은 메시지를 만들어 내고 해석하는 집단적이자 상호작용적인 과정이다. 조직 내외의 참여자들 간의 활동 조정 및 관계는 이해의 네트워크를 만들어 낸다(Stohl, 1995). 예를 들어, 새로운 교육과정의 기준과 평가 절차에 관한 지식을 의사소통하기 위해 학교구 전역에 걸쳐 교사와 학교장을 대상으로 직원 능력 개발 활동들이 실시되고 있다.

학교조직에서 이루어지는 의사소통의 목적

학교와 같은 조직 내에서의 의사소통은 예를 들어, 생산과 규제, 혁신 및 개인의 사회화와 현상 유지 등 여러 가지 목적을 가지고 이루어진다(Myers와 Myers, 1982). 생산 및 규제를 위한 목적에는 학교 내에서 이루어지는 교수 및 학습과 같은 조직의 기본적인 업무 수행을 목적으로 하는 활동들이 포함된다. 목표 및 기준 설정, 사실 및 정보 전달, 의사결정, 다른 사람들을 지도하고 영향력을 행사하는 것 및 결과 평가 등이 여기에 포함된다. 혁신에서는 새로운 아이디어 제기 및 학교의 프로그램, 구조 및 절차상의 변화에 대한 메시지가 다루어진다. 끝으로, 의사소통의 사회화 및 현상 유지 목적은 참여자들의 자기 존중감, 상호간의 관계 및 개인의 목표를 조직의 목표로 통합하기 위한 동기화에 영향을 미친다. 복잡하고 매우 상호의존적인 형태의 활동들을 이끌어 나가는 학교의 능력은 위와 같은 목적을 가지고 이루어지는 의사소통을 처리하는 능력에 의해 제한된다.

생산, 규제, 혁신, 사회 및 현상 유지 등 다양한 목적을 달성하기 위해서 의사소통은 구성원들 간의 이해의 공유를 이끌어 내야 한다. 목표를 달성하기 위해서는 인간의 행동이 필요하다. 의사소통을 통해 이러한 목표 지향적인 행동이 도출된다. 따라서 메시지가 명확하고 이에 대한 이해 정도가 높을수록, 행정가, 교사 및 학생들의 행동이 충실하게 목표 지향적인 방향으로 진행되어 갈 가능성이 커진다. 예를 들어, 효과적으로 운영되고 있는 학교에서의 행정가, 교사 및 학생들은 다른 사람들의 아이디어를 이해하고 수용하고자 하며, 이에 따라 행동한다. 이들이 달성하고자 하는 학교의 목표와 기준은 폭넓은 대화를 통해 개발된다. 예를 들어, 프로젝트 중심의 수업을 실행하고자 하는 혁신적인 목표가 있다. 이러한 목표를 달성하기 위한 기준에는 새로운 교육과정 개발, 새로운 상호작용적 수업 전략, 교사들에 대한 인식 전환 및 훈련, 포트폴리오 평가 절차, 프로그램 유지를 위한 계획 등이 포함된다. 집단의 지도자, 학교장, 교사, 학부모 및 학생들은 목표의 타당성에 초점을 두고, 새로운 절차의 유용성을 강조하며, 이해의 공유를 조장하고, 이러한 프로그램을 실행하기 위한 집단적인 행동을 고무하며, 프로그램이 실행되고 지속될 수 있도록 도와준다. 이러한 행동의 범위와 그 성공 여부는 목표 및 이에 수반된 절차들에 관한 의사소통이 학교 조직에 의해 어떻게 이루어지고 유지되는가에 달려있다.

의사소통 네트워크

의사소통 네트워크(communication network)는 시간 및 공간을 통해 메시지를 보내고 교환하는 활동으로 인해 이루어지는 의사소통자들 간에 형성되는 공식적 또는 비공식적 의사소통 형태이다(Monge와 Contractor, 2001). **공식적 통로(formal channel)**는 조직에 의해 인가를 받은 방법으로 규제와 변화 등과 같은 조직의 목표와 관련되어 있다. 조직의 구성원들이 **비공식 통로(informal channel)**와 네트워크를 통해 의사소통을 할 때, 이들은 비밀 경로(grapevine)를 사용한다(Harris, 1993). 비록 조직 위계상에 나타나 있지는 않지만, 이러한 의사소통 형태도 학교 조직 구조의 한 부분을 이루고 있다(Lewis, 1975). 공식적 및 비공식적 통로의 방향은 수직적(위에서 아래) 및 수평적일 수도 있고 일방향 또는 양방향일 수도 있다. 따라서 네트워크와 통로는 학교와 같은 조직에서 메시지가 이동하는 단순한 방법, 수단 또는 형태가 된다. 즉, 이들은 의사소통 궤도이다.

강, 거리와 고속도로, 전화선과 배수 시설 등과 같은 물리적인 연결망 및 통로에 대해 잘 알고 있기 때문에 네트워크와 통로의 일반적인 개념은 전혀 낯설지가 않다 (Monge, 1987). 그러나 포장, 하천 및 파이프와 같은 물리적인 현상이 아니라 오랜 시간에 걸친 추상적인 인간의 행동으로 구성되어 있기 때문에 조직 내의 의사소통 네트워크는 확인하기가 어렵다. 그럼에도 불구하고, 의사소통 네트워크는 학교 내에서 구성원들 간에 정보를 교환할 때 확인할 수 있는 일상적인 대인 접촉의 형태이다. 시간을 두고 의사소통 행위를 관찰함으로써, 정보 교환을 통해 어떤 사람이 어떤 사람과 연결되어 있는지 추론할 수 있다.

[그림 12.5]에 제시된 바와 같이, 의사소통 네트워크 내의 각 구성원들은 다양한 역할을 맡고 있다. 의사소통 네트워크 내에서 의사소통 역할을 맡은 구성원은 다른 사

람들의 태도와 행동에 영향을 줄 수 있기 때문에 아주 중요하다. **스타의 역할**(star role)은 대다수의 구성원들이 한 사람과 의사소통을 할 때 나타난다. 스타는 네트워크 내에서의 연결고리 역할을 한다. 핵심적인 역할을 맡고 있음으로 인해, 집단의 자원에 보다 쉽게 접근할 수 있고 통제할 수 있기 때문에 스타는 강력한 영향력을 행사할 수 있다(McElroy와 Shrader, 1986; Yamagishi, Gillmore와 Cook, 1988). 따라서 스타는 네트워크 내에서 지도자로 생각할 수 있다.

이와 반대로, **고립적 역할**(isolate role)은 다른 구성원들과의 의사소통에 아주 드물게 참여하는 사람이다([그림 12.5(b)] 참조). 이들은 네트워크에 느슨하게 연결되어 있거나 전혀 연결되어 있지 않을 수도 있다. 즉, 정상적인 의사소통 체계에서 동떨어진 상태로 다른 부분들과 아무런 접촉을 하지 않는다. 또한 이들의 의사소통 활동 부족은 일반적으로 고립감, 낮은 직무 만족, 조직에 대한 낮은 헌신도 및 낮은 업무 성취를 동반하기 때문에, 이들은 걱정거리가 된다. 의사소통 네트워크에 적극적으로 참여하는 것은 긍정적인 결과를 가져오리라 예상되지만, 고립은 불만과 연결되어 있다

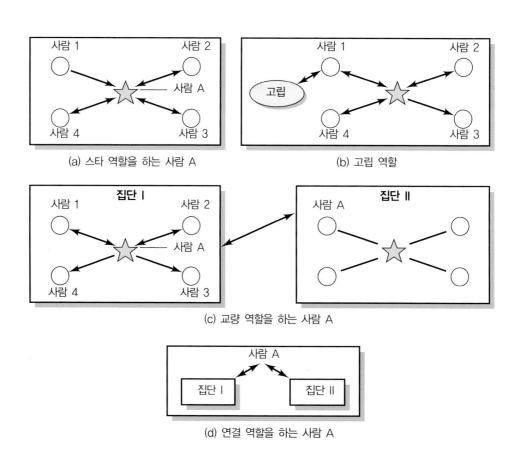

(a) 스타 역할을 하는 사람 A

(b) 고립 역할

(c) 교량 역할을 하는 사람 A

(d) 연결 역할을 하는 사람 A

그림 12.5 **의사소통 네트워크에서 스타, 고립, 교량과 연결 역할의 예**

(Harris, 1993). 그러나 학교 내에서 교사들의 고립 상태를 줄이기 위해 고안된 프로그램은 가장 혜택을 받아야 할 구성원들이 적은 혜택을 받는 반대되는 상황을 만들어 내고 있다(Bakkenes, de Brabander와 Imants, 1999).

Patrik Forsyth와 Wayne Hoy(1978)는 어떤 한 상황에서 고립되는 경우 이는 거의 예외 없이 다른 상황들로도 전이된다는 것을 발견하였다. 친구로부터의 고립은 공식적 권위로부터의 고립과는 관련이 없다는 것을 제외하고, 후속 연구들은 비슷한 결과를 제시하고 있다(Zielinski와 Hoy, 1983). 즉, 학교의 의사소통 과정에서 고립되는 구성원들은 인지된 통제, 존경받는 동료, 학교의 통제 구조 및 때때로 친구들과 격리되는 경향이 있다. 이러한 고립의 부정적인 측면은 소외감이다. 이러한 부정적인 영향을 완화시키기 위해, 현재의 통로로는 고립된 구성원들에게 접근할 수 없을 때 행정가들은 대안적인 의사소통 과정을 만들어 내야 한다.

네트워크들 간의 의사소통은 교량적 및 연결적 위치를 차지하고 있는 구성원들을 통해 이루어진다. 예를 들어, 두 집단 이상에 소속되어 있는 사람은 **교량(bridge)**이라고 부른다. 학교구의 교육과정 위원회와 학교의 해당 교과 부서에 소속되어 있는 영어 교사는 두 집단들 간의 교량적 역할을 하며, 이들 두 집단 간의 정보가 교류된다([그림 12.5(c)] 참조). **연결자(liaisons)**들은 자신들이 소속되어 있지 않은 조직들을 연결시키는 역할을 한다([그림 12.5(d)] 참조). 즉, 다른 조직의 활동에 관한 정보를 제공하는 핵심적인 기능을 수행한다. 연결자와 집단 구성원들 간의 상호작용은 자주, 공식적으로 이루어지지는 않지만, 의사소통이 정규적으로 이루어질 때, 구성원들은 다른 사람들이 무슨 일을 하는가 알게 된다. 3장에서 기술한 바와 같이, 이러한 중요한 연결 관계는 약하게 연결되어 있거나 이완된 결합상태에 있다. 대부분의 경우 연결자들은 각각의 부서와 위원회들을 연결하기 위해 그리고 이들 간의 정확한 의사소통을 보장하기 위해 조직에 의해 공식적으로 지정된다. 예를 들어, 두 학교의 영어 교육과정 위원회의 장학을 담당하고 있는 교육과정 및 수업 담당 부교육감은 이들 두 집단의 연결자가 된다. 물론, 공식적 연결자뿐 아니라 비공식적인 연결자들도 있다. Cynthia Stohl(1995)은 매우 효과적인 집단은 효과적이지 못한 집단에 비해 외부의 환경 또는 조직 내의 다른 집단들과 긴밀히 연결되어 있다고 결론을 내리고 있다. 그러나 아주 응집력이 강하고 크게 만족하고 있는 집단은 외부의 구성원들과의 상호작용 빈도가 떨어진다.

학교 내에서의 공식적 의사소통 네트워크

Scott(2003)에 따르면, 조직이 발전하는 이유들 중의 하나는 정보의 흐름을 관리하는 탁월한 능력이다. 학교의 위계 구조(3장 참조)는 직위에 따른 지위와 권력상의 차이와 같은 여러 가지 특징들을 구체화하고 있지만, 그 중에서도 가장 중요한 것은 집권화된 의사소통체제이다. 의사소통은 모든 학교 조직 구조에 퍼져있다. Richard H. Hall(2002)에 따르면, "조직 구조의 설정은 의사소통이 특정 방법을 따라 이루어진다는 표시이다."(p. 164).

공식적 의사소통 통로 또는 네트워크는 권위의 위계를 통해 조직 전체를 가로지르고 있다. Barnard(1938)는 이러한 공식적 네트워크를 "의사소통체제"라고 명명하고 있다. Barnard에 따르면, 공식적 의사소통체제를 개발하고 활용할 때에는 몇 가지 요인들을 고려해야만 한다.

- 의사소통 통로를 알고 있어야 한다.
- 이러한 통로는 조직의 모든 구성원들을 연결시켜야 한다.
- 의사소통의 계통은 가능한 한 직접적이고 단계가 짧아야 한다.
- 완전한 의사소통 네트워크를 사용한다.
- 직위를 차지하고 있는 적절한 사람이 자신의 권위 내에서 메시지를 전달할 때 모든 의사소통을 신뢰할 수 있다.

[그림 12.6]은 Barnard의 주장을 토대로 학교구의 공식적 의사소통 네트워크를 설명한 것이다. 여기서는 공식적 의사소통 통로가 나타나 있고 모든 구성원들은 누구엔겐가 보고를 하고 있다는 것을 주목하기 바란다. 장학관들은 수업담당 부교육감에게 보고를 하고, 수업담당 부교육감은 재정담당 부교육감과 교육감에게 보고를 한다. 교육감에서 교사까지의 의사소통은 다섯 단계의 위계를 거쳐 이루어진다. 이는 대규모 학교구라는 측면에서 볼 때 단계가 짧고 직접적이다. Barnard의 주장에 따라, 해당 직무를 나타내는 특정한 명칭 및 관료적 규칙과 규제가 사용되었다.

모든 조직은 의사소통 과정을 공식적으로 규제하고 있다. 대부분의 조직들은 위계적 의사소통 유형을 유지한다. 즉, 의사소통은 상급자와 하급자 간의 직접적인 상호작용으로 제한되며, 공식적인 규칙이 없어도 대부분의 의사소통은 위계 구조를 따를 것으로 기대된다(Friebel과 Raith, 2004). "적당한 통로를 통해 진행되도록 하라"와 "명령의 계통을 따라서"는 조직 내의 의사소통 통제 및 구조에 대한 요구를 반영한 일반적인 두 가지 표현들이다(Harris, 1993). 학교의 관료제가 가지고 있는 세 가지 특

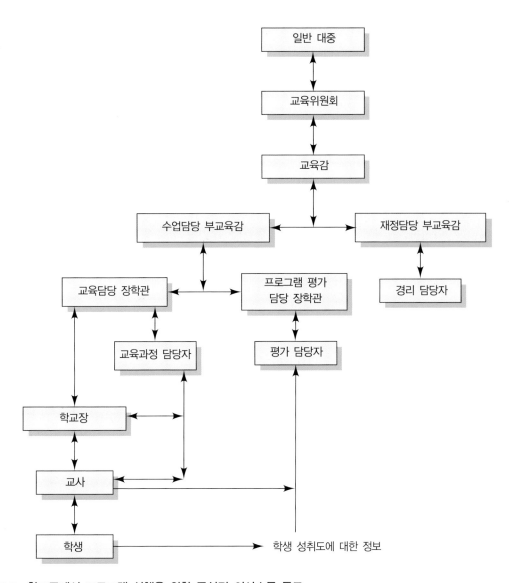

그림 12.6 **학교구에서 프로그램 실행을 위한 공식적 의사소통 통로**

징이 공식적 의사소통체제에 특히 더 중요한 것으로 보인다. 이들은 위계의 집권화, 조직의 형태 또는 구성 및 정보 관련 기술의 수준이다.

권한이 위임되지 않고 조직의 한 부분에 집중되어 있는 정도를 나타내는 *집권화 (centralization)*는 의사소통체제의 효과성에 영향을 미치는 중요한 요인이다(Porter와 Roberts, 1976; Johnson과 Chrispeels, 2010). 집권화된 학교에서는 조직 구조 내의 특정 직위를 차지하고 있는 소수의 사람들이 대다수의 정보 획득 능력을 가지고 있다. 예를 들어, [그림 12.6]에 제시되어 있는 것과 같이 교육감과 두 명의 부교육감이 공식적 의사소통체제상의 대부분의 정보를 수집하고 있다. 그러나 만약 학교구가 분권화되어 있거나 이완 결합(3장 참조)된 형태를 띠고 있다면, 모든 직위에 걸쳐 어느 정도 정보 수집력이 분산되어 있다. 상이한 정보 수집 능력을 고찰한 연구들은 문제와 과업이 상대적으로 단순하고 직선적일 때 집권화된 구조가 가장 효과적인 의사소통체제라는 사실을 지지하고 있다. 그러나 문제나 과업이 복잡할 때는 분권화된 위계 구조가 보다 효율적인 것처럼 보인다(Argote, Turner와 Fichman, 1989). 이와 비슷하게, 집권화된 학교는 분권화된 학교들에 비해 메모 및 작업 지침 등과 같은 풍요성이 부족한 매체에 의존하는 경향을 보인다(Jablin과 Sias, 2001).

위계의 수 또는 조직 구조의 평면성을 나타내는 형태도 의사소통 과정에 영향을 미친다. 위계의 수준 및 크기는 형태와 관련된 구조적 특성이다. 예를 들어, 앞의 [그림 12.6]에 제시된 것과 같이 5단계의 위계로 이루어진 학교구는 이보다 위계가 많거나 적은 학교구와 비교해볼 때 위계 사이 또는 위에서 아래로의 의사소통 능력상에 차이를 가지고 있다. 위계의 수는 메시지가 이동해야 하는 거리라고 생각할 수 있다. 거리가 멀어짐에 따라, 메시지가 왜곡될 가능성이 커지며, 의사소통의 질과 양에 대한 만족은 감소하게 된다(Clampitt, 1991; Zahn, 1991). 일반적으로 교사들은 학교장보다는 교육감으로부터의 메시지에 대해 보다 만족도가 떨어진다고 표현하고 있다. 또한 조직의 규모도 의사소통의 질과 부정적인 관계를 가지고 있다. 학교구의 규모가 커짐에 따라, 의사소통은 보다 비정적 또는 공식적이 되며, 그 질도 떨어진다(Jablin, 1987).

그 정확한 효과에 대해서는 조금 더 깊이 생각을 해보아야 하겠지만, 기술도 조직의 의사결정에 유의미한 영향을 미치는 것처럼 보인다. 3장에서 언급한 바와 같이, 학교가 이완결합체제라고 생각하는 학자들은 교육 조직이 상대적으로 기술의 수준이 낮다고 주장하고 있다. 그러나 의사소통 기술이 보다 정교화해짐에 따라, 이러한 기술의 사용은 공식적 및 비공식적 네트워크에서 이루어지는 의사소통을 극적으로 변화시킬 것이다(Jablin과 Sias, 2001).

우리는 현재 인터넷, 컴퓨터망, 전자 우편, 컴퓨터 화상 회의, 통신 위성 및 자료 처리 장치 등에서 알 수 있는 바와 같이 근본적인 변화를 만들어 내는 창의적이고 역동적인 시대에 살고 있다. 상대적으로 최근의 현상인 전자적 정보 교환은 의사소통과는 별개의 것으로 음성, 화상, 문자 및 그래픽 자료를 전달하는 데 적용되었다. 현재에는, 여러 곳으로 동시에, 즉각적으로 음성, 화상, 문자 및 그래픽 자료를 전달하는 것이 일상화되고 있다. 앞으로 다가올 엄청난 변화를 예상한다고 하더라도, 참여자들의 지리적 분포와 함께 앞으로 다가올 전자 기술의 영향력을 기술할 때, 이러한 매체와 전통적인 매체들과의 차이를 적절하게 포착하지 못하고 있다. 결과적으로,

학교에서 이루어지는 모든 의사소통에 대한 이러한 기술의 영향력은 과소평가되고
있다.

TIP: 이론의 적용

공식 조직에서 의사소통의 평가 및 개선

학교의 의사소통체제를 개선하기 위해서는 현재의 상황과 새로운 체제 계획을 평가하는 계획
된 프로그램이 필요하다. 학교구, 부서 또는 학교 상황을 가정하고, 아래의 활동을 수행한다.

- 이 장의 앞부분에 제시된 Barnard의 기준을 토대로 하여 조직의 의사소통체제 설계를 평가
한다.
- 만약 실행되고 있다면, 공식 체제의 개선을 위한 과정을 촉진할 수 있는 장치는? 가능한 방
안으로는 조직 구조의 조정, 공식적 및 비공식적 상호작용을 위한 장소 마련, 새로운 기술
활용, 과제 완결 및 의사결정을 위한 위원회 체제 마련, 정보 저장 및 검색체제 확립, 의사
소통 기술을 갖춘 직원 선발 그리고 의사소통 기술 개선을 위한 전문성 신장 프로그램 개발
등이 있다.

학교 내에서의 비공식적 의사소통 네트워크

공식적 의사소통체제가 얼마나 정교한가에 상관없이 모든 조직에는 비공식 네트워크
또는 비밀 경로가 존재한다. 조직 관련 연구자들과 참여자들이 공통적으로 인정하고
있는 것은 집단, 당파 또는 한 패에 속해있는 사람들이 어떤 사건이나 사항들을 매우
빠르게 이해하는 경향이 있다는 것이다. 이들은 자신들끼리 간단하면서도 충분히 의
사소통을 한다. 이러한 비밀 경로를 통해 사실, 의견, 태도, 의혹, 잡담, 소문 그리고
심지어는 명령까지 자유롭고 신속하게 흘러간다. 학교 구성원들 간의 사회적 관계를
통해 형성된 비공식적 통로는 동일한 사무실 사용, 비슷한 업무, 휴식 시간을 함께 보
내는 것, 카풀(carpool), 친구 관계 등과 같은 단순한 이유 등으로 나타난다. 학교 조
직의 모든 부분에 걸쳐 사회적 관계와 의사소통 통로가 나타난다. 다시 [그림 12.6]으
로 돌아가서, 교육청에는 비공식적 의사소통 형태가 존재한다. 교육청의 어떤 집단에
는 일부 장학관, 부교육감, 일부 장학사, 평가 담당자 및 경리 담당자들이 소속되어
있을 수도 있다. 비공식적 의사소통 통로는 학교 교장들 사이에서 그리고 교사 집단
및 학생회 내에서도 다양하게 찾아볼 수 있다.

　초·중등학교 학교장들 간의 의사소통 형태는 상당한 차이가 있다(Licata와 Hack,

1980). 중등학교 교장들은 조합과 같은 비공식 집단을 형성한다. 즉, 의사소통의 유형은 공통적인 전문적 관심사와 상호 협조 및 보호의 필요성을 토대로 하고 있다. 이와는 반대로, 초등학교 교장들은 조언자, 친구, 이웃 및 친척들과의 사회적 유대를 통해 의사소통이 이루어지는 씨족 집단과 같은 형태의 집단을 구성한다. 즉, 중등학교 교장들이 전문적 생존 및 발전을 위해 비밀 정보 전달 경로(grapevine)를 조직하는 반면, 초등학교 교장들은 사회적 문제에 관한 비공식적 의사소통을 한다.

비록 비밀 정보 전달 경로는 소문의 확산과 같은 중요한 단점을 가지고 있지만, 비공식적 네트워크도 공식 조직 내에서 일련의 목적 달성에 도움이 된다. 첫째, 이들은 학교 내에서 이루어지는 여러 가지 활동들의 특징(quality)을 반영하고 있다. 비공식적인 출처를 통한 의사소통은 행정가와 다른 학교 지도자들에게 아주 중요한 피드백을 제공하고 있다. 또한 적극적인 비공식적 네트워크는 학교의 문화를 나타내는 지표가 되고 이들에 귀를 기울임으로써 상당한 것들을 배우게 된다. 둘째, 비공식 통로는 공식적 통로로는 충족시킬 수 없는 사회적 또는 소속의 욕구를 충족시킬 수 있다. 예를 들어, 사람들은 서로 서로 개인적인 생각, 의견과 조언을 나누고, 이러한 상호작용을 통해 상당한 즐거움과 정서적 보상을 얻는 등 비목적적인 대화를 하기도 한다 (Miller, 2006). 셋째, 상당한 정보를 전달함으로써 비밀 정보 전달 경로는 정보의 공백을 메울 수 있다. 아무리 정교하다 하더라도, 공식 의사소통 네트워크는 현재 학교 조직에 필요한 모든 정보를 전달할 수는 없다. 공식 통로가 막히게 될 때 비공식 네트워크가 출구가 된다. 비공식 통로는 변화의 시기, 정보가 새로울 때 그리고 대면적 또는 전자 의사소통이 상대적으로 손쉬울 때에 특히 더 도움이 된다. 넷째, 비공식 네트워크는 행동에 대한 의미를 제공한다. 비공식 네트워크를 통해 메시지가 이동함에 따라, 메시지는 참여자들이 이해할 수 있는 용어로 놀랄 만큼 정확하게 번역된다. 논쟁의 여지가 없는 정보의 경우, 그 정확도는 75~90%가 된다. 왜곡 현상이 나타날 경우, 이는 일반적으로 불완전한 정보에 바탕을 둔 부정확한 부분을 반영하고 있다. 문제는 아무리 작은 실수 또는 왜곡이라도 엄청난 결과를 가져올 수 있다는 것이다(Clampitt, 1991; Harris, 1993).

TIP: 이론의 적용

비공식 의사소통 집단

재학했던 또는 현재 근무하고 있는 학교를 생각해 본다. 학생 및 교사에게 초점을 맞추고 아래의 질문에 답해 보자.

- 관찰할 수 있는 학생 및 교사들의 비공식 집단 또는 네트워크를 확인한다. 이들은 특정 이름을 가지고 있는가?
- 확인한 비공식 집단의 경우, 이들의 행동 기준이 되는 가치 및 규범은 무엇인가?
- 공식 조직의 어떤 측면이 비공식 집단의 발전에 기여하고 있는가?
- 비공식 조직 내에서도 지위 구조가 존재하는가? 비공식 집단 간에도 존재하는가? 존재한다면, 이를 기술해 보자.
- 어떤 비공식 집단에도 소속되지 못하는 개인이 있는가?
- 학교장도 비공식 집단에 소속되어 있는가? 만약 소속되어 있지 않다면, 이들 집단과 학교장은 어떤 관계를 가지고 있는가?
- 관찰한 그 외 사항들을 제시한다.

보완적인 네트워크: 공식적 및 비공식적 의사소통

앞에서 언급한 바와 같이, 공식적 및 비공식적 의사소통 네트워크는 모든 교육 조직에 존재하고 있다. 다양한 상황에서 이루어진 네트워크에 관한 연구들은 조직의 의사소통 형태가 아주 복잡하다는 결과를 제시하고 있다. 학교 내에서도, 단일한 한 가지의 네트워크는 존재하지 않는다(Jablin, 1980). 참여자들의 상당수는 다른 사람들과 상호작용을 하며, 그 수는 공식 조직 구조도에 나타나 있는 것보다 훨씬 많다. 비록 사회적 네트워크에 비해 과업 관련 네트워크가 보다 크고 발전되어 있지만, 이들은 서로 밀접하게 관련되어 있으며, 조직의 중요한 부분들이다(O' Reilly와 Pondy, 1979). 일반적으로, 의사소통 집단은 업무 계통을 따라 형성된다. 작업 집단의 과업 구조는 전달되는 메시지의 정확성과 개방성을 개선하거나 나쁘게 할 수도 있다. 정보를 교환할 때 전문화된 기술과 높은 지위를 가진 집단은 다른 집단들보다 개방적이다(O' Reilly와 Roberts, 1977). 또한, 정확성과 개방성은 업무 수행에 긍정적인 영향을 주나, 교육자들 간의 의사소통 빈도는 높지 않다(Miskel, McDonald와 Bloom, 1983). 요약하면, 의사소통의 내용과 방향은 두 가지 체제를 상호보완적으로 만들 수 있다.

내용

내용의 면에서 볼 때, 의사소통은 수단적(instrumental) 또는 표현적인(expressive) 것으로 생각할 수 있다(Etzioni, 1960). 수단적 의사소통은 인지 구조 및 과정에 영향을 주는 정보 및 지식을 유포시킨다. 행정 명령, 정책, 교육과정의 목표 및 교재 그리고 출석 자료 등이 그 대표적인 예이다. 도구적 의사소통의 목적은 방법 및 절차에 대한 합의를 이끌어 내는 것이다. 다른 한편, 표현적 의사소통은 태도, 규범과 가치를 변화시키거나 강화하고자 한다. 학생들에 대한 적절한 정도의 애정, 호전성, 훈육 및 조직의 보상이 표현적 의사소통의 내용에 관한 일반적인 예이다.

공식적 의사소통 통로는 수단적 및 표현적 내용들을 전달한다. 비공식적 네트워크는 이들 모두를 향상시킬 수 있다. 예를 들어, 비밀 정보 전달 경로는 의견 및 정서를 나타내는 척도의 역할을 한다. 학교 행정가들은 학생, 교사 및 다른 행정가들의 사기에 관한 비공식적인 정보의 흐름을 확인하기를 원하기도 한다. 이들은 또한 새로운 절차나 프로그램에 대한 반응을 살펴볼 수도 있다. 예를 들어, 교사들을 대상으로 한 새로운 현직 연수 프로그램을 도입하고자 하는 학교장이 있다. 최종 결정을 하기 전에, 여러 가지 가설적인 가능성에 대해 주위의 참모들과 비공식적으로 논의가 이루어진다. 이에 관한 정보가 비밀 정보 전달 경로를 통해 유포됨에 따라, 이 프로그램에 대한 교사들의 반응을 살펴볼 수 있다. 이러한 반응을 토대로 하여, 행정가는 새로운 프로그램에 대한 계획을 발표하기 위해, 이 프로그램을 잠정적인 상태로 남겨두거나 공식적으로 소문을 일소하기 위해 공식적 의사소통체제를 사용한다. Barnard(1938)는 이러한 형태의 의사소통은 비공식 네트워크 내에서 아무런 방해 없이 흘러가지만, 공식 통로 내에서 사전에 의사결정을 내리도록 요구하는 문제를 야기하거나 불편을 초래할 수도 있다고 주장하고 있다. 따라서 비공식 통로는 가능한 행동 과정을 평가해 보는 토대가 됨으로써 공식적 도구를 통한 의사소통을 보완할 수 있다. 표현적 의사소통의 측면에서, 비공식 네트워크는 참여자들이 허물없이 의사소통을 하고 상호작용을 하게 함으로써 개인적 표현을 위한 긍정적인 수단이 될 수도 있다. 따라서 비공식 네트워크를 통해 일선 학교구들은 재정적인 비용을 거의 부담하지 않고도 학교 구성원들의 사회적 욕구를 충족시킬 수 있다.

방향

메시지는 발견되기를 기다리면서 그 자리에 가만히 머물러 있지도 않고, 아무런 방향 없이 이리저리 흘러 다니다가 어떤 행운으로 인해 발견되는 것도 아니다(Myers와 Myers, 1982). 조직에서의 의사소통은 어떤 방향을 가지고 공식적 및 비공식적 네트워크를 통해 흘러간다. 또한 정보의 소통 방향은 공식적 및 비공식적 의사소통 네트워크의 보완적인 성격을 보여준다. 정보는 이들 네트워크 내에서 수평적 및 수직적으로 소통된다.

수직적 소통은 학교 내의 다양한 위계들 사이를 위에서 아래로 그리고 아래에서 위로 정보가 흘러간다는 것을 말한다. 메모, 지시, 정책 또는 일련의 행동 계획 등을 통해 정보가 권위의 위계를 따라 위 또는 아래로 전달된다. 수직적 의사소통은 공식적 네트워크 내에서 소통되는 메시지는 그것을 발신하는 사람과 수신하는 사람들 모두에게 아주 중요하다는 것을 가정한다. 개인들의 업무는 지시, 평가, 요구와 명령 등과 같은 이들이 받는 메시지에 달려있다(DeFleur, Kearney와 Plax, 1993).

공식적으로 이루어지는 하향적 의사소통에서, 정보는 명령의 위계, 즉 위계적인 지위 구조를 따라 이동한다. 일반적으로 이러한 메시지는 명령의 위계를 재확인하며 또한 통제를 강화한다(Harris, 1993). 상위자에서 하위자로 전달되는 다섯 가지 형태의 의사소통은 다음과 같은 사항들을 포함하고 있다(Katz와 Kahn, 1978).

- 구체적인 과제에 관한 지시
- 그 과제를 왜 수행해야 하고 이 과제가 다른 과제들과 어떤 관계를 가지고 있는가에 관한 이유
- 조직의 절차와 실제에 관한 정보
- 개인들의 업무 수행 수준에 관한 피드백
- 조직의 목표에 관한 정보

하향적 의사소통은 상대적으로 발신하기 쉬우나, 하위자들은 흔히 메시지를 잘못 이해하기도 한다. 의도한 의미를 확실하게 이해하도록 하기 위해, 행정가들은 반드시 양방향 의사소통 통로를 개발해야 하며, 위계를 오고 가는 광범위한 피드백 과정을 활용해야 한다.

위계의 하위 수준에서 상위 수준으로의 의사소통은 상향적 의사소통이다. 상향적 의사소통은 다음과 같은 네 가지 형태의 메시지를 전달한다(Katz와 Kahn, 1978; DeFleur, Kearney와 Plax, 1993).

- 일상적인 운영에 관한 메시지
- 문제에 관한 보고
- 개선을 위한 제언
- 하위자들이 서로를 어떻게 느끼고 업무에 대해 어떻게 생각하고 있는가에 관한

정보

상향적 의사소통은 하위자들에게 상위자들에 대한 설명의 의무를 부과하는 수단들 중의 하나이다. 이러한 의사소통은 흔히 행정적 통제를 위한 수단으로 보여진다. 결과적으로 하위자들은 부정적인 자료를 보류하고 긍정적인 정보를 강조하며, 자신들의 생각에 "상급자가 듣기를 원할" 것 같은 정보들만을 전달하거나 단순히 침묵을 지키는 경향을 보인다(Milliken과 Morrison, 2003). 상당수의 결정이 위계의 상층부에서 이루어지기 때문에, 의사결정의 질은 공식체제를 통해 전달되는 의사소통의 정확성과 시간상의 적절성에 달려있다. 일반적으로, 정보가 보다 구체적이고, 보다 객관적일수록, 하위자들이 자신들의 상위자들과 정확하게 의사소통할 가능성이 크다. 빈번하게 이루어지는 양방향 의사소통 또한 의사소통의 정확성을 향상시킨다(Porter와 Roberts, 1976).

적절하게 발달된 비공식 네트워크를 통해 행정가들은 적절한 시기에 정보를 얻게 되고, 상향적으로 이루어지는 공식적 의사소통의 정확성을 평가할 수 있다. 그러나 정보를 교환할 때, 교사들도 행정가의 행동에 영향을 미친다. 즉, 목표 달성에 관한 정보나 특정 문제를 해결할 수 있는 사람들에 대한 정보를 가지고 있기 때문에 영향력 및 권력을 얻는 교사들도 있다. 의사소통 네트워크 내에서 자신들이 가지고 있는 지식과 직위에 의해, 이들은 행정가의 의사결정에 상당한 영향력을 행사할 수 있다(Barnett, 1984).

수평적 흐름은 동일한 위계 수준에 있는 조직 구성원들 간의 의사소통을 의미한다. 예를 들어, 어떤 교장이 다른 교장에게 정보를 제공하고, 이 교장은 또 다른 교장에게 이를 전달하는 것이다. 이러한 의사소통은 가장 쉽게 이해되며, 가장 강력하다고 할 수 있다(Lewis, 1975). 수평적 의사소통은 공식적이거나 비공식적일 수도 있다. [그림 12.6]에서, 새로운 교육과정 도입을 위한 재정 지원 방법에 관한 논의를 하고 있다면, 두 명의 부교육감을 연결하고 있는 측면적 의사소통은 공식적인 것이다. 또 다른 일반적인 예는 수업이 없는 시간에 휴게실 또는 연구실에 모여 교사들이 서로 서로 이야기를 나누는 것이다. 수평적 의사소통은 작업 조정, 문제해결, 동료와 정보 공유, 갈등 해소 및 일체감 형성을 주된 목적으로 한다(Harris, 1993). 예를 들어, 교장들은 다른 학교의 교장들과의 의사소통을 통해 비슷하게 행동을 하거나 교육과정을 강조하기도 하며, 교과 내용에 관한 정보를 공유하고, 잠재적인 갈등 사항을 해소하며, 동료들과 친밀한 관계를 형성할 것이다. 의사소통의 방향은 조직에서 이루어지는 의사소통의 내용, 정확도 등에 영향을 미친다.

수평적 의사소통에 대한 연구에서, W. W. Charters, Jr.(1967)는 초등학교와 고등학교 간에 상당한 차이가 있음을 발견하였다. 초등학교들은 보다 광범위하게, 즉 대다수의 교사들이 다른 교사들과 접촉을 하고 있었다. 이에 반해, 고등학교에서는 15% 정도의 교사들만이 규칙적인 상호작용을 하고 있었다. 이러한 의사소통의 범위상의 차이는 직원들의 수에 의해 어느 정도 설명된다. 직원들의 수가 증가함에 따라, 한 개인이 평균적으로 접촉하게 되는 직원들의 수는 줄어들었다. 의사소통의 범위에 대한 직원들의 수가 미치는 영향은 대규모의 시설과 교실 수업에 직접 참여하지 않는(상담 교사 또는 특수 교사들과 같은) 전문 직원들의 배치 등을 통해 어느 정도 설명할 수 있다. 그러나 Charters는 직원들의 수가 모든 차이를 설명하는 것은 아니라고 주장하였다. 초등학교의 교직원들은 고등학교의 교직원들에 비해 의사소통을 많이 한다. 끝으로, Charters는 의사소통이 이루어지는 형태는 업무의 분화 및 물리적인 거리와 관련되어 있다는 것을 발견하였다. 동일한 교과 또는 가까운 곳에 있는 교사들은 지속적인 형태의 의사소통 네트워크를 형성한다. 따라서 학교의 수준 및 크기, 전문성과 근접성 등 세 가지 요인이 학교 내의 수평적 의사소통 형태에 영향을 미친다.

요약하면, 의사소통은 학교에서 핵심적인 역할을 하고 있으며, 여기서 가장 중요한 문제는 행정가, 교사와 학생들이 의사소통에 참여하고 있는가 하는 것이 아니라 이들이 효과적으로 의사소통을 하고 있는가 하는 것이다. 사람들은 학교 내에서 정보를 교환해야만 하지만, 의미의 공유를 이끌어 내기 위해서는 개인 및 조직 수준에서의 의사소통 능력이 요구된다.

리더십 사례

투서

Jack Landis는 Lincoln 초등학교의 교장이다. Lincoln 초등학교는 중서부 주에 위치한 인구 30,000여 명의 Pleasantville에 있는 5개 초등학교들 중 하나다. Pleasantville은 미국 사회의 대표적인 단면을 보여주고 있다. 노동자 계층이 주를 이루던 상태에서 노동 인구가 다양해지는 쪽으로 전환되고 있다. 농장, 공장, 광산 등에서 일하던 오래된 형태의 직업들이 줄어들고 소규모 비행기 조립 공장과 주립 대학(최근 들어 State University at Pleasantville로 명칭이 바뀌었다)의 설립으로 인해 새로운 직업이 나타나고 있다. 지역 주민들은 예전에는 제지 공장, 카펫 제조 공장, 화학 공장, 소규모의 제철 공장 및 석탄 광산에서 주로 일을 하였다.

그러나 최근 들어, 대다수 Pleasantville의 근로자들이 우려할 정도로, 각종 공장과 제조업은 쇠퇴의 길을 걷고 있다. 실업률이 13%에 이르고 개선될 기미도 보이지 않고 있다. 주민들은 정부를 비판하고 있다. 예전에는 주나 연방 정부 관리들의 간섭도 없었고, 환경보호론자들도 없었다. 그 당시에는 사람들은 열심히 일하였고, 어느 정도 수준 있는 삶을 꾸려나갔었다. 환경보호규정들의 제정과 시장의 변화로 인해, 제철 공장의 종업원 수는 15년 전의 거의 절반 수준으로 줄어들게 되었다. 제지 공장과 석탄 탄광도 마찬가지이다. 외국으로부터 새로운 염색약품들이 수입되고 있고, 지난 3년 동안 공장을 괴롭혀 온 많은 경비를 필요로 하는 화학적 정화 처리 계획 등으로 인해 화학 공장은 도산 위기에 처해있다. 사실, 겨우 한 가지 사업(주립 대학)만이 Pleasantville에서 번창하고 있다. 10여 년 전 2,000명이었던 학생수는 현재 10,000명에 이를 정도로 크게 성장하였다. 이에 따른 캠퍼스 확장 공사로 인해 지난 5년간 많은 일자리가 생겨났지만, 기존의 산업 분야에서의 노동자 감소를 따라가지 못하였다. 또한, 주립 대학에 의해 발생된 일자리의 대부분은 전문직 업종으로 지역 주민들이 아닌 타지역 출신 인사들이 주로 채용되었다. 타지역 출신들의 유입에 대해 불만을 제기하는 사람들도 있었고, 과거의 평화로웠던 시절을 그리워하기도 하였다. 그러나 특히 기업가들의 경우, 대학의 확장을 환영하였고 Pleasantville이 발전되어 가는 사실을 자랑스럽게 생각하기도 하였다.

Jack Landis는 Pleasantville이 전혀 낯설지 않다. 35세인 그는 전체 삶을 Pleasantville과 그 주변에서 살아 왔다. 그는 이 지역에서 초등학교, 중학교와 고등학교를 마쳤다. 고등학교를 졸업한 후, 그는 이 지역에 있는 주립대학에 입학하여 교육학을 전공하였다. Pleasantville 초등학교의 과학 교사가 그의 첫 번째 직업이었다. 근무하던 첫 해, Jack Landis는 교육 분야에서 자신의 역할을 확대하기로 결정하였다. 그는 여름 방학 동안 Pleasantville에서 65마일 떨어진 주립 대학의 메인 캠퍼스에서 교육과정 수업을 이수하기 시작하였다. 본교에서 수업을 듣는 것이 Landis에게는 Pleasantville 밖을 벗어난 첫 번째 경험이었다. 고질적인 무릎 통증으로 인해 직장을 그만두었고, 이것은 크게 문제가 되지 않았다. 지난날을 회상하며, Landis는 본교에 재학했던 시절이 시골 소년의 세상 보는 눈을 열어 주었다고 생각하였다. 10년 후, 그는 교육과정 전공으로 박사학위를 받았으며, 학교구 전체의 초등 과학 교육과정 담당자가 되었다. 그리고 다른 사람들과의 성공적인 업무 수행 및 정확한 판단력 등으로 인해 그는 Lincoln 초등학교의 교장으로 승진하게 되었다. Lincoln 초등학교는 변화를 쉽게 받아들이는 곳이 아니다. 예전에 이 학교를 졸업한 학생들이 이제는 학부모가 되어 자녀들을 이 학교에 보내고 있다. 이들은(자신들이 받았던 것과 같은) 훌륭한 교육(생활 조정 및 문화다원주의에 대해 가르치지 않고, 생존권이나 가정의 성격에 대한 논쟁이 없으며, 단지 읽기, 수학, 과학, 작문 및 역사 과목의 기본 능력 학습)을 자녀들이 받기를 원하고 있다.

Lincoln 초등학교를 둘러싼 지역 사회가 보수적이라는 것은 의심할 여지가 없지만, Lincoln Heights 지역에 대학 교수들이 집을 사서 이주해 옴에 따라 약간씩 변화가 일어나고 있다. 사실, 이 지역은 젊은 층의 전문직 종사자들이 선호하는 주택지역이 되고 있다.

교육과정 전문가이자 유능한 행정가로서, Landis는 강력한 초등학교 교육과정을 만들어 낼 수 있었다. 수학, 과학 및 읽기 과목에서 학생들의 개별적인 그리고 집단적인 활동을 위해 완전학습 및 협동학습 등과 같은 다양한 요인들을 결합하였다. 영어와 작문 수업시간에 사용하는 전체 언어(whole-language) 활용법은 지방 대학에서 공부하는 학생들에게서 찾아볼 수 있다(Landis는 자신이 학부 과정을 이수하였던 학교를 주립 대학이라고 생각하지 않고 있다. 그는 여전히 단과 대학으로 생각하고 있다). 5년간의 교육과정 담당자와 5년간의 학교장으로 근무하면서 그는 스스로 자랑스러워하는 학교를 만들어 냈다. 이 학교의 학생들은 학업을 잘 진행하고 있으며, 비록 Landis가 기초교육에서 벗어나고 있다고 비판을 하는 사람들도 있지만 일반적으로 학부모들은 그의 방법을 지지하고 있다.

월요일 아침, 우편물들을 살펴보다가 그는 세 번째 읽은 편지 때문에 상당히 놀랐다.

2월 7일

Landis 박사님께,

당신의 학교에 근무하는 과학 교육과정 담당자는 동성연애자라는 것을 알고 계셔야 할 것 같습니다. 그는 다른 남자와 살고 있으며, Greenville의 한 여관에서 서로 쓰다듬고 하는 것을 본 적이 있습니다. 나는 일반인들이 사적인 시간에 무엇을 하든 신경을 쓰지 않지만, 교사는 다릅니다. 나는 내 아이가 이런 사람들에 의해 위험에 처하는 것을 원하지 않습니다. 물론, 항상 AIDS에 대한 의혹이 있으며, 그 사람이 내 아이를 건드리는 것도 원하지 않습니다. Jenkins 씨가 건강이 좋지 않다는 소문도 있습니다.

솔직하게 말하면, 우리들은 우리 아이들의 안전을 염려하고 있습니다. 우리는 당신이 이 문제에 대해 우리와 같은 생각을 하리라는 것을 알고 있습니다. 결국, 당신도 우리들 중의 한 명이니까요. 이 문제에 대해 조치를 취하는 것이 어떻습니까? 모든 사람들이 이 문제에 대해 이야기하고 있습니다. 당신이 어떤 조치를 취하지 않는다면, 성질 급한 사람들이 무슨 일을 하든 나는 책임을 질 수가 없습니다. Jenkins는 다소 위험한 상황에 있습니다.

이 일에 연루되는 것을 원하지 않기 때문에 이 편지에 서명을 하지 않을 것입니다. 그러나 나는 당신이 이 문제에 대해 알고 있어야 한다고 생각합니다. 조만간 상처를 입을 사람도 있을 겁니다. 경찰로 이 문제가 넘어가기 전에 당신이 뭔가를 해야 할 것입니다.

걱정하는 어떤 학부모가 올림

Matt Jenkins는 지난 3년 동안 과학 교육과정 담당으로 일해오고 있다. 비록 Landis가 Jenkins를 직접 채용한 것은 아니었지만, Jenkins를 아주 높이 평가하고 있는 이전 교육감에게서 그의 자문을 구하였다. Landis는 예전에 자신을 지도했던 주립 대학의 교수들 중의 한 명에게 전화를 걸었고, 그 교수는 "그는 좀 특이한 면도 있지만 의심할 여지 없이 그는 내가 지금까지 알고 있는 학생들 중에서 가장 똑똑하고 가장 창의력이 뛰어난 학생이었어."라고 이야기하였다. 더 이상의 수고 없이, Jenkins가 채용되었지만, 그는 타지역 출신이었고 지역

사회의 일부에서는 타지역 출신 인사를 채용하는 것에 대해 크게 반대하였다. 의심할 여지 없이 이 Dewey 초등학교에서 Jenkins는 과학 교육과정의 개선에 상당한 지도력을 발휘해왔다고 Landis는 생각하고 있다. 감정을 잘 드러내지 않고, 섬세하며, 주위 사람들을 잘 도와주고 배려하기 때문에 다른 교사들은 그를 좋아하고 있다. 좀 특이한 버릇을 가지고 있지만, 다른 사람들에게 지장을 주는 정도는 아니었다. 그는 도시에서 10마일 정도 떨어진 Pleasantville 교외의 Greenville에서 혼자 살고 있다. Jenkins에 대해 또는 그의 사생활에 대해 잘 알고 있는 사람은 없었다. Jenkins가 주립 대학의 메인 캠퍼스가 있는 University Station시에서 대부분의 시간을 보낸다는 소문도 나돌았다. Pleasantville에 거주하는 상당수의 사람들은 University Station 사람들의 자유분방한 생활에 대해 부정적인 시각을 가지고 있다. Landis는 Jenkins에 대한 부정적인 이야기를 딱 한 번 들었던 것으로 기억한다. 학부모들 중의 한 명이 Jenkins가 자신의 아들을 자주 만진다고 불평을 하였다. Jenkins의 행위를 신중하게 관찰하였지만 Landis는 별다른 것을 발견하지 못하였다. 이와 반대로, Landis는 Jenkins가 문제가 되었던 학생이 다른 학생들에게 보이는 공격적인 행위를 교정하기 위하여 그 학생의 어깨를 꼭 누르는 모습을 여러 번 볼 수 있었다. 문제가 되었던 학생은 다소 난폭한 쪽에 가까웠다. Landis는 Jenkins가 고등학교 영어 교사인 Brad Korbus와 함께 살고 있다는 것을 발견하고 약간 놀랐다. 예전에 Landis는 교원 신규 채용에 관한 업무를 맡았었고, 그 때 Korbus를

채용하였었다. 현재 이 두 교사는 Greenville에서 함께 살고 있다. 개인적으로 어떤 일을 하든 그것은 개인의 문제이지 다른 사람이 참견할 문제가 아니라고 Landis는 생각하고 있다. Landis는 이 익명의 편지를 휴지통에 집어넣었다. 그러나 편지에 담겨있는 위협에 대해 걱정을 하고 있다.

그는 어떤 행위를 취하는 것을 거북하게 생각하였지만, 무엇을 해야 할까? 어디서부터 시작해야 할까? 그것이 문제다. Landis는 이 상황에 대해 간략하게 설명하기 위해 교육감과 만날 약속을 하였다. 다음 날 이 문제를 논의하기 위해 교육감과의 30분간 면담 시간이 잡혔다. 본인이 교장이라고 가정해보자. 이 사건에 대한 15분 정도의 프레젠테이션을 계획하고, 그 후 교육감과 문제 해결을 위해 이야기를 나눈다.

- 이 사건의 핵심적인 사실은 어떻게 요약할 수 있는가?
- 파워포인트를 사용한 발표가 도움이 될까? 아니면 지나치게 형식적인 것일까?
- 문제를 어떻게 표현할 것인가?
- 당신과 교육감은 어느 정도까지 이 문제를 공유할 것인가?
- 이 사건의 경우 누가 지도자 역할을 맡아야 하는가?
- 어떻게 교육감으로부터 건설적인 피드백을 이끌어낼 것인가?
- 교육감과 이야기를 나누는 목적은 무엇인가?
- 교육감과의 만남이 성공했다는 것을 어떻게 평가할 것인가?

실행 지침

1. 이해 증진을 위해 다양한 의사소통 전략을 사용한다. 모든 사람이 동일한 방법으로 학습하는 것은 아니다.
2. 언어적 및 비언어적 의사소통이 일치하도록 한다. 의사소통의 혼란을 제한한다.
3. 의사소통의 이해 정도를 확인할 수 있는 방법을 개발한다. 의사소통과 이해는 동일한 것이 아니다.
4. 의사소통에 대한 반응을 확인하기 위해 비밀 정보 전달 경로(grapevine)를 활용한다. 비공식 의사소통은 공식적 의사소통보다 더 정확하다.
5. 모호함을 줄이기 위해 메시지에 대한 질문 및 재진술을 장려한다. 지속성과 반복을 통해 명확성을 높일 수 있다.
6. 이해 정도를 확인한다. 모든 당사자들이 동일하게 이해할수 있도록 하기 위해 피드백 기법을 활용한다.
7. 언어적 의사소통 뒤에 이해한 것을 문서로 요약한다. 명확함과 반복은 오해를 피할 수 있게 한다.
8. 공식 의사소통 네트워크를 비공식 네트워크로 보완한다. 비공식 네트워크는 더 정확하다.
9. 내용이 복잡하고 모호할수록 더 풍부한(예를 들어, 대면적 상호작용) 매체를 사용한다. 복잡함은 명확함을 요구한다.
10. 소음(예를 들어, 관련 없는 정보)을 줄이기 위해 의사소통을 분명하게 한다. 명확함은 이해를 위해 아주 중요하다.
11. 의사소통 기술과 전략의 목록을 향상시킨다. 상이한 사람과 상황은 다양한 의사소통 전략을 필요로 한다.

핵심 가정 및 원리

1. 다양한 의사소통 전략을 활용하는 것은 상호 이해 및 새로운 학습의 가능성을 향상시켜 준다.
2. 의사소통 능력을 갖춘 행정가는 그렇지 않은 행정가들보다 다양한 의사소통 전략을 활용할 것이다.
3. 불확실한 정보를 의사소통할 때, 다양한 매체 사용 및 반복적 제시는 의사소통의

성과를 향상시킨다.

4. 효과적인 이해를 위해, 언어적 및 비언어적 메시지는 동일한 의미를 전달해야 한다.

5. 메시지의 의미는 전달되는 정보, 의사소통자의 기술과 특성, 사용하는 매체의 형태, 그리고 의사소통 상황에서의 소음 정도에 영향을 받는다.

6. 아주 집권화되고 위계화되어 있는 학교의 의사소통체제가 다양한 매체를 활용하지 않는 특징을 가지고 있는 반면, 집권화 및 위계화 정도가 덜한 학교 조직은 다양한 매체를 활용한다.

7. 공식적 의사소통 네트워크는 비공식 네트워크보다 규모도 크고 보다 발전된 형태를 띠고 있지만, 비공식 조직도 학교 조직과 밀접하게 관련되어 있고, 보완적이며, 아주 중요하다.

추천 도서

Barnard, C. I. *Functions of an Executive.* Cambridge, MA: Harvard University Press, 1938.

Catt, S. E., Miller, D. S., and Hindi, N. M. "Don' t Misconstrue Communication Cues: Understanding MISCUES Can Help Reduce Widespread and Expensive Communication." *Strategic Finance* 86 (12)(2005), pp. 51-55.

Clampitt, P. G. *Communicating for Managerial Effectiveness*, 2nd ed. Newbury Park, CA: Sage, 2001.

Jablin, F. M., and Putnam, L. L. (Eds.). *The New Handbook of Organizational Communication.* Thousand Oaks, CA: Sage, 2001.

McKay, M., Martha, D., and Fanning, P. *Messages: The Communication Skills Book*, 3rd ed. Oakland, CA: New Harbinger Publications, 2009.

Te' eni, D. "A Cognitive-Affective Model of Organizational Communication for Designing IT." *MIS Quarterly* 25 (2)(2001), pp. 251-312.

제13장

학교 리더십

미국 독립 전쟁 때, 민간인 복장을 한 어떤 남자가 말을 타고 수리하고 있는 보루를 지나쳤다. 지휘관이 소리 질러 명령했지만 도움이 되지 못했다. 말을 탄 사람이 왜 그러냐고 묻자, 작업 감독자가 대꾸하였다. "저는 상등병입니다." 낯선 사람은 사과를 하고, 말에서 내려 보루의 수리를 도왔다. 수리가 끝나자, 그 남자는 작업 감독자에게 가서 말하였다. "상등병. 다음에 이런 일을 할 때 작업할 인부가 부족하면, 군사령관에게 가도록 해요. 그럼 내가 와서 당신을 다시 한 번 도와줄게요." 상등병은 George Washington을 너무 늦게 알아보았다.

Robert M. Gates
West Point Commencement Address

미리 보기

1. 지도자와 리더십은 앵커의 역할을 하고, 변화의 시대에 길을 제시하며, 조직의 효과성을 향상시키기 때문에 중요하다.
2. 리더십은 합리적, 사회적 및 정의적 요소로 구성된 사회적 영향력 과정이다.
3. 지도자의 업무는 국가와 조직의 차이에 관계없이 유사한 패턴을 보인다.
4. 인성, 동기, 기술은 학교 리더십의 효과성과 체계적으로 관련되어 있는 것으로 보인다.
5. 교육 리더십을 제약하는 상황적 요인에는 부하직원과 조직의 특성뿐만 아니라 내부 및 외부 환경 등이 있다.
6. 과업지향적, 관계지향적 및 변화지향적 행동은 지도자 행동의 기본적인 특성이다.
7. 상황적응적 리더십 모델은 리더십과 효과적인 성과 간의 관계를 조정하는 상황을 구체적으로 명시하고 있다.
8. 비전적 및 변화지향적 리더십 이론은 1990년대에 등장하였고, 현대 리더십 연구를 이끌어 가고 있다.
9. 변혁적 지도자는 이상적 영향력, 영감적 동기화, 지적 자극, 개별적 배려(4I) 등을 활용하여 학교를 변화시킨다.
10. 서번트 리더십은 변혁적 리더십과 상당히 유사하지만, 이는 봉사에 의한 지도에 초점을 둔다.
11. 진화 리더십 이론은 지도자와 부하직원들 간의 관계를 이해하고 설명하는 최신의 관점이다.

리더십은 많은 사람들에게 아주 낭만적이면서도 감성을 자극하고 용기를 불러일으키기도 한다. 지도자 하면 우리는 간디, 처칠, 케네디, 마틴 루터킹, 만델라, 모택동, 메이어, 나폴레옹, 레이건, 루즈벨트, 대처 등과 같은 지도자들을 떠올린다. Gary Yukl(2002)에 의하면 지도자라는 용어 그 자체는 승리를 거둔 군대를 지휘하거나, 부강한 제국을 건설하거나 국가의 방향을 바꾸는 강력하고 역동적인 개인의 이미지를 떠오르게 한다. 간단히 말해 사람들은 지도자는 차이를 만들고 원인을 알기 바라는 자라고 믿고 있다. 따라서 리더십은 조직 성패에 영향을 주는 가장 중요한 단일 요인이라 할 수 있다(Bass, 2008).

리더십에 관한 위와 같은 견해는 교육 조직에도 동일하게 적용된다. 사실 학교를 둘러싼 많은 이해 당사자들은 지도자들은 차이를 만들고 학교의 성취에 책임을 진다고 여기고 있다(Ogawa와 Scribner, 2002). 낮은 학업성취도가 교장의 책임이라고 비판하는 사람도 있지만 대부분의 관심은 현재의 지도자들은 필요한 변화를 가져오는 각종 과업을 제대로 수행하지 못하고 있다는 점에 집중되어 있다. 학교 지도자들이 기준중심 책무성(standard-based accountability)에 제대로 대응하지 못하고, 교수활동 개선을 위한 지도도 하지 않고, 학교현장에 혁신적인 정보기술을 잘 활용하지도 못한다는 비판과 오래된 행정 구조를 개편하지도 않고 모든 학생들에게 필요한 교육활동을 제공하지도 못한다는 비판이 대표적인 예이다(Elmore, 2000; Finn, 2003; Hess, 2003 참조). 지도자들은 교육 조직의 핵심이라는 전제하에 리더십에 관한 유용한 이론적 관점들을 제시한다.

리더십의 정의

우리들이 일상적으로 쓰고 있는 단어인 리더십(leadership)이라는 말은 정확하게 정의할 필요도 없이 이미 조직연구의 기술적 어휘가 되어 버렸다(Yukl, 2010). 따라서 리더십의 개념 정의가 리더십을 연구하는 학자의 수만큼이나 많다는 것은 조금도 놀랄 일이 아니다. 예컨대, Bennis(1989)는 "리더십은 마치 미인과 같아서 정의하기는 어렵지만, 보면 안다"라고 말하고 있다. Martin M. Chemers(1997: 1)는 다음과 같은 전형적 정의를 내리고 있다. 즉 "리더십은 공동의 과업을 성취하는 과정에서 한 사람이 다른 사람들의 협력과 지지를 얻어내는 사회적 영향력 과정이다." 이 정의를 비롯하여 대부분의 다른 정의들이 공유하고 있는 가정은, 한 개인이 집단 혹은 조직의 행동들과 관계들을 구조화하기 위하여 의도적으로 다른 사람들에게 영향력을 발휘하는 사회적 영향력 과정이라는 점이다. 그러나 리더십이 전문적 역할인지 아니면 사회적 영향력 과정인지에 대한 논쟁과 영향력의 종류, 기초, 목적에 관한 논쟁 그리고 리더십과 관리(management)에 대한 개념상의 논쟁은 여전히 계속되고 있다(Yukl, 2002). 리더십에 대한 많은 정의들이 있지만, 리더십은 영향력 행사 과정으로, 집단 내에서 일어나며, 공동의 목적과 관련되어 있는 것으로 받아들여지고 있다(Northouse, 2010). 이론적 논쟁과는 관계없이, 필자들은 *리더십을 특정 개인이나 집단이 공유된 목적을 위한 행동에 영향을 미치는 사회적 과정으로 정의한다.* 리더십은 공식적으로/비공식적으로 조직 내에 폭넓게 분포되어 있으며, 합리적, 사회적 및 정의적 토대를 가지고 있다.

행정 업무의 본질

지도자와 리더십에 대해 끊임없이 지속되는 열정과 관심이 주어지고 있는데, 지도자는 무슨 일을 할까? 지도자 업무의 본질을 서술하는 것이 리더십에 대한 이해를 향상시킬 수 있을까? 이러한 질문에 대한 답은 조직을 관리하고 이끌어 가고 있는 지도자를 관찰함으로써 부분적으로나마 얻을 수 있을 것이다. 관리자들, 행정가들, 지도자들이 일상적으로 수행하고 있는 직무 가운데 무엇을 하는지를 기술하기 위하여 많은 연구가 구조화된 관찰접근법을 사용하였다.[1]

이러한 연구들은 기업 경영자와 학교 행정가가 직무에서 무엇을 하고 있는지 그리고 누구와 어디서 시간을 보내고 있는지에 관해 자세하고도 생생한 모습을 제공해 주고 있다. 정경애와 Cecil Miskel(1989)은 이러한 연구들의 주요 결과들을 다음과 같이 요약하고 있다.

- 학교행정은 분주하고 소모적이다. 학교 행정가들은 육체적으로 지칠 정도의 속도로 계속해서 긴 시간 동안 일을 한다.
- 학교 지도자들은 주로 구두로 의사소통한다. 이들은 학교 건물을 돌아보고 개인이나 집단과 대화를 나누는 데에 상당히 많은 시간을 보낸다.
- 행정가의 활동은 매우 다양하다. 그러므로 행정가들은 속도와 과업을 부단히 바꾼다.
- 관리업무는 단편적으로 나누어져 있다. 학교 행정가에게 있어서 일의 속도는 빠르고 격정적이며 불연속적이고 집중하는 시간이 짧다.

전체적으로 행정업무에 대한 서술은 국가나 조직에 관계없이 비슷하다. 학교 행정가들은 기본적으로 자기 사무실이나 학교 내에서 일을 한다. 이들의 직무는 오랜 시간 동안 다양한 개인이나 집단과 함께 광범위한 문제를 가지고 잠깐 잠깐 구두로 만나는 활동을 하는 특징을 가지고 있다. 더구나 기술의 향상, 개혁과 책무성의 요구, 새로운 유형의 학교가 도입됨에 따른 경쟁을 중시하는 환경 등은 학교 행정가가 수행하는 업무의 특성을 변화시키고 있다. "학교 리더십의 본질을 어떻게 이해하게 될까?"라는 질문은 여전히 남아 있다. 연구 문헌들에 나타나 있는 지배적인 이론적 접근들은 성공적인 출발점을 제공한다.

리더십에 대한 특성 접근

많은 사람들은 5세기 전 Aristotle이 그랬던 것처럼 아직도 사람은 태어날 때부터 어떤 사람은 지배당하는 운명을 타고났으며, 어떤 사람은 다른 사람을 지배할 운명을 지니고 태어났다고 믿고 있다. 사람은 지도자가 될 특징을 가지고 태어난다고 Aristotle은 생각하였다. 리더십을 결정하는 주요 요소를 유전적으로 물려받는다는 생각이 소위 말하는 **리더십의 특성적 접근(trait approach of leadership)**이다. Bass(2008)의 주장에 따르면 20세기 초 지도자들은 유전적 특성이나 사회적 환경 때문에 일반 사람들과는 구별되는 자질과 능력을 구비하고 있는 우수한 개인들이라고 간주되었다. 1950년대까지는 지도자가 될 사람을 결정하는 특성들을 찾으려는 노력이 리더십 연구의 주종을 이루었다. 연구자들은 추종자와 구별되는 지도자의 독특한 특성 혹은 특징을 분리해 내려고 시도하였다. 연구결과에서 밝힌 특성으로는 육체적 특징(신장, 몸무게), 다수의 성격적 요인, 욕구, 가치, 에너지와 행동 수준, 과업과 대인관계 능력, 지능, 카리스마 등이 포함되었다. 시간이 경과되면서 특성은 일반적으로 유전, 학습, 환경요인으로부터 영향받을 수도 있다는 인식이 높아졌다.

초기 특성 연구

순수한 특성 접근, 다시 말해서 특성만이 오로지 리더십의 역량을 결정한다고 보는 관점은 1940년대와 1950년대에 발표된 문헌 고찰에 거의 의존하고 있다. 특히 Ralph M. Stogdill(1948)은 1904년과 1947년 사이에 수행된 124개의 특성 연구를 검토하고, 리더십과 연관된 개인적 요소들을 다음과 같이 다섯 가지의 일반적 범주로 분류하였다.

- 능력 – 지능, 민첩성, 언어 유창성, 독창성, 판단력

- *성취* - 학식, 지식, 운동성과
- *책임* - 의존성, 창발력, 지구력, 공격성, 자신감, 탁월하려는 욕망
- *참여* - 활동성, 사회성, 협동성, 적응성, 유머
- *지위* - 사회경제적 지위, 대중성

Stogdill은 지도자와 비지도자를 일관되게 구별해 주는 수많은 특성들(예컨대, 평균 이상의 지능, 의존성, 참여성, 지위)을 발견하였으나, 특성적 접근에 따른 연구결과가 일관적이지 않아 이론적 가치가 없는 것으로 결론지었다. Stogdill의 주장에 따르면, 어떤 사람이 몇 가지 특성을 가지고 있다고 해서 지도자가 되지는 않는다. 왜냐하면 특성에 기인한 영향력은 상황에 따라 크게 변화하기 때문이다. 따라서 Stogdill은 리더십과 연관된 여섯 번째 요소, 즉 상황적 요소(예컨대, 추종자의 특징과 성취목적)를 추가하였다. R. D. Mann(1959)도 특정적 접근을 검토한 후 이와 유사한 결론을 내렸다.

리더십 특성 및 기술에 관한 최근의 시각

보편적인 리더십 특성을 확인하는 데 실패하였지만 이러한 접근의 연구는 계속되었다. 최근의 특성 연구들은 투사검사법(projective tests), 평가센터(assessment center) 등 좀 발전된 다양한 측정 절차를 사용하고 있다. 요즈음의 특성 연구들은 또한 다른 지도자보다는 관리자와 행정가에 초점을 맞추어 연구하고 있다. Yukl(1981, 2002, 2010)의 설명에 따르면, Stogdill이 1948년 실시한 문헌고찰 결과가 리더십 특성을 연구하는 많은 연구자들을 실망시켰지만 관리자 선발 개선에 관심을 가진 산업 심리학자들은 특성 연구를 계속 수행하였다. 선발문제에 역점을 두고 있는 연구자들은 지도자와 보통 사람을 비교하기보다는 지도자 특성과 지도자의 효과성 간 관계를 밝히는 데 특성 연구의 초점을 두었다. 이러한 구별은 중요하다고 볼 수 있다. 그 이유는 누가 지도자가 될 것인지를 예측하는 것과 누가 더 효과적인가를 예측하는 것은 전혀 다른 과제이기 때문이다. 그리하여 특성 연구는 계속되고 있다. 그러나 이런 특성 연구도 현재 특정 조직유형과 상황에 있는 행정가의 특성과 리더십 효과 간의 관계를 탐색하는 경향을 보이고 있다.

이러한 제2세대 연구들은 더욱 일관된 연구결과를 보여주고 있다. 실제로, Stogdill(1981)은 1970년에 또 다른 163개의 새로운 특성 연구들을 검토한 후에 지도자들은 다음과 같은 특성을 가지고 있다는 결론에 도달하였다. 책임과 과업을 완성하려는 강한 추진력, 목적을 추구하는 활력과 인내력, 모험심과 문제해결의 독창성, 사

회적 상황에서 주도권을 행사하려는 추진력, 자신감과 개인적 정체감, 결정과 행동의 결과에 대한 호의적 수용성, 대인관계에서 오는 스트레스를 흡수하려는 준비, 좌절과 지연을 견뎌내려는 자발성, 타인의 행동에 영향을 주는 능력, 상호작용체제를 구조화 하는 능력 등이 그런 특성에 해당한다. Glenn L. Immegart(1988)는 지능, 지배욕, 자 신감, 높은 에너지, 혹은 행동 수준 등의 특성들이 지도자와 일반적으로 연관되어 있 다는 결론을 내리고 있다.

요약하면, 지도자가 어떤 특성을 가지고 있다는 것은 그 지도자가 효과적일 가능 성을 증대시켜 주기는 하지만(Yukl, 2002), 그렇다고 해서 "지도자는 태어나는 것이 지, 만들어지는 것은 아니다"라고 하는 초기의 특성이론의 가정으로 회귀하는 것은 아니라는 결론을 내리고 있다. 오히려 특성과 상황의 영향을 인정하는 것이 더 분별 있고 균형 잡힌 관점이다.

개념들이 많다는 것을 전제로 하고 또 논의의 편리를 위하여, 필자들은 현재 효과 적인 리더십과 관련된 특성 및 기술 변인들을 세 가지 집단 중 하나로 분류한다 (Judge, Piccolo와 Kosalaka, 2009; Zaccaro, 2007). 그 범주는 인성, 동기, 기술이다 (〈표 13.1〉 참조). 각 범주에서 몇 가지 특성들을 선정하여 논의한다.[2]

인성 특성(personality traits). Yukl(2002)에 의하면, **인성 특성**에 따라 사람들은 저마다 독특한 방식으로 행동하며 인성 특성은 비교적 안정된 성향을 보이는 것으로 알려졌 다. 효과적인 리더십과 관련된 인성요인들은 매우 많은데 그 가운데서도 다음 다섯 가지 요인이 특히 중요하다.

- 자신감 있는 지도자는 자신이나 추종자에게 높은 목적을 제시하고, 어려운 과 업에 도전하며, 문제나 실패에 직면하면 끈기 있게 인내하는 성향이 있다.
- 스트레스를 견뎌내는 지도자는 바람직한 결정을 내리고, 침착하며 또 어려운

표 13.1 효과적 리더십과 관련된 특성과 기술

인성	동기	기술
자신감	과업과 대인관계 욕구	전문적
스트레스에 대한 인내	성취지향	대인관계적
정서적 성숙	권력욕구	개념적
성실	기대	행정적
외향성	자기 효능감	

상황에 있는 부하들에게 결정적인 방향을 제시하는 성향이 있다.

- 정서적으로 성숙한 지도자는 자신의 장점과 약점을 정확히 인식하고, 자기 개선을 지향하는 경향이 있다. 이들은 자신의 단점을 부정하지 않으며, 성공에 대한 환상에 사로잡히지도 않는다.
- 성실(integrity)은 지도자 행동이 표현된 가치와 일관되고, 정직하고, 윤리적이며, 책임감 있고, 신뢰롭다는 것을 의미한다.
- 외향성 또는 사교적, 사회적, 감정 표현이 거리낌 없고 집단 내에서 편안함을 느낀다는 것은 개인이 집단의 지도자로 부상할 가능성과 관련되어 있다(Bass와 Riggio, 2006).

그러므로 자신감, 스트레스에 대한 인내, 정서적 성숙, 성실과 외향성은 지도자의 효과와 관련된 인성 특성들이다.

동기 관련 특성(motivational traits). 동기는 업무와 연관된 행동을 일으키고, 그 형태, 방향, 강도, 지속성을 결정하는 활동적인 힘으로서 개인에 내재하기도 하고 밖으로 표출되기도 한다(4장 참조). 동기요인은 행동을 선택하고 그 행동의 성공 정도를 설명하는 데 중요한 역할을 한다는 것이 기본 가정이다. 일반적으로 동기화 된 지도자가 자아효능감과 기대가 낮고 목표설정도 중간 수준을 보이는 지도자보다 더 효과적일 가능성이 높다. 몇몇 학자들의 연구를 통해서 볼 때(Fiedler, 1967; McClelland, 1985; Yukl, 2010), 다음과 같은 다섯 가지 **동기 관련 특성**들이 지도자에게는 특히 중요하다.

- 과업 욕구와 대인관계 욕구는 효과적 지도자를 동기화시키는 두 가지 기본적인 성향이다. 효과적인 지도자는 과업 추진력과 사람에 대한 관심을 특징으로 가지고 있다.
- 권력 욕구는 권위 있는 지위를 추구하고 다른 사람에게 영향력을 행사하려는 개인의 동기를 말한다.
- 성취지향성에는 성취하려는 욕구, 탁월하려는 욕망, 성공을 향한 추진력, 책임지려는 태도, 과업목표에 대한 관심 등이 있다.
- 학교 행정가들의 성공에 대한 기대가 높다는 것은 자기들이 직무를 수행할 수 있고 또 자기들이 쏟은 노력에 대하여 가치 있는 결과를 얻을 것이라는 믿음이 있다는 것을 말한다.
- 행동 과정을 조직하고 수행하기 위한 개인의 능력에 대한 믿음인 자기 효능감

은 지도자의 성과 및 변혁적 리더십과 관련되어 있다(Bass와 Riggio, 2006).

위에서 기술한 동기 관련 특성들 이외에도, 육체적 활력과 활동 수준은 개인들로 하여금 다른 사람들과 적극적으로 교류하여 능력을 나타내 보이도록 한다.

특성적 방법을 통해 리더십에 접근하는 경향은 오래전부터 생산적인 연구결과를 내놓았다. 많은 특성들이 지도자 효과성과 분명하면서도 일관된 관계를 맺는 것으로 드러났다. 특성 연구의 기본적 논리는 몇 가지 성격적 특성과 동기 관련 특성으로 인해 지도자가 학교의 성과를 규정하고 교수-학습 활동을 조직하며 협력적인 문화를 형성하는 과정에서 다른 사람들에게 영향을 주려는 노력을 적극적으로 기울일 가능성이 높아진다는 것이다. 실용적 관점에서 Northouse(2004, 2010)는 개인과 조직 양측이 특성적 접근을 어떻게 사용할 수 있는가를 보여준다. 개인은 자신의 강점과 단점을 평가한 뒤 자신의 리더십 능력을 개발하기 위해 조치를 취한다. 학교조직은 개인이 조직을 이끄는 데 도움이 되는 특성과 그 특성과 부합되는 기술에는 어떤 것이 있는지 확인하고자 노력한다.

기술(skills). 교육 리더십에서 중요하지만 가끔 소홀히 취급되는 요소 가운데 하나가 직무를 완수하는 기술이다. 만약 누군가가 지도자가 문제를 해결하고 조직을 발전시키는 데 필요한 기술을 적은 목록을 작성한다면 꽤 긴 목록이 나올 것이다. 수많은 기술은 다양한 도식에 따라 몇 가지 소집단으로 분류할 수 있다. 최근 이론에서는 문제해결 기술, 사회적 판단 기술, 효과적 리더십을 만드는 지식으로 나누기도 하였다(Mumford 외, 2000). Yukl(2002)과 Northouse(2004)는 지도자 효과성과 관련된 기술을 전문적 기술, 대인관계 기술, 개념적 기술로 분류하였다.

- 전문적 기술은 행정적 과업과 관련된 전문적인 지식을 가지고 있다는 것을 의미한다. 교육 지도자에게 해당하는 전문적 기술에는 예산관리, 기준중심 책무성의 시행, 시험결과의 해석과 교수-학습의 개선을 위한 장학활동과 조정 등이 있다.
- 대인관계 기술은 다른 사람의 기분과 태도 이해 및 개별적 또는 협동적인 작업 관계 속에서 다른 사람들과 함께 작업을 수행하는 방법을 알고 있는 것 등을 포함한다. 대인관계 기술을 가지고 있다는 증거로는 분명한 의사소통, 협력적인 관계, 사교성과 재치 등이 있다.
- 개념적 기술 또는 인지적 기술은 개념을 개발하고 활용하는 능력, 논리적으로 사고하는 능력, 분석적, 연역적, 귀납적으로 사유하는 능력과 관련되어 있

다. 즉, 개념적 기술은 새로운 아이디어를 개발하고 조직의 복잡한 문제를 분석, 조직, 해결하기 위한 아이디어를 개발하고 활용할 수 있도록 지도자를 도와준다.

이런 기술의 저변에 흐르는 기본 원칙은 지도자는 복잡한 사회적, 기술적 문제를 해결하고 효과적인 방법으로 목표를 달성하기 위해 과업과 관련된 지식과 능력을 숙달해야 한다는 것이다(Mumford 외, 2000). 즉, 지도자 행동의 효과성은 지도자가 가지고 있는 조직의 상황에 부합하는 필요한 행동을 선택하고 수행하는 데 필요한 기술에 달려 있다(Marta, Leritz와 Mumford, 2005).

효과적인 지도자는 위의 세 가지 기술이 모두 필요하지만 행정의 수준에 따라 세 가지 기술이 지닌 상대적 우선순위는 달라질 수 있다(Yukl, 2002). 대인관계 기술은 수준에 관계없이 중요하지만, 전문적 기술은 수업 담당 교감이나 교육과정 담당자와 같은 낮은 위계에 속한 행정가에게 특히 중요하다. 그 이유는 이들은 전문적 기술을 지닌 교사와 함께 일하기 때문이다. 만약 지도자가 교장과 같이 중간 정도의 위계에 속해 있다면 그들에게는 위의 세 기술 모두 필요하다고 볼 수 있다. 교육감처럼 최고의 지위에 있는 지도자의 경우, 문제를 표현하고 해결하는 데 개념적 기술이 특히 더 중요하다.

〈표 13.1〉에 나타나 있듯이 필자들은 리더십 효과성과 관련된 세 가지 특성을 확인하였다. 특성이 기술보다 좀 더 안정적이면서도 고정적이긴 하지만, 이들 모두 다양한 방법을 통해 평가할 수 있고 학습도 가능하며 향상시킬 수도 있다. 당신이 앞으로 행정가가 되거나 지금 행정가로 일하고 있다면, 당신의 장점과 단점을 바로 알고 새로운 기술을 배우며 현재 보유하고 있는 기술을 더욱 발전시키고 결함이나 약점을 보강하는 것이 중요하다는 것을 인지해야 한다(Yukl, 2002).

TIP: 이론의 적용

교육 행정가로서 당신 자신의 직업 진로를 예상해 본다. 예를 들어, 교감에서 교장으로, 그리고 교육감으로. 각 지위에는 어떤 특성과 기술이 필요한가? 해당 직위의 특성과 기술은 서로 보완적인가 아니면 경쟁적인가? 당신은 상호 보완적인 측면을 어떻게 이용하려고 하는가? 갈등적인 측면을 어떻게 해결하려고 하는가?

상황과 리더십

1940년대 후반과 1950년대에는 특성적 접근에 대한 반발, 엄밀히 말하면 과도할 정도의 반발이 나타났고, 이 시기에 학자들은 엄밀한 상황적 분석으로 의문투성이던 특성적 접근을 대신하였다. 지도자가 타고난다는 견해는 거부되었다(Bass, 1990, 2008). 연구자들은 지도자 성공의 원인을 상황적 특징에서 찾으려는 노력을 하게 되었다. 연구자들은 또한 지도자 행동 및 수행과 관련된 리더십 상황(leadership situation)의 구체적인 특성들을 분리해 내려고 하였다(Campbell 외, 1970; Lawler, 1985; Vecchio, 1993). 이 책의 전반에서 볼 수 있고 또 〈표 13.2〉에 요약되어 있는 바와 같이, 다양한 변인들이 학교 내에서 일어나는 여러 가지 행동에 영향을 주며, 이들은 리더십의 상황적 결정요인으로 간주될 수 있다. 몇 가지 일반적 예를 제시하면 다음과 같다(〈표 13.2〉 참조).

- 조직의 조직적 특성 – 규모, 위계적 구조, 공식화, 기술
- 역할 특징 – 과업의 유형과 난이도, 절차적 규칙, 내용과 수행기대, 권력
- 부하의 특징 – 교육, 연령, 지식과 경험, 모호성에 대한 허용 정도, 책임, 권력
- 내부 환경 – 풍토, 문화, 개방성, 참여 수준, 집단 분위기, 가치, 규범
- 외부 환경 – 복잡성, 안정성, 불확실성, 자원 의존성, 제도화

John P. Campbell과 그의 동료들(1970)은 리더십 연구의 상황적 측면에 대해서 흥미로운 결론을 제시하였다. 사람들은 연구의 필요성은 크다고 믿었지만, 실제 경험적 활동은 거의 이루어지지 않았다. 따라서 "지도자는 만들어지는 것이 아니라 태어난다"는 생각을 뛰어넘어 "지도자는 타고나는 것이 아니라 상황에 따라 만들어진다"는 생각은 그리 오래 가지 못하였다. Bass(2008)는 상황적 관점이 리더십의 상황적 측면을 지나치게 강조한 반면 개인적 특성을 낮게 평가하고 있다고 주장하였다. 개인적 요인과 상황적 요인은 강한 연관성을 가지고 있다. 지도자들은 상황을 통해 영향력을 행사한다. 상황은 지도자의 영향력을 지지하고 제한한다. 리더십 연구를 특성 혹은 상황만으로 한정하는 것은 연구를 부당하게 좁히는 것이고 역효과를 초래한다.

표 13.2 교육 리더십의 상황적 요인

부하	조직	내부 환경	외부 환경
인성	규모	풍토	사회적
동기	위계	문화	경제적
능력	공식화		
	지도자 역할		

행동과 리더십

리더십은 초기에 뚜렷이 구별되는 두 개의 **지도자 행동**(leader behavior) 범주로 개념화되었다. 첫 번째 범주는 사람, 대인관계, 집단 유지와 관련되어 있고, 두 번째 범주는 생산, 과업, 완성, 목적성취에 관한 것이었다(Cartwright와 Zander, 1953). 이와 유사한 연구 결과가 리더십에 대한 초기의 다른 연구에도 반영되었다. 필자들은 여기서 지도자 행동에 대한 초기 연구에서 최근의 시각에 이르는 내용을 서술한다.

Ohio 주립대학과 리더십 연구

지도자에 관한 연구 가운데 교육행정학 연구자에게 가장 잘 알려진 연구는 1940년대 Ohio 주립대학에서 시작된 지도자행동기술설문지(LBDQ)에 관련된 연구들이다. 처음 John K Hemphill과 Alvin Coons(1950)가 개발한 지도자행동기술설문지는 후에 Andrew Halpin과 B. J. Winer(1952)에 의해 개정되었다. 이 설문지는 지도자 행동의 두 가지 기본적 차원인 구조주도와 배려를 측정한다.

　구조주도(initiating structure)는 지도자와 부하들 간의 관계를 기술하고, 동시에 조직의 규정 패턴, 의사소통 경로, 진행방법 등을 설정하는 지도자의 모든 행동을 말한다. **배려**(consideration)는 우정, 신뢰, 온정, 관심 그리고 지도자와 작업집단 구성원 간의 존경 등을 나타내는 지도자 행동이다(Halpin, 1966). LBDQ를 사용해서 부하, 상사 혹은 개인들은 지도자로서의 자신의 행동과 다른 사람의 지도자적 행동을 서술할 수 있다.

　Ohio 주립대학의 LBDQ 연구에서 나타난 네 가지 주요 결과는 다음과 같다(Halpin, 1966).

- 구조주도와 배려는 지도자 행동의 기본 차원이다.
- 가장 효과적인 지도자는 높은 구조주도와 높은 배려를 통합한 지도자이다.
- 효과적인 지도자 행동은 대부분 이 두 차원의 빈번한 행동과 연관되는 경향이 있다.
- 상사들과 부하들은 효과성을 평가함에 있어서 지도자 행동 차원의 기여에 대한 평가가 서로 다른 경향이 있다. 상사들은 구조주도를 강조하는 경향이 있으며, 부하들은 배려에 더 관심을 두는 경향이 있다.
- 지도자들이 어떻게 행동해야 하는가에 대하여 자신들이 말하는 것과 부하들이 설명하는 것은 거의 일치하지 않는다.

Kunz와 Hoy(1976)의 연구 결과와 Leverette(1984)의 연구 결과는 다른 학자들

(Vroom, 1976; House와 Baetz, 1979; Mitchell, 1979)의 연구에서 얻은 결론을 지지하고 있다. 배려는 전형적으로 직무와 지도자에 대한 부하들의 만족과 관련이 있다. 연구 결과가 일관적이지는 않지만 구조주도적 지도자 행동은 부하의 업무활동의 근원이 되는 것으로 확인되었다. 그러나 상황적 변인들은 확실히 배려와 구조주도의 관계에 영향을 주었고, 조직 효과성의 준거에도 영향을 미쳤다. 배려는 구조화된 상황에서 일하고 있거나 과업에서 스트레스와 좌절감 혹은 불만족을 느끼는 부하들에게 만족을 주는 긍정적 효과가 있다. 이와는 반대로, 부하들의 과업이 적절하게 정의되어 있지 않을 때 구조주도의 지도자 행동이 집단의 업무수행을 높이는 데 큰 영향을 주는 것으로 나타났다(Keller, 2006).

이러한 연구 결과들이 시사하는 점은 분명하다. 리더십은 구조주도와 배려 등 두 가지 기본적인 범주로 구성되어 있다. 구조주도를 게을리 하면 학교장의 영향력은 제한된다. 또한 배려를 소홀히 하면, 부하들의 만족과 팀워크가 줄어든다. 확실히 말해서, 구조주도와 배려의 양 차원 행동이 보여주는 강점을 일관된 패턴으로 통합하는 지도자 행동이 바람직하다. 그러나 과업 지향적 리더십이 가장 적절하거나 배려가 가장 중요할 때가 있다. 때로는 상황이 리더십을 집단에 위임하도록 요구할 때도 있다. 효과성을 최대화하기 위해 지도자의 행동 유형과 적절한 상황을 연결하는 것은 어려운 문제이다.

구조주도와 배려는 여러 학자들에 의해 상이한 이름으로 사용되고 있다. 예를 들어, Exzioni(1975)는 수단적 및 표현적 활동으로 지칭하고 있다. 필자들은 과업행동(구조주도)과 관계행동(배려)이라는 용어를 선호한다. 두 범주를 나누면 네 가지의 리더십 유형이 나온다−관계형(높은 관계 행동), 과업형(높은 과업 행동), 역동형(높은 관계와 과업행동) 그리고 위임형(낮은 관계와 과업), [그림 13.1]에 네 가지 유형이 제시되어 있다. 당신의 리더십 유형은 어느 형태인가? 유형을 변화시키는 것은 쉬운가? 가장 많은 시간이 소요된 부분은?

TIP: 이론의 적용

[그림 13.1]은 네 가지 지도자 행동 유형을 제시하고 있다. 당신의 지배적인 리더십 유형은 어느 것인가? 두 번째 많이 사용하는 유형은? 당신의 리더십은 얼마나 유동적인가? 상황의 변화에 따라 지도자 행동을 변화시킬 수 있는가? www.wayekhoy.com에서 이러한 질문에 대한 답을 할 수 있다. 학생들을 위한 자료로 Leader Style Diagnosis(LSD)를 다운로드해서 사용한다. 이 설문지를 완성하고 채점한다. 당신의 지배적인, 그리고 보조적인 리더십 유형을 평가한다. 놀랐는가? 리더십 유형이 어느 정도 유동적인가? 리더십 유형에서 무엇을 배웠는가?

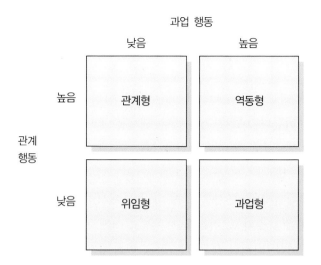

그림 13.1 지도자 행동 유형 분류

지도자 행동에 대한 최근의 시각

Yukl(2002, 2010)은 초기 연구들의 결과를 효과적인 지도자 행동에 대한 보편적 이론으로 해석하지 않도록 경고한다. 똑같은 지도자 행동 유형이 어느 조직 상황에서나 최선이라고 결론내릴 수는 없다는 것이다. Blake와 Mouton(1985)의 관리망(managerial grid) 이론은 널리 알려져 있는 이론으로서 가장 효과적인 지도자는 생산과 사람 양자에 다 같이 관심이 높다는 기본가설에서 출발하고 있다. 생산과 사람에 대한 관심은 "과업" 혹은 "구조주도"와 "관계" 혹은 "배려"와 같은 용어를 사용하고 있는 초기의 모형들과 유사하다. Yukl의 지적에 의하면, Blake와 Mouton은 지도자 행동이 효과적이려면 상황에 적절해야만 한다는 아이디어와 더불어 상황적 측면을 제안하고 있다. 그러나 Blake와 Mouton은 상황에 알맞은 행동을 연계시키는 구체적 일반화를 실제로 한 번도 제시하지는 않고 있다. 초기 연구들에 대한 논의에서 설명한 바와 같이, 지도자가 사람과 과업의 양 차원에 높은 관심을 보일 때라도, 상황적 요인이 지도자 행동의 효과에 영향을 준다.

필자들의 논의가 비록 구조화된 관찰법을 사용한 연구들과 Ohio 주립대학의 연구들에 한정되어 있지만, 지도자 행동 목록은 많은 문헌에서 찾아볼 수 있다. Yukl(2002, 2010)은 많은 유형과 분류를 통합하기 위하여 지도자 행동을 세 가지 범주의 틀로 정리하였다. Yukl이 만든 범주와 그 설명을 간단히 제시하면 다음과 같다.

- 과업 지향적 행동(task-oriented behavior)은 역할을 명백히 하고, 운영을 계획

하고 조직하며, 조직기능을 감독하는 행동을 말한다. 이러한 행동은 과업성취, 직원과 자원의 효율적 사용, 안정적이고 신뢰로운 과정의 유지, 점진적 개선 등을 강조한다.

- 관계 지향적 행동(relations-oriented behavior)은 지원, 개발, 인정, 자문, 갈등 관리 등의 행동을 말한다. 이러한 행동들은 관계를 개선해 사람들을 도우며, 협동과 팀워크를 증진시키고, 조직에 대한 헌신을 구축하는 데 초점을 두고 있다.
- 변화 지향적 행동(change-oriented behavior)은 외부에서 일어나는 사건들을 세밀히 조사하고 해석하며, 관심을 끄는 비전을 제시하고, 혁신적인 프로그램을 제안하며, 변화를 호소하고, 변화를 지원하고 이행하기 위해 지지 세력을 만들어 내는 행동들이다. 이러한 행동들은 환경 변화에 적응하고, 목적, 정책, 절차와 프로그램에 변화를 시도하며, 변화에 헌신을 확보하는 일 등에 집중한다.

과업 지향적 행동과 관계 지향적 행동은 각각 구조주도와 배려와 비슷하나, 더 광범위하게 정의되고 있다.

지도자들은 전형적으로 세 가지 유형의 행동을 모두 할 것이다. 그러나 지도자 효과성을 위하여 이 세 가지 행동 유형을 어떻게 적절히 배합하느냐를 결정하는 데에는 외부 환경의 역할이 특별히 중요하다고 Yukl(2010)은 믿고 있다. 안정된 환경 속에서는 과업 지향적 행동이 변화 지향적 행동보다 더 빈번히 사용되어야만 할 것이다. 예컨대, 학교의 교육 프로그램이 안정적인 지역사회에 알맞은 때에는 효율성의 증진 및 안정적 운영의 유지와 같은 과업 지향의 행동에 역점을 둘 필요가 있을 것이다. 환경을 감시하고 새로운 지식을 확산시키는 데에는 다소간의 변화 지향적 행동이 필요하다. 관계 지향적 행동은 복잡하고 불안정한 환경보다는 단순하고 안정적인 환경에 더욱 알맞을 것이다. 복잡하고 불안정한 환경에서는 변화 지향적 행동이 가장 효과적일 것 같다. 요컨대, 지도자의 성과를 향상시키기 위해서는 조직 상황에 따라 각기 다른 행동 유형을 적절히 적용하고 조화시키는 것이 기본적으로 중요하다.

리더십 효과

리더십 연구의 상황적응적 모형에서 마지막으로 고려해야 할 개념은 리더십의 효과성을 판단하는 기준이다. 효과성은 행정 실무자들이나 학자들에게 있어서 아주 복잡하면서도 광범위하며 미묘한 주제이다. 다음의 〈표 13.3〉에는 조직체제에서 결과로 나타나는 세 유형의 효과성이 제시되어 있다.

표 13.3 교육 지도자의 효과성 지표		
개인	조직	구성원
인지된 평판	목적 달성	만족
자기평가		수행

- 개인적 – 명성에 대한 타인의 인식과 자기평가
- 구성원 개개인의 만족
- 조직 목적의 달성

업무수행에 대한 평가를 인식하는 것은 중요하다. 즉 지도자 자신, 학교 내 부하직원들, 동료들, 상사들의 주관적 판단과 학교 밖 일반인의 주관적 판단이 효과성 평가의 기준이 된다. 예컨대, 학교에서 학생, 교사, 교장 및 교감 그리고 각종 후원자들의 의견이나 존경, 칭찬과 헌신 등은 매우 중요하다. 그러나 이 집단들은 성과 수준을 전혀 다르게 볼 수도 있다. 리더십 효과의 두 번째 지표는 조직 참여자들의 만족이다. 마지막으로, 학교 목적 성취의 상대적 수준 또한 교육 지도자의 효과를 규정한다(9장 참조). **리더십 효과성**(leadership effectiveness)은 조직 목표 달성이라는 객관적 차원과 주요 준거 집단들이 인식한 평가와 부하들의 전반적인 직무 만족이라는 주관적 차원으로 정의될 수 있다.

상황적응적 리더십 모델

[그림 13.2]에 나타난 일반적 모형과 같은 상황적응적 접근은 1970년대에 그 절정을 이루었으며 1980년대에 가장 영향력 있는 리더십 모델이 되었다. 리더십 연구의 상황적응적 접근들은 우리가 지금까지 고려해온 네 가지 개념들, 즉 지도자의 특성, 상황의 특징, 지도자 행동, 지도자 효과성을 포함하고 있다. [그림 13.2]는 두 가지 기본적 가설을 보여주고 있다. 첫째는 지도자 특성과 상황 특징이 결합하여 지도자 행동과 지도자 효과성을 산출한다는 것이고, 둘째는 상황적 요소가 효과성에 직접 영향을 준다는 것이다. 예컨대, 교사와 학생의 동기와 능력 정도에 따라 학교의 목적 달성 여부가 달라진다. 더구나 학교에 다니는 개인들의 사회경제적 지위는 표준화 검사에 나타난 학생들의 학업성취와 밀접하게 연관되어 있다. 단기적인 시각에서는 학교의 상황적 특징이 지도자 자신의 행동보다는 지도자 효과성에 더 큰 영향을 줄 수도 있다. **상**

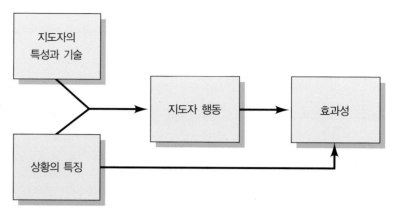

그림 13.2 리더십을 이해하는 상황적응적 체계

황적응적 접근(contingency approaches)은 지도자 특성과 행동, 성과 기준 사이의 관계를 조절하는 조건이나 상황 변인을 구체화하는 시도라 할 수 있다(Bryman, 1996). 증거들은 어떤 상황 속에서는 지도자의 어떤 한 타입이 효과적이지만, 또 다른 상황 속에서는 지도자의 다른 타입이 효과적이라는 것을 제시하고 있다.

여기서는 수업 리더십, Fiedler의 상황적응적 모델, 리더십 대체 모형과 분산적 리더십 등 몇 가지 상황적응적 리더십 모델을 살펴본다.

수업 리더십

수업 리더십은 학교의 핵심기술인 교수-학습의 개선을 강조한다(2장 참조). 수업 지도자들은 교육과정 내용, 수업 방법, 평가 전략과 학업 성취도에 대한 문화적 규범 등과 같은 학교 요인들을 변화시키려고 시도한다. 이러한 리더십은 학교장과 다른 행정가들, 교사, 학부모와 학생들을 포함한 다양한 근원에서 나타난다. 그러나 1980년대 초반 이후, 수업 지도자로서의 학교장의 역할에 초점이 맞춰지고 있다(Hallinger, 2003, 2005, 2011; Hofman과 Hofman, 2011). 1970년대에 이루어진 효과적인 학교 연구를 토대로 하여, 현저한 성취도 향상을 보인 학교의 학교장들에 대한 설명은 능력에 대한 영웅적 관점을 강조하였고, 이러한 변화의 원인은 학교장 때문으로 돌려졌다. 일반적으로 수업 지도자는 강력하고 지시적이며, 문화 형성자이며, 목표 지향적이고, 지도자이자 관리자이며, 전문성과 카리스마를 겸비한 사람으로 그려졌다. 정책 결정가들은 학교를 개선하는 방법은 학교장의 수업 리더십을 통하는 것이라는 생각에 사로잡혔다. 이들은 대학에게는 수업 지도자를 양성하고, 학교구에는 양성된 수업 지도자를 고용하도록 요구하였다. 그러나 Hallinger가 명확하게 제시하고 있는 것처럼, 교육행정 분야에서는 학교장이 학생들의 학습에 어떻게 영향을 미치는지를 기술하고 설명하는 연구 및 실제에 근거한 이론적 모델이 부족했기 때문에 이러한 요구는 대부분 응답 없이 지나갔다. 1980년대 초부터 학자들은 수업 리더십을 이해하는 데 도움이 되는 상황적 접근법을 개발하였다.

Steven Bossert, David Dwyer, Brian Rowan과 Ginny Lee(1982)가 제시한 상황적 모델은 개인, 학교구와 외부 환경의 특성이 학교장의 경영 행동에 영향을 미친다고 가정한다. 학교장은 학교의 풍토와 수업 조직에 영향을 미치며, 이들은 학생의 성취도에 영향을 미친다. Ronald Heck, Terry J. Larsen과 George A. Marcoulides(1990)는 경험적으로 이 모델을 검증하여 이러한 기본 가정을 지지하는 실질적인 증거를 발견하였다. 학교장은 참여적 행동을 통해, 분명한 목표와 학업 성취도 및 사회적 행동에 대한 높은 기대로 특징지어지는 학교 풍토와 문화의 형성을 통해 학교를 수업 조직으로 만듦으로써 학생들의 성취도에 간접적으로 영향을 미친다.

Hallinger와 Murphy(1985)는 세 가지 범주를 통해 수업 리더십 모델을 발전시켰다.

- *학교의 사명 정의하기*는 학교가 학생들의 성취도 향상을 위해 분명하고, 측정 가능하며, 시간에 근거한 목적을 사용하도록 하기 위해 다른 사람들과 함께 노력하는 학교장의 역할을 강조한다. 학교장은 목표를 소통하여 모든 사람이 이를 알고, 학교 공동체 전체에 걸쳐 지지를 받으며, 일상적인 활동에 포함되도록 해야 한다.
- *수업 프로그램 관리*는 교수-학습에 대한 관심을 불러일으키고, 감독하고, 확인함으로써 학교의 교육과정과 수업을 조정하고 통제하는 것을 의미한다.
- *긍정적인 학교 학습 풍토 조장*은 효과적인 학교는 학생과 교사에 대한 높은 기준과 기대를 통한 학업적 압력을 만들어 낸다는 생각에 근거하고 있다.

Hallinger와 Murphy의 모델은 초기에는 상황적응적 접근을 취하지 않았다. 이 모델은 학교장의 특정한 행동과 성취도 및 학교 효과성과의 관계를 다루었다. 시간이 지남에 따라, 그리고 다소 암암리에 이 모델은 상황적응적 접근의 특성을 띠기 시작하였다. 예를 들어, Halligner(2005)는 상황적응적 접근은 수업 리더십의 이론적 모델에 분명하게 포함되어 있다고 주장하였다. 그는 리더십은 여러 가지 상황적 요인들이 다양한 방식으로 수업 리더십을 행사하도록 학교장에게 영향력을 행사하는 상호 영향력 과정이라고 주장한다. 구체적인 요인들로는 학생들의 배경, 공동체 유형, 학교 풍토와 조직, 교사의 경험과 능력 등이 있다. 학교장은 변화하는 상황의 요구에 자신들의 행동을 맞추기 위해 인성이 어느 정도 유연해야 한다.

Jana M. Alig-Mielcarek과 Hoy(2005)는 수업 리더십에 관한 문헌들을 종합함으로써 Hallinger와 Murphy의 모델을 확장하고 구체화하였다. Halliger와 Murphy(1985), Murphy(1990)과 Weber(1996)와 모델을 분석한 후, 이들은 세 가지 리더십 기능을 포함하고 있는 단순화된 수업 리더십 모델을 제시하였다.

- 목표 정의 및 의사소통
- 수업 관찰 및 이에 대한 건설적인 피드백 제공
- 전문적 신장 촉진 및 강조

이러한 매우 관련되어 있는 세 가지 요인들은 수업 리더십이라 불리는 이차적인 구성체를 형성하며, 이는 *수업 리더십 척도(Instructional Leadership Scale)*라 불리는 신뢰롭고 타당한 척도를 만들어 낸다. 예시 문항으로는 학교장은 "교사들이 전문성 신장 프로그램에 참여하도록 격려한다.", "교사들이 학생들의 성적 발달에 관한 자료를 분석하여 활용하도록 격려한다." 그리고 "수업을 학교 목적에 맞게 조정하기 위해 교실을 방문한다." 등이 있다.

Hallinger(2005)의 결과와 비슷하게, Alig-Mielcarek과 Hoy(2004)는 *수업 리더십의 효과성은 학교 풍토의 학업적 압력 여부에 달려있다는 것을 발견하였다.* 사회경제적 지위 관련 변인을 통제하고, 구조 방정식을 사용하여, 수업 리더십은 학업적 압력의 풍토가 강할 때 학업 성취도와 유의미한 관계를 보인다는 것을 발견하였다. 즉, 효과적인 수업 리더십은 성취도에 대한 학교의 학업적 압력 여부에 달려있다. 요약하면, 수업 리더십은 단순한 영웅적 개념에서 상황적응적 모델로 변화해 왔다. [그림 13.3]을 살펴보자.

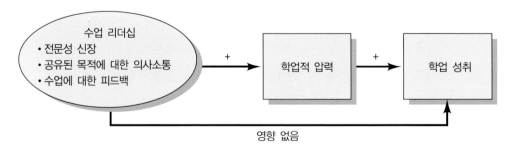

그림 13.3 **상황적응적 수업 리더십 모델**
출처: Alig-Mielcarek와 Hoy, 2004.

Fiedler의 상황적응적 리더십 모델

Fiedler(1967)는 리더십 연구에서 특정한 상황적응적 관계를 제안하는 이론을 최초로 제시하였다. 행동요소를 결여하고 있는 **최소 선호 동료 모형**(least preferred co-worker model)은 특성으로서의 지도자 유형, 세 가지 상황통제 변인 그리고 효과성을 사용하고 있다.

리더십 유형(leadership style)은 다양한 대인관계적 상황에서 행동의 동기가 되는 심층의 욕구구조에 의해서 결정된다. 이러한 특성을 측정하기 위해 최소 선호 동료(LPC) 척도를 사용한다. 응답자는 함께 일하기가 가장 싫은 사람을 먼저 선정하고 난 후, 선정한 사람을 LPC 척도로 평가하여 설명한다. LPC 척도에서 높은 점수를 얻은 응답자는 함께 일하기 싫은 사람이지만 긍정적으로 평가하고 있기에 그 동료를 즐겁고, 충성스럽고, 따뜻하고, 친절하고, 효율적인 사람으로 보고 있는 것이다. 이와는 반대로 LPC 척도에서 낮은 점수를 얻은 응답자는 함께 일하기 싫은 사람을 부정적으로 평가하고 있어서, 이 동료를 불쾌하고, 험담 잘하고, 냉담하고, 불친절하고, 비효율적인 사람으로 묘사하고 있는 것이다. LPC 점수는 응답자가 과업성취(과업에 동기화된)에 더 높은 우선순위나 가치를 부여하고 있는지, 아니면 좋은 대인관계의 유지에 동기화되어 더 높은 우선순위나 가치를 두고 있는지를 나타낸다(Fiedler와 Garcia, 1987).

상황통제(situation control)는 지도자가 계획, 결정, 행동전략 등을 이행하기 위하여 가지는 권력과 영향력의 정도를 말한다(Fiedler와 Garcia, 1987). 상황통제는 세 가지 요소에 의해 결정된다. 그 첫째는 *직위권력*(position power)으로서 이 권력은 직무를 완결시킬 목적으로 조직이 지도자에게 부여한 권력이다. 이러한 권력의 예로는 지도자가 구성원들에게 상벌을 내릴 수 있는 정도와 집단이 지도자를 지위에서 물러나게 할 수 있는지의 여부 등을 들 수 있다. 두 번째 요소는 *과업구조*(task structure)로서 이것은 과업이 목적, 방법, 성과 기준 등을 분명하게 명시하고 있는 정도를 말한다. 과업이 구조화되면 될수록, 지도자가 집단을 더 잘 통제할 수 있다. 세 번째 구성요소인 *지도자-구성원 관계*(leader-member-relation)는 집단 구성원들이 지도자를 받아들이고 존경하는 정도를 말한다. 지도자와 구성원 간의 관계에는 두 가지 요소, 즉 지도자와 부하들 간의 대인관계의 질과 지도자에게 허용된 비공식적 권위의 수준이 중요하다. 지도자와 구성원 간의 관계의 질은 집단 구성원들에 대한 지도자의 영향력을 결정하는 가장 중요한 요소이고, 그 다음이 과업구조, 직위권력 순으로 나타낼 수 있다. Fiedler는 이 세 가지 요소를 각각 좋고 나쁜 지도자와 구성원과의 관계, 구조화된 과업과 비구조화된 과업 그리고 높은 직위 권력과 낮은 직위권력으로 양분하여 여덟 가지 상황을 만들었다. 여덟 가지 상황은 통제가 높은 상황에서부터 통제가 낮은 상황에 이르기까지 그 상황범위가 정해진다. 지도자는 구성원들로부터 지지를 받고, 자기가 무엇을 어떻게 해야 할지를 정확히 알고 있으며, 조직이 지도자에게 집단 구성원들을 상벌할 수 있는 수단을 줄 때 지도자는 더 많은 통제와 영향력을 가질 수 있다는 것이다.

Fiedler, Chemers와 Mahar(1976)는 교장과 같은 행정가는 자신의 상황의 단면들을 조정할 수 있도록 교육받아야 한다고 제안하였다. 이들은 지도자와 구성원 간의 관계, 과업구조, 직위권력의 세 가지 상황요인을 분석하는 방법과 집단의 성과를 향상시킬 수 있는 조건을 변화시키는 방법을 지도자에게 가르치는 프로그램을 개발하였다.

최소 선호 동료 이론에서 **효과성(effectiveness)**의 개념은 분명하다. 효과성은 집단이 그 일차적인 과업을 성취하는 정도를 말한다. 수많은 Fiedler의 연구에서는 집단 효과성을 측정하는 객관적 기준으로 순수이익, 단가, 성공률, 해결한 문제의 수를 사용하고 있다. 집단의 성과를 측정하는 데 신뢰도가 높으면서 객관적 기준이 없을 때에는 지도자 또는 집단의 상사가 판단한 성과에 대한 평가를 사용한다. 그러나 모든 경우에 있어서 지도자 효과성은 과업이 성공적인 것으로 판단되는 정도에 의해서 결정된다.

1962년 이전에 수집한 자료를 토대로, Fiedler는 자신의 상황적응적 이론에서 세 가지 명제를 제시하였다.

- 통제가 높은 상황에서는 과업지향의 지도자가 관계지향의 지도자보다 더 효과적이다.
- 통제가 중간 수준인 상황에서는 관계지향의 지도자가 과업지향의 지도자보다 더 효과적이다.
- 통제가 낮은 상황에서는 과업지향의 지도자가 관계지향의 지도자보다 더 효과적이다.

따라서 *리더십 효과성은 적절한 리더십 유형과 상황을 연결시키는 것에 달려있다.*

두 가지 연구가 이 모델을 철저하고 완전하게, 즉 Fiedler가 설정한 기준과 모든 여덟 가지 상황의 지도자를 포함해서 검증하였다. 두 연구 중 하나에서는 Fiedler의 모형을 지지하는 연구결과가 나왔지만(Chemers와 Skrzypek, 1972), 나머지 한 연구에서는 그렇지 못한 결과가 나왔다(Vecchio, 1977). 더구나 상황적응적 모형을 검증한 세 개의 메타-분석 연구(Strube와 Garcia, 1981; Peters, Hartke와 Pohlman, 1985;

Crehan, 1985)들은 이 모형의 일부를 지지하고는 있지만 여덟 가지의 모든 상황에서 위와 같은 결과가 나오지는 않았다. 그리고 실험연구보다는 현장연구에서 위와 같은 결과가 약하게 나타났다. 학교 조직 상황에서도 여러 연구들이 Fiedler의 이론을 부분적으로 검증하며 지지하고 있다(McNamara와 Enns, 1966; Williams와 Hoy, 1973; Martin, Isherwood와 Lavery, 1976).

LPC 이론은 여러 가지 비판을 받아왔다. 끊임없이 반복되는 비판 가운데 하나는 LPC가 무엇을 측정하는 것인지에 대한 생각이 시간이 지나면서 변경되었다는 점이다. 처음, LPC는 단순히 함께 일하기가 어려운 개인에 대한 지도자의 정서적 반응을 측정하는 것으로 간주되었다. 다음으로 LPC는 대인관계 지향에 대립하는 것으로서 과업 지향의 개인들을 구별하는 것으로 판단되었다. 그 후에 LPC 점수는 지도자의 동기위계(motivational hierarchy)를 나타내는 지표로 해석되었다. 전체적으로 볼 때, Fiedler의 이론은 강력한 상황적응적 리더십 이론을 구축하려는 야심차고 훌륭한 노력을 보여주고 있다. 설사 그 관심이 약해져 가고는 있다 하더라도, 이 모형은 상황적 특징과 개인적 특징을 결합하여 리더십 현상을 부분적으로 설명한다. 대부분의 선구적 노력들이 그러하듯이, 이 모형도 본질에 있어서는 그렇지 않더라도 세부적인 것에서는 분명 부정확하다. 그러나 Fiedler의 상황적응적 모형은 '어떤 특별한 상황에서 어떤 특정한 유형이냐?'라고 하는 질문에 답하려는 최초의 시도이며 현재까지 가장 오래 지속되고 있는 시도라고 할 수 있다.

리더십 대체 모델

상황적응적 및 다른 리더십 모델들은 공식 위계적 리더십 형태가 학교와 같은 조직에서는 필요하다는 것을 가정한다. Steven Kerr와 John M. Jermier(1978)는 이러한 가정에 의문을 제기하였고, 자신들이 분석한 연구들 중에서 리더십이 차이를 만들었다는 결과를 제시하는 연구는 50% 미만이라는 것을 발견하였다. 이들은 일련의 대체 요인들이 리더십의 효과적인 행사를 줄인다고 믿었다. Peter Gronn(2003)이 언급한 것과 같이, Kerr와 Jermier는 많은 상황에서, 개인의 리더십 행위는 취소되고 대체되거나 무의미하게 된다고 주장한다. 자신들의 연구 결과와 아이디어를 설명하면서, Kerr와 Kerier는 리더십 대체 모델(substitutes for leadership model)을 만들어 냈다.

대용품(substitute)은 지도자의 인간지향 행동과 과업지향 행동이 불필요하거나 쓸모없는 것으로 만드는 사람이나 물건을 말한다. 즉, 대용품은 추종자들의 태도, 지각, 행동에 영향을 미치는 지도자의 능력을 대신하거나 감소시키는 상황적 측면이라 할 수 있다. 세 가지 요인들이 지도자의 대용품으로 작용할 가능성을 가지고 있다(Kerr

와 Jermier, 1978; Keller, 2006).

- *하위자들의 특성* —능력, 훈련 정도, 경험과 지식, 직업적 성향과 보상에 대한 무관심
- *과업의 특성* — 구조화된 반복적 작업, 내적인 만족을 주는 과업, 과업으로부터 의 피드백
- *조직의 특성* — 역할과 절차의 공식화, 규칙과 정책의 유연성, 작업 집단의 응 집성과 자율성, 행정가와 부하직원들 간의 공간적 거리

두 번째 중요한 개념은 *중화제(neutralizers)*이다. 이는 지도자 행동을 대체하는 것 이 아니라 지도자가 어떤 특정한 방식으로 행동하는 것을 못하게 하거나 지도자 행동 의 영향력을 무력화시키는 상황적 요소들이다. 예를 들어, 효과적으로 수행하는 교사 를 보상할 수 있는 권위를 학교장이 갖고 있지 못한 것은 교장의 지도자 행동에는 상 황적인 제약조건이다. 이 반면에, 학교장이 제공하는 인센티브에 대하여 교사들이 무 관심한 것은 교장의 행동을 무의미하게 만드는 조건이다(Yukl, 2010).

두 가지 추가적인 개념은 *개선제(enhancer)*와 *보충물(supplement)*이다. 개선제는 지도자-결과 간의 관계를 신장시켜 주는 것으로, 지원적이고 응집력을 가진 작업 집 단의 규범이 그 예가 된다. 보충물은 지도자의 직접적인 영향상의 변화 없이 부하직 원들의 성과에 기여하는 것들이다. 대표적인 예는 새로운 웹기반의 수업 프로그램이 다(Gronn, 1999).

기본적으로, 이 모델은 지도자의 행동과 효과적인 성과 간의 관계는 부하직원, 과 업과 조직의 특성에 의해 조정된다는 것을 가정한다. 예를 들어, 부하직원들이 많은 능력과, 경험 및 지식을 가지고 있을 때, 또는 과업이 분명하고 정례적인 것일 때, 과 업 지향적 리더십은 크게 줄어들거나 전혀 필요가 없을 수도 있다. 이와 비슷하게, 과 업이 내적인 만족감을 주거나 작업 집단이 밀접하게 연결되고 있고 응집력이 높을 때, 지원적 리더십은 그 유용성이 제한된다. 이는 많은 상황에서, 효과적인 리더십 행 사 범위는 대항하는 요인들로 인해 최소화될 수 있다는 것을 시사한다(Gronn, 1999: 42). 즉, 대용품은 지도자의 특정 행동을 일부분 비효과적으로 만들 수 있지만, 특정 행동을 완전히 비효과적인 것으로 만들지는 않는다(Dionne, Yammarino, Howell과 Villa, 2005).

이 이론은 지도자의 행동이 어떤 상황에서는 상당한 영향을 주지만 다른 상황에서 는 아무런 영향을 주지 못하는 이유를 설명하는 데 도움이 되기 때문에 상당한 관심 을 받았다. 그러나 이 모델을 검증한 연구들은 이를 경험적으로 지지하는 증거를 거

의 제시하지 못하고 있다(Podsakoff와 MacKensie, 1997). 그러나 이를 발전시키기 위한 관심이 계속되고 있으며(Dionne, Yammarino, Howell과 Villa, 2005), 이 모델은 추가적인 관심을 받게 될 것이다.

분산적 리더십

조직 수준에서, 즉 리더십을 조직의 질이라고 보는 또 다른 상황적응적 모델이 등장하였다. 리더십 대체 모델과 대비되지만, 동시에 비슷한 가정을 공유하고 있는 **분산적 리더십(distributed leadership)**은 팀과 집단의 측면에서 리더십을 받아들인다. 실제로 이와 같은 접근법은 기존에 한 사람이 조직 변화에 책임을 지는 가정에 대해 반대하고 있다고 볼 수 있다(Heller와 Firestone, 1995). 그 대신, 여러 사람들과 집단이 전통적으로 한 개인에게 부여해 왔던 리더십 책임을 대체하거나 공유한다. 여기서 리더십은 필요에 따라 조직 전체에 분산되어 있다.

분산적 리더십의 기본 아이디어는 분명하다(Elmore, 2000). 분산적 리더십은 규모와 복잡성, 범위 면에서 다양한 여러 과제를 해결하기 위해 조직 내 다양한 자원을 적극 활용하는 것을 강조한다. 다양한 과제라 함은 예산 청문회, 직원회의, 정기평가와 같이 반복적이면서도 일상적인 과제에서부터 긴급상황이나 돌발적인 문제와 같은 예상치 못한 과제도 포함된다(Gronn, 2002). 그리고 변화를 추구하고 타인을 격려하며 기존 절차를 수정하고 과정을 감독하고, 여러 방해요인을 해결하는 등의 기능상의 변화도 전술한 과제에 속한다고 볼 수 있다(Heller와 Firestone, 1995). 분산적 리더십을 주장하는 학자들은 학교 조직이 너무 복잡하고 과제도 광범위하기 때문에 개인이 이와 같은 모든 문제를 처리하기에는 역부족이어서 분산적 리더십이 필요하다는 주장을 펼친다. 결과적으로 이런 과제 완수와 관련된 지도자의 책임도 교육청 소속 교육행정가나 교장, 교감, 교사, 기타 교직원, 외부 전문가, 학부모, 학생과 같이 여러 사람들에게 분산된다(Gronn과 Hamilton, 2004).

분산적 리더십 또는 조직 리더십이 새로운 현상이 아니라는 것은 분명한 듯 보인다. 학교와 다른 조직들은 항상 리더십 책임과 관련하여 분업의 원리를 적용해 왔지만(Gronn, 2002), 개인적, 영웅적, 독단적 리더십의 개념이 일반인들의 시각과 전문가의 연구를 좌우해 왔다. Eric Camburn, Brian Rowan과 James Taylor(2003)에 의하면 교육개혁가와 교육정책결정자들은 1980년대 동안 자신의 관심을 개인적 수준의 리더십과 함께 조직 리더십에까지 확장시켰다. 예컨대, 학교자율경영제나 교사들을 위한 경력단계 프로그램 등은 추가적 리더십을 학교에 결합시키려는 시도를 보여주는 정책이라 할 수 있다. 교육학자들은 1990년대에 들어 분산적 리더십에 관한 이론적 틀을 개발하고 연구를 수행하고자 노력하였다. 그러나 최근에 Peter Gronn(2002: 424)은 "분산적 리더십에 관해 파생된 연구나 분석적 연구가 부족하다"는 결론을 내리고 있다. 이와 같은 Gronn의 지적을 유의하면서도 다음 두 가지 초기 연구는 고려할 만하다.

Ogawa와 Bossert(1995)는 리더십을 조직 관련 속성으로 인식하였다. 그들은 조직의 모든 구성원들이 조직을 이끌 수 있다고 믿었으며, 분산적 리더십은 조직 내 구성원들에게 리더십을 분산하는 기능 이상을 보여준다고 믿었다. 그리고 리더십은 학교 조직을 구성하는 다양한 역할 속에서 작동하면서 개인과 구조 그리고 문화에 영향을 미치며, 과업 성취나 조정 방법에도 영향을 주는 것으로 나타났다. 리더십의 정도는 시기와 학교에 따라 다양하게 나타난다. Diana G. Pounder, Ogawa와 E. Ann Adams(1995)는 이런 의견을 확장하여 다음과 같은 가설을 설정하였다. 즉 몇몇 집단이 학교 리더십에 기여하며, 리더십의 총량은 학교의 업무수행과 정적 관계가 있다는 것이다. 그들은 이 연구가설을 지지하는 연구 결과를 제시하면서, 구성원들이 의사결정을 공유하려는 노력을 기울이고(11장 참조) 분산적 리더십과 유사한 리더십을 발휘한다면 학교 효과성을 증진시킬 잠재력을 갖게 될 것으로 예측하였다.

March(2005) 또한 영웅적 리더십 모델들을 경시하였다. 그는 이러한 모델들은 조직이 근본적인 변화 또는 주요한 혁신을 실행할 때 지도자가 행사하는 통제력을 과장하고 있다고 주장한다. 리더십 개념의 핵심을 제시하면서, March는 문제 가까이 있는 사람들이 어려움을 즉각, 정례적으로 처리할 때 조직의 효율성이 나타난다고 주장한다. 그의 관점에서 보면, 네 가지 핵심적인 리더십 요인이 학교의 조직 효율성을 향상시킨다.

- 능력(*competence*) - 교사들은 자신들이 무엇을 하는지 알고 그 일의 전문가여야 한다.
- 주도력(*initiative*) - 문제 가까이에 있는 개인(예를 들어, 교사, 상담가, 행정가) 또는 교사 집단은 이 문제를 해결하기 위해 가까이에서, 신속하게, 자발적이고 자율적으로 행동한다.
- 동일시(*identification*) - 교사들은 자신들의 업무와 학교에 자긍심을 가지고 있고 신뢰의 문화와 집단적 정체감을 공유한다.
- 지나치게 야단스럽지 않은 조정(*unobtrusive coordination*) - 개인의 행동은 표준화된 틀과 개방적 의사소통 체제를 통해 효과적으로, 신속하게, 많은 비용을 들이지 않고 조정이 이루어진다.

따라서 리더십 역할이 유능하고, 진취적이며 조직에 헌신하는 사람들에 의해 수행될 때 학교의 효과성과 효율성 수준은 가장 높아지게 될 것이다. March(2005)는 "능력, 주도력, 동일시와 지나치게 야단스럽지 않은 조정과 자신들에 대한 결정은 효과적인 리더십의 핵심이다. 이들은 위엄이 있지도 않고, 영웅도 아니며, 대부분의 경우 흥미롭지도 않다."고 주장한다(p. 116).

James Spillane(2006)은 교수-학습(특히 읽기, 수학과 과학)을 개선하려는 실천에 초점을 둔 분산적 리더십 모델을 제시한다. Spillane에 따르면, 리더십은 학교의 핵심 업무와 관련된 활동을 말하며, 교사들의 동기, 지식과 실천에 영향을 미치기 위해 조직 구성원들에 의해 설계된다. 이 모델에서, 교사, 행정가와 학부모 등과 같은 다양한 지도자들은 교수-학습을 증진시키기 위해 사회적, 물질적 및 문화적 자원을 확인하고, 획득하고, 분배하고 조정하며 사용한다(Spillane, Halverson과 Diamond, 2001). 학교장과 교육감이 혼자서는 성공할 수 없다고 판단하며, Spillane은 다양한 공식적/비공식적 지도자와 이들의 추종자들이 학교를 변환시키거나 주요한 변화를 만들어 내는 데 필요한 과업을 이끌어 나가고 수행하기 위해 동원된다고 주장한다. 즉, 리더십 활동은 상호작용하는 지도자, 추종자와 상황의 관계망 내에 분산되어 있다(Spillane, Sherer와 Coldren, 2005). Spillane(2006)에게 있어 상황은 과업이 수행되고, 리더십 행동이 지도자, 추종자와 상황의 상호작용 내에서 그리고 통하여 나타나기 때문에 결정적인 요인이다. 또한 리더십의 분산과 양은 교과(수학 수업은 언어 관련 교과보다 지도자가 더 적음, 과학은 훨씬 더 적다), 규모(더 작은 것보다는 더 큰 것), 유형(공립학교는 사립학교나 기업체보다 더 적다)과 같은 일련의 상황적 요인에 따라 다양하게 나타난다.

TIP: 이론의 적용

분산적 리더십 분석

분산적 리더십 모델에 따르면 학교는 리더십 과제를 성취하기 위해 다양한 개인과 역할에 의존한다. 당신이 지금 근무하고 있는 학교나 당신이 알고 있는 학교를 상상하고 개별 지도자를 이름 순과 조직 역할 순으로 정리하시오. 그들은 어떤 리더십 기능을 완수하고 있는가? 당신의 리더십 팀은 얼마나 조화로우면서도 효과적인가? 그 이유는? 분산적 리더십을 실제에 어떻게 적용할 수 있겠는가?

변혁적 리더십

일반적으로 James MacGregor Burns(1978)는 최초로 거래적 리더십과 변혁적 리더십
이라는 개념을 만들어 내고, 정치 관련 영역에 적용한 것으로 인정받고 있다.
Bass(1985a)는 Burns의 아이디어를 토대로 사회 조직의 지도자를 위한 광범위하면서
도 매우 영향력 있는 리더십 모델을 구성하였다. 변혁적 리더십의 기본구조는 연속체
를 사용하여 정의되는데 Bass(1998)는 이 연속체를 "전체 리더십 모델(full range
leadership model)"이라고 명명하였다. 〈표 13.4〉에 나타난 바와 같이 Bass는 리더십
의 종류를 크게 자유방임형 리더십, 거래적 리더십, 변혁적 리더십으로 구분하였다.
이 세 유형의 리더십은 변하지 않고 있지만 세 가지 리더십을 구성하는 다양한 요소
들은 계속해서 변화해 왔다(Avolio, Bass과 Jung, 1999). 〈표 13.4〉를 보면 자유방임
형 리더십에 요인 1개, 거래적 리더십에 요인 3개, 변혁적 리더십에 요인 5개로, 모두
9개의 요인을 세 가지 리더십을 형성하는 주요 요인으로 보았다(Bass와 Riggio,
2006).

세 유형의 리더십

자유방임형 리더십

Bass(1998)는 자유방임형 리더십의 특징은 추종자와 별다른 거래활동이 없다는 데 있
다고 하였다. 예를 들어 자유방임형 지도자는 자신의 견해를 잘 표현하지도 않고 중
요한 문제를 해결하기 위한 활동을 하지도 않고, 의사결정을 하지 않거나 연기한다.
그리고 책임을 무시하기도 하고 피드백도 제공하지 않고, 권위도 행사하지 않는다.

표 13.4 전체 리더십 연속체

전체 리더십 연속체		
자유방임형 리더십	거래적 리더십	변혁적 리더십
1. 비거래적	2. 조건적 보상 리더십	5. 이상적 영향력-속성
	3. 적극적 예외 관리	6. 이상적 영향력-행동
	4. 소극적 예외 관리	7. 영감적 동기화
		8. 지적 자극
		9. 개별적 배려

이는 리더십의 회피 또는 부재라고 할 수 있다. 결국 자유방임형 리더십은 가장 수동적이고 효과도 미미한 리더십이라 할 수 있다. 자유방임형 교장은 교장실에 주로 있고, 교사나 학생들에게 최소한으로 개입하며, 학습과 발달에 별 관심을 보이지 않으면서 학교구조와 과정은 기존의 방식대로 둔다.

거래적 리더십

거래적 지도자는 봉사와 보상을 상호 교환함으로써 추종자들을 동기화시킨다. 학교를 예로 들면, 교장은 교사들에게 새로운 교수자료를 제공하거나 교수활동을 계획하는 데 충분한 시간을 주어 교사들이 새로운 교육과정 프로그램을 실시할 수 있도록 한다. 교사가 학교와 같은 조직에서 업무를 수행할 때, 거래적 지도자들은 근로의 대가로 교사들이 원하는 것이 무엇인가를 인식하고, 그들이 원하는 것을 제공하려고 노력하며, 보상과 노력의 대가에 대한 약속을 교환하고, 교사들의 즉시적인 이익에 반응한다. 거래적 지도자들은 계약에 따라 부하가 제공한 봉사에 대한 보답으로 부하들의 물질적, 심리적 욕구에 상응하는 비용-이익, 경제적 교환을 추구한다(Bass, 1985a).

〈표 13.4〉에 나타난 바와 같이 거래적 리더십은 다음 세 가지 요소를 가정한다(Antonakis, Avolio와 Sivasubramaniam, 2003). **조건적 보상 리더십**(contingent reward leadership)은 역할과 직무에 필요한 사항을 명시하는 지도자 행동과 부하직원의 성과에 따라 보상을 제공하는 지도자 행동을 의미한다. 이 하위 리더십은 지도자가 원하는 것과 부하직원이 원하는 것을 서로 교환하는 행동을 중시하는 리더십이다(Kuhnert와 Lewis, 1987). **적극적 예외 관리**(active management-by-exception)는 지도자가 기준을 충족하기 위해 고도의 주의를 기울이는 것을 의미한다. 이때 지도자는 문제가 분명해짐에 따라 성과를 감시, 감독하고 수정조치를 취하게 된다. **소극적 예외 관리**(passive management-by-exception)는 문제가 심해질 때까지 지도자가 개입하지 않는 것을 의미하며 이 경우 지도자는 실수나 업무 수행상에 문제가 발생하여 관심이 요청될 때까지 조치를 취하지 않고 기다린다.

Bass와 Riggio(2006)는 대부분의 상황에서, 거래적 리더십은 매우 효과적일 수 있다고 주장한다. 특히 업적에 따른 보상(contingent reward) 행동은 효과적인 리더십의 굳건한 토대가 된다. 그러나 거래적 리더십이 변혁적 리더십으로 향상될 때 노력, 효과성과 직무만족의 증대가 나타난다.

변혁적 리더십

변혁적 리더십은 거래적 리더십이 확장된 것으로, 단순한 상호교환과 합의를 뛰어넘는 리더십이다. 변혁적 지도자는 진취적이고, 영감적 집단적 이익에 대한 부하직원들의 인식수준을 높이고, 부하들이 보통 이상의 수준으로 업무를 수행할 수 있도록 도와준다. 변혁적 리더십을 구성하는 네 가지 주요 요소를 4I 이론으로 부르는데 각 요소는 이상적 영향력(idealized influence), 영감적 동기화(inspirational motivation), 지적 자극(intellectual stimulation), 개별적 배려(individualized consideration)를 일컫는다(Bass와 Riggio, 2006).

이상적 영향력(idealized influence)은 부하로부터 신뢰와 존경을 받고 개인 및 조직 전체가 업무를 수행하는 과정에서 급격하면서도 근본적인 변화를 수용할 수 있는 토대를 마련한다. 변혁적 지도자는 중요한 사안에 대한 분명한 입장을 밝히면서, 높은 윤리적, 도덕적 기준을 설정하고, 목적 설정에서부터 달성에 이르기까지 부하직원과 고난을 함께 하며, 자신의 욕구를 초월하여 타인의 욕구를 고려할 줄 알고, 개인과 조직 전체가 조직의 사명, 비전, 대의를 완수할 수 있도록 권력을 행사하면서도 자신의 이익을 구하지 않는다. 그러면 지도자는 존경과 신뢰, 찬사를 받으며, 부하는 자신을 지도자와 동일시하며 모방하고자 한다. 지도자에 대한 이러한 신뢰와 헌신이 없다면, 조직의 사명을 변화시키고 그 방향을 재조정하려는 시도는 극도의 저항에 부딪치게 될 것이다(Avolio, 1994). 이상적 영향력은 부하직원의 역할 모형으로 행동하는 변혁적 지도자에게서 생겨난다.

변혁적 리더십에 관한 최근 연구에서 이상적 영향력은 다음 두 가지 하위 영역으로 나뉘어 분석되고 있다. 특성에 속하는 **이상적 영향력**(attributed idealized influence)은 지도자가 카리스마가 있고 자신감과 강력한 권한과 함께 고차원적 이상과 도덕정신을 중시한다고 부하가 인식하는 정도를 말한다. 반면 행동으로 표출된 **이상적 영향력**(idealized influence as behavior)은 가치나 신념, 사명감을 강조하는 지도자의 카리스마적인 행동을 말한다(Antonakis, Avolio와 Sivasubramaniam, 2003).

영감적 동기화(inspirational motivation)는 조직의 문제들이 해결될 수 있다고 믿도록 집단 구성원들의 기대를 변화시킨다(Atwater와 Bass, 1994). 영감적 동기화는 또한 조직 목적과 운영방법의 방향을 제시해 주는 비전을 개발하는 데 중심적 역할을 수행한다(Avolio, 1994). 영감적 동기화는 기본적으로 부하들에게 의미와 도전을 제공해 주는 지도자의 행동에서 나온다. 변혁적 지도자는 매력적이고 긍정적인 미래를 제시하고, 도전적인 목적을 강조하며, 조직에 대한 이상적인 비전을 만들고, 이러한 비전은 달성할 수 있다는 것을 분명하게 전달함으로써 부하직원들을 동기화시킨다.

따라서 작업 집단이나 조직에서는 단체정신, 열의, 낙관주의, 목적달성에 기여, 공유된 비전이 나타나고 서로 결합된다(Bass와 Avolio, 1994).

지적 자극(intellectual stimulation)은 창의적으로 문제를 해결하는 데 도움이 된다(Atwater와 Bass, 1994). 변혁적 지도자는 문제가 지닌 근본적인 가정에 의문을 제기하며, 이를 바탕으로 문제를 재구조화하며, 종래의 상황을 새로운 방식으로 접근함으로써 부하들도 혁신적이면서 창의적인 접근을 할 수 있도록 자극한다. 변혁적 지도자는 새로운 절차, 프로그램, 문제해결에서 창의성을 조장하고, 시행착오를 통한 학습을 강조하며 고착화된 기존의 일 처리 방식을 제거하면서도 구성원 개개인의 잘못을 공개적으로 비난하지 않는다(Bass와 Avolio, 1994). 지도자는 모든 것을 개방적으로 부단히 검토하고 변화를 전체적으로 수용한다(Avolio, 1994). 이에 부하직원들도 지도자를 자극하여 자신들의 시각과 가정을 다시 고려하도록 한다. 아무리 바람직하고 일상화되어 있고 정치적이거나 관료적이더라도 이것들은 모두 경쟁체제로 편입되고 변화되어야 하며 때론 폐기되어야 한다(Avolio, 1999).

개별적 배려(individualized consideration)는 변혁적 지도자가 성취나 성장 욕구가 강한 개인에게 특별한 관심을 기울이는 것을 의미한다. 개별적 배려의 목적은 다른 사람들의 욕구와 강점을 측정하는 데 있다(Atwater와 Bass, 1994). 변혁적 지도자는 타인의 욕구나 강점을 활용하여 그들의 멘토가 되기도 하고 부하와 동료들을 도와 잠재력을 보다 높은 수준으로 발전시켜 자신의 발전에 책임을 지도록 한다(Avolio, 1994). 지원적 풍토 속에서 새로운 학습기회를 만들고, 욕구와 가치에 개인차가 있다는 것을 인정하고 받아들이면서, 쌍방향 의사소통을 활용하고, 인간적인 방식으로 다른 사람들과 상호작용하는 것이 개별적 배려를 이룩하기 위해서 필요한 행동이다. 개별적으로 신중히 배려하는 지도자는 다른 사람들의 소리에 적극적이고 효과적으로 귀 기울인다.

지도자들은 〈표 13.4〉에 제시되어 있는 리더십 연속체의 모든 측면을 보여준다. 우수한 성과를 보이는 지도자는 자유방임형 행동을 잘 보이지 않지만, 높은 수준의 적극적 예외 관리, 소극적 예외 관리, 업적에 따른 보상 등의 행동을 보이며, 변혁적 행동을 가장 빈번하게 보여준다. 이와 반대로 낮은 성과를 보이는 지도자들은 자유방임형 행동을 가장 자주 보이고 변혁적 행위는 가장 적게 보여준다(Bass와 Riggio, 2006).

변혁적 리더십 이론을 검증하거나 그와 관련된 주요 요인을 측정한 대부분의 연구들은 다요인 리더십 설문지(Multifactor Leadership Questionnaire: MLQ)를 사용하였다. 초기의 MLQ는 문제가 많아(Sashkin과 Burke, 1990), 그 이후에는 보다 관찰가능한 지도자 행동을 기술하는 설문문항을 추가하여 내용이 대폭 개선되었다. 최근 MLQ 를 통한 평가에서도 〈표 13.4〉에 나타난 아홉 가지 요인이 확인되었다(Antonakis, Avolio와 Sivasubramaniam, 2003).

변혁적 리더십에 관한 이론과 연구

Bass(1998)와 Avolio(1999)는 거래적 리더십이 실질적인 리더십 체제의 기초를 형성한다고 주장한다. 예를 들어 지도자가 부하와 많은 거래를 통해서 자신의 자리를 유지한다면, 오랜 시간이 지나면 사람들은 자신의 지도자를 신뢰할 수 있게 된다. 변혁적 지도자는 탁월한 업무수행을 토대로 보다 차원 높은 신뢰와 정체감을 사용한다. 변혁적 리더십이 거래적 리더십을 대신하지는 않으나, 부하직원의 동기, 만족, 업무수행에 미치는 효과를 증대시킨다. 따라서 이런 유형의 리더십은 〈표 13.4〉에 나타난 리더십 연속체 선상에 나타날 수 있다.

그러나 변혁적 리더십은 지도자가 원하는 업무수행과 보상을 교환하는 것을 초월한 리더십이다(Bennis와 Nanus, 1985; Howell과 Frost, 1989; Howell과 Avolio, 1993). 변혁적 지도자는 조직 목적에 헌신하며 부하에게 그 목적을 달성하기 위해 권한을 부여한다(Yukl, 2010; Geijsel, Sleegers, Leithwood와 Jantzi, 2003). 4I 이론을 설명하면서 밝혔듯이, 변혁적 지도자는 변화의 필요성을 정의하고, 새로운 비전을 창출하며 그 비전에 헌신을 불러일으키며, 장기적인 목적에 집중한다. 그리고 부하들이 자신의 이해관계를 초월한 보다 고차원의 목적을 추구하도록 격려하며, 조직을 현상 유지하는 것보다는 비전에 맞추어 운용하고, 부하들이 자신의 발전과 타인의 발전을 위해 보다 높은 책임의식을 고취하도록 권장한다. 그렇게 하면 부하가 곧 지도자가 되고, 지도자는 변화 추진자가 되어 궁극적으로 조직이 변혁된다는 것이다.

변혁적 리더십의 근원은 지도자의 개인적 가치와 신념이다. 변혁적 지도자는 자신의 개인적 기준을 공표함으로써 부하직원을 통합시킴과 동시에 그들의 목적과 신념을 기존에는 불가능하다고 생각되는 수준을 뛰어넘어 업무수행이 가능하다는 방향으로 변화시킬 수 있다(Kuhnert와 Lewis, 1987). Thomas J. Sergiovanni(1994)는 리더십의 핵심은 개념, 가치, 이상이라고 주장한다. House(1998)는 이런 주장에서 더 나아가 변혁적 리더십은 지도자가 자신의 권력욕을 은유적으로 얼마나 잘 표현하고, 바라는 변화나 결과를 상징적인 표현으로 얼마나 잘 사용하는가에 달려있다고 주장한다.

이와 유사하게 Bass(1985a, 1998)는 지도자가 부하에게 새로운 관점으로 자신의 직무에 임하도록 자극하고, 조직의 비전과 사명의식을 고취시키고, 동료 및 부하들이 지닌 고차원의 능력과 잠재력을 개발시키고, 자신의 이해관계뿐만 아니라 조직 전체 구성원의 이익을 고려하도록 동기부여할 때 변혁적 리더십을 관찰할 수 있다고 하였다. 변혁적 지도자는 보다 도전적인 목적을 설정함으로써 거래적 지도자보다 더 많은 업적을 성취한다.

변혁적 리더십을 평가한 Yukl(1999)은 변혁적 리더십이 리더십 과정과 결과를 설명하는 데 중요한 기여를 하고 있는 것 같다는 결론을 내리고 있다. 특히 변혁적 리더십 이론은 중요한 상징적 측면에 의존하고 있으며, 효율적 관리를 위한 기술적이고 대인관계 측면 그 이상을 의미한다. 그리고 이 이론은 의미와 행동에 의존하며 지도자는 그 의미를 창출한다. 비록 변혁적 리더십이 폭넓은 적용가능성이 있지만, 변혁적 리더십을 촉진하기도 하고 제한하기도 하는 상황변인을 추가적으로 강조할 필요가 있다고 Yukl은 주장한다.

상황 요인

Bass(1997)는 변혁적 리더십 모델은 모든 상황과 문화에 걸쳐 타당하다고 주장하며 상황적 효과의 중요성을 경시하였다. 보다 최근에 Bass와 Riggio(2006)는 최상의 방법은 없지만 상황적 요인들은 지도자의 효과성에 영향을 미칠 수 있다고 솔직하게 인정하였다. 특히, 위기 상황은 매우 중요하다. 위기 상황에서 효과적인 지도자가 되기 위해서는 변혁적이어야 하고, 부하들이 당장 필요한 욕구와 그에 합당한 반응이라고 인식하는 것 이상을 바라볼 수 있어야 한다. 오직 변혁적 지도자만 부하들이 자신의 위협상황이나 그 위협에 대한 준비가 부족함을 알 수 있도록 각성시킬 수 있고, 개인의 이해관계를 초월하여 분명한 방향을 제시하는 목적을 설정할 수 있다. 거래적 및 변혁적 리더십의 출현과 성공에 영향을 줄 것 같은 상황적 조건에는 외부 환경의 안정성, 조직 구조와 문화, 공적 또는 사적 영역, 과업과 목적, 그리고 지도자와 추종자들 간의 권력의 분산 등이 있다. 그러나 최종적인 분석에서, Bass와 Riggio(2006)는 변혁적 리더십은 상황적 여건에 관계없이 영향을 준다고 강하게 주장하고 있다.

연구

1980년대 중반 변혁적 리더십이 소개된 이후 이와 관련된 수많은 연구가 진행되었다. Avolio(1999)에 의하면 많은 연구결과가 변혁적 리더십을 형성하고 있는 요인에 관한 일반화를 지지하고 있다는 것이다. 이상적 영향력과 영감적 리더십은 가장 효과적이면서도 만족이 높다는 결과라든지, 지적 자극과 개별적 배려는 그 효과가 다소 있다는 연구결과 등을 예로 들 수 있다. 이 모든 요인들은 거래적 리더십보다 효과적으로 나타났다. 전반적으로 변혁적 리더십은 사람들이 자신의 이상적인 지도자로 그리고 있는 모습과 가장 근접한 리더십으로 볼 수 있다. 현실적으로 변혁적 리더십은 지도자가 거래적 활동에 시간을 소비하는 것보다 부하들에게 업무수행에 대한 높은 기대를 가질 수 있도록 이끄는 것을 의미한다. 이는 곧 변혁적 지도자는 사람을 개발시킴과 동시에 팀을 형성하는 사람이어야 한다는 것이다(Bass, 2008).

전체적으로 MLQ를 사용한 연구 결과에 따르면 거래적 지도자보다 변혁적 지도자가 평가도 높게 받고, 조직도 보다 효과적으로 이끌고 있으며, 변혁적 지도자의 부하직원들이 더 열심히 일하는 것으로 나타났다(Yukl, 1999). 이와 마찬가지로, Bass(1998)도 변혁적 리더십이 부하들을 업무수행과 관련된 기대치보다 더 많은 일을 하게 한다는 연구 결과를 제시하였다. 거래적 리더십과 비교하여 볼 때 변혁적 리더십은 부하들의 노력, 헌신, 만족을 더 많이 끌어낸다고 Bass는 믿고 있다. 다른 학자들도 변혁적 리더십에 긍정적인 태도를 보이고 있다.

학교 상황

교육 조직에서 이루어진 변혁적 리더십에 대한 가장 광범위한 연구는 Leithwood와 그의 동료(1994; Leithwood, Jantzi와 Steinbach, 1998)에 의해 이루어졌다. Burns와 Bass의 아이디어에 근거하여, Leithwood(1994)는 학교의 비전 형성, 학교의 목적 설정, 지적 자극 제공, 개별화된 지원 제공, 최상의 실적과 중요한 조직의 가치 예시하기, 높은 성취 기대 나타내기, 생산적인 학교 문화 만들기와 학교 의사결정에 참여를 촉진하는 구조 만들기 등 학교 상황을 위한 여덟 가지 범주의 모델을 형성하기 위해 변혁적 및 거래적 리더십을 사용하였다. Leithwood의 분석적 틀은 두 가지 일반화에 근거를 두고 있다. 첫째, 학교현장에서 변혁적 리더십은 학생의 목적달성에 관한 교사의 인식이나 학생성적과 같은 학교성과에 직접적으로 영향을 미치고 있다. 둘째, 변혁적 리더십은 교사들의 세 가지 중요한 심리적 특징, 즉 학교특성에 대한 인식, 변화에 대한 교사의 헌신 및 조직학습 등에 영향을 줌으로써 학교성과에 간접적인 영향을 미친다는 것이다. 다양한 구조적 변화를 시도한 학교들에 대한 4년간의 연구를 통해 발견한 사실들에 근거하여, Leithwood(1994)는 변혁적 리더십은 이 모델의 모든 측면에 주의를 기울이며, 개별화된 배려를 근간으로 한 독특한 표현을 필요로 하며, 상황적응적 접근을 나타낸다고 결론을 내렸다.

최근, Leithwood와 그의 동료들(Leithwood, Aitken과 Jantzi, 2006; Leithwood, Day, Sammons, Hopkins와 Harris, 2006; Leithwood, Louis, Anderson과 Wahlstrom, 2004, 2011)은 자신들의 모델을 확장시켜 *성공적인 리더십의 핵심적인 실제*라고 명

명하였다. 이들은 변혁적 리더십을 핵심적인 과정으로 하여 투입, 산출과 결과가 포함된 개방체제 모델을 만들었다.

일련의 또 다른 연구자들도 변혁적 리더십에 대한 유명한 연구들을 수행하였다. 예를 들어, H. C. Silins(1992)와 손경애와 Miskel(2006)은 변혁적 지도자들은 거래적 지도자들보다 학교 조직에 더 큰 긍정적인 영향을 미친다는 것을 발견하였다. Helen M. Marks와 Susan M. Printy(2003)는 변혁적 리더십과 수업 리더십의 결합은 높은 질의 교육과 긍정적으로 관련되어 있으며, 학생들의 성취 수준도 높게 나타난다는 것을 발견하였다. Moolenaar, Daly와 Sleegars(2010)는 학교의 사회적 관계망에서 학교장이 중심적 역할을 차지할 때 변혁적 리더십은 혁신된 풍토를 만들어낼 수 있다고 결론을 내렸다. 보다 일반적으로, Leithwood와 Doris Jantzi(2005)는 교육계에서 이루어진 연구들을 분석한 뒤 변혁적 리더십의 효과에 대한 네 가지 결론을 도출하였다.

- 인지된 조직 효과성에 대한 영향은 상당하고 아주 크다.
- 조직 효과성의 실증적, 독립적 지표에 대한 영향은 긍정적이고 유의미하지만, 그 크기는 보통이다.
- 독립적으로 측정된 학생들의 결과에 대한 영향은 두드러지게 나타나지만, 그 양은 한정되어 있다.
- 학생들의 학교 참여에 대한 영향은 그리 크지 않지만, 항상 긍정적으로 작용한다.

변혁적 리더십이 학교에 미치는 영향에 대한 보다 최근의 연구에서, Leithwood와 Jing-Ping Sun(2009)은 새로운 연구들은 연구에 사용된 매개 및 중개 변인들을 확대해야 하고, 질적 연구자들에게 가장 생산적인 거래적 리더십의 형태를 개선하도록 요구하였다.

전반적으로 변혁적 리더십 이론은 광범위하게 사용되고 있으며 많은 연구결과의 지지를 받고 있다. 따라서 변혁적 리더십 모델은 학교 행정가들이 자신의 학교조직을 현대화하는 데 중요한 지적 자산을 제공해 준다고 볼 수 있다. 이 책의 여러 장에서 명확하게 밝히고 있듯이 학교 조직의 특정 분야에 대한 변화는 기본적으로 모호성과 저항을 내포하고 있으며, 이런 어려움을 해결하는 데 변혁적 리더십이 많은 도움을 제공해 준다. 변혁적인 시도를 통해 조직을 이끌기 위해서는 어느 정도의 능력과 기술, 행동이 개발되어야 하고 학습되어야 함을 Bass(1998)는 주장한다. 이와 관련하여 변혁적 리더십이 공식적인 훈련을 통해서 함양될 수 있다는 연구가설이 검증되기도 하였다(Dvir, Eden, Avolio와 Shamir, 2002). 따라서 현재 지도자로 있거나 앞으로 지도자가 될 사람은 훈련과정을 통해 학교를 변혁시키는 능력을 함양할 수 있는지를 고려해야만 한다.

TIP: 이론의 적용

변혁적 리더십 분석

〈표 13.4〉에서 밝힌 변혁적 리더십의 9가지 요인과 이 장에서 제시한 설명, 그리고 가능하다면 리더십을 측정하기 위한 MLQ 도구를 학습한다. MLQ에 관한 내용은 Northouse(2004: 194-197)의 책과 Mind Garden 회사(www.mindgarden.com)에서 제공하는 정보를 참고한다.

- 개인 또는 소규모 집단별로 당신이 현재 함께 일하고 있는 교장이나 다른 지도자를 생각하라. 〈표 13.4〉에 나타난 9가지 요인을 그 지도자에게 적용하여 기술하시오. 이 때 지도자가 보여주는 행동과 함께 부하들이 그 행동에 어떻게 반응하는가를 중심으로 최대한 분명하게 기술한다.
- 만약 당신 자신이 그와 같은 입장이나 아니면 상상으로라도 그와 유사한 지도자의 입장이라는 가정하에 앞에서 한대로 자신을 분석하시오.

서번트 리더십

지금까지 살펴본 바와 같이, 리더십은 다양한 형태로 개념화될 수 있다. 변혁적 리더십은 보다 최근의 분석틀 중의 하나이다. 경청, 공감, 청지기 의식과 윤리적으로 생각하는 추종자들을 만드는 것에 대한 관심을 갖고 동료들 간의 건전한 대인관계를 촉진하는 행동인 **서번트 리더십**(servant leadership)은 변혁적 리더십과 상당히 유사하다 (Walumba 외, 2010). 서번트 지도자는 개인의 성장, 조직 목표를 실현, 공동체에 대한 윤리적 및 도덕적 영향에 주의를 기울인다(Sendjaya, Sarros와 Santora, 2008; Taylor, Martin, Hutchinson과 Jinks, 2007).

서번트 리더십의 개념은 Greenleaf(1977)에 의해 형성되었다. Greenleaf에 따르면, 자아(ego)가 성취를 촉진하지만, 지도자는 자신들의 자아를 조절하고, 추종자들을 지도자로 만들고, 동급 중에서 최고가 되도록 만들어야 한다(Bass, 2008). 서번트 리더십은 추종자들에게 권한을 부여하는 것을 강조한다(11장 참조). 지도자들은 자신들을 관계를 형성하고 윤리적 공동체를 구축하는 서번트로 생각해야 한다. 서번트 리더십은 비전, 영향력, 신뢰성 등 변혁적 리더십과 공통적인 요소들을 많이 가지고 있다(Bass, 2008; Farling, Gregory와 Winston, 1999). 비록 전통적인 조직관은 상층부의 지도자와 하층부의 추종자들의 상대적 위치를 보여주기 위해 피라미드를 사용하였지만, 서번트 리더십은 피라미드를 뒤집어서 지도자가 조직을 지원하고, 행동에 대한 책임감이 조직 전체에 흩어져 있다. 즉, 서번트 리더십은 개인적 특성, 사람 우선, 기술적인 의사소통, 온정적 협력, 예측, 체제적 사고와 도덕적 권위 등 "7가지 기둥"에 기초를 두고 있다(Sipe와 Frick, 2009)

서번트 리더십에 대한 연구는 얼마 되지는 않지만, 연구자들은 점점 관심을 갖고 있다. 학교 행정가에 대한 얼마 안 되는 연구들 중의 하나인 Tim Taylor와 그의 동료들(2007)의 연구는 서번트 지도자로 높은 점수를 받은 교장은 점수가 낮은 교장에 비해 교사들을 고무하고, 권한을 부여하며, 격려할 뿐만 아니라 지원적 행동을 예시하고 현재의 상황에 도전하는 것과 같은 리더십의 실제에 있어서 더 나은 결과를 이끌어 낸다는 것을 발견하였다(Kouzes와 Posner, 2001). 기업체를 대상으로 한 연구에서, Fred Walumbwa와 그의 동료들(2010)은 서번트 리더십과 종업원들의 자기 효능감, 절차적 정의 및 조직 시민의식 행동 간의 긍정적인 관계를 보여주고 있다.

끝으로, Mitchell Neubert와 그의 동료들(2008)은 구조주도는 직접적으로 기대를 제시하고, 간접적으로는 복종의 가치를 전달한다는 것을 발견하였다. 즉, 조직 구성원들은 보상받고 처벌받는 행동에 민감하며, 행동을 구조화하는 것은 과업 성취와 그 결과를 얻기 위해 무엇을 해야 하는지 규정한다는 측면에서 구조주도는 거래적 리더십과 유사하다(Kark와 Van Dijk, 2007). 이와 반대로, 서번트 리더십은 작업자들의 열망을 키우고 성취하는 데 초점을 둔다. 이러한 의식은 최소한의 기대를 뛰어넘은 협동적이고 창의적인 행동으로 나타난다(Neubert 외, 2008).

요약하면, 서번트 리더십은 학교에서 리더십 행동 연구를 위한 새롭고 개발이 덜 된 분석틀을 제공한다. 학교는 조직 외부에 영향을 미치는 봉사 조직이기 때문에 변혁적 리더십과 함께, 이는 유용한 지도자 행동의 측면을 제공해 준다. 서번트 리더십을 측정하는 신뢰롭고 타당한 척도들도 있으며, 이들은 서번트 리더십에 관한 연구를 확대하는 데 필요한 도구를 제공해 준다(Sendjaya 외, 2008).

진화 리더십 이론(ELT)

최근 리더십 문헌들에 등장한 것은 리더십의 근원을 분석하는 **진화 리더십 이론(Evolutionary Leadership Theory: ELT)**이다(van Vugt와 Ahuja, 2011). 이 기술적 이론의 기본 전제는 *리더십과 팔로워십은 인간의 진화 과정 속에서 등장했다*는 것이다. 이 이론의 토대는 2백만 년 전 아프리카의 대초원에서 등장한다. 따라서 우리의 심리는 대초원의 작은, 편평한 의사소통 속에서 번성하도록 만들어졌으며, 우리는 우리의 선조들이 했던 것과 비슷한 본능적 판단을 하고 있다. 종종 그렇지 않다는 사실에도 불구하고, 카리스마가 능력을 나타낸다고 생각하기 때문에 우리는 카리스마를 가지고 있는 사람을 따른다. 우리는 카리스마가 부족한 상당수의 지도자들을 알고 있다. 우리는 우리의 선조들이 보호를 위해 그랬던 것처럼 키가 크고, 체격이 좋으며 힘이 센 남자들에게 투표를 한다. 부족 생활에서 전통적인 역할에 한정되었기 때문에 여성들을 배제하는 경향이 있다. 지도자를 키, 나이, 피부색 또는 성별을 토대로 선택해야 할 강제적인 이유는 없지만, 이는 암묵적으로 우리의 판단을 이끌고 또한 미국 기업에서 경영자들의 실질적인 실패를 설명하는 강력한 잠정적인 기준이다.

정의

*지도자(leader)*는 공동의 목적을 달성하기 위하여 다른 사람들에게 사회적 영향력을 행사할 수 있는 사람이다. 즉, 지도자는 다른 사람들을 공동의 목적을 추구하는 데 협조하도록 이끈다. *추종자(follower)*는 자신의 행동을 다른 사람에게 맞추는 사람 또는 다른 사람이나 다른 것(예를 들어, 특정 이유 또는 생각)을 위해 개인의 자율성을 포기하는 사람이다. **어둠의 3요소(dark triad)**는 권력 피라미드의 상층부에서 자주 발견되지만, 바람직하지 않은 일련의 인성적 특성(나르시즘, 마키아벨리주의, 정신병)이다. 이러한 특성을 가진 지도자들은 교활하고 기만적이며, 다른 사람들을 통제할 때 자신들의 나쁜 동기를 감출 수 있다. 이들은 형편없는 사람들이지만 성공을 거둔다. *타고난 지도자(natural leader)*는 선조들의 심리적 성향과 일치하는 방향으로 자신들의 조직을 이끌어 나가는 사람들이다. 이러한 지도자들은 추종자들과 비공식적 사회적 관계를 구축한다. 이들은 입증된 전문성을 가지고 있고, 전문성은 조직에 폭넓게 분산되어 있으며, 리더십의 어둠의 3요소를 피한다. 그리고 이들은 지배의 유혹을 피하고 대신 설득에 의존한다. *적응(adaptation)*은 엄청난 재생산적 혜택 때문에 수백만 년 동안 진화해온 특성이나 행동이다(van Vugt와 Ahuja, 2011).

가정

이 이론은 생존과 재생산이라는 도전에 대한 반응으로 리더십과 팔로워십의 심리가 우리 종(species)에 나타났다고 가정한다. 진화의 과정에서, 우리 종은 조직화되지 않은 무리 또는 지도자가 없는 집단에 반대되는 지도자와 추종자로 구성된 집단을 조직함으로써 살아남았다. 집단은 생존하기 위해 협동과 조직화된 행위가 필요하다. 지도자가 없는 집단은 그냥 사라진다.

리더십과 팔로워십은 우리의 뇌에 각인되어 있는 심리적 적응이다. 이는 본능적이고 보편적이며 만물의 자연적 체계이다. 우리는 대부분의 시간을 집단 내에서 살고, 이끌리며, 복종하도록 프로그램화되었다. 우리는 소속감을 갈망한다. 우리는 집단의 필수적인 부분이자 집단의 구성원으로 보여지길 원한다. 우리는 생존을 위해 필요하고 집단이 생존하기 위해 필요한 집단적 이주와 방어 등과 같은 문제를 해결하기 위해 필요하기 때문에 이끌어 가고 뒤를 따라가도록 프로그램화되어 있다. 따라서 인간은 뒤를 따라갈 뿐만 아니라 이끌어 가는 타고난 역량을 가지고 있다.

좋은 결과를 낳는 행동들은 점점 확산되고 진화의 시간을 거쳐 모든 사람들에게 고정되었다. 이끌어 가는 사람들은 리더십 역할을 차지하는 데 성공했지만, 이끈다는 것이 효과성 또는 도덕성을 보장하는 것은 아니다. 또한 진화 리더십 이론(ELT)은 주도권 확보와 지능과 연관되어 있는 특정한 특성은 대체로 유전되며, 사람들이 직위권력을 추구하게 만든다고 가정한다. 일부 개인들은 다른 사람보다 지도자가 되고자 하는 더 강한 습성을 가지고 있지만, 대부분의 사람들은 상황에 의해 요청될 때 리더십을 맡을 수 있다. 따라서 이 이론은 리더십의 상황적 측면을 인정한다. 또한 ELT는 지도자들은 높은 사회적 지위, 특히 3S−보수(salary), 지위(status)와 성(sex)−에 의해 동기화된다는 것을 가정한다.

리더십은 세 가지 중요한 기능을 수행한다. 리더십은 집단을 결속시키고, 집단이 새로운 것을 학습하는 것을 도와주며, 이끌어 가는 방법을 다른 사람들에게 알려준다. 따라서 집단의 응집력, 불확실성 시대에 지식과 리더십을 준비하는 기회 등 팔로워십의 장점은 분명하다. 우리는 권위에 복종하도록 진화되었고, 타고난 "다수의 의견 따르기" 규칙을 발전시켜 왔다. 사실, 순응의 욕구가 정확하고자 하는 욕구를 압도하고 있다. 끝으로, 호혜성, 공정성과 위계의 본능은 우리의 마음속에 고정화되어 있다.

가설

소규모의 평등한 부족의 구성원으로 우리를 준비시키는 상대적으로 원시적인 우리의 뇌로는 21세기의 대규모, 복잡한 조직에 대응하기는 어렵다. 따라서 우리의 마음속에 고정화된 것과 현재의 요구 간에 부조화가 나타난다. 우리의 진화된 리더십 심리와 현 세계가 조화를 이루지 못하는 다음의 예를 살펴보자.

- 상의하달식 경영진 채용은 아래에서 위로의, 전문화된 리더십 유형과 충돌한다.
- 한 영역에서 능력을 입증한 사람들에게 다양한 책임을 강요하는 것은 다양한 상황에서 지도자 역할을 하려고 하는 사람들을 어쩔 줄 모르게 만든다.
- 우리와 비슷한 사람을 신뢰하고 선택하고, 비슷하지 않은 사람을 피하는 것은 현 시대가 요구하는 리더십과는 어울리지 않는다.
- 성 편견은 열대 초원지대에서 인류가 생활하던 시대의 기능이다. 여자가 아니라 남자가 지도자가 된다. 그러나 현 시대의 사회에서는 여성들도 리더십 역할에 적합하다.
- 군 출신들이 정치 및 기업계의 리더가 된다. 열대 초원지대에서 전사의 필요성은 부인할 수 없지만, 21세기 조직은 전사를 거의 필요로 하지 않는다. 또 다른 부조화이다.
- 열대 초원지대의 특성은 리더십 개념에도 영향을 미친다. 전반적인 건강, 신장, 나이, 남성, 성별, 명성과 카리스카 등 열대 초원지대에 적합한 특성에 근거한 지도자 선택은 현 시대에는 적절하지 않다.

요약하면, 시간이 지남에 따라 사람들은 다양한 리더십 과업에 대한 선조로부터의 인지적 지도자 프로파일(Cognitive Ancestral Leader Profiles: CALPs)을 고정화해 왔다. 불행하게도, 우리는 현 시대의 지도자들을 평가하는 데 CALPs를 사용하고 있으며, 이는 현 시대의 조직들이 요구하는 것과 조화를 이루지 못하는 실제를 제공한다.

몇 가지 가정을 더 제시한다. 진화 리더십 이론은 (1) 집단의 통합성이 위협받을 때, (2) 하위자들이 무엇을 하고 또는 생각해야 하는지 모르고 있을 때, (3) 하위자들이 리더십을 열망할 때 사람들은 지도자를 더 따를 가능성이 크다고 예측한다. 뿐만 아니라 추종자들은 지배가 아니라 지도를 원하지만, 대부분의 지도자들에게는 설득보다 지배가 더 쉽다.

분석

진화 리더십 이론(ELT)은 최근에 등장한 리더십 이론이다. 이를 지지하는 연구들도 있지만, 새로운 이론으로 비판적인 평가와 세심한 검증을 필요로 한다. 그럼에도 불구하고, 리더십과 팔로워십을 바라보는 또 다른 시각을 제시하며, 특성, 행동, 거래적 및 변혁적 리더십(카리스마적), 상황적응적(상황적), 서번트와 분산적 리더십 이론을 포함한 현대 리더십 이론들의 상당부분을 결합하고 있다는 점에서 관심을 끌고 있다. ELT는 리더십과 관련된 특성은 보편적이며, 외향성, 개방성, 지능, 야망, 성실성, 능력, 관대함과 비전 등이라고 주장한다. ELT는 리더십의 핵심적인 구성요소로서 추종자들을 강조한다. 지도자들은 *부하직원(subordinates)*에서 *지지자(supporters)*, 충신 *(loyalist)*으로, *도제(apprentices)*로, 그리고 *신봉자(disciples)*로 헌신의 단계가 높아짐에 따라 하위자들과 상호작용을 할 때 리더십 유형을 바꾸는 방법을 학습할 필요가 있다. 추종자들의 유형에 따라 지도자의 유형도 달라진다. 예를 들어, 지도자는 신봉자들에게 영감을 주는 근원이, 도제들에게는 교사가, 충신들에게는 방어자가, 지지자들에게는 최고 권위자가, 부하직원들에게는 부양자가 될 필요가 있다.

현대 미국 사회에서, 추종자들은 지도자와 자신들 사이에 존재하는 엄청난 권력차이에 불편함을 느끼고 있고, 균형 유지를 위해 연합체를 형성하고 있다. 또한 추종자들은 개인 이익보다는 자기 집단의 복지를 강조하는 사람들에게 상당한 지위를 부여하는 경향을 보인다. 사실, 추종자들은 권력자들을 이기기 위해 다양한 전략들을 개발한다. 추종자들은 험담을 하고 부정적인 소문을 퍼뜨린다. 이들은 중요한 문제에 대한 공개적인 토론을 주장하고, 때로는 비밀 투표를 요구한다. 이들은 의사결정에 있어서 투명성을 확보하기 위해 로비를 하며, 유머를 통해 비판을 제기한다(풍자). 그리고 때로는 의도적으로 지도자에게 불복종하고 지나치게 균형이 맞지 않을 때는 조직을 떠나기도 한다. 이러한 전략들과 함께 자기 이익보다는 집단의 복지를 우선하는 일반적인 경향은 지도자의 권력을 줄이는 데 적절하게 작용한다.

ELT는 인류의 역사 속에서 리더십 이론을 고찰하며, 현대 리더십 이론의 변화에 대해 그럴듯한 설명을 제시한다. 이 이론은 조직 생활의 역동성을 이해하려고 하는 시도를 할 때 리더십보다 훨씬 더 주목을 받지 못했던 개념인 팔로워십의 개념을 강조하는 흥미로운 관점을 제공한다. 진화 리더십 이론은 도발적인 주제로 계속적인 관심과 연구를 필요로 한다.

진화 리더십 이론에 제시하는 권고

현대 사회에 부응하기 위해 우리의 의식을 변화시킨다면, ELT는 리더십과 팔로워십을 개선할 수 있는 가능성을 가지고 있다. Mark van Vugt와 Anjana Ahuja(2011)가 제시한 아래의 권고 사항을 살펴보자.

1. **리더십을 지나치게 낭만적으로 보지 않는다.** 우리 선조들의 환경에서는 공식적인 리더십 역할이 없었다. 리더십은 받아들이고 이를 증명해야만 했다. 오늘날 리더십에 대한 낭만적인 관점이 널리 퍼져있다. 이는 흔하게 찾아볼 수 있는 기업체의 유명한 지도자들의 전기에서 알 수 있다. 현대의 지도자들이 이전의 지도자들보다 칭찬과 비판을 덜 받고 있다는 것은 분명한 사실이다.

2. **당신이 전문성을 가지고 있는 역할을 맡는다.** 조직에서 당신에게 적합하고 집단에 이익이 되는 자리를 찾는다. 전문화된 기술을 개발하고 동료들로부터 존경을 확보한다.

3. **비공식적인 것을 장점으로 만든다.** 타고난 지도자들은 신뢰성, 인내력, 겸손, 능력, 단호함과 비전 등과 같은 비공식 지도자들의 특성을 보인다.

4. **추종자들을 지지하고 존중한다.** 지도자들은 부하직원들이 부여하는 합법성에서 영향력을 확보한다. 추종자들이 지도자들과 의견이 일치하지 않을 때 비판, 불복종과 공격을 받는 것은 건강한 집단 역동성을 위한 토대가 된다.

5. **분산적 리더십을 행사한다.** 오늘날의 조직에 필요한 역할을 모두 잘 수행할 수 있는 능력을 가진 지도자는 거의 없다. 따라서 리더십은 위임되고 공유되어야 한다.

6. **임금 격차를 주의한다.** 균형이 맞지 않는 경영진의 임금은 우리의 진화된 심리와 조화를 이루지 않기 때문에 우리를 불안하게 만든다. 엄청난 임금은 어둠의 3요소의 신호이다.

7. **증명된 능력을 토대로 지도자를 선발한다.** 리더십은 부여되는 것이 아니라 획득되는 것이어야 한다. "앞에서는 아부하면서 뒤에서는 욕을 하는" 사람들은 피한다.

8. **정실 인사를 피한다.** 정실 인사는 진화 이론에 기원을 두고 있다. 초기의 의사결정은 친족 관계에 토대를 두고 있었다. 가족 관계 내에서 리더십을 행사하는 것은 양날의 칼이다. 한편으로는 가까운 친척이나 친구들은 더 충성하고 신뢰할 수 있지만, 다른 한편으로는 복잡한 조직은 다양한 재능을 가진 사람들을 요구하고 있다.

9. **부정적인 측면에 주의한다.** 지배는 원시 사회의 유산 중의 하나이다. 이는 복종을 얻는 가장 빠른 방법이다. 그러나 부하직원들은 지배를 싫어한다. 사실, 동의에 근거한 리더십은 복종뿐만 아니라 헌신을 가져올 가능성이 크다. 그러나 자신들의 실제 성격을 감추고 조작과 지배에 능숙한 나르시즘, 마키아벨리주의와 정신병을 가진 지도자들도 있다. 부정적인 측면을 주의한다.

10. **겉모습으로 지도자들을 판단하지 않는다.** 선조로부터의 인지적 지도자 프로파일은 진화에 따른 유산의 하나이다. 이들 중 일부는 오늘날에도 도움이 되지만 그렇지 않은 것들도 있다. 예를 들어, 진실성, 겸손함, 성실성과 능력은 여전히 유의미하지만, 피부색, 성별과 체격은 그렇지 않다. 핵심은 인지적인 선조로부터의 지도자 프로파일의 기능적인 측면과 역기능적인 측면을 분리할 수 있어야 한다는 것이다. 이러한 측면에서 리더십에 대한 현대의 연구들이 중요하다.

진화 이론은 리더십의 진화를 이해할 뿐만 아니라 현재 리더십 실제의 분석 및 개선에도 도움이 된다. 선조로부터의 지도자 프로파일을 통해 당신의 리더십 성향을 확인한다. 당신의 프로파일은 어떠한가?

TIP: 이론의 적용

진화 리더십 이론(ELT)에 따르면, 긍정적인 보편적 특성에는 진실성, 관대함, 공정함, 사교 능력, 단호함, 지능, 능력과 비전 등이 있다. 이러한 특성을 활용하여 당신이 근무하는 학교의 학교장 또는 교육감의 특성을 분석한다. 이들 특성을 토대로 지도자를 특징지으면서, 그렇게 판단한 근거를 제시한다. 같은 학교의 동료들도 당신의 프로파일에 동의할 것이라고 생각하는가? 몇몇 동료들에게 물어보고 확인해 보는 것은 어떨까?

리더십 사례

Facebook 딜레마

Abbey Schaeffer는 California 북부에 위치한 Hamilton 고등학교의 유명한 라틴어 교사이다. Hamilton 고등학교는 California 주도에서 얼마 떨어져 있지 않은 Sherman에 있는 유일한 고등학교이다. 거주자들의 대부분은 주도 인근에서 일을 하고 좋은 학교를 찾아서 Sherman에 거주하고 있다. Abbey는 3년째 학생들을 가르치고 있다. 그녀는 라틴어 학급의 학생들이 즐거워하는 것을 발견하고 있다. 그녀는 자신이 학생들 중의 한 명이라고 느끼고 있고, 수업 시간에는 그녀에게 집중하고 존경을 하지만 학생들도 자신들 중의 한 명으로 받아들이고 있다.

친구들이 Mike라고 부르는 Michael Ingraham은 Hamilton 고등학교에서 2년째 교장으로 근무하고 있다. Ingraham은 Hamilton 고등학교가 어떻게 운영되고 있는가를 알아보기 위해 인근의 도시 학교구에서 채용되었다. Ingraham은 큰 주립 대학에서 교육 리더십 전공으로 박사학위를 받았으며, 학교 문화에 관한 주제로 박사학위 논문을 작성하였다. Abbey와 Mike는 서로의 능력과 열정을 존중하는 좋은 직장 동료 관계를 유지하고 있다. 이들 모두 Hamilton 고등학교의 학생들과 아주 좋은 관계를 유지하고 있다.

2010년대에 들어오면서, 즉각적인 연결의 형태로 학교에 신속한 변화가 일어나고 있다. 대부분의 학생들은 시계보다는 스마트폰을 더 선호하여 시계를 차고 다니지 않는다. 사실 학생들이 가지고 있는 모든 전자 기기는 시계 역할을 하고 있다. Mike와 Abbey는 쉽게 이러한 환경에 적응하였다. 이들은 무선화된 세상에 편안함을 느끼고 있다.

Hamilton 고등학교는 공식적인 Facebook 사이트를 가지고 있다. 학교는 이 Facebook 사이트를 통해 학생과 학부모들에게 비디오, 사진과 각종 공지 사항을 전달한다. 대부분의 학생들은 학교 사이트를 통해 상호작용할 뿐만 아니라 더 비공식적이고 감시를 덜 받는 개인적인 Facebook 계정을 사용하여 대화를 나누고 있다. Hamilton 고등학교 학생들은 어린 시기에 기록한 내용들로 인해 나중에 어려움을 겪을 수 있다는 것을 이해하지 못하는 듯, Facebook 기록의 영원성에 대해서는 별다른 관심을 가지고 있지 않다.

Abbey는 라틴어 학급의 우등생인 Stella McGuire와 특히 더 가깝게 지내고 있다. 사실 Stella와 Abbey는 Facebook 친구이며 서로의 글을 읽고 있다. Abbey는 자신의 고양이와 사진 등에 관한 것을 이야기한다. Stella는 Abbey를 친한 친구로 생각하며 아무 거리낌

이 없다. Facebook 친구가 된 이후 처음 두 달 동안, 게시글과 댓글은 호기심과 재미로 가득했다. 그러나 Abbey는 많은 라틴어 학급 학생들이 포함된 미성년자들의 음주 시기에 대한 Stella의 최신 글을 보고 상당히 놀랐다. 설상가상으로 파티 및 마약 흡입을 담은 생생한 사진도 있었다.

Abbey는 진퇴양난에 빠졌다. 그녀는 어떻게 해야 할까? 한편으로, 개입하여 학생들이 문제를 일으키지 않게 해야 할 필요를 느꼈다. 다른 한편으로는, 자신이 라틴어 학습 학생들과의 친밀하고, 사실 특별한 관계를 좋아했고 여기에 상당한 가치를 부여하였다. 개입한다는 것은 이러한 관계의 변화를 가져오게 될 것이다. 개입하지 않는다면 상당수의 학생들을 위험에 처하게 만들 수 있다. 이 딜레마로 고민을 하다가, 그녀는 교장에게 이야기를 하기로 결정하였다. 그러나 여기서도 친구와 교사로서의 역할 간에 갈등을 느꼈다.

Abbey는 학교장 Ingraham에게 비공식적이고 다른 곳에 발설을 하지 않는 조건으로 이야기를 하는 게 최상이라는 결론을 내렸다. 따라서 방과후 Forest Perk 커피숍에서 커피를 마시자고 이야기하였다. Ingraham을 만나는 금요일 오후가 되자 그녀는 불안해졌다. 몇 분간의 잡담이 이어진 후, 그녀는 Hamilton 고등학교의 학생들로 주제를 바꾸었다. 마침내 "Mike, 가설적인 상황을 하나 말씀드릴게요. 교사이자 학생들의 친구인데, 그런 과정에서 낯 뜨거운 행동을 알게 되었다면, 교장 선생님은 어떻게 하시겠어요? 이러한 사실을 학교, 또는 학부모와 관계 당국에 보고해야 한다고 생각하세요? 질문을 드리는 이유는 이러한 문제를 다루는

정책이 없기 때문이에요. 어떻게 생각하세요?"

"글쎄요. 만약 우리가 가설적으로 이야기를 나눈다면, 범죄를 알게 된 교사를 예로 들고 싶어요. 그는 또는 그녀는 학생과 지역 사회의 이익을 위해 누군가에게 알려야 할 의무가 있어요."

Abbey는 말을 끊으며 "저도 완전히 동의를 해요. 하지만 제가 이야기하는 것은 다른 사람에게 피해를 주는 것도 아니고 법을 위반하는 것도 아닌 청소년 시기의 지각없는 행동에 관한 거에요."

"법을 위반하지 않았다고 말을 하지만, 학교 규칙이나 점잖게 행동하기와 관련된 규칙을 위반한 거죠. 학교장으로서, 나는 교칙 적용에 융통성을 둘 수가 없어요. 교칙을 적용하지 않으면 학생들은 결과에 대한 대가를 치르지 않게 되요. 예를 들어, 학생들이 시험 때 부정행위를 하면, 이는 성적에 반영이 되어야 해요. 잘못된 것으로부터 옳은 것을 배우는 것도 교육의 일부에요. 만약 부정 행위에 대해 알고 있다면 나도 그것에 대해 알고 싶어요."

"교장 선생님 말씀이 옳아요. 하지만 학생과 교사의 관계는 학교장과의 관계하고는 조금 차이가 있어요. 학생들은 교사들을 신뢰하고 있는데, 그 신뢰를 깨는 것은 관계를 파괴하는 것이에요."라고 Abbey가 응답했다.

"교사가 할 수 있는 최악의 일 중의 하나는 교사의 역할을 포기하고 학생들의 친구가 되는 거에요. 우리는 학생들의 실질적인 친구는 아니고 학생들의 역할 모델이 되는 친구가 되어야 해요. 우리는 사람들이 어떻게 행동해야 하는지를 보여줘야 해요. 만약 학생들의 부적절한 행동을 인지하고 있다면, 학교가 적절한 조치를 취할 수 있도록 학교에 알려야 할 의무가 있다고 생각해요."

"완전히 동의하지는 않아요. 저는 교사는 교육자이지 경찰이 아니라고 생각해요. 교사는 순간을 포착해서 그러한 정보를 교수-학습의 기회로 사용해야 한다고 생각해요. 학교장의 역할은 물론 다르겠죠. 사실, 그래서 저는 행정가가 아니라 교사를 하고 있는 거에요. 특히 사소한 행동일 때 학생들을 처벌하고 싶지는 않아요."라고 Abbey는 대답했다.

"당신의 이야기는 잘 들었어요. 그러나 부정행위나 학생들의 다른 위반 행동을 알고 있다면, 나도 알아야 해요. 교사들은 학교장에게 보고할 의무가 있다고 생각해요. 내가 학교의 책임자에요."라고 학교장은 말했다.

"이 문제에 대한 당신의 생각에 감사드려요. 다음 주 교육행정 수업 시간에 제출할 보고서를 작성하는 데 큰 도움이 될 것 같아요."

그날 저녁, Abbey는 Ingraham과 나눈 대화를 다시 한 번 생각해 보았다. 그녀는 학생들뿐 아니라 학교장과도 친구 관계를 유지하길 원했다. 그녀는 기회를 낭비하고 신뢰를 깨뜨리는 대신에 기회를 이용하고 Stella에 관한 가장 중요하지 않은 것을 전달하기로 결정했다. 결과적으로 그녀의 기본적인 역할은 교사이지 경찰이 아니었다. 엄밀하게 이야기하면, 학생들이 자신들의 Facebook에 언급할 때, 이들은 사생활 보호권을 포기하는 것이다. 사실 대부분의 학생들은 이런 생각을 못하지만, 사실이 그렇다. 술취한 상태에서의 괴상하고 외설적인 행동은 앞으로 직업이나 장학금의 기회를 앗아갈 수도 있고, 이는 Facebook에 사생활과 관련된 글을 올리기 전에 학생들이 반드시 생각해보아야 할 부분이다. 이러한 내용을 교육적 기회로 사용하였다.

학교장도 최고의 교사 중 한 명과 커피를 마시며 나눈 이야기를 되돌아보았다. 그녀가 숨기는 것은 무엇일까? 금방 무슨 사건이 벌어질까? 그녀에게서 더 정보를 얻어내야 할까? 추상적인 선에서 이야기를 나눴지만, Abbey가 한 말들 때문에 마음이 편하지 않았다. 글쎄, 그렇지 않을 수도 있지만. 이번 대화는 학업에 대한 대화였다. 학교장은 더 많은 정보를 얻고 학교에서 무슨 일이 일어나고 있는지 확인해야 한다.

- 학교장 Ingraham은 어떤 행동을 취해야 할까?
- 적절한 리더십 대응은?
- 행동을 주도해야 할까? 그렇다면 어떤 행동을?
- 가만히 놓아두어야 할까? 아무것도 하지 않고 기다리면서 관찰해야 할까?
- 학교장은 어떻게 교사를 지지하고 신뢰를 확보할 수 있을까?
- 학교장이 어느 정도 행동을 주도하고 교사들을 지원해야 할까? 이 두 가지를 다 할 수 있을까?
- 이런 경우 학교장과 교사는 실제로 상이한 역할을 가지고 있는가?
- 인터넷상의 의사소통에 대한 정책이 필요한가? 만약 그렇다면, 학교장의 역할은 무엇인가? 학교 정책으로 인한 장기적인 문제점은?
- 학교장이 직면한 눈앞의 문제점은 무엇인가?

실행 지침

1. 당신의 리더십 유형을 알고 융통성을 유지한다. 단일한, 최상의 유형은 없다.
2. 당신의 리더십 유형과 상황을 일치시킨다. 효과성은 이들 간의 적절한 일치에 달려있다.
3. "사명이 먼저, 사람은 항상": 과업 성취와 지원적 사회 관계는 성공을 위해 필수적이다.
4. 폭넓게 효과적이기 위해 노력한다. 당신의 명성, 부하 직원의 직무만족과 목표 성취는 모두 효과성의 중요한 측면들이다.
5. 수업 및 조직의 지도자가 되어야 한다. 효과적인 수업 리더십은 학업을 강조하는 학교의 풍토에 달려 있다.
6. 리더십을 위임하고 분산한다. 전문성은 성공을 이끈다.

7. 영감적이고, 지적이며, 이상적이 되며, 부하직원에 맞춰 리더십을 조정한다. 변혁적 변화는 이를 필요로 한다.

8. 봉사함으로써 이끈다. 서번트 리더십은 도덕성 권위를 가져온다.

9. 비공식적인 것을 장점화한다. 공식 구조는 종종 진실한 행동을 방해한다.

10. 공정하게 한다. 편파 및 정실 인사는 공정함을 약화시킨다.

11. 어둠의 3요소를 피한다. 나르시즘, 마키아벨리주의와 동정심의 부족은 복종과 헌신을 저해한다.

핵심 가정 및 원리

1. 인성 및 동기관련 특성들은 리더십의 실제에 영향을 미친다.

2. 리더십 기술은 학습할 수 있고, 복잡한 문제를 해결하는 데 사용할 수 있다.

3. 최상의 방법은 없다. 행동과 상황은 서로 영향을 미친다.

4. 과업행동을 무시하면 업무수행 결과에 대한 지도자의 영향력을 제한하는 것이 되며, 대인관계를 경시하면 집단의 조화 및 응집력을 저해한다.

5. 상황적응적 리더십은 리더십의 효과성이 지도자의 행동과 상황과의 일치에 달려 있다고 가정한다.

6. 변혁적 리더십은 영감적 동기화, 지적 자극, 이상적 영향력과 개별화된 배려 등 리더십의 4I를 사용하여 거래적 행위를 확대한다.

7. 분산적 리더십 이론은 전문성과 기술은 조직 전체에 걸쳐 분산되어 있으며 리더십은 이러한 영역의 능력을 갖추어야 한다고 주장한다.

8. 서번트 리더십은 윤리적 공동체로서 도움이 되는 관계를 형성하기 위해 추종자들에게 권한을 부여할 것을 강조한다. 권력 피라미드는 윗부분이 아래가 되도록 뒤집어진다.

9. 진화 리더십 이론은 리더십과 팔로워십이 인간의 진화 과정에서 나타났다고 주장한다.

10. 진화 리더십 이론은 (1) 집단이 위기 상황에 있고, (2) 하위자들이 불확실하고, (3) 하위자들이 직위권력을 열망할 때 지도자가 등장한다고 예측한다.

추천 도서

Bass, B. M. *The Bass Handbook of Leadership*, 4th ed. New York: Free Press, 2008.

Bass, B. M., and Riggio, R. E. *Transformational Leadership*, 2nd ed. Mahwah, NJ: Erlbaum, 2006.

Leithwood, K., and Jantzi, D. "A Review of Transformational School Leadership Research 1996-2005." *Leadership and Policy in Schools* 4 (3) (2005), pp. 177-99.

Louis, K. S., Leithwood, K., Wahlstrom, K., and Anderson, S. E. *Investigating Links to Improved Student Learning.* Minneapolis, MN: University of Minnesota Press, 2010.

March, J. G., and Weil, T. *On Leadership*. Malden, MA: Blackwell, 2005.

Northouse, P. G. *Leadership: Theory and Practice*, 4th ed. Thousand Oaks, CA: Sage, 2010.

Yukl, G. A. *Leadership in Organizations,* 7th ed. Upper Saddle River, NJ: Prentice Hall, 2010.

후주

1. 구조화된 관찰기법은 전형적으로 지도자들이 직무를 수행할 때 지도자들을 집중적으로 관찰하고 질문한다. Mintzberg(1973)와 Kotter(1982)는 가장 잘 알려진 두 개의 연구를 기업조직에서 수행하였다. 학교상황을 대상으로 수많은 연구가 여러 나라에서 구조화된 관찰기법을 사용하여 수행되었으며, 교육감을 대상으로 한 연구(O' Dempsey, 1976; Friesen과 Duignan, 1980; Duignan, 1980; Pitner와 Ogawa, 1981), 학교장을 대상으로 한 연구(Peterson, 1977-78; Willis, 1980; Martin과 Willower, 1981; Morris와 그의 동료들, 1981; Kmetz와 Willower, 1982; Phillips와 Thomas, 1982; Chung, 1987; Chung과 Miskel, 1989), 그리고 교육 혁신자를 대상으로 한 연구(Sproull, 1981)가 있다. 이 연구들은 지도자가 하는 일을 흥미롭게 식별할 수 있도록 해주는 것 이외에, 학교 행정가들의 행동을 체계적으로 기술하고, 조직 유형(기업조직과 학교조직), 조직 역할(교육자, 장학사, 학교장), 국가(캐나다, 미국, 호주 등)에 관계없이 일관되어 있기 때문에 그 결과들은 중요하다.

2. 효과적인 리더십과 연관된 특성들을 자세히 고찰하고자 하는 독자들은 Bass(2008)의 종합적인 연구에서 찾아볼 수 있을 것이다. 보다 규모가 작기는 하지만, Yukl(2010)은 특성과 지도자 효과성에 대하여 통찰력 있는 논의를 하고 있다.

제14장

종합 검토: 사회체제로서의 학교에 대한 재검토

체제적 사고는 다섯 번째 원칙이다. 이 원칙은 원칙들을 일관된 이론과 실무 체제로 융합하면서 모든 원칙들을 통합한다. 이는 전체가 부분들의 총합을 능가할 수 있다는 것을 계속해서 우리들에게 일깨워 주고 있다.

Peter M. Senge
The Fifth Discipline

앞의 여러 장에서 필자들은 교육행정을 개방 사회체제적 접근으로 보고 논의해 온 실질적 지식 체계를 제시해 왔다. 이 장에서, 필자들은 이 책에서 전개된 아이디어들의 이론적 길잡이가 되어온 사회체제 모델을 검토할 것이다. 그리고 나서, 필자들은 이 모형에 내재돼 있는 본질적인 딜레마들을 고찰할 것이다.

종합모델

개방체제 이론은 기계적 이론이라기보다는 유기적 이론이다. 개념적 언어로서, 개방체제 이론은 교육조직의 순환적 구조와 역동적 과정을 기술하는 데 유용하다. 학교에 대한 사회체제 모델에 의하면, 조직적 과업수행은 적어도 네 개의 주요 요소들, 즉 구조, 개인, 문화와 풍토, 그리고 권력과 정치가 교수-학습 과정과 상호작용하는 가운데 결정된다. 이 요소들은 환경으로부터 무엇인가 투입을 받아, 그것들을 변환시킨다. 이 요소들과 이들의 상호작용은 변환체제를 형성하는바, 이것은 환경이 주는 기회와 요구의 제약을 받는다. 뿐만 아니라, 내부와 외부 피드백 기제들은 체제로 하여금 체제 전반과 투입의 질을 평가할 수 있게 한다. 실제 과업수행과 기대한 과업수행 간에 차이가 탐지될 때에는 피드백이 체제를 적응하게 만든다.

요컨대, [그림 14.1]에 제시된 모델(1장에서 처음 제시된 모델)은 개방된 사회체제로서 인식된 조직의 외부와 내부의 주요 특징들을 개관하고 있다. 물론 이 그림만 가지고는 내부과정을 통하여 환경에 대응하고, 학생의 학습, 구성원 만족과 같은 산출물들을 생산해 내는 체제의 역동적 움직임을 파악할 수 없다. 우리는 체제의 부분들을 검토했지만, 체제는 활동하고 있는 하나의 전체(a working whole)라는 사실을 잊어서는 안 된다.

학교 구조

관료적 구조(3장 참조)는 명시된 목적을 성취하고 행정적 과업을 수행하기 위해서 특별히 설정된 공식적 조직이다. 조직의 목적이 무엇이든지 간에, 규칙, 규정, 위계, 분

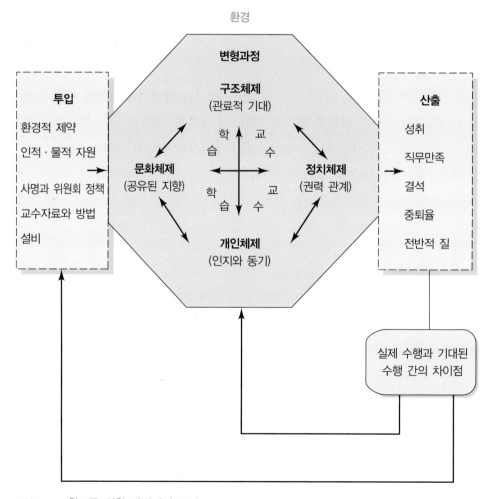

그림 14.1 학교를 위한 사회체제 모델

업과 같은 구조적 특성들은 그 목적을 달성하기 위하여 의도적으로 설계된다. Weber의 이상적 형태(ideal type)에 따르면, 관료제는 합리적 의사결정을 이룩하고 효율의 극대화를 위하여 이러한 수단들을 통해 권위를 사용한다. 분업과 전문화는 사실에 근거하여 기술적으로 올바르고 합리적인 결정을 내리는 비정적 전문가(impersonal expert)를 만든다. 이러한 결정이 일단 내려지면, 위계화된 권위는 훈련되고 조정된 복종을 가지고 규칙과 규정을 통해 지시된 것들을 이행한다. 경력 지향의 피고용인들은 인센티브를 가지고 충성스럽고 생산적이 된다.

가장 잘 알려지기는 했어도, Weber의 모형이 유일한 조직구조 이론은 아니다. Henry Mintzberg는 관료적 구조를 분석하는 또 다른 틀을 제안하고 있다. Mintzberg는 구조를 조직이 노동(labor)을 과업으로 나누고 그리고 이들 간의 조정을 이루는 방식이라고 단순하게 정의하고 있다. 상호 조절, 직접적 감독, 표준화가 조직을 묶어주는 기본적인 조정 메커니즘, 즉 접착제이다. Mintzberg의 분석은 다섯 개의 이상적인 유형을 제안하고 있다. Mintzberg는 조직을 환경에 의해 영향받는 구조, 즉 개방체제로 서술하고 있다.

학교 구조에 관한 최근 연구에서는 구조가 학교의 효과성과 효율성에 가져오는 긍정적 또는 부정적 결과는 구조의 크기가 아닌 유형(권한부여형 또는 방해형)에 의해 결정된다고 제안하고 있다.

학교 구성원

한 조직이 공식적으로 설정되었다는 사실은 그 조직의 모든 활동과 상호작용이 오로지 구조의 요구에만 따르고 있다는 것을 의미하지는 않는다. 조직 구성원 개개인도 또한 모든 사회체제의 주요 요소들이다. 학생들, 교사들, 행정가들은 각기 개인적 욕구, 목적, 신념을 가지고 있으며(4장 참조), 개인적 지향성과 역할에 대한 지적인 이해를 전개시키고 있다. 구조가 학교에서의 행동 형성에 도움을 주는 것과 마찬가지로 개인의 욕구, 목적, 신념 또한 그러하다.

Maslow는 개인 행동을 동기화시켜 주는 기본 욕구들을 생리적 욕구에서부터 자아실현 욕구에까지 이르는 위계로 서술하고 있으며, Herzberg는 근로자에게 만족을 주는 욕구와 불만족의 원인이 되는 욕구를 구별하고 있다. 성취욕구와 자율욕구는 학교교사와 행정가의 행동을 조율해 주는 개인의 또 다른 강력한 동기적 힘이다.

직무동기는 개인존재(individual's being)를 넘어서 있는 것은 물론 그 안에서 생겨나고 있는 일단의 활기찬 힘이다. 개인목적과 목적설정은 개인의 동기를 구성하는 주요 요소들인바, 특히 개인이 그 목적을 받아들이고 있고, 구체적이고 도전감을 주고, 도달할 수 있을 때 그러하다. 이러한 힘들(forces)이 직무와 관련된 행동을 촉발시키고 동기의 형태, 방향, 강도, 지속기간을 결정한다. 마찬가지로, 신념도 중요한 동기적 힘이 된다. 행정가들, 교사들, 학생들은 성공이 기본적으로 자신들의 능력과 노력에 기인하는 것이고, 결과의 원인이 자기들의 통제하에 있으며, 노력을 더 하면 수행을 향상시킬 것이고, 수행이 좋으면 주목받고 보상받을 것이며, 보상은 가치 있는 것이며, 자신들은 상사로부터 공정하게 그리고 존경을 가지고 대우받을 것이라고 믿을 때, 열심히 일할 것이다. 더구나, 효과적인 수행은 자기 효능감, 즉 자신이 바라는 수행수준에 도달하는 데 요구되는 행위과정을 조직하고 시행하는 능력을 자기가 가지고 있다는 신념과 밀접하게 관련되어 있다.

활동 그 자체에 대한 흥미와 도전감에서 오는 동기는 내재적인 것이다. 반면에, 외재적 동기는 보상과 벌에 근거를 두고 있다. 이 양자는 모두 동기를 일으킬 수 있으나, 내재적 동기가 전형적으로 더 효과적이다.

학교의 문화와 풍토

필자들은 학교의 내부 환경을 두 가지 연관된 개념, 즉 문화(5장)와 풍토(6장)에 초점을 맞추어 분석하였다. 이 두 개념은 조직생활의 공식적 측면과 개인적 측면을 넘어서고 있는 개념들이다. 이 개념들은 조직의 자연적, 무의식적, 인간적 측면을 시사해 주고 있고, 전체(the whole)는 그 부분들을 합한 것보다 더 크다는 것을 말해주고 있으며, 동시에 조직행동을 가이드해 주는 공유된 의미와 문서화되지 않은 규칙을 취급하고 있다.

조직문화는 부서들을 한데 묶고 그것에 독특한 정체감을 부여해 주는 일단의 공유된 지향성이다. 풍토가 공유된 인식에 초점을 두는 경향이 있다면, 문화는 공유된 가정(assumption), 가치, 규범의 관점에서 정의되고 있다. 이 세 가지 문화수준, 즉 가정, 가치, 규범은 학교를 서술하고 분석하는 대안적 방법으로 탐색되고 있다. 기업조직을 대상으로 한 연구들에 따르면, 효과적인 조직은 강력한 기업문화(corporate culture), 말하자면 친밀 지향성, 신뢰, 협동, 평등주의, 행위성향 그리고 질, 혁신, 사람 등을 강조하는 지향성을 특징으로 하는 문화를 가지고 있다. 그러나 여러 가지 면에서, 문화는 구조와 유사하며, 이 양자는 사명과 환경조건에 따라 학교의 효과적인 기능을 향상시킬 수도 있고 방해할 수도 있다. 그러나 최근의 연구들은 신뢰, 효능감과 학업을 강조하는 학업적 낙관주의 문화는 학생의 학업 성취도를 촉진하는 상황을 제공하고, 인본주의적 학생 통제 문화는 학생들의 긍정적인 사회적-정서적 발전을 향상시킨다는 것을 시사하고 있다.

조직풍토는 교사들에 의해 경험되고, 그들의 행동에 영향을 주며, 학교 행동에 대한 교사들의 집단적 인식에 근거를 두고 있는 비교적 지속적인 학교환경의 질이다. 풍토는 구성원들의 상호작용과 정서의 교환을 통해서 나타난다. 한 학교의 풍토는 바로 그 학교의 "인성(personality)"이다. 이 책에서는 세 가지 다른 풍토 개념들이 서술되고 분석되었다.

학교가 개방풍토를 가지고 있을 때 교장과 교직원들은 신뢰할 수 있게 행동하지만, 폐쇄적일 때 모든 교직원들은 전념하는 마음과 헌신하는 마음도 없이 단순히 교육하는 몸짓으로 움직일 뿐이다. 연구들에 의하면, 기대했던 대로 긍정적인 학생과 교직원의 태도 등 정의적 특성들은 학교풍토의 개방성과 연관되어 있다.

학교풍토는 또한 조직건강의 관점에서도 분석될 수 있다. 건강한 학교는 그 사명을 향하여 에너지를 쏟을 때 외부의 파괴적인 힘들에 성공적으로 대응하면서 학교의 수단적(도구적) 욕구와 표현적 요구를 충족시키는 학교이다. 학교의 조직적 역동성이 건강하면 할수록, 구성원 간의 관계는 더욱 신뢰롭고 개방성이 더 크며, 학생의 학습 성취도 더 크다. 학교의 문화와 풍토를 변화시키는 것은 장기적인 목표가 된다. 여기에 단순하고 신속한 해결은 없다.

학교의 권력과 정치

조직에 참가하기 전이라도, 개인들은 합법적인 명령에 자의적으로 따르기로 동의할 때는 체제의 공식적 권위를 인정한다. 그러나 조직에 일단 참여한 후에는 권력관계가 확대되어 전개된다. 실제로, 권력은 체제 내에 존재하는 여러 관계들의 중심적 측면이 된다.

권력은 복종을 확보하는 합법적·비합법적 방법과 공식적·비공식적 방법을 포함하는 광범위한 개념이다(7장 참조). 그러므로 조직 권력에는 기본적으로 네 가지 종류가 있는바, 두 가지 형태는 합법적(공식적 권위와 비공식적 권위)인 것이고, 두 가지 종류는 비합법적(강제적 권력과 정치적 권력)인 것이다.

합법적 권위체제는 협동과 복종을 증진시키고, 공식적 목적을 달성하는 데에 기여한다. 합법적 권력은 직위에 따른 공식 조직, 비공식 규범과 문화의 가치 그리고 체제 내 구성원들의 전문적 지식에서 나온다. 이 세 가지 통제체제는 전형적으로 조직의 욕구에 기여한다. 다시 말하면, 이 체제들은 합법적이다. 그러나 이 권력체제들은 또한 개인적 욕구들을 가지고 있다. 보다 광범위한 조직욕구들을 성취하려고 노력하는 과정에서, 개개인들은 행동의 자유재량을 가지고 있다는 것을 알고 있고, 또 이 자유재량은 정치적 권력을 향한 통로가 되고 있다. 따라서 정치적 권력체제가 나타나는데, 이것은 공식적 권위, 문화, 또는 공인된 전문적 지식으로는 제재되지 않는다. 실제로, 정치적 권력은 전형적으로 분열적이고, 편협적이고, 비합법적이다. 정치는 조직 전반을 희생하면서 개인 목적에 봉사하는 수단이기 때문에 비합법적이다. 그렇다고 해서, 정치가 긍정적 결과를 전혀 산출하지 못한다는 것은 아니다. 그와는 반대로, 정치는 공식적 조직이 가로막고 있는 변화를 증진시킬 수 있고, 강력한 구성원이 지도자의 역할을 획득하게 할 수 있으며, 다양한 직위들 간에 논쟁을 권장할 수 있고, 결정의 이행을 도울 수도 있다.

정치는 조직생활에 실재하는 사실이다. 정치에는 강력한 권력을 가진 개인들이 있을 수도 있으나, 조직 정치의 무대는 자원배분을 결정하기 위하여 상호간에 흥정하는 개인들과 집단들의 연합으로 구성되어 있다. 내부 연합은 물론이고 외부 연합도 조직 정치에 영향을 준다. 정치적 전술들은 권위에 저항하고, 이러한 저항에 대처하며, 권력기반을 구축하고, 반대자들을 패배시키고, 조직을 변화시키는 역할을 하는 정치게임 체제의 토대가 된다. 정치체제는 전형적으로 보다 합법적인 영향력 체제와 공존하나, 권력과 정치는 갈등을 일으킨다. 따라서 갈등관리는 유용한 행정적 수단이 된다.

학교의 교수와 학습

교수-학습의 과정은 학교의 핵심 기술이다(2장 참조). 다른 모든 학교 활동들은 교수-학습이라는 기본 사명에서 보면 2차적인 활동들이다. 사실상, 교수-학습 과정은 학교에서 이루어져야만 하는 많은 행정적 결정들의 모습을 형성한다. 실제로, 교수와 학습은 일단의 중대한 내부 기회와 제약을 제공한다.

교수와 학습은 세심한 관심을 기울여야 할 정교한 과정이다. 학습은 개인의 지식 혹은 행동에 안정적인 변화가 있을 때 일어난다. 학습 전문가 대부분이 학습에 대한 이러한 일반적 정의에 동의하고는 있지만, 일부 전문가들은 행동을 강조하고 있고, 다른 일부 사람들은 지식을 강조하고 있다. 학습은 복잡한 인지과정(cognitive process)이며, 한 가지 최선의 설명방식은 있을 수 없다. 학습이론들은 저마다 무엇을 설명하려고 하느냐에 따라 다소간에 유용한 설명을 제공해 주고 있다. 필자들은 세 가지 일반적인 학습이론, 즉 행동 이론, 인지 이론, 구성주의 이론을 검토하였다.

행동적 학습이론은 관찰할 수 있는 행동, 기능, 습관의 변화를 강조한다. 이 시각은 그 초점을 분명히 행동에 두고 있다. 학습은 사실상 정신적 사고과정이나 혹은 내적 사고과정에는 아무런 관심을 두지 않고 경험에 의해 야기되는 행동의 변화로 정의된다. 행동은 단순히 어떤 사람이 주어진 상황에서 행하는 그 어떤 것이다. 이러한 시각은 지적 토대를 Skinner(1950)의 조작적 조건화(operant conditioning)에 두고 있다. 학습목표, 완전학습, 지시적 수업 그리고 기본 기능은 이러한 시각에서 전개된 교수전략들이다. 특정 기능이나 행동이 학습될 필요가 있을 때에는 행동적 학습이론과 일치하는 교수(teaching) 접근이 매우 효과적이다.

인지적 학습이론은 사고, 기억, 창의성, 문제해결에 초점을 맞추고 있다. 개인이 자신의 인지과정을 모니터하고 조절하기 위해서 지식을 어떻게 사용하고 있는가는 물론이고, 또 정보를 어떻게 기억하고 처리하는가 하는 것이 이 시각의 중요한 관심사이다. 인지이론을 교수에 적용한 것 가운데 중요한 것은 노트하기, 기억법, 시각활용과 같은 학습전략을 사용하여 학생들에게 학습방법과 기억방법을 가르치는 일이다. 인지적 학습관에 근거한 교수전략, 특히 정보처리는 주의력, 조직, 실행, 학습의 정교성을 강조하고 있으며, 학생 스스로가 자기조절적인 학습전략을 개발하고 향상시킴으로써 자기 자신의 학습에 더 많은 통제를 갖게 하는 방법을 학생들에게 제공한다. 인지적 접근에서 강조하는 것은 학습자의 "머릿속에서" 무엇이 일어나고 있는가에 대한 것이다.

구성주의적 학습이론은 개인들이 사건과 행위에 대하여 어떻게 의미를 만들어 부여하는가에 관심을 갖는다. 따라서 학습은 지식의 구성으로 파악된다. 일반적으로, 구성주의는 사람들이 환경으로부터 지식을 습득하기보다는 창조하고 구성한다고 가정한다. 그러나 구성주의에는 여러 가지 다른 접근들이 있다. 어떤 구성주의적 관점은 지식의 공유와 사회적 구성을 강조하는가 하면, 또 다른 관점은 사회적 힘을 별로 중요하지 않은 것으로 파악하기도 한다. 학습과 교수에 대한 구성주의적 시각들은 오늘날 그 영향력이 점점 더 커져가고 있는데, Piaget, Brunner, Dewey와 Vygotsky의 연구에 근거를 두고 있다. 탐구와 문제중심 학습, 협동학습, 인지적 도제 등은 구성주의적 접근에 근거를 두고 있는 전형적 교수전략들이다. 학생들 스스로의 노력을 교육과정의 중심에 두는 것이 구성주의적 접근의 본질이다.

학교의 외부 환경과 책무성

학교는 개방체제이다. 학교는 효과적이기 위해, 장기적으로는 살아남기 위해 변화하는 환경조건들에 적응해야만 한다. 학교 환경(8장 참조)은 학교의 내부 구조와 과정에 영향을 미친다. 노동조합, 납세자 협회, 주 의회와 같은 보다 구체적인 측면의 환경이 그러한 것과 같이, 사회적, 경제적, 정치적, 기술적 동향은 학교의 내부 운영에 영향을 준다.

환경은 복잡하고 분석하기가 어렵지만 두 가지 일반적 시각, 즉 자원 의존 및 제도 모델은 유용하다. 자원 의존적 접근은 조직은 내부적으로 필요한 자원을 생산할 수 없다고 가정한다. 자원은 환경으로부터 확보해야 한다. 따라서 학교는 필수적인 생산물 및 서비스를 확보하기 위해 환경의 다른 구성 요소들과 교환 및 경쟁에 참여해야만 한다. 자원의 희소성은 다른 조직들과의 경쟁을 야기한다.

환경의 불확실성과 자원의 희소는 조직의 자율과 효과성을 위협하기 때문에, 행정가들은 흔히 전략을 개발하여 환경을 더욱 통제하려고 한다. 이를 위한 내부 대응전략으로는 핵심기술을 보호하기 위한 완충, 계획과 예측, 내부 운영의 적응, 조직경계의 연결 등을 들 수 있다. 조직 간 대응전략에는 외부의 주요 기관들과의 호의적 연계 설정, 정치적 행위를 통한 환경요소들 형성하기 등이 있다. "의존성을 증가시키지 않으면서 환경의 불확실성을 어떻게 줄일 수 있을까?"하는 것이 핵심적인 질문이다.

자원 의존적 접근과는 달리, 제도 이론은 환경은 법적, 사회적, 전문적, 정치적 제도들에 의하여 부과되는 일단의 강력한 규칙들과 요구사항들에 순응하도록 학교를 촉진하고 있다고 가정한다. 이 이론의 주장에 따르면, 학교 구조와 과정은 그 사회에서 제도화된 규범, 가치, 이념을 반영한다. 학교 환경은 본질적 내용(substance)을 위해서보다는 형식(form)을 위해 더 많은 압력을 가한다는 것이 이 이론의 본질이다. 자원 및 환경의 제도적 제약 요인들이 학교 운영에 영향을 미친다는 것은 의심의 여지가 거의 없다.

교육에서의 책무성은 학생들에 대한 철저하고 효율적인 교육에 대한 학교의 책임을 인정하는 것이다. 미국의 경우 전통적으로, 책임은 지역의 교육위원회를 통해 지역사회와 학부모의 통제에 뿌리를 두고 있다. 그러나 사실상 모든 주는 통제의 중심이 지역 교육위원회에서 주 및 연방 정부의 기관으로 이동하는 기준중심적 책무성 체제를 실시하고 있다. 현대의 책무성 체제는 핵심 교과의 기준, 이러한 기준을 위한 평가, 그리고 기준을 충족시키지 못했을 때의 결과 등 세 가지 기본적인 구성 요소들로 구성되어 있다. 연방 정부의 교육개혁안인 「No Child Left Behind」와 「Race to the Top」은 높은 교육 기준을 달성할 책임을 공립 학교에 부과하고 있다. 즉, 교육에서의 책무성 운동은 학교를 변화시키는 강력한 외부 요인이다.

학교 효과성

학교의 산출은 환경적 요인들의 제약 가운데서 교수-학습, 구조, 구성원, 문화, 정치가 서로 상호작용한 결과라고 할 수 있다. 조직 효과성은 학교행정에 근본적인 도전을 주는 문제들이다(9장 참조). 개방체제 모형의 관점에서 볼 때, 학교의 산출은 학생들, 교사들, 행정가들이 수행하여 성취한 것이다. 이 모든 산출들은 조직 효과성의 지표로서 사용될 수 있으며, 그 질로서 평가될 수 있다.

필자들은 학교수행에 대한 사회체제 모델을 제안하였다. 이 시각은 사회체제의 모든 측면들, 특히 투입의 질, 변환과정, 결과의 중요성을 강조한다. 이러한 체제측면들은 각각 학생들, 교사들, 행정가들과 같은 다양한 구성요소들을 사용하여 장기 및 단기적 관점에서 평가되어야 할 필요가 있다. 교사의 질, 내부의 조화, 노력, 학생 성취도, 직무만족 그리고 전반적 수행의 질 등은 조직 효과성과 질을 나타내 주는 지표들이다.

피드백 고리

결과에 관한 지식은 두 개의 다른 피드백 고리유형 속으로 들어간다. 내부적으로, 상대적 목적 성취수준은 변환과정의 하나 혹은 그 이상의 요소들에 적응하기 위한 욕구의 지표로서 작용한다. 외부적으로, 지역사회에 있는 각기 다른 관계자들은 학교의 산출물들을 평가한다. 이러한 평가는 학교의 구조적, 문화적, 개인적, 정치적 하위체제들에 영향을 주는 정보를 제공한다.

대체로 말해서, 행정가들은 학교 효과성과 학생 학습과 교수의 질에 책임을 지고 있다. 한편으로, 행정가들은 피드백 고리(feedback loop)를 통해 운반되는 기대와 정보에 대응해야만 하고, 다른 한편으로 행정가들은 교사들, 학생들 그리고 다른 고용인들의 목적지향적 행동을 유지하고 증진시켜야만 한다. 주요한 행정적 문제들 가운데 하나, 즉 수행통제는 자원의 배분뿐만 아니라 기본적 조직차원들(구조, 문화, 개인, 정치)을 통합하는 일이다. 행정적 기능을 실현하는 데에는 의사결정, 동기유발, 의사소통, 지도가 요구된다.

학교의 의사결정

결정은 여러 대안들 가운데서 한 가지 행위 과정을 선택하고 이행하는 것을 의미한다(10장과 11장 참조). 이러한 행동은 투입, 변환, 산출의 체제 국면들을 포함하는 조직 전체에 영향을 준다.

완전한 합리적 의사결정은 불가능할지라도, 행정가들은 만족스러운 해결책을 선택하기 위한 체제적인 방식이 필요하다. 그러므로 만족화 전략이 행정적 의사결정의 중심이 된다. 이 과정은 문제의 인식과 정의, 난제의 분석, 성공준거의 설정, 행위계획의 개발, 계획의 추진과 평가 등 구체적 국면들로 이루어지는 순환적 과정이다. 이러한 순환적 성질 때문에, 행정가들은 그 단계들을 반복해 간다.

이러한 행정적 전략은 대부분의 문제들을 처리하는 데 아주 적절하다. 그러나 때때로 일단의 대안들은 정의를 내리기 어려운 것들이거나 혹은 각 대안의 결과들은 주어진 일정한 포부수준에서 볼 때 예측할 수 없는 것들이다. 여기에서 점증적 전략이 더 적합하게 된다. 점증적 과정은 계속적인 제한 비교의 방법이다. 행위 과정에 대한 일치가 이루어질 때까지 현존 상황에 유사한 일단의 제한된 대안들만이 그 결과들을 계속적으로 비교하면서 고려된다. 그러나 점증주의는 너무나 보수적일 수 있고, 또 자멸적일 수 있다. 기본적 가이드라인이 없이 이루어진 점증적 결정은 방향 없는 행동을 촉발시킬 수 있다. 따라서 의사결정의 혼합모형이 복잡한 결정에 대해 제안되었다. 혼합모형은 행정적 모델과 점증적 모형의 장점을 결합한 모형이다. 만족화 전략은 광범위한 정책에 의해 가이드된 점증적 의사결정과 함께 사용된다. 적절한 의사결정 전략은 상황에 달려있다. 이 상황은 활용 가능한 정보와 시간뿐만 아니라 의사결정의 중요성으로 정의되며, 10장에서, 필자들은 다양한 의사결정 전략과 여러 상황을 결합시키는 상황적 의사결정 모델을 제시하였다.

연구들이 시사해 주고 있는 바에 따르면, 행정 행위의 질은 행위 과정을 이행하기 위한 준비의 양과 결정하는 데에 수행된 활동의 양에 의해서 판단될 수 있다. 효과적인 의사결정자는 실질적인 사전활동에 종사한다. 이들은 더 많은 정보를 탐색하고 사실과 의견을 구별하며, 그 과정에 하급자들의 참여를 권장한다.

때때로 참여는 결정의 질을 향상시키지만 때로는 그렇지 않을 수도 있다. 비록 교사들에게 의사결정 권한을 부여하는 것이 일부 의사결정을 개선할 수도 있지만, 교사들의 효과적인 참여를 위한 핵심적인 사항은 언제, 어떻게, 그리고 어느 정도 교사들을 참여시킬 것인가 하는 것을 알고 있는 것이다. 11장에서, 필자들은 두 가지 유형의 참여적 의사결정 모델을 제시하였다. 첫째는 잘 알려져 있는 Vroom의 참여 모델로, 이는 종합적이지만 적용하기에는 어려움이 있다. 둘째는 Hoy-Tarter의 참여적 의사결정 모델로, 이는 덜 복잡하고 사용하기 더 편리하다. 이들 모델은 효율성과 효과성을 증진시키는 형태로 의사결정에 부하직원들을 참여시키기 위한 기준을 제공하고 있다.

학교의 의사소통

의사소통은 의미를 표현하고, 수신자들에게 비슷한 이해를 구성하도록 하고 행동에 영향을 주기 위해 상징, 사인과 맥락적 신호 등을 활용하여 메시지를 전달하는 관계적 과정이다. 의사소통 과정을 기술하고 설명하는 개념적 모델들은 일반적으로 비슷한 개념들을 사용한다. 발신자들은 근원, 화자(speaker) 및 신호수(signaler)로 불린다. 이들은 다른 개인, 집단과 조직에게 메시지를 퍼뜨리는 개인, 집단과 조직 부서(예를 들어, 교육감실, 교원 노조, 학생 자치 위원회 등)이다.

메시지는 발신자들이 다른 사람들에게 의사소통하거나 전달하기를 원하는 아이디어와 정보를 나타내는 언어적 또는 비언어적 신호 또는 상징들이다. 언어적 및 비언어적 상호작용은 학교 생활의 거의 모든 측면에서 찾아볼 수 있다. 그러나 좋은 의사소통이 학교 행정가들이 직면한 모든 문제에 대한 답을 제시해 주는 것은 아니다. 정보 교환의 개념은 의사소통은 적어도 두 사람 이상 간의 유의미한 상징의 교환이라는 개념에 근거하고 있다(12장 참조). 이 과정은 역동적이며 계속적으로 사회체제의 전환 및 환경적 요소들에 영향을 준다.

일방적 의사소통은 말하는 발신자에서 시작되어 수신자에서 끝나는 일면적 의사소통이다. 이에 비해서, 쌍방적 의사소통은 메시지를 보내고 수신하는 모든 참여자들과 상호교환적이고 상호작용적인 의사소통이다. 메시지는 학교에 있는 공식적 그리고 비공식적 채널들을 통해 유동한다. 공식적 네트워크가 비공식적 네트워크보다 보통 더 크고 더 잘 발달되어 있지만, 이 두 네트워크는 밀접히 관련되어 있으며, 보완적일 수 있고, 그리고 조직에는 중요하다.

의사소통 능력은 의사소통자가 활용할 수 있는 일련의 능력 또는 자원이다. 의사소통 능력을 위한 개인적 자원이란 듣기, 공감하기, 다른 사람들에게 관심 보이기, 정중함, 단어 사용과 발음, 유창성, 언어 능력과 정확한 문법 등 일련의 상호 중복된 기능을 말한다. 따라서 개인들은 의사소통 이론과 연구에 관한 지식을 확보하고 자신들의 기술을 개발 및 향상시킴으로써 자신들의 능력을 향상시킬 수 있다.

학교의 리더십

지도자들은 앵커(anchor)와 같은 역할을 수행하고, 변화의 시기에 지침을 제공해 주며, 조직 효과성에 책임을 지고 있기 때문에 중요하다(13장 참조). 리더십은 사회적 영향력 과정이라는 데에 일반적 동의가 이루어져 있다. 지도자는 집단이나 조직에서 사람들의 행위들과 관계성을 조직하기 위해서 다른 사람들에게 의도적인 영향력을 발휘한다. 몇 가지 성격적 특성과 동기 관련 특성들로 인해 지도자가 다른 사람들에게 영향을 주려는 노력을 적극적으로 기울일 가능성이 높아진다.

1980년대에는 상황적응적 리더십 모델들의 영향이 컸다. 이 이론들은 특성, 상황, 행동, 효과성 간의 관계를 설명하고자 하였다. 13장에서, 필자들은 이 네 가지 개념들을 범주화하고 연계시키는 도식을 개발하였다. 상황적응적 모형은 두 가지 기본적 가설을 제시하고 있다. 첫째는 지도자 특성과 상황 특징이 결합하여 지도자 행동과 지도자 효과성을 산출한다는 것이고, 둘째는 상황적 요소가 효과성에 직접적 영향을 미친다는 점이다. 필자들은 수업, 분산, 최소선호 동료와 대체 등 몇 가지 상황적응적 모델들을 간략하게 살펴보았다.

상대적으로 새로운 접근인 변혁적 리더십은 현재 학자들과 실무자들의 광범위한 관심을 받고 있다. 변혁적 리더십은 네 가지 중요한 요소들, 즉 이상화된 영향력, 영감적 동기, 지적 자극, 개별적 배려의 요소들을 가지고 있다. 변혁적 지도자들은 거래적 관계에서 확장하여 의미부여와 하급자들의 감정적 반응의 중요성을 강조하며, 대단히 높은 업무성과를 이루어 낸다. 필자들은 또한 서번트 리더십뿐만 아니라 리더십의 발전 및 실행에서 진화의 영향에 대해서도 살펴보았다.

학교 리더십은 복잡한 과정이다. 학교 리더십은 일단의 리더십 기술을 완전히 습득하거나 혹은 적절한 지도자 행동과 특정 상황을 결합시키는 것 그 이상의 어떤 것이다. 학교 리더십을 향상시키는 데 유용한 방법들로는 지도자 선발과 교육, 새로운 리더십 직위의 설정, 상황 공학, 학교개혁 등이 있다. 리더십은 도구적이고 행동적인 활동일 뿐만 아니라 상징적이고 문화적인 활동이다.

행정적 행위

교수-학습의 상황적 맥락 속에서 일어나는 행정적 행동은 학교 사회체제의 기본적 요소들과 관련하여 분석되어야 한다는 것이 필자들의 주장이었다. 구조, 개인, 문화, 정치는 조직 구성원들의 수행에 영향을 줄 수 있는 "지렛대 점(leverage point)"이다. 수많은 관찰들은 중요하고 반복한다. 첫째, 결정, 의사소통, 지도는 학교 수행을 변경시키는 주요 과정들이다. 지도자가 체제의 어떤 한 차원을 의도적으로 조정한다면, 그 "파급효과"가 발생한다. 또 다른 차원이 영향을 받고, 새로운 기대와 행동의 결합이 일어난다. 둘째, 기대했던 목적에 도달하는 데에는 다양한 수단이 있을 수 있다. 조직하고, 지도하고, 결정하고, 동기를 유발시키는 등 가르치는 데에는 한 가지 최선의 방법만 있는 것은 아니다. 오히려 목적을 성취하는 수단은 상황이 주는 기회와 제약은 물론이고 지역사회, 복잡성, 문화를 포함하는 많은 요인들에 달려있다. 행정은 주의 깊은 반성과 변화하는 조건들에 대한 지속적인 경계를 필요로 하는 복잡한 과정이다. 마지막으로, 학교의 복잡성과 연계성은 "체제적 사고", 즉 부분들에 초점을 두기보다는 전체(the whole)의 중요성을 인식할 필요가 있다. 학교는 사회체제로서 전체는 부분들을 합한 것보다 항상 더 크다. 필자들은 교사들이나 행정가들이 직면해야만 하는 일부 지속적인 딜레마들을 살펴봄으로써 학교를 사회체제로서 분석하는 것을 끝맺는다.

조직 딜레마

변화와 딜레마는 항상 우리들과 함께 있을 것이다. 그러나 변화와는 달리, 딜레마는 가속화시킬 필요는 없다. Peter M. Blau와 W. Richard Scott(1962)의 주장에 따르면, 딜레마의 개념은 변화를 향한 내부 압력을 이해하는 데 기여한다. 딜레마는 어떤 선택이 다른 목표들을 위해서 가치 있는 어떤 목표들을 희생하는 그런 결정대안들에 우리가 직면하게 될 때 생겨난다. Daniel Katz와 Robert L. Kahn(1978)은 문제(problem)와 딜레마(dilemma)를 구별함으로써 이러한 개념을 보다 정교히 하고 있다. 문제는 과거의 전례나 현존하는 이론 혹은 정책을 적용함으로써 해결될 수 있는 난제이다. 딜레마는 현존하는 틀을 가지고서는 해결할 수 없는 것들이다. 해결과 완전한 적응은 불가능하다. 딜레마는 본래 조직에 있는 특유한 것이기 때문에 끊임없는 변화의 근원이 된다.

공식 조직이 직면하는 근본적 딜레마는 질서 대 자유이다. 질서와 자유는 둘 다 높은 수준의 효과성과 질을 얻는 데에 바람직하고 또 불가피한 조건들이다. 그러나 하나를 증가시키면, 다른 하나는 감소한다. 질서와 자유 간의 긴장은 학교운영에서 적어도 네 가지 딜레마로 나타난다. 조정과 의사소통, 관료적 규율과 전문적 지식, 행정계획과 개인 창의, 행동과 인식으로서의 학습이 그것들이다.

조정과 의사소통

Blau와 Scott(2003)의 연구에 따르면, 아이디어, 비판, 충고 등을 자유롭게 교환하는 쌍방적 의사소통은 적어도 세 가지 방식으로 효과적인 문제해결에 기여한다. 즉, 이러한 의사소통은 참가자 개개인들에게 사회적 지원을 제공해 주고, 오류-교정기제를 제공해 주며, 존경을 향해 건전하게 경쟁하도록 만든다.

문제해결 상황은 참가자 개개인들에게 흔히 스트레스와 불안감을 생기게 하고, 효과적인 사고발달을 방해하는 정신적 장벽을 일으키게 한다. 그러나 개개인들이 개방적으로 자유롭게 의사소통할 때는 좋은 아이디어들이 다른 사람들의 찬성을 얻을 가능성이 높아지고, 따라서 불안은 줄어들 것이며, 참여, 발전은 더더욱 촉진되고, 아이디어들은 더욱 정교해질 것이다. 그러므로 아이디어들을 제한 없이 교환하는 데서 얻어지는 사회적 지원은 문제해결을 도와준다.

사람들이 자신의 사고에서 오류를 발견해 낸다는 것은 쉬운 일이 아니다. 사람은 문제를 다른 시각에서 파악하기 어렵게 만드는 문제해결상황에 대한 일단의 틀을 가지고 있다. 개방적이고 자유롭게 유통되는 의사소통은 다양한 시각, 경험, 정보를 공동의 과제로 가져오게 한다. 따라서 사고과정의 오류를 확인할 수 있는 기회가 증대된다. 집단의 다른 성원들은 개인보다도 모순과 약점을 발견하기 더 쉽다. 그러므로 쌍방적 의사소통은 오류의 교정을 촉진한다. 마지막으로, 개방적인 쌍방향 의사소통은 동료 참가자들의 존경을 획득하기 위하여 전문적 권고를 하도록 집단구성원들을 동기화시킬 수 있다.

정보의 자유로운 유통은 문제해결을 증진시키는 반면에, 조정(coordination)을 방해하는 측면도 있다. 제한 없는 의사소통은 수없이 많은 상충적 아이디어들 속에서 효과적인 행위를 촉진하게 할 수도 있다. 실제로, 정보는 좋은 아이디어를 선택하도록 도와준다. 그러나 많은 아이디어들은 의견일치를 방해하며, 조정은 단일한 마스터 플랜에 대한 합일을 필요로 한다.

조직에서, 조정은 기본적으로 위계적 분화를 통해 이루어지지만, 이러한 구조는 정보의 자유로운 유통을 손상시키기 때문에 의사결정을 방해한다(3장 참조). 실제로, 분화, 집권화된 지시, 제한적인 의사소통은 효과적인 조정을 위해서는 기본인 것 같다. 요컨대, 조정과정을 향상시키는 바로 그것들은 또한 의사소통의 자유로운 유통을 방해하기도 한다. 조직은 효과적인 조정과 효과적인 문제해결을 모두 필요로 한다. 그러나 효율적 조정을 조성해 주는 위계적 조직구조는 또한 의사소통과 문제해결을 방해한다. 딜레마는 조정과 문제해결에 필요한 상충적인 요소들 속에 본질적으로 내재해 있는 것 같다. 왜냐하면, 조정과 문제해결에는 제한적인 의사소통과 무제한적인 의사소통이 동시에 필요하기 때문이다. 적응과 변화의 원인이 되는 갈등은 쉽사리 해결될 수 없는 것이고 지속적인 관심이 필요하다.

관료적 규율과 전문적 지식

두 번째 딜레마는 전문지향과 관료지향이 갖는 특징들의 유사점들과 차이점들에서 연유한다(3장 참조). 이 두 지향성들이 모두 다 기술적 능력, 객관성, 비정성, 봉사성을 강조하고 있음에도 불구하고, 전문직의 독특한 구조는 갈등을 일으키는 근원이 된다. 전문가들은 스스로 부과한 표준과 집단 감시를 통하여 스스로를 통제하려고 한다. 이와는 반대로, 관료적 피고용인들은 규칙과 규정을 고수하며 스스로 위계에 복종할 것을 생각한다. 전문적 행위의 궁극적 근거는 전문가의 지식이며, 관료적 행위의 궁극적 정당성은 조직의 규칙과 규정에 대한 일관성과 상위자의 승인에 있다. 전문적 지식과 자율 그리고 관료적 규율과 통제 사이에는 갈등이 존재한다. 이 불일치의 중요성은 필자들이 두 가지 사회적 통제의 형태에 복종하는(종속되어 있는) 피고용인들, 말하자면 관료제 속에서 일하는 전문가들을 검토할 때 첨예하게 논의되었다.

이러한 두 가지 제도적 통제수단을 합병함으로써 생겨나는 긴장을 해결하는 데에는 여러 가지 방법들이 있다. 어떤 조직에서는 두 가지 별개의 권위 계통, 즉 전문적 계통과 행정적 계통의 개발을 통해서 주요 구조적 변화를 제도화시켜 왔다. 그럼에도 불구하고, 전문적 고려사항이 관료적 사항과 갈등을 일으킬 때는 권위를 분할시키는 것이 할 수 있는 최선의 부분적 해결책일 것이다. 조직 차원의 변화가 없이, 일부 개인들은 관료제나 혹은 전문직과 양립할 수 있는 역할 지향을 발전시킴으로써 갈등을 스스로 수용하려고 한다. 또 다른 일부 개인들은 이 양자가 서로 양립할 수 있는 지향성을 채택한다. 설사 조절이 이루어졌다 하더라도, 갈등은 여전히 계속적인 딜레마가 되어, 근본적인 논쟁점으로 남는다.

전문적 지식과 관료적 규율은 불확실성에 대응하는 대안적 양태이다. 규율은 그 범위를 한정해 주는 데 반하여, 전문적 지식은 불확실성에 대응하는 지식과 사회적 지원을 제공해 준다. Blau과 Scott의 주장에 따르면, 전문인들이 관료적 조직에 고용되는 한 갈등은 상존한다. 전문-관료 간의 딜레마는 교사들과 행정가들이 더욱더 전문화되어 감에 따라 더더욱 중요한 학교 내 특징이 될 것이고, 또 성격상 본래 관료적인 학교 조직에서 계속 기능할 것이다.

행정적 계획과 개인의 창의

질서와 자유 사이에 존재하는 세 번째 긴장의 표명은 행정적 계획과 개인의 창의

(individual initiative)를 위해 필요하다. 이 양자 간의 부조화는 문제 해결을 위한 계획의 수립뿐만 아니라 이 계획의 이행과 평가 등 행정적 과정에 큰 어려움을 제기해준다. 조직 의사결정의 상황은 집합체로서의 조직이다. 그 어떤 독립적인 판단을 실행하더라도 공식적 조직의 취지와 양립되어야만 한다. 공식 조직은 개인의 창의를 조직의 지시명령에 복종시키기 위해서 조직이 가진 치밀한 관료적 기구를 통해 끊임없이 압력을 가한다. 조직도 물론 개인의 창의적 노력에 관심을 갖고 있으나, 그것은 조직의 노력들이 공식적인 계획과 상충하지 않을 때뿐이다.

조직은 행정적 계획을 혼란시키지 않고 개인의 독창성을 어떻게 장려할 수 있을까? 필자들은 몇 가지 조직차원의 방안을 제안하였다. 의사결정 과정에서 개인은 어떤 조건 아래에서 참여시켜야만 하느냐 하는 것을 서술하고 있는 참여적 의사결정 모델이 소개되었다(11장 참조). 조직과 사람 모두에게 유익한 건설적인 방법으로 개인들의 창의적인 독창성을 이끌어줄 장치가 필요하다. 필자들은 참여적 의사결정을 강조하고 있는 전문적 조직구조의 특징을 개관하였다(3장 참조). 나아가, 필자들은 복종과 창의 간의 갈등을 줄일 수 있는 여러 가지 조직풍토, 즉 개방풍토, 건강한 풍토를 서술하였다(6장 참조).

요컨대, 조직은 행정적 계획과 개인의 창의 사이의 갈등을 최소화할 수 있는 구조로 설계될 수 있고, 또 조직풍토와 문화도 전개될 수 있다. 그렇게 해서, 딜레마가 해결될 수 있다고 말하는 것은 아니다. 필자들이 바랄 수 있는 최선의 것은 복종과 창의 간의 건강한 균형이다. 그러나 이러한 균형은 질서와 자유를 향한 상충적 욕구에 의해서 계속적으로 깨지고 있다.

행동과 인식으로서의 학습

마지막으로, 교수와 학습을 보는 행동주의적 접근과 인지적 접근 간의 긴장은 사실상 학교의 모든 행정적 결정에 영향을 주고 있다. 한편에서는, 교수와 학급관리에 강화의 원리를 사용할 것을 지지하는 강력한 연구가 있다. 학습목표, 완전학습, 지시적 수업 등은 어떤 일정한 상황에서 효과적인 교수응용을 보여주는 예들이다. 다른 한편에서, 인지적 이론들, 특히 구성주의는 학생을 교수-학습의 중심에 두고, 교사는 조력자와 코치로서 간접적 역할을 수행하는 것으로 보고 있다. 탐구학습과 문제중심 학습은 이 접근에서 교수의 중요한 측면이다. 구성주의자들과 인지적 접근을 하는 대부분의 연구자들은 행동주의자들의 연구와 실제를 멀리하고 있다. 실제로, 교수에 관하여 최근에 제기되고 있는 갈등들은 행동과 인지 사이에서 제기되는 딜레마들이며 예를 들면, "음향법 대 전독(phonics versus whole reading)", "기초 기능 대 비판적 사고", "지시적 수업 대 발견적 수업" 그리고 "중핵 지식 대 미적 지식(core knowledge versus authentic knowledge)" 등이다.

학교 행정가들은 행동주의적 접근을 훼손하거나 혹은 제거하지 않고 어떻게 하면 인지적 접근이나 구성주의적 관점을 활용토록 할 수 있겠는가? 첫째로, 행정가들과 교사들은 각 접근들의 근거가 되는 기본 이론과 연구를 이해해야만 한다는 것이 필자들의 주장이다(2장 참조). 우리가 현재 진행되고 있는 대부분의 교육 관련 논쟁에서 어느 한쪽을 선택하는 데서 발생하는 부정적 결과들을 피하려 한다면, 근본적으로 필요한 것은 이해이다. 예컨대, 목적이 새로운 행동이나 명백한 정보를 학습하는 것일 때 혹은 학습이 연속적인 것이거나 사실적인 것일 때, 행동적 접근이 일반적으로 매우 효과적이다. 그러나 만약에 목적이 문제해결이나 비판적 사고에 있다면, 기억보다는 비계설정(scaffolding), 코칭(coaching)을 사용하고, 기억보다는 의미를 강조하는 인지적 접근이 더욱 효과적인 교수-학습 전략이다. 초점은 성과의 종류가 가장 효과적인 교수의 종류에 관련되어 있다는 점이다. 교수와 학습은 수업의 목적에 달려있기 때문에 가르치는 데에 한 가지 최선의 방법만 있는 것은 아니다. 효과적인 교사들과 행정가들은 실제에서 인지적 원리들은 물론 건전한 행동적 원리들을 통합할 필요가 있다.

균형과 지식은 이 딜레마에 성공적으로 대처할 수 있는 핵심이다. 필자들은 여기서 행동적 학습의 딜레마와 인지적 학습의 딜레마가 언젠가는 마침내 해결될 수 있다고 말하는 것이 아니라 오히려 이 접근들을 언제 그리고 어떻게 사용하는가를 아는 데에 그 해답이 있다고 말하는 것이다. 교수-학습에 대하여 이것 아니면 저것의 접근 (either or approach)은 역효과를 가져올 수도 있다. 자유와 질서를 조절하면서, 자유를 장려하는 학습 환경은 가장 성공적인 학교가 될 것이다.

리더십의 딜레마

리더십은 딜레마에서 벗어날 수 없는 과정이다(March와 Weil, 2005). 자유와 질서에 내재하는 딜레마에 직면하지 않고서 이끌어 가는 것은 사실상 불가능하다. 앞에서 언급한 것처럼, 딜레마에 대한 항구적인 해결책은 없지만, 훌륭한 반대편 안에 협조할 수는 있다. 더 정확하게 말하면, 필자들은 구조와 기능과 관련된 일곱 가지 기본적인 딜레마 상황에서 균형을 유지하려고 노력하는 것이 리더십이라고 생각한다.

지도자들은 집단의 행동을 이끌어 가리라 기대되지만, 이와 동시에 타인들에게 권한을 위임함으로써 자율성도 키워야 한다. 지도자들은 효과성을 저해하는 갈등을 제거하기 위해 일관성과 응집성을 추구하는 동시에 혁신을 촉진하는 어느 정도의 모호함도 환영한다. 지도자들은 문제를 최소화하기 위해 조화와 목적을 추구한다. 그러나 이들은 다양성은 혁신의 근원이기 때문에 다양성도 이끌어낼 책임도 지고 있다. 기획을 통해 문제를 피할 수도 있지만, 즉흥성은 해결을 위한 창의적인 역동성을 가져온다.

지도자들은 학교의 내부 운영의 조정에 대한 책임을 지지만, 혁신을 지원하고 효율성을 확인하는 개방적인 의사소통도 필요로 한다. 지도자들은 효율적인 운영을 위한 통합을 향상시키지만, 문제 해결을 위해 전문성을 개발하기 위한 전문화도 추구한다. 끝으로, 지도자들은 목적 달성을 위해 조직을 이끌어 나가기 위해 안정성을 추구하지만, 혁신을 촉진하기 위해 변화도 시도한다. 즉, 지도자는 질서(통제, 일관성, 통일, 기획, 조정, 통합과 안정성)의 측면을 강조해야 하지만, 동시에 자유(모호함, 자율성, 다양성, 즉흥성, 의사소통, 전문화와 변화)의 측면도 조장해야 한다. 질서는 규칙, 계획, 목적과 조정된 행동 세계를 만들어 낸다. 반면 자유는 상상, 혁신, 창의성, 비전, 꿈과 희망의 세계를 만들어 낸다. 효과적인 지도자는 이들 각각의 장점을 유지하고 단점을 피하는 방법을 찾는다.

결론

필자들이 이 책을 통해서 줄곧 견지해온 입장은 두 가지 연관된 시각을 통합하는 것이다. 그것은 Peter F. Drucker(1968)가 "실재(reality)"라고 부르는 것이고, Peter M. Senge(1990)가 "체제적 사고(system thinking)"라고 하는 것이다. 지식은 이제 중요한 자원이 되었다. 체계적인 지식획득, 즉 조직화된 공식적 교육은 생산 능력을 증대시키고 수행을 향상시키는 토대로서의 경험을 보완해야만 한다. 그러나 지식과 경험 그 자체만으로는 충분하지 못하다. 사상들은 별개의 순간적 단편이 아니라 전체적인 변화의 패턴으로 파악되어야만 한다. 점차적으로, 성공적인 수행은 전체적인 패턴들을 보다 더 분명하게 하고 그것들에 대응하기 위하여 경험을 통해 획득된 기능들은 물론 개념들과 이론들을 활용하는 능력에 좌우될 것이다.

필자들이 검토한 딜레마들은 행정가들의 근본적인 변화를 요구하고 있다. 딜레마들은 새로운 훈련, 지식, 정치 그리고 깊이 뿌리박혀 있는 실제들을 버릴 준비를 필요로 한다. 행정 실제는 깊게 뿌리박힌 딜레마가 되거나 혹은 높아진 성취가 될 수 있다. 후자를 향한 통로는 교육조직에 관한 건전한 이론과 연구에 근거를 둔 반성적 리더십을 통해서만이 가능하다는 것이 필자들의 주장이다. 본 교재에서 개발된 행정적 원리들을 적용하여 "교육 리더십을 위한 사례 모음집"에서 소개하고 있는 실제 사례들을 분석할 것을 필자들은 추천한다.

실행 지침: 복습

1. 학교가 직면한 도전을 표현하기 위해 다양한 관점을 사용한다. 문제의 표현은 그 해결책을 위한 열쇠가 된다.

2. 교수-학습을 위해 행정을 이용한다. 교수-학습은 학교가 존재하는 이유이다.

3. 학습 목적, 활동과 결과를 일치시키기 위해 행동적, 인지적 및 구성주의적 접근을 적절하게 적용한다. 학습 또는 가르치는 것에는 단일한 최상의 방법은 없다.

4. 권한부여형 학교 구조와 과정을 개발한다. 이들은 교수-학습을 방해하지 않고 촉진한다.

5. 관료적 통제에서 전문적 통제로 이동한다. 궁극적으로 교사들의 판단이 행정적 통제를 대체해야 한다.

6. 비공식 조직은 독창적인 해결방안의 근원이 된다. 문제 해결 과정에서 공식적인 절차에 호소하기 전에 비공식 대안들을 샅샅이 다룬다.

7. 신뢰를 형성하고 행위의 진실성과 개방성을 높인다. 신뢰는 학교에서 성공을 위한 중심축이 된다.

8. 교사의 자아 효능감, 현실적인 목표, 지속성, 회복력과 건설적인 피드백 제공을 통해 교사들의 동기를 지원한다. 이들은 함께 강력한 동기를 제공한다.

9. 조직의 정치 현실에 대한 정치적인 상식을 갖춘다. 정치는 조직 생활의 실제이다. 능숙한 참여자가 되어야 한다.

10. 신뢰, 효능감과 학업 강조에 기반을 둔 학업적 낙관주의 문화를 형성한다. 이러한 낙관주의는 모든 학생들의 성취도를 향상시킨다.

11. 학교에게 도움이 되도록 환경 자원을 활용한다. 환경에는 재능을 가진 사람들이 엄청나게 많다.

12. 표준화 검사 점수, 가치 부과적 성취도와 학생들의 사회-정의적 발달의 측면에서 학교의 효과성을 확인한다. 이들 모두는 효과성의 중요한 지표들이다.

13. 의사결정을 할 때 만족화 모델을 사용한다. 최적화는 불가능하다.

14. 결단성 있는 행동과 반성적 분석 간에 균형을 유지한다. 행동 쪽으로 기울어진다.

15. 합리적, 일관적, 융통성 있게 의사결정을 한다. 상황이 변함에 따라 의사결정도 그러해야 한다.

16. 교사들이 전문성, 관심과 학교의 이익을 위해 의사결정을 할 것이라고 신뢰할 수 있다면 의사결정을 위한 권한을 부여한다. 교사들은 문제 해결을 위한 창의적인 자료의 출처이다.

17. 언어적 의사소통 후 이해한 것을 서면으로 요약한다. 명확함과 반복을 통해 오해를 피할 수 있다.

18. 자신의 리더십 유형을 알고 융통성을 갖는다. 최상의 방법은 없다.

19. 영감적, 지적, 이상적이 되고, 부하직원들에 맞춰 리더십을 조정한다. 변혁적 변화는 이를 필요로 한다.

20. 조정과 의사소통, 관료적 규율과 전문적 지식, 행정적 기획과 개인의 진취성과 행동과 인식으로서의 기본적인 행정적 딜레마에서 적절한 균형을 찾는다. 딜레마에는 최종적인 해결책은 없으며, 균형 잡힌 행동이 필요하다.

교육 리더십을 위한 사례 모음집

사례 1: 성급한 결정?

사례 2: 창조론자의 냉대?

사례 3: 지나친 호감 아니면 단순한 짝사랑?

사례 4: 변화를 위한 지도, 지도를 위한 변화

사례 5: 학부모의 요구

사례 6: Urban 고등학교의 딜레마

사례 1

성급한 결정?

당신이 Indianola 학교구의 교육감이라고 가정을 하자. Indianola 시는 중서부 대도시에서 남쪽으로 10마일 정도 떨어져 있는 교외지역이다. 인구는 30,000명 정도이며, 최근에는 전문직에 종사하는 젊은층들이 사무직이나 근로직에 종사하던 이전의 거주자들을 대체하고 있다. 아침에 신문을 보면서 당신은 다음과 같은 기사를 보고 깜짝 놀랐다.

Indianola의 8학년 학생이 덩굴 옻나무로 교사를 공격한 죄로 7일간의 정학을 받아서 집에 있다. 반 친구가 Angela Kim이라고 하는 14세의 여학생을 신고하였고, Angela는 Oak Street 중학교의 과학교사 Tom Jones의 책상의자에 덩굴 옻나무를 문질렀다고 부모와 학교 앞에서 인정하였다. Angela는 과학 교사인 Jones에게 몹시 화가 나 있었다. Angela의 어머니인 Angie Kim의 말에 따르면, Angela는 자기가 아시아계라고 해서 Jones로부터 차별대우를 받았다고 주장하였다. Angela는 한국계였다.

Jones는 옻이 옮지는 않았지만 중학교 교장 Chris Smith는 학교구 규정에 무기로 총, 칼, 위험한 물건 또는 화학적 물질로 되어 있다는 이유로 학교구 관계자와의 협의 없이도 7일까지 학생을 정학시킬 수 있다고 말하였다. 교장이 지난 목요일에 Angela를 7일간 정학시킨 것은 정확히 이 규정에 근거한 것이었다.

Angela의 아버지 Hop Kim은 오늘 자기 딸의 정학을 재고해 달라는 요청을 하기 위해 학교장을 만났다. Hop Kim에 따르면, 학년 초 자기 딸이 Jones에 대해 불만을 털어놓았다는 것이다. Angela는 교사 Jones가 자신에게 욕을 하고 다른 학생들과는 다르게 차별대우를 하였다고 말하였다. 그러나 아버지는 자기 딸에게 "네가 Jones 선생님을 잘못 이해했을 수도 있어. 선생님을 존경하고 수업에 더 집중하고 개인적 갈등에 너무 관심을 두지 마."라고 말하였다. 그러나 Hop Kim은 "이제 나는 잘 모르겠습니다. 학교 분위기가 좋지 않은 것 같습니다. 어떻게 학교가 내 딸에게 정학처분을 내릴 수 있어요? 내 딸은 모범생이고, 그동안 전혀 문제를 일으킨 적도 없고, 부모에게 말하지도 않고 이렇게 과격한 행동을 한 적도 없습니다."라고 주장하였다.

Hop Kim은 자기 친구인 Fred Reiss가 News지에 전화했다는 것을 지적하면서, 자신은 뉴스 매체에 이 사실을 알릴 의도가 없었음을 강조하였다. Indianola 주민이면서 변호사인 Reiss는 학교의 처벌이 너무 과하였고, 이러한 학교의 결정에 대항하여 싸우라고 Hop Kim에게 적극 권고하였다. Reiss는 이 중학교의 처벌이 Colorado 주의 Columbine 고등학교에서 일어난 총기 난사 사건을 포함하여 전국적으로 발생하고 있는 사건들의 반작용이라고 믿고 있다.

Reiss의 주장은 다음과 같다. "이것은 학교에서의 총기 소유 문제에 그 어떤 신중한 신뢰성을 줄 것 같지 않습니다. 단순히 땅콩, 나무 잎사귀를 소지하고 있다고 해서 벌을 줄 수 있나요? 우리는 범죄에 알맞은 처벌을 내릴 필요가 있습니다."

교사와 반 친구들이 Angela를 괴롭혔기 때문에 Angela는 학교 인근에 있었던 나뭇잎을 모았다고 가족들은 말하고 있다. 실제로 "교사는 다른 학생들이 Angela를 놀리지 못하게 하기 위한 아무런 행동도 취하지 않았어요. Angela는 매우 선량한 아이에요"라고 Angela의 어머니는 말하였다.

"Angela는 학교의 철자 맞추기 대회에서 우승했어요. Angela는 전혀 말썽을 일으킨 적이 없어요." Angela는 교사가 모욕을 준다고 생각했기 때문에 그렇게 했을 뿐이다. 부모들은 Angela가 잘못했다는 것을 인정하지만, 이 문제가 갑자기 확대되었기에 Angela의 안전과 심리적 건강을 걱정하고 있다고 말하였다. "우리는 Indianola가 자녀를 기르기 좋은 곳으로 믿었기 때문에 이곳으로 이사를 왔습니다. 그러나 이제 보니 학교는 다른 인종이나 피부색이 다른 사람들을 지원하지 않고 있다는 것을 알게 되었습니다." Smith 교장도 Angela가 문제아가 아니라는 것은 인정하였다. 그러나 Smith 교장은 Angela의 공격적 행위는 심각한 것이었고, 7일간의 정학은 정당한 것이었다고 주장한다. Smith 교장은 "우리 학교에서는 폭력을 절대 용서하지 않습니다."라고 소리쳤다.

교사와 학생들에게 인종차별적인 책임을 물어야 한다는 기사에 대해서도 교장은 "근거 없는 날조"라고 그 책임을 거부하였다. Angela는 집에서 과제를 하게 될 것이며, 학교구 규정에 따라 Angela가 제출한 과제는 만점의 60%만 점수가 인정될 것이다. Angela의 아버지는 이런 결정이 잘못되었다고 비판하면서 나쁜 선례를 남긴 학교장과 교사를 함께 비난하고 있다. "여기는 미국입니다. 누구나 공정하게 대우받아야 하고 존중받아야 합니다"라고 Angela의 아버지는 말한다.

- 당신이 교육감이라면 이 문제에 개입해야 한다고 보는가?
- 당신은 교육감으로서 회의가 있기 전에 학교장과 접촉할 필요가 있는가? 아니면 "손을 떼야" 할 필요가 있는가?
- 이 사건은 학교의 구조와 절차에 어떤 시사점을 주는가? 그리고 교육청 규정, 학교 문화, 학생과 교사의 관계 등에 어떤 시사점

을 주는가?

- 뉴스 매체와 학교와의 관계를 생각해보자. 언론이 다른 것은 공정하다고 보는가?
- 이 사건에서 인종차별주의가 문제가 될 수

있는가?

- 학교는 학습조직으로서 기능할 수 있는가? 즉 이 사건을 통해 무엇을, 어떻게 배울 것 인가?

사례 2

창조론자의 냉대?

당신은 남동부 교외에 있는 Canterbury 고등학교의 교장이다. 당신의 학교는 주에서 최고의 명성을 날리는 학교 중 하나이다. 현관의 벽을 장식하고 있는 학교의 모토는 "An Odyssey of Excellence"이다. 사람들은 학교 때문에 이사를 하며, 대부분은 그 결과에 대해 실망하지 않는다. 이 학교구에는 10학년, 11학년, 12학년이 골고루 나누어진 1,500명 규모의 고등학교가 하나뿐이다. 매년 약 75%의 학생들이 고등교육기관으로 진학하고 상당한 수의 학생들이 미국 최고의 대학에 지원한다. 아이비리그에 입학하는 것은 상당한 수의 학생들의 목표이다. 왜냐하면 그들의 부모들도 일류학교를 졸업했으며 성공한 전문직 종사자들이기 때문이다.

당신 학교의 교사들은 유능한 전문가들이다. 그들은 교사로서 교육과 훈련이 잘 되어 있으며, 열심히 일하고, 학생들을 잘 돌보려고 한다. 4명의 교사들은 박사학위를 갖고 있으며 모든 교사들은 기본적으로 석사학위를 소지하고 있다. 당신은 당신의 학교, 학생, 교사 그리고 지역을 자랑스럽게 생각한다. 여러 가지 면에서 교장이라는 직업은 매력적이면서 또한 도전적이기도 하다. 학부모들은 자신의 자녀가 가능한 한 최고의 교육을 받기를 기대하고 요구한다. 그들은 지역사회에 상당한 세금을 내고 있는데, 이는 학교정책이나 아이

들의 성공을 방해하는 요소에 대해 목소리를 낼 수 있는 근거가 된다. 지금 이 순간 생물교사와 학부모 집단 간의 갈등상황으로 인해 당신은 어려움을 겪고 있다. Washington 박사는 15년간 생물을 가르쳐온 베테랑 교사이며, Canterbury 고등학교에서 AP 생물학 과정을 가르치고 있다. Washington 박사는 인기있는 교사이고, 학생들은 AP과정에 들어가기 위해 경쟁하며 우수한 학생들만이 발탁된다. 이틀 전에 당신은 기독교 변호사집단인 '자유를 위한 법률 기구(the Legal Institute for Freedom)'의 변호사로부터 전화를 받았다. 그 변호사는 Washington 박사의 홈페이지에 있는 다음의 문구에 대해 문제를 제기했다.

"생물학의 중심적인 통합원리는 진화론이다. 이 과정의 학생들은 진화론을 공부해야 하고 종의 기원에 대한 설명과 반대되는 이론으로부터 방어할 수 있어야 한다."

그 변호사가 문제 제기한 이유는 Washington 박사가 AP 과정을 이수하고 있는 Hayes 학생의 대학 추천서를 써주지 않겠다는 단호한 자세 때문이다. Hayes는 독실한 기독교인으로 진화론에 동의하지 않았으며 창조론과 자연 속에서의 하나님의 섭리에 대한 확고한 믿음을 가지고 있다.

Washington 박사가 이런 학생을 만난 것은 처음 있는 일이다. 비록 그가 다른 이념과 설명을 받아들인다고 하더라도 그는 종의 기원이라는 설득력 있는 설명체계를 갖춘 진화론을 받아들이지 않

는 학생을 위해 추천서를 쓰는 것은 양심상 할 수 없는 일이라고 믿고 있다. 무엇보다도, 그는 다음과 같이 항변하였다. "나는 생물학을 가르치는 생물학자다. 진화론은 도구이다. 진화론을 부정하는 것은 중력의 법칙을 부정하는 것과 같다. 과학에서 이론은 최대한 사실에 근접하게 하는 것이다." 그는 덧붙여 말했다. "나의 태도는 신자에 대한 차별이 아니다. 오히려 내가 추천서를 쓰는 것은 최고의 과학자가 될 수 있는 학생의 가능성에 대해 신뢰를 주려고 하는 것이다. 과학과 종교는 궁극적으로 다른 질문을 던지며 서로 관련이 없다."

당신은 교육감에게 지금의 상황에 대해 보고했으며, 교육감은 당신의 리더십과 문제해결 능력에 대해 신뢰하고 있다. 학교구에는 추천서와 관련된 규정이 없다. 위원회는 추천서와 관련된 모든 사항들에 대해 교사들에게 권한을 넘겨주었다. 당신은 문제가 더 커지기 전에 미연에 방지하고 싶다. 당신은 학교가 법정소송에 휘말리는 것을 보고 싶지 않으나 그 법률기구는 Hayes 학생을 대신하여 압력을 가하고 있다. 그 학생은 Washington 박사가 스탠포드대학과 프린스턴대학에 자신의 추천서를 써주기를 바란다. 그곳에서 의학전문대학 진학 준비를 위해 생물학을 공부하고 싶기 때문이다. Washington 박사는 이 학생뿐만 아니라 이와 비슷한 신념을 가진 어느 학생에게도 추천서를 써 줄 수 없고 그러고 싶지도 않다고 하였

다. 그는 이 문제는 학문의 자유와 개인의 자유와 관련된 것이라고 생각한다. 그 학생과 학생의 부모 그리고 변호사는 이 문제를 종교적 문제라고 본다. 그들은 학생이 그의 종교적 신념 때문에 벌을 받는 것이라고 주장한다. 더욱이, 그들은 학생이 의사가 되고 싶어 하기 때문에 AP 생물과정 교사의 추천서는 특별히 더 중요하다고 한다.

당신은 오늘 방과 후에 Washington 박사와 만나기로 약속하였고, 내일 오전에는 학생의 변호사와 만나기로 하였다. 당신은 문제의 한가운데 빠진 기분이다. 당신은 계획이 필요하다. 타협이 가능할까? 아니면 법정소송은 불가피한 일인가?

- 어떤 종류의 의사결정 유형이 적절한가? 만족모형? 혼합모형? 아니면 다른 모형?
- 의사결정과정에 누가 포함되어야 하는가? 교육감? 위원회? 교사?
- 장기적인 문제와 단기적인 문제를 생각해 보라.
- 학교는 교사에게 추천서를 쓰라고 강요할 수 있는가? 만약 그렇다면, 교사가 무슨 말을 해야 하는지 상세히 정해줄 수 있는 것인가?
- A학점을 받고, 서로 잘 알며, 진화론에 관한 지식이 풍부한 학생이라면 교사가 추천서를 쓰는 것이 의무사항인가?
- 교장으로서 법적인 방법 외에 문제를 해결하는 다른 방법에 관한 전략을 세워보라.

사례 3

지나친 호감 아니면 단순한 짝사랑?[1)]

유리창을 통해 축구장을 바라보고 있던 교육감 Henry Chalmers는 의자를 돌려 그의 책상 위의 전화기에 불이 들어오고 있는 것을 보았다. 일반적으로 그의 직업은 만족할 만하였다. Midwestern 시의 근교에 위치하고 있는 부유한 명문 공립 고등학교의 교육감인 그는 지역 언론으로부터 집

중조명을 받곤 했다. 농구 경기에서 Midtown Height의 팬이 거칠게 행동할 때, 리포터들은 학교로 찾아왔다. 학교에서 정부와 연예계 사업에서 유명한 동창생이 연설을 할 때에도, 리포터들은 학교로 찾아왔다. 주(州)에서 시행하는 학교 성취도 평가점수가 매년 공개될 때, MHHS은 다시 한 번 모든 분야에서 우위를 차지했으며, 학교의 성취도는 당연히 지역의 2대 주요도시 신문에 기재되었다. Midtown Height는 공교육의 수월성에 대한 모형으로서 최근 두 주간 뉴스 매거진에 실리게 되었다. 보도 내용이 늘 긍정적인 것은 아니지만 언론과의 접촉에 대해 Chalmers는 일가견이 있었으며 그는 언론과 관련된 상황들을 은근히 즐기고 있었다. 하지만 불길하게 울린 그의 전화 벨소리는 이 모든 것을 변화시켰다. 그는 이 전화가 그의 교사에 관한 것임을 확신했다. 단지, 궁금한 것은 언론, 학부모들, 교사, 조합, 아니면 변호사 중에서 누가 전화를 한 것인가에 대한 것이다.

9월, 한 여중생인 Elizabeth Sanders의 부모가 전임교사인 Hal Franklin과 자신의 딸이 지나치게 긴밀해진 관계를 갖는 것에 대하여 걱정하기 시작했다. Elizabeth는 Hal 교사의 1학년 세계사 수업을 듣고 있는 대부분의 학생들처럼 그의 카리스마 있는 수업과 지적이고 깊이 있는 언변에 매우 감탄하고 있었다.

Elizabeth와 그녀의 학급 동료들은 그의 권위적이지 않은 스타일을 높이 평가했다. 그는 학생들이 자신의 이름을 부르는 것을 허용했고, 사회와 인간, 실존에 대하여 편하게 논의할 수 있는 수업 분위기를 조성했다. Hal 교사의 수업에서 학생들은 의미 있는 주제에 관하여 자유롭게 토론했으며, 성적에 관해서는 크게 걱정하지 않았다. Hal 교사는 인습 타파주의자처럼, 부서회의에서 학습과제와 수업지도안, 시험이 유기적인 배움의 과정을 방해한다고 주장하여 그와 같은 제약들을 수업

과정에서 없앴다. 그의 부장과 학기 성적의 필요성에 대해 이야기했음에도 불구하고, Hal 교사는 그의 어린 애호가들에게 지적 자유를 표현할 수 있도록 하였으며 학생들은 자신이 "어른처럼 대우받는 것"에 Hal 교사에게 고마워하고 있었다. Elizabeth 부모들이 걱정하기 시작한 것은 자신의 딸을 어른처럼 대우하는 Hal의 행동 때문이다. 그들은 Hal의 수업의 체계성에는 부족함이 있긴 하지만 딸이 좋은 경험을 하고 있다고 생각했고, 그들의 아들 또한 같은 교사를 칭찬한 것을 기억하니 만족하고 있었다. 2학년 내내 Elizabeth는 좋아하는 교사와 관계를 유지하고, Hal 교사가 지지하고 있는 국제사면위원회(Amnesty International)의 열렬한 활동가가 되었다. 봄이 지나면서 Sanders 부부는 여름 방학을 통해 교사와 딸의 관계가 멀어질 수 있는 좋은 기회라고 생각하며 기대하고 있었다.

그들은 Elizabeth가 여느 여학생들처럼 교사를 짝사랑하고 있다고 생각했으며 친구들과 함께 여름 캠프에서 상담가로서 일을 하게 되면 선생님에 대한 관심이 뒷전으로 밀리게 될 것이라고 기대했다. Sanders 부부는 Hal이 결혼을 했고, 자신의 자녀와 비슷한 또래에 있는 세 명의 자녀가 있다는 것을 알고 있어 안심하고 있었지만 선생님 또한 딸에 대해 이성적인 호감을 가지고 있으며 둘이 여름 내내 이메일로 교류하고 있을 거라고는 전혀 상상하지 못했다.

전임 교사에 대한 딸의 감정이 사소할 것이라는 확신이 점점 줄어들었지만 그들은 여전히 교사가 올바른 결정을 내릴 거라고 믿고 있었으며 교사에게 자신들의 걱정을 알려야겠다는 판단을 내렸다. 어느 날 오후 Elizabeth의 엄마는 사회과에 전화하여 Hal과 기분 좋게 통화했다. 그녀는 Elizabeth가 다른 어느 것보다도 국제사면위원회에 지나치게 관심을 쏟고 있어 걱정이 된다고 말하면서

선생님께서 Elizabeth가 다른 일에도 균형을 잡을 수 있도록 도와주기를 희망하고 있다고 이야기하였다. Hal은 Elizabeth가 자신의 책임을 잘 이행해 나가고 있는 것처럼 보이며, 자신도 그녀를 잘 지켜보겠다고 말했다. Hal은 부모가 왜 딸의 상황이 변화되기를 원하는지 이해하는 것처럼 보여 교사를 향한 딸의 짝사랑에 대해서는 직접적으로 다루지 않았다. Sanders 부인은 경험 있는 교사인 Hal이 이와 같은 상황을 전에도 다루어 보았기 때문에, 문제를 다루는 법을 알 것이라고 믿었다.

그러나 Elizabeth는 결코 다른 것에 관심을 갖지 않았다. 오히려 그녀는 Hal과의 만남에 더 많은 시간을 할애하였으며, 때로는 국제사면위원회 활동을 핑계로 학교 밖 이웃 동네 커피숍에서 만나기도 하였다. 11월에 있을 학부모 회의에서, Sanders 부부는 Hal과 다시 한 번 조금 더 직접적으로 이 문제에 대하여 이야기를 나누어야겠다고 생각했다. 비록 Elizabeth가 더 이상 그의 수업을 듣고 있지는 않지만, 부부는 회의 중간중간에 그를 만나려고 했다.

하지만 그 모임은 그들을 만족시키지 못했다. Hal은 Sanders 부인과 전에 가졌던 전화통화가 충분했다고 생각했지만 그녀와 생각이 같지 않았다. Elizabeth의 부모들은 Hal이 Elizabeth로부터 거리를 두길 원했지만 Hal은 Elizabeth가 "친구이자 매우 중요한 사람"이라고 강하게 역설하였다. 그리고 자신이 그녀를 피하거나, 친밀감을 줄이겠다는 암시를 주지 않았다. 이 상황을 지켜보던 Sanders는 Hal에게 "Elizabeth는 당신에게 관심이 있는 것이 분명하고 우리는 그것에 관해 걱정하고 있다. 우리는 당신이 그녀를 격려하는 것 이상의 것을 하지 않을 것을 알고, 이런 곤란한 상황에 대해 미안하게 생각하고 있다. 그러나 당신은 분명히 이 같은 상황을 이전에 처리해야 했다. 우리는 Elizabeth가 계속해서 빠져들게 되면 거기에서 빠져나오기 더욱 힘들어진다고 생각한다"고 솔직하게 말하였다.

Sanders 부부는 Hal이 Elizabeth와의 만남을 그만두거나 만남의 수준을 감소시키는 것을 거절한 것에 대해 매우 당황했다. Hal은 부모의 걱정에 대해서는 충분히 이해하고 있지만 "Elizabeth 스스로 이런 결정을 내리기에 충분한 나이이다"라고 말했다. 만약 추구하는 활동이 건설적이라면, 부모가 딸이 누구와 시간을 보낼 수 있는지 없는지에 대해서 말하는 것은 적절하지 못하며, 딸 스스로 판단할 수 있도록 자율권을 허락해야 한다고 말했다. 만약 Sanders 부부가 Elizabeth를 구속하려고 한다면 더 이상 그들과 협력하지 않을 것이라고 이야기했다. 이러한 이야기 후, Hal은 다른 부모들이 약속을 기다리고 있다며 그들의 방문에 감사하며 즐거운 저녁이 되라는 말을 남긴 채 사라졌다.

Sanders 부부는 당황스럽고, 화가 났지만 상황을 더욱 악화시킬까 봐 기분을 가라앉히기 위해 노력하면서 복도에서 다음 일에 대해서 생각하였다. 복도 끝에 위치한 사회과를 보고 그들은 사회과의 부장을 만나 방법을 찾기로 하였다. 평소에 Hal에 대해 부정적인 인식을 가지고 있었던 그녀는 Sanders 부부의 이야기를 들으며 화가 나기 시작했다. 그녀는 Hal이 규칙을 전혀 존중하지 않는 것에 대해 불만이 많았다. Hal이 운영하는 수업의 교과과정과 일반지침, 성적과 출석처리의 필요성, 사회과 교육과정의 일반적인 방향에 대해서 Hal과 부장은 분쟁이 있어 왔다. Hal이 부서 내에서의 분쟁들을 선동했다고 부장은 생각했으며 그의 솔직한 표현들은 오히려 게으름 피우기 위한 하나의 핑계라고 믿었다. Hal은 다른 교사들이 틀에 박힌 규칙에 얽매여 있다고 비난하면서 자신은 매일 3시 30분에 사무실을 떠나서, 체육관에 가서 학생들과 농구게임을 하거나, 그의 국제사면위원회의 "열광적인" 팬들을 학교 밖에서 만나고 있다는 것을 부장은 알게 되었다. 그녀는 Sanders 부부가 상의하러 온 것에 대해 감사를 표한 후, 문제상황에 대해 더 깊이 조사한 후에 빠른 시일 내에 다시 연락을 주겠다고 약속하며 교장을 만나기 위해 급하게 움직였다.

몇 주가 지나고, 교장은 Sanders 부부와 부장, 노조위원장, Hal Franklin과의 만남을 가졌다. 교육감인 Chalmers는 이 상황이 어려운 상황이지만 어쨌든 통제될 수 있는 것처럼 보였으므로 그 상황에 직접 개입할 필요성은 느끼지 않았다. Hal에게 학생들과의 학교 밖 만남을 즉시 중단할 것을 지시했으며, 국제사면위원회와 관련된 만남은 동아리의 계약에서처럼 교내에서만 이루어지도록 하였다. 게다가, 공식적인 동아리 활동 외에는 그들의 딸과 접촉하는 것을 금하라는 부모의 요구를 존중해주어야 한다고 했다. Hal은 그의 부장에게 매주 수업지도안을 제출해야 하며, 계획된 평가와 성적처리에 대해서도 시행해야 했다. 이러한 지시들을 따르는 것에 마음이 내키지는 않았으나 부장과 Sanders 가족이 만족하고 가족의 평화를 위하여, Elizabeth가 국제사면위원회의 일을 계속하도록 하는 조건으로 이러한 규칙들을 지키기로 하였다.

이 조건에 동의한 후 어느 날, Hal은 아침 수업에 들어가 학생들에게 자신은 행정가에 의해 박해당했다는 것을 알리며 "내가 여러 가지 일에 대해 도전하는 것에 대해서 그들이 싫어한다"고 말했다. 그는 한 주간의 수업 계획을 나누어 주고, 다가올 시험에 대하여 알렸다. 학생들은 항의했으나 그는 그들을 조용히 시키며 "그들은 나를 제거하기를 원한다"고 말하며, "이렇게 말하고 싶진 않지만 나는 타협해야 한다. 나도 어쩔 수 없다. 여기에서는 자유와 지성주의를 위협적으로 생각하고 있다"고 이야기했다. 학생들이 교장을 비난하자, Hal은 "나도 알아. 권력의 사람을 향하여 우리

가 무엇을 할 수 있겠니?"라고 중얼거렸다. 학생들의 불평은 계속되었으며, Hal의 몇몇 동료들도 그들에 동참했다.

그러나 Hal은 적어도 Elizabeth에 대해서만은 규칙을 지키고 있지 않았다. 그는 예전에 반에서 함께 팀 지도를 한 적이 있었던 영어 선생님을 통하여 Elizabeth에게 편지를 전달할 수 있는 한 명을 알아 두었다. Hal과 Elizabeth 관계가 통제 아래 있다고 보고받은 지 2주 반이 지났을 때 Sanders 부부는 그들의 컴퓨터 휴지통에서 Elizabeth가 삭제한 e-mail을 우연히 발견하게 되었다. 편지에 적힌 날짜들은 모두 학교에서 Hal과 부장, 교장, 노조위원장과 가졌던 모임 이후로 되어 있었으며 편지의 내용은 행정가와 Sanders에 대한 비난이었다. Sanders 부부는 Hal이 규칙을 무시한 것에 격노하여, 교육감인 Chalmers에게 전화를 걸었다.

다음 날 아침, Hal은 무기한 수업정지를 당했으며 그의 수업에는 임시 교사가 들어갔다. 학교 행정의 방향에 대한 설명을 듣고도, 학생들은 Hal에 대한 지지를 학교행정에 대한 투쟁으로, 끊임없는 분쟁상황으로 몰고 갔다. 임시 교사를 거침없이 비난하고 야유했으며, 학생들은 Hal을 복직시키기를 원하는 탄원서를 제출하고, 학교장과 함께 만남을 가졌다. 그러나 학교장은 Hal의 상황에 대해 구체적으로 설명해주지 않았다. 결국, Hal과 노조위원장의 두 번의 만남 끝에 학생과의 접촉을 하지 않거나 직업을 그만두라는 교육감의 선택의 최후통첩을 받고, Hal은 학교를 떠난 지 10일 만에 다시 돌아왔다. 학생들은 박수로 그를 환영했고, 교사들은 박해로부터 돌아온 것에 대해서 축하했다. 행정 당국과 철학적 견해 차이 외에 다른 어떤 것이 있으리라는 의심은 누구도 하지 않았다.

하지만 이번에는 Sanders가 변호사를 고용해서 교육감인 Chalmers에게 연락했다. 그들은 Elizabeth가 학교전화번호가 찍힌 두 건의 전화통화에 대해 의심했다. Elizabeth는 학교의 라커룸에서 Hal로부터 온 전화라는 것을 인정했으며, 체육관의 잘 이용되지 않는 창고에서 Hal과 만났다는 것 또한 인정했다. 혼란스러운 Elizabeth는 자신이 고등학교를 졸업하면 Hal과 결혼하기로 약속이 되어 있으며, 그는 그녀의 부인과 이혼한 상태라고 이야기했다. 그녀는 Hal과 함께 하는 미래에 대한 신념을 가지고 있었다. 그 날 밤 Sanders는 딸을 위해 변호사, 교육감, 상담자에게 전화를 걸었다.

다음날 오전, 교실에 다시 임시교사가 오자 학생들은 동요했다. 어떤 학생들은 새로운 교사와 함께 수업활동 하는 것을 거절했으며, 어떤 학생들은 수업에서 나갔다. 그들은 탄원서 제출과 더불어 임시교사에 대한 욕설을 계속해 나갔다. 성적이 나쁘게 나올 수 있다는 위협감 때문에 저학년들은 쉽게 안정을 찾아갔지만 고학년들의 불평은 교육감이 교실 뒷자리를 차지하고 서 있기 전까지 계속되었다. 학생신문에는 Hal에게의 엄격한 처사에 항의하는 편지로 가득했으며, 교장의 비서실에서는 자녀가 좋아하는 교사의 복귀를 요구하는 성난 학부모들로부터 전화를 받았다. Hal의 몇몇 동료들은 부장에게 "강행하는"것을 비난하고, 팀티칭을 했던 영어 교사는 지역 신문에 교육자로서 그의 가치를 옹호하는 글을 실었다. 오직 교장, 부장, 노조위원장, Elizabeth의 상담자만

이 교수법 이외의 다른 문제가 있다는 것을 알고 있었다.

다행히도 겨울 방학이 시작됐으며 새로운 학기가 되면 이 폭발할 것 같은 분노가 중단되리라고 교육감인 Chalmers는 믿었다. 이러한 예상은 Snaders의 최근 전화 한 통을 받기 전까지는 옳았다. 전화로 Sanders는 Hal이 여전히 딸에게 연락하고 있다고 말하면서 자신에 대한 통제를 잃고 "당신이 Hal을 제거하거나 내가 제거할 것이다" 라고 무섭게 말하기 시작했다.

- 교육감 Chalmers가 초기에 학교장이 Hal 사태를 해결하도록 한 결정에 대해서 어떻게 생각하는가?
- 이런 상황에서 교육감은 어느 정도로 개입하는 것이 적절한가?
- 이 사태에 대한 결론을 낼 때 교육감의 입장에 서서 생각해 보자—다음엔 무엇을 해야 하는가?
- 교육감은 부모들에 대해서 어떤 의무감을 가져야 하는가? 교사들에게는?
- 부모들의 위협은 걱정거리인가?
- Midtown Heights 고등학교의 학교 문화에 관해 어떻게 말할 수 있겠는가?
- 이 사례가 학교의 리더십이 추구해야 하는 문화적인 규범에 대한 통찰을 제공하는가?

사례 4

변화를 위한 지도, 지도를 위한 변화[2]

당신의 직원들과의 회의를 준비하면서, 당신은 모든 일이 추진되기 시작했던 여러 달 전의 그 날을 회상하고 있다. 교육감은 교육행정가들과 교사조

합의 지도자들과의 회의를 소집하여 교육구의 교육 성취도 자료를 검토하는 자리를 가졌다. No Child Not Behind 법안으로 인해 성취도 자료가 처음으로 각 영역별로 분리되었다. 그것을 보는 것은 충격을 불러일으켰다. 자료들의 매 페이지마

다 당신의 교육구, 학교의 학생들이 학업 결손으로 인해 낙제하고 있는 것이 드러났다. 백인, 흑인, 히스패닉, 비영어권 학생들 사이에는 커다란 성취도 격차가 있었고, 사회경제적 차이가 저소득층 학생들의 주 의무 시험 기준에 도달하는 데에 상당한 성취도 격차를 발생시켰다. 9학년 학생들 중 4분의 1이 다음 학년으로 진급하는 데 필요한 한 해의 학점을 충분히 획득하지 못했다. 당신의 학교가 생각하는 졸업률은 현실보다 환상에 가까운 것으로 나타났다. 비록 과거에 몇몇 상급 학년의 졸업률이 증가하긴 했지만, 많은 학생들이 초기에 중도 탈락하고 있었다. 당신은 자신의 교육구의 높은 성취도를 자랑스러워했지만, 이제는 그 높은 성취도가 오직 경제적으로 풍족한 백인 학생들에게만 해당된다는 것이 드러났다. 교육감, 교장, 교사조합의 지도자들 모두 그 자료가 교육적 변화를 호소하고 있다는 것을 동의하고 있었다. 이러한 명백한 증거에 대항하여, 누가 변화를 반대하는 주장을 할 수 있을까?

최초의 회의가 열린 이후에도 여러 달 동안 토론이 진행되었다. 위원회는 수업 일정, 수업 전달 방식 그리고 교육과정의 변화에 관한 토의를 하기 위해 소집되었다. 다른 집단들은 학생들의 감성적인 욕구를 충족시키기 위해 더 나은 방안을 찾기 위한 토론을 위해 모였다. 모든 분야에서 온 교사들이 참여했고, 때 맞추어 권고안이 발표되었는데, 그것은 당신의 학교가 수업 일정을 구획하고, 더 작은 학습 공동체를 계발시켜야 한다는 것이었다. 일이 잘못되기 시작한 것이 바로 그 때였다.

당신 학교의 몇몇 성악 교사가 권고안을 무효화시키기 위한 교사 대 교사 운동을 준비하고 있었다. 영어과 동료 교사들에게 말한 수학 교사들의 말을 듣고 나서, 그들은 교육적인 이유로 걱정하기 시작했다. "당신은 수학의 교육방식을 고려해야 합니다. 수학 과목의 학생들은 일관성, 즉 일

년짜리 과정이 필요합니다. 구획화된 일정은 수학의 경우 실패할 수밖에 없습니다." 다른 이들, 특히 음악, 미술, 고급 외국어를 가르치는 교사들은 "이 권고안은 선택과목을 없애버리고 있다. 교사들은 그들의 직업을 잃게 될 것이며, 높은 성취수준의 학생들은 그들의 기회를 잃어버릴 것이다"라고 걱정했다. 놀랍게도, 당신은 몇 달간의 위원회의 작업을 통해 전개된 지지의 난맥이 해결되기 시작하는 것을 보았다.

얼마 지나지 않아 몇몇 학부모들이 들고 일어났다. 계획된 변화들이 그들 자녀들의 교육에 해를 끼친다고 불평했다. 학부모 집단은 작았지만, 백인들로 이루어져 있었고, 잘 조직되었으며, 높은 수입을 가진 주민들이었다. 그들은 전통적인 교육프로그램에 어떠한 변화도 원하지 않았다. 그리고 그들이 가진 관점을 관철시키기 위해서 어떻게 압력을 가해야 하는지, 어떻게 지지를 이끌어내는지 알고 있었다. 한 아버지는 "학교는 나를 위해서 일하고, 그것은 나의 아들을 위해서 잘 일하고 있습니다. 왜 잘 작동하고 있는 학교를 섣불리 고치려 합니까?"라고 말했으며 다른 이들은 "필요에 대한 증거나 성공의 기회"가 없는 어떠한 변화도 "납세자에게 무익한 일"이라며 큰 목소리로 주장했다. 변화로부터 이익을 얻는 대부분의 학부모는 침묵했다. 목소리를 내려는 소수의 사람은 조롱받았고, "덜 효과적인 양육"이라는 비난을 받았다. 비록 공공연한 인종차별적 발언은 없었으나, 당신은 학부모 집단의 발언들 중에는 그러한 인종차별적 뉘앙스를 느꼈을 것이다.

자료는 변하지 않는다. 낮은 수행의 증거는 여전히 명백하다. 그러나 자료는 굳건히 견지되고 있었던 사람들의 가정과 가치에 직면하면서 사라져 버렸다. 당신은 학부모들로부터 받은 전화 메시지와 전자우편, 교직원들과의 대화에 좌절했다. 당신이 받은 가장 최근의 부정적인 발언

들의 목록을 보자.

- 왜 이 모든 것들이 저런 종류의 학생들을 더 잘 하게 하는 데 사용되어야 합니까? 아마도 당신은 그들의 기회에 대해 보다 현실적이어야 할 것입니다. 누군가는 햄버거를 굽고, 화장실을 청소해야 합니다.
- 학생 중에 일부는 낙제하게 될 것입니다. 종 모양의 곡선(정규분포)이 나타내주는 단순한 지식이 그것을 말해주고 있습니다.
- 우리는 이 학교를 다니기 위해 높은 세금을 내고 있습니다. 학부모들은 요구하고 있지만 당신은 사람들이 원하는 것을 들으려고 하지 않고 있네요.
- 나는 20년 동안 내가 해온 것을 변화시킬 아무런 이유를 찾지 못했습니다.
- 학생 성취도는 나의 책임이 아니라 학생들의 책임입니다. 만약 그들이 낙제하기로 선택했다면 그것은 그들의 문제이고, 그들은 그것으로부터 배울 필요가 있습니다.
- 우리 학교의 전통에 무슨 문제가 있다는 말씀입니까?

당신은 이제 사람들이 교육과 누가 교육받아야 하는가에 대한 생각이 매우 다르다는 것을 이해했을 것이다. 당신은 또한 전통이 때로 성공보다 더 중요하다는 것도 이해했을 것이다. 당신의 비관적인 시점에서 당신은 학급체제가 개별 학생보다 더 중요할 수 있다고 느끼기 시작했다. 한 다발의 자료를 집어 들고서, 당신은 당신의 교사들과 회의하기 위해 회의장으로 향한다. 당신의 발자국 소리가 복도를 울리고, 당신은 이 시점에서 어디로 가야 할지 의문이 든다. 어떻게 하면 교육적 실천이 당신의 학교에서 진전되게 할 수 있을까? 변화를 위한 필요를 교사들과 학부모들에게 보여주기 위해서는 어떤 것들이 더 필요할까? 변화를 반대하는 사람들에게 어떤 의제가 먹혀들까? 재구조화를 위해 시도하는 것은 옳지 않은 것일까? 어떻게 교육이 제공되어야 하는가를 결정하는 데 얼마나 많은 다양한 집단들이 참여해야 하는 것일까? 드디어 당신의 교사들을 만나자, 당신의 생각이 구체화되기 시작하고 당신은 말하기 시작한다.

당신이 이 학교의 교장이라고 가정해보자.

- 이 문제에 대한 당신의 진단은 무엇인가?
- 당신의 단기적인 계획은 무엇인가? 장기적인 계획은?
- 직원회의에서 교사들을 만날 때 그들에게 말할 것에 대한 개요를 작성해 보자.
- 교사들에게 행한 연설과 당신의 행동계획에 대한 긍정적인 결과만큼이나 부정적인 반응도 예상하려고 시도해 보라.
- 당신은 교장이 효과적으로 지도해 나갈 수 있다고 생각하는가? 왜 그런가?

사례 5

학부모의 요구[3]

Judy Claxton은 Oak Street 초등학교의 교장으로 고용되었다. Oak Street 초등학교는 급속히 발전하는 대도시의 북쪽 20마일에 위치한 지역의 세 개 초등학교들 중 하나이다. Oak Street 초등학교는 학생이 400명, 교사가 22명, 보조교사가 12명이고, 학교건물은 그 지역에서 가장 오래된 건물이었다. 사실, 10년 전만 해도 유치원과정부터 6학년까지 아이들을 담당하는 유일한 초등학교였다. 부유한 가정의 아이들은 최신식의 신설 초등학교 두 곳에 다니는 반면에, 세 학교 중에서 Oak Street 초등학교는 가장 다양한 배경의 아이들이 다니고 있었다. 여러 세대를 거쳐 그 지역에서 살아온 가정의 학생들이 대부분이며, 부유하고 전문직종인 가정배경의 학생들이 대다수이지만, 중하류의 사회경제적 배경을 가진 학생들도 소수 있었다.

Judy가 교장으로서 첫 번째 근무하는 학교가 바로 이 곳이다. 그녀는 초등학교 6학년 과학교사로 교직을 시작한 이래로, 최근에는 그 주의 반대편 지역에서 초등학교 교육과정 관리자로 근무하였다. 학생들과의 직접적인 상호작용을 그리워하여 그녀는 교장이 되고자 마음먹고 주 전체를 탐색하기 시작하였다. 교육위원회의 결정에 따라서 8월 둘째 주 월요일에 교장으로 임명되었고, 학교로 짐을 옮기고 교직원들과 첫 대면을 하고 8월 말에 개학하는 400명의 아이들을 맞이할 준비를 하느라고 꼬박 두 주를 보냈다.

그녀는 Daniel Baines 역시 교장직에 지원했었다는 사실을 학교에서 근무하는 오랜 친구로부터 알게 되었다. Daniel Baines는 24년 동안 3학년 교사로서 근무했다. 그는 모든 교사들로부터 존경과 호감을 받았으며, 동료들로부터 받은 수많은 격려의 글들은 그가 가장 유력한 후보자임을 증명하는 듯 보였다. 그러나 위원회가 왜 그를 선택하지 않았는가에 대해서는 아직도 의문으로 남아있다. 그의 심정은 참담하였고, 결코 위원회를 용서하지 않으려 하였다.

어느 날 이른 아침, 8월의 뜨거운 열기 속에서 교사들이 교실 수업준비를 하는 동안, Judy Claxton은 교과서 목록을 만들고 있는 Baines를 발견하였다. "안녕하세요, Dan" 그녀는 인사를 건넸

다. 그는 잠시 고개를 들어 누구인가만을 확인하고 자기 일에 열중하였다. "제가 도와드릴 일은 없나요? 필요한 것은 모두 찾았나요?" 그녀는 정중하게 물어보았다.

Baines는 교과서 수를 세고, 그 상태를 주의 깊게 살펴보는 일을 계속했다. Judy는 다른 말을 건네 보려고 애썼다. "제가 도와드릴 일이 있으면 주저하지 말고 이야기하세요. 내 방 문이 언제나 열려있다는 것을 알아주었으면 좋겠군요."

"이봐요" Baines가 날카롭게 말했다. "이건 내 일이요! 누구와 연줄이 닿아 있는지는 모르지만, 혼자 내버려두는 것 이외에 당신이 날 위해서 해줄 수 있는 것은 아무것도 없다는 것은 확실히 알고 있소."

Judy Claxton은 몹시 놀란 채로 자신의 사무실로 향했다. 이것은 그녀가 원했던 Baines와의 첫 대면 상황이 아니었다. 그녀에게는 연줄이 닿아있는 그 누구도 없었다. 그녀는 교육청의 그 누구와도 친분이 없었다. 그녀는 교사와 행정가로서의 업무성과, 학교리더십에 대한 비전, 교직에 대한 헌신 등에 기초하여 본인이 교장으로 선택되었음을 확신하고 있었다. 당분간 그녀는 Dan Baines와 거리를 두고 지냈다.

매우 바쁘기는 했지만 Judy Claxton은 개학 후 몇 주 동안 학교생활을 잘 꾸려갔다. 그러던 어느 날 저녁 Marcy Davis라는 학부형으로부터 전화를 받았는데, 그녀의 아들 Hunter와 그 담임 선생님 사이에서 벌어진 일 때문이었다. 그녀와 변호사인 남편 John이 다음날 아침 8시에 공식적인 항의를 하기 위해서 교장실에 갈 것이라는 것을 통보했다. Claxton 교장이 대꾸를 하기도 전에 전화는 끊겼고, 그녀는 혼란스런 상태로 계속 자리에 앉아 있었다.

다음날 아침 Claxton 교장은 7시 15분에 학교에 도착해서 곧장 학생파일을 찾으러 갔다.

Hunter Scott Davis라는 학생파일을 열어 보았으나 별다른 문제를 발견할 수 없었다. 한 가지 알아낸 사실은 그 학생이 3학년 Baines 선생님 담당의 학급에 배정되었다는 것이다. 몇 주 전에 퉁명스런 말을 들은 이후 Baines와 아무런 대화를 나누지 않았지만, 이 일로 인해 그와 대면하리라는 점을 직감하였다.

Baines는 26년 동안 매일 아침 그랬던 것처럼 7시 30분에 교실 문을 열었다. 바로 그 때 그의 뒤에는 교장 선생님이 서 있었다.

"Dan, 어젯밤에 Hunter Davis의 어머니로부터 전화를 받았어요." Baines는 초조한 모습을 보였다. "어제 학교에서 발생한 일로 인해 화가 많이 났는데, 자세한 이야기는 하지 않았어요. 어머님 아버님 두 분이 면담하기 위해서 8시에 교장실로 오신다고 했어요. 그 전에 제가 알아야만 할 사항이 있나요?"

"그 분들이 무엇에 관한 이야기를 하시는지 도무지 알 수가 없군요." Baines는 냉담하게 이야기하였다. "아무 일도 없었어요. 하지만 그 학부모가 무엇을 원하든지 모두 얻게 될 거라는 것은 확실해요. 항상 그래왔으니까요." Claxton 교장을 복도에 남겨둔 채 Baines는 이 말을 하면서 교실 안으로 들어갔다.

8시 바로 전에 교장의 비서인 Nancy Drummond가 출근했다. Claxton 교장은 곧바로 그녀를 교장실로 불렀다. "아들 Hunter에 관한 일로 Davis 부부와 8시에 만나기로 했어요. 이 사람들에 대해서 알고 있는 것이 있나요?"

Nancy의 표정이 밝아졌다. "대단한 분들이에요. 항상 학교와 선생님들을 지원해주고 계시죠. 자원봉사도 하시고, 학교발전기금도 많이 내시고, 이 학교 동창이시고, 15년 전에 이 학교를 졸업하셨죠. 별 문제 없으실 거예요."

"아들 Hunter는 어떤가요?" Claxton 교장이 물었다.

"글쎄요, 남자아이들이 다 그렇죠. 지금까지는 별 문제 없었어요. 심각한 것은 아니지만 아버지가 그랬던 것처럼 약간 고집이 세긴 해요." Nancy가 웃음을 지어보이고는 밖으로 나갔다.

잠시 후에 교장은 문 밖에서 비서가 Davis 부부를 열렬히 환영하는 소리를 들었다. Claxton 교장은 문을 열고 자신감 있는 미소와 악수로 그 학부모들과 인사를 나누었다. 그리고 교장실로 안내하고는 "무슨 일 때문인지 말씀해 보세요."라며 면담을 시작하였다.

Davis는 Baines 선생님이 오해하시고 다른 3학년 학생을 괴롭혔다는 이유로 죄 없는 Hunter를 야단치고 벽에 서있으라고 하셨다고 설명하였다. Hunter는 아무런 잘못이 없었기 때문에 그것을 설명하려고 하였다. 그 때 Baines 선생님은 Hunter를 붙잡아 끌고 가서는 햇빛이 내리쬐는 곳에 물도 없이 20분 동안이나 서있게 하였다. "하교 길에 만난 Hunter는 극도로 기분 상한 상태였어요. 그래서 Hunter의 이야기가 사실임을 입증해주는 친구 아이들의 부모님들에게 연락했죠. Hunter의 친구들은 처음부터 끝까지 모두 지켜보았어요."

Judy는 정중하게 물었다. "Baines 선생님과 이 문제에 대해서 이야기해 보셨나요?"

"아니요!" 학부모들이 한 목소리로 대답하였다. "우리가 이야기를 하면 선생님이 Hunter에게 화풀이할까 봐 겁나요. 그 선생님은 항상 그런 식으로 행동하셨어요. 다른 학부모들이 우리에게 그 점에 대해서 경고를 했었어요."

"제가 생각하기로는 Baines 선생님을 불러서 설명을 들어보는 것이 가장 좋을 것 같은데요." Judy가 제안하였다. 학부모들은 그것을 거절하였고, Hunter가 다른 반으로 갈 수 있도록 요구하였다.

"Claxton 교장 선생님, 이 점을 분명히 아셔야 해요. 교육위원회 의장과 장학관이 친한 친구이며 이웃이예요. 그들은 이미 Baines 선생님은 즉시 엄중한 문책을 당할 것이라고 확인해 주었어요. 오늘은 Hunter를 집에 데리고 있겠습니다. 내일 아침까지 새로운 반에 배정해 주시기를 기대하겠습니다." Davis는 반항적인 태도로 문을 나섰다. "Baines 선생님 같은 분이 교실에 있어서는 안 된다고 생각해요." 그녀의 남편 역시 이 말을 남기고는 따라 나갔다.

Judy Claxton은 안경을 벗고 의자에 허리를 대고 앉아서 눈을 비빈 후에 긴 한숨을 쉬었다. 그녀는 일이 점차 확대되어서 결국 통제할 수 없게 될 것이라는 강한 느낌을 받았다.

- Judy Claxton이 지금 해결해야 할 문제들은 무엇인가?
- 그녀가 장기적으로 해결해야 할 문제는 무엇인가?

- 그녀는 신속하게 아동을 보호하는 조치를 취해야 하는가 아니면 신중하게 교사의 권리를 보호해야 하는가?
- 그녀는 그 사건을 목격했다고 주장하는 학생들을 이 사건의 해결에 포함시켜야 하는가?
- 학생의 안전에 위협이 되지 않고 학부모의 요구를 무시하지 않으면서 시간을 벌려면 어떻게 해야 하나?
- 아동을 새로운 반으로 옮겨달라는 학부모의 요구를 들어줌으로 인해서 발생하는 긍정적 또는 부정적인 결과는 무엇인가?
- 장학관과 상담을 해야 하는가?
- 여러분 자신이 교장이라고 생각하고, 이러한 문제를 해결하기 위한 전략을 개발하라.

사례 6

Urban 고등학교의 딜레마[4)]

Urban 고등학교는 주요 도시에 소재하는 100개의 고등학교 중 하나이다. 학교의 외관에서는 위엄이 느껴진다. 5층의 벽돌건물로 되어있으며 현재 재학 중인 학생들의 조부모, 증조부모 세대에 건축된 건물이다. 몇 블록 떨어져 있는 성당은 비슷한 시기에 건축된 오래된 건물이며 그 당시의 이주민들로부터 지어진 것이다. 학교가 소재하고 있는 지역은 안정적인 분위기를 풍기고 있으며 그 지역의 상점들은 이태리풍으로 되어 있다. 사실 일상어는 이태리어이고 몇몇 빵집과 식당은 그 지역에서 오랫동안 명성을 날리고 있다.

안정적인 분위기 외에 지역의 또 다른 특성은 거주자를 남녀노소 가리지 않고 내부적으로 밀착시켜주는 섬나라 근성이다. 지역이 속해 있는 도시의 특성을 이 지역에서는 찾아볼 수가 없다. 여러 면에서 지역은 여전히 인종차별과 싸우고 있으며 학교에서도 이러한 문제와 싸우고 있다.

상당수의 고등학생들은 표준 영어를 구사하지 못했다. 그들은 이태리어가 모국어인 가정에서 이태리어를 사용한다. 그들은 초등학교를 졸업할 정도의 영어 수준은 되지만, 중등학교에 들어가서는 읽기에 어려움을 겪고 있으며 교육적 도전 앞에서 종종 실패를 경험하게 된다. 이 학생들은 기본적인 능력은 충분하지만 그 능력은 표준 영어를 사용하는 것으로는 전환되지 않는다.

Dante Lavelli 교장은 지역에 뿌리를 두고 있다. 근검절약하는 계몽된 어머니에 의해 그는 중등학교와 주립대학을 졸업할 수 있었다. 교육리더십을 전공으로 박사학위를 취득한 후, 그는 자신의 모교이면서 교사로서 재직했던 학교로 돌아가 교장으로 임명되었다. 박사과정을 이수하는 동안 그는 교감으로 일하기도 했으며, 마침내 다른 도시에 위치하고 있는 고등학교의 교장이 되었다. 그러나 오래된 지역, Sorrentp Heights로 돌아가는 데는 특별한 무언가가 있었다.

Lavelli는 그 지역의 아이들이 영어 사용에서 느끼고 있는 어려움이 그들의 잘못이 아니라는 점을 이해한다. 문제를 해결하기 위해, 그는 정규 교육과정에 뒤처지지 않도록 언어능력을 갖추지 못한 학생들을 돕는 프로그램을 개발하는 데 성공했다. 비록 그 프로그램이 Sorrento Heights의 학생들만을 위한 프로그램은 아니었지만, 등록생의 절반 이상이 그 지역 학생들이었다. 나머지 등록자들도 마찬가지로 제한된 영어 수준을 갖추고 있었으며, Urban 고등학교로 전학 온 학생들 또는 최근의 이민자들이었다.

Lavelli의 프로그램은 성공적이었다. 선행연구에서 제안하고 있는 것처럼 읽기 프로그램은 한 학급에 최대 20명이 넘지 않도록 제한하고 있으며 평균적으로 15명 정도이다. 교사들은 학생들을 개별적으로 지도했으며, 각 학생들의 수준에 맞추어 학습지도해 나갔다. 프로그램은 개별적이었고 철저하였다. 일반적으로 일년 이내에 학생들은 정규 교육과정에 합류할 수 있게 되었고 잘 적응하였다. 믿기 어려울 정도로 결과는 매우 긍정적이었다.

그러나 2년이 지나자 그 도시와 Urban 고등학교에 어려움이 닥쳐왔다. 이 성공적인 프로그램을 계속적으로 운영할 자금이 없었다. 기부금도 떨어졌고 시의 재원은 다른 우선순위에 사용되었다. 자금이 고갈되고 프로그램이 끝나는 것에 대해 모든 사람들이 유감을 느꼈지만, 이는 대도시에서 늘상 일어나는 일이다.

Lavelli는 아이들과 그 프로그램에 헌신했으나 재정지원을 요청할 때마다 실패를 경험했다. 그의 상급자들은 말하길 "우리는 당신의 딜레마를 이해하며, 당신에게 공감한다. 그러나 우리는 어떤 일도 할 수가 없다"라고 한다. Lavelli는 포기하지 않고 계속 진행하므로 학생들의 필요를 충족시키기를 원했다. 그는 무엇을 할 수 있을까?

- Lavelli는 누구에게 도움을 받을 수 있는가?
- 지금 당장의 문제는 무엇인가? 장기적인 문제는?
- 이 이슈는 시간과 노력을 들일 가치가 있는가?
- 이것은 정치적으로 해결해야 하는 정치적인 문제인가?
- 그는 공동체를 결집시킬 수 있는가?
- 실행가능한 장단기 전략을 세워보라.

후주

1) 이 책을 위해 Elieen McMahon이 작성한 내용임.
2) 이 책을 위해 Nancy Nestor-Baker가 작성한 내용임.
3) 이 책을 위해 Thomas Reed가 작성한 내용임.
4) 이 책을 위해 John Tarter가 작성한 내용임.

AASA. (1991). *An Introduction to Total Quality Management: A Collection of Articles on the Concepts of Total Quality Management and W. Edwards Deming.* Arlington, VA: American Association of School Administrators.

Abbott, A. (2004). *Methods of Discovery: Heuristics for the Social Sciences.* New York: W. W. Norton.

Abbott, M. (1965a). Hierarchical Impediments to Innovation in Educational Organizations. In M. Abbott and J. Lovell (Eds.), *Change Perspectives in Educational Administration* (pp. 40-53). Auburn, AL: Auburn University.

Abbott, M. (1965b). Intervening Variables in Organizational Behavior. *Educational Administration Quarterly, 1,* 1-14.

Abbott, M., and Caracheo, F. (1988). Power, Authority, and Bureaucracy. In N. J. Boyan (Ed.), *Handbook of Research on Educational Administration* (pp. 239-57). New York: Longman.

Abell, P. (1995). The New Institutionalism and Rational Choice Theory. In W. R. Scott and T. Christiansen (Eds.), *The Institutional Construction of Organizations: International and Longitudinal Studies* (pp. 3-14). Thousand Oaks, CA: Sage.

Abelson, R. P., and Levi, A. (1985). Decision-Making and Decision *Theory. In G. Lindzey and E. Aronson (Eds.), Handbook of Social Psychology* (3rd ed., Vol. 1, pp. 231-309). Reading, MA: Addison-Wesley.

Abramowitz, S., and Tenenbaum, E. (1978). *High School '77.* Washington, DC: National Institute for Education.

Adams, C. A., and Forsyth, P. B. (2011). Student Academic Optimism: Confirming a Construct. In M. DiPaola and P. B. Forsyth (Eds.), *Leading Research in Educational Administration: A Festschrift for Wayne K. Hoy* (pp. 73-88).

Greenwich, CT: Information Age.

Adams, J. E., and Kirst, M. W. (1999). New Demands and Concepts for Educational Accountability: Striving for Results in an Era of Excellence. In J. Murphy and K. S. Louis (Eds.), *Handbook of Research on Educational Administration* (2nd ed., pp. 463-89). San Francisco: Jossey-Bass.

Adler, P. S. (2009). *The Oxford Handbook of Sociology and Organizational Studies.* Oxford: Oxford University Press.

Adler, P. S., and Borys, B. (1996). Two Types of Bureaucracy: Enabling and Coercive. *Administrative Science Quarterly, 41,* 61-89.

Adler, R. B., and Rodman, G. (1991). *Understanding Human Communication.* Fort Worth, TX: Holt, Rinehart and Winston.

Adler, S., Skov, R. B., and Salvemini, N. J. (1985). Job Characteristics and Job Satisfaction: When Cause Becomes Consequence. *Organizational Behavior and Human Decision Processes, 35,* 266-78.

Agho, A. O., Mueller, C. W., and Price, J. L. (1993). Determinants of Employee Job Satisfaction: An Empirical Test of a Causal Model. *Human Relations, 46*(8), 1007-27.

Albanese, M. A., and Mitchell, S. A. (1993). Problem-Based Learning: A Review of Literature on Its Outcomes and Implementation Issues. *Academic Medicine, 68,* 52-81.

Alberto, P. A., and Troutman, A. C. (2009). *Applied Behavior Analysis for Teachers* (8th ed.). Boston: Pearson.

Aldrich, H. E. (1972). An Organization-Environment Perspective on Cooperation and Conflict between Organizations in the Manpower Training System. In A. R. Negandi (Ed.), *Conflict and Power in Complex Organizations* (pp. 11-37). Kent, OH: Center for Business and Economic Research, Kent State University.

Aldrich, H. E., and Herker, D. (1977). Boundary-Spanning Roles and Organization Structure. *Academy of Management Review, 2,* 217-30.

Aldrich, H. E. (1979). *Organizations and Environment.* Englewood Cliffs, NJ: Prentice Hall.

Aldrich, H. E., and Mindlin, S. (1978). Uncertainty and Dependence: Two Perspectives on Environment. In L. Karpik (Ed.), *Organization and Environment: Theory, Issues and Reality* (pp. 149-70). Beverly Hills, CA: Sage.

Aldrich, H. E., and Pfeffer, J. (1976). Environments of Organizations. *Annual Review of Sociology, 2,* 79-105.

Alessandra, T., and Hunsaker, P. (1993). *Communicating at Work.* New York: Simon & Schuster.

Alexander, E. R., Penley, L. E., and Jernigan, I. E. (1991). The Effect of Individual Differences on Managerial Media Choice. *Management Communication Quarterly, 5*(2), 155-73.

Alexander, P. A. (1996). The Past, Present, and Future of Knowledge Research: A Reexamination of the Role of Knowledge in Learning and Instruction. *Educational Psychologist, 31,* 89-92.

Alig-Mielcarek, J. M., and Hoy, W. K. (2005). Instructional Leadership: Its Nature, Meaning, and Influence. In W. K. Hoy and C. G. Miskel (eds.), *Educational Leadership and Reform* (pp. 29-51). Greenwich, CT: Information Age.

Alinsky, S. (1971). *Rules for Radicals.* New York: Random House.

Allen, R. F., and Kraft, C. (1982). *The Organizational Unconscious: How to Create the Corporate Culture You Want and Need.* Englewood Cliffs, NJ: Prentice Hall.

Allinder, R. M. (1994). The Relationship between Efficacy and the Instructional Practices of Special Education Teachers and Consultants. *Teacher Education and Special Education, 17,* 86-95.

Allison, G. T. (1971). *Essence of Decision: Explaining the Cuban Missile Crisis.* Boston: Little, Brown.

Allutto, J. A., and Belasco, J. A. (1973). Patterns of Teacher Participation in School System Decision Making. *Educational Administration Quarterly, 9,* 27-41.

Anderman, E. M., and Anderman, L. H. (2009). *Motivating Children and Adolescents in Schools.* Upper Saddle River, N.J.: Prentice Hall.

Anderman, E. M., and Maehr, M. L. (1994). Motivation and Schooling in the Middle Grades. *Review of Educational Research, 64,* 287-310.

Anderson, B. (1971). Socioeconomic Status of Students and Schools Bureaucratization. *Educational Administration Quarterly, 7,* 12-24.

Anderson, C. S. (1982). The Search for School Climate: A Review of the Research. *Review of Educational Research, 52,* 368-420.

Anderson, D. P. (1964). *Organizational Climate of Elementary Schools.* Minneapolis: Educational Research and Development Council.

Anderson, J. (1976). Giving and Receiving Feedback. In P. R. Lawrence, L. B. Barnes, and J. W. Lorsch (Eds.), *Organizational Behavior and Administration* (pp. 103-11). Homewood, IL: Irwin.

Anderson, J. C., Rungtusanatham, M., and Schroeder, R. G. (1994). A Theory of Quality Management Underlying the Deming Management. *Academy of Management Review, 19*(3), 472-509.

Anderson, J. R. (1995). *Cognitive Psychology and Its Implications* (4th ed.). New York: Freeman.

Anderson, J. R. (2010). *Cognitive Psychology and Its Implications* (7th ed.). New York: Worth.

Anderson, J. R., Reder, L. M., and Simon, H. A. (1996). Applications and misapplication of cognitive psychology to mathematics education. Unpublished manuscript (accessible at http://www.psy.cmu.edu/~mm4b/misapplied.html).

Anderson, L. M. (1989a). Learners and Learning. In M. Reynolds (Ed.), *Knowledge Base for Beginning Teachers* (pp. 85-100). New York: Pergamon.

Andrews, J. H. M. (1965). School Organizational Climate: Some Validity Studies. *Canadian Education and Research Digest, 5,* 317-34.

Antonakis, J., Avolio, B. J., and Sivasubramaniam, N. (2003). Context and Leadership: An Examination of the Nine-Factor Full-Range Leadership Theory Using the Multifactor Leadership Questionnaire. *Leadership Quarterly, 14,* 261-95.

Antonenko, P., Paas, F., Grabner, R., and van Gog, T. (2010). Using Electroencephalography to Measure Cognitive Load. *Educational Psychology Review, 22,* 425-438.

Appleberry, J. B., and Hoy, W. K. (1969). The Pupil Control Ideology of Professional Personnel in "Open" and "Closed" Elementary Schools. *Educational Administration Quarterly, 5,* 74-85.

Arches, J. (1991). Social Structure, Burnout, and Job Satisfaction. *Social Work, 36*(3), 202-6.

Arends, R. I. (2000). *Learning to Teach* (5th ed.). New York: McGraw-Hill.

Argote, L., Turner, M. E., and Fichman, M. (1989).

To Centralize or Not to Centralize: The Effects of Uncertainty and Threat on Group Structure and Performance. *Organizational Behavior and Human Performance, 43*, 58-74.

Ariely, D. (2008). *Predictably Irrational: The Hidden Forces That Shape Our Decisions.* New York: Harper.

Aristotle (1883). *Politics.* Book I, Chapter 5. London: Macmillan.

Armbruster, B. B., and Anderson, T. H. (1981). Research Synthesis on Study Skills. *Educational Leadership, 39*, 154-56.

Armor, D., Conry-Oseguera, P., Cox, M., King, N., McDonnell, L., Pascal, A., Pauly, E., and Zellman, G. (1976). *Analysis of the School Preferred Reading Program in Selected Los Angeles Minority Schools* (No. R-2007-LAUSD). Santa Monica, CA: Rand.

Arnold, H. J., and House, R. J. (1980). Methodological and Substantive Extensions to the Job Characteristics Model of Motivation. *Organizational Behavior and Human Performances, 25*, 161-83.

Ashcraft, M. H. (2006). *Cognition* (4th ed.). Upper Saddle River, NJ: Prentice Hall.

Ashcraft, M. H., and Radvansky, G. A. (2010). *Cognition* (5th ed.). Upper Saddle River, NJ: Prentice-Hall/Pearson.

Ashford, S. J. (1986). Feedback-Seeking in Individual Adaptation: A Resource Perspective. *Academy of Management Journal, 29*, 465-87.

Ashforth, B. E. (1985). Climate Formations: Issues and Extensions. *Academy of Management Review, 10*, 837-47.

Ashton, P. T., and Webb, R. B. (1986). *Making a Difference: Teachers' Sense of Efficacy.* New York: Longman.

Ashton, P. T., Olejnik, S., Crocker, L., and McAuliffe, M. (1982, April). *Measurement Problems in the Study of Teachers' Sense of Efficacy.* Paper presented at the annual meeting of the American Educational Research Association, New York.

Astuto, T. A., and Clark, D. L. (1985a). *Merit Pay for Teachers.* Bloomington: School of Education, University of Indiana.

Astuto, T. A., and Clark, D. L. (1985b). Strength of Organizational Coupling in the Instructionally Effective School. *Urban Education, 19*, 331-56.

At-Twaijri, M. I. A., and Montanari, J. R. (1987). The Impact of Context and Choice on the Boundary-Spanning Process: An Empirical Study. *Human Relations, 40*, 783-98.

Atwater, D. C., and Bass, B. M. (1994). Transformational Leadership in Teams. In B. M.

Bass and B. J. Avolio (Eds.), *Improving Organizational Effectiveness through Transformational Leadership* (pp. 48-83). Thousand Oaks, CA: Sage.

Audia, G., Kristof-Brown, A., Brown, K. C., and Locke, E. A. (1996). Relationship of Goals and Microlevel Work Processes to Performance on a Multipath Task. *Journal of Applied Psychology, 81*, 483-97.

Aupperle, K. E., Acar, W., and Booth, D. E. (1986). An Empirical Critique of *In Search of Excellence*: How Excellent Are the Excellent Companies? *Journal of Management, 12*, 499-512.

Ausubel, D. P. (1963). *The Psychology of Meaningful Verbal Learning.* New York: Grune and Stratton.

Averich, H. A., Carroll, S. J., Donaldson, T. S., Kiesling, H. J., and Pincus, J. (1972). *How Effective Is Schooling: A Critical Review and Synthesis of Research Findings.* Santa Monica, CA: Rand.

Avolio, B. J. (1994). The Alliance of Total Quality and the Full Range of Leadership. In B. M. Bass and B. J. Avolio (Eds.), *Improving Organizational Effectiveness through Transformational Leadership* (pp. 121-45). Thousand Oaks, CA: Sage.

Avolio, B. J. (1999). *Full Leadership Development.* Thousand Oaks, CA: Sage.

Avolio, B. J., Bass, B. M., and Jung, D. I. (1999). Reexamining the Components of Transformational and Transactional Leadership Using the Multifactor Leadership Questionnaire. *Journal of Occupational and Organizational Psychology, 72*, 441-62.

Babbie, E. (2011). *The Basics of Social Research.* Belmont, CA: Wadsworth Cengage Learning.

Babbie, E. R. (2011). *Survey Research Methods* (2nd ed.). Belmont, CA: Wadsworth.

Bacharach, S. B. (1988). Four Themes of Reform: An Editorial Essay. *Educational Administration Quarterly, 24*, 484-96.

Bacharach, S. B. (1989). Organizational Theories: Some Criteria for Evaluation. *Academy of Management Review, 14*, 496-515.

Bacharach, S. B., and Lawler, E. J. (2000). *Organizational Politics.* Stamford, CT: JAI Press.

Bacharach, S. B., and Mundell, B. L. (1993). Organizational Politics in Schools: Micro, Macro, and Logics of Action. *Educational Administration Quarterly, 29*(4), 423-52.

Bacharach, S. B., Bamberger, P., Conley, S. C., and Bauer, S. (1990). The Dimensionality of Decision Participation in Educational Organizations: The Value of Multi-Domain

Educative Approach. *Educational Administration Quarterly, 26*, 126-67.

Bacharach, S. B., Conley, S., and Shedd, J. (1986). Beyond Career Ladders: Structuring Teacher Career Development Systems. *Teachers College Record, 87*, 565-74.

Bacon, F. (1597). *Meditationes Sacrae.*

Baddeley, A.D. (2001). Is Working Memory Still Working? *American Psychologist, 56*, 851-864.

Baddeley, A. L. (2007). *Working Memory, Thought, and Action.* New York: Oxford University Press.

Baddeley, A. L., Hitch, G. J., and Allen, R. J. (2009). Working Memory and Binding in Sentence Recall. *Journal of Memory and Language, 61*, 438-456.

Baier, A. (1986). Trust and Antitrust. *Ethics, 96*, 231-260.

Bailyn, L. (1985). Autonomy in the R & D Lab. *Human Resource Management, 24*(2), 129-46.

Baker, M. A. (1991). Gender and Verbal Communication in Professional Settings: A Review of Research. *Management Communication Quarterly, 5*(1), 36-63.

Bakkenes, I., de Brabander, C., and Imants, J. (1999). Teacher Isolation and Communication Network Analysis. *Educational Administration Quarterly, 35*(2), 166-202.

Baltzell, D. C., and Dentler, R. A. (1983). *Selecting American School Principals: A Sourcebook for Educators.* Cambridge, MA: Abt Associates.

Bandura, A. (1977). Self-Efficacy: Toward a Unifying Theory of Behavioral Change. *Psychological Review, 84*, 191-215.

Bandura, A. (1986). *Social Foundations of Thought and Action.* Englewood Cliffs, NJ: Prentice Hall.

Bandura, A. (1991). Social Cognitive Theory of Self-Regulation. *Organizational Behavior and Human Decision Processes, 50*, 248-87.

Bandura, A. (1993). Perceived Self-Efficacy in Cognitive Development and Functioning. *Educational Psychologist, 28*, 117-48.

Bandura, A. (1997). *Self-Efficacy: The Exercise of Control.* New York: Freeman.

Bandura, A. (2000). Cultivate Self-Efficacy for Personal and Organizational Effectiveness. In E. A. Locke (Ed.), *Handbook of Principles of Organizational Behavior* (pp. 120-36). Malden, MA: Blackwell.

Bandura, A. (2005). The Evolution of Social Cognitive Theory. In K. Smith and M. A. Hitt (Eds.), *Great Minds in Management: The Process of Theory Development* (pp. 9-35). New York: Oxford University Press.

Bantz, C. R. (1993). *Understanding Organizations: Interpreting Organizational Communication Cultures.* Columbia: University of South Carolina Press.

Barnabe, C., and Burns, M. L. (1994). Teachers' Job Characteristics and Motivation. *Educational Research, 36*(2), 171-85.

Barnard, C. I. (1938). *Functions of an Executive.* Cambridge, MA: Harvard University Press.

Barnard, C. I. (1940). Comments on the Job of the Executive. *Harvard Business Review, 18*, 295-308.

Barnes, K. M. (1994). The Organizational Health of Middle Schools, Trust and Decision Partici pation. Doctoral diss., Rutgers University, New Brunswick.

Barnes, R. M. (1949). *Motion and Time Study.* New York: Wiley.

Barnett, B. G. (1984). Subordinate Teacher Power in School Organizations. *Sociology of Education, 57*, 43-55.

Barnhill, G. P. (2005). Functional Behavioral Assessment in Schools. *Intervention in School and Clinic, 40*, 131-43.

Baron, R. A. (1998). *Psychology* (4th ed.). Boston: Allyn and Bacon.

Barry, B., and Crant, J. M. (2000). Dyadic Communication Relationships in Organizations: An Attribution/Expectancy Approach. *Organization Science, 11*(6), 648-64.

Barton, P. E. (2001). *Facing the Hard Facts in Educational Reform.* Princeton, NJ: Educational Testing Service.

Bass, B. M. (1985a). *Leadership and Performance beyond Expectation.* New York: Free Press.

Bass, B. M. (1985b). *Organizational Decision Making.* Homewood, IL: Irwin.

Bass, B. M. (1997). Does the Transactional-Transformational Paradigm Transcend Organizational and National Boundaries? *American Psychologist, 52*, 130-39.

Bass, B. M. (1998). *Transformational Leadership: Industrial, Military, and Educational Impact.* Mahwah, NJ: Erlbaum.

Bass, B. M. (2008). *The Bass Handbook of Leadership: Theory, Research, and Managerial Applications* (4th ed.). New York: Free Press.

Bass, B. M., and Avolio, B. J. (1994). Introduction. In B. M. Bass and B. J. Avolio (Eds.), *Improving Organizational Effectiveness through Transformational Leadership* (pp. 1-10). Thousand Oaks, CA: Sage.

Bass, B. M., and Riggio, R. E. (2006). *Transformational Leadership* (2nd ed.). Mahwah, NJ: Erlbaum.

Bateman, T. S., and Organ, D. W. (1983). Job Satisfaction and the Good Soldier: The

Relationship between Affect and Employee Citizenship. *Academy of Management Journal, 26*, 587-95.

Bates, R. (1987). Conceptions of School Culture: An Overview. Educational Administration Quarterly, 23, 79-116.

Baumgartner, F. R., and Leech, B. L. (1998). *Basic Interests: The Importance of Groups in Politics and in Political Science.* Princeton, NJ: Princeton University Press.

Baumgartner, F. R., and Walker, J. L. (1989). Educational Policymaking and the Interest Group Structure in France and the United States. *Comparative Politics, 21*, 273-88.

Bazerman, M. H., and Chugh, D. (2006). Decisions without Blinders, *Harvard Business Review, 84*, 88-97.

Beall, A. E. (2004). Body Language Speaks: Reading and Responding More Effectively to Hidden Communication. *Communication World, 21*(2), 18-20.

Beard, K. S., and Hoy, W. K. (2010). The Nature, Meaning, and Measure of Teacher Flow: A Test of Rival Hypotheses. *Educational Administration Quarterly, 46*, 426-458.

Beard, K. S., Hoy, W. K., and Woolfolk Hoy, A. W. (2010). Academic Optimism of Individual Teachers: Confirming a New Construct. *Teaching and Teacher Education, 26*, 1136-1144.

Becerra, M., and Gupta, A. K. (2003). Perceived Trustworthiness within the Organization: The Moderating Impact of Communication Frequency on Trustor and Trustee Effects. *Organization Science, 14*(1), 32-44.

Becker, T. E., and Klimoski, R. J. (1989). A Field Study of the Relationship between the Organizational Feedback Environment and Performance. *Personnel Psychology, 42*, 343-58.

Becker, W. C., Engelmann, S., and Thomas, D. R. (1975). *Teaching 1: Classroom Management.* Chicago: Science Research Associates.

Belasco, J. A., and Allutto, J. A. (1972). Decisional Participation and Teacher Satisfaction. *Educational Administration Quarterly, 8*, 44-58.

Ben-Peretz, M., and Schonmann, S. (1998). Informal Learning Communities and Their Effects. In K. Leithwood and K. S. Louis (Eds.), *Organizational Learning in Schools* (pp. 47-66). Lisse: Swets and Zeitlinger.

Bennis, W. G. (1959). Leadership Theory and Administrative Behavior. *Administrative Science Quarterly, 4*, 259-301.

Bennis, W. G. (1966). *Changing Organizations.* New York: McGraw-Hill.

Bennis, W. G. (1989). *On Becoming a Leader.* Reading, MA: Addison-Wesley.

Bennis, W., and Nanus, B. (1985). *Leaders: The Strategies for Taking Charge.* New York: Harper & Row.

Benson, J. K. (1975). The Interorganizational Network as a Political Economy. *Administration Science Quarterly, 20*, 229-49.

Benveniste, L., Carnoy, M., and Rothstein, R. (2003). *All Things Equal: Are Public and Private Schools Different?* New York: Rutledge Falmer.

Berg, C. A., and Clough, M. (1991). Hunter Lesson Design: The Wrong One for Science Teaching. *Educational Leadership, 48*(4), 73-78.

Berieter, C. (1997). Situated Cognition and How I Overcome It. In D. Kirshner and J. A. Whitson (Eds.), *Situated Cognition: Social, Semiotic, and Psychological Perspectives* (pp. 281-300). Mahwah, NJ: Erlbaum.

Berlo, D. K. (1970). *The Process of Communication.* New York: Holt, Rinehart & Winston.

Berman, P., McLaughlin, M., Bass, G., Pauly, E., and Zellerman, G. (1977). *Federal Programs Supporting Educational Change: Factors Affecting Implementation and Continuation* (Vol. 7, No. R-1589/7-HEW). Santa Monica, CA: Rand.

Berthold, K., and Renkl, A. (2009). Instructional Aids to Support a Conceptual Understanding of Multiple Representations. *Journal of Educational Psychology, 101*, 70-87.

Betz, E. L. (1984). Two Tests of Maslow's Theory of Need Fulfillment. *Journal of Vocational Behavior, 24*, 204-20.

Beyer, J. M., and Trice, H. M. (1987). How an Organization's Rites Reveal Its Culture. *Organizational Dynamics, 15*, 4-24.

Bhagat, R. S., and Chassie, M. B. (1980). Effects of Changes in Job Characteristics on Some Theory-Specific Attitudinal Outcomes: Results from a Naturally Occurring Quasi-Experiment. *Human Relations, 33*, 297-313.

Bidwell, C. E. (1965). The School as a Formal Organi zation. In J. G. March (Ed.), *Handbook of Organiza tion* (pp. 972-1022). Chicago: Rand McNally.

Bigley, G. A. and Pearce, J. L. (1998). Straining for Shared Meaning in Organizational Science: Problems of Trust and Distrust. *Academy of Management Review, 23*, 402-421.

Bimber, B. (1993). *School Decentralization: Lessons from the Study of Bureaucracy.* Santa Monica, CA: Rand.

Birnbaum, R. (1971). Presidential Succession: An Interinstitutional Analysis. *Educational Record,*

52, 133-45.

Blackburn, R., and Rosen, B. (1993). Total Quality and Human Resources Management: Lessons Learned from Baldrige Award-Winning Companies. *Academy of Management Executive, 2*(3), 49-66.

Blake, R. R., and Mouton, J. S. (1985). *The Managerial Grid III*. Houston, TX: Gulf.

Blankenship, K., and Holtgraves, T. (2005). The Role of Different Markers of Linguistic Powerlessness in Persuasion. *Journal of Language and Social Psychology, 24*, 3-24.

Blau, P. M. (1955). *The Dynamics of Bureaucracy*. Chicago: University of Chicago Press.

Blau, P. M. (1956). *Bureaucracy in Modern Society*. New York: Random House.

Blau, P. M., and Scott, W. R. (1962). *Formal Organizations: A Comparative Approach* San Francisco: Chadler.

Blau, P. M., and Scott, W. R. (2003). *Formal Organizations: A Comparative Approach*. Stanford, CA: Stanford Business Books.

Bloom, B. S. (1968). Learning for Mastery. *Evaluation Comment, 1*(2). Los Angeles: University of California, Center for the Study of Evaluation of Instructional Programs.

Bluedorn, A. C., and Denhardt, R. B. (1988). Time and Organizations. *Journal of Management, 4*, 299-320.

Blumberg, A. (1984). The Craft of School Administration and Some Other Rambling Thoughts. *Educational Administration Quarterly, 20*, 24-40.

Blumberg, A. (1989). *School Administration as a Craft: Foundations of Practice*. Needham Heights, MA: Allyn and Bacon.

Bobbit, F. (1913). Some General Principles of Management Applied to the Problems of City School Systems. *The Supervision of City Schools, Twelfth Yearbook of the National Society for the Study of Education, Part I* (pp. 137-96). Chicago: University of Chicago Press.

Boje, D. M., and Whetten, D. A. (1981). Effects of Organizational Strategies and Contextual Constraints on Centrality and Attributions of Influence in Interorganizational Networks. *Administrative Science Quarterly, 26*, 378-95.

Bok, D. (1993). *The Cost of Talent*. New York: Free Press.

Bolman, L. G., and Deal, T. E. (2003). *Reframing Organizations: Artistry, Choice, and Leadership* (3rd ed.). San Francisco: Jossey-Bass.

Bolman, L. G., and Deal, T. E. (2008). *Reframing Organizations: Artistry, Choice, and Leadership* (4th ed.). San Francisco: Jossey-Bass.

Bonstingl, J. J. (1992). The Quality Revolution in Education. *Educational Leadership, 50*, 4-9.

Bose, C., Feldberg, R., and Sokoloff, N. (1987). *Hidden Aspects of Women's Work*. New York: Praeger.

Bossert, S. T. (1988). School Effects. In N. J. Boyan (Ed.), *Handbook of Research on Educational Administration* (pp. 341-52). New York: Longman.

Bossert, S. T., Dwyer, D. C., Rowan, B., and Lee, G. V. (1982). The Instructional Management Role of the Principal. *Educational Administration Quarterly, 18*, 34-64.

Bowditch, J. L., and Buono, A. F. (1985). *A Primer on Organizational Behavior*. New York: Wiley.

Bowers, D. G. (1976). *Systems of Organizations: Management of the Human Resource*. Ann Arbor: University of Michigan Press.

Boyan, N. J. (1951). A Study of the Formal and Informal Organization of a School Faculty: The Identification of the Systems of Interactions and Relationships among the Staff Members of a School and an Analysis of the Interplay between These Systems. Doctoral diss. Harvard University, Cambridge.

Boyd, W.L., and Crowson, R.L. (2002). The Quest for a New Hierarchy in Education: From Loose Coupling Back to Tight? *Journal of Educational Administration, 40*, 521-533.

Bradic, J. J., and Wisegraver, R. (1984). Ascribed Status, Lexical Diversity, and Accent: Determinants of Perceived Status, Solidarity, and Control of Speech Style. *Journal of Language and Social Psychology, 3*, 239-256.

Bradshaw, C. P., Zmuda, J. H., Kellam, S. G., and Ialongo, N. S. (2009). Longitudinal Impact of Two Universal Preventive Interventions in First Grade on Educational Outcomes in High School. *Journal of Educational Psychology, 101*, 926-937.

Brady, L. (1985). The "Australian" OCDQ: A Decade Later. *Journal of Educational Administration, 23*, 53-58.

Bransford, J. D., Brown, A. L., and Cocking, R. R. (2000). *How People Learn: Brain, Mind, Experience, and School*. Washington, D.C.: National Academy Press.

Braybrook, D., and Lindblom, C. E. (1963). *The Strategy of Decision*. New York: Free Press.

Bredderman, T. (1983). Effects of Activity-Based Elementary Science on Student Outcomes: A Qualitative Synthesis. *Review of Educational Research, 53*, 499-518.

Bredekamp, S., and Copple, C. (1997). *Developmentally Appropriate Practice in Early*

Childhood Programs. Washington, DC: National Association for the Education of Young Children.

Bridges, E. M. (1967). A Model for Shared Decision Making in the School Principalship. *Educational Administration Quarterly, 3,* 49-61.

Broms, H., and Gahmberg, H. (1983). Communication to Self in Organizational Cultures. *Administrative Science Quarterly, 28*(3), 482-95.

Brookover, W. B., Schweitzer, J. H., Schneider, J. M., Beady, C. H., Flood, P. K., and Wisenbaker, J. M. (1978). Elementary School Social Climate and School Achievement. *American Educational Research Journal, 15,* 301-18.

Brooks, D. (2005, November 13). Columnist Psst! "Human Capital." *New York Times.*

Brooks, J. G., and Brooks, M. G. (1993). Becoming a Constructivist Teacher. *In Search of Understanding: The Case for Constructivist Classrooms.* Alexandria, VA: The Association for Supervision and Curriculum Development.

Brophy, J. E., and Good, T. L. (1986). Teacher Behavior and Student Achievement. In M. C. Wittrock (Ed.), *Handbook of Research on Teaching* (3rd ed., pp. 328-75). New York: Macmillan.

Brown, A. (1987). Metacognition, Executive Control, Self-Regulation, and Other More Mysterious Mechanisms. In F. Weinert and R. Kluwe (Eds.), *Metacognition, Motivation, and Understanding* (pp. 65-116). Hillside, NJ: Erlbaum.

Brown, A. F. (1965). Two Strategies for Changing Climate. *CAS Bulletin, 4,* 64-80.

Brown, D. (1990). *Decentralization and School-Based Management.* New York: Falmer Press.

Brown, J. S. (1990). Toward a New Epistemology for Learning. In C. Frasson and G. Gauthier (Eds.), *Intelligent Tutoring Systems: At the Crossroads of Artificial Intelligence and Education* (pp. 266-82). Norwood, NJ: Ablex.

Bruner, J. S., Goodnow, J. J., and Austin, G. A. (1956). *A Study of Thinking.* New York: Wiley.

Bruning, R. H., Schraw, G. J., and Norby, M. M. (2011). *Cognitive Psychology and Instruction* (5th ed.). Boston: Pearson.

Bruning, R. H., Schraw, G. J., and Ronning, R. R. (1999). *Cognitive Psychology and Instruction* (3rd ed.). Englewood Cliffs, NJ: Merrill.

Bryk, A. S. (1993). Educational Indicator Systems: Observations on Their Structure Interpretation, and Use. *Review of Research in Education, 19,* 451-84.

Bryk, A. S., and Schneider, B. (2002). *Trust in Schools: A Core Resource for Improvement.* New York: Russell Sage Foundation.

Bryk, A. S., Sebring, P. B., Allensworh, E., Luppescu, S., and Easton, J. Q. (2010). *Organizing Schools for Improvement: Lessons from Chicago.* Chicago, IL: University of Chicago Press.

Bryman, A. (1996). Leadership in Organizations. In S. R. Clegg, C. Hardy, and W. R. Nord (Eds.), *Handbook of Organizational Studies.* Thousand Oaks, CA: Sage.

Buchnnan, L., and O'Connell, A. (2006). A Brief History of Decision Making, *Harvard Business Review, 84,* 33-41.

Burbules, N. C. (1993). *Dialogue in Teaching: Theory and Practice.* New York: Teachers College Press.

Burbules, N. C., and Bruce, B. C. (2000). Theory and Research on Teaching as Dialogue. In V. Richardson (Ed.), *Handbook of Research on Teaching* (4th ed.). Washington, DC: American Educational Research Association.

Burlingame, M. (1979). Some Neglected Dimensions in the Study of Educational Administration. *Educational Administration Quarterly, 15,* 1-18.

Burns, J. M. (1978). *Leadership.* New York: Harper & Row.

Burns, T., and Stalker, G. M. (1961). *The Management of Innovation.* London: Travistock.

Burrell, G., and Morgan, G. (1980). *Sociological Paradigms and Organizational Analysis.* London: Heinemann.

Calas, M. B., and Smircich, L. (1997). *Postmodern Management Theory.* Brookfield, VE: Ashgate Publishing.

Callahan, R. E. (1962). *Education and the Cult of Efficiency.* Chicago: University of Chicago Press.

Camburn, E., Rowan, B., and Taylor, J. (2003, Winter). Distributed Leadership in Schools: The Case of Elementary Schools Adopting Comprehensive School Reform Models. *Educational Evaluation and Policy Analysis, 25,* 347-73.

Cameron, K. (2005). Organizational Effectiveness: Its Demise and Re-emergence through Positive Organizational Scholarship. In K. G. Smith and M. A. Hitt (Eds.), *Great Minds in Management: The Process of Theory Development* (pp. 394-429). New York: Oxford University Press.

Cameron, K. S. (1978). Measuring Organizational Effectiveness in Institutions of Higher Education. *Administrative Science Quarterly, 23,* 604-32.

Cameron, K. S. (1984). The Effectiveness of

Ineffectiveness. *Research in Organizational Behavior, 6*, 235-85.

Cameron, K. S., and Quinn, R. E. (1999). *Diagnosing and Changing Organizational Climate.* New York: Addison-Wesley.

Cameron, K. S., and Whetten, D. A. (1983). *Organizational Effectiveness: A Comparison of Multiple Models.* New York: Academic.

Cameron, K. S., and Whetten, D. A. (1996). Organizational Effectiveness and Quality: The Second Generation. *Higher Education Handbook of Theory and Research, 11*, 265-306.

Campbell, Donald T. (1976). *Assessing the Impact of Planned Social Change.* Kalamazoo: Evaluation Center, College of Education, Western Michigan University.

Campbell, J. P. (1977). On the Nature of Organizational Effectiveness. In P. S. Goodman and J. M. Pennings (Eds.), *New Perspectives on Organizational Effectiveness* (pp. 13-55). San Francisco: Jossey-Bass.

Campbell, J. P., and Pritchard, R. D. (1976). Motivation Theory in Industrial and Organizational Psychology. In M. D. Dunnette (Ed.), *Handbook of Industrial and Organizational Psychology* (pp. 63-130). Chicago: Rand McNally.

Campbell, J. P., Dunnette, M. D., Lawler, E. E. III, and Karl E. Weick, J. (1970). *Managerial Behavior, Performance, and Effectiveness.* New York: McGraw-Hill.

Campbell, R. (1971). *NCPEA—Then and Now.* National Conference of Professors of Educational Administration Meeting, University of Utah, Salt Lake City.

Campbell, R., Fleming, T., Newell, L. J., and Bennion, J. W. (1987). *A History of Thought and Practice in Educational Administration.* New York: Teachers College Press.

Cantrell, S. C., Almasi, J. F., Carter, J. S., Rintamaa, M., and Madden, A. (2010). The Impact of a Strategy-Based Intervention on the Comprehension and Strategy Use of Struggling Adolescent Readers. *Journal of Educational Psychology, 102*, 257-280.

Capon, N., and Kuhn, D. (2004). What's So Good About Problem-Based Learning? *Cognition and Instruction, 22*, 61-79.

Capper, C. A., and Jamison, M. T. (1993). Let the Buyer Beware: Total Quality Management and Educational Research and Practice. *Educational Researcher, 22*(8), 25-30.

Carey, M. R. (1992). Transformational Leadership and the Fundamental Option for Self-Transcendence. *Leadership Quarterly, 3*(3), 217-

36.

Carey, S., and Smith, C. (1993). On understanding the nature of scientific knowledge. *Educational Psychologist, 28*, 235-25.

Carlson, R. O. (1962). *Executive Succession and Organizational Change.* Chicago: University of Chicago, Midwest Administration Center.

Carlson, R. O. (1964). Environmental Constraints and Organizational Consequences: The Public School and Its Clients. In D. E. Griffiths (Ed.), *Behavioral Science and Educational Administration* (pp. 262-76). Chicago: University of Chicago Press.

Carnegie Task Force on Teaching as a Profession (1986). *A Nation Prepared: Teachers for the 21st Century.* New York: Carnegie Corporation, Carnegie Forum on Education and the Economy.

Carnoy, M., and Loeb, S. (2002). Does External Accountability Affect Student Outcomes? A Cross State Analysis. *Educational Evaluation and Policy Analysis, 24*(4), 305-31.

Carpenter, H. H. (1971). Formal Organizational Structural Factors and Perceived Job Satisfaction of Classroom Teachers. *Administrative Science Quarterly, 16*, 460-65.

Carroll, S. J. (1986). Management by Objectives: Three Decades of Research and Experience. In S. L. Rynes and G. T. Milkovich (Eds.), *Current Issues in Human Resource Management.* Plano, TX: Business Publications.

Cartwright, D., and Zander, A. (1953). *Group Dynamics: Research and Theory.* Evanston, IL: Row, Peterson.

Casciaro, T., and Piskorski, M. (2005). Power Imbalance, Mutual Dependence, and Constraint Absorption: A Closer Look at Resource Dependence Theory. *Administrative Science Quarterly, 50*(2), 167-99.

Casner-Lotto, J. (1988). Expanding the Teacher's Role: Hammond's School Improvement Process. *Phi Delta Kappan, 69*, 349-53.

Castrogiovanni, G. J. (1991). Environmental Munificence: A Theoretical Assessment. *Academy of Management Review, 16*(3), 542-65.

Catt, S. E., Miller, D. S., and Hindi, N. M. (2005). Don't Misconstrue Communication Cues: Understanding MISCUES Can Help Reduce Widespread and Expensive Miscommunication. *Strategic Finance, 86*(12), 51-56.

Chandler, M. (1997). Stumping for Progress in a Post-Modern World. In E. Amsel and K. A. Renninger (Eds.). *Change and Development: Issues of Theory, Method, and Application* (pp. 1-26). Mahwah, NJ: Erlbaum.

Chapman, D. W., and Hutcheson, S. M. (1982). Attrition from Teaching Careers: A Discriminant Analysis. *American Educational Research Journal, 19*, 93-105.

Charan, R. (2006). Conquering a Culture of Indecision, Harvard Business *Review, 84*, 108-16.

Charters, W. W., Jr. (1967). Stability and Change in the Communication Structure of School Faculties. *Educational Administration Quarterly, 3*, 15-38.

Chase, F. S. (1951). Factors for Satisfaction in Teaching. *Phi Delta Kappan, 33*, 127-32.

Chatman, J. A., and Jehn, K. A. (1994). Assessing the Relationship between Industry Characteristics and Organizational Culture: How Different Can You Be? *Academy of Management Journal, 37*(3), 522-53.

Chemers, M. M. (1997). *An Integrative Theory of Leadership.* Mahwah, NJ: Erlbaum.

Chemers, M. M., and Skrzypek, G. J. (1972). Experimental Test of Contingency Model of Leadership Effectiveness. *Journal of Personality and Social Psychology, 24*, 172-77.

Chen, Z., and Mo, L. (2004). Schema Induction in Problem Solving: A Multidimensional Analysis. *Journal of Experimental Psychology: Learning, Memory, and Cognition, 30*, 583-600.

Cherrington, D. J. (1991). Need Theories of Motivation. In R. M. Steers and L. W. Porter (Eds.), *Motivation and Work Behavior* (pp. 31-44). New York: McGraw-Hill.

Choo, C. W. (1998). *The Knowing Organization.* New York: Oxford.

Christensen, C., Johnson, C. W., and Horn, M. B. (2008). *Disrupting Class: How Disruptive Innovation Will Change the Way the World Learns.* New York: McGraw-Hill.

Chung, K. A. (1987). A Comparative Study of Principals' Work Behavior. Doctoral diss., University of Utah, Salt Lake City.

Chung, K. A., and Miskel, C. (1989). A Comparative Study of Principals' Administrative Behavior. *Journal of Educational Administration, 27*, 45-57.

Cialdini, R. B. (2001). Harnessing the Power of Persuasion. *Harvard Business Review, 79*, 72-79.

Cialdini, R. B. (2005). *The Science of Influence.* Hoboken, NJ: Wiley.

Cialdini, R. E. (2001a). *Influence: Science and Practice* (4th ed.). Boston: Allyn & Bacon.

Cioffi, D., & Garner, R. (1996). On Doing the Decision: The Effects of Active Versus Choice on Communication and Self-Perception. *Personality and Social Psychology Bulletin, 22*, 131-147.

Clampitt, P. G. (2001). *Communicating for Managerial Effectiveness.* (2nd ed). Newbury Park, CA: Sage.

Clark, D. L., Astuto, T. A., Foster, W. P., Gaynor, A. K., and Hart, A. W. (1994). Organizational Studies: Taxonomy and Overview. In W. K. Hoy, T. A. Astuto, and P. B. Forsyth (Eds.), *Educational Administration: The UCEA Document Base.* New York: McGraw-Hill Primus.

Clark, D. L., Lotto, L. S., and Astuto, T. A. (1984). Effective Schools and School Improvement: A Comparative Analysis of Two Lines of Inquiry. *Educational Administration Quarterly, 20*, 41-68.

Clark, K. E., and Clark, M. B. (Eds.). (1990). *Measures of Leadership.* West Orange, NJ: Leadership Library of America.

Clune, W. H., and White, J. F. (Eds.). (1990). *Choice and Control in American Education. Volume 2: The Practice of Choice, Decentralization and School Restructuring.* New York: Falmer Press.

Cobb, P., and Bowers, J. (1999). Cognitive and Situated Learning: Perspectives in Theory and Practice. *Educational Researcher, 28*(2), 4-15.

Coburn, C., Toure, J., and Yamashita, M. (2009). Evidence, Interpretation, and Persuasion: Instructional Decision-Making at the District Central Office. *Teachers College Record, 111*, 1115-1161.

Coch, L., and French, J. R. P., Jr. (1948). Overcoming Resistance to Change. *Human Relations, 1*, 512-32.

Coggshall, J. G. (2004). Reform Refractions: Organizational Perspectives on Standards-Based Reform. In W. K. Hoy and C. G. Miskel (Eds.), *Educational Administration, Policy, and Reform: Research and Measurement.* Greenwich, CT: Information Age.

Cognition and Technology Group at Vanderbilt [CTGV]. (1996). Looking at Technology in Context: A Framework for Understanding Technology and Educational Research. In D. Berliner and R. Calfee (Eds.), *Handbook of Educational Psychology* (pp. 807-840). New York: Macmillan.

Cohen, D. K. (1987). Schooling More and Liking It Less: Puzzles of Educational Improvement. *Harvard Educational Review, 57*, 174-77.

Cohen, D. K. (1996). Standards-Based Reform: Policy, Practice, and Performance. In H. F. Ladd (Ed.), *Holding Schools Accountable: Performance-Based Reform in Education* (pp. 99-127). Washington, DC: Brookings

Institutions.

Cohen, D. K., and Spillane, J. P. (1992). Policy and Practice: The Relations between Governance and Instruction. *Review of Research in Education, 18,* 3-49.

Cohen, D. K., Raudenbush, S. W., and Ball, D. L. (2003). Resources, Instruction, and Research. *Educational Evaluation and Policy Analysis, 25*(2), 119-42.

Cohen, M. D., and Sproull, L. S. (Eds.). (1996). *Organizational Learning.* Thousand Oaks, CA: Sage.

Coleman, J. S. (1961). *The Adolescent Society.* New York: Free Press.

Coleman, J. S. (1974). *Power and Structure of Society.* New York: Norton.

Coleman, J. S. (1987). Families and Schools. *Educational Researcher, 87,* 334-347.

Coleman, J. S. (1990). *Foundations of Social Theory.* Cambridge, MA: Belknap.

Coleman, J. S., Campbell, E. Q., Hobson, C. J., McPartland, J., Mood, A. M., Weinfeld, F. D., and York, R. L. (1966). *Equality of Educational Opportunity.* Washington, DC: U.S. Government Printing Office.

Collins, A., Brown, J. S., and Holum, A. (1991). Cognitive Apprenticeship: Making Thinking Visible. *American Educator, 15*(3), 38-39.

Collins, A., Brown, J. S., and Newman, S. E. (1989). Cognitive Apprenticeship: Teaching the Crafts of Reading, Writing, and Mathematics. In L. B. Resnick (Ed.), *Knowing, Learning, and Instruction: Essays in Honor of Robert Galser.* Hillsdale, NJ: Erlbaum.

Colliver, J. A. (2000). Effectiveness of Problem-Based Learning Curricula: Research and Theory. *Academic Medicine, 75,* 259-266.

Commons, J. R. (1924). *Legal Foundations of Capitalism.* New York: Macmillan.

Conant, J. B. (1951). *Science and Common Sense.* New Haven: Yale University Press.

Conger, J. A. (1991). Inspiring Others: The Language of Leadership. *Academy of Management Executive, 5*(1), 31-45.

Conger, J. A. (1999). Charismatic and Transformational Leadership in Organizations: An Insider's Perspective on These Developing Streams of Research. *Leadership Quarterly, 10*(2), 145-79.

Conger, J. A., and Kanungo, R. N. (1988). The Empowerment Process: Integrating Theory and Practice. *Academy of Management Journal, 13,* 471-82.

Conley, S. C. (1990). A Metaphor for Teaching: Beyond the Bureaucratic-Professional Dichotomy. In S. B. Bacharach (Ed.), *Educational Reform: Making Sense of It All* (pp. 313-24). Boston: Allyn and Bacon.

Conley, S. C., and Bacharach, S. B. (1990). From School Site-Management to Participatory Site-Management. *Phi Delta Kappan, 72,* 539-44.

Conley, S. C., Bower, S., and Bacharach, S. B. (1989). The School Work Environment and Teacher Career Satisfaction. *Educational Administration Quarterly, 25,* 58-81.

Conley, S., and Levinson, R. (1993). Teacher Work Redesign and Job Satisfaction. *Educational Administration Quarterly, 29*(4), 453-78.

Connolly, T., Conlon, E. J., and Deutsch, S. J. (1980). Organizational Effectiveness: A Multiple-Constituency Approach. *Academy of Management Review, 5,* 211-17.

Constas, H. (1958). Max Weber's Two Conceptions of Bureaucracy. *American Journal of Sociology, 63,* 400-9.

Conway, J. A. (1976). Test of Linearity between Teachers' Participation in Decision Making and Their Perceptions of Schools as Organizations. *Administrative Science Quarterly, 21,* 130-39.

Conway, J. A. (1984). The Myth, Mystery, and Mastery of Participative Decision Making in Education. *Educational Administration Quarterly, 3,* 11-40.

Cook, S. D., and Yanon, D. (1996). Culture and Organizational Learning. In M. D. Cohen and L. S. Sproull (Eds.). *Organizational Learning* (pp. 430-59). Thousand Oaks, CA: Sage.

Corcoran, T., and Goertz, M. (1995). Instructional Capacity and High-Performance Schools. *Educational Researcher, 24,* 27-31.

Cordery, J. L., and Sevastos, P. P. (1993). Responses to the Original and Revised Job Diagnostic Survey: Is Education a Factor in Responses to Negatively Worded Items? *Journal of Applied Psychology, 78*(1), 141-43.

Corno, L., and Snow, R. E. (1986). Adapting Teaching to Individual Differences in Learners. In M. Wittrock (Ed.), *Handbook of Research on Teaching* (3rd ed.). (pp. 605-629). New York: Macmillan.

Corwin, R. G., and Borman, K. M. (1988). School as Workplace: Structural Constraints on Administration. In N. J. Boyan (Ed.), *Handbook of Research on Educational Administration* (pp. 209-37). New York: Longman.

Corwin, R. G., and Herriott, R. E. (1988). Occupational Disputes in Mechanical and Organic Social Systems: An Empirical Study of Elementary and Secondary Schools. *American Sociological Review, 53,* 528-43.

Cosgrove, D. (1985). The Effects of Principal Succession on Elementary Schools. Doctoral diss., University of Utah, Salt Lake City.

Cosner, S. (2009). Building Organizational Capacity Through Trust. *Educational Administration Quarterly, 45*, 248-291.

Cox, A. (1982). *The Cox Report on the American Corporation.* New York: Delacorte.

Craig, R. T. (1999). Communication Theory as a Field. *Communication Theory, 9*(2), 119-61.

Craig, T. (1995). Achieving Innovation through Bureaucracy. *California Management Review, 38*(10), 8-36.

Craik, F. I. M., and Lockhart, R. S. (1972). Levels of Processing: A Framework for Memory Research. *Journal of Verbal Learning and Verbal Behavior, 11*, 671-84.

Cranny, C. J., Smith, P. C., and Stone, E. F. (1992). *Job Satisfaction.* New York: Lexington.

Crehan, E. P. (1985). A Meta-Analysis of Fiedler's Contingency Model of Leadership Effectiveness. Doctoral diss., University of British Columbia, Vancouver.

Crone, D. A., and Horner, R. H. (2003). *Building Positive Behavior Support Systems in Schools: Functional Behavioral Assessment.* New York: The Guilford Press.

Cuban, L. (1990). Cycles of History: Equity versus Excellence. In S. B. Bacharach (Ed.), *Education Reform: Making Sense of It All* (pp. 135-40). Needham Heights, MA: Allyn and Bacon.

Cunningham, W. G., and Gresso, D. W. (1993). *Cultural Leadership.* Boston: Allyn and Bacon.

Cusella, L. P. (1987). Feedback, Motivation, and Performance. In F. M. Jablin, L. L. Putnam, K. Roberts, and L. W. Porter (Eds.), *Handbook of Organizational Communication: An Interdisciplinary Perspective* (pp. 624-78). Newbury Park, CA: Sage.

Cusick, P. A. (1981). A Study of Networks among Professional Staffs in Secondary Schools. *Educational Administration Quarterly, 17*, 114-38.

Cusick, P. A. (1987). Organizational Culture and Schools. *Educational Administration Quarterly, 23*, 3-117.

Cybulski, T., Hoy, W. K., and Sweetland, S. R. (2005). The Roles of Collective Efficacy and Fiscal Efficiency in School Achievement. *The Journal of Educational Administration, 43*, 439-61.

Cyert, R. M., and March, J. G. (1963). *A Behavioral Theory of the Firm.* Englewood Cliffs, NJ: Prentice Hall.

Daft, R. L. (1989). *Organization Theory and Design* (3rd ed.). St. Paul, MN: West.

Daft, R. L. (1994). *Organizational Theory and Design.*(4th ed.). St. Paul, MN: West.

Daft, R. L., and Lengel, R. H. (1984). Information Richness: A New Approach to Managerial Behavior and Organizational Design. *Research in Organizational Behavior, 6*, 191-233.

Daft, R. L., and Lengel, R. H. (1986). Organizational Information Requirements, Media Richness, and Structural Design. *Management Science, 32*, 554-71.

Daft, R. L., Bettenhausen, K. R., and Tyler, B. B. (1993). Implications of Top Managers' Communication Choices for Strategic Decisions. In G. P. Huber and W. H. Glick (Eds.), *Organizational Change and Redesign.* New York: Oxford University Press.

Dahnke, G. L., and Clatterbuck, G. W. (Eds.). (1990). *Human Communication: Theory and Research.* Belmont, CA: Wadsworth.

Dalton, M. (1959). *Men Who Manage.* New York: Wiley.

Damanpour, F. (1991). Organizational Innovation. *Academy of Management Journal, 34*, 555-91.

Dansereau, D. F. (1985). Learning Strategy Research. In J. Segal, S. Chipman, and R. Glaser (Eds.), *Thinking and Learning Skills. Volume I: Relating Instruction to Research.* Hillsdale, NJ: Erlbaum.

Darling-Hammond, L. (1984). *Beyond the Commission Reports: The Coming Crisis in Teaching.* Santa Monica, CA: Rand.

Darling-Hammond, L. (1985). Valuing Teachers: The Making of a Profession. *Teachers College Record, 87*, 205-18.

Darling-Hammond, L., and Wise, A. (1985). Beyond Standardization: State Standards and School Improvement. *Elementary School Journal, 85*, 315-36.

Datnow, A., Park, V., and Wohlstetter, P. (2007). *Achieving with Data: How High-Performing Schools Use Data to Improve Instruction for Elementary Students.* Los Angeles: Center on Educational Governance, University of Southern California.

David, J. L., Purkey, S., and White, P. (1989). *Restructuring in Progress: Lessons from Pioneering Districts.* Washington, DC: Center for Policy Research, National Governor's Association.

De Corte, E., Greer, B., and Verschaffel, L. (1996). Mathematics Learning and Teaching. In D. Berliner and R. Calfee (Eds.), *Handbook of Educational Psychology* (pp. 491-549). New York: Macmillan.

Deal, T. E. (1985). The Symbolism of Effective Schools. *Elementary School Journal, 85,* 601-20.

Deal, T. E., and Celotti, L. D. (1980). How Much Influence Do (and Can) Educational Administrators Have on Classrooms? *Phi Delta Kappan, 61,* 471-73.

Deal, T. E., and Kennedy, A. A. (1982). *Corporate Cultures: The Rites and Rituals of Corporate Life.* Reading, MA: Addison-Wesley.

Deal, T. E., and Peterson, K. D. (1990). *The Principal's Role in Shaping School Culture.* Washington DC: U.S. Government Printing Office.

Deal, T. E., and Peterson, K. D. (2009). Shaping School Culture: Pitfalls, Paradoxes, and Promises (2nd ed.). San Francisco: Jossey-Bass.

Deal, T., and Wise, M. (1983). Planning, Plotting, and Playing in Education's Era of Decline. In V. Baldridge and T. Deal (Eds.), *The Dynamics of Educational Change.* San Francisco: McCutchan.

Dean, J. W., and Bowen, D. E. (1994). Management Theory and Total Quality. *Academy of Management Review, 19*(3), 392-418.

deCharms, R. (1976). *Enhancing Motivation.* New York: Irvington.

deCharms, R. (1983). Intrinsic Motivation, Peer Tutoring, and Cooperative Learning: Practical Maxims. In J. Levine and M. Wang (Eds.), *Teacher and Student Perceptions: Implications for Learning* (pp. 391-98). Hillsdale, NJ: Erlbaum.

Deci, E. and Ryan, R. M. (1985). *Intrinsic Motivation and Self-Determination in Human Behavior.* New York: Plenum.

Deci, E. L, and Ryan, R. M. (2000). The "What" and "Why" of Goal Pursuits: Human Needs and the Self-Determination of Behavior. *Psychological Inquiry, 11,* 227-268.

Deci, E. L., and Ryan, R. M. (Eds.). (2002). *Handbook of Self-Determination Research.* Rochester: University of Rochester Press.

Deci, E. L., Koestner, R., and Ryan, R. M. (1999). A Meta-Analytic Review of Experiments Examining the Effects of Extrinsic Rewards on Intrinsic Motivation. *Psychological Bulletin, 125,* 627-68.

Deci, E., Vallerand, R. J., Pelletier, L. G., and Ryan, R. M. (1991). Motivation and Education: The Self-Determination Perspective. *Educational Psychologist, 26,* 325-46.

DeDreu, C. (1997). Productive Conflict: The Importance of Conflict Management and Conflict Issues. In C. DeDreu and E. Van De Vliert (Eds.), *Using Conflict in Organizations* (pp. 9-22). London: Sage.

Dee, J. R., Henkin, A. B., Deumer, L. (2003). Structural Antecedents, and Psychological Correlates of Teacher Empowerment. *Journal of Educational Administration, 41,* 257-77.

Deetz, S. (2001). Conceptual Foundations. In F. M. Jablin and L. L. Putnam, (Eds.), *The New Handbook of Organizational Communication* (pp. 3-46). Thousand Oaks, CA: Sage.

DeFleur, M. L., Kearney, P., and Plax, T. G. (1993). *Mastering Communication in Contemporary America.* Mountain View, CA: Mayfield.

Deming, W. E. (1983). *Quality, Productivity, and Competitive Advantage.* Cambridge: Massachusetts Institute of Technology, Center for Advanced Engineering.

Deming, W. E. (1986). *Out of Crisis.* Cambridge: Massachusetts Institute of Technology, Center for Advanced Engineering.

Deming, W. E. (1993). *The New Economics for Economics, Government, Education.* Cambridge: Massachusetts Institute of Technology, Center for Advanced Engineering.

Denhardt, R. B., and Perkins, J. (1976). The Coming Death of Administrative Man. *Women in Public Administration, 36,* 379-84.

Denison, D. R. (1990). *Corporate Culture and Organizational Effectiveness.* New York: Wiley.

Denison, D. R. (1996). What Is the Difference between Organizational Culture and Organizational Climate? A Native's Point of View on a Decade of Paradigm Wars. *The Academy of Management Review, 3,* 619-54.

Dennis, A. R., Kinney, S. T., and Hung, Y. C. (1999). Gender Differences and the Effects of Media Richness. *Small Group Research, 30*(4), 405-37.

Derry, S. J. (1992). Beyond Symbolic Processing: Expanding Horizons for Educational Psychology. *Journal of Educational Psychology, 84,* 413-19.

Derry, S. J., Hmelo-Silver, C. E., Nagarajan, A., Chernobilsky, E., and Beitzel, B. (2006). Cognitive Transfer Revisited: Can We Exploit New Media to Solve Old Problems on a Large Scale? *Journal of Educational Computing Research, 35,* 145-162.

DeVita, M. C. (2004). Taking Stock in Education Leadership: How Does It Matter? In K. Leithwood, K. S. Louis, S. Anderson, and K. Wahlstrom, *How Leadership Influences Student Learning.* New York: Wallace Foundation.

Dewey, J. (1933). *How We Think.* Boston: Heath.

Dickson, P. H., and Weaver, K. M. (1997). Environmental Determinants and Individual-Level Moderators of Alliance Use. *Academy of*

Management Journal, 40(2), 404-25.

Diebert, J. P., and Hoy, W. K. (1977). Custodial High Schools and Self-Actualization of Students. *Educational Research Quarterly, 2,* 24-31.

Dillon, S. (2011, August 8). Overriding a Key Education Law: Waivers Offered to Sidestep a 100 Percent Proficiency Rule. *New York Times,* A11.

DiMaggio, P. J. (1988). Interest and Agency in Institutional Theory. In L. G. Zucker (Ed.), *Institutional Patterns in Organizations: Culture and Environments* (pp. 3-21). Cambridge, MA: Ballinger.

DiMaggio, P. J. (1995). Comments on "What Theory is Not." *Administrative Science Quarterly, 40,* 391-97.

DiMaggio, P. J., and Powell, W. W. (1983). The Iron Cage Revisited: Institutional Isomorphism and Collective Rationality in Organizational Fields. *American Sociological Review, 48,* 147-60.

DiMaggio, P. J., and Powell, W. W. (1991). The Iron Cage Revisited: Institutional Isomorphism and Collective Rationality. In W. W. Powell and P. J. DiMaggio (Eds.), *The New Institutionalism in Organizational Analysis* (pp. 41-62). Chicago: University of Chicago Press.

Dionne, S. D., Yammarino, F. J., Howell, J. P., and Villia, J. (2005). Substitutes for Leadership, or Not. *Leadership Quarterly, 16*(2), 169-93.

DiPaola, M. F. (1999). Scandal at Placido High: Coincidence or Conspiracy? *Journal of Cases in Educational Leadership* [www.ucea.org]. 2 (3).

DiPaola, M. F., and Hoy W. K. (2001). Formalization, Conflict, and Change: Constructive and Destructive Consequences in Schools. *The International Journal of Educational Management, 15,* 238-44.

DiPaola, M. F., and Hoy, W. K. (1994). Teacher Militancy: A Professional Check on Bureaucracy. *The Journal of Research and Development in Education, 27,* 78-82.

DiPaola, M. F., and Tschannen-Moran, M. (2001). Organizational Citizenship Behavior in Schools and Its Relationship to School Climate. *Journal of School Leadership, 11,* 424-477.

DiPaola, M. F., and Tschannen-Moran, M. (2001, September). Organizational Citizenship Behavior in Schools and Its Relationship to School Climate. *Journal of School Leadership, 11,* 424-47.

DiPaola, M. F., and Tschannen-Moran, M. (2005). Bridging or Buffering? The Impact of Schools' Adaptive Strategies on Student Achievement. *Journal of Educational Administration, 43*(1),

60-71.

DiPaola, M. F., and Wagner, C. (in press). Academic Optimism of High School Teachers: Its Relationship to Organizational Citizenship Behaviors and Student Achievement. *Journal of School Leadership.*

DiPaola, M. F., Tarter, C. J., and Hoy, W. K. (2005). Measuring Organizational Citizenship: The OCB Scale. In Wayne K. Hoy and Cecil Miskel (Eds.), *Educational Leadership and Reform* (pp. 319-42). Greenwich, CT: Information Age.

DiPaola, M., and Hoy, W. K. (2005a). Organizational Citizenship of Faculty and Student Achievement. *The High School Journal, 88*(3), 35-44.

DiPaola, M., and Hoy, W. K. (2005b). Organizational Properties That Foster Organizational Citizenship. *Journal of School Leadership, 15,* 391-410.

Donmoyer, R. B. (1999). The Continuing Quest for a Knowledge Base: 1976-1998. In J. Murphy and K. S. Louis (Eds.), *Handbook of Research on Educational Administration* (2nd ed., pp. 25-44). San Francisco: Jossey-Bass.

Donmoyer, R. B., Scheurich, J., and Imber, M. L. (Eds.). (1994). *The Knowledge Base in Educational Administration: Multiple Perspectives.* Albany: SUNY Press.

Dowd, M. (2005). *Are Men Necessary?* New York: Putnam.

Downs, C. W. (1977). *Organizational Communicator.* New York: Harper & Row.

Driscoll, J. W. (1978). Trust and Participation in Decision Making as Predictors of Satisfaction. *Academy of Management Journal, 1,* 44-56.

Drucker, P. F. (1954). *The Practice of Management.* New York: Harper & Row.

Drucker, P. F. (1966). *The Effective Executive.* New York: Harper & Row.

Drucker, P. F. (1968). *The Age of Discontinuity.* New York: Harper & Row.

Dubin, R. (1969). *Theory Building.* New York: Free Press.

Duchastel, P. (1979). Learning Objectives and the Organization of Prose. *Journal of Educational Psychology, 71,* 100-6.

Duignan, P. (1980). Administrative Behavior of School Superintendents: A Descriptive Study. *Journal of Educational Administration, 18,* 5-26.

Duke, D. L., Showers, B. K., and Imber, M. (1980). Teachers and Shared Decision Making: The Costs and Benefits of Involvement. *Educational Administration Quarterly, 16,* 93-106.

Duncan, R. B. (1972). Characteristics of Organizational Environments and Perceived

Environmental Uncertainty. *Administrative Science Quarterly, 17*, 313-27.

Duncan, R. B. (1979). What Is the Right Organizational Structure? Decision Free Analysis Provides the Answer. *Organizational Dynamics, 7*, 59-80.

Dvir, T., Eden, D., Avolio, B. J., and Shamir, B. (2002). Impact of Transformational Leadership on Follower Development and Performance: A Field Experiment. *Academy of Management Journal, 45*(40), 735-44.

Dweck, C. S. (1999). Self Theories: *Their Role in Motivation, Personality, and Development*. Philadelphia: Psychology Press.

Dweck, C. S. (2006). *Mindset: The New Psychology of Success*. New York: Random House.

Dweck, C. S., and Bempechat, J. (1983). Children's Theories on Intelligence: Consequences for Learning. In S. Paris, G. Olson, and W. Stevenson (Eds.), *Learning and Motivation in the Classroom* (pp. 239-56). Hillsdale, NJ: Erlbaum.

Dyer, W. G. (1985). The Cycle of Cultural Evolution in Organization. R. H. Kilmann, M. J. Saxton, and R. Serpa (Eds.), *Gaining Control of the Corporate Culture* (pp. 200-30). San Francisco: Jossey-Bass.

D'Aunno, T., Sutton, R. I., and Price, R. H. (1991). Isomorphism and External Support in Conflicting Institutional Environments: A Study of Drug Abuse Treatment Units. *Academy of Management Journal, 34*(3), 636-61.

Ebbinghaus, H. (1964). Memory (H. A. Ruger and C. E. Bussenius, Trans.). New York: Dover. (Original work published 1885)

Ebmeier, H., and Hart, A. W. (1992). The Effects of a Career-Ladder Program on School Organizational Process. *Educational Evaluation and Policy Analysis, 14*(3), 261-81.

Einstein, A., and Infeld, L. (1938). *The Evolution of Physics*. New York: Simon & Schuster.

Elliot, A.J., and Dweck, C.S. (Eds.). (2005). *Handbook of Competence and Motivation*. New York: Guilford.

Elmes, M. B., and Costello, M. (1992). Mystification and Social Drama: The Hidden Side of Communication Skills Training. *Human Relations, 45*(5), 427-45.

Elmore, R. F. (1988). *Early Experiences in Restructuring Schools: Voices from the Field*. Washington, DC: Center for Policy Research, National Governor's Association.

Elmore, R. F. (2000). *Building a New Structure for School Leadership*. Washington, DC: Albert Shanker Institute. Available at www.

shankerinstitute.org/

Elmore, R. F. (2002a). *Bridging the Gap between Standards and Achievement*. Washington, DC: Albert Shanker Institute.

Elmore, R. F. (2002b). Unwarranted Intrusion. *Education Next, 2* (1), 31-35.

Elsbach, K. D., and Sutton, R. I. (1992). Acquiring Organizational Legitimacy through Illegitimate Actions: A Marriage of Institutional and Impression Management Theories. *Academy of Management Journal, 35*(4), 699-738.

Embry, D. D. (2002). The Good Behavior Game: A Best Practice Candidate as a Universal Behavior Vaccine. *Clinical Child and Family Psychology Review, 5*, 273-297.

Emery, F. E., and Trist, E. L. (1965). The Causal Texture of Organization Environments. *Human Relations, 18*, 21-32.

Emmer, E. T., and Evertson, C. M. (1982). Effective Classroom Management at the Beginning of the School Year in Junior High Classes. *Journal of Educational Psychology, 74*, 485-498.

Emmer, E. T., and Evertson, C. M. (2009). *Classroom Management for Middle and High School Teachers* (8th Ed.). Boston: Allyn & Bacon.

Emmer, E. T., Evertson, C. M., and Anderson, L. M. (1980). Effective Classroom Management at the Beginning of the School Year. *Elementary School Journal, 80*, 219-231.

English, F. W. (1994). *Theory in Educational Administration*. New York: HarperCollins.

English, F. W. (1998). The Cupboard Is Bare: The Postmodern Critique of Educational Administration. *Journal of School Leadership, 7*, 4-26.

English, F. W. (2003). *The Postmodern Challenge to the Theory and Practice of Educational Administration*. Springfield, IL: Charles C. Thomas.

Enoch, Y. (1989). Change of Values during Socialization for a Profession: An Application of the Marginal Man Theory. *Human Relations, 42*, 219-39.

Erdelyi, M. H. (2010). The Ups and Downs of Memory. *American Psychologist, 65*, 623-633.

Erez, M., and Zidon, I. (1984). Effects of Goal Acceptance on the Relationship of Goal Difficulty to Performance. *Journal of Applied Psychology, 69*, 69-78.

Etzioni, A. (1960). Two Approaches to Organizational Analysis: A Critique and Suggestion. *Administrative Science Quarterly, 5*, 257-78.

Etzioni, A. (1964). *Modern Organizations*.

Englewood Cliffs, NJ: Prentice Hall.

Etzioni, A. (1967). Mixed Scanning: A Third Approach to Decision Making. *Public Administration Review, 27,* 385-92.

Etzioni, A. (1975). *A Comparative Analysis of Complex Organizations.* New York: Free Press.

Etzioni, A. (1986). Mixed Scanning Revisited. *Public Administration Review, 46,* 8-14.

Etzioni, A. (1988). *The Moral Dimension: Toward a New Economics.* New York: Free Press.

Etzioni, A. (1989). Humble Decision Making. *Harvard Business Review, 67,* 122-26.

Evans, M. G., Kiggundu, M. N., and House, R. J. (1979). A Partial Test and Extension of the Job Characteristics Model of Motivation. *Organizational Behavior and Human Performance, 24,* 354-81.

Evensen, D. H., Salisbury-Glennon, J. D., and Glenn, J. (2001). A Qualitative Study of Six Medical Students in a Problem-Based Curriculum: Toward a Situated Model of Self-Regulation. *Journal of Educational Psychology, 93,* 659-676.

Fahy, P. F., Wu, H. C., and Hoy, W. K. (2010). Individual Academic Optimism of Teachers: A New Concept and Its Measure. In W. K. Hoy and M. DiPaola (Eds.), *Analyzing School Contexts: Influences of Principals and Teachers in the Service of Students* (pp. 209-227). Greenwich, CT: Information Age.

Farling, M. L., Stone, A. G., and Winston, B. E. Servant Leadership: Setting the Stage for Empirical Research. *Journal of Leadership Studies, 6,* 49-72.

Farnaham-Diggory, S. (1994). Paradigms of Knowledge and Instruction. *Review of Educational Research, 64,* 463-77.

Fauske, J. R., and Johnson, B. L., Jr. (2002). Principals Respond to the School Environment with Fluidity, Alignment, Vigilance, and Fear. In W. K. Hoy and C. G. Miskel (Eds.), *Theory and Research in Educational Administration* (pp. 91-119). Greenwich, CT: Information Age.

Ferguson, K. E. (1984). *The Feminist Case against Bureaucracy.* Philadelphia: Temple University Press.

Ferguson, K. J. (2006). The Organizational Climate of Elementary Schools and Dimensions of School Mindfulness: A Study of Social Processes. Doctoral diss., University of Texas at San Antonio.

Feynman, R. P. (1985). *Surely You're Joking, Mr. Feynman.* New York: Norton.

Fiedler, F. E. (1967). A Theory of Leadership Effectiveness. New York: McGraw-Hill.

Fiedler, F. E. (1971). Validation and Extension of the Contingency Model of Leadership Effectiveness: A Review of Empirical Findings. *Psychological Bulletin, 76,* 128-48.

Fiedler, F. E. (1973). The Contingency Model and the Dynamics of the Leadership Process. *Advances in Experimental Social Psychology, 11,* 60-112.

Fiedler, F. E. (1984). *The Contribution of Cognitive Resources and Leader Behavior to Organizational Performance.* Organization Research Technical Report No. 84-4. Seattle: University of Washington.

Fiedler, F. E., and Chemers, M. M. (1974). *Leadership and Effective Management.* Glenview, IL: Scott, Foresman.

Fiedler, F. E., and Garcia, J. E. (1987). *New Approaches to Effective Leadership: Cognitive Resources and Organizational Performance.* New York: Wiley.

Fiedler, F. E., Chemers, M. M., and Mahar, L. (1976). *Improving Leadership Effectiveness: The Leader Match Concept.* New York: Wiley.

Fiedler, Klaus (2004). Tools, Toys, Truisms, and Theories: Some Thoughts on the Creative Cycle of Theory Formation. *Personality and Social Psychology Review, 2,* 123-131.

Finkelstein, R. (1998). The Effects of Organizational Health and Pupil Control Ideology on the Achievement and Alienation of High School Students. Doctoral diss., St. John's University.

Finn, C. E., Jr. (2003a). Foreword. *Better Leaders for America's Schools: A Manifesto.* Washington, DC: Thomas B. Fordham Institute. Available at www.edexcellence.net/institute/publication/

Finn, C. E. Jr. (2003b, January 9). Reforming Education: The Hard Part Lies Ahead. *Education Gadfly, 3*(1). Available at www.edexcellence.net/ foundation/gadfly/index.cfm

Finn, J. D., and Achilles, C. M. (1990). Answers and Questions About Class Size: A Statewide Experiment. *American Educational Research Journal, 27,* 557-577.

Finn, J. D., and Achilles, C. M. (1999). Tennessee's Class Size Study: Findings, Implications, and Misconceptions. *Educational Evaluation and Policy Analysis, 21*(2), 97-109.

Firestone, W. A. (1991). Merit Pay and Job Enlargement as Reforms: *Incentives, Implementation, and Teacher Response. Educational Evaluation and Policy Analysis, 13*(3), 269-88.

Firestone, W. A., and Bader, B. D. (1992). *Redesigning Teaching: Professionalism or*

Bureaucracy. Albany, NY: State University of New York Press.

Firestone, W. A., and Herriott, R. E. (1981). Images of Organization and the Promotion of Change. *Research in the Sociology of Education and Socialization, 2,* 221-60.

Firestone, W. A., and Herriott, R. E. (1982). Two Images of Schools as Organizations: An Explication and Illustrative Empirical Test. *Educational Administration Quarterly, 18,* 39-60.

Firestone, W. A., and Louis, K. L. (1999). Schools as Cultures. In J. Murphy, and K. S. Louis, (Eds.), *Handbook on Research of Educational Administration* (pp. 297-322). San Francisco: Jossey-Bass.

Firestone, W. A., and Pennell, J. (1993). Teacher Commitment, Working Conditions, and Differential Incentives. *Review of Educational Research, 63*(4), 489-526.

Firestone, W. A., and Wilson, B. L. (1985). Using Bureaucratic and Cultural Linkages to Improve Instruction: The Principal's Contribution. *Educational Administration Quarterly, 21,* 7-31.

Fiske, S. T. (2010). Interpersonal Stratification Status: Status, Power, and Subordination. In S. T. Fiske, D. T. Gilbert, and G. Lindsey (Eds.), *Handbook of Social Psychology* (pp. 941-982). Hoboken, NJ: John Wiley.

Fiske, S. T., Cuddy, A. J., and Glick, P. (2007). Universal Dimensions of Social Perceptions: Warmth and Competence. *Trends in Cognitive Science, 11,* 77-83.

Flanagin, A. J., and Waldeck, J. H. (2004). Technology Use and Organizational Newcomer Socialization. *Journal of Business Communication, 41*(2), 137-66.

Flavell, J. H. (1985). *Cognitive Development* (2nd ed.). Englewood Cliffs, NJ: Prentice Hall.

Flavell, J. H., Friedrichs, A. G., and Hoyt, J. D. (1970). Developmental Changes in Memorization Processes. *Cognitive Psychology, 1,* 324-40.

Flavell, J. H., Green, F. L., and Flavell, E. R. (1995). *Young Children's Knowledge about Thinking.* Monographs of the Society for Research in Child Development, 60(1) (Serial No. 243).

Flyvbjerg, B. (1998). *Personality and Power: Democracy in Practice.* Chicago: University of Chicago Press.

Folger, R. (2005). The Road to Fairness and Beyond. In K. Smith and M. A. Hitt (Eds.), *Great Minds in Management: The Process of Theory Development* (pp. 55-83). New York: Oxford University Press.

Follett, M. P. (1924). *Creative Experience.* London: Longman and Green.

Ford, M. E. (1992). *Motivating Humans: Goals, Emotions, and Social Agency Beliefs.* Newbury Park, CA: Sage.

Forsyth, P. B., Adams, C., and Hoy, W. K. (2011). *Collective Trust: Why Schools Can't Improve Without It.* New York: TC Press.

Forsyth, P. B., and Hoy, W. K. (1978). Isolation and Alienation in Educational Organizations. *Educational Administration Quarterly, 14,* 80-96.

Foster, W. (1986). *Paradigms and Promises.* Buffalo, NY: Prometheus.

Foucault, M. (1984). Nietzsche, Genealogy, History. In P. Rabinow (Ed.), *The Foucault Reader.* New York: Pantheon.

Fox, E., and Riconscente, M. (2008). Metacognition and Self-Regulation in James, Piaget, and Vygotsky. *Educational Psychology Review, 20,* 373-389.

Fox, S., and Feldman, G. (1988). Attention State and Critical Psychological States as Mediators between Job Dimensions and Job Outcomes. *Human Relations, 41,* 229-45.

Frase, L. E., and Heck, G. (1992). Restructuring in the Fort McMurray Catholic Schools: A Research-Based Approach. *The Canadian School Executive, 11*(8), 3-9.

Frase, L. E., and Matheson, R. R. (1992). Restructuring: Fine-Tuning the System in Fort McMurray Catholic Schools. *Challenge, 29*(1), 16-22.

Frase, L. E., and Sorenson, L. (1992). Teacher Motivation and Satisfaction: Impact on Participatory Management. *NASSP Bulletin, 76,* 37-43.

Frederick, D., and Libby, R. (1986). Expertise and Auditors' Judgment of Conjunctive Events. *Journal of Accounting Research, 24,* 270-90.

Freeman, J. H. (1979). Going to the Well: School District Administrative Intensity and Environmental Constraint. *Administrative Science Quarterly, 24,* 119-133.

Freiberg, H. J. (2005). School Climate: Measuring, Improving and Sustaining Healthy Learning Environments. Abingdon, Oxon: RoutledgeFalmer.

French, J. R. P., and Raven, B. H. (1968). Bases of Social Power. In D. Cartwright and A. Zander (Eds.), *Group Dynamics: Research and Theory* (pp. 259-70). New York: Harper & Row.

Friebel, G., and Raith, M. (2004). Abuse of Authority and Hierarchical Communication. *RAND Journal of Economics, 35*(2), 224-45.

Fried, Y., and Slowik, L. H. (2004). Enriching Goal-Setting Theory with Time: An Integrated Approach. *Academy of Management Review, 29,* 404-22.

Friedman, R. A., and Podolny, J. (1992). Differentiation of Boundary-Spanning Roles: Labor Negotiations and Implications for Role Conflict. *Administrative Science Quarterly, 37,* 28-47.

Friesen, D., and Duignan, P. (1980). How Superintendents Spend Their Working Time. *Canadian Administrator, 19,* 1-5.

Fromm, E. (1948). *Man for Himself.* New York: Farrar & Rinehart.

Fromm, E. (1969). *Escape from Freedom.* New York Henry Holt.

Froosman, J. (1999). Stakeholder Influence Strategies. *Academy of Management Review, 24*(2), 191-205.

Frost, P. J., Moore, L. F., Louis, M. R., Lundberg, C. C., and Martin, J. (Eds.). (1991). *Reframing Organizational Culture.* Newbury Park, CA: Sage.

Fuhrman, S. H. (1999). *The New Accountability.* CPRE Policy Brief No. RB-27. Philadelphia, PA: University of Pennsylvania, Consortium for Policy Research in Education.

Fuhrman, S. H., Elmore, R. F., and Massell, D. (1993). School Reform in the United States: Putting It into Context. In S. L. Jacobson and R. Berne (Eds.), *Reforming Education: The Emerging Systemic Approach* (pp. 3-27). Thousand Oaks, CA: Corwin.

Fulk, J., and Boyd, B. (1991). Emerging Theories of Communication in Organizations. *Journal of Management, 17*(2), 407-46.

Fullan, M. G. (1991). *The New Meaning of Educational Change* (2nd ed.). New York: Teachers College Press.

Gage, C. Q. (2004). The Meaning and Measure of School Mindfulness: An Exploratory Analysis. Unpublished Doctoral diss., The Ohio State University.

Gagné, E. D., Yekovich, C. W., and Yekovich, F. R. (1993). *The Cognitive Psychology of School Learning* (2nd ed.). New York: HarperCollins.

Gagné, R. M. (1985). The Conditions of Learning and Theory of Instruction (4th ed.). New York: Holt, Rinehart & Winston.

Galbraith, J., and Cummings, L. L. (1967). An Empirical Investigation of the Motivational Determinants of Task Performance: Interactive Effects between Instrumentality-Valence and Motivation-Ability. *Organization Behavior and Human Performance, 2,* 237-57.

Ganz, H. J., and Hoy, W. K. (1977). Patterns of Succession of Elementary Principals and Organizational Change. *Planning and Changing, 8,* 185-96.

Gardner, D. G., and Cummings, L. L. (1988). Activation Theory and Job Design: Review and Reconceptualization. *Research in Organizational Behavior, 10,* 81-122.

Gardner, W. L., and Avolio, B. J. (1998). The Charismatic Relationship: A Dramaturgical Perspective. *Academy of Management Review, 23*(1), 32-58.

Garner, R. (1990). When Children and Adults Do Not Use Learning Strategies: Toward a Theory of Settings. *Review of Educational Psychology, 60,* 517-30.

Garrison, J. (1995). Deweyan Pragmatism and the Epistemology of Contemporary Social Constructivism. *American Educational Research Journal, 32,* 716-41.

Gartner, W. B., and Naughton, M. J. (1988). The Deming Theory of Management. *Academy of Management Review, 17,* 138-42.

Gaziel, H. (2002). Teacher Empowerment Reform and Teacher Perceived Effectiveness: Contradictory or Complimentary? A Theoretical Framework and Some Empirical Evidence. *Education and Society 20,* 79-90.

Geary, D. C. Sexual Selection and Sex Differences in Spatial Cognition. *Learning and Individual Differences, 7,* 289-303.

Geertz, C. (1973). *The Interpretation of Cultures.* New York: Basic.

Geijsel, F., Sleegers, P., Leithwood, K., and Jantzi, D. (2003). Transformational Leadership Effects on Teachers' Commitment and Effort toward School Reform. *Journal of Educational Administration, 41*(3), 228-256.

Geist, J. R., and Hoy, W. K. (2003). Culitivating a Culture of Trust: Enabling School Structure, Teacher Professionalism, and Academic Press. Working Paper, Educational Policy and Leadership, The Ohio State University.

Geist, J., and Hoy, W. K. (2004). Cultivating a Culture of Trust: Enabling School Structure, Professionalism, and Academic Press. *Leading and Managing, 10,* 1-18.

Gergen, K. J. (1997). Constructing Constructivism: Pedagogical Potentials. *Issues in Education: Contributions from Educational Psychology, 3,* 195-202.

Gerhardt, E. (1971). Staff Conflict, Organizational Bureaucracy, and Individual Satisfaction in Selected Kansas School Districts. Doctoral diss., University of Kansas, Lawrence.

Gerth, H. H., and Mills, C. W. (Eds.). (1946). *From Max Weber: Essays in Sociology*. New York: Oxford University Press.

Getzels, J. W., and Guba, E. G. (1957). Social Behavior and the Administrative Process. *School Review, 65*, 423-41.

Getzels, J. W., Lipham, J. M., and Campbell, R. F. (1968). *Educational Administration as a Social Process: Theory, Research, and Practice*. New York: Harper & Row.

Gibson, J. L., Ivancevich, J. M., and Donnelly, J. H. (1976). *Organizations: Behavior, Structure, and Processes* (rev. ed.). Dallas, TX: Business Publications.

Gibson, S., and Dembo, M. (1984). Teacher Efficacy: A Construct Validation. *Journal of Educational Psychology, 76* (4), 569-82.

Gigerenzer, G. (1996). On Narrow Norms and Vague Heuristics: A Reply to Kahneman and Tversky. *Psychological Review, 103*, 559-69.

Gigerenzer, G. (2000). *Adaptive Thinking: Rationality in the Real World*. New York: Oxford University Press.

Gigerenzer, G. (2002). *Calculated Risks: How to Know When Numbers Deceive You*. New York: Simon & Schuster.

Gigerenzer, G. (2004). Fast and Frugal Heuristics: The Tools of Bounded Rationality. In D. Koehlerand N. Harvey (Eds.), *Blackwell Handbook of Judgment and Decision Making*. Oxford, UK: Blackwell, pp. 62-88.

Gigerenzer, G. (2007). *Gut Feelings: The Intelligence of the Unconscious*. New York: Viking.

Gigerenzer, G., Todd, P. M., and ABC Research Group. (1999). *Simple Heuristics That Make Us Smart*. New York: Oxford University Press.

Gigerinzer, G. (2004). Striking a Blow for Sanity in Theories of Rationality. In B. Augier and J. G. March (Eds.), *Essays in Honor of Herbert Simon*. Cambridge, MA: MIT Press.

Gilboa, I. (2009). *Theory of Decision under Uncertainty*. New York: Cambridge University Press.

Gilboa, I. (2011). *Making Better Decisions: Decision Practice and Theory*. Walden, MA: Wiley-Blackwell.

Gilligan, C. (1982). *In a Different Voice: Psychological Theory and Women's Development*. Cambridge, MA: Harvard University Press.

Gilmer, B. H. (1966). *Industrial Psychology* (2nd ed.). New York: McGraw-Hill.

Gilovich, T. (1991). *How We Know What Isn't So: The Fallibility of Human Reason in Everyday Life*. New York: Free Press.

Gist, M. E. (1987). Self-Efficacy: Implications for Organizational Behavior and Human Resource Management. *Academy of Management Review, 12*(3), 472-85.

Gist, M. E., and Mitchell, T. R. (1992). Self-Efficacy: A Theoretical Analysis of Its Determinants and Malleability. *Academy of Management Review, 17*(2), 183-211.

Gladwell, M. (2002, July 22). The Talent Myth: Are Smart People Overrated? *The New Yorker*, pp. 28-33.

Gladwell, M. (2005). *Blink: The Power of Thinking without Thinking*. New York: Little, Brown and Company.

Glass, G. V. (2008). *Fertilizers, Pills, and Magnetic Strips: The Fate of Public Education in America*. Charlotte, NC: Information Age.

Glaub, J. (1990). Made in Japan. *Illinois School Board Journal, 58*, 5-7.

Glisson, C., and Durick, M. (1988). Predictors of Job Satisfaction and Organizational Commitment in Human Service Organizations. *Administrative Science Quarterly, 33*, 61-81.

Goddard, R. D. (2001). Collective Efficacy: A Neglected Construct in the Study of Schools and Students Achievement. *Journal of Educational Psychology, 93*(3), 467-76.

Goddard, R. D. (2002a). A Theoretical and Empirical Analysis of the Measurement of Collective Efficacy: The Development of a Short Form. *Educational and Psychological Measurement, 62* (1), 97-110.

Goddard, R. D. (2002b). Collective Efficacy and School Organization: A Multilevel Analysis of Teacher Influence in Schools. In W. K. Hoy and C. Miskel (Eds.), *Theory and Research in Educational Administration* (Vol. 1, pp. 169-84). Greenwich, CT: Information Age Publishing.

Goddard, R. D., and Goddard, Y. L. (2001). A Multilevel Analysis of Teacher and Collective Efficacy. *Teaching and Teacher Education, 17*, 807-18.

Goddard, R. D., Hoy, W. K., and LoGerfo, L. (2003, April). *Collective Efficacy and Student Achievement in Public High School: A Path Analysis*. Paper presented at the annual meeting of the American Educational Research Association, Chicago, IL.

Goddard, R. D., Hoy, W. K., and Woolfolk Hoy, A. (2000). Collective Teacher Efficacy: Its Meaning, Measure, and Impact on Student Achievement. *American Educational Research Journal, 37*, 479-508.

Goddard, R. D., Sweetland, S. R., and Hoy, W. K.

(2000a). Academic Emphasis and Student Achievement in Urban Elementary Schools. Annual Meeting of the American Educational Association, New Orleans.

Goddard, R. D., Sweetland S. R., and Hoy, W. K. (2000b). Academic Emphasis of Urban Elementary Schools and Student Achievement: A Multi-Level Analysis. *Educational Administration Quarterly, 5*, 683-702.

Goddard, R. D., Tschannen-Moran, M., and Hoy, W. K. (2001). Teacher Trust in Students and Parents: A Multilevel Examination of the Distribution and Effects of Teacher Trust in Urban Elementary Schools. *Elementary School Journal, 102*, 3-17.

Goddard, R. G., Hoy, W. K., and Woolfolk Hoy, A. (2004). Collective Efficacy: Theoretical Development, Empirical Evidence, and Future Directions. *Educational Researcher, 33*, 3-13.

Goddard, R. G., LoGerfo, L. and Hoy, W. K. (2004). High School Accountability: The Role of Collective Efficacy. *Educational Policy, 18*(30), 403-25.

Godden, D. R., and Baddeley, A. D. (1975). Context-Dependent Memory in Two Natural Environments: On Land and Underwater. *British Journal of Psychology, 66*(3), 325-331.

Goertz, M. E., and Duffy, M. C. (2001). *Assessment and Accountability across the 50 States.* CPRE Policy Brief No. RB-33. Philadelphia, PA: University of Pennsylvania, Consortium for Policy Research in Education.

Goes, J. B., and Park, S. O. (1997). Interorganizational Links and Innovation: The Case of Hospital Services. *Academy of Management Journal, 40*(3), 673-96.

Goffman, E. (1957). The Characteristics of Total Institutions. *Symposium on Prevention and Social Psychiatry* (pp. 43-84). Washington, DC: Walter Reed Army Institute of Research.

Goldberg, M. A. (1975). On the Efficiency of Being Efficient. *Environment and Planning, 7*, 921-39.

Goldring, E. B., and Chen, M. (1992). Preparing Empowered Teachers for Leadership. *Planning and Changing, 23*, 3-15.

Gonzales, I. (2006). Aspects of School Climate and Dimensions of Student Bullying: A Study of Elementary Schools. Doctoral Diss., University of Texas at San Antonio.

Good, T. L. (1983). Classroom Research: A Decade of Progress. *Educational Psychologist, 18*, 127-44.

Good, T. L. (1996). Teaching Effects and Teacher Evaluation. In J. Sikula (Ed.), *Handbook of Research on Teacher Education* (pp. 617-65).

New York: Macmillan.

Good, T. L., and Brophy, J. E. (1986). School Effects. In M. C. Wittrock (Ed.), *Handbook of Research on Teaching* (pp. 570-602). New York: Macmillan.

Good, T. L., Grouws, D., and Ebmeier, H. (1983). *Active Mathematics Teaching.* New York: Longman.

Goodman, P. S., and Pennings, J. M. (1977). Toward a Workable Framework. In P. S. Goodman and J. M. Pennings (Eds.), *New Perspectives on Organizational Effectiveness* (pp. 147-84). San Francisco: Jossey-Bass.

Goodstein, J. D. (1994). Institutional Pressures and Strategic Responsiveness: Employer Involvement in Work-Family Issues. *Academy of Management Journal, 37*(2), 350-82.

Gordon, C. W. (1957). *The Social System of the High School.* New York: Free Press.

Gordon, G. E., and Rosen, N. (1981). Critical Factors in Leadership Succession. *Organizational Behavior and Human Performance, 27*, 227-54.

Gorsuch, R. A. (1977). An Investigation of the Relationships between Core Job Dimensions, Psychological States, and Personal Work Outcomes among Public School Teachers (Doctoral diss., University of Maryland, 1976). *Dissertation Abstracts International, 38*, 1779A.

Gouldner, A. (1950). *Studies in Leadership.* New York: Harper.

Gouldner, A. (1954). *Patterns of Industrial Bureaucracy.* New York: Free Press.

Gouldner, A. (1958). Cosmopolitans and Locals: Toward an Analysis of Latent Social Roles—II. *Administrative Science Quarterly, 3*, 444-79.

Gouldner, A. (1959). Organizational Analysis. In R. K. Merton, L. Broom, J. Leonard, and S. Cottrell (Eds.), *Sociology Today* (pp. 400-28). New York: Basic Books.

Govindarajan, V. (1988). A Contingency Approach to Strategy Implementation at the Business-Unit Level: Integrating Administrative Mechanisms with Strategy. *Academy of Management Journal, 31*, 828-53.

Grabe, M., and Latta, R. M. (1981). Cumulative Achievement in a Mastery Instructional System: The Impact of Differences in Resultant Achievement Motivation and Persistence. *American Educational Research Journal, 18*, 7-14.

Graen, G. (1963). Instrumentality Theory of Work Motivation: Some Experimental Results and Suggested Modifications. *Journal of Applied Psychology Monograph, 53*, 1-25.

Graham, L. L. (1980). Expectancy Theory as a Predictor of College Student Grade Point Average, Satisfaction, and Participation. Doctoral diss., University of Kansas, Lawrence.

Graham, S. (1991). A Review of Attribution Theory in Achievement Contexts. *Educational Psychology Review, 3*(1), 5-39.

Graham, S., and Weiner, B. (1996). Theories and Principles of Motivation. In D. Berliner and R. Calfee (Eds.), *Handbook of Educational Psychology* (pp. 63-84). New York: Macmillan.

Grandori, A. (1984). A Prescriptive Contingency View of Organizational Decision Making. *Administrative Science Quarterly, 29*, 192-208.

Grassie, M. C., and Carss, B. W. (1973). School Structure, Leadership Quality, Teacher Satisfaction. *Educational Administration Quarterly, 9*, 15-26.

Gray, J. (1992). *Men Are from Mars, Women Are from Venus.* New York: HarperCollins.

Gray, P. (2011). *Psychology* (6th ed). New York: Worth.

Greenberg, J. (1993a). The Social Side of Fairness: Interpersonal and Informational Classes of Organizational Justice. In R. Cropanzano (Ed.), *Justice in the Workplace* (pp. 79-103). Hillsdale, NJ: Erlbaum.

Greenberg, J. (1993b). Stealing in the Name of Justice: Informational and Interpersonal Moderators of Theft Reactions to Underpayment Inequity. *Organizational Behavior and Human Decision Processes, 54*, 81-103.

Greenberg, J. (1997). A Taxonomy of Organizational Justice Theories. *Academy of Management Review, 21*, 9-22.

Greenberg, J. (2000). Promote Procedural Justice to Enhance Acceptance of Work Outcomes. In E. A. Locke (Ed.), *Handbook of Principles of Organizational Behavior* (pp. 181-95). Malden, MA: Blackwell.

Greenberg, J., and Baron, R. A. (1997). *Behavior in Organizations* (6th ed.). Englewood Cliffs, NJ: Prentice Hall.

Greenberg, J., and Colquitt, J. A. (2005). *Handbook of Organizational Justice.* Mahwah, NJ; Erlbaum.

Greenberg, J., and Lind, E. A. (2000). The Pursuit of Organizational Justice: From Conceptualization to Implication to Application. In C. L. Cooper and E. W. Locke (Eds.), *Industrial and Organizational Psychology* (72-105). Malden, MA: Blackwell Press.

Greenberg, J., and Scott, K. S. (1995). Why Do Workers Bite the Hands That Feed Them? Employee Theft as a Social Exchange Process.

In B. M. Staw and L. L. Cummings (Eds.), *Research in Organizational Behavior* (Vol. 18). Greenwich, CT: JAI Press.

Greene, C. N., and Podsakoff, P. M. (1981). Effects of Withdrawal of a Performance Contingent Reward of Supervisory Influence and Power. *Academy of Management Journal, 24*, 527-42.

Greene, R. (2000). *The 48 Laws of Power.* New York: Penguin.

Greenfield, T. B., and Ribbins, P. (Eds.). (1993). *Greenfield on Educational Administration: Towards a Human Science.* London: Routledge.

Greenleaf, R. K. (1977). *Servant Leadership: A Journey into the Nature of Legitimate Power and Greatness.* New York: Paulist Press.

Greeno, J. G., Collins, A. M., and Resnick, L. B. (1996). Cognition and Learning. In D. Berliner and R. Calfee (Eds.), *Handbook of Educational Psychology* (pp. 15-46). New York: Macmillan.

Greenwald, R, Hedges, L. V., and Laine, R. D. (1996). The Effect of School Resources on Student Achievement. *Review of Educational Research, 66*(3), 361-96.

Griffeth, R. W. (1985). Moderation of the Effects of Job Enrichment by Participation: A Longitudinal Field Experiment. *Organizational Behavior and Human Decision Processes, 35*, 73-93.

Griffin, R. W. (1987). Toward an Integrated Theory of Task Design. *Research in Organizational Behavior, 9*, 79-120.

Griffin, R. W. (1991). Effects of Work Redesign on Employee Perceptions, Attitudes, and Behaviors: A Long-Term Investigation. *Academy of Management Journal, 34*(2), 425-35.

Griffiths, D. E. (1959). *Administrative Theory.* New York: Appleton-Century-Crofts.

Griffiths, D. E. (1988). Administrative Theory. In N. Boyan (Ed.), *Handbook of Research on Educational Administration* (pp. 27-51). New York: Longman.

Griffiths, D. E., Goldman, S., and McFarland, W. J. (1965). Teacher Mobility in New York City. *Educational Administration Quarterly, 1*, 15-31.

Griffiths, D. E., Stout, R. T., and Forsyth, P. B. (1988). The Preparation of Educational Administrators. In D. E. Griffiths, R. T. Stout, and P. B. Forsyth (Eds.), *Leaders for America's Schools* (pp. 284-304). Berkeley, CA: McCutchan.

Gronn, P. (1999). Substituting for Leadership: The Neglected Role of the Leadership Couple. *Leadership Quarterly, 10*(1), 41-62.

Gronn, P. (2002). Distributed Leadership as a Unit of Analysis. *Leadership Quarterly, 13*, 423-51.

Gronn, P. (2003). Leadership: Who Needs It?

School *Leadership & Management, 23*(3), 267-90.

Gronn, P. C. (1983). Talk as the Work: The Accomplishment of School Administration. *Administrative Science Quarterly, 28*, 1-21.

Gronn, P., and Hamilton, A. (2004). "A Bit More Life in the Leadership": Co-principalship as Distributed Leadership Practice. *Leadership and Policy in Schools, 3*(1), 3-35.

Gross, E., and Etzioni, A. (1985). *Organizations in Society*. Englewood Cliffs, NJ: Prentice Hall.

Grubb, N. W. (2006). Multiple Resources, Multiple Outcomes: Testing the "Improved" School Finance with NELS 88. Retrieved from http://gse.berkeley.edu/faculty/WNGrubb/ papers/ Grubb_06_06_Mult_Res_Mult_Out.pdf

Grubb, N. W. (2009). *The Money Myth: School Resources, Outcomes, and Equity*. New York: SAGE.

Grusky, O. (1960). Administrative Succession in Formal Organizations. *Social Forces, 39*, 105-15.

Grusky, O. (1961). Corporate Size, Bureaucratization, and Managerial Succession. *American Journal of Sociology, 67*, 261-69.

Guest, R. H. (1960). *Organizational Change: The Effect of Successful Leadership*. Homewood, IL: Dorsey.

Guidette, M. R. M. (1982). The Relationship between Bureaucracy and Staff Sense of Powerlessness in Secondary Schools. Doctoral diss., Rutgers University, New Brunswick.

Gulick, L. (1937). Notes on the Theory of Organization. In L. Gulick and L. F. Urwick (Eds.), *Papers on the Science of Administration* (pp. 3-45). New York: Institute of Public Administration, Columbia University.

Guo, C., and Acar, M. (2005). Understanding Collaboration among Nonprofit Organizations: Combining Resource Dependency, Institutional, and Network Perspectives. *Nonprofit and Voluntary Sector Quarterly, 34*(3), 340-61.

Guskey, T. R. (1987). Context Variables That Affect Measures of Teacher Efficacy. *Journal of Educational Research, 81*(1), 41-47.

Guskey, T. R., and Gates, S. L. (1986). Synthesis of Research on Mastery Learning. *Education Leadership, 43*, 73-81.

Guskey, T. R., and Passaro, P. (1994). Teacher Efficacy: A Study of Construct Dimensions. *American Educational Research Journal, 31*, 627-43.

Hackman, J. R., and Oldham, G. R. (1975). Development of the Job Diagnostic Survey. *Journal of Applied Psychology, 60*, 159-70.

Hackman, J. R., and Oldham, G. R. (1976).

Motivation through the Design of Work: A Test of a Theory. *Organizational Behavior and Human Performance, 16*, 250-79.

Hackman, J. R., and Suttle, J. L. (1977). *Improving Life at Work*. Santa Monica, CA: Goodyear.

Hackman, J. R., and Wageman, R. (1995). Total Quality Management: Empirical, Conceptual, and Practical Issues. *Administrative Science Quarterly, 40*(2), 309-42.

Hage, J. (1980). *Theories of Organizations*. New York: Wiley.

Hajnal, V. J., and Dibski, D. J. (1993). Compensation Management: Coherence between Organization Directions and Teacher Needs. *Journal of Educational Administration, 31*(1), 53-69.

Hall, R. H. (1962). The Concept of Bureaucracy: An Empirical Assessment. *American Sociological Review, 27*, 295-308.

Hall, R. H. (1980). Effectiveness Theory and Organizational Effectiveness. *Journal of Applied Behavioral Science, 16*, 536-45.

Hall, R. H. (1987). *Organizations: Structures, Processes, and Outcomes* (4th ed.). Englewood Cliffs, NJ: Prentice Hall.

Hall, R. H. (1991). *Organizations: Structures, Processes, and Outcomes* (5th ed.). Englewood Cliffs, NJ: Prentice Hall.

Hall, R. H. (2002). *Organizations: Structures, Processes, and Outcomes* (8th ed.). Upper Saddle River, NJ: Prentice Hall.

Hallahan, D. P., and Kauffman, J. M. (1997). *Exceptional Learners: Introduction to Special Education* (7th ed.). Boston: Allyn and Bacon.

Haller, E. J., and Monk, D. H. (1988). New Reforms, Old Reforms, and the Consolidation of Small Rural Schools. *Educational Administration Quarterly, 24*, 470-83.

Hallinger, P. (1983a). Assessing the Instructional Management Behavior of Principals. Unpublished doctoral diss., Stanford University, Stanford, CA. ERIC Document No. 8320806.

Hallinger, P. (1983b). Leading Educational Change: Reflections on the Practice of Instructional and Transformational Leadership. *Cambridge Journal of Education, 33*(3), 329-51.

Hallinger, P. (2003). Leading Educational Change: Reflections on the Practice of Instructional and Transformational Leadership. *Cambridge Journal of Education, 33*(3), 329-51.

Hallinger, P. (2005). Instructional Leadership and the School Principal: A Passing Fancy That Refused to Fade Away. *Leadership and Policy in Schools. 4*(3), 221-39.

Hallinger, P. (2011). A Review of Three Decades of

Doctoral Studies Using the Principal Instructional Rating Scale: A Lens on Methodological Progress in Educational Leadership. *Educational Administration Quarterly, 47,* 272-306.

Hallinger, P., and Heck, R. H. (1996). Reassessing the Principal's Role in Effectiveness: A Review of Empirical Research, 1980-1995. *Educational Administration Quarterly, 32*(1), 5-44.

Hallinger, P., and Heck, R. H. (1998). Exploring the Principal's Contribution to School Effectiveness, 1980-1995. *School Effectiveness and School Improvement, 9*(2), 157-91.

Hallinger, P., and Murphy, J. (1985). Assessing the Instructional Leadership Behavior of Principals. *Elementary School Journal, 86*(2), 217-48.

Halpin, A. W. (1966). *Theory and Research in Administration.* New York: Macmillan.

Halpin, A. W., and Croft, D. B. (1962). *The Organization Climate of Schools.* Contract #SAE 543-8639. U.S. Office of Education, Research Project.

Halpin, A. W., and Croft, D. B. (1963). *The Organizational Climate of Schools.* Chicago: Midwest Administration Center of the University of Chicago.

Halpin, A. W., and Winer, B. J. (1952). *The Leadership Behavior of the Airplane Commander.* Washington, DC: Human Resources Research Laboratories, Department of the Air Force.

Hamilton, R. J. (1985). A Framework for the Evaluation of the Effectiveness of Adjunct Questions and Objectives. *Review of Educational Research, 55,* 47-86.

Hammond, J. S., Keeney, R. L., and Raiffa, R. (1998). *Smart Choices: A Practical Guide to Making Better Decisions.* Boston: Harvard Business School Press.

Hammond, J. S., Keeney, R. L., and Raiffa, H. (2006). The Hidden Traps in Decision Making, *Harvard Business Review, 84,* 118-26.

Hannum, J. (1994). The Organizational Climate of Middle Schools, Teacher Efficacy, and Student Achievement. Doctoral diss., Rutgers University, New Brunswick.

Hanson, E. M. (2003). *Educational Administration and Organizational Behavior.* Boston: Allyn and Bacon.

Hanson, M. (2001). Institutional Theory and Educational Change. *Educational Administration Quarterly, 37*(5), 637-61.

Hanushek, E. A. (1981). Throwing Money at Schools. *Journal of Policy Analysis and Management, 1*(1), 19-41.

Hanushek, E. A. (1989). The Impact of Differential Expenditures on School Performance. *Educational Researcher, 18,* 45-51, 62.

Hanushek, E. A. (1997). Assessing the Effects of School Resources on Student Performance: An Update. *Educational Evaluation and Policy Analysis, 19*(2), 141-64.

Hanushek, E. A. (2003). The Failure of Input-Based Schooling Policies. *Economic Journal, 113* (February), F64-F98.

Hanushek, E. A. (2005a). The Economics of School Quality *German Economic Review, 6*(3), 269-86

Hanushek, E. A. (2005b). Why Quality Matters in Education. *Finance & Development, 42*(2), 15-19.

Hanushek, E A., and Raymond, M. E. (2002). Sorting Out Accountability Systems. In W. M. Evers and H. J. Walberg (Eds.), *School Accountability* (pp. 75-104). Palo Alto, CA: Hoover Press.

Harder, J. W. (1992). Play for Pay: Effects of Inequity in Pay-for-Performance Contest. *Administrative Science Quarterly, 37,* 321-35.

Hardy, C., and Leiba-O'Sullivan, S. (1998). The Power behind Empowerment: Implications for Research and Practice. *Human Relations, 51,* 451-83.

Harris, K. R., Alexander, P., and Graham, S. (2008). Michael Pressley's Contributions to the History and Future of Strategies Research. *Educational Psychologist, 43,* 86-96.

Harris, T. E. (1993). *Applied Organizational Communication.* Hillsdale, NJ: Erlbaum.

Hart, A. W. (1987). A Career Ladder's Effect on Teacher Career and Work Attitudes. *American Educational Research Journal, 24*(4), 479-503.

Hart, A. W. (1990a). Impacts of the School Social Unit on Teacher Authority during Work Redesign. *American Education Research Journal, 27*(3), 503-32.

Hart, A. W. (1990b). Work Redesign: A Review of Literature for Education Reform. *Advances in Research and Theories of School Management, 1,* 31-69.

Hart, A. W. (1995). Reconceiving School Leadership: Emergent Views. *The Elementary School Journal, 96,* 9-28.

Hart, A. W., and Murphy, M. J. (1990). New Teachers React to Redesigned Teacher Work. *American Journal of Education, 93*(3), 224-50.

Hart, D. K., and Scott, W. G. (1975). The Organizational Imperative. *Administration and Society, 7,* 259-85.

Hartley, M., and Hoy, W. K. (1972). Openness of School Climate and Alienation of High School

Students. *California Journal of Educational Research, 23,* 17-24.

Hatry, H. P., and Greiner, J. M. (1985). *Issues and Case Studies in Teacher Incentive Plans.* Washington, DC: Urban Institute Press.

Hattie, J. (2009). *Visible Learning: A Synthesis of over 800 Meta-Analyses Relating to Achievement.* New York: Routledge.

Hayes, A. E. (1973). A Reappraisal of the Halpin-Croft Model of the Organizational Climate of Schools. Annual Meeting of the American Educational Research Association, New Orleans.

Haymond, J. E. (1982). Bureaucracy, Climate, and Loyalty: An Aston Study in Education. Doctoral diss., Rutgers University, New Brunswick.

Haynes, P. A. (1974). Towards a Concept of Monitoring. *Town Planning Review, 45,* 6-29.

Heck, R. H. (2000). Examining the Impact of School Quality on School Outcomes and Improvement: A Value-Added Approach. *Educational Administration Quarterly, 36*(4), 513-52.

Heck, R. H. (2005). Examining School Achievement over Time: A Multilevel, Multi-group Approach. In W. K. Hoy and C. G. Miskel (Eds.), *Contemporary Issues in Educational Policy and School Outcomes* (pp. 1-28). Greenwich, CT: Information Age.

Heck, R. H. (2010). Proposing and Testing a Multilevel Model of School and Teacher Effects on Student Achievement. In Wayne K. Hoy and Michael DiPaola (Eds.), *Analyzing School Contexts: Influences of Principals and Teachers in the Service of Students* (pp. 39-69). Greenwich, CT: Information Age.

Heck, R. H., and Hallinger, P. (2010, April). Examining the Moderating Effect of Instructionally Focused Leadership on Teacher Effectiveness and Student Learning. Paper presented at the annual meeting of the American Educational Research Association, Denver, CO.

Heck, R. H., Larsen, T. J., and Marcoulides, G. A. (1990). Instructional Leadership and School Achievement: Validation of a Causal Model. *Educational Administration Quarterly, 26*(2), 94-125.

Heclo, H. (1978). Issue Networks and the Executive Establishment. In A. King (Ed.), *The New American Political System* (pp. 87-124). Washington, D.C.: AEI Press.

Hedges, L. V., Laine, R. D., and Greenwald, R. (1994). Does Money Matter? A Meta-Analysis of Studies of the Effects of Differential School Inputs on Student Outcomes. *Educational Researcher, 23*(3), 5-14.

Heintzman, M., Leathers, D. G., Parrot, R. L., and Cairns, I. (1993). Nonverbal Rapport-Building Behaviors' Effects on Perceptions of a Supervisor. *Management Communication Quarterly, 7*(2), 181-208.

Heinz, J. P., Laumann, E. O., Nelson, R. L., and Salisbury, R. H. (1993). *The Hollow Core: Private Interests in National Policymaking.* Cambridge, MA: Harvard University Press.

Heller, M. F., and Firestone, W. A. (1995). Who's in Charge Here? Sources of Leadership for Change in Eight Schools. *Elementary School Journal, 96*(1), 65-86.

Hellriegel, D., Slocum, J. W., and Woodman, R. W. (1992). *Organizational Behavior* (6th ed.). St. Paul, MN: West.

Hemphill, J. K., and Coons, A. E. (1950). *Leader Behavior Description Questionnaire.* Columbus: Personnel Research Board, Ohio State University.

Henderson, J. E., and Hoy, W. K. (1983). Leader Authenticity: The Development and Test of an Operational Measure. *Educational and Psychological Research, 2,* 123-30.

Heneman, H. G. I., and Schwab, D. P. (1972). An Evaluation of Research on Expectancy Theory Predictions of Employee Performance. *Psychological Bulletin, 78,* 1-9.

Herbert, W. (2010). *On Second Thought: Outsmarting Your Mind's Hard-Wired Habits.* New York: Crown.

Hernshaw, L. S. (1987). *The Shaping of Modern Psychology: A Historical Introduction from Dawn to Present Day.* London: Routledge and Kegan Paul.

Herriott, R. F., and Firestone, W. A. (1984). Two Images of Schools as Organizations: A Refinement and Elaboration. *Educational Administration Quarterly, 20,* 41-58.

Hersey, P. W. (1982). *The NASSP Assessment Center: Validation and New Development.* Reston, VA: National Association of Secondary School Principals.

Hershey, P., and Blanchard, K. H. (1977). *The Management of Organizational Behavior* (3rd ed.). Englewood Cliffs, NJ: Prentice Hall.

Herzberg, F. (1982). *The Managerial Choice: To Be Efficient and to Be Human* (rev. ed.). Salt Lake City, UT: Olympus.

Herzberg, F., Mausner, B., and Snyderman, B. (1959). *The Motivation to Work.* New York: Wiley.

Hess, F. M. (2003). A License to Lead? A New Leadership Agenda for America's Schools.

Washington, DC: Progressive Policy Institute. Available at www.ppionline.org/

Higgins, E. T. (2004). Making a Theory Useful: Lessons Handed Down. *Personality and Social Psychology Review, 8*, 138-145.

Hill, P. T., and Bonan, J. (1991). *Decentralization and Accountability in Public Education*. Santa Monica, CA: Rand.

Hill, W. F. (2002). *Learning: A Survey of Psychological Interpretations* (7th ed.). Boston: Allyn & Bacon.

Hirschhorn, L. (1997). *Reworking Authority: Leading and Following in a Post-Modern Organization*. Cambridge, MA: MIT Press.

Hirschman, A. O. (1970). *Exit, Voice, and Loyalty: Responses to the Decline in Firms, Organizations, and States*. Cambridge, MA: Harvard University Press.

Hitt, M. A., and Ireland, R. D. (1987). Peters and Waterman Revisited: The Unended Quest for Excellence. *Academy of Management Executive, 1*, 91-98.

Hmelo, C. E. (1998). Problem-Based Learning: Effects on the Early Acquisition of Cognitive Skill in Medicine. *Journal of the Learning Sciences, 7*, 173-208.

Hmelo-Silver, C. E. (2004). Problem-Based Learning: What and How Do Students Learn? *Educational Psychology Review, 16*, 235-266.

Hmelo-Silver, C. E., Ravit, G. D., and Chinn, C. A. (2007). Scaffolding and Achievement in Problem-Based and Inquiry Learning: A Response to Kirschner, Sweller, and Clark (2006). *Educational Psychologist, 42*, 99-107.

Hodgkinson, C. (1991). *Educational Leadership: The Moral Art*. Albany, NY: State University of New York Press.

Hodgkinson, G. P., and Starbuck, W. H. (2008). *The Oxford Handbook of Organizational Decision Making*. Oxford: Oxford University Press.

Hoffman, A. J. (1999). Institutional Evolution and Change: Environmentalism and the U.S. Chemical Industry. *Academy of Management Journal, 42*(4), 351-71.

Hoffman, J. D. (1993).The Organizational Climate of Middle Schools and Dimensions of Authenticity and Trust. Doctoral diss., Rutgers University, New Brunswick.

Hoffman, J. D., Sabo, D., Bliss, J., and Hoy, W. K. (1994). Building a Culture of Trust. *Journal of School Leadership, 3*, 484-99.

Hofman, W. H. A., and Hofman, R. H. (2011). Smart Management in Effective Schools: Effective Management Configurations in General

and Vocational Education in the Netherlands. *Educational Administration Quarterly, 47*, 620-645.

Holdaway, E. A. (1978a). Facet and Overall Satisfaction of Teachers. *Educational Administration Quarterly, 14*, 30-47.

Holdaway, E. A. (1978b). *Job Satisfaction: An Alberta Report*. Edmonton: University of Alberta.

Holdaway, E. A., Newberry, J. F., Hickson, D. J., and Heron, R. P. (1975). Dimensions of Organizations in Complex Societies: The Educational Sector. *Administrative Science Quarterly, 20*, 37-58.

Holmes Group. (1986). *Tomorrow's Teachers*. East Lansing, MI: Holmes Group.

Holtgraves, T. (2010). Social Psychology and Language: Words, Utterances, and Conversations. In S. T. Fiske, D. T. Gilbert, and G. Lindsey, *Handbook of Social Psychology* (pp. 1386-1422). Hoboken, NJ: John Wiley.

Homans, G. C. (1950). *The Human Group*. New York: Harcourt, Brace and World.

Honig, M. I., and Hatch, T. C. (2004). Crafting Coherence: How Schools Strategically Manage Multiple, External Demands. *Educational Researcher, 33*, 16-30.

Honig, M., and Coburn, C. (2008). Evidence-Based Decision-Making in School District Central Offices: Toward a Policy and Research Agenda. *Educational Policy, 22*, 578-608.

Honig, M., and Hatch, T. C. (2004). *Educational Researcher, 33*(8), 16-30.

Hoppock, R. (1935). *Job Satisfaction*. New York: Harper.

House, R. J. (1977). A 1976 Theory of Charismatic Leadership. In J. G. Hunt and L. L. Larson (Eds.), *Leadership: The Cutting Edge* (pp. 189-207). Carbondale, IL: Southern Illinois University Press.

House, R. J. (1988). Leadership Research: Some Forgotten, Ignored, or Overlooked Findings. In J. G. Hunt, B. R. Baliga, H. P. Dachler, and C. A. Schriesheim (Eds.), *Emerging Leadership Vistas* (pp. 245-60). Lexington, MA: Lexington.

House, R. J., and Baetz, M. L. (1979). Leadership: Some Empirical Generalizations and New Research Directions. *Research in Organizational Behavior, 1*, 341-423.

House, R. J., and Howell, J. M. (1992). Personality and Charismatic Leadership. *Leadership Quarterly, 3*(2), 81-108.

House, R. J., Spangler, W. D., and Woycke, J. (1991). Personality and Charisma in the U.S. Presidency: A Psychological Theory of Leader Effectiveness. *Administrative Science Quarterly*,

36, 364-96.

Howell, J. M., and Avolio, B. J. (1993). Transformational Leadership, Transactional Leadership, Locus of Control, and Support of Innovation: Key Predictors of Consolidated Business-Unit Performance. *Journal of Applied Psychology, 78*(6), 891-902.

Howell, J. M., and Frost, P. J. (1989). A Laboratory Study of Charismatic Leadership. *Organizational Behavior and Human Decision Processes, 43*, 243-69.

Howell, J. P. (1997). Substitutes for Leadership: Their Meaning and Measurement—An Historical Assessment. *Leadership Quarterly, 8*(2), 113-16.

Howler, M. (1972). Diversity of Word Usage as a Stress Indicator in an Interview Situation. *Journal of Psycholinguistic Research, 1*, 243-248.

Hoy, W, K., Smith, P. A., and Sweetland, S. R. (2002). The Development of the Organizational Climate Index for High Schools: Its Measure and Relationship to Faculty Trust. *The High School Journal, 86*, 38-49.

Hoy, W. K. (1967). Organizational Socialization: The Student Teacher and Pupil Control Ideology. *Journal of Educational Research, 61*, 153-55.

Hoy, W. K. (1968). Pupil Control and Organizational Socialization: The Influence of Experience on the Beginning Teacher. *School Review, 76*, 312-23.

Hoy, W. K. (1969). Pupil Control Ideology and Organizational Socialization: A Further Examination of the Influence of Experience on the Beginning Teacher. *School Review, 77*, 257-65.

Hoy, W. K. (1972). Dimensions of Student Alienation and Characteristics of Public High Schools. *Interchange, 3*, 38-51.

Hoy, W. K. (1978). scientific Research in Educational Administration. *Educational Administration Quarterly, 14*, 1-12.

Hoy, W. K. (1990). Organizational Climate and Culture: A Conceptual Analysis of the School Workplace. *Journal of Educational and Psychological Consultation, 1*, 149-68.

Hoy, W. K. (1996). Science and Theory in the Practice of Educational Administration: A Pragmatic Perspective. *Educational Administration Quarterly, 32*, 366-78.

Hoy, W. K. (1997). A Few Quibbles with Denison. *The Academy of Management Review, 22*(1), 13-14.

Hoy, W. K. (2001). The Pupil Control Studies: A Historical, Theoretical, and Empirical Analysis. *Journal of Educational Administration, 39*, 424-

41.

Hoy, W. K. (2002). Faculty Trust: A Key to Student Achievement. *Journal of School Public Relations, 23*(2), 88-103.

Hoy, W. K. (2003). An Analysis of Enabling and Mindful School Structures: Some Theoretical, Research, and Practical Considerations, *Journal of Educational Administration, 41*, 87-108.

Hoy, W. K. (2010). *Quantitative Research in Education: A Primer*. Los Angeles: Sage.

Hoy, W. K. (in press). School Characteristics That Make a Difference for the Achievement of All Students: A 40-Year Academic Odyssey. *Journal of Educational Administration*.

Hoy, W. K., and Aho, F. (1973). Patterns of Succession of High School Principals and Organizational Change. *Planning and Changing, 2*, 82-88.

Hoy, W. K., and Appleberry, J. B. (1970). Teacher Principal Relationships in "Humanistic" and "Custodial" Elementary Schools. *Journal of Experimental Education, 39*, 27-31.

Hoy, W. K., and Brown, B. L. (1988). Leadership Behavior of Principals and the Zone of Acceptance of Elementary Teachers. *Journal of Educational Administration, 26*, 23-39.

Hoy, W. K., and Clover, S. I. R. (1986). Elementary School Climate: A Revision of the OCDQ. *Educational Administration Quarterly, 22*, 93-110.

Hoy, W. K., and Feldman, J. (1987). Organizational Health. The Concept and Its Measure. *Journal of Research and Development in Education, 20*, 30-38.

Hoy, W. K., and Feldman, J. (1999). Organizational Health Profiles for High Schools. In J. Freiberg (Ed.), *School Climate: Measuring, Sustaining, and Improving*. Philadelphia: Falmer Press.

Hoy, W. K., and Ferguson, J. (1985). A Theoretical Framework and Exploration of Organizational Effectiveness in Schools. *Educational Administration Quarterly, 21*, 117-34.

Hoy, W. K., and Forsyth, P. B. (1986). *Effective Supervision: Theory into Practice*. New York: Random House.

Hoy, W. K., and Forsyth, P. B. (1987). Beyond Clinical Supervision: A Classroom Performance Model. *Planning and Changing, 18*, 210-23.

Hoy, W. K., and Hannum, J. (1997). Middle School Climate: An Empirical Assessment of Organizational Health and Student Achievement. *Educational Administration Quarterly, 33*, 290-311.

Hoy, W. K., and Henderson, J. E. (1983). Principal Authenticity, School Climate, and Pupil-Control

Orientation. *Alberta Journal of Educational Research, 2*, 123-30.

Hoy, W. K., and Miskel, C. G. (1991). *Educational Administration: Theory, Research, and Practice* (4th ed.). New York: McGraw-Hill.

Hoy, W. K., and Rees, R. (1974). Subordinate Loyalty to Immediate Superior: A Neglected Concept in the Study of Educational Administration. *Sociology of Education, 47*, 268-86.

Hoy, W. K., and Rees, R. (1977). The Bureaucratic Socialization of Student Teachers. *Journal of Teacher Education, 28*, 23-26.

Hoy, W. K., and Sabo, D. (1998). *Quality Middle Schools: Open and Healthy.* Thousand Oaks, CA: Corwin Press.

Hoy, W. K., and Smith, P. A. (2007). Influence: A Key to Successful Leadership. *International Journal of Educational Management,* 21, 158-167.

Hoy, W. K., and Sousa, D. (1984). Delegation: The Neglected Aspect of Participation in Decision Making. *Alberta Journal of Educational Research, 30*, 320-31.

Hoy, W. K., and Sweetland, S. R. (2000). Bureaucracies That Work: Enabling, Not Coercive. *Journal of School Leadership, 10*, 525-41.

Hoy, W. K., and Sweetland, S. R. (2001). Designing Better Schools: The Meaning and Nature of Enabling School Structure. *Educational Administration Quarterly, 37*, 296-321.

Hoy, W. K., and Tarter, C. J. (1990). Organizational climate school health and student achievement: A comparative analysis. Unpublished paper.

Hoy, W. K., and Tarter, C. J. (1992). Collaborative Decision Making: Empowering Teachers. *Canadian Administration, 32*, 1-9.

Hoy, W. K., and Tarter, C. J. (1993a). A Normative Model of Shared Decision Making. *Journal of Educational Administration, 31*, 4-19.

Hoy, W. K., and Tarter, C. J. (1993b). Crafting Strategies, Not Contriving Solutions: A Response to Downey and Knight's Observations on Shared Decision Making. *Canadian Administration, 32*, 1-6.

Hoy, W. K., and Tarter, C. J. (1997a). *The Road to Open and Healthy Schools: A Handbook for Change, Secondary Edition.* Thousand Oaks, CA: Corwin Press.

Hoy, W. K. and Tarter, C. J. (1997b). *The Road to Open and Health Schools: Handbook for Change, Elementary Edition.* Thousand Oaks, CA: Corwin Press.

Hoy, W. K., and Tarter, C. J. (2003). *Administrators Solving the Problems of Practice: Decision-Making Concepts, Cases, and Consequences.* Boston: Allyn and Bacon.

Hoy, W. K., and Tarter, C. J. (2004a). *Administrators Solving the Problems of Practice: Decision-Making Cases, Concepts, and Consequence* (2nd ed.). Boston: Allyn & Bacon.

Hoy, W. K., and Tarter, C. J. (2004b). Organizational Justice in Schools: No Justice without Trust. *International Journal of Educational Management, 18*, 250-59.

Hoy, W. K. and Tarter, C. J. (2008). *Administrators Solving the Problems of Practice* (3rd ed.). Boston: Pearson.

Hoy, W. K., and Tarter, C. J. (2010). Swift and Smart Decision Making: Heuristics that Work, *International Journal of Educational Management, 24*, 351-358.

Hoy, W. K., and Tarter, C. J. (2011). Power Principles for Educational Leaders: Research into Practice. *International Journal of Educational Administration, 25*, 124-133.

Hoy, W. K., and Tschannen-Moran, M. (1999). Five Faces of Trust: An Empirical Confirmation in Urban Elementary Schools. *Journal of School Leadership, 9*, 184-208.

Hoy, W. K., and Tschannen-Moran, M. (2003). The Conceptualization and Measurement of Faculty Trust in Schools. In W. K. Hoy and C. Miskel (Eds.). *Studies in Leading and Organizing Schools* (pp. 181-207).

Hoy, W. K., and Williams, L. B. (1971). Loyalty to Immediate Superior at Alternate Levels in Public Schools. *Educational Administration Quarterly, 7*, 1-11.

Hoy, W. K., and Woolfolk Hoy, A. (2011, Summer). *An Organizational Model for School Achievement.*

Paper presented at the annual convention of the European Association for Research on Learning and Instruction (EARLI).University of Exeter, United Kingdom.

Hoy, W. K., and Woolfolk, A. E. (1989). Socialization of Student Teachers. Annual Meeting of the American Educational Research Association, San Francisco.

Hoy, W. K., and Woolfolk, A. E. (1990). Socialization of Student Teachers. *American Educational Research Journal, 27*(2), 279-300.

Hoy, W. K., and Woolfolk, A. E. (1993). Teachers' Sense of Efficacy and the Organizational Health of Schools. *Elementary School Journal, 93*(4), 355-72.

Hoy, W. K., Astuto, T. A., and Forsyth, P. B. (Eds.). (1994). *Educational Administration: The UCEA*

Document Base. New York: McGraw-Hill Primus.

Hoy, W. K., Blazovsky, R., and Newland, W. (1980). Organizational Structure and Alienation from Work. Annual Meeting of the American Educational Research Association, Boston.

Hoy, W. K., Blazovsky, R., and Newland, W. (1983). Bureaucracy and Alienation: A Comparative Analysis. *The Journal of Educational Administration, 21,* 109-21.

Hoy, W. K., Gage, C. Q., and Tarter, C, J. (2006). School Mindfulness and Faculty Trust: Necessary Conditions for Each Other? *Educational Administration Quarterly.*

Hoy, W. K., Hannum, J., and Tschannen-Moran, M. (1998). Organizational Climate and Student Achievement: A Parsimonious and Longitudinal View. *Journal of School Leadership, 8,* 1-22.

Hoy, W. K., Hoffman, J., Sabo, D., and Bliss, J. (1994). The Organizational Climate of Middle Schools: The Development and Test of the OCDQ-RM. *Journal of Educational Administration, 34,* 41-59.

Hoy, W. K., Newland, W., and Blazovsky, R. (1977). Subordinate Loyalty to Superior, Esprit, and Aspects of Bureaucratic Structure. *Educational Administration Quarterly, 13,* 71-85.

Hoy, W. K., Smith, P. A., and Sweetland, S. R. (2002a). A Test of a Model of School Achievement in Rural Schools: The Significance of Collective Efficacy. In W. K. Hoy and C. Miskel (Eds.). *Theory and Research in Educational Administration* (pp. 185-202).

Hoy, W. K., Sweetland, S. R., and Smith, P. A. (2002). Toward an Organizational Model of Achievement in High Schools: The Significance of Collective Efficacy. *Educational Administration Quarterly, 38,* 77-93.

Hoy, W. K., Tarter, C. J., and Kottkamp, R. (1991). *Open Schools/Healthy Schools: Measuring Organizational Climate.* Beverly Hills, CA: Sage.

Hoy, W. K., Tarter, C. J., and Wiskowskie, L. (1992). Faculty Trust in Colleagues: Linking the Principal with School Effectiveness. *Journal of Research and Development in Education, 26* (1), 38-58.

Hoy, W. K., Tarter, C. J., and Woolfolk Hoy, A. (2006a). Academic Optimism of Schools: A Second-Order Confirmatory Factor Analysis. In Wayne K. Hoy and Cecil Miskel (Eds.), *Contemporary Issues in Educational Policy and School Outcomes* (pp. 135-57). Greenwich, CT: Information Age.

Hoy, W. K., Tarter, C. J., and Woolfolk Hoy, A. (2006b). Academic Optimism of Schools: An Important Force for Student Achievement. Ohio State University, unpublished research paper.

Huber, G. P. (1996). Organizational Learning: The Contributing Processes and Literatures. In M. D. Cohen, and L. S. Sproull, (Eds.). *Organizational Learning* (pp. 124-62). Thousand Oaks, CA: Sage.

Huber, G. P., and Daft, R. L. (1987). The Information Environments of Organizations. In F. M. Jablin, L. L. Putnam, K. Roberts, and L. W. Porter (Eds.), *Handbook of Organizational Communication: An Interdisciplinary Perspective* (pp. 130-64). Newbury Park, CA: Sage.

Huber, V. L. (1981). The Sources, Uses, and Conservation of Managerial Power. *Personnel, 51,* 66-67.

Hunt, J. G. (1991). *Leadership: A New Synthesis.* Newbury Park, CA: Sage.

Hunter, M. (1982). *Mastery Teaching.* El Segundo, CA: TIP Publications.

Huseman, R. C., and Miles, E. W. (1988). Organizational Communication in the Information Age: Implications of Computer-Based Systems. *Journal of Management, 14,* 181-204.

Iannaccone, L. (1962). Informal Organization of School Systems. In D. Griffiths, D. L. Clark, R. Wynn, and L. Iannaccone (Eds.), *Organizing Schools for Effective Education* (pp. 227-93). Danville, IL: Interstate.

IDEA. (1997). Available online at: http://www.ed. gov/policy/speced/guid/idea/idea2004.html.

Imber, M. (1983). Increased Decision Making Involvement for Teachers: Ethical and Practical Considerations. *Journal of Educational Thought, 17,* 36-42.

Imber, M., and Duke, D. L. (1984). Teacher Participation in School Decision Making: A Framework for Research. *Journal of Educational Administration, 22,* 24-34.

Immegart, G. L. (1988). Leadership and Leader Behavior. In N. J. Boyan (Ed.), *Handbook of Research on Educational Administration* (pp. 259-77). New York: Longman.

Ingersoll, R. M. (1993). Loosely Coupled Organizations Revisited. *Research in the Sociology of Organizations, 11,* 81-112.

Ingersoll, R. M. (2001). The Status of Teaching as a Profession. In J. H. Ballantine and J. Z. Spade (Eds.), *Schools and Society: A Sociological Approach to Education* (pp. 106-118). Belmont, CA: Wadsworth.

Ingersoll, R. M. (2004). Why Do High-Poverty Schools Have Difficulty Staffing Their Classrooms with Qualified Teachers? (Research Report). Retrieved from Renewing Our Schools, Securing Our Future: A National Task Force on Public Education: http://www.american progress.org/projects/education/? les/ ingersoll_paper.pdf.

Irwin, J. W. (1991). *Teaching Reading Comprehension* (2nd ed.). Boston: Allyn and Bacon.

Isaacson, G. (1983). Leadership Behavior and Loyalty. Doctoral diss., Rutgers University, New Brunswick.

Isascson, W. (2005). *Kissinger: A Biography*. New York: Simon and Schuster.

Isherwood, G., and Hoy, W. K. (1973). Bureaucracy, Powerlessness, and Teacher Work Values. *Journal of Educational Administration, 9*, 124-38.

Ishikawa, K. (1985). *What Is Total Quality Control? The Japanese Way*. Englewood Cliffs, NJ: Prentice Hall.

Ivey, A. E., and Ivey, M. B. (1999). *Intentional Interviewing and Counseling: Facilitating Client Development in a Multicultural Society*. Pacific Grove, CA: Brooks/Cole Publishing.

Jablin, F. M. (1980). Organizational Communication Theory and Research: An Overview of Communication Climate and Network Research. *Communication Yearbook, 4*, 327-47.

Jablin, F. M. (1987). Formal Organization Structure. In F. M. Jablin, L. L. Putnam, K. Roberts, and L. W. Porter (Eds.), *Handbook of Organizational Communication: An Interdisciplinary Perspective* (pp. 389-419). Newbury Park, CA: Sage.

Jablin, F. M., and Putnam, L. L. (Eds.). (2001). *The New Handbook of Organizational Communication*. Thousand Oaks, CA: Sage.

Jablin, F. M., and Sias, P. M. (2001). Communication Competence. In F. M. Jablin, and L. L. Putnam, (Eds.), *The New Handbook of Organizational Communication* (pp. 819-64). Thousand Oaks, CA: Sage.

Jablin, F. M., Putnam, L. L., Roberts, K., and Porter, L. W. (Eds.). (1987). *Handbook of Organizational Communication: An Interdisciplinary Perspective*. Newbury Park, CA: Sage.

Jackson, J. (1990, January 28). Interview with Jesse Jackson. *Parade*, 5.

Jackson, S., and Schuler, R. S. (1985). A Meta-Analysis and Conceptual Critique of Research on Role Ambiguity and Role Conflict in Work Settings. Organizational Behavior and Human Decision Processes, 36, 17-78.

James, L. R., Choi, C. C., Ko, C. E., McNeil, P. K., Minton, M.K., Wright, M. A., and Kim, K. (2008). Organizational and Psychological Climate: A Review of Theory and Research. *European Journal of Work and Organizational Psychology, 17*, 5-32.

James, W. (1981), *The Principles of Psychology. Vol. 1*. Cambridge, MA: Harvard University Press. (originally published in 1890).

James, W. (1983). *Talks to Teachers on Psychology and to Students on Some of Life's Ideals*. Cambridge, MA: Harvard University Press.

Jamison, D., Suppes, P., and Wells, S. (1974). The Effectiveness of Alternative Instructional Media: A Survey. *Review of Educational Research, 44*, 1-67.

Janis, I. L. (1982). *Groupthink: Psychological Studies of Policy Decisions and Fiascoes*. Boston: Houghton Mifflin.

Janis, I. L. (1985). Sources of Error in Strategic Decision Making. In J. M. Pennings (Ed.), *Organizational Strategy and Change* (pp. 157-97). San Francisco: Jossey-Bass.

Janis, I. L., and Mann, L. (1977). *Decision Making: A Psychological Analysis of Conflict, Choice, and Commitment*. New York: Free Press.

Jarrold, C., Tam, H., Baddeley, A D., and Harvey, C. E. (2011). How Does Processing Affect Storage in Working Memory Tasks? Evidence for Both Domain-General and Domain-Specific Effects. *Journal of Experimental Psychology: Learning, Memory, and Cognition, 37*, 688-705.

Jepperson, R. L. (1991). Institutions, Institutional Effects, and Institutionalism. In W. W. Powell and P. J. DiMaggio (Eds.), *The New Institutionalism in Organizational Analysis* (pp. 164-82). Chicago: University of Chicago Press.

Johns, G., Xie, J. L., and Fang, Y. (1992). Mediating and Moderating Effects in Job Design. *Journal of Management, 18*(4), 657-76.

Johnson, B. L. (2010). Exploring and Explicating the Distinctive Features of Educational Organizations. In Wayne K. Hoy and Michael DiPaola (Eds.), *Analyzing school contexts: Influences of principals and teachers in the service of students* (pp. 1-38). Greenwich, CT: Information Age.

Johnson, D. W., and Johnson, R. T. (2009). An Educational Psychology Success Story: Social Interdependence Theory and Cooperative Learning. *Educational Researcher, 38*, 365-379.

Johnson, P. and Chrispeels, J. H. (2010). Linking the Central Office and Its Schools for Reform in

Educational Administration. *Educational Administration Quarterly, 46*, 728-775.

Johnson, S. M. (1986). Incentives for Teachers: What Motivates, What Matters. *Educational Administration Quarterly, 22*, 54-79.

Jones, E. E., and Kelly, J. R. (2007). Contributions to Group Discussion and Perceptions of Leadership: Does Quantity Always Count More Than Quality? *Group Dynamics: Theory, Research, and Practice, 11*, 15-20.

Jones, M. S., Levin, M. E., Levin, J. R., and Beitzel, B. D. (2000). Can Vocabulary-Learning Strategies and Pair-Learning Formats Be Profitably Combined? *Journal of Educational Psychology, 92*, 256-62.

Judge, T. A., Piccolo, R. G., and Kosalka, T. (2009). The Bright and Dark Side of Leader Traits: A Review and Theoretical Extension of the Leader Trait Paradigm. *Leadership Quarterly, 20*, 855-875.

Juran, J. A. M. (1989). *Juran on Leadership and Quality*. New York: Free Press.

Jurkovich, R. (1974). A Core Typology of Organizational Environments. *Administrative Science Quarterly, 19*, 380-94.

Kagan, S. (1994). *Cooperative Learning*. San Juan Capistrano, CA: Kagan Cooperative Learning.

Kahneman, D. (2011). *Thinking, Fast and Slow*. New York: Farrar, Straus and Giroux.

Kahneman, D. K., and Tversky, A. (1996). On the Reality of Cognitive Illusions. *Psychological Review, 103*, 582-91.

Kahneman, D., and Knetsch, J., and Thaler, R. (1990). Experimental Tests of the Endowment Effect and Coase Theorem. *Journal of Political Economy, 98*, 1325-1348.

Kahneman, D., and Tversky, A. (1973). On the Psychology of Prediction. *Psychological Review, 80*, 251-73.

Kahneman, D., Knetsch, J., and Thaler, R. (1991). Anomalies: The Endowment Effect, Aversion, and Status Quo Bias. *Journal of Economic Perspectives, 5*, 193-206.

Kahneman, D., Solvic, P., and Tversky, A. (1982). *Judgment under Uncertainty: Heuristics and Biases*. Cambridge, England: Cambridge University Press.

Kakabadse, A. (1986). Organizational Alienation and Job Climate. *Small Group Behaviour, 17*, 458-71.

Kalyuga, S. (2011). Cognitive Load Theory: How Many Types of Load Does It Really Need? *Educational Psychology Review, 23*, 1-19.

Kanfer, R. (1990). Motivation Theory and Industrial Organizational Psychology. In M. D. Dunnette and L. M. Hough (Eds.), *Handbook of Industrial and Organizational Psychology* (pp. 75-170). Palo Alto, CA: Consulting Psychologists Press.

Kanigel, R. (1997). *The One Best Way*. New York: Viking.

Kanner, L. (1974). Machiavellianism and the Secondary Schools: Teacher-Principal Relations. Doctoral diss., Rutgers University, New Brunswick.

Kant, I. (1794). *Kritik der Reinen Vernunft* [Critique of Pure Reason] (4th ed.). Riga, Latvia: J. R. Hartknoch.

Kanter, R. (1977). *Men and Women of the Corporation*. New York: Basic Books.

Kanter, R., and Brinkerhoff, D. (1981). Organizational Performance: Recent Developments in Measurement. *Annual Review of Sociology, 7*, 321-49.

Kark, R., and Van Dijk, D. (2007). Motivation to Lead, Motivation to Follow: The Role of Self-Regulatory Focus in Leadership Processes. *The Academy of Management Review, 32*, 500-528.

Karpov, Y. V., and Haywood, H. C. (1998). Two Ways to Elaborate Vygotsky's Concept of Mediation Implications for Instruction. *American Psychologist, 53*, 27-36.

Katz, D., and Kahn, R. L. (1978). *The Social Psychology of Organizations* (2nd ed.). New York: Wiley.

Katzell, R. A., and Thompson, D. E. (1990). Work Motivation: Theory and Practice. *American Psychologist, 45*(2), 144-53.

Katzenbach J. R., and Zhan, Z. (2010). *Leading Outside the Lines: How to Mobilize the (in) Formal Organization, Energize Your Team, and Get Better Results*. San Francisco, CA: Jossey-Bass.

Kearney, W.S., and Smith, P. A. (2010). Principal Influence and School Change Orientation in Elementary Schools: The Importance of Campus Leadership. *The John Ben Sheppard Journal of Practical Leadership, 5*(1), 1-25.

Keeley, M. (1984). Impartiality and Participant-Interest Theories of Organizational Effectiveness. *Administrative Science Quarterly, 29*, 1-25.

Keith, N. V. (1996). A Critical Perspective on Teacher Participation in Urban Schools. *Educational Administration Quarterly, 32*, 45-79.

Keller, R. T. (2006). Transformational Leadership, Initiating Structure, and Substitutes for Leadership: A Longitudinal Study of Research and Developmental Team Performance. *Journal of Applied Psychology, 91*, 202-210.

Kelly, J. (1992). Does Job Re-Design Theory Explain Job Re-Design Outcomes? *Human Relations, 45* (8), 753-74.

Kelsey, J. G. T. (1973). Conceptualization and Instrumentation for the Comparative Study of Secondary School Structure and Operation. Doctoral diss., University of Alberta, Edmonton.

Kennedy, M. M. (1982). *Working Knowledge and Other Essays.* Cambridge, MA: The Huron Institute.

Kerlinger, F. N. (1986). *Foundations of Behavioral Research* (3rd ed.). New York: Holt, Rinehart & Winston.

Kerr, S., and Jermier, J. M. (1978). Substitutes for Leadership: Their Meaning and Measurement. *Organizational Behavior and Human Performance, 22,* 375-403.

Kets de Vries, M. F. R., and Miller, D. (1986). Personality, Culture, and Organization. *Academy Management Review, 11,* 266-79.

Kiewra, K. A. (1985). Investigating Notetaking and Review: A Depth of Processing Alternatives. *Educational Psychologist, 20,* 23-32.

Kiewra, K. A. (1988). Cognitive Aspects of Autonomous Note Taking: Control Processes, Learning Strategies, and Prior Knowledge. *Educational Psychologist, 23,* 39-56.

Kiewra, K. A. (1989). A Review of Note-Taking: The Encoding Storage Paradigm and Beyond. *Educational Psychology Review, 1,* 147-72.

Kiggundu, M. N. (1980). An Empirical Test of the Theory of Job Design Using Multiple Job Ratings. *Human Relations, 33,* 339-51.

Kilmann, R. H. (1984). *Beyond the Quick Fix.* San Francisco: Jossey-Bass.

Kilmann, R. H., and Saxton, M. J. (1983). The *Kilmann-Saxton Culture Gap Survey.* Pittsburgh, PA: Organizational Design Consultant.

Kilmann, R. H., Saxton, M. J., and Serpa, R. (1985). *Gaining Control of the Corporate Culture.* San Francisco: Jossey-Bass.

Kingdon, J. W. (1995). *Agendas, Alternatives and Public Policies* (2nd ed.). New York: HarperCollins.

Kirby, M. M., and DiPaola, M. (2009), Academic Optimism and Achievement: A Path Model. In W. K. Hoy and M. DiPaola (Eds.), *Studies in School Improvement* (pp. 77-94). Greenwich, CT: Information Age.

Kirchhoff, B. A. (1977). Organization Effectiveness Measurement and Policy Research. *Academy of Management Review, 2,* 347-55.

Kirk, S. A., Gallagher, J. J., Anastasiow, N. J., and Coleman, M. R. (2006). *Educating Exceptional Children* (11th ed.). Boston: Houghton Mifflin.

Kirschner, P. A., Sweller, J., and Clark, R. E. (2006). Why Minimal Guidance during Instruction Does Not Work: An Analysis of the Failure of Constructivist, Discovery, Problem-Based, Experiential, and Inquiry-Based Teaching. *Educational Psychologist, 41,* 75-86.

Klein G., Wolf, S., Militello, L., and Zsambok, C. (1995). Characteristics of Skilled Option Generation in Chess. *Organizational Behavior and Human Decision Processes.* San Diego, CA: Academic Press.

Klein, G. (1997). An Overview of Naturalistic Decision Making Applications. In C. D. Zsambok and G. Klein (Eds.). *Naturalistic Decision Making* (pp. 49-59). Mahwah, NJ: Erlbaum.

Klein, G. (2003). *The Power of Intuition.* New York: Doubleday.

Klein, G. (2009). *Streetlights and Shadows: Searching for the Keys to Adaptive Decision Making.* Cambridge, MA: MIT Press.

Kmetz, J. T., and Willower, D. J. (1982). Elementary School Principals' Work Behavior. *Educational Administration Quarterly, 18,* 62-78.

Knapp, M. L. (1972). *Nonverbal Communication in Human Interaction.* New York: Holt, Rinehart, & Winston.

Kock, N. (2005). Media Richness or Media Naturalness? The Evolution of Our Biological Communication Apparatus and Its Influence on Our Behavior toward E-Communication Tools. *IEEE Transactions on Professional Communication, 48*(2), 117-30.

Kofman, F., and Senge, P. M. (1993). Communities of Commitment: The Heart of Learning Organizations. *Organizational Dynamics, 22,* 5-23.

Kolesar, H. (1967). An Empirical Study of Client Alienation in the Bureaucratic Organization. Doctoral diss., University of Alberta, Edmonton.

Kollman, K. (1998). *Outside Lobbying: Public Opinion and Interest Group Strategies.* Princeton, NJ: Princeton University Press.

Kondrasuk, J. N. (1981). Studies in MBO Effectiveness. *Academy of Management Review, 6,* 419-30.

Kotter, J. P. (1978). Power, Success, and Organizational Effectiveness. *Organizational Dynamics, 6,* 27-40.

Kotter, J. P. (1982). *The General Managers.* New York: Free Press.

Kotter, J. P. (1985). *Power and Influences: Beyond Formal Authority.* New York: Free Press.

Kottkamp, R. B., and Mulhern, J. A. (1987). Teacher Expectance Motivation, Open to Closed Climate and Pupil Control Ideology in High Schools. *Journal of Research and Development in Education, 20*, 9-18.

Kottkamp, R. B., Mulhern, J., and Hoy, W. K. (1987). Secondary School Climate: A Revision of the OCDQ. *Educational Administration Quarterly, 23*, 31-48.

Kouzes, J. M., and Posner, B. Z. (2001). *Leadership Practices Inventory (LPI): Facilitator's Guide* (2nd ed.). San Francisco, CA: Jossey-Bass.

Kozulin, A., and Presseisen B. Z. (1995). Meditated Learning Experience and Psychological Tools: Vygotsky's and Feuerstein's Perspectives in a Study of Student Learning. *Educational Psychologist, 30*, 67-75.

Kraatz, M. S. (1998). Learning by Association? Interorganizational Networks and Adaptation to Environmental Change. *Academy of Management Journal, 41*(6), 621-43.

Krone, K. J., Jablin, F. M., and Putnam, L. L. (1987). Communication Theory and Organizational Communication: Multiple Perspectives. In F. M. Jablin, L. L. Putnam, K. Roberts, and L. W. Porter (Eds.), *Handbook of Organizational Communication: An Interdisciplinary Perspective* (pp. 18-40). Newbury Park, CA: Sage.

Krueger, A. B. (2003). Economic Considerations and Class Size. *Economic Journal, 113* (February). F34-F63.

Kuhlman, E., and Hoy, W. K. (1974). The Socialization of Professionals into Bureaucracies: The Beginning Teacher in the School. *Journal of Educational Administration, 8*, 18-27.

Kuhnert, K. W., and Lewis, P. (1987). Transactional and Transformational Leadership: A Constructive/Developmental Analysis. *Academy of Management Review, 12*(4), 648-57.

Kulik, C. L., Kulik, J. A., and Bangert-Drowns, R. L.(1990). Effectiveness of Mastery Learning Programs: A Meta-analysis. *Review of Educational Research, 60*, 265-99.

Kulik, C. T., and Ambrose, M. L. (1992). Personal and Situational Determinants of Referent Choice. *Academy Management Review, 17*, 212-37.

Kunz, D., and Hoy, W. K. (1976). Leader Behavior of Principals and the Professional Zone of Acceptance of Teachers. *Educational Administration Quarterly, 12*, 49-64.

Lachter, J., Forster, K. I., and Ruthruff, K. I. (2004). Forty-Five Years after Broadbent (1958): Still No Identification without Attention. *Psychological Review, 111*, 880-913.

Lally, V., and Scaife, J. (1995) Towards a Collaborative Approach to Teacher Empowerment. *British Educational Research Journal, 21*, 323-39.

Landrum, T. J., and Kauffman, J. M. (2006). Behavioral Approaches to Classroom Management. In C. M. Evertson and C. S. Weinstein (Eds.), *Handbook of Classroom Management: Research, Practice, and Contemporary Issues*. Mahwah, NJ: Erlbaum

Landy, F. J., and Becker, W. S. (1987). Motivation Theory Reconsidered. *Research in Organizational Behavior, 9*, 1-38.

Lane, K., Falk, K., and Wehby, J. (2006). Classroom Management in Special Education Classrooms and Resource Rooms. In C. M. Evertson and C. S. Weinstein (Eds.), *Handbook of Classroom Management: Research, Practice, and Contemporary Issues*. Mahwah, NJ: Erlbaum.

Langer, E. J. (1989). *Mindfulness*, Perseus Books, Cambridge, MA.

Larson, C. L. (1997). Is the Land of OZ an Alien Nation? A Sociopolitical Study of School Community Conflict. *Educational Administration Quarterly, 33*, 312-350.

Larson, J. R. J. (1989). The Dynamic Interplay between Employee's Feedback-Seeking Strategies and Supervisors' Delivery of Performance Feedback. *Academy of Management Review, 14*, 408-22.

Latham, G. P. (2000). Motivate Employee Performance through Goal-Setting. In E. A. Locke (Ed.), *Handbook of Principles of Organizational Behavior* (pp. 107-19). Malden, MA: Blackwell.

Latham, G. P., and Locke, E. A. (1991). Self-Regulation through Goal Setting. *Organizational Behavior and Human Decision Processes, 50*, 212-47.

Latham, G. P., and Yukl, G. A. (1975). A Review of Research on the Application of Goal Setting in Organizations. *Academy of Management Journal, 18*, 824-45.

Latham, G. P., Winters, D. C., and Locke, E. G. (1994). Cognitive and Motivational Effects of Participation: A Mediator Study. *Journal of Organizational Behavior, 15*, 49-63.

Latham, G., and Baldes, J. (1975). The Practical Significance of Locke's Theory of Goal Setting. *Journal of Applied Psychology, 60*, 122-24.

Lau, L. J. (1978). Education Production Functions. Conference on School Organization and Effects, National Institute of Education, Washington, DC.

Lave, J. (1988). *Cognition in Practice: Mind, Mathematics, and Culture in Everyday Life*. New

York: Cambridge University Press.

Lave, J. (1997). The Culture of Acquisition and the Practice of Understanding. In D. Kirshner and J. A. Whitson (Eds.), *Situated Cognition: Social, Semiotic, and Psychological Perspectives* (pp. 17-35). Mahwah, NJ: Erlbaum.

Lave, J., and Wenger, E. (1991). *Situated Learning: Legitimate Peripheral Participation*. Cambridge, MA: Cambridge University Press.

Lawler, E. E., III. (1973). *Motivation in Work Organizations*. Monterey, CA: Brooks/Cole.

Lawler, E. E., III. (1985). Education, Management Style, and Organizational Effectiveness. *Personnel Psychology, 38*, 1-26.

Lawler, E. E., III. (1992). *The Ultimate Advantage*. San Francisco, CA: Jossey-Bass.

Lawler, E. E., III. (1994). Total Quality Management and Employee Involvement: Are They Compatible? *Academy of Management Executive, 8*(1), 68-76.

Lawrence, P. R., and Lorsch, J. W. (1967). *Organization and Environment: Managing Differentiation and Integration*. Boston: Graduate School of Business Administration, Harvard University.

Leach, D. J., Wall, T. D., and Jackson, P. R. (2003). The Effect of Empowerment on Job Knowledge: An Empirical Test Involving Operators of Complex Technology. *Journal of Occupational and Organizational Psychology, 76*, 27-52.

Leavitt, H. J., Dill, W. R., and Eyring, H. B. (1973). *The Organizational World*. New York: Harcourt Brace Jovanovich.

Lee, J., and Shute, V. (2010). Personal and Social-Contextual Factors in K-12 Performance: An Integrative Perspective on Student Learning. *Educational Psychologist, 45*(3), 185-202.

Lee, V. E., Bryk, A. S., and Smith, J. B. (1993). The Organization of Effective Secondary Schools. *Review of Research in Education, 19*, 171-267.

Lefkowitz, J., Somers, M. J., and Weinberg, K. (1984). The Role of Need Level and/or Need Salience as Moderators of the Relationship between Need Satisfaction and Work Alienation-Involvement. *Journal of Vocational Behavior, 24*, 142-58.

Leithwood, K. (1994). Leadership for School Restructuring. *Educational Administration Quarterly, 30*(4), 498-518.

Leithwood, K. (2007). The Emotional Side of School Improvement: A Leadership Perspective. *International Handbook of School Effectiveness and Improvement, 17*, 615-634.

Leithwood, K., Aitken, R., and Jantzi, D. (2006).

Making School Smarter (3rd ed.). Thousand Oaks, CA: Corwin.

Leithwood, K., and Jantzi, D. (2005). A Review of Transformational School Leadership Research 1996-2005. *Leadership and Policy in Schools, 4*(3), 177-99.

Leithwood, K., and Levin, B. (2005). Assessing Leadership Effects on Student Learning. In W. K. Hoy and C. G. Miskel (Eds.), *Contemporary Issues in Educational Policy and School Outcomes* (pp. 53-76). Greenwich, CT: Information Age.

Leithwood, K., and Louis, K. S. (1998). *Organizational Learning in Schools*. Lisse: Swets and Zeitlinger.

Leithwood, K., and Sun, J. (2009). Transformational School Leadership Effects on Schools, Teachers, and Students. In W. K. Hoy and M. DiPaola, (Eds.), *School Improvement* (pp. 1-22). Greenwich, CT: Information Age.

Leithwood, K., Day, C., Sammons, P., Hopkins, D., and Harris, A. (2006). *Successful School Leadership: What It Is and How It Influences Pupil Learning*. Nottingham, UK: Department of Education and Skills.

Leithwood, K., Jantzi, D., and Steinbach, R. (1998). Leadership and Other Conditions Which Foster Organizational Learning in Schools. In K. Leithwood and K. S. Louis (Eds.), *Organizational Learning in Schools* (pp. 67-90). Lisse: Swets and Zeitlinger.

Leithwood, K., Louis, K. S., Anderson, S., and Wahlstrom, K. (2004). How Leadership Influences Student Learning. New York: Wallace Foundation. Retrieved May 17, 2006, at http:// www.wallacefoundation.org/ WF/Knowledge Center/KnowledgeTopics/ Education Leadership/HowLeadershipInfluences StudentLearning.htm.

Leithwood, K., Patten, S., and Jantzi, D. (2010). Testing a Conception of How School Leadership Influences Student Learning. *Educational Administration Quarterly, 46*, 671-706.

Leonard, J. F. (1991). Applying Deming's Principles to Our Schools. *South Carolina Business, 11*, 82-87.

Lepper, M. R., and Greene, D. (1978). *The Hidden Costs of Rewards: New Perspectives on the Psychology of Human Motivation*. Hillsdale, NJ: Erlbaum.

Level, D. A., Jr. (1972). Communication Effectiveness: Method and Situation. *Journal of Business Communication, 9*, 19-25.

Leventhal, G. S., Karuza, J., and Fry, W. R. (1980).

Beyond Fairness: A Theory of Allocation of Preferences. In G. Mikula (Ed.), *Justice and Social Interaction* (pp. 167-218), New York: Springer-Verlag Press.

Leverette, B. B. (1984). Professional Zone of Acceptance: Its Relation to the Leader Behavior of Principals and Socio-Psychological Characteristics of Teaching. Doctoral diss., Rutgers University, New Brunswick.

Levin, J. R. (1985). Educational Applications of Mnemonic Pictures: Possibilities beyond Your Wildest Imagination. In A. A. Sheikh (Ed.), *Imagery in the Educational Process.* Farmingdale, NY: Baywood.

Levitt, B. L., and March, J. G. (1996). In M. D. Cohen, and L. S. Sproull, (Eds.), *Organizational Learning* (pp. 516-40). Thousand Oaks, CA: Sage.

Lewis, P. V. (1975). *Organizational Communications: The Essence of Effective Management.* Columbus, OH: Grid.

Lewis, T. J., Sugai, G., and Colvin, G. (1998). Reducing Problem Behavior through a School-Wide System of Effective Behavioral Support: Investigation of a School-Wide Social Skills Training Program and Contextual Interventions. *School Psychology Review, 27,* 446-59.

Liao, Y. M. (1994). School Climate and Effectiveness in Taiwan's Secondary Schools. Doctoral diss., St. John's University, Queens.

Licata, J. W., and Hack, W. G. (1980). School Administrator Grapevine Structure. *Educational Administration Quarterly, 16,* 82-99.

Lindblom, C. E. (1959). The Science of Muddling Through. *Public Administrative Review, 19,* 79-99.

Lindblom, C. E. (1965). *The Intelligence of Democracy: Decision Making through Mutual Adjustment.* New York: Free Press.

Likert, R. (1967). *The Human Organization: Its Management and Value.* New York: McGraw-Hill.

Lindblom, C. E. (1980). *The Policy-Making Process* (2nd ed.). Englewood Cliffs: Prentice Hall.

Lindblom, C. E., and Cohen, D. K. (1979). *Usable Knowledge: Social Science and Social Problem Solving.* New Haven, CT: Yale University Press.

Lipham, J. A. (1988). Getzel's Model in Educational Administration. In N. J. Boyan (Ed.), *Handbook of Research on Educational Administration* (pp. 171-84). New York: Longman.

Lipham, J. A., and Francke, D. C. (1966). Nonverbal Behavior of Administrators. *Educational Administration Quarterly, 2,* 101-9.

Litchfield, E. H. (1956). Notes on a General Theory of Administration. *Administrative Science Quarterly, 1,* 3-29.

Litwin, G. H., and Stringer, R. A., Jr. (1968). *Motivation and Organizational Climate.* Boston: Harvard University Press.

Locke, E. A. (1968). Toward a Theory of Task Motivation and Incentives. *Organizational Behavior and Human Performance, 3,* 157-89.

Locke, E. A. (1976). The Nature and Causes of Job Satisfaction. In M. D. Dunnette (Ed.), *Handbook of Industrial and Organizational Psychology* (pp. 1297-349). Chicago: Rand McNally.

Locke, E. A. (1991). The Motivation Sequence, the Motivation Hub, and the Motivation Core. *Organizational Behavior and Human Decision Processes, 50,* 288-99.

Locke, E. A., and Latham, G. P. (1984). *Goal Setting: A Motivational Technique That Works.* Englewood Cliffs, NJ: Prentice Hall.

Locke, E. A., and Latham, G. P. (1990). *A Theory of Goal Setting and Task Performance.* Englewood Cliffs, NJ: Prentice Hall.

Locke, E. A., and Latham, G. P. (2002). Building a Practically Oriented Theory of Goal Setting and Task Motivation: A 35-Year Odyssey. *American Psychologist, 57,* 705-17.

Locke, E. A., and Latham, G. P. (2004). What Should We Do about Motivation Theory? Recommendations for the Twenty-First Century. *Academy of Management Review, 29,* 388-403.

Locke, E. A., and Latham, G. P. (2005). Goal Setting Theory: Theory Building by Induction. In K. Smith and M. A. Hitt (Eds.), *Great Minds in Management: The Process of Theory Development* (pp. 128-150). New York: Oxford University Press.

Locke, E. A., and Schweiger, D. M. (1979). Participation in Decision Making: One More Look. *Research in Organizational Behavior, 1,* 265-339.

Locke, E. A., Latham, G. P., and Erez, M. (1988). The Determinants of Goal Commitment. *Academy of Management Review, 13,* 23-39.

Locke, E. A.,and Latham, G. (2009). Has Goal Setting Gone Wild or Have Its Attackers Abandoned Good Scholarship? *Academy of Management Perspectives, 18,* 17-23.

Logan, C. S., Ellet, C. D., and Licata, J. W. (1993). Structural Coupling, Robustness, and Effectiveness of Schools. *Journal of Educational Administration, 31*(1), 19-32.

Lorsch, J. W. (1985). Strategic Myopia: Culture as an Invisible Barrier to Change. In R. H. Kilmann, M. J. Saxton, and R. Serpa (Eds.), *Gaining Control of the Corporate Culture* (pp. 84-102).

San Francisco: Jossey-Bass.

Lortie, D. C. (1969). The Balance of Control and Autonomy in Elementary School Teaching. In A. Etzioni (Ed.), *The Semiprofessions and Their Organization* (pp. 1-53). New York: Free Press.

Lortie, D. C. (1975). *Schoolteacher: A Sociological Study*. Chicago: University of Chicago Press.

Louis, K. S., and Kruse, S. D. (1998). Creating Community in Reform: Images of Organizational Learning in Inner-City Schools. In K. Leithwood and K. S. Louis (Eds.), *Organizational Learning in Schools* (pp. 17-45). Lisse: Swets and Zeitlinger.

Louis, K. S., Leithwood, K., Wahlstrom, K. L., and Anderson, S. E. (2010). *Investigating the Links to Improved Student Learning: Final Report of Research Findings*. Minneapolis, MN: University of Minnesota Press.

Louis, K. S., Leithwood, K., Wahlstrom, K. L., and Anderson, S. E. (2010). Investigating the Links to Improved Student Learning: Final Report of Research Findings. (Research Report). Retrieved from Center for Applied Research and Educational Improvement (CAREI): http://www.cehd.umn.edu/CAREI/Leadership/Learning-from-Leadership_Final-ResearchReport_July-2010.pdf.

Lugg, C. A., and Boyd, W. L. (1993). Leadership for Collaboration: Reducing Risk and Fostering Resilience. *Phi Delta Kappan, 75*, 252-58.

Lunenburg, F. C. (1983). Pupil Control Ideology and Self-Concept as a Learner. *Educational Research Quarterly, 8*, 33-39.

Lunenburg, F. C., and Schmidt, L. J. (1989). Pupil Control Ideology, Pupil Control Behavior, and Quality of School Life. *Journal of Research and Development in Education, 22*, 35-44.

Lynn, M. L. (2005). Organizational Buffering: Managing Boundaries and Cores. *Organization Studies 26*(1), 37-61.

Ma, X. (2012). The Relation of Teacher Characteristics to Student Achievement. In J. Hattie and E. Anderman (Eds.), *International Handbook of Student Achievement* (in press). New York: Routledge.

Maag, J. W., and Kemp, S. E. (2003). Behavioral Intent of Power and Affiliation: Implications for Functional Analysis. *Remedial and Special Education, 24*, 57-64.

MacGeorge, E L., Gillihan, S. J., Samter, W., and Clark, R. A. (2003). Skill Deficit or Differential Motivation? *Communication Research, 30*(3), 272-303.

Machiavelli, N. (1984). *The Prince*. Harmondsworth: Penguin.

MacKay, D. (1964). An Empirical Study of Bureaucratic Dimensions and Their Relations to Other Characteristics of School Organization. Doctoral diss., University of Alberta, Edmonton.

MacKensie, D. E. (1983). Research for School Improvement: An Appraisal and Some Recent Trends. *Educational Research, 12*, 5-17.

MacKinnon, J. D., and Brown, M. E. (1994). Inclusion in Secondary Schools: An Analysis of School Structure Based on Teachers' Images of Change. *Educational Administration Quarterly, 30*, 126-52.

Madaus, G. F., Airasian, P. W., and Kellaghan, T. (1980). *School Effectiveness: A Reassessment of the Evidence*. New York: McGraw-Hill.

Maeroff, G. I. (1988). *The Empowerment of Teachers: Overcoming the Crisis of Confidence*. New York: Teachers College Press.

Mager, R. (1975). *Preparing Instructional Objectives* (2nd ed.). Palo Alto, CA: Fearon.

Mager, R. F. (1997). *Preparing Instructional Objectives: A Critical Tool in the Development of Effective Instruction* (3rd ed.). Atlanta, GA: Center for Effective Performance.

Maika, S. A. (2007). The Organizational Climate of Elementary Schools and Aspects of Change Orientation. Doctoral Diss., University of Texas at San Antonio.

Malen, B. (1993). Enacting Site Based Management: A Political Utilities Analysis. Unpublished paper, College of Education, University of Washington.

Malen, B., and Ogawa, R. T. (1992). Site-Based Management: Disconcerting Policy Issues, Critical Policy, and Choices. In J. J. Lane and E. G. Epps (Eds.), *Restructuring the Schools: Problems and Prospects* (pp. 185-206). Berkeley, CA: McCutchan.

Malen, B., Murphy, M. J., and Hart, A. W. (1988). Restructuring Teacher Compensation Systems: An Analysis of Three Incentive Strategies. In K. Alexander and D. H. Monk (Eds.), *Eighth Annual Yearbook of the American Educational Finance Association* (pp. 91-142). Cambridge, MA: Ballinger.

Malen, B., Ogawa, R. T., and Kranz, J. (1990). What Do We Know about School-Based Management? A Case Study of the Literature—A Call for Research. In W. H. Clune and J. F. White (Eds.), *Choice and Control in American Education. Volume 2: The Practice of Choice, Decentralization and School Restructuring* (pp. 289-342). New York: Falmer Press.

Mann, R. D. (1959). A Review of the Relationships between Personality and Performance. *Psychological Bulletin, 56*, 241-70.

Manna, P. (2006). *School's In: Federalism and the National Education Agenda*. Washington, DC: Georgetown University Press.

Manna, P., and Petrilli, M. (2009). Double Standard? "scientifically Based Research" and the No Child Left Behind Act. In F. M. Hess (Ed.), *When Research Matters: How Scholarship Influences Educational Policy* (pp. 63-88). Cambridge, MA: Harvard Education Press.

Manning, P. K. (1992). *Organizational Communication*. New York: Aldine De Gruyer.

March, J. G. (1981). Footnotes to Organizational Change. *Administrative Science Quarterly, 26*, 563-77.

March, J. G. (1988). *Decisions and Organizations*. Oxford: Blackwell.

March, J. G. (2005). Appendix 2: Mundane, Organizations, and Heroic Leaders. In J. G. March, and T. Weil, *On Leadership* (pp. 113-21). Malden, MA: Blackwell.

March, J. G., and Olsen, J. P. (1976). *Ambiguity and Choice in Organization*. Bergen, Norway: Universitetsforlaget.

March, J. G., and Simon, H. (1958). *Organizations*. New York: Wiley.

March, J. G., and Simon, H. (1993). *Organizations* (2nd ed.). Cambridge, MA: Blackwell. March, J. G., and Weil, T. (2005). *On Leadership*. Malden, MA: Blackwell.

Marion, R. (2002). Leadership in Education: Organizational Theory for the Practitioner. Upper Saddle, NJ: Merrill Prentice Hall.

Marjoribanks, K. (1977). Bureaucratic Orientation, Autonomy and Professional Attitudes of Teachers. *Journal of Educational Administration, 15*, 104-13.

Mark, J. H., and Anderson, B. D. (1985). Teacher Survival Rates in St. Louis, 1969-1982. *American Educational Research Journal, 22*, 413-21.

Markman, E. M. (1977). Realizing That You Don't Understand: A Preliminary Investigation. *Child Development, 48*, 986-92.

Markman, E. M. (1979). Realizing That You Don't Understand: Elementary School Children's Awareness of Inconsistencies. *Child Development, 50*, 643-55.

Marks, H. M., and Louis, K. S. (1997). Does Teacher Empowerment Affect the Classroom? The Implications of Teacher Empowerment for Instructional Practice and Student Academic Performance. *Educational Evaluation and Policy Analysis, 19*, 245-75.

Marks, H. M., and Louis, K. S. (1999). Teacher Empowerment and the Capacity for Organizational Learning. *Educational Administration Quarterly, 35*, 707-50.

Marks, H. M., and Printy, S. M. (2003). Principal Leadership and School Performance: An Integration of Transformational and Instructional Leadership. *Educational Administration Quarterly, 39*(3), 370-97.

Marsh, J., Pane, J., and Hamilton, L. (2006). *Making Sense of Data-Driven Decision-Making in Education: Evidence from Recent RAND Research*. Santa Monica, CA: RAND Corporation.

Marshall, H. (1996). Implications of Differentiating and Understanding Constructivist Approaches. *Journal of Educational Psychology, 31*, 235-40.

Marta, S., Leritz, L. E., and Mumford, M. D. (2005). Leadership Skills and the Group Performance: Situational Demands, Behavioral Requirements, and Planning. *Leadership Quarterly, 16*(1), 97-120.

Martin, J. (1985). Can Organizational Culture Be Managed? In P. J. Frost, L. F. Moore, M. R. Lousi, C. C. Lundberg, and J. Martin (Eds.), *Organizational Culture* (pp. 95-98). Beverly Hills, CA: Sage.

Martin, J. (1990a). Deconstructing Organizational Taboos: Suppression of Gender Conflict in Organizations. *Organizational Science, 1*, 339-59.

Martin, J. (1990b). Rereading Weber: Searching for Feminist Alternatives to Bureaucracy. Annual Meeting of the Academy of Management, San Francisco.

Martin, J. (1992). *Cultures in Organizations*. New York: Oxford University Press.

Martin, J. (2006). Social Cultural Perspectives in ducational Psychology. In P. A. Alexander and P. H. Winne (Eds.), *Handbook of Educational Psychology* (2nd ed., pp. 595-614). Mahwah, NJ: Erlbaum.

Martin, J., and Knopoff, K. (1999). The Gendered Implications of Apparently Gender-Neutral Theory: Rereading Weber, in *Ruffin Lectures Series*. Volume 3: *Business Ethics and Women's Studies*, Eds. E. Freeman and A. Larson. Oxford: Oxford University Press.

Martin, W. J., and Willower, D. J. (1981). The Managerial Behavior of High School Principals. *Educational Administration Quarterly, 17*, 69-90.

Martin, Y. M., Isherwood, G. B., and Lavery, R. G. (1976). Leadership Effectiveness in Teacher Probation Committees. *Educational Administration Quarterly, 12*, 87-99.

Marx, K. (1963). *Karl Marx: Early Writings*. T. Bottomore (Trans. and Ed.). London: Watts.

Maslow, A. H. (1965). *Eupsychian Management*. Homewood, IL: Irwin.

Maslow, A. H. (1970). *Motivation and Personality* (2nd ed.). New York: Harper & Row.

Maslowski, R. (2006). A Review of Inventories for Diagnosing School Climates. *Journal of Educational Administration. 44*, 6-35.

Maxey, S. J. (1995). *Democracy, Chaos, and New School Order*. Thousand Oaks, CA: Corwin Press.

Mayer, R. C., Davis, J. H., and Schoorman, F. D. (1995). An Integrative Model of Organizational Trust. *The Academy of Management Review, 20*, 709-737.

Mayer, R. E. (2011). *Applying the Science of Learning*. Boston: Pearson.

Mayo, E. (1945). *The Social Problems of an Industrial Civilization*. Boston: Graduate School of Business Administration, Harvard University.

McCaskey, M. B. (1979). The Hidden Messages Managers Send. *Harvard Business Review, 57*, 135-48.

McCaslin, M., and Hickey, D. T. (2001). Self-Regulated Learning and Academic Achievement: A Vygotskian View. In B. Zimmerman and D. Schunk (Eds.). *Self-Regulated Learning and Academic Achievement: Theoretical Perspectives* (2nd ed., pp. 227-52). Mahwah, NJ: Erlbaum.

McClelland, D. C. (1961). *The Achieving Society*. Princeton, NJ: Van Nostrand.

McClelland, D. C. (1965). Toward a Theory of Motive Acquisition. *American Psychologist, 20* (5), 321-33.

McClelland, D. C. (1985). *Human Motivation*. Glenview, IL: Scott, Foresman.

McConkie, M. L. (1979). A Clarification of the Goal Setting and Appraisal Process in MBO. *Academy of Management Review, 4*, 29-40.

McCormick, C. B., and Levin, J. R. (1987). Mnemonic Prose-Learning Strategies. In M. Pressley and M. McDaniel (Eds.), *Imaginary and Related Mnemonic Processes*. New York: Springer-Verlag.

McDonnell, L. M. (2005). No Child Left Behind and the Federal Role in Education: Evolution or Revolution. *Peabody Journal of Education 80*(2), 19-38.

McElroy, J. C., and Schrader, C. B. (1986). Attribution Theories of Leadership and Network Analysis. *Journal of Management, 12*, 351-62.

McGuigan, L., and Hoy, W. K. (2006). Creating a Culture of Optimism to Improve School Achievement. *Leadership and Policy in Schools*.

McIntyre, J. R. (2011). A Review of Teacher Efficacy Research: Implications for Professional Learning. In M. DiPaola and P. B. Forsyth (Eds.), *Leading Research in Educational Administration: A Festschrift for Wayne K. Hoy* (pp. 45-73). Greenwich, CT: Information Age.

Mckay, M., Martha, D., and Fanning, P. (2009). *Messages: The Communication Skills Book* (3rd ed.). Oakland, CA: New Harbinger Press.

McKinley, W. (2010). Organizational Theory Development: Displacement of End. *Organizational Studies, 31*, 47-68.

McMahon, E., and Hoy, W. K. (2009). Professionalism in Teaching: Toward a Structural Theory of Professionalism. In W. K. Hoy & M. DiPaola (Eds.). *Studies in School Improvement* (pp. 205-230). Greenwich, CN: Information Age.

McNall, S. G., and McNall, S. A. (1992). *Sociology*. Englewood Cliffs, NJ: Prentice Hall.

McNamara, V., and Enns, F. (1966). Directive Leadership and Staff Acceptance of the Principal. *Canadian Administrator, 6*, 5-8.

McNeil, L. M. (1986). *Contradictions of Control: School Structure and School Knowledge*. New York: Routledge & Kegan Paul.

McNeil, L. M. (1988a). Contradictions of Control, Part 1: Administrators and Teachers. *Phi Delta Kappan, 69*, 333-39.

McNeil, L. M. (1988b). Contradictions of Control, Part 2: Administrators and Teachers. *Phi Delta Kappan, 69*, 432-38.

McNeil, Linda, and Valenzuela, A. (2001). The Harmful Impact of the TAAS System of Testing in Texas: Beneath the Accountability Rhetoric. In Mindy Kornhaber and Gary Orfield (Eds.), *Raising the Standards or Raising Barriers? Inequality and High Stakes Testing in Public Education*. New York: The Century Foundation, 127-150.

Meany, D. P. (1991). Quest for Quality. *California Technology Project Quarterly, 2*, 8-15.

Mechanic, D. (1962). Sources of Power of Lower Participants in Complex Organizations. *Administrative Science Quarterly, 6*, 349-64.

Meir, K. J., and O'Toole, Jr., L. J. (2008). Management Theory and Occam's Razor: How Public Organizations Buffer the Environment. *Administration and Society, 39*, 931-958.

Meire, K. J., and O'Toole, Jr., L. J. (2008). Management Theory and Occam's Razor: How Public Organizations Buffer the Environment. *Administration and Society, 39*, 931-958.

Mennuti, N., and Kottkamp, R. B. (1986). Motivation through the Design of Work: A Synthesis of the Job Characteristics Model and Expectancy Motivation Tested in Middle and

Junior High Schools. Annual Meeting of the American Educational Research Association, San Francisco.

Mento, A. J., Locke, E. A., and Klein, H. J. (1992). Relationship of Goal Level to Valence and Instrumentality. *Journal of Applied Psychology, 77,* 395-405.

Merton, R. (1957). *Social Theory and Social Structure.* New York: Free Press.

Metz, M. H. (1986). *Different by Design: The Context and Character of Three Magnet Schools.* New York: Routledge and Kegan Paul.

Meyer, H. D. (2002a). From "Loose Coupling" to "Tight Management"? Making Sense of the Changing Landscape in Management and Organizational Theory. *Journal of Educational Administration, 40,* 515-20.

Meyer, H. D. (2002b). The New Managerialism in (Higher) Education: Between Corporatization and Organization Learning. *Journal of Educational Administration, 40,* 534-51.

Meyer, J. W., and Rowan, B. (1977). Institutionalized Organizations: Formal Structure as Myth and Ceremony. *American Journal of Sociology, 83,* 440-63.

Meyer, J. W., and Rowan, B. (1978). The Structure of Educational Organizations. In M. W. Meyer (Ed.), *Environments and Organizations* (pp. 78-109). San Francisco: Jossey-Bass.

Meyer, J. W., and Scott, W. R. (1983). *Organizational Environments: Ritual and Rationality.* Beverly Hills, CA: Sage.

Meyer, J. W., Scott, W. R., and Deal, T. E. (1992). Institutional and Technical Sources of *Organizational Structure: Explaining the Structure of Educational Organizations.* In J. W. Meyer and W. R. Scott (Eds.), Organization Environments: Ritual and Rationality (pp. 45-67). Newbury Park, CA: Sage.

Meyer, M. W. (1978). Introduction: Recent Developments in Organizational Research and Theory. In M. W. Meyer (Ed.), *Environments and Organizations* (pp. 1-19). San Francisco: Jossey-Bass.

Michaels, R. E., Cron, W. L., Dubinsky, A. J., and Joachimsthaler, E. A. (1988). Influence of Formalization on the Organizational Commitment and Work Alienation of Salespeople and Industrial Buyers. *Journal of Marketing Research, 25,* 376-83.

Michels, R. (1949). *Political Parties.* E. and C. Paul (Trans.). Glencoe, IL: Free Press (first published in 1915).

Midgley, C., and Wood, S. (1993). Beyond Site-Based Management: Empowering Teachers to Reform Schools. *Phi Delta Kappan, 75,* 245-52.

Midgley, C., Feldlaufer, H., and Eccles, J. S. (1989). Change in Teacher Efficacy and Student Self- and Task-Related Beliefs in Mathematics during the Transition to Junior High School. *Journal of Educational Psychology, 81* (2), 247-58.

Miles, M. B. (1965). Education and Innovation: The Organization in Context. In M. Abbott and J. Lovell (Eds.), *Changing Perspectives in Educational Administration* (pp. 54-72). Auburn, AL: Auburn University Press.

Miles, M. B. (1969). Planned Change and Organizational Health: Figure and Ground. In F. D. Carver and T. J. Sergiovanni (Eds.), *Organizations and Human Behavior* (pp. 375-91). New York: McGraw-Hill.

Milgram, S. (1963). Behavioral Study of Obedience. *Journal of Abnormal and Social Psychology, 17,* 371-78.

Milgram, S. (1973). The Perils of Obedience. *Harper's* (December), 62-66, 75-77.

Milgram, S. (1974). *Obedience to Authority.* New York: Harper & Row.

Miller, D. (1992). Environmental Fit versus Internal Fit. *Organization Science, 3*(2), 159-78.

Miller, G. A. (1956). The Magical Number Seven, Plus or Minus Two: Some Limits on Our Capacity for Processing Information. *Psychological Review, 63,* 81-97.

Miller, G. A., Galanter, E., and Pribram, K. H. (1960). *Plans and the Structure of Behavior.* New York: Holt, Rinehart & Winston.

Miller, L. E., and Grush, J. E. (1988). Improving Predictions in Expectancy Theory Research: Effects of Personality, Expectancies, and Norms. *Academy of Management Journal, 31,* 107-22.

Miller, P. (1993). *Theories of Developmental Psychology.* New York: Freeman.

Miller, P. H. (2002). *Theories of Developmental Psychology* (4th ed.). New York: Worth.

Miller, S. (2006). *Conversation: A History of a Declining Art.* New Haven: Yale University Press.

Milliken, F. J., and Morrison, E. W. (2003). Shades of Silence: Emerging Themes and Future Directions for Research on Silence in Organizations. *Journal of Management Studies, 40*(6), 1563-66.

Mindlin, S. E., and Aldrich, H. (1975). Interorganizational Dependence: A Review of the Concept and a Reexamination of the Findings of the Aston Group. *Administrative Science Quarterly, 20,* 382-92.

Miner, A. S., Amburgey, T. L., and Stearns, T. M. (1990). Interorganizational Linkages and

Population Dynamics: Buffering and Transformational Shields. *Administrative Science Quarterly, 35,* 689-713.

Miner, J. B. (1980). *Theories of Organizational Behavior.* Hinsdale, IL: Dryden.

Miner, J. B. (1988). *Organizational Behavior.* New York: Random House.

Miner, J. B. (2002). *Organizational Behavior: Foundations, Theories, and Analyses.* New York: Oxford University Press.

Miner, J. B. (2004). *Organizational Behavior 1: Essential Theories of Motivation and Leadership.* Armonk, NY: Sharpe.

Miner, J. B. (2005). *Organizational Behavior 1: Essential Theories of Motivation and Leadership.* Armonk: NY: M. E. Sharp.

Mintzberg, H. (1973). *The Nature of Managerial Work.* New York: Harper & Row.

Mintzberg, H. (1978). Patterns in Strategy Formulation. *Management Science, 24,* 934-48.

Mintzberg, H. (1979). *The Structuring of Organizations.* Englewood Cliffs, NJ: Prentice Hall.

Mintzberg, H. (1980). Organizational Structure and Alienation from Work. Annual Meeting of the American Educational Research Association, Boston.

Mintzberg, H. (1981). The Manager's Job: Folklore and Fact. *Harvard Business Review, 53*(4), 49-61.

Mintzberg, H. (1983a). *Power in and around Organizations.* Englewood Cliffs, NJ: Prentice Hall.

Mintzberg, H. (1983b). *Structure in Fives. Englewood Cliffs,* NJ: Prentice Hall.

Mintzberg, H. (1989). Mintzberg on Management. New York: Free Press.

Mintzberg, H., Raisinghani, D., and Theoret, A. (1976). The Structure of "Unstructured" Decision Processes. *Administrative Science Quarterly, 23,* 246-75.

Mishra, A. K. (1996). Organizational Responses to Crisis: The Centrality of Trust. In R. Kramer & T. Tyler (Eds.), *Trust in Organizations: Frontiers of Theory and Research* (pp. 261-287). Thousand Oaks: Sage.

Miskel, C. G., and Song, M. (2004). Passing Reading First: Prominence and Processes in an Elite Policy Network. *Educational Evaluation and Policy Analysis, 26*(2), 89-109.

Miskel, C. G., Coggshall, J. G., DeYoung, D. A., Osguthorpe, R. D., Song, M., Young, T. V. (2003). *Reading Policy in the States: Interests and Processes.* Final Report for the Field Initiated Studies Grant PR/Award No.

R305T990369, Office of Educational Research and Improvement, U.S. Department of Education.

Miskel, C., and Ogawa, R. (1988). Work Motivation, Job Satisfaction, and Climate. In N. J. Boyan (Ed.), *Handbook of Research on Educational Administration* (pp. 279-304). New York: Longman.

Miskel, C., DeFrain, J., and Wilcox, K. (1980). A Test of Expectancy Work Motivation Theory in Educational Organizations. *Educational Administration Quarterly, 16,* 70-92.

Miskel, C., Fevurly, R., and Stewart, J. (1979). Organizational Structures and Processes, Perceived School Effectiveness, Loyalty, and Job Satisfaction. *Educational Administration Quarterly, 15,* 97-118.

Miskel, C., McDonald, D., and Bloom, S. (1983). Structural and Expectancy Linkages within Schools and Organizational Effectiveness. *Educational Administration Quarterly, 19,* 49-82.

Mitchell, T. R. (1974). Expectancy Models of Job Satisfaction, Occupational Preference, and Effort: A Theoretical, Methodological and Empirical Appraisal. *Psychological Bulletin, 81,* 1053-77.

Mitchell, T. R. (1979). Organization Behavior. *Annual Review of Psychology, 30,* 243-81.

Mitroff, I. I., and Kilmann, R. H. (1978). *Methodological Approaches to Social Science: Integrating Divergent Concepts and Theories.* San Francisco: Jossey-Bass.

Mizruchi, M. S., and Fein, L. C. (1999). The Social Construction of Organizational Knowledge: A Study of the Uses of Coercive, Mimetic, and Normative Isomorphism. *Administrative Science Quarterly, 44*(4), 653-83.

Moe, T. M. (2003). Politics, Control, and the Future of School Accountability. In P. E. Peterson and M. West (Eds.), *Leave No Child Behind? The Politics and Practices of School Accountability* (pp. 80-106). Washington, DC: Brookings Institution.

Moeller, G. H., and Charters, W. W., Jr. (1966). Relation of Bureaucratization to Sense of Power among Teachers. *Administrative Science Quarterly, 10,* 444-65.

Mohan, M. L. (1993). *Organizational Communication and Cultural Vision.* Albany, NY: State University of New York Press.

Mohrman, A. M., Jr., Cooke, R. A., and Mohrman, S. A. (1978). Participation in Decision Making: A Multidimensional Perspective. *Educational Administration Quarterly, 14,* 13-29.

Monge, P. R. (1987). The Network Level of Analysis. In C. R. Berger and S. H. Chaffee (Eds.), *Handbook of Communication Science* (pp. 239-70). Newbury Park, CA: Sage.

Monge, P. R., and Contractor, N. S. (2001). Emergence of Communication Networks. In F. M. Jablin, and L. L. Putnam (Eds.), *The New Handbook of Organizational Communication* (pp. 440-502). Thousand Oaks, CA: Sage.

Monk, D. H. (1992). Education Productivity Research: An Update and Assessment of Its Role in Education Finance Reform. *Educational Evaluation and Policy Analysis, 14*(4), 307-32.

Monk, D. H., and Plecki, M. L. (1999). Generating and Managing Resources for School Improvement. In J. Murphy and K. S. Louis (Eds.), *Handbook of Research on Educational Administration* (2nd ed., pp. 491-509). San Francisco: Jossey-Bass.

Moolenaar, N. M., Daly, A. J., and Sleegers, P. J. C. (2010). Occupying the Principal Position: Examining Relationships between Transformational Leadership, Social Network Position, and Schools' Innovative Climate. *Educational Administration Quarterly, 46*, 623-670.

Moon, N. J. (1983). The Construction of a Conceptual Framework for Teacher Participation in School Decision Making. Doctoral diss., University of Kentucky, Lexington.

Moran, E. T., and Volkwein, J. F. (1992). The Cultural Approach to the Formation of Organizational Climate. *Human Relations, 45*(1), 19-47.

Morgan, G. (2006). *Images of Organizations* (New Ed.). Thousand Oaks, CA: Sage.

Morris, V. C., Crowson, R. L., Hurwitz, E. Jr., and Porter-Gehrie, C. (1981). *The Urban Principal.* Chicago: College of Education, University of Illinois at Chicago.

Morse, P. S., and Ivey, A. E. (1996). *Face to Face: Communication and Conflict Resolution in Schools.* Thousand Oaks, CA: Sage.

Mortimore, P. (1993). School Effectiveness and the Management of Effective Learning and Teaching. *School Effectiveness and School Improvement, 4* (4), 290-310.

Mortimore, P. (1998). *The Road to Improvement: Reflections on School Effectiveness.* Lisse: Swets and Zeitlinger.

Moshman, D. (1982). Exogenous, Endogenous, and Dialectical Constructivism. *Developmental Review, 2*, 371-84.

Moshman, D. (1997). Pluralist Rational Constructivism. *Issues in Education* (3), 235-44.

Mott, P. E. (1972). *The Characteristics of Effective Organizations.* New York: Harper & Row.

Mowday, R. T. (1978). The Exercise of Upward Influence in Organizations. *Administrative Science Quarterly, 23*, 137-56.

Mowday, R. T., Porter, L. W., and Steers, R. M. (1982). *Employee-Organizational Linkages: The Psychology of Commitment, Absenteeism, and Turnover.* New York: Academic Press.

Mullins, T. (1983). Relationships among Teachers' Perception of the Principal's Style, Teachers' Loyalty to the Principal, and Teachers' Zone of Acceptance. Doctoral diss., Rutgers University, New Brunswick.

Mumford, M. D., Zaccaro, S. J., Harding, F. D., Jacobs, T. O., and Fleishman, E. A. (2000). Leadership Skills for a Changing World: Solving Complex Social Problems. *Leadership Quarterly, 11*(1), 11-35.

Murdock, S. G., O'Neill, R. E., and Cunningham, E. (2005). A Comparison of Results and Acceptability of Functional Behavioral Assessment Procedures with a Group of Middle School Students with Emotional/Behavioral Disorders (E/BD). *Journal of Behavioral Education, 14*, 5-18.

Murnane, R. J. (1981). Interpreting the Evidence on School Effectiveness. *Teachers College Record, 83*, 19-35.

Murnane, R. J. (1987). Understanding Teacher Attrition. *Harvard Educational Review, 57*, 177-82.

Murphy, M. J. (1985). Testimony before the California Commission on the Teaching Profession. Sacramento.

Myers, I. B., and Briggs, K. C. (1962). *The Myers-Briggs Type Indicator.* Princeton: NJ: Educational Testing Service.

Myers, M. T., and Myers, G. E. (1982). *Managing by Communication: An Organizational Approach.* New York: McGraw-Hill.

Nadler, D. A., and Lawler, E. E., III. (1977). Motivation: A Diagnostic Approach. In J. R. Hackman, E. E. Lawler III, and L. W. Porter (Eds.), *Perspectives on Behavior in Organizations* (pp. 26-38). New York: McGraw-Hill.

Nadler, D. A., and Tushman, M. L. (1983). A General Diagnostic Model for Organizational Behavior Applying a Congruence Perspective. In J. R. Hackman, E. E. Lawler III, and L. W. Porter (Eds.), *Perspectives on Behavior in Organizations* (pp. 112-24). New York: McGraw-Hill.

Nadler, D. A., and Tushman, M. L. (1989). Organizational Frame Bending: Principles for Managing Reorientation. *Academy of Management Executive, 3,* 194-203.

National Commission on Excellence in Education. (1983). *A Nation at Risk.* Washington, DC: U.S. Government Printing Office.

National Commission on Excellence in Educational Administration. (1987). *Leaders for America's Schools.* Tempe, AZ: University Council for Educational Administration.

Needles, M., and Knapp, M. (1994). Teaching Writing to Children Who Are Underserved. *Journal of Educational Psychology, 86,* 339-49.

Nelson, T. O. (1996). Consciousness and Metacognition. *American Psychologist, 51,* 102-16.

Nespor, J. (1987). The Role of Beliefs in the Practice of Teaching. *Journal of Curriculum Studies, 19,* 317-28.

Neubert, M. J., Carlson, D. S., Kackmark, K. M., Chonko, L. B., and Roberts, J. A. (2008). Regulatory Focus as a Mediator of the Influence of Initiating Structure and Servant Leadership on Employee Behavior. *The Journal of Applied Psychology, 93,* 1220-1233.

Newberry, J. F. (1971). A Comparative Analysis of the Organizational Structures of Selected Post-Secondary Educational Institutions. Doctoral diss., University of Alberta, Edmonton.

Newman, F. M., King, M. B., and Rigdon, M. (1997). Accountability and School Performance: Implications from Restructuring Schools. *Harvard Educational Review, 67,* 41-75.

Ng, S. H., and Bradic, J. J. (1993). *Power in Language: Verbal Communication and Social Influence.* Newbury Park, CA: Sage.

Nicholls, J. G., and Miller, A. (1984). Conceptions of Ability and Achievement Motivation. In R. Ames & C. Ames (Eds.), *Research on Motivation in Education. Volume 1: Student Motivation* (pp. 39-73). New York: Academic Press.

Nichols, S. L., and Berliner, D. C. (2007). *Collateral Damage: How High-Stakes Testing Corrupts America's Schools.* Cambridge, MA: Harvard Education Press.

Nicholson, J. H. (1980). Analysis of Communication Satisfaction in an Urban School System. Doctoral diss., George Peabody College for Teachers of Vanderbilt University, Nashville, TN.

Nietzsche, F. (1968). *The Will to Power.* New York: Vintage Books.

Nietzsche, F. (1968). *Twilight of the Idols.* Harmondsworth: Penguin.

Nietzsche, F. (1969). *Ecce Homo.* New York: Vintage Books.

Nisbett, R. E., and Ross, L. (1980). *Human Interferences: Strategies and Shortcomings in Social Judgments.* Englewood Cliffs, NJ: Prentice Hall.

No Child Left Behind (NCLB) Act of 2001, Pub. L. No. 107-110, § 115, Stat. 1425 (2002).

Northcraft, G. B., and Earley, P. C. (1989). Technology, Credibility, and Feedback Use. *Organizational Behavior and Human Performance, 44,* 83-96.

Northcraft, G. B., and Neale, M. A. (1987). Experts, Amateurs, and Real Estate: An Anchoring-and-Adjustment Perspective on Property Pricing in Decision. *Organizational Behavior and Human Decision Processes, 39,* 84-97.

Northouse, P. G. (2004). *Leadership: Theory and Practice* (3rd ed.). Thousand Oaks, CA: Sage.

Northouse, P. G. (2010). *Leadership: Theory and Practice* (5th ed.). Thousands Oaks, CA: Sage.

Nutt, P. C. (1984). Types of Organizational Decision Processes. *Administrative Science Quarterly, 29,* 414-50.

Nye, B., Hedges, L. V., and Konstantopoulos, S. (2000). The Effects of Small Classes on Academic Achievement: The Results of the Tennessee Class Size Experiment. *American Educational Research Journal, 37,* 123-151.

Odiorne, G. S. (1979). *MBO II: A System of Managerial Leadership for the 80s.* Belmont, CA: Pitman.

Ogawa, R. T. (1991). Enchantment, Disenchantment, and Accommodation: How a Faculty Made Sense of the Succession of a Principal. *Educational Administration Quarterly, 27*(1), 30-60.

Ogawa, R. T. (1992). Institutional Theory and Examining Leadership in School. *International Journal of Educational Management, 6*(3), 14-21.

Ogawa, R. T., and Bossert, S. T. (1995). Leadership as an Organizational Property. *Educational Administration Quarterly, 31,* 224-43.

Ogawa, R. T., and Scribner, S. P. (2002). Leadership: Spanning the Technical and Insitutional Dimensions of Organizations. *Journal of Educational Administration, 40*(6), 576-88.

Okeafor, K. R., and Teddlie, C. (1989). Organizational Factors Related to Administrator's Confidence in Teachers. *Journal of Research and Development in Education, 22,* 28-36.

Oldham, G. R., and Kulik, C. T. (1984). Motivation Enhancement through Work Redesign. In J. L.

Bess (Ed.), *College and University Organization* (pp. 85-104). New York: New York University Press.

Oldham, G. R., and Miller, H. E. (1979). The Effect of Significant Other's Job Complexity and Employee Reactions to Work. *Human Relations, 32,* 247-60.

Ordonez L., Schweltzer M., Galinsky A., and Bazerman, M. (2009). On Good Scholarship, Goal Setting, and Scholars Gone Wild. *Academy of Management Perspectives, 18,* 82-87.

Organ, D. W. (1977). Organizational Citizenship Behavior: It's Construct Clean-Up Time. *Human Performance, 10,* 85-97.

Organ, D. W. (1988). *Organizational Citizenship Behavior.* Lexington, MA: D.C. Health.

Organ, D. W., and Ryan, K (1995). A Meta-Analytic Review of Attitudinal and Dispositional Predictors of Organizational Citizenship Behavior. *Personnel Psychology, 48,* 775-802.

Orpen, C. (1979). The Effects of Job Enrichment on Employee Satisfaction, Motivation, Involvement, and Performance: A Field Experiment. *Human Relations, 32,* 189-217.

Orton, J. D., and Weick, K. E. (1990) Loosely Coupled Systems: A Reconceptualization. *Academy of Management Review, 15,* 203-23.

Ostroff, C., and Schmitt, N. (1993). Configurations of Organizational Effectiveness and Efficiency. *Academy of Management Journal, 36*(6), 1345-61.

Ouchi, W. (1981). *Theory Z.* Reading, MA: Addison-Wesley.

Ouchi, W. G. (2003). *Making Schools Work.* New York: Simon and Schuster.

Ouchi, W., and Wilkins, A. L. (1985). Organizational Culture. *Annual Review of Sociology, 11,* 457-83.

O'Dempsey, K. (1976). Time Analysis of Activities, Work Patterns and Roles of High School Principals. *Administrator's Bulletin, 7,* 1-4.

O'Donnell, A. M., and O'Kelly, J. (1994). Learning from Peers: Beyond the Rhetoric of Positive Results. *Educational Psychology Review, 6,* 321-50.

O'Reilly, C. A. I., and Pondy, L. R. (1979). Organizational Communication. In S. Kerr (Ed.), *Organizational Behavior* (pp. 119-50). Columbus, OH: Grid.

O'Reilly, C. A. I., and Roberts, K. H. (1977). Task Group Structure, Communication, and Effectiveness in Three Organizations. *Journal of Applied Psychology, 62,* 674-81.

O'Reilly, C. A. I., Chatman, J. A., and Caldwell, D. (1991). People and Organizational Culture: A Q-Sort Approach to Assessing Person-Organization Fit. *Academy of Management Journal, 34*(3), 487-516.

Pace, C. R., and Stern, G. C. (1958). An Approach to the Measure of Psychological Characteristics of College Environments. *Journal of Educational Psychology, 49,* 269-77.

Packard, J. S. (1988). The Pupil Control Studies. In N. J. Boyan (Ed.), *Handbook of Research on Educational Administration* (pp. 185-207). New York: Longman.

Packard, J. S., and Willower, D. J. (1972). Pluralistic Ignorance and Pupil Control Ideology. *Journal of Educational Administration, 10,* 78-87.

Page, C. H. (1946). Bureaucracy's Other Face. *Social Forces, 25,* 88-94.

Pajares, F. (1996). Current Directions in Self Research: Self-Efficacy. Paper presented at the annual meeting of the American Educational Research Association, New York.

Pajares, F. (1997). Current Directions in Self-Efficacy Research. In M. L. Maehr and P. R. Pintrich (Eds.), *Advances in Motivation and Achievement* (pp. 1-49). Greenwich, CT: JAI Press.

Palincsar, A. S. (1986). The Role of Dialogue in Providing Scaffolding Instruction. *Educational Psychologist, 21,* 73-98.

Palincsar, A. S. (1998). Social Constructivist Perspectives on Teaching and Learning. In. J. T. Spence, J. M. Darley, D. J. Foss (Eds.), *Annual Review of Psychology* (pp. 345-76). Palo Alto, CA: Annual Reviews.

Pallas, A. M., and Neumann, A. (1993). Blinded by the Light: The Applicability of Total Management to Educational Organizations. Annual Meeting of the American Educational Research Association, Atlanta, GA.

Pallas, A. M., Natriello, G., and McDill, E. L. (1989). The Changing Nature of the Disadvantaged Population: Current Dimension and Future Trends. *Educational Researcher, 18,* 16-22.

Paris, S. G., and Cunningham, A. E. (1996). Children Becoming Students. In D. Berliner and R. Calfee, (Eds.), *Handbook of Educational Psychology* (pp. 117-46). New York: Macmillan.

Paris, S. G., Byrnes, J. P., and Paris, A. H. (2001). Constructing Theories, Identities, and Actions of Self-Regulated Learners. In B. J. Zimmerman and D. H. Schunk (Eds.), *Self-Regulated Learning and Academic Achievement: Theoretical Perspectives* (2nd ed., pp. 253-87). Mahwah, NJ: Erlbaum.

Paris, S. G., Lipson, M. Y., and Wixson, K. K. (1983). Becoming a Strategic Reader.

Contemporary Educational Psychology, 8, 293-316.

Parsons, T. (1947). Introduction. In Max Weber, *The Theory of Social and Economic Organization* (pp. 3-86). A. M. Henderson and T. Parsons (Trans.). New York: Free Press.

Parsons, T. (1960). *Structure and Process in Modern Societies*. Glencoe, IL: Free Press.

Parsons, T. (1967). *Sociological Theory and Modern Society*. New York: Free Press.

Parsons, T., and Shils, E. A. (Eds.). (1951). *Toward a General Theory of Action*. Cambridge, MA: Harvard University Press.

Parsons, T., Bales, R. F., and Shils, E. A. (1953). *Working Papers in the Theory of Action*. New York: Free Press.

Pastor, M. C., and Erlandson, D. A. (1982). A Study of Higher Order Need Strength and Job Satisfaction in Secondary Public School Teachers. *Journal of Educational Administration, 20*, 172-83.

Pawar, B. S., and Eastman, K. K. (1997). The Nature and Implications of Contextual Influences on Transformational Leadership: A Conceptual Examination. *Academy of Management Review, 22*(1), 80-109.

Payne, H. J. (2005). Reconceptualizing Social Skills in Organizations: Exploring the Relationship between Communication Competence, Job Performance, and Supervisory Roles. *Journal of Leadership & Organizational Studies, 11*(2), 63-78.

Peabody, R. L. (1962). Perceptions of Organizational Authority: A Comparative Analysis. *Administrative Science Quarterly, 6*, 463-82.

Penley, L. E., Alexander, E. R., Jernigan, I. E., and Henwood, C. I. (1991). Communication Abilities of Managers: The Relationship to Performance. *Journal of Management, 17*(1), 57-76.

Pennings, J. M. (1985). *Organizational Strategy and Change*. San Francisco: Jossey-Bass.

Pennings, J. M. (1992). Structural Contingency Theory: A Reappraisal. *Research in Organizational Behavior, 14*, 267-309.

Perkins, D. N. (1991, May). Technology Meets Constructivism: Do They Make a Marriage? *Educational Technology, 31*, 18-23.

Perrow, C. (1978). Demystifying Organization. In R. Saari and Y. Hasenfeld (Eds.), *The Management of Human Services* (pp. 105-20). New York: Columbia University Press.

Perrow, C. (1986). *Complex Organizations: A Critical Essay* (3rd ed.). Glencoe, IL: Scott, Foresman.

Peters, L. H., Hartke, D. D., and Pohlmann, J. T. (1985). Fiedler's Contingency Theory of Effectiveness: An Application of the Meta-Analysis Procedures of Schmidt and Hunter. *Psychological Bulletin, 97*, 274-85.

Peters, T. J., and Waterman, R. H., Jr. (1982). *In Search of Excellence*. New York: Harper & Row.

Peterson, C. (2000). The Future of Optimism. *American Psychologist, 55*, 44-55.

Peterson, K. D. (1977-78). The Principal's Tasks. *Administrator's Notebook, 26*, 1-4.

Peterson, P. E. (1989). The Public Schools: Monopoly or Choice? Conference on Choice and Control in American Education. Robert M. LaFollette Institute of Public Affairs, University of Wisconsin, Madison.

Peverly, S., Brobst, K., Graham, M., and Shaw, R. (2003). College Adults Are Not Good at Self-Regulation: A Study on the Relationship of Self-Regulation, Note-Taking, and Test-Taking. *Journal of Educational Psychology 95*, 335-46.

Pfeffer, J. (1972). Size and Composition of Corporate Boards of Directors: The Organization and Its Environment. *Administrative Science Quarterly, 17*, 218-28.

Pfeffer, J. (1976). Beyond Management and the Worker: The Institutional Function of Management. *Academy of Management Review, 1*, 36-46.

Pfeffer, J. (1981). *Power in Organizations*. Boston: Pitman.

Pfeffer, J. (1992). *Managing with Power: Politics and Influence in Organizations*. Boston: Harvard Business School.

Pfeffer, J. (1997). *New Directions for Organization Theory*. New York: Oxford University Press.

Pfeffer, J. (2010). *Power: Why Some People Have It and Others Don't*. New York: HarperCollins.

Pfeffer, J., and Leblebici, H. (1973). The Effect of Competition on Some Dimensions of Organizational Structure. *Social Forces, 52*, 268-79.

Pfeffer, J., and Salancik, G. (1978). *The External Control of Organizations: A Resource Dependence Perspective*. New York: Harper & Row.

Pfeffer, J., and Sutton, R. I. (2006). Evidence-Based Management. *Harvard Business Review, 84*, 63-74.

Phillips, D. C. (1997). How, Why, What, When, and Where: Perspectives on Constructivism and Education. *Issues in Education: Contributions from Educational Psychology, 3*, 151-94.

Phillips, D. C., and Thomas, A. R. (1982). Principals' Decision Making: Some

Observations. In W. S. Simpkins, A. R. Thomas, and E. B. Thomas (Eds.), *Principal and Task: An Australian Perspective* (pp. 74-83). Armidale, NSW, Australia: University of New England.

Piaget, J. (1969). *Science of Education and the Psychology of the Child.* New York: Viking.

Pinder, C. C. (1984). *Work Motivation: Theory, Issues, and Applications.* Dallas: Scott, Foresman.

Pinder, C. C. (1998). *Work Motivation in Organizational Behavior.* Toronto, ON: Prentice Hall.

Pink, D. H. (2009). *Drive: The Surprising Truth about What Motivates Us.* New York: Penguin Group.

Pinker, S. (2002). *The Blank Slate: The Modern Denial of Human Nature.* New York: Penguin.

Pintrich, P. R. (1988). A Process-Oriented View of Student Motivation and Cognition. In J. S. Stark and L. A. Mets (Eds.), *Improving Teaching and Learning through Research* (pp. 65-79). San Francisco: Jossey-Bass.

Pintrich, P. R., and Garcia, T. (1991). Student Goal Orientation and Self-Regulation in the College Classroom. In M. Maehr and P. R. Pintrich (Eds.), *Advances in Motivation and Achievement* (pp. 371-402). Greenwich, CT: JAI.

Pintrich, P. R., Marx, R. W., and Boyle, R. A. (1993). Beyond Cold Conceptual Change: The Role of Motivational Beliefs and Classroom Contextual Factors in the Process of Conceptual Change. *Review of Educational Research, 63*(2), 167-99.

Pitner, N., and Ogawa, R. T. (1981). Organizational Leadership: The Case of the Superintendent. *Educational Administration Quarterly, 17,* 45-65.

Podgurski, T. P. (1990). School Effectiveness as It Relates to Group Consensus and Organizational Health of Middle Schools. Doctoral diss., Rutgers University, New Brunswick.

Podsakoff, P. M., and MacKensie, S. B. (1997). Kerr and Jermier's Substitutes for Leadership Model: Background, Empirical Assessment, and Suggestions for Future Research. *Leadership Quarterly, 8*(2), 117-25.

Podsakoff, P. M., Niehoff, B. P., MacKenzie, S. B., and Williams, M. L. (1993). Do Substitutes for Leadership Really Substitute for Leadership? An Empirical Examination of Kerr and Jermier's Situational Leadership Model. *Organizational Behavior and Human Decision Processes, 54,* 1-44.

Poole, M. S. (1985). Communication and Organizational Climates: Review, Critique, and a New Perspective. In R. D. McPhee and P. K. Tompkins (Eds.), *Organizational Communications: Traditional Themes and New Directions* (pp. 79-108). Beverly Hills, CA: Sage.

Popham, W. J. (2005). *Classroom Assessment: What Teachers Need to Know* (4th ed). Boston, MA: Allyn & Bacon.

Porter, L. W. (1961). A Study of Perceived Need Satisfactions in Bottom and Middle Management Jobs. *Journal of Applied Psychology, 45,* 1-10.

Porter, L. W., and Lawler, E. E., III. (1968). *Managerial Attitudes and Performance.* Homewood, IL: Dorsey.

Porter, L. W., and Roberts, K. H. (1976). Communication in Organizations. In M. D. Dunnette (Ed.), *Handbook of Industrial and Organizational Psychology* (pp. 1533-89). Chicago: Rand McNally.

Pounder, D. G., Ogawa, R. T., and Adams, E. A. (1995). Leadership as an Organization-Wide Phenomena: Its Impact on School Performance. *Educational Administration Quarterly, 31*(4), 564-88.

Powell, T. C. (1995). Total Quality Management as Competitive Advantage: A Review and Empirical Study. *Strategic Management Journal, 16,* 15-37.

Powell, W. W., and DiMaggio, P. J. (1991). Introduction. In W. W. Powell and P. J. DiMaggio (Eds.), *The New Institutionalism in Organizational Analysis* (pp. 1-38). Chicago: University of Chicago Press.

Pressley, M., Levin, J., and Delaney, H. D. (1982). The Mnemonic Keyword Method. Review of Research in Education, 52, 61-91.

Prestine, N. A. (1991). Shared Decision Making in Restructuring Essential Schools: The Role of the Principal. *Planning and Changing, 22,* 160-78.

Printy, S. (2010). How Principals Influence Instructional Practice: Leadership Levers. In W. K. Hoy and M. DiPaola (Eds.), *Analyzing School Contexts: Influences of Principals and Teachers in the Service of Students* (71-102). Greenwich, CT: Information Age.

Pugh, D. S., and Hickson, D. J. (1976). *Organizational Structure in Its Context.* Westmead, Farnborough, Hants., England: Saxon House, D. C. Heath.

Pugh, D. S., Hickson, D. J., and Hinings, C. R. (1968). Dimensions of Organizational Structure. *Administrative Science Quarterly, 13,* 56-105.

Pugh, D. S., Hickson, D. J., Hinings, C. R., and Turner, C. (1969). The Context of Organizational Structure. *Administration Science Quarterly, 14,* 91-114.

Pugh, K., and Zhao, Y. (2003). Stories of Teacher

Alienation: A Look at the Unintended Consequences of Efforts to Empower Teachers. *Teaching and Teacher Education, 19,* 187-202.

Putnam, L. (1997). Productive Conflict: Negotiation as Implicit Coordination. In C. DeDreu and E. Van De Vliert (Eds.), *Using Conflict in Organizations* (pp. 147-160). London: Sage.

Quarstein, V. A., McAfee, R. B., and Glassman, M. (1992). The Situational Occurrences Theory of Job Satisfaction. *Human Relations, 45*(8), 859-72.

Quinn, R. W., and Quinn, R. E. (2009). *Lift: Becoming a Positive Force in Any Situation.* San Francisco, CA: Berrett-Koehler.

Rachlin, H. (1991). *Introduction to Modern Behaviorism* (3rd ed.). New York: Freeman.

Raffini, J. P. (1996). *150 Ways to Increase Intrinsic Motivation in the Classroom.* Boston: Allyn and Bacon.

Ratsoy, E. W. (1973). Participative and Hierarchical Management of Schools: Some Emerging Generalizations. *Journal of Educational Administration, 11,* 161-70.

Raudenbush, S., Rowen, B., and Cheong, Y. (1992). Contextual Effects on the Self-Perceived Efficacy of High School Teachers. *Sociology of Education, 65,* 150-67.

Rauschenberger, J., Schmitt, N., and Hunter, J. E. (1980). A Test of the Need Hierarchy Concept by a Markov Model of Change in Need Strength. *Administrative Science Quarterly, 25,* 654-70.

Redding, W. C. (1972). *Communication within the Organization.* West Lafayette, IN: Purdue Research Council.

Reder, L. M., and Anderson, J. R. (1980). A Comparison of Texts and Their Summaries: Memorial Consequences. *Journal of Verbal Learning and Verbal Behavior, 19*(2), 121-34.

Reeve, J. (1996). *Motivating Others: Nurturing Inner Motivational Resources.* Boston: Allyn and Bacon.

Reeve, J., Deci, E. L., and Ryan, R. M. (2004). Self-Determination Theory: A Dialectical Framework for Understanding the Sociocultural Influences on Motivation and Learning: Big Theories Revisited (Vol. 4, pp. 31-59). Greenwich, CT: Information Age Press.

Reeves, C. A., and Bednar, D. A. (1994). Defining Quality: Alternatives and Implications. *Academy of Management Review, 19*(3), 419-45.

Reeves, J. B. (2010). *Academic Optimism and Organizational Climate: An Elementary School Effectiveness Test of Two Measures.* Doctoral Diss., University of Alabama.

Reilly, B. J., and DiAngelo, J. A. (1990). Communication: A Cultural System of Meaning and Value. *Human Relations, 43*(2), 129-40.

Reiss, F. (1994). Faculty Loyalty in and around the Urban Elementary School. Doctoral diss., Rutgers University, New Brunswick.

Reiss, F., and Hoy, W. K. (1998). Faculty Loyalty: An Important but Neglected Concept in the Study of Schools. *Journal of School Leadership, 8,* 4-21.

REL-Southeast (2007). *Making Decisions about Teacher Professional Development: Practices in 8 Alabama School Districts.* Greensboro, NC: Serve Center, University of North Carolina.

Resnick, L. B. (1981). Instructional Psychology. *Annual Review of Psychology, 32,* 659-704.

Reynolds, P. D. (1971). *A Primer in Theory Construction.* Indianapolis, IN: Bobbs-Merrill.

Rhodes, L. A. (1990). Why Quality Is within Our Grasp ··· If We Reach. *The School Administrator, 47*(10), 31-34.

Rice, A. W. (1978). Individual and work variables associated with principal job satisfaction. Doctoral diss., University of Alberta, Edmonton.

Rice, J. K. (2002). Making the Evidence Matter: Implications of the Class Size Research Debate for Policy Makers. In L. Mishel & R. Rothstein (Eds.), *The Class Size Policy Debate* (pp. 89-94). Washington, D.C. Economic Policy Institute.

Rice, J. K. (2003). *Teacher Quality: Understanding the Effects of Teacher Attributes.* Washington, DC: Economic Policy Institute.

Rice, M. E., and Schneider, G. T. (1994). A Decade of Teacher Empowerment: An Empirical Analysis of Teacher Involvement in Decision Making, 1980-1991. *Journal of Educational Administration, 32,* 43-58.

Rice, R. E. (1992). Task Analyzability, Use of New Media, and Effectiveness: A Multi-Site Exploration of Media Richness. *Organization Science, 3*(4), 475-500.

Rinehart, J. S., Short, P. M, and Johnson, P. E. (1997). Empowerment and Conflict at School-Based and Non-School-Based Sites in the United States. Journal of International Studies in Educational Administration, 25, 77-87.

Rinehart, J. S., Short, P. M., Short, R. J., and Eckley, M. (1998). Teacher Empowerment and Principal Leadership: Understanding the Influence Process. *Educational Administration Quarterly, 24,* 608-30.

Rivkin, S. G., Hanushek, E. A., and Kain, J. F. (2005). Teachers, Schools, and Academic Achievement. *Econometrica, 73*(2), 417-58.

Robbins, S. B., Le, L., and Lauver, K. (2005).

Promoting Successful College Outcomes for All Students: Reply to Weissberg and Owen. *Psychological Bulletin, 131*, 410-411.

Robbins, S. P. (1983). *The Structure and Design of Organizations*. Englewood Cliffs, NJ: Prentice Hall.

Robbins, S. P. (1991). *Organizational Behavior: Concepts*, Controversies, Applications. Upper Saddle, NJ: Allyn and Bacon.

Robbins, S. P. (1998). *Organizational Behavior: Concepts*, Controversies, Applications. Upper Saddle, NJ: Allyn and Bacon.

Roberts, K. H., Hulin, C. L., and Rousseau, D. M. (1978). *Developing an Interdisciplinary Science of Organizations*. San Francisco: Jossey-Bass.

Roberts, N. C., and Bradley, R. T. (1988). Limits of Charisma. In J. A. Conger and R. N. Kanungo (Eds.), *Charismatic Leadership: The Elusive Factor in Organizational Effectiveness* (pp. 253-75). San Francisco, CA: Jossey-Bass.

Robinson, D. H., and Kiewra, K. A. (1995). Visual Argument: Graphic Outlines Are Superior to Outlines in Improving Learning from Text. *Journal of Educational Psychology, 87*, 455-67.

Robinson, V.M.J., Lloyd, C. A., and Rowe, K. J. (2008). The Impact of Leadership on Student Outcomes: An Analysis of the Differential Effects of Leadership Types. *Educational Administration Quarterly, 44*, 635-674.

Rockey, E. H. (1984). *Communication in Organizations*. Lanham, MD: University Press of America.

Roethlisberger, F. J., and Dickson, W. J. (1939). *Management and the Worker*. Cambridge: Harvard University Press.

Rogers, R. C., and Hunter, J. E. (1989). The Impact of Management by Objectives on Organizational Productivity. Unpublished paper, School of Public Administration, University of Kentucky, Lexington.

Rogoff, B. (1998). Cognition as a Collaborative Process. In W. Damon (series ed.) and D. Kuhn and R. S. Siegler (volume eds.), *Handbook of Child Psychology: vol. 2*(5th ed., pp. 679-744). New York: Wiley.

Rosenau, P. M. (1992). *Post-Modernism and the Social Sciences: Insights, Inroads, and Intrusions*. Princeton, NJ: Princeton University Press.

Rosenshine, B. (1979). Content, Time, and Direct Instruction. In P. Peterson and H. Walberg (Eds.), *Research on Teaching: Concepts, Findings, and Implications* (pp. 28-56). Berkeley, CA: McCutchan.

Rosenshine, B. (1988). Explicit Teaching. In D.

Berliner and B. Rosenshine (Eds.), *Talks to Teachers* (pp. 75-92). New York: Random House.

Rosenshine, B., and Stevens, R. (1986).). Teaching Functions. In M. Wittrock (Ed.) *Teaching Research on Teaching* (3rd ed., pp. 376-91). New York: Macmillan.

Ross, J. A., Cousins, J. B., and Gadalla, T. (1996). Within-Teacher Predictors of Teacher Efficacy. *Teaching and Teacher Education, 12*, 385-400.

Rossman, G. B., Corbett, H. D., and Firestone, W. A. (1988). *Change and Effectiveness in Schools: A Cultural Perspective*. Albany, NY: State University of New York Press.

Rothstein, E. (2006, March 20). Are We Having Conversation Yet? An Art Form Evolves. *New York Times*.

Rothstein, R. (2004). *Class and Schools: Using Social, Economic, and Educational Reform to Close the Black-White Achievement Gap*. Washington, DC: Economic Policy Institute.

Rotter, J. B. (1954). *Social Learning and Clinical Psychology*. Englewood Cliffs, NJ: Prentice Hall.

Rotter, J. B. (1966). Generalized Expectancies for Internal versus External Control of Reinforcement. *Psychological Monographs, 80*(1, Whole No. 609).

Rousseau, D. M. (1978). Characteristics of Departments, Positions, and Individuals: Contexts for Attitudes and Behavior. *Administrative Science Quarterly, 23*, 521-40.

Rousseau, D. M., Sitkin, S. B., Burt, R., and Camerer, C. (1998). Not So Different After All: A Cross-Discipline View of Trust. *The Academy of Management Review, 23*, 393-404.

Rowan, B. (1981). The Effects of Institutionalized Rules on Administrators. In S. B. Bacharach (Ed.), *Organizational Behavior in Schools and School Districts* (pp. 47-75). New York: Praeger.

Rowan, B. (1982). Organizational Structure and the Institutional Environment: The Case of Public Schools. *Administrative Science Quarterly, 27*, 259-79.

Rowan, B. (1990). Commitment and Control: Alternative Strategies for the Organizational Design of School. *Review of Research in Education, 16*, 353-89.

Rowan, B. (1993). Institutional Studies of Organization: Lines of Analysis and Data Requirements. Annual Meeting of the American Educational Research Association, Atlanta, GA.

Rowan, B. (1998). The Task Characteristics of Teaching: Implications for the Organizational Design of Schools. In R. Bernhardt, C. Hedley, G. Cattari, and V. Svolopoulos (Eds.),

Curriculum Leadership: Rethinking Schools for the 21st Century (pp. 37-54). Creskill, NJ: Hampton Press.

Rowan, B. (2002). Rationality and Reality in Organizational Management: Using the Coupling Metaphor to Understand Educational (and Other) Organizations—a Concluding Comment. *Journal of Educational Administration, 40*, 604-11.

Rowan, B., and Miskel, C. (1999). Institutional Theory and the Study of Educational Organizations. In J. Murphy and K. S. Louis (Eds.), *Handbook of Research on Educational Administration* (2nd ed., pp. 359-83). San Francisco: Jossey-Bass.

Rowan, B., Bossert, S. T., and Dwyer, D. C. (1983). Research on Effective Schools: A Cautionary Note. *Educational Researcher, 12*, 24-31.

Rowan, B., Correnti, R., and Miller, R. J. (2002). What Large-Scale, Survey Research Tells Us about Teacher Effects on Student Achievement: Insights from the Prospects Study of Elementary Schools. *Teachers College Record, 104*(8), 1525-67.

Rowan, B., Raudenbush, S. W., and Cheong, Y. F. (1993). Teaching as a Nonroutine Task: Implications for the Management of Schools. *Educational Administration Quarterly, 29*, 479-99.

Rumelhart, D., and Ortony, A. (1977). The Representation of Knowledge in Memory. In R. Anderson, R. Spiro, and W. Montague (Eds.), *Schooling and the Acquisition of Knowledge.* Hillsdale, NJ: Erlbaum.

Russ, G. S., Daft, R. L., and Lengel, R. H. (1990). Media Selection and Managerial Characteristics in Organizational Communication. *Management Communication Quarterly, 4*, 151-75.

Russell, R. D., and Russell, C. J. (1992). An Examination of the Effects of Organizational Norms, Organizational Structure, and Environmental Uncertainty on Entrepreneurial Strategy. *Journal of Management, 18*(4), 639-56.

Rutter, M., Maugham, B., Mortimore, P., Ousten, J., and Smith, A. (1979). *Fifteen Thousand Hours: Secondary Schools and Their Effects on Children.* London: Open Books.

Ryan, E. B., and Sebastian, R. (1980). The Effects of Speech Style on Social Judgments of Speakers. *British Journal of Clinical and Social Psychology, 19*, 229-233.

Ryan, R. M., and Deci, E. L. (2000). Intrinsic and Extrinsic Motivation: Classroom Definitions and New Directions. *Contemporary Educational Psychology, 25*, 54-67.

Ryan, R. M., and Deci, E. L. (2006). Self-Regulation and the Problem of Human Autonomy: Does Psychology Need Choice, Self-Determination, and Still? *Journal of Personality, 74*, 1557-1586.

Ryan, R. M., and Grolnick, W. S. (1986). Origins and Pawns in the Classroom: Self-Report and Projective Assessments of Individual Differences in the Children's Perceptions. *Journal of Personality and Social Psychology, 50*, 550-58.

Sackney, L. E. (1976). The Relationship between Organizational Structure and Behavior in Secondary Schools. Doctoral diss., University of Alberta, Edmonton.

Salas, E., and Klein, G. (2001). *Linking Expertise and Naturalistic Decision Making.* Mahwah, NJ: Erlbaum.

Sanchez, P. (1999). How to Craft Successful Employee Communication in the Information Age. *Communication World, 16*(7), 9-15.

Sanders, W. L. (1998). Value-Added Assessment. *The School Administrator, 55*(11), 24-32.

Sashkin, M., and Burke, W. W. (1990). Understanding and Assessing Organizational Leadership. In K. E. Clark and M. B. Clark (Eds.), *Measures of Leadership* (pp. 297-325). West Orange, NJ: Leadership Library of America.

Sayles, L. R., and Strauss, G. (1966). *Human Behavior in Organizations.* Englewood Cliffs, NJ: Prentice Hall.

Schein, E. H. (1985). *Organizational Culture and Leadership.* San Francisco: Jossey-Bass.

Schein, E. H. (1990). Organizational Culture. *American Psychologist, 45*(2), 109-19.

Schein, E. H. (1992). *Organizational Culture and Leadership* (2nd ed.). San Francisco: Jossey-Bass.

Schein, E. H. (1999). *The Corporate Culture.* San Francisco: Jossey-Bass.

Schein, E. H. (2004). *Organizational Culture and Leadership.* San Francisco: John Wiley and Sons, Inc.

Scherkenbach, W. (1991). *Deming's Road to Continual Improvement.* Knoxville, TN: SPC Press.

Scherkenbach, W. (1992). *The Deming Route to Quality and Production.* Washington, DC: CEEPress.

Schermerhorn, J. R., Hunt, J. G., and Osborn, R. N. (1994). *Managing Organizational Behavior.* New York: Wiley.

Schmidt, F. L., and Hunter, J. E. (1992). Development of a Causal Model of Processes Determining Job Performance. *Current Directions in Psychological Science, 1*(3), 89-92.

Schmidt, H. G., van der Molen, H. T., te Winkel, W. W. R., and Wijnen, W. H. F. W. (2009). Constructivist, Problem-Based Learning Does Work: A Meta-Analysis of Curricular Comparisons Involving a Single Medical School. *Educational Psychologist, 44,* 227-249.

Schmitz, J., and Fulk, J. (1991). Organizational Colleagues, Media Richness, and Electronic Mail. *Communication Research, 18*(4), 487-523.

Schmuck, R. A., and Runkel, P. J. (1985). The *Handbook of Organization Development in Schools* (3rd ed.). Prospect Heights, IL: Waveland Press.

Schneider, W., and Bjorklund, D. F. (1992). Expertise, Aptitude, and Strategic Remembering. *Child Development, 63,* 416-473.

Schraw, G. (2006). Knowledge: Structures and Processes. In P. A. Alexander and P. H. Winne (Eds.), *Handbook of Educational Psychology* (2nd ed., pp. 245-264). Mahwah, NJ: Erlbaum.

Schraw, G., and Moshman, D. (1995). Metacognitive Theories. *Educational Psychology Review, 7,* 351-71.

Schunk, D. H. (1996). Goal and Self-Evaluative Influences during Children's Cognitive Skill Learning. *American Educational Research Journal, 33,* 359-82.

Schunk, D. H. (2000). *Learning Theories: An Educational Perspective* (3rd ed.). Columbus, OH: Merrill/Prentice. Hall.

Schunk, D. H., Pintrich, P. R., and Meese, L. J. (2008). *Motivation in Education: Theory, Research, and Applications* (3rd ed.). Columbus, OH: Merrill/Prentice. Hall.

Schwartz, B., and Reisberg, D. (1991). *Learning and Memory.* New York: Norton.

Schwartz, B., Wasserman, E. A., and Robbins, S. J. (2002). *Psychology of Learning and Behavior* (5th ed.). New York: W. W. Norton.

Scott, W. R. (1977). Effectiveness of Organizational Effectiveness Studies. In P. S. Goodman and J. M. Pennings (Eds.), *New Perspectives on Organizational Effectiveness* (pp. 63-95). San Francisco: Jossey-Bass.

Scott, W. R. (1983). Introduction: From Technology to Environment. In J. W. Meyer and W. R. Scott (Eds.), *Organizational Environments: Ritual and Rationality* (pp. 13-17). Beverly Hills, CA: Sage.

Scott, W. R. (1987a). The Adolescence of Institutional Theory. *Administrative Science Quarterly, 32,* 493-511.

Scott, W. R. (1987b). *Organizations: Rational, Natural, and Open Systems* (2nd ed.). Englewood Cliffs, NJ: Prentice Hall.

Scott, W. R. (1991). Unpacking Institutional Arguments. In W. W. Powell and P. J. DiMaggio (Eds.), *The New Institutionalism in Organizational Analysis* (pp. 164-82). Chicago: University of Chicago Press.

Scott, W. R. (1992). *Organizations: Rational, Natural, and Open Systems* (3rd. ed.). Englewood Cliffs, NJ: Prentice Hall.

Scott, W. R. (1995). *Institutions and Organizations.* Thousand Oaks, CA: Sage.

Scott, W. R. (1998). *Organizations: Rational, Natural, and Open Systems* (4th. ed.). Englewood Cliffs, NJ: Prentice Hall.

Scott, W. R. (2001). *Institutions and Organizations* (2nd ed.). Upper Saddle River, NJ: Prentice Hall.

Scott, W. R. (2003). *Organizations: Rational, Natural, and Open Systems* (5th ed.). Upper Saddle River, NJ: Prentice Hall.

Scott, W. R. (2008). *Institutions and Organizations: Ideas and Interests.* Thousand Oaks, CA: Sage.

Scott, W. R., and Meyer, J. W. (1991). The Organization of Societal Sectors: Propositions and Early Evidence. In W. W. Powell and P. J. DiMaggio (Eds.), *The New Institutionalism in Organizational Analysis* (pp. 108-140). Chicago: University of Chicago Press.

Scott, W. R., and Davis, G. F. (2007). *Organizations and Organizing: Rational, Natural, and Open System Perspectives.* Upper Saddle River, NJ: Prentice Hall.

Scott-Ladden, B., Travaglione, A., and Marshall, V. (2006). Causal Inferences Between Participation in Decision Making, Task Attributes, Work Effort, Rewards, Job Satisfaction, and Commitment. *Leadership and Organizational Development Journal, 27,* 399-414.

Seligman, M. E. P. (1998). *Learned Optimism.* New York: Knopf.

Seligman, M. E. P. (2011). *Flourish.* New York: Free Press.

Selznick, P. (1949). *TVA and the Grass Roots.* Berkeley: University of California Press.

Selznick, P. (1957). *Leadership in Administration.* New York: Harper & Row.

Selznick, P. (1992). *The Moral Commonwealth.* Berkeley: University of California Press.

Senatra, P. T. (1980). Role Conflict, Role Ambiguity, and Organizational Climate in a Public Accounting Firm. *Accounting Review, 55,* 594-603.

Sendjaya, S., Sarros, J. C., and Santora, J. C. (2008). Defining and Measuring Servant Leadership Behaviour in Organizations. *Journal of Management Studies, 45,* 402-424.

Senge, P. M. (1990). *The Fifth Discipline: The Art*

and Practice of the Learning Organization. New York: Doubleday.

Sergiovanni, T. J. (1992). *Moral Leadership: Getting to the Heart of School Improvement.* San Francisco: Jossey-Bass.

Sergiovanni, T. J. (1994). *Building Community in Schools.* San Francisco: Jossey-Bass.

Shakeshaft, C. (1986). *Women in Educational Administration.* Newbury Park, CA: Sage.

Shamir, B., and Howell, J. M. (1999). Organizational and Contextual Influences on the Emergence and Effectiveness of Charismatic Leadership. *Leadership Quarterly, 10*(2), 257-83.

Shamir, B., House, R. J., and Arthur, M. B. (1993). The Motivational Effects of Charismatic Leadership: A Self-Concept Based Theory. *Organization Science, 4*(4), 577-94.

Shamir, B., Zokay, E., Breinin, E., and Popper, M. (1998). Correlates of Charismatic Leader Behavior in Military Units. *Academy of Management Journal, 41*(4), 387-409.

Shanker, A. (1989, May 14). Does Money Make a Difference? A Difference over Answers. *New York Times.*

Sharma, C. L. (1955). Who Should Make What Decisions? *Administrator's Notebook, 3,* 1-4.

Shelby, A. N. (1986). The Theoretical Bases of Persuasion: A Critical Introduction. *Journal of Business Communication, 23,* 5-29.

Shin, J., and Ariely, D. (2004). Keeping Doors Open: The Effect of Unavailability on Incentives to Keep Options Viable. *Management Science, 50,* 1756-1761.

Shockley-Zalabak, P. S., Morreale, S., and Hackman, M. Z. (2010). *Building the High-Trust Organizations: Strategies for Supporting Five Key Dimensions of Trust.* San Francisco, CA: Jossey-Bass.

Shuell, T. (1996). Teaching and Learning in a Classroom Context. In D. Berliner and R. Calfee (Eds.), *Handbook of Educational Psychology* (pp. 726-64). New York: Macmillan.

Shuell, T. J. (1986). Cognitive Conceptions of Learning. *Review of Educational Research, 56,* 411-36.

Sickler, J. L. (1988). Teachers in Charge: Empowering the Professionals. *Phi Delta Kappan, 69,* 354-56.

Silins, H. C. (1992). Effective Leadership for School Reform. *Alberta Journal of Educational Research, 38,* 317-34.

Silver, P. (1983). *Educational Administration: Theoretical Perspectives in Practice and Research.* New York: Harper & Row.

Simon, H. A. (1956). Rational Choice and the Structure of the Environment. *Psychological Review, 63,* 129-38.

Simon, H. A. (1957a). *Administrative Behavior* (2nd ed.). New York: Macmillan.

Simon, H. A. (1957b). *Models of Man.* New York: Wiley.

Simon, H. A. (1968). Administrative Behavior. In D. Suls (Ed.), *International Encyclopedia of the Social Sciences* (pp. 74-79). New York: Macmillan.

Simon, H. A. (1987). Making Management Decisions: The Role of Intuition and Emotion. *Academy of Management Executive, 1,* 57-64.

Simon, H. A. (1991). Keynote Address. UCEA Conference, Baltimore, MD.

Simon, H. A. (1993). Decision-Making: Rational, Nonrational, and Irrational. *Educational Administration Quarterly, 29*(3), 392-411.

Simon., H. A. (1955). A Behavioral Model of Rational Choice. *Quarterly Journal of Economics, 69,* 99-118.

Sims, C., McDaniel, J., and Miskel, C. G. (2000). The Influence Tactics of Interest Groups and National Reading Policy. Paper presented at the Annual Convention of the National Reading Conference. Scottsdale, AZ.

Sims, R. (2010). Mindfulness and Academic Optimism: A Test of Their Relationship. Doctoral Diss., University of Alabama.

Sinden, J. E., Hoy, W. K., and Sweetland, S. R. (2003). A Qualitative Analysis of Enabling School Structure: Theoretical, Empirical, and Research Considerations. Working Paper. The Ohio State University.

Sinden, J. E., Hoy, W. K., and Sweetland, S. R. (2004a). An Analysis of Enabling School Structure: Theoretical, Empirical, and Research Considerations. *Journal of Educational Administration, 42,* 462-78.

Sinden, J. E., Hoy, W. K., and Sweetland, S. R. (2004b). Enabling School Structures: Principal Leadership and Organizational Commitment of Teachers. *Journal of School Leadership, 14,* 195-210.

Sipe, J. W., and Frick, D. M. (2009). *Seven Pillars of Servant Leadership: Practicing the Wisdom of Leading by Serving.* New York: Paulist Press.

Sirotnik, K. A., and Clark, R. (1988). School-Centered Decision Making and Renewal. *Phi Delta Kappan, 69,* 660-64.

Skinner, B. F. (1950). Are Theories of Learning Necessary? *Psychological Review, 57,* 193-216.

Skinner, B. F. (1953). *Science and Human Behavior.* New York: Macmillan.

Skinner, B. F. (1989). The Origins of Cognitive

Thought. *American Psychologist, 44*, 13-18.

Slavin, R. E. (1995). *Cooperative Learning* (2nd ed.). Boston: Allyn and Bacon.

Slavin, R. E., Karweit, N. L., and Madden, N. A. (1989). *Effective Programs for Students at Risk.* Boston: Allyn & Bacon.

Smith, D. D. (2006). *Introduction to Special Education: Teaching in an Age of Opportunity* (5th ed.). Boston: Allyn & Bacon.

Smith, J. F., and Kida, T. (1991). Heuristics and Biases: Expertise and Task Realism in Auditing. *Psychological Bulletin, 109*, 472-89.

Smith, L. (1993). *Necessary Knowledge: Piagetian Perspectives on Constructivism.* Hillsdale, NJ: Erlbaum.

Smith, M. S. (2006). What's Next. Quality Counts 2006: A Decade of Standards-Based Education [Special issue]. *Education Week, 25*(17), 66, 68, 70-71. Retrieved May 24, 2006, at http://www.edweek.org/ew/articles/2006/01/05/17smith.h25.html.

Smith, M. S., and O'Day, J. A. (1991). Systemic School Reform. In S. H. Fuhrman and B. Malen (Eds.), *The Politics of Curriculum and Testing* (pp. 233-67). London: Falmer.

Smith, P. A., and Hoy, W. K. (2006). Academic Optimism and Student Achievement in Urban Elementary Schools. Ohio State University, unpublished research paper.

Smith, P. A., and Hoy, W. K. (2007). Academic Optimism and Student Achievement in Urban Elementary Schools. *Journal of Educational Administration, 45*, 556-568.

Smith, P. A., Hoy, W. K., and Sweetland, S. R. (2001). Organizational Health of High Schools and Dimensions of Faculty Trust, *Journal of School Leadership, 11*, 135-51.

Smith, P. A., and Maika, S. A. (2008).Change Orientations: The Effects of Organizational Climate on Principal, *Teacher, and Community Relations. Journal of School Public Relations, 29*(4), 477-498.

Smith, S. M., and Shaffer, D. R. (1995). Speed of Speech and Persuasion: Evidence for Multiple Effects. *Personality and Social Psychology Bulletin, 21*, 1051-1060.

Smylie, M. A. (1988). The Enhancement Function of Staff Development: Organization and Psychological Antecedents to Individual Teacher Change. *American Educational Research Journal, 25*, 1-30.

Smylie, M. A. (1994). Redesigning Teachers' Work: Connections to the Classroom. *Review of Research in Education, 20*, 129-77.

Smylie, M. A., and Brownlee-Conyers, J. (1992).

Teacher Leaders and Their Principals: Exploring the Development of New Working Relationships. *Educational Administration Quarterly, 28*(2), 150-84.

Smylie, M. A., and Smart, J. C. (1990). Teacher Support for Career Enhancement Initiatives: Program Characteristics and Effects on Work. *Educational Evaluation and Policy Analysis, 12*(2), 139-55.

Snowman, J. (1984). Learning Tactics and Strategies. In G. Phye and T. Andre (Eds.), *Cognitive Instructional Psychology.* Orlando, FL: Academic Press.

Snyder, C. R., Shorey, H. S., Cheavens, J., Pulvers, K. M., Adams, V. H. III, and Wiklund, C. (2002). Hope and Academic Success in College. *Journal of Educational Psychology, 94*, 820-26.

Somech, A. (2002). Explicating the Complexity of Participative Management: Investigation of Multiple Dimensions. *Educational Administration Quarterly, 38*, 341-371.

Somech, A. (2003). Directive versus Participatory Leadership: Two Complementary Approaches to Managing School *Effectiveness. Educational Administration Quarterly, 39*, 1-24.

Somech, A. (2003). Relationships of Participative Leadership with Relational Demographic Variables. *Journal of Organizational Behavior, 24*, 1003-1018.

Somech, A. (2010). Participative Decision Making in Schools: A Mediating-Moderating Analytic Framework for Understanding School and Teacher Outcomes. *Educational Administration Quarterly, 46*, 174-209.

Somech, A., and Wenderow, M. (2006). The Impact of Participative and Directive Leadership on Teacher Performance: The Intervening Effects of Job Structure, Decision Domain, and LMX. *Educational Administration Quarterly, 42*, 746-772.

Son, K. A., and Miskel, C. G. (2006). *The Effect of Transformational/Transactional Leadership on Work Effectiveness of University Presidents: Organizational Culture as a Moderating Variable.* Seowan University, Korea. Unpublished manuscript.

Song, M., and Miskel, C. G. (2005). Who Are the Influentials? A Cross-State Social Network Analysis of the Reading Policy Domain. *Educational Administration Quarterly, 41*(1), 7-48.

Soodak, L. C., and McCarthy, M. R. (2006). Classroom Management in Inclusive Settings. In C. M. Evertson and C. S. Weinstein (Eds.), *Handbook of Classroom Management: Research,*

Practice, and Contemporary Issues. Mahwah, NJ: Erlbaum.

Sousa, D. A., and Hoy, W. K. (1981). Bureaucratic Structure in Schools: A Refinement and Synthesis in Measurement. *Educational Administration Quarterly, 17,* 21-40.

Southeast Regional Educational Laboratory (REL-SE). (2007, August). *Making Decisions about Teacher Professional Development: Practices in 8 Alabama School Districts.* Greensboro, NC: Serve Center, University of North Carolina.

Spector, P. E. (1997). *Job Satisfaction: Application, Assessment, Cause, and Consequence.* Thousand Oaks, CA: Sage.

Spencer, B. A. (1994). Models of Organization and Total Quality Management. *Academy of Management Review, 19*(3), 446-71.

Spenner, K. I. (1988). Social Stratification, Work, and Personality. *Annual Review of Sociology, 14,* 69-97.

Spillane, J. P. (2006). *Distributed Leadership.* San Francisco: Jossey-Bass.

Spillane, J. P., and Jennings, N. E. (1997). Aligned Instructional Policies and Ambitious Pedagogy: Exploring Instructional Reform from the Classroom Perspective. *Teachers College Record, 98,* 449-81.

Spillane, J. P., Hallett, T., and Diamond, J. B. (2003). Forms of Capital and the Construction of Leadership: Instructional Leadership in Urban Elementary Schools. *Sociology of Education. 76*(1), 1-17.

Spillane, J. P., Halverson, R., and Diamond, J. B. (2001). Investigating School Leadership Practice: A Distributed Perspective. *Educational Researcher, 30*(3), 23-28.

Spillane, J. P., Sherer, J. Z., and Coldren, A. F. (2005). Distributed Leadership: Leadership Practice and the Situation. In W. K. Hoy and C. G. Miskel (Eds.), *Educational Leadership and Reform* (pp. 149-67). Greenwich, CT: Information Age.

Sproull, L. (1981). Managing Educational Programs: A Microbehavioral Analysis. *Human Organization, 40,* 113-122.

Stage, S. A., et al. (2008). A Validity Study of FunctionallyBased Behavioral Consultation with Students with Emotional/Behavioral Disabilities. *School Psychology Quarterly, 23,* 327-353.

Starkie, D. (1984). Policy Changes, Configurations, and Catastrophes. *Policy and Politics, 12,* 71-84.

Staw, B. M. (1984). Organizational Behavior: A Review and Reformulation of the Field's Outcome Variables. *Annual Review of Psychology, 35,* 627-66.

Stearns, T. M., Hoffman, A. N., and Heide, J. B. (1987). Performance of Commercial Television Stations as an Outcome of Interorganizational Linkages and Environmental Conditions. *Academy of Management Journal, 30,* 71-90.

Steers, R. M. (1975). Problems in the Measurement of Organizational Effectiveness. *Administrative Science Quarterly, 20,* 546-58.

Steers, R. M. (1977). *Organizational Effectiveness: A Behavioral View.* Santa Monica, CA: Goodyear.

Steers, R. M., and Porter, L. W. (Eds.) (1991). *Motivation and Work Behavior* (5th ed.). New York: McGraw-Hill.

Steers, R. M., and Porter, L. W. (Eds.). (1983). *Motivation and Work Behavior* (3rd ed.). New York: McGraw-Hill.

Steinfield, C. W., and Fulk, J. (1986). Task Demands and Managers' Use of Communication Media: An Information Processing View. Meeting of the Academy of Management, Chicago.

Sternberg, R. J., and Sternberg, K. (2012). *Cognitive Psychology* (6th ed.). Belmont, CA: Wadsworth.

Stevenson, H., and Stigler, J. W. (1992). *The Learning Gap.* New York: Summit Books.

Stinchcombe, A. L. (1959). Bureaucratic and Craft Administration of Production. *Administrative Science Quarterly, 4,* 168-87.

Stinchcombe, A. L. (2005). *The Logic of Social Science Research.* Chicago: University of Chicago Press.

Stipek, D. J. (1993). *Motivation to Learn* (2nd ed.). Boston: Allyn and Bacon.

Stipek, D. (2002). *Motivation to Learn: Integrating Theory and Practice* (4th ed.). Boston, MA: Allyn and Bacon.

Stogdill, R. M. (1948). Personal Factors Associated with Leadership: A Survey of the Literature. *Journal of Psychology, 25,* 35-71.

Stogdill, R. M. (1981). Traits of Leadership: A Follow-Up to 1970. In B. M. Bass (Ed.), *Stogdill's Handbook of Leadership* (pp. 73-97). New York: Free Press.

Stohl, C. (1995). *Organizational Communication.* Thousand Oaks, CA: Sage.

Strang, D. (1987). The Administrative Transformation of American Education: School District Consolidation. *Administrative Science Quarterly, 32,* 352-66.

Strauss, G. (1964). Workflow Frictions, Interfunctional Rivalry, and Professionalism. *Human Organization, 23,* 137-49.

Strube, M. J., and Garcia, J. E. (1981). A Meta-Analytic Investigation of Fiedler's Contingency Model of Leadership Effectiveness.

Psychological Bulletin, 90, 307-21.

Suchman, M. C. (1995). Managing Legitimacy: Strategic and Institutional Approaches. *Academy of Management Review, 20,* 571-610.

Sutcliffe, K. M. (1994). What Executives Notice: Accurate Perceptions in Top Management Teams. *Academy of Management Journal, 37*(5), 1360-78.

Sutton, R. I., and Staw, B. M. (1995). What Theory Is Not. *Administrative Science Quarterly, 40,* 371-84.

Swanson, C. B. (2006). Making the Connection. Quality Counts 2006: A Decade of Standards-Based Education [Special issue]. *Education Week, 25*(17). Retrieved May 24, 2006, at http://www.edweek.org/ew/articles/2006/01/05/17overview-s2.h25.html.

Swanson, H. L. (1990). The Influence of Metacognitive Knowledge and Aptitude on Problem Solving. *Journal of Educational Psychology, 82,* 306-14.

Sweetland, S. R., and Hoy, W. K. (2000a). School Characteristics: Toward an Organizational Model of Student Achievement. *Educational Administration Quarterly, 5,* 703-29.

Sweetland, S. R., and Hoy, W. K. (2000b). Varnishing the truth in schools: Principals and teachers spinning reality. Unpublished research paper, The Ohio State University, College of Education.

Sweetland, S. R., and Hoy, W. K. (2001). Varnishing the Truth: Principals and Teachers Spinning Reality. *Journal of Educational Administration, 39,* 282-93.

Sweller, J., van Merriönboer, J. J. G., and Paas, F. G. W. C. (1998). Cognitive Architecture and Instructional Design. *Educational Psychology Review, 10,* 251-296.

Tagiuri, R. (1968). The Concept of Organizational Climate. In R. Tagiuri and G. H. Litwin (Eds.), *Organizational Climate* (pp. 11-32). Boston: Harvard Graduate School of Business Administration.

Tannen, D. (1990). *You Just Don't Understand: Women and Men in Conversation.* New York: Ballantine.

Tarter, C. J., and Hoy, W. K. (1988). The Context of Trust: Teachers and the Principal. *High School Journal, 72,* 17-24.

Tarter, C. J., and Hoy, W. K. (2004). A Systems Approach to Quality in Elementary Schools: A Theoretical and Empirical Analysis. *Journal of Educational Administration, 42,* 539-54.

Tarter, C. J., Hoy, W. K., and Bliss, J. R. (1989). Principal Leadership and Organizational

Commitment: The Principal Must Deliver. *Planning and Changing, 20,* 139-40.

Tarter, C. J., Hoy, W. K., and Kottkamp, R. (1990). School Health and Organizational Commitment. *Journal of Research and Development in Education, 23,* 236-43.

Taylor, F. W. (1947). *Scientific Management.* New York: Harper.

Taylor, T., Martin, B. N., Hutchinson, S., and Jinks, M. (2007). Examination of Leadership Practices of Principals Identified as Servant Leaders. *The International Journal of Leadership in Education, 10,* 401-419.

Terreberry, S. (1968). The Evolution of Organizational Environments. *Administrative Science Quarterly, 12,* 590-613.

Te'eni, D. (2001). A Cognitive-Affective Model of Organizational Communication for Designing IT. *MIS Quarterly, 25*(2), 251-312.

Thomas, A. R., and Slater, R. C. (1972). The OCDQ: A Four Factor Solution for Australian Schools? *Journal of Educational Administration, 12,* 197-208.

Thomas, H. (1984). Mapping Strategic Management Research. *Journal of General Management, 9,* 55-72.

Thomas, K. (1976). Conflict and Conflict Management. In M. D. Dunnette (Ed.), *Handbook of Industrial and Organizational Psychology* (pp. 889-936). Chicago: Rand McNally.

Thomas, K. (1977). Toward Multi-Dimensional Values in Teaching: The Example of Conflict Behaviors. *Academy of Management Review, 20,* 486-90.

Thompson, J. D. (1967). *Organizations in Action.* New York: McGraw-Hill.

Tichy, N. M., and Bennis, W. G. (2007). *Judgments: How Winning Leaders Make Great Calls.* New York: Penguin.

Tichy, N. M., and Devanna, M. A. (1986). *The Transformational Leader.* New York: Wiley.

Tiegs, R. B., Tetrick, L. E., and Fried, Y. (1992). Growth Need Strength and Context Satisfactions as Moderators of the Relations of the Job Characteristics Model. *Journal of Management, 18*(3), 575-93.

Tingstrom, D. H., Sterling-Turner, H. E., and Wilczynski, S. M. (2006). The Good Behavior Game: 1962-2002. *Behavior Modification, 30,* 225-253.

Tjosvold, D. (1997). Conflict within Interdependence: Its Value for Productivity and Individuality. In C. DeDreu and E. Van De Vliert (Eds.), *Using Conflict in Organizations* (pp. 23-37). London: Sage.

Tobias, S., and Duchastel, P. (1974). Behavioral Objectives, Sequence, and Anxiety in CAI. *Instructional Science, 3*, 232-42.

Tolbert, P. S., and Hall, R. H. (2008). *Organizations: Structures, Processes, and Outcomes.* Upper Saddle River, NJ: Prentice Hall.

Tosi, H. L. (2009). *Theories of Organization.* Thousand Oaks, CA: Sage.

Toth, E., Klahr, D., and Chen, Z. (2000). Bridging Research and Practice: A Cognitively Based Classroom Intervention for Teaching Experimentation to Elementary School Children. *Cognition and Instruction, 18*, 423-59.

Trentham, L., Silvern, S., and Brogdon, R. (1985). Teacher Efficacy and Teacher Competency Ratings. *Psychology in Schools, 22*, 343-52.

Trevino, L. K., Lengel, R. H., and Daft, R. L. (1987). Media Symbolism, Media Richness, and Media Choice in Organizations: A Symbolic Interactionist Perspective. *Communication Research, 14*, 553-74.

Trice, H. M., and Beyer, J. M. (1993). *The Culture of Work Organizations.* Englewood Cliffs, NJ: Prentice Hall.

Tschannen-Moran, M. (2001). Collaboration and the Need for Trust. *Journal of Educational Administration, 36*, 334-52.

Tschannen-Moran, M. (2004). *Trust Matters: Leadership for Successful Schools.* San Francisco: Jossey Bass.

Tschannen-Moran, M. (2009). Fostering Teacher Professionalism in Schools. *Educational Administration Quarterly, 45*, 217-247.

Tschannen-Moran, M., and Hoy, W. K. (2000). A Multidisciplinary Analysis of the Nature, Meaning, and Measurement of Trust. *Review of Educational Research, 70*, 547-93.

Tschannen-Moran, M., Uline, C., Woolfolk Hoy, A., and Mackely, T. (2000). Creating Smarter Schools through Collaboration. *Journal of Educational Administration, 38*, 247-71.

Tschannen-Moran, M., Woolfolk Hoy, A., and Hoy, W. K. (1998). Teacher Efficacy: Its Meaning and Measure. *Review of Educational Research, 68*, 202-48.

Tsui, A. S. (1990). A Multiple-Constituency Model of Effectiveness: An Empirical Examination at the Human Resource Subunit Level. *Administrative Science Quarterly, 35*, 458-83.

Tubbs, M. E., Boehne, D., and Dahl, J. G. (1993). Expectancy, Balance, and Motivational Force Functions in Goal-Setting Research: An Empirical Test. *Journal of Applied Psychology,*

78, 361-73.

Tversky, A., and Kahneman, D. (1973). Availability: Heuristic for Judging Frequency and Probability. *Cognitive Psychology, 5*, 207-32.

Tversky, A., and Kahneman, D. (1974). Judgment under Uncertainty: Heuristics and Biases. *Science, 185*, 1124-31.

Tversky, A., and Kahneman, D. (1981). The Framing of Decisions and the Psychology of Choice. *Science, 21*, 453-58.

Tversky, A., and Kahneman, D. (1981). The Framing of Decisions and the Psychology of Choice. *Science, 211*, 453-458.

Tyler, T. R. (1994). Psychological Models of the Justice Motive: Antecedents of Distributive and Procedural Justice. *Journal of Personality and Social Psychology, 67*, 850-63.

U.S. Department of Education. (2010, March). *ESEA Blueprint for Reform.* Washington, D.C:USDE, Office of Planning, Evaluation and Policy Development. http://www2.ed.gov/ programs/racetothetop/index.html.

Udy, S. H. (1959). "Bureaucracy" and "Rationality" in Weber's Organization Theory. *American Sociological Review, 24*, 791-95.

Uline, C. L., Miller, D. M., and Tschannen-Moran, M. (1998). School Effectiveness: The Underlying Dimensions. *Educational Administration Quarterly, 34*(4), 462-83.

Uline, C., Tschannen-Moran, M., and Perez, L. (2003). Constructive Conflict: How Controversy Can Contribute to School Improvement. *Teachers College Record, 105*, 782-816.

Umbreit, J. (1995). Functional Analysis of Disruptive Behavior in an Inclusive Classroom. *Journal of Early Intervention, 20*(1), 18-29.

Urwick, L. F. (1937). Organization as a Technical Problem. In L. Gulick and L. F. Urwick (Eds.), *Papers on the Science of Administration* (pp. 47-88). New York: Institute of Public Administration, Columbia University.

van de Pol, J., Volman, M., and Beishuizen, J. (2010). Scaffolding in Teacher-Student Interaction: A Decade of Research. *Educational Psychology Review, 22*, 271-296.

Van de Ven, A. H., and Ferry, D. L. (1980). *Measuring and Assessing Organization.* New York: Wiley.

Van Eerde, W., and Thierry, H. (1996). Vroom's Expectancy Models and Work Related Criteria: A Meta-Analysis. *Journal of Applied Psychology, 81*, 575-86.

van Gog, T., Pass, F., and Sweller, J. (2010). Cognitive Load Theory: Advances in Research on Worked Examples, Animations, and

Cognitive Load Measurement. *Educational Psychology Review, 22*, 375-378.

Van Houtte, M., and Van Maele, D. (2011). The Black Box Revelation: In Search of Conceptual Clarity. *Oxford Review of Education, 23*, 505-524.

van Merriënboer, J. J. G., and Sweller, J. (2005). Cognitive Load and Complex Learning: Recent Developments and Future Directions. *Educational Psychology Review, 17*, 147-177.

Van Meter, P. (2001). Drawing Construction as a Strategy for Learning from Text. *Journal of Educational Psychology, 93*, 129-40.

Van Meter, P., Yokoi, L., and Pressley, M. (1994). College Students' Theory of Note-Taking Derived from Their Perceptions of Note-Taking. *Journal of Educational Psychology, 86*, 323-38.

Van Vugt, M., and Ahuja, A. (2011). Naturally *Selected: The Evolutionary Science of Leadership.* New York: HarperCollins.

Vance, V. S., and Schlechty, P. C. (1981). Do Academically Able Teachers Leave Education: The North Carolina Case. *Phi Delta Kappan, 63*, 106-12.

Vance, V. S., and Schlechty, P. C. (1982). The Distribution of Academic Ability in the Teaching Force: Policy Implications. *Phi Delta Kappan, 64*, 22-27.

Vansteenkiste, M., Lens, W. and Deci, E. L. (2006). Intrinsic Versus Extrinsic Goal Contents in Self-Determination Theory. *Educational Psychologist 41*, 19-31.

Vecchio, R. P. (1977). An Empirical Examination of the Validity of Fiedler's Model of Leadership Effectiveness, *Organizational Behavior and Human Performance, 19*, 180-206.

Vecchio, R. P. (1988). *Organizational Behavior.* Chicago: Dryden Press.

Vecchio, R. P. (1993). The Impact of Differences in Subordinate and Supervisor Age on Attitudes and Performance. *Psychology and Aging, 8*(1), 112-19.

Vera, A. H., and Simon, H. A. (1993). Situated Action: A Symbolic Interpretation. *Cognitive Science, 17*, 7-48.

Verdugo, R.R., Greenberg, N. M., Henderson, R. D., Uribe, O. Jr., and Schneider, J. M. (1997). School Governance Regimes and Teachers' Job Satisfaction: Bureaucracy, Legitimacy, and Community. *Educational Administration Quarterly, 33* (1), 38-66.

Vinovskis, M. A. (1999). *History and Educational Policymaking.* New Haven: Yale University Press.

Vroom, V. (2005). On Origins of Expectancy Theory. In K. Smith and M. A. Hitt (Eds.), *Great Minds in Management: The Process of Theory Development* (pp. 239-60). New York: Oxford University Press.

Vroom, V. H. (1960). *Some Personality Determinants of the Effects of Participation.* Englewood Cliffs, NJ: Prentice Hall.

Vroom, V. H. (1964). *Work and Motivation.* New York: Wiley.

Vroom, V. H. (1976). Leadership. In M. D. Dunnette (Ed.), *Handbook of Industrial and Organizational Psychology,* (pp. 1527-51). Chicago: Rand McNally.

Vroom, V. H., and Jago, A. G. (1988). On the Validity of the Vroom-Yetton Model. *Journal of Applied Psychology, 63*, 151-62.

Vroom, V. H., and Jago, A. G. (2007). The Role of Situation in Leadership. *American Psychologist, 62*, 17-24.

Vroom, V. H., and Yetton, P. W. (1973). *Leadership and Decision Making.* Pittsburgh: University of Pittsburgh Press.

Wagner, C., and DiPaola, M. (2009). Academic Optimism of High School Teachers: Its Relationship to School Achievement and Organizational Citizenship Behaviors. Paper presented at the annual meeting of the American Educational Research Association, San Diego, CA.

Waller, W. (1932). *The Sociology of Teaching.* New York: Wiley.

Walumbwa, F. O., Hartnell, C. A., and Oke, A. (2010). Servant Leadership, Procedural Justice Climate, Employee Attitudes, and Organizational Citizenship Behavior: A Cross-Level Investigation. *Journal of Applied Psychology, 95*, 517-529.

Wang, M. C., and Walberg, H. J. (Eds.). (2001). *School Choice or Best Systems: What Improves Education.* Mahwah, NJ: Erlbaum.

Watkins, K. E., and Marsick, V. J. (1993). *Sculpting the Learning Organization.* San Francisco, Jossey-Bass.

Watts, D. M. (2009). Enabling School Structure, Mindfulness, and Teacher Empowerment: Test of a Theory. Doctoral Diss., University of Alabama.

Webb, N., and Palincsar, A. (1996). Group Processes in the Classroom. In D. C. Berliner and R. C. Calfee (Eds.), *Handbook of Educational Psychology* (pp. 841-76). New York: Macmillan.

Weber, J. (1996). Leading the Instructional Program. In S. Smith and P. Piele (eds.), *School Leadership* (pp. 253-278). Eugene, OR: Clearing

House of Educational Management.

Weber, M. (1947). *The Theory of Social and Economic Organizations*. In T. Parsons (Ed.), A. M. Henderson and T. Parsons (Trans.). New York: Free Press.

Weick, K. (1995). What Theory Is Not, Theorizing Is. *Administrative Science Quarterly, 40*, 385-90.

Weick, K. (1999). Theory Construction as Disciplined Reflexivity: Tradeoffs in the 90s. *The Academy of Management Review, 24*, 797-808.

Weick, K. E. (1976). Educational Organizations as Loosely Coupled Systems. *Administrative Science Quarterly, 21*, 1-19.

Weick, K. E. (1990). The Vulnerable System: An Analysis of the Tenerife Air Disaster. *Journal of Management, 16*, 571-593.

Weick, K. E., and Sutcliffe, K. M. (2001). *Managing the Unexpected*. San Francisco: Jossey-Bass.

Weick, K., and Westley, F. (1996). Organizational Learning: Affirming the Oxymoron. In S. Clegg, C. Hardy, and W. Nord (Eds.), *Handbook of Organization Studies* (pp. 440-58). Thousand Oaks, CA: Sage.

Weiner, B (2000). Interpersonal and Intrapersonal Theories of Motivation from an Attributional Perspective. *Educational Psychological Review, 12*, 1-14.

Weiner, B. (1972). *Theories of Motivation: From Mechanism to Cognition*. Chicago: Academic Press.

Weiner, B. (1985). An Attributional Theory of Achievement Motivation and Emotion. *Psychological Review, 92*, 548-73.

Weiner, B. (1986). *An Attributional Theory of Motivation and Emotion*. New York: Springer-Verlag.

Weiner, B. (1990). History of Motivational Research in Education. *Journal of Educational Psychology, 82*, 616-22.

Weiner, B. (1992). *Human Motivation: Metaphors, Theories, and Research*. Newbury Park, CA: Sage.

Weiner, B. (1994a). Ability versus Effort Revisited: The Moral Determinants of Achievement Evaluation and Achievement as a Moral System. *Educational Psychologist, 29*, 163-72.

Weiner, B. (1994b). Integrating Social and Persons Theories of Achievement Striving. *Review of Educational Research, 64*, 557-75.

Weiner, B. (2006). *Social Motivation, Justice, and the Moral Emotions*. Mahwah, NJ: Erlbaum.

Weiner, B. (2007). Examining Emotional Diversity in the Classroom: An Attribution Theorist Considers the Moral Emotions. In P. A. Schutzand R. Pekrun (Eds.), *Emotion in Education* (pp. 75-88). San Diego, CA: Academic Press.

Weiner, B. (2010). The Development of an Attribution-Based Theory of Motivation: A History of Ideas. *Educational Psychologist, 45*, 28-36.

Weinert, F. E., and Helmke, A. (1995). Learning from Wise Mother Nature or Big Brother Instructor: The Wrong Choice as Seen from an *Educational Perspective. Educational Psychologist, 30*, 135-43.

Wendel, F. C., Kelley, E. A., Kluender, M., and Palmere, M. (1983). *Use of Assessment Center Processes: A Literature Review*. Lincoln, NB: Teachers College, University of Nebraska.

Westphal, J. D., Gulati, R., and Shortell, S. M. (1997). Customization or Conformity? An Institutional Network Perspective on the Content and Consequence of TQM Adoption. *Administrative Science Quarterly, 42*(2), 366-94.

Whitehead, A. N. (1925). *Science and the Modern World*. New York: Macmillan.

Whitehead, A. N. (1929). *The Aims of Education*. New York: Macmillan.

Wietz, S. (1974). *Non-Verbal Communication*. New York: Oxford.

Wilensky, H. (1964). Professionalization of Everyone? *American Journal of Sociology, 70*, 137-58.

Wildavsky, A. (1991). *Searching for Safety*. Rutgers University, NJ: Transaction.

Wilkins, A., and Patterson, K. (1985). You Can't Get There from Here: What Will Make Culture-Change Projects Fail. In R. H. Kilmann, M. J. Saxton, and R. Serpa (Eds.), *Gaining Control of the Corporate Culture* (pp. 262-91). San Francisco: Jossey-Bass.

Wilkins, B. M., and Andersen, P. A. (1991). Gender Differences and Similarities in Management Communication: A Meta-Analysis. Management *Communication Quarterly, 5*(1), 6-35.

Williams, B. W. (2010). Organizational Health and *Mindfulness and Predictors of School Effectiveness*. Doctoral diss., University of Alabama.

Williams, L. B., and Hoy, W. K. (1973). Principal-Staff Relations: Situational Mediator of Effectiveness. *Journal of Educational Administration, 9*, 66-73.

Willis, Q. (1980). The Work Activity of School Principals: An Observational Study. *Journal of Educational Administration, 18*, 27-54.

Willower, D. J. (1963). The Form of Knowledge and the Theory-Practice Relationship. *Educational Theory, 13*, 47-52.

Willower, D. J. (1975). Theory in Educational Administration. *Journal of Educational Administration, 13*, 77-91.

Willower, D. J. (1979). Some Issues in Research on School Organization. In G. L. Immegart and W. Boyd (Eds.), *Currents in Administrative Research: Problem Finding in Education* (pp. 63-86). Lexington, MA: Heath.

Willower, D. J. (1987). Inquiry into Educational Administration: The Last Twenty-Five Years and the Next. *Journal of Educational Administration, 24*, 12-29.

Willower, D. J. (1994). Values, Valuation, and Explanation in School Organizations. *Journal of School Leadership, 4*(5), 466-83.

Willower, D. J. (1996). Inquiry in Educational Administration and the Spirit of the Times. Educational Administration Quarterly, 32, 341-65.

Willower, D. J. (1998). Fighting the Fog: A Criticism of Postmodernism. *Journal of School Leadership, 8*, 448-63.

Willower, D. J. and Licata, J. W. (1997). *Values and Valuation in the Practice of Educational Administration*. Thousand Oaks, CA: Corwin Press.

Willower, D. J., and Forsyth, P. B. (1999). A Brief History of Scholarship on Educational Administration. In J. Murphy and K. S. Louis (Eds.), *Handbook of Research on Educational Administration* (2nd ed.). San Francisco: Jossey-Bass.

Willower, D. J., and Jones, R. G. (1967). Control in an Educational Organization. In J. D. Raths, J. R. Pancella, and J. S. V. Ness (Eds.), *Studying Teaching* (pp. 424-28). Englewood Cliffs, NJ: Prentice Hall.

Willower, D. J., Eidell, T. L., and Hoy, W. K. (1967). *The School and Pupil Control Ideology*. Monograph No. 24. University Park: Pennsylvania State University.

Wilson, J. Q. (1989). *Bureaucracy: What Government Agencies Do and Why They Do It*. New York: Basic Books.

Wilson, M. (2001). The Case for Sensorimotor Coding in Working Memory. *Psychonomic Bulletin and Review, 8*, 44-57.

Wilson, T. D., Houston, C. E., Etling, K. M., and Brekke, N. (1996). A New Look at Anchoring Effects: Basic Anchoring and Its Antecedents. *Journal of Experimental Psychology: General, 125*(4), 382-407.

Wilson, W. J. (1987). *The Truly Disadvantaged: The Inner City, Underclass, and Public Policy*. Chicago, IL: University of Chicago Press.

Wimpelberg, R. K., Teddlie, C., and Stringfield, S. (1989). Sensitivity to Context: The Past and Future of Effective Schools Research. *Educational Administration Quarterly, 25*, 82-107.

Windschitl, M. (2002). Framing Constructivism in Practice as the Negation of Dilemmas: An Analysis of the Conceptual, Pedagogical, Cultural, and Political Challenges Facing Teachers. *Review of Educational Research, 72*, 131-175.

Windschitl, M. (2002). Framing Constructivism in Practice as the Negotiation of Dilemmas: An Analysis of the Conceptual, Pedagogical, Cultural, and Political Challenges Facing Teacher. *Review of Educational Research, 72*, 131-75.

Wise, A. (1988). The Two Conflicting Trends in School Reform: Legislated Learning Revisited. *Phi Delta Kappan, 69*, 328-32.

Wiseman, C. (1979a). Selection of Major Planning Issues. *Policy Sciences, 12*, 71-86.

Wiseman, C. (1979b). Strategic Planning in the Scottish Health Service—A Mixed Scanning Approach. *Long Range Planning, 12*, 103-13.

Wittrock, M. C. (1992). An Empowering Conception of Educational Psychology. *Educational Psychologist, 27*, 129-42.

Witziers, B., Bosker, R. J., and Kruger, M. L. (2003). Educational Leadership and Student Achievement: The Elusive Search for an Association. *Educational Administration Quarterly, 39*, 398-425.

Wolin, S. S. (1960). *Politics and Vision: Continuity and Innovation in Western Political Thought*. Boston: Little, Brown.

Wood, R., and Bandura, A. (1989). Social Cognitive Theory of Organizational Management. *Academy of Management Review, 14*, 361-84.

Wood, S. E., and Wood, E. G. (1999). *The World of Psychology*. Boston: Allyn and Bacon.

Woods, B. S., and Murphy, P. K. (2002). Thickening the Discussion: What Can William James Tell Us about Constructivism? *Educational Theory, 52*, 443-49.

Woolfolk Hoy, A. W., Hoy, W. K., and Kurtz, N. M. (2008). Teachers' Academic Optimism: The Development and Test of a New Construct. *Teaching and Teacher Education, 24*, 821-832.

Woolfolk Hoy, A., Hoy, W. K., and Davis, H. (2009). Teachers' Self-Efficacy Beliefs. In K. Wentzel and A. Wigfield (Eds.), *Handbook of Motivation in School* (pp. 627-655). Mahwah, NJ: Lawrence Erlbaum.

Woolfolk, A. E. (2000). *Educational Psychology* (8th

ed.). Boston: Allyn and Bacon.

Woolfolk, A. E. (2007). *Educational Psychology* (10th ed.). Boston: Allyn & Bacon.

Woolfolk, A. E. (2010). *Educational Psychology: Active Learning Edition* (11th ed.). Boston, MA: Allyn & Bacon/Pearson.

Woolfolk, A. E. (2010). *Educational Psychology* (11th ed.). Upper Saddle River, NJ: Pearson.

Woolfolk, A. E. (2013). *Educational Psychology* (12th ed.). Boston, MA: Allyn & Bacon/Pearson.

Woolfolk, A. E., and Hoy, W. K. (1990). Prospective Teachers' Sense of Efficacy and Beliefs about Control. *Journal of Educational Psychology, 82*, 81-91.

Woolfolk, A. E., Rosoff, B., and Hoy, W. K. (1990). Teachers' Sense of Efficacy and Their Beliefs about Managing Students. *Teaching and Teacher Education, 6*(2), 137-48.

Woolfolk, A. W. (2004). The Educational Psychology of Teacher Efficacy. *Educational Psychology Review, 16*, 153-176.

Worthy, J. C. (1950). Factors Influencing Employee Morale. *Harvard Business Review, 28*, 61-73.

Wright, P. M., O'Leary-Kelly, A. M., Cortinak, J. M., Klein, H. J., and Hollenbeck, J. R. (1994). On the Meaning and Measurement of Goal Commitment. *Journal of Applied Psychology, 79*, 795-803.

Wright, R. (1985). Motivating Teacher Involvement in Professional Growth Activities. *Canadian Administrator, 24*, 1-6.

Yamagishi, T., Gillmore, M. R., and Cook, K. S. (1988). Network Connections and the Distribution of Power in Exchange Networks. *American Journal of Sociology, 93*, 833-51.

Yazici, H. J. (2002). The Role of Communication in Organizational Change: An Empirical Investigation. *Information and Management, 39*, 539-52.

Yekovich, F. R. (1993). A Theoretical View of the Development of Expertise in Credit Administration. In P. Hallinger, K. Leithwood, and J. Murphy (Eds.), *Cognitive Perspectives on Educational Leadership* (pp. 146-66). New York: Teachers College.

Young, T. V., and Miskel, C. G. (2004). Interest Group Lobbying Activities in State Reading Policy. Paper presented at the Annual Meeting of the American Educational Research Association. San Diego, CA.

Yuchtman, E., and Seashore, S. E. (1967). A System Resource Approach to Organizational Effectiveness. *American Sociological Review, 32*, 891-903.

Yukl, G. A. (1971). Toward a Behavioral Theory of Leadership. *Organizational Behavior and Human Performance, 6*, 414-40.

Yukl, G. A. (1994). *Leadership in Organizations* (3rd ed.). Englewood Cliffs, NJ: Prentice Hall.

Yukl, G. A. (1999). An Evaluation of Conceptual Weaknesses in Transformational and Charismatic Leadership Theories. *Leadership Quarterly, 10*(2), 285-305.

Yukl, G. A. (2002). *Leadership in Organization* (5th ed.). Upper Saddle River, NJ: Prentice Hall.

Yukl, G. A. (2010). *Leadership in Organizations* (7th ed.). Upper Saddle River, NJ: Prentice Hall.

Zaccaro, S. J. (2007). Trait-Based Perspectives of Leadership. *American Psychologist, 62*, 6-16.

Zahn, C. L. (1991). Face-to-Face Communication in an Office Setting. *Communication Research, 18*(6), 737-54.

Zald, M. M., and Berger, M. A. (1978). Social Movements in Organizations: Coup d'Etat, Insurgency, and Mass Movements. *American Journal of Sociology, 42*, 823-61.

Zand, D. (1997). *The Leadership Triad: Knowledge, Trust, and Power*. New York, Oxford University Press.

Zbaracki, M. J. (1998). The Rhetoric and Reality of Total Quality Management. *Administrative Science Quarterly, 43*(3), 602-36.

Zenger, T. R., and Lawrence, B. S. (1989). Organizational Demography: The Differential Effects of Age and Tenure Distributions on Technical Communication. *Academy of Management Journal, 32*, 353-76.

Zey, M. (1992). *Decision Making: Alternatives to Rational Choice*. Newbury Park, CA: Sage.

Zielinski, A. E., and Hoy, W. K. (1983). Isolation and Alienation in Elementary Schools. *Educational Administration Quarterly, 19*, 27-45.

Zucker, L. (1987). Institutional Theories of Organization. *Annual Review of Sociology, 13*, 443-64.

찾아보기

[ㄱ]

가치(values) 205

가치 부가적인(value-added) 343

갈등관리 유형 294

갈등적 상황(conflictual situation) 421

감각완충기(sensory buffer) 64

감옥(prison) 212

감정의 자기조절 능력 408

감정 나타내기(reflecting feeling) 447

강력한 문화(strong culture) 207

강제적 권력(coercive power) 267

강제적 순응(coercive conformity) 317

강제형 공식화(coercive formalization) 129

개념(concept) 3

개념적이고 상대적 27

개방체제 27

개방체제 관점(open-system perspective) 21

개방풍토 238

개별적 배려(individualized consideration) 505

개선제(enhancer) 498

개인적 자문(individual-consultative) 411, 413

개인적 자문 유형 411, 413, 416

개인적 조언(individual advisory) 423

개인적 책무성 95

건강하지 못한 학교 244

건강한 조직 242

건강한 학교 242

격려하기(encouraging) 446

결과의 표준화(standardization of output) 135

경계(boundary) 25

경계 확대(boundary spanning) 308

경력 지향적(career orientation) 108

경쟁게임(rival game) 291

경쟁적 관점(Competitive View) 358

경쟁캠프게임(rival-camps game) 291

경쟁형(competitive style) 295

계선과 참모게임(line and staff game) 291

고립적 역할(isolate role) 460

고전적인 모형(classical model) 368

고정과 조정의 발견적 방법(anchoring-and-adjust-
     ment heuristic) 378

공동체(community) 212

공식 조직(formal organization) 28

공식적 권위(formal authority) 262

공식적 통로(formal channel) 459

공식화(formalization) 14

공유된 신념 236

공장(factory) 212

공적인 헌신(public commitment) 286

공정함(fairness) 287

공통 핵심 주 기준(Common Core State Standards)
     327

공평성이론(equity theory) 174

과단성의 힘 407

과업구조(task structure) 495

과학적 관리론(scientific management) 11

관계적 신뢰(relational trust) 351

관련성 질문(relevance question) 424

관련성의 검증(test of relevance) 419

관료적 규율 537

관료적 역할(bureaucratic role) 29

관리적 수준(managerial level) 242

교량(bridge) 461

교사신뢰(faculty trust) 219

교사효능감(teacher efficacy) 184

교수과업에 관한 질문 186

교수능력에 관련된 질문 186

구성주의(constructivism) 83

구조적 순응 321

구조주도(initiating structure) 487

군림(lording) 291

권력(power) 260

권력구축게임(power-building games) 289

권위(authority) 261

권위의 위계(hierarchy of authority) 107

권위주의형 구조(authoritarian structure) 124

권위체제(system of authority) 273

권한부여(empower-ment) 271

권한부여형 공식화(enabling formalization) 128

권한부여형 집권화(enabling centralization) 129

권한부여형 학교 구조(enabling school structure)
    129

귀담아 듣기(attending) 446

귀인이론(attribution theory) 167

규범(norms) 204

규범변화 전략(norm-changing strategy) 229

규범적 27

규범적 순응(normative conformity) 318

규칙과 규정(rule and regulation) 107

그럭저럭 해나가기(muddling through) 380

급진적 구성주의(radical constructivism) 86

긍정적인 상호의존성 95

긍정적 행동 지원(Positive Behavioral Support: PBS)
    56

기계적 관료제(machine bureaucracy) 137, 139

기능적 권위(functional authority) 262

기능적 행동 사정(Functional Behavioral Assessment:
    FBA) 55

기대(expectancy) 178

기대이론(expectancy theory) 177

기술 구조층(technostructure) 137

기술의 표준화(standardization of skills) 135

기억술(mnemonics) 81

기준(standard) 323

기초 기능(basic skill) 58

기회적 감독(opportunistic surveillance) 374

기획과 예측(planning and forecasting) 308

깨어있는 조직 132

[ㄴ]

낙관주의(optimism) 286

내부고발게임(whistle-blowing game) 292

내부 연합(internal coalitions) 279

내재적 동기(intrinsic motivation) 192

내재적 인지부하(intrinsic cognitive load) 69

네트워킹(networking) 282

능력(competence) 500

[ㄷ]

다수결(group majority) 423

단기기억 63

단독 구성주의 85

단서(cueing) 51

단순 구조(simple structure) 137, 138

단순화 규칙(Simplicity Rule) 388

단순화된 만족화(truncated satisficing) 376

단순화된 적응적 만족화(truncated adaptive satisfic-
    ing) 383

단순화의 힘 407

대리경험 215

대용품(substitute) 497

대의적 규칙(representative rules) 113

대화(conversation) 443

도구성(instrumentality) 178

도제(apprentices) 515

독특한 문화 27

동기 관련 특성(motivational traits) 483

동기요인 162

동료관계(colleagueship) 286

동맹구축게임(alliance-building game) 289

동일시(identification) 500

동질성의 원리(principle of homogeneity) 12

동화(assimilation) 84

듣기 기술(listening skill) 445

디폴트 규칙(Default Rule) 388

[ㄹ]

리더십 대체 모델(substitutes for leadership model)
    497

리더십 유형(leadership style) 495
리더십 효과성(leadership effectiveness) 491
리더십의 특성적 접근(trait approach of leadership) 480

[ㅁ]
마감기한의 힘 407
만족화(satisficing) 369
만족화 규칙(Satisficing Rule) 387
매체(media) 439
맥락(context) 439
메시지(messages) 438
모델링 215
모델링과 대행적 경험(modelling and vicarious experience) 181
모둠활동 과정 95
모반게임(insurgency games) 288
모방적 순응(imitative conformity) 317
목적(goal) 14, 438
목적지향적 27
목표 186
목표의 강도(goal intensity) 187
목표의 내용(goal content) 187
목표전치(goal displacement) 112
무관심 영역(zone of indifference) 419
문제 탐색(problemistic search) 374
문화격차 좁히기(close the culture gaps) 229
문화격차 확인(identify culture gap) 229
문화적 도구(cultural tools) 85
민주적 상황 421

[ㅂ]
바꾸어 말하기(paraphrasing) 446
반당분자게임(Young Turks game) 292
발신 기술(sending skill) 445
발신자(senders) 438
방해형 집권화(hindering centralization) 129
방해형 학교 구조(hindering school structure) 129
배려(consideration) 487
배분적 정의 176
벌(punishment) 50
범주적 순응 321
법적 권위(legal authority) 262

변화게임(change game) 292
보상적 권력(reward power) 267
보충물(supplement) 498
보호감독적 문화(custodial culture) 226
부서화 형태(divisionalized form) 137
부적 강화(negative reinforcement) 49
부족(scarcity) 304
부하직원(subordinates) 515
분산적 리더십(distributed leadership) 499
분업(division of labor) 12, 106
분열적 외부 연합(divided external coalitions) 280
불가피성 증대시키기(increasing indispensability) 283
불확실성 규칙(Uncertainty Rule) 389
비계(scaffolding) 90
비공식적 권위(informal authority) 262
비공식 조직(informal organization) 17, 114
비공식 통로(informal channel) 459
비언어적 의사소통(nonverbal communication) 452
비정성(impersonal orientation) 107
비협력적 상황(noncollaborative situation) 421

[ㅅ]
사교클럽(club) 212
사회적 관계에 대한 욕구 166
사회적 욕구 157
사회적 자본의 결합(bonding social capital) 351
사회적 자본의 연결(bridging social capital) 351
사회체제(social system) 26
상급자의 관심받기(getting attention of superiors: GASing) 284
상징 441
상징체계 441
상호의존적인 27
상호작용 33
상호작용 증진 95
상호 조절(mutual adjustment) 135
상황맥락 75
상황에 맞는 지원 90
상황적응적 규칙(Contingency Rule) 390
상황적응적 접근(contingency approaches) 491
상황적 학습(situated learning) 88
상황적합적인 접근 385

상황통제(situation control)　495
새로운 규범의 확립(establish new norms)　229
새로운 방향의 명료화(articulate new directions)　229
생리적 상태　182
생리적 욕구　157
서번트 리더십(servant leadership)　510
선언적 지식(declarative knowledge)　62
성상　211
성장 중심 전략　253
성취욕구　166
소극적 예외 관리(passive management-by-exception)　503
소음(noise)　456
소크라테스식 문답법　444
수동적 외부 연합(passive external coalition)　280
수신자(receiver)　439
수업 리더십 척도(Instructional Leadership Scale)　494
수업목표(instructional objective)　56
수업 조언(instructional guidance)　350
수용 영역(zone of acceptance)　419
수용형(accommodating style)　295
숙련경험(mastery experience)　181
스키마　73
스키마타(schemata)　73
스타의 역할(star role)　460
시간과 동작 연구(time and motion studies)　11
시공간 잡기장(visuospatial sketchpad)　69, 66
시민의식 풍토　249
시연(rehearsal)　70
신념(belief)　167
신뢰도 검증(test of trust)　420
신뢰문화　219
신뢰성 질문(trust question)　425
신봉자(disciples)　515
신화　210
신화제조자(mythmakers)　212
실제 과업들(authentic tasks)　91

[ㅇ]
아부하기(flattering)　284
아카데미(academy)　212

안전욕구　157
안정성　168
안정적 능력관(stable view of ability)　171
암묵적 가정(tacit assumptions)　207
암시(prompting)　52
양(amount)　133
양방향 의사소통(two-way communication)　442
어둠의 3요소(dark triad)　512
언어적 설득(verbal persuasion)　182, 215
에드호크러시(adhocracy)　137
엔트로피(entropy)　26
연결자(liaisons)　461
연합구축(coalition building)　283
영감적 동기화(inspirational motivation)　504
영상기억(iconic memory)　64
예외원리(exception principle)　15
완충　307
외부 연합(external coalitions)　279
외부 인사 영입(cooptation)　311
외재적 동기(extrinsic motivation)　192
외재적 인지부하(extraneous cognitive load)　70
요약하기(summarizing)　447
욕구의 위계　157
운영 핵심(operating core)　136
위생요인　162
유연한 상시경계(soft vigilance)　407, 408
유용성 발견적 방법(availability heuristic)　377
유인가(valence)　178
음운루프(phonological loop)　66, 67
음향기억(echoic memory)　64
의미기억　72
의사결정 나무(decision tree)　412
의사소통　437, 533
의사소통 효과(communication effects)　439
의식　211
의존(dependence)　305
이념체제(system of ideology)　273
이론　3
이론적 일반화(theoretical generalization)　4
이미지　72
이상적 영향력(attributed idealized influence)　504
이상적 형태(ideal type)　108
이완 결합(loose coupling)　143

이인동과성(equifinality)   26

이해관계자적 상황(stakeholder situation)   421

인과관계 차원   168

인본주의적 문화(humanistic culture)   227

인상 관리(impression management)   283, 320

인성 특성(personality traits)   482

인지(cognition)   30

인지 발견적 방법(recognition heuristic)   377

인지과학 정보처리모델(cognitive science information processing model)   63

인지부하(cognitive load)   69

인지적 전략(cognitive strategies)   347

일반 지식(general knowledge)   62

일반적 의사결정(generic decisions)   371

일방적 결정(unilateral decision)   423

일방향 의사소통(one-way communication)   441

일상기억   72

일치가정(congruence postulate)   35

임상적 전략   251

임시 완충기(episodic buffer)   66

[ㅈ]

자기규제적 지식(self-regulatory knowledge)   62

자아실현의 욕구   158, 166

자아효능감(self-efficacy)   180

자원의존 관점(resource-dependence perspective)   303

자율욕구   166

자존욕구   166

작업동기(work motivation)   192

작업의 표준화(standardization of work)   135

장기기억   63

장벽(barriers)   456

적극적 예외 관리(active management-by-exception)   503

적응적 전략(adaptive strategy)   382

적절한 인지부하(germane cognitive load)   70

전략(strategies)   438

전략적 고위층(strategic apex)   136

전략적 후보게임(strategic-candidate game)   292

전문가와 관료제 간의 갈등(professional-bureaucratic conflict)   145

전문가적 상황(expert situation)   422

전문기술체제(system of expertise)   273

전문성(expertise)   287

전문성의 검증(test of expertise)   419

전문성 질문(expertise question)   425

전문적 관료제(professional bureaucracy)   137, 140

전문적 권력(expert power)   268

전문적 역량(professional capacity)   349

전문적 지식   537

전문지식게임(expertise game)   290

전문형 구조(professional structure)   125

전문화(specialization)   106

전설   211

전제적(autocratic)   410

전제적 의사결정 유형   411

전통적 권위(traditional authority)   262

절차기억   72

절차적 순응   321

절차적 정의   174, 176

절차적 지식(procedural knowledge)   62

점증적 능력관(incremental view of ability)   171

점진적 모형(incremental model)   380

정교화   74

정보관리(information management)   283

정보에 근거한 전제적(informed-autocratic)   410

정보처리모델(information-processing model)   63

정서적 상태   182

정적 강화(positive reinforcement)   49

정치적   27

정치체제(system of politics)   273

제2세대 구성주의   85

제거성 벌(removal punishment)   50

제국구축게임(empire-building game)   290

제도(institution)   315

제도 관점(institutional perspective)   314

제도적 수준(institutional level)   242

제도적 환경(institutional environment)   315

제한된 합리성(bounded rationality)   370

조건적 보상 리더십(contingent reward leadership)   503

조건적 지식   62

조절(accommodation)   84

조정 기제(coordinating mechanism)   135

조직건강(organizational health)   241

조직문화   32, 203
조직의 목표   342
조직의 의사소통(organizational communication)   458
조직풍토(organizational climate)   237
조직풍토지표(Organizational Climate Index: OCI)   246
조직화   74
존경의 욕구   158
종합모델   523
주도력(initiative)   500
주인의식의 힘   408
준거적 권력(referent power)   268
줄이기(fading)   90
중간 관리층(middle line)   137
중앙집행기(central executive)   66, 67
중핵가치(core values)   206
중화제(neutralizers)   498
지각(perception)   65
지각력   407
지도자-구성원 관계(leader-member-relation)   495
지도자 행동(leader behavior)   487
지배적인 행동 형태   236
지시적 수업(direct instruction)   58
지원 직원(support staff)   137
지적 자극(intellectual stimulation)   505
지지자(supporters)   515
직위권력(position power)   495
직접적인 감독(direct supervision)   135
직접적인 벌(direct punishment)   50
진화 리더십 이론(Evolutionary Leadership Theory: ELT)   511
질문하기(questioning)   446
질의(inquiry)   443
집권화(centralization)   463
집단적 교사효능감   214
집단적 사고 증후군(groupthink syndrome)   429
집단적 자문(group-consultative)   411
집단적 자문 유형   411
집단적 조언(group advisory)   423
집단적 합의(group-agreement)   411
집중적 시행 착오(use focused trial and error)   382

[ㅊ]
참여 규칙(Participation Rule)   390
창의적 관점(Creative View)   358
책무성(accountability)   323
책임성   168
책임 전가하기(transferring responsibility)   90
처벌 중심적인 규칙(punishment-centered rules)   113
청크(Chunking)   71
체제적 사고(system thinking)   540
초인지적 기능(metacognitive skill)   77
초인지 전략(metacognitive strategies)   347
최고의 것 선택하기 규칙(Take-the-best Rule)   389
최소 선호 동료 모형(least preferred co-worker model)   495
최적화(optimizing)   368
충신(loyalist)   515

[ㅋ]
카리스마적 권위(charismatic authority)   261

[ㅌ]
타협형(compromising style)   295
토론(debate)   443
통솔의 범위(span of control)   12
통제의 소재   168
통제적 관점(Control View)   358
투명성 규칙(Transparency Rule)   389
투입-산출 연구   343
특수한 의사결정(unique decisions)   372
특정 영역 지식(domain-specific knowledge)   62

[ㅍ]
폐쇄풍토   239
표본 발견적 방법(representative heuristic)   377
표준화(standardization)   12
표층규범(surface norms)   229
표현 규칙(Framing Rule)   387
풍족(munificence)   304
피드백(feedback)   439
피드백 고리(feedback loop)   531
피드백 기술(feedback skill)   447

[ㅎ]

학교 구성원   525

학교 구조   524

학교풍토(school climate)   237

학교 학습 풍토(school-learning climate)   350

학부모-학교-지역사회의 연계(parent-school-community ties)   350

학생 참여(student engagement)   347

학습(learning)   47

학습조직(learning organization)   38

학업적 낙관주의(academic optimism)   222

한계 조건(boundary conditions)   373

합리성   276

합리체제 관점(rational system perspective)   11

합리화   276

합리화된 신화(rationalized myth)   316

합법적 권력(legitimate power)   267

합의(group consensus)   423

항상성(homeostasis)   25

핵심기술(technical core)   46, 307

핵심 내용 기준(Core Content Standards)   327

행동의 개방성   238

행정적 모델(administrative model)   369

협동적 관점(Collaborative View)   358

협동학습   94

협동형(collaborating style)   295

호혜주의(reciprocity)   286

혼돈형 구조(chaotic structure)   125

혼합 모델(mixed-scanning model)   381

환경(environment)   25

환심 사기(ingratiating)   282

회피형(avoiding style)   295

효과성(effectiveness)   496

효과적인 학교 연구(effective-school research)   346

후원게임(sponsorship game)   289

흡인력(attractiveness)   286

희생양 삼기(scapegoating)   283

[기타]

Campbell의 법칙   328

Hawthorne 연구   16

Weber형 구조(Weberian structure)   124

역자 소개

오영재
고려대학교 대학원 교육학박사(교육행정 전공)
고려대학교 인문대학 교수
oyjae@korea.ac.kr

신현석
University of Wisconsin-Madison, 철학박사(교육행정 전공)
고려대학교 사범대학 교수
hsshin01@korea.ac.kr

양성관
University of Texas-Austin, 철학박사(교육행정 전공)
건국대학교 사범대학 교수
just4kid@konkuk.ac.kr

박종필
University of Texas-Austin, 철학박사(교육행정 전공)
전주교육대학교 교육학과 교수
parkjp@jnue.kr

가신현
University of Texas-Austin, 철학박사(교육행정 전공)
고려대학교 연구 교수
edinfo@gmail.com

교육행정 - 이론, 연구, 실제 [9판]

발행일 | 2013년 3월 1일 초판 발행
        2015년 8월 1일 2쇄 발행
저 자 | Wayne K. Hoy, Cecil G. Miskel
역 자 | 오영재, 신현석, 양성관, 박종필, 가신현
발행인 | 홍진기
발행처 | 아카데미프레스
주 소 | 413-756 경기도 파주시 문발동 출판정보산업단지 507-9
전 화 | 031-947-7389
팩 스 | 031-947-7698
웹사이트 | www.academypress.co.kr
등록일 | 2003. 6. 18 제406-2011-000131호
ISBN | 978-89-97544-25-7 93370

값 28,000원